TABLEAU DE PARIS

PAR

EDMOND TEXIER

OUVRAGE ILLUSTRÉ DE QUINZE CENTS GRAVURES

D'APRÈS LES DESSINS DE

Blanchard (Phar.), Cham, Champin, Forest (Eug.), Français, Gavarni, Gérard-Séguin, J. J. Grandville, Lami (Eug.), Pauquet, Renard, Roussel, Valentin, Vernet (Hor.), etc., etc.

TOME SECOND.

PARIS

PAULIN ET LE CHEVALIER,

RUE RICHELIEU, 60, AUX BUREAUX DE L'ILLUSTRATION.

M DCCC LIII

PLAN DE PARIS EN M DCCC LIII.

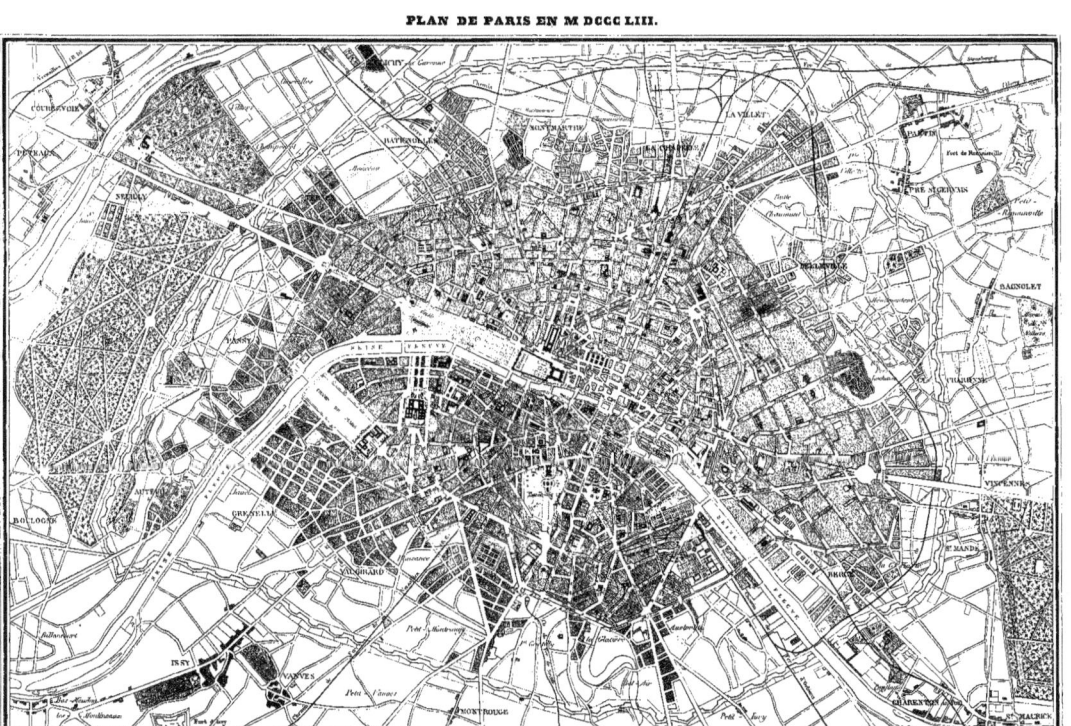

TABLEAU DE PARIS.

Chapitre XXXIX.

LE LONG DE LA SEINE (Suite).

LE PONT ET LA PLACE DE LA CONCORDE. — LES BAINS A PARIS.

Le pont de la Concorde. — Son étendue. — Ses arches. — Ses différentes dénominations. — Les statues du pont de la Concorde. — Matériaux ayant servi à la construction de ce pont. — La fête du 4 mai 1851. — Programme officiel de cette fête. — Le passage du Saint-Bernard au pont de la Concorde. — Les bains à Paris. — Les caleçons rouges et les caleçons bleus. — Le perchoir aux bains froids. — Bains Vigier. — Les établissements de bains chauds. — Le nombre des baigneurs à Paris. — Le bouillon de Rosambeau. — Origine de l'industrie des baigneurs. — Les bains à domicile. — Les bains froids. — Deligny. — Les bains à quai sous. — Le maître nageur. — Différents aspects d'une école de natation. — Les pêcheurs à la ligne dans les bains froids. — Les moutards. — Le déjeuner et la sieste. — Cagneux et bossus. — La nage. — La brasse, la marinière, la godille, la planche. — La coupe. — Plonger et piquer une tête. — Le grand et le petit bassin. — Le baigneur sortant de l'onde. — La pleine eau. — Police des bains froids. — Tarif des prix. — Les bateaux de blanchisseuses. — Les *poules d'eau*. — La frégate-école.

Le pont de la Concorde rattache la rive gauche à la rive droite, et le premier volume de ce livre au second.

Ce pont, qui est situé entre le quai d'Orsay et celui des Tuileries, est un des plus passagers de Paris. En effet, il réunit la partie animée de la rive gauche au centre des affaires et du commerce sur la rive droite, en même temps qu'au lieu de promenade le plus fréquenté; il est une des grandes artères de Paris, et le public de toute sorte s'y presse en foule. Du reste, il satisfait amplement aux exigences de la circulation, car il n'a pas moins de 20 mètres de large sur 150 mètres de long. Il est fondé sur pilotis et grillages, et à cinq arches surbaissées qui offrent une portion de cercle. L'arche du milieu a 31 mètres d'ouverture, les arches latérales ont 27 mètres, et les deux autres, attenantes aux culées, ont chacune 26 mètres. Chaque pile a 3 mètres d'épaisseur; leurs avant-becs et arrière-becs, présentent des colonnes engagées qui contiennent une corniche couronnée, laquelle sert de parapet au trottoir. Une partie des matériaux provenant des démolitions de la Bastille a servi à la construction de ce pont.

Dès l'année 1722, des lettres patentes avaient autorisé la ville de Paris à contracter un emprunt affecté à la construction d'un pont à l'endroit où est situé maintenant le pont de la Concorde: aucune suite ne fut donnée à ce projet pendant plusieurs années, et en 1786 seulement fut définitivement arrêtée la construction du pont dit alors pont Louis XVI. Terminé en 1790, il ne porta que deux ans sa première dénomination, car il devint pont de la Révolution en 1792, et resta ainsi baptisé jusqu'en 1795, époque à laquelle on lui donna le nom plus conciliant de pont de la Concorde; mais 1814 lui rendit son nom de pont Louis XVI jusqu'en 1830, qui ramena celui de pont de la Concorde.

En 1810, Napoléon fit placer sur ce pont les statues de huit généraux morts sur le champ de bataille; un décret du 14 février 1816 ordonna que douze statues des illustrations de la France seraient destinées à en orner les deux côtés; en 1828 seulement le décret reçut son exécution. Mais ces statues, qui écrasaient le pont par leur immensité, furent enlevées en 1837 et portées dans la grande cour du château de Versailles, où elles se trouvent encore et où elles semblent mieux placées.

C'est là la description du pont qu'il est chaque jour; mais, comme la place sa voisine, comme les monuments auxquels il sert de préface, si l'on peut ainsi parler, le pont de la Concorde a ses jours de fête, où il s'endimanche. Parmi ses plus glorieux souvenirs, il n'oubliera jamais le troisième et dernier anniversaire de la proclamation de la République, la fête du 4 mai 1851. Cette fête mérite un souvenir plus durable que bon nombre de ces réjouissances banales dont on a saturé si longtemps le public parisien: elle offrait autre chose qu'une vulgaire exhibition de verres de couleur et qu'un feu d'artifice plus ou moins réussi. Consignons en passant quelques détails saillants de cet adieu que nous a fait la République: *Moritura vos salutat*. Car les fêtes venues après, et dont personne ne conteste l'éclat et la pompe, furent plutôt des cérémonies militaires que des solennités républicaines, comme le lecteur pourra s'en convaincre plus loin, quand il sera question du Champ de Mars.

Le programme était conçu dans de grandes proportions: la Seine devait voir des régates, où les diverses populations flottantes du monde civilisé et du monde barbare auraient lutté avec ces rois de la navigation fluviatile qu'on appelle les canotiers de Bercy: bâtiments à vapeur, bateaux à voiles, gondoles vénitiennes, pirogues, jonques, toutes les embarcations imaginables eussent sillonné le paisible bassin: c'était comme la bataille de Navarin, dans les vers de V. Hugo:

> Chebecs, lougres difformes,
> Galéaces énormes,
> Vaisseaux de toutes formes,
> Vaisseaux de tous climats.

Malheureusement la pluie, ou le mauvais vouloir des concurrents, ou toute autre cause, trompèrent les espérances des amateurs et donnèrent un démenti aux promesses officielles. Par ce désappointement et les cataractes du ciel, qui jugèrent à propos de se mêler de la fête, rien n'était plus beau que la décoration du pont sur l'arche du milieu, en face du pont National. Un groupe représentant le génie de la navigation, des tritons et des chevaux marins s'élevaient sur une masse de rochers au milieu et au travers de ces rochers se précipitait une cascade accidentée rappelant les plus belles chutes d'eau naturelles, sauf les dimensions toutefois. Il est vrai de dire que cette rustique décoration s'ajustait assez mal avec le style sévère du Palais-Bourbon.

Nous donnons ici, comme document pour l'avenir, le programme officiel de cette fête, qui peut être citée comme modèle pour la grandiose de l'ensemble:

« A six heures du matin, des salves d'artillerie annonceront la fête.

« Il sera fait, dans les douze arrondissements de Paris, des distributions de secours aux indigents.

« A deux heures, auront lieu des courses et régates à la rame et à la voile, auxquelles pourront concourir les amateurs français et étrangers. Des bâtiments à vapeur, bateaux à voiles, jonques chinoises, barques vénitiennes et pirogues, pavoisées et décorées, stationneront et circuleront sur le bassin de la Seine, entre les ponts Royal et de la Concorde, ainsi qu'entre les ponts de la Concorde et des Invalides.

« Des médailles en or et en argent seront accordées aux vainqueurs dans les joutes et aux patrons dont les embarcations auront été les mieux décorées, pavoisées et illuminées.

« Sur l'arche du milieu du pont de la Concorde et en face du Pont-Royal, un groupe représentant le *Génie de la navigation, des Tritons et des chevaux marins*, s'élèvera sur une masse de rochers ayant leur base dans le fleuve. Au milieu et au travers de ces rochers, se précipitera une cascade accidentée rappelant les plus belles chutes d'eau naturelles. Les eaux jailliront depuis dix heures du matin jusqu'à minuit.

« Le palais de la représentation nationale recevra une décoration se composant de deux ailes circulaires terminées chacune par un pavillon en retour parallèle au quai.

« Un orchestre sera établi sur le port d'Orsay.

« La Madeleine sera décorée de guirlandes. Entre les colonnes et sur les murs d'échiffre, seront placées deux grandes statues symboliques.

« Les fontaines de la place de la Concorde seront surmontées et entourées de corbeilles de fleurs.

« Une partie des colonnes rostrales aura une décoration analogue.

« Dans l'avenue des Champs-Élysées seront placées seize statues d'illustrations nationales, ainsi que des mâts garnis de trophées, d'écussons et de bannières.

« A le place de la fontaine du rond-point il sera élevé une statue de la France.

« Dans le grand carré des Champs-Élysées seront placés des jeux divers.

« De huit à neuf heures du soir, un concert d'harmonie aura lieu sur le port d'Orsay.

« A huit heures, le portique de la Madeleine sera illuminé par des feux électriques.

« Les candélabres de la rue de la Concorde, une partie de ceux de la place et ceux de l'avenue des Champs-Élysées, jusqu'au rond-point, seront surmontés d'étoiles lumineuses.

« Les fontaines de la place seront éclairées et illuminées par des feux du Bengale, ainsi que les colonnes rostrales et les statues élevées aux villes de France.

et une planche en place de tapis de pied. La baignoire est en zinc ou en cuivre ; deux robinets versent l'eau chaude ou l'eau froide au gré du consommateur. En 1780, le nombre des baignoires à Paris était de 250 ; en 1816, il n'était encore que de 500 : mais en 1832 il atteignait déjà le chiffre de 3,000, et l'on peut dire qu'actuellement il a presque doublé. Moyennant salaire, on fournit du linge chauffé, des fonds de bain, et même des frictions. Je ne parle pas des établissements médicaux, où les victimes de certains systèmes se font martyriser de douches, de pluies d'eau froide, de bains russes, de bains salés ou soufrés, etc. Nous sommes bien loin du luxe déployé dans les thermes antiques, ou seulement dans les pays à demi civilisés de l'Orient. Les relations des voyageurs, les recherches des antiquaires nous ont initiés à toutes ces délicatesses de l'art du baigneur, inconnues ou négligées chez nous : quand on lit leurs descriptions miraculeuses, on se prend à dire que la main du garçon de bain parisien est bien lourde et bien maladroite, en comparaison des douces frictions du strigilaire romain ou du baigneur oriental, et l'on regrette que la pâte d'amande et les cosmétiques modernes remplacent d'une manière si imparfaite les huiles, les parfums, les essences embaumées, qui coulaient à flots sur les épaules de l'habitué des thermes antiques.

On a raconté mille fois l'anecdote plus ou moins authentique de l'acteur Rosambeau, qui préféra un excellent consommé aux charmes de la natation ; je

préfère conter le trait suivant, qui a au moins l'avantage d'être historique. Parmi les adorateurs d'une des reines éphémères du théâtre, se trouvait un infortuné auteur dramatique, dont les malheurs se lisaient trop clairement, hélas! sur son costume et aussi sur sa personne. Un jour que la grande actrice le soupçonnait d'être venu dans des intentions hostiles, pour sa table, bien entendu, elle affecta de le considérer avec un air de compassion, et, lui tendant un cachet d'abonnement des bains Vigier : « Tenez, mon cher X..., je ne vais plus au bain, profitez de ceci. » L'auteur, mortifié, se dirige, à jeun, vers l'établissement en vogue : triste perspective, pour un affamé, que l'immersion dans la Seine ! En entrant, notre homme jette machinalement les yeux sur le tarif des consommations ; il lit : Consommé, 1 fr. — « Garçon ! s'écrie-t-il. — Plaît-il, monsieur ? répond celui-ci. — Ce cachet représente 1 franc, n'est-ce pas ? puis-je le dépenser en consommation ? — Sans doute. — Eh bien ! servez-moi un consommé. » Après ce repas l'auteur retourne chez sa bienfaitrice. « Et votre bain ? fut la première question de la Melpomène. — Madame, j'ai préféré un bouillon, pour le même prix. » La chronique ne dit pas quelle fut la réponse à cet aveu naïf.

L'industrie des baigneurs parisiens remonte à une antiquité respectable. Dans le principe, les barbiers cumulèrent cette profession avec les deux autres spécialités qui ont immortalisé Figaro :

Faut-il donner un coup de peigne,
Messieurs, l'on est bientôt servi.
Ordonne-t-on que l'on vous saigne, etc...

Avec un peu d'érudition, je pourrais citer ici les anciens statuts des *barbiers etuvistes*, et rappeler le cri caractéristique dont ils faisaient retentir les rues de Paris : *Li bains sont chauds, c'est sans mentir !* Une foule d'abus contre les mœurs se produisirent dans ces établissements primitifs : le mot d'*estuves* devint synonyme d'un autre terme, que notre pruderie moderne défend d'employer, mais dont l'étymologie rappelle clairement la destination première.

toilette, et chez les bourgeois riches, qui ne veulent pas s'imposer de dérangement. Il est difficile de pénétrer dans ces intérieurs et ces réduits où se cachent les mystères de la vie intime du Parisien : chez quelques femmes qui appartiennent à moitié au public, il était jadis de mode de recevoir autour de sa baignoire un petit cercle d'amis et d'adorateurs. Un épais nuage de son, répandu dans l'eau, formait un voile assez opaque pour rassurer la pudeur peu farouche des baigneuses. Mademoiselle George aimait fort ce genre de réception, et l'on assure que la beauté plastique de ses épaules et de sa gorge justifiait cette prédilection. D'autres fois, c'est la lecture d'un roman favori qui fait écouler l'heure solitaire passée dans la baignoire, et l'on redit à ce sujet la fantastique histoire d'une lionne à qui l'on ordonna des bains d'eau-de-vie, et qui périt d'une mort horrible, victime de son imprudence. Elle avait fumé un cigare, et le feu s'était communiqué au liquide inflammable dans lequel elle était plongée. Mais inutile de suivre plus longtemps cette pérégrination à propos de bains dans les boudoirs et les cabinets retirés des Parisiens et des Parisiennes.

De l'eau chaude passons à l'eau froide. L'école de Deligny ou la grande école de natation, comme on

l'appelle, se trouve à côté du quai d'Orsay, non loin du pont de la Concorde. On regarda comme un luxe excessif qu'elle fût peinte à l'huile et recouverte d'un toit imitant l'ardoise. Le public des bains quatre sous cria au sybaritisme, en voyant les colonnettes

Les bains à domicile sont une dérivation des établissements de bains chauds. L'élément principal, c'est à-dire l'eau, est transportée, ainsi que les baignoires, chez les petites maîtresses, qui ne sauraient se livrer dans un lieu public à tous les raffinements de leur

qui formaient le pourtour de l'amphithéâtre, les paillassons et les tire-bottes, qui avaient été ajoutés aux claies, aux filets et aux planches, mobilier primitif des anciens établissements. Ce fut bien autre chose quand MM. Burgh frères, héritiers de Deligny, prirent

CHAPITRE XXXIX. — LE LONG DE LA SEINE (Suite).

possession de l'école de natation et entreprirent de la régénérer. A cet effet, ils achetèrent et dépecèrent les charpentes qui avaient servi aux funérailles de l'empereur Napoléon : sous leur direction, les anciens baraquements furent jetés à bas, et l'école s'éleva telle que nous la voyons.

Elle est formée par l'assemblage de plusieurs bateaux. Un bateau d'entrée contient le bureau de recette, la lingerie, le logement du gérant, et des cabinets dans sa partie supérieure. Un bateau-rotonde, placé à la tête de l'école, contient le café, sa cuisine et son divan ; en aval, au bas de l'école, est un autre bateau-rotonde. Dix bateaux, rangés sur deux lignes, dans l'ordre d'un parallélogramme, achèvent l'enceinte de l'école. Ajoutons le bateau séchoir, qui sert de logement au gardien, et la buanderie flottante. Cet ensemble est décoré avec beaucoup de goût, de luxe, et atteste la légèreté, la fantaisie élégante, les teintes vives, les nuances variées et les découpures de l'architecture orientale. Le divan est à lui seul un kiosque délicieux, et dans lequel la lumière du jour ne pénètre qu'à travers des verres de couleur qui en adoucissent l'éclat.

Trois cent quarante cabinets règnent le long des galeries du rez-de-chaussée et du premier étage : chacun est meublé de glaces, de patères, de tapis, de chaises en frêne couvertes en canne. Il y a, en outre, six salons particuliers, loués à l'année, sept salles communes,

Entrée des bains Deligny, quai d'Orsay.

avec des cases pour les effets des baigneurs, six salles pour les pensions, et six autres salles à l'étage supérieur. Les galeries sont garnies d'un tapis de laine. Indépendamment de tous ces lieux ouverts au public, on a réservé trois cabinets avec onze cents cases numérotées pour le dépôt des objets précieux, une salle pour les leçons à sec, et une chambre de secours, munie des appareils nécessaires pour rappeler les noyés à la vie : et je ne parle pas des pièces de service, du salon de coiffeur et du salon de pédicure.

Le fond d'un des deux bassins a été dragué pour faire disparaître toutes les aspérités du sol ; l'autre bassin est muni d'un fond en bois, long de trente mètres, dont la profondeur va de soixante centimètres à deux mètres. Devant le bateau-divan se trouve un escalier en spirale à deux paliers, dont le second s'élève à six mètres au-dessus de l'eau. Cette montée, d'une construction élancée, est entourée de filets : un mât et une flamme lui donnent un aspect pittoresque. Les plongeurs donnent à cet appareil qui leur est destiné le sobriquet de *perchoir*. Ils ont aussi, sur le pont qui joint les deux galeries, des gradins d'où ils peuvent prendre leur élan.

Les bains Deligny sont le prototype du genre : je me suis étendu sur leur description pour donner une idée du modèle de tous les établissements analogues. On ne trouverait ailleurs rien que des améliorations insignifiantes, et souvent moins de commodités et de confort réel. On assure que le devis des réparations faites par MM. Burgh monte à plus de trois cent mille francs.

Plusieurs établissements à quai sous s'élèvent aux environs des somptueuses écoles de natation, auxquelles les bains Deligny servent de modèle. Ces bains, plus modestes, se sont ressentis du voisinage de leurs opulents confrères, et ont ouvert leur porte à quelques améliorations et à un certain confortable relatif. Sans doute que les nageurs peu fa-

Vue intérieure des bains Deligny.

vorisés de la fortune n'y trouvent ni tapis épais, ni cabinets richement meublés, ni restaurants somptueux : la planche de sapin s'y montre presque toujours dans toute sa nudité, et rien ne dissimule les filets de cordages, et les fonds grossiers qui servent à protéger les amateurs. Pourtant les propriétaires se sont décidés à établir un vestiaire où l'on dépose ses vêtements en toute sûreté, et un magasin qui loue, au plus juste prix, les caleçons, voire même les peignoirs et les serviettes. Et si l'on y consomme moins de poulets sautés, de vins étrangers, de liqueurs fines que dans l'établissement aristocratique de Deligny et de Petit, en revanche la race des habitués s'y montre fidèle aux traditionnels déjeuners composés d'une saucisse, d'un petit pain et d'un petit verre d'eau-de-vie. Les divers bains à vingt centimes qui se succèdent entre le Pont-Royal et le pont d'Iéna voient affluer surtout une population démocratique de baigneurs et de nageurs : ils sont le théâtre des plus belles prouesses de la natation, des plus belles *coupes*, des *têtes* les plus savantes. Mais le véritable *bain à quat' sous*, celui où se conservent les traditions les plus anciennes, c'est l'établissement voisin des quartiers industriels, au

débouché des rues Saint-Antoine, Saint-Martin, Saint-Denis ; ce sont ces constructions noires et enfumées que l'on peut voir au confluent du canal et aux approches des ponts qui relient la Cité au continent parisien.

Et d'abord, la dénomination de bains à *quat' sous* est d'une certaine importance, au point de vue des

mœurs locales ; sans doute le Parisien professe un grand respect et une profonde vénération pour le système décimal, mais néanmoins il n'a pu se décider encore à en faire l'application dans ce cas, et à renoncer au vieux langage. Les bains à quatre sous, puisqu'il faut leur conserver ce nom, consistent, à l'extérieur, en un assemblage de planches mal jointes, re-

couvertes de grosse toile et ornées d'inscriptions qui indiquent le peu d'expérience de leurs auteurs dans l'art du peintre d'enseignes. Le bassin intérieur est entouré d'une quadruple rive en planches non rabotées : au milieu, une corde tendue de l'un à l'autre bord, sert de rampe et d'appui aux apprentis nageurs, et l'on descend dans l'eau par des échelles. Les sa-

medis, dans l'été, lorsque la chaleur de toute une journée a bien chauffé la fournaise des rues, brûlé les murs et les pavés, une nuée plébéienne envahit ces économiques enceintes. Qu'on s'imagine une bande de démons, noirs de charbon et de fumée, ou bien des cyclopes arrachés tout à coup à

leurs fourneaux et à leurs forges, et plongés dans un bain qu'un seul instant rend épais et fangeux : on n'aura encore qu'une faible idée de ces masses de batraciens à figure humaine, grouillant et pataugeant dans une vasque immense. C'est là qu'est né le genre grenouillard. Le soir, à la lueur fumeuse des lanternes, c'est un spectacle infernal. Il existe aussi

un certain nombre de bains à vingt centimes *pour les femmes*. J'avoue humblement ma parfaite ignorance des us et coutumes de ces nymphes de ruisseaux.

Après ces détails sur la disposition des établissements de bains sur la rivière, il est à propos de dessiner quelques-unes des physionomies les plus saillantes qui s'y rencontrent. A tout seigneur tout hon-

neur : le maître de nage s'offre le premier dans cette galerie.

La vie du maître de nage est toute une odyssée, dont le premier chant commence à Bercy ou à Charenton, et qui peut avoir plusieurs dénoûments. Le maître de nage est le type accompli du *marinier* de la Seine : il a passé par toutes les formes de loup de

rivière, d'abord mousse sur les trains de bois flotté, puis conducteur de trains, puis débardeur et déchireur de vieux bateaux. Il a barboté avant de savoir marcher : son premier talent fut de faire des ricochets ; et, après avoir été sevré avec une friture de goujons, il a continué à manger de la matelote en guise de bouillie. Quoiqu'il n'ait jamais appris à na-

ger, et qu'il soit nageur de nature, aucun des principes de son art, plus compliqué qu'on ne l'imagine, ne lui est étranger. Toutes ses poses ont une correction académique ; tous ses mouvements dans l'eau sont calculés d'une manière savante pour ménager ses forces et obtenir le plus de résultats avec le moins

d'efforts possible. Dans ses leçons et ses préceptes, il a toute la rigueur et toute la précision d'un maître d'escrime, et au besoin il en remontrerait, tant pour la théorie que pour la pratique, aux plus habiles nageurs de l'Océan et de la Méditerranée. Il ne tremblerait même pas devant Nicolas, qui fut jadis surnommé le Poisson, à cause de son habileté dans l'art de plon-

ger, et qui périt en cherchant une tasse d'or qu'on avait jetée dans la rade de Palerme.

A terre, le maître de nage parisien se montre vêtu d'un pantalon blanc, d'une chemise rose, de bas à côtes et d'une ceinture rouge : il porte une grosse épingle en forme d'ancre et des boucles d'oreilles d'argent. Des escarpins vernis et un chapeau ciré

complètent sa tenue en grand costume. Souvent il étale avec orgueil, sur sa large poitrine, une brochette chargée de médailles de sauvetage : et il est fier, à bon droit, de ce que l'eau, sa vieille amie, lui laisse quelques-unes de ses victimes, qu'il conquiert et qu'il sauve à force de sang-froid et de courage.

Bref, il a toutes les qualités du vrai marin : l'audace,

CHAPITRE XXXIX. — LE LONG DE LA SEINE (Suite).

la patience, la prudence et le coup d'œil : adroit, hardi, dévoué, plein de sollicitude et de vigilance, rien ne lui manquerait s'il se montrait plus prévoyant pour lui-même, et surtout s'il avait un goût moins prononcé pour les boissons alcooliques. L'élève nageur qui tient à gagner ses bonnes grâces ne doit pas négliger de lui offrir, de temps en temps, la piécette blanche ou le cigare, en façon de calumet de l'amitié : et souvent, comme son gosier sèche à force de répéter les instructions et les bons conseils, il est à propos de l'humecter d'un petit verre d'eau-de-vie :

tout individu qui néglige d'avoir pour lui de telles prévenances est classé au nombre des mauvaises pratiques, et s'expose à boire un coup d'eau, faute d'avoir voulu ou pu payer un coup de vin : toutefois la rancune du maître de nage ne va jamais plus loin que la première gorgée.

L'hiver, le maître de nage disparaît, sans qu'on puisse se rendre compte de ce qu'il fait durant cette éclipse de six mois ; et quand arrive pour lui l'hiver de la vie, la vieillesse, son imprévoyance le plonge le plus souvent dans la misère. Heureux si, dans ses

beaux jours, il a épousé une femme qui puisse assurer la fin de sa carrière !

Voilà quel est cet homme, dont bien des gens peut-être envient l'existence, parce que seul, avec le garçon de cabinet, il pénètre dans ces mystérieux harems qu'on nomme bains de femmes. Ah ! si les maîtres de nage n'étaient pas discrets, quel désenchantement pour ceux dont l'imagination travaille si fort à la vue de l'inscription : « Bain pour les dames ! »

L'intérieur d'une école de natation présente un aspect différent aux différentes heures du jour : le matin

ne ressemble pas plus au midi, que le midi à la soirée. On peut diviser ce sujet si riche en observations en chapitres distincts ; par exemple : la pêche matinale, le déjeuner, la nage, la pleine eau, et enfin le souper à la nuit. Procédons par ordre.

Du point du jour à l'heure du déjeuner, une école de natation qui se respecte reçoit seulement quelques intimes, des nageurs habiles, se plaisant aux premières fraîcheurs du matin. Parmi eux se trouvent quelques membres de cette corporation de fossiles, d'êtres antédiluviens, qu'on nomme les pêcheurs à la ligne. Ils

plongent leur innocent hameçon dans l'enceinte du bassin, et ont grand soin de ne pas ruiner ceux qui leur accordent une hospitalité si généreuse ; mais il n'y a pas de pêche plus abondante que celle que font les maîtres de nage matin et soir, en retirant le filet

dont se compose le fond du bassin. Il arrive quelquefois que dans cette opération on pêche autre chose que des ablettes et des goujons : le profit est alors pour les mariniers, qui le partagent en frères.

L'heure du déjeuner s'étend de dix heures à midi, et plus tard. A ce moment, le bain est envahi par des enfants et des adolescents, ou des élèves de pensions, qu'on désigne familièrement sous le nom de *gamins*

ou *moutards* : aussi les habitués non nageurs profitent de ce prétexte pour se livrer aux charmes d'un festin à nu. C'est une variété de déjeuner à la fourchette. Dans les établissements modestes, ces Sardanapales d'eau douce se contentent de partager avec les mari-

niers le classique régal composé d'un cervelas et d'un petit verre : pour eux, l'omelette est un luxe inouï, et le seul vin du cru de Bercy arrose ce modeste ordinaire. Mais, en revanche, le restaurant de Deligny ne craint aucun rival, et défie les Frères Provençaux et Véfour, de glorieuse mémoire. On entend les explosions du champagne ; les interpellations se croisent, et le sacramentel : « Voilà ! » se distingue seul au milieu de tous les bruits les plus hétérogènes.

Au repas succède le café, puis le cognac, puis le cigare, et enfin la sieste, dans toutes les attitudes ima-

ginables, ou encore la conversation en déshabillé. C'est ce dernier épisode qui peut fournir le plus riche sujet aux caricaturistes. On sait combien les exigences du costume moderne, l'oubli de la gymnastique, et le discrédit dans lequel sont tombés les athlètes, influent d'une manière désastreuse sur la conformation physique des hommes d'aujourd'hui. Les bains, particulièrement aux heures qui suivent le déjeuner, présentent l'assortiment le plus complet de toutes les déviations de l'Apollon primitif. Rien de réjouissant comme l'aplomb et la suffisance de toutes ces caricatures vi-

vantes, et aussi rien de triste comme toutes ces entorses que la mode a faites au chef-d'œuvre de la création. Il y a là une collection complète de gros ventres, de têtes énormes, de jambes grêles, de genoux cagneux, de tailles sans fin, de pieds difformes, de bras maigres et d'épines dorsales décrivant plusieurs courbes peu géométriques. Et pourtant les malheureux affligés de pareils ridicules se montrent fats et pleins d'arrogance : nul n'a conscience de sa faiblesse et de ses infirmités. Dans leurs semblants de costumes, ils cherchent l'élégance, et, le plus souvent, ils n'attra-

pent que le grotesque. Les uns ont des peignoirs bizarres, des costumes excentriques, des caleçons qui jouent au Turc, à l'Arabe, à l'Écossais, au Grec, au Polonais. La plupart de ces prétendus nageurs ne nagent et ne se mouillent jamais : ils viennent là comme au bal masqué.

Les divers groupes que forment ces politiques du bain ne manquent pas d'originalité : les uns se couchent comme des nègres au repos, les autres se drapent à l'antique dans leurs peignoirs ; il y en a qui singent la halte d'un douar dans le désert, qui écou-

tent un orateur qui s'isolent comme des tragédiens répétant leur rôle ; en un mot, toutes les phases de la conversation, tous les genres de discussion, philosophique, morale, industrielle, s'y trouvent représentés. Le langage est nu comme les hommes ; les aveux et les confidences ont un déshabillé conforme à celui des individus.

La nage proprement dite est surtout en vigueur de quatre à six heures, au moment où la digestion du premier repas est terminée, et où la perspective prochaine du dîner stimule les paresseux et leur fait désirer un exercice apéritif. Comme je le disais tantôt, en parlant des maîtres de l'art, la nage est tout une science, qui ne saurait être théoriquement enseignée que dans un traité spécial : il suffira ici d'en indiquer sommairement les diverses variétés.

En premier lieu se placent les deux grandes divi-

sion : la natation proprement dite et l'art de plonger. Les habiles diversifient à l'infini les manières de nager : la *brasse*, la *marinière*, la *godille*, la *planche*, sont autant de modifications apportées au mouvement élémentaire et primitif, lequel consiste surtout à imiter les manœuvres des batraciens, nos meilleurs maîtres de

nage. Repliez vos bras, les coudes collés au corps, et les mains jointes sous le menton ; ployez les jarrets, en rapprochant les pieds de ce centre de gravité qu'on ne désigne qu'au moyen d'une périphrase ; puis, vous tenant à plat ventre sur l'eau, déployez vos membres sans précipitation et avec fermeté, voilà l'essentiel : tout

le reste n'est que fioriture. La brasse, tel est le nom de ce procédé, constitue la base de l'art de la natation : lorsque le baigneur a acquis dans cet exercice la force, la solidité et surtout la confiance en lui-même, il peut se permettre les embellissements que lui suggérera son imagination aidée de l'expérience. Peu importe

qu'il navigue sur le flanc ou sur le dos, qu'il se laisse aller à la dérive ou qu'il se dirige par un simple trépignement, il sait que l'eau est l'amie de ceux qui la connaissent, et se prête avec complaisance aux caprices des nageurs habiles. La *coupe*, c'est-à-dire une nage énergique, un élan vigoureux, et sans règles fixes, c'est *le nec plus ultrà* : quand un *fort* de l'école raconte ses nautiques exploits, le mot : « Je fis alors ma coupe, » indique le moment où sa narration arrive à l'instant décisif : la coupe, c'est le nœud du drame dont le baigneur se fait le héros.

L'art de plonger offre aussi ses gloires et ses difficultés : on plonge *en chandelle*, les pieds rapprochés et

le corps roide, ou bien on donne un plat-... on s'immergeant dans l'attitude d'un fumeur oriental. Le beau idéal consiste à *piquer une tête*, c'est-à-dire à plonger la tête la première, en ayant les deux bras élevés et les mains jointes, de manière à former une pointe qui pénètre dans l'eau et la divise sans éclaboussure.

Piquer une tête, voilà le grand écueil des nageurs encore inexpérimentés : si le coup de jarrets donné

en s'élançant est trop fort, l'on tombe à la renverse et l'on donne un *plat dos* ; si au contraire l'élan manque de vigueur, le corps porte en avant et l'on donne un *plat ventre*. En outre la galerie ne fait pas grâce au plat ventre mauvais ; elle est honnie et sifflée.

Le coup d'œil qu'offre l'intérieur d'une école de natation, pendant qu'inhabiles et habiles se livrent aux exercices que je viens d'indiquer, est des plus curieux. Les baigneurs affluent à l'amphithéâtre : les plus

belles têtes se succèdent ; les intrépides se produisent avec tous leurs avantages ; les uns font la planche, les autres s'élancent dans les diverses positions que leur suggère leur aventureuse témérité. Les bassins, où les nageurs pullulent, se heurtent, se choquent, ressemblent à une boue humaine, liquide et visqueuse, qui grouille et s'agite : sages ceux qui s'abstiennent de ce tohu-bohu.

Ceux pour qui la natation est chose facile ne quit-

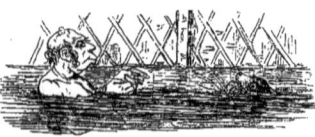

tent pas le grand bain ; toutes leurs évolutions se font en vue de l'amphithéâtre. Le petit bassin est réservé à ceux qui s'ébattent en compagnie de leur chien entré en contrebande, ou des jeunes héritiers que le ciel leur a donnés.

En général, l'homme est laid au sortir de l'eau, et si quelqu'un peut effacer en difformité les amateurs du nu dont il était question tantôt, c'est à coup sûr le nageur grelottant, à mine souffreteuse, qui remonte l'échelle tout humide et tout dégouttant. On ne croirait jamais que la félicité réelle qu'éprouve le baigneur puisse se dissimuler sous un masque si piteux. Et quelles physionomies ! quels démentis cette vérité

vraie et sans voiles donne à la vérité habillée ! Tenez, voyez-vous ce vieillard transi, qui grelotte sur son banc, dans l'attitude d'un coupable, c'est un magistrat célèbre, un avocat général éloquent, qui brille de tout son éclat sous la robe rouge, et qui tonne avec toute son énergie quand le costume et l'appareil judi-

ciaires viennent relever sa triste et piteuse figure. Cet autre, à l'air grossier et commun, qui prend du ventre, et qui étale ses gros membres sans grâce et sans dignité, attend à la porte le coiffeur, l'équipage et le corset qui vont le transformer en lion du Jockey-Club. Ce troisième, malingre, grimpé sur des échasses, ti-

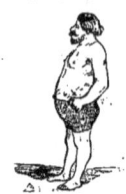

mide, qui semble vouloir entrer dans l'eau sans se mouiller : c'est un héros de salons, un Oscar ou un Arthur renommé pour son élégance, sa distinction et sa beauté. Quel malheur pour tous ces gens-là, si les lois de Lycurgue étaient encore en vigueur et si, comme à Sparte, où le costume ne pouvait mentir, aucun

vêtement trompeur ne cachait les imperfections et les travers physiques ! Les philosophes qui ont déclamé contre les mensonges de la toilette et les inutilités de la mode n'ont sans doute jamais surpris la nature humaine dans le déshabillé du bain : sans cela, ils auraient compris l'utilité des habits brodés, des galons, et de tout ce clinquant extérieur qui sert à

CHAPITRE XXXIX. — LE LONG DE LA SEINE (Suite).

désigner le rang de chaque individu dans la société.

La pleine eau est un des épisodes curieux de cette partie de la journée à l'école de natation : sept à huit fois, dans les chaudes journées d'été, et dans l'intervalle entre midi et six heures, ce cri se fait entendre : « Allons ! messieurs, la pleine eau ! » La pleine eau est une excursion à l'usage des intrépides, en dehors de l'école : chaque bateau, chargé de ces héros nautiques, s'éloigne sous la conduite d'un maître de nage, et navigue, soit en suivant le fleuve, soit en le remontant, entre le pont Royal et le pont de la Concorde. Arrivé à l'un de ces points, le bateau se met en travers, pour n'aller que lentement à la dérive ; et aussitôt nageurs de prendre leur élan, et de se livrer à tous les exercices les plus gracieux et les plus recherchés de leur art. La pleine eau est le moment où se font les coupes, les brasses, les marinières les plus savantes et les plus étudiées : il s'agit de mériter les regards des badauds qui se pressent sur les ponts et contemplent ce spectacle avec autant d'attention que s'il s'agissait d'un chien noyé ou de l'arrivée du pyroscaphe venant de Saint-Cloud. Malheureusement il faut bientôt interrompre ces exercices, et regagner l'école, non sans jeter un coup d'œil orgueilleux aux gens dont on a excité la curiosité.

Le voyage du bateau chargé de nageurs n'est pas toujours sans dangers : il s'expose à un abordage, ou, pour employer le terme flambart, à un *battage*, avec ces farouches corsaires qui écument la Seine depuis Bercy jusqu'à Asnières, leurs deux capitales. Plus d'une fois le chef d'équipe d'un navire pavoisé aux couleurs barbaresques a mis le cap sur une modeste embarcation de pleine eau, et est parvenu à sombrer bel et bien pour avoir manœuvré hors de propos. Ce sont là des incidents mémorables. Le sauvetage de l'écumeur infortuné et de ses équipiers suffit pour défrayer longtemps les anecdotes et les récits maritimes de l'École de natation. Mais le plus souvent l'adresse des mariniers évite tout *battage* inopportun, et la rencontre se passe sans autre incident que quelques bordées d'injures et d'imprécations. Le style *chicard* des baigneurs se montre de niveau avec la *bayace d'entrepont*.

Le retour de la pleine eau, et, en général, la sortie du bain, sont suivies de fréquentes visites au café annexé à l'établissement. Les liqueurs, le vin de Malaga, le vin de Madère, l'absinthe, le grog et le cigare sont demandés avec fureur. Le comptoir est ordinairement tenu par une femme ; et, malgré le peu de faveur que mérite le nu, il n'est pas rare de voir une foule d'individus, dans l'appareil le plus simple et le moins flatteur, faire gracieusement la roue auprès de la déité du lieu. Notre amour-propre nous porterait-il à croire que bien des femmes, grandes et petites, voudraient jouir à l'aise de la vue d'un café-restaurant en caleçon et en peignoir ?

La foule s'écoule à six heures du soir ; il ne reste plus que les gourmets insatiables, qui renouvellent au dîner les mêmes scènes déjà décrites à propos du déjeuner. Puis la nuit arrive : on ferme les bas-

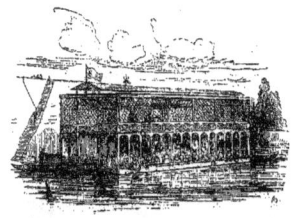

sins, et les dîneurs attardés restent dans les galeries.

C'est le moment où l'on voit revenir les amateurs de la pêche à la ligne, et où les mariniers de l'école lèvent de nouveau leur filet. Quelques petits soupers ont introduit à l'École de natation des nuits vénitiennes fort recherchées, et que certaines actrices ont mises à la mode.

Pour compléter ce qui a rapport aux bains proprement dits, il reste à parler de quelques dispositions prises par la police. Il est défendu de se baigner dans la Seine, à partir de Bercy jusqu'à la barrière de Passy, pas plus que dans les canaux Saint-Martin, Saint-Denis, de l'Ourcq et dans le bassin de la Villette. Les bains, qui ne peuvent être établis qu'avec autorisation, doivent être emménagés de manière à garantir la sûreté des baigneurs : ils doivent être fermés de dix heures du soir jusqu'au jour, et enlevés le 30 septembre de chaque année. Comme prescription spéciale, je citerai l'article qui ordonne d'afficher en lieu apparent le tarif des prix, qui ne peuvent dépasser :

Pour l'entrée.... 75 c.
Pour le caleçon... 10
Pour le peignoir.. 25

la défense d'introduire des chiens, ou de tolérer la nudité complète des baigneurs, etc.

La Seine présente, indépendamment des bains, un grand nombre de constructions d'apparence analogue : ce sont les bateaux des blanchisseuses. Le lecteur a déjà rencontré ces dignes ouvrières dans les divertissements du carnaval ; il a pu se faire une idée de leur caractère jovial et de leur gaieté, qui est devenue proverbiale parmi les habitants du fleuve. Les bateaux des blanchisseuses se sont ressentis des améliorations qui se sont faites de toutes parts sur la Seine : ils ressemblent maintenant aux kiosques du Bosphore et aux pavillons flottants des fleuves chinois. Dans ces nouvelles demeures, qu'on leur a faites si sveltes et si diaphanes, les lavandières n'ont rien perdu de leur vivacité. Les *poules d'eau* de la Seine, comme les appellent les mariniers, ont bon pied, bon œil, bec et ongles : elles ripostent avec verve aux attaques qui hèlent leurs bateaux. On entend retentir sans cesse leurs chants avec accompagnement de battoir ; la gaieté y est à demeure fixe. Les blanchisseuses cultivent la nécromancie, et la tradition prétend que mademoiselle Lenormand a fait ses premières armes sur leurs bateaux.

Pour compléter les curiosités de la Seine, sans sortir de Paris, il reste à citer la frégate-école, jadis amarrée à Neuilly, et qui a été amenée en face du quai Billy pour servir aux fêtes du 15 août 1852. Le Gouvernement voulait montrer aux Parisiens un échantillon de combat naval, avec bordées, abordage, etc. : c'est ce qui a déterminé les entrepreneurs de la fête de *touer* jusqu'au pont d'Iéna ce navire sans nom, portant trois mâts écourtés, percé d'autant de sabords qu'une frégate, taillé en goélette, et plat de carène comme un radeau. Je crains bien que ce fantastique vaisseau ne donne aux badauds qui le visitent moyennant la bagatelle d'un franc, qu'une idée fort impar-

La pleine eau.

faite des navires et de la navigation. Le bateau qui fait le service de Saint-Cloud, et même les canots de Bercy, qui ont remporté plus d'une couronne de régates, ressemblent bien mieux à des embarcations sérieuses.

Nous quittons la Seine à sa sortie de Paris ; mais nous ne lui disons pas encore un adieu définitif. Ne devons-nous pas la retrouver, sous forme de filets et de dérivations, dans les canaux, dans les fontaines publiques, et jusque dans le modeste seau du digne Auvergnat qui le colporte d'étage en étage ? L'arrosement de Paris, sa consommation en eau pour la buanderie, pour la boisson, etc., etc., méritent bien une mention spéciale. Et aussi, quand il s'agira de Paris *extra muros*, la Seine ne pourra être oubliée : nous la retrouverons dans les divers sites de la banlieue qu'elle traverse et qu'elle embellit ; nous la reverrons avec sa pacifique population de baigneurs nomades, de pêcheurs infatigables, et aussi avec ses rôdeurs, mes parasites, ses écumeurs soigneux d'éviter l'œil d'Argus de l'autorité, qui veille dans la ville.

Chapitre XL.
LE LONG DE LA SEINE (Suite).
LES INVALIDES.

Voltaire et le siècle de Louis XIV. — *Veteres coloni*. — Le maréchal Bugeaud et la colonisation militaire. — Les *milices permanentes*. — Les *mortes-payes, officiers-lais et moines-lais*. — Les *oblats*. — Les *Enfants-Rouges*. — Nicolas Houel. — Les édits de Louis XIV. — Libéral Bruant et Mansard, architectes de l'hôtel et du dôme. — Une gravure contemporaine de Louis XIV. — Peintres et sculpteurs dont les œuvres figurent à l'hôtel des Invalides. — Les vingt-trois cours et la façade de l'hôtel des Invalides. — La cour principale. — Le grand état-major de l'hôtel. — Les dortoirs. — L'esplanade. — Les canons. — Les jardins des Invalides. — Conditions d'admission à l'hôtel des Invalides. — Nourriture des Invalides. — La succursale d'Avignon. — La marmite des Invalides. — La chapelle. — Les drapeaux. — Les tombeaux aux Invalides. — Les gouverneurs. — Moncey. — Jérôme Bonaparte. — L'épée d'Austerlitz. — Le tombeau de l'Empereur.

Voltaire dit dans le *Siècle de Louis XIV* : « Il appartenait à Louis XIV, qui avait fait plus d'invalides qu'aucun de ses prédécesseurs, de leur ménager un asile. » Une telle institution appartenait aussi à sa grande âme, à sa générosité et à la fibre nationale qui vibrait dans son cœur de roi, qualités éminentes que nul ne peut méconnaître.

Un hémistiche de Virgile, le fameux *veteres migrate coloni* de l'églogue, nous apprend quel était le sort des invalides sous la république romaine. On assignait aux vieux soldats des terres à cultiver dans les vastes possessions de l'État. Il y a apparence qu'on les en dépouillait aussi quelquefois; le maréchal Bugeaud semble avoir désiré la restauration de ce système, lorsqu'il proposait ses plans de colonisation militaire. Mais la méthode romaine offrait plus d'un inconvénient dont ce n'est pas le lieu de disserter ici.

Avec l'établissement des *milices permanentes*, qui remonte au quinzième siècle, dut nécessairement concorder le soin d'assurer l'existence des guerriers mis hors de service par les blessures ou par l'âge. Faute de mieux, on les mit longtemps en pension chez les seigneurs et chez les moines, et ce fut une véritable contribution de guerre levée par le pouvoir royal sur ces deux classes privilégiées.

Dans les châteaux forts, les invalides des quinzième et seizième siècles prenaient le nom de *mortes-payes*; dans les couvents, d'*officiers-lais* ou de *moines-lais*. Il y a encore dans l'hôtel actuel une salle dite des *officiers moines-lais*.

Des pensions militaires étaient en outre perçues sur le clergé sous le titre d'*oblats*, et les anciens officiers ou soldats qui les recevaient furent eux-mêmes avec le temps désignés sous le nom d'*oblats*.

Les fils chéris de la victoire.

Henri IV fut le premier roi de France qui s'occupa de réunir les invalides éparpillés sur tous les points du territoire. Il les logea provisoirement dans l'établissement pieux d'Oursine, dit de la *Charité chrétienne* ou des *Enfants-Rouges*, fondé par le bienfaisant Nicolas Houel, riche apothicaire de Paris, qui fut le premier fondateur de notre École de pharmacie et de notre Jardin des plantes.

Sous Louis XIII, les invalides changèrent de logis et passèrent à Bicêtre; mais les huguenots furent exclus de l'hospitalité royale.

Enfin Louis XIV érigea, par ses édits de 1670, de 1674 et 1675, la magnifique fondation où les serviteurs de l'État ont depuis lors trouvé asile.

L'hôtel s'éleva sur les plans de l'architecte Libéral Bruant; l'église et le dôme, sur les plans de Jules Hardouin Mansard.

On rapporte que, dans ce temps, l'architecte Wren construisait le magnifique dôme de Saint-Paul. Louis XIV ne voulut pas rester en arrière de Charles II, et il commanda à Mansard le dôme de l'église des Invalides, qui est un beau morceau, bien qu'il écrase la nef avec les dimensions de laquelle il est hors de toute proportion.

Le produit des *oblats* et une retenue de deux deniers par livre sur toute somme payée par les trésoriers, plus tard portée à trois deniers, furent assignés pour faire face à l'entretien de cet utile, mais fastueux établissement.

Nous avons sous les yeux, en écrivant ces lignes, une gravure contemporaine représentant Louis XIV dans l'acte de la fondation, et la légende qui accompagne cette scène allégorique peint bien tout à l'esprit du monarque et celui de la création :
« La *Charité*, qui est à la droite de Louis XIV

Hôtel des Invalides. — Côté de l'Esplanade.

(nous transcrivons textuellement), lui présente des officiers et des soldats estropiés à son service et lui inspire le dessein de leur établir une retraite. L'*Architecture*, la *Peinture* et la *Sculpture*, qui sont à la gauche du roi, attendent un ordre pour se concerter ensemble sur la distribution et la décoration de ce magnifique édifice, et la *Renommée* publie le pieux dessein de ce grand roi. »

Il est certain que la peinture, l'architecture et la sculpture furent très-largement, trop largement peut-être, mises à contribution pour le nouvel hospice. On reprocha au roi et de trop dépenser et de sacrifier l'utile au grandiose dans la distribution de l'édifice. Mais rien n'est parfait ici-bas, et c'était le noble défaut d'une éminente qualité. On s'en est corrigé depuis.

Outre Mansard, Coustou, Coypel, Jouvenet, Corneille, Louis et Bon de Boulongne furent mis en réquisition pour l'ornementation de l'hôtel, de l'église

Salves d'artillerie, aux Invalides.

et des six chapelles sur lesquelles s'étage le dôme.

L'hôtel, qui comprend vingt-trois cours et une masse de bâtiments énormes, présente sur l'esplanade une façade imposante de plus de six cents pieds de longueur, qui regarde le septentrion, et compte quatre étages avec cent trente fenêtres.

La cour d'honneur, qu'entourent deux étages d'arcades, est d'un majestueux aspect. Sa longueur est de 390 pieds sur une largeur de 192.

Cette cour est entourée de quatre corps de logis. Le milieu de chaque face est accompagné d'une espèce de corps avancé avec un fronton. Les combles sont ornés de tous côtés. Les appartements se trouvent convenablement disposés. Le grand état-major de l'hôtel, c'est-à-dire le gouverneur, le général commandant, l'intendant militaire, les officiers de santé et les bureaux, occupent ceux de l'aile droite et de l'aile gauche de la façade. On a pratiqué de l'au-

Hôtel des Invalides. — Façade du côté de l'église.

tre côté, des appartements particuliers devant servir de logement aux officiers supérieurs et à quelques officiers subalternes; les autres chambres, sauf quelques exceptions, sont en commun, tout en présentant des avantages de commodité tels, que les officiers qui les occupent s'y trouvent fort à l'aise. Les dortoirs des officiers ne contiennent que quatre ou six lits; ceux des sous-officiers et soldats en renferment jusqu'à cinquante.

La longueur de cette cour principale correspond mathématiquement à l'élévation du dôme, qui contient deux coupoles et qui resplendissait de dorure, à l'époque où il sortit des mains de son habile auteur.

En avant de l'hôtel, s'élève une esplanade de cent deux toises de longueur, flanquée de fossés, s'ouvrant par une vaste grille, et armée de canons pacifiques habitués à tonner pour toutes nos gloires, et qui, depuis un demi-siècle, ont chanté dans leur langue plus de fêtes populaires, républicaines ou monarchiques, qu'ils n'ont, à coup sûr, vu de batailles.

Parmi ces canons, le plus grand nombre provient des prises faites sur l'ennemi à la suite des victoires de la République et de l'Empire; d'autres captures, plus modernes, datent des prises d'Alger et de Constantine.

Aux deux côtés de l'esplanade sont rangés, sous une allée de tilleuls, de petits jardinets cultivés par les plus ingambes de nos vétérans. On retrouve là, en miniature, le type du soldat laboureur: c'est l'invalide horticulteur. La plupart de ces jardinets sont décorés d'une statue: pas n'est besoin de dire laquelle. On voit aussi dans quelques-uns des plans de villes fortes, et ces fameux ouvrages à corne dont la construction charmait la vieillesse de l'oncle Toby.

L'hôtel des Invalides contient aujourd'hui cinq mille habitants: il peut en recevoir jusqu'à six mille. Pour obtenir d'y être admis, il est nécessaire de justifier de blessures graves ayant entraîné l'amputation ou l'incapacité de service, sinon de la jouissance d'une pension de retraite dont il est fait re-

Les Invalides. — Les jardins.

tour à l'État, à l'entrée du pensionné aux Invalides. Les sous-officiers et soldats dont la retraite est fort modique, et les officiers qui n'ont d'autre fortune que leur pension, trouvent un fort grand avantage à abandonner cette rente pour une admission dans l'hôtel, où ils sont entourés de soins, défrayés de tout, et reçoivent en outre une petite paye qui varie, suivant le grade, de 2 à 30 fr. par mois.

La même nourriture leur est servie à tous; mais les officiers mangent à part et ont seuls le privilège hiérarchique de se servir d'argenterie. Les capitaines et lieutenants prennent leurs repas en commun. Les officiers supérieurs peuvent se faire servir dans leur chambre. Quant aux sous-officiers et soldats, ils prennent place deux fois par jour dans quatre vastes réfectoires, peints à fresque de plans et de vues de places fortes, se rangent douze par douze autour de tables rondes, abondamment, sinon luxueusement servies.

L'hôtel des Invalides avait encore, il y a deux ans, une succursale qui avait été établie à Avignon sous l'Empire; mais cette succursale a été supprimée en 1850, et cette suppression fit refluer vers Paris quatre cents invalides qui furent reçus avec les marques du plus vif intérêt par leurs camarades et le général Petit.

Arrivée à Paris des invalides de la succursale d'Avignon.

L'entretien de chaque invalide coûte à l'État 4 fr. 80 c. par jour, celui d'un officier 2 fr. 20 c., non compris, bien entendu, l'intérêt des sommes énormes représentées par le terrain et les bâtiments de l'hôtel.

Ces vieux serviteurs jouissent ainsi d'une existence paisible et de beaucoup supérieure à celle qu'ils pourraient atteindre de leur retraite ou de leurs modiques ressources. Aussi atteignent-ils pour la plupart, même criblés d'infirmités ou de blessures, à un âge très-avancé. Outre le centenaire de rigueur, on cite actuellement, parmi les pensionnaires de l'hôtel, des octogénaires en grand nombre et quinze ou vingt nonagénaires.

C'est justice que ces héroïques débris de toutes nos gloires militaires soient payés par une vie douce, exempte de travaux et de soucis, de leurs nobles fatigues et de leur sang versé. Toutefois des critiques, à diverses reprises, ont été adressées à la fondation en elle-même. On a objecté l'inconvénient d'entretenir dans l'inaction et dans un célibat égoïste des hommes qui, souvent admis jeunes encore dans l'établissement, pourraient rendre des services de plus d'une nature et faire souche de héros. On a demandé pour eux de préférence des terres, comme pour les vétérans romains; puis on a reproché au grand roi d'avoir trop consulté son goût pour le faste en construisant dans sa capitale un monument splendide qu'il eût mieux valu établir plus modestement à la campagne, où l'air plus pur doit prolonger la vieillesse et où les denrées sont moins chères. Louis XIV ayant tranché irrévocablement la question, toutes ces critiques sont inutiles.

Une visite à l'hôtel des Invalides est un des devoirs que s'impose consciencieusement tout provincial ou étranger qui passe huit jours à Paris, sous peine de déchoir à ses propres yeux, sinon même d'encourir l'animadversion de ses amis et de ses proches. — Avez-vous vu les Invalides, — et l'homme sans bras ni jambes, — et la fameuse marmite? — Telle est une des premières questions dont il est assailli. Nous devons convenir qu'à notre sens du moins rien ne justifie, si ce n'est les proportions du monument, ce traditionnel empressement, cette curiosité provinciale. Le vénérable tronc humain dont on s'est tant entretenu à Lodève et à Pézenas n'est plus de ce monde, si tant est qu'il y ait jamais figuré. Quant à la marmite, ou, pour mieux dire, aux marmites, car j'en ai vu quatre, elles peuvent tout simplement contenir, soit un bœuf, soit dix-huit veaux, soit trente-six moutons; le menu d'un dîner d'invalides, — ce n'est pas la peine d'en parler.

Lors donc que le visiteur a fait une tournée dans les cours, jeté un coup d'œil au réfectoire, dans les dortoirs, à la bibliothèque, qui fut créée par les soins du premier consul en 1799, et renferme 26,000 volumes, avec un plan en relief de l'hôtel, admiré les pièces d'argenterie qui servent aux officiers, et vu la célèbre marmite, il ne lui reste plus qu'à entrer dans l'église, et à s'enorgueillir à l'aspect des drapeaux de toutes nations qui la pavoisent, trophées impériaux que sont venus grossir tant d'étendards algériens.

La construction de cette église, un des plus beaux monuments modernes, fut commencée en 1675; les travaux ne durèrent pas moins de trente ans, et quelques détails d'ornements restaient encore inachevés quand Louis XIV mourut. Elle se compose d'une grande nef et de deux bas-côtés, décorés de pilastres corinthiens. Le dôme qui surmonte cette grande et magnifique œuvre de Mansard, a 300 pieds de diamè-

NÉ A PALISSE (DOUBS), LE 31 JUILLET 1754; VOLONTAIRE EN 1768; COMMANDANT EN CHEF L'ARMÉE DES PYRÉNÉES OCCIDENTALES EN 1794; CONTRAINT L'ESPAGNE A LA PAIX; MARÉCHAL DE FRANCE, 17 MAI 1804; PAIR DE FRANCE; GOUVERNEUR DES INVALIDES, EN DÉCEMBRE 1833; DÉCÉDÉ A L'HÔTEL DES INVALIDES, 20 AVRIL 1842, QU'IL REPOSE EN PAIX.

tre, portant 600 pieds de circonférence. Il domine Paris et s'élève à 223 pieds de hauteur. La façade de l'église regarde le midi; ses dimensions ont trente toises de largeur et seize de hauteur. On y arrive par

Jérôme-Napoléon Bonaparte, ex-roi de Westphalie, gouverneur des Invalides.

un perron de plusieurs degrés, décoré suivant l'ordre dorique et corinthien tout ensemble. Le portail est surmonté d'un fronton triangulaire. Deux niches adjacentes contiennent les statues colossales de saint Louis et de Charlemagne. Coustou aîné est l'auteur de la première; la seconde est due au ciseau de Coysevox. Un troisième ordre de colonnes corinthiennes règne autour du dôme. Le dôme est recouvert de plomb et orné de douze grandes côtes dorées qui s'étendent jusqu'à la coupole. L'intervalle qui sépare ces côtes est rempli par des trophées d'armes dorés et surmontés d'un casque dont l'ouverture sert de lucarne. A la coupole centrale, on remarque une peinture justement réputée, de Charles de la Fosse, qui représente saint Louis s'élevant dans les cieux et offrant à Dieu son épée et sa couronne. Les quatre évangélistes, peints par le même artiste, figurent aux quatre pendentifs de cette coupole, et Jouvenet a décoré de la reproduction des douze apôtres la première voûte. Cette église renferme cinq chapelles dont celle de la Vierge est la plus remarquable, quoique les autres renferment des peintures de Coypel et des frères Boullongne, entièrement à la hauteur de leur réputation.

Le pavé du dôme et celui des chapelles, en marbre de différentes couleurs, est orné de combinaisons et de compartiments répartis avec art et dans un excellent goût. Des lis, des chiffres, les anciennes armes de France et le cordon du Saint-Esprit, y interrompent agréablement les lignes de la sculpture. Roquefort dit à propos de ce chef-d'œuvre architectural : « Le travail, la richesse des matériaux, les sentiments que communique le lieu, les noms et le souvenir qu'il rappelle, tout se réunit, pour émouvoir fortement et exciter l'admiration de celui qui pénètre dans l'intérieur du dôme des Invalides, l'effet qu'il produit comme masse monumentale dans le panorama de Paris est peut-être plus merveilleux encore et plus généralement apprécié. C'est un de ces traits qui donnent une physionomie particulière et somptueuse à une ville; c'est l'accident le plus caractéristique et le plus pittoresque de son ensemble. »

Aux piliers de la nef de cette église sont fixées des tables de marbre ou de cuivre contenant les noms des maréchaux ou généraux, pour la plupart anciens gouverneurs de l'hôtel, dont la dépouille gît dans les caveaux de l'église. Nous avons recueilli ces noms : ce sont ceux de MM. Lemaçon d'Ormoy, prévôt général, chef des bandes et des gardes françaises, premier gouverneur de l'hôtel; d'Espagnac, de Guibert; Coigny, Kléber, d'Hautpoul, Bisson, Éblé, ces quatre derniers dont les cœurs seuls sont déposés aux Invalides; Baraguey-d'Hilliers, Lariboissière, Bessières; Duroc, Conchy, Jourdan, Serrurier, Lobau, Danrémont, Oudinot, Valée, Duperré et Moncey.

Quatre de ces généraux illustres ont un monument spécial, monument modeste, il est vrai, à l'église des Invalides, entre la balustrade du chœur et l'admirable maître-autel à colonnes torses que cache en ce moment une toile de fond, laquelle ne doit se relever que lorsque le tombeau de l'empereur apparaîtra derrière elle.

Ces privilégiés sont d'Espagnac, Oudinot, Jourdan et Moncey.

Le monument de ce dernier se compose d'une tête en médaillon, sculptée par David sur un marbre blanc enchâssé dans l'un des pilastres, et qu'on trouve dans l'église à gauche en entrant dans le chœur. Autour de cette tête on lit ces mots : *Bon Adrien Jannot de Moncey, duc de Conégliano*; au-dessous se dessine un trophée de deux palmes et de deux bâtons de maréchal, accompagnés en pointe de l'étoile de la Légion d'honneur.

En outre de ces dépouilles illustres, les caveaux des Invalides renferment aussi les cendres de toutes les victimes de la machine infernale de Fieschi, parmi lesquelles on compte Mortier, duc de Trévise, maréchal et pair de France, grand cordon de la Légion-d'Honneur; le maréchal de camp de la Chasse de Vérigny, commandant de l'école d'état-major; Rieullec, lieutenant-colonel de la 8ᵉ légion.

Nous parlions plus haut des drapeaux étrangers suspendus à la voûte de la chapelle des Invalides, mais nous avions oublié de signaler les drapeaux marocains qui furent envoyés en 1844, à l'issue de la bataille d'Isly et du bombardement de Mogador. Parmi ces trophées, il en est un qui éclipsa tous les autres, le fameux parasol du fils de l'empereur de Maroc. Ce parasol en soie rouge, brodé d'or et d'argent, à franges et à glands de même métal, fut tout de suite le grand événement du jour. Un marchand de parapluies de la rue Saint-Denis s'empara aussitôt de l'àpropos, et il fit inscrire en grosses lettres sur son enseigne ces mots : A la *Renommée des Parasols, fournisseur de l'empereur de Maroc*.

Le gouverneur actuel de l'hôtel des Invalides est le prince Jérôme Bonaparte, frère de Napoléon et ex-roi de Westphalie. Il a été nommé à cette haute fonction en remplacement du maréchal Molitor, appelé à la charge de grand chancelier de la Légion d'honneur, et qui lui-même avait succédé au maréchal Moncey.

Le 12 mai 1840, M. de Rémusat, alors ministre de l'intérieur, annonça à la tribune de la Chambre des députés que le gouvernement français venait de réussir dans une négociation des plus délicates, conduite avec le plus grand secret, et dont la conclusion était une sorte de triomphe pour l'amour-propre national : le gouvernement anglais consentait à rendre à la France les restes de l'empereur Napoléon !

Le prince de Joinville partit pour Sainte-Hélène, et ramena, au bout de neuf mois, la précieuse dépouille.

Le cercueil fut provisoirement déposé dans l'église des Invalides, et un concours fut sur-le-champ ouvert pour les dessins et l'exécution du tombeau voté par les Chambres. Tous les artistes de la France furent conviés à ce concours, dont le vainqueur fut M. Visconti.

Examinons, dit M. Jules Lecomte, qui a pu visiter par faveur spéciale ce monument aujourd'hui encore interdit aux visiteurs, les conditions morales et matérielles dans lesquelles la loi du 10 juin 1840 plaçait l'architecte pour l'édification du monument, et de quelle façon ingénieuse et grande, philosophique et religieuse, si l'on peut le dire ainsi, M. Visconti triompha des énormes difficultés que présentait le problème.

Cette loi voulait donc que le tombeau fût placé sous le dôme. Cette condition expresse amenait les premières difficultés. Examinons.

L'église des Invalides a deux entrées, l'une au midi, l'autre au nord. Celle du midi offre la façade où s'élève le dôme; on y arrive par la place Vauban. L'autre entrée, la plus fréquentée, donne vers la grande cour de l'hôtel. Vers laquelle de ces deux entrées l'architecte devait-il tourner la façade du tombeau?

Sous le dôme, dans ses parties latérales, s'élèvent deux monuments vénérables : l'un est consacré à Turenne, l'autre à Vauban : leurs cendres y sont déposées dans des tombeaux qu'ornent des figures allégoriques de grande dimension. Ces monuments frappent tous les regards, réveillent les plus mémorables souvenirs, et on ne peut les examiner sans ressentir un mouvement où l'art et la gloire se confondent en une émotion admirative et respectueuse.

Pouvait-on dresser entre ces deux monuments, deux fois séculaires, une construction de nature à les écraser par sa masse, à les éclipser par son cortége, à les anéantir par la comparaison ?

Autre inconvénient des plus graves. Ériger le tombeau de l'Empereur au niveau du sol, c'était aussi masquer l'autel. Et l'autel ne doit-il pas, dans une église, attirer les premiers regards? C'est lui qui révèle qu'on est dans la maison de Dieu; c'est à ses pieds que se prosterne le prêtre, sur sa table que le saint sacrifice est consommé. Il était donc indispensable qu'aucun objet ne s'interposât entre le pontife et les fidèles qui sont répandus dans le temple, afin qu'ils pussent s'unir aux actes qu'on y accomplit même lorsque rien ne les vienne distraire.

Le seul moyen qui s'offrît d'obéir à la fois à la politique et à ces lois morales et religieuses, c'était de créer une crypte en rapport avec le dôme, chef-d'œuvre de l'illustre Mansard.

Remise à l'hôtel des Invalides des drapeaux pris à Mogador.

Une crypte laissait en effet à ce monument admirable sa noblesse, son élégance et son unité. Ces qualités eussent forcément été altérées par l'érection au niveau du sol d'un monument de cette importance; l'espace qu'il aurait occupé, sa masse, son luxe, auraient troublé toute l'harmonie de ce beau temple. Il devenait même impossible de se placer désormais sur le point qui permet d'en embrasser l'ensemble, de saisir d'un seul coup d'œil la régularité de ses proportions, sans un unité eût évidemment été détruite par l'attention irrésistiblement attirée sur un objet secondaire, sur un monument, enfin, jeté dans un monument.

Au point de vue mystique, religieux, prestigieux, la crypte offrait de nombreux avantages. Ces avantages frapperont à la lecture de la description de ce qu'a conçu et exécuté M. Visconti.

Pourtant il fallait que, dès les premiers pas faits dans l'église, on sentît la présence du monument. L'architecte y a réussi, en plaçant, comme une couronne autour de la baie ouverte de la crypte, une riche balustrade en marbre blanc; quelques pas encore, et sur les magnifiques mosaïques du temple de Louis XIV, soigneusement restaurées, vous pouvez, appuyé sur cette balustrade, contempler le monument développé à vos pieds dans son austère majesté.

On pénètre dans la crypte par une porte placée derrière le grand autel du dôme, dans la partie de l'église dont le sol s'abaisse de 2 mètres environ. On y descend en suivant un escalier de marbre qui tourne autour de l'autel. Vous passez sous l'autel même, par une porte en bronze de l'aspect le plus sévère, et au-dessus de laquelle on lit, gravée sur une tablette de marbre noir, cette phrase que Louis-Philippe avait eu le noble sentiment de recueillir :

« *Je désire que mes cendres reposent sur les bords de la Seine, au milieu de ce peuple français que j'ai tant aimé.* »

L'autel sous lequel on passe ainsi a été refait en entier par M. Visconti. Il l'a d'abord élevé de quelques marches, ce qui les porte à dix, ayant chacune sept mètres de long. Ces marches sont de marbre, encadrées dans une balustrade de marbre blanc et noir de l'Ariège, et en tout semblable à ce marbre noir antique que les Romains tiraient d'Afrique, et qui était très rare, que notre Musée du Louvre n'en possède que deux petites colonnes, achetées à grand prix, il y a cinq à six ans, à la vente de M. Van Horn.

M. Visconti a substitué au baldaquin en bois doré érigé en 1809 par M. Trepsa, et d'un goût douteux, un autre baldaquin orné de quatre colonnes torses de ce marbre précieux. Ces monolithes ont 7 mètres de haut sur 90 centimètres de diamètre. On ne saurait trop approuver le célèbre architecte de cette substitution, bien plus digne du monument de Mansard, que M. Visconti admire tant, et bien plus conforme à ses plans, puisqu'il paraît que l'idée de ce baldaquin à colonnes a existé dans les projets de Mansard, retrouvés par M. Visconti.

L'autel, enfin, est surmonté par un beau Christ en marbre blanc, posé sur une croix de bronze; c'est l'œuvre nouvelle de M. Triquetti. Les parois du soubassement de l'autel et de la descente vers la porte de la crypte sont revêtues d'un superbe marbre vert, tiré des carrières de Saint-Paul, dans l'Isère.

Nous voici donc à la porte de la crypte.

Aux deux côtés de la porte s'élèvent deux statues colossales en bronze, d'un aspect mâle et sauvage : l'une représente la force civile; l'autre, la force militaire. Elles portent sur des coussins le globe et le sceptre impérial. M. Ducret, membre de l'Institut, est l'auteur de ces belles figures, qui ajoutent à sa légitime renommée.

La porte franchie, on se trouve sous une voûte formée par les marches immenses de l'autel supérieur. L'obscurité commence. L'architecte, par une pensée religieuse et poétique à la fois, a voulu porter à l'âme un recueillement respectueux, et disposer le visiteur aux austères impressions de sanctuaire; l'éclat des grandeurs humaines noyé dans le néant !

A droite et à gauche, deux sentinelles mortes gardent le mort, qu'elles ont tant aimé ! C'est, d'un côté, le tombeau du général Bertrand, et de l'autre celui du général Duroc.

Bertrand, qui suivit Napoléon en Égypte dès 1798, qui prit la part la plus active à toutes ses campagnes du Nord et du Midi, qui voulut partager son exil à

CHAPITRE XL. — LE LONG DE LA SEINE (Suite).

l'île d'Elbe et ses dangers à Waterloo, et qui alla jusqu'à Sainte-Hélène adoucir l'infortune de son maître par une abnégation qu'on retrouverait à peine dans les siècles héroïques. — Duroc, que l'Empereur aima comme un frère, compagnon de toutes ses batailles de 1797 à 1813, jusqu'à ce qu'il tombât en Silésie avec la gloire d'un soldat et le dévouement d'un ami !

On avance dans cette ombre religieuse, et, au point où la baie de la crypte commence à rendre quelque clarté, on trouve, à droite et à gauche sous un vestibule, deux grands bas-reliefs en marbre blanc, d'une exécution qui eût pu être meilleure. L'un représente le roi Louis-Philippe recevant des mains du général Bertrand l'épée de Napoléon. — L'autre montre le prince de Joinville recueillant à Sainte-Hélène, au nom de la France, la dépouille du héros, qu'il est allé chercher à travers les mers, sur l'initiative de son auguste père. On dit aujourd'hui que ces deux bas-reliefs doivent disparaître... Nous pensons que c'est là un bruit mal fondé; 1848 les a respectés. D'ailleurs, arrache-t-on les feuillets de l'histoire ?

Ce vestibule franchi, on est dans la crypte, qui est circulaire. Sa profondeur au-dessous du sol du dôme est de 6 mètres; le diamètre de 23. Le centre, qui est à ciel ouvert, et bordé de la balustrade dont nous avons parlé au début, se développe sur 15 mètres. Le reste du diamètre général est sous le parvis supérieur et forme portique.

Ce parvis est supporté par douze pilastres en marbre blanc de Carrare, d'un seul bloc, et offrant chacun une figure colossale tenant en mains les symboles des principales victoires de l'empereur. Ces Génies, ces Victoires sont les dernières grandes œuvres de Pradier, mort avant l'inauguration qui lui fera un si grand et posthume honneur. Ces douze figures ont le regard tourné vers le cercueil qu'on élève à cette heure au centre de la crypte.

Ce sarcophage est d'un granit rouge antique de Finlande, plus dur et d'un grain plus fin que celui d'Afrique, matière superbe, faite pour braver les siècles, et qu'a découvert M. de Montferrand, architecte du czar, qui en a fait des colonnes au temple de Saint-Isaac, à Pétersbourg. Cette précieuse et belle matière était inconnue chez nous. L'idée de son appropriation appartient à M. Visconti. Le cercueil a 4 mètres de long sur 2 de large, et 4 mètres centimètres de haut. Il est formé de quatre blocs : la cuve, le couvercle et deux supports. Il est posé sur un socle de granit vert des Vosges. Le dernier coffre, qui recevra les cercueils de cèdre et de plomb rapportés de Saint-Hélène, est d'une substance nommée algaïla, venant de Corse, et semblable au soubassement de la colonne de la place Vendôme.

Pour scier et polir le cercueil de granit rouge, il a fallu la puissance d'une machine à vapeur ; les bras humains n'y suffisaient pas.

Au pied du sarcophage s'étend un riche pavé de mosaïque, offrant une immense couronne de laurier dans le goût de l'antique Rome. Des rayons jaillissent de cette couronne qui entoure le monument. On y lit les noms des principales victoires de l'Empereur : Rivoli, les Pyramides, Marengo, Austerlitz, Iéna, Friedland, Wagram, Moskowa.

La portion ouverte de la crypte sera éclairée par douze lampes de bronze prises sur les modèles en terre cuite de Pompéia, et qui ne seront allumées qu'aux jours solennels, la naissance, la mort de l'Empereur.

Les parois de ce portique circulaire sont recouvertes de dix grands bas-reliefs en marbre blanc, dont les projets sont de M. Simart, et qui ont été exécutés par MM. Chambard, Petit, Ottin, Lanno, etc. Ils représentent les sujets suivants, allégoriquement traités : La pacification des troubles civils; l'institution de la Légion d'honneur ; le concordat; l'administration; le conseil d'État; l'Université; le Code; la Cour des comptes; les encouragements donnés au commerce et à l'industrie; les travaux publics. La suite de ces bas-reliefs est deux fois interrompue, par la porte du vestibule, et par celle de la chambre souter-

raine, espèce de sanctuaire en marbre noir, d'un aspect austère et religieux, où seront déposés, défendus par une grille, diverses reliques spéciales, à savoir: l'épée que l'empereur portait à Austerlitz, les insignes qui décoraient sa poitrine aux jours solennels, la couronne d'or votée par la ville de Cherbourg, et soixante drapeaux provenant de nos conquêtes. Ces drapeaux ornaient autrefois la salle du Sénat. Ce fut M. de Sémonville qui les cacha lors de l'invasion des armées étrangères. Les reliques seront déposées sur un coussin placé sur un coffre de bronze. Les drapeaux orneront les parois, faisant ressortir leurs couleurs européennes ensanglantées et altérées par l'atmosphère des batailles, sur le marbre noir des parois. Au fond, enfin, s'élèvera une grande statue de Napoléon, en costume impérial, et taillée dans la carrière par M. Simart.

Une lampe suspendue à la voûte sépulcrale, et toujours allumée, entretiendra une clarté mystérieuse dans ce sanctuaire, qu'on ne verra qu'à travers les closures d'une grille défensive.

L'aspect de ce monument a, on le peut comprendre, une grandeur, une richesse sévères, et un caractère religieux qui explique la préférence donnée aux plans de M. Visconti, vainqueur du concours. Lorsque le roi Louis-Philippe conçut la pensée, qu'il fit adopter à ses ministres, et qu'il acclama le pays, de profiter de l'état de nos rapports avec l'Angleterre pour enlever à cette vieille ennemie le corps de celui qu'elle n'avait pas seule vaincu, il eut un de ces nobles et

Translation de l'épée d'Austerlitz aux Invalides.

patriotiques mouvements qui doivent être comptés dans la vie politique des souverains. Le roi, qui avait personnellement traité de cette restitution dans un entretien familier avec la reine Victoria, pendant une visite de cette dernière au château d'Eu, et cela, avant d'entamer les négociations de gouvernement à gouvernement, désira qu'une somme considérable fût affectée à la construction de ce tombeau, et fit demander aux Chambres quatre millions. Plus tard, un nouveau crédit de 300,000 fr. fut encore jugé nécessaire. Mais, arrivé à ce chiffre, il fut depuis déclaré que l'argent ne suffisant pas, on serait dans la nécessité de le payer... Nous avons encore à dire quels travaux de la cour et de l'entrée sont dû couvrir cette somme.

La cour Vauban, qui précède la principale entrée de l'église, en est, pour ainsi dire, le vestibule. Il faut donc qu'elle annonce le monument qu'on va voir. M. Visconti a eu l'idée de la décorer des statues de douze maréchaux créés par l'Empereur, lorsqu'il fit revivre cette institution des monarchies; ces statues, placées sur des piédestaux de ces statues, formeront l'enceinte de cette cour. Au centre, sur un riche piédestal, s'élèvera la statue de Napoléon, en costume militaire, tel qu'il se montrait sur les champs de bataille. Ainsi, au dehors, l'homme, — au dedans, l'apothéose !

Maintenant, après la description, un mot sur la curieuse histoire de ces travaux.

A dater du jour où le concours investit M. Visconti, ces travaux furent suivis avec sollicitude et ra-

pidité (de 1840 à 1848), et presque toujours sous la surveillance empressée de M. le comte Duchâtel. Lorsque éclata la révolution de Février, tous les détails d'appropriation étaient terminés pour mener à prompte fin cette colossale entreprise d'art; tous les matériaux étaient réunis dans les chantiers; tous les détails d'ornementation, bronze, bas-reliefs, mosaïques, statues, étaient aux mains des artistes les plus habiles; encore deux ans, 1850, et le gouvernement qui avait conçu et exécuté cette noble et généreuse idée en inaugurait la destination glorieuse...

Le 25 février, tous les travaux sont interrompus. Ils ne purent reprendre que plus de deux ans après, le 12 juin 1850. Pendant cette longue interruption, l'architecte subit toutes les tortures qui puissent être infligées à un artiste, à un homme, — à un honnête homme, à un grand artiste. Une des commissions quelconques de ces temps-là vint, et parla de tout défier. Ce furent alors de débordements d'attaques incroyables contre les ministres qui avaient surveillé cette grande entreprise, contre leurs agents, et contre le célèbre architecte auquel ses mérites avaient donné le prix du concours. « Les mauvaises passions semblaient s'être donné rendez-vous sur le même terrain, » — dit un document que j'ai sous les yeux. — Haines d'hommes politiques, jalousies d'artistes, tout se dressa en même temps pour formuler les plus outrageantes des accusations. Les plaintes les plus étranges retentirent, les récriminations les plus violentes furent accueillies, avec cet empressement que ne fait jamais défaut à la méchanceté humaine. On nomma des commissions, on ouvrit une enquête avec une solennité inaccoutumée, on fit passer tous les marchés au crible de l'investigation la plus rigoureuse, la plus impitoyable, pourrait-on dire. Les commissions extraordinaires nommées par l'Assemblée, les commissaires du budget, composés d'hommes de tous les partis, s'appesantirent sur les plus minces détails de cette opération immense... Et elles ne purent, malgré ces haines et ces désirs, arriver à aucune conclusion capable d'attenter à la loyauté, ni du célèbre architecte ni des ministres de Louis-Philippe, de leurs agents supérieurs ou secondaires.

Partout il fut hautement reconnu que le vœu de la France avait été dignement exécuté. La cour suprême, la cour des comptes, devant laquelle aucun méfait, aucun abus, aucune malversation ne pouvait être dissimulé, confirma hautement ces jugements partiels, par le plus éclatant des arrêts !

Mais on comprend que de pareilles haines, de pareilles jalousies, de semblables persécutions, tout en demeurant sans résultat, ne pouvaient toutefois pas avoir, pour l'exécution des travaux, l'effet le plus déplorable. Le découragement, le doute étaient partout. Lorsque M. Visconti reçut de sa part du triomphe la nouvelle investiture de ce travail grandiose, il eut quelque peine à réorganiser ses chantiers, ses ateliers, dissipés par l'outrage de ses soupçons. A force de résolution et de peines, tout parvint pourtant à être reconstitué, et, depuis deux ans, les travaux ont repris une activité qu'on pourrait appeler fiévreuse.

Aujourd'hui, il ne reste plus guère à terminer que le sarcophage du granit rouge, — la statue du reliquaire, — les ornements de la cour, — et divers travaux de mosaïque et de ferronnerie. M. Visconti, quelque écrasé qu'il soit désormais par les honorables travaux qui lui ont été confiés pour l'achèvement du Louvre, ne laisse pas passer un jour sans visiter ses chantiers, ses ateliers des Invalides. Il nous est donc permis d'espérer que la grande cérémonie qui fera suite à celle qu'a présidée, le 15 décembre 1840, le roi Louis-Philippe et le prince de Joinville, aura lieu en 1853, sous le gouvernement du neveu du héros. Il est permis d'espérer que l'image historiquement reproduite de ceux qui ont fondé ce monument de gloire nationale et de réparation touchante, ne disparaîtra point, pour un tel jour, des détails de l'œuvre grandiose qu'ils ont créée au profit de celui que les destins appellent à l'inaugurer !

Chapitre LXI.

LE LONG DE LA SEINE (Suite).

MANUFACTURE NATIONALE DES TABACS.

Les amis et les ennemis du tabac. — Jacques Ier et Voltaire. — Histoire du tabac en France. — Jean Nicot. — Les fermes pour l'exploitation du tabac. — Les droits d'entrée à la fin du dix-huitième siècle. — Pays exempts de l'impôt sur le tabac. — Consommation. — Abolition de la régie et de la ferme générale en 1791. — Droits établis sur le tabac pendant la République. — Manufacture nationale des tabacs de Paris. — Préparations du tabac. — L'écotage. — La mouillade. — La fermentation. — Le tamisage. — Le râpage. — Le hachage. — Le séchoir. — L'atelier de magnetage. — L'atelier de confection des cigares. — Les cigarettes — Le personnel de la manufacture nationale des tabacs. — Culture et consommation individuelle. — Comparaison entre la consommation individuelle en France et celle des autres pays européens. — Bénéfices importants réalisés par les manufactures des tabacs en France. — Progrès de la culture du tabac en Algérie. — Augmentation du nombre des colons s'adonnant à la culture du tabac en Algérie. — Consommation générale du tabac en Europe.

Le tabac, sous ses diverses formes, employé à titre d'habitude ou de besoin, a eu de célèbres ennemis, parmi lesquels l'histoire compte le roi Jacques Ier, qui ne se doutait pas, en le proscrivant, qu'un jour les produits de cette plante figureraient au nombre des meilleurs revenus de la Grande-Bretagne; et Voltaire, qui ne cessa de la poursuivre des traits de son esprit satirique. En revanche, le tabac a eu des amis puissants, de chauds défenseurs, en tête desquels il faut placer plusieurs gouvernements qui retirent annuellement, sous forme d'impôt, des sommes considérables du droit exclusif qu'ils se sont donné de le fabriquer et de le vendre. Sous ce rapport, le gouvernement français est assurément un des plus favorisés. Aussi l'administration reconnaissante n'a-t-elle rien négligé pour assurer la perfection de cet important service, tout en donnant à la fabrication les développements et la variété dont elle était susceptible. Comme témoignage de sa sollicitude, et aussi comme modèle de manipulation industrielle, il suffit de citer la manufacture de Paris, située au Gros-Caillou, sur la rive gauche de la Seine, presque en face du pont des Invalides, et qui se développe sur un large espace compris entre la rue de l'Université, le quai d'Orsai et la rue de la Boucherie-des-Invalides.

Avant toutefois d'introduire nos lecteurs dans cette manufacture modèle, nous ne croyons pas hors de propos d'exposer, en peu de mots, l'histoire du tabac en France, et les vicissitudes de la législation à laquelle il a été soumis jusqu'au moment où sa fabrication et sa vente exclusives ont été remises à la régie.

Le tabac est une plante originaire de l'Amérique. Elle réussit également bien sur tous les points de l'ancien continent; cependant il serait injuste de méconnaître l'influence de la chaleur sur sa végétation et sur la bonté de ses produits. Aussi les tabacs des pays chauds, tels, par exemple, que ceux du Levant, de l'Amérique du Sud, et notamment de la Havane, sont-ils d'une qualité supérieure. Les essais tentés par l'administration pour introduire la culture de cette plante en Algérie et en Corse, et les espérances que font concevoir ces tentatives récentes, viendraient encore au besoin corroborer notre assertion.

Ce fut Jean Nicot, ambassadeur en Portugal en 1560, qui fit le premier connaître en France l'usage

Vue extérieure de la Manufacture nationale des tabacs.

du tabac en envoyant des graines à Catherine de Médicis. Il mérita ainsi de donner à cette plante son nom botanique. Toutefois, malgré cette puissante protection, le tabac fut longtemps regardé comme un objet de curiosité, et ne fut considéré comme un article de consommation qu'en 1621, où il fut imposé à quarante sous du cent pesant. Le chiffre de ce tarif, porté à sept livres en 1632, ne fut modifié qu'en 1664.

La première ferme pour le privilège exclusif de la fabrication et de la vente du tabac fut établie en 1674.

Trois ans plus tard, en 1677, la ferme du tabac fut distraite du bail général, et donnée à un particulier moyennant 150,000 livres, et à la charge de payer à la ferme générale 100,000 livres par an pour lui tenir lieu, à titre d'abonnement, des droits d'entrée, de sortie et de circulation.

En 1714, un an avant la mort de Louis XIV, le prix du bail était déjà de 2 millions de livres, avec addition de 200,000 livres pour les quatre dernières années. En 1718, la compagnie d'Occident s'en chargea moyennant le prix de 4,020,000 livres par an.

En 1719, la vente exclusive fut convertie en droits d'entrée considérables sur les tabacs étrangers, moindres sur ceux des colonies, et la culture et les plantations furent interdites dans tout le royaume. Cette législation nouvelle était empruntée aux usages de la Grande-Bretagne, qui, dans le but de favoriser à la fois sa marine et ses colonies, avait prohibé la culture indigène; mais elle dura peu; car, en 1720, nous avons déjà à signaler de nouvelles modifications, et, en 1721, on rétablit la vente exclusive concédée à un fermier, dont le bail fut résilié en 1723. La compagnie des Indes fut alors subrogée à ses droits et à ses obligations moyennant une avance considérable qu'elle fit au roi. Enfin, en 1730, le privilège exclusif de la vente des tabacs fut réuni de nouveau à la ferme générale moyennant 7,500,000 livres pour les quatre premières années, et 8,000,000 pour les suivantes, ct n'en a plus été séparé jusqu'à la révolution. A cette époque, c'est-à-dire en 1789, en tenant compte d'une nouvelle augmentation qui eut lieu en 1781, les prix étaient de 3 livres 6 sous la livre pour les tabacs en rôles ou en carotte, et de 3 livres 12 sous pour le râpé. Les débitants le vendaient au public au prix de 4 livres la livre pesant. Ainsi, comme on le voit, les prix ne différaient pas essentiellement en 1789 de ceux qui sont aujourd'hui adoptés par la régie.

La Flandre, l'Artois, le Hainault, le Cambrésis, la Franche-Comté, l'Alsace, le pays de Gex, Bayonne et son territoire, étaient exempts de l'impôt sur le tabac, qui par conséquent n'était acquitté que par une population de 22 millions d'habitants. Le bail rendait alors à l'État environ 30 millions et demi de livres tournois. Quant à la consommation, nous la connaissons par les relevés de la vente générale à cette époque, relevés qui la portaient à 7,366,760 kilogrammes environ, ou 15,049,377 livres, qui se décomposaient de la manière suivante :

Tabac à priser. . . . . 8,514,829 livres.
Ficelé. 4,320,591
A fumer. 2,213,957

La régie et la ferme générale furent abolies en 1791, et il y eut alors liberté entière de vente, de culture et de fabrication. On se contenta de soumettre le tabac à un droit qui varia très-souvent en peu de temps. En brumaire an VII, on établit sur la fabrication un droit de 0,40 c. par kilogramme sur le tabac râpé ou en carottes, et de 0,24 c. sur le tabac à fumer. La législation subit encore de nombreuses vicissitudes jusqu'au 11 juillet, où, en vertu d'un décret du 29 décembre précédent, la fabrication et la vente exclusives des tabacs ont été attribuées à une régie. Le bénéfice de l'exploitation représente l'impôt. Ce décret ne permettait la culture du tabac en France que dans six départements, qui sont, le Bas-Rhin, l'Ille-et-Vilaine, le Lot, le Lot-et-Garonne, le Nord et le Pas-de-Calais. Cet état de choses a subsisté depuis cette époque sans modifications.

On peut donner une idée des avantages du nouveau système sur les anciens, en rappelant que, du 11 juillet 1811 au 31 décembre 1815, le produit net ou bénéfice réel a été pour le trésor de 125,479,145 fr. Actuellement, il est temps de nous occuper de la manufacture de Paris, où ont lieu en grand la fabrication et la manipulation des tabacs, et qui peut être citée, à juste titre, comme un établissement modèle. Sa valeur, d'après un état distribué aux chambres en 1846, est de 4,711,910 fr. L'outillage, c'est-à-dire les machines et les ustensiles, sont compris dans ce chiffre pour 672,300 fr. Une machine à vapeur de 60 chevaux, construite par M. Holcroft, ingénieur civil, et montée dans les ateliers de Chaillot, distribue le mouvement et la chaleur dans toutes les parties de ce vaste établissement.

Les tabacs achetés au commerce par les soins de la régie, et par adjudication publique, d'après les types désignés à l'avance, ont été préalablement desséchés à l'air libre, par les soins des planteurs, et sous des hangars couverts et fermés de deux côtés au moins, afin d'éviter l'action des pluies souvent fréquentes à l'époque de la récolte. Ils sont ensuite dirigés vers la manufacture, où on les soumet à l'écotage, c'est-à-dire à l'enlèvement des côtes. Cette opération se fait généralement par des femmes. C'était avec les côtes que l'on avait un instant songé à confectionner, pour envelopper les cigarettes, un papier que la régie seule aurait vendu. Ensuite on procède à la *mouillade*, qui se fait au moyen d'une dissolution de sel marin, substance qui aide à la fermentation et l'empêche cependant de prendre un caractère putride. Le magasin où fermentent les tabacs occupe presque en totalité la partie de la manufacture qui longe la rue de l'Université.

Après avoir été grossièrement hachés, les tabacs y sont déposés par masses considérables. Il n'est pas rare d'en voir à la fois près de 400,000 kilogrammes. Dans cet état, la fermentation y élève la température jusqu'à 70 et 80 degrés; elle irait même jusqu'à la carbonisation, si on ne coupait à propos ces masses par des tranchées profondes. Lorsqu'on suppose que cette fermentation est arrivée au terme fixé et a produit tous ses effets utiles, c'est-à-dire au bout de cinq à six mois, ces masses sont démolies, et le tabac, celui

Hachage.

Moulinage.

du moins qui doit être converti en tabac à priser, réduit en poudre, est soumis à une nouvelle fermentation, mais bien moins énergique, puisqu'elle ne dépasse pas ordinairement 40 degrés.

La durée du temps nécessaire à la fermentation explique l'obligation pour la régie d'avoir des approvisionnements considérables. On voit également, par ce qui précède, que le travail dans les manufactures nationales se fait par grandes masses, et avec une uniformité qui amène quelquefois la défectuosité des produits. On a reconnu, en effet, qu'autant il fallait rechercher les circonstances qui amènent la fermentation du tabac destiné à être prisé, autant il fallait les éviter pour le *scaferlati*, ou tabac à fumer. Ce fait explique également la supériorité de notre tabac à priser sur celui que vendent les pays étrangers.

Après toutes ces opérations successives, les tabacs dégrossis passent par des trémies qui sont au troisième étage, pour être ensuite soumis au râpage dans des moulins qui marchent à la vapeur, et dont les noix sont garnies de cannelures obliquement disposées. De temps en temps ces cannelures s'emplissent et s'engorgent; alors on les dégraisse et on les nettoie au moyen de baguettes en fer du calibre de la cannelure. En sortant des moulins, le tabac à priser est soumis au tamisage. Des demi-cylindres creux adaptés ensemble par un mécanisme sans fin, à l'instar d'une chaîne à godets, le puisent sans cesse dans d'immenses caisses, et le portent sur le tamis. Après cette première opération, qui se comprendra encore mieux par le dessin que nous en donnons, le tabac est reporté en haut, où il tombe sur une toile à sas, puis sur un cylindre garni de deux grandes brosses qui écrasent les grains qui ont pu échapper à ces tamisages successifs. Le plus gros remonte en haut, où il est reporté par les machines, tamisé de nouveau, et redescend sous une forme plus fine.

Quant au scaferlati ou tabac ordinaire à fumer, on procède autrement. Il est pressé entre deux planches, et avance d'une manière insensible jusqu'à une espèce de lunette au-dessus de laquelle joue sans cesse un couteau qui le coupe en lanières de la plus extrême finesse. Ce hachoir, ainsi que le montre notre gravure, représente assez bien une guillotine. Ainsi haché, le tabac tombe dans un grand panier, d'où il est puisé pour être porté sur un premier séchoir formé de conduits en cuivre, chauffés intérieurement à la vapeur, et disposés, pour ainsi dire, en jeu d'orgue, et de manière à développer la plus grande surface rayonnante de calorique. Durant cette opération, qui dure environ vingt minutes, le tabac perd à peu près 15 pour 100 de son poids. Il est ensuite porté dans une autre pièce, sur un second séchoir formé de claies en toile, et étagées les unes au-dessus des autres. La durée de cette opération est d'environ cinq à six minutes.

Au sortir de ce séchoir, le tabac à fumer est transporté dans l'atelier de paquetage. C'est une vaste salle meublée, au milieu, de grandes tables, et sur les côtés, de plus petites. Chacune de ces divisions, pour ainsi dire, est occupée par un mesureur, quatre paqueteurs et deux colleurs. Ces derniers sont d'ordinaire des enfants d'une douzaine d'années. Le mesu-

Tam'sage en gros. — Mise en sacs.

reur passe successivement à chaque paqueteur la quantité nécessaire pour former un paquet. Aussitôt celui-ci, qui tient à la main une espèce d'entonnoir à tube carré, de la forme du paquet, y verse le tabac et l'enfonce, puis retire son entonnoir, ferme le paquet d'un tour de main, et le met devant le colleur, qui y pose la vignette. Ces diverses opérations se font avec une rapidité incroyable. On peut dire sans exagération qu'elles n'emploient pas la dixième partie du temps qu'on met à les raconter. Ces vignettes, qui sont imprimées d'avance, sont elles-mêmes coupées au moyen d'une ingénieuse machine, dont la roue motrice fait huit cents tours à la minute. Près de cet atelier que nous venons de décrire, est le magasinage. Les paquets à expédier aux entreposeurs et dans les différents bureaux sont mis dans des tonneaux qui contiennent 240 paquets de 5 hectogrammes, ou 600 de 2 hectogrammes.

Dans un autre atelier se travaille et se manipule le tabac à chiquer. Les petits rôles se filent pour ainsi dire autour d'une petite roue que l'ouvrier met en mouvement avec la main. Les gros se tordent au moyen d'une machine qui a quelque analogie avec celles qu'on voit dans les corderies. Les gros rôles pèsent 1 kilogramme, les petits sont réunis, plusieurs ensemble, en forme de chapelet. Chaque chapelet pèse également 1 kilogramme. Avant d'être livrés au commerce, les gros rôles sont pressés au moyen d'une machine aussi simple qu'ingénieuse, et qui consiste en deux plates-formes en fonte, dont l'une est fixe et repose sur deux colonnes de fonte, tandis que l'autre, mue par une manivelle, s'élève en vertu d'un mouvement insensible, mais qui cependant agit selon une force progressive, et qu'on arrête aussitôt que les rôles sont suffisamment pressés.

Atelier de fabrication des cigares.

Tamisage définitif.

Deux autres grands ateliers sont en outre consacrés à la confection des cigares, et uniquement occupés par des femmes. Chacune d'elles, assise devant une petite table, travaille pour son compte; elles sont payées à la tâche. Ces cigares une fois confectionnés sont ensuite divisés par catégories, et portés dans un séchoir particulier, et enfin placés dans des boîtes qui elles-mêmes sont déposées dans un magasin spécial, avec une étiquette qui indique la date de leur fabrication.

Enfin, dans un autre atelier se confectionnent les cigarettes que la régie a été autorisée à fabriquer par l'ordonnance du 22 octobre 1843, et dont les vingt premiers milliers ont été vendus au profit des victimes du tremblement de terre de la Guadeloupe, dans le bazar improvisé au Palais-Royal sous les auspices de la reine.

Onze cents ouvrières et trois cents ouvriers composent le personnel de la manufacture nationale. Aux heures d'entrée des ateliers; un appel général a toujours lieu avant le commencement de l'ouvrage.

Enfin, à la manufacture est annexé un bureau de vente situé rue de la Boucherie-des-Invalides. Les prix des tabacs fabriqués qu'on y livre au commerce sont fixés par des ordonnances d'après le tarif suivant :

Tabac en poudre, étranger... 11 fr. 10 c. le kil.
            carottes.... 9 50
            ordinaire... 7 »
            cantine.... de 5 45 à 2 05 c.
Tabac à fumer, étranger... 11 10
            filé....... 9 80
            ordinaire... 7 »
            cantine.... de 5 45 à 1 35 c.

L'exposé que nous venons de faire de ces diverses fabrications suffira sans doute pour faire connaître dans ses détails la manufacture de Paris et les services qui s'y rattachent. Il nous reste, pour compléter ce travail, à ajouter quelques données sur la culture et la consommation des tabacs en France à l'époque actuelle. Ces détails serviront en même temps à constater les progrès de cette fabrication, et le chiffre toujours de plus en plus élevé des revenus qu'elle a versés, sous forme d'impôt, dans les caisses du trésor.

En 1843, le nombre des planteurs en France et dans les colonies françaises était de 20,267, et le nombre d'hectares mis en culture, de 8,547 hectares 82 ares. Les quantités à livrer, ainsi que nous l'explique le compte rendu au ministre des finances, le 26 décembre 1844, en exécution de l'art. 229 de la loi du 28 avril 1816, devaient être de 12,210,000 kil. Mais la quantité reçue et donnant lieu à payement n'a été que de 11,016,715 kil., d'une valeur de 7 millions 666,721 fr. 77 c.

La consommation, tant du tabac indigène que du tabac étranger, a été, en 1843, de 16,990,000 kil., qui ont procuré au trésor une recette de 104,368,000 fr., déduction faite des remises accordées aux débitants, dont le nombre s'élevait, au 31 décembre 1843, à 31,400, et qui ont eu chacun un bénéfice dont le chiffre moyen est de 470 fr. 57 c. Le bénéfice réel de l'État a été de 77,368,000 fr., en y comprenant une augmentation de 5,558,000 fr. dans le capital de la régie et diverses recettes accessoires. Le bénéfice net, à la fin de 1842, était de 73,804,000 fr.; il s'est donc accru, en 1843, de plus de 3,500,000 fr., et, comme on l'avait espéré d'après l'assurance que le directeur général en avait donnée dans son rapport au ministre des finances, dans l'année 1844, le bénéfice net atteignit le chiffre de 80 millions. La consommation la plus forte a lieu dans le département du Pas-de-Calais, où elle est, par individu, de 4,585 grammes, dont 1,417 seulement pour le tabac à fumer, la plus faible dans la Lozère et l'Aveyron, où elle n'est en moyenne, par individu, que de 152 grammes.

Quant à la consommation générale de 1843, elle s'est répartie ainsi par espèces et par qualités :

Tabac en poud., 6,721,215 kil. valant 45,094,828 fr.
Tabac à fumer, 10,268,275 — 58,724,044
Et par qualité :
Tabac ordinaire, 11,799,791 kil. valant 82,611,366 fr.
Tabac inférieur, 4,601,361 — 10,301,134
Tabac de luxe, 588,338 — 10,906,372

Quoique ce chiffre de consommation soit dans son ensemble assez respectable, il n'établit encore qu'une moyenne individuelle bien inférieure à celle d'autres pays, tels que la Belgique et la Hollande.

En 1789, d'après Necker, il se consommait en France 238 grammes de tabac par individu, dont le douzième seulement se fumait; les onze autres douzièmes étaient pris en poudre. Aujourd'hui le Français consomme en moyenne 537 grammes de tabac, consommation égale à celle d'un Russe et double de celle d'un Italien, mais n'étant équivalente qu'au tiers de celle d'un Allemand et d'un Hollandais, et au quart de celle d'un Belge. Sur ces 537 grammes, 189 sont pris en poudre et 348 sont en tabac à fumer.

Il est à remarquer que de puis quelque temps la consommation de tabac en poudre diminue, mais pour un chiffre bien inférieur à celui de la progression du tabac à fumer, ce qui donne pour résultat une augmentation constante de la consommation générale. Aussi, en 1844, la consommation individuelle n'était que de 511 grammes, au lieu de 537, chiffre qu'elle a atteint actuellement.

Tous les cigares indistinctement sont compris dans les tabacs de luxe.

Les approvisionnements de la régie étaient, à la fin de 1843, de 50,692 kilogrammes. Elle est ainsi arrivée au résultat qu'elle poursuivait depuis longtemps, et qui consistait à avoir toujours en magasin la consommation de trois années. On ne saurait trop s'étonner de la sollicitude de l'administration et de ses efforts pour faire de la régie des tabacs une administration modèle, quand on pense que, du 11 juillet 1811 au 31 décembre 1843, le privilège exclusif de la vente et de la fabrication du tabac a donné un bénéfice net de 1,546,915,604 fr. Ce résultat, du reste, ne semblera pas exorbitant si l'on compare les prix de vente que nous avons donnés plus haut avec le prix moyen d'achat, qui a été, en 1843 :

Pour les tabacs indigènes en feuilles, par 100 kilogrammes. . . . . 69 fr. 59 c.
Pour les tabacs d'Europe, en feuilles. 79 45
Pour les tabacs d'Amérique. . . . 84 06
Pour les cigares de la Havane, par 100 kilogrammes, ... 2,703 83
Pour ceux de Manille. . . . . . 4,617 »

La plantation du tabac est devenue une des cultures industrielles le plus généralement répandues parmi les colons algériens. Au moment de la conquête, quelques tribus seulement possédaient des plantations de tabac; la consommation locale était presque entièrement alimentée par les importations étrangères.

Mais, à partir de 1843, l'administration institua en Algérie une commission permanente, composée d'agents spéciaux du service des tabacs, lesquels reçurent le double mandat d'éclairer les colons de leurs conseils et d'acheter leurs récoltes pour le compte de la régie à des prix convenablement rémunérateurs.

Dès 1850, le nombre des planteurs monte à 428, l'étendue des terrains cultivés à 235 hectares 4 c.; l'importance des récoltes obtenue à 157,778 kilogr., et l'amélioration des procédés de culture amenant une amélioration correspondante dans la qualité des produits, les prix payés aux colons s'élèvent dans une égale proportion.

En 1851, la progression continue; la superficie s'accroît de près du double; le nombre des cultivateurs de tabac monte à 537, et les achats de la régie, chez les planteurs européens, atteignent le chiffre de 232,924 kilogr.

On ne connaît pas encore les résultats de la récolte de 1852; mais tout annonce qu'ils seront beaucoup plus satisfaisants encore. On sait, en effet, que 917 colons se sont livrés cette année à la culture du tabac, et qu'ils y ont consacré 1,041 hectares 73 ares de terrain.

Mais les indications qui précèdent sont loin de comprendre toute la production algérienne; les cultures indigènes, en participant, comme celles des Européens, aux encouragements de l'administration, se sont aussi largement étendues. De 23,469 kilogrammes livrés à la régie en 1844, le chiffre a atteint 93,388 kilogrammes en 1850. Sensiblement augmenté en 1851, il sera beaucoup plus important encore en 1852, et l'on peut prévoir qu'il montera au moins à 130,000 kilogrammes.

D'un autre côté, le commerce de la colonie fait également, chaque année, à la production algérienne, des acquisitions considérables pour la consommation locale. Dès que la culture, en s'étendant, parut offrir des ressources assurées, les tabacs étrangers ont été frappés d'un droit d'importation. Cette mesure, toute dans l'intérêt de l'Algérie, a produit l'effet qu'on devait en attendre : le commerce s'est tourné du côté du tabac du pays, qu'il a fait entrer presque seul dans la fabrication. Il est difficile d'apprécier exactement les quantités ainsi vendues par les producteurs européens ou indigènes. Ce qu'on peut considérer comme positif, c'est qu'elles ont une grande importance. Le chef du service des tabacs à Alger les a évaluées à 269,000 fr. pour l'année 1850; mais il y a lieu de supposer que ce chiffre est encore beaucoup au-dessous de la réalité, car il n'a pas été possible de faire entrer en ligne de compte la partie des produits arabes consommée sur place.

La régie a estimé à 326,000 kilog. le tabac entré dans la consommation algérienne en 1851. En admettant ce chiffre, qui est loin, on le répète, d'être exagéré, ci. . . . . 326,000 kilogr.
Et en l'ajoutant aux achats effectués par la régie pendant la même période, savoir :
Aux Européens 232,924
Aux indigènes. 102,832

On a un total de. . . . . . . 661,756 kilogr.

chiffre énorme, comparativement au peu de temps qui s'est écoulé depuis les premières tentatives.

C'est en s'engageant dans cette voie, c'est-à-dire en multipliant les cultures perfectionnées et industrielles, que l'Algérie pourra un jour fournir à la France les produits que celle-ci tire encore de l'étranger au prix des plus grands sacrifices, et que la colonisation de ce pays cessera d'être un sujet de dépense pour la mère-patrie.

Grâce à ces efforts incessants de l'administration des tabacs, la France se tient constamment à la hauteur de sa mission ; et, malgré sa superficie peu étendue, elle est arrivée à occuper le troisième rang dans la production européenne. En effet, sans s'inquiéter des attaques qui ont été pendant un temps dirigées contre elle par les adversaires de son monopole, c'est en perfectionnant sa fabrication, en variant ses produits, qu'elle cherche à leur répondre et à conserver la confiance du public.

Suivant des données réunies par un savant allemand, M. de Reden, il se consomme annuellement en Europe trois millions de quintaux de tabac, dont la moitié est importée d'Amérique, et l'autre moitié est récoltée en Europe. L'Autriche en produit 490,000 quintaux; le reste de l'Allemagne, 400,000 ; la France, d'après ces mêmes calculs, 260,000 ; la Russie, 200,000; la Hollande, 60,000; la Belgique, le royaume de Naples, les États pontificaux, la Pologne et la Valachie produisent d'un à deux millions de livres. La production autrichienne formerait donc à peu près un sixième de la consommation totale de l'Europe. Les pays autrichiens, où la culture du tabac est permise, en produisent plus que l'Allemagne tout entière.

Chapitre XLII.

LE LONG DE LA SEINE (Suite).

L'ÉCOLE MILITAIRE ET LE CHAMP DE MARS.

L'École militaire. — Pâris Duverney. — Édit de fondation de l'École militaire. — Conditions d'admission. — Instruction donnée aux élèves de l'École militaire. — Description de l'édifice. — Intérieur de l'École militaire. — Les constructions de Lafande à l'École militaire. — Bonaparte à l'École militaire. — Il y établit son quartier général. — Quartier Napoléon. — Arrestation des conspirateurs royalistes de fructidor à l'École militaire. — Physionomie de l'École militaire pendant la fête du 10 mai 1852. — Le bal dans la cour de l'école militaire. — La salle du banquet. — Le menu officiel. — Le Champ de Mars avant 1770. — La distribution des aigles le 10 mai 1852. — La chapelle. — Les tribunes. — Les billets. — La médaille créée par Louis-Napoléon. — Les nouveaux drapeaux. — Banquet donné au Champ de Mars en 1815 par la garde impériale. — Fête de la Fédération en 1790. — La fête de l'*Être suprême*. — Distribution des aigles en 1805. — Le Champ de Mai en 1815. — Fête du 21 mai 1848. — Fêtes particulières au Champ de Mars. — Fantasia des Arabes de l'Hippodrome. — Les courses. — Le *Turf*. — Les ascensions.

Paris se termine à l'Ouest par une immense et magnifique place d'armes, le Champ de Mars. Au sortir du Champ de Mars, nous arrivons aux barrières, et les barrières sont l'entrée de Paris *extra muros*, qui ne sera pas oublié dans le plan de cet ouvrage. A l'une des extrémités de cette vaste enceinte, où se passent tour à tour revues, fêtes publiques et courses hippiques, s'élève un monument remarquable, déchu maintenant et réduit à l'humble condition de caserne : je parle de l'École militaire. Cette institution, due à l'initiative du fameux Pâris Duverney, est une des rares créations du règne de Louis XV. Le préambule de l'édit, daté de janvier 1751, qui lui donna naissance, mérite d'être cité, tant pour la noblesse et la dignité du ton, qu'à cause de l'intérêt qu'il offre en faisant connaître les vues et les intentions du fondateur. « Après l'expérience que nos prédécesseurs et nous avons faite de ce que peuvent sur la noblesse française les seuls exemples de l'honneur, que ne devrions-nous pas attendre, si tous ceux qui la composent y joignaient les lumières acquises par une heureuse éducation ? Mais nous n'avons pu envisager sans attendrissement que plusieurs d'entre eux, après avoir consommé leur bien à la défense de l'État, se trouvassent réduits à laisser sans éducation des enfants qui auraient pu servir d'appui à leurs familles, et qui éprouvaient le secret de périr et de vieillir dans nos armées, avec la douleur de prévoir l'avilissement de leur nom, dans une postérité hors d'état d'en soutenir le lustre. Nous avons résolu de fonder une *École militaire*, et d'y faire élever sous nos yeux cinq cents gentilshommes, nés sans biens, dans le choix desquels nous préférerons ceux qui, en perdant leurs pères à la guerre, sont devenus les enfants de l'État. Nous espérons même que le plan qui sera suivi dans l'éducation des cinq cents gentilshommes que nous adoptons servira de modèle aux pères qui sont en état de la procurer à leurs enfants ; en sorte que l'ancien préjugé qui a fait croire que la valeur seule fait l'homme de guerre, cède insensiblement au goût des études militaires que nous avons introduit. Enfin, nous avons considéré que si le feu roi a fait construire l'hôtel des Invalides pour être le terme honorable où viendraient finir paisiblement leurs jours ceux qui auraient vieilli dans la profession des armes, nous ne pouvions mieux seconder ses vues qu'en fondant une école où la jeune noblesse qui doit entrer dans cette carrière puisse apprendre les principes de la guerre, etc. »

On sera étonné de lire dans la signature de Louis XV à la suite d'un édit dont les dispositions sont si pleines de grandeur, de bon sens et de sagesse.

Ainsi, d'après l'intention de son fondateur, l'École militaire a été instituée dans le double but d'offrir un asile aux orphelins dont les pères étaient morts au service du roi dans les armées, et de former les jeunes officiers, en les initiant aux diverses parties de l'art de la guerre. Aujourd'hui, l'École militaire proprement dite a été transportée à Saint-Cyr, près de Versailles, où nous la retrouverons ; et l'édifice qui avait été construit pour elle sert de caserne à différents corps de la garnison de Paris. On ne sera pas fâché de rencontrer quelques détails sur l'organisation de cette primitive école, qui a duré de 1758 à 1787 ; peut-être y aura-t-il un certain intérêt à la comparer avec les règlements et les ordonnances qui régissent aujourd'hui les élèves de Saint-Cyr.

L'édit de Louis XV fixa, comme nous l'avons dit, le nombre des élèves de l'École militaire à cinq cents ; les conditions d'admission, qui furent réglées par cet édit, divisaient les aspirants en huit classes. Les deux premières comprenaient les enfants orphelins dont les pères étaient morts à la guerre, ou par suite de blessures ou d'infirmités reçues au service ; venaient ensuite, au troisième et au quatrième rang, les enfants qui avaient encore leurs mères, et qui avaient perdu leurs pères, soit au service, soit par suite de blessures, soit de mort naturelle, après trente ans passés sous les drapeaux. Les enfants jouissant d'une fortune particulière, mais fils de militaires morts au service ou à la suite d'infirmités contractées à l'armée, formaient la cinquième et la sixième classe. Enfin, les deux dernières se composaient des enfants dont les ancêtres avaient servi, ou qui, se trouvant dans l'indigence, avaient besoin des secours du roi. Les élèves appartenant à ces huit catégories étaient logés, nourris et instruits aux frais de l'État. Indépendamment de ces boursiers, on admit un certain nombre d'étrangers, qui payaient une pension de 2,000 livres. Bien entendu, le contingent de l'École se recrutait exclusivement parmi les gentilshommes ; sauf de rares exceptions, les roturiers ne parvenaient qu'au grade de sergent-major dans l'École. Chacun sait que, de nos jours, le concours est la seule épreuve imposée aux candidats des diverses écoles du gouvernement, avec quelques conditions d'âge et d'aptitude physique ; la plupart des conditions qui réglaient les classes de l'École militaire ont été abolies ou ne sont plus considérées que comme de simples recommandations. L'instruction élémentaire, bien moins étendue qu'à Saint-Cyr, comprenait les mathématiques, l'histoire, le dessin, les grammaires latine, allemande et italienne ; on commençait par des leçons d'écriture et de grammaire française, et, à titre d'arts d'agrément, on enseignait aux futurs officiers la physique expérimentale, l'équitation, l'escrime et la danse. Le service militaire était également compris dans le programme.

Toutes les fois que l'on examine une institution ancienne et que l'on recherche son budget de recettes et de dépenses, l'on demeure étonné du désordre et de la confusion qui régnaient dans ces finances, même aux époques les plus voisines de la nôtre. Accoutumés que nous sommes à cette centralisation des ressources et à cette rigoureuse balance de l'actif et du passif, qui font de l'État le modèle des comptables et des teneurs de livres, nous ne comprenons plus rien au chaos de l'ancien système financier. Ces réflexions me sont suggérées par ce qui s'est passé lors de l'établissement de l'École militaire. Dans cette institution, comme d'ailleurs dans toutes celles qui ont précédé la révolution de 1789, rien ne s'est fait de la même manière qu'aujourd'hui, sauf peut-être l'édit royal, qui représente à la fois l'initiative du pouvoir exécutif et le consentement du pouvoir législatif. Après que Louis XV a donné son ordonnance et ses lettres patentes pour la fondation d'une école militaire, nous ne voyons ni concours d'architectes, ni allocation régulière de fonds, ni études préalables du projet, soumises à l'appréciation du public ou des connaisseurs. Le roi désigne, pour dresser ce plan et diriger les travaux, le sieur Gabriel, son architecte ; et pour les premières dépenses, abandonne le produit de l'impôt sur les cartes à jouer. Cette première allocation étant insuffisante, il autorise une loterie spéciale, par arrêt du 15 octobre 1754. Et enfin, douze ans après, les religieux de la mense abbatiale de Saint-Jean de Laon sont tenus de payer au trésorier de l'hôtel une rente annuelle de 12,000 livres, qui se confond avec une première rente de 4,000 livres payée par le maréchal de Belle-Isle. Pour emplacement, on choisit une ancienne garenne appartenant à l'abbaye Saint-Germain. Il faut cependant être juste, malgré cette imprévoyance plus apparente que réelle, les diverses institutions avançaient aussi rapidement, pour le moins, que de notre temps, et si ce désordre et ce décousu des finances étaient chose regrettable, le pouvoir absolu savait au besoin trancher le nœud gordien en expropriant les propriétaires sans les indemniser et en payant les ouvriers avec des confiscations ou des taxes arbitraires. L'école, terminée en 1756, n'avait été que deux ans en construction, et recevait, dès 1758, les élèves que l'on avait provisoirement établis à Vincennes.

Parlons maintenant de l'édifice en lui-même : « Ce monument, dit M. Quatremère de Quincy, l'un des plus grands ouvrages du dernier siècle, bien qu'enlevé à sa première destination et dépouillé de tout ce qui pouvait lui donner de l'intérêt, ne laisse pas d'offrir une des plus grandes masses d'architecture, et à laquelle, comme à celle des palais de Saint-Jean de Latran, à Rome, il ne manque, pour paraître ce qu'elle est, que de se trouver au milieu de la ville, mise en point de rapport et de comparaison avec d'autres. »

Le principal corps de cet imposant édifice est de deux cours, dont la première a 70 toises carrées et la seconde, 45 ; l'emplacement qu'elle occupe, et qui comprend aussi le bâtiment entier, forme un parallélogramme de 220 toises de long et de 130 de large. Il y a deux entrées principales : celle du midi, qui est fermée par une grille de fer, et celle qui s'ouvre sur le Champ de Mars. Outre des longs grands cours et les cours adjacentes, on trouve à l'entour du bâtiment des jardins et des constructions d'une architecture simple et appropriée aux besoins de l'établissement. L'École militaire est fournie d'eau par une machine hydraulique posée sur quatre puits et faisant mouvoir quatre pompes.

On remarque sur les deux faces des bâtiments en ailes qui s'avancent jusqu'à la première grille, deux frontons ornés de peintures en grisaille à fresque, exécutés par Gibelin ; l'effet du bas-relief y est très-bien imité. La première de ces peintures, à droite, représente deux athlètes dont l'un arrête un cheval fougueux ; la seconde, à gauche, est une allégorie de l'étude, accompagnée des attributs des sciences et des arts.

Le principal corps de bâtiment, du côté de la cour,

CHAPITRE XLII. — LE LONG DE LA SEINE (Suite).

est décoré d'un ordre de colonnes doriques, surmonté d'un ordre ionique; au milieu s'élève un avant-corps d'ordre corinthien, dont les colonnes embrassent les deux étages : il est couronné d'un fronton et d'un attique. La façade du côté du Champ de Mars est décorée d'un seul avant-corps de colonnes corinthiennes semblable au précédent. Au centre est un vestibule à quatre rangs de colonnes d'ordre toscan, ouvert de trois portes sur les deux faces : on y voyait les statues du maréchal de Luxembourg, de Condé, de Turenne et du maréchal de Saxe, qui ont disparu, de même que la statue équestre de Louis XV, envoyée au musée des monuments français.

L'intérieur de l'École militaire n'offre de remarquable que la grandeur de quelques salles, actuellement dépouillées des tableaux qui en faisaient jadis l'ornement. On doit indiquer aussi les constructions que, malgré de nombreuses contrariétés, l'astronome Lalande parvint à faire élever, en 1788, pour établir un grand quart de cercle mural qui manquait à l'Observatoire. Ces constructions consistent en une espèce de pavillon exhaussé de deux étages sur l'aile gauche de la cour, un massif pour porter la lunette, et un mur pour un quart de cercle. Ces deux beaux instruments et quelques autres sont placés sous la surveillance d'un astronome. La chapelle, construite en 1769, ne présente rien de saillant.

Les élèves de l'École militaire avaient une garnison composée de 68 invalides; une compagnie de sous-officier était chargée du service intérieur. L'état-major se composait d'un gouverneur, d'un lieutenant du roi, d'un major, de trois aides et de trois sous-aides-majors, de quatre capitaines des portes, et de deux écuyers; un intendant, un trésorier, un secrétaire, un contrôleur et un sous-contrôleur étaient chargés de l'administration. Pour compléter cette énumération, il faut citer encore le chapelain, assisté de cinq docteurs en Sorbonne, le médecin et les deux chirurgiens : la santé du corps et la santé de l'âme.

Bonaparte a étudié l'art de la guerre à l'École militaire : ce souvenir suffit pour immortaliser l'établissement après 1778, l'École, momentanément supprimée, avait reçu une organisation nouvelle, qui dura jusqu'en 1787. A cette époque, la suppression fut

Salle de bal dans la cour de l'École militaire le 10 mai 1852.

définitive; on incorpora les élèves dans les régiments ou dans les douze collèges militaires qui furent fondés en province, et l'ancien local fut mis à la disposition de la ville de Paris pour être transformé en succursale de l'Hôtel-Dieu. Mais la révolution survint. En 1793, l'École militaire fut mise à peu près au pillage, perdit sa bibliothèque, composée de cinq mille volumes, tous les biens qui formaient sa dotation, qui furent vendus, et elle devint une caserne de cavalerie.

Depuis lors, l'historien n'a plus guère à glaner dans les fastes de cette institution déchue. Bonaparte, consul, y établit son quartier général, et l'on inscrivit sur la frise de la façade : « Quartier Napoléon. » Devenu empereur, il y installa sa garde. En 1797, on y arrêta Brottier, de Preste, et la Villeheurnois, les conspirateurs royalistes de fructidor, pendant qu'ils développaient leurs plans au chef d'escadron Malo. A son retour du camp de Boulogne, Napoléon y fut harangué par le préfet de la Seine, et en sortit pour aller vaincre à Austerlitz.

Aujourd'hui l'École militaire n'est qu'une caserne, des plus belles, il est vrai : elle renferme constamment un parc d'artillerie et une ou plusieurs batteries de cette arme. Mais son principal titre de gloire pour notre temps, c'est d'avoir été le théâtre d'un des plus saillants épisodes de la fête de *la Distribution des Aigles*, le 10 mai 1852. La cour d'honneur servit de salle de bal; l'intérieur de l'École reçut les convives invités, au nombre de plus de dix mille, à un gigantesque souper. Voici quelques détails sur cette partie de la fête. Le reste viendra à propos du Champ de Mars.

L'extérieur et l'intérieur de l'École militaire avaient éprouvé, pour cette fête, une complète transformation. La façade du monument était presque entièrement masquée par les tribunes construites par le génie militaire : tribune du président, au centre et en avant; tribunes latérales, renfermant chacune 720 places; tribune séparée, de 1,260 places; et enfin deux pavillons, qui renfermaient chacun 418 spectateurs. Ces divers postes privilégiés étaient ouverts à la famille impériale, au corps diplomatique, aux grands dignitaires nationaux et aux corps constitués; les dames avaient des places distinctes. Les gradins découverts, pouvant recevoir 1,200 personnes, qui s'étendaient au-devant de l'École militaire, furent réservés aux officiers étrangers en uniforme. On arrivait à l'estrade du président par un escalier majestueux de 18 mètres de large, orné de six statues représentant la Force, la Justice, la Prudence, l'Histoire, la Victoire et la Paix, dues aux ciseaux de nos

premiers sculpteurs. Intérieurement cette tribune était tendue de velours cramoisi, étoilé d'or, aux torsades, franges et crépines d'or, écussonné du chiffre du président et du monogramme de l'Empereur, avec bannières allégoriques, devises, noms de victoires et de découvertes, panaches au sommet et lambrequin, frangés de torsades d'or. Les tapis les plus riches montaient du sol au plancher de la tribune, et sur les marches étaient posés des lions, des trophées et d'immenses vases de fleurs. Pareille décoration ornait les deux tribunes latérales, occupées par les dames du corps diplomatique, les familles des ministres et des fonctionnaires de l'ordre le plus élevé.

L'ensemble de cette décoration correspondait à celle du Champ de Mars, dont les talus étaient couverts de tribunes analogues, bien que moins somptueusement ornées, et qui représentaient une véritable forêt de mâts, portant des drapeaux, des trophées, des panoplies et de gigantesques inscriptions où on lisait le numéro et les plus belles campagnes de chaque régiment. La description de la fête donnée sur ce théâtre splendide appartient aux annales du Champ de Mars, qui a été déjà témoin de tant de splendeurs. Je passe donc à l'intérieur de l'École militaire, qui avait aussi revêtu un costume tout nouveau pour cette réjouissance exceptionnelle.

Le programme annonçait un bal et un souper pour *dix mille* invités, dont trois mille dames. Il a fallu construire des salles capables de recevoir ces nations de danseurs et de banqueteurs. Aussi une véritable armée de travailleurs a-t-elle été plusieurs jours à l'ouvrage, les hommes élevant les charpentes, les femmes cousant et préparant les tentures, les entrepreneurs et chefs d'atelier surveillant les travaux à l'aide de la longue vue et donnant leurs ordres au moyen du porte-voix. La cour d'honneur tout entière avait été métamorphosée, pour quelques heures, en un palais féerique, qui se décomposait ainsi :

En premier lieu, salon de bal. Ce salon, de 65 mètres de long sur 25 de large et sur 20 de hauteur, ce qui l'élevait au-dessus du fronton de l'École militaire, avait la forme d'une vaste tente : partout des trophées d'armes, des cavaliers à cheval, des panoplies debout, des armures de toutes les époques, éclairées au reflet de 40,000 bougies lui donnaient l'aspect d'un musée d'artillerie paré pour un jour de gala. Ce salon était complété par deux galeries latérales de la même longueur et larges de 18 mètres et demi. C'était là que les curieux, assis sur les estrades qui s'élevaient au-dessus du rez-de-chaussée et sur les deux rangs de fauteuils du premier étage, pouvaient embrasser le magique coup d'œil de la salle de bal. Entre autres dépendances, je citerai le salon de conversation et le salon de jeu, les six vestiaires, et, dans la première cour, une marquise pouvant abriter deux mille voitures.

En second lieu, la salle de banquet, et les deux galeries de rafraîchissements. Qu'il nous suffise de dire que la salle de banquet était disposée pour recevoir six cents convives à la fois. Voici, pour l'édification des lecteurs, une partie du menu officiel de ce pantagruélique festin :

La consommation qui s'est faite dans cette soirée a été de :

99 poissons, 66 galantines, 114 pâtés, 10 rosbifs, 96 jambons (48 Westphalie, 48 Bayonne), 60 hures sangliers, 18 pâtés de foie gras, 100 mayonnaises homards, 192 poulets rôtis, 1,000 bottes asperges, 210 pièces pâtisserie, 444 assiettes petits fours, 12,000 pains, 444 assiettes de fruits, 3,074 bouteilles de vin de Champagne et 5,460 de Bordeaux, 30,000 glaces, sorbets, chocolat; 26,000 verres punch, 17,000 verres sirops assortis, 450 kilogr. de gâteaux, petits fours, bonbons, caramel, etc.

Le service des tables et buffets était fait par 292 maîtres d'hôtel.

La fête fut digne de ces gigantesques préparatifs. Personne, parmi les dix mille élus, n'a oublié le saisissant spectacle dont il a été frappé lorsque, sortant d'une interminable queue de voitures qui se prolongeait jusqu'au boulevard Bonne-Nouvelle, il a pu pénétrer dans le vestibule, d'où l'on entrait dans les trois salles de bal. Ce vestibule, chef-d'œuvre de goût et d'ornementation dans le style militaire, était garni d'étendards et d'armures qui couvraient les murs; les piliers disparaissaient sous un treillis de sabres-poignards, reflétant la lumière des lustres. Entre les trophées s'élevaient des pilastres formés de canons de fusils polis et enchâssés comme des buffets d'orgues, que terminaient des chapiteaux modelés avec des crosses de pistolets, et que défendaient des balustrades formées de sabres de cavalerie. Sur le premier rang, des canons dorés de la tête au pied, et des mortiers, revêtus de la même parure, se dressaient bourrés de fleurs en guise de mitraille. Partout les fleurs se mêlaient à l'éclat de l'acier et du fer : les guirlandes, les couronnes, les bouquets offerts aux dames, transformaient cette vaste enceinte en corbeille embaumée.

Et l'on ne voyait encore que le vestibule : un spectacle bien plus merveilleux attendait les élus dans les salles de bal. Les proportions des trois salles, de celle du milieu surtout, étaient tellement gigantesques, que, bien que littéralement inondées de lumières par quarante mille bougies, l'œil n'en pouvait, à l'entrée, discerner le fond ni la forme. Il n'y a aucune fête assyrienne de Martin capable de rivaliser avec cette toute-puissante et splendide réalité. On eût dit que des murs de glaces multipliées à l'infini représentaient, à des distances imaginaires, les décorations et les feux de la salle. Pourtant rien n'était plus palpable et plus réel que ce prétendu trompe-l'œil. On marchait, on allait, et, quand on avait fait quelques trois quarts de kilomètre, on n'était pas encore au bout. Les piliers géants et les murailles étaient tendus, dans toute leur colossale superficie, d'une étoffe à ramages jouant la moquette, très-chaude à l'œil, ornée partout d'aigles en relief et de médaillons d'or au chiffre L. N. L'orchestre formidable, dirigé par Strauss, tonnait d'en haut d'une estrade suspendue et aérienne, invisible aux spectateurs. D'autres orchestres militaires faisaient retentir des fanfares dans les deux salles latérales. L'éclat des diamants, des parures, des costumes, des uniformes français, anglais, écossais, bavarois, prussiens, piémontais, turcs, égyptiens, etc., etc., était vraiment inconcevable. Vers minuit, heure de la foule la plus compacte, la salle ne pouvait mieux se comparer qu'à un océan de feu, ruisselant de pierreries et de dorures.

Toutes ces splendeurs éphémères ont passé; il ne reste plus rien des constructions brillantes et colossales qui se sont élevées pour un jour autour de l'austère et imposant édifice; il ne reste plus rien des énormes préparatifs gastronomiques pour lesquels Chevet avait dépeuplé les fleuves de l'Europe de saumons, et fait couler des océans de sirops, entassé des montagnes de fruits, accumulé des myriades de bouteilles de champagne et de bordeaux. Mais le souvenir de la solennité, qui date d'hier à peine, est encore vivant, et demain peut-être, après-demain au plus tard, une solennité analogue convoquera de nouveaux invités. Qui sait? peut-être que le programme du 10 mai, qui n'avait aucun prédécesseur sérieux, sera battu par son successeur, et distancé d'aussi loin qu'il a distancé tous les autres!

Ce n'est que par accident que l'École militaire est le théâtre des réjouissances officielles et des fêtes publiques; cet honneur appartient à son voisin, le Champ de Mars. Depuis le jour où s'éleva dans un aérostat le physicien Charles, un des premiers qui tentèrent les routes inexplorées de l'air, jusqu'à la dernière cérémonie, qui date de quelques mois à peine, le Champ de Mars peut enregistrer bien des événements dans ses annales : les fédérations de 1790, 1791, 1792; les cérémonies funèbres de la révolte de Nancy, l'inauguration de la constitution de 1793, la mort de Bailly, les fêtes des *Victoires*, de l'*Être suprême*, de l'*Agriculture*, du *10 août*, de la *Vieillesse*, etc.; les distributions des aigles ou des drapeaux, le *Champ de mai*, le mariage du duc d'Orléans, et enfin les fêtes de la seconde république. Et ceci n'est que l'histoire extraordinaire : dans les courts intervalles que laissent ces cérémonies publiques si rapprochées, le Champ de Mars sert encore de stade pour les courses de chevaux, de lieu d'exercice, de parade et de revue des troupes, et enfin de théâtre pour diverses expériences, qui ont le privilége d'attirer la curiosité des badauds du dimanche : par exemple, les ascensions aérostatiques embellies de souvenirs mythologiques, les essais de locomotion aérienne, et tout ce que peut concevoir l'imagination de certains spéculateurs qui marchent sur les traces de Montgolfier et de Pilâtre du Rosier.

Avant 1770, le Champ de Mars, destiné à tant de gloire, n'offrait qu'un terrain occupé par les maraîchers. A cette époque, on y traça un parallélogramme de 1,000 mètres de long sur 500 mètres de large, et, comme on destinait ce terrain aux élèves de l'École militaire, on lui donna le nom pompeux qu'il a conservé jusqu'à présent. Lors de la grande fête de la Fédération, en 1790, les talus actuellement existants furent construits, mais de manière à diminuer l'étendue primitive de ce champ sans limites. En 1848, les ouvriers des ateliers nationaux ont été occupés à les reculer et à niveler la surface du sol. Aujourd'hui, le Champ de Mars pourrait recevoir un peuple entier. Avant de donner une idée sommaire des principales fêtes dont il a été le théâtre, n'oublions pas que ce fut dans son enceinte qu'eut lieu, en 1798, ou, pour se conformer au calendrier du temps, pendant les cinq jours complémentaires de l'an VII de la République, la première exposition générale des produits de l'industrie française.

La fête du 10 mai, dont nous venons de décrire un des plus intéressants épisodes, occupe le premier rang peut-être entre les diverses solennités militaires dont le Champ de Mars a été si souvent le théâtre. En général, il est assez difficile de donner, par de simples récits, une idée suffisante de la pompe, de l'éclat de ces fêtes où l'armée joue le principal rôle; c'est dans ces occasions surtout que le crayon du dessinateur prête un utile secours à la plume de l'auteur. Pour l'historien modeste, il ne peut qu'énumérer toujours les mêmes éléments : longues lignes d'uniformes splendides, de fusils étincelants aux feux du jour; manœuvres exécutées avec la précision la plus géométrique, artilleries pacifiques tonnant pour le bon plaisir des spectateurs, simulacres de guerres, c'est toujours monotone à dire, toujours imposant à voir. Et, malgré les tendances peu belliqueuses de notre temps, nous éprouvons sans cesse un plaisir nouveau, une joie enfantine à la vue des colonnes d'infanterie qui défilent, qui se massent, qui se divisent, se doublent et se dédoublent avec tant d'ordre et de justesse : nous admirons, sans nous lasser, les chevaux qui piaffent et manœuvrent sous la main intelligente du cavalier, les aigrettes qui ondoient, les cuirasses et les sabres qui reluisent. Il suffit de quelques mesures pour que l'orchestre des régiments réveille en nous des velléités militaires; et lorsque les cuivres sonores exécutent quelque marche, quelque morceau entrainant, nous avons besoin de tout notre décorum pour ne pas emboiter le pas et avancer en cadence, à l'instar de ces soldats amateurs et imberbes qui marchent militairement à côté des pelotons ou en avant, et parallèlement aux redoutables barbes des sapeurs. De tels sentiments appartiennent si bien à notre pays, que pour souhaiter la bienvenue aux étrangers, les autorités constituées de tous les temps ne trouvent rien de mieux que de faire parler la poudre. La voix du canon salue ainsi les visiteurs, sans égard pour leur opinion, et la France, désireuse d'honorer les exposants de Londres, a jugé à propos de terminer par le simulacre d'une petite guerre les luttes d'amour-propre, d'intérêt, d'industrie, les rivalités pacifiques qui s'étaient débattues dans l'enceinte du Palais de Cristal.

La fête du 10 mai avait au moins sa raison d'être. Il s'agissait de la distribution et de la bénédiction des aigles et des drapeaux. La partie matérielle de la cérémonie était prévue d'avance : on avait fixé l'ordre dans lequel se grouperaient les différents corps de cette armée de quatre-vingt mille hommes, députés par nos quatre cent mille soldats et nos trois millions de gardes nationaux (du moins, ces derniers ont failli être compris sur le programme) ; on avait disposé d'avance les drapeaux, de manière à les faire passer au Président, à mesure que chaque chef de corps viendrait le prendre de sa main. Rien de saillant ne s'est offert dans l'exécution de cette partie du programme. Le Président et son cortège, arrivant dans le Champ de Mars, ont pris place sur l'estrade dont il a été question ; et les chefs de corps désignés, c'est-à-dire deux généraux, dix-neuf colonels, et trois autres officiers d'armes différentes, ont reçu successivement leurs drapeaux dans un ordre correspondant à celui du défilé, et sont venus se ranger à droite et à gauche de l'estrade. Un discours a été prononcé par le chef de l'État.

Immédiatement commença la bénédiction des aigles et des drapeaux. Un coup de canon annonça le commencement du service divin ; un second coup, l'élévation. A ce moment, les tambours battirent aux champs, les trompettes sonnèrent la marche, les troupes présentèrent les armes. Pendant l'office divin, l'orchestre militaire exécutait des morceaux de musique religieuse. A l'issue de la messe, la bénédiction devait être donnée aux drapeaux, suivant les rites adoptés par l'Église. Cette partie de la fête avait un caractère plus original que le reste : rarement le Champ de Mars avait vu une pareille intimité entre l'Église et l'État. On avait construit pour la circonstance un monument tout spécial.

La chapelle, ouverte sur toutes ses faces, avait 18 mètres de large sur 25 de hauteur ; elle était peinte en blanc, rehaussée d'or, et soutenue par huit colonnes cannelées avec chapiteaux corinthiens. Sur les quatre pans, quatre immenses vélariums de velours cramoisi, brodés et drapés d'or, un dais d'une magnificence inouïe au-dessus de l'autel, et un drap d'or courant sur toute la surface, complétaient la décoration de la chapelle. C'est sur ce palier élevé que se groupaient les colonels de chaque régiment, avec leurs aigles, pour recevoir la bénédiction, qui leur était donnée par Mgr l'archevêque de Paris.

Sur les huit colonnes de la chapelle s'élevaient huit statues allégoriques de Ruthières, et un dôme entièrement doré ; sur l'escalier s'échelonnaient symétriquement des vases d'église, des cassolettes, des candélabres et des jardinières.

Les marches conduisant au palier de l'autel étaient au nombre de cinquante. Une immense croix latine surmontait le dôme doré, et donnait un grand caractère à l'ensemble de l'édifice.

Le nombre des ecclésiastiques et des membres des corporations religieuses qui assistaient à cette cérémonie a été de plus de huit cents, dont plusieurs cardinaux et plusieurs évêques.

La foule, venue de tous les points de Paris, grossie la veille et dans la matinée par les innombrables convois-monstres des chemins de fer qui avaient momentanément dépeuplé la banlieue, la foule avait inondé les tertres, les talus, les tribunes publiques, les hauteurs voisines et jusqu'aux toits des maisons. Dès huit heures du matin, l'océan de têtes s'étendait à perte de vue, et la fête ne commençait qu'à midi. Heureux les invités officiels et les nobles étrangers, en grand nombre d'ailleurs, auxquels l'hospitalité française accordait des places d'honneur !

Indépendamment des tribunes réservées, de chaque côté du Champ de Mars, sur le haut des tertres, s'élevaient des constructions de différentes formes, établies aux frais des particuliers, et qui ne contenaient pas moins de quarante mille personnes. Les billets, dont le prix avait été fixé à 5 fr., se vendirent 50 fr., 100 fr., et jusqu'à 150 fr.

L'aspect que présentaient, sous un ciel admirable, la variété des uniformes et les parures des dames était éblouissant, et offrait un coup d'œil grandiose. Les sénateurs, les conseillers d'État, les magistrats, portaient tous le costume officiel.

Cette cérémonie, que n'avait d'ailleurs attristée aucun funeste événement, fut signalée par une institution nouvelle, la Médaille militaire. Cette médaille représente d'un côté l'effigie de Louis-Napoléon, et de l'autre, dans un médaillon doré, la devise : « Valeur et discipline. » L'aigle qui la surmonte est également doré : elle donne droit, d'après le décret de fondation, en date du 22 janvier 1852, à une pension de trois cents francs, qui se confond avec le traitement de la Légion d'honneur. Quant aux drapeaux, ils sont, à peu de chose près, les mêmes que ceux de l'Empire.

La fête du 10 mai 1852 rappelle la distribution des aigles en 1805, trois jours après le sacre de l'empereur Napoléon. Une autre solennité moins connue eut lieu également dans le Champ de Mars, dix ans après, dans un intervalle entre les désastres qui précipitèrent la chute de l'Empire : ce fut un banquet offert par la garde impériale aux garnisons de Paris et de Lyon et à deux bataillons postés aux Tuileries, formant un effectif de 1,200 officiers et de 12,000 soldats. Le général Pelet fut chargé, trois jours à l'avance seulement, de l'organisation de la fête. Il choisit pour salle du festin l'École militaire, destinée aux officiers, et le Champ de Mars pour les soldats. Il suffira de dire que, malgré tant de précipitation,

Médaille militaire créée par Louis-Napoléon.

cette fête excita un enthousiasme véritable. Bon nombre de dames furent admises à circuler autour des tables que le génie avait dressées pour les soldats, et qui avaient été servies, moyennant deux francs par tête, par un marchand de vin et un restaurateur du Gros-Caillou. La carte des officiers avait été fixée à vingt francs. Moyennant cette somme, Véry fit des prodiges. Le banquet se termina par une promenade et par une manifestation improvisée des convives au pied de cette même colonne Vendôme que, dans quelques mois, les étrangers vainqueurs allaient décapiter.

Et maintenant nous voulions, quittant les splendeurs militaires, énumérer et décrire les réjouissances politiques, constitutionnelles, allégoriques, républicaines et autres, qui se sont succédé, comme un véritable chaos, dans l'enceinte du Champ de Mars, un volume ne suffirait pas pour renfermer les programmes et les procès-verbaux dus à l'imaginative de nos divers gouvernements. Heureusement pour nous qu'il suffira de deux ou trois descriptions sommaires pour donner une idée complète des nombreuses fêtes dont ce lieu depuis soixante ans a été le terrain consacré ; en effet, les plans des ordonnateurs ne brillent guère par l'invention. Rien ne ressemble plus à une revue qu'une distribution de drapeaux ; et il est difficile de trouver des différences notables entre les sept ou huit fêtes de fédération et les cinq ou six proclamations de constitutions dont nos vieillards se souviennent encore. Quant aux cérémonies allégoriques, il est certain que le programme varie bien peu, et qu'on emploie les mêmes décorations et les mêmes moyens, qu'il s'agisse de la *Victoire* ou de l'*Être suprême*, de la *Jeunesse* ou de la *Vieillesse*, de l'*Immortalité* ou de la *République*, de l'*Agriculture* ou de la *Vertu*. Commençons donc par le commencement, et, d'après un témoin oculaire, parlons de la fête de la Fédération, le 14 juillet 1790, jour anniversaire de la prise de la Bastille.

« La cérémonie avait été fixée au 14 juillet 1790 : la Fayette, en sa qualité de commandant de la garde parisienne, fut chargé du soin de la fête et nommé chef de la Fédération. On avait projeté de creuser le Champ de Mars, et de transporter la terre sur les côtés, afin d'en faire un vaste et magnifique amphithéâtre ; mais le jour décisif approchait, et déjà l'on voyait arriver de toutes parts les fédérés des provinces, que les bourgeois se disputaient l'honneur de recevoir et d'héberger dans leurs maisons. En dépit du travail incessant de douze mille ouvriers, cette tâche immense avançait avec une telle lenteur, qu'il y avait lieu de craindre qu'on ne pût avoir terminé à l'époque fixée. Dans cette extrémité, les districts invitent, au nom de la patrie, les bons citoyens à aider les ouvriers. Cette invitation électrise tous les cœurs : les femmes propagent l'enthousiasme. Aussitôt on voit sortir de tous les quartiers de la grande cité ces citoyens marchant deux à deux. Des séminaristes, des écoliers, des militaires, des manœuvres, des chartreux vieillis dans la solitude, courent au Champ de Mars, une pelle sur le dos. Là, tous les citoyens sont mêlés, confondus, et forment un atelier immense et agité. La courtisane se trouve à côté de la chaste jeune fille qu'elle respecte ; le capucin noir à la brunette avec le chevalier de Saint-Louis, le portefaix avec l'élégant du Palais-Royal ; la robuste harengère travaille à côté de la délicate femme à la mode ; et ces travailleurs improvisés forment un total de quatre-vingt mille personnes de tout sexe, de tout âge, de tout rang. Les hommes déposent leurs montres, les habits qui les gênent, les dames leurs bijoux, au premier endroit venu, sans précaution, sans surveillance ; et rien n'est détourné et enlevé ; on eût dit que les malfaiteurs eux-mêmes respectaient cet élan extraordinaire d'enthousiasme et de patriotisme.

Des tavernes ambulantes, des boutiques portatives augmentent encore la variété du tableau. On entend un bruit confus de cris, de chants, de tambours, auxquels se mêlent la voix des travailleurs qui s'appellent ou s'encouragent. L'âme était profondément émue en contemplant un peuple qui semblait renaître aux doux sentiments de la fraternité primitive. Les groupes ne se séparaient qu'à neuf heures du soir, pour revenir reprendre le lendemain matin leurs patriotiques travaux.

Enfin le 14 arriva. Pendant que les fédérés, partant de la place de la Bastille, se rendaient aux Tuileries, la foule des spectateurs formaient une haie compacte sur le chemin qui conduit du palais des rois à un pont élevé à la hâte, en face du champ de la Fédération (ce pont provisoire a été remplacé depuis par le pont d'Iéna). Le cortège arriva enfin et prit place, se composant, non-seulement des députés des provinces, mais encore de l'Assemblée nationale, de la municipalité de Paris et des corps constitués : un amphithéâtre magnifique, disposé dans le fond, était destiné aux autorités nationales. On avait préparé pour le roi, la reine et le président, trois sièges pareils, à côté l'un de l'autre, et semés de fleurs de lis d'or. La reine s'assit derrière Louis XVI, sur un balcon qui portait aussi les dames de la cour. Les ministres se trouvaient à quelque distance du roi, et les députés étaient rangés des deux côtés. Quatre cent mille spectateurs remplissaient les amphithéâtres latéraux. Au centre s'élevait le magnifique autel de la Patrie. Trois cents prêtres, revêtus d'aubes blanches et d'écharpes tricolores, entouraient les marches et devaient servir la messe. L'arrivée des fédérés dura trois heures : le temps était sombre et la pluie tombait par torrents.

Enfin la cérémonie commence. Comme par un coup de théâtre, le ciel se découvre, et illumine de son brillant éclat cette scène imposante. L'évêque d'Autun commence la messe ; les chœurs accompagnent la voix du pontife, et le canon y mêle son bruit solennel : le saint sacrifice s'achève ! La Fayette descend alors de cheval et va recevoir les ordres du roi, qui lui donne la formule du serment. Le général la transmet à l'autel. Dans ce moment toutes les bannières s'agitent, tous les sabres étincellent. Le général, l'armée, le président, les députés crient : « Je le jure ! » Le roi, debout, la main élevée sur l'autel, dit : « Moi, roi des Français, je jure d'employer le pouvoir que m'a délégué l'acte constitutionnel de l'État à maintenir la constitution décrétée par l'Assemblée nationale et acceptée par moi. » Dans ce moment, la reine, entraînée par l'émotion générale, saisit dans ses bras l'auguste enfant héritier du trône, et, du haut du balcon où elle est placée, le montre à la nation assemblée. Ce mouvement inattendu est salué de mille cris de : « Vive le roi ! vive la reine ! vive le dauphin ! » Les fêtes, qui durèrent plusieurs jours, et l'accord qui régnait dans Paris semblaient annoncer que les haines étaient éteintes. Cette joie, ce bonheur furent de courte durée. Les fédérés quittèrent la capitale et la lutte recommença. »

J'ai ainsi donné, sauf quelques modifications, cette espèce de programme contemporain avec son ton d'enthousiasme et ses réflexions philosophiques imitées de Jean-Jacques ; on lui doit une sorte de monument qui donne l'idée, non-seulement de la fête, mais encore des sentiments et des idées de ceux qui en furent témoins. Les derniers mots, « la lutte recommença, » peuvent s'appliquer, avec plus de justesse encore, aux réjouissances révolutionnaires qui suivirent la Fédération : ces diverses réjouissances furent à peine un temps d'arrêt sensible au milieu de la dévorante activité des hommes et de la rapidité prestigieuse des événements à cette mémorable époque. La terrible année 1793 vit plusieurs fêtes se succéder dans l'enceinte du Champ de Mars ou *Champ de la Réunion* : les principales furent l'inauguration d'une constitution nouvelle et la fête des Victoires, le 10 nivôse ou 30 décembre, en l'honneur de la prise de Toulon. Le grand artiste révolutionnaire, David, directeur des fêtes nationales, fut chargé de toutes les deux. Sur ses dessins on éleva un temple de l'immortalité au milieu du Champ de Mars : les quatorze armées de la République furent représentées par quatorze chars, dont chacun portait douze soldats blessés. Le char de la Victoire, orné de drapeaux conquis sur les puissances coalisées, fermait la marche ; on exécuta les hymnes à la Victoire, composés par Marie-Joseph Chénier.

Ces deux cérémonies eurent un entr'acte sanglant : nous voulons parler du supplice de Bailly. Personne ne regrettera de ne pas trouver ici une nouvelle édition des tristes détails du supplice de cet homme de bien, victime de la fureur aveugle des partis, qui fut massacré en face de ce même Champ de Mars où il avait présidé aux fêtes de deux fédérations.

La fête de l'*Être suprême*, décrétée et célébrée au plus fort de la Terreur, eut un caractère aussi grandiose et plus original que celles dont il a été déjà question. Une montagne factice et une haute colonne,

avec des degrés tournants, s'élevaient au milieu du Champ de Mars : c'est de là que Robespierre, grand prêtre de cette divinité dont il avait fait mettre l'existence à l'ordre du jour, vint déposer sur l'autel de la patrie les offrandes philosophiques de la nation française : des fleurs et des épis. L'arc de triomphe sous lequel passa la Convention était orné de bas-reliefs, œuvre de David, et représentant des sujets allégoriques : le *Dix Août*, la *République*, le *Règne de la Philosophie*, le *Triomphe de la Sagesse*. La cérémo-

Distribution des drapeaux le 3 novembre 1804.

nie fut terminée par un discours du pontife républicain ; on remarqua ces paroles : « Citoyens, livrons-nous tout entiers, aujourd'hui, à l'allégresse que nous inspire ce beau jour. Demain nous combattrons encore les vices et les tyrans ! » Le ton de supériorité de Robespierre, son affectation à se distinguer de ses collègues, et enfin cette dernière menace qui reculait indéfiniment la fin de la Terreur, contribuèrent beaucoup à accélérer sa chute. On remarqua, parmi les spectateurs de la fête, les élèves de l'école de Mars : cette école, établie à Sablonville, était compo-

Le Champ de Mai en 1815.

sée de jeunes gens appelés de tous les points de la France pour s'instruire à la hâte dans l'art de la guerre, et voler à la défense des frontières. On accusait Robespierre de les avoir réunis pour s'en faire une sorte de garde qui lui permît de continuer à exercer sa sanglante dictature ; mais les élèves de l'École de Mars ne furent pas étrangers à la révolution qui le renversa. Nous avons déjà donné une image de leur uniforme, composé d'après les dessins de David.

Rien ne mérite notre attention dans les fêtes postérieures dont le Champ de Mars a été le théâtre. Parmi les cérémonies presque annuelles qui s'y sont succédé, nous citerons la distribution des drapeaux le 3 novembre 1804, le *Champ de Mai*, en 1815, et la distribution des drapeaux et étendards aux troupes de la garde nationale et de la ligne, le 27 mars et le

2 mai 1831, sous les auspices du vieux La Fayette, le héros de la première fédération.

Au mois de juin 1837, à l'occasion des fêtes données par la ville de Paris pour célébrer le mariage du duc d'Orléans, le Champ de Mars fut choisi pour représenter le simulacre de la prise de la citadelle d'Anvers. Des fortifications en terre avaient été préparées dans ce but et devaient être attaquées dans la nuit du jeudi 15 juin. Cette brillante soirée fut marquée par des malheurs. Des précautions avaient été prises par l'autorité militaire et par la police, afin que ni les feux de l'attaque ni ceux de la défense n'entraînassent aucun danger : et, en effet, la petite guerre se termina sans le moindre accident. Mais tout à coup des cris partis de différents points vinrent répandre l'effroi parmi la foule qui remplissait le Champ de Mars : elle s'ébranla dans toutes les directions, et se précipita sur les issues peu nombreuses, qui furent aussitôt encombrées par cette immense population. A l'approche des grilles, vingt-trois individus des deux sexes perdirent la vie : un grand nombre furent plus ou moins dangereusement blessés.

Il me reste, pour en finir avec toutes ces solennités officielles, à parler de la fête du 21 mai 1848, en l'honneur de la résurrection de la République. Je procéderai comme j'ai fait pour la Fédération : je citerai les paroles contemporaines d'un témoin bien informé, et, en l'abrégeant et en le modifiant, je lui laisserai son tour épigrammatique, sa phrase satirique et frondeuse. Ce sera un grain de sel de médisance pour relever un peu la fadeur et l'insipidité inévitable de toutes ces pompes et de toutes ces splendeurs.

« A l'entrée du Champ de Mars, du côté du pont d'Iéna, s'élèvent deux pyramides de forme triangulaire, partant d'une large base circulaire. Ces pyramides sont inachevées à leur sommet, et la charpente de la base de celle de gauche n'est pas recouverte des décors qui devaient la masquer et qui gisent là inutilement entassés. Trois statues en plâtre de quatorze pieds de hauteur sont adossées à chacune des pyramides. Autour de celle de gauche on voit la figure de la France, appuyée sur une table où sont inscrits ces mots : *Abolition de la peine de mort, suffrage universel, liberté de la presse*; l'Italie, avec la coiffure de Cybèle, tenant une épée nue sur son épaule et une tiare dans l'autre main, et la blonde et romantique Allemagne appuyée sur une lyre. Autour de la pyramide de droite on voit la Liberté, appuyée sur une massue et tenant en main des fers brisés ; l'Égalité, qu'on ne reconnaîtrait pas aux pampres et aux grappes de raisin de sa coiffure, mais que désigne le niveau placé dans une de ses mains ; enfin la Fraternité, qui, n'ayant rien à tenir, étend une de ses mains ouverte et pose l'autre sur sa poitrine. Ces diverses statues improvisées sont en général d'un aspect satisfaisant. Sur les faces de cette dernière pyramide, on lit les inscriptions suivantes : *La liberté consacre la justice pour règle, les droits d'autrui pour borne, la nature pour principe et la loi pour sauvegarde. — La nation règne, la loi gouverne ; la loi est le niveau rigide de l'égalité. Le peuple est souverain, ses mandataires administrent. — Unissez-vous les uns les autres ; aimez votre prochain comme vous-même. Chacun pour tous, tous pour chacun.* Neuf pavillons des peuples libres et bannières à bordure dorée sont suspendus à

CHAPITRE XLII. — LE LONG DE LA SEINE (Suite).

Fête du 21 mai 1848. — Vue générale du Champ de Mars.

une corde qui va d'une pyramide à l'autre, et servent à compléter une sorte de portique aérien qui marque l'entrée du Champ de Mars. La bannière du milieu porte ces deux vers de Béranger :

pente qui leur sert de support, font assez mauvaise figure et attestent la précipitation et le désordre qui ont régné dans les préparatifs de la fête, et dont on retrouve à chaque pas la preuve.

A partir de là, une immense et large avenue est marquée au milieu du Champ de Mars jusqu'à l'École militaire par une double rangée de piédestaux surmontés de trépieds, en style des décors de mélodrames : ces trépieds portent un réchaud devant servir à l'illumination du soir. Une tente en coutil, de même forme que les piédestaux, leur sert d'antichambre et en masque l'intérieur réservé à différents usages qui ne sont pas le côté poétique de la fête. La décence peut applaudir à cette combinaison, mais l'ajustement n'y trouve pas son compte : cela fait paraître tous les trépieds en dehors du centre de leurs bases. Entre chacun des piédestaux sont figurées des bannières en verres de couleur pour l'illumination du soir.

frait au monde la paix ou la guerre. Le piédestal qui la porte est flanqué sur ses quatre faces de lions, par M. Barye, utilisés pour la circonstance.

Deux statues représentant l'armée de terre et l'ar-

Fête du 21 mai. — Statue de l'Égalité.

Peuples, formez une sainte alliance,
Et donnez-vous la main.

Un peu plus loin, comme deux sentinelles avancées de ce vaste camp, se dressent ou plutôt gisent sur le

Fête du 21 mai. — Statue de la Liberté.

mée de mer font face à l'École militaire, et répètent de ce côté la disposition que nous avons déjà signalée à l'autre extrémité du Champ de Mars. Elles sont également dépourvues de piédestaux.

Fête du 21 mai. — Statue de la Marine.

Fête du 21 mai. — Statue de la République.

Une autre ligne de trophées en verres de couleur se dessine au pourtour du Champ de Mars avec des poteaux surmontés d'oriflammes tricolores. Enfin une troisième ligne de poteaux, portant des girandoles également destinées à l'illumination, est placée des deux côtés entre la ligne la plus extérieure et la rangée intérieure des piédestaux. L'ensemble de la disposition constitue donc six rangées de décorations qui, à la nuit, quand tous les feux brilleront, purent être d'un effet assez agréable, mais qui, dans le jour, étaient un peu maigres et comme perdus dans un si grand espace.

Ce qui appelle l'attention dès l'abord, c'est la statue colossale de la République placée au milieu du Champ de Mars, sur un piédestal très-élevé. Cette statue, par M. Clesinger, est coiffée du bonnet phrygien, tient de la main gauche des couronnes de chêne qu'elle prend sur un autel, et pèse dans sa main droite une épée et une branche d'olivier, comme si elle of-

Fête du 21 mai. — Statue du Commerce.

La partie la plus brillante de la fête, ç'a été le cortège. A part les *théories* à l'instar de la Grèce, de jeunes filles qui avaient reçu leur blanche toilette et

sol deux autres figures de dix-huit pieds de haut : l'Agriculture et le Commerce. Ces statues sans piédestaux, et simplement disposées à terre sur la char-

CHAPITRE XLII. — LE LONG DE LA SEINE (Suite).

leur brevet de beauté et de vertu du gouvernement provisoire, rien n'était en réalité plus moderne et plus beau que le défilé des diverses corporations avec un trophée spécial, formé des produits de leur industrie. Les métaux, les tissus, l'article Paris, la mécanique, tout ce qui constitue cette prodigieuse machine qu'on appelle l'industrie, étaient là, représentés par leurs chefs-d'œuvre.

Parmi ces pacifiques trophées, on a remarqué la machine à défricher, toute couronnée et enguirlandée de fleurs, avec son attelage de chevaux de labour ; le divan, œuvre des passementiers, fleuristes et doreurs ; et l'arc de triomphe, que le bazar du

Fête du 21 mai. — Trophée de la machine à défricher.

voyage avait élevé en employant pour matériaux les havresacs, les pantoufles, les filets de pêche, et tous les articles nécessaires aux besoins et au luxe des voyageurs élégants. Les ouvriers de la manufacture des tabacs promenaient une botte énorme de cigares entrelacés ; les maçons avaient figuré leur industrie par un temple en plâtre ; les tourneurs, par un escalier en bois. Enfin, et ceci n'eût pas été le plus inutile, je citerai encore la pyramide de petits pains, portée en triomphe par l'honorable corporation des boulangers, et offrant à la convoitise des spectateurs ses assises croustillantes et dorées. Ce dernier trophée a dû, dans un moment donné, obtenir un

Fête du 21 mai. — Trophée des corporations des tapissiers, passementiers, doreurs et fleuristes.

succès d'enthousiasme : les ordonnateurs de la fête avaient totalement oublié les soins relatifs à l'approvisionnement du buffet. Bon nombre de personnages éminents, que leur grandeur entraînait sur l'estrade officielle, ont failli périr de faim et de soif.

Il y avait une certaine originalité dans cette exhibition des produits de l'industrie au milieu d'une fête nationale ; on a moins approuvé les députations de jeunes filles vêtues de blanc, avec leurs mamans en costumes et en cabas de fantaisie, qui ne se fiaient pas au gouvernement pour la surveillance de leurs enfants, et qui venaient, grâce aux droits maternels, leur servir de chaperons au milieu

Fête du 21 mai. — Trophée du bazar du voyage.

même du cortège. L'illumination chinoise de la soirée n'a pas, non plus, conquis tous les suffrages. Ce qui a produit, en somme, le meilleur effet, ce ne sont ni les réminiscences antiques, ni les souvenirs par trop allégoriques du Directoire : c'est le ciel radieux qui faisait briller les mille bannières, les drapeaux, les étendards, les oriflammes, les banderoles tricolores ; c'est le soleil qui éclairait une foule immense, qui reluisait sur les fusils de deux cent mille gardes nationaux, et sur les broderies d'un état-major proportionné à cette armée. Je ne puis, en terminant ces descriptions, m'empêcher de faire une remarque sur les augures trompeurs que peut fournir la sérénité de l'atmosphère : il se trouve dans tous les comptes rendus une phrase stéréotypée : « Le temps le plus beau a favorisé la fête. » Hélas! cette phrase ne signifie rien; souvent le ciel accueille avec toutes ses splendeurs les réjouissances qui servent à inaugurer le règne le plus éphémère; et souvent aussi c'est avec de la pluie, de l'orage, du vent, qu'il se plaît à contrarier les fondations les plus durables.

Le Champ de Mars n'est pas exclusivement consacré aux cérémonies et aux réjouissances officielles : souvent la ville, moyennant un loyer assez fort, autorise les particuliers à s'en servir pour certaines fêtes privées, telles que le camp du Drap d'Or, une fête organisée par l'Hippodrome, les fantasias des Arabes, ou encore les ascensions aérostatiques, spectacle toujours nouveau, auquel accourt chaque dimanche d'été le badaud parisien. Ne faut-il pas voir madame Poitevin s'élever dans les airs avec les attributs mythologiques d'Europe ou de Danaé, et en compagnie de son poney historique, ou d'un taureau qui joue bien malgré lui le rôle de Jupiter? C'est encore au Champ de Mars qu'ont lieu les courses de la ville de Paris. La passion du cheval, et surtout du cheval de course, n'existe en France qu'à l'état de mode; et, comme toutes les modes qui se sont succédé dans notre heureux pays, elle est destinée à n'avoir qu'un temps. Son apparition sur l'horizon parisien marque une nouvelle phase de ce qu'on nomme l'anglomanie : avant la chute de l'Empire, le Français montait à cheval d'après les vieux principes, et se livrait à l'équitation selon les errements et la routine du temps passé. La fin du blocus continental fut, à peu de chose près, l'inauguration du *sport*, du *turf*, du *steeple-chase*: le *gentleman rider* franchit le détroit, poussé par le même vent qui entraînait à Sainte-Hélène *le Bellérophon* et son illustre captif. Malgré les faveurs de la mode, malgré la fondation d'un club fameux, dont l'origine et l'appellation sont spécialement hippiques, malgré l'institution plus sérieuse de la Société d'encouragement pour l'amélioration de la race chevaline, le sport n'a guère plus pénétré dans nos mœurs que le mot dans notre langue. Et d'abord, à défaut d'une interprétation complète qui ne se trouve dans aucun

Ascension de M. Poitevin au Champ de Mars.

Grande fantasia exécutée par vingt Arabes à l'Hippodrome du Champ de Mars.

CHAPITRE XLII. — LE LONG DE LA SEINE (Suite).

dictionnaire, il faut dire ce que signifie le mot de *sport*. On nomme ainsi tout ce qui concerne cette sorte d'industrie, dont le but est de dresser un cheval de course, à *l'entraîner*, à le lancer sur l'arène : le sportsman est l'homme qui vit moitié dans son écurie, moitié sur le *turf*, c'est-à-dire sur l'hippodrome ; qui dévore une fortune considérable en poursuivant des succès rares et insignifiants, et dont la carrière se termine soit à Clichy, soit dans un secrétariat d'ambassade. Heureux, trois fois heureux le sportsman qui sort de l'arène équestre assez à temps pour rentrer dans l'hippodrome moins brillant du mariage! En un mot, *sport* et son dérivé *sportsman* ont quelque analogie avec ce fameux *Bel men*, du *Bourgeois gentilhomme*, qui, à lui seul, veut dire toute une phrase. La belle langue que l'anglais!

Le sujet qui se présente ici, le sport, est un des plus riches que nous offre l'univers parisien ; pour le

Un cheval de course.

traiter avec méthode il faut, dès l'abord, poser une division essentielle. Les courses sont de deux sortes : elles ont lieu sur un terrain uni, et alors il s'agit uniquement de vitesse, ou bien chevaux et écuyers, traversant un terrain accidenté, coupé de fossés, de haies, de flaques d'eau, ont à vaincre divers obstacles qui exigent autant de prudence et d'adresse que d'agilité. Cette dernière manière appartient plus proprement à l'état de nature : les Arabes et les peuples pour qui l'équitation est d'une nécessité absolue, ne connaissent que ce genre de course. Quant à la lutte dans une plaine parfaitement unie et pendant un temps limité, elle offre quelque chose d'artificiel, et peut faire supposer que l'éleveur sacrifie à la vitesse de son cheval d'autres qualités plus utiles. Une anecdote, très-authentique d'ailleurs, fera comprendre cette différence.

Des Anglais possesseurs de chevaux pur sang, et

Courses au Champ de Mars.

fiers d'avoir, à ce qu'ils disaient, les premiers coureurs du monde, se trouvaient en Égypte du temps de Méhémet-Ali : ils défièrent un chef de tribu du désert, et des coursiers, *pur sang* aussi, qui appartenaient à la race des *Nejdis*; on sait que chaque étalon de cette race a une généalogie commençant à *Borak*, la fameuse jument que montait le prophète. Le défi fut accepté : les insulaires demandèrent alors un délai de quarante jours pour préparer leurs chevaux, pour les *entraîner*, c'est l'expression technique. Grand étonnement des Arabes, dont les chevaux sont toujours prêts à courir. Le terme passé, les enfants du désert demandent à leur tour combien de jours on courra. « Combien de jours? Nous courrons une heure, disent les Anglais. — Et c'est pour courir une heure que vous nous demandez quarante jours de préparation? — Oui ; tel est l'usage de notre pays. Grâce à cette préparation, nos *pur sang* battront vos chevaux, comme ils battent ceux de toute l'Europe. » Enfin, il est décidé que l'on courra deux heures. L'Arabe arrive, drapé dans son burnous, tenant en main son arme favorite, et monté sur son fidèle compagnon, qui, malgré le poids de son cavalier, d'un harnais chargé d'or, de massifs éperons, et en un mot d'un équipement lourd, incommode, d'une splendeur barbare, hennit, piaffe et semble prêt à dévorer l'espace. Les jockeys paraissent à leur tour : qu'on juge de l'étonnement des Arabes à la vue de deux grandes bêtes, encapuchonnées jusqu'aux yeux, sans forme de cheval et montées par des avortons en casquette ronde et en veste collante. Ils refusent d'abord de reconnaître dans ces monstres des hommes et des chevaux, et de courir avec des créatures qu'ils désignent par le terme de *mascara*. Enfin la lutte commence après bien des difficultés : les Anglais, pendant la première demi-heure, prennent l'avance ; mais bientôt ils sont atteints, dépassés, et ils arrivent longtemps après les autres. Joyeux de leur victoire, les

Les coureurs au départ.

spectateurs indigènes accourent : quelle est leur surprise ! Les *pur sang* épuisés, haletants, gisent par terre ; autour d'eux s'empressent les maîtres et les jockeys pour les frotter, les remettre sur leurs jambes et les réconforter avec quelque liqueur généreuse. Quant aux coursiers *Nejdis*, leur robe n'a pas laissé perler une seule goutte de sueur : ils sont dispos, impatients, et semblent regretter d'avoir triomphé en si peu de temps.

La course à l'orientale a lieu surtout aux environs de Paris : à la Croix de Berny, à la Marche, à Chantilly ; le Champ de Mars s'ouvre pour ces courses plus civilisées, dont les héros sont des coursiers *entraînés*, et des jockeys dressés, c'est-à-dire maigris, à l'anglaise.

Les courses de la Société d'encouragement ont lieu d'ordinaire sur le Champ de Mars : les vainqueurs s'y partagent un certain nombre de prix, dont les uns sont fondés par la Société elle-même, les autres sont dus à la magnificence de la ville, de l'État ou de quelques particuliers. Ces prix varient de 3,000 fr. à 300 fr. Le prix d'entrée est de 50 fr. par cheval, pour le concours bien entendu. Un programme, publié d'avance, désigne les conditions requises des chevaux et des jockeys pour être admis à se disputer le prix. Ces conditions comprennent l'âge du cheval, sa nationalité, sa qualité d'étalon ou de cheval hongre, le poids du jockey ; elles établissent des différences entre les coureurs entraînés ou non entraînés, etc. Le programme indique en outre le nom des propriétaires, le nom et la livrée des jokeys, et enfin les noms, si bizarres et si fantasques, des coursiers engagés. On voit bien que l'imagination des *sportsmen* se donne libre carrière dans le choix des appellations, et qu'elle préfère, comme de juste, les plus excentriques et les moins significatives. Parmi une foule de prénoms habillés à l'anglaise, vous distinguerez des *Karagheuze* et des *Miserere* ; *Pantalon* et *Nautilus*. s'élancent de front avec un homme politique représenté par quelque autre coureur, et la littérature avec la cuisine, le règne animal et le règne minéral, la géographie et la botanique se mêlent de la façon la plus imprévue dans les listes officielles et sur le champ de ba-

Pesage des jockeys.

Traitement du cheval après la course.

Courses de haies au Champ de Mars.

CHAPITRE XLII. — LE LONG DE LA SEINE. (Suite.) 33

taille. Il y a sans doute quelque honneur à remporter le prix, fût-ce sous les traits d'un cheval; mais peu de gens aimeraient à donner leur nom au cheval qui arrive le dernier. *Arabian Godolphin*, l'aïeul des *pur sang* anglais, et *Éclipse*, le vainqueur des vainqueurs, qui furent connus de leur vivant par l'Europe entière, conservent aujourd'hui encore un nom presque historique.

L'histoire de *Arabian Godolphin*, est célèbre dans les annales du *turf*. Elle prouve qu'il en est quelquefois des chevaux comme des hommes : la fortune va chercher ses favoris indifféremment dans les positions les plus élevées et dans l'abjection la plus complète. Le cardinal Dubois passa ses premières années chez un pauvre prêtre, moitié secrétaire, moitié laquais; Sixte-Quint gardait les troupeaux dans son enfance, et le vainqueur des vainqueurs dans les lices d'Epsom et de New-Market, le héros des *turfs* du dix-huitième siècle, l'aïeul d'une postérité chevaline qui, de génération en génération, se transmet les palmes les plus lucratives, *Godolphin Arabian*, a commencé par traîner à Paris la charrette d'un maraîcher. Son nouveau maître, lord Godolphin, méconnut longtemps sa valeur réelle, et ne l'apprécia qu'après de longues années passées dans l'obscurité du haras. On remarque une singularité dans la vie de ce noble animal : c'est son attachement extraordinaire pour un chat. Celui-ci se tenait toujours sur son dos, quand il était à l'écurie, ou s'arrangeait de manière à se coucher le plus près possible de lui. A la mort de *Godolphin*, arrivée en 1753, dans la trentième année de l'âge de ce noble animal, le chat refusa toute espèce de nourriture, et mourut après avoir langui quelque temps. Quant à *Éclipse*, on raconte que son possesseur, le colonel O'Kelly, ayant déjà gagné par son cheval la somme de 600,000 francs, refusa de le vendre, à moins d'une nouvelle somme de 600,000 francs, et d'une rente viagère de 12,000 francs. *Éclipse* fut père de *trois cent trente-quatre* chevaux. Il mourut en 1789, à l'âge de vingt-cinq ans.

Quelle que soit la valeur des chevaux réputés bons coureurs, je doute qu'elle puisse jamais s'élever si haut de nos jours. Autrefois les éleveurs visaient surtout à faire un bon cheval : les bêtes sortant des haras les plus renommés conservaient non-seulement toute leur vitesse, mais aussi toute leur force et leur vigueur : ils étaient capables de courir pendant plusieurs milles, et de recommencer plusieurs fois ces fatigants exercices. Aujourd'hui, au contraire, comme les courses sont moins longues, on a sacrifié la force à une célérité passagère et factice. Grâce aux combinaisons les plus savantes dans les croisements, à la plus austère hygiène, aux exercices préparatoires les mieux combinés, l'on arrive à produire des ombres de chevaux, de vrais fantômes, allongés comme un *cutter* anglais, légers, maigres, n'offrant à l'œil qu'un puissant développement de quelques muscles sur une charpente osseuse élancée, qui semble devoir traverser la peau. Ces coursiers ainsi obtenus acquièrent, en effet, une rapidité prestigieuse : la course a lieu, et le propriétaire du cheval remporte le prix; les paris sont gagnés, mais l'animal est perdu. Le fouet, les éperons ont déchiré ses flancs qui ruissellent; il est tout à fait énervé, et a besoin d'un long séjour dans les parcs et les haras, d'une longue oisiveté pour pouvoir reparaître dans l'arène.

Il faut aussi élever les jockeys pour ces courses où l'on n'obtient que des couronnes qui coûtent bien cher et une gloire bien fugitive. L'éducation théorique du jockey n'est pas facile : il doit s'habituer à la bête sur laquelle il espère triompher; se faire une idée juste de ses forces, prendre confiance en elle, et lui en inspirer. Dans un moment décisif, lorsque deux concurrents touchent presqu'au but, la victoire appartient à l'animal dont le cavalier possède le plus de sang-froid, de coup d'œil, à celui qui s'est le mieux identifié avec sa monture. Les mauvais traitements et les coups, dans cet instant suprême, ne servent qu'à décourager le cheval : heureux alors le jockey qui a su inspirer une certaine émulation à son *pur sang*, et en quelque sorte l'intéresser directement au succès. On a vu des coursiers saisir par la jambe un rival qui menaçait de les dépasser. Mais, indépendamment de ces qualités morales, et aussi de la force physique, qui lui sont nécessaires, le jockey doit remplir une condition terrible, une condition *sine quâ non!* le poids! Les programmes des courses fixent le nombre de kilogrammes que doit porter tout cheval qui concourt : aussi, une des opérations préliminaires de toutes ces courses, c'est le pesage des jockeys. A cet effet, on dispose, dans les écuries, une sorte de balance dans le plateau de laquelle s'assied le jockey, avec le harnais, la selle et tous les accessoires. Si, par extraordinaire, il ne fait pas contre-poids aux kilogrammes réglementaires, on le complète par l'addition de quelques morceaux de plomb dans ses poches. Le poids fixé varie selon l'âge et la provenance des chevaux. A une course fameuse du Champ de Mars, un jockey des plus maigres se présenta pour recevoir son complément de poids : il montait un coursier habitué à vaincre en Angleterre. Le cheval arrive un des derniers au but : grand désespoir du cavalier qui avait franchi le détroit exprès pour vaincre les *Frenchmen!* Il met pied à terre, et disparaît pour cacher sa honte; mais une pesanteur inaccoutumée ralentit sa fuite. Il se débarrasse du plomb : l'excédant de poids persiste. Enfin, il met machinalement la main dans la poche de sa veste : hélas! il y avait remis, sans y penser, la grosse clef de son écurie! Si le cheval n'avait pas son ancienne gloire, la faute en était à cette irréparable distraction. On assure que le jockey n'a pu survivre à un accident dont il était la cause involontaire.

L'aspect d'une course au Champ de Mars montre fort bien ce que j'ai déjà dit, que le sport ne s'acclimate guère en France. De l'autre côté de la Manche, une foule immense se précipite de tous les points de Londres et du Royaume-Uni, pour accourir à Epsom et à New-Market. Les plus hauts personnages ne dédaignent pas de présider au *turf*, et le vainqueur reçoit de la part des lords un honneur qui n'est accordé qu'à lui et à la reine. Quand il rentre triomphalement à son palais, on se découvre devant lui. L'enthousiasme le plus frénétique accueille chaque épisode, chaque incident de la course. L'attention de cent mille spectateurs est enchaînée aux jambes des coureurs. Des millions sont hasardés sur une *tête* ou sur une *demi-tête*, qui séparera le vainqueur du vaincu. Mais en France qui donc suit les courses? La Société d'encouragement peut-être, ou les membres du *Jockeys-Club*. Nous reparlerons de ce cercle fameux, fondé par de fins gastronomes, sous prétexte de sport. A ces spectateurs obligés se joignent les propriétaires des chevaux et quelques invités, qui remplissent deux mesquines tribunes; puis, si le temps est beau, et s'il n'y a nulle part une expérience aérostatique, deux ou trois milliers de curieux viennent former un pacifique cordon autour de l'arène. On entend encore çà et là quelques parieurs à la formule consacrée, et qui a prévalu en dépit du système décimal : « Je parie 25 louis; » mais de mauvais plaisants assurent que cette expression de 25 louis désigne, dans la langue du *Jockeys-Club*, un cigare de 5 sous. L'imperturbable sérénité des parieurs malheureux semble donner raison à la traduction.

Ordinairement, l'arène est déterminée par une barrière qui court circulairement autour du Champ de Mars; de telle sorte que le point de départ et le point d'arrivée sont les mêmes. Avant le signal, les jockeys, pesés et suffisamment alourdis, amènent les concurrents, couverts d'une ample couverture, dont ils ne les débarrassent qu'au dernier moment : ils se distinguent les uns des autres par la couleur de leurs vestes et de leurs casquettes, couleurs qui sont indiquées sur les programmes. Ces programmes indiquent de même le nombre de courses, le nom des chevaux, et la manière dont on courra. Ainsi, il y a des courses simples et des courses en partie liée. Le signal est donné, chacun part comme un trait. S'il s'agit d'une course de *hacks*, c'est-à-dire de chevaux non entraînés, il arrive parfois que ces animaux peu experts n'obéissent pas sur-le-champ, et perdent du temps avant de s'élancer; mais, en général, le départ a lieu avec ensemble, et ce n'est qu'au bout de la première moitié du trajet qu'une inégalité marquée commence à se dessiner. Les cavaliers habiles et sûrs de leurs montures ménagent leurs forces et se réservent pour un instant plus décisif. Lorsqu'un cheval tient la tête, il a besoin de toute son ardeur pour la conserver, et il se laissera dépasser; si on lui a fait jeter d'avance tout son feu. Si, au contraire, il a un rival qui court de front avec lui, la victoire appartient à celui qui a été le moins fatigué dès le commencement. D'ailleurs, quand le but est en vue, il faut que tous les jockeys qui peuvent avoir quelque chance déploient leurs dernières ressources. On voit quelquefois en ces cas un cheval faible, mais rapide et bien ménagé, qui était un peu resté en arrière, se précipiter tout d'un coup, et atteindre au but avant que ses adversaires, qui semblaient plus favorisés, aient eu le temps de se recueillir pour un dernier effort. C'est là le triomphe du véritable jockey.

Le plus souvent, la victoire dépend d'une avance presque insensible. On désigne la différence entre les premiers arrivants par les expressions de *tête* ou *demi-tête*. Si les deux chevaux arrivent de front, le juge, qui ne veut pas avouer que sa perspicacité se trouve en défaut, prétexte qu'il a oublié son lorgnon. *C'est très-anglais*.

Un spectacle bien plus fréquent, en été, sur le Champ de Mars que les courses de chevaux, et aussi bien plus goûté des curieux Parisiens, c'est l'enlèvement d'un ballon Rien de plus simple pourtant. Toute expérience aérostatique rentre dans un programme dont les moindres détails sont prévus d'avance. M. Poitevin, ou un autre de ses confrères jouissant d'une réputation moins européenne, arrive avec son ballon dégonflé, et l'ajuste à un ou plusieurs tuyaux qui communiquent avec l'appareil très-peu compliqué où se produit le gaz hydrogène. Peu à peu la partie supérieure de l'aérostat s'arrondit, s'élève, et l'on est obligé d'avoir recours à un certain nombre de soldats, qui le retiennent par des cordes jusqu'au moment du départ. Le globe est enfin entièrement plein et capable de s'envoler dans les airs; on laisse un temps considérable à la curiosité des spectateurs pour contempler ses dimensions, pour admirer les douze signes du zodiaque ou toute autre peinture allégorique tracée sur la ceinture qui l'étreint à mi-corps. Ordinairement un ballon de forte dimension, comme l'*Éole*, l'*Univers*, etc., est en soie gommée, et non en baudruche; un filet de mailles protége l'hémisphère supérieur, qui subit la tension du gaz, et le prolongement des cordes fines qui composent ce filet sert à attacher la nacelle.

Quand l'impatience du public est à son comble, alors un signal est donné : madame Poitevin, compagne aventureuse des excursions aériennes de son époux, arrive, soit dans une élégante voiture traînée par deux poneys, soit encore sur un animal quelconque, et en costume mythologique. Ce dernier article constitue à peu près toute la diversion que l'on imagine pour varier le spectacle. Madame Poitevin s'élèvera-t-elle dans les airs à cheval, en amazone, ou bien sur un taureau, et dans le simple appareil d'Europe ravie par Jupiter? Aurons-nous une ascension de la voiture et de son attelage, ou bien un train de plaisir aérien, moyennant 50 francs le billet d'ascension? Je n'ai pourtant jamais rien vu de fort pittoresque et de fort intéressant dans ces enlèvements d'animaux captifs et enchaînés, qui baissent la tête et laissent pendre leurs jambes de la façon la plus piteuse; mais ce spectacle offre, à ce qu'il paraît, un attrait toujours nouveau, et que je ne saurais comprendre. Lorsque le ballon arrive à quelques centaines de mètres dans les airs, madame Poitevin regagne sa nacelle; les navigateurs jettent quelques sacs de lest sur la tête des

15 Cent. LA LIVRAISON. — 109e Livr. Aux bureaux de l'Illustration, rue de Richelieu, 60. PARIS. TYP. DE FIRMIN DIDOT, 56, RUE JACOB. 20 C. par la poste.

Chapitre LXIII.

LES PEINTRES, LES ATELIERS ET LES MODÈLES.

Les peintres dans les départements. — Les pensions allouées par les conseils municipaux. — Les versements au massier. — La vie d'atelier. — Les nouveaux. — La bienvenue. — Les épreuves subies par les nouveaux. — Monter à l'échelle. — L'épreuve du feu. — Des épreuves trop fortes. — Un proverbe d'atelier. — Le peintre dans ses meubles. — Caractère et vie du rapin. — Son costume. — Les romantiques. — Leur disparition. — Une soirée Véronèse. — Le bourgeois. — Le maître. — Le culte de la couleur. — Les revers de la médaille dans la vie d'artiste. — Les artistes-faiseurs. — Les grands peintres contemporains. M. Ingres. — M. Eugène Delacroix. — M. Paul Delaroche. — M. Horace Vernet. — M. Decamps. — M. Gleyre. — M. Flandrin. — Ateliers de Dantan aîné, d'Eug. Giraud, de Paul Delaroche. — Atelier de décorations aux Menus-Plaisirs. — Les modèles. — Types de modèles.

Si le lecteur veut consentir à nous suivre, il faut qu'il se prépare à un long voyage. Nous allons visiter une de ces nombreuses colonies parisiennes dont la population se recrute sur tous les points de la France et de l'étranger; race à part, qui a ses mœurs, ses habitudes distinctes, et qui, hier encore, portait un costume à elle. Nous lui ferons nouer connaissance avec la famille des peintres et des sculpteurs; nous entr'ouvrirons pour lui les portes des ateliers; nous lui dirons les secrets de ces mille existences curieuses à étudier et à suivre dans toutes leurs phases dramatiques, originales ou glorieuses; nous lui montrerons la médaille sous ses deux faces : celle qui porte inscrite la devise de l'Espérance, et celle où l'implacable main de la Destinée a gravé les figures rêvêches et tristes du Découragement et de la Déception. Nous allons prendre l'artiste non dans son berceau,

L'atelier.

mais dans sa ville natale, au moment où les autorités constituées viennent de ceindre sa tête, facile à éclater

Une commande pressée.

d'orgueil, d'un laurier, présage futur de ses hautes destinées. N'en déplaise à la grande ville, on encourage les arts en province. Tel conseil général d'un département que je pourrais nommer envoie tous les ans à Paris, au moins, un Raphaël ou un Michel-Ange en herbe. Quelquefois, mais rarement, le conseil municipal du chef-lieu en expédie un autre; d'ordinaire, les deux conseils se cotisent pour combler de leur munificence un unique sujet, espoir commun du département et de la capitale. Ceci fait, les journaux de la localité entonnent les louanges du mortel comblé de tant de faveurs; ils redisent les luttes où il a remporté sur ses rivaux un profitable triomphe, rappellent les phrases mémorables du discours dans lequel M. le préfet, ajustant lui-même sur la tête du vainqueur le laurier triomphal, le félicitait, avec cette éloquence administrative qui va si bien à un homme chargé d'embonpoint, de ses progrès, de ses habitudes laborieuses, du bonheur d'être né dans la ville de L..., de vivre sous le meilleur des gouvernements.

Ainsi encouragé, notre jeune homme monte en diligence ou en chemin de fer, et arrive à Paris le cœur gros d'espérances, et la poche garnie du premier mois de la pension qui lui a été votée par son conseil général, soit d'une somme ronde de cent francs, si cette pension est de douze cents francs par an, soit d'une somme de soixante-six francs, si elle ne monte qu'à huit cents francs. Tels sont, en effet, les chiffres annuels des encouragements votés par la province à ceux de ses enfants qu'elle envoie suivre, à Paris, la route aussi glorieuse que difficile des Poussin et des Lesueur. Encore est-il nécessaire d'ajouter que le chiffre de soixante-six est plus commun que le premier, et que la pension est remise ordinairement en question au bout de quatre ou cinq ans, pour peu que le titulaire ait oublié d'adresser, pendant ce laps de temps, d'abord une toile ou une statue de marbre

Un peintre universel.

d'au moins six pieds pour la cathédrale, un tableau ou un groupe pour le musée du chef-lieu, sans compter d'autres œuvres de dimensions moindres, destinées à l'ornement de l'hôtel de ville ou de la préfecture.

On comprend tout de suite qu'un jeune homme qui se sent le cerveau embrasé de si hautes espérances ne songe guère à se livrer à ce qu'on appelle la petite peinture, ou à la sculpture industrielle, celle qui décore nos candélabres ou nos pendules. Ce n'est pas assez pour lui d'arriver à Paris, il faut qu'il devienne un jour, pendant cinq ans, aux frais de l'État, un habitant de la ville éternelle. L'art sérieux s'en va, les grandes traditions sont perdues; c'est de lui qu'ils attendent un sauveur. M. le préfet le lui a assuré la veille de son départ, et il croit à la parole prophétique de cet éloquent fonctionnaire. Dans ce but, il se rend à un des deux ou trois ateliers qui sont

CHAPITRE XLIII. — LES PEINTRES, LES ATELIERS ET LES MODÈLES.

dirigés soit par un membre de l'Institut, soit par un artiste qui aspire à le devenir. Il voit le maître, qui le renvoie au massier de l'atelier, lequel lui apprend qu'il devra verser entre ses mains, le 1er de chaque mois, une somme de vingt-cinq francs, s'il s'agit de fréquenter un atelier de peinture, et de douze francs seulement si notre jeune homme préfère l'ébauchoir à la brosse. Ceci nous conduit à apprendre à nos lecteurs que le maître plus ou moins illustre qui professe dans un atelier de peinture, ne prodigue pas ses conseils gratuitement. Il n'en est pas de même des sculpteurs : les douze francs par mois payés par chaque élève représentent uniquement les frais généraux de l'atelier, dépenses de modèles, de loyer, etc. Le maître ne prend rien. D'où vient cette différence entre les sculpteurs et les peintres? Je n'en sais rien, mais elle nous semble assez singulière pour être constatée.

Ici commence pour le débutant les diverses phases d'une rude initiation. Notre rapin n'est encore qu'un *nouveau*; tel est le titre dont l'affuble la tradition des ateliers. En sa qualité de nouveau, il est soumis à toutes les épreuves qu'il plaira à la tyrannie des *amicus* de lui imposer. D'abord et avant tout il doit payer la *bienvenue* : il n'est personne qui ne sache ce que ce mot veut dire; l'origine de la bienvenue se perd dans la nuit des temps. C'est un symbole, m'a affirmé un rapin archéologue,

Discussion sur le cou'eur

Un peintre de portraits.

La blouse d'atelier.

qui signifie que chaque homme doit payer sa dette à la société. Les confrères du nouveau jugent d'ordinaire,

à la façon dont il remplit ce premier devoir, de quelle façon il doit être traité, et, nous devons le dire à leur louange, ils lui tiennent bien plus compte de sa bonne volonté que de sa magnificence. La misère n'a rien de déshonorant pour le rapin, aucune classe de la société ne professe un plus profond dédain des richesses chez les autres. Presque tous, d'ailleurs, parmi les anciens, sont d'anciennes connaissances de la pauvreté; aucun d'entre eux n'oserait insulter à celui qui porte la livrée de cette inexorable déesse. Ceci n'est pas un des côtés les moins honorables du caractère des artistes : ils peuvent avoir, comme tous les autres membres de la famille humaine, et ils ont, en effet, les défauts et les faiblesses de la vanité et de l'égoïsme, mais on citerait difficilement, parmi les peintres ou les statuaires en renom, un seul d'entre eux qui se détourne dans la rue à l'aspect d'un confrère misérablement vêtu. J'ai assisté récemment, chez un artiste célèbre, à une soirée où se trouvaient des heureux et des puissants du monde, et j'ai remarqué que les plus cordiales poignées de main du maître du logis étaient accordées aux habits noirs un peu râpés qui faisaient partie de la réunion.

Parmi les supplices infligés au récipiendaire, le premier de tous consiste dans la lecture d'un règlement fantastique qu'il est forcé de faire à haute voix, monté sur un escabeau élevé. Tous les articles de ce règlement doivent être exécutés séance tenante, et il y en a un qui impose au débutant l'obligation de narrer l'histoire de sa jeunesse et de ses amours. C'est là un écueil difficile à franchir, où échouent fréquemment la lourdeur et la timidité, aussi bien que la *blague* prétentieuse d'un bec-jaune outrecuidant. Malheur à celui que des succès de clocher ont rendu téméraire ou présomptueux outre mesure, et qui apporte du fond de sa province une morgue jusqu'alors invaincue. La timidité, la lourdeur même inspirent quelquefois de la commisération; la morgue ou l'envie, l'aplomb prématuré n'obtiendront jamais grâce. Pour ce coq de chef-lieu, qui a pris sa *blague* et ses ficelles dans une *physiologie* achetée chez le libraire de son endroit, nulle rémission, il n'échappera pas aux plus redoutables tortures. Il *montera à l'échelle* : ce qui veut dire qu'il sera lié, la tête en bas, les pieds en l'air, sur une échelle adossée contre le mur de l'atelier, et que dans cette agréable position, il sera soumis à toutes sortes d'agaceries plus ou moins cruelles. Par exemple, il sera tondu d'un seul côté s'il porte des cheveux trop soignés, séparés par une raie sur le derrière de la tête, artificieusement bouclés, ou enduits d'une pommade odorante; ou bien encore on chargera le plus fort coloriste de la société de peindre le visage et les mains du patient de tons variés qui le feront ressembler à un Mohican déguisé en bourgeois.

Pour aguerrir les peureux, on emploie un moyen renouvelé par les *francs-maçons* modernes, des épreuves imposées aux initiés de toutes les sectes et de tous les temps : on feint de retirer du poêle une barre de fer chauffée à blanc, à laquelle un élève substitue une autre barre peinte qu'il présente au nouveau venu effaré. Ceci s'appelle *l'épreuve du feu*, et n'a rien, ne manque pas de dire d'un air solennel un ancien, qui doive effrayer une conscience pure.

Je pourrais multiplier les exemples de ces divers supplices, dont la variété est infinie, grâce à l'imagination des rapins. En général il dépend, je le répète, de la bonne volonté ou de la facilité de caractère du récipiendaire, d'en voir abréger la durée ou adoucir la sévérité. On connaît d'heureuses physionomies, ou des individus doués d'une musculature imposante, qui ont pris position immédiatement dans l'atelier et pour qui les charges et les *scies* n'ont été qu'une formalité sans conséquence. D'ordinaire, le Parisien traverse facilement le temps des épreuves; il les connaissait d'avance et s'y prête toujours d'assez bonne grâce. Mais c'est une exception. Le plus grand nombre des élèves suivent la route ordinaire, achètent par toutes sortes de tortures morales et physiques le droit de devenir plus tard des bourreaux à leur tour. C'est la commune loi, non-seulement à l'atelier, mais partout.

Pourtant nous devons le dire, les *scies* et les charges sont devenues de nos jours beaucoup moins terribles qu'elles ne l'étaient autrefois, et c'est un grand progrès. Certains ateliers en avaient poussé l'abus si loin qu'un des maîtres les plus célèbres de notre époque crut devoir congédier ses élèves après un événement lamentable dont les journaux ont retenti, il y a quelques années. Un nouveau était mort de frayeur à la suite d'une trop forte plaisanterie.

Les sculpteurs sont ceux qui mettent le plus de brutalité dans leur conduite avec les nouveaux. De là, peut-être, un proverbe connu dans les ateliers, et que je cite avec l'impartialité de l'historien, mais sans garantir l'exactitude du jugement qu'il porte sur les différentes classes de rapins qui se partagent le domaine des beaux-arts : « *Gueux* comme un peintre, *grossier* comme un sculpteur, *bête* comme un musicien, « *bien mis* comme un architecte, » dit ce proverbe, dont je demande humblement pardon aux musiciens, en leur faisant observer toutefois que l'épithète de *bien mis* dont il dote les architectes est au moins aussi injurieuse sous l'opinion des rapins que celle qu'il inflige à la classe des fils d'Orphée.

Mais je ne pense pas suivre le rapin dans toutes ses tribulations, ni dans tous ses triomphes de la vie d'atelier. Il faut que je vous le montre dans son exis-

Un ménage d'artiste.

J'ai pris pour type le lauréat de province qui vit, à Paris, d'une pension fournie par son département. Celui-là, en général, né d'un concours, poursuit toutes les chances heureuses que d'autres concours peuvent

Raphael et la Fornarina.

lui présenter. Il compte, dis-je, sur le grand prix de Rome. Malheureusement, un beau jour, le département se lasse, ou bien il a vu naître un autre prodige,

tence publique et privée, avec ses excentricités feintes ou réelles, ses préférences et ses haines, ses espérances et ses déceptions.

et il ne veut pas entretenir deux futurs grands hommes à la fois. Notre rapin, réduit à ses propres ressources, lance au ciel des imprécations d'Ajax, et cherche un atelier et des travaux. L'atelier se trouve plus facilement que les travaux; il est d'abord d'un aspect modeste quant à l'ameublement et à la décoration, et se compose, pour un peintre, d'une pièce plus ou moins vaste, éclairée par un jour du nord. C'est le grenier du poète, avec cette différence que ce grenier coûte relativement fort cher, à cause des conditions d'espace et de lumière indispensables. En général, ce premier atelier sert à la fois de salon de réception, de cuisine, de bibliothèque et de chambre à coucher. L'heureux propriétaire meuble d'un lit de sangle, de quelques plâtres, de plusieurs fragments de tapis aussi turcs que l'occasion et le bon marché peuvent le permettre. Il accroche aux murs ses études et ses esquisses; puis un chevalet, une table à modèle, une boîte à couleurs, et un poêle de fonte complètent cet ensemble peu splendide, mais qui fait sourire de joie et d'orgueil celui à qui de laborieuses économies ou des efforts héroïques permettent enfin de s'écrier, en plantant son dernier clou : « Je suis dans mes meubles ! »

L'atelier, une fois garni des splendeurs que je viens de décrire, reçoit chaque jour une nombreuse société. Tous les soirs, les rapins qui forment le cercle d'amis du propriétaire viennent, en compagnie de leurs épouses, lui rendre une visite qui se prolonge d'ordinaire assez avant dans la nuit. Rarement le rapin va au café; ses moyens ne le lui permettent pas, et d'ailleurs il n'en a pas le goût. Il lui faut les distractions de l'intimité, et il préfère aux jouissances que les habitués d'estaminet puisent dans la chope et dans la canette, les jouissances plus élevées de la discussion et de la controverse sur la couleur et sur le dessin, sur le style et sur l'Académie. Je ne veux pas faire mes héros plus sages qu'ils ne le sont en effet, et je dois dire, pour être vrai, que toutes les soirées des rapins n'offrent pas ce calme patriarcal et cette candeur bourgeoise.

Néanmoins, et pour en finir tout de suite avec un préjugé auquel de récentes publications ont donné une grande vogue, je maintiens que les mœurs par trop bohèmes dont on a affublé la classe des peintres et des statuaires sont plus exceptionnelles qu'on ne le prétend dans une certaine littérature. Le rapin a l'amour du chez soi, parce qu'en général il a son âme indépendante et fière; et, de tous les jeunes gens qui vivent à Paris, c'est peut-être celui qui ameute le moins de créanciers. Il malmène le bourgeois dans ses discours, il fait des charges à son portier et à son propriétaire; mais soyez sûrs qu'il se consumera en efforts persévérants pour payer son terme; et s'il se promène avec un apparent orgueil, dans les *gargotes* de son quartier, une vareuse un peu tachée d'huile, ou un feutre pleureur, lui qui, par état et par goût, a l'instinct de l'élégance et du luxe, c'est qu'il ignore et surtout qu'il dédaigne l'art de s'ouvrir un crédit illimité chez un tailleur.

Nous ne sommes plus au temps où le rapin prolongeait le temps de ses études au delà de sa trentième année. A cette époque, les rapins formaient une sorte de corporation dont les mœurs et le costume se sont plus ou moins effacés. La raison de ce changement est facile à comprendre. Le temps dont nous parlons était celui de la lutte entre l'Académie et les romantiques, ou, pour mieux dire et plus justement, les révolutionnaires de l'art. La jeune armée avait son costume, parce qu'il faut un costume spécial à l'homme qui s'en va en guerre, depuis le sauvage qui zèbre sa poitrine et son visage de couleurs éclatantes et se coiffe de plumes, depuis le Prussien si sévère en sa tenue, jusqu'au fougueux disciple de la couleur ou à

CHAPITRE XLIII. — LES PEINTRES, LES ATELIERS ET LES MODÈLES.

l'héritier des traditions gothiques, qui marchaient alors coalisés contre l'école impériale, vêtus en redingotes taillées en pourpoints dans le velours-coton, les moustaches en croc, le feutre pointu en tête, et les bottes à la polonaise aux pieds. Qui chantera jamais l'Iliade de cette guerre du romantisme contre l'école classique, alors l'école officielle? qui redira à la postérité le côté sérieux et le côté grotesque de cette tragi-comédie qui se jouait il y a quelques dizaines d'années seulement, et sur laquelle tout le monde se trompe aujourd'hui? Lorsque M. Gaume et M. de Montalembert, revenant aujourd'hui avec une certaine complaisance sur le mouvement qui entraîna, à la fin de la Restauration et pendant les premières années du règne de Louis-Philippe, les arts et les lettres vers le moyen âge, rattachent ce mouvement aux idées sociales, religieuses et politiques qu'ils défendent, ils commettent une erreur que je veux croire involontaire. L'armée romantique, répétons-le, — poètes, prosateurs ou artistes, — était une armée révolutionnaire : elle arborait pour oriflamme l'étendard de la liberté dans l'art. Bien loin de vouloir à la renaissance, les peintres gothiques se prétendaient les fils légitimes de Raphaël et de Léonard de Vinci, et partageaient également leur enthousiasme entre l'architecture et la statuaire du douzième siècle et celles du temps de François Iᵉʳ, qu'ils accusaient, avec raison, l'école de l'Empire d'avoir méconnues. Aujourd'hui que des événements graves sont venus faire oublier ces querelles d'atelier et de feuilleton, il est peut-être permis de se tromper sur leur véritable portée; mais de telles erreurs ne tiennent pas devant un examen un peu attentif et réfléchi. L'expérience d'ailleurs ne le permet guère : les alliances hypocrites sont rompues, les incompatibilités d'humeur n'ont pas tardé à éclater. L'école académique a fait des concessions, les gothiques purs ont trouvé moyen de se tailler des domaines dans les vastes champs du budget : à eux la restauration de nos églises et de nos patois. L'armée révolutionnaire, abandonnée de ses chefs les plus glorieux, qui n'ont pas su ou qui n'ont pas voulu lui donner l'enseignement profitable qui aurait amené une unité féconde, combat à la débandade, s'épuise en efforts individuels et en avortements souvent stériles, produisant çà et là des œuvres éclatantes, mais auxquelles manquent d'ordinaire la perfection résultant de la persévérance et du travail obstiné.

Mais alors on était plein de confiance; les maîtres, — beaucoup devenaient à Rome des succès un peu trop rapidement obtenus, — fraternisaient avec les élèves. Là littérature et l'art se donnaient la main : David modelait le buste de Victor Hugo, pendant que le bibliophile Jacob dédiait ses romans moyen âge à un tailleur d'images de cette époque, Jehan (sic) Duséigneur. Aujourd'hui, le grand poète et l'illustre sculpteur montrent par leur exil que le mouvement romantique n'avait point pour but la restauration de l'ordre social et de l'art contemporains de saint Louis. M. Duséigneur, redevenu Jean tout court, modèle des saints pour les églises; il sera peut-être demain de l'Académie, et le bibliophile Jacob rédige des catalogues. Les mœurs publiques et privées du rapin ont perdu de leur pittoresque; on ne rencontre plus guère de cheveux inondant de leurs flots abondants le dos d'une casaque de forme excentrique, et je ne connais guère de jeunes élèves qui consentiraient aujourd'hui à figurer, comme cela s'est vu en 1834, dans une soirée donnée par les frères A. et E. Devéria, — une soirée Véronèse, disait-on alors, — vêtus d'un pourpoint et de chausses miparties oranges et bleues, coiffés d'un toquet à plumes de couleurs assorties, et tenant en laisse deux superbes lévriers. — Je prie le lecteur de croire que je suis un historien exact, et que les choses se passaient ainsi il y a une vingtaine d'années : l'on des deux pages de 1834 est devenu un peintre fort distingué.

Il en est de même de la haine que le rapin affectait en ce temps-là contre les bourgeois, ou plus littéralement contre le bourgeois. Cela ne voulait pas dire que le rapin mettait hors la loi cette classe spéciale de la société que la révolution de 1830 avait portée aux affaires. Quelques hobereaux littéraires ont cru devoir édifier sur cette interprétation erronée leur blason de fraîche date, en s'associant aux sentiments qu'ils prêtaient aux artistes. La vérité est que le mot bourgeois s'appliquait, dans l'esprit du rapin, à tout homme coiffé d'un chapeau, vêtu d'un habit ou d'une redingote, qui ne partageait pas son admiration pour le Maître et ses productions. — Le Maître, c'était M. Delacroix, si le rapin était coloriste, ou, M. Ingres, dans le cas contraire; — or, cet être ignare, ce bourgeois, pouvait être tout aussi bien un marquis qu'un marchand de chandelles; le rapin n'y voyait pas de différence. Et condamnait cet iconoclaste passible de toutes les charges que l'occasion lui permettrait de lui faire subir. Voici une anecdote à peu près contemporaine de la soirée Véronèse citée plus haut, et qui vient à l'appui de mon affirmation, et dont un ancien magistrat, homme titré, a été la victime.

La scène se passe à la tombée de la nuit dans un atelier dirigé par un membre de l'Institut (il est bon de faire observer que ce n'est pas lui qu'une partie de ses élèves, les révolutionnaires, désignent par l'épithète de Maître). Il fait sombre dans l'atelier. A côté du poêle sont assis deux rapins déjà âgés; le plus

Maître et élève.

grand est vêtu d'une vareuse rouge; il a les cheveux en brosse, la barbe rousse et hérissée. Le second a un feutre conique défoncé sur une chevelure surabondante, une impériale et des moustaches retroussées; une sorte de spencer en velours fané lui serre la taille. Le premier s'appuie sur une longue rapière; le second, assis sur un tabouret renversé, fume une pipe au noir fourneau, et semble écouter son camarade tout en hochant la tête d'un air de désapprobation. Un crâne posé à terre sert de pot à tabac. Entre ces deux bourgeois d'une physionomie si particulière avec correction, et décoré : c'est le père d'un nouveau, reçu la veille à l'atelier. Les deux rapins échangent une grimace mystérieuse et significative. Le plus grand s'avance vers le visiteur, le salue avec une majestueuse gravité :

« M. Alcibiade, votre fils, lui dit-il, un jeune homme qui donne de grandes espérances, si la science de Lavater ne trompe point, est pour le moment hors de céans, mais il va revenir; veuillez vous donner la peine de vous asseoir. » Et il présente au père d'Alcibiade un fauteuil gothique à pieds inégaux, sur lequel il est difficile de se tenir en équilibre. Néanmoins le bourgeois, intérieurement flatté du langage solennel et apprêté de son interlocuteur, remercie et prie nos deux rapins de continuer entre eux la conversation que son arrivée semble avoir interrompue. Les deux rapins, feignant alors de reprendre une haute discussion métaphysique :

« Ainsi donc, Dur-à-cuire (je n'ai pas besoin de dire que la présence du père d'Alcibiade vient de faire naître cette grotesque appellation pour les besoins de la circonstance); ainsi donc, s'il te suffisait de prononcer un mot, de faire un simple signe de l'index pour arriver aux honneurs et à la puissance, à la condition de causer la mort subite et sans douleur d'un mandarin situé à deux mille lieues de la capitale des arts, de la civilisation, tu hésiterais?...

— Je refuserais, répond énergiquement le rapin ainsi interpellé?...

— Mais si, au lieu d'un mandarin, il s'agissait d'un bourgeois, d'un vulgaire bourgeois?...

— Je refuserais encore.

— Mais d'une vieille femme?...

— Je ne voudrais pas même causer la mort d'une vieille femme.

— Mais si c'était une vieille femme d'une mauvaise couleur?

— Oh! alors c'est différent... D'une mauvaise couleur! Je dirais le mot, je ferais le geste.

— Et vous, monsieur, reprend le questionneur en se retournant du côté du père d'Alcibiade, quelle est votre opinion?

Mais le père d'Alcibiade avait déjà disparu, jurant ses grands dieux qu'il retirerait son fils du péril où peut conduire l'amour immodéré de la couleur.

Nous avons montré notre rapin au moment où il vient d'emménager. Le voilà maintenant seul en face de son talent et de la misère, qui a dix chances pour une de venir le visiter. S'il est peintre d'histoire, il vivra tant qu'il pourra avec les copies que lui procurera la munificence de l'administration des beauxarts, à la condition toutefois qu'il sera protégé par une haute influence. S'il est peintre de genre ou paysagiste, il sera exploité par les marchands de tableaux, et il lui faudra passer de longues et laborieuses étamines avant d'arriver à flatter le goût des amateurs riches qui seuls peuvent lui commander des travaux. En attendant, il vivra au jour le jour, péniblement, travaillant toujours à une œuvre sur laquelle il fonde toutes ses espérances, économisant jour par jour l'argent indispensable pour payer les frais presque toujours relativement énormes de la toile qui doit assurer sa réputation... Puis viennent les refus du jury; puis, ce qui est plus terrible pour l'artiste, les doutes amers sur sa puissance réelle de sa vocation, sur la voie à suivre. Mais je ne veux pas vous arrêter plus longtemps à ce triste coin du tableau, je ne veux pas vous redire les sanglots étouffés qui sortent chaque soir de ces poitrines oppressées, ces luttes opiniâtres soutenues contre la faim avec un courage et une persévérance qu'on ne loue pas assez parce qu'on les ignore ordinairement. Le génie succombe rarement dans ces duels désespérés, mais le talent y est souvent sacrifié. Le jour où l'artiste découragé a capitulé avec sa conscience, où il s'est résolument dit que mieux vaut peindre de méchants portraits ou fabriquer des commandes officielles que de résigner à toujours souffrir, le jour où il est perdu et sans retour, il a beau se promettre qu'il reviendra à l'art sérieux dès que la fortune lui en aura fourni les moyens : quand cette heure sera venue, il aura oublié les engagements pris envers lui-même, ou il sera hors d'état de les tenir.

D'ailleurs la classe des artistes ne renferme pas seulement des natures héroïques, elle compte aussi, comme toutes les autres classes de la société, ses faibles et ses faiseurs : nous ne pourrions ciler, et plus d'un, chez qui l'adresse et la conduite remplacent le talent; il en est fort à la mode aujourd'hui, dont le nom sera tout à fait oublié demain. Ce genre de succès dépend de l'adresse à manier la réclame et à s'en servir, d'une camaraderie de feuilleton, du physique avantageux de l'artiste, de la manière de se présenter dans le monde, et surtout, s'il veut réussir comme portraitiste, de la façon plus ou moins splendide et historique dont il a décoré son atelier. Nous ne nous arrêterons point à décrire les membres de cette famille qui arrivent à la réputation et à la fortune de la même façon que certaines célébrités de l'art des perruquiers ou de l'art du tailleur.

M. Ingres.

Nous aimons mieux vous ouvrir la galerie à peu près complète des illustrations de la peinture contemporaine. Après le tableau que je viens de faire plus haut du triste sort qui attend l'artiste malheureux, il est consolant de vous faire voir ceux dont une suite de succès presque toujours légitimes a assuré la fortune et la renommée. Je tiens la baguette, suivez mes indications.

Je vous présente face à face les deux illustrations de ce temps dont le nom a le plus souvent retenti dans les colonnes des journaux, dont les œuvres ont été le plus violemment discutées. Deux adversaires d'une égale renommée, deux talents, leurs admirateurs disent deux génies de nature essentiellement différentes; M. Ingres et M. Eugène Delacroix. Le premier par l'âge, celui chez lequel la vieillesse n'a rien ôté de la pénétration et de la vivacité de son regard, et dont l'apparence placide ne dissimule pas le caractère persévérant et tenace, est M. Ingres, le chef de l'école des dessinateurs. M. Ingres, que l'Académie place aujourd'hui au premier rang des maîtres contemporains, ne fut pas admis pourtant par elle sans contestation et du premier coup. Sous l'Empire, et dans les premières années de la Restauration, pendant que les membres de l'Institut prétendaient à la gloire de posséder seuls les véritables traditions du grand style et de la peinture historique, M. Ingres se présenta au public avec des œuvres qui causèrent une stupéfaction dans les régions de l'art officiel. Les connaisseurs de l'époque, qui avaient l'habitude de regarder Raphaël à travers le dessin de Girodet et de Pierre Guérin, ne comprirent pas grand'chose à ce contour austère jusqu'à la sécheresse, à cet archaïsme audacieux qui remontait

M. Eugène Delacroix.

à des sources depuis longtemps inconnues ou ignorées, s'inspirait tantôt de la statuaire antique, tantôt des chefs-d'œuvre des maîtres primitifs, tantôt de

Atelier d'Eugène Delacroix.

CHAPITRE XLIII. — LES PEINTRES, LES ATELIERS ET LES MODÈLES.

ceux des peintres de la renaissance. Le plafond d'*Homère*, au Louvre, consacra la gloire de M. Ingres; les envahissements et les progrès de l'école des coloristes le poussèrent à l'Académie, où il fut admis comme un auxiliaire redoutable à opposer à des novateurs chaque jour plus menaçants. Depuis cette époque, M. Ingres n'exposa pas un tableau qui ne fût en quelque sorte l'occasion d'une lutte opiniâtre entre les adversaires de son talent et ses admirateurs passionnés. Le *Martyre de saint Symphorien*, le dernier ouvrage qu'on vit de lui au gloire de M. Ingres, amena une véritable émeute, et l'illustre peintre, fatigué et blessé du langage de certains feuilletons, jura de ne plus exposer désormais, à malheureusement tenu parole. Quand il produit une œuvre nouvelle, les amateurs sont invités à venir la voir dans le modeste atelier qu'il occupe à l'Institut. Dans la dernière de ces expositions intimes, le portrait de madame M... nous a montré que le pinceau de M. Ingres n'avait rien perdu de sa précision et de sa fermeté.

Aujourd'hui que les luttes violentes sont passées de mode, il est généralement admis que M. Ingres a produit les seuls portraits qui resteront de l'art contemporain, et ses adversaires, même les plus acharnés, consentent à lui reconnaître quelque talent. Ce n'est pas ici le lieu d'apprécier l'œuvre peu nombreuse de ce maître et l'influence qu'il a exercée. A l'exception du plafond d'*Homère*, de la *Stratonice*, et de quelques autres toiles, les plus importantes ont été reproduites par la lithographie et par la gravure. Tout le monde connaît les copies des portraits de M. Bertin, de M. Molé, et des tableaux du *Tu Marcellus eris*, du *Saint Pierre*, de la *Vierge à l'Hostie* et du *Vœu de Louis XIII*, son chef-d'œuvre peut-être.

Il convient d'ajouter que M. Ingres passe pour un amateur de première force sur le violon; qu'il sait le latin comme un professeur de la Faculté, et qu'il est revêtu de toutes les dignités officielles dont un peintre puisse être honoré. Depuis longtemps membre de l'Institut, il a été directeur de l'école de Rome et est grand officier de la Légion d'honneur.

La vie de M. Eugène Delacroix présente le grand et profitable spectacle d'une série de luttes soutenues par un artiste de génie avec une persévérance et une énergie que rien n'a jamais pu faire faiblir. Élevé

Atelier de Paul Delaroche.

dans l'atelier de Pierre Guérin, M. Delacroix a commencé par dessiner des études aussi roides de contour, aussi froides de modèle que tous ses condisciples. Mais son début au Louvre fut un coup d'audace dont le retentissement dure encore. Au lieu de puiser son inspiration dans la mythologie ou dans l'histoire grecque et romaine, il s'attaqua du premier coup à cette âpre poésie du Dante, et lui prêta des accents et un caractère terrible jusqu'alors inconnus. Quand on compare, au Luxembourg, où il se trouve aujourd'hui, ce tableau du *Dante et Virgile aux enfers* avec les œuvres contemporaines qui y sont exposées, on se rend facilement compte de la stupeur qu'il produisit alors. Un homme qui devint célèbre à son tour, M. Thiers, eut le premier la gloire de deviner un maître dans l'auteur de cette œuvre qui semblait si étrange, et de l'annoncer dans les colonnes du *Constitutionnel*. Le sentiment de M. Thiers trouva des partisans parmi les jeunes artistes, et quand M. Delacroix exposa, en 1827, son tableau du *Massacre de Scio*, il comptait des admirateurs et des adversaires également passionnés. Depuis, il ne cessa pas d'essuyer chaque année au salon les violences de la presse ennemie: les refus du jury ne le découragèrent jamais. Je ne saurais donner une idée, même en l'abrégeant, de la liste des travaux qui ont marqué chaque pas de cette laborieuse carrière; qu'il me suffise de dire que M. Delacroix a abordé tous les genres, sans exception.

Depuis déjà plusieurs années, M. Delacroix n'expose plus que de petites toiles, absorbé qu'il a été par ses immenses travaux de décoration au Luxembourg, au Palais-Bourbon et au Louvre. A l'heure où nous écrivons, il travaille à la décoration d'une des toiles de l'Hôtel de ville, en attendant qu'il mette la main aux peintures qui lui ont été commandées pour Saint-Sulpice.

Voici M. Delaroche, un talent qui est devenu populaire, avec dix fois plus de facilité que M. Delacroix n'en a eu seulement pour être toléré. Je n'ai pas besoin de raconter la vie artistique de M. Delaroche. Pendant que les ingristes et les coloristes se disputaient le champ de bataille, il arrivait du premier coup à remporter la victoire par des œuvres d'autant plus sympathiques à la foule, qu'elles s'adressaient directement à ses instincts. Ni romantique, ni classique dans l'acception donnée à ce mot, il a eu la bonne fortune de Casimir Delavigne, à qui on l'a plus d'une fois comparé. De même que Casimir Delavigne, il a obtenu des succès de tragédie bourgeoise, dont le public s'étonne lui-même aujourd'hui, quand il revoit, par exemple, comme cela a eu lieu il y a cinq ans à l'Exposition, le tableau de *Jeanne Gray*, le triomphe le plus éclatant du salon de 1847.

M. Delaroche ne s'est pas accommodé du refroidissement du public, et moins encore de certaines critiques qui manquaient de mesure; il a imité M. Ingres, en se retirant sous sa tente, il y a une douzaine d'années. Depuis il a essayé de modifier son talent, par une tendance plus marquée sur ce qu'on appelle le style. Cette modification, déjà sensible dans la décoration de l'hémicycle de l'École des beaux-arts, où il y a d'ailleurs de fort belles choses, ne nous semble pas heureuse. Pourquoi M. Delaroche n'a-t-il pas peint toute sa vie des toiles de genre historique, comme la mort du *duc de Guise?* celle-là est un chef-d'œuvre.

M. Delaroche n'en est pas moins un artiste d'un talent réel et sérieux; c'est, de plus, un homme que son honorable caractère et la dignité de sa vie ont entouré d'une générale estime. Lui aussi est de l'Institut, officier de la Légion d'honneur. Il a été remplacé dans ses fonctions de membre de la commission municipale, dont il s'est démis après le 2 décembre 1851, par M. E. Delacroix.

Cette physionomie moitié civile et moitié militaire, cette veste de maître d'armes, vous représentent M. Horace Vernet. Ce nom-là dit tout; il raconte une suite de succès qui se sont succédé presque sans interruption; succès prématurés d'abord, et qui s'appuyaient un peu sur des réclames politiques. M. H. Vernet a débuté, sous la Restauration, par des tableaux militaires dont le *Constitutionnel* du temps chantait les louanges,

M. Horace Vernet.

parce que ces compositions, qu'il ne faut pas revoir aujourd'hui, humiliaient les Bourbons de la branche aînée. M. H. Vernet fut l'artiste officiel du gouvernement issu de la révolution de Juillet. A lui seul il a peint, d'une brosse infatigable, une notable partie des toiles qui couvrent les murs du musée de Versailles. Personne mieux que lui n'excelle à représenter certains côtés de la vie militaire, tels qu'on les voit dans les revues, dans les parades et au Cirque-Olympique. Ce n'est point un grand peintre, mais c'est un artiste d'un talent considérable. Il a le sentiment d'un certain pittoresque vulgaire, français et troupier; et s'il ne possède ni le don de la couleur, ni la science du coloriste, il a cette exécution prompte, facile, aisée à comprendre, qui flatte et séduit la multitude. Il faudrait plusieurs pages pour contenir les titres de tous ses tableaux, presque aussi nombreux que ses décorations. M. H. Vernet est l'homme le plus décoré de France. Malgré ses antécédents de peintre libéral, son talent a séduit tous les souverains non-seulement d'Europe, mais du monde entier, qui tous lui ont envoyé des marques de leur admiration. Aussi le czar, oubliant que M. Vernet avait fait jouer dans ses tableaux toutes sortes de rôles héroïques aux Polonais, n'a pas hésité à lui confier d'une toile représentant l'entrée des Russes à Varsovie. M. H. Vernet a accepté avec un empressement qui a beaucoup été admiré à Saint-Pétersbourg.

Nous devons dire que M. H. Vernet a séduit les augustes souverains dont nous venons de parler, non-seulement par son incontestable talent, mais surtout par ses qualités personnelles, principalement par l'aplomb militaire avec lequel il porte l'uniforme. M. H. Vernet, en effet, commande un escadron ou un régiment avec autant d'habileté qu'un vieux soldat, et monte à cheval comme un capitaine d'instruction de Saumur. Sous Louis-Philippe, il remplissait les fonctions de chef de bataillon de la garde nationale

Atelier d'Horace Vernet.

avec la même régularité que celles de membre de l'Institut. Je l'ai vu professer à l'École des beaux-arts en grand uniforme, pendant qu'un municipal tenait dans la cour son cheval par la bride, et l'on assure que l'empereur Nicolas le trouvait sur le tambour d'une force égale à la sienne. Or, on sait que ce monarque a la prétention d'être un virtuose incomparable sur cet instrument.

Grâce à des talents si variés, M. H. Vernet, académicien, professeur à l'École des beaux-arts, ancien directeur de l'école de Rome, grand-cordon, officier ou chevalier de tous les ordres, était en train de de-

CHAPITRE XLIII. — LES PEINTRES, LES ATELIERS ET LES MODÈLES.

venir pair de France à la veille de la révolution de Février.

M. Decamps, dont les traits énergiques décèlent le talent opiniâtre et persévérant, figure à sa place dans cette galerie des maréchaux de la peinture. C'est de tous les peintres de genre celui dont les qualités relèvent le plus du grand style et des traditions des maîtres. Il lui fallut attendre longtemps aussi, avant que le public pût s'habituer aux empâtements audacieux dont il surchargeait ses toiles; mais peu à peu l'opinion revint à ce peintre, dont le dessin plus magistral que correct, le coloris plus puissant et plus intense que varié ou vrai, a produit des œuvres qui resteront, et qui depuis longtemps se vendent au poids de l'or à ceux mêmes des amateurs qui ont le plus longtemps hésité à reconnaître ce talent original et vigoureux.

On comprend que nous ne voulions point passer en revue tous les talents qui ont su conquérir une part légitime de renommée. Nous nous sommes borné à vous faire voir les gloires en quelque sorte officielles. Sans cette précaution prudente, il nous aurait fallu allonger au delà des limites du possible la liste et la galerie des grands hommes plus ou moins contestés de l'art contemporain. A côté de M. Ingres, nous aurions dû mettre M. Gleyre, ce fils poétique des Poussin et des Lesueur, et M. H. Flandrin. Dans la phalange des coloristes, nous n'aurions pu omettre ni M. Couture, ni M. Diaz, ni M. L. Boulanger, ni

M. Decamps.

M. Roqueplan, ni tant d'autres. Nous ne dirons rien non plus des paysagistes qui ont porté si haut le renom de l'école française moderne, de MM. Cabat, Flers, Corot, Théod. Rousseau et de quelques autres encore. Et c'est le cas d'ajouter avec don Ruy Gomez de Sylva :

J'en passe, et des meilleurs.

Maintenant que nous avons montré les peintres, il nous reste à entr'ouvrir, suivant notre promesse, les portes des ateliers des artistes les plus célèbres.

Nous commencerons par un atelier de sculpteur, celui de M. Dantan aîné; c'est le seul que nous ayons à visiter. Nous aurions voulu pénétrer dans celui du plus grand de tous les statuaires, mais l'exil a emporté les clefs de la maison de la rue d'Assas, où habitait M. David. Restait celui de M. Rudde, mais il ressemble à une grange, et le moyen de faire un dessin avec une grande pièce carrée sans autre ornement ou décoration que le gigantesque modèle en plâtre de la tête de la *Guerre* qui couronne l'admirable trophée de l'arc de l'Étoile. La mort a fermé récemment les portes de l'atelier de Pradier, et celles de l'atelier de M. Fouchères; heureusement que M. Dantan aîné a bien voulu nous ouvrir les siennes.

En général, il ne fait pas bon visiter un atelier de sculpteur. La plupart ressemblent trop souvent à celui de M. Rudde. Les travaux de la statuaire s'accom-

Atelier de Dantan aîné, statuaire.

modent mal d'une belle décoration, que le voisinage des pains de terre glaise, les éclats jaillissant d'un marbre en voie d'exécution compromettraient gravement. L'atelier de M. Dantan, situé avenue Marguerite, quartier Beaujon, fait une heureuse exception à la règle. Aussi est-il divisé en deux parties ; la première est l'atelier du travail, celui qu'on livre au praticien pour y dégrossir le bloc qui sera terminé plus tard par l'artiste. Cet atelier est garni de presque tous les modèles en plâtre des statues exécutées par M. Dantan, en bronze ou en marbre. Celui que vous voyez derrière l'artiste lui-même est le modèle de la *Danseuse napolitaine*, bronze qui a eu un succès légitime à l'exposition du Louvre, et dont la réduction se trouve dans plus d'un cabinet d'amateur. Des deux côtés de la pièce sont deux bustes : le premier à gauche représente mademoiselle Rachel, celui qui est à droite représente mademoiselle Doze. M. Dantan est le sculpteur de ce temps-ci qui a le plus modelé de bustes. Cette circonstance explique suffisamment le second atelier qu'on voit après celui-ci, sorte de sanctuaire peuplé de souvenirs artistiques, où les belles dames qui viennent chez le maître savent au moins où poser un pied chaussé d'une bottine de satin turc, sans craindre les éclaboussures de la *barboterie*, et sans s'exposer à voir leur toilette blanchie par le plâtre ou la poussière de marbre.

Nous ne sommes pas loin de l'atelier d'un peintre situé également dans le quartier Beaujon ; entrons chez M. Eug. Giraud, le Latour de l'aristocratie moderne. Si M. Dantan sculpte des bustes, M. Giraud fait des portraits ; aussi trouverez-vous son atelier bien autrement splendide que ceux de ses confrères qui peignent l'histoire.

M. Du Pays en parle en ces termes dans l'*Illustration*: A l'extrémité de la rue des Écuries-d'Artois, aujourd'hui rue de la Réforme, nom qui, égaré dans cette rue, semble une malice à l'adresse de la réforme des écuries et des équipages de la royauté, la ligne des maisons est interrompue au sud par un mur que son propriétaire abandonne à toutes les fantaisies des afficheurs, et que surmontent les dômes verdoyants d'arbres touffus. Si nous frappons à une porte étroite pratiquée dans ce mur, elle semble mystérieusement s'ouvrir, car, introduit sous les épais ombrages, on n'aperçoit point de portier ni à droite ni à gauche, et, sans les aboiements menaçants d'un chien peu éloigné, on serait disposé à s'abandonner à cette impression de mystère en présence d'une retraite d'apparence si paisible, qui donne l'idée de celle d'un philosophe ami de la solitude, ou de quelque homme

Atelier d'Eugène Giraud.

d'État désillusionné et morose, ne voulant plus avoir de communication avec le monde. Si par hasard personne n'est là en ce moment pour nous recevoir, et que, nous dirigeant vers le bâtiment en face, nous entrions dans la première pièce ouverte au rez-de-chaussée, notre impression ira croissant encore, et se compliquera de la singularité archaïque de l'ameublement. Le lit, les bahuts, les sièges sont en bois de chêne sculpté, dont les ornements sont empruntés pour leur caractère à la décoration architectonique, et appartiennent par leur style ogival flamboyant à la fin du quinzième ou au commencement du seizième siècle. Des portraits exécutés dans la fine manière qui caractérise Holbein viennent de leur côté confirmer cette date. On peut d'ailleurs la lire précise sur un almanach du temps, accroché à la muraille. Quelques buires, quelques hanaps sont rangés sur le bahut aux gothiques serrures. Un gros livre imagé, une Bible sans doute, est là ouvert sur une table ; près de là, quelques heures manuscrites, quelques vieux livres sous leur blonde reliure de parchemin vierge, attestent les graves méditations du maître de cette retraite, où rien ne rappelle les molles délicatesses de notre temps. Les sièges sont en chêne ; tout au plus un petit coussin ou deux en drap rouge, comme Lucas de Leyde en met dans la chambrette de la Vierge, quand il représente la *Salutation angélique*, sont là en réserve pour un vieillard infirme ou une jeune femme délicate. La partie de jardin qui est sous la fenêtre semble témoigner elle-même que les pensées des habitants sont tournées plutôt vers le ciel que vers la terre. Les plantes que les hommes, dans leur infirme langage, appellent des mauvaises herbes, profitent du bénéfice de la tolérance pour y croître, y verdir et s'y

étaler à l'aise ; rare oasis dans la turbulente cité réservée à l'épanouissement de la végétation du Bon Dieu, pour reposer la vue de cette autre végétation que l'homme taille, écourte, émonde, et à qui il impose toutes sortes de difformités. Tout un parfum de recueillement ascétique s'exhale de l'aspect de cette chambrette ; on s'y rappelle involontairement ces paroles de l'Imitation de Jésus-Christ : *In cœlestibus debet esse habitatio tua, et sicut in transitu cuncta terrena sunt aspicienda*. Mais secouons notre rêverie extatique, et, puisque personne ne vient à nous, allons au-devant du propriétaire de cette solitude, peut-être quelque pieux cénobite des vieux jours, attardé dans cet asile parce que la mort aurait oublié de lui donner congé.

Ressortant par où nous étions entré, et allant à droite vers un corps de logis formant angle avec le

CHAPITRE XLIII. — LES PEINTRES, LES ATELIERS ET LES MODÈLES.

premier, nous apercevons sous une sorte de vestibule une porte à pleines ferrures ouvragées, semblant être la porte d'une chapelle. C'est là sans doute que nous allons trouver notre solitaire en prière ou recueilli dans quelque méditation religieuse. Ouvrons avec précaution, de peur de le troubler. Mais quelle est cette grande salle remplie de toutes parts jusqu'au plafond d'une foule d'objets divers et confus où l'œil se perd? Dieu le sait, mais ce n'est certainement pas une chapelle consacrée à son culte. C'est plutôt le séjour de quelque sorcier. Voici là-haut un aigle aux ailes immenses éployées. Près de la porte d'entrée, un beau chien lévrier trop immobile pour être un chien vivant, trop naturel et trop vrai pour être un chien empaillé; voici des squelettes, des ossements, des mâchoires, des instruments de musique inusités, des poignards, des armes bizarres, des harnais, des étriers, des selles de toute espèce; voilà surtout des pipes de toutes formes et de toutes longueurs. On fume ici comme dans un estaminet. Le fantastique commence à s'évanouir. Il paraît décidément que nous sommes en plein dix-neuvième siècle; siècle des fumeurs non moins que des journalistes et des émeutiers. Probablement il n'y a ici ni anachorète, ni sorcier, ni aucune de ces bizarres excentricités dont les romanciers aiment tant la mise en scène, et qui s'offrent si rarement à la curiosité dans l'uniformité de notre monde moderne, valétudinaire jusqu'à la robe de chambre ouatée et aux pantoufles fourrées pour le coin du feu; jusqu'aux claques et au caoutchouc pour les jours de pluie. Mais du fond obscur de cette longue salle, et se dégageant des nuages fumeux du tabac, s'avance vers nous, un cavalier que notre amour du merveilleux voudrait au premier moment transformer en homme de guerre ayant sur son bras gauche un petit bouclier, et tenant de la main droite un javelot ou une longue épée, mais dans lequel la réalité nous force à reconnaître un peintre armé de sa palette et de son appui-main. C'est M. Eugène Giraud.

Comme beaucoup d'artistes, M. Giraud ne trouva pas la voix du premier coup. Il s'était d'abord adonné à la gravure, lorsqu'un beau jour, deux toiles égril-

Atelier de Jollivet.

lardes, dont tout le monde connaît les copies lithographiées, *Avant* et *Après*, tels étaient les titres de ces épisodes de la vie galante des gardes-françaises, lui firent tout à coup une réputation populaire. Un premier succès en amène un autre. M. Giraud fit partie de l'escorte d'assises qui accompagna M. Alexandre Dumas dans un voyage en Espagne, et son nom prit depuis dans les *Impressions* du romancier touriste la place jadis occupée par celui de M. Jadin. Dès ce moment-là la gloire de M. Giraud se trouva assise sur des bases inébranlables; il peignit des pocados, des fandangos, des muletiers, d'une brosse plus facile que consciencieuse et appliquée. Puis vinrent les succès obtenus près du monde qu'on appelle aujourd'hui le monde élégant: M. Giraud a eu l'honneur de dessiner au pastel les têtes de l'aristocratie contemporaine. L'année dernière, il exposait un grand portrait de madame la princesse Mathilde Demidoff; cette année, il reproduisait les traits de M. de Nieuwerkerke. On voit qu'aujourd'hui ses succès sont complets.

Du quartier Beaujon à la rue des Saints-Pères, où demeure M. Jollivet, il y a loin, mais nous sommes pressés de vous faire voir un des plus beaux ateliers de Paris. Ce somptueux ameublement, ces armures splendides, ces bahuts renaissance, ce lustre flamand, ces vases de Chine et du Japon, tout ce luxe d'un goût à la fois sévère et élégant, vous reportent à l'époque des soirées Véronèse dont j'ai parlé plus haut. M. Jollivet appartient en effet à ce temps-ci; il en a conservé les tendances archéologiques, caractère élevé, talent consciencieux; il est regrettable que les hésitations de son esprit se soient traduites en des œuvres dissemblables par le style et le genre, et qu'après avoir montré des préoccupations de coloriste dans un remarquable tableau, *Sara*, exposée en 1833, il se soit laissé aller à l'influence d'un système qui lui a fait peindre en tons extraordinairement clairs et lumineux ses deux dernières grandes toiles, le *Massacre des Innocents*, et *Persée et Andromaque*.

Nous faisons un tour énorme; nous voici rue la Tour des Dames, dans l'atelier de M. Delaroche. Rien de plus simple que cet intérieur, dont nous avons donné plus haut le dessin, où l'artiste reste pour ainsi dire seul en contemplation avec lui-même. Un fauteuil, quelques études, un seul objet de luxe, souvenir toujours vivant d'une femme que des regrets unanimes ont suivi dans la tombe, le piano de madame Delaroche, voilà, à peu de chose près, tout ce que nous voyons dans l'atelier du peintre de tant de tableaux populaires.

L'atelier de M. Delacroix, situé rue Notre-Dame de Lorette, ne présente guère plus de magnificence. Cependant il semble qu'il y circule un air plus vif. Les murs sont couverts des œuvres du maître; et puis nous voyons sur une chaise cette terrible palette qui fait frémir d'effroi plus d'un membre de l'Institut. Une des choses qui frappent aussi tout d'abord le visiteur qui met pour la première fois le pied dans cet antre du lion, c'est une copie de Raphaël par M. Delacroix lui-même, et une excellente copie, qui semble là pour prouver à ceux qui n'auraient jamais entendu la conversation ingénieuse et savante du maître du logis, que l'auteur du *Massacre de Scio* a plus de respect pour le génie du peintre florentin, que les dessinateurs modernes n'ont d'injures au service de Rubens et des Flamands de son école.

Suivez-moi rue de l'Ouest; traversons ensemble une cour fermée par une grille, ouvrons cette porte. Mais me direz-vous, ce n'est pas dans un atelier que vous me conduisez, nous venons d'entrer dans une écurie. Regardez mieux : où avez-vous jamais vu des écuries disposées de cet air coquet? Portez vos regards plus loin, et inclinez-vous avec respect : nous sommes là que l'auteur du *Labourage nivernais* passe tout le temps qu'elle n'emploie pas à courir les campagnes du Limousin, de l'Auvergne, du Morvan, des environs de

Atelier de Mlle Rosa Bonheur.

Paris, ou au marché aux chevaux, pour y trouver ces modèles à quatre pieds, avec ou sans cornes, dont quelques-uns lui tiennent compagnie, comme vous pouvez vous en apercevoir. Tout le monde connaît, au moins de réputation, le talent de mademoiselle Rosa Bonheur. Ce que tout le monde ne sait pas, mais ce qu'un connaisseur a deviné du premier coup à l'aspect de ses tableaux, c'est sa vie laborieuse, ce sont ses études consciencieuses et intelligentes en face de la nature. La nature a été en effet le seul maître de mademoiselle Rosa Bonheur, après son père. Voici comment M. Du Pays, que nous avons déjà cité, raconte les commencements de cette existence d'artiste :
« Toute jeune, elle partait de très-grand matin, sa boîte de peinture sur le dos, et s'en allait aux environs de Paris pour ne rentrer que le soir, après une journée de travail et de rustique contemplation. D'autres fois, elle emportait un gros morceau de terre à modeler, et, sans autres indications que celles qu'elle trouvait dans son aptitude à rendre le relief des animaux, et son talent en ce genre eût pu lui faire une réputation de statuaire, si, avant tout, elle n'avait pas dû en avoir une comme peintre. Une grande ferme, c'est là qu'eût dû vivre et étudier la jeune artiste; mais les choses ne s'arrangent pas ainsi en ce monde. Il lui fallait vivre à Paris, lieu fort peu pastoral, où l'on voit à la vérité quantité de chevaux, de chiens et de matous, mais où les bœufs, les vaches et les moutons n'entrent que sous forme de filets, d'entrecôtes et de gigots. Pour les voir avant qu'ils subissent cette effroyable transformation, la pauvre enfant s'en allait courageusement dessiner aux abattoirs. Outre des modèles, elle trouvait là aussi un petit commencement de clientèle ; elle faisait le dessin à mettre en tête de *Perdra et la marche du bœuf gras*.... — Aujourd'hui même elle fréquente assidûment le marché aux chevaux ; elle a voulu étendre son domaine jusqu'à cette *plus belle conquête de l'homme*. Afin d'avoir plus de liberté pour tout observer sans être remarquée elle-même, elle prend des habits d'homme ; et la fermeté de ses traits se prête à ce déguisement. Les maquignons au milieu desquels

CHAPITRE XLIII. — LES PEINTRES, LES ATELIERS ET LES MODÈLES.

elle circule la prennent pour un jeune garçon curieux des allures chevalines. Du rôle de simple observateur, elle se laisse aller parfois à celui de chaland. Un petit bidet lui plaît, elle l'achète, l'enfourche et le ramène à son atelier; elle y installe amicalement ses animaux, comme dans leur écurie; elle les établit dans l'antichambre, et n'en est séparée que par une simple cloison. Sa ménagerie augmentant, elle a dans le voisinage une petite bergerie pour ses chèvres et ses moutons. Elle finira sans doute un jour par avoir des vaches et une paire de bœufs qui laboureront entre quatre murs un champ jamais ensemencé, afin d'entretenir la souplesse et le jeu de leurs muscles. »

Mademoiselle Rosa Bonheur, née à Bordeaux en 1822, débuta au salon à l'âge de dix-sept ans, par deux

Atelier des peintres décorateurs aux Menus-Plaisirs.

tableaux : *Chèvres et moutons* et *deux lapins*. Depuis elle marcha de progrès en progrès jusqu'en 1849, où son tableau du *Labourage nivernais*, qui figure aujourd'hui dans la galerie du Luxembourg, obtint un succès légitime et universel.

Je viens de vous montrer les ateliers des maîtres les plus célèbres de ce temps-ci; il me reste à vous en faire voir un autre, auprès duquel le plus vaste de tous ceux que nous venons de visiter, ferait la même figure qu'un kiosque à côté du Panthéon. Transportons-nous aux Menus-Plaisirs, vastes hangars situés rue Poissonnière, où l'État conserve les tentures de velours, les charpentes et l'immense matériel qui servent avec l'allégresse publique, quand il y a lieu, à la célébration des grandes fêtes nationales. C'est là qu'est situé l'atelier des peintres en décors de l'Opéra, dont notre gravure vous donne une exacte et sincère image.

Les modèles.

Pose pour les mains des princesses, des duchesses, etc. — Homme et femme modèles. — Pose pour la charité.

Pose les anges. — A posé pour Léonidas. — Ne pose que chez les maîtres. — A posé les Grâces à dix-sept ans.

CHAPITRE XLIII. — LES PEINTRES, LES ATELIERS ET LES MODÈLES.

Dans cette salle immense, tout est en proportion : les brosses ont la taille de balais. Ces deux tables que vous voyez, contenant, rangée sur trois côtés, une série de pots, vous représentent la palette des décorateurs; les pots tiennent lieu des vessies qu'on emploie dans la peinture à l'huile. L'artiste mélange ses tons dans le milieu de la table.

On comprend que les meubles antiques, les riches tentures, les curiosités luxueuses seraient fort déplacés en pareil lieu. Les murs sont nus et servent de chevalet aussi bien que le parquet, sur lequel sont étendues des coulisses. Cette gigantesque charpente, qui occupe la plus grande partie de l'emplacement, se compose d'une série de ponts aériens, d'où un grand nombre de peintres peuvent attaquer à la fois les immenses toiles de fond qu'on admire à l'Opéra ou dans d'autres théâtres, et qui sont dressées contre le mur. Ces ponts servent aussi à juger de l'effet général, après qu'on a étendu de nouveau la toile sur le sol.

Les diverses opérations nécessaires pour la composition et l'achèvement d'une décoration peuvent se résumer ainsi. Une fois l'esquisse arrêtée, le maître en fait un modèle terminé à la gouache; ce modèle est mis ensuite au carreau, puis l'on trace sur la toile qu'il s'agira de couvrir de couleur les lignes compliquées qui doivent servir à mettre l'ensemble de la composition en perspective. La perspective a fait de grands progrès dans l'art du décorateur.

On s'imagine volontiers que les prodigieux tableaux admirés dans certains opéras, célèbres par leur mise en scène, ne présentent, vus de près, qu'un assemblage informe de couleurs et de touches grossières. C'est une erreur profonde. Sans doute, la touche d'une décoration ne ressemble point à celle d'un tableau de Miéris ou de Gérard Dow, mais elle est d'ordinaire d'une grande précision, que son audace rend encore plus étonnante. D'un autre côté, la palette du peintre en décoration est plus riche qu'on ne pense, et abonde en tons fins et suaves. Toute la difficulté pour les employer consiste à connaître la mesure dans laquelle la lumière artificielle les modifiera.

Ce n'est pas du dix-neuvième siècle non plus, comme on le croit généralement, que datent les merveilles de l'art du décorateur. Sans compter Balthazar Peruzzi, qui vivait au quinzième siècle, des documents authentiques nous montrent qu'on montait sous Louis XIV des pièces à grand spectacle, machinées avec autant d'habileté qu'une féerie moderne. Seulement on ignorait la manière de mettre les différents plans d'une décoration en rapport avec la taille des acteurs. L'illustre architecte Servandoni fut un habile décorateur au dix-huitième siècle. Sous l'Empire et dans les commencements de la Restauration, on citait les noms de Munich, Joran, Thomas Lefèbvre, et plus tard de Degotti.

Après Degotti, un changement important eut lieu dans l'administration de l'Opéra. Jusqu'alors il y avait

Modèle de torse. — Modèle d'ensemble au repos. — A posé le pantalon du duc de C...

eu un atelier de décorateurs attaché à cette administration, et, comme les procédés d'exécution usités à cette époque n'étaient pas aussi expéditifs que ceux qu'on emploie aujourd'hui, il fallait dépenser des sommes énormes pour monter un ouvrage important. La confection des décorations de l'Académie nationale fut confiée alors à des entreprises libres, et l'on ne dépense plus guère qu'une dizaine de mille francs là où l'on en dépensait autrefois cinquante ou soixante mille.

Le peintre Isabey occupa pendant longtemps la direction des décors de l'Opéra, qu'il laissa ensuite à son gendre Ciceri, dont tout le monde connaît la renommée européenne. C'est de l'atelier de Ciceri que sont sortis la plupart des décorateurs modernes, et il nous suffira de citer les noms de MM. Philastre et Cambon, Dieterb et Desplechin, Thierry, pour montrer que cet artiste éminent a eu des successeurs dignes de lui.

Après vous avoir parlé des artistes, il me reste à vous décrire les mœurs de leurs auxiliaires indispensables, des modèles.

Pour le peintre, les têtes humaines se divisent en deux classes : celles qui payent pour se faire peindre et celles qui se laissent peindre pour se faire payer; les bourgeois et les *modèles*. Tout le monde est plus ou moins bourgeois à un certain point de vue, mais n'est pas modèle qui veut! Il en est de cette profession comme de toutes les autres; pour y exceller, il faut y être entré jeune. Tous les jours de pauvres diables, à bout de ressources, et ne sachant plus où donner de la tête, portent leur tour à un atelier; mais ils ne font que traverser la profession libérale du *modèle*. Ils n'ont pas l'influence secrète, ils ne savent pas soutenir la pose, ils se découragent, et vont offrir ailleurs leur vocation manquée. Parlez-moi du modèle vieilli dans la profession. Ses muscles sont infatigables, ils sont souples et intelligents; il entend à demi-mot. Il fait le mort, il exprime la colère, l'extase, la prière, la volupté... Lui aussi, il est artiste. A force de vivre dans l'atelier, il en prend les habitudes et le langage, il connaît le *galbe* et le *méplat*, il entend la *couleur locale* et le *clair-obscur*, il est au courant des *charges* d'ateliers, à la riposte au calembour et à la *blague*. De

compagnon obligé du peintre, il devient en quelque sorte son camarade. Il lui donne son avis sur son tableau, sur un contour à redresser, sur un *réveillon* ou un *glacis* à mettre. Il n'est pas seulement le familier du peintre, il est encore son commensal. L'artiste est bon enfant. Il partage volontiers son déjeuner et souvent même son dîner avec le modèle. Aussi celui-ci est-il à même de faire de grandes économies sur sa nourriture; il en fait de plus grandes encore sur son vêtement, car il passe toute sa vie déshabillé, et, si ce n'était son égard pour les exigences de la morale publique, qui sont différentes de celles de l'esthétique, il s'en irait volontiers de chez lui à l'atelier costumé en Antinoüs. Grâce à ces avantages particuliers de sa position sociale, il peut, s'il a de l'ordre, amasser une petite fortune. Tel modèle qui, depuis quarante ans, pose pour les Grecs et les Troyens, est parvenu à se faire, à force d'économie et d'attitudes, trois mille livres de rente, et il continue le métier. Que ferait-il autrement? où irait-il traîner ses ennuis et son délaissement? Il ne connaît qu'un seul chemin, celui qui mène à ses chers ateliers, la pose est sa vie : le jour où il ne pourra plus poser en ce monde, il ira se reposer dans l'autre pendant l'éternité.

Sous le rapport de l'égalité civile et d'une juste répartition des biens entre les deux sexes, le modelât est une des rares professions à citer, si ce n'est l'unique. Le sexe fort n'y accapare pas les gros salaires aux dépens du faible, comme cela arrive partout ailleurs. L'avantage est même ici du côté de la femme. Ses poses lui sont payées un peu plus cher qu'à l'homme. On n'a pas de nympho à moins d'un franc par heure; mais on a un Jupiter-Olympien pour quinze sous. A la vérité le modèle mâle peut rester cinquante ans dans les ateliers, tandis que le modèle féminin en général a à peine dix ans d'exercice. C'est là le revers de la médaille. Mais ce n'est pas la faute de la société; c'est celle de la nature. La majeure partie des jeunes filles qui se font modèles à Paris sont juives. Ce sont des fleurs rapidement fanées, mais sans cesse remplacées par d'autres. Il ne se passe pas de semaine sans qu'un artiste ne voie arriver à son atelier quelque jeune fille inconnue, venant s'offrir comme modèle. Qu'on n'oublie pas que l'atelier est un temple consacré à la beauté plastique et aux chastes contemplations de l'art. Celles qui y entrent ne sont pas des vestales, c'est vrai; mais ce ne sont pas non plus des bacchantes.

La classe des modèles ne jouit donc pas d'une excellente réputation, même auprès des artistes; mais ce n'est point à la profession que s'attache la dénomination dont les peintres et les sculpteurs frappent ces individus. Suivant eux, les modèles ont dégénéré, et c'est aussi l'opinion des vieux modèles, qui attribuent la décadence de leur profession à plusieurs causes, fort vraisemblables, suivant nous.

Les vieux modèles sont classiques; ils regrettent le temps où florissait l'école de la rotule. L'invasion romantique, et plus tard, sous Louis-Philippe, l'énorme fabrication de peinture militaire exigée par la fondation du musée de Versailles, ont fait un tort égal à leur industrie. On comprend que les artistes n'avaient pas besoin d'un modèle aux belles formes pour le faire figurer dans les chausses d'un truand, sous l'armure d'un chevalier ou dans l'uniforme d'un soldat du centre. Aussi la corporation s'est-elle augmentée de tous ceux que le dégoût du travail manuel, les chômages de l'industrie portaient à quêter des séances dans les ateliers. D'ailleurs un modèle d'homme gagne 3 fr. pour une séance de cinq heures; un modèle de femme gagne 4 fr., tandis qu'un grand nombre d'ouvriers de nos manufactures ne touchent qu'un salaire insuffisant à la fin d'une journée pénible et laborieuse.

Les modèles peuvent se diviser en deux classes: la première, la moins nombreuse, se compose des individus qui n'ont pas d'autre métier. Celle-là est la plus estimable sans contredit, rend d'utiles services, et compte des hommes qui relèvent leur profession par l'amour qu'ils lui portent, et par un certain orgueil de la façon dont ils en remplissent les devoirs.

Les autres modèles sont ceux qui exercent en même temps une seconde industrie: parmi eux, les juifs pul-

Modèle d'ensemble. — Pose dans les ateliers d'élèves. — Pose la tête d'expression, avec une légère teinte de mélancolie, de colère, de joie, etc. — Résultat d'une semaine de pose.

lulent. Il y a dans les quartiers fangeux et sombres qui avoisinent la rue Saint-Antoine des familles juives dont tous les membres, depuis l'aïeul jusqu'à l'enfant à peine sevré, posent dans les ateliers. Les modèles de jeunes filles, race quémandeuse, importune, gourmande, malpropre, sortent pour la plupart des nombreuses tribus israélites qui habitent le territoire parisien. Le modèle juif, comme beaucoup de ses coreligionnaires, vend de tout. Quand les séances ne donnent pas, il retourne avec empressement colporter dans les restaurants ou sur les carrefours ses cartons à peu près garnis de parfumeries de contrebande, de bretelles, de papier Bath et de crayons; les jeunes filles reprennent leur guitare ou tout autre métier plus ou moins toléré par la police.

C'est dans cette classe qu'on trouve le plus grand nombre de modèles ficeleurs. L'argot des ateliers est assez connu pour que cette épithète n'ait pas besoin d'une longue explication. Un ficeleur est le modèle qui trompe les longues heures d'une séance à l'aide de plusieurs stratagèmes qui tous font le désespoir et la ruine de l'artiste. Par exemple, le ficeleur ne tient pas en place, sous prétexte que la pose est trop fatigante, ou que les points d'appui le blessent. Il fait trop froid dans l'atelier; l'artiste, ruisselant de sueur sous sa vareuse, n'est pas en position de contredire son modèle, lequel pose tout nu, et descend à chaque instant de son piédestal pour engouffrer d'énormes pelletées de charbon de terre dans le poêle chauffé à blanc. Comme il ne retrouve jamais les mêmes poses du premier coup, c'est autant de perdu pour l'artiste, autant de gagné pour le modèle.

Les modèles de femmes, — la pire espèce de toutes, — ont aussi leurs ficelles. Malheur à l'artiste qui se laisse aller à trop de condescendance pour l'amour inné de la flânerie et de la fainéantise, qui possède d'ordinaire la plupart de ces dames. Il faut, s'il veut obtenir d'elles de profitables séances, qu'il s'arme souvent d'une sévérité inflexible, et que jamais il ne franchisse les bornes d'une excessive réserve dans ses rapports avec les Vénus ou les déesses qui posent devant lui. On rencontre toutefois d'honorables exceptions, et l'on voit, — en fort petit nombre, — des modèles de femmes qui n'abusent point de la bienveillance de ceux qui les emploient.

En général, le modèle de femme qui pose seulement pour la tête ou pour les mains, a des mœurs et une conduite plus régulière que les modèles qui posent pour l'ensemble. Cela s'explique par des motifs faciles à comprendre. Au reste, la décadence du modèle d'ensemble féminin remonte à une autre cause que celle du modèle d'homme, et date d'une époque plus récente.

La première fois qu'un entrepreneur de poses plastiques eut l'idée de faire voir aux habitués du Cirque-Olympique, il y a sept ou huit ans, une dizaine de divinités en maillot rose tendre, groupées avec plus ou moins d'habileté sur un plateau tournant, il fit un tort considérable à l'art et aux artistes. D'abord certains feuilletons chevelus se laissèrent aller à toutes sortes

CHAPITRE XLIII. — LES PEINTRES, LES ATELIERS ET LES MODÈLES.

de phrases poétiques et saugrenues. L'*Époque*, qui florissait dans ce temps-là, prit le Pirée pour un homme et l'île de Milo pour un statuaire grec. Puis la police trouva ce genre de spectacle immoral, tandis qu'il n'était que ridicule et fort laid, ce dont le public aurait fini bien vite par s'apercevoir. Les prohibitions de l'autorité donnèrent de la vogue à ce genre de représentations lorsqu'on les reprit ensuite. Les modèles de femmes, voyant leur nom imprimé sur une affiche de spectacle, se prirent volontiers pour des actrices; la barrière qui les séparait de certains cercles d'amateurs était rompue, et leur offrait des perspectives dorées plus ou moins trompeuses, mais d'une irrésistible séduction. Aujourd'hui il n'y a presque plus de véritables modèles de femmes, et si vous voulez voir un échantillon de l'espèce qui les remplace, allez à Mabille, à Valentino ou au bal de la *Reine-Blanche*, appelé encore le bal des *Acacias*, rue Saint-Antoine. Dans les deux premiers de ces établissements le modèle de femme a une robe de soie à volants, un chapeau, et se livre à toutes sortes de danses en A; dans le second, il porte une robe d'indienne, est coiffé par la nature et le sentiment; et ses écarts chorégraphiques, en compagnie d'un jeune rapin, activent l'attention soutenue du municipal chargé de la décence et des bonnes mœurs de l'endroit.

Dans la catégorie des modèles d'hommes qui n'exercent pas d'autre profession que celle de poser dans les ateliers, la plupart sont déjà âgés. Aujourd'hui que la mythologie commence à revenir à la mode, on rencontre parmi eux beaucoup plus facilement un Saturne qu'un Apollon, et, pour les besoins de la peinture religieuse, un Abraham ou un saint Joseph, qu'un saint Jean l'Évangéliste.

L'un des doyens du *modélat*, — pardon du mot, — s'appelle le père Koth. Malgré son âge avancé, il possède les restes d'un beau torse, et se tient longtemps dans la pose du *Marsyas* antique. Je ne connais guère d'autre défaut à Koth que son amour immodéré pour la pêche à la ligne, et un goût un peu vif pour le jus de la treille, comme on disait au beau temps de sa jeunesse.

Vient ensuite le père Girard, une belle tête de vieillard, qui ressemble à une figure de Greuze, avec plus de largeur dans le modelé. Le père Girard, dont tous les artistes apprécient le caractère honnête, les formes polies, la sévère et exacte probité, n'a pas toujours été modèle. Il a eu dans le monde ses jours de gloire et de triomphe que rendent fort vraisemblables les vestiges de son antique beauté. Dans le cours de sa longue carrière, il a assisté aux événements terribles et mémorables qui ont ouvert l'ère moderne. Il les raconte simplement, et c'est un spectacle qui ne laisse pas que d'étonner plus d'un de ceux qui en sont témoins, que de voir le vieillard à l'aspect vénérable et placide, qui a traversé l'Empire et ses gloires, parler, avec un respect touchant parfois à la vénération, de la mémoire de M. de Robespierre.

Dubosc, le plus célèbre de tous les modèles, a plus de cinquante ans. A le voir dans la rue, la taille déjetée et le dos en voûte, vous ne devineriez jamais que ce modèle a le plus bel *ensemble* qu'on puisse imaginer, le corps souple, et que ses formes sont du galbe le plus pur et le plus *stylé*. Dubosc a la passion de son métier. Enfant de la halle, il posait l'Amour au sortir du berceau; et l'on peut prédire, sans crainte d'erreur, qu'il mourra sur une table de modèle, enseveli dans la draperie d'un prophète ou dans la toge d'un sénateur..... romain.

Dubosc possède une fortune de plus de 60,000 fr., fruit d'un travail obstiné et de persistantes économies. Aussi dit-il, depuis plus de dix ans, qu'il veut se retirer à la campagne dans *sa* propriété; mais personne ne le croit, et lui moins que personne.

Têtes de choix.

Que ferait-il à la campagne? Il y mourrait d'ennui et de chagrin. A qui raconterait-il la chronique des ateliers, les souvenirs de David? C'est le jour uniforme de l'atelier, la chaleur du poêle de fonte, les lazzis des rapins, qu'il faut à Dubosc, non

Un *saint Joseph* d'atelier.

l'azur du ciel et les rayons d'un soleil splendide.

Je ne peux guère finir cette esquisse de modèles sans vous citer les noms célèbres de Cadamour et de Pécota. Hélas! tous deux sont morts depuis quelques années; la mort, qui ne respecte rien, a fauché ces deux gloires dans tout leur éclat. Il est vrai que Cadamour avait quatre-vingt-quatre ans.

Pécota était Dalmate: il avait servi comme soldat dans les armées françaises, et c'était David qui l'avait poussé dans sa profession. Lui aussi avait eu une existence aventureuse, et ne parlait jamais de l'Empire qu'avec enthousiasme. Quelle époque! disait-il dans son jargon inintelligible. Il prétendait que la vue continuelle des pantalons collants et des uniformes ajustés avait développé chez les belles dames de ce temps-là un amour éclairé des arts plastiques, et il montrait volontiers dans la rue Guénégand une maison, fort belle ma foi, qui lui avait été donnée par une duchesse, et dont malheureusement il n'avait pu garder que le souvenir.

Cadamour n'était pas plus Français que Pécota; il était Vénitien, et passait, en son temps, pour le plus beau de tous les modèles: aussi croyait-il être resté le même jusqu'à la fin de sa vie. Avec quel orgueil n'entendait-il pas ce refrain d'une sorte de ballade jadis fort en vogue dans les ateliers, et que les rapins chantaient en chœur toutes les fois qu'ils voulaient faire rayonner de joie le doyen de la pose:

> Le plus beau des modèles?
> Cadamour!
> Qui pose sans ficelles?
> Cadamour!
> Véry, Dubosc et Pécota,
> C'est d'la blague à côté de ça!

Ces vers devaient être la seule épitaphe gravée sur la tombe de Cadamour; mais il est probable que Cadamour n'a pas de tombe, puisqu'il est mort à l'hospice des Méningos.

Comment finissent, direz-vous, ces vieux modèles? Comme il en est qui possèdent les 3,000 livres de rente de Dubosc, d'ordinaire ils hantent les ateliers jusqu'à la fin de leur vie. — Je parle des vrais modèles. — Mais, quand l'âge a courbé leur tête chenue, et qu'ils ne peuvent plus poser l'ensemble, les séances sont rares, et leur existence devient triste et misérable.

Ceux qui ont le bonheur de naître Auvergnats, trouvent assez facilement une commode retraite dans l'emploi de concierge ou de garçon de l'École des beaux-arts et des Musées; on sait qu'un Auvergnat, fût-il avocat, homme de lettres ou homme politique, finit toujours par arriver.

Les Auvergnats sont des exceptions, et la plupart des vieux modèles meurent à l'hôpital, cette grande hôtellerie des pauvres de toutes les professions. Ajoutons cependant, à la louange des artistes, qu'il est peu de maîtres qui se refusent à assister ces vieux compagnons de leurs travaux. Beaucoup de modèles âgés ou infirmes ne vivent guère que des dons qui leur sont octroyés, presque toujours avec une cordialité véritable par des peintres ou des statuaires en renom. J'ai vu mieux encore.

Il y a quelque temps, le corbillard des pauvres conduisait au cimetière Mont-Parnasse un cercueil, derrière lequel marchait, seul, un homme d'un âge mûr, sévèrement vêtu de noir, d'une physionomie intelligente et distinguée, et qui portait à la boutonnière le ruban de la Légion d'honneur. Je saluai le cercueil, et je saluai celui qui le suivait; je venais de reconnaître M. C....., un peintre académicien fort connu. J'appris plus tard que le cercueil contenait le corps d'un vieux modèle mort à l'hôpital, où depuis longtemps déjà M. C..... lui avait loué une chambre.

Chapitre LXIV.

LES GRISETTES ET LES LORETTES.

Le monde des femmes à Paris. — *La femme de Paris.* — Définition de la Parisienne. — La toilette de la Parisienne. — La demoiselle de boutique. — La lorette. — La grisette. — Origine de la grisette. — Sa décadence et sa disparition. — Manon Lescaut et Mimi Pinson. — Le dimanche de la grisette. — Saint-Cloud et Montmorency. — La grisette du quartier Latin. — Les noces et les noceurs. — Les nouveaux. — Le monsieur qui paye. — La demoiselle au numéro. — Les ceintures dorées. — Les Phrynés modernes. — Les visites. — Commencement et fin. — Les bacchantes du Palais-Royal. — Les boulevards et les barrières. — Les maisons mystérieuses. — Les marchandes à la toilette. — Du mot *lorette*. — Le quartier Bréda. — Les essuyeuses de plâtre. — Les Arthurs. — Les hommes aux camélias. — La vie de la lorette. — Un intérieur du quartier Bréda. — Berceau et tombeau de la lorette.

Les conteurs orientaux disent qu'un jour un bûcheron, après avoir pénétré fort avant dans une immense forêt, aperçut une troupe d'êtres mystérieux qui se glissaient en silence au plus épais du bois, où ne paraissait aucun chemin frayé. Il eut la curiosité de les suivre, et il ne tarda pas à arriver avec eux devant un rocher escarpé. Ce rocher s'ouvrait, à quelques paroles magiques prononcées par chacun des fantômes, puis il se refermait sur lui, dès qu'il avait passé. Notre homme, ayant saisi ces paroles toutes puissantes, les répéta à son tour, et entra ainsi dans le palais des génies de la terre. Sa témérité fut récompensée par le spectacle d'inépuisables trésors qui appartenaient à ces divinités souterraines, et par les immenses richesses que les génies lui permirent d'emporter avec lui.

La Parisienne.

Il nous faudrait, à nous aussi, une phrase magique, pour pénétrer dans ce monde non moins mystérieux et non moins inconnu qu'on nomme le monde des femmes de Paris, et pour en rapporter une riche moisson de souvenirs et d'observations fidèles. Parmi les innombrables explorateurs qui ont entrepris ce voyage de découvertes, il en est peu qui aient pu seulement franchir le seuil de la caverne, comme fit le bûcheron : il n'en est point qui aient rapporté de leur voyage une relation complète, une peinture exacte et suffisante. Balzac lui-même, l'observateur patient, le physiologiste de génie, qui essaya d'analyser à l'aide du microscope notre société du dix-neuvième siècle, Balzac hésita devant l'immensité de la tâche : il peignit, avec la finesse minutieuse et la grâce d'un Gérard Dow ou d'un Meissonnier, la grande dame, la bourgeoise, la grisette, la courtisane ; il orna de leurs figures détachées les scènes de sa grande comédie humaine, mais il laissa presque intact l'ensemble de cet univers féminin qui vit, qui se meut dans Paris. Plusieurs ont marché sur ses traces ; plusieurs ont consacré leur plume et leur pinceau à cet inépuisable sujet ; mais ils ont tous senti de quelle difficulté serait une description complète, et combien le lecteur aurait droit d'exiger d'un livre qui lui annoncerait *certaines femmes de Paris.* C'est qu'en effet ce sont là quatre mots bien simples, mais qui jouissent du singulier privilège de réveiller et d'exciter les imaginations d'un bout à l'autre de l'Europe. Au fond des obscures cités de la province, en Russie, en Angleterre, en Allemagne, partout, dès la première aurore de la jeunesse, l'idée de ces divinités inconnues se présente à l'esprit de tous, et les fait frissonner d'espérance ou de convoitise. Les uns créent à leur gré des fantômes enchanteurs, qu'ils parent de toutes les séductions, de toutes les beautés que rêva jamais l'imagination humaine : les autres se bornent à dévorer les romans, les comédies, où l'art de l'écrivain et du poète a cherché à faire revivre cette sirène, cet être unique au monde, qui se nomme *la femme de Paris.*

Voulez-vous la définir ? Autant vaudrait essayer de définir, de caractériser Paris lui-même. Prenez tout ce qu'ont offert de plus extrême le vice et la vertu, ajoutez-y les ruses les machiavéliques et les ingénuités les plus pastorales, l'esprit le plus fin et la naïveté la plus parfaite, le bon goût à sa suprême expression et le caprice poussé jusqu'au comble de la bizarrerie, vous aurez, non pas une idée, mais un des éléments du caractère de la Parisienne. Sa beauté n'est pas un type fixe, sujet à des lois d'esthétique qu'on puisse déterminer : c'est un composé de traits étrangers, de beautés particulières, qui se relèvent par les contrastes les plus inattendus et ont en même temps un air de famille, air propre à la Parisienne, indéfinissable et insaisissable pour la plume comme pour le pinceau. Son visage, par exemple, ne présente habituellement ni la majesté des statues antiques, ni la correction des contours propre aux femmes du Nord, ni les provocantes irrégularités des filles du Midi : elle n'a pas d'ordinaire l'œil bleu plein de langueur, la chevelure dorée, la carnation éclatante de l'Anglaise ; elle laisse à l'Espagnole sa noire prunelle, à l'Italienne sa peau brunie par le soleil, et sa splendeur de Romaine alliée à quelque peu du sang des bacchantes grecques. Au lieu de cela, vous verrez parfois ces traits si distincts se céder sur sa physionomie, essentiellement mobile et changeante. Son regard, toujours perçant, expressif, malicieux, sait, quand il le faut, imposer le respect, ou bien traverser le cœur, comme un rayon de feu ; son sourire, que dessinent d'ordinaire la grâce et la finesse, prend au besoin toutes les significations, et supplée au langage.

Où vous reconnaîtrez le mieux la Parisienne, c'est à sa toilette. Je défie toute femme, quel que soit son

La demoiselle de boutique.

pays, quelle que soit l'époque où elle ait brillé, de porter comme elle le costume moderne, tel que la mode le fait et le défait à chaque instant. Une figure parisienne, seule, peut, sans ridicule, être encadrée de ce cône renversé, en carton couvert de soie ou en paille tressée, qui s'appelle chapeau. Un corps de Parisienne peut seul laisser deviner toutes ses perfections et dissimuler tous ses défauts sous les plis flottants des vêtements qui changent sans cesse, et qui passent d'une impossibilité à une absurdité. Il y a une sorte de gageure entre celles qui font les modes et celles qui les adoptent : les unes s'ingénient à trouver les combinaisons les plus antipathiques avec les lois du beau et du goût, les autres semblent tout naturellement corriger ces combinaisons absurdes et en faire jaillir une grâce, une beauté nouvelle et impré-

CHAPITRE XLIV. — LES GRISETTES ET LES LORETTES.

vue. Pour se convaincre du génie dépensé dans cette lutte entre la coquetterie des unes et les écarts d'imagination des autres, il faut avoir vu, avoir observé les caricatures vivantes qui peuplent la province et l'étranger. Vous regardez une femme qui n'a pas vécu sa vie entière à Paris, vous considérez son cachemire du meilleur fabricant, son chapeau, chef-d'œuvre de la plus habile modiste, sa robe taillée par la main de la meilleure ouvrière, et vous haussez les épaules. Ce n'est pas sans raison, la pauvre femme a copié la gravure de modes, elle n'a pas créé ce qui manquait en elle pour s'assortir avec sa toilette. Aussi vous déplorez les erreurs et l'aveuglement du caprice féminin, qui combat ainsi sans cesse contre son propre intérêt. Vous jetez un regard d'admiration sur les costumes antiques, aux plis austères et majestueux; vous contemplez encore une fois les habits pittoresques de quelques paysannes arriérées et vous venez à Paris avec une sainte horreur de ces débauches d'imagination qui guident la main des couturières et la toilette des dames.

Quelle surprise vous attend, dès votre première promenade sur le boulevard! Ces modes si extravagantes, ces créations d'une fantaisie si bizarre, si étrangement originale, vous les retrouvez, mais transformées, mais devenues gracieuses, mais embellies, mais rendues inimitables, par un je ne sais quoi qui appartient en propre à la Parisienne de toutes les conditions. Ici, c'est une grisette, une fille d'ouvrier, une demoiselle de boutique, vêtue sur le modèle de la grande dame, sauf la différence des étoffes; elle a

La lorette.

bien ce chapeau qui vous semblait si ridiculement jeté en arrière et accroché au chignon, cette robe taillé en dépit des contours naturels du corps, ce fichu, non pas drapé, mais chiffonné et pendant au

hasard. Le chapeau n'est qu'un tissu de paille sans beaucoup d'apprêt, la robe, qu'une pièce de cotonnade, le châle, qu'un carré d'étoffe imprimée; et tout cela forme pourtant un ensemble ravissant de grâce et de bon goût. Le regard brille et jette des éclairs sous ce modeste *abat-jour*; la taille se balance mollement, la jupe flotte d'une façon onduleuse et provoquante. Le pied chaussé d'un mignon brodequin apparaît, à chaque pas, furtif, fin, cambré. A côté chemine une de ces femmes qui ont forcé la langue de s'enrichir d'un nouveau terme : une *lorette*. Nulle différence quant à la grâce de l'ensemble; mais, si vous l'examinez en détail, vous reconnaîtrez que ces deux femmes ne se ressemblent en réalité que par leur qualité commune de Parisiennes. L'œil, toujours aussi vif, a quelque chose d'effronté et le chapeau brillant, couvert de soie et de dentelles, surmonté de plumes, donne plus d'éclat au regard en l'obligeant à se diriger de côté. La taille se dessine avec plus de souplesse sous la molle ampleur du cachemire, et le frôlement sonore de la robe accompagne chacune des ondulations que lui imprime la marche. C'est la beauté qui se montre au grand jour et qui réclame l'admiration, à côté de la beauté qui se cache, mais qui est bien aise d'être vue. Je ne parle pas ici de la bourgeoise, de la grande dame, pas plus que de la *ceinture dorée*, pas plus que de toute autre individualité; je me contente de citer les deux types voisins, mais non identiques, de la lorette et de la grisette. A chaque jour suffit sa peine, puisque j'ai voulu tenter, moi aussi, l'entrée de ce monde si vaste, je n'en par-

La grisette.

courrai aujourd'hui qu'une partie. Plus tard, nous retrouverons les nobles dames dans leurs hôtels ais-

tocratiques du faubourg Saint-Germain et du faubourg Saint-Honoré, et nous verrons çà et là des physiono-

mies intermédiaires de bourgeoises, de dames de comptoir, d'ouvrières; en un mot, ce qui constitue la partie *honnête* de la population féminine de Paris.

La grisette, race à demi éteinte, et la lorette, qui lui a succédé, ne remontent pas bien loin dans notre histoire. Jusqu'à la Révolution, le nom n'existait pas encore, et la chose elle-même, si elle existait, ne ressemblait pas à ce qu'elle est aujourd'hui. On la comprendra sans peine. En haut de l'échelle sociale, à la cour et chez les grands seigneurs, se trouvaient les courtisanes en titre, qui s'appelaient Pompadour ou du Barry; puis les marquises et baronnes de hasard, qui peuplaient les hôtels et les petites maisons, qui tenaient les tables de jeu, et qui, vivant d'intrigues, de galanterie et de débauche, ont donné à la littérature le type de Manon Lescaut et de la maîtresse de Turcaret. En dessous de la caste noble, les familles de bourgeois et d'artisans, divisées en classes distinctes de rentiers, de commerçants et de travailleurs-jurés, ne pouvaient, par le fait même de leur séquestration réciproque, fournir un grand nombre de ces femmes dont l'existence ambiguë flotte entre la vertu et le vice. Quelquefois un caprice de roi ou de grand seigneur ravissait une fille à son père; mais cette maîtresse d'un jour, coupable involontaire, rentrait le plus souvent dans la vie commune, ou bien l'asile des couvents lui était ouvert pour expier sa beauté. La misère extrême qui régnait dans les rangs inférieurs de la société alimentait, comme toujours, la prostitution; mais, en général, il n'y avait guère de position sociale intermédiaire entre cette femme, qu'on nomme *la fille* et l'honnête femme. C'est le Directoire qui donna naissance à la grisette : la lorette est venue au monde sous le gouvernement de Juillet.

Quand on parle de la grisette, il faut toujours se rappeler que l'on fait l'histoire du passé bien plus que du présent. Les chansons de Béranger et les poésies nouvelles de M. Alfred de Musset nous représentent en effet un type dont il ne reste plus que de rares échantillons. Où sont aujourd'hui Lisette et Mimi Pinson? Où sont ces excellentes filles, si vaillantes contre le travail et contre la misère, ayant toujours l'amour au cœur, le refrain joyeux à la bouche, et ce franc sourire qui creusait une jolie fossette au milieu de la joue? Autant vaudrait demander, avec le vieux poëte français, où sont les neiges d'antan? comme dit l'Odyssée du vieil étudiant :

Las! il n'est plus, le vieux quartier Latin.

Heureux, et trois fois heureux, l'hôte émérite de la rue Saint-Jacques ou de la Montagne Sainte-Geneviève, qui a su trouver encore quelqu'un de ces phénix qui enchantaient la chambrette de l'étudiant de la Restauration! Alors la grisette était une bonne et digne ouvrière, qui peut-être avait encore des parents auxquels elle portait ses faibles épargnes. Elle n'aspirait pas au luxe coûteux d'une robe de soie, d'un châle, d'un chapeau : simple et jolie par elle-même, elle ne comptait pour plaire que sur sa jeunesse, sa beauté, sa fraîcheur et son cœur d'or. Rarement elle consentait à faire ménage commun avec le

L'étudiante.

futur Hippocrate ou le Cicéron en herbe qu'elle avait distingué et accueilli; elle voulait bien lui être chère, mais voilà tout. Rien de propret, de joli, de reluisant comme l'étroite chambre mansardée de la grisette des bons jours : avec deux chaises, une commode, une modeste couchette et quelques fleurs, elle savait la transformer en un vrai paradis. Pendant la semaine, l'étudiant et son amie travaillaient chacun de son côté : l'un ruminant le Code et le Digeste, ou scrutant, le scalpel en main, les merveilles de notre organisation intérieure : l'autre tirant l'aiguille, brodant, taillant pour des dames plus riches, mais non plus heureuses, les étoffes splendides, les dentelles de prix. Seulement, quand les cours étaient terminés, quand la journée de l'ouvrière était écoulée, tous les deux échangeaient un joyeux bonsoir, quelques paroles d'amour ou de médisance. Si, par hasard, les bons parents de province avaient envoyé quelque gratification ou quelque avance extraordinaire, le couple heureux se dirigeait vers un petit théâtre et finissait la nuit par un modeste souper. C'étaient là les grandes réjouissances, les extra imprévus; car le plaisir avait ses heures, de même que le travail.

On a décrit bien des fois, en effet, le dimanche de la grisette : on l'a suivie, ainsi que son compagnon, dans leurs excursions aux alentours de Paris, pendant la belle saison, dans ces joyeuses parties à ânes de Montmorency, dans ces voyages aux diverses localités jouissant d'une renommée particulière, à la recherche de la matelote d'Asnières, des talmouses de Saint-Denis, des pains d'épice et des mirlitons de Saint-Cloud. Je ne redirai donc point ces joyeux pèlerinages entremêlés de rires, de plaisanteries, d'accidents peu sérieux, de caresses, de bons mots; je ne peindrai pas de nouveau ces festins chez les traiteurs de la barrière, et ces entrées triomphales dans le vieux quartier Latin, après toute une journée de plaisirs. Il y aurait encore à décrire les divertissements du carnaval à cette époque, les mascarades combinées à l'avance, et présentant quelque chose de mieux et de plus pittoresque, à coup sûr, que ces tourbillons de pierrots échevelés qui envahissent de nos jours l'Opéra et ses succursales. C'était le temps des imaginations cocasses, des travestissements excentriques et prodigieux : c'était aussi le temps des danses animées et gracieuses. Le *cancan* n'existait pas encore, du moins il était peu connu de la grisette, qui se donnait autant de plaisir et faisait des pas tout aussi souples et agréables, bien qu'elle n'essayât pas d'imiter les contorsions et les gambades des sauvages dans la danse du scalp. A quoi bon s'étendre davantage sur une époque disparue, hélas! sans laisser de traces?

La grisette du pays Latin a commencé par perdre la plus précieuse de ses qualités, le désintéressement. Quelques vieux étudiants se souviennent aujourd'hui encore d'avoir vu leurs anciennes amoureuses, élevées pour un instant au faîte des grandeurs, trôner dans d'élégants équipages, en compagnie des *beaux* du quartier Bréda et des enrichis de l'agiotage. Mimi Pinson, devenue une des reines éphémères du monde financier, a dédaigné ses anciennes amies et rivales, ses anciens adorateurs : elle a éclaboussé du haut de

CHAPITRE LXIV. — LES GRISETTES ET LES LORETTES.

son briska les plébéiens de l'École de droit, avec lesquels jadis elle échangea tant de joyeux propos, tant de rieuses plaisanteries. Et le spectacle séduisant de cette splendeur d'un jour a tourné la tête aux compagnes de Mimi Pinson : toutes ont rêvé les triomphes du boulevard et du bois de Boulogne, les gloires de Longchamps et les avant-scènes des théâtres à la mode. L'ambition a pris la place de l'amour : les jolies filles se sont prodiguées à ceux qui leur offraient de l'or et des équipages ; elles ont accepté les humiliations et l'insolence du *monsieur qui paye*, et elles ont perdu cette noblesse de sentiments, cette ingénuité charmante qui récompensait jadis la sincérité et la délicatesse de leur cœur. La jolie grisette est devenue *lorette*; et nous la retrouvons dans son nouvel empire de la montagne Bréda et de la Boule-Rouge. Quant à la grisette qui n'était qu'agréable, je rougis, et je n'ose dire quelle a été sa fin.

Qu'est-il arrivé? Les jeunes gens des écoles, aux sentiments délicats et élevés, ont offert leur amour à des créatures indignes d'eux : les passions du pays studieux, du vieux Latium, ont cessé d'être avouables et sont devenues ces distractions furtives et honteuses. Quelques romanciers de talent ont essayé naguère de relever ces banales amours : ils ont voulu ressusciter les souvenirs éteints des anciennes intrigues avec les grisettes, de ces divertissements qui n'offensaient même pas la pudeur des parents, si peu qu'elle fût tolérante, et ils n'ont fait qu'un tableau de fantaisie. Aujourd'hui, c'est chez Flicoteaux ou chez Viot, son digne héritier, qu'il faut chercher la compagne de l'étudiant ; elle n'a plus de parents, plus de travail, plus d'argent honnêtement gagné; elle est à la merci, à la discrétion de son amant, devenu son maître. Vous la voyez tous les jours, mangeant à l'humble gargote, fumant et buvant de la bière après son repas, et partageant les vices, la misère et l'oisiveté de son camarade. Ce serait un chapitre curieux à ajouter à la description de notre société parisienne, que la vie de ces infortunées, qui ne subsistent qu'au jour le jour, pendant toute la durée des vacances, et qui, pour satisfaire leur appétit avec les aliments falsifiés de toute sorte que débitent les traiteurs du quartier, pour être assurées d'un domicile et des premières nécessités de la vie, sont réduites à compter sur l'arrivée d'une bonne *fournée de pigeonneaux*. Quelques-unes, après avoir passé plusieurs années à dresser les nouveaux arrivants, parviennent, par un excès de bonheur, à sortir de cette position précaire, et à rentrer, grâce à une bonne fortune imprévue, dans le sentier de la vie honnête et laborieuse. Mais la plupart tombent de degré en degré à cette position, la plus infime et la plus honteuse de celles qui attendent les femmes sans pudeur, et finissent leur carrière sur un grabat d'hôpital, ou dans la loge de portier d'une maison suspecte.

En général, l'étudiant renonce à ces amours faciles dès la fin de la première, ou, au plus tard, dès la seconde année de son séjour à Paris. Cette première année de stage comprend les filles que l'on appelle *demoiselle au numéro*, et qui se rencontrent principalement au Prado, chez Bullier, ou au bal des Acacias. Ces demoiselles au numéro sont celles qui s'attachent à un hôtel meublé, qui vivent dans une mansarde de ces horribles maisons où vient s'entasser la jeunesse studieuse de toute la France, et qui par-

tagent à l'amiable les divers *appartements* dont elles se composent. Celle-ci est attitrée aux numéros impairs, celle-là aux numéros pairs : l'une ne quitte pas le premier étage, l'autre ne s'élève jamais au-dessus du second ou du troisième. Il y aurait entre elles des luttes acharnées et terribles, en cas d'usur-

Une noce.

pation : on croirait voir une nouvelle édition de la guerre de Troie, avec cette différence seulement que l'objet en litige serait, non pas une Hélène quelconque, mais un nouveau tout fraîchement débarqué par le chemin de fer, et dont on supposerait le gousset bien garni, grâce à la prévoyance maternelle. La belle qui

La demoiselle au numéro.

a opéré la conquête de son nouveau le conduit triomphalement dans quelqu'un des lieux de délices que je viens de citer, et le forme aux secrets de la danse pittoresque, sous la surveillance et sous la garantie de monsieur le garde municipal de service. Après la danse viennent les rafraîchissements : l'occasion est excellente pour goûter à quelqu'une de ces

consommations luxueuses qui sont si peu connues de l'autre côté de la Seine : aujourd'hui, c'est le jour du bischoff, du punch, des glaces; demain, hélas! et jours suivants, il faudra se contenter de la bière à cinq sous la chope. C'est encore la première maîtresse qui apprend à son élève les divers jeux en usage pour dépenser agréablement au café la pension paternelle; elle lui montre l'art difficile du bloc et du carambolage, l'initie aux mystérieuses combinaisons du jeu de dominos et lui enseigne au besoin comment il faut s'y prendre pour donner aux pipes de terre blanche cette couleur d'ébène qui les fait tant apprécier des vrais amateurs.

Les jours de grandes fêtes, pendant la première année, prennent le nom caractéristique de *noces*. Il est bien difficile de donner une idée exacte d'une noce, sans risquer des expressions un peu hasardeuses, et sans réveiller des images qui ne sont pas précisément dignes de figurer dans les tableaux de l'Albane et dans le *Tableau de Paris*. Il me suffira de dire que, lorsqu'il se présente quelqu'une de ces occasions exceptionnelles de la vie de l'École, par exemple, un succès à l'examen, un départ, une arrivée, ou seulement un coup de fortune inespéré, la noce est proclamée. Chacun calcule ses moyens et ses ressources : l'un met à la disposition des *noceurs* sa chambre, la plus vaste et la moins meublée (article de rigueur); l'autre s'annonce comme possesseur d'une belle collection de pipes de toute taille et de toute nuance : celui-ci connaît bon nombre d'aimables personnes très-disposées à se réjouir; celui-là ne possède rien autre chose que sa bonne humeur, son esprit et son expérience. Enfin, le jour attendu arrive : on fait monter du punch en abondance, du tabac à profusion, et la soirée commence par les chants, les rires, les embrassades, pour se terminer au milieu du plus profond désordre, de l'ivresse, et d'un nuage de fumée qui encadre cet immense et informe chaos. Le lendemain d'une noce est un jour d'inertie totale : les malheureux *pigeonneaux*, épuisés de l'excès même de leurs bachiques divertissements, gisant jusqu'au soir sur leur lit ou sur le parquet où ils sont lourdement retombés; les femmes, plus énergiques et plus *culottées* (l'expression est technique), peuvent renouveler plusieurs fois dans une semaine ces orgies dégoûtantes : on en cite, et ce sont les héroïnes du genre, qui peuvent résister à trois nuits passées consécutivement de la sorte.

Il me reste peu de chose à dire sur ce premier acte de la vie de l'étudiant à Paris. Le bal champêtre, la promenade, les longues stations au café et le cours complet d'éducation morale, ce sont les seules parties de son existence, celle-ci n'a rien à faire aux cours de droit, aux affaires d'honneur et aux autres épisodes plus honorables de cette existence. On a vu de ces malheureux se rendre esclaves de pareilles créatures, leur céder en tout, leur jurer une fidélité éternelle, leur promettre mariage, et entretenir même avec elles, pendant les vacances, une ardente correspondance, dont la belle se faisait des papillotes. Heureux alors les parents qui commettent des indiscrétions et surveillent les lettres que leur fils écrit aux adresses suspectes! Ils peuvent encore l'arrêter sur le penchant de l'abîme, en l'envoyant terminer ses études dans une faculté de province. Sans cette précaution, on ne se doute pas du danger que court l'inconsidéré jeune homme. Peut-être cessera-t-il de prendre des inscriptions et deviendra-t-il un de ces éternels *première année*, qui passent leur vie dans les plus crapuleuses orgies, qui aident leurs viles maîtresses dans la démoralisation des nouveaux venus, et qui finissent par orner les bancs de la police correctionnelle, ou par recruter la police de mouchards et d'espions.

Après les épreuves qui terminent cette entrée en matières, après le retour des vacances, l'étudiant se trouve d'ordinaire déniaisé : il apprécie à leur valeur ses conquêtes, et se décide enfin à aborder franchement l'étude et le travail. La grisette émérite (je me sers de ce terme, faute d'un autre plus convenable) n'a rien à faire avec lui : il se borne, aux approches du carnaval, à renouer quelque vieille connaissance pour pouvoir conduire un pierrot chez Bullier ou au bal du Prado.

L'étudiant de troisième année renonce entièrement au pays Latin et à ses pompes : déjà expert dans la vie de Paris, il poursuit de ces déclarations passionnées les jeunes modistes, les demoiselles de comptoir, les ouvrières qui sortent de leurs ateliers, et même il s'aventure jusqu'à offrir un aperçu de l'état de son cœur à mesdames les actrices de Bobino. Bobino est le théâtre de prédilection de l'étudiant de troisième année : c'est là qu'il conduit la jeune fille dont il a su faire la conquête, par une raison fort simple, la raison d'économie; jadis, dans les jours d'opulence, il pénétrait dans les solitudes de l'Odéon, ou se risquait à conduire sa belle amie aux théâtres du boulevard. D'ailleurs, à présent qu'il touche au moment d'entrer dans une carrière sérieuse, il traite fort légèrement tout ce qui ne se rapporte pas au diplôme : l'ouvrière est pour lui la compagnie la plus agréable, car elle travaille du matin jusqu'au soir, car elle est sobre, elle vit de peu et se contente, le dimanche, d'un extra modeste, qui ne contenterait pas la faim journalière de l'étudiante de première année. Pauvres ouvrières! on les traite comme méritricees d'être traitées les filles qui ont succédé à Mimi Pinson : elles seraient dignes des égards qu'on ne refusait pas jadis à la grisette, et leurs amants, blasés et dégoûtés de la vie facile d'autrefois, ne les considèrent que du haut de leur dédain.

L'histoire de la grisette n'aurait pas de conclusion si je négligeais de jeter un regard dans les régions inférieures de la société parisienne, si je craignais de parler d'un sujet scabreux, bien propre à effrayer le lecteur aussi bien que l'auteur. C'est dans la caste des *ceintures dorées* que se retrouvent les déesses déchues du pays Latin. Nous avons déjà rencontré, à la préfecture de police, ces créatures souvent plus malheureuses que coupables ; il faut bien, pour en finir avec elles, que nous en disions ici un mot encore.

L'antiquité, qui poussa le culte de la matière jusqu'à la négation presque absolue du principe spirituel, considérait la beauté plastique comme une émanation divine, et même, dans le texte des lois, le culte rendu à la beauté constituait la plus efficace des prières. Aucun déshonneur ne s'attachait à la condition de *prêtresse de Vénus*, et ce titre, dont on a fait une périphrase à peine honnête de nos jours, était presque aussi glorieux que celui de Vestale. Dans l'état de séquestration où se trouvaient les femmes grecques et romaines, la courtisane, belle, élégante, instruite, spirituelle, faisait le charme de toutes les réunions. Je ne répéterai pas ici les anecdotes si connues sur Aspasie, sur Phryné, sur Laïs et sur leurs pareilles, qu'il a été pendant quelque temps de mode d'évoquer du tombeau pour les faire revivre sur notre première scène. C'est dans la classe des courtisanes que les poètes érotiques de l'antiquité choisissaient les maîtresses qu'ils ont immortalisées : Cynthie, Lesbie, Délie ont dû autant à Catulle, à Tibulle, à Properce, qu'Achille, qu'Énée à Homère et à Virgile. Le théâtre latin ne représente autre chose que des jeunes filles, achetées ou ravies à de pauvres parents, et élevées avec soin pour remplir dignement la place qui leur était réservée dans la haute société ; elles étaient l'objet d'un commerce parfaitement avoué, parfaitement honorable ; les îles de la mer Égée, Corinthe, la Syrie, exportaient les plus belles et les plus renommées.

Le *lupanar* antique, avec ses infinies variétés, me fournirait des teintes moins adoucies, et l'on me dispensera de suivre les courtisanes vulgaires, aux voiles transparents, dans leurs équivoques promena-

Misère dorée.

des ; elles se distinguaient par un rameau de myrte qu'elles portaient à la bouche. Aujourd'hui ces promenades sont réglementées par la police.

En France, et surtout à Paris, les héritières des *meretrices* latines ou grecques sont considérées par tout le monde comme un fléau, mais un fléau nécessaire. Leur position exceptionnelle les met directement sous la surveillance de la police, et les assimile à la population d'hommes dangereux et suspects qui se réunit au sein des grandes capitales. Ces malheureuses, obligées de subir toutes les précautions d'une quarantaine sanitaire qui dure de longues années, ne peuvent conquérir la liberté que par une rupture de ban qui les replonge inévitablement dans l'indigence. Qu'elles soient seules, ou qu'elles servent d'esclaves à des êtres encore plus méprisables qu'elles, il leur faut sans cesse plier sous un joug de fer, qui leur rend chaque jour plus difficile un retour à la vertu. Quelque mépris, bien légitime d'ailleurs, que toute honnête femme, que tout homme de cœur doivent concevoir pour des créatures si ravalées, l'observateur attentif qui connaît à fond leur misère ne peut s'empêcher d'éprouver quelques sentiments de compassion. Si un grand nombre d'entre elles ne sont tombées dans cet abîme qu'après avoir franchi tous les degrés intermédiaires, combien aussi sont les victimes d'une première faute, de l'ignorance, et malheureusement aussi de la faim! Trop souvent il arrive qu'une jeune fille sans expérience vient à Paris pour chercher une condition ; malheur à elle si elle s'adresse à quelqu'une de ces maisons qui, sous l'apparence honnête de *bureau de placement*, recèlent quelque pourvoyeur de ce monstre insatiable qu'on nomme la débauche. Elle est vendue à un misérable, qui la repousse et l'oublie après l'avoir souillée et perdue : elle tombe avec d'autant plus de vitesse qu'elle est plus naïve et plus innocente, et ne tarde pas à atteindre les extrêmes limites du déshonneur.

Alors commence pour elle une carrière que l'on ne peut envisager sans horreur et sans dégoût. Enfermée dans une maison infâme, dans une sorte de caverne où ne pénètre qu'un jour douteux, grâce aux précautions de la police, elle cesse d'avoir une volonté, une personnalité : elle devient une chose, la chose de celle à qui elle s'est livrée corps et âme, la chose de toute une vile populace de débauchés auxquels elle appartient. Plus de souci pour elle que de manger et de boire avec excès, afin de noyer dans les liqueurs fortes ce qui peut lui rester d'idées et de sentiments ; plus d'incidents que les *visites*, auxquelles elle est contrainte, ou bien encore les infractions à quelque règlement, et les mois de prison passés à Saint-Lazare. Puis, si la maladie n'a pas entièrement dévoré ses forces avant la fin de sa jeunesse, si elle a pu soustraire quelque argent à la rapacité de sa maîtresse, si enfin elle a tout le *bonheur* imaginable, il lui sera donné de devenir corruptrice à son tour, d'attirer à son tour dans la boue les jeunes filles ignorantes que le hasard jettera sur ses pas. Et observez que j'indique la chance la plus heureuse : sur dix de ces infortunées, la moitié meurt des suites inévitables de sa position, et le reste finit lentement au sein d'une vieillesse misérable et méprisée, la hotte du chiffonnier sur le dos, ou bien dans les rangs de ces pauvres diables que la charité municipale enrôle pour balayer les immondices de la voie publique.

Celles qui ont conservé leur indépendance, et possèdent un chez soi, l'objet de la convoitise de leurs compagnes, ont à redouter un autre fléau : les amants qui s'imposent à elles par la force physique, et les contraignent à leur abandonner leur honteux salaire, ou bien encore à recéler et à partager leurs crimes et leur châtiment. Le cœur se soulève à remuer toute cette boue ; et cependant je n'ai osé donner aucun détail d'intérieur, aucun trait caractéristique de l'existence de ces parias, volontaires ou involontaires, qui vivent en dehors de notre société. Ce n'est pas qu'une pareille vie manque d'originalité et de pittoresque : ce n'est pas qu'il n'y eût à tracer des peintures aussi intéressantes que variées de cette immoralité aux mille aspects, aux mille phases, aux mille métamorphoses. Il y a, pour l'homme assez sûr de lui-même, des études curieuses à faire sur ce sujet fécond : qu'il pénètre, s'il en a le courage, dans les bouges infects où grouille la population infime des escrocs, des voleurs et de leurs ignobles maîtresses, il y trouvera de quoi exercer amplement son esprit d'observation et d'analyse. Il trouvera les barrières mal famées, avec leurs obscures guinguettes, leurs rogomistes équivoques, et leurs cabinets infects, dans lesquels le soldat ivre d'eau-de-vie rencontre des houris monstrueuses, et perd avec elles son faible pécule, sa santé, son honneur même. Il trouvera encore les établissements tolérés, de tous les étages, d'où s'envolent, à la tombée de la nuit, des essaims de bacchantes, dont le costume, décent par ordre, fait ressortir davantage l'effronterie et l'impudicité. Jadis, étincelantes de paillettes et de diamants faux, elles infestaient, en toilette de bal, les galeries du Palais-Royal, et en interdisaient l'entrée à toute honnête femme : bannies aujourd'hui de ce lieu à peu près déserté de chacun, elles ont envahi les boulevards. La morale publique a-t-elle gagné au change? Chacun peut, il est vrai, aller, sans crainte d'insulte, admirer les étalages des marchands du Palais-Royal : le jardin, autrefois si mal famé, est devenu vertueux à rendre jalouse la place du Marais elle-même ; et là la mère y conduit sa fille, le père, son fils, sans redouter qu'une fâcheuse rencontre n'offense leur pudeur, ne leur révèle d'infâmes secrets, qu'ils ont pris tant de peine à leur dissimuler. Mais, en revanche, les ceintures dorées couvrent le boulevard et les principales rues qui y aboutissent. Partout, entre le débouché de la Chaussée-d'Antin et la rue d'Angoulême, on les voit circuler, l'œil lascif et aux aguets, la démarche provocante, le sourire stéréotypé sur les lèvres. Ici, sur le boulevard de Gand, elles étalent les dehors d'une dame du grand monde ou d'une lorette du haut ton ; la soie, le velours, le cachemire composent leur toilette : elles montent une fine jambe, un pied élégamment chaussé ; elles vont, le chapeau en arrière, les cheveux lissés, la figure enluminée, au milieu des groupes d'agioteurs et de lions au repos ; elles coudoient les femmes et les filles des agents de change, au bras même de leurs pères et de leurs maris. A la hauteur du Gymnase, et au sortir de ces rues obscures qui avoisinent ce théâtre honnête et décent, on les voit, mises plus simplement, circuler par troupes de trois ou quatre, s'abattre comme une volée d'oiseaux sur leur proie, et braver plus ouvertement que partout ailleurs les convenances et l'honnêteté, autant par leurs gestes et leurs allures que par leurs paroles. Plus loin encore, vous rencontreriez quelques-unes de ces malheureuses qui appartiennent à une classe inférieure de cette caste déjà si inférieure elle-même. La palette n'a plus de couleurs pour peindre cette dégradation extrême au sein de la dégradation.

Et, puisqu'il faut vider le calice jusqu'à la lie, afin de n'avoir plus à y revenir, ajoutons quelques mots sur les filles qui se trouvent dans la position la plus élevée. Celles-ci, grâce à leur beauté et aussi à des conditions favorables toutes particulières et dues au hasard seul, ne plongent pas aussi profondément dans l'abjection et dans la honte. Elles ont eu même leurs beaux jours, pendant les années de corruption éhontée qui succèdent d'ordinaire aux grandes commotions politiques. Les Phrynés du Directoire ne sont pas une race perdue ; on la retrouverait dans certaines maisons privilégiées et en petit nombre, où elles vivent au milieu du luxe, de la bonne chère, où elles cultivent les arts, et dont la porte ne s'ouvre qu'à une opulente clientèle. On peut aussi en rencontrer quelques-unes dans les établissements de jeu clandestins, qui sont quelquefois des cafés en renom, ou bien encore dans ces maisons mystérieuses, à doubles issues, qui savent si bien garder les secrets qu'on leur confie. Une race particulière de femmes tient les clefs de ces maisons ; je veux parler des marchandes à la toilette. Voilà notre chemin vers la toilette. Dont il a d'ailleurs été parlé dans cet ouvrage. La marchande à la toilette est pour son sexe, ce que le faiseur d'affaires, *le grec* et *le valet de confiance*, combinés ensemble, seraient pour le sexe masculin ; elle est à la fois prêteuse sur gages, proxénète, revendeuse et femme complaisante, dans le sens le

La marchande à la toilette.

plus étendu de ce mot. Après avoir passé une jeunesse *orageuse*, et avoir déployé assez de ruse, d'énergie et de persévérance pour se maintenir dans l'étroit sentier qui la séparait des dernières infamies, elle s'est réfugiée, possédant quelques avances, dans un commerce honnête en apparence ; mais elle a conservé des relations occultes, une ex-

Une enseigne du quartier Bréda.

périence profonde des vices et des erreurs du monde ; mais elle a appris la discrétion et la prudence dans ce rude combat de la vie. Par son intimité avec les femmes de service des plus grandes maisons, elle se tient au courant des secrets, des misères intimes, des mystères, impénétrables à tout autre, d'un monde qui lui est interdit. Elle sait d'avance à quel jour telle femme titrée doit venir en cachette, déposer chez elle ses parures, ses diamants, des dentelles précieuses pour avoir quelque argent, en se contentant à l'avenir de faux brillants et de dentelles en imitation. Cette familiarité lui permet aussi de saisir les moments les plus propres pour faire tomber dans le piège une domestique sans place, pour attirer quelque jeune innocente, pour rançonner une épouse imprudente qui s'est compromise chez elle. Elle a ses entrées dans toutes les antichambres, et elle en profite pour nouer bien des intrigues, pour servir d'intermédiaire à bien des négociations épineuses, mais peu honorables. Ce n'est pas là le seul commerce caché qu'elle joint à son trafic de bric à brac de débris de toilettes, de ruines de ménages, de vestiges, d'ameublements. L'usure, une autre industrie qui n'a de nom honnête dans aucune langue, telles sont les sources de ses revenus, avec les largesses de ses obligés des deux sexes. Elle exploite l'imprévoyance de la femme galante et la détresse passagère de la grande dame, les fautes et les négligences de la fille de service et la misère réelle de la provinciale sans appui. Elle s'enrichit triplement par les bénéfices de la prostitution, par les intérêts énormes qu'elle exige, par la vente des nantissements qu'elle a pris au dixième de leur valeur. Puis, au bout de quelques années de cette lucrative profession, elle se retire dans quelque villa élégante à Passy ou à Ville-d'Avray. Elle n'a garde de manquer aux offices divins, distribue les plus grosses aumônes et donne le plus beau pain bénit de la paroisse. On en a vu qui recevaient de brillantes sociétés, sinon toujours des sociétés bien choisies, et qui étalaient insolemment le produit de leurs rapines aux yeux des visiteurs ébahis. On en cite même une des plus fameuses, qui, après avoir embrassé la vie bourgeoise, jeune encore, parvint à épouser un ancien officier décoré, et dota ses deux filles d'une manière splendide.

Je sors enfin de ces bas-fonds de la société, et je m'écrie : Terre ! terre ! avec joie, quoiqu'il me reste à parler des lorettes, c'est-à-dire à traiter un sujet qui demande, lui aussi, quelques précautions.

La *lorette*, que signifie cette expression, si neuve dans notre langue? « Ouvrez tous les dictionnaires, dit M. Théophile Gautier ; les bons et les mauvais, celui de l'Académie, celui de Restaut, celui de Boiste, celui de Wailly, voire celui de Napoléon Landais, à la lettre *L*, parcourez de haut en bas leurs colonnes, et vous n'y trouverez pas le vocable Lorette. » Puisque les répertoires officiels et demi-officiels de mots dont se compose le français se refusent à nous donner l'explication et l'étymologie de ce terme, il nous faut faire ici un peu d'histoire et de linguistique parisiennes.

En jetant les yeux sur une carte de Paris, levée à une date récente, on remarque, entre les boulevards élégants et le mur d'enceinte de la ville, un quartier dont la physionomie paraît tout d'abord régulière et ordonnée d'après un plan tracé à l'avance. Les rues sont droites, et portent les noms retentissants : rue de Vintimille, rue de Laval, rue de Bréda, rue de Londres, de Berlin, d'Amsterdam. Vous avez la fantaisie de vous enquérir des antiquités de ce quartier, et vous apprenez que sa naissance remonte à quelques années à peine : autrefois se trouvaient là le village des Porcherons, les terrains vagues de la Grange-Batelière : c'était un emplacement peu habité, où les maraîchers alternaient avec les chantiers de bois. Sous le règne de Louis-Philippe, et au plus fort moment de cette épidémie de Limousins qui envahit la capitale de la France et la couvrit de moellons et de pierres de taille, une ville tout entière s'y éleva, régulière, tirée au cordeau, monotone et froide comme

Commencement et fin.

CHAPITRE XLIV. — LES GRISETTES ET LES LORETTES.

les beaux quartiers de Londres. Une église, un bijou coquet, un boudoir de jolie femme servit de centre à ce quartier improvisé : on le mit sous l'invocation de Notre-Dame de Lorette, nom sous lequel la Vierge est honorée dans un grand nombre de localités du midi. La rue ouverte derrière l'Église prit son nom, et se dirigea parallèlement à l'ancienne rue des Martyrs, qui bornait Paris de ce côté : la rue de Bréda et Neuve-Bréda donnèrent un surnom au quartier, devenu aussi célèbre sous le nom de quartier Bréda, qui n'ont jamais été le quartier Feydeau ou le pays Latin. Pourtant il était de l'intérêt de leurs possesseurs que le quartier ne demeurât point désert. Alors ils consentirent à recevoir dans chaque maison, préalablement ornée d'un concierge, quelques-unes de ces vierges folles, actrices, grisettes dépaysées, femmes galantes de toute sorte, qui escomptent joyeusement l'avenir en dépensant leur jeunesse avec le plus de gaieté possible. La seule condition qui leur fût imposée consistait à garnir leurs fenêtres de rideaux, afin de simuler la population qui manquait encore. Les pauvres filles acceptèrent avec bonheur cette facilité de se loger à bas prix dans des appartements très-frais, trop frais même, et braveront l'injurieuse et énergique qualification d'*essuyeuses de plâtres*, que leur donnaient les propriétaires. L'appartement assaini, on leur donnait congé, et elles transportaient un peu plus loin, dans des bâtisses aussi fraîches que celles qu'elles avaient *essuyées*, le siège économique de leur résidence. Il est à supposer qu'à force d'entendre cette réponse : « Rue Notre-Dame de Lorette, » faisant suite à la demande bien naturelle : « Où dois-je vous reconduire? » qui termine toute aventure de bal masqué, quelque homme d'esprit aura imaginé un hypallage hardi, et se sera mis à nommer *lorettes* celles qui demeuraient dans le voisinage de la rue et de l'église de ce nom. Quel que soit l'auteur inconnu de cette qualification ingénieuse, elle doit sa popularité au crayon de Gavarni, qui a mis sur le bois la vie entière des lorettes, et à M. Roqueplan, qui l'imprima pour la première fois dans ses nouvelles à la main. Aujourd'hui, ces divers quartiers, complétement assainis et desséchés, se sont peuplés de bourgeois, de négociants, d'entrepreneurs, de rentiers : les lorettes qui ont résisté à l'invasion se sont concentrées dans quelques rues transversales qui forment le noyau de l'ancienne Cythère de Bréda. Les autres ont planté leur tente vers l'ouest, aux alentours de la place d'Europe, et dans les maisons encore neuves qui avoisinent la barrière Blanche.

Après cette discussion suffisamment scientifique, nous avons à nous occuper d'une définition, puis d'une biographie tout entière. La lorette tient une si grande place, sinon dans l'existence de Paris, du moins dans la réputation de cette ville, qu'on est obligé de donner un certain développement à toutes les questions qui la concernent. Quelle est sa manière de vivre? Où prend-elle son origine? Quelles sont les modifications que sa vie a éprouvées? Avec quelles gens se trouve-t-elle en contact? Et enfin quel est le terme le plus ordinaire de sa carrière? Ce sont là tout autant de problèmes peu connus; dont la discussion et la solution forment une théorie complète de ce genre nouveau de l'espèce féminine. Le caractère

Faire connaissance.

Réussite.

distinctif de la lorette, c'est son aversion, son antipathie profonde pour toute espèce de travail. Et n'allez pas croire que cette haine incurable de toutes les occupations qui conviennent aux femmes procède de son ignorance ou de sa maladresse : dans un cas de nécessité absolue, lorsqu'elle doit aller à un bal le soir et qu'elle n'a reçu que le matin une pièce de soie pour en faire une robe, je vous certifie que la besogne va vite. Alors elle en remontrerait, pour l'adresse, pour la célérité, pour le goût, à la meilleure ouvrière de Paris; en peu d'heures, la soie est taillée, cousue, ajustée, embellie de tous les affiquets nécessaires, et se trouve transformée en une robe magnifique. Il est vrai que je ne puis citer que ce cas exceptionnel d'activité. A part cela, comme le lis de l'Évangile, elle ne file ni ne travaille : elle compte sur la Providence pour subvenir à ses innombrables besoins, et, plutôt que de s'assurer une honorable indépendance en cherchant à utiliser son industrie, elle préfère courir la chance des aventures galantes et des amours à plusieurs fins.

Dieu laisse-t-il jamais ses enfants sans appui, surtout lorsque ses enfants ont une figure agréable et une vertu accommodante?

Voici d'ailleurs le résumé de la journée d'une lorette, lorsqu'elle est à son apogée, c'est-à-dire quand elle possède un protecteur riche et généreux, doublé de quelques-uns de ces messieurs qu'on nomme *les Arthurs*, et sur lesquels elle ne perçoit que des contributions indirectes. Par parenthèse, je dois, à ce sujet, contribuer pour ma part à détruire le préjugé qui fait croire aux Arthurs amants de cœurs, et jouissant des bonnes grâces de la lorette sans bourse délier; plusieurs croient même que c'est en retirant de leurs faveurs des bénéfices très-positifs. Cette classe d'hommes n'existe pas : un Arthur est d'ordinaire quelque obscur feuilletoniste sur lequel on compte pour avoir ses entrées à tel ou tel théâtre, un peintre que l'on soigne dans l'intention perfide de s'enrichir gratis d'un portrait et de quelques jolies toiles; plus souvent il appartient à la race estimable des commis dans les maisons de modes, et partage ses loisirs entre le canotage et l'adoration de la lorette. Le commis marchand de soieries ou de cachemires obtient d'ordinaire une préférence qu'il est fort aisé de s'expliquer.

Quelques personnes s'étonneront peut-être cependant de la grande faveur qu'obtiennent ces humbles employés de commerce auprès des lorettes qui voient, dit-on, la fleur des pois et des fèves : l'élite et la crème de la société. En effet, le commis marchand n'a pas une réputation bien grande d'esprit et de gentillesse : plusieurs même, sous ce rapport, ne le mettent guère au-dessus de l'épicier : *infandum!* Et pourtant le zèle et le talent que déploie un commis pour vendre sa marchandise devraient faire mieux augurer de son éloquence auprès des lorettes.

En dépit de tous les avantages que lui donnent son adresse et son intelligence, le commis n'est pas, auprès de la lorette, cet Arthur si fortuné que l'on s'imagine; elle le garde parce qu'il plaît, et aussi parce qu'il lui est utile. Il n'existe qu'une seule variété de l'espèce qui remplit à peu près l'idée qu'on se forme du genre tout entier. Cette variété, heureusement peu commune, se compose de gens que je désignerai par la périphrase un peu obscure, d'*hommes aux camélias* : c'est le corrélatif des *dames aux camélias*, dont il sera question tout à l'heure. Cette variété se compose de quelques messieurs, entre deux âges, toujours bien mis, vivant dans les meilleurs restaurants, fumant les cigares les plus chers et fréquentant les cafés du boulevard Italien. Leurs moyens d'existence sont très-problématiques; on ne voit entre leurs mains qu'un certain capital roulant, composé d'une vingtaine de napoléons, capital qui diminue chaque soir pour reprendre son niveau chaque matin. Avec cette somme, le *camélia* joue modérément, perd ou gagne sans qu'on puisse rien conjecturer d'équivoque dans son jeu, accepte, à titre de revanche, bien des parties coûteuses, et montre, en un mot, les dehors d'une personne comme il faut. Chacun se creuse la tête pour avoir le mot de l'énigme ; il est bien simple pourtant. Ce monsieur exerce en grand l'honorable profession dont il était question tantôt, à l'article *Ceintures dorées*. Il a pour *clientes* des beautés sur le retour qui payent ses faveurs.

Revenant à la journée de la lorette, dans ses beaux moments, je la surprends au lever. D'abord il n'est jamais jour avant dix heures, au plus tôt ; et les deux ou trois heures qui suivent celle du lever sont consacrées aux minutieux détails d'une toilette complète comme les Parisiennes seules savent en faire : le bain, les parfums, les flots d'écume répandus par des savons onctueux, la pâte d'amandes, les essences, rien n'est épargné. Après cette première métamorphose, qui, le plus souvent, est précédée d'un modeste repas composé de café à la crème ou de chocolat, viennent les visites. Remarquez bien ceci, que la lorette reçoive un ami ou un adorateur, un *Arthur* ou un *monsieur*, elle n'est jamais assise : étendue sur un divan, accroupie sur des carreaux, renversée dans une peau de tigre, elle affecte les postures les plus excentriques et présente les raccourcis les plus étranges, les plus propres à faire le désespoir d'un peintre

Un homme aux camélias.

qui n'a pas la science de Tintoret et le *chic* de Gavarni. Les bouquets, les billets parfumés, les invitations, les coupons de loges, qui se succèdent, sont autant d'agréables intermèdes dans cette comédie à tiroirs qui s'appelle la conversation d'une lorette et de sa société. On se doute bien un peu des fusées de bons mots qui se croisent, des feux d'artifice qui étincellent, des éclairs qui brillent au milieu de ce pot-pourri d'anecdotes, de commérages, de grosses médisances, de gravelures, de saillies, de réflexions sentimentales et autres ; mais je pense qu'on a prêté à ces femmes plus de finesse et d'esprit qu'elles n'en ont réellement.

Personne mieux qu'elles ne sait s'identifier avec les visiteurs, parler leur langue, briller de leurs qualités ; et comme la lorette voit à la fois des gens de toute sorte, sa conversation se distingue par les caractères les plus antipathiques et les contrastes les plus inattendus. Elle est émaillée assez habituellement de termes empruntés aux ateliers d'artistes, dont la langue est si pittoresque et si heureusement métaphorique ; elle se relève çà et là des épices de haut goût de l'argot des bagnes, dont bon nombre de romans ont répandu la connaissance ; et tous ces ornements sont brodés sur un fond commun de frivolité, de papillotage et d'antithèses pétillantes qui constitue le dialogue parisien dans sa vivacité et son éclat. Ajoutons qu'un des grands secrets de la lorette pour paraître spirituelle et pour jeter de la poudre aux yeux, c'est de risquer, parfois avec bonheur, les propos lestes, aussi peu gazés que possible ; elle dit, avec des jupons, les choses qu'on ne dit d'habitude que quand on porte des culottes : voilà son grand mérite.

A table, la lorette, sauf son costume brillant de goût et de richesse, ne se distingue que fort peu des convives mâles, qui sont chargés de solder l'addition finale. Elle les défie tous, leur tient tête à tous pour boire du vin de Champagne dans des verres au ventre

Le bain.

Une *ancienne*.

CHAPITRE XLIV. — LES GRISETTES ET LES LORETTES.

démesurément creux, pour absorber les liqueurs fortes qui servent de coup du milieu ou qui couronnent le dessert. Nul ne l'égale dans la connaissance de divers crus, dans l'art de constater les dates de tel ou tel vin. Nul ne sait mieux qu'elle apprécier les primeurs d'après leur rareté ; évaluer à son juste prix le filet de chevreuil, le suprême de volailles de bruyères, la dinde amplement truffée, et, au besoin, la nageoire de requin ou le nid d'hirondelles de mer, ce *nec plus ultrà* de la cuisine... chinoise. Seulement, si vous lui laissez faire la carte, vous êtes prévenu qu'elle ne consultera sur le livre du restaurateur que la colonne des prix, et qu'elle ne choisira que les objets les plus chers, fussent-ils introuvables, immangeables, impossibles à assortir. J'ai vu de ces festins se terminer par la demande d'une botte de radis et d'un quart de beurre, ou bien d'une portion de bœuf bouilli !...

Après le dîner, le cigare : c'est la lorette qui a inventé les perfectionnements en usage dans un certain monde pour fumer un régalia ou un panatellas. Ne trouvant pas sans doute la fumée assez âcre en traversant la bouche ou même le nez, elle l'a aromatisée au moyen de je ne sais quelle plante, et maintenant elle aspire une fumée qui combine les senteurs du tabac, du salpêtre et du benjoin.

La soirée qui se prolonge fort avant dans la nuit est pour une lorette le moment le plus heureux de la vie : c'est celui où elle va pleurer à la Gaieté, et jeter des fleurs à la *Dame aux Camélias*. Plus souvent encore la Maison Dorée, aux somptueux réduits, sert de théâtre à ses réjouissances nocturnes ; ou bien, avec quelques amies et quelques joyeux convives, elle improvise chez elle un bal, une collation, des tables de jeux de la musique, tous les éléments d'une réception dans le genre du grand monde. Seulement, chez la lorette, les messieurs et les dames fument, rient, dansent, chantent, font assaut de plaisanteries avec toute la liberté, tout le sans gêne qui peut s'allier avec une certaine tenue : la soirée est fort amusante et passe vite. Je ne puis pas dire qu'il en soit ainsi dans les salons aristocratiques.

Un Arthur de magasin.

L'appartement de la lorette, toujours en supposant celle-ci dans les meilleures conditions, présente le contraste le plus singulier de la prodigalité et de l'insouciance, du luxe et de l'incurie. Sous des meubles splendides, mais non assortis, vous verrez une savate éculée, un bas qui fut blanc, un torchon dont vous devinez le récent usage. Dans un angle se trouve une encoignure délicieusement fouillée, incrustée de nacre ou de métal, chargée de potiches, de chinoiseries, de porcelaines brillantes, et, comme pendant, une armoire de bois blanc simulant l'acajou, une table boiteuse, un guéridon chancelant sur sa base. Il suffit d'un coup d'œil pour reconnaître, à travers l'opulence d'aujourd'hui la gêne d'hier et pour pressentir la détresse de demain. Il arrive pourtant que ces moments de fortune se prolongent sans interruption pendant des années : la lorette arrive alors à une sorte de célébrité, et ses longs succès passés sont pour elle une garantie de ses succès à venir. Les adorateurs se pressent à sa suite, étalant leurs portefeuilles gonflés de billets de banque et de bons du trésor ; elle reçoit chaque jour des bouquets enlacés de bracelets en pierres fines, des parures magnifiques servant de sauf-conduit à une demande d'audience ; elle met à contribution les choses rares et précieuses de toute sorte,

Les visiteurs.

Le valet de cœur.

et en prélève la dîme pour parer sa demeure. Tableaux de Meissonnier, porcelaines de Sèvres, statuettes de Saxe, bijoux de chez Aucoc, meubles de Boule, meubles de Tahan, nécessaires, toilettes, tout afflue chez elle, envahit sa demeure, et monte comme un flot de richesses, de frivolités, de splendeurs. Heureux le petit nombre d'élus que cette reine de la mode admet dans son intimité! Heureux surtout ceux à qui elle accorde un peu plus que de banales faveurs! Quand la lorette arrive à se faire sublime de gloire et de prospérité, elle change de nom et s'appelle *Dame aux Camélias*. Chacun sait que ce nom est celui d'une pièce dont le succès ne semble pas près de finir au moment où nous écrivons : il restera, car il désigne dans le genre une variété intéressante et non encore dénommée.

Hélas! pourquoi faut-il que la misère aux doigts crochus et aux dents longues vienne si souvent tourmenter ces pauvres filles, qui ne demanderaient pas mieux que de n'y songer jamais, et de vivre au jour le jour, sous le soleil du bon Dieu, ou plutôt sous le soleil hydrogène des cafés et des théâtres! Elles qui ne demandent à être attachées à la vie que par des liens de fleurs, à ne la voir qu'à travers le prisme de la jeunesse et de l'opulence, elles qui ne veulent être fidèles qu'au plaisir, pourquoi faut-il qu'elles subissent aussi les tristes réalités de la vie? Pourquoi faut-il qu'il arrive des semaines, des mois entiers pendant lesquels le protecteur s'éclipse et l'Arthur manque sur la place? Alors vous les voyez, ces oiseaux, joyeux naguère, aujourd'hui déplumés, s'abattre le matin, de bonne heure, dans la rue; vous voyez la lorette, un pied nu, un pied chaussé, et Dieu sait comme! d'un bas en spirale et d'un brodequin avachi, avec une robe de soie mal agrafée sur la taille, sans corset, les cheveux en désordre, venir acheter pour quelques centimes de lait, dans lequel elle émiettera un petit pain. Songez que ce sera là peut-être son unique repas, si le ciel ne lui envoie pas la bonne fortune de quelque invitation, si elle ne parvient à intercepter au passage quelque plat apporté du dehors à un locataire plus heureux. J'en ai vu d'assez malheureuses pour se mettre en chasse à la poursuite d'un dîner dont elles étaient privées ; le gîte de ce gibier si recherché est d'ordinaire au passage Jouffroy. « Tiens! ma chère amie, comme ils remuent, les râteliers étalés par ce dentiste! Que peuvent donc avoir ces mâchoires, pour mâchonner à vide de la sorte. » Elles ont faim! sans doute, répond la chère amie. A ce mot, prononcé avec le ton convaincu que donne l'inanité d'un estomac demeuré à jeun depuis vingt-quatre heures, deux nouveaux débarqués de province se retournent. Ils contemplent avec embarras les deux lorettes, toujours superbement mises (car elles meurent à l'hôpital en robe de velours), Enfin, le plus téméraire se hasarde à dire : « Pardon, mesdames! serions-nous assez heureux pour obtenir la faveur de vous offrir à dîner?

— Mais, monsieur, Phénie et moi n'avons pas l'honneur de vous connaître. Qu'en penses-tu, Phémie?

— Moi! mais si nous acceptions... Ces messieurs

La hausse.

La baisse.

me paraissent fort bien, et, d'ailleurs, M. le comte de X., ton cousin, nous fait défaut. » Enhardi de cet assentiment, le jeune homme propose, avec un nouvel embarras, d'entrer dans un restaurant, au fond de la galerie, à 2 francs par tête. « Ah! fi! l'horreur! s'écrie Phémie à cette proposition : dîner à quarante sous! je ne vais que chez Douix, moi. — Mais, madame, nous prendrons des... huîtres, » balbutie l'infortuné amphytrion. « Eh bien! va pour des huîtres! cela nous changera... Tiens : ça doit être drôle de dîner à quarante sous! » Ce dernier trait me semble le sublime du genre. A la suite de ces infortunes longtemps prolongées, quand la lorette se trouve tout à fait à *la côte*, suivant un terme du cru, elle abandonne un beau jour ses meubles et son logement, en oubliant de payer le trimestre échu, et, demande l'hospitalité à quelque amie plus heureuse : si, par hasard, elle possède une robe de rechange, elle l'emporte sur elle ; on en a vu qui déménageaient ainsi quatre ou cinq robes superposées. Quant au linge et aux objets de toilette qui ne se voient pas, la provision n'est jamais fort considérable. Deux chemises et un pareil nombre de jupons, voilà un trousseau fort gentil pour elle : la chose importante, c'est le corset avec ses mensonges, la robe, le chapeau, le châle ou la mantille, et, ne les oublions pas, les brodequins.

Le quartier de Notre-Dame de Lorette n'est pas le seul habité par les *philanthropes* à gages. Les rues de Grammont, du Helder, Saint-Lazare et de la Chaussée-d'Antin, ainsi que le faubourg du Roule, ont aussi une réputation qui n'a rien d'usurpé ; mais l'affection y est cotée à un taux plus élevé ; et, pour obtenir des succès dans ces régions, il faut en avoir en même temps à la Bourse, ou commencer à jouir des bénéfices du testament d'un oncle mort en. vous bénissant et en vous laissant toute sa fortune.

Cette nouvelle et glorieuse subdivision se compose des femmes qui vous aiment :

Rue de Grammont, pour trois cents francs par mois, les gants et les fleurs ;

Rue du Helder, pour quatre cents francs par mois et un groom ;

Rues Saint-Lazare et de la Chaussée-d'Antin, pour cinq cents francs par mois et une voiture avec cheval.

Quant au faubourg du Roule, on y exige un duc ou un comte, ajoutant à ses titres une pension de deux mille francs par mois, un pavillon dans un hôtel, deux voitures, un cuisinier, un chasseur et deux chevaux.

Ce sont là les maîtresses blasonnées, celles aux manières aristocratiques et hautaines, qui écrasent du poids de leur profond dédain toutes leurs *collègues*, surtout celles qui ont la duperie de vous aimer plus pour vous que pour votre argent.

Malgré ce luxe éphémère, mais largement lucratif, la lorette ne sait que bien rarement se mettre en garde contre la misère pour ses vieux jours ; car, quelle que soit sa fortune, elle ne sait pas faire d'économies ; elle ne se montre pas toujours fidèle envers ses amants de cœur, mais elle ne se fait aucun scrupule de tromper, de berner, de ridiculiser de toutes les manières le protecteur à crâne beurre frais, à gilet blanc, qui pourvoit à ses dépenses. Que ce protecteur jouisse de dix ou douze lustres accomplis, ou

CHAPITRE XLIV. — LES GRISETTES ET LES LORETTES.

bien qu'il soit un de ces jeunes écervelés qui dévorent leur fortune avec les chevaux et les femmes à la mode, elle les traite de la même manière et les considère absolument comme une gent taillable et corvéable à merci, comme une espèce créée et mise au monde exprès pour solder à son profit des lettres de change et des factures imaginaires, pour la défrayer, pour l'entretenir dans son luxe et dans sa paresse. Elle les dépouille sans remords comme sans prévoyance pour elle-même : elle ne songe à l'avenir que pour demander ses secrets aux cartes, d'après les principes de quelque élève de mademoiselle Lenormand. C'est que ceci est un point bien saillant du caractère de la lorette; superstitieuse à l'excès, elle croit encore aux présages de toute sorte, elle consulte le marc de café comme une vieille portière, elle fait le *grand jeu* ou le *petit jeu*, suivant la circonstance. L'oracle du valet de cœur et du valet de trèfle, du roi de carreau et de la dame de pique est à ses yeux quelque chose d'infaillible : c'est le seul conseiller auquel elle a recours dans la pénurie de protecteurs; et, sur la foi de ses promesses, elle attend, sans jamais se lasser, une émigration de lords anglais et de boyards moscovites, semant à profusion les roubles et les guinées. J'allais oublier de dire que, par une précaution qui se justifie bien mieux, la lorette, libre de choisir un appartement à sa guise, se montre soigneuse de juger de la profondeur des armoires, de l'ampleur du divan et de l'élévation du lit sur ses pieds; mais sa première occupation est de s'enquérir des issues et de la direction de l'escalier de service, car tout cela peut servir un jour; demandez aux Arthurs. Et maintenant, par où a commencé la lorette? Où

Le monsieur qui paie.

et comment se passent ses dernières années. Je laisse la parole à M. Théophile Gautier : « Ordinairement fille de portier, la lorette a eu d'abord pour ambition d'être chanteuse, danseuse ou comédienne; elle a dans son bas âge tapoté quelque peu de piano, épelé les premières pages de solfége, fait quelques pliés dans une classe de da se et déclamé une scène de tragédie av sa mère, qui lui donnait la réplique, lunettes sur le nez. Quelques-unes ont été plus ou moins choristes, figurantes ou marcheuses à l'Opéra; elles ont toutes manqué d'être premiers sujets : cela a tenu, disent-elles, aux manœuvres d'un amant évincé ou rebuté; mais elles s'en moquent. Pour chanter, il faudrait se priver de fumer des cigares régalia, et de boire du vin de Champagne dans des verres plus grands que nature, et l'on ferait triste figure dans un bal si l'on avait fait dans la journée les deux mille battements nécessaires pour se tenir le cou-de-pied frais.......... La lorette ne peut pas avoir moins de quinze ans (au-dessous elle rentre dans la catégorie des rats), ni plus de vingt-neuf ans. Que deviennent-elles passé cet âge? C'est une grave question, et qui n'a jamais pu être résolue d'une manière satisfaisante. Que deviennent les fusées après le feu d'artifice? Que deviennent les bouquets de la veille, les toilettes de bal, quand la fête est finie? Que devient tout ce qui brille, s'épanouit et disparaît? Il est probable pourtant que celles qui n'épousent pas des princes étrangers reviennent à leur point de départ, c'est-à-dire à la loge de la portière, et font des ménages dans leurs vieux jours. » Quant aux dames aux camélias, elles meu-

Berceau et tombeau de la lorette.

rent généralement de la poitrine, disparaissant de ce monde entourées du luxe et de l'opulence dont elles ont fait toute leur vie, ayant oublié la misère qu'elles ont connue dans leur enfance, et laissant, on a vu des exemples de ce genre, à quelque favori de longue date, une fortune solidement établie.

Chapitre XLV.

LE LUXEMBOURG.

Annales du Luxembourg. — Robert de Harley de Sancy. — Le duc d'Épinay-Luxembourg. — Marie de Médicis. — Jacques de Brosse. — Quelques mots sur l'architecture du palais du Luxembourg. — Les hôtes du palais du Luxembourg. — Mlle de Montpensier. — Les geôliers. — David. — Le Directoire et les dîners du vicomte de Barras. — Napoléon et le Sénat conservateur. — La chambre des pairs. — Le jardin du Luxembourg. — Les statues. — Le public du jardin du Luxembourg. — Les fêtes et les expositions dans le palais et le jardin du Luxembourg.

Les annales du Luxembourg débutent comme celles des Tuileries. C'est encore l'histoire d'un nid qui devient une aire. Ce palais, aujourd'hui si vaste qu'il suffit aux ébats d'un des trois pouvoirs de l'État, était, au milieu du seizième siècle, l'hôtel d'un gentilhomme, Robert de Harley de Sancy. Vers 1580, le duc d'Épinay-Luxembourg convoita cette demeure et l'acheta. Après l'avoir restaurée avec amour, après avoir considérablement agrandi ses dépendances, il se disposait à y vivre de la vie d'un grand seigneur, lorsque Marie de Médicis en voulut faire l'acquisition pour quatre-vingt-dix mille francs. Cette veuve de Henri IV, qui devait périr de misère dans je ne sais quel grenier de Cologne, au milieu des brouillards du Rhin, ne trouva pas que cette résidence fût digne d'abriter sa tête royale. Elle appela son architecte, Jacques de Brosse, comme Catherine de Médicis avait mandé Philibert Delorme, et voulut un château qui lui remît sous les yeux les élégantes magnificences de sa patrie : on se souvient du palais Pitti, et on éleva le palais de Luxembourg. Voilà comment Paris doit des remercîments à ces impérieuses filles de Florence, qui, parmi leurs passions, comptèrent heureusement celles de la noble architecture.

Ce palais, dont nous parlerons plus loin en détail, s'il paraît manquer de cette légèreté et de cette élégance poétique qui, dans les édifices mauresques, par exemple, résulte de la délicatesse et de la riche multiplicité des détails, offre cependant, dans cette pesanteur relative, une certaine grâce qui est celle de la force et de la solidité. Si l'architecture de ce palais n'est pas des plus délicates, des plus ouvragées et des plus brillantes, il en est peu qui la surpasse par la juste proportion des membres, la robuste apparence jusque dans le choix du costume. Nous nous contentons d'effleurer ces scènes tant de fois flétries; nous sommes de ceux qui n'aiment pas à parler des femmes lorsque les historiens indulgents ont trouvé leurs fautes sans excuse.

A quoi bon dérouler la liste des princes et des princesses qui possédèrent tour à tour le Luxembourg? Les palais ont, comme les livres, leurs destinées mystérieuses : *Habent sua fata.* Un jour, il eut

Vue générale du Luxembourg.

pour hôtesse cette grande mademoiselle de Montpensier, qui, après avoir eu la chance illustre de s'asseoir sur le trône de France, d'Espagne, d'Angleterre et d'Autriche, finit par donner sa main à un cadet de Gascogne nommé Lauzun; un autre jour il fut habité par une autre fille du sang royal, qui, elle, aussi donna son cœur volage à un simple gentilhomme. En ce temps-là le Luxembourg fut le théâtre des plaisirs les plus étranges. On y célébra ces patriarcales fêtes d'Adam, où on poussait la recherche de la couleur locale jusque dans le choix du costume. Nous nous contentons d'effleurer ces scènes tant de fois flétries; nous sommes de ceux qui n'aiment pas à parler des femmes lorsque les historiens indulgents ont trouvé leurs fautes sans excuse.

Ce palais, qui appartint à Louis XIV avant d'appartenir au régent, ne tarda pas à retomber dans le domaine royal. Louis XVI en devint maître et le donna à son frère, le comte de Provence, qui le quitta une nuit d'été, pour aller attendre à Coblentz le trône constitutionnel que le temps devait lui octroyer en échange d'une charte. Après son départ, la révolution posa son ongle ensanglanté sur cet héritage des rois; elle en prit possession au nom du peuple souverain. Alors commença pour cet asile des voluptés, pour cette Cythère de la Régence, un régime inouï : on grilla ces fenêtres où les duchesses épiaient le passage de leurs amants ; on verrouilla ces portes qui s'ouvraient si facilement au souffle de l'amour ; on répandit les ténèbres et le silence dans ces lieux où retentissaient naguère les chansons aux refrains équivoques, où jaillissait jusqu'aux plafonds la flamme des joyeuses orgies. On chassa les valets, et on manda les geôliers.

La carmagnole de laine noire remplaça les somptueuses livrées. Quand tout fut prêt, on vit venir d'un pas lent et les yeux pensifs les tristes hôtes de ces cachots improvisés. — Grands seigneurs, grandes dames, grands artistes, entrez tous ! David, dont le pinceau devait un jour illustrer ces murailles, y vint attendre un arrêt de mort à côté de madame de Mouchy, cette héroïque épouse d'un maréchal en cheveux blancs.

Quand la Terreur se fut éteinte, comme la foudre, dans le sang de Robespierre, survint le Directoire, qui s'installa gaiement sur la chaise des guichetiers. On donna de l'air aux appartements ; on épousseta les dorures, ou rouvrit les boudoirs de la duchesse de Berry ; puis, insoucieux d'un formidable passé, on s'élança légèrement sur la trace de messieurs les roués. Les dîners du vicomte de Barras ne valurent-ils pas les petits soupers de Philippe d'Orléans?

Le César des Gaules, Napoléon, illumina un ins-

CHAPITRE XLV. — LE LUXEMBOURG.

tant ce séjour de sa radieuse présence. Au retour de ses campagnes d'Italie, il y passa quelques nuits tourmentées par les rêves de la gloire; mais il en sortit bientôt pour aller aux Tuileries.

Le Sénat conservateur y tint ses séances jusqu'en 1814, époque à laquelle on y établit la Chambre des pairs. En 1848, la Chambre des pairs fut emportée dans la bourrasque populaire, et la noble salle des séances vit l'installation de la commission des travailleurs, présidée par M. Louis Blanc.

Quittons maintenant la grande hôtellerie de Jacques de Brosse pour descendre au jardin de le Nôtre. Comme madame de Sévigné, nous aimons mieux le râteau que la truelle, et les bossages de ces murailles nous réjouissent beaucoup moins que les boulingrins et les charmilles. Cependant nous reviendrons au palais tout à l'heure.

Avant la révolution et comme en dépit des bacchanales de la Régence, c'était un lieu bien solitaire et bien mélancolique, que ce jardin du Luxembourg. Placé à l'extrémité du faubourg Saint-Germain, il était environné de cloîtres et d'églises. Jetez les yeux sur un plan de Paris à cette époque, et tout autour d'une maison de plaisir vous verrez se dresser, comme la menace du ciel, une foule de bâtiments tristes et mornes avec de vastes enclos aux dessins symétriques. A l'est, sont les Feuillantines, les Ursulines, les Carmélites, les religieuses de Port-Royal, les filles de la Providence et tant d'autres encore; à l'ouest, les filles du Calvaire, les filles du Saint-Sacrement, du Précieux sang, de la Nativité de Jésus. Viennent ensuite, çà et là, les monastères d'hommes : les Carmes, les Chartreux, les Bénédictins, les Feuillants, les Capucins, les frères des écoles chrétiennes et le noviciat des jésuites. Au milieu de ce monde voué à la prière s'élancent comme des surveillants rigides, les tours de Saint-Sulpice et le dôme du Val-de-Grâce. Puis, à travers cette architecture non moins sévère, quoique plus brillante, des hôtels des grands seigneurs, ceux de Condé, de Chaulnes, de Nivernais, de la Trémouille, etc. Que de silence, que d'isolement, quelle sinistre odeur de cloître! Rien que des chants d'oiseaux, des sons de cloches et le roulement lointain du carrosse qui apporte à Dieu les épaves de l'amour : hier la belle Fontanges vient mourir à Port-Royal d'une mort mystérieuse; aujourd'hui la blonde la Vallière qui, victime résignée, vient offrir sa tête au voile des Carmélites; demain, madame de Montespan qui la suit, toujours fière et impatiente de régner; une autre fois, madame de Maintenon, qui voudrait interroger la mémoire de ses rivales, pour s'instruire dans l'art difficile de fixer le cœur insatiable de Louis XIV.

Le Luxembourg a changé de physionomie. Les cloîtres se sont écroulés, les moines ont disparu. Au lieu de ces flèches d'églises qui de tous côtés perçaient la nue, de nombreuses pompes à feu projettent vers le ciel des tourbillons de fumée : là, comme ailleurs, le siècle a fait invasion. Et cependant l'âme y éprouve encore d'involontaires tristesses, un je ne sais quoi de mélancolique et de morne pèse dans l'air que vous y respirez; on ne se meut pas, comme aux Tuileries, dans une pleine liberté d'esprit; on se croit poursuivi par les fantômes du passé. Le Val-de-Grâce et Saint-Sulpice sont toujours là, qui vous regardent d'un air sévère, et qui vous parlent sans cesse, du haut des clochers, avec toutes leurs bouches de bronze.

Quoi qu'il en soit, ce jardin est vraiment beau. Rien ne manque au charme de cette enceinte tant de fois rajeunie. Grâce aux conquêtes faites sur les Chartreux et sur quelques propriétaires du voisinage, l'œil se promène à l'aise dans l'espace de 1407 mètres qui

Les écoliers.

sépare le palais du Sénat de l'Observatoire. Sous la première république, le promeneur bornait sa course à l'entrée de la belle avenue des marronniers, où deux gros lions surveillent d'un air rébarbatif; mais aujourd'hui, plus rien ne l'arrête. Qu'il aille donc en paix sous les ombrages fleuris, cet enfant du dix-neuvième siècle, sous ces jeunes acacias aux grappes roses qui feront tôt ou tard la plus délicieuse allée de la terre, qu'il aille, et que sa pensée lui soit légère!

La figure du jardin du Luxembourg n'a pas autant de régularité que celle du jardin des Tuileries; mais

Les petits enfants.

il est cependant facile de la saisir dans son ensemble. C'est d'abord un parterre garni de fleurs, d'arbustes et de gazons qui se déroule en face du palais, enfermant sa partie centrale d'un bassin octogone, dont les ondes limpides réjouissent l'œil des matins qui puisaient sur les bords de la Seine. A droite et à gauche, des talus soutiennent les terrasses ombragées qui, à vrai dire, forment la plus grande partie du jardin. Ces talus, plantés de rosiers, et clos par une double balustrade de fer, vont se relier à la grande ligne de l'Observatoire, flanquée elle-même de deux immenses pépinières. Les abords des terrasses sont ornés d'arbustes charmants qui vous envoient leurs haleines embaumées et une pluie de fleurs au moindre vent. Vous retrouvez là le faux ébénier aux grappes d'or, l'épine-rose au doux arome, l'aubépine qui fait souvenir des champs, tout cela fortifié par une arrière-garde de marronniers gigantesques qui, au mois de mai, portent vers les nues, comme des vases parfumés, leurs blanches girandoles.

Mais laissons sur notre gauche cet élégant parterre, et dirigeons-nous vers la nouvelle orangerie. Nous y chercherons non pas des orangers, ces arbres jaunes, rachitiques et sans grâce que nous poursuivons d'un culte insensé, mais quelque chose de plus curieux mille fois, la démocratie de l'enfance! Ici plus d'oiseaux-mouches aux ailes diaprées, plus de colibris, mais beaucoup de passereaux, de linottes et de chardonnerets. Ici, plus de toqués, plus de bérets, plus de pourpoints; plus de tuniques, plus de soie, plus de velours, la blouse du soldat laboureur, le tartan du simple montagnard et l'indienne non garantie; aux pantalons des garçons des trous comme au manteau de Diogène; aux robes des filles des accrocs comme à la chemise de Frétillon. La galerie est vide d'ombrelles et de marquises, mais elle regorge de paniers et de cabas antiques.

Où êtes-vous, Corinthiens aux figures lavées trois fois le jour, aux cheveux tourmentés par les dents de l'écaille ou lissés par une main noyée dans les dentelles? On ne rencontre ici de beaux enfants que nous admirions aux Tuileries, ces fronts hardis, ces fiers regards, ces tailles flexibles, mais déjà hautaines, de l'aristocratie. Nous sommes en pleine Bohême, et cependant nous admirons encore. Nous trouvons qu'un visage de cinq ans a son charme quand il est barbouillé; nous ne haïssons pas les cheveux blonds en broussaille. Ceux de là-bas étaient plus jolis, ceux d'ici sont plus amusants. Sur la rive droite, le sourire était plus moelleux; sur la rive gauche, la grimace est plus drôle. Aux Tuileries, nous trouvions plus de gentillesse; au Luxembourg, nous remarquons plus de franchise. D'ailleurs nous avons tous vu dans les contes moraux ce qu'il en coûte pour convertir un ramoneur en enfant comme il faut. — Une éponge, un peigne, quelques hardes, et c'est assez. — Pauvres enfants, si vous êtes aussi rudes, aussi hérissés, c'est que vos mères n'ont pas les loisirs qu'on prête à la femelle de l'ours: elles n'ont pu vous lécher tout à leur aise.

Tels qu'ils sont, ces espiègles modèles de Charlet vont et viennent avec une aimable insouciance. Leurs libres ébats font souvent des poulains qui paissent dans les herbages de la Normandie. Rien ne peut contenir leur *furia francese*; ni la présence de l'invalide mutilé, ni le regard tendrement répressif de la grand'mère qui, assise à la porte de l'orangerie, tricote, avec d'énormes lunettes sur le nez, un éternel bas bleu. Vous verrez là, dans sa fleur naïve, le gamin de Paris à qui l'héroïsme deviendra familier. Déjà il est sensible à l'honneur, il porte avec une dignité aisée la croix d'argent que lui a décernée le chef de la Mutuelle ou le bon frère de la Doc-

Le Luxembourg.

trine. Laissez pousser ce grossier bouton de fleur, et le fruit qui en sortira aura peut-être, dans son originalité sauvage, la saveur qui enivrera la foule. Mais n'anticipons pas sur l'avenir. L'heure présente seule nous appartient, profitons-en comme ces heureux bambins dont nous avons esquissé le profil. Ici on ne se livre guère aux jeux tranquilles des enfants du monde. On néglige souvent le cerceau, la balle et la corde polit les vives jouissances du saute-mouton et du cheval-fondu. Le proverbe inventé par les mères, « Jeu de mains, jeu de vilains, » subit de fréquentes atteintes. On se tape énormément dans ces lieux consacrés au plaisir; mais, notre opinion étant que cela aguerrit le corps et l'esprit, nous ne jetterons aucun blâme sur ce passetemps. Les écoliers de Lacédémone devaient se battre du matin au soir; ce jeu faisait partie du programme des études.

Outre cette esplanade ouverte à l'enfance, on trouve encore, le long de la grande pépinière de l'ouest, une avenue encaissée que les indigènes ont appelée la petite Provence du Luxembourg. Celle-ci jouit, comme l'autre, d'un climat favorisé, grâce à la muraille qui l'abrite et au plein midi qui l'échauffe, mais elle n'a que cet heureux trait de ressemblance. Autant la Provence des Tuileries est bien peignée, autant celle du Luxembourg est inculte et sauvage; c'est au point qu'un petit garçon laborieux peut, en un jour de juin, y remplir deux fois sa voiture de pierres, et que, dans certains recoins, l'herbe y pourrait mofier en graines. Outre ces agréments bien appréciés par les amants de la simple nature, cette étroite enceinte jouit d'une admirable perspective. Au lieu de la pelouse grillée qui borne l'Eden des Tuileries, les habitués de cette promenade ont devant eux une pépinière fertile et savoureuse à l'œil. Des planches de fraisiers, où la haie élastique se mêle aux fleurs sans cesse renaissantes, des quenouilles chargées de poires, des vignes qui rappellent aux petits Hébreux du faubourg les raisins de la terre promise, voilà quels appétissants spectacles nous sont gratuitement offerts dans l'ancien jardin des Chartreux. On peut assister aux mystères de Pomone;

on voit naître la fleur, on voit mûrir le fruit. Qu'importe ensuite si les lèvres de ce petit garçon s'altèrent de la soif de Tantale? L'essentiel est qu'il s'instruise, et qu'il sache comment la nature s'y prend pour façonner une fraise, pour tourner une pomme ou pour souffler ce ballon de sucre qu'on nomme vulgairement un grain de raisin.

Le tambour retentit à nos oreilles; voici que nous entendons résonner, dans l'allée de l'Observatoire, la voix mâle des officiers : « Garde à vous! portez

La bonne d'enfant.

armes, en joue... feu... » Nous entrons dans le laboratoire où la chimie de nos officiers transforme un conscrit en soldat. Hélas! pourquoi n'épargne-t-on pas à l'amour-propre du Français le spectacle de ces laborieuses métamorphoses? Pourquoi ne s'exerce-t-on pas dans l'intérieur des casernes? Pourquoi faut-il que nous montrions à l'étranger, nourri dans l'étude de nos formidables guerres, la figure imberbe de Jean-Jean? Nous savons bien que ces tournures villageoises s'assoupliront; et qu'un

jour ces mains inhabiles, qui ne savent pas porter armes, feront à merveille le coup de fusil avec les Kabyles de l'Afrique et de l'Europe; mais l'imagination d'un Russe se prêtera-t-elle à expliquer de la même manière ce pénible apprentissage des héros? Oui, les prodigieuses batailles de la République et de l'Empire ont assez prouvé que le soldat français a le privilège de s'improviser en face du canon; nous ne raillons donc pas son inexpérience et sa gaucherie, mais nous craignons que la vue de ces écoles en plein vent n'éveille chez les étrangers des idées trop orgueilleuses. Montrons à nos ennemis nos soldats quand ils sont façonnés, nos soldats à la peau brunie, au regard calme et fier, à la lèvre hérissée; mais, encore une fois, cachons-leur Jean-Jean.

Quand nous parlions de le cacher, ce bon et naïf Jean-Jean, nous n'entendons pas le cacher toujours. Quand il est sous les ordres de Mars, nous réclamons le huis-clos; mais, quand il s'enrôle sous le drapeau de Vénus, quand il s'est coiffé à la crâne, et qu'il a mis, comme le petit caporal, ses mains derrière son dos, qu'il revienne en ces lieux, dont il paraîtra dès lors le plus brillant ornement. Quel serait le sort de ces bonnes aux rubans roses; quelle serait la destinée de ces nourrices à qui leur bonnet caractéristique peut servir de passe-port; que deviendrait, en un mot, le beau sexe du Luxembourg, s'il allait imiter Achille et bouder sous sa tente? Non, ces ombrages touffus lui appartiennent. Derrière ces statues mutilées comme Atys, il y a place pour lui sur ces bancs, à côté de la payse ravie. Oh! quelle joie de parler du hameau natal, du maire, de monsieur le curé! Quel joli bonheur que de pouvoir se retremper aux sources fraîches du patois national, et d'échanger, dans cette langue du berceau, de longues causeries sur les alentours de la chaumière et sur les anciennes amours!

Mais quittons l'innocent enfant des villages pour suivre ces enfants de ville; qui, une rose à la boutonnière et le cigare à la bouche, traversent l'avenue, allant je ne sais où, à la Chartreuse ou à l'Observatoire, aux leçons de M. Arago ou aux leçons d'un Cellarius de faubourg. Passons aux étudiants, leurs

Le vieux célibataire.

L'étudiant.

Les vieux époux.

casquettes excentriques, leurs paletots exagérés, leurs pantalons à plis byroniens et leurs moustaches, quand ils en ont; passons-leur tous les petits travers de la jeunesse, pourvu qu'ils en conservent les grandes qualités.

Les étudiants ne fréquentent pas comme jadis le jardin du Luxembourg. Lisette ne s'y promènerait-elle plus? Ou bien cette fureur qui pousse le beau monde sur l'autre bord du fleuve aurait-elle exercé des ravages parmi eux? Je ne sais, mais si on n'y rencontre plus guère d'étudiants, on y trouve, en revanche, les jours de congé, un grand nombre de pensions

du voisinage. Les terrasses de l'est et de l'ouest leur sont abandonnées ces jours-là par les rentiers et les fonctionnaires en retraite. Il y a de silencieuses clairières pour les parties de ballon, de vastes éclaircies pour les jeux de barres. Sous les arbres les plus éloignés du centre, vers la rue de Madame et vers la rue d'Enfer, on aperçoit les littérateurs de l'endroit et les vagabonds du quartier. Les premiers arrondissent des phrases, tandis que les seconds poursuivent les hannetons.

On rencontre aussi parfois autour des rosarium ménagés dans les massifs de marronniers, quelques vieil-

lards en douillette puce qui cheminent d'un pas tremblant et le regard pensif. Il y a bien des rides sur ces fronts dépouillés, bien des plis mélancoliques autour de ces lèvres flétries, bien de la tristesse dans ces yeux éteints. Quels sont les rêveurs qui mènent et ramènent ainsi le songe agité de leur vie? quels sont ces solitaires à qui le tapage du siècle pèse encore plus que le poids du jour, et qui cherchent avec avidité l'isolement et le silence? Pourquoi ces langueurs et ces contemplations sans fin? Plaignons ces vivants débris de l'âge orageux qui a enfanté le nôtre. Saluons avec respect ces dépositaires des secrets de l'histoire. Peut-être un

CHAPITRE XLV. — LE LUXEMBOURG. 69

jour, inquiets du même avenir, mais préoccupés d'un autre passé, nous viendrons aussi chercher sous ces ombrages les amères jouissances du recueillement et de l'oubli!

Jetons un dernier coup d'œil sur le terrain qui sépare les législateurs des astronomes. Suivons cette allée bordée d'orangers et de lauriers-roses; laissons derrière nous ce kiosque où la rue de Vaugirard s'endort en lisant son journal, cette charmante réserve qui renferme de gracieuses allées, de fraîches pelouses, des cèdres du Liban, une joyeuse volière et d'admirables collections de roses; ne donnons pas grande attention aux équipages attelés de chèvres, les *four in hand* de l'enfance, qui nous dépassent; allons jusqu'au fond de l'allée de l'Observatoire, mais recueillons-nous à ce terme de notre course, car cette place a été inondée du sang d'un martyr.

Ici le brave des braves, Michel Ney, prince de la Moskowa, duc d'Elchingen, a reçu en pleine poitrine une décharge de balles françaises. Sa voix, en ce moment suprême, cria : « Vive la France! » et son doigt montra son cœur, comme l'endroit où il fallait frapper.

Le palais du Luxembourg, vu du côté du jardin et de la grande avenue, offre peut-être l'aspect le plus imposant et les proportions les plus belles, parmi les monuments analogues du reste de l'Europe. Tandis que le palais Pitti, de Florence, qui lui a servi de modèle, tandis que les Tuileries et les autres résidences princières se composent d'ordinaire d'un ensemble de constructions différentes d'époque et de style, et exécutées d'après les plans qu'il a fallu raccorder tant bien que mal les uns avec les autres, le chef-d'œuvre de Jacques de Brosses porte l'empreinte d'une puissante unité de conception et d'exécution. Bien qu'il ait fallu modifier suivant les circonstances cet édifice, qui, comme tous les grands édifices de Paris, a eu plusieurs destinations bien diverses, les changements faits avec mesure n'ont qu'à peine altéré cet ensemble majestueux.

Deux terrasses qui forment une sorte de demi-cercle, et qui sont séparées du bâtiment par une allée transversale, servent d'entrée à ce monument. Ces terrasses, élevées au-dessus du niveau général du jardin, de manière à atteindre la hauteur des rues latérales, sont ornées depuis peu de temps de statues de reines et de femmes célèbres, qui composent le Panthéon féminin de la France. Ces statues, exécutées en général dans le sentiment un peu froid et un peu insignifiant de la sculpture de commande, ont en outre le défaut de n'être pas en proportion avec le jardin qu'elles décorent. On dirait ces nymphes et ces naïades en diminutif qui se cachent sous les ombrages et sous les massifs des Tuileries.

D'ailleurs les costumes historiques et presque obligatoires dont elles sont revêtues contribuent assez à leur donner l'aspect de poupées bien attifées, et présentent un spécimen des modes françaises aux diverses époques de notre histoire. Le nu ou les draperies de fantaisie des chefs-d'œuvre de la statuaire antique ont quelque chose de plus imposant et de plus artistique, dans le sens élevé de ce mot, que les corsages, les fourrures, les palatines, je dirai presque les manchons de toutes ces dames; les coiffures et les broderies surtout, toques, collets, fraises en dentelles, tresses ou torsades de cheveux, couronnes, manteaux, etc., voilà un attirail qui sort plutôt d'une boutique de modistes que d'un atelier de sculpture. Il faut pourtant être juste : ce défaut était inévitable, et l'on devait s'y résigner en acceptant les données du programme. D'un autre côté, les amateurs des travaux de patience ont de quoi se satisfaire dans la contemplation de tous ces affiquets et de tous ces ajustements féminins, découpés et brodés dans le marbre; si ce n'est pas de l'art, du génie, c'est incontestablement de la fine orfévrerie en pierre. On remarque les statues de *Clémence Isaure*, due au ciseau de M. Préault, artiste excentrique, échevelé, romantique, et contre lequel a protesté jusqu'à la fin le jury d'exposition de Louis-Philippe. Il n'a fallu rien moins qu'une révolution pour que le public des curieux fût admis comme arbitre dans cette querelle entre la tradition et l'innovation; et, selon la règle générale, la montagne en travail a enfanté d'une souris : on a reconnu chez M. Préault un talent naturel et très-vrai, qui, par esprit d'opposition, était un peu sorti de la bonne voie, et qui s'en rapprochera sans doute, maintenant que les plus grands écarts n'avanceraient à rien : sa statue de *Clémence Isaure* le prouve. Elle n'offre aucune qualité et aucun défaut bien extraordinaires. M. Feuchères a signé la statue de *Marie de Médicis*; ce morceau de sculpture a une grande valeur, et ne pèche que par les difficultés à peu près insurmontables du costume. Figurez-vous le grand costume de cour, les grands cols de Malines, les paniers et les échafaudages de coiffure, sous Louis XIII, taillés en plein Carrare. Je citerai aussi la *Sainte Clothilde* de M. Klagmann; la *Jeanne Hachette* de M. Bonnassieux, et la *Jeanne d'Arc* de M. Rude. Nul ne conteste le talent qu'a déployé ce dernier pour reproduire l'héroïne la plus populaire de la France; mais, depuis la statue de la princesse Marie d'Orléans, on s'est accoutumé au type qu'adopta l'auguste artiste, et le public qui n'abandonne plus un type une fois qu'il l'a consacré par son admiration, voit toujours la vierge de Vaucouleurs telle que l'avait représentée la princesse, levant les yeux au ciel et serrant contre son sein l'épée de sainte Catherine de Fierbois.

Au surplus, voici le nom des reines et des femmes célèbres dont l'image orne cette partie du Luxembourg : à droite, du côté de la rue d'Enfer, *Sainte Mathilde, la reine Berthe, Jeanne Hachette, sainte Geneviève, Marie Stuart, Clémence Isaure, la dame de Beaujeu, la duchesse de Montpensier, sainte Clotilde* et *Anne de Bretagne*. Sur l'autre terrasse, du côté de la rue de Vaugirard : *Anne d'Autriche, Blanche de Castille, Valentine de Milan, Anne de France, Marguerite de Valois*, plus connue sous le nom de la reine de Navarre ou de la reine MARGOT : puis *Marie de Médicis, fondatrice du Luxembourg, Marguerite de France*, reine de Navarre, *Laure*, cette beauté fantastique immortalisée par les sonnets mystiques de Pétrarque, *la reine Mathilde*, et enfin *Jeanne d'Arc*, la fille du peuple dont la célébrité domine de bien haut cette troupe de souveraines.

Le palais présente, dans toutes ses parties, trois genres distincts : l'ordonnance toscane au rez-de-chaussée, l'ordonnance dorique au premier étage, et l'ordonnance ionique au deuxième. La cour, qui est entourée de bâtiments uniformes, offre une étendue en parallélogramme de cent vingt mètres dans sa plus grande, et de cent mètres dans sa plus petite partie. On y pénètre par deux façades principales, l'une du côté de la rue de Tournon, à laquelle elle fait face, et l'autre regardant le jardin; à l'extrémité de la grande allée, terminée à la fin du dernier siècle, on découvre l'Observatoire. La première façade est dominée par un dôme en forme circulaire et décoré de plusieurs statues : à la place de la muraille, qui primitivement s'étendait entre cette partie de la façade et les pavillons latéraux, on a pratiqué deux terrasses, percées de quatre arcades. Le plus bel ornement de ce côté de la façade, c'est un vaste cadran solaire environné de six statues colossales; les deux premières, dues au ciseau de M. d'Espercieux, représentent la *Victoire* et la *Paix*: elles s'appuient sur les colonnes inférieures. Les quatre autres statues qui achèvent l'ornementation de cette partie du palais, et qui ont été sculptées par MM. Beauvallet et Cartelier, sont la *Force*, le *Secret*, l'*Activité* et la *Guerre*. Au reste, une citation de M. Quatremère de Quincy donnera, de l'ensemble de ce monument remarquable, de ses beautés et de ses défauts, une idée d'autant plus juste que cet auteur passe avec raison pour l'un des connaisseurs les plus habiles et les plus éclairés qui se soient occupés de l'architecture : « Si l'on excepte le style de bossages dans lequel l'architecte français resta, quant au goût colossal du genre, à un degré fort inférieur au palais Pitti qui lui servit de modèle, on sera obligé de dire que les deux édifices ont les plus grandes dissemblances dans le plan général, dans l'ensemble des élévations variées, et tant à l'intérieur que dans les distributions intérieures, Bernini, qui vit le bâtiment terminé lors de son voyage à Paris, convenait qu'il n'y avait nulle part de palais ni mieux bâti ni plus régulier.

La plus grande dimension du palais du Luxembourg est de cent quatre-vingts pieds; la moindre, c'est-à-dire celle de la face qui regarde la rue qui y aboutit, est de cent cinquante pieds. Son plan général forme un carré presque exact, dont toutes les parties sont en symétrie les unes avec les autres (on parle du plan général avant les modifications opérées par les nouvelles destinations). Sa simplicité répond à sa régularité. Il consiste en une très-grande cour, environnée de portiques, et flanquée dans ses angles de quatre bâtiments carrés qu'on appelle pavillons. Les vastes et spacieuses galeries qui font, au rez-de-chaussée, parcourir à couvert toute l'étendue du bâtiment, lui donnent un grand air de magnificence. La partie la moins heureuse de la disposition générale consiste, sur le jardin, dans la répétition de deux pavillons qui, de ce côté, composent la façade. Ces deux pavillons, trop voisins des deux qu'ils semblent doubler, se communiquent dans leur aspect une pesanteur réciproque. L'extérieur seul s'est conservé intact, et cette partie est celle qui constitue plus spécialement l'architecture. On peut considérer celle-ci sous deux rapports, savoir : la composition ou l'ensemble des masses, et leur décoration.

Sous le premier point de vue, ce palais mérite les plus grands éloges. On ne citerait guère, en aucun pays, un aussi grand ensemble, qui offrît avec tant d'unité et de régularité un aspect à la fois plus varié et plus pittoresque, surtout dans sa façade d'entrée. Cet effet résulte de l'avant-corps du milieu, couronné par cette coupole qui se trouve liée fort heureusement aux deux pavillons d'angle, et sert ainsi ou de motif, ou de raccordement à leur hauteur. De Brosses, en entremêlant sa composition de ces énormes pavillons, ne fit que suivre une des traditions des anciens châteaux forts dont la France était encore couverte. Mais ce qui aurait pu n'offrir que des disparates et des masses décousues, comme on le pratiquait autrefois, est devenu, au palais du Luxembourg, la source même d'une des beautés de sa composition, dans l'ensemble et l'effet de l'élévation. Loin donc que l'homme de goût se plaigne de leur répétition, il regretterait de ne les y pas trouver, ou qu'on les supprimât, tant l'architecte a su les rendre nécessaires à l'ordonnance générale.

Quant à la décoration du palais, même esprit de régularité et d'unité. Les mêmes ordres règnent au dehors de l'édifice, et dans toute son étendue, comme dans l'intérieur de la cour. Tout le rez-de-chaussée est en arcades formées par des pieds droits, ornés de pilastres plus ou moins accouplés, selon le plus ou moins de largeur du champ qu'ils occupent. L'ordre régnant partout au rez-de-chaussée est une sorte de prétendu toscan, coupé par des bossages, et de l'ordre le plus uniforme dans tout le développement de l'édifice.

Le second ordre ou celui du premier étage se trouve appliqué avec la même uniformité en pilastres, sur toutes les parties de trumeaux entre les fenêtres, et en colonnes adossées dans toutes les masses formant avant-corps. Cet ordre est dorique; son entablement est orné de triglyphes et de métopes, dont la distribution est devenue souvent irrégulière par l'effet de tous les ressauts partiels, qu'on ne pouvait guère éviter dans un ensemble composé de tant de masses diverses. Les bossages qui règnent dans toute l'ordonnance de cet étage, au lieu d'être continus en hauteur, sont à bandes alternatives, autant sur les trumeaux que sur les colonnes et les pilastres. Partout les bossages ont leurs angles arrondis. »

L'aile du bâtiment qui occupe le côté oriental de la cour, et l'aile opposée, forment les deux galeries du

Aux bureaux de l'Illustration, rue de Richelieu, 60.

PARIS. TYP. DE FIRMIN DIDOT, 56, RUE JACOB. 20 C. par la poste.

musée; au-dessous de l'aile occidentale se trouve l'escalier qui conduit à l'ancienne salle des pairs, aujourd'hui, salle des séances du Sénat. Cet escalier, surmonté de chaque côté par les statues des hommes qui ont rendu des services à la patrie, reçoit la lumière par dix croisées principales. A son extrémité supérieure se trouvent la salle des gardes et la salle des garçons de service. On voit dans cette dernière un Hercule couché, de Puget, l'Épaminondas de Boizot, et une autre statue de Persée vainqueur de la Gorgone. Je citerai encore la salle des messagers d'État, la salle du conseil, la salle de réunion, et la salle *du*

Ancienne Chambre des pairs.

livre d'or, où se trouvent quelques-unes des boiseries qui décoraient les anciens appartements de Marie de Médicis.

La salle des séances de l'ancienne chambre des Pairs se trouvait jadis aussi à cet étage : elle avait été élevée sur l'emplacement de l'ancienne chapelle. Inaugurée en 1804, cette salle recevait le Sénat du premier Empire : on y remarquait le trône où venait s'asseoir le vainqueur de l'Europe, et une foule de statues des grands hommes de l'antiquité : Solon, Périclès, Cincinnatus, Scipion, Caton d'Utique, Lycurgue, Cicéron, Léonidas, Aristide, Phocion, Démosthène et

CHAPITRE XLV. — LE LUXEMBOURG.

Camille. Les annales de cette salle de séances, qui servit tour à tour au Sénat de Napoléon Ier, à la Chambre des pairs de la Restauration, à la Chambre des pairs de Louis-Philippe, jusqu'à la construction de la salle provisoire devenue nécessaire lors du procès d'avril, sont riches en événements de toute sorte. Voici une indication sommaire, par ordre chronologique, des plus importants.

Ce fut de cette salle que partit, le 27 avril 1804, l'adresse du Sénat au premier consul, qui l'invitait à se proclamer empereur, et se terminait par ces mots : « Vous nous avez tirés du chaos du passé; vous nous « faites bénir les bienfaits du présent : garantissez-« nous l'avenir. »

Dans une autre séance solennelle, qui eut lieu au Luxembourg, le 1er janvier 1806, à l'occasion de la capitulation d'Ulm et de la victoire d'Austerlitz, le Sénat conservateur, après avoir reçu cinquante-quatre drapeaux que lui envoyait l'Empereur, décréta d'enthousiasme l'érection d'un monument triomphal à Napoléon, et ce monument fut la colonne Vendôme, décrétée déjà en 1803, érigée en 1806, mais dont la destination primitive fut changée par le sénatus-consulte. Elle devait d'abord s'élever en l'honneur du peuple français et être surmontée de la statue de Charlemagne. Le Sénat dédia la colonne à l'Empereur et à la grande armée, et décida que la statue de Napoléon remplacerait, comme couronnement de l'édifice, celle du grand empereur du moyen âge.

Le 27 novembre 1807, le Sénat célébra le retour de la garde impériale, après les campagnes de 1806 et 1807, par une grande fête donnée dans les jardins du Luxembourg à la grande armée. La fête fut splendide. L'espace nous manque pour en retracer les détails ; mais il n'est pas sans intérêt de remarquer, avec M. de Gisors, « que cette fête triomphale et ce « repas militaire donnés par le Sénat eurent lieu sur « l'emplacement même où, quinze siècles avant, les « troupes romaines avaient célébré, par un festin « nocturne, l'élévation de Julien. »

Le retour des Bourbons fut pour le Luxembourg une ère nouvelle. Les sénateurs firent place aux pairs de France, renouvelés de Charlemagne et de Philippe-Auguste, avec une teinture d'imitation britannique. Les pairs ont traversé la révolution de Juillet en laissant leur hérédité comme trophée aux vainqueurs ; mais la révolution de Février acheva de balayer ce fantôme d'aristocratie, et aujourd'hui, après quatre ans de régime républicain, le nouvel Empire a restauré les sénateurs et rétabli le régime fondé par Napoléon.

L'ère nouvelle, inaugurée dans la politique et dans la haute justice par la rentrée des Bourbons, commença douloureusement en décembre 1815, par la comparution devant la cour des pairs, le procès et l'exécution du maréchal Ney, fusillé à quarante-six ans, le 7 décembre, dans l'allée de l'Observatoire, à quelques pas de la grille qui s'ouvre au sud, sur la grande avenue du Luxembourg.

Nul autre procès mémorable n'eut lieu sous la Restauration devant la cour des pairs, si ce n'est celui de la conspiration dite du 19 août en 1819, et celui de Louvel en 1820. Il n'en fut pas de même sous la der-

Un procès à la Cour des pairs.

nière monarchie, où la multiplicité des attentats et des complots contre la personne ou contre le gouvernement du roi constitua, pour ainsi dire, la Chambre des pairs à l'état de haute-cour permanente. Les principaux procès dont elle eut à connaître sont encore présents à toutes les mémoires. Le premier fut celui des anciens ministres de Charles X (novembre et décembre 1830) ; le gigantesque procès d'avril fut le second en date (1834). Puis vinrent, à intervalles de plus en plus courts, ceux de Fieschi, Morey, Pépin et Boireau ; d'Alibaud ; de Meunier ; de M. Laity, pour délit de presse ; de Barbès et Blanqui, pour l'insurrection de mai 1839 ; du prince Louis Bonaparte et de ses coaccusés de l'affaire de Boulogne ; de Darmès, de Quénisset, de Henri, de Lecomte, tous quatre inculpés de tentative de meurtre sur le roi ou sur les princes, et enfin la terrible affaire des ministres Teste et Cubières.

Ces derniers incidents judiciaires se sont passés dans la nouvelle chambre des pairs, dont la construction fut décidée par une loi, en date du mois de juin 1836. Déjà, comme il a été dit plus haut, les débats du procès d'avril avaient nécessité la construction d'une salle provisoire, qui coûta environ 300,000 fr., y compris la transformation en prison de l'ancien couvent des Filles du Calvaire, lequel servait, depuis la Révolution, de caserne de cavalerie. Ajoutons ici que cette prison a été supprimée à son tour, après Février 1848 ; on travaille activement aujourd'hui à la restauration de ce couvent, dont on peut déjà admirer, de la grande grille bornant la rue de Vaugirard, l'élégant cloître-renaissance adossé à l'hôtel du Petit-Luxembourg.

La construction de la nouvelle salle se prolongea jusqu'à l'année 1842 ; cette salle et les dépendances nécessaires, soit en cas de procès, soit pour les séances législatives, a coûté la somme totale de 3 millions 800,000 fr., y compris les dépenses des peintures et sculptures monumentales qui y furent exécutées. Ces travaux, en doublant presque le périmètre du palais, ont incontestablement altéré les proportions si élégantes et si justes ; ils ont alourdi l'œuvre fine et correcte de Jacques de Brosses ; mais cet écueil était inévitable, et, toute réserve faite, il convient de rendre la justice qui lui est due au très-habile artiste (M. de Gisors) qui les a conçus et dirigés. Les défauts de son œuvre ne lui appartiennent point ; toutes les qualités, en revanche, sont bien siennes. La salle des séances de la chambre des pairs est un monument somptueux. Si l'édifice a perdu en grâce, en légèreté, ce qu'il gagnait en masse, du moins le caractère primitif du palais du Luxembourg demeure respecté : il est reproduit avec un goût et un scrupule qui mettent en défaut la critique et effacent, sous la parfaite identité du ton et du style, toute ligne de démarcation appréciable entre les constructions anciennes et les nouvelles.

L'intérieur de la salle, qui pour sa récente destination, n'a subi que des modifications insignifiantes, rappelle, à s'y méprendre, la Chambre des députés, ou, si l'on aime mieux, le Corps législatif. Tout local où des hommes se réunissent en grand nombre pour parler politique doit remplir certaines exigences invariables, qui nécessitent des dispositions à peu près identiques : les dimensions et les ornements, voilà la seule variété possible. La salle du Luxembourg est plus petite que celle du Corps législatif; elle est percée d'un seul rang de tribunes drapées avec plus de richesse, ornée de peintures qui ne se trouvent pas chez sa grande sœur, et beaucoup plus dorée, comme il convient au rang sénatorial des gens qu'elle doit recevoir; mais c'est le même hémicycle se rattachant par les deux extrémités au fauteuil de la présidence. Autre différence : au lieu des stalles, des fauteuils vert et or, en forme de chaises curules; enfin, le bureau du président est placé dans une demi-coupole, soutenue par des colonnes jumelles en marbre jaspé, qui se détachent assez élégamment sur une draperie vert et or, comme le reste des tentures. Ce qu'il y a de singulier à ce sujet, et ce qui montre bien le caractère d'indécision et de lieu commun que prend l'architecture dans les siècles sans inspiration et sans foi, c'est que cette demi-coupole est tout à fait semblable à celles qu'on dessine généralement dans les églises et les chapelles pour y établir l'autel. La coupole du Sénat, par la disposition de ses colonnes jumelles, ressemble précisément, avec un développement moindre, à la galerie cintrée qui se déploie derrière le maître-autel de la Madeleine ; on sorte que, de nos jours, il ne semble point étrange de placer indifféremment dans le même lieu un autel ou un fauteuil, un Dieu mort pour les hommes ou un chancelier qui ne mourra certainement pour personne. Dans les âges et dans les pays véritablement organisés, tout a son type, son caractère propre, sa loi; dans les temps de confusion morale, quand les arts ont assemblé quelques lignes gracieuses, ils croient avoir tout fait, et, comme dans la sphère philosophique toutes les idées s'effacent, ils ne cherchent à en reproduire aucune, et ne peuvent par conséquent rien exprimer.

Les peintures, dont plusieurs d'un mérite d'exécution incontestable, sont, les unes assez insignifiantes par leur sujet, les autres, d'un genre allégorique trop naïf et quelquefois peu décent.

Pourquoi le *Couronnement de Philippe le Long*, dont le règne est un des plus pâles de notre histoire, occupe-t-il un dessus de porte à la salle des séances? Les cinq ou six personnages qui représentent, dit le plan de la Chambre, les États Généraux de je ne sais quelle époque sur l'autre porte, ont plus d'à-propos ; mais, en fait, ils ne représentent rien de tout, car on ne voit point d'assemblée, et il est impossible de deviner ce que se veulent ces personnages que nul

Salle des séances du Sénat.

motif visible ne semble réunir. D'autres fresques, et toujours allégoriques, ne déparent pas celles que je viens de citer. Dans l'une d'elles, qu'au miroir symbolique je crois reconnaître pour *la Vérité*, la principale figure est d'une ravissante expression; il est impossible de voir des yeux plus séduisants, un plus joli visage, des cheveux blonds plus soyeux; mais cette Vérité, si gracieuse qu'elle a l'air de *la Fable*, pourquoi étend-elle ses beaux bras blancs et ronds sur la vénérable assemblée? Je ne sais jusqu'à quel point la Philosophie et la Vérité sont de mise dans une réunion politique : il est surtout bien peu convenable de représenter ces divinités allégoriques sous une forme si séduisante. Cette *Vérité* au torse onduleux, à l'attitude légèrement effrontée, ressemble prodigieusement à la Fable, et si l'artiste a voulu peindre le Mensonge, il a eu également tort de le rendre si aimable; quoique le mensonge semble être de couleur locale dans ces parages, il n'en est pas moins vrai que les fables débitées par MM. les hommes politiques ont rarement un minois si frais et si joli.

Ces derniers sujets ont été peints par M. Blondel. La décoration de la salle est complétée par d'autres peintures non moins remarquables, des sculptures et des médaillons. Les pendentifs, dans lesquels sont représentées *la Sagesse, la Loi, la Justice* et *la Patrie*, ont été exécutés par M. Abel de Pujol, un des plus grands amateurs de symboles et d'emblèmes de l'école ultra-allégorique d'il y a vingt ans. Les trois grands médaillons et les compartiments des six fenêtres, dont M. Vauchelet est l'auteur, représentent *la Prudence, la Vérité* et *la Confiance*, plus six images de grands législateurs, Moïse, Dracon, Solon, Lycurgue, Numa et Justinien. Enfin, près du centre de la voûte, dans six médaillons plus petits, se trouvent les portraits couleur de bronze de Charles V, Louis XII, François Ier, Louis XIV, Napoléon Ier et Louis XVIII. Comme on le voit, c'est un cours complet, en peinture, d'histoire, de morale et de politique; si les pairs n'en ont guère profité, espérons que nos sénateurs ne négligeront pas ces enseignements symboliques, joints aux enseignements plus sérieux de l'expérience.

Au total, l'impression que laisse la salle des séances est celle d'un salon assez grandiose : tout y respire le calme, la dignité, la sérénité. On reprochait aux pairs de l'ancien régime (c'est-à-dire de la Restauration et du gouvernement de Juillet, car nous avons, depuis soixante ans, tant d'*anciens régimes*, qu'il est difficile de s'y reconnaître), on leur reprochait, dis-je, leur inutilité, leur défaut d'initiative, leur immobilité d'Hermès législatifs enfermés dans leur gaîne de momies

CHAPITRE XLV. — LE LUXEMBOURG.

représentatives ne secouant jamais leurs bandelettes et leur cercueil. Aussi le public se montrait-il peu soucieux des séances ordinaires : on riait par tradition du grand costume du chancelier-président, de sa simarre, avec le cordon rouge en sautoir et le rabat de dentelles brodées, le tout couronné de la toque de velours noir garnie d'hermine. On riait aussi du frac gros bleu, brodé d'or au collet et aux parements, que messieurs les pairs endossaient, le plus souvent, sur un gilet et sur un pantalon de fantaisie ; mais on les laissait à leurs *récréations* législatives, sauf peut-être les jours où quelques anciens membres renommés par leur éloquence, M. de Montalembert, M. Cousin, devaient prendre la parole ; ou bien encore si l'on s'attendait à quelque saillie de MM. de Boissy ou d'Althon-Shée, les *enfants terribles* de la grave assemblée.

Mais il y avait des jours d'empressement et de concours immense : des jours où, pour se procurer des billets d'entrée, les gens les plus haut placés se livraient à des manœuvres savantes, à des intrigues délicates et plus compliquées que la diplomatie sérieuse. C'était quand la Chambre des pairs se transformait en haute cour judiciaire, pour prononcer sur le sort des coupables hors ligne, ministres concussionnaires, régicides, accusés de rébellion ou de haute trahison. Parmi les procès de ce genre qui ont été énumérés plus haut, quelques-uns ont atteint une célébrité colossale : chacun parle encore des accusés d'avril, des accusés de 1839, de Barbès, de Blanqui, de Martin Bernard, ces républicains prématurés, qui, aujourd'hui encore, expient dans l'exil ou dans la prison des convictions politiques et sociales, imprudentes ou aveugles. Fieschi, lui aussi, eut le privilége d'occuper, de longues années, l'attention et les souvenirs des Parisiens : sa machine infernale le place au premier rang parmi les régicides qui ont menacé, une fois chaque année, la vie de Louis-Philippe. Et on n'oublie pas ce fameux procès de MM. Teste et Cubières, qui porta un coup si terrible à la royauté de Juillet. Sous la République, le droit de haute justice fut déféré, dans des occasions analogues, à un jury tiré des conseils généraux. Depuis sa création, le Sénat n'a pas eu l'occasion d'exercer ce droit dont il a hérité.

Je n'ai rien de particulier à dire ici sur le Sénat réorganisé par la constitution de 1852 ; son histoire est presque tout entière dans les articles de cette constitution, et dans les règlements relatifs à sa discipline intérieure et au costume de ses membres. Le titre IV de la constitution renferme les articles suivants, relatifs au Sénat :

« Le nombre des sénateurs ne pourra excéder cent cinquante : il est fixé pour la première année à quatre-vingts.

Le Sénat se compose :

1° Des cardinaux, des maréchaux, des amiraux ;

2° Des citoyens que le président de la République

Costume des sénateurs.

juge convenable d'élever à la dignité de sénateur.

Les sénateurs sont inamovibles et à vie.

Les fonctions de sénateur sont gratuites ; néanmoins, le président de la République pourra accorder à des sénateurs, en raison de services rendus et de leur position de fortune, une dotation personnelle, qui ne pourra excéder trente mille francs par an.

Les présidents et les vice-présidents du Sénat sont nommés par le président de la République et choisis parmi les sénateurs.

Ils sont nommés pour un an.

Le traitement du président du Sénat sera fixé par un décret.

Le président de la République convoque et proroge le Sénat. Il fixe la durée de ses sessions par un décret.

Les séances du Sénat ne sont pas publiques.

Le Sénat est le gardien du pacte fondamental et des libertés publiques. Aucune loi ne peut être promulguée avant de lui avoir été soumise.

Le Sénat s'oppose à la promulgation :

1° Des lois qui seraient contraires ou qui porteraient atteinte à la constitution, à la religion, à la morale, à la liberté des cultes, à la liberté individuelle, à l'égalité des citoyens devant la loi, à l'inviolabilité de la propriété et au principe de l'inamovibilité de la magistrature ;

2° De celles qui pourraient compromettre la défense du territoire.

Le Sénat règle par un sénatus-consulte :

1° La constitution des colonies et de l'Algérie ;

2° Tout ce qui n'a pas été prévu par la constitution et qui est nécessaire à sa marche ;

3° Le sens des articles de la constitution qui donnent lieu à différentes interprétations.

Ces sénatus-consultes seront soumis à la sanction du président de la République, et promulgués par lui.

Le Sénat maintient ou annule tous les actes qui lui sont déférés comme inconstitutionnels par le gouvernement, ou dénoncés pour la même cause par les pétitions des citoyens.

Le Sénat peut, dans un rapport adressé au président de la République, poser les bases des projets de loi d'un grand intérêt national. Il peut également proposer des modifications à la constitution. Si la proposition est adoptée par le pouvoir exécutif, il y est statué par un sénatus-consulte.

Néanmoins sera soumise au suffrage universel toute modification aux bases fondamentales de la constitution, telles qu'elles ont été posées dans la proclamation du 2 décembre et adoptée par le peuple français.

En cas de dissolution du Corps législatif, et jusqu'à une nouvelle convocation, le sénat, sur la proposition du président de la République, pourvoit, par des mesures d'urgence, à tout ce qui est nécessaire à la marche du gouvernement. »

Quant au costume des membres du Sénat, un décret du président de la République, en date du 21 février 1852, en régla la forme de la manière suivante :

Grande tenue : Habit en drap bleu national, coupé droit sur le devant en forme de frac, doublé en soie blanche, garni de neuf gros boutons dorés à l'aigle sur la poitrine, brodé au collet, parements, poitrine, écusson, bouquet de poche, baguette et bords courants;

Gilet droit blanc, garni de petits boutons dorés;

Pantalon de casimir blanc, avec galons d'or sur la couture, de la largeur de 5 centimètres;

Chapeau en feutre, orné d'une ganse brodée or sur velours noir et garni de plumes blanches;

Épée dorée, à poignée de nacre, représentant une aigle sur la coquille.

Petite tenue : Habit en drap bleu national, garni de neuf boutons dorés à l'aigle sur la poitrine, collet et parement en velours noir, brodé seulement au collet et aux parements;

Gilet droit blanc;

Pantalon bleu, avec galon d'or sur la couture.

Modèle des broderies :

Broderie or, représentant des palmiers enlacés de chêne, palmiers en cannetille mate, dos de palmes en paillettes torsadées, feuilles de chêne brodées, moitié en passé, moitié en cannetille mate, les nervures en paillettes.

Les tiges en cannetille mate, baguettes composées d'un guipé en cannetille mate, une rangée de paillettes torsadées, une autre rangée de ronds, dits réverbères, et d'un guipé mat à l'intérieur.

Largeur du bord courant, y compris la baguette, 6 centimètres.

C'est le Sénat qui vient de provoquer le plébiscite par lequel la France a changé de gouvernement et a mis la couronne impériale sur la tête du président de la République. (Vote des 21 et 22 novembre 1852.)

Le président de la Chambre des pairs était logé au Petit-Luxembourg; et cet hôtel eût été destiné également au président actuel du Sénat, si celui-ci n'avait préféré pour son habitation l'hôtel des Invalides, dont il est le gouverneur général.

Il faut ici dire quelques mots du Petit-Luxembourg. On ne sait pas bien si ce fut Richelieu ou la reine Marie qui le fit construire : la dernière version paraît la plus probable ; mais ce qui est avéré, c'est que, soit comme propriétaire et constructeur, soit comme donataire de la reine Marie, le cardinal resta en possession de cet immeuble, qu'il logea sa nièce, madame de Combalet, qu'il l'habita lui-même quelque temps, et que, lorsqu'il alla s'établir au Palais-Cardinal, il en fit don à une autre de ses nièces, Marie de Vignerod, duchesse d'Aiguillon. Le Petit-Luxembourg passa ensuite dans la maison de Condé. Il fit plus tard retour à la branche régnante, et, en 1778, il fut compris dans l'apanage de Monsieur, comte de Provence. Sous la constitution de l'an III, il devint la résidence provisoire de quatre des membres sur cinq du Directoire exécutif. Ce provisoire fut définitif; car Brumaire trouva Gohier, Moulins, Roger-Ducos et Siéyès encore en possession du Petit-Luxembourg, et ce fut Bonaparte qui les y remplaça dès le surlendemain du coup d'État qui y avait été préparé et combiné. Il n'en sortit que pour aller aux Tuileries, le 30 pluviôse an IX. Laplace, chancelier du Sénat, le prince Joseph Bonaparte, comme grand électeur sous l'Empire, le chancelier d'Ambray sous la Restauration, le chancelier Pasquier sous le gouvernement de Louis-Philippe, occupèrent successivement cet hôtel, où leur succéda la *commission exécutive*, second pouvoir de la révolution de Février.

L'entrée de ce petit palais est située rue de Vaugirard. Pendant qu'il appartenait à la famille de Bour-

La commission des travailleurs au palais du Luxembourg.

bon, ce qui le fit nommer aussi *Petit-Bourbon*, il s'y établit la *Société des Arts*, qui tenait ses séances sous la présidence et le patronage de Louis de Condé, comte de Clermont, l'un des héritiers d'Anne de Bourbon, palatine de Bavière, qui avait fait réparer et rattacher au grand palais le Petit-Luxembourg : l'architecte Germain Boffrand, qui dirigea les travaux et fit construire le délicieux petit cloître que l'on voit encore entre l'hôtel et l'orangerie. Ces bâtiments ont été démolis en 1812 et en 1813, et la communication à couvert a cessé d'exister entre le grand et le petit Luxembourg. Depuis 1830, l'hôtel du chancelier a été restauré de fond en comble; et un jardin dessiné à l'anglaise l'a fait de nouveau communiquer avec la Chambre des pairs. Ce jardin est accessible au public.

On ne saurait oublier, même aujourd'hui, en parlant de l'histoire du Luxembourg, l'épisode le plus saillant peut-être qui signale son existence, si accidentée entre toutes les existences de monuments. Il s'agit des discussions dont la salle des pairs fut le théâtre, sous la présidence et la vice-présidence des citoyens Louis Blanc et Albert, lorsque le gouvernement provisoire eut institué la commission des travailleurs. Peut-être qu'un historien philosophe, dans un pareil sujet, trouverait matière à bien des digressions et des réflexions sociales et autres; Dieu merci! pour cet ouvrage, nous n'avons besoin que de rappeler, que de reproduire de notre mieux le côté pittoresque de ces étranges séances; et il faut se féliciter de ce qu'on ne se trouve pas exposé, par devoir, à remuer ces cendres chaudes, à réveiller ces haines et ces colères mal assoupies.

M. Louis Blanc, économiste discutable, et M. Albert, ouvrier que la révolution avait tiré de l'obscurité, reçurent la mission d'élucider le problème de l'organisation du travail, dont ils étaient les promoteurs, et aussi, quoique d'une manière moins ostensible, pour persuader au peuple triomphant qu'il fallait *prendre patience*. Chacun sait que leurs discours ont abouti aux ateliers nationaux. La chambre des pairs, toute resplendissante d'or et de velours, s'ouvrit, vers le milieu du mois de mars, vingt jours à peine après le triomphe, aux délégués des diverses industries, jaloux de s'éclairer par la discussion et par la communication directe avec le jeune orateur. Ils prirent les places de ces législateurs qui s'étaient enfuis devant la République; et, selon la parole colorée du président, sur ces mêmes bancs où brillaient naguère les habits brodés, d'où venait de sortir une aristocratie en cheveux blancs, un peuple en haillons venait s'asseoir, une multitude se pressait, vêtue de vestes et de blouses usées par le travail, ou peut-être déchirées par de récents combats.

Les huissiers de l'ex-chambre, en grand costume, l'épée au côté, la cravate blanche, le frac noir, dépouillant leur morgue classique, parcouraient la salle, un peu inquiets, un peu rouges, un peu mal à l'aise dans leur splendide ajustement, non pour maintenir l'ordre qui ne fut pas une fois troublé, mais pour faire placer les nouveaux personnages consulaires, qui, de leur côté, prenaient possession du prétoire sans forfanterie, sans allégresse enfantine, mais sans malaise et sans fausse timidité.

Ce dernier mot, toutefois, n'est pas rigoureusement exact : il y avait aussi des femmes. Trois *bonnets*, déléguées de leur profession (les brocheuses, les colloristes et les plieuses, assure-t-on), siégeaient fort pacifiques et sans loquacité sur les bancs de la noble chambre. La vérification des pouvoirs, travail long et minutieux, ayant duré plusieurs heures avant l'entrée des délégués dont l'admission n'avait lieu qu'individuellement, au fur et à mesure de la production des titres, nulle marque d'impatience n'apparut, durant tout ce long préambule, dans les rangs de ceux qui attendaient; au dehors stationnait une foule immense d'ouvriers avides de connaître le résultat de la conférence, mais n'exprimait ce légitime désir par aucun tumulte, aucun cri, aucune manifestation de nature à troubler les plus alarmistes.

La séance fut d'ailleurs calme et paisible.

Le choix des délégués qui devaient assister aux travaux ultérieurs de la commission se fit par la voie du sort. Séance tenante, l'urne fut promenée de place en place par les huissiers, et reçut le nom de chacun: les trois femmes déposèrent les leurs comme tous les autres membres; puis le tirage eut lieu sans incident remarquable, et, en somme, le comité se trouva ainsi composé: un boutonnier en corne, — un armurier, — un éperonnier, — un peintre en voitures, — un menuisier en bâtiments, — un forgeron, — un fabricant de châles à façon, — un tonnelier, — un fondeur en fer et un couvreur en bâtiments.

Il faut maintenant que le lecteur revienne dans le jardin, et visite, s'il lui plaît, les serres et l'orangerie. Les serres sont voisines du monument: quoique suffisamment riches en végétaux précieux, elles ne présentent ni la splendeur, ni l'étendue, ni l'opulence des serres du Jardin des plantes. Les pièces les plus curieuses de la collection qu'elles renferment sont quelques arbres et quelques plantes rares, appartenant au jardin de l'École de médecine, annexé au Luxembourg, et qui s'ouvre par une sorte de cour et de porte bâtarde, rue d'Enfer. Je ne dois pas oublier de dire que c'est aussi rue d'Enfer que se trouvent les quelques maisons où demeurent les surveillants et le bibliothécaire du Luxembourg; car il y a une bibliothèque. Quant à l'orangerie, elle est vaste et richement peuplée: on y pénètre par la rue de Vaugirard. Lorsqu'on fouilla la terre pour la construire, il y a peu d'années, on découvrit, à une faible profondeur, quelques fragments de plâtrages recouverts en partie de peintures, et un vase d'argent renfermant un grand nombre de monnaies romaines. Cet indice fut rapproché des divers résultats qui avaient été obtenus dans des fouilles antérieures, et on conclut que tout cet emplacement avait été occupé par un camp romain. En effet, Sauval rapporte

Une exposition de la société d'horticulture au jardin du Luxembourg.

que, quand on creusa les fondements du palais, on trouva, entre autres objets d'antiquité, un Mercure de bronze. « Ce Mercure, dit l'historien de Paris, n'avoit plus de cinq à six pouces de haut: à l'ordinaire, il étoit nu, et un pied en l'air, ou pour marcher ou pour voler; mais, contre la coutume, il n'avoit point de bonnet; ses ailes lui sortoient de la tête, et sur la paulme de la main droite, il portoit une bourse toute pleine. » D'autres fouilles, exécutées en 1801, firent découvrir une nouvelle figurine de Mercure, une Cybèle, quelques instruments destinés aux sacrifices, et, ce qui rend probable l'hypothèse d'un camp fortifié, des boucles, des agrafes, des débris de harnais, des boutons et un bout de fourreau d'épée. M. Gisors, en faisant travailler aux fondements de la nouvelle chambre, trouva, de son côté, une infinité de fragments de tuiles et de poteries, des statuettes en pierre, et une série de puisards: en un mot, l'on peut dire que le jardin et le palais du Luxembourg reposent sur une couche de ruines et de vestiges qui attestent le séjour prolongé d'une armée romaine.

Pour en revenir à l'orangerie et aux serres, il nous reste à parler des expositions d'agriculture, et surtout d'horticulture qui s'y sont faites et qui s'y font de temps en temps. La science de cultiver les jardins, que n'ignoraient pas les anciens, et qui a inspiré un poème latin au P. Vanières, remonte en France à une époque assez reculée; et, quoique ce ne soit pas une science d'origine précisément nationale, les expositions de fleurs et de fruits qui se renouvellent fréquemment sur différents points de notre territoire prouvent que nous ne sommes pas, sur ce point, indignes de nos devanciers et de nos maîtres. Il paraît que la première société moderne organisée pour l'étude de la botanique fut créée à Padoue, vers le commencement du quinzième siècle. L'association fameuse de Sainte-Dorothée, en Hollande, remonte à une antiquité presque aussi respectable; on voit que ses statuts furent révisés en 1660. A cette époque, la liste des confrères contenait déjà des noms de jardiniers mêlés avec des noms d'artistes, de magistrats, voire de princes et de grands seigneurs. Cette égalité devant la tulipe, et la persistance de la confrérie, qui vit encore malgré plusieurs siècles de révolutions, suffisent pour donner une idée du fanatisme horticole qui règne dans les Pays-Bas depuis la guerre de l'indépendance.

En France, les jardiniers ont adopté saint Fiacre pour patron. Ce saint vivait dans un temps où, le sacerdoce n'étant point un état, tous ceux qui appartenaient à l'Église et n'avaient point de patrimoine prenaient honnêtement un métier pour vivre. Saint Fiacre occupait dans l'Église le rang de diacre; il était en outre jardinier de profession; le patronage des jardiniers lui revenait de droit, au même titre que celui des cordonniers à saint Crépin, et celui des voleurs au Bon Larron.

Deux paroisses de Paris, Sainte-Marguerite (faubourg Saint-Antoine) et Saint-Médard (faubourg Saint-Marceau), célèbrent encore tous les ans avec pompe, le 30 du mois d'août, la fête de saint Fiacre.

La Société d'horticulture de Paris, quoique la plus ancienne de la France, ne date que de 1827 ; ses expositions ont lieu toutes les années, tantôt aux Tuileries, tantôt au carré Marigny, dans les Champs-Élysées, mais le plus souvent à l'Orangerie ou dans toute autre partie du jardin du Luxembourg. Les jardiniers de profession et les jardiniers amateurs viennent se disputer les prix offerts aux plus heureux et aux plus habiles : il est vrai que le soleil, que la terre, que les autres agents naturels, quelle que soit leur part au résultat, ne concourent pas pour la récompense.

Aussi se vengent-ils trop souvent en détruisant tout d'un coup les espérances les mieux fondées et les plus savantes combinaisons. En général, on fait peu d'améliorations extraordinaires pour les fruits : les jardiniers se contentent de lutter de grosseur et de belle apparence ; il s'agit des produits, bien entendu. A peine si l'on voit çà et là quelque citrouille bizarrement déformée et contrefaite, quelque poire ou quelque pomme démesurée et revêtue, soit d'une inscription, soit d'une image plus ou moins excentrique. A part ces inventions assez rares, rien ne satisfait plus le goût esthétique et le goût physique, que le coup d'œil offert par ces pyramides de fruits à l'air savoureux et appétissant, à la peau vernie et reluisante, que ces grappes de raisin venant du pays de Chanaan, que ces guirlandes de légumes dont on ne peut qu'admirer la taille, la fraîcheur, la bonne mine. Il faut l'avoir vu, pour croire que des carottes, des navets, des potirons et d'autres légumes tout aussi prosaïques, puissent exciter à tel point la convoitise et revêtir une apparence si friande.

La floriculture est plus propre à éveiller l'imagination des jardiniers ; en effet, il leur est offert des prix pour chaque fleur nouvelle, pour chaque croisement inattendu, pour chaque couleur non comprise dans le programme que donne la nature. Aussi, quand on a jeté un coup d'œil d'admiration sur ces éblouissantes couleurs de ces corbeilles de roses, de camélias, d'œillets, sur ces plantes tropicales, dont les fleurs brillent comme les diamants leurs compatriotes, on ne peut s'empêcher de regarder aussi ces prodiges si bien rémunérés et si difficiles à obtenir.

Les amateurs de profession et les horticulteurs seuls peuvent se reconnaître au milieu du dédale d'*orchidées*, d'*azalées*, de *cinéraires*, de *calcéolaires* et autres familles rébarbatives, issues du grec ou tout au moins

Congrès central de l'agriculture au Luxembourg.

du latin, qui se sont emparées par droit de conquête du monde gracieux de la botanique. Depuis l'humble violette, depuis les *yeux de la vierge*, dont les barbares ont fait le myosotis (*oreille de rat*), jusqu'au géant des fleurs, à la *rose Victoria*, qui a quinze pieds de diamètre et qui sent la viande en putréfaction, tout est classé, noté, hellénisé, pour la plus grande satisfaction de messieurs les jardiniers, savants et grecs jurés, comme personne ne l'ignore. Puisqu'il nous est interdit, à nous profanes, de pénétrer dans ce riant sanctuaire dont l'entrée est interdite par les ronces de l'érudition, disons adieu à ce prestige de parfums et d'éblouissements qui saisit les visiteurs d'une exposition horticole. Nous n'y avons pas appris la botanique ; mais peut-être que le peintre aura retenu quelques couleurs de cette splendide palette de la nature ; peut-être que l'harmonie mystérieuse de ces fleurs aura été entendue de quelque musicien, aura inspiré quelque rêveur, quelque poète. En ce cas, nous nous consolerions de ne pas savoir au juste si ce sont les *hybrides* qui ont mérité la couronne, ou si cet honneur a été partagé entre l'*echithès*, l'*ipomea* et la *stephanotis floribunda*.

De l'horticulture à l'agriculture il n'y a qu'un pas : et, pour finir enfin ce chapitre, qui, à propos d'un palais et d'un jardin, prend les allures d'une encyclopédie, disons quelques mots du Congrès central d'agriculture qui a siégé au Luxembourg, et qui peut-être y siège encore. Je dis *peut-être*, car, à notre honte, nous condamnons à un sévère *incognito* les discussions agricoles et industrielles, qui ont sans doute autant d'intérêt et surtout beaucoup plus d'utilité que les débats journaliers par lesquels nous nous laissons absorber. Nous croyons être quitte avec notre conscience, quand nous avons épuisé un vieux répertoire de plaisanteries sur les agriculteurs en gants jaunes, qui naissent assolements, engrais, jachères, pâturages, sans avoir de leur vie vu pousser un brin d'herbe, et sans être capables de distinguer un épi de blé d'un épi de seigle. Le conseil qui se réunit au Luxembourg est fort au-dessus de ces critiques, méritées peut-être par quelques comices prétendus agricoles de la province : sa composition et le programme des questions dont il s'occupe d'ordinaire le démontrent assez. Il se compose de 236 membres, dont 86 agriculteurs nommés par le ministre ; 51 industriels, par les chambres consultatives des manufactures ; 65 commerçants, par les chambres de commerce, et 34 membres appartenant à ces diverses catégories, et nommés par le ministre. Le conseil central de l'agriculture, des manufactures et du commerce est fondé dans l'intention d'étudier le problème immense du travail, du crédit et du capital : peut-être qu'en ne procédant pas révolutionnairement, mais qu'en cherchant avec zèle et persévérance, il rendra le Luxembourg, lieu ordinaire de ses séances, témoin de la solution cherchée en vain par la commission des travailleurs, que nous avons vue tantôt à l'œuvre.

Chapitre XLVI.

LE MUSÉE DU LUXEMBOURG.

Le musée du Luxembourg. — Son but. — Lafont de Saint-Yenne, le premier des critiques en peinture. — Ses brochures. — L'*Ombre du grand Colbert*. — Premier musée du Luxembourg. — État du musée actuel du Luxembourg. — Les chefs-d'œuvre des contemporains. — *Le Colloque de Poissy*. — *Les Femmes souliotes*. — *Le Larmoyeur*. — *Jésus-Christ guérissant un possédé*, par M. Forestier. — *La Mort d'Élisabeth*, par Paul Delaroche. — *Les Enfants d'Édouard*. — *Marius à Minturnes*. — *La Mort de César*, par M. Court. — *Les Exilés de Tibère*, par M. Barrias. — *Lady Macbeth* et *Appel des dernières victimes de la Terreur*, par M. Müller. — *Le Labourage nivernais*, par Mlle Rosa Bonheur. — *La Malaria*, par M. Hébert. — *Les Romains de la décadence*, par M. Couture. — Les tableaux de M. Horace Vernet. — Ingres. — *Portrait de Chérubini*. — *La naissance de Henri IV*, par Devéria. — Eug. Delacroix et ses tableaux. — La sculpture et la gravure au musée du Luxembourg. — Derniers moments des comtes d'Egmont et de Horn.

Une porte placée dans la façade occidentale du palais du Luxembourg, à côté de la grille qui sépare les jardins de la rue de Vaugirard, donne accès sur un escalier de l'apparence la plus modeste, tel qu'on en peut voir dans les hôtels garnis du second ordre. Cet escalier conduit à un premier étage, sur le palier duquel se trouve une double porte, ouverte à deux battants le dimanche et les jours de fête, munie d'une sonnette pour les autres jours de la semaine. Vous pénétrez alors dans une sorte d'antichambre, et vous reconnaissez, si vous n'avez pas été prévenu d'avance, en voyant dans le fond de la salle la marchande de livrets et son étalage de petites brochures bleues, que vous êtes dans un musée. Ce musée est celui du Luxembourg; il a pour destination officielle d'abriter les chefs-d'œuvre de la peinture et de la sculpture contemporaines, et depuis quelque temps ceux de la gravure et de la lithographie. Avant d'examiner s'il répond dignement à ce but, disons quelques mots de sa fondation et des circonstances qui l'ont amenée.

Et d'abord, parlons d'un homme dont peu de gens savent le nom aujourd'hui, et dont nous aurions dû nous occuper plus tôt, car c'est à lui que nous devons peut-être, et nos musées et nos expositions de peinture et de sculpture, bien plus encore, la conservation du Louvre.

Il existe, dans la collection des estampes de la Bibliothèque nationale, une caricature à l'eau forte dont la composition doit sembler d'abord étrange; elle représente un aveugle dans le costume de l'hôpital royal des Quinze-Vingts, comme l'indique la fleur de lis brodée sur sa longue houppelande, debout devant un chevalet, une plume et un papier à la main. En examinant ce dessin avec attention, vous lirez sur le papier les mots suivants : *Lettres sur les tableaux du Salon, par le juge ordinaire*; vous avez le mot de l'énigme : cette caricature est une caricature d'artiste contre un critique. L'aveugle qui fait semblant d'examiner des tableaux est en effet un critique de tableaux, et le premier de tous par ordre de date. Il s'appelait Lafont de Saint-Yenne, un nom que le lecteur rencontre sans doute pour la première fois, à moins, chose assez rare aujourd'hui, qu'il ne soit un bibliographe des plus érudits en matière d'art. Ceci ne veut pas dire que nos prétentions, à nous, s'élèvent jusque-là, car notre découverte fut un hasard, — comme presque toutes les découvertes, — et depuis quelques années le nom de Lafont de Saint Yenne est connu de quelques amateurs. M. Villot, le conservateur de la peinture aux musées nationaux, dans la préface qui précède le catalogue, rédigé par lui, des ouvrages d'art exposés au Luxembourg, lui rend la même justice que nous lui rendons et reconnaît que c'est à lui que la France, doit la fondation de nos musées. Cet aveu d'un personnage officiel est bon à enregistrer, et prouve que la critique peut servir à quelque chose, ce dont tant de gens doutent à l'heure qu'il est.

En effet, vous allez voir tout ce que nous devons, comme je le disais tout à l'heure, à Lafont Saint-Yenne, cet homme encore hier parfaitement inconnu.

D'abord qu'est-ce que c'était que Lafont de Saint-Yenne? Tout simplement un dessinateur des manufactures de Tours et de Lyon, du dernier siècle, qui aimait les arts et s'y connaissait mieux que la plupart de ceux qui prétendaient alors les protéger. Indigné de l'état d'abandon et de ruine où on laissait nos plus beaux monuments, il publia, en 1747, deux brochures, dans lesquelles il constatait le mal et proposait les moyens d'y remédier. Dans la première : *Réflexions sur quelques causes de l'état présent de la peinture en France, avec un examen des principaux ouvrages exposés au Louvre, le mois d'août 1746*, nous lisons les lignes suivantes : « *Le moïen que je propose pour l'avantage le plus prompt et en même temps le plus efficace pour un rétablissement durable de la peinture*, ce seroit donc de choisir dans ce palais (le Louvre), ou quelque autre part aux environs, un lieu propre pour placer à demeure les innombrables chefs-d'œuvre des plus grands maîtres de l'Europe, et d'un prix infini, qui composent le cabinet de Sa Majesté, entassés aujourd'hui et ensevelis dans des petites pièces mal éclairées et cachées dans la ville du Louvre, inconnus ou indifférents à la curiosité des étrangers par l'impossibilité de les voir. »

Voilà bien la première pensée de la création du musée du Louvre que la Convention nationale, comme nous l'avons vu, devait avoir la gloire impérissable de réaliser.

Dans son autre brochure, *l'Ombre du grand Colbert*, dont nous recommandons la lecture à tous ceux qui regrettent le bon vieux temps comme la seule époque où les gouvernements aimaient et comprenaient les arts, il nous montre les murs du Louvre, sans couverture, abandonnés aux outrages du temps, comme la masure la plus vile; les bâtiments destinés aux usages les plus abjects qui l'entourent de toutes parts et qui ont pénétré jusque dans l'intérieur de la cour; la galerie d'Apollon toute dégradée; l'état de désordre dans lequel se présentent aux regards ces célèbres batailles de Lebrun qui ont fait l'admiration de l'Europe, les murs et les indignes barrières qui déshonorent le devant de la superbe colonnade de Perrault. » Lafont rapporte ensuite que le cardinal Fleury avait proposé d'abattre le Louvre pour en vendre les matériaux, et que cette proposition fut adoptée par le conseil à l'unanimité, moins une voix, qui seule empêcha cet acte de vandalisme auquel les révolutions les plus terribles n'auraient rien eu à comparer.

Il signale en outre, dans les deux brochures, la honteuse destruction qui menace la galerie de Rubens au Luxembourg. « Ils sont, dit-il dans ses *Réflexions*, du côté de la cour presque détruits par la négligence des concierges, qui laissent les vitraux des croisées ouverts dans les jours les plus brûlants, et dévorer à l'ardeur du soleil, depuis le midi jusqu'à ce qu'il soit entièrement douché, ces tableaux sans prix, ces beautés que toutes les richesses du souverain ne pourroient aujourd'hui remplacer. »

Il y a bien d'autres choses dans ces brochures, et qu'on est tout étonné d'y trouver. Par exemple, l'auteur, qui s'était plaint des tristes barrières du Louvre, demande aussi l'agrandissement de l'Hôtel de ville, et le dégagement du portail Saint-Gervais.

L'Ombre du grand Colbert fit une grande sensation; le *Journal du trésor*, le *Journal des savants*, lo *Journal de Trévoux* et même le *Mercure de France*, en parlent avec éloge. Malheureusement pour Lafont, ses *Réflexions* lui créèrent autant d'ennemis que *l'Ombre du grand Colbert* lui avait attiré d'éloges. Dans cet ouvrage, il avait osé censurer les œuvres de messieurs les membres de l'Académie royale de peinture, exposés dans le salon du Louvre de 1746, et cette honorable corporation, élevée dans les traditions du superbe Lebrun, habituée au compte rendu quasi officiel et invariablement louangeur du *Mercure de France*, ne pardonna jamais au pauvre écrivain ses critiques, pourtant bien mesurées et bien timides, et qui n'annonçaient guère les philippiques véhémentes dont Diderot devait plus tard stigmatiser les talents vaniteux et médiocres de son temps. A partir de ce moment-là, Lafont fut regardé comme une sorte de fou dangereux et malfaisant, comme un idéologue, dirait-on aujourd'hui, et se vit en butte à la rancune de tous les académiciens. Le peintre Watelet, qui se piquait d'écrire sur son art, témoin les articles du Supplément de l'*Encyclopédie*, grava, d'après le dessin d'un élève de l'Académie, Portien, la caricature dont nous avons parlé en commençant; et, longtemps après la mort de Lafont, Cochin, dont la haine avait de la mémoire, le mit sous le nom d'Ardelcori, dans les *Misotechnites*, aux enfers, pour expier le crime d'avoir inventé l'usage odieux et abusif des comptes rendus du Salon.

Quoi qu'il en soit, la critique d'art était fondée en France à partir des ouvrages de Lafont; le premier musée ne tarda pas à l'être, non pas dans le lieu qui avait été désigné par notre écrivain, mais au palais du Luxembourg, qui fut ouvert au public pour la première fois le 14 octobre 1750.

Il va sans dire, comme le constate fort justement M. Villot, que, dans le catalogue de tableaux rédigé à cette occasion, il ne fut pas dit un seul mot de Lafont de Saint-Yenne. M. de Tournehem, l'auteur de ce catalogue, s'exprime ainsi dans l'Avertissement, après avoir félicité, suivant l'usage, Sa Majesté, d'avoir bien voulu montrer au public une partie de ses tableaux, qui se perdaient ailleurs : « Il en fut question dans l'année 1747, mais cela n'a pu s'arranger qu'en 1750. » Le « il en fut question » de M. de Tournehem est charmant; il n'en empêche le public de croire que c'est à ce personnage que revenait la première idée du nouveau cabinet. Il y avait bien déjà des journaux et des journalistes dans ce temps-là qui auraient pu réclamer en faveur du véritable père; mais la liberté de la presse, ce poison révolutionnaire, n'existait pas alors. Lafont fut donc complètement oublié; c'est pour nous un devoir de faire revivre la mémoire de cet ami ingénieux et désintéressé de l'art et de ses chefs-d'œuvre, et, puisque l'administration des musées s'est déjà plu à lui rendre la justice qui lui est due, il nous semble qu'elle compléterait d'une façon digne de ce pays cet acte tardif de réparation en faisant placer, soit au Luxembourg, soit au Louvre, le buste du pauvre écrivain.

Le nouveau cabinet du Luxembourg fut divisé d'abord en deux parties : l'une, la première, comprenait les vingt et un tableaux de Rubens, représentant l'histoire de Marie de Médicis, et qui se trouvaient encore dans la galerie située au premier étage de l'aile droite du palais. La deuxième partie fut placée dans l'appartement de la reine d'Espagne et dans la galerie où se trouvent aujourd'hui les ouvrages des artistes contemporains. Elle comprenait quatre-vingt-seize tableaux dont le classement et l'arrangement furent dirigés par Jacques Bailly, garde des tableaux du roi, et père du malheureux maire de Paris, S. Bailly, qui joua un rôle si important dans les commencements de la révolution. On y remarquait des tableaux de Raphaël, du Titien, de P. Véronèse, du Corrégo, du Lorrain, de Rubens, de Van-Dyck, du Caravage, de Rembrandt, de Berghem et de quelques autres petits maîtres flamands et hollandais.

Cette collection resta au Luxembourg jusqu'en décembre 1779, époque où le palais fut donné en apanage au comte de Provence (Louis XVIII) ; les tableaux du cabinet du roi de la galerie de Médicis en furent enlevés et transportés nous ne savons dans quel endroit.

Peu de temps avant la révolution de 1789, M. d'Angiviller avait fait transporter au Louvre, pour y être restaurés, tous les tableaux de l'ancienne collection du Luxembourg, qui étaient alors en fort mauvais état. Ils y restèrent empilés et cachés jusqu'à l'ouverture du Muséum central.

En 1802, le Luxembourg rouvrit ses portes à la galerie de Médicis, et à un assez grand nombre de tableaux livrés par le Musée central, parmi lesquels figuraient surtout des œuvres de l'école française, notamment des tableaux du Poussin et de Philippe de Champaigne, de Lesueur et la collection des ports de France de Vernet et de Hue.

Les choses restèrent à peu près au cet état jusqu'en 1815; mais, les alliés ayant repris dans les galeries du Louvre tous les chefs-d'œuvre, et même quelques autres, dont l'épée victorieuse de Napoléon les avait dépouillés au profit de ce palais, les tableaux du Luxembourg durent retourner au Musée central pour combler ces vides énormes. Enfin, en 1818, une ordonnance royale décida que le musée du Luxembourg serait désormais consacré à l'exposition des chefs-d'œuvre de l'art contemporain. Telle est encore aujourd'hui sa destination.

Certainement la fondation du musée du Luxembourg répondait à une pensée intelligente, et l'on ne peut d'abord que s'étonner de la médiocrité du résultat obtenu et de l'impression assez triste que le visiteur, et surtout le visiteur étranger, emporte d'une promenade dans cet établissement.

Il y a à cela plusieurs causes, et deux principales : la première vient du mode d'achat des tableaux; la seconde, d'une clause du règlement du musée qui porte que les ouvrages des artistes contemporains resteront dans le musée dix ans après leur mort. Or, à l'époque où le musée fut fondé, l'école française, triste héritière de celle de l'Empire, ne produisait que des œuvres dont les auteurs sont oubliés pour la plupart de tout le monde, excepté du gardien du musée et du garçon de bureau de l'Institut. Plus tard, quand le mouvement romantique eut commencé, les œuvres des écoles nouvelles ne trouvèrent pas un facile accès dans les salles du musée, ce qui est facile à comprendre quand on sait que la plupart des toiles de ce musée ont été achetées jusqu'en 1848 par un jury exclusivement académique, à la suite des expositions du Louvre.

Aussi dans ce musée des gloires contemporaines, chercheriez-vous vainement un tableau de Corot, de Meissonnier, de Français, d'Isabey, de Diaz, des Leleux, de Noyou, et de tant d'autres qui ont fait le renom de l'école moderne, une statue de David, ou un groupe de Barye. Géricaut, Bonington, Decamps, et autres, sont morts sans avoir pu jouir une seule fois pendant leur vie de l'honneur de voir figurer leurs toiles à côté de celles de MM. Monvoisin, Remoux, Lapito, Beaume, Picot, Mauzaisse, et autres célébrités plus ou moins inconnues. Cela ne veut pas dire pourtant que l'école moderne n'est point représentée. Le jury académique n'avait pas seul le droit de diriger les acquisitions pour le musée, et la direction des beaux-arts en a fait plus d'une dont il faut la louer. Par exemple, M. Delacroix a dû à l'amitié et à la protection de deux hommes d'État du règne de Louis-Philippe, d'occuper au Luxembourg une belle place; anciennement, il y avait des rivaux, car on n'y compte pas moins de quatre tableaux de ce maître et des plus beaux qui soient sortis de ce pinceau si savant, si poétique et si audacieux.

M. Ingres n'y a été admis qu'assez tard ; on compte trois toiles de lui dans la grande galerie. Il y a trois tableaux de Robert-Fleury, dont l'un, le *Colloque de Poissy*, passerait dans tous les temps pour un chef-d'œuvre. M. Camille Roqueplan a eu plus de bonheur que Bonington, auquel il ressemble tant : il a déjà eu deux marines dans le Musée, et il lui en reste une. La lithographie a traduit, assez mal du reste, et popularisé cette charmante élégie de M. Gleyre, le *Soir*, pensée nouvelle exécutée sur un mode archaïque, sorte de petit poème pittoresque à l'André Chénier, avec plus de profondeur, et qui produit une émotion plus sincère et plus recueillie, qu'on trouve également au Luxembourg. Les *Femmes souliotes* et le *Larmoyeur* d'A. Scheffer, les paysages de Cabat, de Jeanrou, d'Aligny, de Théod. Rousseau, de P. Huet, A. Achard, Dauzat; les tableaux de MM. E. Devéria, Couture, Gigoux, C. Boulanger, Champmartin, Lehman, Gallimart, Penguilly, C. Saglio, Phil. Rousseau, complètent, avec ceux que nous venons de citer en commençant, les œuvres fort diverses et de goût et de style qui appartiennent au mouvement éminemment romantique en 1825. Encore faut-il remarquer que la plupart des noms que nous venons de citer se scandaliseraient fort d'une pareille épithète.

Parmi les œuvres purement académiques et qui appartiennent surtout à la queue de l'école de l'Empire, nous citerons les toiles de MM. A. de Pujol, Blondel,

Les Exilés de Tibère, par M. Barrias.

de Mauzaisse, Cominade, Delorme, Drolling, Gosse, Paul Guérin, et d'autres encore, compositions mythologiques ou prises dans l'histoire grecque et romaine, ou dans l'histoire sacrée. Dans ces compositions, il ne faut pas oublier un tableau rempli d'excellentes qualités, *Jésus-Christ guérissant un possédé*, de M. Forestier, où se remarquent de belles parties de peinture, savamment et largement exécutées. M. Mauzaisse et son tableau de l'*Arioste respecté par les brigands*, où l'on voit ce grand poète italien, en costume de *Jean de Paris*, aux prises avec des brigands des Funambules, représente à merveille la peinture de genre telle qu'on le comprenait en 1817.

Viennent ensuite la foule nombreuse des œuvres signées des noms plus ou moins célèbres qui représentent, dans l'école moderne, le talent bourgeois et l'absence d'originalité individuelle. Cette série d'artistes, qu'on pourrait appeler les peintres du juste-milieu, — épithète qui ne comporte ici aucune appréciation politique, — et qui semblent en général repousser avec autant d'effroi les innovations audacieuses et les traditions persévérantes et obstinées du passé, comptent des hommes d'un talent véritable, des réputations méritées et des faiseurs, habiles courtisans des succès, que l'approbation de la foule et du vulgaire, et la manne du budget, dédommagent à leur gré et amplement de la médiocre estime où les tiennent les esprits ardents et passionnés. C'est dans ce troupeau bigarré que se montrent maintenant les candidats de l'Académie.

Au premier rang des productions appartenant à cette catégorie, figure le tableau de M. Paul Delaroche, la *Mort d'Élisabeth*. On peut blâmer la roideur et la gaucherie des figures qui occupent le fond de la toile, l'aspect métallique de la peinture; mais la tête et l'expression d'aigle blessé à mort donnée à la reine anglaise, font de cette œuvre un morceau très-remarquable, et que nous préférons de beaucoup à ses *Enfants d'Édouard*, cette berquinade si proprement peinte qui se trouve dans la même galerie.

Au-dessus des *Enfants d'Édouard*, on voit un *Marius à Minturnes*, de M. Léon Cognet, peinture dramatique, mais d'un effet trop théâtral d'une couleur fausse.

La *Mort de César*, de M. Court, envoi de Rome, est placée presque en face de l'œuvre de M. Cognet. Ce tableau produisit une grande sensation au salon de 1827 pour sa mise en scène pompeuse et suffisamment dramatique. Pourquoi M. Court a-t-il donné au Brutus qu'on voit sur le premier plan de la toile, cette physionomie pleine de remords? Cela n'est ni dans la vérité historique, ni dans le caractère de ce patriote stoïque, qui venait, suivant sa conscience, d'accomplir un acte de justice.

Un autre tableau d'un élève de l'école de Rome, les *Exilés de Tibère*, de M. Barrias, représente encore un épisode de cette histoire romaine, si féconde en enseignements et en admirables sujets pour l'artiste qui saurait y trouver autre chose que des impressions banales et mille fois traduites. La peinture de M. Barrias, qui a le mérite de *retenir*, comme on dit en argot d'atelier, est faible, un peu vulgaire et conventionnelle, mais la composition ne manque ni d'intérêt ni d'arrangement. On peut croire, en voyant son tableau, qu'il s'est indigné des crimes de Tibère, de l'asservissement de Rome, et des proscriptions qui frappaient les meilleurs et les plus dignes, sans pouvoir arracher à sa bestiale indifférence un peuple corrompu et asservi.

Voici maintenant le tableau de *Lady Macbeth*, par M. C. Muller, qui fut d'autant plus admiré au salon de 1849, qu'à une couleur brillante plutôt que vraie, à une exécution à la fois preste et soignée, il joignait le mérite de ressembler à une scène de Shakespeare arrangée par M. Scribe.

Lady Macbeth s'avance en état de somnambulisme, poursuivie par d'horribles images et le remords du meurtre de Banquo. Ses yeux sont ouverts, et ne voient pas! Telle nous la montre Shakespeare au commencement de son cinquième acte, révélant à son insu ses crimes dans son sommeil en présence d'une suivante et du médecin qui la veillent depuis deux nuits. Telle nous la montre M. Muller dans une œuvre pleine d'habileté, qui impressionne le public, mais qui n'a pas des qualités aussi saisissantes, qui n'est pas aussi complète comme œuvre qu'on pourrait l'espérer.

Certes lady Macbeth, dans le tableau de M. Muller, a de la puissance; son attitude et son geste expriment bien l'horreur qui l'obsède : mais cette partie de ce geste si vrai par lequel elle soulève ses épaules et qui doit faire effet sur le théâtre où ce mouvement a son commencement et sa résolution, est-il intelligible sur la toile, surpris dans son point extrême? Du reste, la scène est groupée d'une manière dramatique, et cet éloge contient aussi une critique du sujet. Comme distribution de la lumière, ce tableau rappelle un peu trop les effets non toujours justifiés des vignettes anglaises. Dans la partie du tableau occupée par la suivante et le médecin, les mains, les fronts sont seuls éclairés. Avec cette lampe placée sur une balustrade de lit, avec cette croisée ouverte et ce ciel où scintillent des étoiles, quelle est la lumière qui frappe si inégalement la scène? Est-celle de la lune? on ne saurait le dire. La figure du médecin est très-belle et peinte dans un goût et avec un coloris qui rappellent Van-Dyck d'une manière heureuse. Dans cette peinture l'artiste s'est montré moins coloriste que par le passé, mais il y fait preuve d'habileté.

L'une des plus grandes toiles du salon, c'est d'*Appel des condamnés*, encore par M. C. Muller. M. Muller a longtemps cherché le succès, et il l'a enfin obtenu. Enthousiaste à ses débuts de la peinture de M. E. Delacroix, il frappa un grand coup sur le public, il y a quelques dix à quinze ans, par un tableau de dimensions gigantesques représentant le *Triomphe d'Héliogabale*. De l'imitation de M. Delacroix il passa à celle de Véronèse; mais, le succès ne venant pas, il copia, il y a cinq ans, M. Winterhalter, et il vainquit cette fois l'inattention générale. L'*Appel des condam-*

Lady Macbeth, par M. C. L. Muller.

Appel des dernières victimes de la Terreur, par M. Muller.

nés fut le plus beau de ses triomphes, ou du moins le plus éclatant qu'il ait obtenu. Ce succès lui vint des âmes sensibles qui adorent les émotions fortes, de ceux qui se plaisent aux productions d'une brosse facile, réunissant dans une seule et même œuvre les qualités et les défauts à la mode des peintres les plus opposés de manières, depuis les procédés de palette de M. Couture mêlés à ceux de M. E. Dubufe, jusqu'aux procédés de composition des vignettes de M. Johannot, et à la mise en scène un peu théâtrale de M. Delaroche. On ne saurait refuser à M. Muller des qualités de métier et d'adresse véritables.

M. Muller a donné plusieurs tableaux aux diverses expositions, entr'autres la *Folie de Haidée*, en 1848; puis en 1849, passant de lord Byron à Shakspeare, il aborda le drame dans le tableau de *lady Macbeth*, dont nous parlions plus haut. En 1850, il quitta la fantaisie, le rêve, le poëme, le drame, pour emprunter son sujet à l'histoire, et à une de ses pages les plus sinistres. Son talent dans cette grande œuvre, tout en se manifestant sous un nouvel aspect, se ressent encore de ses tendances premières. L'*Appel des dernières victimes de la Terreur* (Prison de Saint-Lazare), tel est le sujet de ce vaste tableau. Traité avec l'habileté ordinaire de l'artiste, il saisit le public, si ardemment passionné depuis quelques années pour les récits et les peintures des scènes de notre première révolution; du reste, le sujet est plein d'intérêt par lui-même et par les personnages qui figurent sur la toile. La porte de la salle où sont confondus les prisonniers vient de s'ouvrir pour l'huissier du tribunal criminel, suivis d'hommes armés de sabres et de piques : il tient la liste des condamnés et en fait l'appel.

La Malaria, par M. Hébert.

Déjà la princesse de Chimay est entraînée vers la charrette fatale, et se retourne pour adresser un dernier adieu à ses compagnons d'infortune. Le marquis de Montalembert et le garde du corps Rougeot de Moncrif la suivent. Sur le devant et au centre, André Chénier, est absorbé dans ses poétiques rêveries. A sa gauche, la jeune mademoiselle de Coigny se précipite avec effroi aux pieds du vénérable évêque d'Agde, de Saint-Simon : l'artiste semble s'être inspiré ici de l'ode de la *Jeune captive*, composée à Saint-Lazare pour mademoiselle de Coigny; à sa gauche, la princesse de Monaco dont l'huissier appelle le nom, et qu'un homme du peuple désigne de la main. De l'autre côté de la scène, et à droite d'André Chénier, une des figures les plus remarquables du tableau est celle de la marquise Colbert de Maulévrier, la tête couverte d'une coiffe noire, assise et attendant, résignée, un chapelet entre les mains, la fin de cette agonie. La seule personne qui s'abaisse à une inutile prière est une jeune actrice de la Comédie-Française, madame Leroy. A l'extrémité est un groupe formé par le capitaine Aucanne, pressant la main de sa femme évanouie et recevant les derniers baisers de sa fille.

Nos lecteurs ont déjà entendu parler de mademoiselle Rosa Bonheur, et ils ont vu sans doute à la vitre des marchands la copie de son *Labourage nivernais* que nous donnons ici, et qui est, sans contredit, une des bonnes choses du Luxembourg. Cette toile n'atteint certainement pas à la hauteur des œuvres de P. Potter; elle n'approche même point de A. Cuyp, mais elle montre des qualités sérieuses, évidentes, un amour sincère de la nature, une exécution à la fois consciencieuse et large, une naïveté qui n'exclut pas une certaine poésie de senti-

Labourage nivernais, tableau par Mlle Rosa Bonheur.

ment, sinon magistrale, du moins sincère et douce. Le *Labourage Nivernais* est un des premiers tableaux du musée du Luxembourg, un des premiers parmi les premiers. Le riche humus noir retourné par le soc de la charrue, les brins de liseron qui apparaissent à moitié enfouis sous les mottes, la plante couchée en travers et qui vient d'être fauchée par le pied, tout cela est d'une vérité frappante. Puis ces bœufs vigoureux, ces honnêtes ruminants qui tirent la charrue de leur mieux, non pour vous, spectateur, dont ils ne se soucient pas, mais pour éviter la douleur de l'aiguillon qui les menace, ne semble-t-il pas que leurs attitudes, leurs mouvements aient été surpris au daguerréotyper? Pourquoi détailler? c'est la nature prise sur le fait. Ce n'est pas la faute de l'artiste si elle a trouvé ces beaux bœufs, qu'elle a si bien représentés, en mauvaise compagnie, et si le paysan français avec sa blouse de toile bleue est le moins pittoresque de tous les paysans de ce monde. Je lui abandonne ces vilains, émancipés, mais non embellis; mais je ne lui abandonne pas le ciel et les nuages, qu'elle sacrifie, à mon avis, trop complètement aux animaux.

Ce fut encore un grand succès que la *Malaria* de M. Hébert, et qui convint à tout le monde. Tout le monde fut ému à la vue de ce petit drame austère et mélancolique, qui n'a pour témoins que les bergers désolés du Tibre, et qu'éclaire d'un jour terne et embrumé un soleil de plomb. Les connaisseurs exigeants et les esprits difficiles reprochent à ce tableau, très-adroitement peint d'ailleurs, son exécution un peu faible; ils semblent redouter que l'artiste ne se laisse aller à faire plus tard ce qu'on appelle aujourd'hui la peinture *distinguée*, une affreuse invention moderne, ignorée de toutes ces belles époques de l'art.

Il est décidément fort difficile de faire des classifications, et je ne sais pas si j'ai eu raison de mettre M. Couture à la place où je l'ai fait figurer en commençant. Mais, comme ce n'est point ici le lieu de se livrer à des discussions d'esthétique assez ennuyeuses partout, et qui ne sont guère concluantes nulle part, j'admettrai que M. Couture est un chef d'école, comme le prétendent ses admirateurs et ses élèves. En attendant, voici le plus important des tableaux qu'il ait faits et le plus grand de tous ceux qui sont exposés ici : *les Romains de la décadence*.

Si l'on en croit le livret, M. Couture a voulu représenter cette pensée énergique de Juvénal :

. . . . *Sævior armis*
Luxuria incubuit, victumque ulciscitur orbem.

« Plus cruel que la guerre, le Vice s'est abattu sur Rome et venge l'univers vaincu. »

Cette traduction, un peu libre, n'est pas de nous, mais du livret lui-même. Et tout en reconnaissant les efforts du peintre, l'incontestable mérite de certaines parties de l'exécution, telles que la verve et l'habileté, un coloris brillant, mais dont l'harmonie, obtenue par la répétition trop fréquente des mêmes tons, donne à cette toile l'aspect d'un dessin rehaussé en couleurs, nous ne saurions admettre que M. Couture ait suffisamment représenté la triste époque qu'il a voulu peindre. Le lecteur sera de notre avis en contemplant cette série d'académies peu vêtues, se prélassant sur des lits recouverts d'étoffes d'Orient, dans des poses ennuyées, autour d'une table somptueuse, après une nuit d'orgie. Il jugera qu'il aurait fallu un pinceau plus énergique et un maître d'un génie plus puissant pour résumer dans une seule œuvre et l'immense lâcheté et l'immense débauche de la vieille Rome, se vautrant sous le joug du despotisme impérial, afin d'oublier, au milieu des plaisirs immondes, la perte de son honneur et de sa liberté.

M. H. Vernet est assez connu de tout le monde pour que nous n'ayons pas à en parler longtemps. Nous nous bornerons donc à donner les titres des tableaux de lui qui se voient au Luxembourg: le *Massacre des mameluks dans le château du Caire*, *Judith et Holopherne*, *Raphaël au Vatican*, et la *Barrière de Clichy*.

On s'étonnerait peut-être de nous avoir vu placer M. Ingres parmi les novateurs, si l'on n'avait pas lu ce que nous avons déjà dit de ce maître éminent. Du reste, sa futile toile de *Roger et Angélique*, datée de

Les Romains de la décadence, par M. Couture.

1819, et son tableau du *Christ remettant à saint Pierre les clefs du Paradis*, tout empreint de réminiscences florentines, diffèrent trop des œuvres produites à la même époque pour ne pas justifier ce titre. Aucun de ses collègues de l'Académie ne peindrait non plus ce *Portrait du compositeur Cherubini*, si beau de caractère et de physionomie, malgré la figure de l'Harmonie, si malencontreusement placée à côté de l'illustre musicien. Il y a d'ailleurs, dans les incorrections audacieuses du dessin de cette figure, et dans le type étrange de sa tête, une sorte de cachet individuel facile à reconnaître.

Puisque nous en sommes aux jeunes peintres, à ceux qui du moins étaient jeunes en 1827, n'oublions pas la *Naissance de Henri IV*, de E. Devéria, cette grande toile exécutée par un homme de dix-neuf ans, avec une audace inouïe, une verve d'exécution qui donnaient, toujours en 1827, tant d'espérances. La critique d'alors, fut stupéfaite en présence de qualités si précoces, et je ne conçois pas un enthousiasme facile à comprendre, ébloui à la vue de cette peinture d'une physionomie flamande et vénitienne, vénitienne surtout, dans un moment où les vieilles et glorieuses écoles des coloristes étaient encore singulièrement méconnues. Aujourd'hui que cet enthousiasme est un peu refroidi, on s'aperçoit que la naissance de Henri IV ressemble un peu à une grande vignette; mais l'étonnement dure encore quand on se rappelle l'âge du peintre, et l'on se demande comment de si belles promesses d'avenir ont été si peu réalisées.

Le Luxembourg possède un autre tableau qui fit naître, à l'exposition de 1822, autant d'étonnement, sinon d'enthousiasme, que la naissance de Henri IV: nous voulons parler du *Dante et Virgile aux enfers*, de E. Delacroix. Le peintre était presque aussi jeune que Devéria ; de plus, il produisait, cinq ans plus tôt que celui-ci, une œuvre sans précédents. M. Thiers reconnut les promesses d'un maître dans cette composition énergique, d'un style grandiose, d'une couleur si puissante et si dramatique. Le *Massacre de Scio*, qu'on voit également au Luxembourg, et qui parut en 1824 trois ans plus tard, compta plus d'adversaires que de partisans, malgré la grandeur désolée de la scène, malgré la lumière livide d'un effet si saisissant qui éclaire le groupe de martyrs qui vont tomber sous le sabre turc, calmes, résignés; malgré la beauté suprême de cette vieille héroïne, qui semble une figure du Poussin coloriée par Rubens; malgré la suprême beauté d'exécution de cette jeune fille au torse blanc, modelé comme un Corrège, attachée à la queue du cheval d'un spahis; malgré les feintes de ton, la vigueur du dessin, et cette étonnante alliance de réalité et de style qui fut pendant si longtemps la plus haute et la plus admirable des qualités du maître.

Le troisième tableau, les *Femmes d'Alger*, obtint bien plus de succès. Dans cette toile, on revit toute cette poésie somnolente et sensuelle de l'Orient, dont la brosse de nos peintres et la plume de nos poètes ont tant usé et abusé aujourd'hui. Le public et les amateurs ne purent qu'être éblouis par une richesse de palette dont on n'avait jamais vu, depuis Rubens, un exemple si éclatant et si prestigieux. D'ailleurs l'opinion avait marché : la *Noce juive*, dans le *Maroc*, petite toile du salon de 1841, ne rencontra guère de des admirateurs; le feuilleton des *Débats* lui-même, ordinairement hostile à M. Delacroix, fut subjugué par la science du clair-obscur, le pittoresque de l'arrangement et des groupes, et l'indicible charme de la lumière qui éclaire cette ravissante composition.

Je n'imagine pas que nous ayons grand'chose à regretter maintenant dans les salons de peinture du Luxembourg. Le paysage moderne n'y est guère représenté que par des tableaux de MM. Remoux, Lapito, J. Coignet, et de toute cette école de la *touche* qui naquit à la fin de la Restauration, après la chute de l'école du paysage historique. Il faut citer pourtant des œuvres estimables de MM. Achard et Giroux; le beau paysage de Jeanron, et une peinture assez insignifiante, si l'on songe au nom et à l'incontestable valeur du maître, de Théod. Rousseau; puis, les paysages néo-classiques d'Aligny et de E. Bertin; les beaux intérieurs de Granet : et, cela fait, passer dans les salons des sculpteurs.

Ils sont encore moins riches que ceux des peintures. Excepté l'*Atalante* de Pradier, une des dernières productions de ce statuaire célèbre, où se retrouve toute la grâce et la souplesse de son ciseau; excepté l'*Enfant à la Tortue*, un chef-d'œuvre d'exécution, de M. Rudde; l'élégante statue du *Danseur napolitain*, de Duret; la *Prière* et la *Pudeur* de Jaley, deux morceaux d'une exécution agréable, facile; et le *Secret confié à Vénus*, de M. Jouffroy, que nous citons en cause du succès qu'il avait obtenu et qu'il n'a pas conservé : il n'y a, pour ainsi dire, plus à regarder dans un musée qui a exclu de ses galeries David et Barye. Si vous voulez connaître les chefs-d'œuvre de la statuaire moderne, allez voir le Fronton du Panthéon, visitez le Père-Lachaise, arrêtez-vous au groupe du Départ de l'arc de l'Étoile, et devant quelques statues au jardin des Tuileries.

L'administration actuelle des musées a doté le Luxembourg de deux nouvelles galeries : celle des dessins et pastels et celle des gravures et lithographies.

'Atalante, par Pradier.

Ni l'une ni l'autre de ces galeries ne sont fort riches, elles sont d'ailleurs de création trop récente pour cela. Toutefois la galerie des dessins renferme une série de cartons exécutés pour la chapelle de Dreux par M. Ingres, curieux à étudier comme toutes les productions du même maître, et trois ravissants dessins de Vidal : l'*Ange déchu*, une *Larme de repentir* et *Polymnie*, qui font avec les cartons de M. Ingres le plus énorme des contrastes.

Je ne vois guère, dans la collection de gravures, à citer que trois gravures du baron Desnoyers d'après Raphaël, celle d'H. Dupont, le portrait de M. Bertin, d'après le chef-d'œuvre de M. Ingres, et une gravure de M. Martinet, d'après les *Derniers moments des comtes d'Egmont et de Horn*, de M. Gallait. La gravure est bien malade en France, cela est incontestable et connu depuis longtemps; — la gravure au burin s'entend, nous ne parlons pas de celle sur bois. — Le musée de gravures du Luxembourg ne nous semble pas destiné à prouver le contraire jusqu'à présent. Puisse-t-il au moins, dans l'avenir, empêcher la décadence et la ruine d'un art qui a eu en France ses meilleurs maîtres et les plus illustres.

Il n'en est pas de même de la lithographie. Il est regrettable que l'administration du musée n'ait pas fourni du premier coup au public une collection plus nombreuse. La matière ne manque pas, grâce aux Mouilleron, aux Nanteuil, aux P. Leroux, aux Aubry-Lecomte et aux Soulange Teissier. Grâce aussi à ces habiles artistes, les peintres de genre et de paysage les plus aimés de l'école moderne jouissent maintenant d'une renommée légitime et populaire. Leurs tableaux arrivent à la connaissance du public par les habiles et intelligents traducteurs, sans lesquels leurs plus belles œuvres resteraient enterrées dans le cabinet des amateurs assez riches pour les posséder. C'est ainsi que le musée, qui n'a jamais voulu acquérir aucune production de Decamps, expose aujourd'hui une lithographie de Soulange Teissier d'après ce peintre habile.

Mais c'est assez parler de peinture. Pour résumer

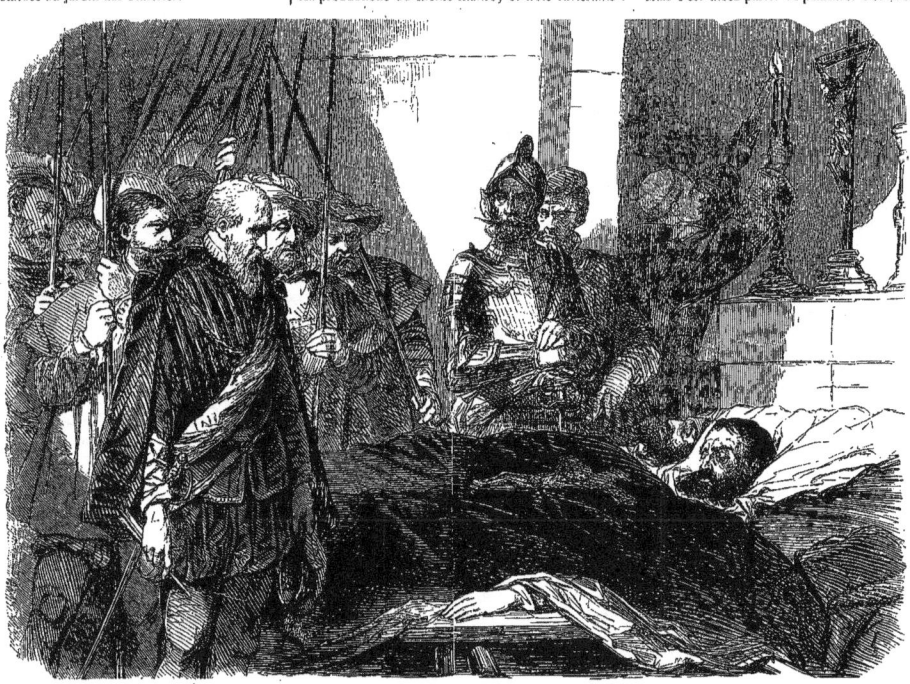

Les derniers moments des comtes d'Egmont et de Horn, par M. Gallait.

d'une manière aussi simple qu'énergique notre opinion sur le musée du Luxembourg, en ce qui concerne la peinture, la seule partie importante de cette collection, il nous suffira d'affirmer une seule chose qui ne peut guère être démentie de personne.

Si l'on retirait de la galerie de peinture toutes les compositions historiques qui ne peuvent, pour une foule de motifs, prendre place dans une galerie particulière, et que l'on mit en vente toutes les autres toiles, paysages, tableaux de genre, etc., accumulés dans cet établissement depuis la fondation, le prix de cette vente, à moins de circonstances exceptionnelles et imprévues, ne monterait pas, nous en sommes persuadé, à la somme qui serait produite par la vente d'une galerie d'amateurs de second ordre.

Chapitre XLVII.

LES ÉGLISES DE PARIS.

Les premiers temps chrétiens de Paris. — Ses églises. — Saint-Ambroise. — Saint-Andéol. — Saint-Audré. — Les Saints-Apôtres. — L'Assomption. — L'Abbaye aux Bois. — Bonne-Nouvelle. — Les Blancs-Manteaux. — Sainte-Clotilde. — La chapelle expiatoire. — Saint-Étienne du Mont. — Saint-Eustache. — Sainte-Elisabeth. — Saint-François d'Assise. — Saint-Germain l'Auxerrois. — Saint-Germain des Prés. — Saint-Gervais. — Sainte-Geneviève. — L'église des Invalides. — Saint-Jacques du Haut-Pas. — Saint-Julien le Pauvre. — Saint-Laurent. — Saint-Leu. — Saint-Louis d'Antin. — Saint-Louis en l'Ile. — La Madeleine. — Sainte-Marguerite. — Saint-Médard. — Saint-Méry. — Les Missions-Etrangères. — Saint-Nicolas des Champs. — Saint-Nicolas du Chardonnel. — Saint-Nicolas de Beaujon. — Notre-Dame de Paris. — Notre-Dame de Lorette. — Le Panthéon. — Saint-Paul. — Saint-Pierre de Chaillot. — Saint-Pierre du Gros-Caillou. — Les Petits-Pères. — Saint-Philippe du Roule. — Saint-Roch. — La Sorbonne. — Saint-Sulpice. — Saint-Severin. — Saint-Thomas d'Aquin. — Sainte-Valère. — Saint-Vincent de Paul. — La neuvaine de sainte Geneviève. — La bulle *Unigenitus*. — Le diacre Pâris. — Les convulsionnaires et les épigrammes. — Les prédicateurs. — Un baptême de cloches. — Les cultes réformés et israélite: l'Oratoire du Roule, les Billettes, la Rédemption. — La synagogue de Notre-Dame de Nazareth. — Le donneur d'eau bénite. — Une chaise à Notre-Dame de Lorette. — Le suisse. — Le tronc pour les pauvres. — Les tombeaux de Voltaire et de Jean-Jacques.

Depuis que Paris existe, ou du moins depuis que Paris a reconnu la loi de Jésus-Christ, les rois très-chrétiens et la charité des fidèles se sont plu à l'enrichir de somptueuses églises, et ont élevé à l'envi des sanctuaires rivalisant d'opulence, de pompe, de splendeur. Le nombre des édifices religieux, des paroisses, des succursales, des chapelles, des couvents qui portaient dans les airs leurs aiguilles gothiques, leurs coupoles surmontées de la croix, leurs dômes ou leurs clochers ambitieux, était incalculable: peu de siècles ont été plus féconds que le moyen âge en constructions de toute sorte, et surtout en constructions destinées au culte. Avant les dévastations qui suivirent les guerres civiles dont fut accompagnée l'apparition du protestantisme, et même encore avant 93, Paris, la France entière offrait l'aspect d'une autre Égypte; seulement, au lieu de pyramides, de pylones, d'obélisques, ce n'étaient partout que des flèches fines et élancées, que des ogives hardies, que des clochetons et des aiguilles découpées à jour, qui se dessinaient dans la transparence du ciel, ou qui s'assombrissaient au sein des brouillards et des nuages. En songeant à de tels souvenirs, le philosophe compare les religions aux monuments qu'elles ont produit, et retrouve dans le caractère aérien des églises chrétiennes, opposé à la majesté lourde et massive des temples de l'Égypte, à la correction sévère et un peu nue des *hiérons* grecs, le contraste que présente notre religion spiritualiste avec les doctrines matérielles, terrestres et toutes humaines de l'antiquité. Pour l'historien positif, qui se contente de remarquer l'inutilité, au point de vue de l'intérêt et du commerce, de ces édifices si coûteux; il déplore l'aveuglement de ces barbares qui, au lieu d'employer leurs fonds à des entreprises industrielles, et leur architecture à l'érection de gares, de bazars, de halles, de palais de cristal, et autres monuments d'une utilité directe, se sont exténués dans la misère, ont vécu d'angoisses, de labeurs et de privations, pour bâtir des sanctuaires à des Dieu qui, pour eux après tout, n'est qu'une abstraction, qu'une inconnue qu'on peut dégager ou ne pas dégager du grand problème de l'univers.

Sans entrer dans des considérations d'un ordre si élevé, je crois qu'il ne serait pas sans intérêt de rechercher comment la France, comment Paris en particulier, s'est peuplé de tant de chefs-d'œuvre.

Paris, indépendamment de ses cinquante paroisses, succursales, chapelles, etc., existant encore, possédait avant la Révolution cinquante et une églises ou chapelles indépendantes, soixante-deux couvents et communautés religieuses de femmes, quarante couvents d'hommes, quinze abbayes et prieurés, sept séminaires, et quarante-six collèges; ce qui forme un assez beau total de fondations et d'édifices religieux. La plupart ont été transformés en casernes, en institutions publiques, en prisons et autres établissements d'utilité générale, à la suite de la Révolution. Un bon nombre a été vendu à des particuliers. Je signalerai seulement, après avoir fait l'histoire de celles qui ont résisté à la tempête, les églises remarquables par leur beauté ou par quelque particularité digne de mémoire.

Aujourd'hui, Paris religieux se compose de treize ou plutôt de quatorze paroisses, ayant un certain nombre de succursales; et, en dehors de cette division, il faut compter un petit nombre de chapelles privées qui sont desservies en dehors du budget des paroisses, et quelques autres qui appartiennent à des monuments civils, tels que les hôpitaux, les collèges, les prisons, etc. Il y a en outre un certain nombre de temples ouverts au culte israélite, ou bien aux sectes détachées du rameau catholique. Les dépenses de ces diverses religions sont couvertes de différentes manières. Indépendamment du traitement alloué par l'État à chaque membre du corps ecclésiastique, aux pasteurs et aux rabbins régulièrement installés, plusieurs églises, considérées comme monuments historiques, sont entretenues sur le budget des beaux-arts; et, dans la religion catholique, les dons volontaires des fidèles, quelquefois certaines allocations de la commune, constituent un casuel administré par le conseil de la fabrique. Une partie de ce casuel sert aux frais du culte, l'autre est distribuée aux desservants à titre de supplément d'honoraires. Dans les autres églises, le conseil des anciens se charge de la comptabilité et de l'emploi des collectes recueillies pour faire face aux divers besoins. Aujourd'hui la construction d'une église a lieu en vertu d'une loi, avec ou sans la participation de l'État et de la commune, et toujours par le moyen des quêtes et des souscriptions particulières. Quelquefois même on fait un appel direct, non à la piété des fidèles, mais à leur cupidité où à toute autre passion. Si les ravissants sourires des jolies quêteuses ne suffisent pas pour récolter la somme nécessaire, l'archevêque a recours à la ressource plus infaillible des loteries. Nous avons vu des prélats, bien intentionnés sans doute, mais peut-être imprudents, offrir l'appât d'un service d'argenterie ou de toute autre prime aussi profane à ceux que l'amour de Dieu ne pouvait entraîner, et mettre ainsi en évidence une satisfaction mondaine au lieu d'un but plus noble, plus élevé.

Il n'était pas nécessaire, au bon temps du moyen âge, de recourir à ces moyens pour faire pleuvoir les offrandes des fidèles. A la première nouvelle du projet d'édifier quelque nouvelle église, chacun accourait à qui pourrait offrir ses bras et son travail; le vilain s'imposait un surcroît de corvée; le noble seigneur contribuait de son or, et rachetait ses fautes en donnant une large part de ses richesses mal acquises, en aidant de toutes ses forces à l'achèvement du sanctuaire. Souvent la population de l'église entreprenait l'œuvre avant d'avoir réuni les sommes nécessaires, confiant dans la charité des fidèles, dans l'éloquence des prédicateurs, et aussi dans l'aide du Seigneur, qui ne fait pas défaut aux croyants. L'église restait ouverte à tous les vents, pendant des années et quelquefois des siècles; on perdait même parfois la tradition du plan primitif, ou le goût du style architectural qui avait inspiré le premier chef de l'entreprise, et, lorsqu'un roi ou un seigneur voulait mettre fin à l'ouvrage, terminer cet édifice en ruines avant d'avoir été bâti, on obtenait quelques-uns de ces temples hybrides et disparates, portant dans tous leurs détails la marque de leurs vicissitudes diverses.

Bien des églises et des institutions religieuses ont dû leur origine à des legs pieux; d'autres remontent à des accès de munificence d'un roi victorieux, où, l'on s'en étonnera peut-être, elles ont eu en premier lieu un but d'édilité. Les fondateurs en ont jeté les bases dans l'intention d'assainir, de peupler un endroit méphitique ou désert. En effet, lorsque la métropole élevait au ciel ses voûtes déjà fermées, ses clochers sur lesquels résonnait la cloche fraîchement baptisée et bénie, une foule [de maisons venaient s'abriter sous son ombre; un bourg, une ville prenaient naissance, et le désert devenait une populeuse cité. Tels sont les principaux motifs qui ont présidé à l'érection de tant de monuments religieux, qui ont fait pulluler les monastères, les couvents, les communautés de toute espèce, et qui ont accumulé sur le sol tous ces trésors, en grande partie ensuite dispersés ou détruits par les tourmentes révolutionnaires.

Voici quelles sont les treize paroisses de Paris, d'après l'ordre alphabétique, le plus impartial de tous:

Saint-Étienne du Mont, qui se trouve sur le carré Sainte-Geneviève, au cœur de ce douzième arrondissement, si populeux et si pauvre. Les succursales sont: Saint-Nicolas du Chardonnel, Saint-Médard et Saint-Jacques du Haut-Pas, desquels dépendent les quartiers Mouffetard, Saint-Marcel et les environs du Jardin des plantes.

Saint-Eustache, le centre des quartiers commerçants, touchant aux halles et au débouché des rues Montmartre, Montorgueil et de Rambuteau. Elle a pour succursales deux églises assez insignifiantes sous le point de vue architectural: l'une près du boulevard Bonne-Nouvelle, l'autre, non loin de la place des Victoires. Toutes deux sont sous l'invocation de Notre-Dame.

Saint-Germain l'Auxerrois, l'église royale, la voisine du Louvre, dans laquelle le lecteur a été déjà introduit, n'a pas de succursale.

Saint-Laurent s'élève au milieu de l'industrieux faubourg Saint-Denis; de cette paroisse dépend la splendide église de Saint-Vincent de Paul.

La Madeleine, le temple de prédilection de l'aristocratie financière, domine l'entrée des boulevards et la rue Royale, qui la sépare du Palais législatif et de la place de la Concorde, Saint-Louis d'Antin, Saint-Philippe du Roule, Saint-Pierre de Chaillot: ces trois églises, qui seraient partout ailleurs de riches basiliques, relèvent de la splendide souveraine, et accueillent les fidèles du faubourg Saint-Honoré, de la place Vendôme et des Champs-Élysées.

Sainte-Marguerite, à l'autre extrémité de Paris, ainsi que Saint-Ambroise, qui en dépend, reçoivent le petit nombre de fidèles que les rudes labeurs des quartiers du faubourg Saint-Antoine et Popincourt laissent, le dimanche matin, libres de vaquer aux devoirs de la religion.

Saint-Merry est une autre paroisse laborieuse: depuis longtemps elle est sous l'ombre des rudes travailleurs du quartier Sainte-Avoie.

Les alentours du Mont-de-Piété possèdent les deux succursales de Saint-Merry, l'église des Blancs-Manteaux et l'église de Saint-François d'Assise.

Saint-Nicolas des Champs appartient également au quartier le plus industriel de Paris : c'est la paroisse qui s'étend sur ce qu'on appelle le quartier Saint-Martin proprement dit. Les succursales sont Sainte-Élisabeth, rue du Temple, et Saint-Leu, rue Saint-Denis.

Notre-Dame de Paris a la prérogative sur toutes les églises, comme métropole : sa juridiction comprend le quartier de l'Hôtel de ville, l'île Saint-Louis, l'Arsenal; les succursales sont Saint-Gervais, Saint-Louis en l'Ile et Saint-Paul.

Notre-Dame de Lorette, nouvellement élevée au milieu d'un quartier peu dévot, suffit seule pendant plusieurs années à son élégant troupeau : on vient cependant de lui donner quelques succursales, réparties dans les parties hautes du quartier.

Saint-Roch, la paroisse de la royauté bourgeoise, et en quelque sorte la chapelle du Palais-Royal, n'a pas plus de succursale que Saint-Germain l'Auxerrois.

Saint-Sulpice, au cœur du noble faubourg Saint-Germain, est une église à la Louis XIV, et reçoit des fidèles dont les noms n'eussent point mal sonné dans les antichambres du grand roi. La plus riche peut-être des paroisses de Paris, Saint-Sulpice, arrive aux limites du pays latin, où Saint-Séverin lui sert d'avant-garde; Saint-Germain des Prés, l'aïeule des basiliques parisiennes, et Saint-Pierre du Gros-Caillou, sont ses deux autres succursales.

Saint-Thomas d'Aquin vient enfin, avec l'église des Missions-Étrangères et l'église de Sainte-Valère, qui servent au culte des habitants du quartier des Invalides et de la rue de Bourgogne.

Depuis quelques mois, le Panthéon, rendu au culte, a été replacé au nombre des églises paroissiales, sous l'invocation de Sainte-Geneviève : c'est la quatorzième paroisse.

Ajoutons encore quelques monuments religieux, debout et pouvant servir au culte, en dehors des paroisses; ce sont : l'église de l'Assomption, rue Saint-Honoré; l'église de l'Abbaye-aux-Bois, ce fameux ermitage de la rue de Sèvres; la Chapelle expiatoire, destinée à renfermer les restes, plus ou moins retrouvés, de Louis XVI et de sa famille; Sainte-Clotilde, en construction, et l'église la Sorbonne. Puis, deux chapelles particulières, remarquables entre toutes les autres : Saint-Nicolas, appartenant à l'hospice Beaujon, et Saint-Julien le Pauvre, annexée à l'Hôtel-Dieu.

Les principaux temples des cultes dissidents sont : l'Oratoire du Louvre, le temple des Billettes, le temple de la Rédemption, rue Chauchat, et l'église royale épiscopale d'Angleterre, dans le quartier du Roule. Les israélites ont leur consistoire central rue Notre-Dame de Nazareth.

Après cette rapide énumération, il faut revenir sur nos pas et parcourir les plus curieux de ces monuments. Il y en a pour satisfaire tous les goûts : le byzantin, le gothique bâtard, le gothique pur, le style renaissance, le style antique, ont tous des représentants; et, certes, il y a peu de contrées qui offrent tant de contrastes, de si beaux échantillons dans chaque genre, et surtout un assortiment aussi complet de morceaux appartenant aux diverses époques de l'art. La description exacte et approfondie des églises de Paris comprend un cours entier d'archéologie sacrée : les limites de ce livre empêchent de donner autre chose qu'un aperçu.

Saint-Germain des Prés est la plus ancienne église de Paris. Voici, en quelques mots les principaux traits de son histoire : Clotilde, fille de Clovis et de sainte Clotilde, maltraitée par son époux, le roi Amalaric, appela en Espagne son frère Childebert. Childebert, ayant franchi les Pyrénées, dévasta le pays avec le fer et le feu, et vint mettre le siége devant Saragosse; mais la ville ne se défendit qu'en faisant porter processionnellement sur ses murs les reliques qui se trouvaient dans ses églises. Ce spectacle toucha le roi barbare, qui consentit à se retirer, moyennant la cession d'un fragment de la vraie croix et de la tunique de saint Vincent.

Quelque temps après l'arrivée de ces dépouilles sacrées à Paris, le prince résolut d'élever une église pour les y déposer. Sur l'emplacement dont il fit choix, on voyait encore les débris d'un temple consacré à la déesse Isis : Childebert *voulut faire succéder le culte du Dieu du ciel à celui des fausses divinités de la terre.*

Cet édifice, construit primitivement en l'honneur de saint Vincent, martyr, et de la sainte croix, était soutenu par des colonnes de marbre : les murailles étaient ornées de peintures à fond d'or, et le pavé formé de pièces de marqueterie. L'extérieur répondait à la magnificence de l'intérieur : et le temple, tout couvert de cuivre doré, jetait un si vif éclat, qu'on ne tarda pas à l'appeler *Saint-Germain le Doré.* L'église et l'abbaye attenante furent consacrées par l'évêque saint Germain, le 23 décembre 558, le jour même de la mort de Childedert. Peu de temps auparavant, ce prince, par un acte qui a été conservé dans les archives de Saint-Germain des Prés jusqu'à la Révolution, lui fit donation du fief d'Issy, avec ses appartenances et dépendances, du droit de pêche sur la rivière, depuis les ponts jusqu'au ruisseau de Sèvres, d'un chemin de dix-huit pieds de large des deux côtés de la Seine, et enfin de la chapelle de Saint-Andéol, remplacée plus tard par l'église de Saint-André des Arts, aujourd'hui détruite.

Saint Germain fit élever un oratoire consacré à saint Symphorien, dans lequel son corps fut déposé : ce qui fit donner à l'église le nom de Saint-Vincent et Saint-Germain. Mais, en 754, le corps du prélat ayant été exhumé et déposé dans la grande église, au rond-point du sanctuaire, elle prit définitivement le nom qu'elle porte encore. Puis elle fut dévastée à plusieurs reprises par les Normands, et rebâtie de fond en comble, vers l'an 1000, grâce aux largesses du roi Robert, par l'abbé Morard; d'autres abbés et prélats ajoutèrent de nouvelles constructions jusqu'au règne de Philippe-Auguste. Ce prince eut un démêlé avec l'abbaye de Saint-Germain, relativement à un conflit de juridiction qui s'était élevé entre lui et ses voisins les feudataires ecclésiastiques de l'église : la sentence arbitrale qui trancha le différend mérite une place ici pour donner une idée de la topographie de Paris à cette époque. Elle exempta de toute juridiction épiscopale le territoire contenu depuis la tournelle de Philippe Hamelin (aujourd'hui l'Institut) jusqu'à la borne séparant, vers Grenelle, la terre de Saint-Germain d'avec celle de Sainte-Geneviève, et depuis cette borne jusqu'à une autre, formant la limite des deux mêmes terres jusqu'au chemin d'Issy, enfin; à partir de cette limite jusqu'à la quatrième; placée par les arbitres contre les murs, vers Saint-Étienne des Grès. Nonobstant cette sentence, de nouvelles discussions s'élevèrent, et l'on cite le procès de deux faux monnayeurs qui, ayant été arrêtés à Villeneuve-Saint-Georges, en 1256, furent pendus dans la justice de Saint-Germain des Prés, et, quelques jours après, pendus de nouveau dans la justice du roi. Cette affaire singulière fut déférée au parlement tenu à Melun en 1257, et, en vertu d'une troisième condamnation, le droit étant mieux éclairci, les deux faux monnayeurs, réduits sans doute à l'état de squelettes, subirent une exécution définitive.

Quelques années plus tard, l'abbaye de Saint-Germain des Prés eut à soutenir un siége en règle contre des étudiants, dont plusieurs furent tués par les moines. A la suite de cette affaire, le prévôt de l'Abbaye dut quitter son siége, et les religieux furent condamnés à payer mille livres de dommages-intérêts, et à fonder deux chapellenies de 20 livres chacune. On rasa les tourelles qui défendaient l'Abbaye, et dix des religieux les plus coupables furent bannis du royaume. En 1630, la congrégation studieuse de Saint-Maur s'installa dans Saint-Germain des Prés, où ont brillé par la suite bon nombre d'érudits recommandables, entre autres Mabillon, Montfaucon, Félibien, Clément et Lobineau.

Cette antique abbaye a été vendue et rasée en 1790 : sur l'emplacement, ont été ouvertes les rues de l'Abbaye et de Saint Germain des Prés. Une partie du palais abbatial subsiste encore dans la première de ces voies publiques. Ce palais est descendu au rang de simple maison bourgeoise, en dépit de sa façade qui proteste contre un tel abaissement.

L'église est bâtie en forme de croix; elle avait originairement trois clochers : un sur le porche, et les deux autres au-dessus de chacun des côtés de la croisée : ces derniers ont été abattus en 1821. On pense que la tour de la façade est un reste de l'édifice de Childebert; cette tour a été taillée à sa base en carré lisse, à une époque qui doit être assez récente, ce qui lui a ôté son caractère d'antiquité. Le grand portail d'entrée, ouvert dans la tour, était orné jadis de statues datant de l'enfance de l'art, qui représentaient la famille de Clovis, avec une figure d'évêque : on y voit encore un bas-relief, représentant la Cène, et fort endommagé, qui est sculpté dans le tympan. Ce portail est défiguré par un mauvais porche, d'un prétendu style grec, qui existait dès 1640; un portique moderne a été aussi fait du côté méridional.

L'intérieur est simple et sévère : le style architectural porte bien le caractère de l'époque durant laquelle fut élevée cette église; il est tout roman, et il semble que l'ogive gothique ait à peine osé se montrer dans les derniers temps de la construction. La nef a gardé le plein cintre, tandis que le chœur seul est entouré d'ogives évasées, qui ne sont, à vrai dire, que le plein cintre timidement brisé. Malheureusement les restaurateurs, depuis le dix-septième siècle jusqu'à nos jours, ont semblé lutter de vandalisme pour défigurer et corrompre cette unité majestueuse. Successivement, les grands piliers engagés dans la nef ont été transformés en colonnes de l'ordre composite, et les lambris des bas-côtés en voûte légère; on a bâti au fond de l'abside une détestable chapelle de la Vierge, en style grec, et enfin on a *orné* le milieu de l'église d'une belle chaire en marbre blanc, qui n'a que le défaut d'être trop belle pour le lieu. Cette chaire, enrichie de deux statues allégoriques, la *Loi évangélique* et la *Loi de Moïse*; plus, un bas-relief de *Jésus prêchant sur la montagne*, semble avoir été conçue dans le goût antique; mais ce qui n'appartient à aucune époque, c'est le lourd baldaquin de plâtre qui la surmonte, porté par deux séraphins et parsemé d'étoiles d'or.

Il y avait, dans l'intérieur de Saint-Germain des Prés, une foule de tombes curieuses : celle de saint Germain, avec sa superbe châsse en vermeil, enrichie de pierreries, de forme gothique, garnie de statuettes; ce chef-d'œuvre de l'orfèvrerie du moyen âge, donné par l'abbé Guillaume en 1408, a été porté à la Monnaie. Puis, le tombeau de Childebert et d'Ultrogothe, sa femme; ceux de Frédégonde, de Chilpéric, de Clotaire II, de Bertrude, de Chilpéric II, et d'autres princes et princesses de la dynastie mérovingienne; car cette église a précédé Saint-Denis comme sépulture royale. Une foule d'abbés et de morts moins notables se pressaient auprès des restes de tant de rois; on remarquait cette épitaphe impérieuse d'un soldat franc : « Je défends qu'on retire jamais d'ici les os de Hilpéric. » 1793 n'écouta pas la défense, et les profanateurs retrouvèrent dans le cercueil une autre inscription moins orgueilleuse : « Moi, Hilpéric, je supplie qu'on laisse ici mes os. » La prière n'a pas mieux réussi que la menace.

Parmi les tombeaux que le gouvernement de la Restauration a rendus à la vieille basilique, on peut citer celui de Casimir V, roi de Pologne, qui mourut abbé de Saint-Germain des Prés, ceux des Douglas, et celui de Castellan, orné de statues dues au ciseau de Girardon. Le corps de Descartes et le cœur de Boileau-Despréaux reposent dans les chapelles des bas-côtés du chœur, sous de simples tables de marbre noir scellées dans les murs et décorées d'inscriptions en lettres d'or. La sacristie, dépouillée de ses reliquaires garnis de diamants et de sa croix de pierreries achetée à Manuel Comnène, montre encore aux curieux une statue de la Vierge, en marbre blanc, qui remonte au moyen âge. Terminons en mentionnant quelques tableaux, qui ne sont pas sans mérite, de le Clerc, de Nicolas Bertin, de Vanloo.

Je passe, sans transition, à l'église de Saint-Étienne du Mont, plus moderne dans son état actuel, quoique ses origines datent peut-être d'une époque plus éloignée encore que celles de Saint-Germain des Prés. Qu'on en juge.

Clovis, après avoir défait Alaric II à Vouillé, voulut fonder une basilique sous le vocable des apôtres saint Pierre et saint Paul. Arrivé au point culminant de Paris, sur le sommet de la montagne du palais des Thermes, au milieu des vignobles qui en couvraient les flancs, le conquérant lança sa hache droit devant lui, afin qu'on pût un jour mesurer la force de son bras à la longueur de l'édifice. Sainte Geneviève fut inhumée dans la chapelle souterraine des Apôtres; on éleva sur sa tombe un petit édifice en bois, autour duquel des cierges brûlaient sans cesse. Saint Éloi décora ce monument de rinceaux d'or et d'argent; mais, vers 845, les religieux de Sainte-Geneviève, obligés de fuir devant les Normands, emportèrent les ossements de la sainte dans une simple caisse, où ils furent laissés. Ce coffre, qu'on couvrit de quelques feuilles d'argent et qu'on décora de divers ornements, devint la châsse qui servit plusieurs

Neuvaine de sainte Geneviève. — Concours des fidèles dans Saint-Étienne du Mont.

Neuvaine de sainte Geneviève. — Foire religieuse devant le porche de l'église Saint-Étienne du Mont.

fois dans les processions publiques, notamment sous Louis VI, à l'occasion de la maladie des *Ardents*, dite du *feu sacré*. Plus tard, l'orfèvre Bonnard, chargé de construire un nouveau reliquaire avec les dons venus de toute la *France*, employa pour ce somptueux travail cent quatre-vingt-treize marcs d'argent, avec sept marcs et demi d'or : la translation solennelle des reliques eut lieu le 12 octobre 1242. La nouvelle châsse offrait les formes d'une cathédrale gothique construite en argent avec des ornements d'or rehaussés de pierres précieuses. Le cardinal de la Rochefoucauld fit dans la suite placer sur le sommet de la châsse un bouquet de diamants donné par *Marie de Médicis*, et une couronne de diamants offerte par *Marie-Élisabeth d'Orléans*, reine douairière d'Espagne. La châsse était supportée par quatre statues de vierges plus grandes que nature. Pour descendre ces reliques, il fallait un ordre exprès du roi et un arrêt du parlement; le droit de les porter appartenait exclusivement à une confrérie de bourgeois. La châsse sortit solennellement en 1625, 1632, 1675, 1694, 1709 et 1725; elle fut enfin enlevée et fondue en 1793, par ordre du gouvernement.

Le tombeau de sainte Geneviève resté seul de cet édifice primitif; il a été rétabli en 1802, dans une chapelle latérale, à droite, où il est entouré de milliers de cierges et d'ex-voto. La dévotion française n'a pas oublié encore la vierge de Nanterre, dont la voix repoussa Attila, et qui, du haut des cieux, protège la capitale du royaume qu'elle a sauvé.

L'église des Saints-Apôtres changea de nom vers 1194, et fut mise sous l'invocation de saint Étienne, à cause de la translation des reliques de ce *protomartyr*, qui y furent déposées, après avoir été ravies à leur ancienne basilique. Saint-Étienne du Mont a été complètement reconstruite sous François I*er*; mais elle n'a été terminée qu'après 1624 : aussi sa conservation est-elle encore admirable. L'ensemble du bâtiment, d'un genre tout particulier, mêlé de gothique et de sarrasin, présente, avec tous leurs raffinements, les formes élégantes qui règnent dans toutes les constructions de cette époque. La façade principale, pointue comme une pyramide, offre un caractère singulier, mais non dépourvu d'agrément et de mérite. L'architecture du portail et la sculpture de la frise méritent tous les éloges : il n'y a, pour tout clocher, qu'une tour qui s'élève au nord du monument.

La partie du rond-point est digne de toute l'attention des connaisseurs. Les voûtes de la nef et des bas-côtés ne sont soutenues que par des espèces de piliers ou de colonnes rondes de 5 pieds de diamètre, portant sur un piédestal d'environ 3 pieds de hauteur. Du sommet de ces colonnes naissent des faisceaux d'arêtes qui forment celle de la voûte; elles soutiennent des arceaux surbaissés, sur lesquels se trouve un passage au moyen duquel on peut faire le tour de la nef. Toutes ces galeries, auxquelles on parvient par deux escaliers, sont remarquables par leur légèreté et leur délicatesse. Ce qui frappe le plus les regards, ce sont les deux tourelles à jour placées aux extrémités du jubé, et qui s'élèvent d'environ 30 pieds au-dessus de son niveau. Là sont situés les deux escaliers de la galerie ; et ces escaliers sont d'autant plus extraordinaires, que, percés à jour, ils laissent voir le dessous des marches portées en l'air par encorbellement. Le mur de leur sommet est soutenu par une colonne très-faible, d'un demi-pied de circonférence, posée sur le bord extérieur de la cage, faite en forme de limaçon.

Autour du chœur sont plusieurs chapelles ; entre autres celle de la Vierge. La chaire, respectée par la Révolution, est un véritable chef-d'œuvre de sculpture sur bois. Elle a pour auteur Claude d'Estocart, qui l'exécuta d'après les dessins de Laurent de la Hire, lequel dessina également, pour cette église, de superbes tapisseries représentant la vie de saint Étienne. Cette chaire parait supportée par une statue colossale de Samson ; le pourtour est orné de plusieurs Vertus, séparées les unes des autres par des bas-reliefs dans les panneaux. Sur le dais on remarque un Ange qui tient deux trompettes, comme pour appeler les fidèles au sacrifice.

Tombeau de sainte Geneviève.

Parmi les tableaux, je citerai deux grandes toiles de Troy et de Largillière, et un saint Étienne de M. Abel de Pujol; le crucifix de l'autel, longtemps attribué à Jean Goujon, est de Biart père. Il reste encore quelques vitraux dus au célèbre verrier Nicolas Pinaigrier. On regrette la perte de quelques sculptures de Germain Pilon et un beau tableau de Lesueur. La dépouille mortelle de ce grand peintre repose sous les dalles de Saint-Étienne du Mont, en compagnie de Blaise Pascal, de Tournefort, de Lemaître de Sacy et de Racine.

L'ancien clergé de Saint-Étienne du Mont a laissé peu de souvenirs : on se rappelle seulement l'obstination des curés de cette paroisse à lutter contre le parlement, et à refuser l'extrême-onction aux malades qui n'avaient pas de *billets de confession* molinistes. Cette affaire eût été ridicule si l'attentat et le supplice de Damiens ne l'eussent rendue odieuse.

Je viens de parler du tombeau de sainte Geneviève, et du culte qui l'environne : la ferveur pour les reliques de la sainte redouble du 3 au 12 janvier de chaque année. Pendant cette neuvaine, les alentours de la basilique sont couverts de grossières boutiques où l'on vend aux nombreux pèlerins des bouquets bénits, des chapelets, des livres, des images, de petites statuettes, des médailles, etc.

C'est une foire pieuse, un bazar mystique où l'on peut *s'emparadiser* à bon compte. Je vois bien que dans cet encombrement de marchandises certains produits sont d'une religiosité très-suspecte; cependant la masse des fidèles ne cède guère qu'à la tentation des emplètes les plus séraphiques, et les vendeurs d'ima-

La neuvaine de sainte Geneviève.

L'archevêque de Paris se rendant à la neuvaine de sainte Geneviève.

CHAPITRE XLVII. — LES ÉGLISES DE PARIS.

ges et de chapelets doivent faire de belles recettes.

Entre les bonnes traditions qui distinguaient ces anniversaires religieux, les économistes ont signalé l'impulsion salutaire qu'ils donnaient au commerce. Les riches et les puissants auraient eu honte de revenir de la neuvaine autrement que la bourse vide. La reine Catherine de Médicis y dépensait régulièrement son épargne de janvier; et comme on lui vantait la piété que le duc d'Alençon avait témoignée devant la châsse: « La meilleure dévotion, dit-elle, ce serait d'y laisser son argent, et le moricaud n'en rapporta onques le moindre joyau. » N'oublions pas qu'au sortir de la cérémonie tout bon chrétien allait voir jouer quelque mystère où sainte Geneviève, après avoir rempli sur la terre son rôle de bergère, était ravie au ciel sous la figure et dans l'appareil que Giotto prête à ses anges aux mains fluettes, aux pieds d'ivoire, et qu'elle s'y voyait reçue par Dieu le Père en habit d'empereur romain, et par Dieu le Fils en tunique écarlate brodée d'or.

Aujourd'hui même, le nombre des pèlerins, quand le temps et les chemins ne sont pas trop mauvais, est très-considérable. Les exercices de la neuvaine sont réglés à l'avance et consignés sur une affiche qui indique les jours et les heures où tel prédicateur prêchera, où telle paroisse de la ville ou de la campagne accomplira son pèlerinage. Des sermons, des processions, des stations au tombeau de la sainte se succèdent pour ainsi dire sans interruption depuis le matin jusqu'au soir.

En effet, les paroisses des environs, où la religion ne paraît pas cependant en grand honneur, ont conservé pour sainte Geneviève une dévotion toute particulière. On a dû, afin d'éviter les encombrements, fixer un jour pour chaque canton : les paysans viennent les uns après les autres en voiture. Ces singuliers équipages abondent dans la cour du presbytère de Saint-Étienne, situé rue Descartes, derrière l'église. Curieux spectacle que de voir de grosses charrettes couvertes de toile, des coucous, des tapissières, de mauvaises diligences, des omnibus, remplis, chargés de pèlerins valides ou invalides de tout sexe et de tout âge! Il faut assister au débarquement pour s'en faire une idée. C'est une arche de Noé remplie d'enfants de chœur, avec soutanes trop courtes, ceintures déteintes, calottes endommagées; de gros chantres à la voix rauque, à la figure enluminée; des thuriféraires aux gants déchirés et aux mains sales. Cela mêlé de croix, de goupillons, de serpents, de hallebardes, d'encensoirs, qui se croisent, qui se heurtent, qui se disputent les honneurs du pas! Les domestiques du curé de Saint-Étienne voient arriver toute cette cohue avec une sorte d'effroi; car, la pèlerine finie, il faut héberger tout l'état-major des pèlerins. Durant la neuvaine tout entière, la table reste constamment ouverte ici pour les curés et les vicaires, là pour les chantres, les enfants de chœur, les bedeaux, les suisses; tous ceux qui de près ou de loin aident aux cérémonies. Cette hospitalité vraiment antique et cet empressement des fidèles feraient croire qu'on est à quatre cents lieues de Paris ou à quatre cents ans en arrière dans notre histoire.

Pour entrer dans l'église de Saint-Étienne du Mont, il fallait autrefois passer par une autre église dédiée à sainte Geneviève. L'entrée actuelle date du même temps que la grande reconstruction qui transforma totalement l'ancienne basilique des Saints-Apôtres. Bientôt même Saint-Étienne du Mont fit déserter sa voisine. L'emplacement occupé par cette dernière, et par l'abbaye que fonda Clovis, sert aujourd'hui à former la place du Panthéon, une grande partie du collége Henri IV, et enfin la nouvelle bibliothèque. Cette bibliothèque, composée des débris de celle de l'abbaye, avait été provisoirement établie dans les bâtiments de l'ancien collége Montaigu, qui vient d'être

Le Panthéon. — Sainte-Geneviève.

détruit. Il en sera de nouveau question, quand nous parlerons de la bibliothèque impériale et des autres dépôts de livres de Paris.

Par édit, daté de 1757, Louis XV ordonna la reconstruction de l'église de Sainte-Geneviève, et confia la direction de cette entreprise au célèbre architecte Soufflot; l'année suivante, le terrain fut béni par l'abbé de Sainte-Geneviève; mais un accident imprévu retarda l'ouverture des travaux. En creusant les fondements, on découvrit un grand nombre de puits, dont quelques-uns avaient jusqu'à 20 mètres de profondeur. Ces puits comblés, les travaux marchèrent sans interruption, et l'église souterraine fut terminée en 1763. Quelques mois après, l'église supérieure s'élevant déjà à une certaine hauteur, le roi Louis XV vint solennellement poser la première pierre du dôme. Au bout de peu d'années, l'édifice fut dégagé des échafaudages qui avaient masqué toutes les voûtes, et apparut dans toute sa majesté, excitant une admiration universelle. Malheureusement la joie dura peu : des fractures multipliées sillonnèrent les échafauds, multiplier les étais, et faire appel à un nouvel architecte, M. Rondelet, qui parvint à le consolider sans en altérer le caractère.

En 1791, l'Assemblée nationale ordonna que l'édifice de Soufflot serait transformé en un *Panthéon* qui recevrait les cendres des grands hommes, à dater de la liberté française; et elle déféra cet honneur au célèbre Mirabeau. Un décret postérieur accorda la même distinction aux restes mortels de Jean-Jacques Rousseau et de Voltaire. M. A. Quatremère fut chargé de la direction des travaux nécessaires pour approprier le monument à sa nouvelle destination; au lieu du fronton de Coustou, c'est-à-dire d'une croix entourée de rayons divergents et d'anges dans l'attitude de la prière, le sculpteur Moitte représenta la *Patrie*, les bras étendus, et portant des couronnes de chêne. Mirabeau fut expulsé de cet asile funèbre par décret de la Convention, qui remplaça son corps par celui de Marat. Marat sortit peu de temps après pour être traîné dans les égouts de Paris.

L'empereur rendit au culte l'église de Sainte-Geneviève. On enleva le bas-relief de Moitte, et l'on fit disparaître la belle inscription, *Aux Grands Hommes la Patrie reconnaissante*, qui ornait le fronton. La Restauration chargea l'illustre Gros de décorer l'intérieur de la coupole; et cet artiste exécuta la magnifique fresque que l'on y admire encore.

Le monument de Soufflot n'en avait pas fini avec toutes ces métamorphoses. Une ordonnance du mois d'août 1830 réintégra les grands hommes et l'inscription : L'église redevint Panthéon, pour redevenir paroisse en 1852.

L'édifice a 100 mètres de longueur, en y comprenant le péristyle; sa largeur est de 80 mètres. Au centre s'élève un dôme de 20 mètres. La forme générale est celle d'une croix grecque. Les quatre nefs qui figurent les branches de la croix viennent se réunir à un point central sur lequel le dôme est assis. Ce dôme se compose de trois coupoles concentriques, dont la troisième forme la calotte extérieure; la première est percée à jour, de manière à laisser voir de l'intérieur les peintures qui décorent la coupole intermédiaire. La façade principale, pour laquelle ont été prodiguées toutes les richesses de l'architecture, présente d'abord un perron élevé sur onze marches, puis un porche en péristyle, imité du Panthéon d'Agrippa. On y voit six colonnes de face : elles sont au nombre de vingt-deux pour tout l'ensemble, dont dix-huit sont isolées et les autres sont engagées. Toutes ces colonnes sont cannelées, et d'ordre corinthien. On admire la délicatesse des feuilles d'acanthe des chapiteaux.

La hauteur du dôme, qui est très-considérable, puisque la seconde coupole est à trois cent quatre-vingts pieds au-dessus du sol, paraît encore augmentée par la finesse des piliers qui le supportent, et par les lunettes évidées avec beaucoup d'art dans les voûtes, de manière à donner quelque chose de la légèreté gothique à ces pleins cintres opposés les uns aux autres.

Les ornements intérieurs ont été modifiés suivant les circonstances. Il ne reste de la décoration exécutée en 1791 que deux bas-reliefs situés aux extrémités du porche, et représentant, l'un le *Dévouement patriotique*, l'autre l'*Instruction publique*. Ces rébus sculpturaux, dont les artistes et les législateurs de la révolution se montrèrent si prodigues, sont figurés, le premier par un jeune guerrier mourant, que soutiennent deux génies, la *Gloire* et la *France*; le second par une troupe de pères et de mères, de jeunes garçons et de jeunes filles, qui embrassent la *Patrie*. Il n'y a rien de plus ingénieux que ces divers sujets; mais l'inscription explicative qui les accompagne n'est pas inutile pour les faire comprendre.

La Restauration a laissé pour souvenir l'apothéose de sainte Geneviève, peinte par Gros dans l'intérieur de la seconde coupole. Cette fresque, la plus belle peut-être qui soit au monde, se divise en quatre grands tableaux : la Fondation de la monarchie, par Clovis; le Triomphe de Charlemagne; le Règne de saint Louis; et, enfin, la Restauration, que personnifie l'image de Louis XVIII, porté sur un nuage entre deux anges répandant des fleurs. Le Génie de la France plane au-dessus des figures des quatre souverains.

Après 1830, M. David, le sculpteur, fut chargé de faire un fronton qui remplaçât la croix rétablie à la place du bas-relief de Moitte, et M. Gérard dut compléter l'œuvre de Gros en décorant les quatre pendentifs du dôme. Il n'a pas été indigne de son prédécesseur. Le premier tableau se compose de deux groupes : dans l'un, la *Mort* touche sa victime de la main gauche, tandis que de l'autre elle montre l'âme qui s'élève au ciel ; dans le second groupe, on voit une femme, un enfant et un vieillard qui paraissent effrayés. La *Patrie* est couverte d'un voile, et se tient debout près d'un tombeau d'où s'élève une Renommée ; un guerrier, un artisan, un jeune étudiant viennent lui offrir leurs services. La *Gloire* montre dans le ciel Napoléon et l'aigle qui perte sa couronne, et la Renommée à côté pleure son favori ; enfin, la *Justice* accueille la Vertu et repousse la Vanité, la Calomnie, l'Envie et le Mensonge. L'allégorie domine moins dans le bas-relief de M. David, quoique la figure principale soit la *Patrie*, couronnée d'étoiles, et distribuant des couronnes. Aux pieds de la déesse se trouvent la Liberté, couronnant Mirabeau, Lafayette et plusieurs autres, et l'Histoire, inscrivant sur ses tablettes les noms glorieux de Foy, Bonaparte, Lavoisier, Kléber, etc.

A droite sont les figures militaires : Bonaparte s'élance pour saisir la palme : un grenadier debout et plein d'ardeur, malgré sa fatigue, personnifie la 32e demi-brigade, si fameuse dans les guerres de la République; le tambour Jean Ritiefle bat la charge, comme il faisait au plus épais de la mitraille, sur le pont d'Arcole, et, tout à fait à l'angle, quelques jeunes gens, vêtus d'un costume militaire, étudient des problèmes, tandis que l'un d'eux contemple le grenadier avec admiration.

Les illustrations civiles se partagent le côté gauche du fronton : on remarque, par groupes, Malesherbes, Mirabeau, Monge, Fénelon ; puis Manuel, Carnot, Laplace ; et, en troisième rang, David le peintre, Cuvier et Lafayette. Voltaire et J.-J. Rousseau sont adossés à un autel chargé de palmes ; un jeune homme mourant, Bichat, dépose sur cet autel le *Traité de la vie et de la mort*.

Les curieux ne manquent jamais de visiter le Panthéon souterrain, et de s'aventurer dans les caveaux, sous la conduite d'un guide. La principale curiosité officielle de l'endroit est une peau de bouc, tendue contre le mur, que le cicérone frappe d'une verge : le bruit retentit, et, grâce à l'écho, acquiert l'intensité et les roulements sonores d'un coup de tonnerre. On montre ensuite deux caisses de bois qui renferment les cendres de Voltaire et de Rousseau. Les guides ne manquent pas de faire remarquer le bras muni d'un flambeau, qui sort d'une porte entr'ouverte, figurée sur le cercueil de Rousseau, et de réciter l'épitaphe : « Ici repose l'homme de la nature et de la vérité. » Ils procèdent de la même manière pour Voltaire ; mais rarement on conduit les curieux vers la belle statue de ce grand homme, due au ciseau de Houdon. Les voûtes de la crypte sont supportées par des murs et par des piliers carrés, correspondants aux colonnes de l'édifice supérieur. Au milieu sont des colonnes également accouplées, et du même ordre. A droite et à gauche se trouvent une infinité de caveaux et de chapelles mortuaires, appartenant à de grands hommes ou à de grands dignitaires honorés de cette sépulture par décret de Napoléon : je citerai seulement le maréchal Lannes, Bougainville, Lagrange, Cabanis et Soufflot, l'architecte du monument.

La dernière métamorphose du Panthéon n'a, jusqu'à présent du moins, nullement altéré ce remarquable édifice. Pour l'approprier aux exigences du culte, on s'est borné à faire disparaître les grandes copies exécutées d'après Michel-Ange, et à contremander les tableaux que le gouvernement provisoire avait commandés à M. Chenavard. On a également enlevé le pendule monstre et le cercle de sable, au moyen desquels un physicien distingué démontrait dans des expériences publiques et rendait sensible à l'œil le mouvement de rotation de la terre. Somme toute, je crois que le Panthéon n'a rien perdu à redevenir église : peut-être n'a-t-il pas une physionomie fort religieuse et fort propre à inspirer le recueillement aux fidèles ; mais enfin le culte catholique a quelque chose de vivant, de positif. Que signifient en définitive ces monuments allégoriques, Panthéons, temples de la Gloire, etc., sans aucune idée religieuse qui s'y rattache, et sans aucune utilité matérielle qui les justifie ?

Pour en finir avec le douzième arrondissement, dans lequel se trouvent les deux monuments dont je viens de parler, le Panthéon et Saint-Étienne du Mont, il reste à signaler, en peu de mots, trois églises : Saint-Jacques du Haut-Pas, Saint-Julien le Pauvre, et Saint-Médard. Les deux premières, situées aux extrémités opposées de ce quartier, indigent et populeux de toute antiquité, doivent leur origine à des fondations pieuses : elles étaient annexées à des hôpitaux destinés aux pèlerins et aux voyageurs dénués de ressource. Saint-Jacques fut bâti vers 1560 par la confrérie des *Frères pontifes*, ou faiseurs de ponts, célèbres dans tout le moyen âge : cette église n'offre rien de remarquable. Notons seulement que, pour sa construction, les carriers du voisinage offrirent gratuitement les plus belles pierres, et que les ouvriers donnèrent un jour de travail par semaine. Saint-Julien, qui sert actuellement de chapelle à l'Hôtel-Dieu, est une petite église gothique d'un excellent style ; l'hôpital, dont elle dépendait jadis, existait du temps de Grégoire de Tours, qui dans son histoire, dit que l'hospice de Saint-Julien lui servait de résidence quand il venait à Paris. Il faudrait parler brièvement aussi de Saint-Médard, qui s'attacha au cimetière annexé à cette église. Dans ce cimetière fut inhumé, en 1727, le diacre Pâris, mort victime de son zèle pour les doctrines que proscrivait la célèbre bulle *Unigenitus* ; tout à coup le bruit se répandit dans son parti que la tombe du martyr était le théâtre des plus étonnants miracles. De jeunes filles se dirent saisies de convulsions au contact de cette terre sacrée ; des malades et des infirmes se prétendaient guéris de la même manière. Bientôt le charlatanisme s'empara de ces rumeurs, et, s'appuyant sur quelques faits étranges et inexplicables, atteignit à des proportions extraordinaires. Tout Paris accourut vers le cimetière Saint-Médard : les filles convulsionnaires *donnèrent des séances* où elles se soumirent, sans souffrance apparente, à des tortures inouïes. Le récit de tous ces faits miraculeux remplit trois volumes, composés par un conseiller au parlement, Carré de Montgeron. Voltaire et quelques autres attaquèrent ces ridicules supercheries ; voici quelques épigrammes du temps :

> Un grand tombeau, sans ornement, sans art,
> Est élevé non loin de Saint-Médard.
> L'esprit divin, pour éclairer la France,
> Sous cette tombe enferme sa puissance.
> L'aveugle y court, et, d'un pas chancelant,
> Aux Quinze-Vingts retourne en tâtonnant ;
> Le boiteux vient, clopinant, sur la tombe,
> Crie Hosanna ! saute, gigotte et tombe ;
> Le sourd approche, écoute, et n'entend rien.
> Tout aussitôt de pauvres gens de bien,
> D'aise pâmés, vrais témoins du miracle,
> Du bon Pâris baisent le tabernacle.

Et cette autre, de la duchesse du Maine :

> Un décrotteur à la royale
> Du talon gauche estropié,
> Obtint par grâce spéciale
> D'être boiteux de l'autre pied.

Un édit ayant fermé le cimetière Saint-Médard, où la cohue et le scandale allaient toujours croissant, l'épigramme suivante fut placardée sur la porte :

> De par le roi, défense à Dieu
> De faire miracle en ce lieu !

Dieu, ou plutôt le diacre Pâris garda la défense. Les convulsionnaires furent oubliées : Cagliostro, puis Mesmer et le magnétisme ne tardèrent pas à venir rassasier les intelligences de ce merveilleux dont elles ne peuvent se passer.

Nous retombons en plein gothique, en arrivant à Saint-Séverin. Cette église, perdue dans une rue des plus obscures de Paris, sans éclat et sans gloire, n'est rien moins qu'un chef-d'œuvre d'architecture et qu'un cours complet d'histoire. Je n'ai pas la prétention, dans cette revue rapide, de refaire cette histoire écrite sur la pierre, et de retracer dans tous leurs détails les perfections de cet art de l'architecture. Disons seulement que, comme plusieurs autres, l'église de Saint-Séverin fait remonter sa première fondation aux Mérovingiens : qu'elle aussi a été brûlée par les Normands, et que sa construction actuelle date du quatorzième siècle. Puis, sans parler des *fers de saint Martin*, que les pèlerins venaient déposer à Saint-Séverin avant leur départ et après leur retour pour bénir leur voyage, sans parler non plus ni des sachettes, ni de la justice particulière de l'abbé, passons au monument lui-même.

Le portail de Saint-Séverin est orné de deux lions de pierre, emblèmes de la force qui accompagne la justice, et dont on recule l'origine aux temps antérieurs au christianisme. On remarque en outre cette inscription gothique :

> Bonnes gens qui par cy passez,
> Priez Dieu pour les trespassez.

La statue que l'on voit dans une niche, à l'angle de la rue, est celle de saint Séverin, le patron de l'église.

L'intérieur, malgré les disparates qui ont résulté des embellissements et des *restaurations* qu'on lui a fait subir, est encore une des plus agréables parmi les diverses églises de Paris. La distribution assez régulière de l'ensemble, l'ordonnance de l'abside éclairée par un double rang de croisées, les arcades et les sculptures de toute espèce qu'on y trouve répandues avec profusion aux chapiteaux des colonnes, aux points de jonction et d'arrêt des nervures des voûtes, surprennent le regard et le retiennent longtemps fixé par la grâce, la bizarrerie et même le laisser-

CHAPITRE XLVII. — LES ÉGLISES DE PARIS.

aller des sujets qu'ils représentent et de l'ensemble de toute la nef. Les colonnes des bas-côtés portent, en guise de chapiteaux, des couples de religieux couchés tête-à-tête et portant une banderole. Les arrêts des nervures des voûtes sont marqués par les figures les plus comiques et les plus amusantes : on y remarque un mascaron grotesque, situé à gauche près du sanctuaire, dont la grimace diabolique est peu propre à édifier le desservant ou les fidèles.

Les vitraux de l'abside sont d'un fort beau travail : ils représentent des apôtres, des sibylles, des prophètes, et ont été exécutés par Bernel de Blois, peintre de Henri IV. Un petit nombre a été brisé et remplacé par d'autres plus anciens.

Le chœur actuel, ajouté en 1684, ainsi que le maître autel, jurent avec le style du reste de l'édifice. Le maître-autel, exécuté par Baptiste Tubi, sur les dessin de Lebrun, est pourtant une œuvre remarquable ; il se compose de huit colonnes de marbre blanc, de l'ordre composite, soutenant une demi-coupole, et il est enrichi d'ornements en bronze doré. On admire dans la même église un magnifique buffet d'orgues, chef-d'œuvre de Dupré fils.

A l'église Saint-Severin était annexé un cimetière sur la porte duquel se lisait cette ridicule inscription :

Passant, penses-tu pas passer par ce
Où pensant j'ai passé ? (passage
Si tu n'y penses pas, passant, tu
[n'es pas sage,
Car en n'y pensant pas, tu te verras
[passer.

Je parle de ce cimetière, qui n'offrit jamais rien de bien remarquable, parce que c'est dans son enceinte qu'eut lieu la première opération de la taille, en 1474. Cette opération fut tentée sur un archer condamné à mort, qui devait avoir sa grâce en cas de guérison : elle réussit parfaitement.

Si les deux moitiés de Paris formaient deux villes distinctes, l'église de Saint-Sulpice pourrait, à juste titre, être choisie comme la basilique, comme la digne métropole du Paris de la rive gauche. Nulle, ni le Panthéon-Sainte-Geneviève, fier de sa coupole et de ses colonnes superbes, ni l'aïeule de toutes, Saint-Germain des Prés, ni Saint-Severin, ni Saint-Étienne du Mont, ne prétendraient lui disputer un tel honneur. Mais Notre-Dame a la prérogative et le mérite d'ailleurs. Saint-Sulpice doit donc se contenter de son empire sur le noble faubourg et sur ses trois succursales : Saint-Severin, qui règne sur le quartier de la Sorbonne, Saint-Pierre du Gros-Caillou, dont le sanctuaire s'ouvre aux habitants des terres lointaines de Grenelle et de Vaugirard ; et enfin Saint-Germain des Prés, qui serait, grâce à ses souvenirs, la seule rivale possible de cette opulente souveraine.

Les premiers vestiges de l'existence d'une chapelle dédiée à saint Sulpice se rencontrent dans un acte daté de 1210. Bien entendu, rien ne subsiste plus du monument primitif, qui a été reconstruit ou augmenté bien des fois, avant qu'il fût question de l'édifice grandiose dont nous nous occupons. La première pierre de cet édifice fut posée en 1646, par Anne

d'Autriche, alors régente du royaume ; mais les travaux, confiés successivement à Christophe Gamart, à Louis Leveau et à Daniel Gittard, avancèrent avec la plus grande lenteur. Ils furent interrompus tout à coup, au bout de vingt-huit ans, par le manque absolu de fonds ; le curé et les marguilliers, écrasés de dettes, s'adressèrent au roi pour obtenir quelques secours, mais le travail ne put être repris qu'au commencement du règne suivant. On peut dire que le vrai fondateur, c'est le curé Languet de Gergy, dont, pendant trente-cinq années entières, le zèle ne se ralentit pas pour recueillir des collectes, des offrandes de toute nature, lever les difficultés et exciter en même temps ouvriers, architectes, simples fidèles et gouvernants. En 1718, n'étant possesseur que d'une somme de trois cents livres, il la consacra à l'achat de quelques pierres, puis il fit annoncer solennellement

Saint-Sulpice.

la reprise des travaux ; son exemple, ses exhortations firent le reste. Il parvint à émouvoir ses nombreux et riches paroissiens. La piété de quelques-uns, peut-être la vanité de plusieurs autres, surtout l'exemple, si contagieux parmi les hommes, lui ouvrirent toutes les bourses ; et le roi ajouta à ces fonds les bénéfices d'une loterie. Gilles Oppenord fut chargé de diriger les nouvelles constructions ; le célèbre Servandoni donna le dessin et surveilla l'exécution du portail. Enfin, l'infatigable curé mourut en 1750, après avoir eu la consolation de voir se terminer, à peu près, l'œuvre qui avait occupé sa vie entière. Peu content d'être venu à bout de l'édification de l'église, il avait aussi travaillé à son embellissement, et avait fait couler une statue de la Vierge en argent massif, que l'on appelait Notre-Dame de la Vieille-Vaisselle, parce qu'elle était composée des couverts et des pièces d'argenterie que Languet de Gergy ob-

tenait de la munificence de ses paroissiens. Lors de la Révolution, cette dernière œuvre du pieux curé, qui lui avait coûté tant de patience et d'efforts d'imagination, vint se perdre dans les creusets de la Monnaie.

Les tours actuelles, et la balustrade qui court de l'une à l'autre, ne sont pas l'ouvrage de Servandoni ; celles qu'il avait élevées, et dont l'effet ne répondait pas à l'aspect général de l'édifice, ont été refaites deux fois, d'abord par un assez médiocre architecte qui les a laissées dans l'état où nous les voyons encore. La balustrade remplace un fronton, œuvre de Servandoni, qui avait été totalement dégradé par la foudre.

La façade de Saint-Sulpice est divisée en deux étages ornés de colonnes auxquelles leur cannelure donne l'apparence d'une grande légèreté : mais les disproportion des deux tours avec la masse de l'édifice ôte à l'ensemble et fait ressembler le dehors de l'église à un meuble renversé.

Le rez-de-chaussée forme un péristyle d'ordre dorique, resserré entre deux massifs, auxquels on parvient par un escalier de seize marches. Ses colonnes sont doubles sur la profondeur, et ont quarante pieds de haut sur cinq de diamètre. Au premier, une galerie ouverte s'appuie à droite et à gauche sur deux pavillons à colonnes, percés d'arcades, sur lesquels s'élèvent les deux tours. Le corps du premier étage est d'ordre ionique. Les deux entrées latérales forment deux portails ; celui de droite est dorique et ionique ; l'autre, corinthien et composite. Chacun d'eux est accompagné de deux niches renfermant des statues, de Dumont. La beauté du portail principal, son caractère noble et imposant, l'harmonie qui règne dans l'ensemble, attestent le goût et le génie de l'architecte. Les tours s'élèvent à soixante et dix mètres, c'est-à-dire trois mètres plus haut que celles de Notre-Dame. On ne remarque que peu de trace du mauvais goût de l'architecte Oppenord, qui essaya de défigurer la majestueuse simplicité de cet édifice, en voulant le décorer des ornements capricieux si fort en usage sous le règne de Louis XV.

Du péristyle, trois portes introduisent dans l'église : celle du milieu, la plus grande, est suivie d'une sorte de péristyle intérieur, formé de quatre colonnes composites, soutenant le buffet d'orgues, dont l'exécution fait honneur à Cliquot, célèbre facteur. L'église a la forme classique d'une croix ; l'intersection de la grande voûte avec celles des deux bras de la croix, est une voûte surbaissée octogonale, ornée de quatre médaillons représentant les traits d'un pareil nombre de saints personnages. Au fond se trouve la chapelle de la Vierge, dessinée par Servandoni ; ses murs sont couverts de marbre rouge et blanc, et de nombreuses sculptures dorées ; ils sont ornés de quatre tableaux, consacrés aux principaux épisodes de la vie de Marie. La statue de la Vierge, supportée par des nuages, et tenant l'Enfant-Jésus dans ses bras, a été sculptée par Pigale; elle occupe une vaste niche, et se trouve éclairée et comme animée d'une lumière surnaturelle au milieu de la pénombre qui l'environne, au moyen d'une ouverture cachée qui laisse passer un rayon du jour.

L'aspect général de l'intérieur de Saint-Sulpice étonne et satisfait l'œil, grâce à ses vastes proportions et à sa régularité; mais il y a peu de détails qui méritent l'admiration. La chaire, bien inférieure à celle de Saint-Étienne du Mont, fut longtemps considérée comme une merveille : les statues qui ornent les diverses chapelles et le pourtour du maître-autel, œuvres de Dumont et de Bouchardon, ne s'élèvent pas au-dessus du médiocre. J'en dirai autant de la plupart des peintures à fresque, répandues avec profusion dans tous les recoins, en exceptant toutefois la belle fresque de Lemoine, représentant l'*Assomption de la Vierge*. Cette fresque, réparée et augmentée par Callet, décore la coupole de la chapelle consacrée à la mère de Dieu; la lumière ingénieusement distribuée, qui illumine la statue, contribue à faire ressortir sa valeur. Je dois aussi faire une mention honorable des tableaux à la cire, peints par M. Drolling dans la chapelle de saint Paul. Ces tableaux représentent, à gauche : *Saint Paul frappé de cécité sur le chemin de Damas, et qui entend la voix de Dieu et se convertit*; à droite : *Saint Paul devant l'Aréopage, annonçant le vrai Dieu et la résurrection*. Le troisième est un *Ravissement du saint*, placé dans une lunette simulée au milieu du berceau de la voûte. Dans le premier de ces sujets, M. Drolling a mis une vigueur et une animation qui contrastent avec le calme ordinaire régnant dans la majeure partie de ses œuvres. La scène est bien disposée et a de l'unité. Saint Paul renversé à terre, les rudes soldats qui se baissent vers lui pour aller à son secours, le cheval qui se cabre, le jeune homme qui cherche à le retenir, la tourmente du ciel, les draperies que le vent soulève avec violence... tout cela est bien conçu pour arriver à une impression forte et saisissante. Dans le *Saint Paul devant l'Aréopage*, on retrouve la manière tempérée du peintre. Des personnages de tout âge et de toutes conditions sont groupés autour du saint et écoutent avec une attention silencieuse sa prédication. L'artiste n'a donné à tous ces auditeurs de la nouvelle parole qu'une expression tranquille et contenue; il n'a pas voulu nous préoccuper de Denys l'Aréopagite, qui embrassa la foi; et il a relégué dans un coin de son tableau la femme nommée Damaris qui suivit cet exemple, sans doute afin de ne pas détourner l'attention sur des têtes expressives et de la laisser se concentrer sur saint Paul. Un jeune homme, placé sur le premier plan, mais dont les traits sont à moitié cachés, trahit seul par son attitude l'émotion qui le gagne à la révélation de cette doctrine d'amour et d'égalité. Cette figure et quelques-unes de celles qui entourent le saint sont heureusement trouvées, étudiées avec soin et rendues avec vérité.

Le *Ravissement de saint Paul* est la plus satisfaisante des trois peintures qui décorent la chapelle, tant sous le rapport de la bonne disposition pittoresque que sous celui de la couleur. Les anges qui supportent saint Paul, ou voltigent auprès de lui, sont groupés avec grâce et ont de l'élan. En somme, cette chapelle fait honneur à l'artiste de talent qui l'a décorée.

Saint-Sulpice. — Chapelle Saint-Paul. — Le ravissement de saint Paul, par M. Drolling.

Il y a dans l'église seize autres chapelles, en comptant, outre les huit qui sont à droite et à gauche de la nef, celles qui sont placées latéralement autour du chœur; une dizaine au moins attendent encore des décorations artistiques. Quand sera remplie cette lacune regrettable dans l'ornementation d'une des plus belles églises de Paris? Pourquoi le bon curé Languet ne revient-il pas passer quelque temps sur la terre pour achever son œuvre? Mais aujourd'hui peut-être le gouvernement ne le laisserait pas quêter et dépenser à sa guise; il n'y a plus, pour unique souscripteur, que le budget, pour unique moteur de toute entreprise, que l'intérêt direct ou la voix du pouvoir. Il faut donc que Saint-Sulpice ait recours au gouvernement.

Les souterrains de cette église n'offrent rien de remarquable : ils sont loin d'égaler ceux du Panthéon, en étendue ou en célébrité. Je les cite seulement à cause de certaines conférences qui s'y sont tenues pendant les dernières années du règne de Louis-Philippe, sous le patronage d'hommes éminents du parti légitimiste, et qui ont fait beaucoup de bruit. Empruntons les paroles d'un courrier de Paris de l'époque.

« Le lieu de la scène est tout à fait dramatique et prête aux mystérieuses conjectures. Figurez-vous un immense caveau dont les sombres profondeurs s'étendent dans les entrailles d'un temple divin : par exemple l'église Saint-Sulpice. Là, à certains jours, s'assemble une foule considérable d'hommes de tout rang, de toute condition et de tout âge, depuis l'adolescent jusqu'au vieillard, depuis la simple veste de l'ouvrier jusqu'à l'habit de drap fin. Des lampes suspendues aux voûtes jettent une lumière fantastique dans la nuit

Saint-Sulpice. — Saint Paul frappé de cécité.

de ce noir caveau; alors les assistants prennent place sur des bancs symétriquement rangés, et il est aisé de voir à leur attitude qu'ils obéissent à une sorte de hiérarchie et de discipline. Chaque banc, en effet, est divisé, pour ainsi dire, en compagnie de dix personnes soumises à un chef. Sur le fond de cette assemblée, vêtue en majorité du costume laïque, se détachent des prêtres et des frères de la doctrine chrétienne. Ceux-là surtout semblent avoir l'autorité et prendre une part active dans ces réunions.

Pour obtenir les honneurs de l'association, il faut avoir dix-sept ans au moins : la profession, la naissance, le pays, la religion, ne sont comptés pour rien dans les clauses d'admission; chacun y a droit, pourvu qu'il ait l'âge prescrit et qu'il ait assisté à trois réunions pour toute épreuve.

Que se passe-t-il entre tous ces hommes assemblés? Comment occupent-ils les heures qu'ils se partagent ensemble? Des poètes lisent leurs vers, des savants traitent des questions de science, des orateurs prononcent des panégyriques ou soutiennent des thèses morales ou religieuses; des musiciens exécutent des chants sacrés; il y a un bureau présidé par le curé de Saint-Sulpice, qui règle l'ordre des discussions; tantôt l'assemblée chante en chœur des psaumes accompagnés de l'orgue, et tantôt elle procède au tirage d'une loterie dont les lots, livres ou tableaux, sont distribués aux membres de l'association que le sort a désignés. Chaque séance est close par une prière. L'association est placée sous le patronage de saint François-Xavier. » La suite des événements semble avoir prouvé que ces conférences furent une nouvelle application du proverbe qui sert de titre à une comédie de Shakspeare : « Beaucoup de bruit pour rien. »

Saint-Sulpice reçut, en 1793, le titre de *Temple de la Victoire*. Plus tard, les théophilanthropes y tinrent leurs séances sous la présidence du grand pontife la Réveillère-Lépeaux. Le général Bonaparte y fut invité, en 1799, à un grand banquet : trois ans après, devenu premier consul, il rendait au culte le temple de la Victoire. Cette église a été mieux traitée par notre révolution cadette : elle a été désignée comme lieu de réunion au concile provincial de 1849, présidé par monseigneur Sibour, archevêque actuel de Paris. D'ailleurs Saint-Sulpice n'a pas besoin, pour revêtir son habit de fête, de ces grandes occasions : souvent elle se pare en l'honneur de nobles mariés, qui viennent sceller, au pied de ses autels, une alliance entre deux antiques familles de la plus pure souche aristocratique. Chaque dimanche, ses portes sont assiégées par les carrosses armoriés : c'est là seulement qu'on retrouve les vieux écussons qui désertent les cours et les lieux publics depuis 1830, et qui, après la chute du roi de droit divin, ne portent plus qu'à Dieu leur hommage féodal. Les prêtres de Saint-Sulpice accueillent seuls à leur naissance les fils des nobles Francs, les accompagnent seuls à la tombe : seuls, ils président aux actes de leur vie religieuse, et ils ne cèdent qu'aux prédicateurs les plus renommés le droit de faire entendre aux oreilles de leurs aristocratiques ouailles la parole du Dieu qui s'adresse aux riches et aux pauvres.

Conférences dans une chapelle souterraine à Saint-Sulpice.

Une des curiosités de Saint-Sulpice, c'est le bénitier ou plutôt les deux bénitiers, formés de deux coquilles magnifiques de *tridacne géant*, offertes à François Ier par la république de Venise. On y remarque aussi la méridienne, placée en premier lieu par Henri de Sully, mécanicien, et renouvelée par Lemercier, astronome, vers 1750. L'une des extrémités de cette méridienne est placée près de la porte latérale de droite : il s'y trouve une inscription qui en indique l'origine. De là elle traverse la croisée en passant obliquement devant le maître-autel, et va se terminer au pied d'un obélisque en marbre blanc, haut de 8 mètres, sur lequel elle se trouve projetée. La fenêtre de la croisée vis-à-vis a été fermée : on y a seulement ménagé une ouverture d'un petit diamètre, placée à environ 75 pieds au-dessus du pavé, à travers laquelle passe, à midi, un rayon de soleil qui vient tomber sur la méridienne. L'hiver, lors du solstice, l'ovale lumineux se porte sur la ligne verticale de l'obélisque. Cette méridienne sert à fixer, d'une manière certaine, l'équinoxe du printemps et le dimanche de Pâques.

L'église de Saint-Pierre du Gros-Caillou, la seule succursale de Saint-Sulpice dont je n'aie pas parlé, est un monument fort simple et tout moderne, qui a été construit en 1823 sur l'emplacement de l'ancienne cure du même nom, vendue et démolie en 1792.

Le dixième arrondissement possède Saint-Thomas d'Aquin et ses deux succursales, Sainte-Valère et l'église des Missions-Étrangères, qui complètent l'énumération des établissements religieux de la rive droite. Ces trois églises ne méritent, sous le point de vue monumental, qu'une mention sommaire : Paris en a bien d'autres plus dignes de fixer notre attention.

En 1631, les jacobins, moines de l'ordre de saint Dominique, vinrent occuper, auprès de la rue du Bac, un modeste local entouré de jardins. Leurs commencements furent humbles; mais ils firent rapidement leurs affaires. Protégés par le cardinal de Richelieu et enrichis par les dons des fidèles, ils remplacèrent leur modeste chapelle par un édifice bâti sur les dessins de Pierre Bullet, dont la construction fut terminée en 1740. Cette église des Jacobins, par l'effet du concordat de 1802, devint église paroissiale sous l'invocation de saint Thomas d'Aquin. Les ornements intérieurs et les peintures de Saint-Thomas d'Aquin sont l'ouvrage de Lemoine et de ses élèves; M. Blondel a complété l'œuvre du maître. Lemoine s'est montré inférieur à sa réputation : ses peintures brillent par l'i-

Saint-Sulpice. — Saint Paul devant l'Aréopage.

gnorance du dessin et le style maniéré des figures ; elles font un contraste parfait avec la gravité par trop magistrale des fresques de l'artiste moderne. M. Blondel a été chargé à deux reprises de compléter l'ornementation de Saint-Thomas d'Aquin. Il a d'abord décoré le fond du sanctuaire de peintures représentant des lévites portant l'arche sainte et le grand prêtre lisant, dans le temple, les tables de la loi. Ces figures sont disposées au milieu d'arcades ouvertes, à travers lesquelles on aperçoit le ciel. Ces arcades répètent, par une disposition assez heureuse, les cintres des croisées latérales; mais ce qui n'est pas aussi heureux, c'est le mélange des architectures. Les galeries, ouvertes en avant par la courbe de leurs archivoltes, aboutissent en arrière à des ouvertures rectangulaires formées, au moyen de lourdes architraves supportées par des colonnes égyptiennes. Sur cette façade hybride vient s'appuyer l'autel du sanctuaire, autel d'ordre corinthien et à fronton triangulaire ; et pour que rien ne manque, en fait de singularité, à ce bizarre échafaudage, c'est justement au milieu d'une des arcades ouvertes qu'est inscrit le fronton triangulaire. On semble s'être complu à réunir là toutes les figures géométriques de l'architecture; il n'y manque que l'ogive. En revanche, toutes les fantaisies d'ornementation dans le style de la Renaissance décorent le reste des parois restées libres. Enfin, au-dessus de l'entablement, surmonté en partie d'un attique à balustres, style Louis XV, règne le plafond de Lemoine.

La composition de la coupole, dans laquelle l'artiste a été maître de lui-même, ne montre pas des défauts aussi saillants; mais, en revanche, il n'y a rien d'extraordinaire à signaler. Elle offre un aspect singulier et inusité. De même qu'on avait peint de fausses arcades au fond du chœur, on y a peint, dans le même système de trompe-l'œil, une rosace en bronze occupant le zénith et supportée par quatre piliers également en bronze. Ces piliers, disposés en croix, laissent des vides simulant le ciel, comme si la voûte était à jour en cet endroit, et c'est dans ces champs à fond bleu que le peintre a disposé ses sujets. Cette calotte à jour (dont certains bourrelets qu'on met aux petits enfants donnent une assez juste idée), existât-elle réellement, serait d'un effet désagréable; l'imitation ne m'en paraît pas plus satisfaisante. Elle a eu un avantage pour le peintre, celui de le débarrasser d'une coupole entière à peindre, et de lui fournir des cadres restreints pour quatre compositions. Ces compositions sont très-simples : c'est, d'une part, Jésus-Christ assis sur un trône d'or, reposant sur les nuages et entouré d'anges à genoux; de l'autre, la Vierge, assise sur un trône d'or reposant sur les nuages, et entourée d'anges à genoux. Puis, formant la croix avec ces deux premiers sujets, deux autres représentent les évangélistes opposés deux à deux et reconnaissables aux animaux symboliques. Tout cela était de soi-même parfaitement intelligible. Malheureusement quelqu'un de la fabrique, de la sacristie ou de quelque autre endroit, je ne saurais le dire, a

Saint-Thomas d'Aquin. — Tableau principal de la coupole, par M. Blondel.

voulu mêler là dedans un peu d'érudition théologique. Des inscriptions latines, en grandes lettres capitales, ont été mises au-dessous de chaque sujet. Et alors il est arrivé ce qui arrive quelquefois aux inscriptions, c'est qu'au lieu de servir à expliquer, elles n'ont servi qu'à embrouiller.

Les quatre sujets, étant vulgaires et sans intérêt d'action, demandaient à être relevés par la grandeur du style. Ce style élevé manque aux compositions de la nouvelle coupole. La banalité de la donnée n'est pas sauvée; l'exécution n'est que sage et suffisante. La voussure occupée par la Vierge, au milieu des anges à genoux, me semble la plus satisfaisante des quatre. Les évangélistes saint Marc et saint Matthieu sont bien posés. La tête de saint Jean est malheureuse. Le saint Luc a assez de tournure, mais on ne sent pas bien sur quoi repose le coude sur lequel il s'appuie, et la jambe droite est mal d'aplomb sur la jambe gauche qu'elle recouvre. Quant au bœuf, il a un air trop sentimental, même pour le bœuf de saint Luc. — Dans les quatre pendentifs sont les figures de saint Thomas d'Aquin, de saint Dominique, de saint Vincent de Paul et de saint François de Sales. L'enfant qui est sur les genoux de saint Vincent de Paul est beaucoup trop grand; ce n'est pas un nouveau-né. La tête du saint rappelle plutôt la figure de Henri IV regardant la belle Gabrielle, que la laide et bonne figure du fondateur de l'institution des sœurs de charité. Auprès de saint Dominique est un candélabre en bronze surmonté d'une flamme: c'est peut-être pour rappeler l'inquisition ; mais je ne saurais l'affirmer, vu que le même ornement accompagne, sans raison apparente, l'image de saint Thomas d'Aquin.

On ne peut appliquer justement aux productions des beaux-arts l'axiome du Misanthrope: « Le temps ne fait rien à l'affaire. » Pour nos monuments religieux en particulier, nous mettons un temps si long à les finir que, dans l'intervalle de leur achèvement, nos mœurs, nos habitudes, notre goût, ont subi de nombreuses révolutions, et qu'ils sortent du travail successif de chaque génération dépourvus d'ensemble et d'harmonie. Mais c'est dans leur décoration surtout que disparaît cet accord mélodieux qui est un des premiers charmes des œuvres d'art. Les peintres, les sculpteurs, les ornemanistes, viennent à des intervalles différents. Chacun exécute sa petite gamme dans le mode et dans le ton qui lui plaît, cherchant avant toute chose à faire briller sa belle note, et il en résulte cette cacophonie que vous savez. Ces défauts si choquants se retrouvent dans la plupart de nos édifices. Si les monuments des Grecs, ces maîtres admirables, plaisent tant par leur ensemble harmonieux, ils le doivent principalement à ce que ces monuments étaient entrepris, élevés et achevés sous l'influence d'une même discipline, et peut-être aussi à ce qu'étant de petite proportion, les artistes pouvaient mieux en embrasser la conception, et que leur simplicité même permettait à l'exécution d'être plus rapide. Ces réflexions, qu'on a si souvent l'occasion de faire autour de nous, nous sont suggérées par le désaccord qui existe entre les différentes peintures de cette église de Saint-Thomas d'Aquin. M. Blondel, dont nous parlions tout à l'heure, ne pouvait sans doute, sans se répudier son passé, ajuster sa peinture avec celle de Lemoine et de ses élèves Natoire et Boucher. En complétant l'œuvre de Lemoine, M. Blondel ne pouvait le continuer. Il a eu raison, sans doute, de rester lui-même; mais il n'en est pas moins vrai que ces deux peintures à côté l'une de l'autre produisent l'effet le plus

Saint-Thomas d'Aquin. — Saint Thomas d'Aquin, pendentif par M. Blondel.

Saint-Thomas d'Aquin. — Saint Dominique, pendentif par M. Blondel.

semble toujours prête à danser la gavote, même dans une église. Jugez du contraste, et quel tohu-bohu tout cela doit faire! Il n'en pouvait être autrement d'une œuvre entreprise et achevée à cent vingt ans de distance, surtout lorsqu'elle avait été commencée sous l'influence d'un faux goût qu'aucun continuateur n'aurait voulu s'astreindre à suivre. La confusion était inévitable; seulement on aurait pu en être moins prodigue. Ces réflexions, que nous faisons à propos d'une église, peuvent malheureusement s'appliquer à presque tous nos monuments, et c'est toujours cette irrégularité, cette différence de ton, de style et de manière qui frappent le plus l'étranger artiste qui vient visiter nos édifices.

L'église des Missions-Étrangères, ainsi que celle de Sainte-Valère, est une propriété privée que la ville de Paris tient à location pour les besoins du culte. Elle dépend du séminaire des Missions-Étrangères, fondé par Bernard de Sainte-Thérèse, évêque de Babylone, en 1663. Cette église n'offre rien de remarquable. Il en est de même de Sainte-Valère, qui servit longtemps de chapelle au couvent des *Filles pénitentes*, lieu d'asile ouvert aux femmes repenties. L'église de Sainte-Valère sera bientôt détrônée de son rang de succursale par Sainte-Clotilde, monument gothique que l'on élève actuellement sur des terrains que la ville avait rachetés, dès 1828, de l'ancienne communauté des religieuses de Bellechasse.

Paris prenant une extension incessante au nord-est, il devenait important et même nécessaire d'élever, dans cette partie de la capitale, des monuments publics et principalement une église. C'est pour satisfaire à ce but d'utilité publique que fut édifiée l'église

disparate. L'une a la gravité officielle et professorale, l'autre rappelle le boudoir. C'est une muse qui a du rouge, des mouches sur la joue, des falbalas, et qui

Vue de l'église Saint-Vincent de Paul.

Saint-Vincent de Paul, dont l'inauguration eut lieu, en cérémonie solennelle, au mois d'octobre de l'année 1844.

Du boulevard Bonne-Nouvelle vous apercevez Saint-Vincent de Paul, à l'extrémité de la rue Hauteville qu'il domine. Le sol de la place Lafayette, qui s'élève en terrasse au-dessus des quartiers qui la précèdent, est néanmoins de plus de 8 mètres au-dessous de la base du nouveau monument. De vastes rampes, disposées en amphithéâtre, avec des pentes douces en forme de double fer à cheval, et deux larges escaliers, permettent tant aux piétons qu'aux voitures d'arriver commodément jusqu'au parvis de l'église.

L'église Saint-Vincent de Paul renferme une merveille de plus, nous voulons parler de son grand orgue.

Ce grand orgue, qui fait tant d'honneur à son facteur, M. Cavaillé-Coll, est d'une forme et d'un aspect exceptionnels, nécessités par les dispositions locales et par les exigences, du reste légitimes, de l'architecte, qui réclamaient que le buffet de cet orgue fût tel qu'il ne cachât pas la rosace de la façade. Il a donc fallu que l'orgue fut divisé en deux parties, et que le son conservât cependant toute son unité. C'était là un obstacle qui semblait insurmontable, mais que le talent et l'habileté de M. Cavaillé-Coll ont su vaincre.

Cet instrument est non-seulement un des plus ingénieux, mais encore un des plus riches qu'on ait vus jusqu'à ce jour. Le dessin que nous reproduisons plus loin en fait foi.

Le grand orgue de Saint-Vincent de Paul renferme deux mille six cent soixante-neuf tuyaux en bois ou en métal, qui engendrent des sons tour à tour d'une ténuité extrême et d'une ampleur majestueuse; aucun de ces tuyaux ne peut nuire à son voisin; l'air circule autour de chacun d'eux avec une entière liberté, et rien n'empêche la moindre vibration de se propager facilement dans l'espace. Le clavier à triple rang de touches, avec un pédalier de deux octaves d'étendue et douze pédales de combinaison, armé de quarante-six tirants (cet orgue ayant quarante-six registres complets) commodément placés à droite et à gauche, à portée de la main de l'organiste, est isolé au milieu de la tribune, sous la voûte, entre les deux corps de l'instrument, et disposé perpendiculairement au maître-autel, de manière que l'instrumentiste profite de tout le jour qui passe par la rosace et ne perd pas un geste du prêtre officiant, sans qu'il soit vu lui-même d'autre part que des galeries hautes de l'église. La soufflerie, située dans une chambre attenante à la tribune de l'orgue et mise en jeu par deux souffleurs au moyen d'un nouveau système de pédales, sert à alimenter six grands réservoirs d'air placés dans la base même de l'instrument. Un tel chef-d'œuvre serait digne de détails plus complets, mais nous sommes obligé de rester fidèles à l'exiguïté de notre cadre.

La façade de Saint-Vincent de Paul, qui a 37 mètres de largeur, est précédée d'un porche à six colonnes de front, d'ordre ionique, sur une profondeur de trois entre-colonnements. La porte principale, revêtue de fonte, offre, dans douze niches entourées d'enroulements formés de fruits et de fleurs, et accompagnés de têtes d'anges, les figures des apôtres. Dans la frise de l'imposte, les symboles des quatre évangélistes et le Saint-Esprit; et, enfin, au-dessus, entre deux riches compartiments à jour, la figure plus grande du Christ. Ces treize figures ont été fondues sur les plâtres modelés par M. Farochon.

Aux deux côtés du porche, et disposés en arrière-corps, s'élèvent deux clochers dont la hauteur, à partir du niveau de la place, est de 54 mètres environ. L'un a reçu la sonnerie, l'autre l'horloge; mais chacun a un cadran. Sur celui de droite, l'aiguille marque les heures du jour; sur celui de gauche, elle indique les jours du mois. Entre ces deux clochers, au-dessus du fronton du porche, est une terrasse du haut de laquelle Paris présente un magnifique panorama. Elle est bordée d'un parapet entrecoupé de piédestaux que doivent surmonter les statues des quatre évangélistes, non encore terminées, par MM. Barre, Brian, Foyatier, et Valois. Dans deux niches, pratiquées dans les

Intérieur de l'église Saint-Vincent de Paul.

clochers, ont pris place les statues de saint Pierre et de saint Paul, par M. Ramey. Le fronton est orné au centre de l'image de saint Vincent de Paul et des figures symboliques de la Charité et de la Foi. Le saint est entouré des principaux personnages sur lesquels sa parole a agi, en les exhortant aux actions charitables et à la création des établissements de bienfaisance. Toutes les figures de ce fronton ont été sculptées en ronde-bosse par M. Nanteuil.

Ajoutons, pour achever de décrire la décoration extérieure de ce monument, que les parois des murs du porche sont disposées pour recevoir des laves émaillées sur lesquelles seront peints des sujets tirés de la Bible. Le tableau principal, qui est placé au-dessus de la grande porte, et qui représente la Trinité accompagnée de quatre prophètes et des quatre évangélistes, a été confié à M. Jollivet. D'autres peintures en émail, qui doivent être distribuées dans les frises, complètent cette application de la peinture à l'extérieur des édifices. Infiniment plus favorable aux exigences de l'art que la peinture en mosaïque, la peinture en émail sur lave émaillée, invention due à Mortelèque, développée avec succès par M. Hachette, son gendre, et à la perfection artistique de laquelle M. Hittorf a puissamment contribué, est une des plus belles conquêtes de l'industrie artistique de notre époque.

Pénétrons dans l'intérieur par la porte principale. Quatre rangs de colonnes distribuées deux par deux, de droite et de gauche, divisent toute la largeur du monument en cinq parties. La partie centrale forme la nef; les deux divisions intermédiaires, les bas-côtés; et les deux dernières, les chapelles, au nombre de huit. Une disposition toute nouvelle, sans précédent en architecture, produit ici, dès l'entrée et surtout à mesure qu'on s'avance davantage dans le monument, l'effet le plus imposant. Dans toutes les églises connues, l'abside n'est jamais plus large que la nef; à Saint-Vincent de Paul elle occupe à la fois la largeur de la nef et des deux bas-côtés. C'est donc pour l'œil un développement grandiose qui, dans les grandes cérémonies religieuses, ajoute à la solennité de la célébration du culte, et qui offre à la peinture monumentale un des plus vastes emplacements qu'elle ait été appelée à illustrer. La longueur intérieure de l'église est de 99 mètres environ.

La hauteur du plafond de la nef approche de celle des voûtes de nos cathédrales gothiques. Il suit, dans sa forme, les deux rampants du comble. Les principales poutres étant apparentes ainsi que les arbalétriers et les aiguilles pendantes, en s'élevant à près de 29 mètres au-dessus du sol, ce plafond ajoute puissamment à la grandeur apparente de la nef. Il est divisé sur chaque rampant en douze compartiments, richement décorés par des caissons en forme d'étoiles et de croix dans lesquels des incrustations en bois de chêne sur bois de sapin sont rehaussées par des fonds d'azur et des fonds rouges sur lesquels se détachent des ornements en or.

Tout autour de la nef et de l'abside se développe, au-dessus de l'ordre inférieur, une frise d'environ 3 mètres de hauteur et de 170 mètres de longueur. Au-dessus s'élève un second rang de colonnes d'ordre corinthien. Il forme, sur les deux côtés latéraux de la nef, des tribunes hautes et, au-dessus de l'entrée, un bel emplacement pour l'orgue et... l'orchestre. Une

CHAPITRE XLVII. — LES ÉGLISES DE PARIS.

deuxième frise de 2 mètres de hauteur, qui surmonte le second ordre, est décorée d'une suite de médaillons.

Pour achever de mentionner ici ce qui se fait remarquer dès l'entrée dans le monument et ce qui concourt à l'effet qu'il produit dès l'abord, nous devons

Bénitier à Saint-Vincent de Paul.

parler de dix grandes verrières posées à la rose du grand portail, à la fenêtre du fond de l'abside ou à la chapelle de la Vierge, et le long des bas-côtés, aux huit chapelles latérales. A droite, ces verrières représentent la Résurrection, saint Denis, sainte Clotilde,

Saint Denis, vitrail de M. Maréchal.

saint Charles Borromée; à gauche, elles figurent le baptême de Jésus-Christ, saint Martin, sainte Élisabeth et saint François de Sales; à la chapelle de la Vierge, c'est Marie tenant dans ses bras l'enfant Jésus; au grand portail, dans un vitrail d'or, c'est saint Vincent

de Paul montant au ciel au milieu des malades et des enfants qu'il a sauvés et consolés. C'est par ces tableaux transparents, où l'éclat des bordures et l'harmonie des tons se réunissent au plus resplendissant effet de couleurs, que la lumière se répand dans l'église. Les tribunes sont également éclairées par huit grandes croisées, qui, comme les croisées des chapelles, sont ornées de peintures sur verre représentant de riches mosaïques transparentes composées d'attributs religieux. La couleur d'or nuancée de rouge devant dominer dans les verrières définitives, comme elles dominent dans les vitres provisoires et dans toutes les autres vitres, l'effet des rayons lumineux répandus dans l'église, est toujours et partout d'un ton doré, tel que le produirait un soleil permanent. Ce ton est nécessairement plus ou moins brillant, selon le plus ou moins de clarté du temps, mais il n'offre jamais les différences d'effet que produit la lumière passant à travers des verres blancs, laquelle, tantôt jaune, tantôt rouge, tantôt bleue,

Porte en fonte de fer de l'église Saint-Vincent de Paul.

tantôt grise ou blanche, colore l'architecture et les peintures des édifices, selon que ces diverses nuances de couleurs prédominent dans ses rayons. Les verrières terminées et posées sont l'œuvre de MM. Maréchal et Gugnon; elles leur font le plus grand honneur.

Enfin, sur le sol de l'église, à l'exception de celui des bas-côtés, plus particulièrement destiné à la circulation, et qui est dallé en pierre, s'étendent de doubles parquets. Les parquets supérieurs sont composés de compartiments formés par des bois de différente nature. L'acajou, l'amarante et le chêne massifs y dessinent de nombreuses subdivisions, dans lesquelles se reproduisent des étoiles, des croix, des chiffres rayonnants et d'autres ornements et attributs religieux. Le parquet avait déjà été employé dans quel-

ques chapelles des plus anciennes églises de Paris; il est moins froid que la pierre ou le marbre, et plus propre et plus monumental à coup sûr que le paillasson auquel on est obligé de recourir pour combattre le froid des dalles. Disposés avec goût, ces par-

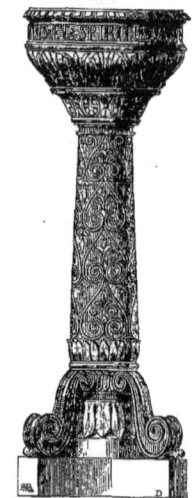

Bénitier à Saint-Vincent de Paul.

quets produisent un aussi bon effet que les plus beaux dallages.

Si nous entrons maintenant dans le détail des dispositions et des ornements qu'un premier coup d'œil n'embrasse pas, nous voyons le chœur séparé, par un

Saint Martin, vitrail de M. Maréchal.

riche appui à jour, de la nef, dont il occupe les trois derniers entre-colonnements. Un double rang de stalles richement sculptées, et dont les dix-huit belles figures de saints et de saintes sont l'œuvre de M. Millet, les sépare des bas-côtés. Les stalles qui entourent circulairement le sanctuaire, dans la largeur de la nef, et qui, pour les sculptures en bois, sont du même dessin et d'une même richesse que celles du chœur, offrent également, sur les panneaux extérieurs, une suite de vingt images de saints et de saintes exécutées avec beaucoup de soin par M. Derre.

Le maître-autel, élevé sur un double soubassement, présente de chaque côté trois colonnes et un pilastre surmontés d'un arc et couronnés par un fronton triangulaire. Au centre, sculptés en ronde-bosse, figurent le Christ sur la croix, la sainte Vierge et saint Jean; cet autel représente assez le Calvaire transformé en un arc de triomphe.

Le banc de l'œuvre présente dans son motif de décoration la reproduction modifiée du maître-autel. C'est encore le Calvaire sous la forme emblématique d'un arc triomphal.

C'est entre le cinquième entre-colonnement, à droite dans la nef, qu'est placée la chaire. Réduite aux justes proportions exigées par sa destination, elle est conçue comme un meuble dont l'importance, sous le rapport de la grandeur, ne doit pas nuire à l'objet principal, qui est le prédicateur, mais au contraire laisser celui-ci dominer. La principale décoration, due au ciseau vigoureux et élégant de M. Dusseigneur, se compose de deux anges debout et de cinq bas-reliefs représentant la Charité, la Foi, l'Espérance, saint Jean annonçant la venue de Jésus-Christ, et Jésus-Christ prêchant la parole de Dieu.

Les fonts baptismaux sont placés dans la chapelle du baptême, située à droite en entrant. Leur forme est celle d'une riche coupe, ornée de coquilles, de croix et de plantes aquatiques, entourée et accompagnée de guirlandes et de festons de fleurs et de fruits. L'inscription *Quemadmodum desiderat cervus ad fontes aquarum, ita desiderat anima mea ad te, Deus*, sculptée sur la circonférence de cette coupe, a motivé l'introduction des cerfs au bas du pied. Le couvercle est divisé en quatre parties ouvrantes, qui sont séparées entre elles par des consoles servant d'appui à une boule sur laquelle est placée la figure de saint Jean-Baptiste. Ces fonts baptismaux font le

Orgue de Saint-Vincent de Paul.

plus grand honneur à la fonderie de M. Calla, d'où sont sorties aussi toutes les autres fontes placées dans l'intérieur de l'église, telles que les bénitiers, les grilles, les colonnes, les candélabres, et enfin la porte principale.

Les ornements de toute l'église n'étant composés que d'attributs religieux, tels que la vigne, les gerbes de blé, les olives, les lis, les croix, les étoiles, les palmes et les guirlandes d'immortelles, de fleurs et de fruits; les têtes d'anges, les coquilles et autres symboles appartenant au culte catholique, leur emploi, en se combinant avec les grandes lignes architectoniques données par la distribution du monument et par sa forme extérieure, a imprimé à cet édifice une grande unité de style et un caractère éminemment religieux.

C'est ainsi qu'au dehors, la grandeur et la diversité des masses, la richesse des ornements des cymaises supérieures, qui se découpent en nombreuses ondulations sur le ciel, la surélévation des clochers et leur saillie sur la terrasse, comme la forte projection en avant-corps du porche, enfin la retraite de l'étage des tribunes sur celui des chapelles, ont été autant de moyens de produire des effets différents, sans qu'il soit résulté de leur variété la moindre confusion et la moindre infraction à la raison et à la convenance. Ce résultat et l'effet que produit ce monument de sembler plus grand à l'extérieur qu'il ne l'est réellement et de le paraître plus encore à l'intérieur, doivent être surtout attribués à ce que rien dans sa construction n'est caché par aucune décoration postiche. Il n'y a, en effet, presque partout, que l'épaisseur des murs et celle des couvertures qui séparent les contours du dehors de ceux du dedans de l'édifice. Ce parti pris a eu aussi son heureuse influence sur les façades latérales et postérieure, qui, tout en se liant intimement à la façade principale, offrent également, quoique sous d'autres aspects, des masses et des détails non moins intéressants.

Ce monument, qui a pris rang parmi les plus importants de notre époque, a été exécuté dans son ensemble, comme dans tous ses détails, d'après les projets et sous la direction de MM. Lepère et Hittorf, architectes du gouvernement et de la ville de Paris. La mort, qui a enlevé M. Lepère à l'âge de quatre-vingt-deux ans, un mois seulement avant le jour où a eu lieu l'ouverture de l'église, laissera à jamais le cruel regret que ce vénérable artiste n'ait pu assister à cette solennité dont il eut, en quelque sorte, été l'âme.

On estime que Saint-Vincent de Paul, pour les travaux exécutés et pour ceux qui restent à terminer encore, coûtera à la ville de Paris une somme d'environ 4,200,000 francs. La peinture monumentale n'est pas entièrement achevée, car il reste quelques médaillons à ajouter aux médaillons déjà encadrés dans la frise, et dont les auteurs sont feu Perlet et MM. Gleyre, Laure, Quantin, Bouterweck et de Lastang-Parade.

Revenant sur nos pas, et descendant des hauteurs de Saint-Vincent de Paul, nous arrivons maintenant à la reine des églises de la rive droite, au moins sous le point de vue monumental. Il faut parler, et parler avec détail de Saint-Eustache, planète resplendissante avec ses deux satellites, Notre-Dame des Victoires et Notre-Dame de Bonne-Nouvelle.

Cette grande église, la plus grande après Notre-Dame, ne se laisse voir tout entière, à l'extérieur, que depuis peu de

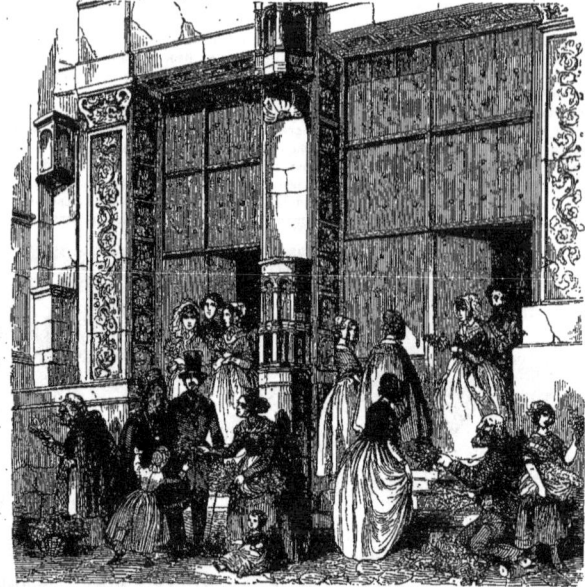

Portail latéral de Saint-Eutsche (le dimanche des Rameaux).

temps; jusqu'à la démolition de la rue Trainée, on ne pouvait apercevoir que ce ridicule portail grec de la façade, et il fallait monter sur les étages supérieurs des maisons avoisinantes pour entrevoir un peu distinctement les magnifiques roses gothiques de deux portails de la croisée. Les Halles se pressaient autour de l'ombre protectrice de Saint-Eustache; et de tous côtés se serraient une foule de maisons, appuyées sur ses murs. La vieille basilique supportait tout un quartier, et dégageait avec peine les sommités extérieures de ses ogives de la multitude des toits et des édifices vulgaires. Aujourd'hui le monument entier, dégagé sur trois de ses faces par de vastes places publiques, nous paraît un peu nu, un peu incohérent; mais, dès l'abord, sa masse imposante frappe d'admiration et d'étonnement du côté des Halles. Il faut voir quel superbe ensemble produisent ces pilastres renaissance mariés aux croisées gothiques, ce grand portail avec ses deux clochetons et sa cime aiguë, derrière la-

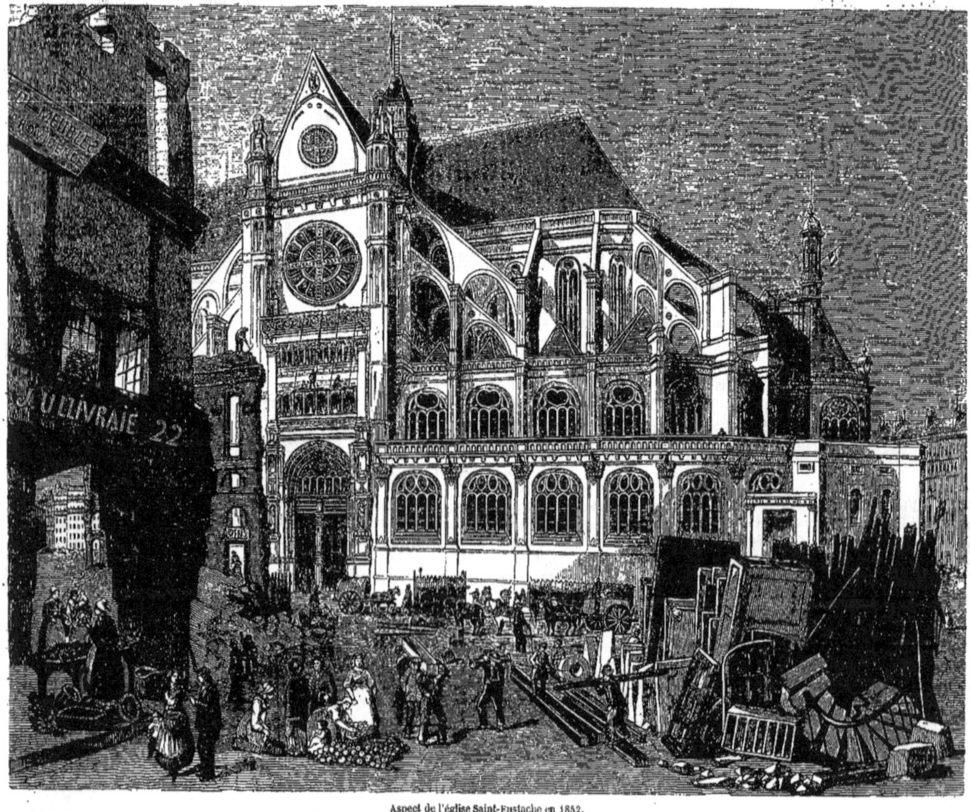

Aspect de l'église Saint-Eustache en 1852.

Aux bureaux de l'Illustration, rue de Richelieu, 60. PARIS. TYP. DE FIRMIN DIDOT, 56, RUE JACOB. 20 C. par la poste.

quelle s'agitent les bras anguleux du télégraphe, et, à côté, les arcs-boutants en contre-fort, d'une légèreté surprenante, qui soutiennent la voûte, et enfin l'élégante tourelle, dominant la pointe du monument du côté de la rue Montmartre. Ces diverses parties sont couvertes d'ornements exécutés avec la grâce et la délicatesse qui caractérisent leur époque.

Quant à la malencontreuse façade principale, œuvre de de Jouy, on y reconnaît une copie du portail de Servandoni, à Saint-Sulpice. C'est un des monuments de cette époque où une proscription générale condamnait tout le genre gothique, et où l'on n'admettait que le style grec comme type suprême et idéal du beau. Le plan primitif comportait pour le portail deux ordres de grosses colonnes, superposées et groupées deux par deux, avec de larges entre-colonnements; le tout surmonté d'un fronton et flanqué de deux tours. Une tour reste encore à faire. La largeur des entre-colonnements entraînera la destruction de cette façade; déjà même la plate-bande qui supporte l'énorme fronton supérieur se rompt et semble écraser les colonnes. D'ailleurs le genre de cette architecture massive, qui n'est ni ancienne ni moderne, n'a aucune espèce de rapport avec le reste de l'édifice, et fait songer aux vers d'Horace, qui parle d'une tête de femme adaptée à un corps de poisson.

On est frappé d'abord, à l'aspect intérieur de Saint-Eustache, de l'indépendance et de la bizarrerie qui ont présidé aux conceptions de l'architecte. La disposition générale est celle des églises gothiques : une large nef, flanquée de deux bas-côtés entourés de chapelles, des piliers légers portant une voûte hardie, éclairée par un double rang de fenêtres... Mais la licence la plus grande inspira le choix et la distribution des ornements. Les piliers sont un composé de tous les genres d'architecture qui s'enchevêtrent et se mêlent les uns aux autres. Ce sont des colonnettes corinthiennes, enchâssées comme des camées antiques aux flancs élevés des piliers : ceux-ci sont eux-mêmes parsemés de rosaces, de moulures, de culs-de-lampe; des pendentifs élégants se détachent du plein-cintre des voûtes, tout ornés de sculptures capricieuses et souples, enrichis de séraphins, d'anges, de corbeilles de fleurs ou de fruits; enfin partout éclate la Renaissance, avec sa grâce, sa profusion, sa richesse.

L'ornementation la plus remarquable est sans contredit celle du chœur. Un pendentif splendide, sorte de vaste couronne supportée par des figures d'anges hautes de plusieurs pieds et embellis d'ornements variés, se dégage hardiment au-dessus du sanctuaire. La voûte est ensuite traversée par une forêt d'arêtes et de nervures dont la multiplicité fatigue le regard. De beaux vitraux, représentant les douze apôtres, ornent les fenêtres du chœur. La chaire a été construite sur les dessins de Lebrun : le maître-autel est orné d'un corps d'architecture supporté par quatre colonnes d'ordre corinthien. Les dix statues groupées autour de l'autel sont de Jacques Sarrazin : cet artiste a représenté saint Louis sous les traits de Louis XIII, la Vierge sous ceux d'Anne d'Autriche et le petit Jésus ressemble à Louis XIV enfant. Parmi les autres sculptures, on remarque le bénitier, qui représente le pape Alexandre II, soutenu par deux anges qui foulent aux pieds le démon, et distribuant l'eau bénite aux fidèles. Il faut citer encore le monument funèbre de Colbert, avec des statues remarquables de Coysevox. Les principaux tableaux sont un *saint Louis mourant*, de Doyen, une *Guérison des Lé-*

Vue intérieure de Saint-Eustache.

preux, de Vanloo, et un *Tobie*, attribué à Raphaël.

Un certain nombre de personnages illustres, Chevert, Tourville, la Chambre, Benserade, Voiture, Vaugelas, reposent sous les dalles de Saint-Eustache. L'église actuelle, commencée en 1532, fut terminée au bout de cent ans, sauf le portail de Jouy, dont la construction a duré de 1752 à 1788. Auparavant il s'élevait sur cette place une chapelle de sainte Agnès, bâtie, dit-on, par Alais, maltôtier repentant de ses exactions; cette chapelle était devenue paroisse sous le vocable de saint Eustache, dès 1223; il ne reste de l'ancien édifice qu'un pilastre de la tour, actuellement adossé au portail méridional de la croisée. L'ancienne église de Saint-Eustache servit de théâtre aux prédications sanglantes de Jacob, chef des Pastoureaux, ces niveleurs du temps des croisades.

« Oui, s'écriait le farouche énergumène, votre riche clergé est semblable à une brebis galeuse. Vos prêtres, ces papelards, ne sont bons qu'à boire du vin de Pierrefitte, communiquant à toute la France la contagion de leurs exemples pernicieux. Ils corrompent les habitants, les dévorent, les entraînent dans l'abîme. » — « Avez-vous une maison, les nobles vous la prennent! Avez-vous une fille? malheur à elle est belle! un noble la souillera. Ce champ cultivé par vous, qui viendra recueillir ses produits? un noble, toujours un noble. Combien faut-il au bûcheron de coups de cognée pour abattre un arbre? dix au moins! Enfants, il n'en faut qu'un pour trancher la tête d'un seigneur? » Ces sauvages prédications furent étouffées dans le sang des Pastoureaux ; mais, un siècle plus tard, Saint-Eustache servit de réunion à la farouche confrérie de saint André, formée des bouchers bourguignons, qui partirent de l'église, la tête couronnée de roses en signe de ralliement pour égorger les prisonniers Armagnacs.

Chacun connaît l'épigramme de Piron, relative à cette prétendue règle publiée par l'Académie, qui prétendait que trois lettres suffisent pour la rime :

Ici gît mon ami Manloche,
Qui fut bedeau de Saint-Eustache.
Trente ans il porta la hallebarde.
Dieu lui fasse miséricorde !

Voici une anecdote plus caractéristique, relative à Saint-Eustache. Vers le milieu du dix-septième siècle, le curé Merlin mourut, et l'archevêque lui donna un successeur. Mais le neveu de Merlin, simple prêtre, crut devoir s'y opposer, et donna pour raison que cette cure lui appartenait en vertu d'une résignation que son oncle lui avait faite. Cet argument n'était pas des meilleurs; cependant, fort de l'appui des dames de la Halle, le jeune Merlin persista. Bientôt toute la population du quartier s'assemble en tumulte pour le protéger, met en fuite les soldats, puis installe le neveu de l'ancien curé. Ce désordre dura trois jours; enfin les dames de la Halle envoyèrent une députation à la reine.

L'orateur en jupons, après avoir exposé les causes de l'émeute, résuma son discours en ces termes : « Le bon curé Merlin a reconnu son neveu pour son successeur; d'ailleurs les Merlin ont toujours été curés de Saint-Eustache, *de père en fils*, et les paroissiens n'en souffriront pas d'autres. »

La reine n'ayant pu leur promettre une entière satisfaction, l'émeute recommença, et déjà les bourgeois commençaient à barricader les rues, lorsqu'on apprit que l'archevêque venait de céder. Le lendemain chacun put lire l'avis ainsi conçu, affiché par un plaisant sur les murs de la paroisse :

La cure de Saint-Eustache est à la nomination des dames de la Halle.

Le dernier épisode de l'histoire de cette belle église,

CHAPITRE XLVII. — LES ÉGLISES DE PARIS.

c'est l'incendie des orgues, arrivé le 16 décembre 1844.

L'humble paroisse de Saint-Nicolas des Champs est limitrophe de la vaste circonscription religieuse sur laquelle règne Saint-Eustache; elle comprend la partie supérieure des rues Saint-Denis, Saint-Martin et du Temple, où, dans cette dernière, elle possède l'insignifiante succursale de Sainte-Élisabeth.

L'église de Saint-Nicolas des Champs se trouve masquée, en grande partie, par les constructions de la rue Saint-Martin, et les deux façades dégagées qu'elle présente sont d'un style si différent, qu'à moins de lire les inscriptions qui les accompagnent, on ne croirait jamais qu'elles appartenaient au même monument. Le portail le plus ancien se développe sur la rue Saint-Martin; mais on entre encore dans cette aile de l'église par une porte bâtarde pratiquée en retour d'équerre sur le flanc du monument. L'autre frontispice est celui de la rue Aumaire; il fut construit sous Henri III, ainsi que l'apprend par une table de marbre placée au-dessus de la voûte.

L'architecture de Saint-Nicolas des Champs est gracieuse et régulière; mais comme application morale, comme raccord à une église du moyen âge, elle n'offre autre chose qu'un non-sens artistique. D'ailleurs, de même que presque toutes ses sœurs de l'âge gothique, elle a beaucoup souffert, tant à l'extérieur qu'à l'intérieur, des injures du temps et de la maladresse des restaurations. Les colonnes et les voûtes qui forment les deux contre-nefs ont été mutilées de la manière la plus inintelligente et la plus barbare.

Les tableaux qui décorent l'intérieur de cette modeste église sont peu en harmonie avec sa simplicité et sa pauvreté; outre les nombreux objets d'art, emplettes forcées faites par le gouvernement à titre d'encouragement pour la sculpture et la peinture, et distribuées à Saint-Nicolas comme à bien d'autres églises, on remarque une *Assomption de la Vierge*, de Vernet, et un triptyque sur bois, de Jordaëns, représentant un crucifiement. Henri et Adrien de Valois, historiens recommandables, et mademoiselle de Scudéry, reposent dans cette église. C'est à juste titre que la paroisse d'un quartier laborieux par excellence a recueilli les cendres de ces infatigables compilateurs et de cette aïeule des féconds romanciers de nos jours. Nul ne pourra dire que leurs os sont dépaysés ici, pas plus que ceux de Guillaume Budé, le grand philologue, pour qui Mellin de Saint-Gelais composa l'épitaphe suivante :

— Qui est ce corps que si grand monde suit?
— Las! c'est Budé, au cercueil estendu!
— Que au fond donc les cloches plus grand bruit?
— Son bruit sans cloche est assez répandu.
— Que n'a-t-on plus en torches despendu?
  Suivant la mode accoutumée et saincte?
— Affin qu'il soit par l'obscur entendu
  Que les François la lumière est esteincte.

Ajoutons, parmi les restes des travailleurs intellectuels qui dorment à Saint-Nicolas des Champs, le corps de Pierre Gassendi, l'aïeul des physiciens modernes et le restaurateur de la philosophie d'Épicure.

Puisque les lecteurs connaissent déjà Saint-Germain l'Auxerrois, il nous reste à leur parler de Saint-Roch, dont la juridiction paroissiale comprend ce que nous avons à voir du Paris renfermé entre la Seine et les boulevards. Nous terminerons par les églises extérieures aux boulevards, c'est-à-dire les églises du troisième Paris, en quelque sorte distinct des deux précédents.

L'église de Saint-Roch est située au centre du deuxième arrondissement; elle s'élève sur l'emplacement de l'ancien hôtel Gaillon, à côté duquel se trouvaient deux anciennes chapelles particulières. Commencée par Anne d'Autriche, elle ne put arriver à terme que grâce à la libéralité du célèbre Law. Ce fameux agioteur, ayant abjuré le protestantisme et reçu les sacrements catholiques dans l'église de Saint-Roch, donna cent mille livres en billets pour l'achèvement de la paroisse. Cette monnaie, si fictive et si problématique, conservait encore toute sa valeur ; elle permit d'achever l'édifice, ouvrage des deux Cotte, père et fils.

Le portail, d'un aspect imposant, a deux ordonnances : l'une dorique, l'autre corinthienne. Cette dernière est surmontée d'un fronton assez beau ; mais l'auteur n'a pas observé l'harmonie nécessaire, car la forme du frontispice annonce deux étages, tandis qu'il ne s'en trouve qu'un seul. D'un autre côté, ce portail est disproportionné avec l'intérieur. La voûte, assez

La chaire de l'église Saint-Roch.

élevée au centre, mais trop basse sur les côtés, diminue l'effet produit par l'architecture extérieure. L'intérieur est divisé en cinq parties différentes : la nef, le chœur, la chapelle de la Vierge, la chapelle de l'Adoration et la chapelle du Calvaire. Ces diverses parties se font remarquer par le caractère général d'une ornementation répandue avec prodigalité, sans ensemble et sans harmonie ; partout de grands tableaux modernes, aux couleurs vives et criardes, aux cadres éclatants, composés quelquefois avec art, mais trop étrangers à l'onction qui distingue les véritables peintures d'églises, trop profanes, en un mot, viennent distraire le regard et détourner l'attention. La chapelle de l'Adoration, récemment décorée, offre seule quelque chose, sinon de beau, du moins d'original ; l'autel représente l'Arche sainte, telle qu'elle existait dans le temple de Jérusalem. Cette Arche d'alliance, dorée sur toutes ses surfaces, est soutenue par douze pieds tournés, et recouverts dans quelques parties de cercles dorés ; ces douze pieds sont l'emblème des douze commandements de Dieu. On y a ajouté deux petites tables, appuyées sur des têtes de chérubins, image des tables des pains dans le temple des Juifs. L'autel est traversé dans toute sa longueur par deux rouleaux dorés comme le reste, disposés pour le transporter : deux chérubins sont posés au-dessus, comme pour en garder l'entrée.

Enfin, à l'extrémité de l'édifice est située la chapelle du Calvaire. Le massif et la solidité des piliers et de toute la construction, la voûte basse et sombre, l'obscurité presque absolue et le silence profond qui règnent dans cette partie du monument, font naître dans l'âme une impression respectueuse. Au-dessus de l'autel, dans une niche éclairée dans le fond par une ouverture cachée, ce que les architectes appellent lumière céleste, s'élève une croix où le Christ est suspendu ; à ses pieds est agenouillée la Madeleine. C'est le Calvaire vu de loin dans son extrémité. Sur le premier plan sont couchés les soldats romains ; ensuite on aperçoit des troncs d'arbres et des plantes au milieu desquels se glisse le démon sous la forme d'un serpent. Au bas de la montagne se trouvent des instruments de supplice. L'autel, représentant un tombeau antique, est de marbre bleu, et supporte, en forme de tabernacle, une colonne brisée, au pied de laquelle sont les instruments de la Passion. La niche est l'œuvre de Michel Anguier ; Falconnet a sculpté tout le reste.

Parmi les tableaux, au nombre de onze, qui complètent l'histoire de la Passion, on remarque les figures de saint Joseph et de sainte Cécile, peintes par une jeune princesse de la famille d'Orléans. Saint-Roch était en effet l'église de prédilection de cette famille, et Louis-Philippe, avant d'être roi, dès 1821, y avait fait élever une table de marbre, indiquant le tombeau et les différents titres de gloire du grand Corneille.

La chaire, faite sur les dessins de Challes, est une des plus belles qu'on puisse trouver à Paris.

Cette église, même après la chute de la royauté de Juillet, demeure le temple à la mode pour les amateurs de musique sacrée. A chaque fête solennelle, la foule s'y presse ; le chœur est encombré d'exécutants et de chanteurs. Sans doute, nous devons croire que la piété réelle ne souffre pas trop de cet empressement mondain ; mais il nous sera permis de regretter que le public se rende aux offices comme à une représentation de l'Opéra, et de dire que cette musique brillante, jointe à la décoration un peu coquette de l'église, conviennent moins que l'austérité du chant grégorien et la simplicité majestueuse des vieilles églises gothiques.

Il est impossible de parler de Saint-Roch sans rappeler que ses alentours furent le théâtre de l'insurrection du 13 vendémiaire (28 octobre 1795). Ce fut devant les gradins mêmes de Saint-Roch que se posta l'état-major des troupes commandées par Bonaparte. Dans la bataille, qui dura toute la nuit, le portail de l'église éprouva de graves dommages causés par le feu constant de l'artillerie ; l'église elle-même fut transformée en ambulance.

Il ne reste plus, dans la limite que nous nous sommes fixée, qu'à parcourir les églises extérieures au boulevard. Nous trouvons, en première ligne, la Madeleine, et à l'extrémité opposée des quartiers bourgeois, Saint-Vincent de Paul. Entre les deux s'élève le boudoir de la Vierge, cet élégant bijou qu'on nomme Notre-Dame de Lorette ; et au delà Saint-Laurent dans le faubourg Saint-Denis, Sainte-Marguerite dans le faubourg Saint-Antoine. Cette dernière, et Saint-Ambroise, sa succursale, ne présentent rien qui soit digne d'arrêter le curieux, l'antiquaire, ni l'amateur des arts; on remarque à Saint-Laurent les verrières modernes peintes par M. Galimard. La verrière placée au fond du chœur représente le Christ couvert d'un pallium rouge parsemé d'étoiles, et debout sous un dais porté par des colonnettes. Ces colonnettes reposent sur des consoles terminées par les quatre figures d'animaux mystiques, ou du moins par les trois figures d'animaux, car c'est une figure d'homme, comme on sait, qui est la quatrième. La figure du Christ, caractérisée par la bonté et par la puissance, est le centre des diverses compositions. Elle est d'un aspect satisfaisant et d'une couleur assez vigoureuse. A la gauche du Christ, et en s'avançant du fond du chœur vers la nef, on voit successivement quatre verrières. Dans la première, saint Laurent, debout et appuyé sur son gril, tient en main la palme du martyre; il est revêtu d'un manteau brun, doublé d'un vert émeraude d'une extrême crudité; dont on retrouve ailleurs les tons criards trop fréquemment employés. Dans la seconde, le même saint; au milieu d'un emplacement entouré de monuments qui rappellent l'architecture du Bas-Empire, est assis sur un gril de fer, au-dessous duquel s'élèvent des flammes; ces flammes sont un peu contestables, car, suivant la tradition, le préfet de Rome fit mettre saint Laurent sur le gril avec des charbons à peine allumés, pour le faire cuire à petit feu. Mais cela importe peu. L'artiste sacrifiant, dans un bon esprit et comme il me semble convenable de le faire dans la peinture des vitraux, la réalité au symbole, a mis, au lieu de bourreaux, deux anges à droite et à gauche du martyr. Le vitrail suivant est consacré à sainte Philomène, pressant son cœur un lis, emblème de sa virginité. Le premier de tous, à l'entrée du chœur, présente réunis au milieu d'une basilique chrétienne les apôtres saint Pierre, saint Paul, saint Jean, saint Jude et saint Jacques. Cette composition a de la gravité et du caractère, mais le saint Jean laisse à désirer; son manteau forme une ligne droite d'une roideur désagréable. — De l'autre côté du chœur, et en partant toujours du fond, on trouve à la droite du Christ une sainte Apollonie, debout, les yeux élevés vers le ciel. Cette figure est une des plus satisfaisantes de toutes par son attitude et l'expression mystique de ses traits; les mains sont, peut-être un peu grosses et trop claires. Ce dernier inconvénient n'est pas imputable à l'artiste sans doute. La verrière qui vient ensuite nous montre le supplice de sainte Apollonie faisant face à celui de saint Laurent, et dans une disposition analogue. Cette sainte méritait en effet de trouver place dans cette église des Ardents, car elle se précipita d'elle-même courageusement dans le bûcher.

Enfin la dernière verrière représente saint Domnole, abbé de l'ancienne basilique de Saint-Laurent, et depuis évêque du Mans. Cette verrière, moins montée de ton que les autres, est la plus harmonieuse. Chacune des figures isolées est placée dans une niche surmontée d'un dais imitant le couronnement ogival en pierres ciselées, qu'on voit au-dessus des niches de saints dans les églises. Les ogives, les pilastres, les colonnettes, sont en grisailles, avec les fleurons, les feuilles grimpantes, les choux frisés, rehaussés d'un ton jaune, ainsi qu'avaient coutume de le faire déjà les artistes verriers du quatorzième siècle.

Les fabriques qui forment les fonds de ces verrières, avec leurs colonnes vertes et roses et leur cliquetis de lumière et de couleur, donnent l'idée des feux pyriques. C'est déjà assez réel pour que l'on ne regrette de ne pas y trouver un sentiment plus naturel. Ces sujets à perspective et à fonds composés me semblent sortir des limites de la peinture sur verre.

Les figures du Christ, de sainte Apollonie et de saint Domnole sont bien conçues et sont des œuvres dignes d'éloges. Les huit grandes verrières dessinées par M. Galimard, et dont l'architecture a été composée par M. Victor Baltard, forment autour du chœur de l'église de Saint-Laurent un ensemble d'ornementation qui a de l'unité de style, tandis que l'architecture de l'église elle-même est décousue et de style hybride. Une des portions latérales de la façade est inachevée, et attend, pour être parallèle à l'autre, l'ouverture d'une porte et d'un œil-de-bœuf, et à son amortissement un vaste pot à fleurs. Entre les trigly-

Verrière de Saint-Laurent, par Galimard.

phes de la frise sont sculptés de gigantesques grils sur le feu, et à l'intérieur, dans des panneaux, entre les ogives du chœur, des palmes nouées par des faveurs dignes d'une bergère de Florian s'enlacent dans des couronnes d'immortelles.

Si Saint-Vincent de Paul est la plus jeune des églises de Paris (du moins des églises consacrées, car Sainte-Clotilde est encore sa cadette), Notre-Dame de Lorette ne lui céda en jeunesse que d'un petit nombre d'années. L'ordonnance royale qui lui donna naissance date de 1822; l'année suivante vit le concours d'architectes qui précéda toute construction moderne, et en 1823 fut posée la première pierre. La consécration eut lieu treize ans après.

Tous les visiteurs et tous les auteurs de descriptions se trouvent merveilleusement d'accord pour caractériser cette jolie église; tous conviennent des qualités d'exécution et de conception qui la distinguent, et tous aussi reconnaissent qu'elle ressemble à un magnifique salon, à un splendide musée, à une salle superbe pour des bals ou des réceptions, mais fort peu au temple d'un Dieu de pauvreté et d'humilité. Si je voulais, après tant d'autres, décrire avec détails les jolies toiles, les charmantes sculptures qui la décorent, je m'exposerais à composer un livret de musée ou d'exposition des beaux-arts; je redirais les noms de nos peintres à la mode, de nos sculpteurs en renom, avec l'énumération de quelques-unes de leurs œuvres les plus goûtées dans les exhibitions annuelles de tableaux et de statues qui tiennent le public au courant de la production artistique en France. Parce que tous ces messieurs, de talents et de styles si divers, ont reçu des commandes religieuses, il ne s'ensuit pas qu'ils aient tous dessiné ou sculpté des saints, des saintes, des vierges et des christs de bon aloi; je pourrais relever plus d'un ange à l'œil andalou, plus d'une sainte Geneviève à la figure trop éveillée. Le Père Éternel, lui-même paraît bien jeune, pour un Parisien, d'une verte et florissante vieillesse; son visage frais et couronné de beaux cheveux blancs inspire de la satisfaction beaucoup plus que du respect; on est content de voir un homme de cet âge si bien conservé, et l'on ne songe pas que l'artiste s'est évertué à peindre le Tout-Puissant. Partout les couleurs apparaissent vives, fraîches, reluisantes de vernis; l'or des cadres étincelle, les vitraux superbement coloriés tamisent la lumière et décomposent chaque rayon en arc-en-ciel.

Ce n'est pas tout. Le maître-autel a pour tapis un Aubusson des plus riches; sa devanture, ainsi que celle des autels particuliers, est exécutée en lave émaillée. Les colonnes offrent le poli du marbre; les ornements de la frise, ceux de la chaire, ceux du buffet d'orgues, curieusement fouillés, ne font nullement disparate avec les compartiments de marbre bigarrés, les belles tentures, les festons, les astragales magnifiques. Tous les métiers ont contribué, chacun pour sa part, à cette splendeur mondaine : doreur, tapissier, décorateur, menuisier, serrurier, tourneur de chaises, lampiste même; car il y a, entre les colonnes, de belles lampes à trois becs. Jamais la dévotion ne s'était faite si ingénieuse, si séduisante; les dames de la Chaussée-d'Antin, qui aiment les beaux décors, les lumières vives et la bonne musique, trouveront de toute manière leur compte à venir aux offices dans leur élégante paroisse.

Je me contenterai, après cet aperçu général, de donner une idée de l'ensemble architectural de Notre-Dame de Lorette. Cette église, isolée de toutes parts, est bâtie sur l'alignement de la rue Laffitte, de manière à être vue du boulevard. Elle est longue de soixante-dix mètres, sur trente-deux mètres de largeur, et peut contenir trois mille personnes, indépendamment de l'espace réservé au service divin. Sa façade principale présente un avant-corps de même largeur que la nef, et un portique orné de quatre colonnes d'ordre corinthien, avec un riche entablement dans lequel se trouve l'inscription : « Bontæ Virgini Lauretanæ. » Ce portique est terminé par un fronton, aux angles duquel sont placées les statues des trois vertus théologales : la Foi, par Foyatier; l'Espérance, par Lemaire; la Charité, par Laitié. Le tympan du fronton est occupé par un bas-relief de Nanteuil, représentant des Anges en adoration devant la Vierge et l'Enfant Jésus. Sous le portique s'ouvre la porte principale; il s'en trouve deux autres, à droite et à gauche; pratiquées sur les arrière-corps. Cet ensemble ne manquerait pas d'élégance, s'il n'était déshonoré par un indigne clocher, espèce de cage à perroquet, qui surmonte pitoyablement la façade.

L'intérieur se compose d'un porche d'entrée, au-dessus duquel est placé le buffet d'orgues, d'une grande nef et de dix chapelles particulières, formées les unes et les autres par quatre rangs de colonnes d'ordre ionique. La nef principale est terminée par le chœur, où sont les stalles, et par un hémicycle, où se trouve le maître-autel. Cet autel consiste en un baldaquin supporté par quatre colonnes de granit oriental, avec bases et chapiteaux en bronze doré, et surmonté d'un couronnement de sculpture dû à M. Elschoëct. Les deux sacristies, situées à proximité du chœur, sont décorées de vitraux qui sortent de la manufacture de Sèvres.

Les fonts baptismaux, coulés en bronze par M. Quesnel, sur les dessins de M. Lebas, architecte du monument, se composent d'une coupe dont le pied est orné de poissons, et dont le pourtour représente des coquilles et des têtes d'agneaux supportant des guirlandes. Le couvercle se divise en quatre compartiments, dont les milieux sont occupés par des croix dorées, se détachant sur un fond d'écailles. Elle est surmontée d'une petite statue de saint Jean-Baptiste, debout sur une plinthe autour de laquelle on lit cette inscription : « *In nomine Patris, et Filii, et Spiritus sancti.* » L'inscription, ainsi que la statue et les ornements, sont autant de symboles du baptême.

Comme on voit, il n'y a rien de bien caractéristique pour faire distinguer Notre-Dame de Lorette d'une salle de spectacle ou de tout autre endroit profane. C'est là son principal défaut, et c'est celui de la plupart des églises bâties dans nos siècles de peu de foi.

Malgré sa splendeur, la Madeleine encourt le même reproche. Destinée à devenir le temple de la Gloire, elle n'a pu jamais se transformer qu'à moitié en église catholique, et l'on s'aperçoit toujours du plan primitif que le fondateur avait en vue. Le temple de la Gloire fut la seule réalisation à peu près complète d'un sanctuaire construit exprès pour ce culte allégorique et panthéistique qui transforma, comme nous l'avons vu, tant d'églises de Paris en *temples des Grands Hommes, de la Victoire, de la Jeunesse, du Commerce*, etc. A ce titre seul il mériterait une description, si la splendeur et la beauté réelle de l'église de la Madeleine ne suffisaient pas pour attirer nos regards.

Napoléon est vraiment le fondateur de la Madeleine. Cependant, bien avant lui, vers la fin du quinzième siècle, il s'élevait, à la place du magnifique monument d'aujourd'hui, une humble chapelle, sous l'invocation de Marie-Madeleine, pour les habitants du bourg de la Ville-l'Évêque, voisin du Paris d'alors ; plus tard, mademoiselle de Montpensier posa la première pierre d'une nouvelle église qui fut détruite en 1763, afin de faire place à un monument religieux construit sur le modèle du Panthéon de Rome, et destiné à faire pendant au Palais-Bourbon. La révolution détruisit ce qui

Une chaise à Notre-Dame de Lorette.

avait été fait, et, sur ces ruines nouvelles, l'empereur ordonna l'érection d'un temple de la Gloire. Par édit daté du camp de Posen, le 2 décembre 1806, Napoléon décréta : « 1° un monument dédié à la grande armée sera élevé sur la place de la Madeleine, portant sur le fronton l'inscription : *L'empereur Napoléon aux soldats de la grande armée* ; 2° des tables de marbre y seront déposées, portant les noms des soldats de la grande armée ; ceux des soldats morts au champ d'honneur seront gravés sur des tables d'or massif ; 3° les bas-reliefs extérieurs représenteront les généraux et les colonels de la grande armée, divisés par groupes avec leurs noms ; les statues des maréchaux orneront l'intérieur. On y déposera également les armes, les statues, les dépouilles enlevées en pays ennemi. » Les autres dispositions règlent le budget du monument, les fêtes qui doivent y être données, les conditions du concours, etc. Ce décret est commenté par une lettre de l'année suivante, dans laquelle l'Empereur, adoptant le plan de M. Pierre Vignon, contrairement à l'avis de l'Institut, *parce qu'il veut un temple et non une église*, ordonne qu'on n'emploie pas de bois, mais seulement de la pierre et du fer, ou même des pots de terre, dans la construction de l'édifice. Le temple doit être décoré intérieurement de gradins et de sculptures en marbre ; il n'y faut rien de futile, aucune espèce de meubles, pas même de rideaux, et, en un mot, aucun de ces ornements propres aux salons des femmes de banquiers de Paris.

Après la chute de l'Empereur, la Restauration et le gouvernement de Juillet continuèrent cette œuvre impériale, en modifiant toutefois le plan, pour faire une église au lieu d'un temple. M. Vignon étant mort, M. Huet acheva la Madeleine, en 1842.

L'extérieur de ce monument a toute la mâle sévérité, toute la noblesse des temples antiques, dont il offre une admirable copie. Il est entouré de colonnes d'ordre corinthien, de dix-neuf mètres de haut, au nombre de huit sur les faces antérieure et postérieure, et dix-huit sur chaque face latérale : ces colonnes sont cannelées et surmontées de chapiteaux d'une richesse remarquable. L'édifice entier forme un parallélogramme de soixante-dix-neuf mètres de long sur vingt et un mètres de large et trente de hauteur, en mesurant sous les coupoles. Dans les bas-côtés des portiques et des galeries, en face des entre-colonnements, ont été taillées des niches qui renferment des statues de saints : ces statues sont au nombre de vingt-huit, quatorze pour chaque côté. La façade du midi est ornée des statues de saint Philippe et de saint Louis ; celle du nord présente les images colossales des quatre évangélistes : ces statues sont pour la plupart d'une exécution remarquable. On arrive sur le parvis de l'église par un grand escalier divisé en deux degrés que sépare au milieu un petit espace plan. Cet escalier est gardé par une grille en fer. La

Vue intérieure de Notre-Dame de Lorette.

frise qui règne autour de l'édifice est orné d'anges, de médaillons, de guirlandes d'un travail remarquable. La toiture est entièrement recouverte en cuivre et en fer.

Un fronton sans sculpture surmonte le portique du nord. Sur le tympan du fronton méridional sont gravés ces mots en lettres d'or : *D. O. M. sub invocatione sanctæ Magdalenæ.*

Au-dessous se déroule le remarquable bas-relief de M. Lemaire, une des plus grandes pages de la statuaire moderne. On y voit le Christ debout, ayant à ses pieds la Madeleine repentante ; à droite du Dieu qui pardonne se montrent l'Ange des miséricordes et l'Innocence, soutenue par la Foi et l'Espérance, que suit la Charité, accompagnée de deux pauvres enfants. Dans le coin de l'angle, occupé par un Ange qui fait sortir une âme juste du tombeau et lui dévoile les joies éternelles, on lit ces mots : *Ecce Dies salutis!* en opposition au verset : *Væ impio!* qui se trouve à l'angle opposé, sous une figure que l'Ange des ténèbres précipite dans l'abîme. Tout le reste du côté gauche est occupé par les figures des Vices, que chasse l'Ange des vengeances loin de la pénitente. Ces divers sujets se distinguent par d'incontestables qualités d'expression et d'exécution, auxquelles il n'y a pas un reproche à faire.

Une porte en bronze fondu ciselé, représentant des scènes tirées des commandements de Dieu, donne accès dans l'intérieur. L'église est éclairée par des coupoles surbaissées, ouvertes dans le haut, et qu'on ne peut apercevoir du dehors ; elle renferme cinq travées qui toutes, à l'exception de la première, sont surmontées de coupoles entièrement dorées. Les revêtements des murs sont en marbre ; les colonnes qui les soutiennent, les galeries des tribunes, celles des petites chapelles, sont également vêtues de marbre et d'or ; elles appartiennent à l'ordre corinthien.

M. Ziegler a peint sur les murs de l'abside l'*Histoire du christianisme*. Six grands tableaux, parmi lesquels on distingue trois sujets de la vie de Madeleine, *sa conversion, sa solitude et sa mort*, par MM. Couder, Abel de Pujol, et Signol, complètent la décoration intérieure. Par-

Vue extérieure de la Madeleine.

Célébration d'un service funéraire à la Madeleine.

CHAPITRE XLVII. — LES ÉGLISES DE PARIS.

mi les sculptures, je ne dois pas oublier les magnifiques bénitiers de M. Antonin Moine, le groupe du *Mariage de la Vierge*, de M. Pradier, et le *Baptême de Jésus-Christ*, de M. Rude.

Les orgues de la Madeleine, sortis des ateliers de MM. Cavaillé, passent pour un chef-d'œuvre aux yeux des connaisseurs. Composées seulement de quarante-huit jeux, elles produisent peut-être plus d'effet que celles de Saint-Sulpice, qui en comptent plus de quatre-vingts; cet avantage est dû à un système de douze pédales qui peuvent se combiner avec chaque jeu, et en doubler la puissance. Une autre perfection de ces orgues, c'est la justesse du jeu dit *de la voix humaine*, dont le timbre se rapproche beaucoup de la sonorité grêle et mordante des voix d'enfants, avec quelques notes du ténor dans les sons graves. Ce jeu, combiné avec celui des flûtes, sous les doigts d'un habile organiste, imite à s'y méprendre, un chœur de voix humaines, ténors et contraltos, affaibli par une grande distance et comme descendant du ciel. L'aspect extérieur de cette merveilleuse machine est de la plus grande modestie; l'orgue de la Madeleine ne montre que ses tuyaux de huit pieds et cache dans l'extérieur ceux de seize, qui lui permettent de donner non-seulement les sons graves, mais encore d'émettre, avec plus de rondeur et d'éclat, les sons aigus, grâce à un trou qui divise la colonne d'air sonore. Cette modestie sied très-bien à un instrument aussi parfait.

La Madeleine est généralement choisie pour la célébration des services religieux ayant quelque rapport avec les événements politiques. Sous la dernière République ce fut toujours dans cette église qu'eurent lieu les cérémonies funèbres qu'occasionnèrent des luttes trop fréquentes et justement déplorées.

Le curé de cette paroisse est actuellement M. Deguerry, homme d'intelligence et d'un mérite incontestable, qui sait facilement trouver les moyens d'attirer à lui l'attention publique, et occupe, depuis longtemps déjà, une position élevée qu'il a voulu conserver jusqu'à ce jour malgré les offres d'évêchés qui lui ont été faites bien souvent.

Nous allons visiter maintenant quelques autres églises moins connues du public que celles que nous venons de dépeindre au lecteur, mais qui cependant ont quelque importance par la position

M. Deguerry, curé de la Madeleine.

qu'elles occupent, et les fidèles qui les fréquentent. Saint-Louis d'Antin, la plus proche voisine de Notre-Dame de Lorette, Saint-Philippe du Roule, dans le faubourg de ce nom, et Saint-Pierre, à Chaillot, telles sont les trois succursales de la Madeleine. Leur architecture manque entièrement de style. Nous devons considérer aussi en quelque sorte comme une dépendance de cette paroisse l'édifice assez piteux de la rue de l'Arcade, connu sous le nom de Chapelle expiatoire. Ce monument, destiné à honorer l'emplacement où furent jetés les restes de Louis XVI et de Marie-Antoinette, a été achevé en 1826; une crypte et un autel souterrain indiquent l'endroit où l'on a retrouvé, ou du moins cru retrouver les restes de ces infortunées victimes, qui reposent actuellement dans la sépulture royale de Saint-Denis. La chapelle expiatoire a été construite par M. Fontaine, dans l'ancien cimetière de la Madeleine; elle a coûté à peu près 2 millions. C'est un édifice qui n'appartient à aucun style, à aucune époque; il est isolé par des allées sur les deux côtés et par une avenue au-devant : des cyprès s'élèvent à l'entour. On y arrive par trois issues : sur la façade, par la rue de l'Arcade; sur le côté, par la rue de la Madeleine; et derrière, par la rue d'Anjou. Ce triple accès a insensiblement transformé le jardin funèbre en passage public, et, par l'effet du temps, la plupart des promeneurs ou des passants, allant à leurs affaires, oublient la sombre histoire de ceux qui ont reposé sous le sol qu'ils foulent aux pieds.

Saint-Nicolas du Chardonnet, située dans le quartier du jardin des Plantes, n'offre rien de remarquable que la singularité de son nom. Le *Chardonnet* était un fief appartenant à l'abbaye de Saint-Victor, sur lequel Guillaume d'Auvergne fit élever une chapelle en 1230. On remarque dans l'église actuelle le tombeau de Santeuil : ce fameux poète et hymnographe latin fut empoisonné par son élève le duc de Bourbon, qui lui fit avaler, par plaisanterie et sans que le malheureux s'en aperçût, une certaine quantité de tabac d'Espagne mêlé à son vin.

Franchissons maintenant les ponts qui rattachent le Paris méridional et le Paris septentrional à la Cité, leur mère commune, et qui servent de communication journalière entre deux villes voisines et sœurs, mais distinctes l'une de l'autre. La Cité n'a plus d'autres églises que Notre-Dame, la *métropole*, et la Sainte-Chapel-

Grand orgue de l'église de la Madeleine.

le, dont les lecteurs ont déjà pris ample connaissance; mais il n'en fut pas toujours ainsi. Les anciens plans de ce quartier ne nous indiquent pas moins de quinze églises : en voici seulement les noms et à peu près la situation :

Sur la place actuelle de Notre-Dame : Sainte-Geneviève des Ardents, Saint-Denis du Pas et Saint-Jean le Rond, où fut exposé et trouvé le célèbre d'Alembert.

Sur le quai de la rive gauche : Saint-Germain le Vieux et Saint Pierre des Arcis.

Démolies pour le percement des trois rues nouvelles, rue d'Arcole, rue de la Cité et rue Constantine, Saint-Pierre aux Bœufs, Saint-Denis de la Châtre, Sainte-Madeleine en la Cité.

Les églises de Saint-Christophe, de la Sainte-Croix et de Saint-Landry, ont laissé leurs noms aux rues où elles étaient situées.

Enfin, pour compléter, il nous reste à nommer la chapelle Saint-Agnan, rue Chanoinesse, l'église Saint-Barthélemy, sur l'emplacement de laquelle est ouvert le passage de Flore, la chapelle de Saint-Luc, rue du Haut-Moulin en la Cité, et enfin l'église Saint-Martial, rue Saint-Éloi.

L'île Saint-Louis n'a jamais possédé que l'église de ce nom : c'est d'ailleurs une chapelle bâtie par Nicolas, maître couvreur, au commencement du dix-septième siècle, qui attira dans cette île les premiers habitants. L'église actuelle, construite sur les dessins de Leveau, n'offre de remarquable que son clocher, en forme d'obélisque, et percé à jour sur plusieurs parties de sa hauteur. Vendue en 1793, et rachetée vingt-cinq ans plus tard pour le prix de cent vingt mille francs, elle est aujourd'hui la première succursale de Notre-Dame.

Les deux autres succursales de la métropole, situées non loin de l'île, sont Saint-Gervais et Saint-Paul, dont la circonscription est limitée entre l'Hôtel de ville et l'extrémité orientale de Paris, du côté gauche de la Seine. La seconde de ces églises fut élevée par les jésuites, en même temps que le collège de Clermont, aujourd'hui lycée Louis le Grand, dont on a vu l'histoire. Quant à Saint-Gervais, son antiquité et sa valeur architecturale méritent une mention plus détaillée. C'est encore une église de l'époque mérovingienne : le poëte Fortunat, qui vivait au sixième siècle, parle d'une basilique consacrée aux bienheureux Gervais et Protais, martyrs. Mais, pour nous en tenir à ce qui existe aujourd'hui, l'inscription suivante fera connaître tous les détails historiques désirables ; cette inscription est gravée dans l'intérieur même de l'église :

« Bonnes gens, plaise vous sçavoir que cette présente église de messeigneurs saint Gervais et saint Protais fut dédiée lo dimanche devant la feste de saint Simon, saint Jude, l'an m cccc xx, par le révérend père en Dieu, maître Gombault, évesque d'Agrence, et sera à toujours la feste de l'annualité de la dédicace le dimanche devant ladite feste saint Simon, saint

Un baptême de cloches, par Mgr l'archevêque de Paris, dans l'église de Saint-Merry.

Jude, s'il vous plaist y venir recommander vos maux, et prier pour les bienfaicteurs de cette église, et aussi pour les trépassés. Pater noster, Ave Maria. »

L'ensemble des constructions de l'église Saint-Gervais a toute la délicatesse qui caractérise l'architecture du quinzième siècle ; cependant quelques parties semblent appartenir à une époque postérieure. On admire surtout le portail, œuvre de Jacques de Brosse, qui fut commencé en 1616. Ce portail se compose de trois ordres, disposés suivant l'usage des anciens architectes, dorique d'abord en bas, puis ionique, puis corinthien au-dessus. Les colonnes doriques sont engagées d'un tiers dans le bâtiment, et unies jusqu'à la troisième partie de leur fût : le reste est cannelé à côtes. Les colonnes supérieures sont isolées. Il faut remarquer à l'intérieur la chapelle de la Vierge, ornée d'une couronne de pierre en clef pendante.

Saint-Gervais est un véritable musée d'objets d'art. Indépendamment des vitraux de Pinaigrier, représentant des danses de bergers, qui décorent la chapelle de saint Michel, on y admire la *Descente de Croix*, exécutée en plâtre par Cortot, et le superbe mausolée du chancelier le Tellier, d'après Philippe de Champagne. La statue du chancelier est à demi couchée ; un Génie pleure à ses pieds. Sur l'archivolte s'élèvent les statues de la Prudence et de la Justice ; celles de la Religion et de la Force sont debout sur les bases des pilastres. D'autres statues d'une grande valeur, saint Gervais et saint Protais, le Christ et la Vierge, des Anges, un saint Jean, servent à l'ornement du chœur. N'oublions pas, au nombre des tableaux, un *Concert d'Anges*, de Pérugin, et une *Passion*, d'Albert Dürer.

Cette église fut transformée, sous la Terreur, en *Temple de la Jeunesse*. Avant l'alignement de la rue François Miron, il était presque impossible de voir l'ensemble du portail, masqué par une falaise de maisons, et Voltaire a eu raison de dire que ce portail était un chef-d'œuvre, auquel il ne manque qu'une place pour contenir ses admirateurs.

Le quartier du Mont-de-Piété, cette vaste agglomération de maisons, ce labyrinthe de rues populeuses où vit et travaille une fourmilière d'ouvriers, est contigu à la paroisse que nous venons de décrire ; il est desservi par deux succursales de Saint-Merry, la capitale religieuse du septième arrondissement. L'église des Blancs-Manteaux, au centre ; et l'église de Saint-François d'Assise, sur la limite du Marais, n'ont quelque importance que pour l'érudit, qui y retrouve la trace de deux communautés religieuses célèbres, les capucins du Marais, institués par Antoine Molé, frère du fameux Mathieu Molé, et les bénédictins, qui, en 1618, s'incorporèrent les guillemites, ou religieux aux *blancs manteaux*. Chacun connaît, au moins de nom, les importantes publications qui furent élaborées dans cette pieuse et studieuse enceinte : l'*Art de vérifier les dates*, la *Nouvelle Diplomatique*, la *Collection des Historiens de France*, etc.

Saint-Merry doit son nom et son origine à Médéric, évêque d'Autun vers le septième siècle, qui mourut à

CHAPITRE XLVII. — LES ÉGLISES DE PARIS.

Paris, après une longue vie passée dans les macérations et les bonnes œuvres. Dès 820, il avait donné son nom à la chapelle de Saint-Pierre, où son corps reposait, comme on le voit par un diplôme de Louis le Débonnaire. Sous le premier roi capétien Eudes, fils de Robert le Fort et grand-oncle de Hugues Capet, les libéralités du comte Adalart et du fauconnier Odon, duquel on a retrouvé le tombeau et l'épitaphe, permirent de rebâtir cette église trop étroite et insuffisante pour les besoins du culte. La dernière reconstruction eut lieu sous François Ier. Saint-Merry garda longtemps le droit d'asile, affecté d'abord à toutes les églises régulièrement consacrées. On cite parmi les gens qui en profitèrent, Jourdan de l'Isle, sire de Casaubon, coupable du meurtre d'un huissier, que les chanoines, n'ayant pu sauver, détachèrent en grande pompe du gibet et inhumèrent gratuitement sous les dalles du chœur.

L'église de Saint-Merry offre le plus navrant spectacle, à cause des désastreuses réparations et des ravages qui ont fait assaut de vandalisme pour la défigurer. Ainsi, dans ce dernier ordre de dévastations, nous nous contenterons d'accorder une mention honorable à la Révolution, qui a abattu le grand clocheton, renversé les douze statues dont il était surmonté, et détruit le double cordon ogival de figurines qui décorait le portail. Quant aux réparations, leur effet a été plus funeste encore ; on va s'en assurer dans le cours de la description du monument.

L'église se développe sur cinq nefs, composées d'un pareil nombre d'ogives qui s'arrêtent à la croisée où elles sont coupées. La nef du milieu, au delà de la croisée, se termine par l'hémicycle du chœur, formé de treize ogives. Les deux petites nefs latérales s'ouvrent dans les bas-côtés, sur un certain nombre de chapelles, et se terminent derrière le chœur, en formant elles-mêmes, en dehors des deux nefs latérales, un cordon semi-circulaire de seize chapelles. Celle de la Vierge, qui occupe le milieu, répond à l'axe de l'église.

La tour qui s'élève extérieurement, à gauche du portail, est d'un style lourd et carré : les ornements inachevés dont elle est chargée contrastent avec l'élégance de la petite tourelle de droite et des clochetons, des gorges fouillées et des autres ornements du portail à trois ouvertures qui forme la façade. Aucun tambour ne paraît avoir rempli ni l'une ni l'autre des ogives, fort gracieuses, des trois portes, qui sont ornées de riches feuillures. Le caractère architectural de ces diverses parties est celui du dernier style catholique, qui précéda immédiatement la Renaissance ; on le reconnaît partout, dans la nef ogivale, formée de grosses colonnes à fûts multiples, mais à angles, à vives arêtes, à colonnettes concaves et inégales, sans apparence de chapiteaux ; ces fûts eux-mêmes, qui viennent se perdre dans les nervures des voûtes toutes anguleuses, à vives arêtes et concaves comme les colonnes, au lieu d'être cylindriques, comme celles de l'époque antérieure. Les clefs où viennent se rejoindre les nervures des voûtes sont larges, plates, ornées de feuillages ou d'armoiries, et un pendentif qui descend au centre rattache un lacis de nervures courant au centre de chaque croisée.

Il ne reste plus que des morceaux et des fragments sans suite des admirables vitraux de Pinaigrier, qui représentaient jadis des scènes de l'Ancien et du Nouveau Testament. Certains chanoines, jugeant que la peinture les empêchaient d'y voir clair pour lire leur bréviaire, s'en prirent aux vitraux, et les remplacèrent par des vitres blanches. Peu contents de cette destruction, ils chargèrent les frères Slodtz de l'ornementation du chœur, qu'ils trouvaient trop nu : ceux-ci ne trouvèrent d'autre moyen que d'appliquer contre les murs des plaques de marbre de toutes les couleurs, et d'y sculpter des anges bouffis et d'autres fantaisies à la Pompadour. Un autre architecte du même temps

Décoration de la chapelle du Sacré-Cœur, dans l'église Saint-Leu.

creva le mur de la nef pour élever une chapelle de la communion en dehors de l'église, et communiquant avec elle par deux ogives transformées en un lourd plein-cintre, et, afin de ne pas mériter le reproche d'obscurité adressé aux vitraux, il éclaira sa chapelle au moyen de trois énormes trous ovoïdes percés au plafond. Enfin on éleva, sur les quatre faces de la croisée qui regardait la nef, quatre frontons grecs juchés sur de grosses colonnes de marbre. Saint-Merry n'avait plus rien à envier aux églises les plus maltraitées par le temps et les hommes, quand, le 6 juin 1832, un boulet vint ébranler le portail, et y laisser sa trace large et profonde.

On voyait autrefois, devant cette église, au dire de Sauval, une espèce de parvis qui attestait son antiquité : « Surtout les deux lions qui gardaient les deux côtés de l'entrée étaient une auguste et terrible marque du saint lieu, et donnaient une certaine terreur et respect aux passants. » Sans doute ces lions n'étaient pas des œuvres d'art fort remarquables : les seules qui restent à Saint-Merry aujourd'hui, ce sont deux tableaux de Carle Vanloo, la Vierge et Jésus, et saint Charles Borromée.

Saint-Merri a été, en 1793, le temple du Commerce.

Sa troisième succursale est une église soumise au double patronage de Saint-Leu et Saint-Gilles, dans la rue Saint-Denis.

On va voir depuis peu de temps, dans cette église, la chapelle du Sacré-Cœur, décorée non sans talent par M. Cibot. Le tableau situé sur l'autel représente une Vision de Marguerite-Marie Alacoque, qui publia, il y a près de deux siècles, un petit livre mystique, intitulé Dévotion au Cœur de Jésus. C'est l'origine de la dévotion dite du Sacré-Cœur, sorte de mysticisme vague et doucereux, symbolisme brûlant de tendresse et fort propre à gagner le cœur des femmes. Il est permis de dire pourtant que la dévotion féminine s'inspirerait plus convenablement dans les Pères que dans les rêveries maladives de Marie Alacoque, de cette bonne religieuse qui, non contente de porter le nom de Jésus dans son cœur, voulut le porter ostensiblement au dehors, en gravant sur son sein ce nom en grosses lettres, avec un canif. M. Cibot n'a pas craint de le mettre en pendant avec l'auteur inspiré de l'Apocalypse. La vision de saint Jean est peinte à gauche ; Jésus-Christ s'approche avec humilité du livre des Sept Sceaux comme pour l'ouvrir ; deux des vingt-quatre vieillards se laissent voir sous l'apparence peu poétique de deux housses de fauteuils, tant sont roides et anguleux les plis de leurs vêtements. L'Ange agenouillé, qui tourne le dos au spectateur, est mal ajusté et disgracieux de forme. J'aime mieux l'Expulsion du Paradis terrestre, représentée sur la paroi en retour de droite ; mais non le Christ, attiré d'un cœur flamboyant en face de son père, sans doute pour exprimer les douleurs qu'il éprouve par suite de la profanation de l'Eucharistie, sujet du dernier tableau. Le prêtre et les femmes qui reçoivent la communion forment un groupe assez gracieux ; mais il faut plaindre le sacrilège que l'Ange menace de son épée flamboyante : le peintre a fait comme Dieu : il l'a complètement déshérité de la grâce. Somme toute, les qualités négatives de cette décoration s'accordent parfaitement avec le culte calme et mystique auquel est consacrée cette chapelle toute parfumée de dévotion féminine ; s'il n'y a rien d'énergique, si l'ensemble est calme, blafard, énervé, au moins l'auteur a-t-il su éviter la recherche et la manière. Rien à remarquer d'ailleurs dans les autres parties de Saint-Leu.

Outre ces églises que nous venons de parcourir, il se trouve encore à Paris un grand nombre d'églises et de chapelles attenantes à des établissements publics, ou demeurées intactes malgré la centralisation du culte dans les paroisses. Il en sera question naturellement dans un chapitre ultérieur, quand nous parlerons des hospices et des institutions religieuses encore debout, en accompagnant ce résumé d'un rapide coup d'œil sur le Paris religieux d'avant la Révolution.

D'après ce qui a été dit déjà, et en considérant le nombre d'églises, plus ou moins importantes, qui ont disparu seulement dans le quartier de la Cité, un lecteur peut avoir une idée du Paris religieux d'autrefois. Il est à regretter que pas un des historiens de cette grande ville n'ait donné une vue d'ensemble, large et pittoresque, pour nous faire connaître l'aspect général de la grande cité, avec sa population de moines aux mille costumes, de religieuses cloîtrées et non cloîtrées, avec ses grands fiefs ecclésiastiques, ses mille clochers, ses innombrables couvents. Essayer aujourd'hui de reconstruire cette ville toute bâtie d'églises et de monastères, c'est vouloir tenter l'impossible. Je me contenterai de signaler les circonscriptions abbatiales de Saint-Victor, qui s'étendait sur les environs du Jardin des plantes actuel et de la Halle aux vins, de Sainte-Geneviève, de Saint-Étienne, des deux Saint-Germain, etc. De plus, nous ne devons pas oublier la juridiction épiscopale qui s'exerçait sur une infinité de fiefs isolés, tels que la Ville-l'Évêque, la Grange-Batelière, etc., et qui voyait, à ses côtés, régner une autre juridiction également épiscopale, dont le centre était la Sainte-Chapelle du palais. Ces diverses juridictions avaient leur prison spéciale, le For-l'Évêque, situé dans le voisinage du Louvre, et qui servit plus tard à incarcérer les fils de famille débauchés, les comédiens récalcitrants, et autres coupables du même genre, qui violaient certaines convenances, qui s'attaquaient à certains priviléges, et dont l'audace ne méritait ni les cachots du Châtelet, ni même la Bastille. Le lieu où les condamnés du tribunal ecclésiastique recevaient la correction paternelle, consistant en quelques heures de pilori, une fustigation publique, ou encore la privation des oreilles, se trouvait à la rencontre des rues Saint-Honoré et de l'Arbre-Sec; c'était *la Croix du Trahoir*. Un autre emplacement, situé dans la banlieue, servait de théâtre aux exécutions capitales, par le feu ou par le gibet.

Bon nombre d'églises remarquables ont été transformées par cette révolution qui entraîna les bénéfices ecclésiastiques, ainsi qu'elle avait entraîné tous les priviléges féodaux. Plusieurs d'entre elles, l'église des hospitalières de Notre-Dame, l'église de Sainte-Marie, la chapelle de l'Oratoire, sont devenues des temples protestants; d'autres, telle que l'église de Pentemont, rue Belle-Chasse, et l'église du Bon-Pasteur, rue du Cherche-Midi, servent encore à divers usages bien profanes: par exemple, à emmagasiner des fourrages, à donner asile aux subsistances militaires. Mais la plupart ont été détruites, ne laissant qu'un souvenir qui tend à s'effacer de plus en plus. Parmi ces dernières, nous devons au moins quelques mots à Sainte-Marie l'Égyptienne, fameuse par la naïveté de ses vitraux, et bien connue d'ailleurs, grâce à quelques romans célèbres de nos jours. A Saint-Julien des Ménétriers, à Sainte-Opportune, à Saint-Paul, à Saint-Marcel, qui a laissé son nom au plus pauvre quartier de Paris, à Saint-Jacques la Boucherie, dont la tour est encore debout.

La fondation de Saint-Julien des Ménétriers, centre de la confrérie des ménétriers et musiciens, se rapporte à une anecdote assez touchante que je rapporte ici dans le langage presque original de l'historien Dubreuil: « L'an de grâce 1328, le mardy, devant la sainte Croix en septembre, il y avoit en la rüe Sainct Martin des Champs deux compagnons ménestriers, qui s'entr'aymoient parfaictement et estoient tousjours ensemble. L'un estoit de Lombardie, et s'appeloit Jacques Graze de Pistoie, autrement dit Lappe; l'autre estoit de Lorraine, et avoit nom Huet, le guette du palais du roy. Or advint que ledit jour après disner, ces deux compagnons estant assis sur le siége de la maison dudit Lappe, et parlans de leur besongne, virent de l'autre part de la voye une pauvre femme appelée Fleurie de Chartres, laquelle estoit en une petite charrette, et n'en bougeoit jour et nuyct, comme entreprise d'une partie de ses membres, et là vivoit des aumosnes des bonnes gens. Ces deux esmeus de pitié, s'enquirent à qui appartenoit la place, désirant l'achepter et y bastir quelque petit hospital. Et après avoir entendu que c'estait à l'Abblesse de Montmartre, ils l'allèrent trouver, et, pour le faire court, elle leur quitta le lieu à perpétuité. » Telle fut l'origine de l'hôpital et de l'église de Saint-Julien. La façade de cette église était de la plus grande délicatesse. Elle consistait en une grande arcade, accompagnée de quatre niches. La frise de l'arcade était remplie de petits Anges jouant des divers instruments alors en usage, tels que l'orgue, la harpe, le violon à trois cordes, la vielle, la mandoline, le psaltérion, etc. Deux statues ornaient cette façade; saint Julien, et saint Genest, patron des musiciens et des histrions, en sa qualité de comédien. Ajoutons ici que la confrérie des ménétriers, qui demeurait aux alentours de son église, là à peu près où la rue Saint-Martin coupe la rue de Rambuteau, était gouvernée par un roi et par un prévôt. Guillaume Ier et Guillaume II régnaient en même temps que Louis XIV : l'abdication de ce dernier, en 1685, amena un interrègne qui ne cessa qu'en 1741. Guignon, étant monté sur le trône à cette époque, déploya un despotisme si insolent que ses sujets, rompant toute harmonie, se révoltèrent et le forcèrent à résigner la couronne : d'où vient peut-être le proverbe *avoir du guignon*. La royauté des ménétriers fut supprimée en 1773 : seize ans plus tard, lorsque le trône de France ressentait les premiers effets de la tempête qui devait le renverser à son tour, les confrères de Saint-Julien inrent offrir leur église à l'Assemblée nationale. Ce curieux monument fut vendu en 1792, et abattu quelques années après.

Il faut également faire mention de Saint-Paul, qui fut longtemps l'église royale, quand l'hôtel des Tournelles était le séjour des princes et de la cour. Cette église, dont il ne reste plus rien, se faisait remarquer par les nombreux tombeaux qu'elle renfermait. Je citerai celui de Rabelais; ceux des trois favoris de Henri III, Quélus, Maugiron, Saint-Mégrin, avec leurs épitaphes, faites par Ronsard, et leurs statues, sculptées par Germain Pilon; le modeste tombeau du *Masque de Fer*, et enfin le caveau où furent renfermés les ossements de quatre individus inconnus, dont on trouva les squelettes enchaînés dans les cachots de la Bastille.

L'église de Saint-Jacques de la Boucherie, dont aujourd'hui la nouvelle rue de Rivoli occupe tout l'emplacement, mérite de fixer toute notre attention, à cause de sa tour, demeurée l'un des plus élégants modèles de l'art gothique dans sa pureté. Les auteurs anciens qui parlent de Saint-Jacques de la Boucherie se bornent à des dissertations infinies et contradictoires sur l'origine de l'église et sur la raison qui l'a fait ainsi appeler. D'ailleurs ils ne donnent qu'une idée très-confuse de l'ensemble du monument, et n'indiquent, comme ayant une valeur, que le crucifix en bois, ouvrage de Jacques Sarrazin, et les vitraux de Pinaigrier. La tour est ornée de gargouilles, ouvrage de l'*imagier* Rault, qui exécuta aussi, pour le couronnement, un saint Jacques et les quatre animaux figurant les Évangélistes. Elle a, dans son état actuel, cinquante et un mètres de haut; il fallait y ajouter six mètres environ, avant qu'on eût enlevé le sommet. On remarque, dans le compte des dépenses pour la construction de cette tour, une somme de vingt livres, payées à l'imagier pour les quatre figures d'animaux.

Les environs de la tour Saint-Jacques viennent d'être délivrés d'une foule de rues et de ruelles obscures, de masures et de maisons enfumées, qui entouraient le marché bâti sur l'emplacement de la vieille église. Parmi les maisons qui ont été détruites, il faut remarquer celle de Nicolas Flamel, qui avait été enterré dans l'église enrichie de ses libéralités. Chacun connaît l'histoire de ce père et de ce patron des alchimistes, qui, s'étant enrichi d'une façon rapide, laissa croire au vulgaire qu'il avait enfin découvert le grand œuvre. Cette maison, plusieurs fois fouillée et détruite par les fanatiques qui cherchaient la pierre philosophale, a totalement disparu, et il ne reste rien qui serve à éterniser la mémoire de Nicolas Flamel et de Jeanne Pernelle, sa femme.

Sans nous arrêter à décrire un plus grand nombre de ces églises d'autrefois, nous devons parler ici du petit nombre de celles qui ont survécu et qui s'ouvrent quelquefois pour les cérémonies religieuses : l'Assomption, Saint-Nicolas de Beaujon, l'Abbaye aux Bois et l'église de la Sorbonne : de plus, l'église de Saint-Denis du Saint-Sacrement, fondée sur les ruines de l'ancien couvent des Bénédictines du Marais, et depuis peu livrée au culte. Parmi ces divers édifices, nous avons déjà parlé de la Sorbonne : Saint-Nicolas est une jolie chapelle qui dépend de l'hôpital Beaujon : Saint-Denis n'offre rien qui sorte du commun des bâtiments élevés au rabais et par adjudication. Il n'y a donc à s'occuper que de l'Assomption et de l'Abbaye aux Bois.

L'église actuelle de l'Assomption a été construite en 1670 pour les *Haudriettes*, communauté religieuse dont l'origine est assez singulière. Étienne Haudri, officier du roi saint Louis, ayant suivi son maître à la croisade, laissa de longues années sans nouvelles, Jeanne la Dalonne, sa femme. Celle-ci, croyant son époux mort, fit vœu de chasteté, et se retira dans une maison qui lui appartenait, où elle vécut dans une grande austérité, en compagnie de plusieurs veuves ou filles. Haudri, étant revenu, dut s'adresser au pape pour faire relever sa femme d'un vœu si inconsidéré; le pape n'y consentit qu'en imposant à l'époux l'obligation de fonder une communauté composée de douze pauvres veuves. Cette communauté devint par la suite la communauté des dames de l'Assomption; elles se trouvaient assez riches, en 1670, pour s'établir dans la rue Saint-Honoré et y faire construire l'église dont il s'agit ici.

L'ordonnance de cet édifice fut faite sur les dessins de Charles Érard; il est d'une figure ronde, et consiste en un dôme décoré de quatre arcs, entre lesquels sont des pilastres corinthiens accouplés qui soutiennent l'entablement. Le tout est surmonté d'une calotte sphérique de 62 pieds. On reproche à cette église son élévation disproportionnée à son diamètre, qui lui donne à l'intérieur l'aspect d'un puits profond; cette élévation, qui sans doute n'aurait pas paru trop considérable si la coupole eût été soutenue par des arcades et des pendentifs, au milieu d'une nef, d'un chœur et des bras d'une croix grecque ou latine, devient excessive lorsqu'elle se trouve bornée de toutes parts par un mur circulaire, et le spectateur, ne pouvant avoir une reculée suffisante, ne parvient à considérer la voûte qu'avec une très-grande gêne. Le mur est orné de pilastres corinthiens soutenant une corniche qui encadre le pourtour du dôme; des niches vides, pratiquées à l'entour de l'église et surmontées d'une guirlande assez gracieuse, lui donnent quelque légèreté. L'ensemble rappelle la façade de l'Institut; quant au portail, il se rapproche de celui du Panthéon. Assez correct d'ensemble, avec ses huit colonnes corinthiennes élevées sur sept degrés, il pèche cependant par l'entablement, qui est exigu, et par le fronton, qui ne répond nullement au module des colonnes. On remarque aussi que la corniche extérieure n'est pas assez saillante pour garantir le monument contre les intempéries de l'air.

Quatre arcs, entre lesquels sont des pilastres corinthiens accouplés, décorent l'intérieur de l'église de l'Assomption. Les règles de l'art n'ont pas été non plus observées dans cette partie de l'édifice; ainsi la grande corniche appuyée sur les pilastres, qui embrasse le pourtour, n'a pas ses médaillons à plomb sur les roses des chapiteaux des pilastres, ni sur les clefs des arcs; les massifs qui sont entre les fenêtres de l'attique n'ont aucune proportion avec les montants qui les soutiennent.

Des peintures ornent la voûte de cette coupole, qui est enrichie de beaux caissons dorés. Le plafond du chœur, qui a soixante pieds de longueur, a été peint par Lafosse; cette fresque, représentant l'Assomption de la Vierge, brille par des couleurs qui, bien qu'anciennes, sont vives et délicates. Le maître-autel est en bois de diverses couleurs, l'église est remarquable par sa forêt de bois de châtaignier.

L'église de l'Assomption, employée sous la Révolution comme magasin de décors, fut rendue au culte par Napoléon, qui en avait fait la paroisse du premier arrondissement. Sous la Restauration, elle devint une succursale de la Madeleine; elle ne sert plus maintenant au culte que très-rarement.

CHAPITRE XLVII. — LES ÉGLISES DE PARIS.

Outre l'Assomption, il existe encore un certain nombre d'églises sans importance, ouvertes au culte passagèrement ou depuis peu de temps; telles sont Saint-Augustin, dans les environs de Notre-Dame de Lorette, destinée à la population toujours croissante d'agioteurs enrichis, qui refoulent peu à peu la troupe des vierges folles, souveraine aujourd'hui détrônée de ces quartiers nouveaux; et, à l'autre extrémité de Paris, Saint-Denis du Saint-Sacrement, que les habitants du Marais ont réclamée, et qui s'élève depuis peu au milieu de la rue Saint-Louis, cette rue de Richelieu presque déserte, aux antipodes de Paris. Saint-Nicolas du Roule, annexée à l'hospice Beaujon, et construite par l'architecte Girardon, se recommande à l'attention des curieux par l'harmonie qui préside à toutes ses parties. On admire surtout la nef, soutenue par des colonnes doriques, formant galeries élevées sur le sol : sur le mur du fond de ces galeries règne un stylobate au-dessus duquel sont diverses statues de saints dans leurs niches. La rotonde qui termine la nef, grâce à une innovation heureuse, reçoit le jour d'en haut : ce qui produit une lumière très-favorable aux effets d'architecture.

Il reste à parler de l'ancienne Abbaye aux Bois, dont l'église sert de succursale à Saint-Thomas d'Aquin, mais qui réveille quelques souvenirs assez profanes, et dont la description eût paru un peu étrange au milieu des basiliques gothiques et autres que nous venons de parcourir.

L'Abbaye aux Bois fut fondée par des religieuses annonciades de l'ordre de Saint-François, établies d'abord à Bourges, puis à Paris dans la rue des Saint-Pères, puis enfin, rue de Sèvres, dans un hôtel qu'elles cédèrent en 1654 à une communauté de chanoinesses de Saint-Augustin, qui fuyaient la Picardie dévastée par les Espagnols. L'ancien établissement des Dames de Saint-Augustin, en Picardie, portait le titre de *Franche Abbaye aux Bois*, à cause de sa situation au centre d'une forêt : ce nom suivit les émigrantes dans leur nouvelle résidence, et l'on s'habitua à donner le nom d'Abbaye aux Bois à l'ancien couvent des annonciades. Aujourd'hui, après l'expropriation violente qu'elles subirent en 1793, après bien d'autres vicissitudes, ces dames sont rentrées en possession d'une partie des bâtiments de leur ancienne communauté; le monument et l'église actuelle ne se distinguent par rien de remarquable : il n'en est pas de même des nombreux souvenirs littéraires qui sont attachés à cet édifice noirci par le temps. Toutes les gloires de la Restauration s'y donnaient rendez-vous, dans les salons de madame Récamier. Les La Rochefoucault-Doudeauville et les Montmorency, vieux débris de l'antique noblesse franque, s'y rencontraient avec Chateaubriand, avec Ballanche, avec Charles Nodier; mesdames d'Abrantès, de Krudener, d'autres encore, soutenaient dignement la conversation avec de tels partenaires.

Le centre de ces réunions si longtemps célèbres est un petit appartement percé de deux fenêtres, et situé tout en haut de l'ancien édifice; cette petite partie du vieux couvent a été pendant longtemps un des salons les plus recherchés de Paris. Il existe un grand nombre de descriptions des soirées de l'Abbaye aux Bois; mais elles n'auraient pas aujourd'hui l'intérêt de l'actualité. La mort a fait de grands ravages parmi les habitués de ce dernier salon, héritier des salons de mesdames Geoffrin, du Deffant et autres, dans lesquels se rassemblaient les beaux-esprits du dix-huitième siècle. Voici quelques passages extraits des *Souvenirs* de madame d'Abrantès, qui fut l'une des fondatrices :

« C'était presque une merveille présentée à l'étude de l'esprit humain, que cette petite cellule dans laquelle une femme, dont la réputation est plus qu'européenne, était venue chercher du repos et un asile convenable. Le monde est ordinairement oublieux de ceux qui ne le convient pas à leurs fêtes. Il ne le fut pas pour celle qui jadis, au milieu des joies, écoutait encore plus une plainte que l'accent du plaisir. Non

seulement la petite chambre du troisième de l'Abbaye aux Bois fut toujours le but des courses des amis de madame Récamier ; mais, comme si le prestigieux pouvoir d'une fée eût adouci les rigueurs de sa montée, ces mêmes étrangers qui réclamaient comme une faveur d'être admis dans l'élégant hôtel de la Chaussée d'Antin sollicitaient encore la même grâce. C'était pour eux un spectacle vraiment aussi remarquable qu'aucune rareté de Paris de voir dans un espace de dix pieds sur vingt toutes les opinions réunies sous une même bannière marcher en paix, et se donner presque la main. Le vicomte de Chateaubriant racontait à Benjamin Constant les merveilles inconnues de l'Amérique ; Mathieu de Montmorency, avec cette urbanité personnelle à lui-même, cette politesse chevaleresque de tout ce qui porte son nom, était avec respectueusement attentif pour madame Bernadotte allant régner en Suède, qu'il aurait été pour la sœur d'Adélaïde de Savoie, fille d'Humbert aux blanches mains, cette veuve de Louis le Gros, qui avait épousé un de ses ancêtres; et l'homme des temps féodaux n'avait aucune parole amère pour l'homme des jours libres.

« Assises à côté l'une de l'autre, sur le même divan, la duchesse du faubourg Saint-Germain devenait polie pour la duchesse impériale ; rien n'était heurté enfin dans cette cellule unique. Le doux sourire, la suave parole de la maîtresse de ce petit espace, donnait le ton de la réplique à tout ce qui l'entourait. »

On peut citer encore un grand nombre de personnages marquants dans les lettres et dans la critique, parmi les hôtes de madame Récamier. A côté des princes de l'art, des Chateaubriand, des Lamartine, se trouvaient M. Ballanche, Villemain, l'inimitable Balzac, qui a composé pour l'Abbaye aux Bois et soumis à l'appréciation des juges compétents qui s'y trouvaient, plusieurs actes de son admirable *Comédie humaine*. Puis M. de Kératry, l'auteur de la théorie du beau et le président d'âge de l'Assemblée constituante en 1848; M. Ampère, M. Saint-Marc Girardin, M. Delatouche, M. de Genoude, M. Bertin, M. de Barante, une foule d'autres; l'empereur Alexandre,

Un suisse d'église.

Fox, la reine Caroline, des hommes de génie et des têtes couronnées.

L'Abbaye aux Bois est maintenant réduite à la condition d'une institution encore considérable pour l'éducation des jeunes filles : les dames de Saint-Augustin se vouent à cette mission. De vastes cours protégées par d'épaisses grilles, de beaux jardins éloignent les religieuses et les pensionnaires du bruit de la rue et du fracas des quartiers populeux et travailleurs qui étreignent de tous côtés l'antique édifice. Mais rien, aux alentours, ne ressemble à l'ancienne abbaye ; des rues étroites et sombres, encombrées par une population pauvre et criarde, ont remplacé les allées et les hautes futaies que la cognée a fait tomber, et où s'élèvent maintenant de nombreuses maisons. Le cloître a été obligé de se retrancher derrière de fortes murailles et des grilles discrètes, pour retrouver la tranquillité et le silence nécessaires autant pour la prière que pour les études des jeunes pensionnaires.

Terminons ce chapitre en parlant de trois personnages importants, du suisse d'église, de Sa Nonchalance le bedeau et du donneur d'eau bénite. Le suisse est de la famille du tambour-major, voilà pour le physique ; il a un chapeau et des épaulettes de général; il est toujours le premier à la procession, au mariage et à l'enterrement. Cet homme est un décor, un costume, un ornement. Autrefois les suisses d'église étaient des compatriotes de Guillaume Tell ; aujourd'hui la plupart des suisses sont Français.

Dans la primitive église, les fonctions de suisse étaient dévolues à l'ordre mineur des portiers (*ostiarii*); ces fonctions consistaient dans le soin qu'ils devaient avoir d'empêcher les infidèles d'entrer dans les églises et de profaner les saints mystères. Ils devaient faire tenir chacun dans son rang, le peuple séparé du clergé, les hommes des femmes ; ils faisaient observer le silence et la modestie. Ils faisaient sortir les catéchumènes après le sermon de l'évêque, et fermaient les portes de l'église. Leurs fonctions les astreignaient également à sonner les cloches, à fermer les portes de l'église et celles de la sacristie, à ouvrir le livre à celui qui devait prêcher et à avoir soin de tout ce qui concerne la netteté et la décoration des églises. Ce terme de *suisse*, quand il est appliqué aux suisses des églises et des grandes maisons, paraît dérivé de celui des Cent-Suisses de la garde du roi.

Le bedeau était autrefois un sergent dans les justices subalternes, et les sergents royaux, quand ils plaidaient contre eux, le qualifiaient du nom d'*accensus*, *apparitor*. En effet, les bedeaux servaient de porte-verges dans les églises des juridictions ecclésiastiques, comme on en a vu encore à Saint-Germain des Prés jusqu'à la Révolution. On les appelle en latin *bidelli*. Fauchet dit qu'on les appelait autrefois *bidaux*, et, que c'étaient des soldats paysans.

Le bedeau porte la verge, et sert à l'église et aux confréries pour les quêtes, pour la conduite des personnes de qualité, aux offrandes, aux processions, etc. Le bedeau est chargé, sous la direction du sacristain, de tenir les églises propres, d'y entretenir la décence et le bon ordre. Le sacristain, le bedeau ont ont des fonctions distinctes : le sacristain a soin de la sacristie et de la décoration de l'autel ; le suisse ouvre et ferme les portes de l'église, précède les quêteurs et les quêteuses, ouvre la marche des processions, etc.; le bedeau accompagne le prédicateur ou le clergé dans les quêtes pour les cérémonies des confréries, le suisse et le bedeau sont concurremment chargés de la police intérieure de l'église.

Une dernière physionomie, le donneur d'eau bénite, installé hiver comme été, à la porte de l'église, le chef recouvert d'un bonnet de soie noire. Dans les grandes églises, le donneur d'eau bénite est le pauvre le plus *cossu* de la paroisse. On pourrait citer des filles de donneur d'eau bénite qui ont apporté à leur mari soixante mille francs de dot, sans compter leur vertu.

Dans un chapitre ultérieur, nous parlerons des couvents, séminaires, temples protestants et synagogues qui existent dans notre capitale.

Chapitre XLVIII.

LE PALAIS-ROYAL.

Situation du Palais-Royal. — Les entrées du Palais-Royal. — Vue prise du côté de la place. — La façade du château. — Historique du jardin et du château. — Jacques Lemercier, architecte. — Le duc de Richelieu. — Modifications apportées dans l'architecture du château. — Louis XIV, Henriette d'Angleterre au Palais-Royal. — Le régent — Les fêtes d'Adam et des Flagellants. — Le cardinal Dubois et madame de Tencin. — Les dénominations successives du Palais-Royal. — Camille Desmoulins. — La Fayette et le duc d'Orléans. — Le jardin. — L'arbre de Cracovie et le nouvelliste Métra. — Le cirque du Palais-Royal. — Changements désirables dans le Palais-Royal. — La galerie vitrée. — Le public de la galerie vitrée. — Les péristyles Valois et Montpensier. — Aspect et statues du jardin du Palais-Royal. — Le bassin. — Les artistes dramatiques en disponibilité. — L'allée de la rotonde. — Les bonnes d'enfants. — Les enfants au Palais-Royal. — L'allée Montpensier. — Le perron. — Chevet et Corcelet. — La salle provisoire d'exposition de peinture. — Le grand escalier du palais. — Les nouveaux habitants du Palais-Royal.

De toutes les promenades de Paris, celle où nous entrons maintenant est la moins champêtre et la moins *naturelle*. Quelques lignes d'arbres d'un âge encore tendre et d'une santé équivoque, quelques pauvres plates-bandes autour de deux maigres parallélogrammes de gazon, un bassin immonde au sein duquel les nuages se dépouillent de leurs chastes couleurs pour revêtir une même nuance grise et fangeuse, tels sont les charmes agrestes du Palais-Royal. C'est la moins fraîche des oasis parisiennes. Tandis que le boulevard plonge sa tête dans l'air pur des Champs-Élysées et ses pieds dans les libres espaces de la Seine; tandis que les Tuileries touchent à la campagne par la glorieuse avenue de Neuilly; tandis que le Luxembourg se suffit à lui-même, grâce à son étendue, pour que la verte guirlande de ses boulevards extérieurs ne se déroulera pas à ses portes, tandis, enfin, que le Jardin des plantes respire à pleine poitrine l'âcre parfum de ses bosquets alpestres et l'odeur plus sauvage encore de ses bêtes fauves, le Palais-Royal languit au milieu du plus aride des déserts, au milieu d'un sahara composé de rues infectes et de maisons noires comme des blocs de houille. En vain l'immense palais forme autour de ce jardin une espèce d'enceinte fortifiée, une sorte de bataillon carré, il a peine à le protéger contre l'océan de moellons qui gronde au pied de ses murs. Pressées au nord par la rue Vivienne, au midi par la rue Saint-Honoré, à l'orient par la rue de Valois, et à l'occident par la rue Richelieu, ces humbles lignes de sycomores n'ont pas un seul abri à vous offrir. Partout où vous dirigerez vos pas, la circulation vous poursuivra de ses grands éclats de voix, et la foule aboiera derrière vous comme un monstre familier.

Aussi le Parisien, amoureux et poëte, n'a-t-il jamais beaucoup hanté ce square ouvert aux impétueux courants de la multitude; il a pu le traverser, comme Virgile ou comme Horace à la poursuite de quelque rêve bucolique, mais il n'y a point fait séjour; il a laissé la possession de ce domaine bruyant et doré à ses véritables maîtres, les gourmands et les joueurs.

Cette dernière classe, aujourd'hui dépossédée, nous rappellent naturellement dans le passé, nous allons laisser un moment de côté la physionomie actuelle du Palais-Royal pour retracer sommairement l'historique du jardin et du château.

Pour la nombreuse fraction des Parisiens qui habitent au nord de la rue Beaujolais, la véritable entrée du Palais-Royal, c'est le perron, ce sont les péristyles Valois et Montpensier; mais pour les habitants du midi et pour les grands personnages qui logent au palais, c'est la grille qui s'ouvre sur la rue Saint-Honoré, au numéro 204. Conformons-nous donc aux intentions de l'architecte, et, au lieu de chercher les portes dérobées, entrons honnêtement dans ces deux cours d'honneur que sépare le pavillon de l'Horloge.

Vue de la place, la façade du château ne manque pas d'élégance, mais la richesse et la coquetterie de ses décorations évoquent plutôt le souvenir des roués que celui du premier hôte de ces appartements somptueux, le cardinal duc de Richelieu. On sait que l'œuvre primitive de Jacques Lemercier a subi d'immenses modifications, et qu'Anne d'Autriche, *Monsieur*, frère de Louis XIV, le régent et ses héritiers, tous plus ou moins amoureux de la truelle, remanièrent successivement l'hôtel du ministre de Louis XIII. Il ne nous appartient pas de raconter les événements qui se sont passés derrière ces murailles. Nous réveillerons déjà assez d'idées en rappelant que Louis XIV habita dans ce palais la chambre même du cardinal; que la veuve de Charles Ier l'occupa jusqu'en 1661, qu'Henriette d'Angleterre, ce beau lis si vite brisé, y termina l'existence mélancolique dont Bossuet nous a parlé avec la double autorité du grand écrivain et du prêtre; enfin, qu'à ce roi fameux où à ces princesses malheureuses succéda l'étrange cohue de gentilshommes débauchés et de courtisanes titrées qui traversa ces lieux comme un chœur de satires et de bacchantes.

Au reste, l'histoire tout entière se retrouve dans les différentes dénominations imposées au palais même. Sous Richelieu, son fondateur, il s'intitule orgueilleusement Palais-Cardinal; il devient ensuite, sous Anne d'Autriche, le Palais-Royal. Au temps de la république, il abrite ses magnificences sous le nom de Palais-Égalité, deux mots qui se regardent l'un l'autre

Vue du Palais-Royal, du côté de la place.

avec étonnement. Plus tard, il emprunte à de nouveaux événements la dénomination du Palais du Tribunat; après 1848, il devient Palais-National; puis, après toutes ces vicissitudes, il retrouve le nom qu'il ne justifia qu'un moment; celui de Palais-Royal.

Comme le palais qui le borne au midi, le jardin où nous pénétrons, après avoir traversé la galerie vitrée, dont nous parlerons tout à l'heure, a servi de théâtre à de fameux événements politiques. Sans remonter plus haut que 89, nous rencontrons deux scènes ineffaçables dans l'esprit des Parisiens : celle où l'ardent Camille Desmoulins se para d'une feuille d'arbre comme d'un emblème d'espérance que chaque printemps devait faire renaître, et celle où le général La Fayette alla saluer, dans la personne de Louis-Philippe d'Orléans, la meilleure des républiques. Le bal donné par le duc d'Orléans, bal éclairé par un incendie de chaises devant la Rotonde et signalé par un mot qui a fait la fortune de M. de Salvandy, est comme un brillant intermède joué entre les deux grandes pièces révolutionnaires.

Depuis 1830, le Palais-Royal a cessé d'être un centre politique; il appartient désormais à ces paisibles badauds, qui piétinent autour de quatre petites tentes situées aux angles du jardin jusqu'à ce qu'ils aient dégusté la manne quotidienne renfermée dans les colonnes du *Constitutionnel*, de *la Presse*, des *Débats* ou du *Siècle*.

Aucune promenade parisienne n'a subi autant de changements que celle-ci. On n'est arrivé aux modestes plantations de sycomores qui couvrent aujourd'hui le terrain, qu'après l'avoir profondément et fréquemment bouleversé. Ainsi, durant le séjour d'Anne d'Autriche et de la reine Henriette-Marie d'Angleterre, le jardin renfermait un mail, un manège et deux bassins, dont l'un, appelé le *rond d'eau*, se dérobait sous de beaux ombrages. Le régent, avec cet esprit novateur qui le caractérisait, entama le dessin exécuté un demi-siècle auparavant. Le duc d'Orléans, son fils, obéissant à la manie commune à tous les propriétaires, princes ou simples particuliers, ordonna de nouveaux embellissements. Conservant la majestueuse allée plantée par le cardinal de Richelieu, il fit disposer sur le sol des pelouses bordées d'ormes taillés en boules, et creuser un bassin en demi-lune, orné de treillages et de statues. Au-dessus de l'eau s'élevait un épais quinconce de tilleuls impénétrable aux rayons du soleil. Plus tard, avant la Révolution, le jardin du Palais-Royal renfermait encore assez d'ombre pour attirer et retenir les promeneurs. Parmi les grands arbres qu'on y trouvait, nous signalons l'arbre de Cracovie, alors égayé par les gasconnades du nouvelliste Métra.

Les vieillards se souviennent encore du cirque qui occupait la partie centrale du jardin, et qui fut brûlé en 1798. C'était un bâtiment renfermant une vaste salle souterraine couverte d'une plate-forme qu'ornaient des arbustes et des vases de fleurs. A la clarté du soleil, on se promenait causant d'affaires, d'amour ou de politique; à la lueur des lustres flamboyants, dans ses galeries magnifiques on jouait ou on dansait avec une liberté que ne tempérait pas encore la présence du sergent de ville et du garde municipal. Il est vrai que la Révolution était encore à faire.

Ce fut après l'incendie du Cirque qu'on donna au jardin du Palais-Royal sa physionomie actuelle, physionomie sans expression et sans poésie, mais assez bien accommodée à sa situation. Grâce aux dernières bâtisses odieuses aux Parisiens et qui n'auraient pu s'élever sans un arrêt du parlement, l'espace est si étroit, qu'il n'est plus possible de rien abandonner au caprice et à l'art. Un arbre trop vigoureux, un bosquet trop touffu, une pelouse trop développée encombrerait au point d'aveugler quelqu'une de ces mille maisons à trois étages qui composent le domaine ouvert à l'industrie. Des végétaux de la plus petite espèce, des gazons microscopiques et du sable, comme au désert, voilà ce que nous admirerons désormais dans le jardin du Palais-Royal. Il n'y aurait plus qu'un moyen, moyen poétique et grandiose, de refaire la fortune de cette terre jadis chère à l'Europe, ce serait de la consacrer à un parc d'hiver, ce serait de couvrir cette espèce d'une immense toile de verre, et d'entretenir dans cette serre, chauffée par de gigantesques thermosiphons, les plus aimables ou les plus magni-

CHAPITRE XLVIII. — LE PALAIS-ROYAL.

fiques plantes du globe. Alors Paris, ce Paris qui commence à aimer les fleurs comme un gentilhomme anglais ou comme un bourgeois d'Amsterdam, s'en reviendrait avec empressement vers ce centre privilégié, dont il n'a pas encore oublié le chemin, pour y perdre de vue les neiges et les boues de ses carrefours. Nous n'insistons pas sur cette idée que nous n'avons pas le loisir de développer ici, mais nous croyons qu'avec l'aide de Dieu et de l'architecte, on pourrait la mettre à profit.

En attendant que la puissance de l'or opère cette heureuse métamorphose et donne à la noble capitale de l'élégance, ce que des grands seigneurs anglais, le duc de Devonshire par exemple, ont pu se procurer, il nous faut voir les choses telles qu'elles sont et vous les décrire.

Après avoir franchi les deux cours d'honneur dont la surface pavée ne provoque nulle causerie, nous entrons dans la galerie vitrée qui s'éleva, en 1829, sur les ruines des ignobles galeries de bois, appelées un moment le Camp des Tartares. La galerie d'Orléans est, en hiver, une amusante promenade. On passe entre une double ligne de boutiques dont le gaz fait étinceler les dorures et flamboyer les glaces, et on jouit d'une température adoucie par la présence d'une foule un peu trop compacte. Ce charmant abri, où se donnent habituellement rendez-vous les provinciaux et les étrangers, est très-fréquenté pendant le jour par les artistes appartenant aux théâtres du voisinage. Le soir, il est envahi par cette nombreuse population qui dîne chez Véfour ou même dans les restaurants à 2 f. Là chacun digère, sinon à l'aise, du moins en sécurité. Le Russe y conduit le Provençal, le Gascon y lorgne l'Anglais, etc. On entend parler à la fois tous les idiomes de la terre et de la France. Quant au véritable Parisien, au Parisien de sang et d'âme, s'il est là, il est de passage et ne séjourne pas.

Les galeries de bois, que la somptueuse galerie d'Orléans efface dans la mémoire de notre génération, ont laissé trop de souvenirs à nos pères, pour qu'ils les oublient complétement. Aux uns, à ceux dont le jeune âge ne fut point exempt de faiblesses, elles rappellent ces nombreuses boutiques de marchandes de modes, devant lesquelles les deux sexes échangeaient, à chaque pas, de sympathiques œillades; aux autres, à ceux qui nourrissaient en dépôt de toutes les séductions du lieu, le pur amour des lettres, elles rappellent les étalages de librairie, où chacun pouvait feuilleter librement le poëme, le roman ou le pamphlet du jour; à tous elles rappellent une époque d'abandon, de licence et de volupté. Quand un colonel russe demandait, en entrant à Paris, le chemin du Palais-Royal; quand un officier prussien pénétrait à cheval jusque sous les péristyles, c'était, je le crains, pour arriver plus vite à ces galeries dès longtemps vouées à Satan, à ses pompes et à ses œuvres. La construction de la galerie vitrée ne fut

Vente d'une brochure nouvelle, sous la République de 1848.

pas seulement une œuvre de luxe ; elle fut une œuvre morale. La débauche, autrefois accroupie dans tous les angles du Camp des Tartares, n'oserait plus reparaître au milieu de ces clartés et de ces magnificences.

Au reste, nous devons le dire, pour se faire tout à fait pudique et virginal, le Palais-Royal a besoin d'une

La galerie vitrée.

forte résolution. Aucun diable n'aura plus de peine à devenir ermite, car à toutes les époques il a péché. Depuis que le régent y eut établi le théâtre de ses orgies, depuis qu'il y eut célébré ses fêtes d'Adam et ses fêtes des Flagellants, depuis que l'impur Dubois y eut régné avec madame de Tencin, il perdit toute vergogne. Les filles publiques y installèrent leur triste marché, et Diogène y roula son tonneau. La Restauration et la révolution de Juillet épurèrent peu à peu cette miniature de Sodome en chassant les Vénus de hasard et les joueurs; mais, quoi qu'on ait pu faire, on n'y trouve encore ni Catons, ni rosières. Sous les péristyles Valois et Montpensier, des hommes inconnus murmurent encore des mots étranges qui font rougir.

Le petit théâtre d'à côté a aussi, dit-on, des allures aisées qui pourraient faire croire que le nouveau converti a encore quelquefois de mauvaises pensées.

C'est dans le péristyle Montpensier que se trouve la librairie des frères Garnier, les éditeurs intrépides des brochures pamphlétiques, du temps qu'il y en avait. Aussi voyait-on souvent, sous la dernière République, la foule se réunir devant leur étalage pour se procurer quelque nouvel ouvrage de Proudhon, quelque pamphlet d'un Chenu ou autre, et donner ainsi à cette extrémité de la galerie vitrée une apparence émeutière.

En sortant de la galerie vitrée, nous embrassons le jardin dans toute son étendue, et nous en découvrons le plan comme s'il était dessiné sur une feuille de papier. Rien n'est plus simple. Un vaste parallélogramme avec un bassin de 20 mètres de diamètre environ au centre, avec deux pelouses ornées de plates-bandes et de grilles à chaque extrémité, avec plusieurs lignes de sycomores fort jeunes encore à droite et à gauche, voilà le fameux jardin du Palais-Royal. Il n'est pas de rentier du Marais qui ne puisse se procurer, dans une moindre proportion, un dessin aussi savant et aussi poétique. Le premier jardinier venu vous arrangera cela aussi bien que Kent ou que le Nôtre. Le premier des deux gazons que nous abordons, celui du midi, est égayé de trois statues dont l'une est une Diane à la Biche, en bronze, toute noire et toute désolée d'avoir aussi peu d'agréments physiques. L'amante d'Endymion, apparemment, pour ne point manquer de fidélité au berger du mont Lathmos, tourne chastement le dos à un jeune homme sans aucune espèce de costume. Derrière une statue de marbre blanc, sur une simple borne de granit, est braqué le canon-horloge du Palais-Royal. Personne, en Europe, n'ignore qu'il peut avant midi, lorsque le soleil rayonne dans le ciel, un groupe de badauds se forme dans ce lieu et autour de cette pacifique pièce d'artillerie. Partira-t-il ou ne partira-t-il pas? Est-il midi ou n'est-il pas midi? That is the question. Il arrive fort souvent que le canon ne fait pas explosion; mais, lorsqu'il se décide à parler, il dit un gros mensonge. Les astronomes

Les artistes dramatiques de province attendant un engagement.

vous expliqueront pourquoi cette bruyante horloge, ne peut pas être exacte.

Nous avons, au début, flétri le bassin du Palais-Royal de l'épithète la plus dure; nous l'avons appelé immonde. Hélas! il ne justifie que trop bien ce vigoureux adjectif. A l'exception du jour où le jet d'eau lance dans les airs sa gerbe irisée, il est toujours encombré des plus indignes objets. Si quelque Narcisse se penche sur ce miroir pour y contempler ses traits, il recule d'horreur en n'apercevant dans le limpide cristal qu'une effroyable vase mêlée d'herbes, de feuilles et de papier. Le chien qui tombe dans cet égout en sort couvert de limon, comme s'il venait de chasser le canard sauvage au fond de quelque marais. Nous demandons l'assainissement du bassin du Palais-Royal; nous le demandons au nom de la santé publique et de l'honneur national.

A la suite du second et dernier parallélogramme de verdure, qui ne renferme rien de remarquable, nous nous trouvons dans une large avenue bornée au midi par la pelouse, au nord par le café de la Ro-

Les lecteurs de journaux.

tonde, à l'est et à l'ouest par deux lignes de sycomores. Ce lieu partage avec la galerie vitrée l'honneur d'être un point de rendez-vous connu du monde entier; mais il possède bien d'autres priviléges: c'est là que les politiques sans foyer viennent lire leur journal. C'est là que se promènent au printemps les artistes dramatiques sans emploi: là viennent faire grève les Agamemnon ou les Buridan de province. Dans quel département, dans quel climat, sous le ciel de quel théâtre porteront-ils leur sceptre ou leur poignard? Feront-ils pleurer le Midi ou rire le Nord? Questions pleines d'angoisses, que les directeurs de spectacle tranchent ordinairement avec des chiffres laissant peu de marge au libre arbitre de ces messieurs. C'est là aussi que les bonnes d'enfants et les nourrices viennent causer de leurs affaires. Nous ne dirons rien des enfants du Palais-Royal, parce qu'ils ont généralement peu de grâce et de beauté. Nous ne savons s'il se fait un triage aux portes, et si on ne laisse entrer que les *individualités* les moins heureusement douées; mais il est certain qu'on ne ren-

Vue à vol d'oiseau du jardin du Palais-Royal.

contre plus guère ici la désinvolture superbe des Tuileries ou naïve du Luxembourg. C'est de la plate gaminerie. Un de nos amis nous a assuré que la plupart des enfants répandus dans le jardin appartiennent aux industriels du palais, aux habitants des divers étages de la grande maison; mais nous regardons cette assertion comme une calomnie. Il est impossible qu'un sol si riche et si magnifique produise d'aussi ingrates moissons.

Dans l'allée Montpensier, se retirent de préférence les quelques promeneurs élégants de ce jardin, les couples attirés par la vieille réputation du café de Foy. En été, durant les chaleurs, on dresse des tables entre ces marronniers, et la scène s'anime. Ces plateaux chargés de sorbets et de glaces, ces vives causeries sous les feuillages, tout cela rappelle un moment les cafés de Venise ou de Naples.

Le perron, qui ouvre son étroite issue à un fleuve de passants, est entouré de curiosités de plusieurs genres. Au-dessus se trouve un fameux cercle littéraire, accompagné d'un dentiste et d'un pédicure. A droite, sous le péristyle Valois, derrière les colonnes bariolées d'affiches, vous rencontrez le séduisant étalage de Corcelet, le rival de Chevet, qui demeure à l'autre extrémité du Palais-Royal. Corcelet et Chevet! deux grands noms, deux illustres noms bien chers à ceux d'entre les Parisiens qui ont adopté la devise de Brillat-Savarin, et qui sont convaincus avec cet aimable gourmand que la table est le seul endroit où l'on ne s'ennuie jamais pendant la première heure. Quoi qu'il en soit, si l'un des plus piquants aphorismes de l'auteur de *la Physiologie du goût* est fondé : si *la destinée des nations dépend de la manière dont elles se nourrissent*, Corcelet et son confrère ont mérité des couronnes, car ils font tout ce qu'ils peuvent pour que la France se nourrisse bien.

A gauche du Perron, sous le péristyle Montpensier, se dresse un des plus amusants théâtres de Paris, le théâtre du Palais-Royal, ouvert pour la première fois le 6 juin 1831, sous les auspices de

Robert Houdin.

MM. Dormeuil et Charles Poirson. Nous avons dit au premier volume l'histoire de l'ancienne salle Montansier, égayée tour à tour ou à la fois par MM. Sainville, Levassor, Achard, Ravel, etc., et par la Sophie Arnould du dix-neuvième siècle, Virginie Déjazet. Nous nous bornerons à dire que les queues du théâtre Montansier sont parfois plus formidables que celles du Théâtre-Français.

Le Palais-Royal renferme encore plusieurs spectacles attrayants. Nous signalerons particulièrement les représentations de M. Robert Houdin, qui joint aux qualités d'un ingénieux mécanicien une rare agilité de doigts et une imagination toujours en travail. L'enchanteur Philippe était un habile homme, mais il nous semble que M. Robert Houdin l'a surpassé, et qu'en fait de sorcelleries, il est un mandarin de première classe.

Nous n'avons pas épuisé, il s'en faut beaucoup, mais nous avons suffisamment effleuré notre sujet pour nous croire autorisé à conclure. Triste conclusion! Comme jardin, le Palais-Royal n'existe plus; comme asile du plus beau commerce de Paris, il se meurt. Bien que renfermant dans son sein de nombreux éléments de prospérité; bien que soutenu par une antique popularité et par d'anciennes habitudes; bien que placé dans une situation admirable, il s'affaisse sur lui-même comme un vieillard à l'époque de la décrépitude. Pourquoi cela?

On a curieusement recherché les causes de la ruine du Palais-Royal; on l'a attribuée à la fuite de ces nymphes fardées qui meublaient autrefois les galeries; à la chute des maisons de jeu, à l'attraction magnétique, à la force centrifuge qui précipite Paris vers Batignolles, à mille autres motifs encore. Nous admettons toutes ces raisons; mais, à nos yeux, il en existe une plus forte et plus décisive dont on n'a point parlé. Le Palais-Royal a été tué par le voisinage des grandes et petites messageries. C'est à travers la rue Notre-Dame des Victoires, la rue du Coq-Hé-

Chevet et Beauvais.   Boum!   Le café de la Rotonde.

ron, et le passage Véro-Dodat qu'a soufflé le vent mortel. Voyant que toutes les coquetteries, que tous les sourires du Palais-Royal s'adressaient aux étrangers et aux provinciaux; voyant que tout était sacrifié à la rage de plaire, à l'Europe; qu'il n'y avait plus d'agaceries pour lui; que ces restaurants, que ces cafés, que ces bijoutiers, que ces changeurs, que ces tailleurs à prix fixe, que ces modistes, que ces peintres en miniature ne travaillaient plus pour lui, le Parisien, indigné et jaloux, se retira en modifiant légèrement le mot de Scipion, et en disant : « Ingrate patrie, tu n'auras pas mon or! »

Le Palais-Royal se serait consolé peut-être de cette rupture; mais il arriva que les provinciaux et les étrangers, troupeau avide de nouveautés, et aussi troupeau routinier, *servum pecus*, s'élancèrent à la poursuite des indigènes, et commencèrent bientôt à déserter le Palais-Royal.

Il en résulta qu'une foule de boutiques devinrent vacantes, et qu'un grand nombre de marchands firent de mauvaises affaires. Aujourd'hui la plainte est générale, et, si l'on n'emploie un remède héroïque, tout ce monde qui vit dans le Palais-Royal sortira par ses cent quatre-vingts arcades ouvertes, et portera ses pénates ailleurs. Nous devons cependant faire exception pour les restaurants et les cafés ; Véry, Véfour, les Frères-Provençaux, voire même *les 40 sous*, où nous inviterons tout à l'heure le lecteur à entrer, auront toujours un public qui n'oubliera jamais le Palais-Royal à cause d'eux ; les cafés de la Rotonde, de Foy et autres, avec leurs centaines de mille francs en petites cuillers, prouvent ainsi qu'il y a quelques affaires possibles dans cette vaste oasis. A propos du café de la Rotonde, rappelons ici ce personnage dont la réputation retentit jusqu'au delà des mers, ce garçon dont le cri original, *boum !* résonnait si souvent dans le jardin, pendant les soirées d'été. *Boum*, comme on l'appelait, est mort dernièrement et, mort fou. Il y a des gens qui ne peuvent résister à la bonne fortune.

Mais, quoi qu'il arrive, le Palais-Royal ne disparaîtra pas sans postérité ; il nous laissera un héritier plein d'avenir, un héritier doué de toutes les grâces et de toutes les séductions de la jeunesse, un héritier plus haut et plus passionné mille fois qu'il ne le fut lui-même... Cet héritier... vous l'avez nommé : c'est le boulevard.

La cour d'honneur du Palais-Royal vit, en 1830, s'élever cette baraque qui disparaîtra très-incessamment et qui a servi de salle d'exposition de peinture et de sculpture ; expulsées du Louvre et des Tuileries, les toiles et les marbres des artistes trouvèrent un

Les gardiens du musée.

abri dans ce local provisoire ; les artistes demandaient un salon carré et des galeries éclairées d'en haut, afin d'avoir au moins l'égalité devant le jour, on fit droit à leur demande, un crédit de 159,000 fr. fut ouvert pour couvrir la dépense, et les ouvriers se mirent immédiatement à l'œuvre. L'exposition des œuvres d'art était assez bien placée au Palais-Royal. Grâce aux galeries hospitalières du palais, le piéton n'avait rien à envier aux gens en voiture. Combien de personnes, de provinciaux et d'étrangers surtout, passaient leurs journées entières, quand les salles de l'exposition étaient ouvertes, sans sortir de ce vaste caravansérail !

L'érection de cette salle était donc une satisfaction accordée au public et aux artistes. Mais cela avait un grand défaut, malheureusement trop commun en France, celui de n'être que du provisoire.

On communiquait de la salle construite dans la cour avec les salles des étages supérieurs, au moyen de l'escalier à architecture large et ample, qui se trouve à droite du péristyle, et où étaient exposées les sculptures. Dans l'escalier même se trouvaient des bustes et quelques toiles qui n'avaient pu trouver leur place dans les divers salons. Bien des artistes préféraient encore voir leurs œuvres figurer sur cette voie de passage, plutôt que dans certaines galeries où le jour et la lumière étaient inconnus. Quoique ces défauts pussent en quelque sorte effrayer les exposants, on a compté plusieurs œuvres d'un mérite incontestable parmi les tableaux qui sont venus s'abriter dans les galeries du Palais-Royal. C'est ainsi qu'en 1830, on y a admiré le tableau de M. Muller que nous avons retrouvé dernièrement au musée du Luxembourg, et dont nous avons donné une analyse ainsi qu'un dessin,

Grand escalier du Palais-Royal.

nous voulons parler de l'*Appel des dernières victimes de la Terreur*. La *Malaria*, quelques tableaux si frais et si printaniers de mademoiselle Rosa Bonheur, le *Départ des enrôlés volontaires*, par M. Vinchon, que nous décrirons quand nous aurons conduit le lecteur dans les galeries de Versailles, et plusieurs autres œuvres aussi pleines de talent qui ont fait l'admiration du public connaisseur, ont été admises dans les expositions successives qui ont eu lieu au Palais-Royal.

Malgré l'état provisoire de ce musée de peinture, tout s'y passait conformément aux usages anciens et mis en pratique depuis nombre d'années dans les galeries du Louvre. Comme dans ce temple des arts, on trouvait au Palais-Royal des gardiens occupés à bâiller et à surveiller les mains imprudentes des ama-

CHAPITRE XLVIII. — LE PALAIS-ROYAL.

teurs, à détourner les bouts de canne ou de parapluie menaçant les chefs-d'œuvre. A dix heures du matin, le public était admis, et à quatre heures, le sacramentel : *On ferme!* repoussait la foule se retirant à regret. Un jour de la semaine était réservé pour le public payant. Quant aux sommes provenant de cette mesure, elles furent distribuées aux pauvres ; mais le chiffre en a toujours été fort peu élevé.

Ce fut au Palais-Royal que commencèrent les expositions de peinture et de sculpture. La première s'y fit il y a cent soixante-dix-sept ans, en 1673. Gault de Saint-Germain nous a conservé, dans *Les trois siècles de la peinture en France*, le livret de cette exposition, devenu d'une extrême rareté. Il a pour titre : « Liste des tableaux et pièces de sculpture exposés dans la cour du Palais-Royal par Messieurs les Peintres et les Sculpteurs de l'Académie royale. »

La seconde exposition eut lieu au Louvre en 1699.

Depuis cette époque jusqu'à 1848, où l'exposition fut faite aux Tuileries, pendant deux années consécutives ces fêtes de l'art se sont célébrées soixante-douze fois au Louvre.

C'est là qu'il faut les ramener, car c'est là leur centre consacré, sinon leur berceau. Que le Palais-Royal jouisse de cette bonne fortune un ou deux ans encore ; mais espérons que tous les amis de l'art ne laisseront pas tomber dans l'oubli le magnifique projet d'approprier aux expositions annuelles le second étage du Louvre, et qu'en dépit de Messieurs du conseil des bâtiments civils, ces muets qui étranglent à huis clos les plus nobles idées, celle-ci du moins sortira victorieuse de la lutte.

Le Palais-Royal est une ville dans une autre ville ;

On ferme!

on a raconté l'histoire de cet homme qui passa trente ans de sa vie sans sortir de ce caravansérail. En effet, le Palais-Royal peut fournir à l'homme le plus délicat toutes les choses nécessaires et toutes les superfluités.

Veut-il des habits, des joyaux, des livres, des fleurs? il trouve dans les galeries des tailleurs, des bijoutiers, des libraires, des fleuristes : on rencontre là les échantillons de toutes les industries parisiennes. Le Palais-Royal est surtout la cité gastronomique par excellence. Véfour, Véry, les Frères Provençaux, le café Corrazza, tous ces temples culinaires ont une réputation européenne. Les cartes de ces restaurants sont les plus variées et les plus élevées. A côté de ces maîtres de l'art sont les restaurants inférieurs, dans lesquels il est plus facile de dépenser 30 francs que de faire un dîner correct. Leurs cartes sont stéréotypées les unes d'après les autres, et n'offrent à l'œil que des mets connus depuis trente ans; Brillat-Savarin disait que l'invention d'un nouveau plat valait mieux pour l'humanité que la découverte d'une étoile : l'astronomie dépiste encore des planètes; mais la cuisine de restaurant n'a pas fait un pas en avant depuis l'invasion. Puis viennent ensuite les nombreux restaurants à prix fixe, à 40 et à 32 sous. Le provincial et l'étranger cèdent surtout à la séduction

Aspect général des constructions élevées dans la cour du Palais-Royal pour les expositions de peinture.

des dîners à prix fixe ; vers cinq heures ils encombrent les galeries. Quatre plats au choix, avec les accessoires du potage et du dessert, la demi-bouteille de vin et toutes les évolutions d'échange qu'on peut exécuter, les éblouissent et les attirent comme fait le miroir avec les alouettes. Les nouveaux commis, les dandys qui ont éprouvé des malheurs, les médecins sans malades, les avocats sans causes, les comédiens de province qui font grève sur les chaises du Palais-Royal, et les sous-officiers en goguette, garnissent les tables à 2 francs. Le dimanche, le bonnetier s'y rencontre en partie fine avec sa *dame* et ses *demoiselles*. C'est à coup sûr une des merveilles de la civilisation que pour 40 sous on puisse avoir gibier, volaille et poisson. Sur les trois cents mets annoncés, il en est au moins deux cent cinquante journellement exclus du programme. Le restaurateur attend la de-

Brillat-Savarin.

mande de pied ferme, il a deux réponses toutes prêtes : s'il est de bonne heure, le turbot réclamé, voire le faisan, ne lui sont point encore arrivés de la halle ;

Quarante sous.

s'il est tard, le dernier morceau vient d'être servi à la minute. En revanche, il peut offrir des pieds de moutons à telle sauce qu'il plaira choisir au dîneur. Les officines à 2 francs du Palais-Royal s'enorgueillissent de compter dans leur clientèle des législateurs écono-

Le patron.

mes, des fonctionnaires que la munificence du budget réduit à vivre de cette façon mesquine et assez sobre. On apprend, du reste, à se servir du restaurant à prix fixe et à y subsister tant bien que mal, sans grand inconvénient pour l'estomac, mais il faut pour cela une longue pra-

Un garçon de la rue de Valois.

tique ; il faut surtout laisser de côté toute prétention au régal. Un fait qui étonne au premier abord, c'est la décence et souvent l'extrême élégance de la mise des convives qui alimentent et qu'alimentent les restaurants les plus modiques. Cela est caractéristique et jette un jour sur ce mystère de l'existence parisienne qui en renferme bien d'autres. Les vrais Parisiens fuient tant qu'ils peuvent ces dé-

Le garçon.

cevants réfectoires où l'ambition de la forme et de l'annonce déguise mal la triste indigence du fond. Ils préfèrent avec raison certains établissements peu

Trente-deux sous.

connus de la foule, où on leur sert des mets simples, mais d'excellente qualité.

Dans les environs du Palais-Royal, dans la rue de

Rue de Valois.

Frères Provençaux.

Valois, sont des réfectoires sans nom où l'on voit affluer des nuées de sauterelles voraces qui s'envolent de l'estaminet ou de l'atelier pour s'abattre sur toutes les combinaisons du bœuf rôti ou bouilli, du veau et du mouton sous toutes les formes des variétés simples. Dans ces parages le vin n'est connu qu'à petite dose, par carafon ou quart de bouteille. Le garçon de restaurant, dit M. Briffaut, forme une classe séparée de toutes les autres catégories du service ; il y a des gar-

CHAPITRE XLVIII. — LE PALAIS-ROYAL.

çons qui vieillissent dans la même maison, et pour qui les secrets, la clientèle, et tous les détours du sérail n'ont rien de caché ; pour un établissement considérable, ces vieux serviteurs sont précieux ; ils savent tant de choses, qu'ils ne sont pas faciles à tromper. Lorsqu'un garçon est intelligent, il y a agrément et profit à se laisser diriger par lui ; s'il a eu des preuves de votre générosité, et si vous avez été avec lui affable et poli, il vous servira avec zèle et avec goût ; ne le gênez point et fiez-vous à son service. Lorsque la parcimonie ou la mauvaise humeur de ceux qu'il sert irritent un garçon, il n'est pas de tribulations qu'il n'invente pour vexer sa victime ; il se montre ingénieux et barbare dans les tourments qu'il lui inflige. Règle générale : afin que vous soyez content du garçon, faites en sorte que le garçon soit content de vous.

Dans les cabinets particuliers et dans les salons réservés, le service du garçon est plus intime ; il exige plus de confiance mutuelle. Les mystères des restaurants ne sont pas le chapitre le moins intéressant des mystères de Paris ; les garçons les pénètrent tous ; mais ils sont discrets. Les occasions de rire se présentent souvent à eux lorsque, dans les ingénues du jour, ils reconnaissent les grisettes de la veille que le lendemain ils verront peut-être avec un nouvel amant. Le garçon de restaurant est un Gil Blas en tablier.

Le garçon de restaurant doit être preste, alerte, prompt à la riposte, propre, coquet, *Picaro* et *Frontin*. Il faut qu'il ait une espèce de distinction dans son langage et sa façon d'être. Si la cravate venait à se perdre, on la retrouverait au cou d'un garçon de restaurant. Il ne doit jamais être embarrassé ; qu'il vienne ou qu'il ne vienne pas quand on l'appelle, peu importe ; l'essentiel, c'est qu'il ne soit

Un cabinet particulier.

jamais en défaut ; il a deux réponses toujours prêtes pour toutes les demandes qui l'embarrassent : Monsieur, il n'y en a pas encore ; ou : Monsieur, il n'y en a plus, et le fameux : Voilà ! qui répond à tout.

C'est dans son coup de feu que le garçon de restaurant est surtout admirable : il est à tout, il sert vingt tables à la fois ; il porte des piles d'assiettes avec l'art des plus habiles équilibristes, sans rien casser. Il n'oublie rien, sait tout réparer et tout conduire. L'usage de donner au garçon est ainsi réglé : 5 pour 100 sur le montant de la carte dans les salles, 10 pour 100 dans les cabinets. Il y a à cette règle de nombreuses exceptions dont chacun est juge. Dans les *petits prix fixes*, ce sont des femmes qui servent.

Le soir, le Palais-Royal resplendit aux clartés de ses cafés et de ses estaminets, où la bière coule à flots, bière de Lyon, de Strasbourg, de Hollande, de Bavière, etc. C'est au Palais-Royal qu'est situé le théâtre Séraphin, la scène des marionnettes et des ombres chinoises ; c'est au Palais-Royal qu'est le café des Aveugles, où l'on voit le classique sauvage battant du tambour. Le Palais-Royal, à lui seul, et malgré sa décadence, est plus vivant, plus amusant, plus ville que la plus grande ville de province.

Le Palais-Royal a été assez souvent, dans ces derniers temps, le théâtre de diverses cérémonies semi-officielles ; nous citerons entre autres la distribution des récompenses accordées à l'occasion de l'exposition de 1850.

Par un décret paru en janvier 1853, le Palais-Royal proprement dit, c'est-à-dire le château donnant sur la place, est devenu de nouveau résidence princière.

Le prince Jérôme est autorisé à l'habiter. On annonce comme prochains de nombreux embellissements devant rendre cette demeure digne de l'hôte qu'elle va recevoir, et qui consent à reculer sa prise de possession, dans la crainte que, les bâtiments provisoires de l'exposition venant à être démolis, les exposants ne soient cette année sans asile.

Distribution, dans la grande salle du Palais-National, des récompenses accordées aux artistes, à l'occasion de l'exposition de 1850.

Chapitre XLIX.

LES ENFANTS-TROUVÉS, LES SALLES D'ASILE, LES CRÈCHES,

LES BUREAUX DE NOURRICES.

Hospice des Enfants-Trouvés. — Son aspect. — L'hôpital de la Trinité. — *Maison de la Couche.* — Une dame charitable en 1636. — Trafic d'enfants trouvés. — Un enfant pour vingt sous. — Vincent de Paul. — Statistique de l'hospice des Enfants-Trouvés. — Formalités remplies à la réception d'un enfant trouvé. — Collier des enfants trouvés. — Voiture des nourrices. — Transport des enfants trouvés avant la Révolution. — Costumes des orphelins. — D'Alembert et la vitrière. — Mᵐᵉ de Tencin. — Institution du tour. — Ses avantages et ses inconvénients. — Le déplacement des enfants trouvés. — Les enfants trouvés de l'étranger. — Sortie de l'hospice. — *Les salles d'asile.* — Leur origine. — Jean-Frédéric Oberlin et Louise Scheppler. — Mᵐᵉ de Pastoret et la salle d'hospitalité. — M. Owen et les *Infant-schools*. — M. Cochiu. — Statistique et organisation intérieure des salles d'asile. — Salle d'asile Cochin. — *Les crèches.* — Motifs de la fondation des crèches. — Une visite à la crèche-modèle de Chaillot. — La *salle des poupons*. — Statistique des crèches. — Direction et administration des crèches. — *Les bureaux de nourrices.* — Descendre. — Une nourriture. — Mœurs des nourrices de Paris. — Leur économie. — Les nourrices aux Tuileries.

Nous aimons les contrastes, le lecteur a dû s'en apercevoir; peut-être même s'est-il habitué déjà à notre manière d'être, nous l'espérons : voilà donc un encouragement pour oser encore une fois passer sans scrupule du gai au sérieux, et quitter le Palais-Royal, si plein de souvenirs attrayants et joyeux, pour entrer à l'hospice des Enfants-Trouvés.

Hospice! voilà un mot qui agite bien des idées pénibles, qui jette dans le cœur de douloureuses pensées. Visiter un hospice, c'est vouloir se trouver en face de la douleur morale, des larmes, de la souffrance. Et un hospice d'enfants! ce doit être bien plus terrible encore. On s'y attend ; en entrant à l'hospice des Enfants-Trouvés, on cherche des émotions philosophiques, des pleurs, du dégoût ; mais partout vous trouvez le calme ; là, vous êtes entouré d'une sorte de parfum d'un bonheur tranquille, qui vous prend au cœur et qui vous fait doublement aimer ces petits abandonnés; partout des fleurs, des sœurs grises au regard plein de tendresse, de l'ordre, une admirable propreté. Il y a surtout une salle appelée poétiquement la Crèche, toute bordée de berceaux où s'agitent des têtes de séraphins blondes et brunes où tout est santé et bonheur.

Comme édifice, l'hospice des Enfans-Trouvés n'a rien de remarquable ; ni un collége, rien de plus, dont l'extérieur n'attriste ni ne charme; c'est une maison comme celle que vous habitez, ou comme celle qui est au bout de votre rue. Seulement, dès l'entrée, un souvenir sculpté dans le marbre se présente à vous, saint Vincent de Paul, celui qui dans la balance doit peser plus que tous les conquérants qui ont bouleversé le monde, saint Vincent de Paul est là dans le vestibule de son temple.

Laissons donc le bâtiment et prenons l'institution, noble entre toutes, des Enfants-Trouvés au point de vue historique et moral.

Vers le milieu du seizième siècle, la population de Paris toujours croissante, le nombre considérable de pauvres, et aussi d'individus engagés dans les ordres religieux, avaient multiplié les cas d'abandon d'enfants nouveau-nés dans une si effrayante progression, qu'on regarda comme indispensable de consacrer un établissement destiné à recevoir ces pauvres créatures. En 1552, l'hôpital de la Trinité, jusque-là occupé par les comédiens appelés *confrères de la Passion*, fut affecté à cette destination. Il fut ordonné que les seigneurs hauts justiciers, qui, à Paris, étaient tous ecclésiastiques, pourvoiraient aux frais de cette maison, et le parlement, par un arrêt de cette même année, détermina de la manière suivante le contingent de chacun d'eux :

L'évêque de Paris, 120 livres; — le chapitre de Notre-Dame, 360; — l'abbé de Saint-Denis, 40; — l'abbé de Saint-Germain des Prés, 120; — l'abbé de Saint-Victor, 84; — l'abbé de Sainte-Magloire, 20; — l'abbé de Sainte-Geneviève, 32; — l'abbé de Tiron, 4; — l'abbesse de Montmartre, 4; — le grand prieur de France (ordre de Malte), 80; — le prieur de Saint-Martin des Champs, 60; — le prieur de Notre-Dame des Champs, 8; — le chapitre de Saint-Marcel, 8; — le prieur de Saint-Denis de la Chartre, 8; — le chapitre de Saint-Merry, 16; — et celui de Saint-Benoît le Bien-Tourné, 12; — total : 960 livres.

La somme, même pour le temps, n'était ni suffisante pour sa destination, ni bien lourde pour les imposés. Toutefois ils réclamèrent contre cet arrêt, et,

par un faux exposé, obtinrent que la cause fût évoquée au grand conseil du roi. L'avocat général, qui, à l'audience du 4 juin 1554, défendit la décision, dit, en parlant de ces seigneurs ecclésiastiques : « Ils ont si grande aisance que, quand ils contribueraient de leurs deniers en telle affaire, ils en rapporteraient fruit au double, ou l'Écriture est fausse... Il y a céans des chanoines de l'Église de Paris *dont les enfants sont chanoines*, et se défient de la justice pour les faveurs. » Ces chanoines, qui prenaient soin de leurs enfants, puisqu'ils en faisaient des chanoines, trouvaient injuste qu'on leur fît supporter la charge des enfants des autres; toujours est-il qu'ils finirent par succomber, et que l'entretien des enfants trouvés demeura à leur compte.

En 1570, l'établissement fut transféré de l'hôpital de la Trinité dans une maison située dans la Cité, sur le port de Saint-Landry, et affectée à cette destination nouvelle par le chapitre de Notre-Dame. Elle reçut le nom de *la Maison de la Couche.* Voulant se faire aider dans son entretien, le chapitre et l'évêque firent placer dans l'intérieur de Notre-Dame un vaste berceau pour y mettre quelques-uns de ces enfants, et provoquer ainsi la libéralité publique. Mais, soit qu'elle ne répondit pas à leur appel, soit que ces dons reçussent une autre destination, les pauvres enfants étaient fort mal soignés. Postérieurement, en 1636, une dame veuve, touchée de leur malheureux état, se chargea d'en recevoir autant que pourrait en contenir sa demeure, voisine de la maison de la Couche. Le zèle très-louable ne fut pas secondé par une égale persévérance. La mère adoptive de ces orphelins s'en remit aux soins de servantes, qui, lassées de la peine qu'il leur fallait prendre, firent trafic de ces êtres malheureux, et les vendirent à bureau ouvert à des mendiants qui leur torturaient les membres pour émouvoir la sensibilité publique, à des nourrices qui voulaient se débarrasser d'un lait souvent corrompu, ou substituer, pour tromper les parents, un enfant étranger à un nourrisson mort; celles en vendaient enfin à des magiciens pour des opérations absurdes et souvent homicides. Le prix de ces enfants ne dépassait jamais vingt sous, et quand cette denrée humaine devenait plus abondante que les demandes, la Seine et les égouts recevaient le trop-plein de la maison. En 1638, un homme dont la bienfaisance a sanctifié et immortalisé le nom, Vincent de Paul, qui était allé la visiter, revint peindre à des femmes riches et charitables, qui le secondaient dans ses bonnes œuvres, l'affreux spectacle qui s'était offert à ses yeux. Elles s'occupèrent aussitôt du sort de ces petits malheureux; mais, ne pouvant les sauver tous, elles en tirèrent douze au sort, pour lesquelles elles louèrent une petite maison à la porte Saint-Victor. Le commerce des servantes put se continuer à l'aide des autres avec d'autant plus de liberté que leur maîtresse était morte.

Il ne suffisait pas à Vincent de Paul d'avoir attaché son nom à une idée généreuse, il tenait à lui faire porter tous ses fruits. Le tirage au sort n'avait que bien incomplétement répondu à ses vues; les secours étaient insuffisants pour faire plus, et la charité de ces femmes reculait devant l'énormité des sacrifices que leur imposerait l'éducation de tous les enfants abandonnés. L'heure critique était donc venue pour eux. Le saint homme convoqua expressément les dames de l'œuvre à une dernière assemblée générale en 1640, les prévenant qu'elle avait pour but de décider si l'on abandonnerait ou non le projet d'institution des Enfants-Trouvés. « Or sus, mesdames, leur dit-il, la compassion et la charité vous ont fait adopter ces petites créatures pour vos enfants; vous avez été leurs mères selon la grâce, depuis que leurs mères selon la nature les ont abandonnées. Voyez maintenant si vous voulez aussi les abandonner. Cessez d'être leurs mères, pour devenir à présent leurs juges. Leur vie et leur mort sont entre vos mains. Je vais prononcer leur arrêt, et de savoir si vous ne voulez plus avoir de miséricorde pour eux. Ils vivront, si vous continuez de prendre un soin charitable, et, au contraire, ils mourront et périront infailliblement, si vous les abandonnez. »

Ces éloquentes paroles atteignirent leur but : les larmes coulèrent, de formels engagements se prirent, et le salut des pauvres enfants fut résolu. On décida qu'il ne serait plus fait de choix parmi les enfants à élever. Vincent de Paul voulut assurer davantage encore son succès en éveillant la sollicitude du roi. Il obtint plusieurs secours successifs de Louis XIII, qui accompagna l'ordonnancement de ce qu'il lui donna en 1642, de lettres patentes où on lisait : « Ayant été informé par des personnes de grande piété que le peu de soin qui a été apporté jusqu'à présent à la nourriture et entretènement des enfants trouvés exposés dans notre bonne ville et faubourgs de Paris, a été non-seulement cause que, depuis plusieurs années, il serait presque impossible d'en trouver un bien petit nombre qui eût été garanti de la mort, mais encore que l'on a su qu'il en avait été vendu pour être supposés et servir à d'autres mauvais effets, ce qui aurait porté plusieurs dames officières de l'hôpital de la Charité, de l'Hôtel-Dieu, prendre soin de ces enfants, et y auraient travaillé avec tant de zèle et de charitable affection, qu'il s'en élève à présent un grand nombre; et voulant les assister autant qu'il nous est possible dans l'état présent de nos affaires, nous avons délaissé auxdits enfants trouvés, etc. » Les dons de Louis XIII s'étaient montés à 40,000 livres de rente. En 1644, la reine sa veuve, régente de Louis XIV, déclara, au nom de celui-ci, « qu'imitant la piété et la charité du feu roi, qui sont vertus vraiment royales, le roi ajoute à ce premier don un autre don annuel de 8,000 livres de rente. » Elle se réjouit en même temps de ce que, grâce aux secours donnés jusqu'alors et aux aumônes des particuliers, la plus grande partie des enfants trouvés ont été depuis élevés, et que PLUS DE QUATRE CENTS sont vivants.

L'œuvre s'était également vu accorder les bâtiments de Bicêtre; mais l'air de cette maison fut regardé comme d'une vivacité mortelle pour nouveau-nés, et elle obtint de transférer ses enfants dans une maison vis-à-vis Saint-Lazare, où les sœurs de la Charité furent chargées de les soigner. Le parlement, par arrêt du 3 mai 1667, confirmé par le conseil d'État, le 10 novembre 1668, ordonna que les seigneurs hauts justiciers de Paris seraient tenus de payer annuellement à cette maison une somme de 45,000 livres. Cette ressource nouvelle mit les administrateurs à même de se procurer un emplacement plus commode. Ils firent l'acquisition d'un grand terrain avec maisons situé dans le faubourg Saint-Antoine, et y construisirent un vaste bâtiment. Plus tard, pour avoir en même temps un lieu plus central pour leurs dépôts, ils louèrent dans la Cité trois petites maisons

CHAPITRE XLIX. — LES ENFANTS-TROUVÉS, ETC., ETC.

qui appartenaient à l'Hôtel-Dieu. En 1670, des lettres patentes de Louis XIV déclarèrent la maison des Enfants-Trouvés l'un des hôpitaux de Paris, et ce qui n'avait jusque-là été qu'une œuvre privée devint ainsi une institution publique. Depuis lors l'établissement a reçu de notables améliorations et pris des développements progressifs. Les maisons louées près le parvis Notre-Dame firent place, en 1747, au bâtiment qui sert aujourd'hui de bureau central à l'administration des hôpitaux, et qui fut consacré aux enfants trouvés, jusqu'à ce que, postérieurement, leur établissement fût transporté rues d'Enfer et de la Bourbe, où il est aujourd'hui.

L'administration des hospices possède, et elle l'a publié, le tableau du nombre annuel d'enfants déposés dans l'établissement depuis 1640 jusqu'à nos jours. Nous ne le reproduirons point en entier, mais nous en ferons connaître la progression, et nous en signalerons quelques époques. En 1640, année de la détermination généreuse que fit enfin adopter Vincent de Paul, on en retira de la maison de la Couche et des

Dortoir à l'hospice des Enfants-Trouvés de Paris.

mains des servantes dont nous avons parlé un certain nombre, qui, joint aux dépôts de l'année, forma un chiffre de 372. En 1641, les entrées furent de 229; en 1650, 593; en 1660, 491; en 1671 (année qui suivit l'érection de l'œuvre en institution publique), 738; en 1678, 1,000; en 1694, 3,788. Le chiffre décrut considérablement ensuite, et ne se releva de nouveau jusqu'à cette hauteur qu'à cinquante-six ans de là, en 1750, où les réceptions se montèrent à 3,789. Le règne de Louis XV leur fit, vers la fin, atteindre des nombres dont elles n'avaient jamais approché, et dont elles se sont toujours tenues assez loin depuis. En 1770, on reçut 6,918 enfants, 7,186 en 1771, 7,679 en 1772. Le nombre décrut ensuite, ne fut jamais plus bas que sous la République, où il varia de 3,122 à 4,589, et s'éleva sous l'Empire, par suite de l'établissement d'un tour par arrondissement, décrété en 1811. En 1810, il avait été de 4,502; il fut de 5,152 l'année suivante. Sous la Restauration, le chiffre le plus élevé fut 5,497, en 1828. En 1837, année dans les derniers mois de laquelle commencèrent à être prises les mesures qui rendent aujourd'hui le secret des dépôts presque impossible, il descendit à 4,644. En 1839, il décrut jusqu'à 3,182; en 1841, dernière année dont

Voiture servant au transport des nourrices des enfants trouvés.

nous ayons l'état, il ne s'est pas élevé au delà de 3,698.

L'hospice des Enfants-Trouvés reçoit tous les enfants exposés ou abandonnés âgés de moins de deux ans; au-dessus de cet âge, ils sont dirigés sur l'hospice des Orphelins. Du reste, en 1841, sur 3,698 enfants reçus, 227 seulement n'étaient pas nouvellement nés.

Dès qu'un enfant est apporté à l'hospice, qu'il y vienne par la voie du tour, qui, à proprement parler, n'existe plus aujourd'hui, ou qu'il y soit transporté par les soins d'un commissaire de police, comme ayant été présenté à son bureau, ou relevé sur la voie publique, on dresse, sur un registre spécial, un acte détaillé de son admission, où se trouve consigné son acte de naissance, s'il en a un, ou, à défaut, les renseignements qu'on a recueillis sur lui, sur le lieu et l'heure où on l'a trouvé, et les signes qui peuvent servir à le faire reconnaître par ses père et mère, si jamais plus tard ils se présentent pour le réclamer, en remplissant d'ailleurs les formalités voulues. Ce procès-verbal dressé, on lave ces enfants, on les pèse, et l'expérience a démontré que bien peu de ceux qui n'atteignent pas le poids de six livres peuvent être élevés. Des salles, qu'on nomme *crèches*, sont garnies de berceaux séparés les uns des autres. Là, jour et nuit, des berceuses et des nourrices, sous les ordres de surveillantes, attendent les pauvres créatures délaissées par leurs mères. Plus tard, le plus grand nombre d'entre eux sont envoyés en nourrice à la campagne. Ceux dont la santé exige des soins médicaux sont élevés dans l'établissement. La mortalité des enfants trouvés jusqu'à l'âge de douze ans est effrayante. En 1704, sur ceux qui avaient été reçus dans l'année même, elle fut de 60 sur 100; en 1773, elles s'éleva à 85 sur 100; en 1821, elle fut de 74; et de 1816 à 1837, c'est-à-dire pendant vingt-deux ans, la moyenne, sur tous les enfants reçus et suivis jusqu'à l'âge de douze ans, a été de plus des trois quarts, 76 sur 100.

Or les tables de la mortalité en France font connaître que sur 100 enfants reçus, quand ceux-ci ont atteint l'âge de douze ans. La mortalité des enfants trouvés à Paris a donc dépassé la moyenne de mortalité de tous les enfants en France de 30 pour 100. Ce qui a pu

Collier des enfants trouvés.

servir à bien fixer son chiffre réel et à n'être point abusé par les nourrices de campagne qui, pour continuer à recevoir leur salaire de l'administration, substituaient antérieurement d'autres nourrissons à ceux qu'elles avaient reçus d'elle, quand ces pauvres créatures étaient venues à mourir, c'est un collier qui est scellé au cou des enfants par une plaque de plomb, et attaché par des cordons, rouges pour les filles, bleus pour les garçons. Aucun enfant ne monte dans la voiture des nourrices sans que l'on suspende à son cou ce signe de reconnaissance, qui n'est pas sans inconvénient, nous le dirons, mais qui n'offre pas celui de pouvoir être enlevé sans que l'administration s'en aperçoive. On substitue aujourd'hui au collier des boucles d'oreille, également scellées : c'est une amélioration.

Maintenant des voitures commodes transportent à Paris les nourrices du fond de leurs campagnes, et dans chaque département se trouve une succursale où l'on peut déposer les nouveau-nés. Avant la Révolution, Paris devait suffire à la France tout entière pour ce genre d'infortune et de misère, et il fallait que, de tous les points du royaume, même les plus éloignés, les enfants y fussent amenés pour avoir droit à conserver la vie que Dieu leur avait donnée. Dans une boîte matelassée, espèce de cercueil pouvant contenir trois nouveau-nés, ils étaient apportés, à dos d'homme, du fond des provinces. Cet homme s'arrêtait de temps à autre pour prendre sa nourriture et faire sucer quelques gouttes de lait à ces pauvres créatures, qui, debout dans la boîte et respirant l'air par le haut, étaient soumis ainsi à toutes les fatigues d'une route souvent bien longue et bien pénible. Aussi et presque toujours, sur trois enfants reçus, l'homme n'en avait qu'un en arrivant à Paris ; il rendait compte de son fardeau, indiquant l'endroit où il avait jeté les cadavres, chaque fois qu'il en avait trouvé un dans la boîte, et tout était dit.

Les orphelins, qui ne sont qu'une division des enfants trouvés, portent un costume uniforme, qui se compose, pour les garçons, d'un pantalon en drap marron et d'une veste semblable, avec collet en drap bleu ; pour les filles, d'une robe d'étoffe bleue, d'un tablier, et d'un bonnet noir avec une petite dentelle pareille.

C'est sous cette livrée de l'abandon, ou souvent dans un département éloigné, où l'enfant a été mis en nourrice et confié à un agriculteur, qu'il faut l'aller chercher, quand sa famille indigente a ramassé la somme nécessaire pour le retirer, et s'est justifiée de la possibilité de lui procurer du travail et des moyens d'existence. Oh ! dans ce cas, quand c'est vraiment la misère seule, qui a porté une pauvre mère à éloigner d'elle son enfant, il a beau n'avoir jamais entendu sa voix, il nous semble néanmoins qu'au bonheur de cette femme en le retrouvant, il doit la deviner et en quelque sorte la reconnaître. Mais quand c'est le vice qui a conseillé cet éloignement, et quand un calcul d'intérêt ou un caprice vient le faire cesser, quelle émotion attendez-vous de cet enfant que vous avez sans pitié voué au malheur?

Le 16 novembre 1717, un commissaire de police du Châtelet, Jean Lebas, passait devant l'église de Saint-Jean le Rond, tout près de Notre-Dame ; il n'était que six heures du matin. L'air était froid et humide, et un brouillard épais laissait à peine percer les premiers rayons du jour. Quelques femmes et des ouvriers attroupés paraissaient considérer attentivement quelque chose, et parlaient entre eux avec vivacité. Le commissaire de police approcha, et bientôt entendit les vagissements d'un nouveau-né, qui avait été exposé sur la seconde marche de Saint-Jean le Rond. L'enfant avait été soigneusement enveloppé, et la recherche des vêtements qui l'entouraient annonçait l'opulence de ses parents ; aussi une vive indignation se faisait-elle remarquer dans le groupe. « La mauvaise mère ! disait une marchande à la halle ; elle est riche, et elle abandonne son enfant ! — On devrait bien la mettre en prison pour sa vie, si la justice venait à la découvrir, » disait une laitière. Le commissaire fit l'office de sa charge, prit l'enfant dans ses bras, et se disposa à le transporter aux Enfants-Trouvés. « Ne l'emportez pas, s'écria la femme d'un vitrier du voisinage ; la pauvre créature mourra dans votre hôpital ; je n'ai pas d'enfants, il m'en servira. » Le nouveau-né paraissait, en effet, n'avoir que quelques heures à vivre, tant il était pâle, froid et chétif ; aussi le commissaire laissa-t-il faire la femme du vitrier ; il lui abandonna l'enfant, après avoir pris note exacte des signes de reconnaissance qui avaient été déposés auprès de lui. Cette femme était pauvre, bien pauvre, mais elle avait un cœur excellent, et se prit de la tendresse la plus vive pour le petit infortuné qu'elle avait sauvé, et qui bientôt l'aima comme il eût aimé sa mère. Quelques jours à peine s'étaient écoulés, lorsqu'un inconnu entra chez elle, et lui remit le titre d'une pension de 1,200 livres de rente destinée à l'entretien de l'enfant, et constituée sur sa tête. Toutes les recherches tentées pour découvrir les parents furent sans résultat, et ce mystère demeura impénétrable. Mais, plus tard, quand les bons soins de sa mère adoptive eurent rendu la vie à cet infortuné ; quand ses jeunes dispositions l'eurent fait distinguer par ses maîtres ; quand, développées par l'étude, elles l'eurent mis à même de n'avoir plus rien à apprendre au collège, l'enfant trouvé rentra chez sa bienfaitrice, dans la modeste demeure de laquelle il continua à habiter, alors même que le nombre et le mérite de ses écrits l'eurent élevé au comble des honneurs auxquels un homme de lettres puisse arriver, et lui eurent conquis une célébrité européenne. — Il y avait, en ce temps-là, une sœur du cardinal-archevêque de Lyon, femme d'esprit et jolie femme, menant de front la galanterie et les affaires, et à laquelle ses liaisons avec le régent et le cardinal Dubois avaient assuré une puissante influence et une éclatante renommée : c'était la mère de l'enfant trouvé. Lorsque celui-ci fut devenu un homme illustre, la tendresse de sa mère, si longtemps endormie, commença à se réveiller ; elle témoigna le désir de voir son fils ; mais on eut grande peine à l'amener à une entrevue avec elle, et il ne céda aux plus pressantes instances qu'en mettant pour condition expresse qu'il serait accompagné de sa mère d'adoption. Le jour de la visite est convenu ; la grande dame attend, son fils arrive ; mais lorsque madame de Tencin (c'était elle) s'avance en ouvrant

Costumes des enfants trouvés.

les bras, d'Alembert (c'était lui) s'écrie les yeux en pleurs : « Vous n'êtes pas ma mère ! je n'en connais qu'une : c'est la vitrière ! »

Nous avons montré l'origine de l'œuvre des Enfants-Trouvés et les développements successifs de la maison de Paris. Il nous reste à faire connaître, non pas la législation qui régit l'institution générale, car cette législation est souvent contradictoire et demeure en fait, par conséquent inobservée, mais le mode ou quelques-uns des modes d'administration qu'on a substitués, et qui ont le défaut, comme la loi elle-même, de manquer d'ensemble et d'unité.

Un décret organique du 19 janvier 1811 s'est proposé de refondre toute la législation relative aux enfants trouvés. Ce but, il ne l'a point atteint, car il a laissé la jurisprudence incertaine, et il a pu convaincre par nos mœurs et par l'usage les principes qu'il a voulu établir. Par ses dispositions les enfants trouvés sont mis hors du droit commun et déclarés être mis à la disposition du ministre de la marine. Ceci ne s'exécute point, ceci n'a jamais pu être exécuté. Les commandants de bâtiments ont manifesté tant de l'éloignement pour les mousses de par la loi, on leur fait valoir de si bonnes et de si naturelles raisons pour démontrer que les enfants du littoral, les fils des marins, sont pour la marine une pépinière tellement préférable aux hospices des Enfants-Trouvés, que cette prescription de la loi n'a jamais reçu même un commencement d'exécution. C'est par les désavantages de son côté pratique qu'elle s'est trouvée abrogée; elle ne méritait pas moins de l'être par l'indignité de son principe. C'était en effet la restauration de l'esclavage ancien. A Rome, l'enfant trouvé appartenait à qui l'avait recueilli et élevé. En France, c'eût été l'État, qui, prenant ces soins, se fût attribué cette propriété. La différence n'eût été que dans la qualité du maître : l'enfant eût toujours été esclave; et cela, sans doute pour le punir d'un abandon dont il est trop puni lui-même, et pour être indemnisé d'une charge que ses père et mère seuls ont imposée à l'État, et qui ne saurait légitimement donner de recours que contre eux. Ils sont trouvés ne sont donc pas marins, malgré la loi. Ils sont placés chez des cultivateurs ou dans des ateliers, par les soins des commissions administratives des hospices, à qui leur tutelle est déférée, et demeurent sous cette dépendance jusqu'à leur majorité, à moins que les cas trop rares d'émancipation, de mariage ou de réclamation de la part des parents ne soient venus abréger ce terme. Ces exceptions, nous le répétons, sont très-peu communes; la règle est que l'enfant trouvé travaille sans salaire qui lui profite jusqu'à vingt et un ans, et que, quand cet âge a sonné pour lui, il devient libre, ce qui peut malheureusement, dans la réalité, se traduire par être sans appui, sans guide et exposé à tous les mauvais conseils de la misère.

Nous avons dit que la jurisprudence était incertaine. L'exposition d'un enfant est condamnée par nos lois, et nous reconnaissons que les circonstances qui l'accompagnent peuvent être si diverses et sont quelquefois si difficiles à apprécier, qu'une peine uniforme serait, pour la plupart des cas, injuste. Mais ce n'est pas l'appréciation de ces circonstances qui a amené les inégalités les plus disparates dans l'application des peines. Certaines cours de justice n'ont vu dans une exposition qu'un simple délit; d'autres ont voulu y voir la suppression de l'état civil d'un individu. De là trois mois de prison infligés d'un côté, tandis qu'une peine de quinze ans de travaux forcés était prononcée d'un autre.

Le décret de 1811 n'avait donc ni résolu la difficulté administrative, ni servi à fixer clairement la pénalité; mais du moins il devait avoir pour effet d'en rendre l'application rare et d'ôter tout prétexte atténuant à l'exposition d'un nouveau-né. Il avait ordonné qu'un hospice d'enfants trouvés pourrait être établi dans chaque arrondissement, et qu'un tour devrait être pratiqué dans chacun de ces hospices. Ce tour d'enfant dans un tour garantissait à la mère un secret complet et étant un acte déclaré innocent, celle qui, au lieu de le porter à cette crèche hospitalière, où il passe immédiatement du sein de celle qui l'abandonne aux soins d'une infirmière toujours dans l'attente, compromettait la vie du petit malheureux en l'exposant dans un lieu plus ou moins fréquenté, celle-là n'était digne d'aucune pitié, et les tribunaux savaient qu'ils devaient sévir. Voilà, sous le point de vue pénal, le service qu'avait rendu le décret.

Mais bientôt l'institution du tour s'est trouvée attaquée de plus d'un côté. Nos lecteurs savaient sans doute se rendre compte du tour avant que le dessin qui accompagne cet article l'eût mis sous leurs yeux; nous l'avons cependant regardé comme nécessaire, et nous croyons devoir ajouter que le tour est un cylindre en bois pratiqué dans un mur, et tournant sur lui-même. Le côté convexe fait face à une rue, l'autre s'ouvre dans l'intérieur d'une salle de l'hospice : une sonnette est placée auprès à l'extérieur. Une femme veut-elle exposer un nouveau-né, elle avertit la personne de garde par un coup de sonnette. Aussitôt le cylindre, décrivant un demi-cercle,

L'enfant dans le tour.   Réception de l'enfant.

présente au dehors, sur la rue, son côté vide, reçoit le nouveau-né, et l'apporte dans l'intérieur de l'hospice en achevant son évolution. Ainsi la personne qui dépose l'enfant n'a été vue par aucun des servants de la maison, et elle aura pris ses mesures pour n'être pas aperçue des passants. Son secret sera donc bien gardé, en même temps que le petit abandonné ne sera point exposé aux intempéries de l'air.

Mais la population croissant, et le nombre des enfants trouvés croissant avec elle, le chiffre total de leur dépense surtout devenant plus considérable parce que les bons soins et la suppression de l'exposition loin de l'hospice avaient rendu les proportions de mortalité moins grandes, quoique bien élevées encore, les conseils généraux ont pensé que le tour, son mystère, les facilités qu'il présentait, étaient comme une provocation à l'abandon des enfants, et, qu'en le supprimant, sans trop se préoccuper des conséquences, on arriverait à réduire le nombre des enfants admis aux établissements publics, et par conséquent la dépense de ceux-ci. Les défenseurs du tour ont dit, et vainement, que c'était une erreur de croire qu'il encourageait la corruption de la morale publique; qu'il y avait d'autant plus d'enfants trouvés, proportionnellement aux naissances illégitimes, que les mœurs étaient plus pures; en d'autres termes, que moins il y a de naissances illégitimes dans un département, plus le nombre des enfants trouvés est considérable. Ainsi ils ont fait observer que le département d'Ille-et-Vilaine, celui de France où les naissances naturelles sont les moins nombreuses, est en même temps celui où les enfants trouvés sont le plus nombreux par rapport au nombre des enfants illégitimes; que, d'un autre côté, le département de Saône-et-Loire, qui est le troisième dans l'ordre des naissances naturelles, c'est-à-dire le plus corrompu de tous les départements après ceux de la Seine et du Rhône, est celui qui compte le moins d'enfants trouvés relativement au nombre des enfants illégitimes; que cette règle ne souffre de remarquables exceptions qu'à Lyon et dans les grandes villes, et qu'ainsi on est forcé de reconnaître que le sentiment de la honte fait abandonner beaucoup plus d'enfants que la démoralisation.

Ces raisons, et beaucoup d'autres, ne l'ont pas emporté partout, et dans plusieurs départements, comme dans le Haut-Rhin et le Bas-Rhin, les tours ont été supprimés, sans que pour cela le nombre des naissances illégitimes ait été moins élevé, bien entendu. Le Bas-Rhin compte soixante-dix-neuf de ces naissances sur mille enfants, tandis que le département d'Ille-et-Vilaine, qui a sept tours ouverts, ne donne que vingt et une naissances illégitimes sur le même total. De plus, les chiffres font foi que dans plusieurs grandes villes, avant comme après l'établissement du tour, le chiffre des entrées a été à peu près le même. On n'a donc rien gagné sous le rapport moral. On n'est pas arrivé à un résultat plus brillant sous celui de l'économie, et, de plus, on a substitué un arbitraire local, souvent appliqué à contre-sens, à une règle une, à une mesure uniforme. Ici les tours sont fermés, mais dans le département voisin ils sont ouverts, et l'on y envoie des enfants de loin, ce qui expose leur vie, et ce qui met à la charge du département qui a maintenu les tours une partie des enfants abandonnés de celui qui les a fermés. C'est un état de choses intolérable contre lequel les conseils généraux réclament avant tout, et que ceux qui sont le plus entiers dans leur opinion regardent comme plus fâcheux même que l'adoption d'un système qui n'est pas le leur, mais qui aurait du moins le mérite d'être général.

A Paris, où le nombre des enfants abandonnés n'avait pas suivi une marche ascendante, malgré l'augmentation du nombre des habitants, et où l'accroissement dans la population des enfants trouvés ne venait que du bienfait de la vaccine, des soins hygiéniques, de la surveillance exercée sur les nourrices, et de l'inspection fréquente des enfants, toutes mesures qui ont diminué les cas de mort; à Paris, dans les derniers mois de 1837, il a été pris un parti pour arriver, non pas à arrêter une augmentation qui ne se manifestait pas, mais à faire décroître le nombre des abandons, et par conséquent le chiffre des dépenses. On n'y avait pas songé tant que la mort était chargée d'éclaircir les rangs; mais, quand elle n'a plus rendu ce triste service, on a été effrayé de l'importance du budget. Là on n'a adopté ni la clôture du tour, comme dans certains départements, ni son ouverture mystérieuse, comme dans ceux qui sont demeurés fidèles à l'esprit de cet article du décret de 1811; on a fait du tour une espèce de piége où viennent se faire prendre les pauvres mères auxquelles la honte surtout fait le plus souvent adopter le parti extrême de déposer leur enfant. C'est pour que leur faute ne soit pas connue, c'est pour que le déshonneur et le déchirement ne soient pas portés dans leurs familles, qu'elles se rendent en secret au tour de l'hospice de la rue de la Bourbe. Elles sonnent; mais, au lieu de voir le tour s'ouvrir à leurs enfants, elles sont entourées par des surveillants mis aux aguets, et apprennent qu'on n'en reçoit aucun sans déclaration.

Dans un rapport que nous avons sous les yeux, adressé, à la suite de l'adoption de ces mesures nouvelles, par M. le préfet de police à M. le ministre de l'intérieur, cet administrateur est amené à reconnaître que deux de leurs conséquences ont été que plusieurs infanticides ont été commis, et que les expositions d'enfants nouveau-nés ont été plus nombreuses. Il est grave d'avoir ce double aveu à faire; et, quant aux intérêts de la morale, nous ne croyons pas qu'ils aient été bien servis par la mesure qu'on a substituée à la libre réception des enfants. On propose à la mère qui fait mine de vouloir déposer son fils de lui accorder une somme mensuelle si elle consent à le garder. On comprend combien de fois la comédie du semblant de dépôt doit être jouée, uniquement pour arriver à ce dénoûment intéressé. La dépense peut être moins élevée, mais elle est beaucoup plus mal entendue. Aussi plusieurs conseils généraux, qui n'étaient pas moins que la ville de Paris préoccupés des sacrifices auxquels les condamnent les enfants trouvés, n'ont-ils pas hésité à dire néanmoins comme celui de l'Ariége en 1840 : « Si, d'un côté, une semblable mesure peut amener une économie dans la dépense, on doit craindre, d'un autre, de compromettre la morale publique, en laissant croire à la portion peu éclairée de la population qu'on accorde une indemnité pécuniaire pour un acte toujours affligeant pour la société; » et comme le conseil général de l'Aveyron, dans la session de 1842 : « Une pareille mesure est un outrage à la morale, « une espèce de prime pour le libertinage. »

Voilà donc en quelque sorte trois systèmes concurremment en pratique : la suppression déclarée du tour, son ouverture sérieuse et réelle, son ouverture simulée ou sa suppression déguisée. Si nous prenions tous les points de cette importante question, nous verrions sur chacun d'eux la même divergence d'opinions, la même contradiction dans l'application. Ce qu'il faut donc demander à grands cris, c'est une législation sérieuse qui soit respectable et qu'on fasse respecter; c'est un système un, lequel ne sera praticable peut-être que quand la tutelle des enfants aura été enlevée aux commissions administratives pour être déférée au gouvernement, représenté par ses préfets. Mais, comme cet état de choses si désirable se fera peut-être encore attendre, qu'il nous soit permis, avant de terminer, d'ajouter un dernier mot sur une mesure qui peut avoir de bons effets, conjurer des abandons et amener des économies, si l'on y recourt loyalement, mais qui n'est qu'un moyen odieux quand on la comprend et quand on l'emploie comme on l'a fait dans plusieurs départements.

Le déplacement est la translation des enfants trouvés dans une commune éloignée du département, ou même dans un département limitrophe. Si cette translation était opérée dans le premier âge, si on avait le soin de bien rendre public qu'on recourra toujours à ce moyen, on empêcherait par là certaines mères de concevoir l'espérance, en faisant porter leur enfant nouveau-né au tour par un messager avec lequel elles sont d'intelligence, de voir celui-ci le leur rapporter à titre de nourrisson leur procurant salaire; on enlèverait également aux parents qui peuvent être tentés de déposer leurs enfants, se flattant qu'ils pourront, sans les avoir à leur charge, ne les pas perdre de vue, tout espoir de les voir demeurer près d'eux; enfin on mettrait d'accord et l'intérêt des hospices et celui de la conservation des liens et des devoirs de famille. Mais ce n'est point ainsi qu'on procède, et ce sont de plus larges résultats d'économie que l'on veut atteindre par un calcul et un moyen devant l'odieux desquels quelques commissions administratives n'ont pas reculé. Quand les enfants sont parvenus au second ou au troisième âge, quand des liens d'affection se sont formés entre eux et les femmes auxquelles on les a donnés à nourrir, ou les familles d'agriculteurs ou d'ouvriers qui ont été chargées de les élever, tout d'un coup on vient annoncer que ces enfants vont être transférés dans un autre département, et l'on signifie à ces nouveaux parents adoptifs, toujours peu aisés et souvent pauvres, qu'il faut qu'ils consentent à les garder sans salaire, à se surcharger pour alléger d'autant l'administration, ou à se voir enlever leurs fils, leurs filles d'adoption. On spécule sur leurs bons sentiments, sans prendre même la peine de déguiser le sentiment mauvais qui inspire ce calcul. Nous ne savons rien de plus immoral, de plus odieux, rien qui mérite davantage d'être flétri par l'indignation publique.

Les auteurs d'un très-consciencieux ouvrage, couronné par l'Institut, que nous avons eu à consulter plus d'une fois pour ce court travail, repoussent le déplacement des enfants, mais demandent la suppression des tours. Notre conclusion sera aux trois quarts opposée à la leur. Nous croyons le déplacement constamment annoncé et réellement opéré dans le premier âge, une mesure qui n'a rien que de moral et qui a son utilité. Nous croyons la suppression des tours un expédient dont les avantages financiers ne sauraient déguiser le danger. Nous croyons enfin que jamais question n'a réclamé plus impérieusement l'attention du gouvernement, qui a à faire cesser les incertitudes de la loi, l'anarchie des mesures administratives, les contradictions des tribunaux, et à se constituer le tuteur des enfants trouvés avant leur majorité, comme leur patron après.

Nous terminerons en disant que Paris, eu égard à sa population, est, de toutes les capitales européennes, celle où les enfants trouvés sont le moins nombreux, et c'est cependant la France qui se montre la plus rigoureuse et la moins maternelle pour assurer le sort de ces pauvres enfants, qu'elle semble ne pas vouloir reconnaître comme étant à elle. A Londres, les enfants trouvés reçoivent une éducation qui paraît inspirée par Franklin, et que dicte l'intelligence de ce peuple si industriel. On leur apprend à distinguer le bien du mal; on veut leur donner des mœurs et du cœur. La Russie, Naples, reconnaissent à leurs enfants trouvés la faculté d'avoir des dispositions naturelles, et, quand celles-ci se sont fait jour, on les cultive, on les développe. A Moscou, on en fait presque des gens du monde, car on leur enseigne la danse, la musique, et ils possèdent un théâtre avec tous ses accessoires.

En France, au contraire, l'enfant trouvé reçoit, avec le congé de l'administation, un brevet de domesticité : qu'il ait une intelligence en dehors de l'ordinaire, du génie même, peu importe; le voilà classé dans la dernière catégorie de l'espèce humaine, avec une livrée sur le corps; il faut qu'il garde sa livrée et qu'il demeure où on l'enchaîne, à moins qu'il ne préfère la faim. Jamais on ne veut l'admettre de bon gré dans le domaine de l'intelligence, et ce n'est que par lui-même qu'il peut parvenir.

Nous venons de faire connaître l'institution des Enfants-Trouvés; nous avons dit les titres à la reconnaissance et à l'admiration de l'humanité que cette fondation pour de faibles et innocentes créatures, délaissées au moment de leur naissance et vouées à une mort presque certaine, avait donnés à Vincent de Paul. Mais on ne peut se dissimuler qu'à côté de ses immenses bienfaits, cette œuvre n'ait pu quelquefois favoriser le vice et l'inhumanité. Une mère dénaturée, ou plus souvent encore une mère ne puisant pas dans le sentiment maternel l'énergie nécessaire pour lutter contre la misère, peut être excitée à abandonner ses droits en déposant sur le seuil hospitalier l'enfant qui, dès ce moment, lui devient presque toujours étranger. Une société, la société de charité maternelle, s'est formée dans le but de combattre cette nécessité cruelle, de resserrer des liens si puissants et si doux; mais les secours que cet établissement accorde aux mères indigentes cessent à l'instant où les enfants quittent le sein maternel. Plus tard, les écoles primaires et de charité les reçoivent dans leur enceinte; néanmoins il s'écoule toujours un intervalle de plusieurs années pendant lequel un grand nombre d'enfants languissent dans le plus cruel abandon.

Les premières années de la vie des enfants, si précieuses et si décisives pour leur développement moral et physique, sont, pour les enfants des classes pauvres, une époque de dangers de toute nature, et la source de mille maux. La corruption du cœur en est souvent la suite, et un trop grand nombre de ceux qui, à l'âge de sept ou de huit ans, entrent dans les écoles, y apportent le germe de bien des vices. La grossièreté du langage, l'habitude du blasphème, le mensonge, la propension au vol, ne leur sont que trop familiers, et la voix de la conscience est étouffée dans leur cœur avant que d'avoir pu s'y faire entendre. Comment pourrait-il en être autrement? Une mère, dès qu'elle est chargée d'enfants en bas âge, serait forcée, si elle ne voulait pas les quitter, de renoncer à toute occupation extérieure. Cependant le travail est la condition d'existence du pauvre; s'il est forcé de suspendre ses pénibles efforts, une horrible perspective s'ouvre devant lui : le dénûment, la faim, la misère, le désespoir, l'assaillent et le pressent. Il faut mourir ou solliciter les secours toujours insuffisants de la charité publique : des milliers de familles sont dans ce cas. Le prix de la journée de l'ouvrier qui est père ne peut, dans une ville surtout, fournir à l'existence de plusieurs personnes, suffire à tous leurs besoins. Qu'arrive-t-il alors? La mère, obligée aussi de contribuer au soutien de la famille, abandonne ses enfants pendant la plus grande partie du jour : ou bien elle les confie à une voisine inattentive, ou bien elle s'en remet à une de ces femmes dont le métier est de garder les enfants. Dans le premier cas, à combien d'accidents ne sont-ils pas exposés, soit que, renfermés sous clef, ils courent la chance de devenir victimes du feu et de tous les dangers que leur imprudence peut faire naître; soit qu'errants dans les rues, ils y trouvent d'autres périls en même temps qu'ils y reçoivent les plus tristes leçons et les plus dangereux exemples! Dans le second cas, ils sont retenus dans une chambre étroite et malsaine, repaire infect dans lequel quinze, vingt ou trente enfants se trouvent entassés, et où le défaut d'espace les condamne à une inaction dangereuse pour cet âge. Combien ces inconvénients ne deviennent-ils pas plus graves encore, lorsque la personne chargée du soin de garder ces enfants, et qu'on n'a choisie que parce qu'elle demandait le salaire le moins élevé, se montre indigne de remplir une telle tâche? Nulle surveillance n'est alors exercée sur eux; leurs mauvais penchants naissent et se développent sans qu'on y fasse attention, et la contrainte, souvent même la violence et la brutalité, répriment leurs joies enfantines en excitant chez eux des sentiments d'irritation.

Il était donc naturel que la condition des petits enfants des pauvres, en serrant douloureusement le cœur de quiconque l'observe, inspirât des efforts en leur faveur. On s'est dit qu'en prenant ses enfants à

CHAPITRE XLIX. — LES ENFANTS-TROUVÉS, ETC., ETC. 121

une pauvre mère, en les lui gardant tout le jour, en la mettant à même d'employer avec courage les forces que Dieu lui donne, et de joindre son gain au gain de son mari, on secourrait puissamment la famille. On s'est dit qu'il est de plus grandes misères encore, que telle est celle d'une malheureuse veuve. Quelque déchirement de cœur qu'elle ressente, il lui faut quitter ses enfants, et, l'âme pleine d'angoisses, aller gagner le pain de chaque jour. On a pensé que les salles d'asile subviendraient à ces cruelles nécessités, et que la mère de famille qui aurait déposé ses enfants dans leur enceinte pourrait se livrer à un travail assidu, sans que nulle inquiétude vînt troubler son cœur. Mais, pour que ce bienfait ne devînt pas un encouragement à la paresse et à l'imprévoyance des mères de famille indigentes, on a pensé en même temps qu'il ne fallait admettre que les enfants dont les parents justifieraient d'une occupation quelconque, et que l'habitude de la mendicité fût un motif invariable d'exclusion. Telle fut la pensée-mère de ces établissements.

Mais qu'est-ce qu'une salle d'asile? Un asile s'ouvre d'ordinaire pour la souffrance, le malheur; bien des larmes sont versées dans son enceinte; mais de celui-ci partent des cris joyeux, des chants, des accents de bonheur. Qu'est-ce donc qu'une salle d'asile?

La salle d'asile reçoit l'enfant du pauvre pendant la journée de travail de la mère. Là il est gardé avec soin, surveillé, instruit avec discernement et douceur; il apprend à connaître ses devoirs; il contracte des habitudes pures et paisibles; à l'abri des dangers de l'isolement et de funestes exemples, il croît en force de corps et d'âme. Quand la première éducation de l'enfance a été essentiellement morale, l'impression reçue d'elle ne s'efface pas. Le but des salles d'asile est donc éminemment social, car, en préservant les enfants de tous les périls auxquels les expose un affreux abandon, on empêche qu'un jour ils ne deviennent menaçants pour la société. Cette œuvre, si humble dans sa forme, peut donc être immense par ses résultats. Disons comment elle a pris naissance, puis nous exposerons ses développements successifs et sa situation présente à l'étranger, en France et surtout à Paris.

« Dans la partie la plus âpre de la chaîne des Vosges, a dit Cuvier dans un rapport fait à l'Académie en 1820, un vallon presque séparé du monde nourrissait chétivement, il y a soixante ans, une population restée à demi sauvage : quatre-vingts familles, réparties dans cinq villages, en composaient la totalité. Leur misère et leur ignorance étaient également profondes; elles n'entendaient ni l'allemand ni le français : un patois, inintelligible pour tout autre qu'elles, faisait leur seul langage; des haines héréditaires divisaient les familles, et plus d'une fois il en était né des violences coupables. Un vieux pasteur, Jean-Frédéric Oberlin, entreprit de les civiliser; et, pour cet effet, en habile connaisseur des hommes, il s'attaqua d'abord à leur misère; de ses propres mains, il leur donna l'exemple de tous les travaux utiles. Leur agriculture une fois perfectionnée, il introduisit différentes industries pour occuper les bras superflus. Il créa une caisse d'épargne. Dès l'origine il s'était fait leur maître d'école, en attendant qu'il en eût formé pour le seconder. Dès qu'ils aimèrent à lire, tout devint facile; des ouvrages choisis venant à l'appui des discours et des exemples du pasteur, les sentiments religieux, et avec eux la bienveillance mutuelle, s'insinuèrent dans les cœurs; les querelles, les délits disparurent; et lorsque Oberlin fut près de sa fin, il put se dire que dans ce canton, autrefois pauvre et dépeuplé, il laissait trois cents familles réglées dans leurs mœurs, pieuses et éclairées dans leurs sentiments, jouissant d'une aisance remarquable, et pourvues de tous les moyens de la perpétuer. » Voilà les résultats qu'obtint le digne pasteur. Son principal moyen pour y arriver fut de donner tous ses soins à l'éducation des enfants dès leur plus jeune âge. Il institua, pour les instruire gratuitement, des *conductrices* que lui-même dirigeait; il établit ainsi, dans cinq villages et trois hameaux, ce qu'on y appela des *écoles à tricoter*, car les enfants, dès l'âge de quatre ans, y étaient exercés à ce travail. En même temps on les faisait prier de cœur et sans formule apprise; on les exerçait à chanter des cantiques. Des images représentant les faits principaux de l'histoire sainte, d'autres reproduisant des plantes, des animaux, servaient à les instruire. Secondé activement par sa femme, le bon pasteur le fut aussi par le dévouement admirable d'une jeune fille entrée chez lui comme servante à l'âge de quinze ans. Son zèle et ses nobles élans ne pouvant se renfermer dans une sphère aussi étroite, elle partagea, pendant quarante-sept ans, toutes les peines et tous les soucis de son maître, et fut son plus ferme appui dans toutes ses entreprises. Quand Oberlin mourut, il légua cette excellente et pieuse femme à ses sept enfants qu'elle avait élevés, et il lui légua, à elle, le soin de poursuivre encore après lui leur œuvre commune. Voici ce qu'il dit de cette Louise Scheppler dans la lettre testamentaire où il retraça aux siens toutes les obligations qu'il avait contractées envers elle : « Vrai apôtre du Seigneur, elle alla dans tous les villages où je l'envoyais, assembler les enfants autour d'elle, les instruire dans la volonté de Dieu, prier avec eux, et leur communiquer toutes les instructions qu'elle avait reçues de moi et de votre mère. Tout ceci n'était pas l'ouvrage d'un instant, et les difficultés insurmontables qui s'opposaient à ces saintes occupations en auraient découragé mille autres. D'un côté, le caractère sauvage et revêche des enfants; de l'autre, leur langage, patois qu'il fallait abolir; puis, une troisième difficulté étaient les mauvais chemins et la rude saison qu'il fallait braver. Pierres, eaux, pluies abondantes, vents glaçants, grêles, neiges profondes en bas, neiges tombant d'en haut, rien ne la retenait; et, revenue le soir, essoufflée, mouillée, transie de froid, elle se remettait à soigner mes enfants et mon ménage. » Ce qui s'accomplissait au Ban de la Roche, c'est ainsi que s'appelait ce lieu, fut d'abord ignoré; mais lorsque toute cette contrée fut métamorphosée et régénérée sous le rapport matériel et sous le rapport moral, on reconnut combien avait d'importance le mode d'éducation employé à l'égard des petits enfants.

C'était en 1770 que ce bienfaiteur de l'humanité était parvenu à établir ses *écoles*. Trente et un ans plus tard, en 1801, une femme pieuse, se dérobant aux attraits et aux plaisirs du monde, et consacrant ses jours à l'exercice de la charité, entreprit de fonder à Paris le premier établissement destiné à recueillir, pendant les travaux journaliers de leurs mères, les petits enfants au-dessous de quatre ans. Plusieurs accidents cruels arrivés à des enfants en l'absence de pauvres femmes qui, ne gagnant la plupart du temps que 25 sous par jour, n'en pouvaient donner 8 ou 10 pour les faire garder, firent naître dans le cœur de madame de Pastoret l'idée des *salles d'asile* ou *d'hospitalité*. Elle recueillit dans une chambre de la rue de Miroménil, et confia pour la journée aux soins d'une sœur hospitalière et d'une bonne femme, des enfants à la mamelle que leurs mères devaient venir allaiter une ou deux fois dans le cours de leurs travaux. L'établissement était pourvu de douze berceaux, de linge, de lait et de sucre; mais il n'y avait que deux femmes, leurs forces furent à bout, et, malgré les vifs regrets de madame de Pastoret, il fallut renoncer à augmenter le nombre des enfants. La pieuse fondatrice éleva tous ceux qui avaient pris place dans ses berceaux, et la *salle d'hospitalité* fut transformée en une école gratuite qui n'a pas cessé d'exister. Le germe des salles d'asile fut ainsi arrêté dans son premier développement.

On a supposé, on a même affirmé qu'alors cette idée avait été recueillie et portée en Angleterre. Sans doute les étrangers qui avait pu voir l'asile des berceaux avaient dû en être vivement touchés et en avaient emporté cette impression dans leurs patries; mais rien de semblable ne fut entrepris en Angleterre avant l'année 1817. A cette époque, M. Owen, qui dirigeait à New-Lamark, dans le nord de l'Écosse, un grand établissement de filature de coton, s'affligeant de voir dans l'abandon les petits enfants des nombreux ouvriers qu'il employait, conçut la pensée de les faire amener le matin par leurs parents et de les confier aux soins d'une personne sûre. Il choisit un simple tisserand, dans lequel on ne soupçonnait qu'un grand amour des enfants et une patience infatigable avec eux. Cet homme, dont le nom a pris rang dans la Grande-Bretagne parmi ceux des hommes utiles, c'était James Buchanan. Il réussit à porter l'école au delà de cent cinquante enfants de l'âge de deux à six ans, et à créer pour eux des moyens d'amusement et d'instruction. L'imitation de la discipline militaire, déjà suivie dans les écoles de Lancastre, lui fut particulièrement utile en éveillant l'attention, en excitant l'intérêt, en réglant les rapides et uniformes mouvements de ses jeunes élèves. Le chant ne lui facilita pas moins sa tâche. Deux ans après, Buchanan fut appelé à Londres par lord Brougham, et la méthode d'enseignement des *Infant-Schools* fut bientôt portée à un haut degré de perfection. Ces établissements se multiplièrent rapidement en Angleterre.

En 1825, quelques Français qui avaient visité ces écoles exprimèrent à Paris l'admiration qu'elles avaient fait naître en eux. Un petit nombre de femmes dévouées forma un comité dont madame de Pastoret fut élue présidente. Elles se réunirent pour la première fois le 4 mars 1826, publièrent un prospectus, et provoquèrent des dons et des souscriptions. Le conseil général des hospices leur accorda, au mois de mai de la même année, un don de 3,000 francs et une maison dépendant de l'hospice des Ménages. Le comité confia la direction de la salle d'asile d'essai à deux sœurs prises dans l'ordre de la Providence, établi à Portruix (Vosges), cette communauté seule ayant consenti à en accorder pour cette tentative nouvelle. M. l'abbé Desgenettes, alors curé des Missions-Étrangères, s'associa aux travaux du comité, élevé au nombre de douze, dont trois dames protestantes. Mais le zèle des fondatrices de l'œuvre, le soin qu'elles avaient pris de faire venir les manuels anglais, de les faire traduire, la bonne volonté des sœurs, les efforts persévérants de chacun, n'avaient pu encore faire posséder bien complétement et naturaliser chez nous cette méthode d'enseignement, dans laquelle se trouvent mille détails qu'on ne peut bien saisir que par les yeux.

Le besoin de se voir désigner une personne capable et dévouée qui voulût bien aller en Angleterre étudier les *Infant-Schools*, mit le comité en rapport avec M. Cochin, alors maire du douzième arrondissement. Cet administrateur, qui ignorait les efforts nouveaux et l'organisation récente de l'œuvre, qui n'avait pas eu davantage connaissance de la tentative faite, vingt-cinq ans auparavant, par madame de Pastoret, venait, de son côté, dans le but d'arriver à alléger un peu la triste position des nombreuses familles indigentes de son quartier, en laissant aux mères la faculté de se livrer à un travail lucratif, de faire disposer deux chambres dans la rue des Gobelins, pour y recevoir, durant le jour, un certain nombre de petits enfants. M. Cochin, que son étude et ses observations personnelles mettaient par conséquent déjà à même de bien calculer toutes les exigences d'une pareille mission et d'apprécier les qualités qui seules pouvaient en assurer le succès, indiqua au comité madame Millet comme la personne qui lui paraissait convenir le mieux, uniquement peut-être, à cette tâche qui devait commencer par l'étude et finir par l'organisation. Madame Millet se rendit en Angleterre en 1827; elle vit avec les yeux d'une femme d'esprit et sentit avec le cœur d'une bonne mère. Étrangère à la langue anglaise, l'instinct du bien, la charité, l'amour de l'enfance, furent ses guides, et en deux mois elle sut si bien comprendre la méthode et se pénétrer de ses avantages, qu'elle revint l'importer en France avec les modifications nécessitées par la différence des mœurs, des usages, et avec des améliorations qui lui ont été suggérées par la pratique.

A son retour, madame Millet organisa avec un plein succès une nouvelle salle d'asile ouverte par le comité des dames, rue des Martyrs; et M. Cochin fonda, dans le même temps, l'établissement si vaste et si complet qui depuis a été considéré comme *asile modèle*. Le comité ouvrit successivement trois autres salles d'asile; mais les ressources étaient précaires, et pendant quatre années, il ne les obtenait qu'avec peine et irrégulièrement. Ce ne fut qu'à la fin de 1829 que le conseil général des hospices, cédant aux vives sollicitations du comité des dames, se décida à prendre cette institution sous son adoption et sa tutelle. Un arrêté du conseil, approuvé par le ministre de l'intérieur, consacra l'œuvre des salles d'asile, qui, dès ce moment, furent rangées dans la catégorie des *établissements d'utilité publique et de charité*. L'administration des hospices commença dès lors à s'en occuper, de concert avec les dames du comité, auxquelles furent donnés des règlements approuvés par M. le préfet de la Seine. La comptabilité des salles d'asile revêtit les formes administratives et fut soumise au contrôle de l'autorité. Dans l'espace de onze années, le comité obtint de la charité publique, en

dons et en souscriptions,	115,116 fr.
Du conseil général des hospices,	80,095
Du conseil municipal,	28,000
Des bureaux de bienfaisance,	24,100
Total,	247,911 fr.

L'administration des hospices se chargea de payer, en outre, les loyers et les frais de premier établissement. Le nombre des salles s'éleva successivement à vingt-quatre dans l'espace de ces onze années.

Les allocations de la ville, que les progrès de l'institution avaient rendues nécessaires, lui avaient donné un caractère municipal. Bientôt l'autorité remarqua que les enfants n'étaient pas seulement recueillis et surveillés, qu'ils étaient élevés, que les salles d'asile formaient en réalité le premier degré de l'éducation de l'enfance, et qu'à ce titre elles devaient passer sous le contrôle de l'administration, dont la mission est de veiller à la direction intellectuelle et morale de l'éducation à tous les âges et dans tout le royaume. Par une circulaire qui suivit la publication de la loi sur l'enseignement primaire du 28 juin 1833, le ministre de l'instruction publique s'en saisit. Les salles d'asile étaient considérées comme la base de l'instruction primaire. Le nouveau caractère qu'elles recevaient amena quelque incertitude sur la part de direction qui pouvait être laissée à leurs fondatrices. Par suite d'une sorte de conflit, elles se trouvèrent, pendant l'année 1837, privées de la surveillance maternelle dont elles ont besoin. Cet état de choses était contraire aux intérêts des salles existantes et aux progrès de l'institution. Il importait d'y mettre un terme, et ce fut le but d'une organisation nouvelle que M. de Salvandy, ministre de l'instruction publique, soumit à l'approbation royale le 22 décembre 1837. Cette ordonnance reproduit les dispositions de la loi du 28 juin 1833, relative aux écoles primaires, mais avec des modifications exigées par ce qu'il y a de spécial dans l'institution.

Telle est l'origine, tels furent les notables progrès des salles d'asile en France. On a peine à concevoir aujourd'hui combien elles rencontrèrent d'abord d'obstacles et de préventions, et combien il fallut de temps et d'efforts pour en faire apprécier les résultats si utiles et si incontestables. Cette institution est portée maintenant au budget de l'instruction publique pour la somme de *trois cent mille francs*, et cette somme est annuellement et entièrement employée en subventions accordées aux salles d'asile naissantes ou à celles qu'il s'agit d'améliorer.

Il serait impossible d'indiquer avec une entière exactitude quel est en ce moment, en France, le nombre des salles d'asile, car on donne parfois ce nom à des établissements trop peu nombreux ou trop mal organisés pour le mériter; mais on est fondé à croire qu'il ne s'élève pas de beaucoup au-dessus de mille.

Pendant dix ans, à une ou deux exceptions près, on ne pouvait obtenir des communautés religieuses d'accorder des sœurs pour la direction des salles d'asile, et toutes les instances demeuraient vaines; mais, en 1836, M. l'abbé Dupuch, qui fut depuis évêque d'Alger, établit à Bordeaux plusieurs salles d'asile, et depuis cette époque le nombre des établissements fondés par le clergé et dirigés par des sœurs de diverses congrégations s'est accru rapidement. On doit s'en réjouir, mais il est à désirer que la méthode d'enseignement lancastrienne y soit conservée avec soin. Elle rend les enfants plus heureux et plus faciles à diriger.

Telle est donc la pieuse origine des salles d'asile. On les a vues civiliser et moraliser un vallon des Vosges, sans que, durant de longues années, ce bienfait et cette salutaire action se révélassent au reste du pays. On a vu ensuite les efforts également ignorés, tentés à Paris au commencement de ce siècle; puis, enfin, l'application plus large, parce qu'elle fut mieux secondée, de cette même idée en Angleterre et en France. L'institution s'est depuis répandue dans tous les centres de population de ces deux grands États. Dès 1835, Strasbourg comptait dix salles d'asile; Lyon, cinq; Versailles, cinq; un grand nombre d'autres villes en étaient déjà dotées. Aujourd'hui, grandes ou petites, toutes les cités ont leur salle d'enfants, et tout conseil municipal qui a la conscience et l'intelligence de ses devoirs inscrit une fondation de ce genre au premier rang des dépenses de la commune. Le nombre s'en accroît journellement.

Faisons connaître maintenant l'emploi de la journée dans nos asiles. Disons, avant de retracer ce qui se passe dans tous, que dans un certain nombre seulement on a fait pénétrer le travail. Son introduction devrait, nous le pensons, être générale; nous le voudrions simple, sans fatigue aucune, peu prolongé, pour qu'il fût comme une variété ou même comme une distraction des autres exercices: il occupe les enfants, les rend attentifs, permet d'obtenir du silence, et porte chacun des petits travailleurs à la réflexion. On peut, pendant ce court labeur, diriger les pensées de l'enfant par quelques récits, quelques questions, par l'explication des paroles, des chants et des prières qu'il répète journellement. A Strasbourg, depuis longtemps déjà, toutes les petites filles des salles d'asile en état de tenir des aiguilles tricotent; le nombre de paires de bas confectionnées par elles est considérable. Chaque année on les distribue en prix aux enfants. Les garçons sont occupés à parfiler de la soie, qui se file ensuite et peut se teindre, puis être tricotée. A Lyon, dans quelques autres villes encore, et dans plusieurs des asiles de Paris, le travail a également été adopté comme propre à faire contracter aux enfants une habitude qui, inculquée à cet âge, devient un goût, bientôt après une seconde nature, et plus tard les doit préserver de la misère et de ses maux.

A Paris, pendant l'année 1843, plus de huit mille enfants ont été reçus dans les vingt-quatre salles d'asile pendant la journée de travail de leur mère. Des souscriptions ont permis de fournir aux plus pauvres d'entre eux les vêtements qui leur manquaient. Plus de deux mille huit cents enfants ont profité de ce bienfait. Aux termes des règlements, les enfants, pour être admis, doivent avoir atteint l'âge de deux ans, et n'avoir pas dépassé celui de six. On les y conserve jusqu'à sept; mais, par humanité, on feint souvent de croire à la déclaration peu exacte d'une mère pauvre, et, sur les huit mille enfants accueillis, il en est plus d'un qui n'a guère plus de dix-huit mois, et se trouve par conséquent avoir à justifier, par un air encore plus grave et plus raisonnable que celui de son âge réel, les six mois dont sa mère l'a vieilli par une fraude bien excusable, et sur laquelle la situation de la famille détermine à fermer les yeux.

Le règlement imprimé qu'on remet aux parents qui amènent pour la première fois leurs enfants à l'asile nous fait connaître quelques-unes des sages mesures qui sont prescrites dans ces établissements. — Les parents, avant d'envoyer leurs enfants, doivent, chaque matin, leur avoir lavé les mains et le visage, les avoir peignés, et avoir veillé à ce que leurs vêtements ne soient ni troués ni déchirés. De fréquentes inobservations de cette règle entraîneraient le renvoi; mais, chaque matin, à l'arrivée et avant l'entrée dans la salle, on passe ce qu'on appelle la revue des mains, et l'établissement est pourvu d'une fontaine et des éponges nécessaires pour réparer les infractions au règlement. — Les enfants doivent arriver à l'asile à huit heures et demie au plus tard. Ceux qui se présentent après neuf heures ne sont reçus qu'en cas d'excuse valable. — Chaque enfant doit être porteur d'un panier qui contienne sa nourriture pour la journée.

L'heure de l'entrée en classe est indiquée par une cloche. Aussitôt les enfants dispersés se réunissent, le maître ou la maîtresse les place sur deux files. Le maître prescrit le silence et fait faire *front*. Alors est passée la revue de propreté dont nous parlions tout à l'heure. Lorsqu'elle est terminée, le maître donne un coup de sifflet pour indiquer qu'on va se mettre en marche, et, avec une touche en bois, il marque la mesure du chant qu'il va entonner. Quand le chant commence, le maître fait marquer le pas aux élèves jusqu'à ce que la mesure soit battue juste, et ce n'est que lorsqu'elle est établie que l'on se met en mouvement. Pendant la marche, on veille à ce que les enfants se tiennent droit et aient les mains jointes derrière le dos. L'une des marches les plus usitées dans les asiles de Paris est celle que Wilhem a mise en musique et qui se trouve dans le 16e cahier de son *Orphéon*. Le chant continue jusqu'à ce que tous les enfants soient entrés dans les intervalles des bancs; les premiers arrivés marquent le pas, et lorsque les derniers sont en place, le maître donne un coup de sifflet en disant : *Halte!* Après une légère pause, qui permet de s'assurer si le mouvement s'est arrêté au commandement, le maître dit : *Front*. Alors les enfants, au moyen d'un quart de conversion, font face au milieu de la classe, en attendant le signal de la prière.

« L'usage de la faire répéter, phrase par phrase, à tous les enfants, dit madame Nau de Champlouis, dans une *Instruction élémentaire pour la formation et la tenue des salles d'asile*, a beaucoup d'inconvénients, et surtout celui de réduire à un exercice purement machinal ce qu'on doit désirer de rendre une œuvre de réflexion. J'ai vu, dans quelques asiles, cet usage remplacé par une autre méthode que je lui préfère de beaucoup. Le maître dit la prière à haute voix : tous les enfants la suivent en silence; dès qu'un d'eux a prouvé qu'il l'a bien retenue par cœur, il obtient, comme récompense, de la dire tout haut en place du maître. J'ai pu remarquer plus d'une fois combien ils attachaient de prix à cette faveur; bientôt tous l'ont réclamée à leur tour et s'en sont montrés dignes. Le but qu'on se proposait par la répétition immédiate de chaque phrase a été aussi bien atteint, et l'esprit de la prière a mieux pénétré ces jeunes cœurs. » L'auteur de cet utile manuel recommande judicieusement aux maîtres et aux maîtresses de ne pas multiplier les prières, afin d'éviter l'inconvénient de rendre, en quelque sorte, banal ce pieux exercice par sa répétition trop fréquente. Elles doivent, bien entendu, être courtes, simples, en rapport enfin avec l'âge le plus tendre.

On comprend que ces écoles gardiennes ont presque uniquement pour but l'éducation des enfants, et qu'on ne doit y avoir en vue leur instruction que secondairement. Voici donc l'emploi de la journée prescrit par le *Journal des Salles d'asile* : « Après la prière commencent des chants, les uns vifs et animés, les autres simples et touchants, qui expriment toutes les idées les plus appropriées à la vie des enfants, aux sentiments et aux habitudes morales dont on veut les pénétrer ; puis viennent les évolutions, les exercices qui les occupent, les amusent, les tiennent sans cesse en haleine et en action. Toute l'instruction consiste en exercices, pour satisfaire au besoin continuel du mouvement et à la surabondance de vie et d'activité qui sont propres à l'enfance. Tout exercice ne doit pas durer au delà de dix minutes pour ne point fatiguer l'attention des enfants. — Toute punition corporelle, ou même sévère, est interdite, les enfants ne

Entrée des enfants dans la salle d'asile.

devant être conduits, surtout dans le premier âge, que par une discipline douce et maternelle. La seule punition est l'isolement de leurs petits camarades, pendant quelques minutes. Il s'agit, avant tout, de rendre aimables et de faire aimer la salle d'asile, le maître ou la directrice, les enseignements donnés, sous la forme de conversations familières, par demandes et par réponses, ou d'exercices et de jeux. On a beaucoup fait quand on a disposé l'enfant à se plaire dans la salle d'asile, à s'y trouver content et heureux, à ne la quitter qu'à regret, à y revenir chaque matin avec empressement. — Pour qu'une seule personne, assistée d'une seule aide, puisse suffire à la surveillance de deux cent cinquante ou trois cents enfants, elle les divise en fractions de huit ou dix, même de trois ou quatre, sous la direction d'un petit moniteur pour les garçons, d'une petite monitrice pour les filles. De plus, un ou deux enfants, de deux, trois ou quatre ans, sont confiés à un enfant de cinq ou six ans, qui, tout fier et heureux d'avoir à exercer une sorte de patronage et d'autorité, donne les soins les plus touchants à ses petits pupilles, et apprécie d'autant mieux tout ce qui peut leur être nécessaire ou agréable, qu'il se rapproche plus de leur âge, qu'il comprend mieux leur faiblesse, leurs petits chagrins, leurs moindres désirs, et fait exactement pour eux ce que la mère la plus tendre et la plus attentive pourrait faire pour l'enfant le plus chéri et le mieux choyé. — Tour à tour les enfants apprennent à lire les lettres, les syllabes, les mots, les phrases que la directrice ou le maître trace sur un grand tableau noir exposé à tous les yeux. Ils s'amusent et s'exercent à compter au moyen de petites billes rondes, de différentes couleurs, figurant les unités, les dizaines, les centaines, qui sont enfilées dans de petites barres de fer : c'est ce qu'on appelle un boulier. » — Les chants reviennent à des intervalles assez rapprochés. — Les plus âgés sont exercés à former les lettres sur le tableau noir. On peut leur donner aussi quelques autres notions bien élémentaires d'arithmétique, de géographie, d'histoire naturelle, d'histoire sainte, mais en évitant avec un grand soin la fatigue, une attention prolongée et une immobilité qui sont contraires à leur organisation, et qui le deviendraient à leur santé.

On s'est très-bien trouvé de l'épellation chantée.

La prière.

La lecture.

Vue générale de la salle d'asile.

Ainsi, toute la classe chante l'alphabet en suivant les lettres et en les chantant comme s'il était question de solfier des notes. Ainsi, sur l'air *Ah ! vous dirai-je maman ?* au lieu de chanter *do, do, sol, sol, la, la, sol*, la classe, en suivant la baguette qui lui montre les lettres, chante A, B, C, D, E, F, G ; le plus faible enfant saisit à la fois la note et la lettre, et la leçon est prise ; ou bien, sur l'air d'un accord parfait, *sol, si, ré, sol*, on indique chaque lettre l'une après l'autre :

JE VOIS UN A,
JE VOIS UN B;

et l'alphabet se trouve ainsi enseigné jusqu'à Z. L'éloquence du geste est permise dans ce mode de lecture, comme accompagnement de la voix. On peut, le bras tendu, montrer les lettres du bout des doigts, fermer le poing, battre la mesure, frapper des mains, lire vite, lire doucement, élever la voix, la baisser, le tout à commandement ; l'oreille s'habitue à un certain rhythme, le corps est tenu en activité ; le mouvement des bras, celui des pieds, entretiennent la vivacité de circulation, la plénitude de respiration, la turbulence d'action et la précision d'exécution ; dans tout cet ensemble l'enfant est entraîné, il vit, il oublie qu'il apprend à lire ; et en effet la lecture n'est pas, comme on le voit, le seul résultat de sa leçon. Lorsque ce procédé fut usité pour la première fois par les fondateurs des salles d'asile, à Paris, l'un d'eux s'avisa de

Le jury.

dire un jour au ministre de l'instruction publique (c'était en 1820) : « Monseigneur, nous avons le moyen d'apprendre à lire aux enfants *en chantant*. — Pourquoi pas *en dansant*? repartit le ministre, qui croyait repousser une plaisanterie. — Vous avez raison, monseigneur, répliqua l'interlocuteur, ce serait encore mieux ; nous y penserons. » Depuis ce temps il fut mis en usage de gesticuler et de sauter en mesure, tout en chantant : *Je vois un A*. Cette méthode, dit le *Journal des Salles d'asile*, fait la joie de nos petits disciples. Nous n'assurons pas qu'elle soit la méthode sans pareille, la méthode par excellence ; nous n'afficherons pas sur les murailles qu'elle peut procurer une lecture courante en vingt leçons ; mais nous affirmerons qu'elle familiarise les enfants des salles d'asile avec la connaissance des lettres, avec celles des sons, avec l'habitude de la mesure, et qu'elle réunit l'utile à l'agréable pour un âge qui a besoin de mouvement autant et plus que d'enseignement.

La mise en rang des enfants avant leur entrée dans la salle, la prière, la lecture, ont été retracés par le crayon des artistes du *Tableau de Paris*. Ils ont voulu donner aussi à nos lecteurs une vue générale de l'intérieur de la salle d'asile Cochin, et leur faire voir jusqu'au lit de camp sur lequel on étend, durant les exercices, ceux des enfants que le sommeil a gagnés.

CHAPITRE XLIX. — LES ENFANTS-TROUVÉS, ETC., ETC.

Comme on retient cette jeune population jusqu'au soir, pour donner aux parents la disposition libre de leur journée entière, cette précaution en quelque sorte maternelle a plus d'une fois son utilité. — Enfin un dernier dessin représente le prononcé d'une des peines bien légères dont nous avons parlé plus haut. Les lignes suivantes du *Cours normal* de M. de Gérando expliquent et font apprécier cette innovation heureuse : « On a introduit depuis quelque temps, disait-il, l'institution d'un petit jury, formé par les enfants eux-mêmes, pour prononcer sur les fautes de leurs camarades. Vous trouverez dans cette institution, employée à propos et avec réserve, un moyen d'une heureuse efficacité pour faire réfléchir les enfants sur la moralité des actions, et pour les conduire à consulter le témoignage intime de leur conscience. Et ce qui nous prouve que la conscience leur dicte, en effet, naturellement les règles du bien et du mal, lorsqu'ils l'interrogent avec une attention sincère et impartiale, c'est que les arrêts prononcés par ces petits jurys sont ordinairement empreints d'une équité remarquable. »

On a vu que tout est calculé pour que chacun des exercices fût une sorte de récréation. Mais, pour satisfaire au besoin d'air et pour permettre aux enfants des mouvements plus vifs et plus animés, on les exerce dans les préaux à courir, à gravir, à sauter, à se livrer enfin à des exercices de gymnastique simples, qui leur développent les muscles en les mettant souvent en activité.

C'est après une journée ainsi remplie que l'enfant retourne, le soir, dans sa famille gai, heureux, n'ayant recueilli que des impressions bienveillantes et morales qu'il reporte au milieu des siens.

Il y a maintenant à Paris trente salles d'asile environ, toutes réglées d'après le plan que nous venons de décrire, et ne s'écartant de la salle d'asile Cochin que par le nombre des enfants qu'elles admettent.

Des salles d'asile aux crèches, il n'y a qu'un pas : qu'on nous permette de le faire.

Aux termes des règlements des salles d'asile, les enfants, pour y être admis, doivent avoir atteint l'âge de deux ans.

Or, une pauvre mère qui va travailler hors de son logis est forcée de confier son enfant au-dessous de cet âge aux soins d'une sevreuse, pauvre femme elle-même, et, sur son modique salaire de 1 fr. 50 c. au plus, est contrainte de prélever 70 ou 75 c. pour rémunérer cette garde. Quand cette mère a deux enfants, comme son salaire ne suffirait plus, elle est obligée de les abandonner à tous les dangers qui entourent un âge si tendre. Ils souffrent, ils crient pendant qu'elle travaille au loin pour eux, ou bien encore ils sont confiés aux soins inexpérimentés de frères et sœurs un peu plus âgés qu'eux, enfants mal élevés, que cette occupation, à laquelle ils sont impropres, empêche d'aller recevoir les leçons de l'école ou les conseils d'un maître d'apprentissage.

Le sentiment maternel succombe trop souvent dans ces luttes contre la misère. De là l'accroissement du nombre des enfants trouvés; quand il est le plus fort, l'insuffisance des soins payés par de si lourds sacrifices, l'appauvrissement du lait de la mère par suite des privations qu'elle s'impose et des inquiétudes continuelles qu'elle éprouve, l'air vicié que les enfants respirent chez les sevreuses, produisent la plupart de ces estropiés et de ces rachitiques, si nombreux dans la classe indigente. C'est à ce malheureux état de choses que des âmes charitables voulurent porter remède, ce sont ces déplorables conséquences qu'elles voulurent conjurer. La mission qu'elles s'étaient donnée, l'État lui-même ne pouvait tarder à l'accepter : l'humanité, la religion, l'intérêt public, demandaient qu'on vînt au secours de ces pauvres mères, au secours de ces malheureux enfants.

Les résultats d'une telle mesure proposée devaient donc être immenses : diminution probable du nombre des enfants trouvés; — diminution certaine de la mortalité qui frappe ce premier âge ; — accroissement et amélioration du travail des pauvres mères ; — liberté rendue aux enfants plus âgés de suivre l'école ou de se rendre à l'atelier : tels sont les avantages immédiats de cette mesure, avantages qui se font déjà sentir. Le nombre des ménages inscrits aux bureaux de bienfaisance devra diminuer aussi quand les mères auront la liberté de leurs bras et de leur temps; plus tard les asiles, les écoles verront moins d'enfants infirmes ou malsains; plus tard enfin les conseils de révision auront moins de conscrits à réformer. Un bon principe amène généralement de bonnes conséquences : l'amélioration physique de la race humaine pourra contribuer à l'amélioration des classes laborieuses, qui doivent à tant de titres occuper la sollicitude, nous le dirons pas seulement des amis de l'humanité, mais des hommes d'État qui comprennent leurs devoirs et ont la prévision de l'avenir.

C'est donc dans un but si louable que fut fondée, en 1844, à Chaillot, dans la partie la plus nécessiteuse du premier arrondissement, une crèche pour les enfants pauvres au-dessous de deux ans. Dans un local très-modeste mais propre et sain, dont l'ameublement se compose de berceaux, la mère peut déposer son enfant le matin dès cinq heures et demie ; elle vient, si elle est encore nourrice, l'allaiter aux heures des repas, et le reprend chaque soir à huit heures. L'enfant sevré à son petit panier comme l'enfant de l'asile. Des berceuses prennent soin des enfants sous la direction de sœurs de charité et sous la surveillance des dames inspectrices de la salle d'asile. — Un médecin visite la crèche tous les jours. — Un thermomètre sert à régler la température convenable.

Pour faire admettre un ou deux enfants, une mère n'a qu'à justifier de sa pauvreté, de la nécessité où elle est d'aller travailler hors de chez elle. — Elle paye 20 centimes par jour pour les berceuses, et s'engage à venir allaiter l'enfant, ou à garnir son panier, s'il est sevré. Enfin elle le garde chez elle les dimanches et jours de fête. De ces conditions, quelques personnes proposaient de supprimer celle de la rétribution, mais on l'a crue nécessaire, pour mieux assurer et maintenir intact le lien sacré de la maternité.

Depuis, le nombre des crèches a grandement et promptement augmenté à Paris ; ce devait être le résultat immédiat d'une mesure dont le but était si charitable et si efficace. Toutes les crèches ont de grands points de ressemblance entre elles, et ne diffèrent que par leur importance.

Nous nous bornerons donc à décrire l'une d'entre elles, la *crèche-modèle*, celle établie à Chaillot; quelques passages extraits du livre de M. Jules Delbruck, publié, il y a quatre ans, sous le titre de *Visite à la crèche-modèle*, dans le but de populariser l'établissement des crèches, seront la meilleure description que l'on puisse faire de cet établissement de charité.

« ... Venez, entrons par le jardin, où le parterre, si vous aimez mieux; car, à l'exception de quelques arbres pour l'ombrage et de quelques arbustes toujours verts, nous ne voyons ici que des fleurs. Tout en respirant cet enivrant parfum de réséda, remarquons que la crèche, circonstance heureuse, reçoit les premiers rayons du soleil levant. Une pente adoucie nous a conduits à la porte de la salle des jeux. Entrons-y ; nous ne voyons ici ni berceaux ni lits de camp, ni à quoi bon, vraiment! Quelle vie, quelle agitation, quelle joie, quel tintamarre ! Près de soixante enfants sont là réunis, dont l'expansive gaieté dériderait le front le plus assombri. Ici, un groupe de poupons,

Salle des jeux.

sous la direction d'une jeune voisine de trois ans, envoyée par la salle d'asile contiguë, traîne, ou plutôt pousse en avant en s'appuyant dessus, un chariot bien rembourré dans lequel se prélassent de tout jeunes nourrissons. Un détachement les accompagne d'un pas grave et cherchant son équilibre, précédé de deux trompettes (*harmonica*) et d'un petit lutin de porte-drapeau âgé de vingt mois, plus fier de ses fonctions que nos gigantesques tambours-majors. Plus loin, dans cette encoignure, et près d'une palissade en filet, sont groupés de petits travailleurs absorbés dans leur besogne; ils distribuent grain à grain le manger aux habitants de la volière. Voyez, comme ils ont conscience de la bonne œuvre qu'ils accomplissent de *donner la soupe* aux bons petits oiseaux ! Tout près de nous, assis sur ces tapis de feutre et occupant le centre d'un ovale en filets, d'autres suivent du regard et du geste (ils ne peuvent pas marcher encore) l'heureuse troupe qui défile devant eux ; et, voyez, ils s'associent par la pensée à ce mouvement, et presque tous frappent d'un petit martelet une rangée de timbres, dont les notes, à ce qu'il semble, correspondent à celles des trompettes. C'est l'accord parfait, *do*, *mi*, *sol*.

Allons voir, à l'autre extrémité, ces infatigables manœuvriers, qui attaquent avec plus d'acharnement que d'habileté un amas de cailloux blancs et roses qu'une main malicieuse a replacés pendant la nuit dernière, — comme toujours, — et qu'il s'agit cependant de déménager dans des tombereaux à roulettes poussés à dix ou douze, et non sans faire claquer les fouets.

Partout des occupations actives, et souvent renouvelées par l'esprit ingénieux des dames inspectrices, tiennent en éveil notre petit peuple, et ne lui laissent pas un instant d'oisiveté et d'ennui ; les groupes qui se forment et se reforment alternent de l'une à l'autre, toujours empressés, et c'est à peine si, au milieu du babillage et des premiers bégaiements des marmots mêlés aux notes sonores des timbres et harmonicas à tierces, c'est à peine, dis-je, si on distingue le vif gazouillis des oiseaux, qui luttent de joie et d'activité avec leurs compagnons naturels, les petits enfants du bon Dieu.

Entrons maintenant à droite, dans la salle aux lits de camp; c'est la *salle des poupons*. Il faut avoir un an pour faire partie de cette deuxième division!

Ici, tout est bien plus calme; on y joue très-peu, on y dort à de rares intervalles, le jour; mais, par exemple, on y fait six repas joyeux et en nombreuse compagnie.

Ces deux rangées de lits de camp diffèrent quelque peu de ceux que nous trouvons dans nos corps de garde. La forme d'abord en est plus gracieuse; vous retrouvez là, comme partout à la crèche, la ligne courbe substituée autant que possible à la ligne droite, le contour arrondi substitué à l'arête vive. Une simple toile en été, une étoffe de feutre en hiver, forment le fond mobile de chacune de ces couchettes; des filets à mailles serrées séparent les enfants et évitent tout contact immédiat pendant le sommeil. Vous retrouveriez dans ces lits de camp, que nous appellerons désormais du nom moins solitaresque de *lits de repos*, toutes les conditions de santé et de bien-être. Aussi, du reste, sont-ils rarement occupés le jour, si ce n'est après le repas principal, où une bonne moitié de la population fait une sieste d'une heure.

Mais déjà vos regards sont ailleurs. Cette table, longue, étroite, formant l'S six fois répété, — ou douze fois le fer à cheval, — vous frappe par sa forme et par sa disposition. C'est la table de nos festins. Là, dans l'intérieur de chaque fer à cheval, se placent, à l'heure des repas, toutes les berceuses et toutes les jeunes mentorines de la salle d'asile; et, lorsque les soixante enfants, ayant pris séance sur les stalles des banquettes posées devant la table sur toute la longueur, ont tous été groupés par escouade de cinq ou six, vous verriez un curieux et charmant spectacle. Chaque berceuse, chaque mentorine, veille sur son groupe, dont elle n'est séparée que par la largeur de la table, et chacune, ayant devant elle une soupière à plusieurs compartiments et plusieurs cuillers, donne la becquée à sa petite famille. Quelle joie pour eux de manger tous ensemble, et quel appétissant cliquetis de cuillers vous entendriez là!

Les berceuses chantent, à quatre voix, une belle prière dont nous parlerons. Approchons-nous de ces marmots qui jouent à leurs pieds, dans un des demi-cercles de la table aux festins. Ces enfants nous les retrouverons souvent ici; soit bizarrerie accidentelle, soit défaut de tempérament, soit destinée, ils n'aiment pas la foule, ils n'aiment pas le bruit. En moins d'une heure ils demandent à quitter la salle des jeux pour venir chercher ici le calme, presque la solitude. Ils ne

Promenade et becquée, ou repas simultané.

sont inactifs cependant; ils travaillent aussi ils étudient la gamme des couleurs; peut-être allez-vous sourire quand vous aurez vu ces boules en bois ou en ivoire de couleurs variées dont ils font le triage avec une attention solennelle. Ici les petits paniers rouges; là les petits paniers blancs; plus loin les jaunes et les bleus: mon Dieu, oui, c'est aussi simple que cela; et cependant ils y trouvent, les chers enfants, un tel intérêt que notre présence ne les distrait pas. Mais aussi le premier de chaque groupe qui aura accompli son œuvre sans erreur, sera placé là sur ce petit fauteuil d'honneur, et la berceuse le montrera comme un modèle à imiter, — et la dame inspectrice l'embrassera le premier. — Je crois que vous auriez bien envie d'en faire autant.

Quittons la salle aux lits de camp. Traversons de nouveau, — sans regarder, car nous nous y arrêterions, — la salle de jeux, et entrons à gauche, dans la véritable crèche, dans la salle aux berceaux. Nous n'y trouverons aucun enfant d'un an, en revanche d'à peine âgés de quelques jours.

Nous y voilà; même silence, même absence de cris que dans la salle des poupons. Quelques petits avertissements, de temps à autre; quelques hochets agités ou lancés à terre, c'est tout ce qu'on y entendrait si le chant des berceuses ou le chant des rossignols nous permettait de l'entendre. Près de quatre-vingts berceaux-hamacs, ceux-ci réunis en plus ou moins grand nombre, ceux-là isolés, y sont disposés sur trois rangées; mais la plupart de ces berceaux sont vides. Le sommeil de jour n'est plus qu'une exception à la crèche, on s'y amuse tant et les nuits sont si bonnes et si calmes! Quelques-uns de nos nourrissons jouent dans la salle de jeux, dans les chariots ou sur les tapis; d'autres s'exercent déjà à essayer leurs premiers pas dans une petite galerie à filets, dont quelques poupons choisis à cet effet leur enseignent l'usage. Une berceuse voiture douze autres enfants à la fois dans le jardin. Sur les chaises basses, vous voyez des mères donnant le sein, des berceuses allaitant au biberon et faisant quelques toilettes; et, la nuit venue, quand ils auront alterné des genoux de leur mère au jardin, de la salle de jeux à la toilette, du hochet à la double galerie; lorsque tous auront été placés dans leur berceau, lorsque l'inspectrice aura commencé l'orgue-mélodium la prière du soir, à l'heure où les oiseaux de la volière mettent la tête sous leur aile, vous verriez nos enfants tous ensemble, après quelques minutes de bercement simultané, s'endormir paisiblement, s'endormir comme les oiseaux de la volière, pour se réveiller comme eux aux premières lueurs du jour.

Salle des berceaux (nourrissons). Salle des poupons (1 à 2 ans).

Vous admirez cette sollicitude vive, affectueuse, incessante, vraiment maternelle, que déploient les berceuses, et qui contribue si puissamment à amener ce résultat, d'entendre si peu de pleurs à la crèche. Je lis sur vos lèvres cette question: « Comment ne se lassent-elles pas, tandis que dans nos familles la mère la plus dévouée a ses moments de fatigue et d'abattement? » La réponse est bien simple. Nos berceuses alternent de la crèche à l'ouvroir, de la crèche à la cuisine, de la crèche à la buanderie, de la crèche au jardin; si bien que chaque fois qu'elles reviennent auprès de leurs petits élèves pour y passer quelques heures, elles ont l'esprit rafraîchi, le cœur dispos, l'affection revivifiée par cette courte absence, et, tenez, vous vous apercevez à leur empressement qu'il leur tardait de venir inspecter et caresser leur jeune famille. Aussi leur tendresse n'est-elle jamais émoussée. Ces quelques heures passées à la crèche sont pour elles des heures de joie, et c'est beaucoup dire cependant, car, si nous les suivions dans leurs courtes séances de jardinage, de couture, de lessive, etc., vous verriez comme on y babille, et comme le travail s'y fait avec ardeur!

Je n'ai pas besoin d'appeler votre attention sur ce magnifique tableau donné par la reine (la reine Amélie), et représentant Jésus appelant à lui et embrassant les petits enfants. Vous avez vu aussi le portrait du jeune héritier du trône (le comte de Paris), qui vient quelquefois visiter notre crèche; vos regards ont embrassé cet ensemble, cette harmonie de couleurs qui règne sur l'ameublement, les couchettes, les costumes des berceuses, les tentures; vous y reconnaissez l'intervention des dames. Rien n'a été oublié, vous le voyez; et si les sens encore vierges de l'enfance sont satisfaits, si rien ne choque ses yeux et son oreille, sa jeune âme aussi s'ouvre facilement à l'amour de Dieu, qui lui prodigua tous ces trésors, en contemplant cette divine et souriante image du *Christ aux enfants*.

Nous partons. Avant de quitter le jardin, vous remarquez que notre crèche n'est qu'une partie d'un établissement qui réunit crèche, asile, école communale, ouvroir et retraite pour la vieillesse. Ce signe de tête me dit que vous entrevoyez les avantages de tout genre qui résultent d'un pareil rapprochement. Un seul loyer, une seule conduite d'eau et de gaz, deux calorifères, une seule cuisine, et la facilité extrême de trouver dans l'une de ces institutions de femmes, d'enfants et de vieillards, le personnel convenable pour toutes les autres, vous avez compris tout cela. Ainsi, par exemple, l'asile envoie chaque jour à la crèche douze enfants par heure, ce qui fait que chaque enfant de l'asile, qui en renferme trois cents, revient en moyenne tous les deux jours passer une heure à la crèche. Admettons, si vous le voulez, pour faire la part aux circonstances imprévues, que ce soit une heure par jour pour chaque enfant : ce n'est toujours là qu'une récréation très-enviée, ou une récompense, en même temps que c'est un précieux apprentissage d'éducation mutuelle. La chaîne des âges, ainsi, ne se trouve plus interrompue. »

Nous n'avons pas à parler en détail des autres crèches ; ce ne pourrait être qu'une répétition de ce que nous venons de dire ; nous nous bornerons donc à faire l'énumération des plus importantes.

Crèche Saint-Pierre de Chaillot, rue Fouquet, 5, ouverte le 14 novembre 1844 ;

Crèche Saint-Philippe du Roule, rue du Faubourg-du-Roule, 12, ouverte le 29 avril 1845 ;

Crèche Saint-Louis d'Antin, rue Saint-Lazare, 148, ouverte le 29 avril 1845 ;

Crèche Saint-Vincent de Paul, rue du Cherche-Midi, 60, ouverte le 15 juillet 1845 ;

Crèche Saint-Pierre, rue de la Comète, 14, ouverte le 16 juillet 1845 ;

Crèche Sainte-Geneviève, rue de la Montagne-Sainte-Geneviève, 37, ouverte le 3 janvier 1846 ;

Crèche Bethléem, rue Pierre-Sarrazin, 2, ouverte le 2 février 1846 ;

Crèche Saint-Gervais, rue Geoffroy-Lasnier, 18, ouverte le 11 mai 1846.

Paris possède aujourd'hui en tout dix-huit crèches ; on en compte en outre six dans l'arrondissement de Saint-Denis, ce qui fait un total de vingt-quatre crèches, qui reçoivent ensemble par jour quatre cent cinquante enfants ; c'est donc par crèche une moyenne de dix-huit enfants.

La dépense annuelle de la Société des crèches s'élève à environ 85,000 fr. ; dans cette somme la rétribution maternelle figure pour 19,000 fr. ; la charité publique fait le reste. Malgré cela, cette Société, dont on ne saurait trop louer la persistance, n'a pu obtenir sa reconnaissance comme établissement d'utilité publique, et cependant elle a adressé de fréquentes demandes pour atteindre ce but.

Nous ajouterons quelques mots sur la direction et l'administration des crèches.

Les crèches s'établissent à Paris, non pas par l'initiative du conseil municipal, mais par celle de personnes zélées et charitables. C'est donc parmi elles que doit se recruter le comité de direction ; aussi est-ce ainsi qu'il se compose.

Le comité de direction, une fois composé, soumet ses statuts à l'autorité supérieure, arrête le local et prend les engagements moraux et matériels tout ensemble.

Quant aux soins d'intérieur, c'est évidemment aux femmes qu'ils reviennent. Il y a donc un *Comité des dames*, dans lequel on choisit une présidente et une trésorière, ainsi que des inspectrices qui sont chargées de recueillir sur un registre les observations résultant de leurs visites, observations donnant naissance aux réformes incessantes réalisées dans ces sortes d'établissements.

Terminons maintenant ce chapitre tout plein d'éléments de charité par quelques lignes sur une institution qui, établie plutôt dans un but commercial que dans un but philanthropique, n'en est pas moins digne par ses résultats de figurer ici. Nous voulons parler des bureaux de nourrices.

Les femmes, qui, sous l'influence des écrits de J. J. Rousseau, avaient, vers la fin du siècle dernier, pris l'habitude de nourrir elles-mêmes leurs enfants, semblent y avoir renoncé pour la plupart, et les nourrices sont tellement nombreuses à Paris, qu'elles y forment par ainsi dire une population à part, une classe qui a ses mœurs, ses habitudes, son costume et un caractère spécial qui la différencie de toutes les autres classes de la population parisienne. L'étude de ces mœurs particulières a non-seulement son côté pittoresque, mais encore une certaine utilité, puisque des hommes spéciaux, des médecins aussi savants que recommandables n'ont pas craint de consacrer des volumes à tout ce qui pouvait concerner cette partie nombreuse de la population si bigarrée de la capitale.

Certaines contrées sont beaucoup plus riches que d'autres en sujets ; le nombre que chacune d'entre elles peut fournir est généralement en raison inverse de la richesse du pays et de l'activité de ses relations. Dans les pays pauvres, notamment dans la haute Bourgogne et dans les cantons limitrophes de la Nièvre et du Morvan, presque toute la population féminine émigre à tour de rôle pour venir nourrir à Paris ou aux environs de la capitale ou de ses environs. C'est ce qui, en terme du métier, s'appelle *descendre*. Dans les pays plus riches, au contraire, où l'aisance générale imprime à la race entière une plus grande activité, les femmes, partageant avec leurs maris les soins du ménage, d'une exploitation rurale ou d'une industrie quelconque, gagnent plus par leur présence dans leur maison qu'à la participation aux travaux de la famille, qu'elles ne pourraient le faire en allant chercher une *nourriture* à Paris ; aussi compte-t-on parmi elles peu de Normandes. Les femmes de Picardie, du Vexin et de la Brie sont également en petit nombre ; il y a cependant quelques-unes des environs de Gisors, mais c'est une population mêlée qui généralement ne peut d'inspirer la même confiance que les Bourguignonnes.

Le pays manceau envoie aussi un certain nombre de sujets. Aujourd'hui, de reste, toute la faveur est pour les Bourguignonnes. Ce sont aussi les plus nombreuses. Deux bureaux sur quatre ou cinq qui existent à Paris se recrutent pour ainsi dire exclusivement de femmes de ce pays. C'est parmi elles que les classes aisées de la société choisissent leurs nourrices. Pour partager au moins la faveur dont sont environnées les Bourguignonnes, les autres établissements ont soin, aussitôt qu'elles arrivent, de leur faire la plupart du temps quitter la coiffure de leur pays pour prendre le bonnet bourguignon, ou plutôt l'un des bonnets bourguignons, afin de donner le change sur leur origine.

En effet, si l'on a dit : « Le style, c'est l'homme, » on peut dire également : « Le bonnet, c'est la nourrice. » Le bonnet, c'est, si l'on peut parler ainsi, le brevet, l'uniforme, le signe distinctif de l'origine et de la profession. Chaque pays, chaque ville, chaque village a son bonnet particulier qui sert à reconnaître le lieu d'où elles viennent. Quelques-unes de ces coiffures ne manquent pas de grâce et d'originale simplicité ; quelques-unes même ont une certaine élégance. Mais dans la toilette de ces femmes, que leur vie de campagne n'a pu préserver d'un sentiment inné de coquetterie, le bonnet est-il l'objet d'une prédilection particulière. Celle qui est assez heureuse pour l'orner d'un joli ruban est secrètement l'objet de l'envie, on pourrait même dire de la jalousie de ses *payses*, qui attachent au moins autant de prix à cet ornement qu'à une robe voyante ou à un châle aux couleurs éclatantes.

Dans la presque totalité de la Bourgogne, c'est une industrie régulière que celle qui consiste à passer une partie de sa vie à Paris, à faire des *nourritures*, tantôt dans une maison, tantôt dans une autre, et cette industrie est exercée non-seulement par les femmes des pauvres gens, mais aussi par celles qui trouvent dans leur pays une aisance relative. C'est en effet pour elles le seul moyen de rapporter quelque chose à l'association. Le mari travaille au petit champ, surveille les enfants avec l'aide des grands parents, s'il y en a, et, de son côté, la femme produit de quoi ajouter au bout de l'année à l'héritage de la famille. C'est ainsi que, dans une autre classe, agissent les Auvergnats, les Savoyards, qui envoient religieusement au pays ce qu'ils gagnent, et s'imposent les privations les plus dures, soit pour arrondir leur pécule, soit pour se créer dans leur pays un petit patrimoine.

La seule différence, c'est que, pour les nourrices, elles n'ont pas de privations à s'imposer, car elles sont défrayées de tout, choyées, gâtées quelquefois, et mènent généralement une fort douce existence dans les maisons où elles sont entrées ; mais elles se croiraient déshonorées si elles ne rapportaient pas exactement au pays tout ce qu'elles ont reçu pendant le temps de leur *nourriture*, et cela sans qu'il en manque la fraction la plus minime.

Actuellement suivons-les dans leurs pérégrinations.

Les bureaux, tel est le nom de ces établissements spéciaux qui recrutent les nourrices et se chargent d'en fournir aux familles, ont ordinairement des voyageuses pour connaître dans chaque localité les femmes qui ont l'intention de venir exercer à Paris l'industrie de nourrices. Ces relations sont très-activement suivies, à tel point que si le bureau appartient à plusieurs personnes, il y en a toujours au moins une en route ou en tournée pour reconduire des nourrices dans leur pays, et surtout pour en ramener.

Du moment qu'une femme est entrée en relation avec la maîtresse du bureau ou avec ses représentants, elle ne s'appartient plus ; elle devient en quelque sorte la propriété de cette femme, qui ne la quittera plus un seul instant jusqu'à ce qu'elle soit placée, et qu'elle ait reçu son salaire et le bénéfice de son industrie.

Les nourrices ont soin de se munir de certificats. Celui du maire atteste que la titulaire est mariée et de bonnes vie et mœurs. Mais il n'est pas aussi facile d'obtenir le certificat du curé. Dans beaucoup de communes les curés se refusent à donner aux nourrices un certificat, à moins que leur enfant n'ait quatre mois au moins. L'expérience, en effet, leur a appris que les enfants qu'on faisait voyager à Paris dans un âge aussi rapproché de leur naissance, et qu'on renvoyait quelquefois au pays quelques jours après, confiés à des mains imprudentes, étaient exposés à une énorme mortalité. Ils exigent donc que l'enfant ait au moins quatre mois. Mais, dans ce cas, les nourrices se contentent du certificat du maire, pour gagner du temps et venir plus tôt à Paris.

Accompagnée par une des maîtresses du bureau, ou sans être accompagnée, la nourrice quitte son village pour *descendre*, c'est-à-dire pour aller à Paris. Mais, avant, elle choisit dans ses vieilles nippes, dans ses haillons de travail, tout ce qu'elle a de plus vieux, de plus usé, de plus malpropre. Une mauvaise robe d'indienne, une paire de bas troués, une couple de chemises et une mauvaise pointe de couleur orgueilleusement décorée du nom de *châle*, composent toute sa garde-robe. L'enfant n'est pas mieux vêtu que la mère. Tout ce qui a quelque valeur, et même tout ce qui n'est pas à peu près hors de service, a été laissé au pays. C'est une spéculation, quoique fort continuée, n'en réussit pas moins toujours, car on sait qu'il est impossible aux parents de laisser dans cet état de misère et de délabrement, la femme qui nourrit leur enfant. Elles prévoient donc que peu à peu tous ces haillons se remplaceront par des objets plus propres, et qui, habilement ménagés pendant la durée de *nourriture*, permettront, de rapporter chez elles, outre le pécule intact, une certaine quantité d'effets plus ou moins neufs qui exciteront l'admiration, peut-être même la jalousie des voisines.

Quelques-unes de ces voyageuses conservent encore, après leur retour, certaines habitudes d'élégance qu'elles ne perdent malheureusement que trop vite quand elles sont retournées au fond de leurs campagnes ; car elles reprennent aussitôt leurs anciens travaux, jusqu'à ce que la naissance d'un nouvel enfant les ramène au bureau, où elles arrivent encore, plutôt semblables à des mendiantes qu'à des femmes qui viennent exercer une profession qui compte parmi les plus lucratives.

Plusieurs de ces bureaux de nourrices sont de vé-

Une pratique.

ritables bouges, où plus de cinquante femmes sont entassées avec leurs enfants dans des chambres où la lumière et l'air ne sont donnés qu'avec la plus extrême parcimonie. Quelquefois, mais rarement, on leur donne un berceau pour leur enfant; la plupart du temps elles sont obligées de le coucher avec elles, au risque des accidents qui peuvent survenir.

Au bureau, les nourrices sont logées gratuitement avec cette somptuosité et ce confort que nous venons d'indiquer, mais leur nourriture est à leur charge. Aussi se bornent-elles, avec cet esprit d'économie sordide qui est le caractère des gens de campagne, au plus strict nécessaire. L'établissement a toujours une espèce de pourvoyeuse qui vend des soupes à dix centimes l'écuellée, de la bière à quinze centimes la bouteille, et le tout en proportion. On peut se figurer ce que doit être une pareille nourriture quand on saura que sur ces prix la pourvoyeuse sait encore réaliser un beau bénéfice. Aussi ne faut-il pas s'étonner du degré de délabrement physique où arrivent, après quelques semaines de séjour au bureau, ces femmes, presque toutes jeunes encore, qui auraient besoin de réparer leurs forces par une nourriture substantielle, et que leur intérêt porte, comme on dit vulgairement, à faire des économies sur leur santé.

Il est donc de l'intérêt des propriétaires de bureaux que leur marchandise, si on peut s'exprimer ainsi, soit placée le plus vite possible, pour qu'elle ne soit pas détériorée par un trop long séjour, afin de les faire rentrer plus tôt dans l'indemnité qui leur est due comme prix du logement des nourrices et des démarches qu'ils ont faites pour leur trouver une condition.

On demande une nourrice!

Cette indemnité est égale à un mois de gages ou à une somme fixe de quarante francs, et se paye généralement dans la quinzaine de l'entrée de la nourrice dans la maison où on l'a placée.

Outre ce prix stipulé au profit des bureaux, si les pourvoyeuses ont fait quelques avances aux nourrices,

non-seulement elles les recouvrent avec usure après leur entrée dans les maisons, mais encore elles saisissent toutes les occasions de les pressurer et de prélever une dîme sur leurs moindres bénéfices; ainsi, quand il s'agit de vacciner des enfants, un médecin s'adresse au bureau qui d'ordinaire lui fournit ses

Une nourriture.

nourrices, et se fait envoyer une femme avec un enfant qui remplit les conditions voulues. L'usage, ou même, à défaut de l'usage, un sentiment bien naturel, fait toujours donner quelque gratification à la femme qui a apporté son enfant; mais la maîtresse du bureau n'a pas voulu encore cette fois quitter de l'œil celle qu'elle regarde comme sa propriété. Elle est là dans

Les nourrices.

un coin, attentive, qui épie ce que la générosité des assistants fait donner à la mère de l'enfant, soit pour partager avec elle, soit pour s'en approprier la plus forte part.

Quelle que soit la condition des nourrices, il n'est pas une maison dont le séjour ne soit préférable, soit à la vie du bureau, soit même à la vie qu'elles mènent au sein de leurs familles dans leurs pauvres villages. Et cependant il faut voir avec quel art elles font leurs conditions, tout ce qu'elles emploient de ruse et d'astuce campagnarde pour faire ajouter quelque chose aux stipulations convenues, ou emporter une promesse de plus. Ordinairement elles commencent par demander un prix assez élevé. Si on se récrie contre l'énormité du chiffre, et si elles voient qu'il faut battre en retraite, elles font observer qu'à ce prix elles se vêtiront, mais qu'elles sont disposées à l'abaisser si on veut les fournir de tout. Or cette manière de poser la question n'est qu'un piège tendu à la crédulité des parents. Quelles que soient les conventions faites, une nourrice ne se fournira pas davantage les objets, même les plus indispensables, qui

pourraient lui manquer. Elle ne risque donc rien à conclure pour le chiffre le plus élevé, quelles que soient les conditions, bien déterminée d'avance, dans un cas comme dans l'autre, à ne pas distraire un centime pour ses besoins personnels de ce qui constitue ses gages.

Le choix.

Paris est chaque jour tellement et de plus en plus envahi par les moellons, que les endroits où l'on peut espérer trouver un peu d'air y deviennent extrêmement rares. Il n'est donc pas étonnant que les nourrices de chaque partie de la ville aient un lieu de réunion habituelle, une espèce de lieu de rendez-vous. Le plus important de tous est, sans contredit, le jardin des Tuileries. Aussitôt qu'un rayon de soleil, ou même que l'absence de pluie permet de sortir les enfants, elles y arrivent par bandes des deux rives de la Seine, et même quelquefois d'endroits fort éloignés. Une fois réunies, on se figure peut-être que ces femmes, qui appartiennent presque toutes à la même contrée, vont se reporter aux souvenirs de leurs pays, s'entretenir de leurs familles, de leur village. Qu'on se détrompe : il n'en est presque jamais question. La première chose qu'elles se demandent en s'abordant, quand même elles ne se seraient jamais vues, c'est le chiffre de leurs gages, c'est le chapitre des profits directs ou indirects de la place. Elles auraient beau se revoir tous les jours, et pendant une année de suite, elles ne sortent jamais de ces questions d'intérêt, les seules qui aient quelque attrait pour des gens qui ont toujours, malgré leurs émigrations successives dans la capitale, conservé d'une manière ineffaçable le caractère intéressé des paysans.

Les bureaux de nourrices et tout ce qui les concerne sont à Paris sous la surveillance de l'administration générale des hôpitaux, et partant sont, à ce titre, dans les attributions du ministre de l'intérieur, comme assimilés aux institutions charitables. On ne saurait, en effet, entourer de trop de surveillance des établissements de ce genre, car les familles ont le

Une pourvoyeuse.

droit d'y trouver des garanties sérieuses qui, dans l'état de choses actuel, laisse à peu près tout à désirer.

Nous n'en avons pas fini avec les établissements de charité; aussi traiterons-nous, dans un de nos prochains chapitres, des écoles gratuites, bureaux de bienfaisance, etc.

Chapitre L.

SYNAGOGUES ET TEMPLES PROTESTANTS.

Le culte israélite. — La condition des juifs au moyen âge. — Le peuple juif actuel. — Ses illustrations en France. — Schisme important dans la religion juive. — Talmudistes et partisans des réformes. — Rit allemand et rit portugais. — Connaissances exigées pour parvenir au rabbinisme. — Chiffre de la population israélite en France. — Les écoles israélites. — École centrale rabbinique. — L'ancienne synagogue. — Sa description extérieure et intérieure. — Les tables de Moïse. — Les lustres et les candélabres. — La synagogue des deux rites, rue Notre-Dame de Nazareth. — Sa description. — La *théba*. — Année religieuse des juifs. — Leurs grandes fêtes. — Les cultes dissidents de la religion luthérienne. — Les deux principales communions. — Culte luthérien. — Temple de la Rédemption évangélique. — Les calvinistes. — Temple de l'Oratoire. — Temple de Sainte-Marie. — Église royale épiscopale d'Angleterre.

Grâce à son antiquité et à la fidélité des souvenirs, le culte israélite offre des particularités plus saillantes que les diverses religions dissidentes qui ont des temples à Paris : aussi nous, nous bornerons à énumérer ces dernières, et à donner seulement les détails indispensables, tandis que nous allons parler avec quelque développement des Hébreux, de leurs rites et de leurs synagogues.

Chacun sait combien la condition des juifs a été précaire et misérable jusqu'à l'époque contemporaine, dans tous les États chrétiens et musulmans ; on sait aussi que la France a la première appliqué à ce peuple proscrit les grands principes de l'égalité civile, et les a reçus dans son sein en oubliant toute différence d'origine et de croyance, en les admettant à tous les droits, à tous les priviléges de ses enfants. L'Europe presque entière a suivi cet exemple ; et, malgré les avanies que réserve encore aux fils d'Israël le fanatisme des catholiques du Midi, le peuple juif semble vouloir prendre sa revanche en déployant avec trop de rigueur contre ses anciens ennemis, devenus ses frères, cet esprit de méfiance, cette rapacité usurière qui ont si longtemps entretenu les vieux préjugés de l'Europe contre lui. Mais il faut être juste : ce peuple compte bon nombre de personnages distingués, qui ont enfin accepté pour patrie le pays qui les a vus naître et qui font tous leurs efforts pour convertir leurs coreligionnaires à la tolérance et à la fraternité. D'ailleurs la France réclame parmi eux plusieurs de ses illustrations les plus glorieuses : mademoiselle Rachel, M. Halévy, par exemple, sans compter MM. Franck, Cahen, Dennery, et sans compter non plus les membres de la dynastie des Rothschild, dont quelques-uns ont vu le jour à Paris, et que l'on peut considérer comme les arbitres financiers du monde entier, comme les souverains du crédit dans toute l'Europe.

Le progrès des lumières a été, dans la religion juive, l'origine d'un schisme important, qui divise les partisans des anciennes doctrines dans toute leur rigueur, les talmudistes et les partisans des réformes, qui, sans altérer l'esprit de la loi de Moïse, tendent à mettre les prescriptions religieuses en harmonie avec les nécessités sociales.

Un autre schisme, d'un caractère moins grave, est venu fractionner encore le culte israélite. Quoique professant le même dogme et pratiquant la même liturgie, les israélites se sont partagés en deux rites : le rit allemand et le rit portugais. Le fondement de ces deux rites consiste dans une prononciation différente de la langue hébraïque. Quelque insuffisante que puisse paraître une pareille cause de dissidence, elle n'en a pas moins amené un démembrement de la communauté israélite, et chacun de ces deux rites a aujourd'hui un temple particulier, encore qu'ils relèvent d'une même autorité centrale.

Le culte israélite est administré par un consistoire central, chargé des intérêts généraux du culte, et par des consistoires départementaux, qui subdivisent l'action du consistoire central. Les ministres du culte sont rangés dans la hiérarchie suivante : un grand rabbin, membre du consistoire central ; sept rabbins consistoriaux, rabbins attachés aux communes, sous-rabbins et ministres officiants. Une école centrale rabbinique, dont le siége est à Metz, dispense l'instruction nécessaire pour exercer les fonctions de rabbin. Les connaissances exigées pour être rabbin consistent dans une étude approfondie de la Bible, du Talmud et des commentaires rabbiniques. L'impétrant doit avoir justifié de la connaissance de tous les travaux dont les diverses parties de la Bible ont été l'objet ; avoir des notions de la langue arabe, afin de pouvoir étudier les commentateurs si érudits de l'école espagnole ; enfin connaître l'histoire du Talmud, l'histoire juive, et posséder parfaitement l'enseignement religieux et l'homilétique. On évalue à 86,000 âmes la population israélite de France. Cette population forme plusieurs groupes, dont les principaux sont dans le département de la Seine, du Bas-Rhin, du Haut-Rhin, de la Moselle, de la Gironde, du Rhône et des Bouches-du-Rhône. La société israélite a ouvert, à Paris et dans les départements, plusieurs écoles mutuelles, des salles d'asile, des pensionnats des deux sexes, des associations de bienfaisance nombreuses, telles que celles pour la mise en apprentissage et la dotation des jeunes filles, et des sociétés de secours mutuels ; on compte à Paris seulement vingt sociétés de ce genre.

Synagogue servant au rite portugais.

L'ancienne synagogue sert actuellement au rite portugais ; elle est bâtie dans le style des anciens temples grecs. C'est une grande salle, décorée avec la plus grande simplicité, au milieu de laquelle s'élève la *théba*.

Une quarantaine de colonnes assez massives supportent une galerie élevée qui fait aussi presque le tour de la synagogue, et qui est réservée aux femmes ; car, au moment de l'office, il est expressément défendu d'y laisser pénétrer des hommes. Dans le bas, tous les bancs sont tournés vers le tabernacle placé au fond du temple, juste en face de l'entrée principale. Le sanctuaire est pavé de carrés de marbre noir et blanc. Deux chandeliers énormes, dorés et bronzés, se trouvent placés devant le tabernacle. Sur les grilles sont

TABLEAU DE PARIS.

posés, de chaque côté, sept grands cierges que l'on allume pendant les offices. Au milieu du sanctuaire pend une lampe d'argent massif, dans laquelle brûle une veilleuse qui doit être entretenue sans cesse en l'honneur des morts. On nomme cette lampe *ner thomid*, lampe perpétuelle. C'est un symbole de l'immortalité de l'âme. Tout à fait au haut du tabernacle, on lit cette inscription : *Da lifné mi ata omed* (Sache devant qui tu te trouves). Il y a cette autre inscription en face : *Barouch ata beboecha, barouch ata betzesecha*, (Béni sois-tu lorsque tu entres, et béni sois-tu lorsque tu sors). Sur le tabernacle, un tableau représente les Tables de Moïse avec les dix commandements écrits en lettres d'or sur un fond noir. A droite et à gauche du tabernacle, on remarque des loges réservées aux membres des deux consistoires. Dans l'une, celle du consistoire central, une table de marbre incrustée, incrustés en lettres d'or; les noms des fondateurs du temple. Dans l'autre loge se trouve également un tableau qui relate l'ordonnance royale autorisant l'érection du temple. Entre chaque colonne brille un lustre à six branches. Huit autres grands lustres, à dix-huit bran-ches chacun, sont répartis dans le milieu du temple. Dans les parties latérales du mur qui reçoit le taber-

Entrée du Consistoire israélite.

nacle, on a pratiqué deux portes conduisant à la cour qui donne du côté de la petite entrée.

La synagogue des deux rites se trouve entre la rue Notre-Dame de Nazareth et la rue Neuve-Saint-Laurent. Sur la première de ces rues s'ouvre l'entrée du nouveau temple, élevé depuis peu de temps pour servir aux israélites du rite allemand.

Ce temple aurait, dans des proportions plus grandioses, et avec un peu plus de régularité, un caractère monumental. Renfermé dans un terrain limité, irrégulier, il offre une construction élégante, pleine de goût, mais dépourvue de cette ampleur dont l'effet ajoute à l'effusion de l'âme qui prie. Il est précédé de petits bâtiments renfermant les principales dépendances. A la suite du logement du concierge est un atrium couvert, éclairé par une lanterne vitrée, et donnant entrée à droite; au secrétariat, à gauche; à la salle des mariages, et à deux escaliers conduisant exclusivement aux tribunes des dames; enfin au temple. A l'entrée du temple se trouve le porche, divisé en deux parties; dont une est publique, et l'autre convertie en places réservées. A droite et à gauche du

Intérieur du temple consistorial.

CHAPITRE L. — SYNAGOGUES ET TEMPLES PROTESTANTS.

porche, deux escaliers conduisant aux tribunes des hommes. La partie du porche, en contre-bas de deux marches et de plain-pied avec la nef, prend jour sur celle-ci par trois ouvertures surmontées de trois arcades qui symbolisent les trois Prophètes.

La nef, divisée dans sa longueur par six arcades de chaque côté, formant bas-côtés, et représentant par la somme des deux côtés les douze tribus, est éclairée dans sa partie supérieure par vingt-quatre vitraux. A l'extrémité de la nef se trouve le sanctuaire, dont le sol est élevé de quatre marches, et séparé par une grille en fonte dorée fermant l'entrée du sanctuaire. Dans l'axe du sanctuaire, à 1 mètre 50 centimètres de la grille, s'élève la *théba*, ou autel, sur laquelle se fait la lecture des livres saints. Dans la partie à droite sont les stalles des deux rabbins en tête des membres du consistoire; dans celle à gauche est placé le clavier de l'orgue surmonté de son buffet. En avant, près de la grille, sont les stalles réservées aux administrateurs du temple.

A la suite de la théba, et dans l'axe de sa partie circulaire, est l'entrée du tabernacle, en marbre blanc, élevée au-dessus du sol du sanctuaire de six grandes marches en marbre blanc, flanquée de deux piédestaux également en marbre, et supportant deux magnifiques candélabres. L'intérieur du tabernacle, de forme demi-circulaire, est décoré de colonnes supportant des arcades dans l'axe desquelles sont percées autant de petites croisées fermées par des vitraux de couleur. C'est dans ce lieu que sont renfermés les livres sacrés et les objets du culte israélite. L'entrée du tabernacle est fermée par une porte bronzée en cuivre. Cette porte est toujours recouverte d'un rideau dont la richesse varie selon les fêtes. Dans les principales cérémonies, ce rideau, d'une grande magnificence, est couvert d'éclatantes broderies d'or.

La décoration du temple est d'une extrême simplicité. Elle se compose uniquement de lignes et de teintes plates; mais telle est l'harmonie de ces teintes et de ces lignes, qu'elle donne à l'intérieur un aspect gracieux, sans nuire au caractère austère du lieu. Les détails d'ornementation sont traités avec infiniment

Le Roschachana, cérémonie religieuse du renouvellement de l'année juive.

de goût. Les travaux de marbrerie font le plus grand honneur à M. Séguin. Les appareils d'éclairage sont disposés avec un soin particulier, et présentent des combinaisons très-heureuses pour la diffusion de la lumière. Citons encore les beaux candélabres placés à l'entrée du sanctuaire : ces deux magnifiques pièces sortent des ateliers de Denières, et ont été offerts au temple par M. le baron James de Rothschild.

La façade extérieure du temple offre un mélange piquant du style oriental et byzantin. Elle présente deux plans successifs, dont le premier sert à masquer les dépendances du temple, et manque à un certain degré de caractère. Le second, au contraire, a un style monumental et rappelle vaguement l'architecture orientale. Des refends colorés impriment à cette façade un caractère particulier. Le couronnement, terminé par les tables de la loi, est d'un effet simple et grave comme le culte qu'il rappelle. En somme, si on tient compte des difficultés inévitables que présentait la configuration du terrain, de la nécessité d'utiliser d'anciennes constructions, et des ressources bornées que l'administration consistoriale avait mises à la disposition de l'architecte, on sera étonné du merveilleux parti que M. Thierry a su tirer d'éléments aussi ingrats. Sans modèle, sans données historiques, il a dû reconstituer, par sa seule inspiration, un mode d'architecture dont on n'a plus de traces. Sa sagacité lui a suggéré que les errements de cette architecture devaient se trouver dans les traits primitifs du style oriental, dépouillé de cette surabondance de détails que le génie arabe a semés à profusion dans les monuments de l'Orient. C'est là une induction rationnelle, et, pour notre compte, tout nous porte à croire qu'elle est fondée.

L'année religieuse des juifs commence le 27 septembre, et l'ère juive date du commencement du monde. Leurs grandes fêtes sont :

Le jour de l'an (Roschachana, création du monde), premier jour de Tibri, mois de septembre, dix jours avant le grand jeûne : sa durée est de deux jours;

Le grand jeûne (Kippour, fête du grand pardon, jour des expiations), qui a lieu dans le mois de

septembre : cette fête dure vingt-quatre heures ;
La *fête des Tabernacles* (Souccoth, tente), en mémoire du passage dans le désert : le quinzième jour de Tisri (octobre), neuf jours ;
La *Pâque* (Pessach), en souvenir de la sortie d'Égypte : le quinzième jour de Nissan (avril), neuf jours ;
La *Pentecôte* (Schebouth), en l'honneur des lois données par Dieu à Moïse sur le mont Sinaï, au mois de Siwan (mai), deux jours.

Il faut ajouter la *fête du Sort* (Pourim), au mois d'Adar (février), anniversaire de la délivrance des Israélites persécutés par Aman, et la *Hanoucka*, fête commémorative du rétablissement du temple après la victoire de Judas Machabée, et aussi de la délivrance de Béthulie par Judith. Autrefois la loi religieuse ne permettait aux Juifs les divers jeux de cartes que pendant les huit jours de la Hanoucka.

Il existe à Paris environ vingt-cinq mille habitants qui appartiennent aux divers cultes dissidents de la religion luthérienne ; les deux principales communions, la communion chrétienne et la communion calviniste, sont seules régulièrement organisées. Le petit nombre de chrétiens qui ne font partie ni de l'une ni de l'autre ne possèdent aucun édifice officiellement ouvert à leur culte et reconnu par l'État : il y a cependant quelques édifices religieux particuliers, tels que la chapelle du rit Wesleyen, rue Royale-Saint-Honoré, et l'église royale épiscopale d'Angleterre, qu'on peut considérer comme une dépendance de l'hôtel de l'Ambassade anglaise. Nous ne connaissons aucune mosquée ni aucun temple ouvert aux fidèles des religions qui ne se rapportent pas à la nôtre.

Le culte luthérien possède le temple de la Rédemption évangélique, situé rue Chauchat, où est le consistoire central. Le temple des Billettes, dans les environs du marché Saint-Jean, appartient également à ce culte. Les calvinistes ont leur consistoire à l'Oratoire du Louvre, avec deux succursales, le temple de Sainte-Marie et le temple de Pentemont. Ces monuments religieux, qui sont presque tous d'anciennes chapelles de couvents, méritent quelques détails historiques ou descriptifs.

L'église des Billettes fut donnée, en 1809, aux luthériens. L'origine de cette église et de l'hôpital, aujourd'hui supprimé, dont elle faisait partie, est des plus curieuses. Le 12 avril 1290, un juif nommé Jonathas commit un sacrilège en plongeant une hostie consacrée dans un vase rempli d'eau bouillante. Le peuple, furieux, envahit la maison et se saisit du juif, qui fut condamné à être brûlé vif et exécuté. Sa propriété, ayant été confisquée, fut donnée par le roi à un bourgeois nommé Reinier Flaming, qui fit construire sur l'emplacement qu'elle occupait une chapelle dite Chapelle des Miracles. Plus tard, les frères hospitaliers de la Charité Notre-Dame,

Temple de la Rédemption évangélique.

établis près de Châlons, obtinrent cette chapelle et les terrains environnants pour y établir un hôpital, où ils recevraient les malades et les pauvres passants.

La seule partie caractéristique du costume de ces religieux était un petit scapulaire ou *billette*, qu'ils portaient sur leurs habits : le peuple s'habitua dès lors à les nommer *frères Billettes*. Il appelait de même leur communauté, le couvent *où Dieu fut bouilli*. Après diverses vicissitudes, le couvent et l'église des frères Billettes, rebâtie en 1754 sur les dessins d'un dominicain appelé Claude, devinrent la propriété des Carmes, qui en furent dépouillés en 1790. La ville, ayant racheté le temple en 1808, le céda l'année suivante.

L'église de la rue Chauchat, dont le fronton porte cette inscription : *Église évangélique de la Rédemption*, a été bâtie sur une partie de l'ancienne halle de déchargement.

Le temple de l'Oratoire conserve le nom et le souvenir d'une des institutions religieuses qui ont fait le plus d'honneur à la France ; nous voulons parler de la congrégation des oratoriens. Cette congrégation fut fondée par M. de Bérulle, qui pensa que le moyen le plus efficace de régénérer le clergé serait de former ces jeunes ecclésiastiques instruits, capables d'enseigner et de prêcher dans les collèges et dans les séminaires sous la direction des évêques. Son projet fut approuvé par Henri de Gondi, archevêque de Paris, et reçut son exécution en 1611. M. de Bérulle, assisté de cinq prêtres aussi vertueux que lui, s'établit d'abord au faubourg Saint-Jacques, là où se trouve actuellement le Val-de-Grâce, et il fonda cette congrégation, dont les membres ne furent astreints à aucun vœu. En 1616, il acheta de la duchesse de Guise l'hôtel du Bouchage, bâti par le duc de Joyeuse, et qui avait appartenu à Gabrielle d'Estrées. D'autres acquisitions augmentèrent cet emplacement, et, cinq ans après, la première pierre de l'église était posée. Elle fut terminée en 1630.

Malgré les services rendus à l'instruction publique par cette congrégation célèbre, la révolution ne l'épargna pas ; elle employa leur église aux assemblées du district et de la section du quartier. Plus tard, par une décision de Napoléon, cette église fut affectée au culte réformé, au lieu de Saint-Louis du Louvre, qu'on lui avait d'abord cédée, et qu'il fallut démolir pour les déblais de la place du Carrousel. Les bâtiments du couvent ont été successivement occupés par la Conservation générale des hypothèques, le Conseil impérial des prises maritimes, et par plusieurs sociétés littéraires. On y a établi aujourd'hui les bureaux de la Caisse d'amortissement, et de la Caisse des dépôts et consignations, qui vont faire place au prolongement de la rue de Rivoli.

Citons aussi le temple de Sainte-Marie, situé tout près de l'Arsenal, et qui occupe l'emplacement de l'ancien hôtel de Cossé.

Temple de l'Oratoire.

Chapitre LI.

LES GOBELINS.

Origine de l'art de la tapisserie. — La tapisserie en Orient. — La célèbre tapisserie de Bayeux. — Gilles Gobelin. — Jean Liansen. — Première tapisserie de haute lisse. — Colbert. — Un édit de Louis XIV. Manufacture royale des meubles de la couronne. — Haut degré de perfection de la tapisserie des Gobelins. — Le nombre des ouvriers. — Dépense annuelle des Gobelins. — Les traitements. — Les chefs et sous-chefs d'ateliers. — Écoles aux Gobelins. — École primaire et de dessin. — Les médailles. — L'école de tapisserie. — L'art de la tapisserie. — Chromographie. — Les métiers de haute lisse. — Leurs avantages. — Les instruments de tissage. — Manufacture de la Savonnerie. — Teinture des Gobelins. — Élèves de teinture entretenus aux frais de l'État. — Régime supposé des teinturiers des Gobelins. — Les pièces capitales produites aux Gobelins. — Les directeurs. — M. Lavocat. — Améliorations apportées par M. Badin. — Manufacture de Beauvais.

L'art de la tapisserie paraît originaire de l'Orient et remonte aux temps les plus reculés. Pergame, Tyr, Sidon, Babylone, ont possédé des tapisseries brodées d'or et d'argent. Pergame surtout était renommée par cette industrie, dont les produits, aussi solides que recherchés, étaient encore, il y a plusieurs siècles, l'objet d'un commerce considérable en Italie.

Apportée à l'époque des croisades en France, où elle devait se perfectionner, la tapisserie commença par orner les églises et le palais des rois. Quelques riches seigneurs en décorèrent aussi leurs châteaux; mais son prix élevé empêcha toujours l'usage de s'en répandre et de devenir général. Le onzième siècle nous en a légué une très-célèbre et connue sous le nom de tapisserie de Bayeux: elle représente la conquête de l'Angleterre par les Normands, et on l'attribue à la reine Mathilde.

Aucun document officiel ne nous a transmis l'histoire des établissements de tapisserie en France, pendant les siècles qui suivirent l'importation de cette industrie. Livrée, comme toutes les autres, aux particuliers ou aux corporations, elle n'attendit pas, pour s'exercer, la fondation d'une manufacture royale. Outre celle de Bayeux, on possède des tapisseries qui, par la manière grossière avec laquelle elles sont traitées, et puis encore par le style de leurs inscriptions, semblent appartenir et appartiennent en effet au quatorzième et au quinzième siècle. Le musée du Louvre en renferme quelques-unes de diverses époques et classées par ordre chronologique; mais ces monuments ne sont pas les seuls de ce temps; il s'en trouve également dans plusieurs églises, surtout dans le midi de la France.

La *manufacture des Gobelins* doit son nom à d'anciens teinturiers établis sur l'emplacement qu'elle occupe, en 4450, selon les uns, et, selon d'autres, sous François Ier seulement. Cet établissement ne prit qu'au commencement du dix-septième siècle le nom d'hôtel de Gilles Gobelin, qui, d'un d'eux lui donna. Un tapissier de Bruges, Jean Liansen, dit Jans, y fabriqua le premier la tapisserie sur des métiers de haute lisse.

Lorsque Colbert eut restauré les résidences royales du Louvre et des Tuileries, il songea à les décorer avec une splendeur qui répondît à leur destination. A cet effet, il conçut et réalisa l'idée digne d'un grand ministre, de réunir dans un même local et sous une même direction les hommes les plus habiles dans les arts et les métiers, tels que peintres, sculpteurs, graveurs, tapissiers, orfévres, fondeurs, lapidaires, menuisiers en ébène et en bois, teinturiers, etc. En même temps, Colbert décida le roi à faire, en 1662 ou 1663, l'acquisition d'une partie des bâtiments des anciens teinturiers Gobelins, où était déjà installée une fabrique de tapisserie; mais ce fut seulement au mois de novembre 1667 que Louis XIV rendit un édit par lequel il donna à cet établissement le titre de *manufacture royale des meubles de la couronne*. Colbert en confia la direction à Lebrun, premier peintre du roi.

L'édit de 1667 accorda des privilèges considérables aux ouvriers, la maîtrise et les droits réservés à la naturalisation; il les exempta de toutes tailles et impositions, de tutelle, curatelle, guet, garde de ville et autres charges publiques et personnelles; il exempta, en outre, de tout logement des officiers et soldats des gardes françaises et suisses, douze des maisons les plus proches de l'hôtel des Gobelins et destinées à l'habitation des ouvriers et de leurs familles. Comme

Entrée de la manufacture des Gobelins.

la plupart d'entre eux étaient Flamands, l'article 15 de l'édit disposait: « Il sera loisible au directeur des manufactures de faire dresser en des lieux propres les brasseries de bière pour l'usage des ouvriers, sans qu'il en puisse être empêché par les brasseurs de bière, ni tenu de payer aucuns droits. »

L'édit se terminait par l'article 17 suivant: « Et au moyen de que dessus, nous avons fait et faisons très-expresses inhibitions et défenses à tous marchands et autres personnes, de quelque qualité et condition qu'elles soient, d'acheter ni faire venir des pays étrangers des tapisseries, en vendre ou débiter aucune qui présentement dans notre royaume, à peine de confiscation d'icelles, et d'amende de la moitié de la valeur des tapisseries confisquées, applicable le tiers à nous, l'autre tiers à l'hôpital général, et le reste au dénonciateur. Défendons d'expédier aucuns passe-ports pour l'entrée d'icelles, et tous officiers qu'il appartiendra d'y avoir aucun égard. »

Toutes ces dispositions attestent quelle importance Louis XIV attacha, dès l'origine, à l'établissement des Gobelins.

Depuis sa fondation, cette manufacture a été appelée à reproduire, par la tapisserie, les tableaux des peintres contemporains les plus distingués: Lebrun, Lesueur, Van der Meulen, Mignard, les trois Coypel, Jouvenet, Boucher, Vien, Vincent, David, Girodet, Gérard, Gros, Carle Vernet, Guérin, etc. Aujourd'hui c'est au musée du Louvre ou à celui du Luxembourg qu'elle emprunte des tableaux pour les exécuter.

Quoique de nos jours la fabrication de la tapisserie pour tenture d'appartements ait été abandonnée depuis l'invention des papiers peints, qui les remplacent d'une manière plus économique pour l'embellissement de la demeure des particuliers, elle occupe néanmoins un grand nombre de bras. Quelques établissements de Belgique, d'Allemagne, d'Angleterre et de Russie en fabriquent encore pour ameublement; et on a pu voir, aux dernières expositions de l'industrie française, de ces tapisseries exécutées par nos fabricants français, qui réunissaient la variété du dessin, la beauté des couleurs et l'avantage immense de n'être pas plus chères que les étoffes de soie et de laine provenant des fabriques de Lyon et d'Amiens.

Mais c'est principalement dans la manufacture des Gobelins que le travail de la tapisserie a acquis un haut degré de perfection: il a créé en quelque sorte un nouveau genre de tableaux, et la plupart des ouvriers sont aujourd'hui de véritables artistes. Leur nombre ne s'élève pas à moins de 130, dont 100 environ sont logés dans les bâtiments mêmes de la manufacture; les autres reçoivent une indemnité de logement. Un vaste enclos, d'une superficie de 6 hectares, est divisé en 420 petits jardins répartis entre un égal nombre d'artistes et séparés l'un de l'autre par des haies ou des treillages à hauteur d'appui, de telle sorte que la vue les embrasse tous à la fois, comme s'ils ne faisaient qu'un seul et même verger.

La manufacture des Gobelins figure au budget de la liste civile pour une dépense annuelle de 280,000 fr., dont 200,000 fr. s'appliquent au personnel. Tous les artistes sont payés à l'année, et le chiffre moyen des traitements est de 1,300 fr. Ceux de la classe supérieure touchent 1,800 fr., et les chefs d'ateliers 2,700. Les places de chefs et de sous-chefs d'ateliers sont données à ceux qui se distinguent le plus par leur talent et leur bonne conduite. Les chefs sont chargés, sous l'autorité de l'Inspecteur des travaux, de la confection des ouvrages et de la recherche des couleurs pour les ateliers respectifs dont la surveillance leur est confiée: ils prennent en outre les mesures nécessaires pour la conservation des tableaux, tapisseries et tapis, et pour celle de tous les objets dont se compose le mobilier des ateliers; ils font l'inspection des ateliers au moins trois fois par jour, et veillent à ce que les travaux se poursuivent avec une célérité qui ne nuise pas à leur perfection. La fabrication de chaque tapisserie ou tapis est conduite sous l'autorité d'un chef d'atelier par celui des ouvriers-artistes travaillant à chaque grand métier, qui est jugé le plus capable de la diriger : cet artiste a le titre de chef de pièce.

Depuis l'édit de novembre 1667, divers règlements ont successivement pourvu à l'administration de la manufacture des Gobelins. Quelques-uns renferment des dispositions singulières, et se ressentent jusqu'à un certain point des circonstances sous l'empire desquelles ils ont été adoptés.

Sans parler de ceux de septembre 1776, du 22 septembre 1783 et du 1er juillet 1788, nous lisons dans celui du 31 décembre 1790 cotétranger article : « Comme le chirurgien de la maison est obligé d'avoir un garçon pour l'aider à administrer les plus prompts secours à ceux des ouvriers qui pourraient avoir besoin de son ministère, ceux-ci seront indistinctement assujettis à *se faire raser* une fois par semaine, et à payer, pour raison de ce, quatre livres par an audit chirurgien, quand même ils se feraient raser ailleurs. En conséquence, chacun d'eux subira tous les trois mois une retenue de vingt sols, que les entrepreneurs chefs d'ateliers remettront audit chirurgien. »

Le règlement du 10 avril 1822 porte, art. 19 : « Quiconque se permettrait un discours, *même indirect*, contre la religion, ou contre le roi et les princes de son auguste famille, serait immédiatement expulsé de la manufacture, indépendamment des poursuites à exercer par les tribunaux, s'il y avait lieu à l'y traduire. » — Art. 20 : « La lecture des journaux et les discussions politiques sont expressément interdites dans les ateliers. »

Atelier des tapisseries.

Aux termes du règlement établi le 8 octobre 1833, et qui n'a pas cessé jusqu'à ce jour d'être en vigueur, l'ouverture des ateliers est fixée ainsi qu'il suit : en mars, avril, mai, juin, juillet et août, depuis six heures du matin jusqu'à six heures du soir; en septembre, octobre, novembre, décembre, janvier et février, depuis huit heures et demie du matin jusqu'à quatre heures du soir. Pendant les six premiers mois, il est accordé une heure pour le déjeuner, de neuf à dix heures, et une heure pour le dîner, de une à deux. Pendant les six derniers mois, il est accordé seulement une heure pour le dîner, de midi à une heure.

La manufacture des Gobelins possède une école d'instruction primaire, une école de dessin, une école de tapisserie, et compte un certain nombre d'apprentis tapissiers.

Les enfants admis à l'instruction primaire sont tenus de s'y rendre tous les jours, à l'ouverture de l'école. Ceux qui en sont exclus ne peuvent être admis comme élèves à l'école de dessin, ni être reçus en qualité d'apprentis.

L'école de dessin a pour professeur l'inspecteur des travaux de la manufacture. Le nombre des élèves est généralement fixé à quatre-vingt-dix, sans cependant que ce soit d'une façon invariable; ils sont divisés en trois classes : la première, composée des plus avancés; la deuxième, de ceux qui commencent à dessiner d'après la bosse ; et la troisième, de ceux qui copient d'après le dessin. Un concours a lieu dans chaque classe, tous les deux mois, pour les places, et un concours général à la fin de chaque année. Les prix consistent en une première, une deuxième et troisième médaille pour chaque classe. Ces médailles sont distribuées le jour de la fête du chef de l'État.

L'école de tapisserie est établie dans un des ateliers de la manufacture; elle a pour professeur un ouvrier-artiste, et est visitée et surveillée par l'inspecteur des travaux et les chefs d'atelier. La disposition des métiers, le choix des modèles et l'enseignement sont appropriés, dans cette école, à toutes les études, depuis l'assortiment des nuances et l'imitation des ornements et des fleurs, jusqu'à celle des carnations et à la reproduction des tableaux d'histoire.

Teinturerie.

Les apprentis tapissiers sont choisis parmi les élèves des écoles de dessin et de tapisserie. Leur avancement est soumis aux mêmes conditions que celui des ouvriers. Lorsqu'il y a égalité de bonnes dispositions, les fils d'ouvriers sont admis de préférence. Le premier traitement des apprentis, admis définitivement après deux ans d'essai, est de 120 fr. par an. Ce traitement s'élève progressivement, selon leur capacité, jusqu'à 400 fr.; ensuite ils sont reçus ouvriers. Ceux qui, après deux ans d'essai, n'ont pas fait de progrès sensibles, sont rendus à leur famille.

Il est décerné tous les ans, à la fête du chef de l'Etat, par l'intendant général de la liste civile, sur le rapport de l'administrateur, deux médailles d'argent aux deux ouvriers-artistes qui ont fait preuve de plus de talent et de zèle dans chacune des fabrications des tapisseries et des tapis.

Nous nous bornerons ici à faire connaître succinctement en quoi consiste le travail manuel de la tapisserie, d'après l'ouvrage intitulé *Chromographie*, et publié par un fabricant de tapisserie, M. Rouget de Lisle.

L'art de la tapisserie consiste à imiter un objet avec des fils colorés nommés *brins*, d'un diamètre sensible, que l'on applique autour de fils non colorés appelés *chaîne*, tendus horizontalement sur un métier dit de *basse lisse*, ou verticalement sur un métier de *haute*

CHAPITRE LI. — LES GOBELINS.

lisse. Cette imitation s'opère, soit par le mélange des couleurs ou *brins* tellement rapprochés ou divisés, que l'œil en reçoit une impression unique; soit par la juxtaposition de *brins* assortis d'après la loi du contraste des couleurs, et susceptibles d'être vus simultanément et parfaitement distincts les uns des autres. Dans le premier cas, l'imitation est faite par le système des *hachures*; et dans le second, par le système des *teintes plates*.

Les fils de la chaîne sont séparés en deux rangs, appelés *croisures*, à l'aide de *lisses*, ou espèces d'anneaux de ficelle montés sur deux bâtons qui les ramènent alternativement l'une au-dessus de l'autre, et laissent ainsi un espace libre entre eux; cet espace permet à l'artiste de passer facilement le brin de laine, roulé sur une broche ou flûte, de gauche à droite, lorsque la première croisure est levée; et de droite à gauche, lorsque la seconde est levée à son tour. Cette allée et cette venue s'appellent *duite*. Il faut au moins deux duites pour former une *hachure*, dont l'une doit être moins étendue que l'autre. L'ensemble des duites tassées par le peigne constitue le tissage proprement dit.

Un des plus habiles chefs d'ateliers de la manufacture des Gobelins, M. Deyrolle père, a composé un *Essai sur l'art de la tapisserie*, traité complet sur la matière. Nul ouvrage ne contient autant de renseignements; tous les secrets de l'art y sont exposés avec autant de clarté que de précision, et l'on ne peut trop féliciter l'auteur d'une publication appelée à rendre d'aussi incontestables services à l'industrie dont il s'occupe.

Les métiers de haute lisse sont employés aujourd'hui à l'exclusion des métiers de basse lisse. Les premiers offrent plusieurs avantages : ils permettent de voir le travail à l'endroit; le modèle est placé à la droite de l'artiste et derrière lui, à la distance d'un demi-mètre, de manière qu'il a seulement à tourner la tête, tandis que le tableau lui ôterait le jour, s'il était placé devant lui; enfin les tableaux s'exécutent couchés sur le côté, et par cela même dans leur plus grande longueur. Cette pose du modèle présente moins de difficultés pour le dessin, qui s'exécute mieux avec le tissu qu'avec la chaîne; l'un étant plus fin que l'autre; elle donne en outre la faculté de faire simultanément travailler plusieurs artistes à la même pièce, suivant leur genre de talent.

Quant à son ouvrage même, l'artiste l'exécute à l'envers de la pièce, et la raison en est expliquée dans l'*Essai* de M. Deyrolle : « La tapisserie, en effet, est un tissage, et la marche des tons se voit à l'envers par les points que laisse le tissu qui voyage avec les broches, en suivant le mouvement des teintes. Si l'artiste

Ouvrier tapissier.

travaillait par devant, il serait obligé de couper chaque brin de tissu à mesure qu'il cesserait de s'en servir, ce qui allongerait considérablement l'ouvrage et diminuerait sa solidité; au lieu que, le travail étant exécuté par derrière, tout le défectueux du tissu et de la chaîne est attiré à l'envers. »

Les principaux instruments dont se sert le haute-lissier sont la broche, le peigne et le grattoir en ivoire, l'aiguille à presser ou petit poinçon, et la pince pour enlever les boutons de la laine ou de la soie.

On évalue, terme moyen, à un mètre carré par an la quantité d'ouvrage qu'un artiste peut exécuter. Le prix du mètre est évalué lui-même à 3,000 francs.

En 1826, la manufacture dite de la Savonnerie, à Chaillot, où se fabriquait le tapis de pied, façon de Perse, a été réunie à la manufacture de tapisseries des Gobelins. Les métiers sont les mêmes, mais de plus grande dimension que ceux qui servent à la fabrication de haute lisse. La monture est ourdie de la même manière; seulement lorsqu'on ourdit, on a soin de ranger les fils de façon que chaque portée de dix fils ait le dixième d'une couleur différente des neuf autres. Ces dixièmes fils ou dizaine répondent à des points noirs faits sur le tableau, distancés comme les fils de couleur, et disposés de manière à former ensemble des carrés qui ont la longueur de dix fils. C'est là tout le dessin qui sert à guider ces habiles artistes. Le tableau, coupé par bandes, est attaché sur la portée de lisse, de telle façon que les points du modèle répondent aux fils de couleur de la monture et que l'artiste aperçoive ce qu'il a à exécuter. L'étoffe du tapis diffère entièrement de la tapisserie, et, au lieu d'être lisse comme cette dernière, elle est veloutée.

La teinture de la manufacture des Gobelins est non moins renommée que sa tapisserie. Jusqu'en 1791, on y teignit les laines pour le public, comme pour la manufacture, et même les draps et les étoffes. Depuis elle est exclusivement occupée à teindre les laines à l'usage de l'établissement des Gobelins et de celui de Beauvais. Les procédés et la manipulation de la teinture étant un des points les plus intéressants pour la beauté des tapis de prix et pour assurer la durée de leur éclat, les divers règlements ont soigneusement prescrit que tous les procédés employés à cette manipulation fussent subordonnés à l'inspection d'un chimiste profondément versé dans son art. La place de directeur des ateliers de teinture, supprimée en 1792 par le ministre Rolland, fut rétablie en l'an IX par Chaptal et rendue au chimiste Darcet. Aujourd'hui elle est occupée par M. Chevreul, membre de l'Institut et auteur du traité célèbre du *Contraste simultané des couleurs*. Chaque année, du 15 octobre au 15 janvier, M. Chevreul tient dans l'amphithéâtre de la manufacture un

Atelier de tapis.

cours public de chimie appliquée à l'art de la teinture.

Sous l'Empire, deux élèves étaient entretenus à l'atelier de teinture des Gobelins, aux frais de l'État. Voici l'origine de cette création, plus tard tombée en désuétude : une fabrique de Lyon avait fourni pour un des palais impériaux, un meuble bleu dont la couleur passa très-vite. Napoléon ordonna qu'on fît subir au fabricant une retenue assez forte, et qu'on appliquât les intérêts du capital à l'entretien perpétuel de deux élèves aux Gobelins : ceux-ci devaient y passer deux années, et être ensuite envoyés dans toutes les parties de l'Empire, afin d'y propager les meilleurs procédés de teinture.

Il suffit de visiter les magasins de la manufacture et de voir la tapisserie et les tapis, pour être à même d'apprécier la beauté et la gradation des nuances, ainsi que le talent des teinturiers. Les ouvrages eux-mêmes font leur éloge. Quant à l'opinion qui attribue la belle teinture des laines à la qualité des eaux de la Bièvre, elle est complètement erronée. Cette eau bourbeuse ne sert presque jamais, et depuis longtemps l'eau de Seine est seule employée. Une autre erreur, non moins grossière, est assez généralement accréditée sur le procédé auquel serait due la teinture de la laine en écarlate. Jamais, dans l'établissement, on n'a nourri d'hommes de rôti et de vin de Bordeaux, afin d'obtenir des eaux d'une vertu colorante toute particulière : régime que la rumeur publique regarde comme mortel. Personne ne sait quelle a pu être l'origine de cette fable, qui donne presque annuellement lieu aux offres les plus bizarres. L'administration, entre autres lettres, a reçu une fois la suivante : « Je suis las de la vie, et je suis disposé, pour en finir avec elle, à me soumettre au régime imposé aux teinturiers des Gobelins. Pour vous donner une idée des services que je suis en état de rendre à l'établissement, je dois vous dire que je puis boire par jour vingt bouteilles de vin, sans perdre la raison. Si vous voulez me prendre à l'essai, vous jugerez tout à votre aise ma capacité. »

Lebrun et Mignard furent les premiers directeurs de la manufacture des Gobelins. M. Lavocat, y a introduit, depuis 1833, des réformes importantes et utiles.

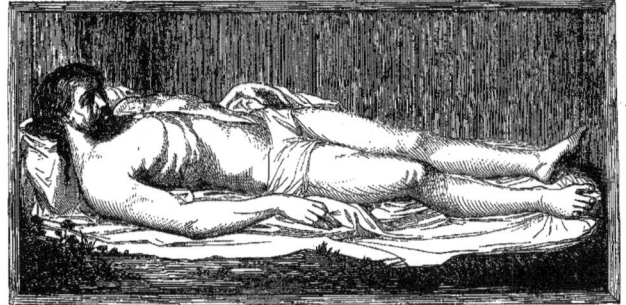

Le Christ, d'après Sébastien del Piombo; devant d'autel en tapisserie de haute lisse.

Chaque semaine, le mercredi et le samedi, de deux à quatre heures, un grand concours de visiteurs se pressent dans les ateliers des Gobelins, que Napoléon visita en 1810 et Louis-Philippe en 1830.

Les produits de la manufacture des Gobelins étaient tous les deux ans, au 1er mai, exposés au Louvre, avec ceux de Beauvais et de Sèvres. Ces expositions ont été pendant quelque temps annuelles; mais l'on a bientôt reconnu qu'elles étaient trop rapprochées, puisqu'il faut cinq ou six ans et quelquefois davantage pour fabriquer une tapisserie de grande dimension.

Parmi les pièces capitales exécutées dernièrement, on distingue plusieurs tableaux d'après les cartons de Raphaël : les Apôtres guérissant dans le Temple ; la Prédication de saint Paul à Athènes devant l'Aréopage; la Mort d'Anani; la Pêche miraculeuse, etc.

Les tapisseries, après leur complet achèvement, sont placées dans une salle d'exposition malheureusement trop petite pour cette destination. On y remarque, entre autres copies, une fête au dieu Pan, d'après Mignard; Aminthe et Sylvie, d'après Boucher; prise de voile de saint Bruno, d'après Lesueur; les honneurs de la sépulture rendus aux cendres de Phocion, d'après Meynier; la Conjuration des strélitz, d'après Hersant; enfin, le Massacre des mameluks au Caire, d'après Horace Vernet. Cette dernière tapisserie, la plus remarquable qui soit jamais sortie des Gobelins, a été exécutée en six années, et terminée, en 1844, sous l'administration de M. Lavocat. M. Rançon, chef de cette pièce, en a exécuté lui-même les parties les plus difficiles, et a été assisté pour les autres par MM. Bloquerre, Manignant, Hupé et Martin. La copie rend avec la plus exacte fidélité toutes les beautés de l'original, et ajouterait encore, s'il était possible, un nouveau lustre à l'ancienne renommée de la manufacture des Gobelins.

Un artiste de talent, un homme d'une intelligence droite et ferme, M. Badin, fut appelé, avec la révolution de 1848, à la direction de la manufacture des Gobelins. Il sut la tirer de ses vieux errements, et travailla à la ramener dans une meilleure direction. Comprenant que la tapisserie est une décoration monumentale, et ne doit s'inspirer que de modèles d'un style large et simple, tels que les chefs-d'œuvre des grands maîtres, ou bien de cartons composés pour elle dans un style approprié, il fit exécuter, d'après une copie de feu Papety, une reproduction du tableau de Raphaël à la Farnésine, représentant la *Réception de Psyché dans l'Olympe*. Nous avons pu admirer la perfection de travail des habiles artisans qui, cachés derrière le réseau des fils tendus de la haute lisse, et opérant à l'envers, modèlent avec des dégradations d'un clair-obscur si délicat les carnations de figures qu'ils ne voient pas. Ce chef-d'œuvre est un des titres les plus glorieux de l'industrie des Gobelins et de la rénovation introduite par M. Badin.

Fauteuil style Louis XIV en tapisserie de haute lisse.

M. Badin a dû étendre la réforme sur le procédé même du travail, et chercher à le simplifier de manière à rendre la main-d'œuvre moins coûteuse. L'abus des petits détails, l'amusement des fines dégradations chromatiques, avait été poussé à l'extrême, et les délicatesses de ce travail se jouant autour d'un seul ton avec cent *brins* de laine de teintes différentes, si elles étaient perceptibles à la distance où l'ouvrier se trouve de son métier, disparaissaient complètement à la distance où elles devaient figurer, soit qu'il s'agit d'un tapis, soit qu'il s'agisse d'une tenture. Il en résultait une mollesse contraire au juste effet à produire. M. Badin a cherché à économiser cette dépense inutile de temps, de travail et d'argent, qui aboutissait en somme à une infériorité de rendu.

Les améliorations commencées par cet ex-administrateur sont continuées avec zèle et intelligence par l'administrateur actuel, M. Lacordaire; on ne saurait trouver de personnage trop capable pour mettre à la tête d'un établissement qui assure à la France la suprématie sur tous les autres États dans ce genre d'industrie.

Outre l'administrateur, le personnel supérieur de la manufacture des Gobelins comprend un aumônier, un directeur teinturier, un contrôleur, plusieurs chefs et sous-chefs d'ateliers; viennent ensuite les peintres-artistes, les teinturiers et enfin les gardes-magasins.

Les produits des Gobelins sont d'une nature plus relevée, d'une exécution plus artistique que celles des tapisseries de Beauvais, destinées à meubler les palais et les châteaux appartenant au chef de l'État, et à être données en présents par lui.

A Beauvais, la fabrication s'effectue sur les métiers de basse lisse, et, tout en présentant les mêmes résultats, elle diffère de celle des Gobelins. Le travail s'y exécute à l'envers et à l'endroit. Ce procédé, récemment découvert, a apporté une grande perfection dans les produits de cette manufacture.

Vue de la salle d'exposition des tapisseries.

Chapitre LII.
LES CIMETIÈRES ET LES CATACOMBES.

Les trois cimetières de Paris. — Le cimetière Montmartre. — Tombeaux de Legouvé, Saint-Lambert, Dazincourt, Henri Beyle, etc. — Le Père-Lachaise. — François de Lachaise. — Les tombeaux. — Les épitaphes. — Tombeau du général Gobert. — Garnier-Pagès. — Casimir Périer. — Les tombeaux des célébrités au Père-Lachaise. — Tombeau d'Abélard. — La fosse commune. — La fête des morts. — La grande croix dans les cimetières. — Les cimetières des israélites et des protestants. — Cimetière de Saint-Mandé. — Armand Carrel. — L'administration des pompes-funèbres. — Les marchands de couronnes. — Les sculpteurs de cimetières. — Les croque-morts. — Le cabaret de la Mère aux chiens. — Bug-Jargal. — Les caveaux de la colonne de Juillet.

Indépendamment de la ville des vivants, il faut encore étudier dans Paris la ville des morts. A côté de la population qui circule au sein des rues, sur les places publiques et sur les boulevards, il y a cette population croissante sans cesse, qui repose dans le sein maternel de la terre, et que la terre dévore, sans quoi elle finirait par absorber et envahir tout ce qui respire.

Aujourd'hui les cimetières de Paris sont au nombre de trois, officiellement désignés sous les noms de Cimetières du Nord, de l'Est et du Sud, mais plus connus sous la désignation de Cimetières de Montmartre, du Père-Lachaise et de Montparnasse. Depuis plusieurs années on a fermé le cimetière de Clamart; celui de Picpus, situé dans la rue de ce nom, au faubourg Saint-Antoine, a été concédé par l'Empire à plusieurs nobles familles; là, dorment les Montmorency, les Noailles, là repose Lafayette. Sous l'ancien régime, les morts se mêlaient partout aux vivants, comme un contraste permanent; comme une leçon perpétuelle sur les vanités et la fragilité de ce monde: les fidèles, agenouillés sur les dalles des églises, pouvaient lire les inscriptions tumulaires des morts de distinction, ensevelis dans les caveaux qui formaient sous les nefs et sous le chœur une nouvelle église; la vile multitude reposait dans les cimetières voisins, à l'ombre de la basilique, laissant lire quelques années seulement leurs noms à demi effacés, sur les marbres, les pierres funèbres ou les simples croix de bois. Aujourd'hui encore, après soixante ans du régime administratif auquel nous sommes soumis même au delà du tombeau; après que deux générations entières sont venues se coucher sous les ombrages des cimetières officiels, le sol parisien recèle encore d'innombrables débris humains, que la pioche des terrassiers fait sortir chaque jour du sol, toutes les fois qu'il faut niveler une place, abattre un vieux quartier, creuser des voies nouvelles et des fondements d'édifices et de maisons. A l'entour des églises surtout, la terre ne semble plus se composer que de cendres qui furent autrefois animées. Les fouilles faites devant Saint-Germain l'Auxerrois, et plus récemment celles qui ont dégagé la tour Saint-Jacques, ont amené sur le sol une quantité considérable de cercueils et d'ossements, preuves du soin que mettaient nos ancêtres à ensevelir leurs proches non loin des lieux qu'ils avaient habités et des temples où ils avaient prié le Seigneur.

Parmi ces cimetières aujourd'hui abolis, celui des Innocents doit être distingué, sans contredit, au-dessus de tous les autres.

Ce cimetière, destiné d'abord aux seuls paroissiens de Saint-Germain l'Auxerrois, ne tarda pas à accueillir les morts de tout le voisinage et à prendre une extension considérable. L'établissement des halles fut la cause de profanations incessantes; le cimetière, traversé par une population affairée et commerçante, eut à souffrir en outre les ravages des chiens et des animaux voraces qui séjournaient dans la partie la plus déserte et déterraient les cadavres. Les voleurs en firent aussi leur repaire, et pillèrent les imprudents qui s'y hasardaient. Philippe-Auguste le fit clore de murs; plus tard, on construisit autour de ses murs la galerie voûtée connue sous le nom de *Charniers*, et destinée aux personnes de distinction. Cette galerie sombre, humide, malsaine, servait de passage aux piétons; elle était pavée de tombeaux, tapissée de monuments funèbres, et bordée d'étroites boutiques de modes, de lingerie, de mercerie et de bureaux d'écrivains publics. Elle occupait une partie de la rue actuelle de la Ferronnerie; de ce côté était peinte la fameuse danse *macabre*. On sait que cette danse offre une série de tableaux représentant la Mort qui frappe indistinctement toutes les classes, et qui entraîne avec elle, dans son branle terrible, tous les âges et toutes les conditions. Mais ce qu'on ignore, c'est l'origine de cette peinture fantastique: les uns disent qu'elle reproduit quelqu'une de ces mascarades si usitées dans le moyen âge; les autres en font l'image des poèmes d'un trou-

La grande croix au cimetière Montmartre.

badour nommé Macabrus ; d'autres enfin avancent, et avec plus de raison, ce semble, qu'elle a été conçue par quelque imagination profondément frappée de l'effrayante mortalité qui désolait ces siècles de fer. Parmi les *curiosités* de ce lieu funèbre, on citait l'épitaphe d'une bonne dame qui mourut ayant pu voir autour de son lit *deux cent quatre-vingt-treize* enfants issus d'elle, et le tombeau d'Alix-la-Burgotte, qui demeura quarante-six ans recluse dans une espèce de cellule étroite, éclairée de deux meurtrières grillées, dont l'une, ouverte sur la voie publique, lui servait pour recevoir ses aliments, et l'autre, pratiquée dans l'église, pour assister au service divin. Une grande criminelle de race noble, Renée de Vendômois, coupable du meurtre de son mari, fut également enfermée, pour la vie, dans cette même cellule.

L'église et le charnier des Innoçents furent démolis en 1786, et l'on commença la translation des dépouilles humaines dans les Catacombes, où nous les retrouverons bientôt.

Ces trois cimetières se partagent les morts des douze arrondissements ; chacune des communes qui avoisinent la capitale, même celles qui touchent à ses murs d'octroi, telles que Batignolles, Montmartre, Belle-

Vue générale du Père-Lachaise.

ville, ont leur nécropole particulière. L'ouverture du cimetière Montmartre et du *Père-Lachaise* date du 21 ventôse an IX : le premier des deux est affecté aux 1er, 2e, 3e et 4e arrondissements, et le second aux 5e, 6e, 7e et 8e arrondissements. Les quatre derniers se servent depuis peu d'années d'un enclos nouvellement ouvert en dehors de la barrière Montparnasse ; il a remplacé d'abord le cimetière de Vaugirard, situé à l'entrée du village de ce nom ; et il y a peu de temps que le cimetière de Clamart, devenu insuffisant, a également versé à Montparnasse le trop plein du tribut abondant que la mort envoyait dans son sein.

Le cimetière Montmartre fut d'abord nommé *Champ de Repos*. Il est situé hors du mur d'enceinte, près de la barrière Blanche et de la barrière Montmartre, sur l'emplacement d'une ancienne carrière. C'est aujourd'hui un jardin des plus vastes, où l'inégalité du terrain produit des points de vue pittoresques, et qui semble bien peu propre à inspirer des idées recueillies, en harmonie avec sa destination ; on se croirait dans une gaie et riante promenade, sans ces affreuses chapelles, gothiques et autres, dont la vanité posthume a émaillé toutes les avenues, parsemé tous les massifs.

Le nombre des morts illustres est peu considérable dans cette démocratique enceinte : on y trouve, épars çà et là, les noms de quelques individus plus ou moins célèbres dans les annales de l'industrie, du commerce,

CHAPITRE LII. — LES CIMETIÈRES ET LES CATACOMBES.

de la politique, des arts ou de la littérature. Nous citerons, parmi ces derniers, qui nous intéressent davantage, Legouvé, Saint-Lambert, Dazincourt, l'actrice Adrienne Chameroy, et, plus récemment, Henri Beyle, qui a laissé, sous le pseudonyme de Stendhal, plusieurs romans jouissant d'une réputation méritée. D'ailleurs ce n'est pas à Montmartre, non plus qu'à Montparnasse, qu'il faut chercher les grands souvenirs; c'est au Père-Lachaise que nous les trouvons.

François de Lachaise, jésuite et confesseur du roi Louis XIV, obtint de la munificence de son pénitent la propriété de Montlouis, dans laquelle il fit bâtir une maison de campagne, démolie en 1820. L'enclos de Montlouis, après diverses vicissitudes, fut ouvert aux morts le 21 mai 1804. Il conserva officiellement son premier nom; mais le peuple s'est habitué à lui donner celui de son propriétaire, et même aujourd'hui la qualification de cimetière de l'Est n'est employée que par le bureau des décès à l'Hôtel de ville, ou encore par les marbriers sur leurs cartes-prospectus.

Le cimetière du Père-Lachaise s'étend au nord-est de Paris, dans la commune de Charonne, à quelque distance de la barrière des Amandiers.

Quand on a franchi ses portes funèbres, où sont inscrites des paroles d'espérance, la disposition de tristesse, de dévotion et de recueillement sévère que l'on apportait cède à une impression première plutôt agréable qu'attristante. Si l'on n'entre pas avec le deuil de regrets personnels dans le cœur, au premier aspect, cette rue bordée de petits monuments élégants, de blanches chapelles de marbre qu'entourent des arbustes et des fleurs, plaît par son alignement, sa bonne ordonnance, et les soins d'entretien qui s'y manifestent de toutes parts. Rien ne rappelle les idées de délaissement et de solitude. Les morts font foule: ce n'est pas une rue seulement qu'ils occupent, c'est un nombre considérable de rues à côté les unes des autres, c'est tout un quartier, toute une ville. De belles avenues aux frais ombrages vous conduisent par des pentes douces jusqu'à sur les hauteurs, aux beaux quartiers de la ville, ceux habités par les morts de qualité. Car les distinctions, les prérogatives sociales

des tombeaux du Père-Lachaise, consistant en une sorte de pyramide qu'on aperçoit à une grande distance, et que couronne une coupole à jour dont la résille d'or brille au soleil comme une flamme allumée au haut d'un phare. On reconnaît de suite ces pauvres tombes à leur peu d'élévation au-dessus du sol, à leurs dimensions égales, et à la couleur noire de la clôture en bois qui les entoure et des croix couvertes de larmes et d'inscriptions peintes en blanc qui redisent

Mort du général Gobert en Espagne, groupe principal du tombeau, par M. David.

le nom du défunt et les pleurs que sa mort a causées.

Les divers monuments sépulcraux dans les quartiers bourgeois de cette ville des morts se présentent sous les aspects les plus divers et sont bâtis de différentes matières. Les plus nombreux se composent d'une table de pierre ou de marbre, terminée en forme circulaire ou en forme d'autel antique, plantée verticalement en terre, inclinée, ou couchée horizontalement. D'autres représentent des temples, des chapelles, des caveaux; on voit encore des obélisques, des cippes, des colonnes entières ou brisées. Les symboles les plus fréquemment employés sont le hibou, le sablier, la torche ardente renversée, les lacrymatoires, les vases cinéraires.

Chaque tombeau est protégé par une enceinte en bois ou en fer plus ou moins vaste; les unes sont assez spacieuses, les autres n'ont guère que la largeur réglementaire de la fosse. A l'exception des sépultures les plus somptueuses, qui restent stériles, la plupart sont ornées de fleurs, d'arbustes en pleine terre ou placés dans des vases; quelques tombeaux sont couverts de roses; la fleur des orangers répand son parfum sur quelques autres. Un vase rempli d'eau, un arrosoir, sont là pour entretenir sa verdure. Sur les monuments de cette classe moyenne, on voit souvent appendus des bouquets et des couronnes de fleurs; on y lit des inscriptions de toutes sortes, les unes touchantes, les autres singulières et parfois ridicules, sur lesquelles, de temps immémorial, s'est exercée la verve des hommes d'esprit parisiens et autres. Pour notre part, nous trouvons que de telles plaisanteries sont assez tristes en elles-mêmes, et qu'on doit sourire bien amèrement de la vanité de tous ces morts, et du peu de durée de ces douleurs éternelles. Il faut avoir une

grande prédisposition naturelle à la gaieté et à la bouffonnerie pour s'y livrer en présence d'une inscription fastueuse dans laquelle le fils désolé, l'époux inconsolable, promettent un long souvenir au défunt, tandis que le délabrement de la sépulture, encore toute nouvelle, atteste l'oubli de cette promesse. Je n'ai jamais trouvé extrêmement plaisante l'histoire de cette jeune veuve qui diminua les monuments funèbres promis par elle à son époux, de telle sorte qu'au lieu d'un monument splendide, il n'eut au bout de dix mois sur sa tombe qu'un buste mesquin; je n'ai jamais beaucoup ri de l'empressement des entrepreneurs de sépultures, qui profitent du premier moment de la douleur, *du feu*, disent-ils, pour obtenir des commandes les plus avantageuses et les meilleures conditions réglées sans difficulté. Quant à la formule banale d'épitaphe : bon père... bon époux..., elle vaut mieux encore qu'une pompeuse énumération des titres et des qualités du défunt; il paraît un peu plus moral, après la mort, de le recommander par ses vertus plutôt que par ses dignités. On ne sait trop ce qu'il faut penser des diverses *fioritures* ridicules que l'on ajoute d'ordinaire à ce thème général, comme : *Il fut bon garde national, estimé dans sa légion*, ou, *Sa veuve inconsolable continue son commerce...*; mais il est à croire qu'on les rencontrerait difficilement ailleurs que dans les recueils de bons mots et dans les articles de haute fantaisie.

Pour l'honneur de l'espèce humaine, on aimerait à se persuader que toutes ces inscriptions, simples ou emphatiques, touchantes ou ridicules, ont été dictées par un sentiment réel et profond, quoique parfois inhabile à s'exprimer; et quand on rencontre une preuve de l'instabilité des idées et des affections de l'homme, il ne faut pas en rire, car cela est bien triste. Une chose triste aussi, c'est le spectacle de l'inégalité sociale prolongée au delà de la vie, et régnant au milieu des tombeaux de ces gens que la mort a rendus égaux pour l'éternité. Les sépulcres splendides de quelques riches ignorés semblent vouloir perpétuer jusque sur cette terre de paix et de dernier repos l'envie du pauvre à l'égard du riche. Parmi les tombeaux érigés en l'honneur d'opulentes nullités, il faut faire men-

Le baron Gobert, mourant en Égypte, remet son testament à un ami qui part pour la France.

se continuent encore sur cette terre, qui devrait être celle de l'égalité. La société est nécessairement très-inégale, comme elle l'est tout naturellement de nos jours parmi nous. Mais en général on n'est inhumé qu'avec ses pairs, pour la fortune du moins. Si un coin de ce champ de mort représente les beaux quartiers, un autre représente les faubourgs, les quartiers pauvres et populeux. Ceux-ci s'étendent au pied d'un coteau dominé par le plus orgueilleux et le plus élevé

Le général Gobert sauvant de la mort, aux colonies, quatre-vingts prisonniers des nègres.

tion du monument funèbre élevé en l'honneur du général Gobert. Tandis que Suchet, que Lefebvre, que Masséna, reposent sous des sarcophages, des obélisques assez vulgaires, le général Gobert possède un tombeau sculpté par David.

Ce tombeau consiste en un socle de marbre assis sur une forte base de granit, et surmonté d'un groupe en marbre blanc qui représente le général Gobert tombant de cheval, frappé à mort, tandis qu'un guerillero, tenant en main une escopette, est agenouillé et à moitié renversé sous le poitrail du cheval qui se cabre. L'aspect de ce groupe est saisissant. L'emplacement qu'il occupe au bord d'un talus à pic fait qu'on ne peut bien le voir que du côté du sentier, et c'est de ce côté que l'artiste a fait tomber son cavalier. Pour le voir de l'autre face, il faut redescendre dans l'allée placée au-dessous, près du tombeau du maréchal Macdonald; mais de là le groupe, vu de bas en haut, présente des raccourcis forcés, et la ligne se compose mal. Aussi cette partie a-t-elle été sacrifiée par l'artiste. Cependant la tête du cheval, un peu inclinée de ce côté, se dessine bien sur le ciel. Cette tête est la partie saillante de l'ouvrage. Cela est d'un dessin ferme, largement indiqué dans un style monumental. Le corps du général, qui s'affaisse et chancelle, paraît un peu court, et les longs cheveux flottants qui encadrent sa tête lui donnent une apparence un peu lourde. Un manteau, encore faiblement retenu autour de la main gauche défaillante, tombe à terre le long du flanc gauche du cheval, et forme un massif qui sert à solidifier l'ensemble, remplaçant d'une manière heureuse les supports non motivés que se permettaient les anciens sculpteurs.

Quatre bas-reliefs décorent les quatre faces du tombeau. Le premier représente le général Gobert, gouverneur de Bologne, apaisant par ses exhortations une sédition des habitants, au lieu de les faire disperser par la mitraille, comme on lui en donnait le conseil. Ce bas-relief, placé du côté du talus à pic, n'est visible que de l'allée en bas. La multitude de figures qui s'y trouvent ne nuit pas à la clarté de la scène, comme cela arrive pour le bas-relief de la face correspondante, dans lequel l'artiste a voulu représenter le général en chef Dampierre, blessé mortellement, qui charge le général Gobert de recueillir les débris de son armée, et lui fait don de son sabre de commandement.

Dans le bas-relief antérieur du monument, le général Gobert, à la Martinique, tue un nègre qui s'apprête à faire sauter une maison minée pleine de prisonniers de race blanche.

Sacrifiant volontairement l'unité de l'exposition, M. David a cru devoir consacrer à M. Napoléon Gobert, fils du général, le quatrième bas-relief où devait être l'inscription monumentale. Il l'a représenté mourant en Égypte, et remettant à un ami prêt à s'embarquer pour la France le testament par lequel il faisait de si riches legs à l'Académie française et à l'Académie des inscriptions, et dans lequel il destinait une somme de deux cent mille francs aux frais de l'érection d'un monument en l'honneur de son père.

Cet ouvrage de sculpture, exécuté sur place par M. David, est plein de mouvement et d'énergie. Mais ce groupe animé, cette lutte passionnée, cet épisode ardent et tumultueux semble, à mon avis du moins, déplacé dans cet asile du repos éternel. Les bas-reliefs d'un tombeau, sorte de légendes explicatives, peuvent bien rappeler les scènes agitées de la vie, mais les grandes figures qui le couronnent doivent se renfermer dans des lignes calmes et sévères qui ne contredisent pas l'idée solennelle et les recueillements de la mort.

Les gardiens du Père-Lachaise, après avoir fait admirer aux visiteurs ce chef-d'œuvre de notre plus grand sculpteur, conduisent les visiteurs à un tom-

Tombeau de Garnier-Pagès.

beau qui ne manque pas non plus de mérite, au tombeau de Garnier-Pagès, également de David.

Le tombeau de Garnier-Pagès n'a pas cette magnificence qui n'aurait pas convenu à la destinée modeste du simple député. Garnier-Pagès repose au milieu de la foule; mais comme la place a été bien choisie! que de calme dans ce lieu solitaire! comme le style du monument est original et sévère! UNE TRIBUNE VIDE AU-DESSUS D'UN CERCUEIL! On découvre là-bas tout Paris dans le lointain. Le cercueil est en marbre noir, la tribune en marbre blanc et sa base en granit; l'œil contemple avec recueillement, au-dessus de la tribune, la couronne civique et la liste éloquente des principaux discours du jeune orateur.

On lit sur le tombeau, pour toute inscription :

GARNIER-PAGÈS,
SOUSCRIPTION NATIONALE.

Non loin de Garnier-Pagès repose son ami et son rival politique, Casimir Périer. Le sépulcre de Casimir Périer, banquier opulent, régent de la Banque de France, premier ministre, etc., est d'un beau style et d'une grande richesse; les proportions en sont larges, et dénotent un architecte habitué à des conceptions d'une plus haute portée et à des constructions plus grandioses; les ornements en sont magnifiques. Le monument fait honneur au talent de M. Achille Leclerc.

La statue est ressemblante : c'est bien là cette nature élevée, belle, énergique; la pose rappelle une volonté fière, le mouvement du bras une action ferme. Les bas-reliefs représentent les images de l'Éloquence, de la Justice et de la Force; le dessin en est correct et l'exécution savante.

Voici les inscriptions gravées sur le tombeau : *La ville de Paris, pour consacrer la mémoire d'un deuil général, a donné à perpétuité la terre où repose un grand citoyen.*

On lit au-dessus de l'Éloquence : *Sept fois élu député; président du conseil des ministres sous le règne de Louis-Philippe Ier, il défendit avec éloquence et courage l'ordre et la liberté dans l'intérieur, la paix et la dignité nationale à l'extérieur.*

On lit au-dessus de la porte du caveau : *La reconnaissance publique a érigé ce monument, sous la direction d'Achille Leclerc, architecte; de Cortot statuaire; et par les commissaires Aubé, président du tribunal de commerce; Benoist, colonel de la garde nationale; comte de Château-Giron, lieutenant général; duc de Choiseul, pair de France, Philippe Dupin, député, bâtonnier de l'ordre des avocats; de Kératry, député; le comte Lobau, maréchal de France; le baron Séguier, premier président; Philippe de Ségur, pair de France.*

Le monument s'élève isolé au centre des mille allées du jardin funèbre, au bas d'une colline, au milieu d'une pièce de gazon; de beaux arbres l'enveloppent à moitié de leur ombrage semi-circulaire.

Si, en quittant la place circulaire où est le monument de Casimir Périer, on prend à droite une allée montante bordée d'acacias et de sycomores, du haut de laquelle la vue s'étend sur un horizon lointain dans la direction de Vincennes, on passe devant la statue du maréchal Gouvion Saint-Cyr, debout au milieu d'un hémicycle en pierre, dominé par un talus boisé, et à quelque distance de là devant le tombeau du maréchal Macdonald; puis, tournant dans une autre allée qui s'ouvre à gauche à angle aigu, et dont le tombeau de M. de Martignac marque l'entrée, on arrive sur le plateau où sont réunis les tombeaux les plus riches. Le monument en marbre blanc de ma-

Tombeau de Casimir Périer.

CHAPITRE XLII. — LES CIMETIÈRES ET LES CATACOMBES.

J. Delille.

Héloïse et Abélard.

Bernardin de Saint-Pierre.

Dupuytren.

G. Cuvier.

Bellini et Grétry.

Géricault.

Talma.

Denon.

Mme Blanchard.

Ney.

15 Cent. LA LIVRAISON. — 136ᵉ Livr.   Aux bureaux de l'Illustration, rue de Richelieu, 60.   TYP. DE FIRMIN DIDOT, RUE JACOB, 56.   20 C. par la poste.

dame de Démidoff est un de ceux qui attirent le plus l'attention, avec celui qui a été élevé au général Foy, vis-à-vis la modeste pierre de Benjamin Constant.

Le Père-Lachaise a reçu un grand nombre de dépouilles d'hommes aussi célèbres que ceux-là, mais qui reposent sous des monuments moins somptueux. La simple boîte de marbre sous laquelle reposent côte à côte Molière et la Fontaine parle bien plus à l'imagination et aux souvenirs que tous ces ornements et ces inutilités. Géricault, Talma, Gros, Delille, Chénier, Boufflers, Parny, Ginguené, Suard, etc., reposent de même sous des monuments dont on voudrait pas l'ombre d'un riche commerçant, d'un banquier ou d'un avocat renommé.

Quel contraste en effet entre la tombe d'un Cuvier, d'un Dupuytren, d'un Bernardin de Saint-Pierre, ou de tout autre tombe n'ayant d'autre ornement que le nom glorieux qui y est gravé, et le monument funéraire d'un Aguado, où resplendit encore tout le luxe d'une vie maintenant éteinte !

Il ne faut pas oublier ici le tombeau d'Abélard, qui repose au Père-Lachaise, ainsi que son inséparable Héloïse, depuis le 6 novembre 1816. Ce monument se trouve dans un endroit écarté, et forme une enceinte entourée de colonnes dans le goût du temps, qui supportent une toiture sous laquelle se trouvent les deux cercueils et les figures des deux amants. Il fut construit par Pierre le Vénérable, abbé de Cluny, ami d'Abélard. Les deux figures couchées ne sont pas du temps, et paraissent avoir été rétablies au seizième siècle.

Il faut espérer que les restes du philosophe et de l'abbesse trouveront enfin un asile éternel dans ce champ de repos, où ils ne sont arrivés qu'après bien des vicissitudes : qu'on en juge. Abélard, inhumé au prieuré de Saint-Marcel de Châlons-sur-Saône, fut ensuite transféré au Paraclet, où, quelques années plus tard, on l'enferma avec Héloïse dans le tombeau dont nous parlons. En 1497, on transféra ce monument de la chapelle du Petit-Moutier dans la grande église ; on sépara les ossements des deux personnes et on les ensevelit à part. Les deux tombeaux furent placés de chaque côté du chœur. En 1630, l'abbesse du Paraclet les fit transporter dans la chapelle de la Trinité. Au commencement de la Révolution, les deux corps furent placés dans un caveau particulier de l'église de Nogent-sur-Seine et déposés dans un même cercueil, avec une lame de plomb qui les séparait : de là, ils vinrent figurer dans le jardin du musée des monuments Français. En 1814, ils servirent à orner la seconde cour de ce musée ; en 1815, ils passèrent dans l'église de Saint-Germain des Prés ; de là, dans la maison du Père-Lachaise, et enfin, dans le cimetière où on les voit encore.

Telles sont les curiosités funèbres que font voir les *ciceroni officiels* de la capitale des morts ; mais ils se taisent si on les interroge sur la sépulture des pauvres. C'est qu'il y a là, en effet, une grande iniquité : la fosse commune.

Quiconque a visité l'un des trois cimetières de Paris s'est arrêté, saisi de tristesse et d'effroi, sur le bord d'un immense gouffre toujours béant, d'une tranchée de 80 mètres de long sur 4 de large, que la mort travaille sans cesse à combler. C'est la *fosse commune !* c'est là que les cercueils des malheureux morts sans ressources sont juxtaposés, c'est jetés, c'est empilés qu'il faudrait dire, sans un pouce de terre entre eux, sans une autre séparation que quelques planches à peine jointes. Là, le vieillard, l'enfant, le débauché, la vierge, sont accumulés pêle-mêle, et, chose horrible à dire, à penser plus encore, quand

Monument Aguado.

les frêles ais de sapin s'entr'ouvrent, sous la double action de l'humidité et des gaz méphitiques qui se repoussent, les chairs se mêlent et les ossements se confondent ! Là, enfin, il faut dire un éternel adieu à tout ce que l'on a aimé. Quand le lit de cadavres a rempli toute la longueur de la funèbre tranchée, la terre, recouvrant le tout, laisse indéterminée la place où nous avons vu disparaître ce que nous avions de plus cher, et ce n'est que par à peu près, au juger, qu'une main amie peut entreprendre de planter une croix de bois, un arbuste sur la demeure dernière de ceux qu'a dévorés cette effroyable sarcophage.

Voilà où nous en sommes après plus de quinze siècles de civilisation ascendante et de christianisme ! Le pauvre, à Paris, n'a pas de tombe, et notre dureté renouvelle pour lui le mythe de l'obole antique en le réalisant : nous sommes plus païens que les païens eux-mêmes, qui, du moins plaçaient dans la bouche du mort, en leurs décentes funérailles, la drachme du péage exigé au Ténare pour le repos définitif.

Est-ce à dire pourtant que les affections et les regrets soient moins vifs, le besoin de se souvenir et de s'épancher moins pressant parmi les pauvres que dans les classes élevées ? Il n'en est rien ! Demandez aux marchands d'emblèmes funéraires lequel se vend le plus des modestes couronnes, des humbles brins d'immortelles, ou des fastueuses guirlandes !

En 1850, il y a eu à Paris, dans les trois cimetières de l'Est, du Nord et du Sud, 22,306 inhumations ; sur ce nombre, la fosse commune a reçu 15,792 corps !

Paris, qui, à lui seul, renferme le trente-cinquième de la population totale du territoire, qui supporte à lui seul le quatorzième de l'impôt ; Paris, dont la population, admirable d'intelligence et d'activité, produit tant et travaille toute sa vie ; Paris, dis-je, par une exception unique et inique, est exclu, dans ses habitants, du droit de tombe, *du droit aux prières de l'Église*, assurés du moins à tous les habitants, riches ou pauvres, de nos plus petites agglomérations rurales. Car il convient de dire que les inhumés en fosse commune le sont sans assistance religieuse, et que l'inconcevable barbarie de l'usage leur refuse tout, jusqu'à un prêtre.

Nous sommes moins chrétiens que les mahométans, qui aiment mieux entourer de toutes parts leurs villes d'une banlieue funéraire et vivre au milieu de la mort que de troubler jamais, fût-ce au bout d'un siècle, la paix des décédés par une exhumation impie ; nous le sommes moins que les juifs, qui, par un singulier privilège, ont jusqu'à ce jour évité la fosse commune, et dont chaque défunt a sa tombe séparée dans les portions de nos cimetières afférentes à la religion mosaïque. A nous frères par l'Évangile, à nous seuls cette déplorable et barbare promiscuité, cet outrage de toutes les lois religieuses et morales, qui transforme un cimetière en voirie, et qui réserve à tous les pauvres le supplice posthume que l'antiquité réservait aux plus grands criminels.

Pourtant, il n'y a aucune loi qui justifie cet excès de profanation. Si cette loi existait, il faudrait que tout homme de cœur n'eût qu'un seul cri pour provoquer son abolition ; et pourtant, que doit-on penser, quand on songe que non-seulement il n'existe pas de loi pareille, mais qu'il en existe une qui proscrit formellement cet ordre de choses si fâcheux ?

Le décret du 23 prairial an XII, pris par Napoléon, pre-

La tombe du pauvre.

CHAPITRE LII. — LES CIMETIÈRES ET LES CATACOMBES.

mier consul, exige que *chaque* inhumation ait lieu dans une fosse séparée ; il détermine et fixe à plusieurs décimètres les distances qui doivent séparer les cercueils. Il s'occupe de la dimension des fosses ; il veut qu'elles soient profondes de 1 mètre 20 c. à 2 mètres, et soient, immédiatement après les funérailles, comblées de *terre bien foulée ;* il règle enfin qu'avant le terme de cinq ans nul bouleversement de sol ne doit avoir lieu dans les champs de repos, et par conséquent il exige que les cimetières aient au moins cinq fois l'étendue nécessaire aux inhumations d'un an.

Ce décret n'a pas été, et ne peut pas être abrogé. La loi, non moins que la morale, la religion, l'hygiène publique, est donc violée de toutes façons : par la communauté des obsèques, par le contact des cercueils, par l'exfoliation, la dispersion des restes, bien avant le terme prescrit. Triple scandale ! — Si la légalité nous tue, comme le prétendait un des grands excentriques du dernier règne, l'illégalité nous enterre. La même nous exhume ensuite, et fait de nous de la base à noir animal. Voilà le lot, après une vie de labeurs, de fatigues et de privations si souvent mortelles, de la population la plus intelligente et la plus imposée de France !

A quoi tiennent pourtant et ce sacrilége et ce mépris de la loi ? Quoi ! le monde n'est plus assez grand pour donner, pour prêter aux habitants de Paris quelques années d'une paisible et convenable sépulture ? Il en faut bien peu à un homme pour dormir. Est-ce donc que l'empire de la mort aurait eu son Malthus comme la vie terrestre ? et les funèbres profondeurs du sous-sol fossile seraient-elles menacées du même encombrement dont on s'épouvante ici-haut ? Rien qu'une telle excuse, rien que le manque complet de terrains propres aux sépultures pourraient justifier, atténuer du moins cette violation flagrante de la loi écrite, comme de la loi naturelle. Mais ce palliatif, cette défaite, ne peuvent plus être invoqués. En 1850, la ville de Paris a consacré 400,000 fr. à l'agrandissement de ses trois cimetières, dont les superficies actuelles suffisent amplement pour rendre exécutable le texte de la loi qui assure à chacun une fosse particulière d'*une durée quinquennale.*

Que reste-t-il donc à attendre ?

Hélas ! Il nous faut signaler, comme explication possible et présumable du retard, non pas seulement une dernière illégalité manifeste, mais une véritable exaction pratiquée au profit de la caisse municipale sur les familles des défunts. La ville de Paris n'est en effet d'accorder, à titre onéreux, que des *concessions perpétuelles*. Aux termes de la loi en vigueur, *elle doit* une sépulture quinquennale à tout inhumé, riche ou pauvre. Ce court délai, ce temps légal forment pourtant la base de concessions dites *temporaires*, à raison desquelles on exige des familles une rétribution assez élevée et abusive. L'exécution littérale du décret de prairial an XII fermerait, il est vrai, pour la ville, cette source de revenus peu avouables ; mais elle n'en est pas, quelles que soient ses charges, à dépendre de ce profit illégitime. Le fût-elle, il faudrait encore y renoncer, et se hâter. Il y a de l'argent qu'il n'est pas bon de toucher. Le mot de Vespasien, le grand cimetier des boues et des immondices de Rome, n'était ni juste ni honnête. Cet avide César n'est cependant jamais osé frapper d'un octroi frauduleux l'entrée du dernier asile.

Assez sur ce chapitre. Que la fosse commune, cette banale et sinistre nécropole, soit à jamais fermée, purifiée, comblée : rien ne s'y oppose ; au contraire,

tout y invite, tout y force. Nous aurions de la peine à comprendre que les hommes sensés et loyaux composant la commission municipale de Paris ne prissent pas à cœur, ne tinssent pas à honneur d'attacher leur nom à cette œuvre. Le droit à la tombe et le droit à la vie sont solidaires et sacrés. Si, à travers les vices et les incertitudes de notre milieu social, on ne peut pallier qu'inefficacement les ravages de la misère, si elle est et longtemps encore demeurera inévitable, il est du moins facile, et il est nécessaire, il est urgent de vaincre, d'abolir et d'éteindre le paupérisme dans la mort !

Les cimetières ont aussi leurs jours de solennités : la fête des Morts est celle où chaque sépulture s'anime et prend un air de fraîcheur et de nouveauté peu ordinaire. Aux approches de ce jour, les boutiques des marbriers et des marchands d'emblèmes se parent de toutes leurs fleurs, de toutes leurs guirlandes, de toutes leurs couronnes ; les jardiniers, les

Le sculpteur de cimetière.

gardiens sont sous les armes pour recevoir les visiteurs des morts. L'affluence qui se presse dans la paisible enceinte se compose de quelques curieux, il est vrai, mais aussi de beaucoup de parents, d'amis, de gens réellement affligés, qui ne songent qu'à porter à une tombe chérie l'hommage de leurs regrets et de leur bon souvenir. En dépit d'une ostentation trop souvent déplacée, Paris a le culte des morts en grande vénération ; ce n'est pas comme en Angleterre où la dépouille d'un homme est méprisée et laissée de côté, parce qu'en mourant l'homme perd toute sa valeur. Il n'y a rien de touchant comme l'aspect que présente, à ce funèbre anniversaire, la grande croix qui domine le centre des trois cimetières de Paris : cette croix est un hommage complexe rendu à la mémoire des défunts qu'on n'a pu retrouver dans le capharnaüm de la fosse commune, et qui ne laissent aucun souvenir autre part que dans la mémoire de leurs amis et de leurs parents. La foule se presse autour du piédestal de la croix, y entasse les couronnes

d'immortelles, les images et les statuettes votives ; y fait retentir le triste concert de ses plaintes et de ses prières. Et ces plaintes, ces prières ne sont pas moins vives, pas moins sincères, quoique rien de matériel ne serve à les faire naître.

Les cultes dissidents et les israélites ont un cimetière particulier, adjacent à celui qui recèle les morts catholiques. Les tombes des israélites se distinguent par leur simplicité et leur modèle uniforme ; on y voit entassés au lieu de couronnes, des cailloux et d'autres objets pris au hasard. Cette singularité tient à un usage peu connu. Lorsqu'un israélite prie sur le tombeau d'un des siens, il doit tenir dans sa main un objet quelconque, qu'il dépose sur la pierre, avant de se retirer. Ainsi le nombre de ces objets indique le nombre de prières qui ont été dites.

Parmi les cimetières de la banlieue de Paris, je ne citerai que celui de Saint-Mandé, où s'élève le tombeau d'Armand Carrel.

Le nombre des industries que la mort alimente est encore plus considérable qu'on ne l'imagine. Bien entendu, je parle sans épigramme, et je ne fais aucune allusion à la Faculté de médecine et à ses nombreux adhérents. Il y a d'abord les conservateurs, gardiens, fossoyeurs et autres employés des cimetières ; puis les marbriers, les marchands et fabricants de tombeaux, de grilles en fer, d'entourages de toute sorte, les tailleurs de pierre, tourneurs en marbre, etc., qui travaillent sous leurs ordres. Viennent ensuite les jardiniers, qui entretiennent la verdure sur les tombeaux, moyennant une rente débattue entre les familles et les marbriers. Il faut citer encore l'administration des pompes funèbres, comprenant les entrepreneurs, les employés de tous grades, porteurs de morts, cochers, etc., et enfin les agents publics qui surveillent, sous la dépendance de la police, du ministère de l'intérieur et de la commune, tout ce qui a rapport au service des inhumations et des exhumations.

Rien n'est pittoresque, par une belle journée d'été, ou par une de ces échappées de soleil qui dissipent parfois les brouillards de l'hiver, comme les avenues des cimetières, où les marbriers se disputent leur clientèle funèbre, en embellissant à l'envi leurs étalages de fleurs et de tombeaux : vous y voyez sur le second plan tous les modèles imaginables, temples renaissance, temples antiques, chapelles gothiques et autres, cippes avec ou sans urnes et sarcophages, colonnes découronnées de leurs chapiteaux ou brisées au milieu du fût, pyramides et obélisques en miniature, alternant avec le simple entourage de bois et de fer, avec la modeste table de marbre, incrustée de trois larmes noires en forme de houppes, qui attend son inscription tumulaire en lettres d'or. Çà et là, sur des piédestaux, des anges de pierre ou de plâtre, les ailes déployées, des génies renversant leurs flambeaux, des femmes agenouillées, dans l'attitude de la supplication ; des *Temps*, avec la faux classique ; puis une infinité de figurines moulées, représentant un enfant accroupi, que l'on m'a assuré être autant de réductions de la statue du duc de Reichstadt de Canova. Ces figurines sont l'ornement le moins coûteux dont on puisse faire hommage à un mort chéri ; les marchands les désignent sous le titre peu respectueux de *petits singes*. Tout cela est entremêlé de couronnes d'immortelles, en forme de couronnes, disposées par tas énormes, et couvertes d'inscriptions dont les caractères sont découpés sur une feuille de papier noir ; il y a aussi d'autres couronnes de buis, de cyprès, etc. Puis les pots de fleurs, les saules pleureurs, les plantes grimpantes, les images encadrées dans des cadres d'ébène, les modèles des diverses écritures, avec le tarif des prix ; en un mot, le mélange le plus confus de toutes les choses que vous allez revoir disséminées et mises à leur place dans l'intérieur du champ de repos.

Les marbriers occupent directement un certain nombre d'ouvriers, descendants dégénérés des sculpteurs, qui taillent ou qui scient la pierre tendre et la pierre dure, au choix, pour confectionner, au plus juste prix, les tombes que demandent les familles peu aisées. Ils emploient également les tourneurs en marbre pour fabriquer les urnes, les colonnettes et les divers objets de forme ronde qui doivent surmonter les sépultures. Mais, parmi leurs subordonnés, la classe la plus curieuse, c'est celle des commis. Le commis est l'individu chargé de relancer les affaires, et de mettre la famille du mort en relation avec le marbrier entrepreneur de sépultures. A cet effet, le commis, de noir tout habillé, se rend de bonne heure dans l'antichambre des mairies : il épie les personnes qui sortent du bureau des naissances et des décès, et tâche de deviner à leur physionomie s'ils viennent de faire enregistrer un événement heureux ou malheureux. Dans ce dernier cas, ils s'adressent au parent infortuné, et lui font leurs offres de service, lui glissent une carte d'adresse, en employant toutes les circonlocutions qu'ils croient nécessaires. Pour éviter un excès facile à concevoir, l'administration a décidé que chaque commis parlerait à son tour : de la sorte, les commis des diverses maisons prennent leurs rangs et leurs numéros d'ordre dans leur salle d'attente, et les particuliers n'ont à subir que les politesses intéressées et les offres d'un seul. Cette singulière profession est assez avantageuse pour les *Gaudissart* funèbres, habiles dans l'art d'enjôler la pratique.

Les employés des cimetières n'offrent rien de très-caractéristique ; la seule corvée des gardiens consiste à surveiller chaque tombe riche, pour prévenir les vols et les profanations ; ils doivent empêcher que l'on n'emporte des fleurs, et délivrer des *laissez-passer* aux personnes qui emportent quelque souvenir recueilli de nuit sur le tombeau d'un proche. Ils se relèvent pour exercer cette surveillance, qui doit être incessante. Les fossoyeurs et les conservateurs, indépendamment de leurs occupations habituelles, ont le soin des exhumations. D'après l'abus que nous avons signalé plus haut, les concessions que fait la ville peuvent être quinquennales ou perpétuelles ; or, une famille ayant un de ses membres primitivement inhumé dans la fosse commune ou dans une concession quinquennale, voulant lui donner un asile plus sûr : elle doit alors s'adresser au ministère de l'intérieur, qui autorise l'exhumation. Ce travail se fait ordinairement de nuit, et l'on n'admet que les employés et les membres de la famille. Une exhumation ne peut avoir lieu que dans le cas de translation du cadavre dans une autre localité, ou pour lui assurer une situation préférable à celle où il se trouve. Ainsi on exhumera un corps pourvu d'une concession de cinq ans pour le mettre dans un terrain perpétuel, jamais pour le jeter en fosse commune.

L'entreprise des pompes funèbres est une administration privée, qui doit son existence à une adjudication au rabais, et qui est tenue de se conformer aux règlements de la police. Elle se charge d'inhumer les morts, moyennant un tarif fixé à l'avance, et réglé d'après le plus ou moins d'éclat que la famille veut donner au service funèbre. Les convois sont de plusieurs classes, différenciées par le nombre et les ornements des voitures de deuil ; il y a loin du modeste corbillard du pauvre à cette longue suite de voitures surmontées de panaches, drapées de lugubres draperies, encombrées d'amis en grand deuil, avec leurs chevaux caparaçonnés de noir, avec leurs cochers couverts de crêpes et de galons, qui marche à la suite des funérailles des grands du monde. Pourtant le convoi de dernière classe n'est pas encore le degré le plus bas de l'échelle ; il faut moins de pompe encore pour inhumer les débris humains qui restent dans les hôpitaux, après avoir exercé le scalpel des étudiants en médecine, ou ceux qui se rencontrent dans les lieux isolés. Alors la cérémonie funèbre n'existe plus, même à l'état d'intention : à peine le prêtre vient-il prononcer les prières de l'église sur ce corps ; et encore le mort n'y aura-t-il aucun droit si l'on n'a pas constaté que ce corps était animé par une âme catholique, et que la mort n'a pas été volontaire. C'est tout simplement une mesure d'hygiène et de salubrité publique.

Les croqu'morts.

Il nous reste à parler du *croque-morts*, qui doit une certaine célébrité à des caprices littéraires de quelques hommes d'esprit, caprices que nous n'avons pas à discuter ici. Quand la mode se tourna jadis à l'horrible et au dégoûtant, il est naturel que le fossoyeur et son confrère le croque-morts aient trouvé des prôneurs et des chantres de leur gloire. Ce n'était pas assez de la fameuse scène de Hamlet, il fallait encore des drames entiers, des romans, des physiologies, pour remettre à sa place le digne émule des questionnaires, des truands et des malandrins du temps passé. Béranger lui-même a chanté la fille du croque-morts, lui qui avait, longtemps avant, fredonné ce joli refrain : Je ne veux pas d'un croqu'morts. Qu'en est-il résulté ? On a fait le croque-morts et ses confrères beaucoup plus fantastiques, beaucoup plus terribles que la réalité. Je ne connais pas beaucoup de fossoyeurs capables de philosopher sur les crânes et les ossements qui se rencontrent sous leur pioche ; je n'en ai guère vu qui méritent la réputation que leur a faite M. Petrus Borel, dans les *Français peints par eux-mêmes*. Comme tous les ouvriers employés à un travail fatigant et qui ne demande pas d'intelligence, les croque-morts songent fort peu à leur besogne en elle-même ; ils n'estiment les cercueils et ce qu'ils contiennent qu'en raison inverse du poids et en raison directe du pourboire. Rien ne les empêche, leur travail achevé, d'être de bons pères, de bons époux, de bons citoyens, et, en un mot, de mériter tous les éloges dont les épitaphes se montrent si prodigues ; comme aussi rien ne s'oppose à ce qu'ils aillent boire non-seulement leurs bonnes aubaines, mais encore le prix de leurs journées, chez les divers marchands de vins qui peuplent les barrières. Le cabaret de la *Mère aux Chiens*, à l'avenue du cimetière Montparnasse, est le plus fameux de ce genre. C'est là que se rendait, et que se rend encore, si toutefois il n'est pas allé rejoindre ses vieux habitués, Pierre Bug-Jargal, le doyen des croque-morts, dont M. Champfleury nous a raconté la véridique histoire. Pierre Bug-Jargal, ainsi nommé à cause de son enthousiasme démesuré pour le roman de M. Victor Hugo, était enfant trouvé ; après avoir reçu de la munificence de l'État une instruction supérieure à celle de ses confrères, il s'était dévoué corps et âme à son métier, et avait fini par acquérir une certaine prépondérance sur ceux qui l'entouraient. Sa conversation était des plus curieuses ; il avait la mémoire remplie de souvenirs terribles ou touchants, d'anecdotes sentimentales ou piquantes, qu'il racontait dans un style pittoresque, émaillé de métaphores et d'épithètes, d'une excellente couleur locale. Le chef-d'œuvre de Bug-Jargal, c'était l'hymne mental, en prose mesurée, qu'il adressait aux enfants morts dont il avait transporté la *bièrette* sous son bras ; à moins que l'on n'aime mieux son ode, espèce de danse macabre, qu'il composa sur l'air de *Larifla* :

« Brr ! Brrr ! La froide fille ! »
Disait un joyeux drille,
Sentant près de ses draps
Claquer ses maigres bras, etc.

Mais c'est là une physionomie particulière et isolée. Je ne sais pas si beaucoup des confrères de Bug-Jargal seraient en état de trouver, et même de comprendre la plupart des bons mots, tel que celui-ci, en voyant une plantation de jeunes arbres : « Bon ! voilà des cercueils qui poussent ! »

Après les morts modernes et le dernier asile que leur a ménagé la prévoyance administrative et municipale, parlons aussi de l'immense nécropole où dorment les anciennes générations, ravies aux cimetières des églises et au charnier des Innocents. Entrons donc dans les catacombes.

Le sol sur lequel Paris est bâti se compose de couches superposées de nature et d'épaisseur différentes. Bien qu'elles varient un peu de distance en distance ; que les brouillages, forages, criblages, selon le langage de carriers, et autres accidents causés par l'action des eaux, en interrompent partiellement les lignes, cependant l'ordre général est le même, et les grandes masses subsistent toujours dans la même distribution. Aussi ce sont elles que nous allons indiquer, telles qu'elles se trouvent sous Paris et vers la plaine de Montrouge.

À la surface existe une couche de terre végétale, de sable d'atterrissement et de terres de transport, dont l'épaisseur varie de 2 à 3 mètres ; au-dessous, et sur une épaisseur de plus en plus faible, des marnes coquillières très-fréquemment gypseuses ; plus bas, des marnes, calcaires, spathiques, quartzeuses, gypseuses, qui ont plus de 8 mètres de profondeur, et qui reposent sur le calcaire marin (pierre à bâtir) dont l'épaisseur, beaucoup plus considérable, dépasse souvent 16 mètres. Ce calcaire est divisé lui-même en près de 45 couches de diverses natures dénommées

CHAPITRE LII. — LES CIMETIÈRES ET LES CATACOMBES.

différemment par les carriers, et dont les unes sont exploitées de préférence aux autres. Au-dessous de ces couches de calcaire se trouvent onze à douze couches d'argile plastique, séparées par de petits lits de sable, dans chacun desquels existe un niveau d'eau plus ou moins abondant. Ces argiles atteignent la masse de craie dont l'épaisseur a été longtemps inconnue, et qui n'a été percée que par le forage du fameux puits artésien de Grenelle. Or, sous la presque totalité des quartiers situés sous la rive gauche de la Seine, la masse de pierre à bâtir n'existe plus. Elle a été exploitée et enlevée; en sorte qu'il ne reste plus à la place qu'une immense excavation. Nos ancêtres, ayant besoin de pierre, ont tant et si bien creusé sous leurs pieds, que ce qui était dessous est monté dessus peu à peu, au risque d'y descendre pêle-mêle en un seul jour.

Il faut cependant être de bonne foi. Lorsque Paris était renfermé dans la moitié de l'île de la Cité, ou même plus tard, lorsque ses maigres faubourgs atteignaient à peine la forteresse du Louvre, ses habitants pouvaient aller en toute sécurité chercher des pierres au milieu des bois et des marais, sans présumer que la bonne ville, après avoir brisé quatre enceintes crénelées, bâtirait sur le sol d'où ses matériaux étaient sortis. Mais nous, témoins de cet agrandissement incessant, nous continuons à creuser à nos portes. Nous exploitons les carrières d'Issy, de Passy, de Charenton, etc., etc. — Et puis nous viendrions blâmer nos ancêtres ! — Il est vrai, pour rendre à chacun la justice qui lui est due, que les carrières exploitées aujourd'hui le sont avec plus d'art et de prudence, et ne doivent plus faire craindre les accidents que présentent souvent celles qui remontent aux premiers temps de la ville de Paris.

En effet, elles existaient déjà certainement lors de l'occupation romaine. Sur le clos Saint-Victor se trouvait l'emplacement des arènes, de l'ancien amphithéâtre, et il avait été probablement établi dans une grande carrière exploitée primitivement à ciel ouvert, dont les excavations avaient préparé favorablement le sol. On a reconnu, en outre, d'une manière positive, que les pierres du palais des Thermes, habité par l'empereur Julien, sont en *cliquart*, selon le terme employé par les carriers pour désigner une sorte de liais dur

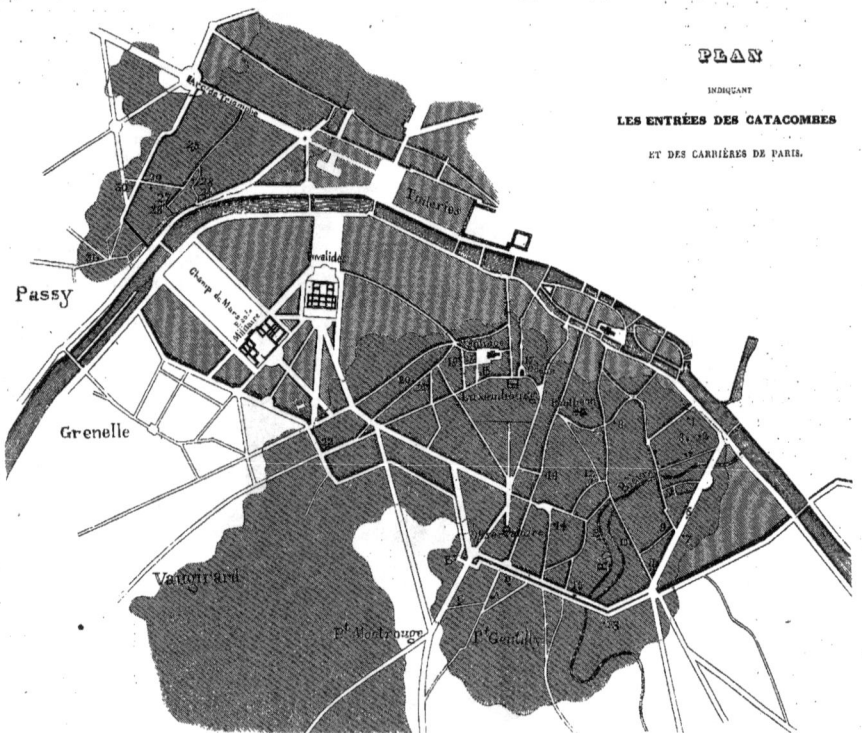

PLAN

INDIQUANT

LES ENTRÉES DES CATACOMBES

ET DES CARRIÈRES DE PARIS.

qui se trouve dans les carrières du faubourg Saint-Marceau.

Ces premières carrières avaient été exploitées à ciel ouvert; et c'est ainsi qu'a été formée l'excavation qui porte le nom de Fosse-aux-Lions, près de la barrière Saint-Jacques. Du moment que ce système devint trop pénible par l'épaisseur croissante de la couche supérieure, les travaux furent continués à l'aide de galeries souterraines conduisant à de grandes excavations, le plus souvent irrégulières, et soutenues par des piliers réservés dans la masse. Ces excavations varient nécessairement de hauteur, suivant l'épaisseur des bancs. Habituellement elles ont de 5 à 6 mètres; quelquefois cependant elles s'élèvent fort au-dessus.

Ces travaux se continuèrent ainsi pendant plusieurs siècles sans surveillance, sans méthode, au gré du caprice des travailleurs. Souvent même les carriers, dans leur insouciance, creusèrent au-dessous des premières excavations, formant ainsi plusieurs étages de carrières suspendues les unes au-dessus des autres. Le danger devenait d'autant plus grand que ces travaux étaient successivement abandonnés; la mémoire s'en perdait, les galeries s'obstruaient, et le sol, ainsi miné de toutes parts, se couvrait de lourdes constructions. Cependant l'état de ces carrières, oubliées depuis des siècles, s'aggravait de jour en jour : la faiblesse des piliers établis provisoirement pour la sûreté des ouvriers pendant la durée des exploitations, leur écrasement, l'affaissement du ciel des carrières dans beaucoup d'endroits, et, plus que cela encore, l'enlacement funeste des galeries chevauchant les unes sur les autres, de sorte que les piliers des étages supérieurs portant souvent à faux dans les vides des étages inférieurs, tout devait amener de grandes et inévitables catastrophes. Les nombreux accidents qui se succédaient à des intervalles de plus en plus rapprochés n'éveillèrent toutefois l'attention de l'autorité que vers la fin de l'année 1776. Alors on ordonna la visite générale et la levée des plans de toutes les carrières.

On reconnut alors toute l'étendue du péril; et aussitôt que ce travail fut terminé (1777), on créa une compagnie d'ingénieurs spécialement chargée de la consolidation des voûtes. Ces mesures étaient devenues tellement urgentes, que le jour même de l'installation du premier inspecteur général, une maison de la rue d'Enfer fut engloutie à 90 pieds au-dessous du sol.

Les ingénieurs entreprirent leurs travaux avec promptitude, et les continuèrent avec persévérance et habileté. La plus grande partie des carrières fut consolidée, et ce résultat fut dû au zèle et à l'habileté déployés par M. Héricart de Thury, chargé de la direction de ce travail. Chaque galerie souterraine correspond à une rue de la surface du sol, formant ainsi, dans ces profondeurs, une représentation déserte et silencieuse de la ville peuplée et bruyante qui s'élève au-dessus. Rien ne manque à cette représentation, à cette contre-épreuve de la capitale, pas même les murs d'enceinte et le service de l'octroi. Des hardis fraudeurs s'étaient fait dans les carrières des passages à couvert de l'inquisition municipale. Il a fallu y remédier; et une longue ligne de murs, baptisés *murs de la fraude*, sépare les carrières intra-muros des carrières de la banlieue.

Ces carrières présentent en effet une étendue considérable. Tous les coteaux, depuis les hauteurs de Châtillon et de Gentilly, sont excavés, et elles s'avancent sous Montrouge, Vaugirard et Paris, à l'est et à l'ouest, presque jusqu'à la rive méridionale de la Seine. Celles du nord sont plus circonscrites, et ne minent guère que les hauteurs de Passy et de Chaillot dans Paris, au moins on ne connaît positivement que celles-ci; mais on doit présumer qu'il en existe sous les plateaux de Clichy, de la Nouvelle-Athènes et du quartier Notre-Dame de Lorette, se reliant à celles de Montmartre, de même que sous les hauteurs de Ménilmontant et de Belleville.

Au reste, malgré les soins et la vigilance de l'administration, on est encore loin de connaître toutes ces anciennes excavations. Les constructions d'une maison, rue Mézières, défoncèrent, en creusant les caves, le ciel d'une exploitation ignorée, et cet accident risqua d'entraîner la ruine des maisons riveraines; quelque temps auparavant, lors de la construction de l'égout du Luxembourg, un fontis avait menacé la solidité d'une maison rue Madame. — Toutefois on peut être assuré que la plus grande partie est reconnue et consolidée. On a pratiqué, de distance en distance, des puits de descente, qui permettent de les visiter à chaque instant et de les parcourir dans tous les sens. — Le plan indicatif ci-dessus donne la situation de tous ces puits.

Outre ces escaliers et ces cheminées de descente, il existe encore d'autres moyens de communication entre les carrières et la surface du sol. Comme nous l'avons dit un peu plus haut, les premiers niveaux d'eau constants sur la rive gauche de la Seine sont dans les couches d'argile plastique au delà de la masse de pierre à bâtir. Aussi, partout où cette masse a été exploitée anciennement, les puits traversent les carrières pour chercher plus bas les sources qui les alimentent. Leur enveloppe de maçonnerie forme donc, dans les souterrains, autant de tours isolées dans lesquelles on a pratiqué des ouvertures, espèces de fenêtres qui servent à renouveler l'air des carrières et à faciliter les travaux. Idée fort ingénieuse, et qui est due, croyons-nous, à M. le vicomte Héricart de Thury, auquel les carrières sont redevables de presque toutes leurs améliorations. C'est par une de ces ouvertures qu'un surveillant en tournée avait passé un bras qui fit mourir de frayeur un infortuné passant.

Au reste, cette sorte de frayeur surnaturelle et peu raisonnée est partagée avec moins de motifs encore par une foule de personnes. C'est dans les carrières que sont établies les Catacombes; et, à ce nom de Catacombes, une foule d'idées lugubres, un sentiment vague d'effroi, ne se réveillent-ils pas dans l'esprit?

Beaucoup de personnes parlent des Catacombes sans les connaître, absolument comme les enfants parlent de Croquemitaine et s'en effrayent sans l'avoir jamais vu. Il y a dans leur nom une agglomération de syllabes si sombres, si retentissantes; leur son sourd et prolongé peint d'une manière si pittoresque ce qu'il veut exprimer, qu'en l'entendant seulement prononcer, l'imagination se forme l'idée de quelque chose de triste et de grand. Pour nous en assurer, nous allons y descendre. — N'oubliez pas la petite bougie de sûreté, les allumettes chimiques, ou le prudent briquet phosphorique : double précaution fort innocente, mais dont le principal défaut est d'être parfaitement inutile... et partons !

Nous suivons la longue rue d'Enfer; nous arrivons à la barrière d'Enfer. Touchante perspective pour des gens qui vont descendre aux Catacombes, et allusion pleine de délicatesse et de charité chrétienne pour les

Vue de l'entrée.

milliers d'individus qui y sont ensevelis. Passons la barrière, et prenons à gauche. Nous sommes dans la voie creuse. En effet, nous marchons sur des abîmes. Cette petite maison, plus loin, s'appelle la Tombe-Isoire ou d'Isoard. Arrêtons-nous : c'est là l'entrée des Catacombes. — En vérité, dans tous ces noms, il y a un parfum de souterrains et de sépulcres qui surprend agréablement. C'est un à-propos charmant;

Place des Blancs-Manteaux et de Saint-Nicolas-des-Champs.

et le hasard a bien heureusement ménagé cette accumulation de mots d'enfer et de tombeau. On ne saurait douter de l'endroit où l'on va.

Il existe une autre entrée dans le pavillon même de la barrière d'Enfer, mais elle est plus rapprochée et moins pittoresque. Entrons donc à la tombe d'Isoard. — Mais, d'abord, il serait peut-être curieux d'apprendre ce que pouvait être cette Tombe-Isoire ou d'Isoard. La tradition en est assez confuse. Selon les uns, cet Isoard était un fameux brigand qui désolait la campagne, et qui finit par être tué dans son repaire; mais cette légende semble passablement fabuleuse. Il paraîtrait toutefois qu'il y a eu en cet endroit un ancien cimetière. Il est certain que ce domaine appartenait autrefois aux Templiers, et dépendait de la commanderie de Saint-Jean de Latran. Cette propriété fut acquise par l'État en 1760. On y découvrit, lors des premiers travaux des Catacombes, un escalier communiquant à des cryptes et souterrains qui avaient servi autrefois de sépultures, et peut-être de cachots, aux chevaliers de Saint-Jean et du Temple. On y voyait encore la trace des gonds et des ferrures de portes. Vendue comme domaine national pendant la Révolution, on en avait fait une guinguette avec bal champêtre. Aujourd'hui elle est redevenue l'entrée d'une tombe. — Entrons-y.

Une petite cour sablée, une porte cintrée, large et basse comme l'orifice d'une caverne... c'est là. Rassemblez vos esprits; écoutez l'allocution du gardien qui vous exhorte à descendre jusqu'au bas sans vous écarter ni à droite ni à gauche, et de l'attendre sans faire un pas au bas de l'escalier, dans le salon. Plaisanterie inoffensive, qu'il accompagne d'un sourire aimable. Maintenant, comptons-nous bien avant de franchir le redoutable portique, et recevons, de trois en trois, une petite bougie allumée des mains du conducteur. — Nous commençons à descendre.

L'escalier est étroit et tournant. On ne peut y passer qu'un seul à la fois; et fussiez-vous quarante à descendre, vous pourriez toujours vous croire seul. Votre regard ne saurait atteindre ni celui qui vous précède, ni celui qui vous suit. L'escalier fait en trois marches sa révolution sur lui-même. Ajoutez à cela l'air humide et froid du souterrain, l'obscurité profonde, le retentissement étouffé de la moindre parole entre ces deux murs de pierre, qui vous enferment et vous touchent, ce vertige de tourner sans cesse en descendant sur des marches rapides, et vous aurez une idée du passage le plus pénible et le plus curieux à la fois des Catacombes. Il y a là quelque chose de grand, d'effrayant, qui ne se retrouve plus. L'imagination est frappée de cette ombre, de cette profondeur qui semble immense, de ce peu d'espace que vous remplissez tout entier. De temps en temps s'ouvre à votre droite un arceau sombre et haut qui semble se perdre dans les entrailles de la terre. — On descend ainsi à une profondeur de près de cent pieds.

Nous sommes arrivés dans le salon, assez vaste caveau irrégulier dont la voûte écrasée est sillonnée de larges et profondes cicatrices. L'eau suinte de toutes ces pierres raboteuses, et le clapotement uniforme des gouttes qui tombent retentit dans les mares formées çà et là sur le sol. Ici la caravane fait halte, et rassemble les traînards qui achèvent de descendre l'escalier. Le guide, qui fermait la marche, passe en tête de la colonne, et l'on s'enfonce à sa suite dans la galerie de face.

La galerie est assez large pour que l'on puisse marcher deux ou trois de front; elle tourne et se prolonge dans la plaine de Montrouge, recevant à droite et à gauche d'autres galeries qui s'étendent au loin sous la plaine, ou sous les faubourgs Saint-Jacques et

CHAPITRE LII. — LES CIMETIÈRES ET LES CATACOMBES.

Saint-Marceau. — Au milieu de ce dédale, une main prévoyante a tracé le fil d'Ariane. Une large ligne noire, peinte sur la voûte, désigne au voyageur la véritable route, conduisant des Catacombes à la porte de sortie. Ainsi, fussiez-vous séparé du conducteur, vous n'avez rien à craindre; l'œil et la lumière fixés sur ce guide infaillible, vous n'avez qu'à le suivre, il vous conduira au port. De plus, de larges inscriptions gravées dans la pierre vous apprennent, à chaque détour de la galerie, sous quel point de la surface habitée votre curiosité vous a conduit. — Au reste, prenez patience; nous avons pour une demi-heure de route.

Dans l'état où elles se trouvent aujourd'hui, il n'y a rien de majestueux ni de grand dans les carrières sous Paris, rien qui frappe les yeux ou l'imagination. Tout est bas et petit. On s'avance enfermé entre deux murs de moellons crépis, comme dans un corridor. On y trouve, il est vrai, de bons et beaux travaux de consolidation qu'entreprend chaque jour la prévoyance de l'administration municipale, et cela est fort rassurant, sans doute, mais fort peu curieux, et on suit rapidement le guide, sans avoir l'envie de s'arrêter ou de tourner la tête.

Il n'y a qu'aux endroits plus négligés, lorsque la prudence administrative, faute de temps ou d'argent, n'a pas encore masqué de ses travaux récents les anciennes excavations, lorsque le tas de pierres qui encaissent la voûte viennent à s'abaisser; alors s'offre à vous un coup d'œil imposant et pittoresque : votre regard se prolonge au loin dans l'obscurité de la carrière, dont les piliers inégaux se détachent çà et là, à la lueur des flambeaux, comme des fantômes blancs sur un fond noir. L'ombre et l'étendue qui se développent autour de vous, et dont vous ne pouvez distinguer les limites, donnent à la scène ce caractère de grandeur qui lui manquait jusque-là. Le peu d'élévation de la voûte semble accroître encore l'espace. Cette masse effraye, et fait baisser involontairement la tête. On dirait que le peu d'intervalle rend la chute plus à craindre, et on comprend mieux le danger parce qu'on le voit de plus près.

En effet, bientôt après se présente, dans la galerie dite du Port-Mahon, un spectacle qui le révèle tout entier. Là se trouvaient deux étages de carrières superposées. Le ciel de la carrière inférieure, trop faible, s'est écroulé tout à coup et l'a comblée de ses ruines.

Ce fontis a été causé par le poids d'un gros pilier isolé dans la carrière de Mont-Souris, au-dessus d'une très-grande excavation jusqu'alors ignorée, et qui reposait sur le banc de faux liais, ou banc de verre, selon le terme des carriers. Cette pierre n'a aucune solidité; elle a cédé sous le poids, et a entraîné toute la masse du pilier dans son éboulement. Cet amas confus de rochers brisés présente un aspect pittoresque.

La galerie du Port-Mahon, à laquelle nous sommes parvenus, doit son nom à un singulier ouvrage de patience. Un ouvrier nommé Décure, qui avait découvert cette carrière, a sculpté dans la pierre un relief du Port-Mahon, où il avait été longtemps prisonnier de guerre. Ce relief, quoique maintenant défiguré, présente encore de l'intérêt, d'autant plus que l'on raconte que le laborieux ouvrier qui l'avait exécuté dans ses heures de loisir périt accablé sous un éboulement, au moment où il venait de le terminer.

Après le Port-Mahon et l'escalier que Décure avait taillé lui-même pour arriver à la carrière souterraine qui renferme son ouvrage, le guide montre encore, comme objet de curiosité, un puits géologique qui descend jusqu'aux bancs d'argile et de craie; l'emplacement de l'ancien aqueduc d'Arcueil, qui, ébranlé par les éboulements, fut reporté dans une autre direction; ensuite un pilier de pierre, qui, tout rongé par les eaux, offre un exemple de l'action des courants

Vue de l'éboulement de la galerie du Port-Mahon.

souterrains; un autre pilier entièrement revêtu de stalactites d'albâtre calcaire; et enfin, après ces objets plus ou moins curieux, nous arrivons au vestibule des Catacombes, vestibule étroit, d'un dessin assez mesquin, et sur lequel sont gravées deux inscriptions, l'une en latin, pour les érudits, sans doute, l'autre en français, pour les ignorants.

HAS ULTRA METAS REQUIESCUNT, BEATAM SPEM EXPECTANTES.

Place du Memento.

ARRÊTE ! C'EST ICI L'EMPIRE DE LA MORT.

Nous en sommes fâché pour les ignorants, mais l'alexandrin français, qui est de Delille, je crois, me paraît bien vide et bien emphatique, et son expression demi-païenne bien creuse est passablement déplacée auprès de la simplicité majestueuse, de la naïveté poétique, de la pensée sublime et chrétienne de l'inscription latine. Elle rappelle celle du grand réformateur, de Luther, s'écriant, non sans quelque amertume peut-être : Beati, quia quiescunt ! — Heureux les morts, car ils reposent ! — Les orages de la vie ne lui laissaient entrevoir de paix que dans la tombe. — L'inscription des Catacombes est empruntée, croyons-nous, à la porte de l'ancien cimetière Saint-Sulpice. Son auteur est inconnu, et nous le regrettons. — Si nous osions en hasarder une pâle traduction pour les dames qui nous accompagnent dans notre voyage, nous dirions :

« Au delà de ces bornes funèbres, ils reposent, dans l'espoir et l'attente de la béatitude éternelle. »

Avant d'aller plus loin, et de décrire la plus importante partie du séjour où nous entrons, nous commencerons par dire qu'on y trouve, dans une salle séparée, une collection minéralogique assez curieuse, comprenant tous les échantillons des bancs de pierre qui composent le sol souterrain depuis la superficie de la Tombe-Isoire jusqu'à la formation crayeuse; de plus, des coquilles fossiles, des bois, des végétaux transformés, etc.; ensuite une collection pathologique renfermant, dans une autre salle, les os difformes ou singuliers qu'on a trouvés dans les exhumations des cimetières. On y voit des tibias géants de trois pieds de haut, des mains colossales, des os déviés, contournés, tortus, criblés de toutes les façons, des ruptures, des fractures, des soudures, des ankyloses, des nécroses, des exostoses, etc. Étude curieuse, mais qui, sauf meilleur avis, ne nous paraîtrait pas tout à fait conforme à la belle inscription du frontispice.

Les Catacombes ont commencé à servir de lieu de sépulture en 1785, en vertu de l'arrêt du conseil d'État qui ordonna la clôture du cimetière des Innocents. Le transport et le dépôt de la grande quantité d'ossements que renfermait ce cimetière ne furent terminés qu'en l'année 1788.

L'administration, encouragée par ce premier succès, résolut de poursuivre son œuvre, en supprimant successivement tous les cimetières et charniers qui infectaient Paris. Ainsi les ossements du cimetière Saint-Eustache et ceux de Saint-Étienne des Grès furent transportés dans les carrières en mai 1787; ceux de Saint-Landry et de Saint-Julien en juin 1792; ceux de Sainte-Croix de la Bretonnerie et des Bernardins en 1793; ceux de Saint-André des Arts en 1794; de Saint-Jean en Grève, des Capucins-Saint-Honoré, des Blancs-Manteaux, du Petit-Saint-Antoine, de Saint-Nicolas des Champs, du Saint-Esprit en Grève et de Saint-Laurent, en 1804; de l'île Saint-Louis en 1811, de Saint-Benoît en 1813, etc. Des inscriptions placées sur les parois des ossuaires aux Catacombes rappellent toutes ces dates.

C'est à ces transports et à ces inhumations successives que l'ossuaire des Catacombes a dû sa formation. Les ossements y furent d'abord jetés en tas avec précipitation, et ils restèrent en cet état durant toute la Révolution. Ce fut sous le régime impérial qu'eurent lieu les dispositions et l'arrangement définitif. Ce travail fut commencé en 1810 et continué pendant les années suivantes. Il était déjà presque achevé en 1812, et dans l'état où nous le voyons aujourd'hui. Nous devons dès l'abord faire notre profession de foi. Sous le rapport de l'utilité, de la salubrité, de la convenance, il n'y a que des éloges à donner à ceux qui ont conçu le projet, et à ceux qui l'ont exécuté. Il y avait de grandes difficultés à vaincre, elles ont été surmontées. L'ordre le plus parfait, le plus convenable a été établi ; on ne saurait trouver rien de mieux rangé, de plus salubre, de mieux entretenu. Mais si l'on oublie un moment ce point de vue de l'utilité pratique, si l'on espère y rencontrer des émotions profondes, dramatiques... je crois qu'on y trouvera une grande déception.

C'est là précisément ce qui nous est arrivé. Plein de nos souvenirs et de nos lectures, nous nous attendions à frémir, à ressentir ces saisissement involontaire d'un grand et sombre spectacle dont notre imagination avait fait à l'avance tous les apprêts... hélas!

Figurez-vous des galeries bien propres, bien alignées, bien blanchies, qu'interrompent à des intervalles réguliers de petits piliers grecs ou romains d'une architecture sèche et froide. Entre ces piliers... que dirai-je? des ossements ou des bûchettes? Ce sont des ossements rangés comme des bûchettes dans un chantier, et à leur forme on s'y tromperait, car on ne voit que les extrémités uniformes des tibias ou des fémurs, droits, longs, minces et noircis, soigneusement superposés ; en sorte qu'il faut le savoir, ou bien qu'on vous le dise, pour deviner ce que c'est. Tout cela est aligné de manière qu'il n'y en a pas un seul qui dépasse l'autre. Au sommet règne un cordon bien rangé de crânes à peu près entiers, seule partie du corps humain que l'œil puisse reconnaître dans ce chantier, et qui puisse par conséquent faire quelque impression. Mais encore cette impression est-elle bien affaiblie, écrasée, anéantie par cet apprêt, cette symétrie terrible que vous poursuit partout dans ces malheureuses Catacombes, qui semble prendre à tâche de tout affaiblir, de tout déguiser sous prétexte de décor. Il y a même deux ou trois endroits, entre autres la crypte dite de Saint-Laurent parce qu'on y a déposé les os tirés de ce cimetière, et la galerie dite des Obélisques, où les constructeurs ont cru bien faire sans doute en arrangeant ces ossements en forme de piédestaux d'une architecture grecque quelconque, peut-être dorique. Les moulures, exactement copiées sur l'antique, sont exécutées en tibias de belle dimension et bien conservés. Vous pouvez juger de l'effet d'une semblable architecture, parfaitement identique à celle des chantiers où les débardeurs facétieux figurent des étoiles et des soleils en bois flotté. — Cherchez donc ensuite, après avoir considéré de pareils amusements architectoniques, les sentiments religieux et la salutaire horreur qu'on attendait à l'aspect de cet immense ossuaire !

Ce qui frappe, ce qui impressionne dans la mort, c'est le squelette. Eh bien ! vous en chercheriez vainement un seul aux Catacombes : rien n'est reconnaissable ; et vous n'avez plus rien à voir dès que vous avez fait dix pas dans les galeries. C'est partout le même arrangement de fragments d'os alignés contre les parois, partout le même et monotone chantier. Quant aux décorations en pierre, elles n'ont pas une grande apparence. Le défaut de hauteur de la voûte devait nécessairement en réduire les proportions à une échelle insignifiante, et la bonne volonté des architectes est venue échouer contre cette malheureuse disposition du terrain. Le pilier du memento, le sarcophage du lacrymatoire, l'autel des obélisques, la lampe sépulcrale, le tombeau de Gilbert, etc., présentent tous le même incurable défaut. Nous citerons encore la fontaine de la Samaritaine, espèce de puits alimenté par une source souterraine, et l'escalier de communication entre les hautes et basses catacombes, ainsi nommées parce qu'elles sont divisées entre deux étages différents de carrières.

En terminant ainsi l'itinéraire des Catacombes, nous devons dire un mot des inscriptions gravées sur les piliers. C'était, je le crois, une bonne idée; mais on pourrait peut-être en blâmer la profusion. Quant aux inscriptions en elles-mêmes, il y en a pour tous les goûts; elles sont prises partout : les unes dans les livres sacrés, les autres dans les profanes; les unes dans les anciens, les autres dans les modernes; les unes en latin, les autres en français, en italien, en grec, etc. Malheureusement la comparaison n'est avantageuse ni pour les modernes ni pour le français.

Nous ne citerons pas ici toutes ces inscriptions dont la seule reproduction ferait un volume plus considérable que ce chapitre. Nous ferons seulement une observation générale qui frappe les moins prévenus :

Galerie souterraine des tombeaux sous la colonne de Juillet.

c'est l'immense supériorité des livres chrétiens et de la Bible, comme pensée et comme poésie, quand il s'agit de l'âme, de l'homme, de la mort et de la vie. L'antiquité peut à peine leur opposer quelques auteurs d'élite, Virgile, Caton, Lucrèce, Marc Aurèle et Cicéron. Quant aux modernes, c'est pitié ; pitié surtout pour le français, presque uniquement représenté par les vers académiquement pâteux de l'abbé Delille. Nous en excepterons peut-être Malherbe et Gilbert, mais c'est petite chose auprès des pensées évangéliques ou des magnificences de la Bible. Le Dante seul et son terrible vers de l'espérance peut lutter contre l'énergie des prophètes. Mais, je le demande, fallait-il mettre sur la porte des Catacombes l'infernale inscription qu'il a gravée sur le portique de son *Enfer?*

C'est ici que se terminera notre voyage dans les Catacombes. Peut-être un jour, on nous glissant dans quelque forage artésien miraculeux, pourrons-nous trouver à 1,500 pieds sous terre, comme le Gulliver suédois, des mondes nouveaux et pittoresques; mais, jusqu'à ce jour, le tube du puits de Grenelle est trop étroit pour que nous puissions y pénétrer.

Un mot encore cependant, pour réparer un oubli incroyable. Dans un voyage aussi consciencieux, nous avons donné la géographie scientifique, historique et pittoresque du Paris souterrain, nous avons parlé de ses habitants, vivants et morts, et nous n'avons décrit ni le commerce ni la *flore* des carrières ! Grand Dieu que diraient les économistes et les botanistes? — Eh bien ! la flore des carrières se compose... de champignons ! C'est dans les excavations de Montrouge que de soigneux jardiniers cultivent en grand et font éclore à l'aise ce précieux comestible. — Et c'est le seul produit commercial indigène que les habitants des Catacombes exportent sur les marchés de Paris.

Nous en aurons entièrement fini avec la nécropole parisienne si nous mettons ici quelques mots relatifs aux caveaux de la colonne de Juillet.

Ce n'est pas là une demeure ordinaire, et les seules victimes des révolutions y sont admises jusqu'à ce jour. Deux fois déjà ces caveaux ont reçu des morts qu'un glorieux trépas a illustrés.

La colonne de Juillet, que nous avons reproduite dans notre premier volume, s'élève sur la place de la Bastille. Le roi Louis-Philippe en posa la première pierre le 27 juillet 1831 ; elle fut complètement achevée en 1840, et dans le mois de juillet de la même année on plaça dans ces caveaux, réservés sous le piédestal, la cendre des victimes de 1830 dont les noms sont inscrits sur le bronze de la colonne.

Entrez avec nous sous ces vastes caveaux où dorment tant de braves ; ne vous semble-t-il pas que de ces voûtes humides, de ces froids cercueils, sortent de populaires enseignements ? Là, en effet, ce sont les morts victorieux ; mais leurs adversaires, mais ceux que le pouvoir avait armés pour sa défense, les vaincus, n'étaient-ils pas du peuple aussi, n'étaient-ils pas les frères de ceux qui dorment sous ces sombres caveaux ?

Oh ! ne nous le dissimulons pas ! c'est en cela que les révolutions, quelque glorieuses qu'elles soient, ont un côté si profondément triste ! Vainqueurs et vaincus, c'est le peuple qui fournit tous les morts ; c'est lui qui souffre de l'interruption des travaux ; c'est toujours lui que les partis poussent sur la place publique au-devant des baïonnettes du pouvoir ou sous le glaive de la justice, à moins que le pouvoir ne l'enchaîne, momentanément, il est vrai, par des promesses trompeuses, avec une expectative de bien-être et d'adoucissement dans ses fatigues, promesses dont il éloigne toujours l'exécution, car si le peuple ne souffrait plus, il penserait et c'est de ce pouvoir dont il faut redouter.

Sous le régime de 1830, à chaque anniversaire des journées de Juillet, la colonne de la Bastille se couvrait de banderoles, et les parents des victimes allaient déposer une couronne sur la pierre tumulaire, ainsi que vous notre dernière République à l'anniversaire des journées de Février.

Nous n'avons oublié dans ce chapitre aucune des tristes demeures qui, chaque jour, reçoivent de nouveaux habitants et qui s'étendent chaque jour.

C'est que Paris, avec sa population d'un million d'âmes, en abandonne, année commune, de 25 à 30 mille aux cimetières qui l'environnent, et encore ne s'élève-t-il pas bientôt à 60 mille, pour peu qu'une épidémie, comme en 1849, s'abatte sur la capitale.

Dans le total de la mortalité parisienne, les hommes et les femmes fournissent une part presque toujours égale : ainsi, en 1850, année pendant laquelle les décès se sont élevés au chiffre de 25,426, les hommes ont fourni 12,616 morts et les femmes 12,310.

Chapitre LIII.

LA BANQUE DE FRANCE, LA CAISSE D'ÉPARGNE ET LA BOURSE.

LE TRIBUNAL DE COMMERCE. — LE CONSEIL DES PRUD'HOMMES.

Origine de la Banque de France. — Ses vingt-six comptoirs. — Date de sa fondation. — Les anciennes banques. — *Comptoir Jaboch.* — Les premiers actionnaires de la Banque. — Loi du 24 germinal an XI, qui supprime les banques rivales. — Capital de la Banque. — Les crises de la Banque. — Insuffisance des services rendus par la Banque. — Ses rapports avec le Trésor public. — Fonctions de la Banque. — Compte rendu de la Banque en 1850. — Le Comptoir d'escompte. — Les Caisses d'épargne. — Hôtel de la rue Coq-Héron. — L'avare et son trésor. — Les hôtes de l'hôtel de la rue Coq-Héron. — Les frères Enfantin. — M. Dupin aîné. — Objet des Caisses d'épargne. — Les Caisses d'épargne en Angleterre. — Règlement des Caisses d'épargne. — Statistique de la Caisse d'épargne de Paris. — La Bourse. — Law et l'hôtel Quincampoix. — L'agiotage. — Les coulissiers. — *La corbeille.* — Les agents de change. — Le passage de l'Opéra. — L'argot financier. — La Bourse des femmes. — Le Tribunal de commerce. — Les quatre conseils des prud'hommes.

La Banque de France, le premier établissement de crédit assurément que possède notre pays, aurait à coup sûr été mieux nommée Banque de Paris, sans l'extension qu'elle a donnée depuis quelques années à ses opérations. En effet, vingt-six comptoirs en pleine activité lui donnent aujourd'hui les droits les plus réels au nom de Banque de France. Si, du reste, dans le principe, on pouvait la regarder comme la Banque de Paris, c'est qu'elle était alors pour ainsi dire la réunion de toutes les caisses d'escompte qui existaient dans la capitale avant son institution. En effet, à l'époque de sa fondation, en l'an VIII, il y avait à Paris la *Caisse de comptes courants* et le *Comptoir commercial*, autrement dit *Comptoir Jaback*, que des négociants avaient ouvert en l'an VI pour faciliter la négociation de leurs effets. On comptait encore la *Caisse d'escompte du commerce*, rue de Ménars, la *Facturerie du commerce* et la *Banque territoriale*, tous établissements émettant des billets au porteur et à vue. Les statuts de l'an VIII avaient fixé le capital de la Banque à 45 millions, représentés par quinze mille actions, et quoique le gouvernement en eût pris cinq mille, il n'y en avait cependant, à la fin de l'an VIII, que sept mille cinq cent quatre-vingt-dix de placées, et, à la fin de l'an IX, quatorze mille sept cent cinquante actions seulement se partageaient les dividendes. Le gouvernement toutefois continuait à entourer l'institution naissante de sa plus vive sollicitude; on peut s'en convaincre, en se rappelant que parmi les deux cents actionnaires qui composaient l'assemblée générale du 23 vendémiaire an X, on remarquait Bonaparte et les deux autres consuls, Cambacérès et Lebrun; madame Bonaparte mère; Jérôme Bonaparte; Hortense Beauharnais; Dubois, préfet de police; le sénateur Sieyès; le général, depuis maréchal, Serrurier. On crut remarquer dès lors que le comptoir Jaback et les autres établissements gênaient, par l'analogie de leurs opérations, la marche de la nouvelle Banque. En conséquence, tous les établissements qui émettaient des billets de confiance furent supprimés par la loi du 24 germinal an XI, qui en même temps modifia les statuts primitifs. La caisse de comptes courants fut organisée par Napoléon, alors premier consul, sous le nom de *Banque de France*, nom qu'elle a toujours conservé depuis. Par l'article 1er de la loi précitée, on lui octroyait, mais d'abord pour quinze ans seulement, le privilége exclusif d'émettre des billets au porteur payables à vue, en espèces.

En l'an VIII, le dividende avait été de 60 fr., et il avait été mis 45 fr. en réserve. Le premier semestre de l'an IX avait donné 50 fr. et 5 fr. pour la réserve, le second également 50 fr. et 10 fr. pour la réserve.

Napoléon, qui, pour faire hausser les fonds publics, avait contraint la Banque à placer une partie de son

Vue extérieure des bâtiments de la Banque de France.

capital en rentes sur l'État, fit d'elle un instrument financier : il s'empara même d'une partie de ses fonds; aussi fut-elle bientôt dans la nécessité de restreindre momentanément le remboursement journalier de ses billets. Ce remboursement avait été fixé pendant quelque temps à 500,000 fr. par jour, et on se souvient encore de la manière adroite qu'on avait employée pour ne pas même atteindre chaque jour le chiffre légal. On comptait aux créanciers cinq francs par cinq francs la somme à rembourser. Cette circonstance fâcheuse, et, disons-le aussi, la faiblesse inhérente alors à toutes les institutions de crédit, le souvenir des désastres produits par la banqueroute de Law, et qui, malgré la révolution, n'étaient pas encore oubliés, retardèrent bien, dans les commencements, la marche de la Banque de France. Les actions ne se plaçaient pas; le capital restait incomplet. Alors on décida que les actions seraient doublées. Cette mesure hardie, en portant le capital à 30,000,000 fr., produisit un heureux effet, car peu après l'importance de la Banque s'accrut tellement, qu'il fallut émettre quinze mille actions nouvelles, ce qui porta son capital à 45,000,000 fr.

Dans la période qui nous occupe, la France était victorieuse sur tous les points, et les événements politiques y secondaient l'essor du commerce et de l'industrie. Ce fut alors qu'on provoqua la loi du 22 avril 1806, qui modifia de nouveau l'organisation de la Banque, en mettant à sa tête un gouverneur et deux sous-gouverneurs. En même temps, son privilége fut prorogé jusqu'à 1843, et son capital porté à 90,000,000 fr. Mais, cette fois, le but avait été dépassé, soit par une cause, soit par une autre, la Banque ne put trouver à placer intégralement cette nouvelle portion de son capital. Alors elle prit la résolution de racheter et de retirer de la circulation une partie des nouvelles actions émises. En 1809, elle en avait déjà retiré dix mille; en mars 1814, douze mille sept cent quarante; en août 1815, dix-huit mille, parmi lesquelles les mille actions que Napoléon avait prises pour son compte lors de la création de la Banque. Enfin, en 1816, elle en avait racheté vingt-deux mille et son capital de 23,275,328 fr. Mais, après tous ces rachats successifs, elle crut devoir s'arrêter, et depuis cette époque son capital a été fixé, comme il l'est encore aujourd'hui, à 67,900,000 fr., auxquels il faut ajouter les 10,000,000 de sa réserve, la valeur de l'hôtel et du mobilier de la Banque, évalué à 4,000,000, en tout 81,900,000 fr. Cet hôtel est celui qu'elle occupe aujourd'hui au centre du commerce et des affaires : c'est l'ancien hôtel du duc de la Vrillière, qui a donné son nom à la rue. L'établissement possède en outre, en inscriptions de rente sur l'État et en actions des canaux, un capital de 50,000,000 qui lui donne 2,452,485 fr. d'intérêts annuels, mais qui est en dehors de ses affaires courantes.

Nous venons de parler de sa réserve de 10,000,000, mais elle n'a été ramenée à ce chiffre qu'après plusieurs répartitions successives. Ainsi, en 1820, les capitaux accumulés à ce titre étaient si considérables, qu'on sollicita une loi qui en permît la répartition. En conséquence, il fut distribué aux actionnaires 13,715,000 fr., soit 202 fr. par action. A la fin de 1828, on distribua 9,843,500 fr., soit 145 fr. par action; en décembre 1831, 9,974,000 fr., soit encore 145 fr. par action. En 1833, la réserve était de 10,335,000 fr. Elle a été placée en rentes sur l'État, en prévision sans doute de la loi qu'on préparait. Ce fut la loi du 17 mai 1834. Cet acte législatif a limité la réserve à 10,000,000, représentés par une inscription de 500,000 fr. de rentes 5 pour 100. Cette réserve reste intacte, sauf dans le cas où les bénéfices ne donneraient pas 30 fr. par semestre et par action. Ce cas ne s'est encore présenté qu'une seule fois, en 1814, où il fallut prélever sur la réserve une somme de 394,000 fr., représentant le déficit sur chaque action, déficit qui était de 4 francs 38 centimes.

Cette année 1814 rappelle une des crises les plus fâcheuses que la Banque ait eu à traverser. A ce moment, ses actions étaient cotées 515 fr. Depuis cette époque, elle a été en voie de prospérité continue, et si aujourd'hui il se manifeste un temps d'arrêt dans un état de choses qui était auparavant si constamment régulier, cela tient à des causes que nous signalerons plus bas en parlant des fonctions de cet établissement de crédit.

S'il est incontestable que la Banque de France a rendu de grands services au commerce et à l'industrie, il faut reconnaître aussi qu'elle aurait pu lui en rendre de plus grands encore. On a bien prétendu, pour justifier sur ce point cet établissement de crédit, que la Banque admet tout le bon papier du commerce, et que celui-ci n'en présente pas assez. Si, en effet, la première partie de cette proposition est vraie, la seconde peut paraître contestable. Non, le commerce ne présente pas assez de papier à l'escompte ; mais pourquoi ? La cause s'en devine facilement : c'est qu'il trouve le taux de l'escompte trop élevé, les conditions trop dures. D'un autre côté, quand on s'étonne du chiffre énorme de sa réserve monétaire, de la quantité prodigieuse de ses espèces en caisse, et qu'on dit qu'avec de pareils moyens, la Banque pourrait rendre de plus grands services, les partisans du régime actuel répondent, d'abord, que ces espèces ne s'accumulent dans ces caisses, et sous cette forme, que par suite de l'échange que fait le public des écus contre

Salle d'attente pour le remboursement des effets.

des billets plus facilement transportables; et ensuite, que le crédit aujourd'hui si inattaquable de la Banque souffrirait une grave atteinte si ces espèces n'étaient pas constamment en réserve pour servir de garantie à ses billets en circulation, ainsi qu'aux autres sommes dues par elle, et qui figurent à son passif, savoir :

1° Aux fonds des comptes courants, qu'il faut évaluer à une moyenne journalière de 50 millions ;

2° Aux récépissés à vue délivrés contre espèces aux personnes qui n'ont point de compte courant ;

3° Aux billets à ordre délivrés aux personnes dans la même situation ;

4° Aux fonds du Trésor public, qui, depuis bien des années, n'a pas cessé d'être créancier de sommes dépassant toujours cent millions.

L'argumentation tirée de l'échange des écus contre des billets est surtout vraie à Paris ; mais on sait combien dans les départements il y a encore de résistance pour les recevoir. Les vieilles habitudes dominent encore, et on ne s'y accoutume qu'avec peine à regarder du papier comme de l'argent. Ensuite nous ajouterons que, pour maintenir son crédit dans une position inattaquable, il n'est jamais nécessaire que les espèces représentent une somme à peu près égale à celle des billets en circulation ; car alors où serait le crédit ?

Sans aller aussi loin que les États-Unis, qui émettent des billets au delà de toute raison et de toute prévoyance, on peut dire qu'une banque fait preuve d'une grande sagesse en n'émettant de billets que pour une somme représentant au moins trois fois son capital monétaire ; et cette opinion est celle qui est la plus généralement admise par les hommes les plus versés en matière de finances.

Nous avons parlé des rapports de la Banque avec le Trésor public. C'est ici le lieu de faire brièvement connaître les états qui indiquent la quotité des avances

Galerie des garçons de recette.

faites dans les différentes années pour le service de l'État. Les années où le chiffre est le plus élevé correspondent toujours à celles où l'État a éprouvé le plus de besoins. Ainsi, en 1811, les avances de la Banque furent de 161,365,000 francs ; en 1812, de 273,371,000 francs ; en 1813, de 343,310,000 francs, en 1814, de 268,679,000 francs. Ces chiffres s'expliquent par les besoins créés par les guerres d'Espagne et de Russie, ainsi que par la nécessité de soutenir contre l'Europe coalisée la guerre défensive de 1814. En 1816 et en 1817, où il fallait payer d'énormes contributions de guerre, et où la France était en proie à la disette, le crédit aujourd'hui furent de 178,100,000 francs et de 184,091,000 francs. Ensuite, parmi les années les plus fortes, nous voyons figurer pour le chiffre de 357,341,000 francs, l'année 1823, qui correspond à la guerre d'Espagne. En 1826, après le vote du milliard de l'indemnité, les avances furent de 147,360,000 fr. Enfin, en 1830, eut lieu la prise d'Alger. En 1831, le gouvernement eut à lutter contre des besoins extraordinaires. On se rappelle la crise produite par la révolution de Juillet, la détresse du commerce, à qui le gouvernement prêta 30,000,000, mesure insuffisante et de plus irrationnelle. Alors les avances faites par la Banque furent, en 1830, de 294,520,000 francs ; en 1831, de 255,562,000 francs. Ainsi, l'histoire financière de la Banque de France est intimement liée à notre histoire politique, et fait corps avec elle.

En dehors de cette action pour ainsi dire toute politique et gouvernementale, quelles sont les principales fonctions de la Banque?

Elle escompte les lettres de change et autres effets de commerce à ordre, à des échéances diverses qui ne peuvent cependant dépasser quatre-vingt-dix jours, timbrés et garantis par trois signatures. On admet aussi des effets à deux signatures, mais avec la garantie d'un transfert d'action de Banque, de rentes, d'actions de canaux ou autres valeurs dont le gouvernement est débiteur. Cette admission n'avait autrefois lieu que trois fois par semaine; aujourd'hui elle se fait tous les jours.

La Banque escompte également les effets payables dans les villes où sont établis ses comptoirs, au même taux de 4 pour 100, et sans commission, et délivre, en échange d'espèces, les billets à ordre qui lui sont demandés, et dans les coupures que l'on désire. Ces billets, toujours payables à Paris, sont fort commodes aux personnes qui en sont porteurs, les billets à ordre qui lui sont demandés, et dans les coupures que l'on désire. Ces billets, toujours payables à Paris, sont fort commodes aux personnes qui en sont porteurs, ils peuvent se transmettre par endossement dans tous les pays du monde, où on les escompte comme papier de banque de première valeur.

La Banque fait en outre des avances sur des effets publics à échéances déterminées et sur des effets publics français à échéances *indéterminées*, c'est-à-dire sur rentes.

Elle prête sur dépôts de lingots et de monnaies étrangères, pour lesquels elle retient un intérêt qui n'est plus, depuis 1820, que de 1 pour 100, mais qui, jusqu'à cette époque, avait été de 4 pour 100. Le terme pour les dépôts est de 45 jours, et on ne reçoit pas au-dessous d'une valeur de 10,000 francs. En 1824, la Banque a ainsi avancé, contre de semblables dépôts, jusqu'à 90,590,000 fr., et, en 1825, 83,340,500 fr. Ce sont les deux années où les avances de cette nature ont été les plus considérables. L'élévation de ce chiffre s'explique naturellement par la conversion en 3 pour 100 de M. de Villèle, et l'envoi fait à la maison Rothschild d'une grande quantité de lingots étrangers pour la souscription que l'on attendait par suite du vote de la loi.

La Banque se charge aussi de faire sans aucuns frais le recouvrement de tous les effets qu'on appelle *effets au comptant*, qui lui sont remis par les personnes ayant leur compte courant. Par le nombre et la valeur de ces effets, cet encaissement doit être une charge onéreuse pour elle, car son chiffre est presque égal à celui des effets escomptés; mais c'est une des charges que lui impose son privilége.

Enfin il existe à la Banque de France une caisse où l'on reçoit, à titre de dépôt volontaire, des titres,
effets publics nationaux et étrangers, actions, contrats et obligations de toute espèce, lingots, monnaies d'or et d'argent, diamants et autres valeurs, moyennant un droit de 1 huitième pour 100 pour chaque période de six mois.

Le taux de l'escompte a subi de nombreuses vicissitudes. Depuis la fondation, en l'an VIII, il fut de 6 pour 100 jusqu'au 14 novembre 1806, où il fut abaissé à 5 pour 100. L'année suivante, le 3 août, il fut abaissé à 4 pour 100, et ne fut relevé à 5 pour 100 qu'à partir du 1er septembre 1816. Ensuite on adopta une autre combinaison à partir du 1er juin 1820; elle consistait à prendre 4 pour 100 pour les effets à trente jours et au-dessous, et 5 pour 100 sur les autres. Enfin, le 1er février 1821, l'escompte fut ramené au taux uniforme de 4 pour 100 à tous termes, et, depuis cette époque, il y est invariablement resté. Ce tarif, par son élévation, provoque depuis longtemps les plaintes du commerce, et est même préjudiciable aux intérêts de la Banque, qui provoquerait, en l'abaissant, un mouvement d'affaires bien plus considérable, et regagnerait facilement, par leur multiplicité, les quelques frais d'administration qu'elle serait obligée de faire. En effet, il ne faut pas perdre de vue qu'un établissement comme celui de la Banque de France a surtout pour but d'aider le commerce, et que c'est principalement dans les moments où l'argent renchérit, où les capitaux se resserrent, qu'elle doit lui offrir des faci-

Une caisse de payement.

Pavillon des lingots.

lités, être pour lui un utile et secourable auxiliaire. En effet, la moyenne des échéances, qui, précédemment, avait successivement baissé, a encore baissé d'une manière très-sensible de 1843 à 1844. Cette moyenne s'est réduite de cinquante un jours à quarante-quatre. Et ce résultat n'a rien d'étonnant; le *papier long*, dans les conditions exigées par la Banque, se fait aisément à des conditions meilleures.

Pour être admis à l'escompte, il faut en faire la demande par écrit au gouverneur, et l'accompagner d'un certificat signé de trois personnes qui déclarent connaître la signature du demandeur et sa fidélité à remplir ses engagements. Les faillis non réhabilités ne peuvent être admis à l'escompte.

Aux termes de ses statuts, la Banque ne pouvant émettre ses propres billets que pour la valeur des effets de commerce qu'elle escompte ou contre des espèces, il en résulte que le montant des valeurs en portefeuille est presque toujours égal à celui des billets en circulation. Au 23 mars 1843, ses espèces en caisse s'élevaient à 266 millions, et les billets en émission n'étaient que de 255 millions et demi. En 1832, elle a eu 281,583,000 fr. : c'est le chiffre le plus élevé.

Le numéraire appartenant à la Banque est déposé dans des caves, où des précautions infinies sont prises pour le mettre en sûreté. On n'y descend que par un puits garni d'un escalier en spirale, praticable seulement pour une personne, et dont les trois portes de
fer sont fermées chacune de trois clefs. Cette disposition permet, en cas d'alarme, de combler l'escalier de sable ou même de l'argile ou de la terre battue, pour interdire l'entrée des caves pendant un temps donné, au moins durant vingt-quatre heures. Les espèces sont contenues dans des boîtes doublées de plomb, et rangées dans des caveaux fermés de plusieurs portes, où elles sont extraites qu'avec les formalités les plus minutieuses, qui rendent toute soustraction impossible.

Le service extérieur se fait par un certain nombre de garçons de recette, hommes fidèles et sûrs, et choisis avec le plus grand soin. Ils portent un uniforme particulier. Les voitures qui font les transports de la Banque ont aussi une forme toute spéciale. Elles sont munies par derrière de deux sièges posés en côté et vis-à-vis l'un de l'autre, et occupés par deux garçons placés ainsi face à face.

Après avoir parlé de l'organisation et des fonctions de cet établissement de crédit, il nous reste à dire quelques mots de ses principales opérations. La Banque a escompté le 30 décembre 1842, 13,409 effets, montant à 17,439,000 fr.; le 29 décembre 1843, 18,521 effets, s'élevant à 19,031,645 fr.; et le 30 décembre 1844, 17,721 effets, représentant une valeur de 20,449,191 fr.; pendant l'année 1850, elle a escompté pour plus de 340 millions d'effets de commerce.

En quinze années, les accroissements ont presque triplé. Le 31 octobre 1843, la Banque a reçu, dans 19,519 domiciles, 44,856 effets d'une valeur de 39,616,000 fr.
Le 30 septembre 1844, elle a encaissé, dans 20,932 domiciles, 49,670 effets montant à 43,392,000 fr.

Disons enfin quelques mots de la situation présente de la Banque, telle qu'elle résulte du dernier compte rendu de 1850 et des produits bruts qu'elle a perçus pendant cette même année:

	Montant des opérations.	Produit brut des opérations.
Escompte du papier de commerce.	340,612,254	1,483,223 91
Avances sur actions des canaux.	6,375,600	58,837 40
Avances sur rentes.	60,237,750	620,569 17
Escompte de bons de la Monnaie.	81,614,562	72,914 50
Avances sur lingots.	27,220,600	81,632 45
Primes sur matières d'argent.		50,815 25
Droits de garde.		8,828 50
Commission sur les billets à ordre.		82,425 70
Opérations commerciales des succursales.	852,984,045	2,217,418 74
	1,369,044,811	4,676,665 62
Comptons en outre:		
Opérations avec le trésor.	100,000,000	2,153,520 14

Opérations avec la ville de Marseille...	1,075,000	5,647 20
Intérêts sur les actions du comptoir d'escompte...........		14,000 »
Rentes appartenant aux anciennes Banques départementales.		3,941,625 »

Les revenus de la Banque de France atteignent donc environ 6 millions, et c'est ce qui explique facilement que ses actions, tout dernièrement encore, fussent cotés 2,900.

La Banque est administrée par un gouverneur, deux sous-gouverneurs, quinze régents et trois censeurs. En outre, douze négociants ou fabricants en activité, bien au courant de la place, sont, pour l'examen du papier, adjoints au comité d'escompte. Ils sont nommés par les censeurs sur une liste triple présentée par les régents et le gouverneur.

Le privilége de la Banque de France devait expirer en 1843. La loi du 30 juin 1840, votée sur le rapport de M. Dufaure, l'a prorogé jusqu'en 1864. Cette loi n'a rien changé à son organisation, et, sous ce rapport, a trompé les espérances de ceux qui croyaient à l'avénement de réformes et de modifications proclamées depuis longtemps nécessaires.

L'hôtel occupé par la Banque de France fut bâti en 1620, sur les dessins de François Mansard, pour le secrétaire d'État Raymond Phélipeaux de la Vrillière. En 1713, il devint la propriété du comte de Toulouse.

Galerie du duc de la Vrillière, servant à l'assemblée générale des actionnaires de la Banque de France.

Le duc de Penthièvre y habitait avec la princesse de Lamballe, avant la Révolution. L'hôtel de la Vrillière, après avoir servi à l'imprimerie du gouvernement, fut cédé, en 1808, à la Banque de France, qui tenait son siège non loin de là, dans l'hôtel Massiac, au coin de la rue des Fossés-Montmartre et de la place des Victoires ; mais cette translation n'eut lieu qu'en 1812.

Ce vaste hôtel conserve encore des traces de son ancienne splendeur ; la galerie du Duc de la Vrillière, où se tiennent les assemblées générales des actionnaires de la Banque de France, et que nous reproduisons ici, donne une idée du grandiose et de la majesté que le luxe savait revêtir dans le siècle du grand roi.

Le quartier où se trouve actuellement la Banque de France était prédestiné à voir les grandes opérations financières. En effet, la rue Baulru qui existait au dix-huitième siècle, et qui était la continuation de la rue de la Vrillière où se trouvent les derrières des bâtiments de la Banque, comptait au nombre de ses nombreux hôtels celui de la Compagnie des Indes. Dans la même rue encore, un hôtel maintenant disparu fut acheté par Law, l'intrépide financier de la rue Quincampoix, qui l'habita pendant quelque temps.

A la suite de la Banque, nous arrivons naturellement à placer quelques mots sur une création toute moderne, le Comptoir d'escompte, dû au gouvernement provisoire et destiné à répandre le crédit et à l'étendre à toutes les branches de la production dans tous les centres de fabrication et de commerce. Le capital fut formé un tiers en argent par les associés souscripteurs; un tiers en obligations sur les villes, et un tiers en bons du trésor par l'État.

Depuis lors, le Comptoir d'escompte qui siégea d'abord au Palais-Royal, et se trouve maintenant dans des bâtiments vastes et nouvellement construits rue Richer, n'a pas cessé de fonctionner et possédait un capital que le compte rendu de 1851 porte à 4,230,535 fr. 50 c.

CHAPITRE LIII. — LA BANQUE DE FRANCE, LA CAISSE D'ÉPARGNE, LA BOURSE, ETC.

Il y a près d'un siècle, — c'était longtemps avant la première révolution, disent les bonnes gens du quartier, — on rencontrait tous les jours, à la même heure, aux environs du Palais-Royal, un petit homme, vieux, sec, voûté, pâle, ayant un long nez recourbé entre deux petits yeux gris, mobiles, brillant d'un éclat extraordinaire. Un chapeau gras et déformé abritait une perruque antique et roussie; un habit râpé, à larges basques, trahissait sous ses plis anguleux la hideuse maigreur du corps qu'il recouvrait, et laissait voir, au bout de ses longues manches éraillées deux mains osseuses dont les doigts crochus semblaient avoir peine à se déplier. Cet homme avait été riche, fort riche. Peu à peu on l'avait vu tomber dans la misère. Il ne lui restait plus qu'un vaste hôtel où il demeurait encore, mais qu'il laissait en délabre. Il avait renvoyé ses domestiques, vendu ses meubles; il vivait seul, retiré, se refusant presque le nécessaire. On l'aurait plaint, si son regard fauve, sa physionomie inquiète et morose, son silence défiant, sa parole brusque, n'eussent éloigné les sympathies; il faisait dégoût et pitié, sans inspirer de compassion. On le voyait tous les jours; — un jour, on ne le vit plus. Personne ne s'intéressait à lui : on l'oublia. L'hôtel demeurait sombre, silencieux, et les portes fermées. Les voisins avaient bien cru entendre quelque bruit pendant la nuit, des cris sourds et prolongés, des coups éloignés qui semblaient sortir de terre; mais ces bruits n'avaient pas duré. A la longue, cependant la curiosité s'émut. On demanda ce qu'était devenu le petit vieillard; et la justice s'en mêla. On entra de force dans l'hôtel, on le parcourut... il était désert. Enfin, dans un coin reculé des caves profondes, on découvrit une porte solide, armée de fer, sans serrure apparente. On l'enfonça. Alors un spectacle terrible frappa les regards : la lueur des flambeaux fit voir, couché sur des monceaux d'or, un cadavre livide, hideux, dont la bouche contractée avait laissé échapper depuis longtemps son dernier souffle et son dernier cri. — C'était l'avare, mort sur son trésor enfoui, derrière cette porte à secret qui s'était refermée sur lui, et qu'il n'avait pu rouvrir.

L'hôtel où se passa cette scène tragique bien connue, et qu'a reproduite si souvent la peinture, est celui qui porte le n° 5 de la rue Coq-Héron. On y montre encore le caveau secret, témoin de cette cruelle agonie. C'était l'hôtel de l'avarice sordide, hideuse... un changement providentiel en a fait l'hôtel de l'économie sage, prévoyante, charitable. C'est aujourd'hui l'hôtel de la Caisse d'épargne.

Vue extérieure de la Caisse d'épargne.

L'institution de la Caisse d'épargne, quoique bien récente encore, puisqu'elle ne date que du 15 novembre 1818, époque de son ouverture, a pris un tel développement, depuis quelques années surtout, qu'elle a dû quitter l'ancien local incommode et insuffisant qu'elle occupait dans les dépendances de la Banque de France, pour s'établir dans cette belle et vaste habitation.

Au reste, indépendamment de la lugubre légende que nous avons racontée, d'autres souvenirs se rattachent à cet édifice. Il semblait dans la destinée de l'hôtel Coq-Héron d'abriter des hôtes propres à appeler sur lui l'attention publique. Bâti vers 1730, sur des terrains appartenant à l'archevêque de Paris par le baron de Thoinard, fermier général, beau-père de M. de Nicolaï et de M. de la Briffe, président au parlement de Paris, connu ensuite pendant la Révolution comme hôtel garni sous le nom d'hôtel du Parlement d'Angleterre, il devint plus tard la propriété des quatre frères Enfantin, banquiers, dont l'un fut le père du *Père* Enfantin que le saint-simonisme a rendu singulièrement célèbre. En signalant cet édifice à la curiosité de ses lecteurs, la Tynna, dans son dictionnaire de Paris, l'indique sous le nom d'hôtel Enfantin. En dernier lieu, il appartint à la belle-mère de M. Dupin aîné. L'illustre et savant avocat l'habita pendant plus de vingt années. C'est M. Dupin aîné qui l'a vendu à la Caisse d'épargne.

La Caisse en a fait l'acquisition au prix de 502,949 fr. 25 c., y compris les frais. Afin de compléter ses dispositions intérieures, et de faciliter le service, elle y a joint, au prix de 100,000 fr., un autre immeuble contigu, qui donne à l'établissement une sortie sur la rue des Vieux-Augustins. Cet autre bâtiment, construit à la même époque, faisait primitivement partie de l'hôtel de la rue Coq-Héron, que la Caisse d'épargne se trouve avoir ainsi reconstitué dans son ensemble, tel que le possédait son premier propriétaire. Ce corps de logis, dont les étages supérieurs sont utilisés en grande partie pour le service des précieuses et considérables archives de la Caisse, offre, au rez-de-chaussée, les dispositions nécessaires pour donner un dégagement utile au mouvement des espèces, et une sortie nécessaire à la foule qui encombrerait l'établissement.

La somme considérable de 600,000 f. que ces acquisitions ont coûté à la Caisse, a été payée moyennant l'aliénation de rentes sur l'État que possédait l'institution, et en outre par l'emploi d'une partie des ressources annuelles produites par la différence d'un quart pour cent retenue par la Caisse, pour frais d'administration, sur l'in-

Vue intérieure de la grande salle de la Caisse d'épargne.

térêt à 4 pour 100 qui lui est servi par le trésor pour les fonds déposés.

Ce bel immeuble, devenu ainsi la propriété de la Caisse, et qui fait désormais partie de son capital social, a donné pour l'installation des services un emplacement triple de celui que pouvait lui céder la Banque de France, et auquel il fallait ajouter des locations particulières qui disséminaient l'administration, et entravaient l'ordre et la surveillance des opérations. Cet agrandissement de domicile était d'ailleurs exigé par l'importance toujours croissante de l'institution.

Après avoir acquis ce bel hôtel dont nous donnons la vue extérieure, il s'agissait d'y loger les services de recette, de comptabilité, de matériel, etc., de la manière la plus économique et en même temps la plus commode pour le public et pour l'administration. Il est bon de dire que les bureaux de la rue Coq-Héron contiennent près de cent employés, un matériel considérable, et des archives immenses, où doit régner l'ordre le plus parfait, où les recherches doivent toujours être promptes et faciles, puisqu'elles renferment les titres des dépôts et remboursements faits depuis l'origine de la caisse, les livrets, les quittances, etc., que l'on peut être obligé de reproduire à chaque instant. Puis, indépendamment de ces nécessités de l'administration intérieure, il fallait, en outre, disposer des localités spacieuses, d'un abord facile, d'une distribution convenable, pour recevoir l'énorme affluence des déposants.

Les *Caisses d'épargne et de prévoyance* ont pour objet de recevoir au fur et à mesure en dépôt les moindres économies des citoyens qui n'ont pas leur travail journalier pour vivre, de faire fructifier ces modestes épargnes au moyen des ressources de l'intérêt composé, de les grossir enfin insensiblement jusqu'au moment où elles sont suffisantes pour avoir une destination utile, ou former un placement avantageux.

Le dix-huitième siècle, qui ne connut, lui, que les tontines, ne pouvait que mettre en avant l'idée d'appliquer les intérêts composés. C'est ce qu'il fit. Mais ce fut seulement en 1810 qu'on vit surgir en Angleterre, pays de calcul et d'application pratique, la première caisse d'épargne véritablement digne de ce nom, une caisse gérée gratuitement et dotée des fonds nécessaires pour garantir ses engagements. Le nombre des caisses d'épargne depuis lors alla toujours en augmentant, et, il y a quelques années, on en comptait dans le Royaume-Uni environ 500, dépositaires de 600 millions, qui appartenaient à plus de 300,000 personnes. En 1818, une société anonyme, à la tête de laquelle étaient des hommes dont les noms ont été constamment entourés de l'estime et de la reconnaissance publiques, fonda la Caisse de Paris sur des principes qui depuis ont servi de modèles aux autres. Outre le vénérable la Rochefoucauld-Liancourt, il nous sera permis de citer, parmi les fondateurs, deux honorables citoyens dont le nom se retrouve à côté de toutes les institutions utiles et bienfaisantes, MM. François et Benjamin Delessert.

Malgré l'exemple donné par la Caisse d'épargne de Paris, on ne comptait en France, à la fin de la Restauration, que treize établissements de ce genre. Depuis cette époque, leur nombre s'accrut dans une progression rapide, et qui indiquait suffisamment que les masses commençaient à apprécier les bienfaits de cette institution. En 1836, il existait déjà 226 caisses qui avaient en dépôt 93 millions, dont la moitié environ avait été versée par la Caisse de Paris. Au 31 décembre 1839, le solde total des caisses était de 167,474,629 fr. 25 cent.

Les lois du 5 juin 1835 et 31 mars 1837, puis celle du 30 juin 1851, modifièrent les bases sur lesquelles avaient été primitivement établies les Caisses d'Épargne. Le minimum de la somme à déposer est toujours cependant de 1 franc, une fraction de franc. On ne peut verser de plus de 300 fr. par semaine, la somme appartenant à chaque déposant ne peut excéder 1,000 fr.; les sociétés de secours mutuels sont seules admises à avoir un dépôt de 8,000 fr. La seconde de ces lois réalisa en même temps une grande amélioration en autorisant les Caisses à verser en compte courant leurs fonds au Trésor public, qui leur en paye un intérêt de 4 p. 100. Il opère aussi sans frais le transfert d'une Caisse à l'autre dans toute la France. L'État devient ainsi l'administrateur de la fortune publique et privée; payant un intérêt de 4 p. 100, il est dans la nécessité d'employer les sommes qui, auparavant, restaient inactives dans ses coffres. La Caisse, de son côté, paye aux déposants un intérêt, non plus de 5 p. 100, comme dans le principe, mais seulement de 3 fr. 75 c. pour 100 fr. La différence entre 3 fr. 75 c. et 4 fr. est bonifiée au profit de la Caisse, qui subvient, au moyen des ressources qu'elle en tire, à ses frais d'administration. Cette réduction d'intérêts s'est opérée sans secousse ni perturbation; car on avait déjà reconnu que les déposants avaient moins en vue un intérêt considérable qu'une accumulation successive de petits capitaux, la facilité de les retirer à volonté et la sûreté du placement.

Il y a trois classes d'individus auxquels les Caisses d'épargne peuvent surtout être utiles: les domestiques et autres gens à gages, les ouvriers, les habitants des campagnes.

Les premiers placent généralement mal leurs économies, en des mains peu sûres. Désabusés aujourd'hui par tous les mécomptes et toutes les pertes qu'ils ont subis, ils commencent à se servir des Caisses d'épargne.

Les ouvriers ont eu plus de peine à en prendre le chemin. Les préjugés particuliers à cette classe, les tentations, de funestes habitudes, de mauvaises connaissances, les en ont bien longtemps empêchés. Peu à peu, toutefois, ils sont arrivés à se convaincre que la Caisse d'Épargne est, suivant l'expression de M. de Cormenin, une des écoles de moralité, où le travail, fondé sur l'intérêt personnel, maîtrise les vices et les mauvaises passions des hommes. « Il n'y a pas d'exemple, dit M. B. Delessert, qu'un porteur de livret ait été condamné par les tribunaux. » Le nombre des ouvriers déposants s'accroît dans une rapide progression. Aujourd'hui ils forment la majorité des déposants nouveaux. Mais il n'en est pas de même dans les départements; pour les habitants des campagnes. Défiants et soupçonneux, ils ne veulent pas qu'on sache qu'ils ont de l'argent, et bien ils se croiraient perdus s'ils le sortaient de la cachette où ils l'ont enfoui; et on il dort improductif jusqu'à ce qu'ils achètent un petit lot de terre. Que de capitaux ces habitudes intelligentes n'enlèvent elles pas à la circulation!

On ne peut mettre en doute un instant l'utilité des Caisses d'épargne: En prévenant de nombreuses douleurs, les habitudes d'ordre et d'économie qu'elles ont créées donnent de nouveaux gages à la paix, à la tranquillité publiques; car, il ne faut pas s'y tromper, le pauvre qui commence à avoir une petite propriété cherche dès lors à se garantir, par une économie soutenue, contre les privations de l'indigence, et, du moment où il a un petit pécule placé sur l'État, non-seulement il n'y attache pas moins d'importance que le plus fort capitaliste à ses trésors, mais il cherche sans cesse à le grossir. Si nous en voulions une preuve, il nous suffirait de citer un exemple. A l'occasion du mariage du duc et de la duchesse d'Orléans, 40,000 fr. furent distribués entre 1,760 livrets, qui furent répartis à Paris entre autant d'enfants. Le nombre de ces livrets était encore en 1843 de 1,698, et la somme due aux jeunes déposants était de 136,000 fr.; en quatre ans et demi, elle s'était accrue de 97,000 fr.

On voit donc de quel intérêt il peut être pour le pays et pour les individus d'augmenter le nombre des Caisses d'épargne. Seconder le mouvement qui porte les petits capitaux vers ces utiles établissements, c'est répandre dans la population des éléments de sécurité et de bonheur.

La Caisse centrale compte dix succursales dans Paris et six dans la banlieue. Elle est ouverte deux jours seulement par semaine pour recevoir les versements, et les cinq autres pour les remboursements. Les succursales de la banlieue ne sont ouvertes que le dimanche.

La Caisse d'épargne et de prévoyance est administrée par un conseil de directeurs qui compte un président, quatre vice-présidents, un secrétaire, quatre vice-secrétaires, dix-huit directeurs dont trois honoraires, trois censeurs, un agent général, et un caissier. Les fonctions de directeurs, censeurs et administrateurs sont entièrement gratuites. Il est délivré gratuitement à tout déposant qui verse pour la première fois, soit à la caisse centrale, soit à l'une des succursales, un livret numéroté, portant les noms et prénoms du titulaire, et destiné à l'inscription de toutes les sommes qui seront successivement versées ou retirées pour son compte. Chaque versement est signé sur le livret par le caissier et par l'un des directeurs ou administrateurs.

Aucun déposant ne peut être titulaire de plus d'un livret en son nom personnel dans la même caisse, ou dans des caisses différentes. (Loi du 22 juin 1845.) Tout contrevenant à cette disposition sera remboursé immédiatement sans aucune bonification d'intérêts, et ne pourra plus avoir de compte à la Caisse d'épargne. Toute personne qui vient faire pour elle-même un premier versement doit signer sur un registre à ce destiné, et donner exactement et par écrit ses nom, prénoms, âge, profession et demeure, afin que la propriété soit clairement établie. On peut effectuer un versement par l'intermédiaire d'un tiers pourvu d'une autorisation imprimée et signée. On le peut aussi au nom d'une société de secours mutuels ou d'utilité publique, en justifiant de l'approbation donnée pour la formation de cette société par l'autorité compétente; en déposant une copie du règlement de cette société, et en produisant un état nominatif indiquant les noms, prénoms, professions, demeures, et signatures de tous les membres du conseil d'administration de la société.

Le titulaire d'un livret sur lequel a été effectué un premier versement peut faire faire les versements subséquents.

Aucun versement ne peut être de moins d'un franc ni comprendre des fractions de franc. La loi du 30 juin 1851 interdit tout versement pour le compte dont le crédit s'élève déjà à mille francs, soit par le capital, soit par l'accumulation des intérêts.

Aucun versement ne peut excéder 300 francs à la fois, excepté pour les remplaçants militaires, qui peuvent déposer à la Caisse le prix total stipulé dans l'acte de remplacement.

A l'expiration de leur engagement, la somme excédant le maximum est employée à l'achat de rentes de cinq pour cent de la dette inscrite, lorsque le prix est au-dessous du pair, et en trois pour cent si le cours de la rente cinq pour cent dépasse cette limite. Les crédits des sociétés de secours mutuels, autres que celles déclarées établissements d'utilité publique, ne peuvent excéder la somme de 8,000 francs.

Toutes les sommes reçues sont immédiatement versées à la Caisse des dépôts et consignations en compte courant, ou bien restituées en capital et intérêts à la Caisse d'épargne, sur sa demande, dans un délai qui ne peut excéder dix jours.

La loi a fixé à cinq pour cent les intérêts bonifiés par la Caisse des dépôts et consignations à la Caisse d'épargne.

Le conseil des directeurs fixe chaque année, au mois de décembre, le taux de l'intérêt qui sera alloué aux déposants pour l'année suivante.

Lorsqu'un compte a atteint 1,000 francs, il cesse de porter intérêt. La demande en remboursement doit être faite par le titulaire ou par le porteur d'un écrit signé du titulaire et légalisée par le maire.

Nous terminerons cet article sur les Caisses d'épargne, en déclarant que nous ne partageons pas à leur égard l'opinion de M. Charles Dupin, qui les traite de *lanternes magiques des économies passagères du peuple*, » et en donnant le compte rendu du mouvement financier de la Caisse d'épargne de Paris en 1850.

CHAPITRE LIII. — LA BANQUE DE FRANCE, LA CAISSE D'ÉPARGNE, LA BOURSE, ETC.

La Caisse d'épargne de Paris a reçu, en 1850, pour le compte des déposants :

En 191,395 versements, dont 26,002 nouveaux livrets, la somme de	25,678,692 fr. » c.
En 783 transferts provenant des Caisses d'épargne des départements	272,689 62
En arrérages de rentes, capitalisations, compensations	4,364,516 84
Ensemble	27,315,898 fr. 46 c.
Elle a effectué 53,911 remboursements, dont 24,974 pour solde, faisant ensemble	9,893,725 31
Elle a payé, en 1373 transferts-payements	335,002 12
En 2,706 achats de rente	2,425,412 50
En 4 consolidations en rentes 5 pour cent à 80	6,720 »
En intérêts supprimés	871 »
Total	12,661,730 fr. 93 c.

Ce qui présente un surplus de recettes de 14,653,166 90
Auxquels il faut joindre le chiffre soldant tous les comptes des déposants à fin décembre 1849, soit 23,093,628 08

Ce qui donne pour solde dû à 171,723 déposants au 31 décembre 1850 .... 37,746,794 fr. 94 c.

Chiffre qui était représenté à fin décembre 1850 :
1° par l'actif en caisse et à la Banque, de .... 176,734 fr. 74 c.
2° par le solde du compte courant à la Caisse des dépôts et consignations, s'élevant à ... 37,190,438 82

A reporter 37,367,193 56

Report 37,367,193 56
3° par la somme réclamée du trésor, comme excédant de frais d'administration en 1848 et 1849, de 415,246 81
4° par un arriéré de loyers restant à recouvrer 4,135 23

Montant de l'actif ..... 37,786,575 fr. 60 c.
La dette envers les déposants étant de 37,746,794 94

L'excédant demeurant à la Caisse d'épargne est de........... 39,780 fr. 66 c.
somme qui, jointe aux immeubles appartenant à la Caisse d'épargne, forme tout son avoir avec les 20,0000 francs de rente sur l'État qu'elle possède encore.

Les deux établissements connus sous le nom de Bourse et de Banque sont propres aux temps modernes : c'est seulement depuis que le commerce est devenu une puissance qu'il a dû ressentir le besoin d'un

Vue extérieure de la Bourse.

centre, d'une capitale, d'un tribunal. L'ancien système financier et commercial, qui a été en vigueur dans la France presque jusqu'à la révolution, n'avait guère besoin de ces institutions; au lieu de Bourse, il y avait les syndicats des diverses corporations de producteurs, de négociants, de commissionnaires qui s'administraient, se réglementaient, se jugeaient entre eux sous le contrôle des officiers municipaux et royaux. La Banque, plus nécessaire à cause du commerce international, n'était pas cependant centralisée comme dans notre temps, où le crédit se trouve si parfaitement organisé.

Avant Law, qui essaya les premières opérations de finance sur une grande échelle dans notre pays, on ne connaissait guère, en fait de valeurs fictives, que les rentes sur l'Hôtel de ville, sorte de prêt garanti par la parole royale, et dont de fréquentes banqueroutes avaient bien diminué l'importance et le titre. C'est donc au temps de Law seulement qu'il faut remonter pour trouver les origines réelles des deux grandes institutions dont je m'occupe ici.

Law ayant émis des billets de banque hypothéqués sur les Grandes-Indes et sur le commerce de cette colonie, le lieu pour négocier et vendre ce papier-monnaie fut l'hôtel Quincampoix; mais le nombre des billets et des agioteurs étant devenu immense, et l'espace pour les contenir se trouvant trop resserré, on fixa la place Vendôme, comme plus vaste et plus commode pour ces sortes d'opérations. Le chancelier de France, qui avait son hôtel sur cette place, incommodé du bruit de la foule, et scandalisé de ce trafic honteux, obtint, après huit jours d'instances, que la place fût vidée, et que ces espèces de séances financières fussent transférées autre part. Le prince de Carignan, profitant de l'occasion, offrit le vaste hôtel de Soissons, qui lui appartenait, le fit distribuer commodément pour les agioteurs, et tira un prix énorme de la location. La nouveauté de ces billets, source de rapides fortunes et de ruines plus rapides encore, avait fasciné les yeux; mais quelques terreurs ayant été répandues dans le public, et des étrangers ayant retiré en numéraire pour plusieurs centaines de millions, la panique se répandit parmi les porteurs de papier-monnaie, qui vinrent tous à la fois réclamer leur payement. Dans l'impossibilité de rembourser la masse énorme de billets qu'elle avait mis en circulation, la Banque des Indes fut fermée; on sait le reste. Les chambres de la rue Quincampoix, puis des alentours de l'hôtel de Soissons, qui s'étaient louées jusqu'à cent francs l'heure, perdirent tout à coup leur valeur ; il y eut des revirements de fortune inouïs; tel qui montait jadis derrière le carrosse de son maître, devenu maître et riche à son tour, oublia que sa place était désormais à l'intérieur, et un helléniste obscur, l'abbé Terrasson, put dire qu'il répondait de lui jusqu'à deux millions. Law et le régent eurent, pendant six mois, entre les mains tout l'or et tout l'argent de la France, et une bonne partie des espèces monnoyées du reste de l'Europe, qu'on s'empressait d'échanger contre ce papier si commode, si portatif, si riche en intérêts, dont la valeur haussa jusqu'à *dix-huit fois* le prix d'émission ; mais ce ne fut qu'un temps. Le contrôleur général, en proie à la haine universelle, s'enfuit avec mille louis, seul débris des milliards des Petits-Pères, et ensuite au Palais-Royal, entraînant toujours à sa suite le tribunal de commerce. Ces perpétuels changements et l'insuffisance des divers locaux provisoires, décidèrent enfin la ville de Paris à construire un édifice assez vaste pour contenir tous les négociants, et assez commode pour réunir la foule des spéculateurs, quel que fût l'objet de leurs réunions commerciales.

La première pierre de la nouvelle Bourse fut posée le 24 août 1808, et les travaux commencèrent immédiatement, sous la direction de l'architecte Brongniart, qui avait donné le plan et qui dirigea les travaux jusqu'à sa mort, arrivée cinq ans après. Son convoi funèbre fit une station devant le monument encore inachevé, et les ouvriers, quittant aussitôt leur travail, formèrent la haie, tête nue, rendant ainsi hommage au talent et aux qualités du chef qu'ils avaient perdu. Les travaux, un instant suspendus, à la chute de l'Empire, ont été repris avec activité ; l'installation de la Bourse et du tribunal de commerce put avoir lieu le 3 novembre 1826.

Ce monument est construit sur un plan parallélogramme d'environ 74 mètres de longueur sur 49 mètres de largeur, ce qui lui donne une surface de près de 3,500 mètres carrés. L'élévation complète offre un péristyle complet. A ses quatre façades s'élève, avec une régularité majestueuse, une ordonnance de colonnes corinthiennes, sur un soubassement de 8 pieds de hauteur. Ces colonnes, soigneusement et légèrement construites, sont au nombre de soixante-six ; elles ont une élévation de 10 mètres sur 1 mètre seulement de diamètre. Le péristyle supporte un entablement et un attique, qui forme à l'intérieur, autour de l'édifice, une superbe galerie couverte. Le perron par lequel on arrive à cette galerie occupe toute la largeur de la partie occidentale du monument ; il est composé de seize marches en pierres de taille qui, légèrement inclinées, donnent à cette entrée principale un aspect majestueux et grandiose. La galerie où l'on arrive par cet escalier est ornée de nombreux bas-reliefs, qui représentent divers sujets relatifs au commerce et les différentes villes commerçantes de France. Quatre belles statues en marbre sont assises aux quatre angles du monument.

Ces quatre statues, représentations allégoriques de la *Justice*, du *Commerce*, de l'*Industrie* et de l'*Agriculture*, forment, en général, une décoration en harmonie avec le style antique du temple ; mais les places qu'elles occupent ne paraissent pas logiquement motivées. L'*Industrie* et l'*Agriculture*, reléguées au second plan sur la façade postérieure du palais ; ne sont-elles pas les *causes* dont le *Commerce* et la *Justice spéciale* sont l'*effet* et l'*application* ? L'honneur de la façade antérieure, réservé aux deux personnifications de la *Justice* et du *Commerce*, ne paraîtrait donc dû qu'à l'obligation d'accompagner et de justifier l'inscription placée en lettres d'or sur le fronton du monument :

BOURSE ET TRIBUNAL DE COMMERCE.

La première statue à gauche, faisant face à la place de la Bourse, représente la *Justice* ; elle est due au ciseau de M. Duret. Statuaire fin et élégant, M. Duret

La Justice, par Duret.

qu'il avait possédés, et mourut de misère dans un hôpital de Venise.

Toutefois l'habitude des spéculations financières ne se perdit pas à la suite de cette gigantesque déconfiture. Les opérations des frères Duverney pour le remboursement des dettes de l'État, et autres moins

Le Commerce, par Dumont.

s'est trouvé mal à l'aise avec la figure sérieuse de la Justice consulaire : la tête, sans expression, reçoit un caractère de lourdeur de la coiffure qui la surmonte ; les cheveux, retenus sur le front par un diadème, et sur la nuque par une espèce de résille sans grâce, sont assez massivement traités pour donner au col une

L'Industrie, par Pradier.

L'Agriculture, par Seurre.

connues, continuèrent à avoir lieu, et formèrent la race aujourd'hui si nombreuse et si puissante des agioteurs et des joueurs sur les fonds publics. La Bourse, tel est le nom que reçut le centre de ces opérations nouvelles, fut placée d'abord dans l'ancien palais Mazarin, puis dans une partie de l'édifice où est aujourd'hui le Trésor ; elle passa de là dans l'église apparence de maigreur et de roideur, tandis que les longs tire-bouchons en forme de repentirs, descendant de chaque côté sur les épaules et la poitrine, affectent d'une manière trop prononcée la forme d'un câble ou d'un cordage ; les draperies seules ont de l'ampleur ; la dénomination de la figure était, ce nous semble, suffisamment justifiée par la main de justice et les ta-

CHAPITRE LIII. — LA BANQUE DE FRANCE, LA CAISSE D'ÉPARGNE, LA BOURSE, ETC.

bles du Code de commerce, pour que l'artiste pût se dispenser d'y ajouter encore une balance dont les plateaux, évidemment inégaux, pourraient faire supposer, contre la justice commerciale, une intention d'épigramme à coup sûr immérité.

La tête et les extrémités de la statue du *Commerce*, par M. Dumont, sont grassement traitées; mais le manteau, dont la draperie ajustée avec une certaine roideur recouvre sans raison la main gauche de la figure, relève d'une manière désagréable, et par des plis cassés et disgracieux, la manche de la tunique; le ballot traditionnel de marchandises sert de siége et d'attribut à cette figure, accompagnée en outre d'une cassette bien petite et à demi entr'ouverte, de laquelle s'échappent des pièces d'or. Si M. Dumont s'est trompé sur la grandeur de la caisse, qui servirait à peine de coffret à bijoux à la femme d'un banquier; s'il a oublié que le commerce a en général l'habitude de tenir cette caisse mieux fermée, il a du moins donné à la tête de sa statue un mouvement et une animation auxquels ne contribue pas peu la couronne de branches d'olivier dont il l'a élégamment coiffée.

Passant à la façade qui donne sur la rue Notre-Dame des Victoires, la première statue, que nous trouvons à gauche, est celle de l'*Industrie*, par Pradier. Cette figure, dont les parties nues, les épaules surtout et l'attache des bras offrent cette suavité de lignes qui

caractérisait le talent de notre célèbre et si regretté sculpteur, est en outre, comme toujours, adroitement, agréablement drapée; mais la coiffure, composée d'un diadème d'orfévrerie délicatement ouvragé, qui retient les nombreuses boucles de cheveux dont la tête est encadrée, la coupe ciselée d'où s'échappent des bijoux et des colliers, et enfin la ruche, emblème du

Vestibule du palais de la Bourse.

travail actif et prévoyant, feraient prendre cette statue pour la représentation de l'*article-Paris*, n'étaient les roues à engrenage qui la flanquent sur le côté, le pied dont elle domine la sphère terrestre, et surtout le lourd marteau dont elle surcharge ses épaules trop délicates. Les bras seuls ont l'aspect de vigueur qui convient à la grande et robuste Industrie; mais ils ne

sont pas en harmonie avec les formes arrondies dont l'artiste a enrichi le buste tout féminin de sa statue.

Quant à la dernière des statues du palais de la Bourse, l'*Agriculture*, tout en félicitant M. Sourre de l'ampleur qu'il a voulu donner à cette nourrice du monde, nous lui adresserons le reproche d'avoir exagéré cette ampleur jusqu'à la lourdeur, par l'emploi de l'immense draperie qui, sans motif apparent, recouvre, sur le côté droit de la statue, la tunique en laine rayée où l'artiste avait eu l'heureuse idée de rappeler la forme du sayon ou blouse gauloise par une ceinture bouclée à la taille; la gerbe de blé, le soc de charrue servent d'attributs ordinaires à cette figure, dont la tête, un peu massive, est coiffée d'une couronne de pampres et de grappes de raisin, caractéristiques de la production vinicole; mais nous avouons avoir vainement cherché l'explication symbolique de l'étoile dorée qui brille sur son front.

On déclame beaucoup contre l'agiotage, et c'est avec toute raison. Mais il est facile d'en médire, non d'en extirper les racines. Les fonds publics, les actions industrielles ou de la Banque n'ont de valeur et ne se maintiennent en crédit qu'à la condition d'être toujours et promptement réalisables. De là ce grand marché tenu toujours ouvert au commerce des rentes et des autres effets. Or, comment empêcher que la spéculation, levier et âme du négoce, n'intervienne dans celui-ci? En n'autorisant pas les transactions à

Coulissiers de la Bourse.

terme? C'est précisément ce qu'on fait. Les tribunaux refusent de sanctionner ces sortes de marchés, qu'ils traitent comme un jeu. Mais ils ne les préviennent pas. Si les soixante agents de change de Paris qui, bon an mal an, recueillent l'un dans l'autre cent mille francs de courtage, en étaient réduits pour salaire au produit des ventes au comptant, ils ne gagneraient pas cent louis peut-être, et leurs charges, au lieu de

valoir un demi-million (on en a vu atteindre un million tout entier sous le règne de Louis-Philippe), iraient juste de pair avec la plus modeste étude d'huissier audiencier ou de tabellion rural. Dans les dernières années du même règne, vers le temps de la crise ou vogue des chemins de fer, c'étaient vingt millions par an que prélevaient tant le *parquet* que la *coulisse* (deux mots que nous allons expliquer bien-

tôt ci-après) sur les opérations du joueur. Que l'on juge, par ces simples chiffres, de l'intensité des *affaires*; et que l'on juge aussi du *bénéfice net* réservé aux spéculations! *Et nunc, erudimini!* Quel *flambeau*, grand Dieu! Quelle torche! Quel incendie à dévorer bois, châteaux, fermes, maisons des champs, maisons de ville!

Pourtant, les *droits* attribués aux agents de change

pour actes de leur ministère sont modiques, et ces messieurs même s'en plaignent. *Cinquante francs* pour l'achat de *cinq mille* francs de rente ou de *trois mille*, ce qui est tout un (selon qu'il s'agit de la rente cinq ou trois pour cent), et autant pour la vente : c'est pour rien. La *coulisse* se contente de *moitié*. Calculez ce qu'il faut de fois cinquante francs ou de cinq mille francs de rente achetés, vendus, rachetés, pour déposer, en fin de compte, entre les mains crochues de l'intermédiaire, un reliquat de vingt millions.

Le *parquet*, c'est la collection des agents de change privilégiés qui, *seuls légalement*, procèdent à la vente et achat des effets publics. Ils sont au nombre de soixante, avons-nous dit déjà, mais par le fait ils sont bien deux ou trois cents, chaque charge étant, presque sans exception, une sorte de commandite, et le titulaire n'en étant d'habitude que le tiers ou le quart, ou tout au plus moitié. A une heure sonnante, de par les règlements du préfet de police, une cloche sonne dans la grande salle de la Bourse : c'est l'ouverture du marché. Les agents de change sont déjà dans leur *corbeille*, carnet en main, prêts à *pointer*. La *corbeille* est cette petite enceinte circulaire fermée par une balustrade et élevée de quelques pieds au-dessus du ni-

Vue intérieure de la Bourse.

veau de la salle et de la foule des joueurs. D'une heure jusqu'à trois, le marché se poursuit sans interruption aucune. La foire aux bestiaux de Poissy ou de Caen est un modèle de silence et de placidité auprès de cette mêlée tapageuse. Voilà soixante hommes, bien nés pour la plupart et appartenant tous à l'aristocratie (celle d'argent, très-fort compatible et pourtant irréconciliable avec les moins démocratiques); voilà, dis-je, ces soixante dandis, millionnaires et hauts barons de la monnaie, condamnés deux mortelles heures au métier de stentor et à s'époumonner comme des crieurs en plein vent dans une mêlée furibonde, dans un conflit de fossets, de basse-tailles et de glapissements où Dieu pourrait tonner à de certains moments sans faire entendre sa grande voix. Le métier est rude, sans parler des soucis, des marches et des contre-marches, et des *bouillons*; mais cent mille francs par an en moyenne, cela compense bien des extinctions de voix, bien des déboires et une culbute éventuelle suivie d'un voyage en Belgique, en Suisse ou aux États-Unis. C'est ce que l'on nomme un *sinistre*.

Que crient ces messieurs? Ils crient : *Je prends, je vends, je donne !* A tel taux telle marchandise ! Il faut que du milieu de cette tempête orale grossie, enflée, par les mille voix des spéculateurs subjacents, l'appelant ou l'interpellé, le demandeur ou l'offrant, distingue et extraie précisément l'article dont il a besoin, et l'on s'étonne qu'il y parvienne. Mais c'est une grande chose que l'habitude, et la fine est la perception du conduit auditif logeant le nerf de l'intérêt. Le marché, vingt marchés, que dis-je ! cent marchés sont conclus en une minute : *Je prends, je donne !* Un signe, un geste de la main, une note prise au crayon (*le pointage*), et c'est chose faite. En cas de dissidence ou de malentendus, fort rares, je crois, le calepin fait foi devant le syndicat comme le grand livre et le journal d'un négociant en justice.

Côte à côte avec le parquet, à chaque extrémité, formant les deux anses de la *corbeille*, la *coulisse*, comme lui, en même temps que lui, s'agite, s'enroue et s'égosille. Elle offre les mêmes marchandises ou plutôt la même marchandise, celle qui est objet de spéculation, tête de marché, *leading-ware*. C'est actuellement le *cinq pour cent*; il y a quelques jours, c'était le *trois*. Au reste, cette substitution est d'infiniment peu d'importance : c'est convention pure; au lieu de cinq ou de trois, on pourrait prendre le *stockfish* ou le curaçao de Hollande pour point de mire général des spéculations ou paris : les affaires, l'animation et les effets seraient les mêmes.

On peut s'étonner de voir la coulisse, clandestine et illégale de sa nature, vivre fraternellement avec le monopole, à ce point de lui monter sur les épaules et de lui oser faire une rude concurrence sous ses yeux, à sa barbe et dans son temple même. C'est à peu près comme si les contrefacteurs belges venaient s'établir à Paris et nous offrir *leurs* produits quai Voltaire ou rue Vivienne. Ici, et au sujet de cette anomalie apparente, doivent trouver leur place quelques explications indispensables sur le rôle et l'origine de la *coulisse*.

Deux heures de marché par jour sont loin de faire face soit aux besoins réels, soit à l'empressement et aux caprices des joueurs, soit enfin aux diverses éventualités qui peuvent à chaque instant surgir en dehors du délai légal et exercer une plus ou moins forte pression sur les rentes. A spéculateurs bien appris deux heures de possession par jour ne peuvent évidemment suffire. La rente est une déité que l'on n'oublie guère une fois qu'elle s'est logée dans notre âme; *te veniente die, te decedente canebat*... Le matin et le soir, et le jour, et la nuit, bien qu'on en aie, il faut se préoccuper d'elle. C'est dans cette nécessité incontestable que la *coulisse*, parquet au petit pied, parquet ambulant et mobile, parquet sans garanties mais non sans probité et sans ressources, parquet quelquefois plus sûr que le plancher officiel, a la meilleure raison d'être. Dès l'aurore (parisienne), c'est-à-dire dès neuf heures ou dix heures du matin, elle se réunit dans son laboratoire habituel, le passage de l'Opéra; elle y tient séance jusqu'à l'heure de la bourse, où, comme nous l'avons vu, elle accompagne le parquet, le devance même, et, dans tous les cas, lui survit; car la *petite bourse* (celle de la coulisse) dure jusqu'à quatre heures en Bourse même pour reprendre au passage ses opérations à peine interrompues par un dîner hâtif, et les continuer d'ordinaire jusqu'à onze heures ou minuit. Dans la saison des veilles, en hiver, il se fait des affaires toute la nuit, et l'agiotage, qui ne respecte rien, se glisse jusqu'au sein du bal de l'Opéra, où il *fait dix* ou *quinze mille*, selon le cas, sans fausse honte ni faux nez, entre un verre de punch, une salade de homard et un domino flamboyant, émerveillé de tant de rentes, malheureusement toutes *à terme*.

De cet état de choses viennent les écarts énormes qu'on remarque très-fréquemment entre les cours de fermeture d'une bourse et ceux d'ouverture de la bourse du lendemain. Quelque nouvelle d'importance, quelque *on dit*, rumeur ou panique est survenu dans l'intervalle, et tout cela s'est escompté, s'est exploité séance tenante sur le marché de la coulisse. Le parquet, généralement, n'a guère qu'à ratifier ce mouvement intérimaire, et c'est ce qu'il fait d'habitude en reprenant sa trame non où il l'a laissée, mais où la lui rend la coulisse. On conçoit dès lors qu'il ne puisse demeurer indifférent ni étranger aux opérations de cette même coulisse qu'il consacre en les acceptant et en y prenant lui-même part. En un mot, la coulisse est la continuation et le complément tout à fait indispensable du parquet. D'ailleurs elle est, comme l'agiotage, absolument inattaquable et insaisissable, au moins par décret, règlement, loi ou ordonnance, et c'est ce qui saute aux regards de quiconque est un peu au fait des opérations de bourse, de la manière toute spéciale, toute sommaire et expéditive dont elles s'engagent et se résolvent. Il est peu de matières dont on parle plus et qui soit moins connue; c'est pourquoi, et quelle que soit la difficulté du sujet, nous allons tâcher d'en donner quelque teinture à nos lecteurs.

Au premier abord, il semble que ce soit la chose la plus simple. *Donner et ne pas recevoir*, disait le maître d'armes de M. Jourdain, voilà toute la science de l'escrime; *recevoir et ne pas donner*, voilà au contraire toute celle de la spéculation sur les rentes ou autre et du commerce en général. Il ne s'agit que d'*acheter* ou de *vendre* selon le cas. Cela est tout élémentaire. Eh bien! c'est ce tout petit art d'acheter ou de vendre à propos, c'est ce tout petit tour de main qui fait qu'on tue et n'est pas tué, qu'il n'est pas commode d'acquérir, et qui, fort loin d'être un vulgaire talent, n'est, hélas! donné qu'à un petit nombre de spadassins ou de joueurs. — Je demande humblement pardon à tous deux de l'accouplement.

Je crois que la rente montera; j'ai foi dans la sagesse et dans le zèle du gouvernement; je suis optimiste. J'achète donc, j'achète *fin courant* ou *fin prochain* vingt mille francs de rente, lesquels, au cours actuel de 96 ou 97, représentent un capital de trois cent quatre-vingt-dix mille francs environ. Vous entendez bien que je n'ai ni l'intention ni le pouvoir de prendre livraison du marché à son échéance. Seulement, fin courant, ou fin prochain, ou plus tôt si les circonstances sont propices, je revendrai ma rente et je réaliserai le bénéfice que j'espère. S'il n'y a point de bénéfice, si la rente baisse au lieu de monter, je revendrai également, mais je réaliserai une perte, et je payerai la *différence* du prix d'achat au prix de vente, augmentée, bien entendu, de l'inévitable courtage. En un mot, mon opération consiste uniquement en ceci : *Je parie* que la rente montera, et le pari m'est tenu par l'agent de change ou le coulissier auquel je m'adresse au nom d'un parieur contraire inconnu de moi, comme je le suis moi-même de lui.

Or, je le demande, comment législation, justice, police, peuvent-elles empêcher des paris sur un objet déterminé, entre gens qui n'ont qu'une parole, qu'un signe, qu'un geste à échanger? Autant vaudrait défendre au public du Champ-de-Mars de ponter mille louis, mille francs, ou mille sous sur le garrot des miss Annette et des Arabian du jour. La même raison qui fait que les marchés à terme ne sauraient être absolument interdits aux agents de change, fait que ceux-ci ne peuvent non plus les interdire à la coulisse et qu'ils doivent vivre côte à côte et sur un pied d'apparence toute fraternelle avec ce pharaon du trottoir, bien qu'il leur ôte évidemment une grande part, sinon la meilleure de leurs énormes bénéfices.

Il n'y aurait qu'un seul moyen de prévenir l'agiotage : ce serait un profond changement dans les mœurs publiques, non le mépris du gain, qu'il ne faut guère prévoir, mais la séparation de deux choses distinctes, de la politique d'avec les intérêts matériels qui, jusqu'ici se sont liés fort étroitement, au préjudice des uns et de l'autre; ce serait que la rente, devenue paisible et sûre propriété comme toutes les autres, cessât d'être le régulateur capricieux et fraudé de toutes les transactions et de l'intérêt de l'argent; ce serait qu'un bruit de paix ou de guerre, habilement, perfidement jeté au milieu du marché, moins que cela, une harangue princière ou présidentielle, un *meeting* de Châlons-sur-Marne, une vocifération royaliste ou républicaine poussée à Verdun ou à Sens, ne parût plus de nature à influer sur les destinées d'un grand pays; ce serait enfin que lui-même prît assez de confiance en son honnêteté et en sa solvabilité pour ne pas croire, au moindre émoi, que le sol tremble sous ses pieds, voir les nombreux créanciers réduits à la misère et lui-même à la banqueroute. C'est ce qui arrivera certainement le jour où les gouvernements, loin d'entrer, je veux dire, de persister dans la voie des dépenses téméraires et indéfinies, s'occuperont d'établir nettement le doit et l'avoir du pays, d'assurer sur des bases solides le payement de sa dette et de nous la montrer diminuant au lieu de l'accroître; c'est dire assez que l'agiotage a poussé et conserve encore de profondes racines en France, et que notre génération ne paraît point destinée à le voir s'éteindre du milieu de notre état social si haletant et si troublé.

La *coulisse*, composée d'éléments fort divers et fort hétérogènes, mérite d'exercer le crayon de l'observateur. On y voit des gens qui ont longtemps brillé sur la *scène* du fin courant et du report officiels, et que des malheurs, une ou deux liquidations désastreuses ont rejetés hors du théâtre de leurs prospérités légales. Nombre d'anciens agents de change y tiennent le simple carnet de l'intermédiaire ou du courtier marron, voire de l'humble parieur. Plusieurs aussi y ont refait sur ce terrain plus ignoré, mais non moins riche et productif, leur fortune perdue sur une plus haute scène, leur million qui s'est fondu au feu dévorant de la rampe. A fort peu d'exceptions près, la coulisse passe pour *solide*, et les *sinistres* n'y sont pas plus fréquents qu'au parquet de la Bourse. Elle est le *Rio Sacramento* où s'expatrient les agents ou les joueurs désarçonnés, et par conséquent offre toute la bigarrure énergique et passionnée d'une naissante colonie fondée sur l'amour des pépites. Il y a là tels chercheurs d'or dont les aventures, comme drame, comme intérêt, comme soudaines et étonnantes fluctuations, ne le cèdent point à la vie accidentée des plus rudes et des plus éprouvés mineurs des placers de San-Francisco.

C'est là qu'il faut étudier, si l'on veut le connaître à fond, ce jeu abstrait et singulier de hausse et de baisse où n'apparaît ni carte, ni flambeau, ni enjeu, où un seul mot, un signe, une ligne au crayon, suffisent pour creuser la tombe ou jeter les bases des fortunes les plus énormes. Au parquet, il est impossible de rien démêler dans ces cris confus qui frappent l'air et assourdissent les oreilles des spéculateurs; d'ailleurs ils n'en approchent pas. Dans la coulisse ils sont mêlés aux agents, qui opèrent pour eux, et ils ont le grand avantage de les voir *travailler*, en s'assurant ainsi que leurs instructions sont exécutées à la lettre, c'est-à-dire au chiffre, car c'est là le point scabreux. Essayons donc de pénétrer dans ces périlleux arcanes du passage de l'Opéra et du Café-Divan, qui en est le laboratoire et l'annexe, et tâchons de saisir le jargon qui s'y parle, argot aussi intelligible au profane que pouvaient l'être au vulgaire l'oracle de Delphes ou le langage ésotérique des prêtres de la haute Thèbes. En voici quelques spécimens :

« En *liquid*, envoyez trois mille! (*Liquid* est mis ici pour *liquidation*. le coulissier facétieux et ami des belles manières se plaît à abréger ses formules comme la jeunesse dédorée de l'époque, et elle dit en *liquid*, comme ailleurs on dit : d'*autor*, d'*achar*, *soc* ou *démoc*.) — Pour fin prochain, j'ai quinze cents. — Envoyez dont dix pour demain! — A cinquante (c'est le taux en centimes de la rente); quatre-vingt-seize cinquante, quatre-vingt-quinze cinquante (le principal demeure ici sous-entendu), à cinquante, je prends cinq mille. — Qui veut dont deux pour fin courant? etc.

Les mots : *dont deux*, *dont dix*, *dont un*, *dont cinquante*, incessamment répétés, révèlent l'existence d'un ordre tout particulier de spéculation : c'est la *prime*, dont les nombreuses combinaisons avec le *ferme* font d'un jeu simple en apparence une suite d'opérations très-compliquées et très-ardues, difficilement accessibles à l'intelligence et surtout à la pratique de quiconque n'a pas fait une étude spéciale de ces dangereuses formules, et encore cette étude lui serait-elle vaine et funeste s'il n'a du ciel ou d'ailleurs reçu cette flamme secrète d'âpreté, d'astuce et de savoir-faire qui brille aux rares fronts des héros de la Bourse et fait le vrai spéculateur.

L'article 1er du règlement du 15 juin 1802, relatif à la police des bourses de commerce, porte que : « les bourses sont ouvertes à tous les citoyens, et même aux étrangers, mais que les *femmes n'y sont point admises*, non plus que les banqueroutiers et les faillis non réhabilités.

« Pourquoi cette injurieuse prohibition, dont un législateur peu aimable en vérité n'a pas craint de frapper *la plus belle moitié* de la nation française? Quel motif assez grave a pu engager le pouvoir, il y aura de cela bientôt cinquante années, à fouler ainsi aux pieds les règles si respectables et si respectées de la galanterie française, et, par une assimilation insultante, à placer sur le même rang les femmes et les banqueroutiers ou faillis non réhabilités? La première raison est toute de convenance: il ne convient pas, a-t-on dit, de voir les femmes se mêler à des occupations qui répugnent aux conditions d'existence que la nature leur a faites, soit au sein de la société, soit dans la famille; il serait aussi indécent que ridicule qu'elles donnassent le triste exemple de l'amour effréné des jeux de bourse; elles doivent d'autres enseignements à leurs enfants. Certainement le législateur ne peut les empêcher de trafiquer sur le prix des rentes, des effets publics et autres valeurs officiellement cotées à la Bourse, mais du moins il tentera tout ce qui sera possible pour empêcher le scandale de se produire au grand jour: si toutes les femmes peuvent jouer, si l'autorité du législateur ne peut prévaloir sur les mœurs, sur des habitudes enracinées, sur certains besoins inhérents à l'humaine nature, aucune d'elles du moins ne donnera publiquement le spectacle d'occupations exclusivement maritales ou viriles, aucune ne sera admise à la Bourse.

Était-ce un préjugé de la part du législateur? ou bien cette exclusion dont il frappait les femmes était-elle fondée sur la raison et le bon sens? Nous laissons au moraliste le soin de vider la question; qu'il nous suffise, à nous simple observateur, de constater un fait, c'est que les mœurs ont été plus fortes que la législation : les femmes ont joué et jouent encore. On leur a prohibé l'intérieur de la Bourse: qu'ont-elles fait? Elles se sont installées à sa porte; elles ne vendent, ni n'achètent, ni ne jouent dans le sanctuaire de l'agio, mais elles vendent, achètent et jouent sur la voie publique. Le législateur a-t-il atteint son but? La morale en est-elle mieux protégée? Les convenances sociales en sont-elles plus respectées ?

A Dieu ne plaise qu'il entre dans notre pensée d'appeler des mesures de rigueur sur la tête de quelques rentières désœuvrées dont le monde ne prend pas garde, et auxquelles, de bon compte, pas plus qu'à nous autres porte-culottes, on ne peut refuser *la liberté commerciale*; tout ce que nous entendons démontrer, c'est que les mœurs échappent au législateur; c'est que, quelque serré que soit le réseau d'une législation, il est toujours des points par où la nature humaine s'échappe avec efforts, quelques mailles qui donnent passage à des passions par trop tenaces et persévérantes. Le diable est bien fin, a dit Béranger.

Le second motif du législateur est puisé dans la na-

La joueuse discrète.

ture même de la femme. J'en demande pardon à ces dames, elles me trouveront sans doute très-incivil; mais tout ami sincère ne doit que la vérité, je la dirai, à mes risques et périls. Je n'invente rien, du reste ; il n'est pas un professeur de droit commercial qui, chaque année, en commentant le titre des *Bourses de commerce*, n'apprenne bien bas, il est vrai, mais enfin qui n'apprenne à ses élèves que la femme est de nature emportée et irritable, qu'un rien l'exas-

père, que la force de caractère et le sang-froid sont l'apanage de l'homme seul (ah! si les femmes professaient le droit commercial, comme elles se vengeraient!); que tel est le motif plausible de la prohibition du législateur. Il importait, en effet, autant dans l'intérêt de l'ordre public que dans leur intérêt propre, de soustraire les femmes aux émotions trop fortes de la hausse ou de la baisse, qui les eussent portées parfois à des démonstrations peu pacifiques. Le législateur, encore une fois, a-t-il eu raison? a-t-il eu tort? Je n'ose pas me prononcer, je craindrais de me faire trop d'ennemies; mais la réponse à la question se trouve dans la conclusion même qu'il sera facile au lecteur de tirer de cette étude.

Arrêtez-vous sur la place de la Bourse vers les une heure ou deux heures, et tournez vos regards vers le coin nord-ouest de la barrière qui entoure le palais : vous ne tarderez pas à remarquer une réunion de femmes d'un âge fort mûr, aux apparences plus que simples, aux visages frais ou tristes, selon l'influence du moment; de leurs deux mains elles saisissent les forts barreaux, au travers desquels elles glissent leurs visages aux traits convulsivement agités de la colère ou la joie, le découragement ou l'espérance, attendant les rapports que leur fournissent à chaque minute les courtiers et commis des agents de change, porteurs d'un petit carnet, sur lequel sont inscrits les derniers cours, et qui, à chaque instant, gravissent ou descendent les degrés du palais; heureux personnages, de qui dépendent l'heur ou le malheur de plus d'une Cidalise déchue! messagers de la fortune ou de la ruine, qui sont à la femme de cinquante ans ce que les messagers du cœur sont à la jeune fille dont le souffle impur des convoitises égoïstes n'a pas encore fané les doux instincts, les sentiments de pureté poétique. C'est le groupe des agioteuses, c'est la *Bourse des femmes*. Quel que soit l'état de l'atmosphère, qu'il tonne, qu'il grêle, qu'il gèle, qu'il neige ou qu'il pleuve, elles sont là, intrépides et bravant l'intempérie des saisons, s'occupant peu de ce qui se passe autour d'elles, indifférentes à tout ce qui n'est pas affaire de Bourse :

Si fractus illabatur orbis,
Impavidas ferient ruinæ.

Leur visage est enflammé, leurs yeux sont injectés, leur geste est violent et leur parole irritée ou injurieuse. Des groupes distincts se forment, on se chuchote à l'oreille, on se précipite à la barrière d'où arrivent les bonnes ou fâcheuses nouvelles. — A combien le 5? — A combien le 3? — Avez-vous vendu? — Mais vous ne m'avez pas dit de vendre! — Comment! je ne vous ai pas dit de vendre! — Mais non, c'est madame. — Oh! le misérable! S..... Mandrin! (historique). — Mais madame ne vous fâchez pas; je rentre, je vendrai. — Et, grâce aux énormes barreaux qui le séparent de son interlocutrice,

Bravant le qu'en dira-t-on.

CHAPITRE LIII. — LA BANQUE DE FRANCE, LA CAISSE D'ÉPARGNE, LA BOURSE, ETC.

l'homme au petit carnet parvient à s'arracher sain et sauf de ses mains agressives. Évidemment, s'il était possible d'apprécier sainement, à l'aide d'un seul fait fourni par l'expérience, une prescription du législateur, nous ne pourrions que rendre hommage à sa perspicacité et à la sagesse de ses prévisions.

Heureusement que toutes ces dames ne se ressemblent pas. A côté de la joueuse emportée, vous voyez l'agioteuse tranquille et calme, maîtresse souveraine de ses émotions ; bonne et grosse commère, assez ordinairement, elle est nonchalamment appuyée sur une de ses voisines, sourit quand elle gagne, reste impassible quand elle perd ; elle possède à merveille la philosophie du jeu. — Puisque nous jouons, jouons, dit-elle sentencieusement, et en accompagnant ces paroles d'un mouvement de physionomie qui peut se traduire ainsi : *Après moi le déluge!* ce fameux mot d'un roi tristement fameux.

Il y a des joueuses superstitieuses que le nombre treize effraye. Que la rente hausse ou qu'elle baisse, quand elle arrive à ce chiffre, systématiquement elles jettent l'ancre des spéculations et s'arrêtent. Mauvais nombre, disent-elles, et elles se croisent les bras ; ne leur proposez aucune opération : la superstition est opiniâtre et tenace, les excitations n'y feront rien. Ces joueuses-là appartiennent au genre naïf.

Pour être complet, nous devons ajouter qu'il est une autre catégorie d'agioteuses qu'il ne faut pas oublier, précisément parce qu'elles s'efforcent de s'effacer, de n'être pas en vue ; elles ne veulent pas avoir l'air d'y toucher, comme on dit ; ce sont les agioteuses grandes dames qui se promènent çà et là, se tiennent éloignées et n'osent afficher une passion dont elles rougissent, mais qu'elles entretiennent à cause même de l'âpreté du plaisir qu'elles y trouvent. Il est des pauvres honteux, il est des joueuses honteuses d'elles-mêmes,

honteuses du métier qui les enrichit ou les perd. Leur toilette est en général élégante, autre motif qui les empêche de se mêler à la plèbe des joueuses vulgaires ; le cœur humain est ainsi fait, la vanité perce toujours quelque part ; c'est la première passion qui nous arrive, c'est aussi la dernière qui s'en va.

J'espère que ces dames me pardonneront cette esquisse peu révérencieuse, mais fidèle. Je tenais à soulever le voile qui recouvrait ce tout petit coin du tableau de Paris, pour qu'il fût bien établi que la passion du jeu est aussi opiniâtre et incurable que malheureuse. On dit que le ridicule tue en France ; mais je gage qu'il ne tuera pas la *Bourse des femmes*.

Le bâtiment que nous venons d'essayer de dépeindre avec tous ses mystères porte ces mots sur son fronton : BOURSE ET TRIBUNAL DE COMMERCE, nous l'avons déjà dit. Il ne nous reste rien à ajouter sur la Bourse ; réservons alors quelques lignes au Tri-

Vue de la salle d'audience du Tribunal de commerce.

bunal de commerce, et parlons de ses attributions.

La justice commerciale est, comme on le sait, rendue par des tribunaux particuliers, composés de notables commerçants que leurs habitudes rendent plus capables que les juges des tribunaux ordinaires de statuer en fait de litige commercial. Ils remplissent, pour des causes plus importantes, le rôle des conseils de prud'hommes.

Organisés par la loi des 16 et 24 août 1790, ces tribunaux ont remplacé les *conservateurs des priviléges des foires*, les *tribunaux de conservation*, les *juges consuls*. Ils sont composés d'un président, de deux juges au moins, de quatorze au plus. La liste des notables est dressée sur celle de tous les commerçants de l'arrondissement, et approuvée par le ministre du commerce. Tous les commerçants qui ont exercé le commerce avec honneur pendant cinq ans, et qui sont âgés de

trente ans, peuvent être nommés juges ou suppléants. Il n'y a, près ces tribunaux, ni ministère public, ni avoués ; cependant, dans la plupart, ont été admis des défenseurs habituels ; ce sont les *agréés* : on en compte quatorze à Paris. Les fonctions de juges de commerce sont seulement honorifiques. Quant aux tribunaux, ils connaissent : 1° de toutes les contestations relatives aux engagements et transactions entre négociants, marchands et banquiers ; 2° entre toutes personnes, des contestations relatives à des actes de commerce ; 3° des billets faits par les receveurs, payeurs, percepteurs et autres comptables des deniers publics ; 4° des contestations relatives aux faillites. Toutes les demandes, dont le principal n'excède pas 1,500 fr., peuvent être jugées en dernier ressort par les tribunaux de commerce. Ces tribunaux n'ont point de vacances.

Le Tribunal de commerce de Paris est soumis aux mêmes lois et règlements que ceux siégeant dans les départements ; il ne s'écarte de ces derniers que par le nombre immense d'affaires sur lesquelles il est sans cesse appelé à statuer.

Nous ne pouvons en donner une meilleure idée qu'en publiant ici le relevé de ses opérations et de ses travaux pendant l'année 1850.

Pendant cette année, le nombre des causes s'est élevé à 34,232, sur lesquelles il en restait, de l'exercice précédent , 231 qui étaient encore à juger.
Sur ce chiffre total :
    19,243 ont été jugées par défaut ;
    9,850 ont été jugées contradictoirement,
    4,700 ont été conciliées ;
    341 sont restées inscrites aux différents rôles ;
    98 attendent l'assignation.

Le chiffre des causes jugées contradictoirement fait facilement comprendre quelle tâche ont à remplir les juges du Tribunal de commerce ; puisque, pour toutes ces causes, ils ont dû s'entendre oralement avec les parties, examiner tous les dossiers, et faire un rapport détaillé sur chacune des affaires mises en jugement. C'est aussi au Tribunal de commerce que se font les publications de société et les déclarations de faillite.

En 1850, l'année qui nous occupe, le greffe a publié 714 sociétés, dont 479 en nom collectif, 234 en commandite et 1 anonyme ; pour les faillites, il en a été déclaré 526, dont 2 d'office, 412 sur dépôt de bilan, 75 sur assignation, 5 sur requête et 32 sur avis du ministère public ou du juge de paix.

Il est impossible, lorsqu'on en est au Tribunal de commerce, de remettre à un autre chapitre les conseils de prud'hommes. Il y a trop de rapport entre ces deux institutions pour qu'elles ne se trouvent pas sur le même plan dans le *Tableau de Paris*.

Dans le vieux langage français, on appelait autrefois prud'hommes des hommes sages, de bon conseil. Depuis, ce mot est entré dans le langage législatif pour signifier un tribunal spécial, une juridiction paternelle et de famille, où les juges élus par leurs pairs prononcent gratuitement, ou avec des frais excessivement minimes, sur les contestations qui peuvent s'élever entre les ouvriers et les fabricants. Ces tribunaux particuliers ont reçu le nom de Conseils de prud'hommes. On pense que l'origine de cette institution remonte aux jurés-marchands, qui, dans les anciennes corporations, jugeaient les différends. Toujours est-il que le plus ancien tribunal connu sous cette dénomination remonte au quinzième siècle, à l'année 1452, où, sous le bon roi René, furent établis les prud'hommes pêcheurs de Marseille, qui connaissaient des cas de pêche, et dont les membres étaient élus par les pêcheurs. Ces prud'hommes pêcheurs existent encore à Marseille. Dans une circonstance historique, lors de l'arrivée en France de la duchesse d'Aumale, nous les avons vus, revêtus de leur costume pittoresque, venir présenter en corps leurs hommages à la jeune princesse. Ce ne fut qu'en 1806, le 18 mars, qu'il en fut organisé un à Lyon, pour juger par voie de conciliation les petits différends qui s'élèvent tous les jours, soit entre les fabricants et les ouvriers, soit entre les chefs d'atelier et des compagnons ou des apprentis. Il était tout naturel, en effet, que ce fût dans une ville comme Lyon, où l'industrie est soumise à une organisation toute spéciale et à des usages particuliers, qu'une semblable institution prît naissance. En effet, dans l'industrie de la soie, on ne connaît pas généralement, comme dans celle des toiles et des cotons, le régime de la manufacture. La matière première, c'est-à-dire la soie, est donnée à l'ouvrier, qui doit rendre au négociant, en échange d'un salaire convenu, une quantité déterminée d'étoffe. L'ouvrier est également propriétaire de ses métiers, qu'il dirige, entretient, répare à sa fantaisie, et selon ce qu'il croit le plus utile à ses intérêts. Avec une pareille organisation, qui concilie des deux parts l'indépendance réciproque du maître et de l'ouvrier, qui, à l'obéissance qui règne dans une manufacture, substitue de libres conventions qui se débattent et se modifient à chaque instant, il devait nécessairement surgir à tout moment de petits froissements, de petites discussions d'un intérêt fort minime, il est vrai, mais qui auraient été interminables

M. Prud'homme.

si elles n'avaient pu être examinées et vidées par un juge amiable, et qui, en même temps, à raison même de leur peu d'importance, n'auraient pu supporter les frais et les lenteurs de la justice ordinaire.

C'est pour statuer sur ces légères contestations

Ancienne salle des prud'hommes au Palais de justice.

qu'ont été institués les prud'hommes, ces aimables compositeurs des différends de l'industrie. Les avantages en ont été tellement reconnus, qu'aujourd'hui soixante-cinq de nos cités industrielles sont dotées de cette précieuse institution.

Paris seul fut longtemps exclu du bénéfice de cette législation paternelle ; et cependant quelle ville mérite plus que la capitale de la France le nom de cité industrielle ?

Examinons actuellement en quelques mots quelles sont les attributions de ces conseils de prud'hommes, les droits qui leur sont départis, la manière dont ils doivent fonctionner.

Le but principal est, comme nous l'avons dit plus haut, la conciliation. A cet effet, le tribunal ou plutôt le bureau particulier, formé d'un fabricant et d'un ouvrier, est pour ainsi dire en permanence. Il existe en outre un bureau général composé de plusieurs membres, dont le nombre varie suivant les localités. Celui-ci n'a à juger que les contestations qui n'ont pu être éteintes par l'intervention du bureau particulier, et c'est le plus petit nombre. Enfin, l'appel des jugements rendus par le bureau général est porté devant le tribunal de commerce, mais il n'a lieu que dans des cas infiniment rares. On en jugera par la statistique suivante : sur 135,730 affaires soumises aux conseils de prud'hommes dans l'espace de neuf années, 128,319 ont été amiablement conciliées par le bureau particulier ; les jugements rendus sur les autres n'ont été frappés d'appel que dans 155 cas ; c'est à peu près un sur mille.

Le ministère des hommes de loi, dans toute la généralité du mot, n'est point admis devant les conseils de prud'hommes. Ainsi on n'y voit ni avocats, ni agréés, ni huissiers ; les parties comparaissent en personne, et ne peuvent se faire remplacer que dans les cas d'absence ou de maladie constatées ; encore le remplaçant doit-il être exclusivement un parent marchand ou négociant. Les frais de procédure se réduisent ainsi à un chiffre tout à fait insignifiant.

Jusqu'à concurrence de 100 fr. ils ont droit de juger en dernier ressort.

Quand on pense que les évaluations les plus modérées portent à 300 millions par an le chiffre des sommes que dévorent en France l'administration de la justice et les frais judiciaires, on songe avec effroi à cette lourde dîme prélevée sur le temps, la fortune et l'industrie des citoyens, et on apprécie d'autant mieux les bienfaits d'une magistrature aussi économique que celle des prud'hommes.

D'autres attributions leur sont aussi conférées, tant par la loi de 1806 que par les décrets de 1809 et 1810. Les prud'hommes doivent veiller à la régularité et à la conservation des marques de fabrique, et sont en outre autorisés à recueillir des notions statistiques sur les métiers et les divers genres d'industrie. Comme on peut le prévoir déjà, en régularisant davantage l'institution des prud'hommes, elle pourra devenir une utile auxiliaire pour l'exécution de la loi qui règle le travail des enfants dans les manufactures.

Ce ne fut qu'en 1845, le 11 mars, qu'on installa le premier Conseil des prud'hommes, institué pour les métaux, dans la salle qui lui était consacrée au Palais de justice. Et encore n'était-ce qu'un essai. Depuis lors le provisoire a cessé.

Les résultats de cet essai ont pu être bientôt appréciés. Après deux ans d'exercice, le conseil des métaux avait déjà vu 4,068 causes déférées à son tribunal ; 1,017 en 1845 et 3,051 en 1846.

Le Conseil des prud'hommes se subdivise en deux tribunaux. Le premier, véritable arbitre de paix, appelé bureau de conciliation, qui se compose seulement de deux prud'hommes, un fabricant et un contre-maître, a pour mission de terminer à l'amiable les différents portés à sa barre. Ceux qui ne peuvent être conciliés par cet arbitrage sont déférés au bureau de jugement, où siègent ensemble tous les prud'hommes composant le conseil.

Or, sur les 3,051 causes qui ont été portées devant la juridiction du conseil, 2,921 ont été conciliées par le bureau de conciliation, 130 seulement ont résisté à cet arbitrage amiable et ont été décidées par le bureau de jugement.

Mais les fonctions des prud'hommes ne sont pas seulement administratives; elles sont quelquefois aussi judiciaires, et présentent par là quelque analogie avec celles des juges de paix. En effet, les prud'hommes peuvent punir d'un emprisonnement, qui cependant ne doit jamais excéder la durée de trois jours, tout manquement grave des apprentis envers leurs maîtres, tout délit tendant à troubler l'ordre et la discipline dans les ateliers.

Une juridiction qui étreint ainsi à leur naissance la presque totalité des différends qui ne s'élèvent que trop fréquemment dans l'industrie, parut offrir trop d'avantages pour qu'on hésitât à lui donner toute l'extension qu'elle pouvait comporter. Une ordonnance royale en date du 9 juin 1847 porta à quatre le nombre des conseils de prud'hommes fonctionnant à Paris, en groupant sous une dénomination générale, attribuée à chacun de ces conseils, les différentes industries qui s'exercent dans la capitale, et qui ont été réunies en catégories suivant leur plus ou moins de similitude et d'affinité entre elles.

Ainsi le premier conseil, appelé le *conseil des métaux*, comprend cinq catégories.

Le second conseil, désigné comme *conseil des tissus*, est divisé en six catégories.

Le troisième conseil, qui a pour dénomination *les produits chimiques*, comprend également six catégories.

Le quatrième conseil, dans lequel on a groupé les industries qui échappaient aux premières classifications, en a pris le nom de *conseil des industries diverses*. Il compte six catégories.

Chacun de ces quatre conseils est composé de quinze prud'hommes, dont huit sont choisis parmi les fabricants, et sept parmi les contre-maîtres et ouvriers patentés. Il compte en outre douze suppléants choisis en nombre égal parmi les fabricants et les contre-maîtres. Chaque catégorie

Vue extérieure du bâtiment du Conseil des prud'hommes, rue de la Douane.

nomme, par élection, deux, trois ou quatre prud'hommes, suivant son importance.

Salle de jugement du conseil des prud'hommes.

En résumé, les soixante prud'hommes et les quarante-huit suppléants qui composent les quatre conseils sont choisis par quatre mille huit cent cinquante-huit électeurs ainsi répartis :

Métaux. 1,463
Tissus. 1,051
Produits chimiques. . . 1,064
Industries diverses. . . 1,280

4,858

Il faut reconnaître que, lors des élections, les électeurs montrèrent peu de zèle pour l'exercice de leur droit. Un tiers seulement des électeurs inscrits déposa son vote. Était-ce répulsion contre l'institution elle-même, ainsi que les opposants ont voulu le faire entendre; était-ce seulement insouciance? On serait tenté de le croire. La répulsion se traduirait par des actes plus énergiques que cette absence muette qui équivaut à un consentement : les opposants qui, d'après ce calcul, formeraient la majorité, se seraient au contraire rendus au scrutin pour imposer le choix d'hommes partageant leurs opinions. C'est la force de l'opposition qui fait les luttes électorales animées. L'absence des électeurs et le calme des opérations accusent un laisser-aller, une indifférence qui naît de la confiance dans le jeu régulier de l'institution elle-même.

Ce n'est pas que son organisation ne prête sérieusement à la critique et ne puisse soulever de très-graves objections. On peut attaquer d'abord la composition des listes électorales, où l'élément fabricant domine presque seul et où les véritables intérêts ouvriers ne sont pas suffisamment représentés; d'autre part, la composition même du conseil doit amener d'inévitables mécomptes. La multitude d'industries dissemblables groupées dans chaque conseil ne permet qu'à un petit nombre d'entre elles d'y être représentées, en sorte que les autres risquent de ne pas trouver de juges suffisamment compétents; ce qui est cependant le but même de l'institution.

Quoi qu'il en soit de ce dernier reproche, qu'il était presque impossible d'éviter dans un centre de fabrications aussi variées, d'industries aussi multiples que celles qui se groupent dans la capitale, les quatre conseils sont actuellement en fonction.

Ils ont été installés dans un édifice situé rue de la Douane, et dont nous donnons la vue à nos lecteurs. Ce bâtiment, dont l'aspect ne manque pas d'élégance, appartient à M. Levaillant, et il est loué par la ville de Paris pour cette destination, moyennant 9,000 fr. Le bail n'a que neuf années à courir au maximum, et il est à supposer que, dans l'intervalle, la ville de Paris installera définitivement les conseils dans une de ses propriétés communales. Au reste, l'installation actuelle, bien que nous ne puissions la considérer comme définitive, est convenable, et nos lecteurs peuvent en juger d'après les dessins que nous mettons sous leurs yeux.

Comme attribut et marque distinctive de leurs fonctions, les prud'hommes reçoivent lors de leur élection une médaille qu'ils suspendent à leur cou par un large ruban. Cette médaille est personnelle, et chaque prud'homme, en déposant sa magistrature industrielle, la conserve comme un témoignage de la confiance dont il a été l'objet. C'est un titre dont il peut se glorifier, car il le doit à l'estime et au libre suffrage de ses concitoyens et de ses confrères, qui l'ont choisi pour leur arbitre et leur juge.

Revenons un peu à la Bourse. Les alentours de ce monument doivent être considérés comme le centre du commerce parisien. Les principales maisons industrielles, les divers offices de publicité, les riches magasins, les grands fabricants et les grands marchands se sont réunis autour de leur temple, sur la place qui l'environne et qui l'isole, et dans les rues qui y aboutissent.

D'une part, voici la rue Vivienne, largement échancrée par la place : au coin, Crocé-Spinelli, dont l'enseigne orgueilleuse annonce *vingt-cinq mille bijoux* à la disposition des acheteurs; et un peu au-dessus, en remontant vers le boulevard, les maisons plus sérieuses de Ledagre et de Guillemin. Si nous redescendons toujours, en suivant la rue Vivienne jusqu'au théâtre du Vaudeville, cette bonbonnière où tout Paris se presse depuis un an pour entendre la *Dame aux Camélias*, nous trouvons de nouvelles et différentes illustrations commerciales : Sorré-Delisle, le sanctuaire de la mode, le rendez-vous de toutes ces gracieuses futilités, de tous ces riens élégants, qui constituent le *nec plus ultra* du luxe féminin, attirail de bon goût dont sont encombrés tous les boudoirs de l'aristocratie. Susse, autre antique renommée, étale à côté ses tableaux éclatants de fraîcheur et de vernis, ses statuettes, ses mille ornements, ses mille meubles légers, rivaux des chefs-d'œuvre de Tahan, qui est le Boule de notre époque, et de Boule, qui fut le Tahan de son siècle. Et je ne parle ni du splendide café, ni de l'opulente pâtisserie, ni du magasin qui se pare de l'ambitieuse appellation de Palais de Cristal. Passons à l'autre façade : en regard des statues de l'Industrie, du Commerce, voici les traducteurs, des commissionnaires pour les cinq parties du monde, des bouquinistes, des bric-à-brac échappés de l'hôtel Bullion, qui se répand sur huit ou dix devantures, et qui fait reluire au soleil naturel ou bien au soleil hydrogène chacun de ses flots; ici, un habit pailleté de l'ancienne cour; là, une panoplie restaurée; plus loin, un vitrail sauvé de la dévastation de quelque église gothique.

Les offices de publicité, les bureaux de traduction,

Les caricatures politiques chez Aubert.

les fonds d'agents de change, occupent les deux autres côtés du quadrilatère. Un office de publicité, c'est un établissement moderne, qui remplace avantageusement les cent bouches et les cent voix de la mythologique Renommée. Au lieu de cette déesse bruyante et difforme, vous ne verriez qu'un petit nombre de mortels, jeunes ou vieux, beaux ou laids, assis sur le classique fauteuil de cuir, derrière le non moins classique bureau de sapin noirci, et au milieu d'un véritable chaos de journaux et de paperasses imprimées. Ne vous y trompez pas; c'est là que se font la gloire, la réputation, la célébrité, la fortune, à tant la ligne et à tant par mois. Avez-vous l'intention de lancer une entreprise quelconque, de faire rayonner votre nom sur tous les murs de l'Europe, voire même du monde; de surprendre tout citoyen à son réveil, après son déjeuner, au café, entre une demi-tasse et une partie de dominos, au cabinet de lecture, entre un roman et une digestion laborieuse, pour lui imposer votre nom et votre découverte, adressez-vous à l'office de publicité! Moyennant un prix tarifé d'avance (inutile de marchander), ces messieurs rempliront de votre éloge, de votre panégyrique, de votre apothéose, selon l'argent par vous déboursé, la quatrième page de tous les journaux qui s'impriment sous toutes les latitudes. Pour peu que vous y teniez, l'annonce sera traduite en plus de langues que la Bible elle-même; elle figurera dans le *Moniteur* de Pékin, dans la *Gazette officielle* de Honolulu, et dans le *Journal de la cour* de Sa Majesté Soulouque. Demandez à Lepérdriel, à Regnault, de pectorale mémoire; demandez au célèbre Charles-Albert, qui a rendu leurs noms plus fameux et plus retentissants que les noms de César et d'Homère?

Les bureaux de traduction présentent une apparence analogue; seulement, au lieu de distribuer la gloire au plus juste prix, ils s'emploient seulement pour réparer le plus possible le tort immense qu'a produit dans les affaires cette confusion des langues arrivée lors de la tour de Babel. Les traducteurs, occupés à tant la ligne, n'ont aucune prétention littéraire : ils s'escriment, lexique en main, contre les difficultés d'un journal étranger, à l'article *Cours de la bourse* et variations de prix des marchandises. Quelquefois leur besogne est inverse, et on les prie de mettre du mauvais français en italien ou en anglais de même valeur : mais le plus souvent ils cultivent la version au lieu du thème, et il est rare qu'on leur donne à translater des articles de fond. Cette dernière besogne ressort de M. Havas, ou des traducteurs spéciaux attachés aux principales feuilles publiques.

N'oublions pas, pour compléter cette description de la place de la Bourse, de donner un mot de souvenir et même de regret à l'étalage d'Aubert, qui, pendant bien des années, brilla radieux au coin de la place et de la rue de la Bourse. Véritable musée de la caricature, de la caricature bourgeoise et politique, il vit toujours, devant son vitrage, stationner bouche béante et les yeux grandement ouverts, une foule curieuse et compacte. C'est que la caricature, cette arme du ridicule, est une véritable puissance à Paris, et l'on pourrait dire, sans trop s'engager, que plus d'une révolution a commencé devant l'étalage d'Aubert.

Chapitre LIV.

LES BALS DE PARIS.

Souvenirs du carnaval. — Le carnaval sans masque. — Les plaisirs des divers pays. — La danse en Europe et en France. — La *dansomanie* à Paris. — La chorégraphie à la portée de tout le monde. — Les bals officiels. — Les bals par souscription. — Les bals particuliers. — Aristocratie et bourgeoisie. — Bals sans gêne. — L'introduction et la présentation. — Les tapisseries. — Les pigeons. — La première et la dernière contredanse. — Éclectisme de la danse. — Les bals publics. — La Grande-Chaumière et le père Lahire. — Les montagnes russes. — Les frais d'ascension. — Le Château-Rouge. — L'Élysée-Montmartre. — L'Ermitage. — Le Château des Fleurs. — La Closerie des Lilas. — Le Ranelagh. — Historique du Ranelagh. — Les bals de barrière. — Les bals d'hiver. — Le Prado. — ; Valentino. — Le Vauxhall. — Le Salon de Mars. — La salle Montesquieu. — Le Cochon Fidèle. — Le bal des Nègres. — Le bal du Guillotiné. — Moralité.

Nous parcourions paisiblement, dans le premier volume de cet ouvrage, les boulevards de Paris, ce lieu de rendez-vous des flâneurs, des musards et des observateurs, aussi bien que des industriels, des commerçants et des hommes d'affaires, quand tout à coup, si le lecteur veut bien se le rappeler, a retenti dans les rues et dans le livre un bruit de grelots mêlé de chants, de rires, d'éclats de voix joyeuses. C'était le carnaval qui passait, le carnaval parisien, avec ses pompes bouffonnes et sa gaieté immortelle, avec ses souvenirs de Rome, de Venise, du moyen âge, de tous les temps, de tous les lieux, qui venait se jeter au milieu du voyage, et interrompre le pèlerin, le moraliste, le curieux, pour le rendre témoin de ses folies et de ses exploits. Il a été impossible de rester sourd à cet appel : l'auteur, et à sa suite le dessinateur, cédant à un entraînement irrésistible, ont consacré la plume et le crayon à reproduire toutes les débauches d'imagination, toutes les fêtes carnavalesques par lesquelles le tyran des mois de février et de mars signale son règne éphémère dans l'immense cité. Ils ont couru, l'un écrivant, l'autre esquissant ses croquis, partout où l'orchestre se faisait entendre, partout où trépignait la danse, où partait le champagne, où éclataient en bruyantes fusées les bons mots et les mots d'amour, les vins capiteux et les folles musiques. Puis, après cette offrande au dieu Carnaval, après ce sacrifice, fait de bonne grâce d'ailleurs, le cours des études et des investigations a recommencé : chaque semaine a offert au public son trésor d'observations, de recherches, de flâneries fixées et solidifiées sur le papier, grâce à la double ressource de l'imprimerie et de la gravure ; il y a eu un mélange d'études morales et de descriptions artistiques, de monuments et de tableaux, de types et de morceaux d'ensemble. Bref, le *Tableau de Paris* s'est efforcé de tenir toutes ses promesses, et cela a duré un an. Aujourd'hui les grelots sonnent encore : aujourd'hui il nous semble encore voir apparaître les fantômes masqués et rieurs qui nous entraînèrent jadis à leur suite, et qui tentent de nous ravir une seconde fois en employant la séduction la plus puissante : « Vous n'avez pas tout dit : venez ! il y a du nouveau à voir et à décrire. » Non, non, apparitions gracieuses ! le peintre de Paris ne peut vous écouter ni vous suivre ! La grande ville n'est pas une courtisane insoucieuse qui ne songe qu'à se revêtir d'habits d'emprunt, qu'à bondir, le visage masqué, la taille onduleuse, le pied agacé, aux accords d'une délirante musique ; la grande ville est sérieuse dix mois de l'année : elle danse à ses jours ; elle a ses heures pour réfléchir, pour créer, pour pleurer aussi. Tout ce qu'il est en mon pouvoir de vous accorder, jours heureux dans lesquels nous nous retrouvons après un an d'attente, et vous, ombres séduisantes qui peuplez les nuits du carnaval, je vais le faire : je vais revoir et achever mes notes, mes esquisses sur ces fêtes moins brillantes, dans lesquelles les heureux sujets du carnaval attendent que leur roi ouvre ses grands jours, sa cour plénière. Je ne parlerai pas des bals parés et travestis, qui peut-être tiennent déjà une place bien large, et je me bornerai à peindre quelques-uns des *lieux de délices* ouverts, soit pendant les jours et les nuits de la mascarade, soit pendant les dix mois qui séparent la mi-carême des premiers cris du carnaval. Plus de masques, plus de travestissements : on danse à l'Hôtel de ville, on danse dans les réceptions officielles et autres sans autre déguisement peut-être que le masque trop souvent trompeur

de la gaieté et de la bonne humeur, masque aussi menteur que le morceau de velours, de soie ou de carton dont se couvre le visage du pierrot ou du débardeur ; on danse également au Wauxhall, à la Chaumière, aux divers palais des Fleurs, et l'on ne quitte également pas pour cela le costume, l'air, la physionomie de tous les jours. Après le carnaval masqué qui dure deux mois, parlons du carnaval à figure découverte, qui dure toute l'année.

La musique et la danse, à chaque étage de la société, sont les éléments fondamentaux de toutes nos fêtes, de toutes nos réjouissances. En Angleterre, on préférerait une lutte de boxeurs un combat de coqs. L'Espagne ne se livre à ses *boleros* les plus enthousiastes qu'après avoir savouré l'odeur du sang et la fumée du carnage dans une belle *corrida*. L'Allemagne ne trouve pas de réjouissance supportable sans la pipe et la bière. En Italie, on préfère généralement se bercer dans les vagues harmonies de quelque musique douce et molle plutôt que de se livrer à ce divertissement fatigant qui se nomme la danse. Pourtant ces peuples divers ont élevé tous des temples à la vieille déesse Terpsychore ; ils l'honorent tous d'un culte plus ou moins fervent ; tous ont leurs pas nationaux, leurs danses spéciales et préférées. Mais la France seule, la France, qui eût mérité d'être la vraie patrie de Vestris et de Taglioni, la France seule sait danser. En vain les exhalaisons du tabac, en vain la chope à bière ont envahi la plupart des sanctuaires ; en vain, dans la plupart des lieux consacrés à cet exercice éminemment patriotique, il se forme des nuages composés de plus de fumée encore que de poussière, la chorégraphie est toujours la reine, elle triomphe toujours. Depuis la cour du souverain, où les grands dignitaires, les fonctionnaires publics, les membres des corps diplomatiques font gravement vis-à-vis aux femmes, aux filles, aux sœurs des ministres, des généraux, des sénateurs, jusqu'au fond du plus obscur cabaret de barrière, qu'égayent les tristes sons d'un misérable violon à quatre sous l'heure, il se fait partout une égale consommation de musique et de danse : la quantité est partout la même, et, s'il y a de la différence, elle est surtout dans la qualité. Pour resserrer les liens qui existent entre deux puissantes amies, pour adoucir les frottements qui entravent la machine gouvernementale et menacent d'amener la dislocation d'un ministère, pour célébrer une fête officielle, un anniversaire glorieux et non consacré par l'usage, on danse aux Tuileries, à l'Hôtel de ville, chez les ministres, chez les hauts dignitaires. S'agit-il de se compter et de se passer en revue, on danse dans les faubourgs dissidents, et l'on recrute l'armée des opposants dans les entr'actes qui séparent une valse d'une polka : c'est là, d'ailleurs, une conspiration peu dangereuse ; et comme l'orchestre est d'ordinaire excellent, la bonne harmonie ne peut subir que de très-légères atteintes. On danse avec frénésie pour les œuvres de charité, et tout jeune homme un peu bien posé dans le monde frissonne en calculant ce que va lui coûter cette application du précepte : « Donnez aux pauvres votre superflu. » Plus d'un, après avoir fait brillante figure aux bals pour les salles d'asile, aux bals pour les crèches, aux bals pour les pauvres de tel arrondissement, pour les Polonais, pour telle ou telle œuvre pie ; après avoir favorisé de sa présence et son tribut le bal des artistes peintres et sculpteurs, le bal des artistes dramatiques et celui des artistes comiques, se trouve dans une situation telle, qu'il ne

lui serait pas inutile d'ouvrir un bal par souscription à son profit personnel.

Dans la vie intérieure des familles, et surtout de ces familles qui forment l'estomac du corps social, pour me servir de l'apologue fameux de Ménénius, quel est donc le mode le plus usité de réjouissance et de gala pour solenniser une date mémorable dans les souvenirs domestiques ? Mon Dieu ! la danse, toujours la danse ! Aussi, quel que soit le quartier où, pendant la nuit, le voyageur égaré dirige ses pas, à coup sûr il rencontrera tout à coup, stationnant au milieu de la rue déserte, de longues files de voitures silencieuses, et il verra, assoupis sur leurs sièges, ou soufflant dans leurs doigts, le nez enseveli sous d'énormes manteaux, les cochers oisifs attendant les invités de la fête. Qu'il lève alors les yeux, et ses yeux découvriront non loin un étage aux fenêtres illuminées, qui tranchent sur le noir mat des maisons voisines, et peut-être son oreille saisira quelques notes égarées d'un quadrille ou d'une mazurka.

Le dimanche, à la barrière, que vont donc faire et cette jeune ouvrière, avec quelques amies, souvent avec sa mère ou son fiancé, et cet ouvrier bon garçon, laborieux, rangé, qui ne dépense pas son temps et sa santé dans les cabarets borgnes et les restaurants équivoques où siège la Saint-Lundi, patron des ivrognes, des fainéants et des débauchés ? La distraction qu'ils y vont chercher n'a rien que de très-simple et de très-avouable : c'est là, danse où le corps se repose presque en se fatiguant, au son d'une musique qui entraîne, dans la liberté et le laisser-aller d'un jour de repos ; la danse où la jeune fille peut échanger avec son prétendu quelques paroles que n'entendront pas des oreilles trop vigilantes, et où tous deux, dans le vertige de la valse, dans les tourbillons de la polka, oublient le passé, espèrent en l'avenir, en créant pour le peupler les plus séduisantes chimères. Il y a encore des degrés intermédiaires qu'il serait fort malaisé d'énumérer ici. Où croyez-vous donc que le commis, que le petit employé, que le surnuméraire vont disparaître un peu le chemin de leur bureau ou du rayon chargé de marchandises, et dégourdir leurs rotules après une stagnation de douze heures quotidiennes passées sur le fauteuil de cuir ou derrière le comptoir de sapin verni ? Certes, quelques-uns, malavisés, vont achever leur abrutissement et leur ruine morale dans un estaminet quelconque, où ils s'ingurgiteront de la bière et s'assoupiront dans les délices du tabac et les voluptés du domino ; mais, si ceux-là se trompent, soyez bien persuadé que la plupart connaissent mieux l'endroit où le vrai et salutaire plaisir. La Chaumière, le Ranelagh, Valentino, et tant d'autres enceintes plus ou moins infimes tandis que des barrières encombrées par une populace de carriers, de chiffonniers, d'égoutiers, d'équarrisseurs, qui, tous, le jour du repos arrivé, partagent en deux leurs heures de loisir, la danse et l'ivresse ! Non ; on m'accordera, comme point démontré, que la danse n'existe nulle part mieux que notre pays, en Europe, et que, dans toute la France, il n'y a qu'une ville, Paris, où l'on sacho danser.

Pour arriver à la perfection presque idéale où nous la voyons parvenue, la danse a procédé comme la philosophie ; elle a employé, mais avec plus de succès, la méthode éclectique. J'étonnerais beaucoup, sans doute, M. Chicard, et même MM. Desblins, Filodo, Marx et autres notabilités chorégraphiques, y compris le grand Musard, père et fils, lui-même, si je leur apprenais qu'ils appartiennent à l'école de M. Cousin et des néoplatoniciens d'Alexandrie : cependant le fait, pour être miraculeux, n'en est pas moins un fait constant. Voici de quelle manière; et faites attention, s'il vous plaît, car il s'agit d'une démonstration rigoureuse.

L'Angleterre offre à l'étude et à l'admiration des visiteurs la gigue, sa danse nationale ; l'Allemagne est le pays de la valse, et la Pologne enfanta la polka. On accuse la Hongrie d'avoir donné naissance à la mazurka et à la rédowa : l'Écosse, *Scotland*, paraît être la mère de la *schotisch*. Personne n'ignore que l'Italie donna le jour à la tarentelle, que l'Espagne produisit une foule de danses en *o*, telles que le *bolero* et le *lapateado*; l'art des pirouettes arrive en droite ligne des derviches tourneurs de la Turquie, et les Indiens Ioways nous ont initiés à la danse du scalp. Si nous jetons un coup d'œil sur la mère-patrie, nous y trouvons encore certains pas nationaux qui ne manquent nullement de caractère, comme la gavotte, la bourrée, la sabotière, etc. Bref, chaque nation avait apporté sa pierre à l'édifice chorégraphique ; chaque peuple avait inventé une combinaison nouvelle dans les évolutions simultanées ou successives des danseurs des deux sexes et dans les mouvements individuels de chacun. Tous y trouvaient leur compte : l'un faisait valoir ses jarrets d'acier, l'autre sa taille flexible ; celle-ci sa hanche onduleuse, celle-là sa jambe fine et son pied nerveux. Pour les uns, amateurs passionnés des scènes mimiques et des jeux de physionomie, la danse n'était qu'un drame muet, où la mobilité des traits, l'expression du visage et des attitudes servaient plus que l'agilité et la vivacité de mouvements; pour les autres, au contraire, le plus grand charme consistait dans la complication des figures, dans l'enchevêtrement des pas, dans la multiplicité des marches et des contre-marches. Toute danse avait son caractère ; il fallait en inventer une qui réunît en un faisceau ces caractères divers : un homme de génie se trouva, et la danse pittoresque fut inventée,

Grâces au ciel, qui créa frères
Le cancan et la cachucha !

Hélas ! le cancan, puisqu'il faut l'appeler par son nom, n'a pu arriver à conquérir son droit de cité dans les salons aristocratiques et dans les réunions dites *comme il faut*, où le suprême bon ton consiste à s'ennuyer, parce que l'on s'ennuie avec distinction. Ne vaudrait-il pas mieux regarder au bas de l'échelle,

L'introduction.

La présentation.

pour y surprendre les secrets de cette vive et franche joie du laisser-aller et du sans-gêne ? Malgré l'esprit incontestable de leurs chroniqueurs, les bals du grand monde, et, je le dis en tremblant, les bals officiels, les bals de charité eux-mêmes, sont très-parfaitement insipides et somnifères. Je ne parle pas de leur signification politique, sociale ou diplomatique, mais seulement de leur aspect général et du sentiment parfaitement défini qu'ils laissent dans l'esprit des invités. Il n'y a pas lieu de décrire encore une fois les fêtes publiques dont les Tuileries, l'Hôtel de ville, l'École militaire, etc., ont été le théâtre : contentons-nous de frapper discrètement à la porte des salons. Commençons même par un salon parfaitement tenu. Nous avons pour sauf-conduit notre lettre d'entrée : « M. X...prie le *Tableau de Paris* de lui faire l'honneur d'assister à sa soirée : on dansera. »

Après la présentation, qui consiste en une simple révérence donnée et rendue, l'invité se trouve abandonné à lui-même. A peine a-t-il le droit d'échanger avec les maîtres quelques brèves paroles de politesse : ceux-ci s'occupent des visiteurs de haut parage. Le seigneur du logis cause politique ou chemins de fer, actrices ou bourse avec un gros bonnet, un illustre dans sa spécialité ; la dame s'efforce d'activer la conversation entre les dames qui attendent leurs danseurs, et dépense tout son esprit, toute sa malice, pour ranimer les piquants souvenirs de la chronique scandaleuse, pour déchirer, par quelque méchanceté bien noire, l'absent ou l'absente, à qui, dès le lendemain, on fera fête d'une embrassade, d'un serrement de main, des paroles les plus chaleureuses et les plus cordiales.

Toujours la vieille scène de Molière ; toujours ce même rôle de Célimène, qui se jette au cou d'Arsinoé, au moment même où elle vient de l'accabler de sarcasmes et de plaisanteries, en parlant aux deux marquis. La Médisance, accompagnée souvent de sa sœur aînée la Calomnie, règne surtout dans le cercle des beautés sur le retour que l'impolitesse du monde appelle *des tapisseries* : terme peu honnête, qui rappelle, par sa crudité et sa brutale énergie, celui d'*essuyeuses de plâtres*, dont on affuble les vierges folles du quartier Bréda. Quant au personnel actif de la danse, il cède peu à cette manie dénigrante : la succession précipitée des quadrilles, des valses, des polkas, s'oppose aux longues conversations; mais, grâce à la rigueur de l'étiquette chorégraphique dans le grand monde, la danse devient, non plus un plaisir naïf et délicat, mais un exercice violent, du ressort de la gymnastique. Allez donc échanger de gais propos au milieu des figures compliquées de la contredanse, ou dans le tourbillonnement de la valse, ou bien encore quand une fantaisie de l'orchestre vous condamne à braver les difficultés d'une schotisch ou d'une rédowa! Bon nombre de danseurs, après avoir passé la nuit entière dans l'accomplissement de cette rude corvée, se trouvent avoir pirouetté, avoir tourné, avoir battu des pas élégants et pénibles en vis-à-vis avec d'insignifiants automates, beaux et froids comme les figures de cire qui décorent la devanture d'un coiffeur, et stylés à ne répondre, à ne causer que par monosyllabes, comme l'Olympia d'Hoffmann.

CHAPITRE LIV. — LES BALS DE PARIS.

Le matériel de ces soirées de bon ton n'exige d'autre description que celles du procès-verbal de l'huissier ou du commissaire-priseur : on peut ranger parmi les meubles, en même temps que les lustres, les candélabres, les fauteuils et les plateaux à rafraîchissements, ces domestiques en livrée, Frontins dégénérés, qui circulent comme des ombres, sans mot dire, du salon au buffet et du buffet au salon, ces musiciens cantonnés sur une estrade ou dissimulés dans un corridor, ces complaisants qui semblent se réduire à l'état de cariatide, aux alentours d'un piano, ne bougeant pas plus de leur poste que le griffon sculpté qui sert de pied à l'instrument, et sachant juste assez de musique pour tourner le feuillet à propos, lorsqu'un amateur mélomane, de l'un ou de l'autre sexe, vient faire subir ses talents à la compagnie. Partout vous rencontrerez ce monde-là ; c'est l'accessoire, le complément de toute réception dansante. Citons encore les joueurs, qui, peu soucieux de musique ou d'agitation corporelle, se réfugient autour d'un tapis vert, et passent de longues heures à épuiser les combinaisons du whist, à gémir sur une invite mal comprise, ou sur un *singleton* déplacé.

Le seul type intéressant qui se fourvoie au milieu de ces temples de l'ennui gourmé, compassé et médisant, c'est celui du *pigeon ramier*, agréablement décrit par M. Nestor Roqueplan dans ses *Études sur l'histoire naturelle appliquée à la vie parisienne*. Comme il ne faut pas refaire inutilement ce qui a été bien fait une fois, voici le passage : « Dans un salon, on annonce madame *une telle* toute seule et sans son mari : à cinq minutes d'intervalle, apparaît monsieur un tel.

« En général, on suppose qu'ils sont arrivés ensemble et dans la même voiture, jusqu'à la porte cochère de la maison ; et que, par décence, et pour ne pas afficher les mystères du colombier, ils se sont séparés pour un instant.

« La *colombe*, entrée la première, s'assied avec un air d'aisance affectée, et dirige son œil d'émail vers la porte. Le tendre *pigeon* se présente, fait ses petites salutations obligées, et, tout haut, demande froidement de ses nouvelles à la colombe, comme quelqu'un qui n'aurait pas voyagé tout à l'heure dans le même coupé, patte contre patte, aile contre aile.

« Pendant la soirée, le pigeon a mille petits soins pour la colombe. Plus soumis qu'un mari, forcé souvent d'aller où il ne voudrait pas, empêché d'aller où il voudrait, et où va le mari qui s'amuse, il faut que, pour l'amour-propre du volatile auquel il s'est voué, il affecte de lui tenir son éventail, de rire, de causer, comme s'il y avait encore quelque chose à dire ; d'apporter des glaces, des sandwichs ; de ramasser le bouquet qui tombe, de poser des tasses de thé sur les meubles, d'accomplir tous ces petits actes de domesticité amoureuse, qui font dire à chacun : « Ah ! voilà des pigeons qui s'aiment d'amour tendre. »

« Quand la soirée est finie, le pigeon dit d'un air nonchalant, et comme s'il était galant par occasion :

La première contredanse.

La dernière contredanse.

« Voulez-vous, madame, que je fasse appeler vos gens ? — Je veux bien. »

« Et le couple se dirige vers l'antichambre, s'enveloppe à la hâte de tous ses manteaux, et grimpe dans son pigeonnier à quatre roues, qui devient presque toujours une arène dans laquelle on se reproche mille choses très-graves :

« D'une part,

« Avoir feint de pleurer d'attendrissement, pendant que madame *** chantait.

« D'autre part,

« Avoir fait valser madame *** deux fois et avec des étreintes passionnées.

« D'autre part,

« Avoir agacé le pigeon de madame ***, lui avoir dit, avec intention, qu'on allait tous les jours aux Champs-Élysées à quatre heures.

« Avoir trouvé de bon goût une épingle qu'il porte et qui n'est que bizarre.

« Comme les maris permettent fort bien à leurs femmes de se donner au monde sans être forcés de les accompagner, l'espèce des pigeons pullule beaucoup, et il arrive qu'on puisse souvent, dans une maison, compter jusqu'à dix couples, diversement intéressants par leur beauté, leur plumage et leur constance. »

Au premier abord, rien ne ressemble plus à cette description d'une soirée du grand monde qu'une soirée de bourgeois, imitateurs passionnés des manières et des travers de l'aristocratie ; seulement, l'observateur qui regarde d'un peu près ne tarde pas à voir les différences. D'abord le salon lui-même, qui est trop neuf ; la cheminée, où l'on n'allume le feu que pour les jours solennels, et qui se venge de cet abandon en vomissant des tourbillons d'une âcre fumée ; les meubles, tout frais sortis de la housse protectrice et conservant le lustre qu'ils avaient chez le tapissier. Puis la livrée de louage, qui pare des domestiques maladroits et peu au courant du service extraordinaire des glaces, des punchs et des petits fours ; ou bien encore la figure des serviteurs payés seulement pour la soirée, et recrutés dans cette valetaille bohème qui erre de maisons en maisons, vrai fléau pour toutes les familles chez qui elle s'introduit. D'autres fois, c'est la parcimonie habituelle des chefs de la famille, qui se traduit en petites lésineries sordides ou ridicules, telles que l'insuffisance du luminaire, la qualité inférieure de la musique ou des rafraîchissements, la frugalité spartiate qui préside au buffet, etc. Que de bonnes fortunes pour les rieurs ! quelles gorges chaudes, quelles excellentes anecdotes pour l'édification des petits soupers de viveurs émérites, et pour la verve dénigrante de ces valets vagabonds que leur fortune conduit tour à tour dans tant d'intérieurs différents ! Sans doute, Cham a puisé dans une assidue fréquentation de ces parvenus maladroits les sujets de malicieuses caricatures et de spirituelles légendes, texte en harmonie parfaite avec le sujet qu'il illustre : c'est sur place qu'il a copié la figure du bourgeois dont les bougies brûlent toutes seules, et qu'il a inscrit sur son album ou dans sa mémoire le mot : « Les musiciens veulent toujours boire : ils croient donc que je les paye pour faire danser les bouteilles ! » Et cet autre type du parasite affamé, qui ne s'inquiète que du souper final et qui arrête les frais, qui retire ses gants neufs, et les nouvelles du buffet ne sont pas favorables; le jarret est faible, mais l'estomac est bon.

Comme il y a des bourgeois riches qui singent de leur mieux les aristocraties de naissance ou de fortune, il se rencontre aussi de petits rentiers que les lauriers nocturnes récoltés par ces amphitryons empêchent de dormir. Le digne commerçant, retiré des affaires après trente ans de cassonnade ou de cretonne, l'employé pourvu de sa retraite et orné d'une demoiselle mobile; le propriétaire, qui se condamne à dix mois de campagne forcée pour jouir de quelques semaines d'hiver parisien, tous ces braves gens et une foule d'autres, veulent avoir aussi leurs grandes réceptions, leurs soirées de gala et de réjouissance. Soyons juste : la plupart n'y mettent ni prétention ni orgueil déplacé : leurs frais se bornent à un violon ramassé au hasard, qui donne, ou à peu près, la mesure pour de joyeuses contredanses pas trop régulières et compassées; les invités se recrutent dans la tribu entière des oncles et des petits-cousins, des alliés à la mode de Bretagne et des collatéraux, on appelle aussi quelque vieux camarade du père, quelque amie de pension de la mère, quelque voisin jovial, chargé d'être le boute-en-train de la gaieté. Il se boit de la force sirops suffisamment étendus d'eau, force infusion de thé avec de bonnes brioches bien massives, et, à la fin, le bol de punch ou du vin chaud, épicé de cannelle et relevé avec du citron et du clou de girofle. On n'a pas été toute sa vie épicier pour négliger d'en faire usage. Personne n'aurait le courage de railler quelques légers ridicules, quelques sottes bouffées de vanité, faiblesses inséparables de notre nature humaine, qui viennent parfois gâter cette bonhomie et ce sans façon si heureux : il faut garder ses plus mordants sarcasmes pour le petit nombre de ceux qui rougissent en quelque sorte d'eux-mêmes, et cherchent à se hausser hors de leur sphère par pur orgueil, par amour-propre déplacé. Rions aux dépens du petit bourgeois qui fait de sa fille une prétendue virtuose sur le piano; qui étale à tous les regards, sous un cadre splendide, les hachures et les bonshommes de monsieur son fils; qui produit à sa société ébahie monsieur son cousin, artiste chevelu, et monsieur son neveu, poëte lamartinien; mais envions le tranquille bonheur du papa et de la maman qui essayent de danser, avec leurs vieilles jambes rouillées, le menuet d'autrefois, pendant que leur postérité et leur jeune voisinage se reposent des fatigues d'un galop impétueux, d'une valse tourbillonnante.

Le menuet jadis, aujourd'hui la contredanse, tel est le tribut que la France, celle du moins qui s'intitule monde comme il faut, apporte à l'art de Terpsichore. Les salons cultivent concurremment les danses étrangères, mais on n'y obéit qu'aux lois sévères formulées et imposées par les leçons de Cellarius et de ses confrères; la danse de fantaisie, la danse chicarde, la haute chorégraphie, le cancan, en un mot, n'a pas d'accès dans les lieux qui prétendent se respecter. Et dire que c'est là le triomphe, le nec plus ultra de l'art, et que nul n'ose briser cet ostracisme impitoyable ! Observez que je ne veux pas défendre l'incroyable débanchement, l'effrayante dislocation de membres qui usurpe ce nom et qu'on connaît à la barrière, sa patrie, sous un nom plus spécial; je ne soutiens qu'une cause, celle du cancan gracieux, élégant, leste sans obscénité, voluptueux et gazé comme un joli roman du dix-huitième siècle. Cette danse, rebutée dans le monde, a pris pour elle la jeunesse entière, cette jeunesse

Entrée de la Grande-Chaumière.

qui, en définitive, doit être un jour la France, et vous allez voir ce que, par pure vengeance, elle en a fait. Entreprenons le voyage de long cours.

A tout seigneur, tout honneur : commençons par la Grande-Chaumière.

Ce qu'on appelle Grande-Chaumière est un petit jardin, situé sur le boulevard Montparnasse, et qui sert à la fois de bal, de concert, de café, d'estaminet,

Bal de la Grande-Chaumière, boulevard Montparnasse.

de restaurant, de promenade; on y fume, on y danse, on y boit, on y mange, on y jase, on y rit, on y chante surtout, et avec des éclats de voix à faire tomber les murailles de n'importe quelle ville assiégée. Ici est la buvette; auprès, la salle de danse, qui a pour dôme le firmament et pour lambris les verts panaches des acacias et des tilleuls. Autour de la balustrade, qui forme l'enceinte continue du terre-plein chorégraphique, circulent gravement, la pipe ou mieux encore le havane à la bouche, deux ou trois cents jeunes Abélards avec bon nombre d'Héloïses qu'ils promènent triomphalement. Les costumes les plus excentriques, les cravates les plus hasardées, les gilets les plus impossibles brillent dans cette façon de raoût, qui serait à la fois allemand et britannique, s'il n'était avant tout français. Toutes les variétés de casquettes et d'accents sont représentées dans ce tourbillon, dans cette mêlée confuse de créatures et de voix humaines. Les chapeaux, en minorité, ne s'y maintiennent sur l'oreille de leurs propriétaires respectifs que par un miracle d'équilibre; les moustaches naissantes ou la barbe à l'état de forêt vierge y décorent toutes les physionomies. C'est à qui se donnera l'air le plus formidable, le plus solennellement rébarbatif. Une crinière digne des rois de la première race complète l'ornement naturel de ces majestueux visages. Quant aux jeunes Héloïses, dont la tenue de bal se compose d'une capote de crêpe ou d'un chapeau de paille cousue savamment incliné sur le front, d'une robe aux longs plis flottants comme la draperie antique et d'un crispin de rigueur, sinon d'un immense châle qui retombe jusqu'à la cheville, elles sont généralement, et ce n'est pas peu dire, aussi échevelées que MM. les Abélards sont chevelus.

D'autres promeneurs s'engagent dans les étroits sentiers qui serpentent entre les berceaux de feuillage et conduisent par ici à la salle du billard, par là aux jeux de bagues, ou mieux encore au jeu de la rose des dames, et plus loin aux montagnes russes, d'où l'on descend si prestement le coteau de la vie dans une rapide dégringolade. Dix-sept secondes de bonheur, pas davantage. C'est bien court; mais M. Scribe l'a dit : « Le bonheur a des ailes ! » Et puis, on peut recommencer.

Les montagnes russes de la Chaumière sont, je crois, le seul sommet qui reste encore debout de toute cette chaîne artificielle de montagnes cosmopolites dont le soulèvement, non constaté par M. Élie de Beaumont, remonte à la fin de l'Empire, et fit les délices de la première moitié de la Restauration. Un instant Paris fut le rendez-vous de toutes les sommités du globe : il eut le vertige, et la suprême félicité d'imiter le torrent et l'avalanche dans leur course impétueuse, en se laissant rouler du haut d'un pic de cent trente pieds au-dessus du niveau de la terre, tourna pendant quelques années toutes les têtes féminines. Aujourd'hui, Paris, redevenu plaine, se contente de jouissances infiniment plus terre à terre, et se voit réduit, comme ci-devant, à l'unique butte Montmartre, les montagnes russes exceptées, qui même passent de mode chez la légère et aventureuse population du Latium. Les grisettes surtout raffolent de cet exercice. Il en est qui ne craignent pas de gravir vingt fois de suite les six étages qui conduisent au haut de la montagne par un charmant escalier de bois, soit cent vingt étages, pour se lancer autant de fois dans l'infini entre les bras d'un fauteuil en velours d'Utrecht. Les plus intrépides, les lionnes, cumulent les délices de l'équitation avec celles d'un si délirant pèlerinage : elles s'élancent à corps perdu sur les alezans de bois que l'administration fournit à son aimable clientèle, moyennant la faible bagatelle de cinquante centimes par coursier et par course,

CHAPITRE LIV. — LES BALS DE PARIS.

le double du prix exigé pour la simple descente en char; mais les chevaux coûtent si cher à nourrir! Chevaux et chars fonctionnent, du reste, incessamment avec un grand bruit de tonnerre de l'Ambigu-Comique, qui accompagne d'un faux-bourdon très-agréable le cornet à pistons et le flageolet de l'orchestre. Avec ce que coûte par soirée à messieurs les étudiants le parcours des montagnes inhospitalières que nous venons de décrire, il y aurait de quoi faire l'ascension du mont Blanc et celle du pic de Ténériffe. Il y aurait surtout de quoi passer nombre d'examens et de thèses, sans parler des inscriptions dont la montagne en question devrait être littéralement couverte, pour peu qu'on y vît figurer toutes celles dont elle a fait tort aux facultés de droit et de médecine.

Laissons la colline moscovite, et regagnons la salle de danse par ce sentier sinueux, coquet, peigné, sablé, qui tournoie entre deux plates-bandes, ou plutôt deux éblouissants tapis de Perse naturels. Le jardinier de la Chaumière est certainement un horticulteur de premier mérite : rien de plus judicieux et de plus savamment nuancé que le choix et l'assortiment de ces belles fleurs auxquelles l'illumination du jardin prête un éclat et un coloris véritablement fantastiques, et que les experts en l'art des Tripet et des Neumann ne peuvent se lasser d'admirer.

Mais nous voici à la buvette : entrons-y un instant, non certes pour nous y attabler, mais pour jeter le coup d'œil lacédémonien sur les scènes orgiaques dont cette façon de cabaret est continuellement le théâtre.

Il est bon de dire ici que les 50 centimes, prix de l'entrée à la Chaumière, sont échangés au bureau contre un billet au porteur payable en consommation. — Quelle consommation ! Mais à vingt ans on n'est pas plus difficile sur la cave que sur le grenier. Les modérés (hélas! ils sont en petit nombre) se contentent de troquer ce morceau de carton délivré par l'administration contre la classique bouteille de bière; mais, pour un de ces honnêtes buveurs, que de jeunes Silènes plongés dans une précoce et déplorable ivrognerie !

Il existe, avons-nous déjà dit, dans chaque Faculté, un certain noyau de flambards, de vieilles maisons, d'étudiants de quinzième année, qui donnent le ton; sous ce rapport, les vénérables doyens d'âge sont entourés du respect et de l'admiration des novices qu'ils forment aux belles manières, en leur apprenant par principes une foule de jolies choses, entre autres à sonner de la trompe, à culotter les pipes, à distiller le domino, le carambolage par effet et la danse française, à ne point payer son tailleur, à fasciner le beau sexe, mais, avant tout, à boire sec. La grisette, d'ailleurs, est de sa nature essentiellement amie des rafraîchissements; elle les affectionne principalement sous la forme de grands verres de punch et de petits verres d'anisette; tandis que l'étudiant, dédaignant ces fadeurs, s'abreuve héroïquement de dur, et s'empoisonne d'un horrible trois-six déguisé sous la fallacieuse étiquette de vieux cognac.

Il résulte de ce système général de rafraîchissements, en grand honneur à la Chaumière, un tumulte, un délire, un vacarme dont rien ne saurait donner une idée. C'est un concert de huées, de clameurs furibondes, de chants bachiques et autres, de bouteilles brisées, de verres choquant les tables, à se croire transporté dans quelque corps de garde de soudards ivres, ou au milieu d'une horde de frénétiques. Pour compléter la ressemblance, plus d'une discussion se transforme en querelle, qui à son tour dégénère en rixe ou en batterie, pour employer l'élégante expression du lieu. Il y a heureusement moins de sang que d'alcool dans ces luttes dont une Hélène mo-

diste est trop souvent l'indigne prix. Après quelques gourmades échangées, les Grecs et les Troyens sont séparés de vive force par les garçons aidés de la garde,

Montagnes russes à la Grande-Chaumière.

qui met les plus furieux à la porte : puis tout rentre dans l'ordre, c'est-à-dire dans le désordre accoutumé.

Mais l'orchestre vient de préluder, et un formidable

Un avant-deux.

tutti, où domine le cornet à pistons, annonce que le quadrille va commencer. Nombres de couples interrompent momentanément leurs libations pour se précipiter dans l'enceinte réservée aux jeux de la muse que nous avons nommée plus haut. Ici la danse

change, mais elle n'offre pas un tableau plus édifiant. La danse met en mouvement tout ce peuple de jeunes fous. Qu'ils se gardent toutefois de dépasser une certaine limite dans leurs emportements chorégraphiques : un Argus veille sur eux, tout prêt à réprimer leur essor par trop impétueux ; ce vigilant gardien, au poignet formidable, n'est autre que le propriétaire de l'établissement, l'athlétique M. Lahire, plus généralement désigné sous le nom de père Lahire.

Ancien grenadier de la garde, le père Lahire cumule aujourd'hui, avec la profession de marchand de vin, la direction de la Chaumière. C'est la plus grande célébrité du quartier latin; vingt générations d'étudiants le portent dans leur cœur, après l'avoir passablement porté sur leurs épaules. C'est que le père Lahire, dont certes le rigorisme n'a rien d'outré, ne badine pas avec les danseurs trop fougueux qui ne savent pas se maintenir dans les bornes de la gaieté plus que suffisante tolérée par les statuts de l'établissement. Il est certains que le père Lahire éprouve toute la vigueur de ses sonores poumons, et réprime de tout le nerf de ses robustes bras, véritables colonnes d'Hercule opposées aux écarts de sa jeune et pétulante clientèle. Les relaps et les incorrigibles sont consignés par lui, c'est-à-dire que l'entrée du jardin leur est interdite. Quant aux simples suspects, embusqué derrière lui, de l'œil tous leurs mouvements et les interpelle par leur nom à haute et intelligible voix, si par hasard ceux-ci se permettent des poses un peu trop risquées. « Gobillard, dit-il, voilà un avant-deux qui ne me convient pas ! — Grenouillet, c'est joli, ce que vous faites là ! — Patureau, si vous recommencez cette pastourelle, je vous insinue à la porte ! — Berlinguet, si ça ne va pas mieux, je vous envoie incessamment voir sur le boulevard si j'y suis ! » et autres avis du même genre. Les coryphées susdénommés murmurent, haussent les épaules en signe d'impatience ; mais, comme ils savent que l'effet suivrait de très-près la menace, ils s'empressent de déférer à l'impérative exhortation du vénérable débris de notre grande armée.

Quelquefois, cependant, cette autorité vénérable est méconnue; mais, j'y pense, ici se place une réflexion. En parlant du père Lahire, dois-je employer le présent ou le passé ? Le père Lahire continue-t-il à héberger, au plus juste prix, les amours du beau côté du Latium; ou bien vit-il retiré dans sa tente, comme un autre Musard, sous l'abri hospitalier d'une maison commune de quelque village de la banlieue, et a-t-il échangé son tablier de marchand de vin contre l'écharpe municipale? Grave question, que nous laisserons en suspens; car le père Lahire, comme le père Ramponneau, est plus qu'un homme : c'est un type, un modèle accompli, qu'il faut mettre en pied et peindre au complet, pour donner l'idée de la perfection du genre. Quoi qu'il en soit, pour achever son portrait, disons que, dans plusieurs rébellions terribles, le père Lahire a soutenu lui-même les sentences dont il était à la fois l'auteur et l'exécuteur, et qu'il a rendu presque inutile chez lui l'assistance du garde municipal, ce protecteur traditionnel de la pudeur et des bonnes mœurs, avec garantie du gouvernement.

Empruntons maintenant, pour quelques minutes, la cape du diable boiteux, ou, si vous préférez l'allemand à l'espagnol, le manteau dont Faust était enveloppé dans ses fantastiques voyages, et volons d'un seul élan de Montparnasse à Montmartre, de la Grande-Chaumière au Château-Rouge.

Il y a peu d'années, le promeneur aventureux qui gagnait Montmartre par la chaussée de Clignancourt ne trouvait sur cette côte inhospitalière que de rares guinguettes, au centre desquelles un pavillon qua-

Château-Rouge. — Enceinte des jeux.

Château-Rouge. — Le café sur la terrasse.

drangulaire levait son front mélancolique protégé contre la destruction par un souvenir historique et une tradition amoureuse, Henri IV et la belle Gabrielle. En dernier lieu, le pigeonnier royal était devenu la propriété d'une revendeuse à la toilette, mademoiselle Ozanne, qui le conservait comme un joyau et une sainte relique, quoiqu'il ne fût ni l'un ni l'autre. Longtemps les hirondelles et les chauves-souris de la plaine Saint-Denis y construisirent leur

Vue générale du Château-Rouge, près la grande salle de bal.

domicile aérien; mais la propriétaire ne voulut jamais se résoudre à chasser ces locataires incommodes; et quand ses héritiers eurent mis la succession à l'enchère et le marteau dans le monument, les rats sortirent par bandes de la place assiégée. Encore quelques mois, et d'autres rats devaient les remplacer et y faire figure en compagnie de lions et autres animaux. Comme la Jérusalem du poëte, la vieille habitation de la belle Gabrielle devait sortir du tombeau, *brillante de clarté*, et *prendre une face nouvelle*.

On ne peut pas dire que ce Château-Rouge de brique offre des dimensions princières; la végétation y est assez maigre, la verdure semble suspecte, et le jardin n'est qu'une broderie; mais l'habileté britannique a passé par là : au dehors, la vue n'est point arrêtée par des champs de craie et un horizon de pierres de taille, et le paysage intérieur est agréablement composé. Les Champs-Élysées s'y retrouvent en miniature : c'est à la fois une promenade, une salle de danse, un cirque musical. A l'appel de l'heureux propriétaire, on a vu accourir dans ce fortuné séjour les ris et les jeux, jeux de billard, jeux d'oie et de balançoire, tir au pistolet et à l'arbalète. Faut-il parler de ses illuminations, qui ressemblent tant à des incendies organisés, et de ses feux d'artifice qui éclipsent les soleils de son devancier, l'ancien Tivoli? Jamais Château-Rouge ne fut mieux nommé. Quant à l'ensemble de ses fêtes, on les désigne par des noms nouveaux pour nous, par l'ex-

Au Château-Rouge.

cellente raison que des idées neuves exigent des expressions inattendues : les cérémonies du Château-Rouge sont des *kermesses* et des *rhamazans*.

Le Château des Fleurs est un nouvel établissement aux Champs-Élysées, qui a succédé au Jardin d'Hiver, et s'est voué à la musique au détriment de l'horticulture. Comme nous cherchions obstinément à découvrir le château annoncé, un officieux nous déclara que cette construction attendait encore un corps de bâtiment, ses trois étages, ses tourelles et son colombier, enfin tous ses attributs de château. Quittant ce langage métaphorique, l'officieux finit par nous dire que ce château était un mythe, un titre illusoire et emblématique, et que l'établissement se serait appelé le *Jardin des Fleurs*, si la grammaire et l'horticulture n'eussent également repoussé le pléonasme. A défaut de la danse, la musique devait y prendre racine et y pousser parmi les fleurs, puisque tout jardin qui s'ouvre aux plaisirs du public devient immédiatement la proie et le séjour d'un orchestre quelconque. Quoique l'on dise merveille de ce mélange de promenades et de sérénades, nous craignons pour la plante le voisinage de la note : la musique est une reine qui ne souffre guère de rivale; elle usurpe volontiers le premier rôle, et réduirait même les roses à l'état de comparses. Le *Château des Fleurs* pourrait donc bien voir, avant peu, son parterre changé en orchestre. Cette invention de jardinage musical sent son origine britan-

Le Château des Fleurs.

nique; seulement John Bull va beaucoup plus loin dans l'art de composer les jardins : il mêle à son amusement la distraction scientifique; ses plates-bandes sont émaillées de plantes affreuses, mais d'une espèce rare; il décore ses lieux de plaisir de tigres et de fontaines, de verres de couleur et de boas constrictors, afin d'ajouter à la gaieté naturelle de l'établissement.

En poursuivant cette petite revue, nous arrivons au Ranelagh, qui célébrait naguère le quatre vingtième anniversaire de sa fondation. Cet octogénaire a conservé la verdeur et l'entrain qui distinguent la jeunesse. Le Ranelagh fut encore une importation britannique, et son nom était celui d'un lord d'Irlande, grand amateur de musique, qui avait fait construire, à Chelsea, près de Londres, un jardin abondamment garni de fleurs, pour y donner des concerts. Au milieu du siècle dernier, il n'y avait devant la Muette qu'une vaste pelouse dépourvue de plantations, où la population de Paris allait néanmoins danser le dimanche en plein air; c'est ce qu'on appelait le *Bal de Passy*. Une pièce de Legrand, représentée en 1741 sous ce titre, atteste cette origine dansante du Ranelagh. Mais l'établissement ne s'éleva et ne fut

Vue intérieure du Ranelagh.

ouvert que dans la dernière année du règne de Louis XV.

Il vit bientôt et la cour et la ville
Dans son enceinte arriver à la file.
La mode est tout chez le peuple français,

a dit son historien. Le privilège du Ranelagh avait été concédé par le prince de Soubise, gouverneur du château de la Muette, au sieur Morisan, garde du bois; mais il est rare que les fondateurs meurent dans la possession paisible de leur empire : la fortune de Morisan fit surgir des prétendants qui parvinrent à le déposséder du Ranelagh, et la révolution seule rendit à sa race la jouissance du domaine paternel. Sous le Directoire, le Ranelagh dut sa grande vogue au célèbre Trenitz.

Le public dansant qui se presse dans les salles du Ranelagh ne diffère pas essentiellement de celui qui peuple Mabille et le Château-Rouge. Les femmes vertueuses n'y sont pas plus rares qu'ailleurs, mais elles doivent à leur vertu le bénéfice de l'anonyme : tous les jardins publics ont leurs Lucrèces et leurs Virginies auxquelles la chronique doit l'hommage de son silence. Par compensation, il n'est pas défendu à la chronique de signaler, dans ces lieux où elles fixent

CHAPITRE LIV. — LES BALS DE PARIS.

la joie et le plaisir, la présence de cette bruyante et gentille Bohème si bien peinte par Balzac et Sue, et que Gavarni a illustrée. Toutes les danses leur vont et elles vont à toutes les danses : la cracovienne, la polka, le fandago et la valse à deux temps.

La ballerine de vocation et de profession est reconnaissable à son teint de camélia, à sa démarche brisée, à ses yeux braisés, et parfois à son port de reine et à son pied de roi.

L'exemple du Ranelagh, en tant que bal champêtre, doit être le guide et l'encouragement des institutions du même genre. Il a prospéré, malgré sa situation désavantageuse, parce que, dans tous les temps et sous tous les régimes, il a eu sa spécialité et gardé son caractère. Il a vécu danseur, pendant que Tivoli, Beaujon et Marbœuf ont succombé victimes de leurs richesses, de leur variété trop fastueuse. Ils ont péri dans l'encombrement de leurs richesses, avec leurs orchestres d'harmonie, leurs chandelles romaines, leur ventriloquie, leurs ballons lumineux et leurs sorciers. Le répertoire actuel des établissements champêtres tend à se simplifier, et le plus attrayant prestige qu'ils exercent n'a pas besoin de se traduire en grosses lettres sur l'affiche.

Montmartre, que des fameux moulins ont fait surnommer le Pays aux Ânes, est peut-être la ville la plus dansante du monde : nul ne comptera le nombre de bals publics qui y sont ouverts en concurrence au Château-Rouge. Deux méritent une mention : ce sont l'Élysée-Montmartre et l'Ermitage.

Un double perron de vingt-cinq marches conduit à l'Élysée, qui se compose de trois corps de bâtiments et d'un vaste jardin bien planté. De nombreux sentiers serpentent à l'entour du carré de la danse et aboutissent à des bosquets au milieu desquels des tables sont dressées. Les chevaux de bois, l'escarpolette, le billard, le tir à l'oiseau et au pistolet, sont les principaux jeux offerts aux amateurs qui veulent se délasser des plaisirs de la danse. Deux grands salons couverts protègent au besoin la foule contre l'intempérie des saisons. On y risque des pas fort excentriques qui n'ont de la polka que le nom, et qui donnent assez d'occupation aux municipaux préposés à la garde de la morale publique.

L'Ermitage, voisin de l'Élysée, possède les mêmes agréments que lui, et a en outre l'attrait d'un établissement de bains, situé au milieu d'un massif de verdure, et celui d'une bonne cuisine. De superbes marronniers s'élèvent çà et là du sein de ses bosquets fleuris et, répandant sur tout le jardin leur ombre et leur parfum.

Nous devons convenir qu'aujourd'hui, au moment où nous écrivons, un nom nouveau se lève sur l'horizon glorieux des protecteurs de Terpsichore, de la Terpsichore du Latium, surtout. C'est l'astre de Bullier, l'heureux propriétaire du Prado, le fondateur, ou à peu près, de la Closerie des Lilas, l'hôte et l'ami

Un bosquet à la Closerie des Lilas.

des étudiants qui viennent, deux fois par semaine, se livrer sous ses yeux aux plaisirs combinés de la danse, de la pipe et de la bierre, pratiquant ainsi cette volupté parfaite dont un philosophe qui avait du bon nous a donné les règles. Il n'y a de bonheur réel, disait Fourier, que dans la satisfaction de la composite : c'est ce qu'a compris à merveille Bullier, et, bien qu'il ignore parfaitement les théories phalanstériennes relatives à cette faculté divine, qui condense en elle le plus pur des autres facultés, il a su flatter d'une façon multiple les goûts de sa clientèle, et la séduire par tous les sens à la fois. Quand même il n'aurait eu que l'idée de ressusciter la Closerie des Lilas, et d'en faire une rivale heureuse des autres lieux de délices voisins, Bullier serait un grand homme.

Cette Closerie des Lilas n'était encore, dans l'ancien régime de 1847, que le jardin fort peu décoré et que le bal on ne peut plus maussade de la grande Chartreuse, ainsi appelée de l'ancienne Chartreuse de la rue d'Enfer, dont elle occupait partie de l'emplacement entre l'Observatoire et le Val-de-Grâce, à deux pas de l'endroit où tomba le maréchal Ney. Succursale très-secondaire de la Chaumière et du Prado, la grande Chartreuse se décorait en vain d'un fac-simile de la tente marocaine prise à Isly; elle n'avait recruté que des habitués d'occasion qui venaient y exécuter des danses prohibées, dans des toilettes de hasard. Jardin sans ombrage, salon sous toile, son illumination était lugubre, sa décoration un haillon, son orchestre une dissonance, et son bal tout ce que vous voudrez. A force de creuser sa tombe, la Chartreuse y tomba, ne laissant qu'un nom sinistre que le nouveau propriétaire du territoire s'empressa d'effacer; mais que d'innovations, d'embellissements et de sacrifices étaient nécessaires pour justifier ce titre fleuri et assez poétique : Closerie des Lilas! Il fallait d'abord des lilas en floraison, des massifs de verdure, des charmilles presque épaisses, des bouquets d'arbres et des bouquets de lumière; tout cela devait pousser, grandir et s'épanouir pendant que, sous l'impulsion de cette spéculation habile, l'architecte bâtirait la salle en rêvant de l'Alhambra. Je n'aime pas assez les besognes inutiles pour faire une description que notre voisin le dessinateur a bien voulu m'épargner au plus grand avantage du lecteur. La Closerie des Lilas fait merveille sous tous les rapports, et, de mémoire de roses, comme dit Fontenelle, on n'avait rien vu d'aussi orné ni d'aussi galant au pays latin. Le printemps y sourit en toutes saisons, puisque la jeunesse y apporte sa gaieté et ses chansons. Le dieu qui règne en ces beaux lieux, c'est Cupidon conduisant le chœur des vierges, les unes folles, les autres en train de le devenir. S'il s'y abreuve parfois d'un nectar assez vulgaire, c'est qu'on ne peut pas toujours boire du champagne. Il y fume toute sorte de tabacs dans toute sorte de pipes, et il y danse tout ce qu'il est permis

L'Élysée Montmartre.

de danser, même un peu plus. Pilodo est chef d'orchestre, et, pour comble de gloire, Béranger est venu s'asseoir sous les ombrages de la Closerie des Lilas!

La Closerie des Lilas n'a rien à craindre des imitations ni des contrefaçons, qui, sous un nom modeste ou pompeux, château ou chaumière, font à la capitale une ceinture de pampres verts, et comprend tous les amusements champêtres depuis le parc princier et ses festivals jusqu'à la taverne dansante. Parmi tous ces rivaux, tout nombreux qu'ils soient, aucun n'ose se mesurer à la Closerie des Lilas, dite aussi Jardin Bullier, qui les écrase tous, par la grâce de son architecture, le pittoresque et le joli de sa disposition.

Le grand art du moment, c'est l'art de dessiner les jardins publics, d'y bâtir des murailles de verdure, d'y montrer l'écharpe d'Iris en cascade, et de mêler les ramages de la musique et les contorsions de la danse à ce babil de la végétation des eaux. Mais Bullier, le fondateur de la *Closerie des Lilas*, a su mieux que tout autre mettre cet art en pratique.

Malheureusement, Paris se trouve au quarante-huitième degré de latitude ; et si les noms d'été et de printemps sont assez habituellement peu dignes de leur réputation, en revanche les mois d'hiver n'oublient jamais leur cortége de pluies, de frimas et de glaces, toutes choses peu propres au divertissement de la danse en plein air. Aussi, tant que dure cette saison désolée, qui dépouille de leurs plus beaux attraits la Closerie des Lilas et la Grande-Chaumière, tant que le vent froid souffle et dévaste impitoyablement les bosquets qui ne sont pas couverts par un épais dôme de verre et réchauffés par des tuyaux de chaleur, comme le Jardin d'Hiver, la déesse Terpsichore se réfugie sous l'abri protecteur d'un certain nombre de salles, disséminées au milieu des principaux quartiers. Pendant l'été, ces salles servent à plu-

sieurs usages différents : ici, les artistes errants, rossignols de passage, viennent à tour de rôle donner des concerts, égayer les oreilles du public de leurs brillantes vocalises, ou les affliger de leur musique sentimentale, de leurs exercices, plus difficiles qu'harmonieux, sur le piano, le violon, ou la harpe. Ailleurs, il y a exhibition de tableaux vivants ; tantôt ce sont des athlètes qui renouvellent devant quelques amateurs les exercices d'Olympie, des boxeurs, des tireurs de canne ou de bâton ; tantôt on voit se réunir dans ces locaux à plusieurs fins un certain nombre de messieurs chauves, âgés, vêtus de noir, qui éprouvent le besoin d'entretenir les spectateurs de choses quelconques, beaux-arts, littérature, poésie, industrie ou économie politique. Puis viennent les phénomènes dont chaque été revoit une édition nou-

La Closerie des Lilas.

velle, les magnétiseurs, les somnambules, etc. En un mot, la salle Montesquieu, le Vauxhall, Sainte-Cécile, la salle Paganini, le Prado, Valentino, etc., ne vivent, huit mois de l'année, que d'une vie factice : leur saison triomphante et fructueuse, c'est l'hiver.

Procédons par ordre : à tout seigneur, tout honneur. Les deux proverbes sont ici de mise. Le Prado, grâce à sa célébrité européenne, doit avoir le pas sur ses confrères. Ouverte sur l'emblacement de l'ancienne église de Saint-Barthélemy, en la Cité, cette salle a vu danser, et, qui plus est, danser les danses les plus étranges et les plus accentuées, depuis dix générations d'étudiants. La magistrature, la diplomatie, les lettres, en un mot, toutes les sommités sociales et autres, se sont recrutées parmi les cavaliers qui ébranlaient, il y a vingt ou vingt-cinq ans, ces voûtes remises à neuf. Plus d'un ministre en herbe y a fait vis-à-vis avec un fils d'épicier, qui con-

tinue aujourd'hui le commerce de son père ; et il existe un assortiment considérable de plaisanteries relatives aux Hippocrates en germe et aux embryons de Cujas, qui se trémoussent sous l'impulsion de l'archet magique de Desbling.

La province surtout accorde à cet établissement une importance fort exagérée : il n'est pas écolier de rhétorique ou de bachelier ès lettres du fond de la Provence ou de la Gascogne qui ne rêve aux délices du bal de Bullier ; il n'est pas non plus d'étudiant revenu de Paris qu'on n'assaille de questions sur ce paradis terrestre, sur ce harem mystérieux, prix 1 fr. d'entrée. Beaucoup de *femmes de lettres* seraient heureuses d'obtenir moitié autant de notoriété que certaines houris du Prado : et en effet, bien des gens connaissent, au moins de nom, Adèle, Pochardinette, Georgette, Pavillon, qui n'entendirent oncques parler de madame ****, auteur de romans admirables, de

poésies dictées par l'ange des vers lui-même, et de proverbes en un acte joués sur le théâtre impérial de l'Odéon. Cette renommée s'étend même à un petit nombre des danseurs : *la Grosse-Tête* est plus connu que la plupart de nos hommes célèbres, et cela parce qu'il a plu à quelques gens d'esprit de transformer en odalisques ravissantes, bayadères, en almées, en tout ce qu'on voudra, de pauvres créatures, nourries de bière et de pain, qui s'estiment heureuses de manger, lors des grands jours à la table plus que modeste de Viot ou d'Obert, et qui dansent de la façon la plus indécente possible, pourvu que le municipal tourne le dos. La vraie danse française perd petit à petit ses traditions ; elle a quitté le Prado le même jour où Mimi Pinson franchit le pont Saint-Michel et se dirigea au delà des boulevards.

Valentino, de l'autre côté de la Seine, se peuple d'un public un peu plus convenable, grâce à un or-

CHAPITRE LIV. — LES BALS DE PARIS.

chestre excellent, dirigé d'habitude par Marx, le premier après Musard; grâce surtout à la population de jeunes gens aisés et parisiens, et de jeunes ouvrières décentes, sinon vertueuses, qui l'environnent. La salle Montesquieu descend à un étage au-dessous du Prado et de Valentino; il y a là, une nuée de cuisinières, de femmes de chambre, de petits commis, de garçons bouchers, tailleurs, épiciers, et autres, dont l'assemblage forme une société des plus mêlées : on pourrait même dire que cette société-là n'est pas mêlée du tout. Les autres bals de ce niveau, qui méritent une mention, se rencontrent plus particulièrement dans la ville nouvelle, peuplée, comme on l'a vu, de lorettes et de femmes faciles, pour ne pas dire pis. Aux diverses classes de cette cité, qui s'étend entre le boulevard et les barrières voisines de Montmartre, sont ouverts les bals de Sainte-Cécile, Paganini, le Vauxhall, etc. L'été, le lieu de rendez-vous est la Grande-Chaumière, ou bien les succursales, telles que le Ranelagh, l'Ermitage, etc., etc.

La disposition générale de ces salles de bal ne varie guère. A l'entrée, d'un côté, le bureau de contrôle, de l'autre le vestiaire; le tout suffisamment embelli de gendarmes, de municipaux ou de sergents de ville. Autour de la salle de danse, plus ou moins illuminée, plus ou moins décorée, enguirlandée, peinturlurée, règne une galerie que supportent des poteaux déguisés en colonnes; le dessous de la galerie est occupé par des stalles garnies de banquettes, que l'on rembourre avec du crin, avec de la paille ou avec rien du tout, selon la richesse du local. La buvette est établie au premier étage, et les consommateurs se tiennent dans la galerie, d'où ils aperçoivent l'ensemble des danses; le contraire à celui au Prado, où l'on consomme dans une sorte de cave, au bruit des trépignements de la polka supérieure. Dans les établissements de premier ordre, il existe encore plusieurs pièces latérales, dites salons de jeux. D'abord les billards ordinaires, puis le billard égyptien, servant à jouer aux quilles, et sur lequel les habiles gagnent des boules et des boîtes de bonbons, qui centuplent leur galanterie naturelle et les moyens de séduction dont la nature les a doués. Non loin, un tir à l'arbalète, jeu éminemment propre à prouver la justesse du coup d'œil et la galanterie des habitués, qui sont ainsi forcés à offrir des sucres de pomme, fruits de leur adresse. Vient une troisième variété : le billard champêtre. Le jeu du billard champêtre consiste à faire vingt-cinq points avec sept boules, en les lançant dans des casiers sur lesquels sont inscrits des numéros.

Indépendamment de ces divers accessoires, Valentino offre à ses visiteurs le délassement du tir au pistolet. Le prix de chaque coup, le loyer du pistolet et le nombre de poupées que l'on s'expose à éborgner, d'œufs que l'on casse, de cartons que l'on crève, induisent les amateurs trop adroits à des dépenses que tout le monde ne peut pas se permettre.

Nul ne pourrait poursuivre jusque dans ses dernières limites l'énumération des bals et lieux quelconques où l'on se livre à la danse : il faudrait écrire un livre spécial, et encore. Il y a des salles de bal où l'on n'est admis qu'en blouse! d'autres où la bourrée règne sans partage, et où le contrôle fait subir un interrogatoire dans l'idiome le plus pur du Cantal ou de l'Aveyron. Telle enceinte ne reçoit que des messieurs en livrée et des dames; telle autre n'ouvre sa porte qu'aux casques des pompiers. A l'enseigne du Bœuf rouge, on ne danse que la valse; peut-être que la redowa seule pénètre dans les salons du Moulin vert ou du Violon noir.

Les chiffonniers, par droit de conquête, se sont réservé d'inabordables sanctuaires à la barrière du Maine; les gens de maison expulsent impitoyablement tout intrus qui pénétrerait dans leur Salon de Mars. Un nègre bon teint ferait triste figure parmi les nègres à la détrempe qui se livrent aux danses échevelées en usage un peu partout: qu'il frappe à la porte du bal du Mont-Blanc, et un confrère aussi noir que lui recouvra la rétribution, et il trouvera des belles à la peau d'ébène, des danseurs fraîchement arrivés de Guinée pour lui faire vis-à-vis. Je me demande seulement pourquoi cette salle s'est revêtue d'une pareille enseigne? bal du Mont-Blanc!

En général, l'originalité n'est pas le caractère saillant de ces réunions démocratiques en apparence, mais au fond plus exclusives que les salons du noble faubourg. Le local, qui sert tour à tour de goguette, de cabaret, d'estaminet, de salle de bal, et qui réunit souvent ces diverses destinations, ne brille que par l'absence totale de décorations. Éclairé, soit par des chandelles, soit par des lampes économiques, meublé

Au Prado.

de bancs de bois et de tables éclopées, il ne se distingue en rien d'une grange ou d'un atelier dévasté; on cite le salon du Guillotiné, dont le plafond est si bas qu'il a fallu le surélever sur un point, afin de faire place aux musiciens; de telle sorte que la tête du chef d'orchestre devient invisible pour le public. Dans la plupart de ces endroits chéris du populaire, on peut se donner à bon compte le divertissement de la danse : le contrôleur, en échange de la faible somme de 25 centimes, délivre un billet qui représente une consommation, au choix. Le canon, la chopine, le polichinelle et autres diminutifs du litre, obtiennent la préférence et figurent au premier rang sur la carte des rafraîchissements. Le trait d'union entre ces bals et les bals de la haute, c'est l'inévitable sergent de ville; il est là, toujours, là, statue vivante et presque toujours inanimée, figure de la pudeur : adossé soit à une colonne, soit à un poteau, soit simplement au mur, il contemple, silencieux et ennuyé, les quadrilles, les valses, les polkas; il ne lui adresse la parole, et quand il parle, il n'a rien d'agréable à dire. Parmi les autres personnages, qui se retrouvent sous diverses formes dans tous ces lieux publics, vous remarqueriez la bouquetière, tantôt chargée de fleurs artistement entrelacées, représentant une valeur de 10 à 15 francs, tantôt portant de groupes en groupes des sélams plus modestes, et accommodés à la fortune présumée des acheteurs. Dans les bals infimes, la bouquetière exerce trop souvent une industrie moins avouable, qu'il suffit d'indiquer.

Je ne terminerai pas ce chapitre sans accorder une rapide esquisse aux musiciens des orchestres, âme de toutes ces réjouissances de valeur et de sincérité si différentes! En général, dans les grands comme dans les petits bals publics, le chef d'orchestre fait exécuter des morceaux qu'il a composés, ou tout au moins arrangés, sur des motifs connus.

Parmi les plus célèbres, on cite le prédécesseur de Bullier, Carnaud, qui fut en même temps chef d'orchestre, premier violon, restaurateur, cafetier, compositeur et de plus littérateur; je pourrais même dire littérateur et néologiste, coloriste par excellence, car ni Théophile Gautier, ni certains de ses élèves encore plus truculents que lui, n'ont enrichi de plus de mots la langue... celle qui ne se parle qu'au pays latin. A chaque fête nouvelle, et les fêtes étaient nombreuses avec lui, il y avait un quadrille et un mot, également nouveau et de plus en plus *supercoquentieux*. Tantôt c'était la fête des vendanges, quadrille *déchirancochicandard*, ou bien *l'hôtel des haricots*, avec accompagnement de clefs et de chaînes froissées ensemble, grand quadrille *exhilaran-déliran-choenosophe*. Ses successeurs ont renoncé à le suivre dans la carrière du barbarisme dont il a franchi les extrêmes limites; mais ils se sont rejetés sur les barbarismes en musique. Tout est bon pour concourir à l'harmonie : les sacs d'écus, les coups de pistolet, les rangées de capsules fulminantes, les enclumes, les plaques de tôle; il y a des solos et des morceaux d'ensemble sur le mirliton, le tambour et l'enclume; et, pour rehausser le tout, quelques musiciens ont imaginé d'accompagner l'exécution avec des cris et des hurlements imités du lion, du tigre ou du loup affamé.

Il est vrai cependant que cette haute musique, digne à tous égards de figurer avec la haute chorégraphie, n'est en usage que dans les bals qui ne peuvent prétendre à des orchestres bien composés; mais ces derniers tombent dans un excès non moins déplorable. D'accord avec des Cellarius subalternes, ils importent ou inventent des danses étrangères, d'un style et d'un goût souvent très-contestables, et les imposent au public, sous ombre de nouveautés. Ainsi ont été reçues à titre de chefs-d'œuvre, la mazurka, la redowa, la schotisch, la sicilienne, la varsovienne, etc., au lieu et place de la vieille danse, gaie, vive, franche, et pas trop difficile. Nous ne demandons pas que les danseurs du dix-neuvième siècle rétrogradent jusqu'au menuet, mais au nom de la muse protectrice! qu'on nous délivre des Allemands et des Hongrois! Plutôt que de nous étourdir à ces évolutions savantes, compassées, qui exigent toute l'attention du couple d'exécutants, pour dessiner les pas et marquer la mesure, rendez-nous la chaloupe orageuse, avec son entrain, sa verve, et les vives conversations qu'elle permettait débonnairement!

Quoi qu'il en soit cependant des danses adoptées par la mode, parmi les cent cinquante-six lieux de divertissements, tels que cafés-lyriques, café-théâtres, bals publics, goguettes, etc., que l'on trouve à Paris, les bals publics, entrent pour plus de la moitié; et quant aux neuf millions d'individus que ces divers lieux de divertissement reçoivent en moyenne dans une année, les bals peuvent en revendiquer le tiers.

Chapitre LV.

LES ÉCOLES.

École d'état-major. — Le manége. — La chainbrée. — École polytechnique. — Historique de l'École. — École des ponts et chaussées. — Programme des cours. — École des mines. — Règlements intérieurs. — École centrale. — Conservatoire des arts et métiers. — Les cours gratuits. — Les galeries d'exposition. — École des beaux-arts. — Description du monument. — Les peintures. — Les grands prix. — École gratuite de dessin. — École des chartes. — École des jeunes de langues. — École des langues orientales vivantes. — Conservatoire de musique et de déclamation. — Les lauréats du Conservatoire et les professeurs. — Collége Chaptal. — Son utilité. — Institution des jeunes aveugles. — Système d'instruction des jeunes aveugles. — Institution des sourds-muets. — Séminaire de Saint-Sulpice. — Les séminaristes. — Concile provincial tenu au séminaire de Saint-Sulpice.

Entré dans le chapitre des écoles de Paris, nous commencerons par l'École d'état-major, la seule école militaire établie à Paris.

École d'état-major. — Les guerres de la Révolution et de l'Empire, en signalant à l'un des meilleurs officiers généraux de Napoléon, le maréchal Gouvion Saint-Cyr, une lacune importante dans l'organisation de nos armées, lui donnèrent l'idée heureuse de la combler, si jamais il se trouvait à la tête des affaires. Le maréchal, homme d'une instruction profonde, s'était aperçu du peu d'intelligence qui présidait souvent au choix des officiers chargés du service des états-majors. Ces officiers étaient tirés de tous les corps de troupes; ils demandaient à y entrer, les uns parce que leurs blessures les mettaient hors d'état de suivre leurs régiments, les autres parce qu'ils espéraient obtenir plus d'avancement; d'autres enfin parce que, fils ou neveux de généraux en faveur, ils étaient sûrs, en se faisant attacher à la personne de leurs parents, de parcourir rapidement la carrière; mais pour aucun d'eux on n'avait égard aux conditions d'aptitude et d'instruction indispensables pour ce service. Ceux qui possédaient les qualités nécessaires étaient admis dans les états-majors, non pas à cause de ces qualités, mais par tout autre motif. Nous ne voulons pas dire pour cela que les états-majors sous la République et l'Empire ne fussent composés que d'officiers de faveur, inhabiles à remplir les fonctions d'aide de camp ou d'officier d'état-major, mais il résultait une foule d'inconvénients de cette manière de recruter une certaine classe de militaires qui n'étaient pas même constitués en corps. Ainsi, par exemple, ces officiers n'étaient pas façonnés la plupart du temps au genre de service qu'on leur demandait; ils n'avaient souvent aucune instruction première, encore moins spéciale. Naturellement favorisés par les généraux auprès desquels ils se trouvaient employés, ils passaient pour les priviligiés de l'armée.

Le maréchal Gouvion Saint-Cyr résolut de faire cesser ces inconvénients, et de doter l'armée française d'une pépinière d'officiers aussi instruits qu'intelligents, capables de rendre les plus grands services en temps de paix et en temps de guerre.

Il créa donc le corps spécial d'état-major, et pour le recruter fonda l'école d'application à Paris.

Ce nouveau corps était destiné, dans l'opinion de Gouvion Saint-Cyr, à fournir par la suite à nos armées des généraux capables; mais, pour cela, il fallait le soustraire aux influences du favoritisme; il y parvint en faisant adopter pour base unique de recrutement le mérite et l'instruction prouvés par des conditions d'admission uniformes et sérieuses.

L'ordonnance du 6 mai 1818 parut, et constitua le corps d'état-major et son école.

Les dispositions les plus importantes de cette ordonnance sont que, seuls, les officiers du corps spécial d'état-major pourraient désormais remplir les fonctions de leurs grades dans les états-majors ou auprès des généraux comme aides de camp; que pour entrer dans ce corps il faudrait avoir suivi les cours de l'École militaire, et pendant deux ans au moins ceux de l'École d'application, avoir satisfait aux examens de sortie de l'École militaire, à ceux de passage de deuxième en première division, et de sortie de l'école d'application, et avoir servi pendant deux ans au moins avec le titre d'aide-major dans les deux armes de l'infanterie et de la cavalerie. Différentes ordonnances vinrent modifier les dispositions de l'organisation première du corps d'état-major. Nous ne nous en occuperons qu'au fur et à mesure qu'elles auront trait au sujet que nous voulons traiter, l'école d'application.

L'École d'application d'état-major, créée par l'ordonnance du 6 mai 1818, est établie à Paris presque à l'extrémité de la rue de Grenelle-Saint-Germain, entre le ministère de la guerre et l'hôtel des Invalides, dans les bâtiments de l'ancien hôtel de Sens. Cette école est commandée par un officier général. Un colonel ou lieutenant-colonel commandant en second et directeur des études, un chef d'escadron chargé de l'équitation et ayant sous ses ordres un officier de cavalerie, deux ou trois capitaines chargés des détails du service intérieur, tous du corps d'état-major, composent le personnel du commandement. Une quinzaine de professeurs ou d'adjoints, choisis après de sévères examens parmi les officiers des armes spéciales de l'armée qui se présentent au concours des places vacantes, forment le personnel du corps enseignant. Cinquante sous-lieutenants, partagés en deux divisions égales par le nombre, composent le personnel des élèves de l'école.

Pendant longtemps l'École d'application fut alimentée par deux seuls canaux, trois élèves de l'École polytechnique et les vingt-deux premiers sujets sortants de l'École de Saint-Cyr; mais, en février 1833, une ordonnance royale, en modifiant l'organisation du corps, donna une nouvelle base au recrutement de l'école. Les vingt-deux places données annuellement aux vingt-deux premiers élèves de l'École militaire furent mises au concours. Les trente premiers élèves de l'école spéciale furent appelés avec un nombre égal de sous-lieutenants d'infanterie et de cavalerie, âgés de moins de vingt-cinq ans, à passer des examens devant une commission créée *ad hoc* pour l'entrée à l'école d'application.

Ce mode de recrutement a toujours été suivi depuis cette époque; seulement, comme les jeunes officiers de l'École spéciale militaire se sont aperçus dans ces dernières années que ce corps d'état-major, traité si longtemps de *privilégié*, ne donnait guère d'autre privilége que celui de forcer les sujets les plus distingués de l'armée à rester dans les grades subalternes un tiers de temps de plus que leurs camarades de promotion; il en est résulté un grand refroidissement pour l'aiguillette d'état-major. Le nombre des sujets est devenu même si raré que l'on a été obligé d'étendre la mesure du concours non plus seulement aux trente premiers élèves de Saint-Cyr, mais aux promotions tout entières. Puisse cette mesure obligée, pronostic fâcheux, appeler sur la création du maréchal Gouvion Saint-Cyr une attention sérieuse, et puisse-t-elle surtout faire adopter enfin des améliorations capables de sauver de la décadence et de l'anéantissement un corps destiné, si l'on fait jamais une guerre importante, à rendre à la France et à l'armée les ser-

Élèves de l'École d'état-major. — Petite tenue.

Élèves de l'École d'état-major. — Grande tenue.

vices les plus intelligents et les plus foncièrement utiles! Mais revenons à l'école d'application.
Les élèves entrent à l'école au 1er janvier de chaque année, et en sortent habituellement vers la fin de novembre, après avoir terminé leurs examens.
Du 1er janvier au 1er juin, la vie est uniforme. Dans la matinée, chaque division assiste à l'un des cours suivants : géométrie descriptive, astronomie, géographie, statistique, topographie, géodésie, fortification,

Salle des cours.

artillerie, art et administration militaire. Le soir, ils ont un cours d'équitation, de langue allemande ou de dessin du paysage. Une heure leur est donnée pour déjeuner, heure pendant laquelle ils peuvent sortir de l'école ou recevoir chez eux; à midi, ils ont une demi-heure de repos, et à cinq heures ils sont libres. Les autres moments de la journée sont pris pour les interrogations des professeurs et les travaux graphiques dans les salles d'études, travaux pendant lesquels ils

Le manége.

peuvent, tout en travaillant, causer, si bon leur semble. A onze heures du soir, ils doivent être rentrés à l'école, et, comme preuve de présence, signer sur un registre vérifié par l'officier de semaine. Pendant le temps du carnaval, on leur accorde quatre permissions de minuit et quatre de une heure et demie du matin par mois.
Au mois de juin les cours sont terminés, et le temps du passage de la théorie à la pratique est venu. Topographie, fortification, art militaire, artillerie même, reçoivent leur application sur le terrain. Plus de trois mois sont consacrés à ces exercices, qui ne sont pas

la partie la moins importante de l'éducation militaire des sous-lieutenants élèves.

Ce que l'on fait réellement, ce que l'on manipule soi-même, si nous osons nous exprimer ainsi, se grave facilement et profondément dans l'esprit. Quinze jours de topographie sur le terrain valent mieux que deux mois d'études théoriques. Le tracé d'une redoute, le jetage d'un pont, une reconnaissance militaire réelle faite à cheval, dans un terrain où l'on suppose la présence de l'ennemi, sont des exercices qui ne s'oublient jamais et dont, au besoin, on retrouve les données. Si nous ajoutons à ces importants travaux les visites que font à tous les établissements militaires de la capitale, aux hôpitaux, aux manutentions, aux magasins de fourrages, aux casernes, aux plans et reliefs des Invalides, les officiers élèves de l'école d'application, nous aurons le programme à peu près complet des études sérieuses auxquelles se livrent pendant deux années ces jeunes gens.

Ils sont casernés et occupent deux par deux des chambres commodes, spacieuses, meublées sans luxe, mais avec tout le confortable que peuvent exiger de jeunes officiers de 20 à 25 ans. Un lit avec rideaux à carreaux rouge et blanc, une commode, un fauteuil, deux chaises, une table et tous les accessoires nécessaires à la toilette, composent le mobilier du sous-lieutenant élève. Loisible à chacun d'orner de son mieux et suivant son goût ou ses instincts le séjour qu'il doit habiter deux ans. Pour les uns, c'est une panoplie d'armes ; pour les autres, une panoplie de pipes; dans une chambre, on trouve les murs tapissés de cartes de géographie ; dans une autre, ils sont surchargés de lithographies, de caricatures, d'aquarelles, de mines de plomb. Nous avons vu jusqu'à des collections de coléoptères dans des cadres; mais il est juste de dire que les ornements le plus généralement admis, sont les sabres, les épées, les pistolets et les pipes. Lorsque le sous-lieutenant élève peut croiser une belle écume de mer avec un riche yatagan, une épée de combat avec une flissa kabyle, surmonter le tout d'un fusil de chasse et d'une carnassière appendus au bois d'un daguet, il se vante de posséder la chambre la mieux *ficelée de l'établissement*.

Il n'est pas d'école qui ait moins fait parler d'elle en mal depuis sa fondation. Saint-Cyr s'est révolté plusieurs fois, et on a été obligé souvent d'en venir avec ses élèves à de dures extrémités. Saumur a été célèbre jadis par les dettes que contractaient les jeunes officiers; on en pourrait dire autant, sans calomnie, de Metz. L'École polytechnique oublie bien encore de temps en temps les graves enseignements de la science pour soulever bruyamment son manteau couvert d'*x* et d'*y*; l'École d'état-major, elle, n'est jamais sortie de sa réserve. On trouve ses élèves à cheval pour se joindre à leurs frères de l'armée, on ne les rencontre point risquant leur avenir sur une carte, ou déposant l'épée du sous-lieutenant pour reprendre la casquette de l'écolier.

Ce court exposé doit faire voir que l'École d'état-major est plutôt un établissement où de jeunes et studieux officiers viennent continuer et compléter leur éducation militaire, qu'une école proprement dite.

Depuis quelques années on a obtenu pour elle de notables améliorations ; l'une des plus importantes est relative à l'équitation. Jusqu'à l'année 1842, les élèves n'avaient pour toute instruction équestre que celle qu'ils recevaient dans un des manéges de Paris, trois fois par semaines, le matin, pendant deux heures. C'était insuffisant pour des officiers qui sont appelés à faire à l'armée leur service continuellement à cheval ; aussi le corps d'état-major, il faut le reconnaître, ne brillait pas par son habileté équestre. Pour remédier au mal, on a fait bâtir un beau manége dans la partie la plus reculée du jardin de l'hôtel; on a affecté de bons et beaux chevaux de remonte à ce manége, des cavaliers détachés des régiments pour les soigner, un officier pour surveiller chevaux, cavaliers et élèves ; les leçons sont doublées, l'équitation est poussée avec vigueur ; et maintenant, si les jeunes officiers d'état-major n'ont pas la science des Daure et des Baucher, ils ont du moins toutes les connaissances hippiques nécessaires, toute la solidité et l'adresse pour pouvoir être cités comme de très-bons écuyers militaires.

Une chambre d'élèves.

L'École d'état major, outre son manége, possède encore une belle bibliothèque militaire où chaque élève peut, à toute heure du jour, puiser pour son instruction ou pour son agrément.

Comme nous l'avons dit, à la tête de l'École se trouve un général de brigade en activité. Cette position est fort recherchée de nos officiers généraux ; et cela se conçoit ; c'est un poste éminent pour lequel on veut habituellement des hommes d'un caractère agréable, d'une instruction solide, et dont les services méritent une récompense. Il a été occupé successivement par des généraux de la plus grande distinction, et l'École n'oubliera jamais les noms des Després, des d'Hautpoul, des Pelet, des Aupick, etc., etc.

Partons-nous maintenant du n° 138, rue de Grenelle Saint-Germain où se trouve l'École d'état-major au sommet de la montagne Sainte-Geneviève, piédestal de l'École polytechnique, la plus populaire de toutes les écoles.

École polytechnique. — L'École polytechnique a été fondée en frimaire an III (décembre 1794), sur le modèle, en plusieurs points, de l'ancienne école de Mézières, d'après le plan et les idées de l'ingénieur Lamblardie et du savant Mongè, qui furent appuyés vivement, dans le Comité de salut public, par Carnot et Prieur (de la Côte-d'Or), tous deux élèves de Monge, à Mézières. L'illustre Fourcroy fut chargé du rapport : son travail est digne de sa science et de sa réputation. On vota la fondation de l'École, et Lamblardie en fut le premier directeur.

On confia le soin de former le cabinet de physique à Barruel; celui de recueillir les modèles pour le dessin d'imitation à Neveu; celui de rassembler les dessins et modèles d'architecture à Lesage, assisté de Lomet et Baltard; celui de fonder le laboratoire de chimie à Carny, etc.

La commission des travaux publics désigna, pour y établir l'École, quelques dépendances du palais Bourbon, telles que les écuries, les remises, la salle de spectacle et l'orangerie. Lamblardie et Gasser eurent la direction des travaux jugés indispensables pour approprier ces localités à leur nouvelle destination. Chacun s'acquitta avec zèle, promptitude et succès des travaux qu'on lui avait confiés. Il est à regretter que le désir d'arriver vite au but ait rendu le gouvernement d'alors peu scrupuleux sur les moyens de se procurer les objets nécessaires. On mit bien à contribution les propriétés de l'État, mais on ne respecta pas toujours les propriétés des particuliers. « Le sentiment pénible excité par de pareils souvenirs, dit M. de Fourcy, auteur d'une bonne histoire de l'École , est à peine adouci par la pensée qu'en cette occasion ce fut la science, la patrie, et non la cupidité, qui profita de ces tristes dépouilles. »

On ne tarda pas à régler par des lois les conditions d'entrée et de sortie, les cours, l'administration, les examens, les avantages réservés aux élèves, etc. Des améliorations partielles ont été successivement introduites, mais le plan général est resté le même.

La première ouverture des cours ordinaires eut lieu le 24 mai 1795, et Lagrange ajouta beaucoup à cette solennité en y faisant sa première leçon en présence de la totalité des élèves et des instituteurs eux-mêmes, qui s'empressèrent de se ranger parmi ses auditeurs.

La translation de l'École polytechnique dans les bâtiments du collége de Navarre, où elle est encore, s'effectua le 11 novembre 1805. Il a fallu d'assez grands frais pour approprier ces anciens bâtiments à leur nouvelle destination. L'hôtel du général-gouverneur de l'École, où sont aussi les appartements du colonel-sous-gouverneur, ceux du directeur des études, les bureaux de l'administration, etc., est d'une construction récente ; la porte d'entrée des élèves, dont nous donnons le dessin, a été bâtie il y a seulement quelques années, par M. Baltard, architecte de l'École. De nombreuses critiques, à notre avis fort justes, ont été faites de ce travail. La statue de Minerve, appliquée à la clef de voûte, est d'un mauvais effet; les médaillons de Berthollet, de Lagrange, de Monge, de Laplace, de Fourcroy, ont été confiés à des mains inhabiles.

La rentrée a lieu dans le mois de novembre ; et les promotions se composent généralement de 150 à 160 élèves. C'est un grand jour pour tous ces jeunes gens studieux, qui ont eu besoin de tant de courage et de

CHAPITRE LV. — LES ÉCOLES.

tant de persévérance pour arriver à ce point qui doit leur procurer une position honorable dans le monde, et qui leur donne le titre d'élève de l'École polytechnique dont ils s'honoreront toute leur vie.

Parmi les élèves admis, il en est 30 au moins qui sont sans doute animés d'une joie plus vive. La fortune ne les a pas fait naître dans des familles en état de leur ouvrir une carrière; ils ont su, par leur intelligence et leurs travaux, se conquérir les faveurs du gouvernement, qui leur a concédé des bourses ou des demi-bourses dont il dispose. De ces concessions gratuites huit sont distribuées par le ministre de l'intérieur, quatre par le ministre de la marine, et douze par le ministre de la guerre. Honneur au grand peuple qui sait ainsi encourager le mérite dès la jeunesse! honneur surtout à ces enfants studieux qui attirent sur eux la faveur publique! Nul ne peut obtenir une place gratuite ou demi-gratuite s'il ne fait partie des deux premiers tiers de la liste générale d'admission. Tous les gouvernements, depuis la fondation de l'École, l'ont couverte d'une protection plus ou moins éclairée, mais toujours puissante. Le peuple la protège à sa manière, en témoignant aux élèves son admiration et ses sympathies. Le duc d'Orléans, qui avait suivi les cours en qualité de *stante* (externe), aimait l'École et payait même chaque année la pension de quelques élèves pauvres.

Les élèves ne manquent jamais de placer leur carrière sous la protection d'une charité mutuelle; des fonds sont faits par les élèves pour acquitter la pension de quelques camarades pauvres que leur mérite a fait admettre, mais que le peu de fortune de leurs familles empêcherait de rester à l'École. Les élèves ne connaissent pas leurs pensionnaires; c'est un secret entre ceux-ci et deux caissiers choisis parmi eux dans la masse. Le secret est toujours fidèlement gardé. Il est arrivé ainsi dans ces derniers temps qu'un officier, adopté ainsi par ses camarades, a économisé sur ses très-faibles appointements pendant douze ou quinze années, la somme qu'on avait dépensée pour lui, et l'a remise aux deux caissiers pour se faire connaître, pour qu'elle servît à la pension d'un élève comme lui sans fortune. C'est une imitation de la fameuse pièce d'or de Franklin, qui mérite de trouver à son tour des imitateurs.

Avec quel saisissement et quel noble orgueil les élèves se présentent pour la première fois à l'École! C'est le but qu'ils ont sous les yeux depuis leur enfance; c'est là ce qui leur a donné le courage nécessaire pour vaincre les énormes difficultés d'études longues et sérieuses. En parcourant le programme d'admission, on s'étonne que des jeunes gens puissent se livrer à des travaux si graves et si divers; et ce qui rehausse l'honneur du succès, c'est qu'on voit, par la liste des concurrents, les deux tiers succomber dans des examens de jour en jour plus difficiles.

Il n'est pas besoin de dire que la direction des études et les cours de l'École polytechnique ont toujours été confiés à l'élite des savants. Il suffira de nommer, parmi ceux qui ne sont plus, les Monge, les Lagrange, les Fourcroy, les Laplace, les Malus, les Prony, les Poisson, les Ampère, les Berthollet, les Petit, les Dulong, les Regnault, les Andrieux, etc.

Les professeurs actuels sont dignes de leurs devanciers, dont ils ont été les plus brillants élèves.

De vastes amphithéâtres, de beaux laboratoires, des cabinets curieux, une riche bibliothèque, fournissent aux jeunes gens tous les moyens de s'instruire, et d'habiles répétiteurs servent d'utiles intermédiaires entre les laborieux élèves et leurs savants professeurs.

On ne se croit être le soir. La salle, qui faisait partie d'une ancienne chapelle, et dont nous donnons un croquis, est parfaitement disposée pour dessiner à la lumière.

Une des préoccupations des élèves qui entrent est celle du triple uniforme, si élégant et si populaire. On ne se sent véritablement élève que quand on a ceint l'épée et porté le petit chapeau historique. C'est

comme la consécration extérieure, et il semble bien naturel que la brillante jeunesse de l'École s'y montre sensible et soit fière d'un costume qu'ont revêtu tant d'hommes illustres, et qui s'est fait honorablement remarquer dans plusieurs circonstances glorieuses, notamment en 1814, à l'affaire de la barrière du Trône, et en 1830, aux journées de Juillet.

Aussitôt que l'uniforme est prêt, et cela n'arrive

Porte de l'École polytechnique.

jamais assez vite au gré des nouveaux, une revue solennelle dans la grande cour de l'École est passée par le général, accompagné de son état-major. La même revue se renouvelle de temps en temps dans le cours de l'année. C'est, avec l'uniforme, et, en quelques cas fort rares, les honneurs de l'Abbaye, à peu près tout ce qui reste de militaire dans cette École, qui a eu longtemps des exercices, des fusils et même des pièces de canon.

Costumes des élèves de l'École polytechnique.

Il existe néanmoins encore des grades parmi les élèves. Ces grades s'obtiennent selon le rang de chacun : les deux premiers de chaque promotion sont sergents-majors, les douze qui suivent, sergents. Il peut y en avoir un nombre plus considérable quand les salles sont plus nombreuses. Les sergents-majors et sergents portent des signes distinctifs analogues à ceux de même grade dans l'armée. Ces sous-officiers sont les intermédiaires naturels entre l'autorité et les

élèves. Ils perdent leur grade s'ils perdent leur rang dans la promotion. Cette mesure entretient l'émulation, et tourne au profit des études.

Il en est de même de ce qui se passe à la sortie : les premiers choisissent dans toutes les places mises à la disposition de l'École. Les carrières préférées changent et varient selon les temps. Sous l'Empire, les élèves choisissaient les carrières militaires préférablement aux carrières civiles; aujourd'hui c'est le contraire. Voici, en général, l'ordre des choix qu'on remarque actuellement : mines, ponts et chaussées, constructions maritimes, état-major, génie militaire, artillerie, marine, artillerie de marine, tabacs. Cet ordre est parfois interverti; mais c'est une exception à la règle, qu'il faut attribuer à des convenances personnelles ou à des goûts particuliers.

Ils est deux catégories d'élèves malheureux dont nous devons dire quelques mots : 1° ceux qui, sortis dans les derniers rangs et trouvant toutes les positions prises, n'emportent de l'École que le titre honorable d'élève et un utile brevet de capacité; 2° ceux qui, sans une excuse suffisante, comme maladie, etc., n'ayant pas satisfait aux exigences des examens de fin de première année et de sortie, ne sont jugés dignes ni du titre d'élève, ni du brevet de capacité. Le nom pittoresque que l'École donne à ces derniers, et qui leur reste, est celui de *fruits secs*.

Il y aurait peut-être un curieux chapitre à faire sur la vie intime des élèves, sur leur esprit, leurs jeux caractéristiques, les *absorptions* fréquentes, les rares *bascules*, la fête du jour de l'an, où les *nouveaux* cessent d'être conscrits et ne sont pas encore *anciens*, la position de *problèmes insolubles*, le *bal des fruits secs* avant les derniers examens, etc. Mais ce n'est point par ce petit côté de la vie des élèves de l'École qu'il faut les juger, pas plus qu'on ne juge les artistes par les plaisanteries de l'atelier. L'étude constante, la discipline sévère, le travail assidu, la dignité personnelle, la conduite régulière, voilà le bon, le grand côté de la vie des élèves. C'est par là qu'ils arrivent, en cultivant leur intelligence, à se ménager de solides vertus sociales, à soutenir dignement la réputation de cette brillante et féconde École polytechnique que l'Empereur, dans son style énergique, nommait *sa Poule aux œufs d'or*.

L'École polytechnique, placée dans les attributions du ministre de la guerre, fournit des officiers aux corps d'état-major, d'artillerie, du génie, aux poudres et salpêtres; elle fournit aussi des officiers au génie maritime, à la marine et aux corps des ingénieurs hydrographes qui dépendent du ministre de la marine; des ingénieurs aux mines et aux ponts et chaussées, qui s'y recrutent exclusivement; à l'administration des tabacs et à celle des lignes télégraphiques; enfin, accidentellement, à l'infanterie et à la cavalerie.

Chaque année sept à huit cents candidats se présentent à cette école; les promotions ne sont guère que de cent vingt à cent cinquante élèves, sur lesquels, par suite des non-valeurs, il ne sort environ chaque année que cent à cent vingt ingénieurs ou officiers.

La durée des études est de deux ans. Nul n'est admis à l'école que par voie de concours. Le concours est ouvert chaque année dans les principales villes auxquelles les arrondissements d'examen sont affectés.

Pour être admis au concours il faut être Français ou naturalisé, et avoir eu plus de seize ans et moins de vingt ans au 1er janvier de l'année courante. Cependant les militaires des corps réguliers peuvent se présenter aux examens jusqu'à l'âge de vingt-cinq ans non accomplis.

Les connaissances exigées pour l'admission à l'école sont :

1° L'arithmétique complète, comprenant la théorie des proportions, des progressions, des logarithmes, et l'usage des tables; l'exposition du système métrique;

2° La géométrie élémentaire en entier, comprenant toutes les propriétés des triangles sphériques;

3° L'algèbre, comprenant la résolution des équations indéterminées du premier degré; la théorie des exposants fractionnaires et des exponentielles; la dénombration de la formule du binôme de Newton, dans le cas des exposants entiers et positifs; la composition générale des équations; la règle des signes de Descartes; la détermination des racines commensurables, celle des racines égales; la résolution des équations numériques par approximation; l'élimination des inconnues entre deux équations d'un degré quelconque à deux inconnues;

4° La trigonométrie rectiligne, et l'usage des tables de Lewis;

5° La statique démontrée d'une manière synthétique, comprenant : la composition et la décomposition des forces; la composition et l'équilibre des forces qui agissent dans un même plan, suivant des directions quelconques; la composition et l'équilibre des forces parallèles; la détermination du centre de gravité du triangle et celle du centre de gravité de la pyramide; l'équilibre des machines simples; le levier, la poulie, le plan incliné, le coin, le treuil, la vis et les moufles;

6° La discussion complète des lignes représentées par les équations du premier et du second degré de deux inconnues, et les propriétés principales des sections coniques;

7° Un exemple de résolution de triangle rectiligne est proposé à chacun des candidats pour constater qu'il sait se servir de tables de logarithmes. Les calculs sont faits avec les tables à sept décimales.

8° Les candidats traduisent, sous les yeux de l'examinateur, un passage d'un auteur latin de la force de ceux qu'on explique en rhétorique, et traitent, par écrit, en français, un sujet de composition donné;

9° Ils copient enfin une *académie*, en partie ombrée au crayon, qui leur est présentée par l'examinateur.

Comme nous le disions plus haut, les élèves ont le droit, suivant leur rang de sortie, de choisir le service public où ils désirent entrer; cependant les candidats qui ont été admis étant au service ne peuvent entrer que dans l'armée, à moins qu'ils n'aient achevé leur temps de service, dans lequel comptent les deux années d'école.

Chaque élève paye une pension annuelle de 1,000 fr. et subvient en outre aux frais de son habillement uniforme, ainsi que des livres et autres objets nécessaires à ces études.

Après l'École polytechnique, nous devons nécessairement citer l'École des ponts et chaussées et celle des mines, qui font suite en quelque sorte à celle que nous venons de décrire.

École des ponts et chaussées. — La fondation du corps des ponts et chaussées remonte à l'année 1719, époque à laquelle furent commissionnés un inspecteur général, un architecte premier ingénieur, trois inspecteurs et vingt et un ingénieurs des ponts et chaussées pour le service des généralités et des pays d'élection.

En 1744, la décision ayant été prise de procéder à la levée des plans et cartes de toutes les routes, grands chemins et chemins de communication du royaume, l'emploi d'un grand nombre de géographes,

Salle de dessin à l'École polytechnique.

de dessinateurs et d'agents inférieurs de différents ordres que ce travail exigeait, rendit nécessaire l'établissement d'une sorte d'école où l'enseignement rendît tous les agents capables d'exécuter un travail d'ensemble tout en les réunissant sous l'autorité d'un seul chef. Alors fut institué le bureau des dessinateurs et le dépôt des plans, première origine de l'École des ponts et chaussées, qui ne prit ce titre qu'en 1756, et eut comme premier directeur M. Peyronnet. Le nombre des élèves fut fixé à soixante, et celui des surnuméraires à dix. Les élèves étaient divi-

Cour intérieure de l'École polytechnique.

sés en trois classes; les plus instruits des élèves servaient de professeurs aux autres : c'est là le premier exemple en Europe de l'enseignement mutuel; ces professeurs recevaient une gratification fixe, ainsi que vingt autres élèves; quant aux autres, leur gratification était proportionnée au nombre des dessins à l'échelle qu'ils avaient exécutés.

Pour l'enseignement, il n'était rien moins que supérieur, car il descendait jusqu'aux éléments de géométrie.

En 1791, l'Assemblée nationale apporta quelques modifications dans l'organisation de l'école des ponts et chaussées : les élèves furent choisis à la suite d'un concours et tous appointés.

Enfin, en 1804, deux décrets impériaux réglementèrent l'organisation intérieure de l'École des ponts et chaussées par des dispositions qui déterminent encore actuellement l'état légal de l'école.

Nous allons donc nous borner à résumer ici le décret d'organisation du 13 octobre 1851, qui n'a fait qu'apporter des changements sans grande importance à l'état de choses préexistant.

L'enseignement de l'école a pour objet spécial les routes, les chemins de fer, les canaux, les rivières et fleuves, les ports maritimes, et en général tout ce qui se rapporte aux voies de communication par terre et par eau, ainsi que les irrigations, les dessèchements, etc.

Il comprend les connaissances de mécanique, d'architecture civile, de minéralogie, de géologie, d'agriculture, d'administration, de droit administratif et d'économie politique, qui sont les plus particulièrement nécessaires aux ingénieurs.

Les élèves de l'École des ponts et chaussées sont exclusivement recrutés parmi ceux de l'École polytechnique; cependant un certain nombre d'élèves externes peut être admis, par décision du ministre, à suivre les cours intérieurs de l'École.

Le personnel de l'école se compose d'un inspecteur général, directeur de l'École, et d'un ingénieur en chef, chargé de la direction des études et des détails de l'administration, et qui prend le titre d'inspecteur de l'École.

En outre, un professeur pour chaque partie importante de l'enseignement, un chef des travaux graphiques, un maître de dessin, un maître de langue anglaise, un maître de langue allemande; ce qui fait un total de dix professeurs attachés à l'École, et qui sont tous nommés par le ministre des travaux publics, dans les attributions duquel est placée l'École des ponts et chaussées.

Au moins deux fois tous les mois se réunit le conseil de l'École pour délibérer sur les questions intéressant l'état des élèves, et en particulier sur les propositions de retard, d'avancement ou d'exclusion définitive de l'École. Il se compose du directeur et de l'inspecteur des deux inspecteurs généraux et des professeurs sous la présidence du ministre des travaux publics.

Le conseil arrête aussi les listes de classements de fin d'année et de sortie, discute et soumet à l'approbation du ministre les programmes des cours, et donne son avis sur toutes les questions qui peuvent lui être déférées par l'administration de l'École ou par le ministre. Le système d'instruction de l'École

CHAPITRE LV. — LES ÉCOLES.

se compose de deux parties : l'enseignement de l'École proprement dit et l'enseignement pratique des missions. Le cours complet d'études a une durée de trois ans.

Les élèves portent l'uniforme de leur grade, et sont tenus, du 1er novembre au 30 avril, de se trouver à l'École tous les jours aux heures fixées par les règlements intérieurs.

Ils sont susceptibles de différentes peines, depuis l'exclusion des salles d'étude jusqu'à l'exclusion définitive de l'École.

Pendant la durée du séjour à l'Ecole, les élèves reçoivent un traitement de 100 fr. par mois, et 250 pendant les missions, les frais de voyage étant à leur charge.

Les trois classes de l'École correspondent chacune à une promotion de l'Ecole polytechnique : à la fin de chaque année, des examens sont passés, et les élèves sont admis dans la classe supérieure avec le rang que leur attribue le mérite de leurs réponses.

A la fin de la troisième mission, chaque élève sort avec le grade d'ingénieur ordinaire de troisième classe.

Tout élève, empêché par un motif quelconque de passer dans une classe supérieure, peut obtenir de demeurer jusqu'à deux années de plus à l'École; mais le séjour ne peut jamais y dépasser cinq années.

L'École des ponts et chaussées possède un budget qui lui est affecté, chaque année, d'après les besoins du service, par arrêté du ministre, et siège dans des bâtiments neufs qui ont été construits pour elle rue des Saints-Pères, au n° 94.

École des mines. — L'exploitation des mines est une des branches les plus importantes de l'économie politique. Les minéraux forment aujourd'hui la principale richesse des peuples. L'or, l'argent, le cuivre, le fer, le zinc, le plomb, l'étain, le platine, les silex, les gypses, les calcaires, dans leurs différents états, entrent dans toutes les combinaisons du luxe et des besoins de la vie. Aujourd'hui, après les découvertes et les applications de la vapeur et du gaz, les mines de houilles intéressent surtout la prospérité nationale. Or le nombre des gîtes minéraux est fort restreint, ils sont promptement épuisables, et d'une découverte hasardeuse; il est donc nécessaire de proposer à leur exploitation des hommes sûrs, d'une expérience et d'une science consommées.

L'art de l'exploitation des mines, si important par ses conséquences médiates et immédiates, est un des plus beaux titres de gloire de la civilisation moderne.

L'École des mines date de 1783. En 1790, elle est supprimée lors de la création de l'agence des mines. En 1793, une loi de la Convention la réorganisa. En 1802, par un décret consulaire, elle est transférée à Pesey, en Savoie; en 1816, une ordonnance royale la rappelle à Paris.

A partir de cette époque, l'administration de l'École est confiée à un ingénieur en chef, avec le titre d'inspecteur des études. La même ordonnance établit un conseil de l'École composé des inspecteurs généraux du corps des mines et des professeurs; ce conseil s'occupe des perfectionnements à introduire dans l'enseignement.

De 1793 à 1830, l'École des mines, malgré les circonstances les plus fâcheuses, a donné à l'État cent quatre ingénieurs : tous ces hommes ont été des savants distingués. Qui ne connaît les remarquables travaux de Brochant de Villiers, de Dufrenoy, d'Élie de Beaumont, etc.? Ces deux derniers se livreront à des explorations qui embrassent plus de vingt mille lieues de développement, afin de tracer la carte géologique de la France, et ils rapporteront de leur pédestre voyage une collection de plus de trente mille échantillons qui représentent des coupes prises de distance en distance. Les diverses Académies ont admis dans leur sein un grand nombre de ces modestes savants, et l'École revendique comme titres de gloire les noms de Cordier, Brongniart, Dufrenoy, Berthier, de Bonnard, Regnault, Bardant, Puissant, de Billy, Gras et beaucoup d'autres. Aujourd'hui l'École est placée dans la dépendance du ministère des travaux publics, ainsi que l'administration des ponts et chaussées, dont elle était autrefois un embranchement. Elle reçoit des élèves de quatre espèces:

1° Les élèves ingénieurs pris chaque année dans les six premiers de l'École polytechnique, selon le numéro d'ordre de l'examen de sortie, ce qui ne veut pas dire que les six premiers seulement peuvent être admis; puisque les chefs de la promotion ayant le droit de choisir la carrière dans laquelle ils veulent entrer, il s'ensuit qu'il peut arriver que les douze premiers choisissent par goût, soit le génie maritime, soit l'artillerie, soit le génie, etc.; alors les numéros treize et quatorze peuvent dans ce cas, du reste fort rare, entrer dans les mines.

2° L'École admet des élèves externes que l'administration recommande à leur sortie aux diverses exploitations;

3° Des élèves étrangers, recommandés par les ambassadeurs des cours étrangères;

4° Des élèves autorisés à suivre les cours; ce sont habituellement des jeunes gens qui se livrent par goût aux études scientifiques, ou des fils de propriétaires de mines et d'usines, qui viennent apprendre à l'École à gérer avantageusement leur propre bien.

L'admission des élèves externes est soumise aux conditions suivantes :

Ils doivent avoir dix-huit ans accomplis au moins, vingt-cinq ans au plus; produire un certificat; enfin ils subissent un examen préliminaire sur les matières suivantes :

1° L'arithmétique et le nouveau système métrique;
2° L'algèbre jusqu'à la résolution des équations des deux premiers degrés, et la démonstration de la formule du binôme de Newton;
3° La théorie des proportions et des progressions, celle des logarithmes et l'usage de leurs tables;
4° La géométrie élémentaire, la trigonométrie et l'usage des tables de sinus;
5° La discussion des lignes représentées par les équations du premier et du second degré à deux inconnues; les propriétés principales des sections coniques;
6° Les éléments de statique;
7° Les éléments d'hydrostatique;
8° Les connaissances élémentaires de chimie et de physique, comprenant les propriétés générales et particulières des corps; la classification des substances et leur nomenclature; enfin ils doivent copier une tête d'après un modèle à plat.

Les élèves ingénieurs reçoivent seuls un traitement, qui s'élève, la première année, à 800 fr.; la seconde et la troisième année à 900 fr.

Les cours commencent le 15 novembre et finissent le 15 avril de l'année suivante. Ils sont tous obligatoires pour tous les élèves, ingénieurs, externes ou étrangers. La présence des élèves est constatée par des registres d'entrée et de sortie.

Les cours qui ont lieu à l'École embrassent la mécanique et l'exploitation des mines; la docimasie et les travaux du laboratoire; la métallurgie, la minéralogie et la géologie; le dessin graphique et le dessin des plans superficiels et souterrains. Les élèves apprennent aussi l'anglais et l'allemand.

Les élèves de première année consacrent l'intervalle qui sépare les cours à des levées de plans et à des travaux de laboratoire. Ces travaux donnent lieu à des procès-verbaux qui sont consignés sur un registre.

Les élèves ingénieurs de deuxième et de troisième année font, pendant la belle saison, des voyages scientifiques, dans lesquels ils visitent des établissements métallurgiques. Alors leur traitement s'élève à 1,800 fr.

L'École possède, dans sa spécialité, les galeries les plus complètes peut-être de l'Europe. L'installation de l'École des mines à Paris a permis de donner aux professeurs le nombre des échantillons et à un chiffre qu'on ne devait pas espérer de voir se réaliser aussi promptement.

La collection géologique de la France est rangée de manière à concorder avec la carte géologique dont nous avons parlé plus haut. L'établissement possède en outre une bibliothèque, des modèles de machines, des dessins et des plans qui se rapportent à l'exploitation des mines et au traitement des métaux.

Tous les ans, les élèves ingénieurs et externes subissent des examens dans lesquels l'état de leurs connaissances, sur chacune de leurs études, est représenté par des points qui doivent atteindre un certain chiffre nommé *medium*. Les élèves externes qui ont atteint leurs *mediums* reçoivent un diplôme constatant leur capacité.

Les élèves ingénieurs sont envoyés sur des exploitations où ils demeurent encore un ou deux, sous la surveillance d'un inspecteur, avec le titre d'aspirant ingénieur, aux appointements de 1,800 fr.; ils acquièrent alors le titre d'ingénieur de deuxième classe, et sont aptes à parcourir tous les grades du corps, dont voici l'échelle hiérarchique :

Élèves ingénieurs de deuxième classe. .	800 fr.
— de première classe. .	900
Ingénieurs aspirants	1,800
— de deuxième classe.	2,400
— de première classe	3,400
Ingénieurs en chef de deuxième classe.	3,600
— de première classe. . . .	4,000
Inspecteurs en chef	6,000
Inspecteurs généraux adjoints	8,000
— de deuxième classe	9,000
— de première classe	12,000

Cette carrière est à l'abri des fluctuations politiques; aussi est-elle une des plus enviées des polytechniciens.

Le public est admis à visiter, le lundi et le jeudi, la très-curieuse collection de minéralogie qui se trouve à l'École des mines.

Cette école est située rue d'Enfer. Le monument n'a aucune physionomie particulière et qui mérite d'être signalée.

École centrale des arts et manufactures. — L'École centrale des arts et manufactures répond à l'un des intérêts les plus généraux de notre époque, car elle a pour but d'enseigner les connaissances fondamentales et spéciales nécessaires à ceux qui aspirent à porter dignement le titre d'*ingénieurs civils*.

L'enseignement de l'École centrale réunit à la généralité et la liaison de toutes ses parties l'avantage d'examens fréquents, de conférences, de manipulations diverses, de travaux graphiques et de rédactions qui obligent les élèves à un travail soutenu, et présente ainsi un mécanisme analogue à celui de l'enseignement de l'École polytechnique.

Ces avantages incontestables ont fait revendiquer l'École centrale par le ministre du commerce et de l'agriculture comme une partie indispensable de l'instruction industrielle en France; aussi, depuis 1838, le budget de ce ministère a-t-il reçu une augmentation destinée à entretenir dans cette École, qui n'est cependant pas une institution privée, un certain nombre d'élèves distingués par leur aptitude, mais dont les ressources sont insuffisantes pour subvenir aux frais de leur enseignement.

Le nombre des cours qui se font à cette École sont un indice certain de la grande quantité de carrières qui sont ouvertes à ses élèves. La chimie et la physique générale, la géométrie descriptive, la physique industrielle, la métallurgie du fer et la technologie mécanique, les chemins de fer et les machines à vapeur, les constructions, les travaux publics et l'architecture, les essais commerciaux, chimie industrielle et agricole, la mécanique industrielle, l'analyse chimique, la géognosie et l'exploitation des mines, l'analyse géométrique et mécanique générale, la physiologie, l'histoire naturelle appliquée à l'industrie, la transformation du mouvement, enfin la construction et l'établissement des machines, sont l'objet de leçons professées par les hommes les plus éminents et d'une supériorité reconnue.

Ces seize cours forment ensemble quatre spécialités, qui sont :
1° La spécialité des mécaniciens ;
2° La spécialité des constructeurs ;
3° La spécialité des métallurgistes ;
4° La spécialité des chimistes.

On comprendra facilement, à la suite de cette énumération, que l'École centrale puisse former des ingénieurs civils, des directeurs d'usines, des chefs de fabriques et de manufactures ; alimenter l'industrie d'hommes capables d'apporter dans la direction de ces établissements et de ces grands travaux des lumières naturellement acquises à l'aide d'un enseignement pratique en même temps que théorique, tel que celui qu'ils sont admis à recevoir à l'École centrale. Aussi les jeunes gens porteurs d'un diplôme ou même d'un simple certificat de capacité provenant de cet établissement, sont-ils certains de trouver les positions les plus satisfaisantes soit en France soit à l'étranger.

La durée du cours complet est de trois ans. Pendant les trois ans, les cours sont obligatoires. Ils commencent le 10 novembre pour la première année, et le 2 novembre pour la deuxième et troisième année, et finissent dans le courant du mois de juillet.

A l'expiration des trois années, les élèves sont admis à concourir pour l'obtention du diplôme. Le conseil des études, qui se compose de neuf professeurs et du directeur de l'École, rédige le programme d'un projet que les élèves ont trente-cinq jours pour exécuter ; puis ils soutiennent ce programme par une discussion orale devant un jury composé de cinq professeurs au moins. Les élèves qui ont entièrement satisfait aux épreuves reçoivent un diplôme d'*ingénieur civil*, ceux qui n'ont satisfait qu'à une partie de ces mêmes épreuves n'obtiennent qu'un *certificat de capacité*.

L'École centrale admet des élèves de tout âge au-dessus de seize ans, mais pas au-dessous de cet âge. Nul n'est admis qu'après avoir passé deux examens, l'un écrit, l'autre oral, constatant qu'il possède les connaissances exigées par le programme. Ce programme comprend l'arithmétique, l'algèbre, la géométrie élémentaire, et du dessin.

L'autorité supérieure dans l'École appartient à un directeur et à un conseil des études qui se compose, comme nous le disions plus haut, de professeurs appartenant à l'établissement.

Les élèves sont de deux catégories, les *boursiers* et les élèves *payants*. Les bourses ou les encouragements aux frais de l'État sont mis au concours ; pour les autres élèves, le prix de l'enseignement est de 775 fr. par an.

L'École centrale des arts et manufactures, dont la fondation remonte à 1829, est établie dans l'ancien hôtel de Juigné, rue de Thorigny, au Marais. Son personnel comprend, un directeur de l'École, un directeur des études, seize professeurs, deux professeurs adjoints, douze répétiteurs ; plus les examinateurs, les préparateurs ; enfin les employés attachés au service d'administration et de surveillance.

Nous aurons passé en revue tous les établissements d'enseignement scientifique existant à Paris, si nous décrivons maintenant le Conservatoire des arts et métiers.

Conservatoire des arts et métiers. — Le Conservatoire des arts et métiers se trouve, rue Saint-Martin, dans un de ces anciens monuments de Paris que les ravages du temps et des discordes civiles ont laissés subsister, l'église du monastère de Saint-Martin des Champs, construite au onzième siècle sur l'emplacement d'une abbaye ruinée par les Normands ; cette riche abbaye, devenue, sous le titre plus humble de prieuré, succursale, ou, comme le disait alors, fille de l'abbaye de Cluny, a brillé longtemps d'un vif éclat, et de tous les prélats qui n'ont pas dédaigné

Vue de l'entrée du Conservatoire des arts et métiers.

d'en accepter la direction, nous nous contenterons de nommer le cardinal-ministre Armand Duplessis-Richelieu ; l'église et le réfectoire furent successivement ornés des plus belles œuvres de Claude Vignon, Jouvenet, Silvestre Poilly, Oudry, peintre d'histoire distingué avant de devenir peintre d'animaux, Carles et Louis-Michel Vanloo, etc. Disons de suite que le réfectoire a reçu la riche bibliothèque du Conservatoire, composée d'environ 25,000 volumes presque exclusivement consacrés aux sciences, arts et métiers, et que dans l'église se trouve le modèle de la première voiture à vapeur qui, inventée en 1780 pour le transport de l'artillerie, n'a pas eu plus de succès que celle de M. Dietz, qui a pendant quelque temps parcouru nos boulevards et nos promenades.

Avant d'arriver au degré d'importance qu'ont fait atteindre à cet établissement la richesse de ses collections et le développement de son enseignement, le Conservatoire des arts et métiers a subi un grand nombre de vicissitudes dont nous emprunterons l'historique à une intéressante notice publiée dernièrement par M. Huguet.

Moins frappé en ces matières de l'émission des idées théoriques que des applications pratiques, nous nous bornerons à rendre en passant hommage au plan, présenté par le grand Descartes, de cours publics destinés à l'instruction des ouvriers, pour passer tout d'abord à la création de l'espèce de musée formé en 1775 dans l'hôtel de Mortagne, rue de Charonne, par le plus grand des mécaniciens des temps modernes, par l'illustre Vaucanson ; cette belle collection, par lui léguée au gouvernement, qui en avait confié la garde à un conservateur spécial, aurait dû, comme celle de l'antiquaire Dusommerard, demeurer dans cet hôtel de Mortagne, où le souvenir de Vaucanson l'aurait comme vivifiée ; elle n'y resta que très-peu de temps, et, après avoir été augmentée de plus de 300 nouvelles machines, elle fut, en 1792, comme tous les produits des sciences et des arts, menacée par l'esprit révolutionnaire d'une dispersion à jamais regrettable, si la Convention ne s'en était émue. Une commission instituée en 1793, confirmée en l'an II et revêtue de nouveaux pouvoirs sous le nom de *Commission temporaire des arts*, fut chargée de rechercher, rassembler et inventorier les richesses scientifiques et artistiques échappées au vandalisme des nouveaux iconoclastes et recueillies par l'État ; les hommes habiles et honorables dont elle était composée sauvèrent alors un grand nombre de modèles et d'instruments précieux auxquels les arts, l'industrie et l'agriculture avaient déjà dû bien des progrès et étaient appelés à en devoir encore. Ces précieux objets furent réunis à l'hôtel d'Aiguillon, situé rue de l'Université.

Ce n'était pas assez d'avoir sauvé toutes ces richesses, il ne fallait pas les laisser enfouies dans des réceptacles sans accès, il fallait au contraire les vulgariser pour l'instruction des classes laborieuses, et c'est alors, malgré les clameurs de quelques démagogues insensés qui voulaient un peuple ignorant pour le mieux dominer, que la Convention décréta la création d'un Conservatoire des arts et métiers, où les machines déjà réunies trouveraient un asile et seraient expliquées aux ouvriers par *trois démonstrateurs* auxquels on devait adjoindre un dessinateur.

Le Garde-Meuble, un moment désigné pour l'établissement du Conservatoire, ayant reçu une autre destination, on eut la pensée d'y consacrer les bâtiments de l'immense abbaye de Saint-Martin, où le vide et le silence avaient remplacé les splendeurs de la religion ; ce projet, proposé par le Directoire, trouva cependant de l'opposition dans le conseil des Cinq-Cents, qui, continuant sa lutte cachée contre toute amélioration morale, rejeta la proposition sous prétexte d'économie. Le conseil des Anciens, sur un lumineux rapport d'Alquier, dont l'impression fut ordonnée, se prononça contre cet ajournement funeste, et l'opinion publique, éclairée par ce rapport, força enfin les Cinq-Cents à revenir sur leur première résolution. Une nouvelle commission fut nommée; le rapport, dressé par l'abbé Grégoire, fut déposé le 17 floréal an VI; le 26 du même mois, l'abbaye Saint-Martin était affectée à l'établissement du Conservatoire des arts et métiers, et le 22 prairial suivant cette résolution, adoptée par le conseil des Anciens sur le rapport de Lebrun, devenait loi de l'État. L'administration de cette époque procédait alors avec la même lenteur que l'on a reprochée à toutes celles qui l'ont suivie; aussi les bâtiments de l'abbaye Saint-Martin ne furent-ils livrés que le 12 germinal an VII aux membres du Conservatoire, J.-D. Leroy, Conté, Molard et Beuvelot, dessinateur, qui tous avaient été membres des commissions antérieures. Ce n'était encore qu'un commencement de satisfaction donné aux amis des sciences et des arts, mais au moins devait-il avoir pour effet d'empêcher de voir une seconde fois les diverses parties d'une machine précieuse, inventée par Pascal, tellement dispersées, qu'on eut beaucoup de peine à en rassembler les pièces principales.

Les machines, bien qu'expliquées par des démonstrateurs, ne constituant pas un enseignement dont l'utilité fût en rapport, soit avec les sommes dépensées, soit avec le but du gouvernement, M. de Champagny, ministre de l'intérieur, y joignit, en 1806, une école pour les enfants de la classe ouvrière, choisis sur la présentation des maires et des préfets.

Ne se contentant pas de l'enseignement de l'arithmétique, de la géométrie élémentaire, des nouveaux systèmes de poids et mesures, des sciences mécaniques et du dessin d'ornement, machines et architecture, le ministre Chaptal, à son tour, créa, en 1810, une école de filature. Puis à la suite des embarras et des revers de toutes sortes sous lesquels Napoléon devait succomber, cet enseignement ayant faibli, il fut question un moment de déplacer le Conservatoire : le déplacer, c'était l'anéantir. Napoléon le sauva en décidant, par un décret du 14 mai 1813, que le Conservatoire garderait provisoirement le local où il était établi. De 1814 à 1817, heureux de ne pas mourir, le Conservatoire végéta dans l'indifférence; en 1817, le directeur reçut l'aide d'un sous-directeur et d'un conseil de perfectionnement; mais ce n'est réellement qu'en 1839 et en 1843 que l'enseignement y prit un développement important. Dix cours de haut enseignement, ayant pour but l'application des sciences aux arts et à l'industrie, furent confiés

Salle de dessin.

Salle des machines agricoles.

à des savants de premier ordre, constitués en conseil de perfectionnement; on leur adjoignit un agent comptable, un conservateur et un bibliothécaire.

Comme on le voit, on s'était laissé entraîner peu à peu bien loin du but primitif de l'institution; l'enseignement oral et théorique avait remplacé complètement l'enseignement *de visu* par les machines et par les démonstrations. Les machines, n'étant plus utilisées pour l'enseignement, avaient été de nouveau négligées; quelques-unes seulement demeuraient exposées, les autres étaient enfouies dans les salles, sans ordre ni soin; on était presque remonté au temps d'affreux désordre stigmatisé par Alquier; en vain les collections s'étaient-elles enrichies d'objets acquis ou reçus en dons, tels que les machines de la galerie du duc d'Orléans, les machines conservées à l'Institut, le cabinet d'horlogerie de F. Berthoud, les cabinets de physique du célèbre Charles et de l'abbé Nollet, enfin les épures de Vaucanson, et les dessins et planches relatifs aux arts. A voir le public rare et comme perdu qui visitait les galeries du Conservatoire sans pouvoir s'y instruire, on aurait cru qu'une dévastation nouvelle avait détruit cette belle collection; la bibliothèque seule attirait encore de laborieux visiteurs.

Il ne fallait cependant, pour réparer le mal, qu'un peu d'argent et une volonté ferme; maintenant, grâce aux ressources des crédits obtenus, et grâce surtout aux soins persévérants de M. Morin, directeur actuel du Conservatoire, et à ceux du conseil de perfectionnement, cette apparence de ruine a enfin disparu; les richesses enfouies dans les caves et dans les greniers sont exhumées, et, bien qu'il reste beaucoup à faire, déjà l'on trouve beaucoup à admirer. Chaque machine porte un numéro d'ordre et une indication sommaire suffisante pour en faire comprendre l'usage et l'utilité. Un catalogue raisonné et méthodique est commencé, et, lorsqu'il sera terminé et livré au public, il servira de guide certain à travers les applications pratiques que notre siècle d'industrie a su faire en si grand nombre de la science et de la théorie; ce livre en main, il sera curieux d'observer ce cercle restreint que l'esprit humain parcourt à la suite de toute idée en industrie comme en poésie, en morale comme en politique, et cette étude pleine d'instruction pourra prévenir bien des illusions. Qu'on examine, par exemple, parmi les instruments que possède le Conservatoire, la pompe à spirale ou hélicoïdale de Wetmann, inventée en 1756; c'est un instrument si simple à la fois et si ingénieux, que les effets n'en ont été dépassés par aucune des pompes à piston ou à soufflet inventées depuis, et

qu'on sera forcé de revenir son emploi, vu son utilité.
Nous voudrions pouvoir conduire nos lecteurs dans toutes les salles du Conservatoire, leur montrer les unes après les autres, dans leur ordre logique ou chronologique, toutes ces inventions diverses, en leur expliquant tour à tour ces instruments de physique dont nulle part on ne trouve une plus complète collection; le cabinet d'optique, où les amusants effets constatés par la science reposent l'esprit en charmant les yeux; la galerie d'horlogerie, si riche, et que recommandent les noms à jamais illustres des Berthoud, des Breguet et des Leroy; la belle collection des nouveaux poids et mesures, paisible conquête de la révolution de 1789, rendue plus intéressante encore par la comparaison des poids et mesures des autres peuples; puis la galerie des instruments aratoires, devant laquelle nous nous arrêterions d'autant plus que là se trouve peut-être la solution de toutes les difficultés politiques

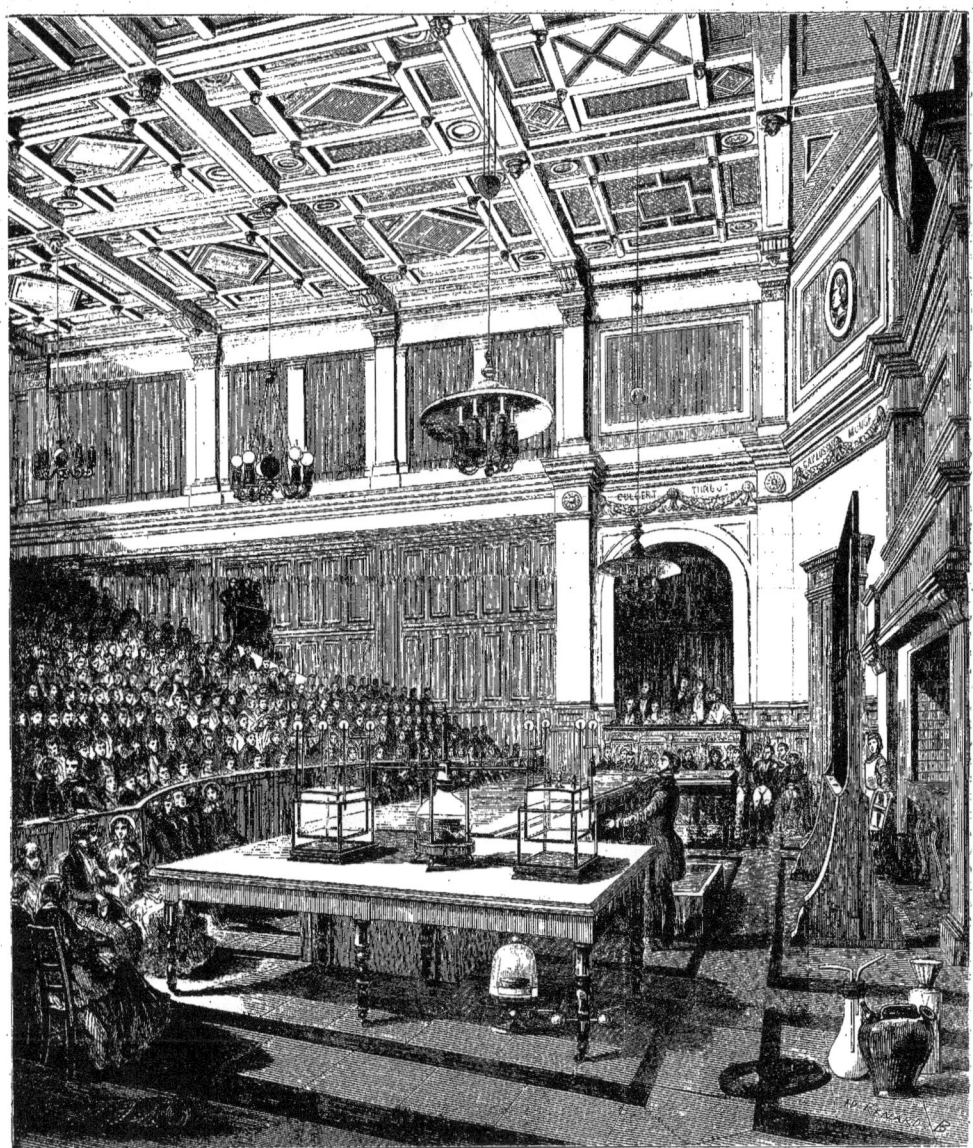

Grand amphithéâtre des cours publics pour les ouvriers.

du moment. Nous terminerions cette revue par l'étude sérieuse des modèles de géométrie descriptive nouvellement classés.
Mais cet examen si long, si intéressant, à la suite duquel chacun choisirait un sujet particulier d'étude analogue à ses goûts, à ses occupations et à ses espérances d'avenir, serait insuffisant s'il n'était fécondé par les leçons orales de géométrie appliquée, de mécanique, de physique, de chimie, d'économie politique, de législation industrielle, d'agriculture et de céramique, données par les habiles savants que l'État charge de vulgariser la science, dans l'amphithéâtre à peine assez grand pour contenir la foule industrieuse qui se presse sur les gradins auxquels on parvient par deux entrées différentes; au bas des gradins se tient le professeur, dont la voix, écoutée avec un religieux silence, arrive claire et distincte à tous les points de cette vaste salle chauffée l'hiver par un puissant calorifère : ce professeur est placé près d'une table sur laquelle il dispose tous les instruments nécessaires à ses démonstrations, et autour de laquelle quelques

CHAPITRE LV. — LES ÉCOLES.

chaises sont destinées aux dames; à sa droite une tribune est réservée aux étrangers munis d'entrées particulières.

Cet enseignement oral, qui comprend dix cours tous gratuits, est exécuté par dix professeurs. Il y a en outre une *petite école de dessin et de géométrie descriptive*.

On a le projet d'établir dans l'église un dépôt de machines de grandes dimensions, d'y construire divers appareils à vapeur et hydrauliques, qui seraient mis librement et gratuitement à la disposition des inventeurs pour l'essai de toutes les inventions nouvelles.

Si à ces améliorations on ajoute des chaires de géographie commerciale, d'histoire naturelle et de géognosie, l'enseignement de la mécanique industrielle, de la charpente, de la fonderie, de l'ajustage, de la verrerie, de la poterie, et l'éducation spéciale d'ouvriers pour les chemins de fer, le Conservatoire des arts et métiers aura atteint le but pour lequel il a été établi; mais il faut pour cela que les ressources dont dispose l'administrateur soient mises au niveau de son zèle et de son activité.

Quant au Conservatoire des arts et métiers fut établi, en 1798, dans l'ancien prieuré de Saint-Martin des Champs, ces bâtiments n'avaient subi que des modifications fort simples; aussi une restauration complète qui rendît ces constructions telles, qu'elles puissent répondre à leur nouvelle destination, était-elle nécessaire.

Ce fut en 1839 que M. Léon Vaudoyer fut nommé architecte du Conservatoire; et qu'il se chargea de former de cette suite de bâtiments de toutes les époques un ensemble monumental.

Hâtons-nous de le dire, M. Léon Vaudoyer a largement réussi. La façade, entre autres choses, mérite les plus grands éloges, et la porte d'entrée présente un caractère qui a fait magistral. Les sculptures qui en font l'ornement sont dues à M. Robert.

Après cette entrée, la partie la plus importante des travaux achevés est la bibliothèque, installée aujourd'hui dans l'ancien réfectoire, l'un des monuments les plus gracieux de l'architecture gothique en France. Les corps de bibliothèques, qui ne renferment pas moins de 25,000 volumes, se développent tout à l'entour de la salle.

Dans l'aile neuve, bâtie en regard du réfectoire, sont déjà établis : au rez-de-chaussée, les salles destinées à l'*enseignement du dessin industriel*; et au premier étage, une vaste galerie dans laquelle sont exposés les *portefeuilles des brevets et dessins*, cotés à l'échelle, représentant les machines les plus parfaites que l'industrie ait récemment produites, et que le public est admis à consulter et à étudier.

Conservatoire de musique et de déclamation. — Voici en quelques mots l'histoire de la fondation du Conservatoire de musique et de déclamation. On venait de prendre la Bastille. Quarante-cinq musiciens formaient la musique de la garde nationale organisée comme par enchantement. Le corps municipal prit à ses frais cette nouvelle institution, et porta le nombre des musiciens à soixante-dix-huit, en les chargeant du service de la garde nationale et des fêtes publiques.

Bientôt la municipalité fonda une école gratuite de musique, dont les principaux musiciens de la garde nationale devinrent les professeurs. Cet établissement se chargea de fournir les nombreux artistes qu'exigeaient les quatorze armées chargées de la défense du territoire.

En 1793, la Convention, frappée des résultats obtenus par cette école, adopta le principe de son organisation, et lui donna le nom d'Institut national de musique; plus tard, par un décret, elle institua le Conservatoire de musique, et affecta à cette institution le local des Menus-Plaisirs. Cinq inspecteurs furent nommés : Gossec, Grétry, Méhul, Lesueur et Cherubini. En 1808, l'art dramatique, la déclamation tragique et comique, devinrent l'objet de cours spéciaux, et les premiers artistes de la scène française y professèrent avec zèle. Enfin le Conservatoire reçut une organisation complète et définitive par un décret daté de Moscou, le 15 octobre 1812, et c'est de cette époque que date la réputation européenne du Conservatoire de musique, réputation entièrement méritée.

Aujourd'hui, le Conservatoire est dirigé par M. Auber, qui a succédé à Cherubini.

Sous le rapport architectonique, les bâtiments du Conservatoire sont peu dignes de fixer l'attention. Sa façade, à trois étages, est dénuée de tout ornement.

Après avoir passé sous la voûte, on pénètre dans une cour spacieuse sur laquelle donnent la plupart des fenêtres des salles destinées aux leçons. Un long corridor régnant dans toute la longueur du bâtiment conduit à des cellules destinées à contenir une douzaine d'élèves environ, et où pendant deux heures le professeurs font leurs cours. C'est le côté réservé aux jeunes personnes, à qui l'on enseigne le solfège, le piano, la harpe, l'orgue et l'armonie.

Pendant longtemps les mères et les parentes des élèves furent autorisées à assister aux leçons; mais le bruit qui résultait des conversations de ces dames contraignit l'administration à restreindre le nombre des parentes. Un article du règlement disposa qu'une seule personne parmi les parentes pourrait assister aux leçons, mais à la condition d'observer le plus profond silence.

Le nombre considérable des élèves, qui s'élève à plus de quatre cents, a forcé l'administration du Conservatoire à diviser le temps employé aux études en trois périodes : la première commence à neuf heures, la deuxième à onze heures et demie, et la troisième à deux heures pour se terminer à quatre.

Il est inutile de s'étendre sur l'importance de ces cours dont les professeurs sont, pour la plupart, des hommes vraiment distingués. Les conditions pour l'admission sont très-simples : un acte de naissance, qui prouve que l'on n'a pas moins de dix ans ni plus de vingt-deux; un certificat médical constatant que l'on a été vacciné. Il faut en outre savoir lire et écrire, et posséder déjà une certaine connaissance de l'instrument ou de la portée de l'art auquel on se destine.

Le comité des études musicales est chargé de l'examen des candidats; les aspirants exécutent devant le comité un morceau à leur choix. Les plus capables sont admis, et le directeur les place selon leur aptitude, soit dans une classe de premier degré, tenue par un professeur adjoint, soit dans une classe supérieure, sous la direction d'un professeur titulaire. Il y a ensuite des examens semestriels, où l'on juge si les élèves sont capables de passer des classes de premier degré dans une classe supérieure, ou bien s'ils doivent être exclus définitivement; cette exclusion menace encore ceux qui, après deux années d'étude, n'ont pas été admis à concourir pour les prix.

À côté des cours de musique sont les cours de déclamation. Les conditions d'admission à ces cours sont à peu près les mêmes que pour la partie instrumentale; cette admission n'a lieu que jusqu'à l'âge de vingt-cinq ans pour les jeunes gens, et de vingt et un pour les jeunes filles.

Si l'on est sévère pour les élèves qui ne répondent pas, par leurs efforts, aux espérances qu'on avait conçues de leur talent, les récompenses sont accordées à ceux qui se sont distingués. Chaque année, des concours sont ouverts et des prix décernés. L'école de déclamation du Conservatoire est la pépinière des comédiens de Paris et de la province.

Outre les cours d'externes qui existent au Conservatoire pour les instruments, la musique et la déclamation, il y a un pensionnat de chant créé dans le but exclusif de former des chanteurs.

Depuis longtemps déjà, l'administration a pris le parti de ne plus admettre, dans l'école de chant, les adultes, avec lesquels on n'a pas à courir les risques de la mue. Pendant deux ans, dix élèves sont nourris, logés, vêtus et formés aux études vocales aux frais de l'État. La première condition pour être admis, la seule peut-être, c'est une belle voix. Là les élèves apprennent à coordonner le mouvement de leur respiration avec l'émission du son, à développer l'étendue de leur voix, à en comporter le timbre de leur voix, et à produire des effets puissants sans jamais arriver à l'effort ni au cri.

Que l'élève travaille et réussisse à son début, et son avenir est assuré : l'Opéra et l'Opéra-Comique se le disputent; tout ténor de talent a une fortune dans son gosier.

C'est au Conservatoire que se trouve la salle de con-

Entrée du Conservatoire de musique et de déclamation.

concerts si estimés du public parisien. Ils furent organisés pour la première fois en 1801, mais ils étaient rares. En 1828, sous le titre de Société des concerts, il se forma une association qui convoque les vrais amateurs aux solennités lyriques qu'elle donne chaque année, du mois de janvier au mois d'avril. L'orchestre des concerts du Conservatoire est le premier orchestre du monde. Cette déclaration nous dispense de tout autre éloge.

Il est encore une autre annexe de cet établissement dont il est indispensable de parler; c'est le concours de composition musicale pour le grand prix de Rome.

Le concours se règle ainsi : la section de musique de l'Académie, réunie de nouveau aux membres du bureau, procède au choix de la cantate, à la majorité absolue. Les concurrents sont introduits dans la salle où la section est assemblée. Lecture leur est donnée de la cantate en question; chacun d'eux en prend copie, sans qu'il lui soit possible de communiquer avec personne du dehors, puis ils entrent tous immédiatement en loge.

Les peintres, après avoir travaillé tout le jour, peuvent au moins aller le soir chercher quelques distractions à leurs travaux; le musicien est tenu de rester, pendant vingt-cinq jours consécutifs, enfermé comme un véritable prisonnier, sans pouvoir même sortir pour prendre ses repas.

C'est à l'École des beaux-arts qu'est leur prison. Le vainqueur de la lutte est exempté du service militaire, honoré d'une médaille d'or; il est en outre pensionné du gouvernement. Les deux premières années de son pensionnat se passent à Rome. Comme le peintre, il reçoit une indemnité destinée à couvrir ses frais de voyage. A son retour de Rome, il a droit, pendant trois ans, à une pension annuelle de 3,000 fr.

Pendant la première année de son séjour à Rome le pensionnaire est tenu d'envoyer à Paris un morceau de musique; pendant la deuxième année, un fragment d'opéra et une composition sur des paroles italiennes. Dans les dernières années, ils doivent mettre en musique un ouvrage dramatique qu'ils ont le droit de faire représenter sur un des théâtres lyriques de Paris.

Le Conservatoire peut se glorifier d'avoir eu pour inspecteurs ou conseillers Gossec, Méhul, Cherubini, Rossini, Meyerbeer; pour correspondants, Paësiello, Crescentini, Haydn; pour professeurs, Berton, Reicha, Garat, Lays, Boïeldieu, Rode, Baillot, Kreutzer, Fleury, Talma; enfin, pour élèves, Hérold, Halévy, Panseron, Berlioz, Kalkbrenner, Hertz, Habeneck, Urhan, Tilmant, Brod, Tulou, Dérivis, Ponchard, Nourrit, Levasseur, mesdames Damoreau-Cinti, Falcon, Dorus.

L'arc de Gaillon.

École des beaux-arts. — L'École des beaux-arts s'élève sur l'emplacement de l'ancien couvent des Petits-Augustins, qui occupait lui-même une partie du fameux Pré-aux-Clercs; ce couvent fut fondé par Marguerite de Valois, première femme de Henri IV. L'histoire de cette institution religieuse n'offre que peu d'intérêt; elle fut supprimée comme toutes les autres, en 1791, et les bâtiments des Petits-Augustins furent mis par l'Assemblée à la disposition de la commission des monuments publics. Cette commission les consacra à servir de dépôt aux objets d'art disséminés dans les divers monastères, églises, et autres établissements sécularisés : le citoyen Alexandre Lenoir, par décret du 4 mai 1771, reçut le titre de conservateur et la mission d'organiser le dépôt.

On doit à ce savant et honnête administrateur la conservation d'une foule d'objets curieux et de monuments. Après la destruction des tombeaux de Saint-Denis, il se hâta de recueillir les débris des magnifiques mausolées de Louis XII, de François Ier, de Henri II; et, ayant réuni de la sorte une foule de morceaux d'art, il conçut le projet d'en former « un musée historique et chronologique, où l'on retrouverait les âges de la sculpture française, dans des salles particulières, en donnant à chacune de ces salles le caractère, la physionomie exacte du siècle qu'elle devait représenter. » Telles sont les propres expressions du fondateur. Ce plan, approuvé à l'unanimité par le Comité d'instruction publique, fut mis à exécution, et, au bout de quatre ans, le musée était ouvert au public.. M. Lenoir reçut les félicitations générales pour le savoir, le goût et même le courage qu'il avait déployés dans cette organisation, au milieu de difficultés de toute sorte.

Le musée se composait : 1° d'une *salle d'introduction*, établie dans la nef de l'ancienne église des Petits-Augustins, où se trouvaient ensemble des monuments de toutes les époques, celtiques, grecs, romains et français. On y remarquait quelques tombeaux de rois et de grand ministres, François Ier, Charles IX, Richelieu, etc.; 2° de cinq salles, consacrées chacune à l'un des cinq siècles, depuis le douzième jusqu'au dix-huitième; 3° enfin, le jardin ou *Élysée*, dont voici la description, d'après l'ouvrage de M. Lenoir lui-même : « Dans ce jardin calme et paisible, on voit plus de quarante statues; des tombeaux, posés çà et là sur une pelouse verte, s'élèvent avec dignité, au milieu du silence et de la tranquillité. Des pins, des cyprès les accompagnent; des larves et des urnes cinéraires, de bonheur la douce mélancolie qui parle à l'âme sensible. » Ce jardin devint pendant quelque temps le rendez-vous obligé, d'abord des *victimes*, puis des *muscadins*, des *incroyables* et du *beau monde*. Le concordat de 1802 commença la ruine de ce musée : elle fut consommée en 1815, à la rentrée des Bourbons, et il ne resta guère de curieux que les portiques de Gaillon et d'Anet, dont nous parlerons tout à l'heure.

L'École des beaux-arts a été instituée par ordonnance royale datée du 16 avril 1816, et organisée le 22 juillet 1819, par arrêté du ministre de l'intérieur, M. Decazes. L'enseignement est divisé en deux sections : l'une comprend la peinture et la sculpture; l'autre l'architecture. Dans la première l'enseignement se compose d'exercices journaliers, comprenant l'étude de la figure humaine d'après la bosse et d'après nature, l'anatomie, la perspective, l'histoire, l'archéologie, et de concours d'émulation, qui préludent au concours général annuel, donnant aux vainqueurs le droit d'être entretenus pendant cinq ans à l'École française de Rome. Sept peintres et cinq sculpteurs, tous académiciens, et trois juges d'examen, sont chargés des leçons. Dans la seconde section, quatre architectes distribuent l'enseignement, sur l'histoire et la théorie de l'art architectural, sur les principes de la construction et sur les mathématiques appliquées à l'architecture. Ils sont assistés de vingt architectes choisis par l'assemblée générale des professeurs pour le jugement des concours. Le personnel est complété par l'adjonction d'un secrétaire perpétuel, d'un secrétaire archiviste et d'un conservateur. L'administration, chargée de la haute surveillance de l'école, se compose de cinq membres : le président, le vice-président, le président sortant de fonctions, le secrétaire perpétuel et un des membres du conseil d'architecture. Cette commission, qui se renouvelle chaque année, est assistée d'un agent comptable spécial qui s'occupe des détails.

Les réparations et les reconstructions urgentes que demandait l'ancien couvent des Petits-Augustins n'ont été poussées avec vigueur que sous le ministère de M. Thiers, sous lequel l'École des beaux-arts prit une vie nouvelle. Malgré le talent incontestable de l'architecte, M. Duban, qui a dirigé les travaux, l'ensemble du monument offre un décousu des plus intolérables, que ne justifie pas la prétention d'avoir voulu faire de l'éclectisme architectural et d'avoir offert des échantillons des différents styles. Pourtant, dans ce mélange de grec, de romain, de gothique et de renaissance, il y a des parties admirables, dignes d'être étudiées. En venant par la rue des Beaux-Arts, on découvre d'abord le charmant portique du château d'Anet, chef-d'œuvre de Philibert Delorme, apporté des bords de l'Eure sur ceux de la Seine; et, aux deux côtés, deux ailes de bâtiments à colonnes ioniques, conduisant vers un autre chef-d'œuvre, l'arc de Gaillon, du frère Giocondo, qui offre le caractère de la transition du style gothique au style renaissance. Si nous ajoutons à cela le portail moderne, imité du gothique pur, qui forme

Distribution, dans l'hémicycle de l'École des beaux-arts, des récompenses accordées aux artistes.

pendant au portail d'Anet, nous verrons qu'on a réuni dans cette première cour quatre genres tout différents.

En passant sous l'arc de Gaillon, nous trouvons une seconde cour, pavée en dalles de diverses couleurs, et fermée d'un côté par cet arc et ses balustrades, et sur les autres côtés par la continuation semi-circulaire, en retraite, du bâtiment ionique de la première cour. De nombreux débris d'architecture moyen âge et renaissance sont enchâssés dans les parois extérieures des hémicycles. Le bâtiment du fond est disposé de la manière suivante. Le rez-de-chaussée pose sur un soubassement, et des piédestaux destinés à recevoir les statues en marbre des élèves de Rome sont adossés au mur entre chaque fenêtre. Ces fenêtres se répètent au premier étage, et elles sont engagées dans une élégante ordonnance corinthienne, qui supporte à son tour un étage attique surmonté d'une frise découpée capricieusement, et servant de balustrade à la toiture. La crête de cette toiture est ornée elle-même d'une autre frise en fer découpée à jour, d'un style léger et élégant. Un perron de six marches précède la grande porte de ce bâtiment, au-dessus de laquelle on a écrit en lettres d'or : *Peinture. — Sculpture. — Architecture.* Les portraits, en relief de bronze, de Jean Goujon et de Philibert Delorme sont placés de chaque côté dans des médaillons ; au premier étage, on voit ceux de Lesueur et de Poussin.

Enfin, plus en arrière encore, on trouve la troisième cour, disposée en carré long entourée de toute part d'une architecture simple et froide, contrastant un peu avec les splendeurs qui précèdent. Cette cour est remarquable, surtout par son dallage en marbres diversement colorés et disposés avec art. Des colonnes, adossées au mur et supportant des bustes, en ornent le pourtour. Les deux grandes portes, situées au milieu des deux corps de bâtiment, dans l'axe de l'arc de Gaillon, sont ornées de magnifiques colonnes rouges, et des portraits de Périclès, d'Auguste, de Léon X et de François 1er.

On entre dans l'ancienne église, bâtie sous Anne d'Autriche, par le portail d'Anet. Cette église, disposée comme la chapelle Sixtine de Rome, renferme la superbe copie du *Jugement dernier*, de Michel Ange, exécutée par Sigalon aux dimensions de l'original. On y remarque en outre les reproductions en plâtre du tombeau des Médicis, tel qu'il existe à Florence dans la chapelle sépulcrale de Saint-Laurent ; ce qui reste du monument inachevé de Jules II, c'est-à-dire le *Moïse* et les deux *Esclaves*, que possède le musée du Louvre ; la *Pitié*, le *Faune*, le *Bacchus*, en un mot la collection presque complète des statues et des tableaux de Michel-Ange. De nombreux plâtres, moulés sur les chefs-d'œuvre de la statuaire ancienne et moderne, mais non encore classés, peuplent la plus grande partie du rez-de-chaussée. Dans le nombre se trouvent de gigantesques reproductions des ruines d'Athènes, portiques, bas-reliefs, etc.

La salle en amphithéâtre qui sert à prononcer le résultat des concours, et à remettre aux uns le brevet d'élève de l'École de Rome, aux autres les médailles qu'ils ont méritées par leurs envois de la ville éternelle, cette salle, disons-nous a été récemment terminée, et l'on y admire une fresque immense, œuvre de M. Delaroche. Cette fresque est une sorte d'apothéose des beaux-arts : disposée en hémicycle, autour de l'amphithéâtre, elle déroule l'histoire entière de la peinture, de la sculpture et de l'architecture. Au milieu, sur une espèce d'autel, se trouvent les figures idéales du père des arts, du père de la sculpture, et de l'architecte du Parthénon; à droite et à gauche, sous leurs costumes nationaux, et dans des attitudes un peu uniformes, sont groupés les principaux artistes de tous les temps, dans les pays classiques. L'ensemble de cette composition est froid et correct, comme le reste des productions de M. Delaroche.

Les sculptures envoyées par les étudiants à Rome servent, comme on l'a vu, à l'ornement des cours du palais : les tableaux et les épures architecturales prennent place, par rang de date, dans une salle spéciale, à l'étage supérieur. On s'étonne du petit nombre de noms célèbres qui se laissent remarquer parmi tant de signatures ignorées, et l'on se dit involontairement que, s'il est beau à un pouvoir de protéger les arts, cependant les écoles coûteuses, les académies, les institutions pensionnées à cet effet n'atteignent guère le but. Rarement les prix littéraires décernés par l'Académie ont produit de bons poètes et d'irréprochables écrivains; de même il n'est souvent revenu de Rome que d'assez pauvres sculpteurs, que d'assez méchants peintres. Corot, Delacroix, une foule d'autres ne figurent pas dans le musée des beaux-arts.

La salle du conseil a pour tout ornement d'excellents fauteuils et de mauvaises copies de Raphaël; d'autres salles sont envahies par des plâtres, de faible dimension, et par des collections de fresques, de vitraux, et d'autres débris en petit nombre, échappés à la dispersion du musée des monuments français. J'en finirai avec cette école en mentionnant la salle des modèles d'architecture. Il y a là, parfaitement exécutées en liège, les réductions de tous les monuments fameux, modernes et anciens; ces derniers d'abord dans leur état actuel,

École gratuite de dessin, rue de l'École-de-Médecine. — Porte d'entrée de la Rotonde.

Salle d'étude pour le modelage de la figure et de l'ornement, d'après les plantes vivantes.

et ensuite restaurés. C'est une des curiosités les moins connues de Paris. Par la même occasion, il convient de citer les plans-reliefs des villes fortes qui se trouvent aux Invalides. Ces travaux sur liège et sur bois n'attirent que l'attention des élèves et de quelques rares visiteurs : ils rentrent dans la catégorie des belles choses ignorées, dont ne parlent ni les ciceroni, ni les guides du voyageur.

La seconde cour donne entrée aux loges, dans lesquelles sont enfermés pendant soixante-douze jours les concurrents au grand prix. Après un concours d'essai qui réduit à vingt, puis à dix, le nombre des candidats, les membres de la section de peinture de l'Académie choisissent un sujet de tableau d'histoire, que les concurrents doivent exécuter durant leur claustration; il entre chaque année en loge dix candidats pour la peinture, huit pour l'architecture, et huit pour la sculpture, la gravure, en taille douce et en médailles, et le paysage historique. Le premier et le deuxième grand prix sont seuls envoyés à Rome; ils jouissent en outre de l'exemption de la conscription. La pension des élèves de Rome est fixée à 1,200 fr., dont 300 leur sont annuellement retenus pour leur être remis à la fin de la cinquième et dernière année. Les peintres doivent produire successivement huit figures d'après l'antique et d'après nature; puis tour à tour une esquisse, un grand tableau d'invention et un tableau d'histoire; ce dernier reste leur propriété. Les sculpteurs n'exécutent qu'une figure originale et une copie en marbre; mais ils doivent envoyer un certain nombre d'ébauches et de modèles; enfin les architectes sont chargés de parcourir l'Italie et d'expédier des épures de ruines et de monuments, des projets de restaurations, et enfin un projet de monument public de leur composition.

École gratuite de dessin, de mathématiques et de sculpture d'ornement. — Fondée en 1766, sous Louis XV, l'École gratuite de dessin et de géométrie en faveur des arts mécaniques commença une ère nouvelle pour la population laborieuse de Paris. Il n'existait à cette époque aucune école d'art ouverte gratuitement aux classes ouvrières. Les artisans ne trouvaient nulle part un centre de lumières et d'études pour les aider dans leurs travaux. Livrés à l'arbitrage de l'apprentissage, ou à des enseignements particuliers, ils marchaient à tâtons, au hasard, dans l'ignorance totale de ce qui avait

CHAPITRE LV. — LES ÉCOLES. 189

Salle d'étude pour le dessin et le modelage, d'après la bosse.

Salle d'étude de la figure et de l'ornement pour les commençants.

précédé. De là les formes contournées, fantasques, les agencements disgracieux, l'exécution flasque et molle qui amenèrent la décadence de l'ornement sous Louis XVI. De là aussi l'introduction d'ouvriers allemands, hollandais, anglais, dans nos manufactures, où l'on comptait alors dix étrangers contre un Français.

L'École parvint rapidement à un haut degré de prospérité. En 1768, le roi lui fait don de trois maisons; deux ans après, il lui accorde par lettres patentes la propriété de l'amphithéâtre Saint-Côme, où elle existe encore aujourd'hui. Le roi lui accorde également des maîtrises et apprentissages pour les grands prix et accessit dans les six corps de métiers de Paris. Les princes, la noblesse, le clergé, les corporations, s'empressent à l'envi de concourir, par des fondations perpétuelles ou annuelles, à cette œuvre d'utilité et de patriotisme. En entrant chez un maître pour y apprendre un métier, chaque apprenti était tenu de verser 3 francs à la caisse de l'École, dont les revenus s'élevèrent bientôt de 43 à 50,000 francs. Les artistes payèrent aussi leur tribut. Les premiers peintres firent des modèles gratis; les plus célèbres musiciens donnèrent des concerts à l'Opéra au profit de l'École. La distribution solennelle des prix eut lieu pendant plusieurs années aux Tuileries, dans la galerie de Diane, sous la présidence d'un ministre.

Toute la fabrication de Paris ne tarda pas à se ressentir d'une telle impulsion. Le travail délicat des objets de luxe, leur fini précieux, attirèrent dans la capitale l'or des provinces et de l'étranger. C'est de cette époque que date la différence que l'on remarque entre le mauvais goût de l'invention, c'est-à-dire de la partie *artiste*, et l'admirable adresse de la main-d'œuvre. On pourrait suivre les progrès de la pratique patiente, consciencieuse et adroite des artisans français, dans la marche progressive et toujours ascendante de l'École gratuite de dessin et de géométrie, dirigée d'abord par M. Bachelier, peintre, et complétée depuis par l'ouverture des classes du soir, par la création d'une école de sculpture, par l'introduction de l'étude de la plante vivante et de la bosse, par le cours historique d'ornement dessiné et démontré au tableau, par l'extension des classes d'adultes et des concours, etc., etc.

L'École et toutes les branches de son enseignement ont sans cesse répondu aux vœux de l'industrie; souvent même elles les ont devancés. Ainsi, pour n'en citer qu'un seul exemple, l'ornement, qui joue un si grand rôle dans nos sociétés modernes, pour l'architecture comme pour le reste, y a pris une grande

Porte d'entrée de l'École des chartes, rue du Chaume.

importance et y est l'objet d'un encouragement spécial. On l'a vu, s'inspirant de l'antique, ramener, sous le crayon de l'architecte Percier, le goût des formes simples, pures, un peu arides, qui dominèrent dans la fabrication des meubles, des bijoux, etc., sous l'Empire et une partie de la Restauration.

Après 1830, la paix et l'affluence des étrangers à Paris rendirent l'ornement français cosmopolite. On imita le moyen âge, la renaissance, le moresque. Puis l'art déborda des palais dans la rue. Les maisons neuves se couvrirent de broderies, de sculptures, et ce nouvel essor, tout en embellissant la ville, créa une carrière lucrative à une foule de jeunes ornementistes dont l'École était devenue la pépinière.

C'est par le bon goût du dessin, du choix des ornements, que les étoffes, les bijoux, l'orfèvrerie, la porcelaine, les tapisseries françaises, ont victorieusement soutenu la concurrence des étrangers sur tous les marchés de l'Europe, et l'École peut à bon droit revendiquer sa part de cette supériorité nationale.

Nous devons citer aussi l'École gratuite de dessin ouverte rue Dupuytren et où ne sont admis que les jeunes filles. Les éloges que nous avons adressés à l'École de la rue de l'École-de-Médecine peuvent s'appliquer aussi à celle de la rue Dupuytren quant au but de cette institution et à l'incontestable habileté mise dans sa direction. Pour le moment, il ne mérite aucune description, c'est une école, rien de plus.

École des Chartes. — L'origine de cette École est toute moderne, presque contemporaine; elle date du réveil des travaux historiques et archéologiques en France. En 1817, M. Raynouard, l'auteur des *Templiers*, se promenait en compagnie de M. l'abbé de Montesquiou, ancien ministre de l'intérieur de Louis XVIII. Il lui parla d'un projet qui consistait à renouveler en quelque sorte laïquement la congrégation de Saint-Maur, en faisant élever aux frais de l'État, dans une maison appartenant à l'État et dont les professeurs seraient payés par l'État, un certain nombre de jeunes gens destinés à devenir des *bénédictins civils*, ainsi les nommait M. Raynouard, qui offrait même d'accepter les fonctions gratuites de directeur de cette École. La proposition plut beaucoup à l'abbé de Montesquiou, qui soumit à Louis XVIII le plan exposé par M. Raynouard. Le roi, dont la fondation d'un pareil établissement caressait les affections littéraires et les prétentions archéologiques, reçut avec plaisir la communication de son ancien ministre et répondit qu'il y réfléchirait.

Le roi réfléchit pendant quatre ans. Ce ne fut que le 2 mars 1821 que parut dans le *Moniteur* une ordonnance qui, « dans le but de ranimer un genre d'études indispensables à la gloire de

Salle des cours de l'École des Chartes.

CHAPITRE LV. — LES ÉCOLES.

la France, et pour fournir à l'Académie des inscriptions et belles-lettres tous les moyens nécessaires à l'avancement des travaux confiés à ses soins, » créait une École des chartes dont les élèves, au nombre de douze seulement, recevaient un traitement.

L'article 3 de l'ordonnance portait que l'on apprendrait aux élèves de l'École des chartes à lire les divers manuscrits et à expliquer les dialectes français du moyen âge.

Au premier abord, l'opposition libérale ne vit dans la fondation de cette École que l'application de l'idée aristocratique et contre-révolutionnaire. Béranger, lançait ce refrain :

Chartiers, rendez-moi l'honneur :
Je suis bâtard d'un grand seigneur.

Malheureusement la plupart des élèves présentés et reçus dans les formes indiquées par l'ordonnance du roi étaient cousins, neveux ou arrière-petits-cousins des membres de l'Académie, et avaient été jetés là en attendant qu'on pût les placer ailleurs. L'ordonnance avait été si mal conçue, qu'elle ne fixait même pas le temps durant lequel devaient durer la pension et les cours. Une nouvelle ordonnance, contre-signée de M. de Corbière, fixa à deux ans la durée des études. Malheureusement M. de Corbière laissa subsister le mode de présentation des élèves par les académiciens. Les choses allèrent ainsi jusqu'en 1829, où M. de Labourdonnaie présenta au roi un rapport dans lequel il proposait d'admettre aux cours publics de l'École des chartes tous ceux qui désireraient les suivre, pourvu qu'ils fussent âgés de dix-huit ans révolus, et bacheliers ès lettres; de porter le traitement des pensionnaires à 800 fr.; d'ouvrir pour ces places d'élèves pensionnés un concours d'après lequel une commission présenterait une liste double de candidats à la nomination du ministre, etc. Ce rapport fut suivi d'une ordonnance qui divisait les leçons en cours de diplomatique et de paléographie française, ayant pour but d'apprendre à déchiffrer et à lire les chartes des différentes époques.

De cette École des chartes sont sorties à différentes époques des intelligences distinguées; mais, ainsi qu'on l'a déjà fait remarquer, l'École des chartes n'existera réellement que lorsqu'elle aura une constitution bien déterminée. De cette façon on fera d'elle une institution sérieuse, spéciale, dont le but ne semblera peut-être pas de détourner de leurs études un certain nombre d'élèves en droit ou en médecine, pour choisir, au bout d'une année, parmi eux quelques jeunes gens auxquels on jettera, pendant deux ans, une aumône de soixante-six francs soixante-six centimes par mois, sans s'inquiéter si cette dépense profite ou ne profite pas au pays qui la supporte, aux jeunes gens qui la reçoivent, et aux études qu'elle est censée favoriser et récompenser.

L'édifice dans lequel est actuellement l'École des chartes et les archives est généralement connu sous le nom d'Hôtel Soubise. Il occupe toute la partie droite de la rue du Chaume, comprise entre la rue du Paradis et la rue des Quatre-Fils. C'est le connétable Olivier de Clisson qui en fit faire les premières constructions. Le connétable posséda jusqu'à sa mort cet hôtel, qui passa ensuite au comte de Penthièvre. Plus tard il appartint à Philibert Babou, sieur de la Bourdaisière, qui, devenu évêque d'Angoulême, le vendit à Anne d'Est, femme de François de Lorraine, duc de Guise. C'est dans cet hôtel que plus tard le Balafré dicta ses volontés au roi de France.

En 1697, François de Rohan, prince de Soubise, l'acheta des héritiers de Guise.

On fit dans les temps plusieurs reproches aux travaux exécutés par le prince de Soubise. Le plus grave consistait à blâmer la disposition des ordres employés dans la construction de la façade de l'hôtel. On trouva mauvais que l'ordre corinthien fût supporté par l'ordre composite.

A la Révolution, les trophées d'armes qui ornaient la terrasse circulaire furent abattus; les statues qui s'élevaient au-dessus de l'entrée principale furent renversées, et les armes des Rohan-Soubise disparurent.

En 1808, le gouvernement fit l'acquisition de l'hôtel, et un architecte fut chargé de disposer l'intérieur du bâtiment pour y placer les archives.

Les archives occupent quatre-vingt-une pièces grandes ou petites, sans compter les bureaux; celles du rez-de-chaussée sont consacrées à la section administrative. Les appartements du premier sont affectés à la section historique à une portion de la section administrative, à la bibliothèque, à la section topographique et à la section domaniale. Les appartements se composent de l'ancienne salle des gardes, de la chapelle et d'une vingtaine de pièces jadis magnifiquement décorées.

On circule dans les différents corps de bâtiments par de magnifiques escaliers.

École spéciale des langues orientales vivantes. — L'École spéciale des langues orientales vivantes a pour but de former des jeunes gens destinés à faciliter les relations commerciales entre la France, l'Afrique et l'Asie. Cette École a été constituée par une ordonnance du 28 mai 1838; des examens sont subis par les élèves à la sortie de l'École, et ces examens déterminent les degrés qui leur sont accordés. En outre des élèves français, sont admis aussi des élèves étrangers; mais parmi les premiers seulement sont choisis ceux qui se destinent au dépouillement et à la traduction des manuscrits orientaux de la bibliothèque Richelieu, ainsi que les professeurs de l'École, qui sont pris aussi parmi les membres de l'Institut.

Les chaires de l'École spéciale des langues orientales vivantes sont au nombre de sept : l'arabe littéral, l'arabe vulgaire, le persan, le turc, l'arménien, le grec moderne et la paléographie grecque, l'indoustani, y sont professées d'après un enseignement élémentaire et pratique qui diffère ainsi de celui du Collège de France, car ce dernier est entièrement scientifique et littéraire.

Le siège de l'École est à la bibliothèque Richelieu.

Les cours embrassent toute la durée de l'année classique. Les leçons durent une heure et ont lieu trois fois par semaine. Ces cours sont publics; cependant les professeurs ont un registre sur lequel on peut se faire inscrire; les inscriptions sont prises tous les trimestres; une absence prolongée pendant six leçons fait perdre une inscription.

Après *quatre inscriptions*, un examen est passé en public et donne droit à un diplôme d'élève français ou étranger de l'École des langues orientales de France; on exige des élèves français qu'ils aient préalablement obtenu celui de bachelier ès lettres.

Après *huit inscriptions*, on passe un nouvel examen qui donne droit à un diplôme d'élève de deuxième année.

Enfin *douze inscriptions* donnent le titre de gradué français ou étranger pour les langues orientales, une série d'épreuves ayant été toutefois honorablement subie en présence et au jugement de tous les professeurs.

École des jeunes de langues. — L'École des jeunes de langues, qui se trouve au collége Louis-le-Grand, se rapproche beaucoup, par sa destination, de l'École spéciale des langues orientales vivantes. On sait que des emplois de drogmans ou interprètes commissionés dans les échelles du Levant se rattachent aux consulats; dans ces contrées, les chanceliers des consulats sont choisis parmi les drogmans ou interprètes; ceux-ci sont eux-mêmes choisis parmi les élèves drogmans déjà employés dans le Levant et qui sortent de l'*École des jeunes de langues*. Les élèves de cette École sont élevés aux frais de l'État, nommés par le ministre et pris parmi les fils ou parents des drogmans. L'École n'admet pas plus de douze élèves; ils ne peuvent être reçus au-dessus de douze ans ni au-dessous de huit. Cette carrière est trop restreinte et d'un rapport trop insuffisant pour qu'on y admette un plus grand nombre d'enfants et dans d'autres conditions que celles prévues par l'ordonnance de création.

Institution des Jeunes-Aveugles. — La cécité est, de tous les maux qui affligent l'espèce humaine, celui qui, en tout temps et dans tous les pays, a été en possession de l'intérêt le plus constant et le plus universel. Le roi saint Louis, auquel les établissements de bienfaisance doivent tant chez nous, acquit de l'évêque de Paris une pièce de terre voisine du cloître Saint-Honoré, appelée *Champourri*, sur laquelle il fit construire une maison qui, plus tard, forma l'encoignure de la rue Saint-Nicaise, et qui était destinée à loger et entretenir des aveugles pauvres au nombre de *quinze-vingts*, comme on comptait alors, et qui prit son nom du nombre de ses hôtes. On ignore la date précise de cette fondation; on sait seulement qu'elle remonte à l'année 1260 environ. Voici ce qu'en dit le confesseur de la reine Marguerite : « Aussi li benoist roy fist acheter une pièce de terre de lez Saint-Entouré, où il fist fère une grant mansion porceque les poures avugles demorassent ilecques perpetuelement jusques à trois cens; et ont tous les ans, de la borse du roy, pour potages et pour autres choses, rentes. En laquelle maison ont une esglise que il fist fère en l'honeur de saint Remi, pour ce que lesditz avugles oient ilecques le service Dieu. Et plusieurs fois avint que li benoyst roy vint as jours de la feste Saint-Remi, où lesditz avugles faisoient chanter solennellement l'office en l'esglise, les avugles présens entour le sainct roy. » En effet, Louis IX avait, en 1270, constitué de nouveau trente livres de rentes destinées spécialement au potage de ces trois cents aveugles. Clément XIV, de son côté, par une bulle de 1265, avait recommandé cette institution aux évêques et prélats de France, et les avait invités à accueillir et à favoriser les quêteurs qui allaient recueillir des aumônes pour elle. Guillaume de Villeneuve, dans ses *Crieries de Paris*, nous les présente demandant à grands cris du pain dans les rues :

A pain crier mettent grant peine,
Et si l'avugle, à haute aleine,
Du pain à cels de Champs porri,
Dont moult sovent, sachiez, me ri.

Rutebœuf, poète du treizième siècle, dans sa pièce des *Ordres de Paris*, se montre assez peu partisan de cet établissement, dont il dit en substance : « Je ne sais trop pourquoi le roi a réuni dans une maison trois cents aveugles qui s'en vont par troupes dans les rues de Paris, et qui, pendant que le jour dure, ne cessent de *braire*. Ils se heurtent les uns contre les autres et se font de fortes contusions, car personne ne les conduit. Si le feu prend à leur maison, il ne faut pas en douter, la communauté sera entièrement brûlée, et le roi obligé de la reconstruire sur de nouveaux frais. »

Les Quinze-Vingts demeurèrent dans leur habitation primitive jusqu'en 1779. A cette époque, le cardinal de Rohan, grand aumônier de France, fameux par son luxe, sa crédulité et le rôle qu'il eut à jouer dans l'intrigue du collier; le cardinal de Rohan les transféra au faubourg Saint-Antoine, rue de Charenton, dans l'ancien hôtel des mousquetaires noirs, et le nombre des infirmes secourus fut augmenté; mesure bienfaisante à laquelle on ne peut reprocher que de faire mentir le titre de l'établissement.

Pendant plus de cinq siècles on avait cru tout fait en venant en aide à un petit nombre de malheureux que leur état de cécité absolue et d'indigence constatée condamnait à mourir de faim; mais personne n'avait songé encore à chercher le moyen de mettre les aveugles de naissance dans la position de suppléer en quelque sorte, par une éducation spéciale, au sens qui leur manquait. En 1784, un homme de bien, un pauvre professeur d'écriture qui était frère d'un savant minéralogiste, Valentin Haüy, auquel pesait la position de frère d'un homme de mérite, eut occasion de voir et d'entendre à Paris, au concert spirituel de mars 1784, une jeune aveugle, célèbre pianiste de Vienne, mademoiselle Paradis, qui, au moyen d'épingles placées en forme de notes et de lettres sur de grandes pelotes, lisait rapidement musique et l'exécutait de manière à enlever tous les applaudissements. Elle n'expliquait pas moins bien la géographie sur des cartes en relief, dont l'invention était due à un autre aveugle, Weissembourg, de la ville de Manheim.

Institution des Jeunes-Aveugles. — Costume des garçons.

Valentin Haüy comprit tout le parti qu'on pourrait tirer pour l'éducation des aveugles-nés, jusque-là totalement négligée en France, de ces procédés ingénieux développés et complétés. Il raconte lui-même, dans une brochure qu'il publia plus tard, que, préoccupé de cette pensée, un jour qu'il passait sur le boulevard du Temple, il aperçut des aveugles jouant de plusieurs instruments avec des lunettes sur le nez et feignant de lire la musique placée devant eux. Cette triste parade l'émut péniblement; il s'approcha de ces infortunés, et leur demanda s'ils ne préféreraient pas lire réellement la musique, à se rendre ainsi la risée des passants. Ses observations furent peu goûtées, et il vit bien qu'il n'avait pas encore rencontré les sujets qu'il lui fallait. Cherchant un aveugle intelligent pour appliquer la méthode qu'il avait conçue, il le trouva enfin près de l'église de Saint-Germain des Prés. C'était un aveugle né à Lyon, qui mendiait pour soutenir sa mère; il se nommait Lesueur; et, de même que Valentin Haüy allait devenir pour les jeunes aveugles ce que l'abbé de l'Épée était déjà pour les sourds-muets, Lesueur était destiné de son côté à en être le Massieu. Valentin Haüy, ayant interrogé cet enfant, fut frappé de son intelligence; il l'emmena chez lui, le réunit à d'autres infortunés, et, après les avoir instruits, il présenta Lesueur à la Société philanthropique, qui, satisfaite de cet essai, accorda à l'instituteur une maison située rue Notre-Dame des Victoires, n° 18, et des fonds pour l'entretien de douze élèves. Le succès justifia cette libéralité. En 1786, Haüy fut appelé à faire exécuter aux élèves formés par lui leurs exercices devant le roi et toute la cour. Ils devinrent l'objet de l'attention générale, du plus vif intérêt, et le maître reçut des encouragements qui lui permirent d'augmenter leur nombre. Dans cette même année, Valentin Haüy dédia au roi et publia un ouvrage de lui, composé et imprimé par ses élèves aveugles, avec des caractères dont la saillie et des presses dont le foulage donnaient un relief tel à l'impression que les aveugles peuvent le lire en promenant le bout de leurs doigts sur les lignes. Le titre de ce livre énumère tout ce que Haüy avait déjà à peu près obtenu : *Essai sur l'éducation des Aveugles, ou Exposé de différents moyens vérifiés par l'expérience, pour les mettre en état de lire à l'aide du tact, d'imprimer les livres dans lesquels ils puissent prendre des connaissances des langues, d'histoire, de géographie, de musique, etc., d'exécuter différents travaux relatifs aux métiers.* Ces jeunes aveugles furent aussi utilisés en apprenant à lire à des enfants clairvoyants.

En 1790, le duc de la Rochefoucauld-Liancourt obtint du directoire du département de Paris que les jeunes aveugles et les sourds-muets seraient placés au couvent des Célestins, près de l'Arsenal. Cette réunion, sollicitée par un homme de bien, pensa être fatale aux deux œuvres. L'Assemblée nationale, par un décret du 2 juillet 1791, décida bien que les deux écoles seraient entretenues aux frais de l'État; mais la mésintelligence qui avait éclaté entre les chefs de l'un et de l'autre établissement contrariait toutes les dispositions généreuses prises à leur égard, et pensa amener la ruine de ces institutions. La discorde s'étendit jusqu'aux élèves, qu'on était arrivé à mettre en communication, mais non à faire vivre en bonne intelligence. Les sourds-muets composaient, en caractères en relief, des phrases que les aveugles lisaient par le toucher, et auxquelles ils répondaient par la langue des signes qu'on leur avait apprise. Enfin, en 1795, un décret de la Convention vint sagement opérer la séparation, et transféra les jeunes aveugles dans la maison Sainte-Catherine, rue des Lombards. Une bourse gratuite fut en même temps créée pour chacun des quatre-vingt-trois départements que formait alors la France.

Malheureusement Valentin Haüy, à la philanthropie ingénieuse, patiente et dévouée duquel l'institution devait son existence, n'était pas né administrateur. Le regret qu'il avait de se séparer d'un de ses élèves le portait à envisager la maison qu'il dirigeait plutôt comme un hospice qu'ils devaient habiter toujours que comme une maison d'éducation spéciale où ils ne devaient demeurer que le temps nécessaire à leur

Institution des Jeunes-Aveugles. — Costumes des filles.

instruction. Il maria donc des aveugles et introduisit, sans l'avoir prévu, dans l'établissement, les abus qui devaient résulter inévitablement de ce mélange de ménages et de célibataires. Le mal était grand, mais un arrêté ministériel du 4 nivôse an IX (1801) y apporta le pire de tous les remèdes. Il fut ordonné que les jeunes aveugles seraient réunis à l'hospice des Quinze-Vingts, c'est-à-dire que des jeunes gens auxquels on avait donné de l'éducation seraient incorporés et confondus avec des aveugles mendiants qui n'avaient reçu aucune, et avec lesquels, par conséquent, ils n'avaient pas de point de contact.

Ce déplorable état de choses subsista jusqu'en 1815, année où une ordonnance royale prononça enfin la séparation des Jeunes-Aveugles des Quinze-Vingts, et la translation des premiers, opérée peu après, à l'ancien séminaire Saint-Firmin, rue Saint-Victor.

C'est là que l'institution, classée parmi les établissements généraux de bienfaisance, est demeurée jusqu'à sa récente translation dans les bâtiments dont l'érection a été votée en 1838, dont la première pierre a été posée en 1839, et dont elle a achevé de prendre possession le dimanche 24 décembre 1843, jour de la consécration de la chapelle.

Cet édifice a été construit sur un terrain compris entre le boulevard des Invalides, la rue de Sèvres, la rue Masseran et la petite rue des Acacias. L'entrée principale, fermée par une grille en fer placée entre deux pavillons, est située sur le boulevard, d'où l'on peut admirer le fronton de l'édifice dû au ciseau de M. Jouffroy, sculpteur. Le sujet choisi par l'artiste est en parfaite harmonie avec

Salle de bains.

CHAPITRE LV. — LES ÉCOLES.

l'établissement : c'est, d'un côté, Valentin Haüy enseignant le travail à ses élèves, de l'autre, une institutrice donnant des leçons aux jeunes filles aveugles, et, au milieu, la Religion les encourageant tous deux. Les dispositions intérieures du local ont été combinées de manière à isoler les filles des garçons, et les uns comme les autres trouvent les mêmes commodités, les mêmes dispositions dans la partie qui leur est affectée. Le bâtiment du milieu, formant la séparation des deux quartiers, n'a de commun que la chapelle qui se trouve au premier étage. Les garçons sont placés dans l'aile de droite, et les filles dans l'aile de gauche au rez-de-chaussée; à l'entrée sont, des deux côtés, des réfectoires garnis de tables de marbre posées sur des trépieds en fonte fort élégamment ouvragés; les cuisines se trouvent derrière, et, dans le fond, les salles de bains disposées de manière à servir à la fois trente-deux bains de corps et trente-deux bains de pieds. Le puits de Grenelle fournit à tous les besoins de l'établissement, et son eau y arrive conservant une température assez élevée.

A droite et à gauche sont les salles de récréation. Les salles de classe et d'étude sont au premier étage, au-dessus de ces dernières; à leur extrémité, sur le boulevard, les salles de conférence, entre lesquelles se trouve celle du conseil. L'appartement du directeur est à côté, dans le pavillon de droite, et celui de la première institutrice dans le pavillon de gauche. La chapelle se trouve, ainsi que nous l'avons dit, dans le bâtiment du milieu; elle est des ordres ionique et corinthien combinés ensemble; la nef est soutenue par vingt-quatre colonnes, dont quatre en marbre plein et les autres en stuc; le plafond des bas-côtés est coupé par des caissons, décoré uniformément par des peintures de fantaisie. Le grand plafond est orné de rosaces dorées qui produisent un très-bel effet. Des inscriptions renfermées dans des médaillons régnant au pourtour relatent les phases successives de l'institution. Le monument est de forme demi-circulaire, terminé en calotte; l'autel est placé au fond contre le mur, dans lequel est ménagée une niche pour le tabernacle. Des tribunes sont élevées de chaque côté, et se prolongent d'un bout à l'autre de

Inauguration de l'établissement actuel des Jeunes-Aveugles.

la nef; les dispositions intérieures ont été prises de manière à pouvoir couper le vaisseau en deux parties par une cloison mobile placée à l'origine de l'hémicycle, et ménageant en avant une grande salle d'exercice pour les élèves. L'appartement de l'aumônier est contigu à la chapelle. Le deuxième étage est composé, dans les deux quartiers, de vastes salles servant de dortoirs, de logements pour le médecin, l'agent comptable, etc.; le logement des sœurs est

Le gymnase.

au troisième étage, entre l'infirmerie des garçons et celle des filles, à côté desquelles se trouvent d'autres salles de bains pour les malades et un promenoir pour les convalescents. Les archives sont placées sur la chapelle, au bout d'un grand dortoir supplémentaire. Viennent ensuite les logements des professeurs, des divers employés de l'établissement, et les ateliers. En résumé, rien n'a été négligé dans le nouvel édifice pour conserver la santé et assurer le bien-être des hôtes infortunés qu'il a reçus : ils y ont trouvé un air pur, des logements vastes et sains, de beaux jardins où ils peuvent se livrer à des exercices gymnastiques, et enfin une distribution commode et parfaitement entendue.

Toutes les personnes qui sont admises à visiter cet utile établissement rendent, en sortant, hommage à l'habile et consciencieux architecte qui a dressé les plans et dirigé les travaux de cette construction. En trois années, il est parvenu à la mener à fin, parce qu'il a su en même temps se renfermer dans ses devis et n'a pas dépasser le chiffre de dépense qu'il avait annoncé. Il n'a donc pas eu de crédit supplémentaire à demander et à attendre; il n'a donc pas laissé le temps à l'administration supérieure de changer successivement vingt fois d'avis; enfin, il a su éviter tous les inconvénients et tous les scandales qu'on a signalés dans une foule d'autres travaux publics. Cet artiste éminent et honnête homme est M. Philippon.

On lui a demandé un édifice qui pût recevoir non-seulement les élèves gratuits, dont le nombre est porté à cent vingt, mais au besoin, pour faire face aux éventualités d'augmentation nouvelle du chiffre des boursiers comme du nombre des élèves payants, un total de trois cents jeunes gens. M. Philippon a fait ce qu'on lui a demandé. Il ne s'est pas borné à construire un établissement salubre pour remplacer celui de la rue Saint-Victor, qui ne l'était guère; on a voulu un collège, non pas un de ces tristes, humides et froids couvents défroqués où nous avons tous été élevés, où nos enfants le seront probablement encore, mais un collége bien ciré, bien chauffé, bien illuminé, qui fît enfin dans les établissements d'éducation et de bienfaisance une véritable révolution. Ce programme a été admirablement exécuté.

Mais maintenant que nous avons rendu pleine justice à l'artiste, nous sera-t-il permis de penser et de dire que le parti qu'on a pris et que l'on suit ne nous paraît pas le meilleur de tous? D'après les calculs de M. Dufau, il y a en France de trente-six à quarante mille aveugles. Vous construisez un hôtel où vous pourrez en recevoir trois cents de l'âge de dix à quatorze ans qui pourront y demeurer huit années. C'est une population qui se renouvellera bien lentement et qui est dans une proportion bien minime avec le chiffre de tous les êtres qui naissent affligés de cette même infirmité. Nous voudrions, et nous croyons ce vœu tout à fait exécutable, nous voudrions que tout enfant aveugle-né de parents pauvres fût admis de droit et gratuitement dans cet établissement, y reçût une instruction sommaire, et y apprît un métier; que, cela fait, il fût immédiatement rendu à sa famille et fît place à un autre infortuné. Nous ne croyons pas que cela entraînât l'État à des dépenses bien lourdes pour le budget, dépenses que nous regarderions comme l'acquit d'une dette sacrée envers le malheur. Il ne faut pas le dissimuler, ce n'est pas plus le travail manuel qui domine dans l'éducation donnée à ces enfants que ce ne sont les ateliers qui tiennent la plus grande part de l'édifice de M. Philippon. L'enseignement y est triple : l'enseignement intellectuel, musical et industriel. Tous les élèves reçoivent l'instruction primaire, c'est fort bien; mais on donne l'instruction supérieure à tous ceux qui ne sont pas d'une intelligence absolument rebelle, et nous pensons que les élèves payants et les boursiers annonçant des facultés exceptionnelles devraient être seuls admis à ces cours. Nous avons lu dans un des médaillons qui règnent au pourtour de la chapelle l'inscription suivante : «Paingeon, ancien élève de l'Institution et lauréat du concours général, est nommé professeur de mathématiques au lycée d'Angers.» C'est sans aucun doute un fort honorable souvenir pour l'établissement; mais nous avons vainement cherché la mention de quelque succès du même genre dans l'industrie. La musique instrumentale ne nous paraît pas de même devoir être enseignée qu'à ceux des élèves gratuits qui annoncent pouvoir y trouver par leurs dispositions toutes particulières un moyen d'existence. Quant aux professions, concentrez-y presque entièrement l'attention et les efforts des enfants. Déjà vous avez reconnu que les garçons pouvaient être utilement appliqués au tressage des chaussons et des nattes, au tour et à l'ébénisterie, à la brosserie, au tissage de la toile et du molleton, à la vannerie; et les filles au filet, aux dessous de lampe, au rempaillage; déjà aussi la maison et les hospices sont fournis d'un certain nombre d'objets dus à leur travail. Faites qu'ils s'adonnent presque tous et presque uniquement à certains travaux manuels; élargissez encore le cercle des professions auxquelles ils ont été jusqu'ici reconnus applicables; la construction que vous venez d'édifier demeurera le collége de l'Institution, et M. Philippon vous construira une école d'arts et métiers qui la complétera bien utilement.

Déjà s'est formée une société de patronage pour les aveugles travailleurs qui a ouvert des ateliers où elle les reçoit et les fait travailler pour son compte. Elle les loge et les nourrit, et en échange leur demande des produits dont la valeur atteigne 1 franc 25 centimes. Lorsque la journée a été plus productive, l'excédant est acquis à l'aveugle. Nous n'hésitons pas à croire que mettre ainsi tous les aveugles-nés en position d'aborder ces ateliers et d'y assurer leur existence, est une tâche plus vaste sans doute, mais aussi plus utile dans ses résultats que celle de fournir quelques bacheliers de plus aux examens de l'Université.

Dieu nous garde de laisser peser sur l'homme éclairé et dévoué qui dirige cet établissement la critique que cet article renferme. Comme l'architecte, il est forcé de suivre le plan qui lui a été tracé. La révolution que nous demandons ne dépend pas d'un directeur. Elle dépendrait d'un ministre qui voudrait bien prêter à cette question l'attention qu'elle nous semble réclamer, et qui aurait auprès du pouvoir une réputation de conscience et d'études assez bien faite pour qu'elles n'hésitassent pas à lui fournir les moyens de l'opérer. Ce que nous disons des Jeunes-Aveugles, nous pourrions le dire des Sourds-Muets. Par les mesures prises et la marche suivie jusqu'à ce jour, l'État ne vient pas en aide à plus de 1,000 aveugles indigents et aveugles-nés et à plus de 800 sourds-muets. Nous avons déjà dit que l'on compte 36 à 40,000 des premiers; les seconds sont au nombre d'environ 25,000. Dans plusieurs États d'Allemagne, ils sont tous secourus. Nous croyons que le gouvernement français pourrait faire mieux encore : ce serait, à l'aide d'un sacrifice mieux entendu, de les mettre presque tous à même de n'avoir besoin de personne.

Institution des Sourds-Muets. — Il existe en France vingt-cinq mille sourds-muets et quarante mille aveugles : le nombre des écoles où ces infortunés peuvent recevoir une éducation qui les mette à même de suppléer les sens qui leur manquent, est restreint à trente-neuf, recevant environ deux mille élèves. Pourtant il n'y a pas de conquête plus désirable, pour la civilisation, que celle de ces parias de la nature : nous leur devons mieux qu'une stérile compassion, que de vaines aumônes, capables tout au plus de soutenir en eux la vie animale. Les rendre égaux de leurs frères entendants et clairvoyants, les faire participer à la vie intellectuelle et sociale, c'est une œuvre digne de fixer toute l'attention des hommes éclairés, c'est une œuvre qui doit attirer les bénédictions universelles sur l'abbé de l'Épée et sur Haüy.

L'école des sourds-muets est actuellement située dans les bâtiments d'une ancienne communauté religieuse, entre les rues Saint-Jacques, d'Enfer et de l'abbé de l'Épée; cet édifice n'a rien de monumental, et ne présente à l'amateur des arts qu'une chapelle assez insignifiante et qu'un petit nombre de bustes sans nulle valeur. Mais, dans un établissement de cette sorte, l'architecture, la sculpture, la peinture, n'ont rien à faire; on doit s'intéresser peu aux règlements intérieurs comme aux dispositions extérieures; ce qui fixe surtout les regards et l'admiration universelle, c'est la méthode d'enseignement ellemême, la manière dont on a pu remplacer un sens par l'autre, faire comprendre à des malheureux, privés d'un organe essentiel, les idées les plus compliquées et les plus abstraites, parmi toutes les idées qui ont coutume de pénétrer jusqu'à notre intelligence par l'intermédiaire de cet organe. Rendre sensibles aux yeux les sons primitifs représentés par les lettres de l'alphabet, enseigner, sans le secours de l'ouïe, les diverses combinaisons de ces sons, et la formation des diphthongues, des syllabes et des mots, puis faire comprendre l'application des mots aux choses, telle est la première face du problème. Il faut ensuite renverser les données, et rendre possible par le geste l'expression des idées les plus abstraites, les moins propres à être figurées. Voici, en prenant un exemple, la marche que l'on suit :

On montre d'abord à l'élève qu'il faut instruire un objet d'un usage journalier, tel qu'une fourchette, un couteau, etc., et, en même temps, un dessin, représentant cet objet, avec le nom écrit en caractères bien nets. Par cet exercice, répété sur un grand nombre d'objets, le sourd-muet s'habitue à la corrélation qui existe entre chaque chose et l'image qui la représente; sur un signe, il apporte tour à tour l'objet ou la représentation. Ensuite, on isole l'inscription, et on l'exerce à saisir également le rapport entre l'image et les caractères qui en désignent le nom. Puis le mot lui-même est décomposé en syllabes, en lettres, etc.; le jeune sourd-muet, toujours mécaniquement, s'habitue à les combiner. Enfin, l'instrument précieux qu'il a entre les mains, lui est connu tout entier; il sent qu'il possède un moyen de communiquer à ses semblables toutes ses idées, moyen bien plus précieux et bien plus rigoureux que les gestes, que la mimique la plus expressive. Peu à peu la lecture, l'écriture, par des exercices et des difficultés qui sont gradués avec un soin infini, lui deviennent familières; à force d'activité, de temps et de patience surtout, on est parvenu à faire connaître l'objet à l'élève, à lui en faire trouver le signe, à le lui faire dessiner, à écrire le nom, à lui en apprendre l'alphabet manuel, et, à force de répétitions, à lui en faciliter l'exécution rapide.

Il reste à lui *rendre la parole.* Cette expression n'est pas littéralement exacte; car le sourd-muet ne s'entendra pas parler, et on ne peut réussir qu'à lui faire articuler volontairement, sciemment, les voix confuses, les sons qu'il fait machinalement sortir de son gosier. Pour cela, l'instituteur épie les sons qui jaillissent par hasard de leur bouche comme l'étincelle du briquet; et que l'on ne croie pas que la bonne fortune d'entendre des voix articulées soit bien rare; malgré leur confusion, l'on remarque souvent que les voix que ces malheureux font entendre dans leurs conversations muettes sont accentuées, empreintes d'émotions vives et de sentiments tendres.

Un enfant fait entendre, par exemple, les sons *a*, *e*, et les articulations *ti*, et *mi*. Après plusieurs essais, on parvient à les lui faire répéter et prononcer distinctement. L'enfant ne sait pas encore ce qu'il possède; il ne le sent pas; cependant, quoiqu'il soit plongé dans le mutisme le plus absolu, il sentira un jour, ou plutôt il distinguera, à travers les mouvements confus de sa glotte, quand elle produit des sons et quand elle n'en produit pas; et, avec ce tact exquis naturel aux malheureux déshérités, il pourra les reproduire à volonté, et s'en servira pour appeler des entendants à distance. Tel est le premier pas, pour arriver à la possibilité de soutenir des conversations suivies.

Cependant le langage des signes est encore le plus usité entre sourds et muets; ce langage a été réglé et complété par l'adjonction d'un alphabet particulier, grâce auquel chaque lettre est représentée par le mouvement des doigts. Mais, pour la figuration rapide des idées abstraites et de celles qui s'élèvent au-dessus du niveau vulgaire de la conversation, les sourds-muets et leurs instituteurs ont imaginé des combinaisons de signes souvent très-pittoresques et très-poétiques. En voici quelques exemples.

Demandez à un élève, sans lui donner le temps de la réflexion, de vous montrer *un*. Aussitôt il vous présentera sa *canne*, son *chapeau*. Vous lui ferez remarquer qu'il vous montre *un objet*, et non pas le nombre *un*, isolé, séparé de tout autre objet. Il vous montre son doigt; même objection de votre part. Il cherche à se tirer d'embarras en traçant une ligne en l'air; mais cette ligne ne laisse aucune trace, et fût-elle empreinte, permanente et visible sur un plan, elle finit toujours par lui prouver qu'il est impossible de vous montrer le nombre *un* seul, isolé d'un objet. Il est alors convaincu qu'il ne peut isoler l'abstrait du concret, et qu'il est peut-être impossible de le concevoir.

Le sourd-muet se sert du pinceau du peintre pour exprimer le *rire* et le *pleurer*. Pour rire, il lui suffit de tourner les doigts plusieurs fois avec rapidité les extrémités de l'arc de la bouche vers le ciel; veut-il pleurer, il les renverse sur la terre.

Un prince, dit-on, visita la galerie de Florence, et, voyant un Amour qui pleure dans un coin du tableau, il pria l'artiste de le faire rire. En ce temps-là, désir de prince était un ordre : en deux traits de pinceau, l'Amour se mit à sourire.

Si l'élève imite l'action de peindre, comme s'il avait le pinceau de la main droite, la palette au pouce gauche, et s'il transporte cette opération à l'esprit, en indiquant le front et en simulant l'action de plonger l'index dans le sommet de la tête, si sa physionomie s'anime, il montre l'*imagination*.

S'il se frappe le front plusieurs fois rapidement avec l'index, pour indiquer le siége de l'esprit, s'il dirige les doigts vers le ciel, en les agitant vivement pour imiter la flamme qui jaillit de la tête, n'a-t-il pas peint le *génie?*

Ces diverses représentations, on le voit, ne manquent pas d'originalité et de grâce; les sourds-muets, dans leur langue écrite ou parlée, possèdent aussi des métaphores pleines de poésie et de sensibilité; quoi de plus touchant que cette périphrase pour désigner la reconnaissance : la *mémoire du cœur?*

Au reste, les expressions de la parole *mimée* ne sont pas toutes si compliquées et si conventionnelles; il existe un grand nombre de signes, de jeux de physionomie, de gestes si naturels, qu'on les comprend partout. Grâce à cette langue universelle, les sourds-muets de tous les pays peuvent se considérer comme des frères que leur infirmité rapproche les uns des autres, par le fait même de leur isolement au sein de la société : plus heureux en quelque sorte que leurs frères les *parlants*, ils ne connaissent pas la confusion de Babel, et possèdent un langage qui se passe de truchement sous toutes les latitudes.

Aujourd'hui l'éducation et l'instruction de ce petit nombre de sourds-muets privilégiés que l'État admet dans nos écoles, sont poussées à un haut degré de perfection; les méthodes les plus philosophiques et les plus justes sont consacrées à les initier par degrés à toutes nos connaissances. Les jours de fêtes solennelles, comme, par exemple, les distributions de prix, un public nombreux est admis à voir, à admirer le résultat de tant d'efforts éclairés; il admire l'esprit de ces malheureux, leur intelligence, leurs saillies, vives et fines, et l'on comprend que l'amour-propre des instituteurs se complaise dans cette exhibition un peu contraire à la modestie. Il y a des sourds-muets poëtes, penseurs, musiciens, orateurs, philosophes, déclamateurs; quelques-uns, entre autres M. Ferdinand Berthier, se sont fait un nom dans la littérature.

En finissant, nous ne répéterons pas une fois de plus la vie si simple, si laborieuse, si pleine d'abnégation et de vertus du vénérable abbé de l'Épée; nous ne parlerons guère plus de l'abbé Sicard, dont les jours d'épreuve furent récompensés par des jours de triomphes. Contentons-nous de dire que les traditions de ces deux excellents maîtres ne sont pas perdues de nos jours à l'école de la rue Saint-Jacques, et souhaitons que les bienfaits de cette éducation si complète et si bien raisonnée s'étende au plus grand nombre possible de ces infortunés.

Écoles communales. — Nous avons conduit nos lecteurs dans l'intérieur des salles d'asile, ces écoles enfantines où le fils et la fille du pauvre trouvent à la fois l'instruction et l'amusement dans un système ingénieux d'enseignement. Les écoles communales ne présentent pas une physionomie si intéressante. Les élèves que reçoivent ces écoles, dues à la charité municipale, sont déjà grands et turbulents; ils seraient trop disposés à tourner en ridicule et en jeux bruyants les évolutions chorégraphiques et musicales qui accompagnent la leçon sur les consonnes et sur les voyelles. On a remplacé cette méthode par celle de l'enseignement mutuel, combiné avec la discipline sévère que nous avons déjà vue dans les colléges, et que nous allons retrouver dans les institutions particulières. La méthode mutuelle, mise en vogue depuis quelques années, réussit particulièrement pour l'enseignement élémentaire. Comme chacun sait, il consiste à n'employer les maîtres salariés à peu près comme des directeurs suprêmes et des juges sans appel; les leçons se donnent d'élève à élève, le droit de surveiller étant la récompense et le privilége du plus sage, et l'instruction étant distribuée par les plus forts. Ce mode d'enseignement a l'avantage de piquer au vif l'émulation des élèves; mais ne peut-on pas lui reprocher l'inconvénient de surexciter parfois leur amour-propre? Quoi qu'il en soit, le système lancastrien, comme on l'appelle, et dont les fondateurs sont des hommes pleins de vertu et de talent, mérite la réputation qu'il s'est acquise. La ville de Paris fait les frais d'entretien de ces écoles, dont il y a un certain nombre dans chaque arrondissement; elle salarie les professeurs et les maîtres, et offre aux bons élèves, outre les prix de chaque fin d'année, des bourses pour le collége Chaptal.

Les rivaux des écoles communales sont les frères de la Doctrine chrétienne. Cette institution respectable, qui s'étend sur toute la France et dans la plus grande partie des États catholiques, a son centre à Paris, dans la rue Oudinot. Chacun connaît, au moins de nom, le frère Philippe, leur supérieur général. L'œuvre des frères de la Doctrine chrétienne vit sur les quêtes faites à domicile, et sur cet immense budget secret du culte catholique, dont l'actif se forme du produit du casuel des églises et de la générosité des fidèles. L'enseignement, très-modeste d'ailleurs, est réparti par des maîtres qui seraient les premiers professeurs du monde, si leur science égalait leur abnégation et leur désintéressement : leur instruction est cependant bien suffisante pour ces premiers éléments que l'on accorde aux enfants du peuple. Il faut louer sans réserve leur zèle et leur charité, qui fait de leur vie entière un long sacrifice et une longue privation.

On retrouve, dans ce premier degré de l'instruction publique, la rivalité et la concurrence qui divisent l'Université et le corps ecclésiastique dans toute l'étendue de l'échelle sociale. Les maîtres de la mutuelle et les Frères ont pour correspondants les professeurs de colléges et les régents des séminaires; et l'émulation entre les élèves deviendrait bientôt de l'hostilité, si les surveillants ne venaient pas y mettre des obstacles.

Une distribution de prix chez les Frères est un spectacle qui ne manque pas d'originalité : on y retrouve comme un souvenir éloigné de ces grandes fêtes solennelles des grands colléges d'autrefois, où les lauréats représentaient, aux applaudissements de l'auditoire, la tragédie en iambiques latins, composée, à l'imitation de Sénèque, par quelqu'un de messieurs les régents. Après un ou plusieurs discours, cet assaisonnement indispensable de toutes nos fêtes joyeuses, de tous nos anniversaires tristes ou gais, viennent quelques scènes dialoguées, à deux ou trois acteurs, récitées par les plus forts en lecture. Cet exercice domestique est emprunté ordinairement à *Esther*, ou bien à *Athalie*; d'autres fois, le théâtre inoffensif de Berquin et de ses nombreux disciples fournit les éléments de la représentation. La partie orale de la fête se termine par un compliment, chef-d'œuvre imaginé par le plus habile rhétoricien du lieu, et déclamé par le candidat de l'école Chaptal. Puis le public, après avoir entendu proclamer les noms des vainqueurs, est admis à l'exposition de leurs travaux; il admire, sous le verre et le cadre, les exemples calligraphiques, les épures de dessin linéaire, et même des profils ombrés, qui justifient des talents des divers lauréats.

Collége Chaptal. — Le collége Chaptal est destiné à l'enseignement professionnel, créé à l'imitation de l'École Saint-Laurent, que fonda la ville de Paris pour suppléer à l'insuffisance des colléges de la rive droite; il fut d'abord dirigé par des particuliers et subventionné par le conseil municipal; aujourd'hui la ville en a la direction, et l'a constitué sur le même pied que sa sœur aînée. Un certain nombre de bourses sont à la disposition des élèves des écoles primaires qui se distinguent par leur intelligence et leur travail; ils sont admis, comme les autres, à suivre le cours complet, divisé en six années. Ce cours comprend toutes les connaissances utiles aux jeunes gens qui se destinent aux carrières industrielles et commerciales : le français, l'histoire, la géographie, le dessin linéaire, les mathématiques considérées surtout sous le rapport de leur appréciation pratique, la cosmographie, la physique, la chimie, la géologie et la métallurgie; puis la botanique, la culture générale, la zoologie, la technologie et l'étude de toutes les matières premières dont se sert l'industrie, la mécanique industrielle.

Les professeurs ne peuvent recevoir que le titre de maîtres, maîtres-adjoints et préfets d'études : mais cette infériorité nominale, relativement à leurs confrères de l'Université, n'empêche pas qu'ils ne soient en général des gens pleins de zèle et de talent. Il existe au collége Chaptal un système d'appréciation du travail et de la valeur des élèves qui mérite d'être signalé : on n'y fait pas habituellement, comme dans les colléges, de ces concours un peu factices, de ces compositions au succès desquelles le hasard a souvent plus de part que le mérite réel. Aussi cette École ne redoute pas le fléau des *spécialités* et n'envoie pas annuellement dans le monde des fournées de lauréats forts en thèmes ou en vers latins, mais ignorant les règles les plus simples de l'orthographe ou de l'arithmétique. En premier lieu, ce sont les élèves eux-mêmes qui décernent, par la voie du scrutin, le prix d'excellence : et il n'y a pas d'exemple que ce prix ait été accordé à un indigne; puis on donne chaque jour des numéros de travail; de telle sorte que le prix, dans chaque faculté, appartient non au vainqueur d'un jour, mais à celui qui a consacré à l'étude, sans interruption, toute son attention et sa persévérance, puisque la récompense est réglée sur le résultat de l'addition de ces numéros de travail. Elle n'appartient pas nécessairement à celui qui est en tête par son instruction et son intelligence, mais à celui qui a franchi le plus grand espace. Cette innovation nous semble très-heureuse et digne d'être méditée par les chefs de l'Université.

L'école Saint-Laurent a été fondée en 1839, et le collége François Ier ou Chaptal, en 1844.

Les pensions. — Après l'éducation démocratique vient l'éducation bourgeoise. Un autre chapitre a été consacré à celle que reçoivent les jeunes gens dans les établissements avoués et patronnés par l'État : quelques détails ont été même donnés incidemment sur les institutions particulières. Nous avons parlé des *vendeurs de soupe*; de leurs rubriques peu honnêtes pour pressurer l'estomac et l'intelligence des malheureux enfants qu'on leur confie, et des moyens tout au moins singuliers dont ils font usage pour donner du renom à leurs établissements. Il ne nous semble donc pas fort nécessaire de rappeler une fois de plus au lecteur les misères du malheureux *pion* au pair, qui, pour un labeur de vingt heures par jour, n'a que la perspective de satisfaire, et encore le plus strictement possible, aux exigences de son estomac; il ne faut pas raconter de nouveau les aventures de *Fort en thème*, et les exploits néfastes de M. Squeers, dans le Nicolas Nickleby de Charles Dickens; disons seulement une chose, c'est qu'il y a des établissements à la portée de toutes les bourses et de toutes les intelligences. Ainsi telle maison, située dans un riche quartier, avec un jardin, de vastes salles, des dortoirs aérés et la nourriture saine et abondante, qui, par hasard cette fois, mérite les deux épithètes, s'ouvre aux enfants privilégiés que des raisons particulières empêchent d'avoir un instituteur à domicile. Là, les maîtres les plus fameux viennent donner des leçons, sortes d'interrogatoires hebdomadaires, qu'une célébrité du dehors vient faire subir une heure durant, moyennant vingt ou vingt-cinq francs par séance; l'utilité de ces exercices coûteux peut sembler contestable; mais le maître de l'institution tient à écrire en grosses lettres sur son prospectus, au nombre des répétiteurs, MM. un tel et un tel, examinateurs pour l'École polytechnique. Après de longues et dispendieuses études dans ces serres-chaudes, quelques forts se présentent aux écoles du gouvernement, et sont admis, moitié par talent réel, moitié grâce à des amis puissants; il n'arrive avant eux qu'un petit nombre de piocheurs, mathématiciens et savants de naissance, qu'envoie la province, cette mère de Descartes et d'Arago. Dans ces établissements heureux, les maîtres ordinaires sont bien rétribués; rien ne manque au confort et à l'éclat de la maison : il y a une voiture pour conduire les élèves aux colléges, sans s'exposer aux périls de l'école buissonnière : en un mot, ce sont des *bahuts* modèles, dont les membres, maîtres et disciples, aux jours de sortie, dédaignent de fraterniser avec leurs confrères plus humbles, et n'aspirent qu'à conquérir l'amitié du polytechnicien, voire même du futur officier d'état major.

Comparez à cela la modeste pension à trois cents francs, où des spéculateurs trouvent encore à faire une fortune, quoiqu'ils prétendent fournir à leurs élèves le logement vaste et aéré, la nourriture saine et abondante, en un mot, tous les avantages des institutions à quinze cents et à deux mille francs, y compris l'éducation morale et religieuse, et l'instruction donnée par des maîtres toujours habiles et consciencieux... sur l'affiche, quoique cette instruction ne s'étende qu'aux notions élémentaires de langue nationale, d'histoire, de géographie et de calcul, chacun s'imagine quelle en doit être la qualité, si l'on songe que les distributeurs sont, ou des *pions au pair*, c'est-à-dire à peu près aussi bien rétribués que les surnuméraires des administrations publiques, mais sans espoir d'avancement. Je ne veux m'occuper ici que du régime, des conditions matérielles de leur existence. Heureux trois fois et quatre fois les pauvres enfants de la doctrine chrétienne! Heureuse la marmaille déguenillée qui hante les *ragged-schools* de l'Angleterre! Si ceux-là ne sont pas mieux vêtus que nos élèves à trois cents francs, au moins ont-ils, grâce à la munificence britannique, la soupe chaude et le morceau de bœuf qui ranime la chaleur intérieure et fait renaître le rose sur leurs joues; au moins les mansardes où s'entasse la population ouvrière qui fournit ses fils et ses filles *à la mutuelle*, ont-elles un air pur et abondant. Mais dans les taudis économiques où l'on entasse nos pauvres élèves, l'air leur est mesuré et n'arrive à leurs poumons que chargé d'exhalaisons infectes, et la nourriture qui leur est accordée ferait reculer d'horreur un habitué du restaurant à 80 centimes. Il est vrai que le prix de la pension n'est que de cent écus, à peine dix-huit sous par jour, et qu'avec cela le chef doit nourrir, loger, chauffer, éclairer, entretenir et instruire son élève, et de plus prélever pour lui une petite fortune rondelette, au bout de dix ans de cet honorable métier.

Le nombre des pensionnats et des maisons d'éducation ouvertes aux jeunes filles, depuis la petite bourgeoisie jusqu'aux rangs les plus élevés, monte à un chiffre très-considérable. L'Université, c'est-à-dire l'État enseignant, n'a qu'une part minime dans la direction des établissements de cette nature : elle se contente d'exiger des institutions laïques un diplôme accordé avec la plus grande indulgence, après un examen dérisoire; et, quant aux institutions religieuses, leurs vœux remplacent le diplôme et l'examen. A part l'école impériale de Saint-Denis, dont il sera question en son lieu et place, à part aussi un petit nombre d'établissements spéciaux où se forment les institutrices, l'enseignement pour les jeunes filles est parfaitement libre, abandonné sans concurrence à la direction ecclésiastique et aux entreprises particulières. On a fait ressortir, dans des livres plus spéciaux que celui-ci, l'inconvénient que présente cette liberté illimitée, le manque absolu de programme et de méthode dans les études, la part trop large accordée aux arts d'agrément, quoi que puissent réclamer de temps et d'espace des travaux plus sérieux : le *Tableau de Paris* ne doit qu'effleurer l'infinie variété de ces maisons si différentes entre elles.

Il y a loin, en effet, des humbles institutions répandues çà et là dans l'intérieur de Paris, ayant pour lieu de récréation une cour enclose de hautes murailles et pour entrée une porte suivie d'une longue et obscure allée, et les vastes édifices, les ombrages superbes de l'Abbaye aux Bois et du Sacré-Cœur, rue de Varennes. La différence extérieure de ces divers établissements n'est pas moins grande que leur différence quant aux études et quant à la tenue : tous ont, il est vrai, la prétention de faire de grandes dames et des dames bien élevées; mais cette prétention, tant s'en faut, n'est pas également justifiée. Si toutes ont, à peu de chose près, les mêmes maîtres d'agrément, on pense bien que le mérite n'est pas le même entre les limites extrêmes de vingt francs et dix sous le cachet. Aussi, parmi ces officines, les unes produisent des lorettes, les autres des marquises; elles ne font, en général, que continuer à cet égard les traditions de la famille. Il est à remarquer que le pensionnat, quoiqu'il l'annonce très-haut sur son programme, ne produit pas d'habitude de bonnes mères de famille; les leçons qui servent à former ces dernières ne peuvent guère être données par des maîtresses et des adjointes pourvues de diplômes.

Les maisons de demoiselles ont imité l'organisation intérieure des institutions de jeunes gens; on y retrouve, sous un autre costume, les mêmes ridicules, les mêmes misères, les mêmes bonnes choses. L'uniforme commence à être répandu, même pour les jeunes filles; les maîtresses adjointes y jouissent de la position peu enviable des maîtres d'étude. Là aussi se font des distributions solennelles de prix. Ces grandes cérémonies, qui ont lieu en présence des mamans, des parentes, des sœurs grandes et petites, sont précédées, comme les autres, de discours et d'exercices de mémoire et de déclamation : on ne voit quelque variété que dans l'énumération des récompenses. Outre les prix de musique, de couture, de broderie, etc., qui sont ici très-bien à leur place, quelques maîtresses facétieuses distribuent encore des prix de *santé* et de *croissance*. Ceci est un fait : je n'oserais pas affirmer avec autant de certitude que les prix accordés à une élève sont en raison directe de l'exactitude des parents à solder la pension et de leur libéralité dans les petits cadeaux d'usage.

Il est malheureux que dans cette ville de Paris, qui regorge d'écoles et de pensionnats, on n'ait pas encore songé à former un établissement où l'on initierait les jeunes filles à la connaissance pratique du ménage.

Les séminaires. — Il existe à Paris, pour l'enseignement ecclésiastique proprement dit, un grand et un petit séminaire. Un second grand séminaire se trouve à Issy. Nous devons mentionner encore l'École normale ecclésiastique, et les Écoles des Missions étrangères. Ces diverses institutions, par leur nature même, n'appartiennent nullement à la vie parisienne; et c'est au sujet des établissements qui lui sont consacrés qu'on peut dire, avec le plus de raison, que notre religion est la religion *catholique*, universelle et invariable, dans tous les temps et dans tous les lieux. Le grand séminaire, établi près de Saint-Sulpice, dans un édifice neuf, qui, avec la mairie, complète la décoration de cette place, est constitué, intérieurement, comme tous les autres grands séminaires. Il n'y a de différence que dans le talent des professeurs et dans le nombre des cours, qui sont pour la plupart doublés. Un nombre considérable de Bossuets et de Bourdaloues en herbe suivent sur les bancs de l'amphithéâtre de la Faculté de théologie, qui est voisine du séminaire, les cours de dogme, de discipline ecclésiastique, de science sacrée, qui leur seront plus ou moins nécessaires dans l'exercice du saint ministère. Ces leçons se complètent dans l'intérieur de l'établissement par l'étude de la casuistique, de l'administration des sacrements, de la liturgie et d'une foule d'autres sciences sans doute bien peu connues des profanes. La philosophie moderne a pénétré dans ce sanctuaire de la scolastique : c'était nécessaire, depuis que le rationalisme a cessé d'être un ennemi qu'on peut étouffer par la force pour devenir un adversaire qu'il faut réduire au silence par la discussion. D'un autre côté, la Faculté de théologie, ses maîtres et ses disciples devaient acquérir une science plus étendue et plus générale, à mesure que le niveau intellectuel s'élevait et que les horizons s'élargissaient à l'entour de l'église : il était nécessaire de combattre par l'érudition cet esprit d'hérésie, de réforme et d'innovation qui attaquait par l'érudition le vieux noyau de la foi catholique. Mais ces préoccupations nouvelles n'ont pas fait perdre de vue les anciennes doctrines : le séminaire étudie encore la *Somme* de saint Thomas, les casuistes du seizième et du dix-septième siècle et les opinions du moyen âge. Aussi, quand un rayon de lumière mondaine pénètre au fond de ce sanctuaire mystérieux, nous que le mouvement emporte dans des directions si différentes et si opposées, nous sommes surpris de la vitalité de tant de questions que chacun croyait mortes et oubliées. On discute encore, là, sur les réalistes et les nominaux : sur la grâce suffisante, la grâce efficace et la grâce concomitante. Les termes de gallicans et d'ultramontains, de quiétistes et de jansénistes, y conservent encore toute leur signification, et y excitent des controverses qui, pour être moins animées, ne sont pas moins scientifiques. Toutefois ces ressouvenirs du passé ne font pas oublier les nécessités et les préoccupations du jour.

Nous nous contenterons d'ajouter, pour en finir avec l'histoire de Saint-Sulpice, que ce grand séminaire a été témoin, en 1849, du concile provincial présidé par monseigneur l'archevêque actuel de Paris.

L'École normale ecclésiastique, comme d'ailleurs son nom l'indique suffisamment, sert de pépinière pour les grands et les petits séminaires de la France : son privilége n'est pas exclusif, comme l'était celui des écoles du gouvernement. A l'exemple de l'École normale laïque, elle présente des candidats en concurrence avec ceux qui se sont formés, soit par l'expérience, soit par leur travail personnel.

Quant aux missions étrangères, elles forment trois colléges à Paris : les missionnaires pour l'Afrique et l'Amérique, les lazaristes, qui se vouent à la conquête spirituelle de l'Asie; et enfin la maison succursale de la Propagande de Rome. L'enseignement reçu par les ecclésiastiques qui se destinent à cette pénible et glorieuse carrière diffère des leçons du séminaire; il leur faut étudier des langues bien barbares et bien peu connues, et qui ne le seraient pas du tout sans le zèle de leurs devanciers. En outre, comme le missionnaire est généralement persécuté et banni, il doit exercer ostensiblement une profession utile qui fasse tolérer sa présence. Ainsi, la Chine fait accueil aux astronomes et aux géomètres; un médecin est bien vu en Afrique; dans les solitudes de la haute Asie, il faut de toute nécessité avoir un métier manuel pour vivre. Puis les missionnaires ont besoin de se former à l'art difficile d'instruire des peuples ignorants, superstitieux, mal disposés; ils doivent apprendre par quels moyens on excite leur curiosité, on gagne leur confiance. D'autres fois, ils auront à lutter contre des lettrés, des théologiens comme eux : alors ils doivent connaître à fond la religion, la mythologie, les dogmes de tant de nations diverses. Cet enseignement est basé sur une longue tradition et sur les exemples, les lettres, les conseils de vingt générations de missionnaires. Mais le lecteur comprendra sans peine que ce n'est pas ici le lieu de nous étendre sur un sujet si étranger à ceux que cet ouvrage traite d'habitude.

Tels sont les établissements d'où s'élancent chaque année une multitude de jeunes gens pour se répandre dans les diverses carrières de la société. La province envoie des enfants à Paris, et Paris rend des hommes à la province. Les arts, les lettres, la science, l'industrie, le commerce, c'est à Paris et à Paris seulement que se trouvent les manufactures de toutes ces branches de l'activité humaine. Depuis l'École de médecine, où l'on apprend à lutter contre la mort, jusqu'au séminaire, où l'on enseigne à lutter contre la vie, tout existe dans ce Paris, le cerveau de la France, le carrefour où viennent aboutir toutes les routes de l'univers; tout y existe, depuis la Sorbonne, jusqu'à l'école mutuelle, depuis les sciences et les arts de luxe jusqu'aux enseignements les plus élémentaires. Avons-nous tort quand nous soutenons que Paris est l'alpha et l'oméga de la civilisation?

Chapitre LVI.

LES HABITATIONS MODERNES.

Le confort et l'élégance dans les habitations. — La célèbre *Arthénice*. — La duchesse de Montausier. — L'hôtel de Rambouillet. — Le luxe des appartements sous Louis XV et Louis XVI. — Les ameublements grecs et romains au commencement du dix-neuvième siècle. — Absence de nouveau style dans les habitations. — Disparition de la *fantaisie*. — Un hôtel dans le faubourg Saint-Honoré. — Le piano de la reine Christine de Suède. — Un christ d'Alghardi. — Hôtel de M. Thiers. — Goût artistique qui y règne. — Les débuts de M. Thiers. — Son cabinet. — *Fanatisme de simplicité*. — Hôtel et galerie Pourtalès. — Les curiosités qu'elle renferme. — Hôtel Delessert. — Son musée conchyologique. — Galerie de tableaux dans l'hôtel Delessert. — La chapelle de l'hôtel Pastoret. — Le salon de madame Viardot. — Son orgue. — La bibliothèque de Jules Janin. — Quelques mots sur les habitations des autres célébrités contemporaines.

Il n'y a pas très-longtemps qu'on sait se loger en France; le confort et l'élégance ne sont pas d'une origine ancienne : les vastes hôtels du moyen âge étaient inhabitables, quelle que fût d'ailleurs la majestueuse ordonnance des salles, la richesse des peintures et des ameublements. C'est à la marquise de Rambouillet, à la célèbre *Arthénice*, et à sa fille, la duchesse de Montausier, qu'il faut reporter l'honneur de la réforme architecturale intérieure qui marqua le dix-septième siècle. La recherche du bien-être et de l'élégance, qui avait présidé à la disposition des appartements de l'hôtel de Rambouillet, fut bientôt imitée par Marie de Médicis. Depuis lors, les améliorations ne firent que croître chaque jour, et tout ce que l'art, la richesse et le confortable purent inventer, fut appliqué à l'arrangement intérieur des habitations de la noblesse et de la finance. Sous Louis XV et Louis XVI, le luxe des appartements arriva à son apogée. Le goût des objets d'art, dans le seul but de venir en aide à la décoration et à l'ameublement, ajouta encore à cette élégance un peu surchargée. Les étoffes de Turquie, de la Perse et de l'Inde, les porcelaines de Chine, de Saxe et du Japon, qui furent non pas copiées, mais imitées sous l'impulsion que leur donnèrent les manufactures de Saxe, de Sèvres et des Gobelins, couvrirent les murs, les meubles et les cheminées; la mode en devint générale et se répandit dans l'Europe entière.

Plus tard les révolutions dispersèrent ou détruisirent ces mobiliers fastueux, et lorsque la France calmée put croire à l'avenir, Paris redemanda son luxe et prit de nouveau le sceptre de la mode.

Au moment où s'ouvrit le dix-neuvième siècle, une renaissance inspirée par le goût douteux de quelques artistes influencés bien moins par l'art que par la politique, nous rejeta dans l'antiquité grecque et romaine. Architecture, peinture, costumes, ameublement, tout fut soumis à cette mode pseudo-étrusque. On chercha dans les ruines de Pompéi des modèles d'ornementation pour ces palais démeublés, et on vit alors sous les lambris ornés d'amours, de guirlandes, de roses et d'écussons armoriés, on vit des meubles aux formes grêles et incommodes, des étoffes, des peintures et des sculptures imitées tant bien que mal de l'époque de la décadence romaine. Sous prétexte de pureté attique, on ne tenait aucun compte de la destination de l'édifice. La sécheresse et la maigreur des lignes constituaient la sévérité de la forme.

Une société nouvelle, éclose tout à coup d'une révolution, peut avoir de l'or et du luxe, mais c'est le temps et la tradition qui donnent le goût. Aussi est-il inutile d'insister sur cette époque malhabile au point de vue des arts; car rien de beau, rien de spécial en ce genre ne nous est resté de cette ridicule renaissance.

Le pseudo-grec et le pseudo-romain disparurent enfin. Le style du moyen âge, celui de la Renaissance, l'époque de Louis XIV et de Louis XV, se disputèrent la mode pendant ces vingt dernières années. Un sentiment plus artiste présida également aux constructions intérieures et extérieures.

Malheureusement l'amoindrissement et l'éparpillement des fortunes, le petit luxe général qui agit si mesquinement sur les fabrications, le système égalitaire imposé par les machines, le manque de goût de la plupart des architectes, l'absence d'artistes distingués, voués spécialement aux peintures de décors, toutes ces causes réunies ont été un obstacle au développement d'un nouveau style dans les habitations. On s'est contenté d'imiter le passé, de réparer les désastres, de déblayer les ruines; on a été trop heureux de retrouver quelques restes de ce luxe de la grande époque française, et de le reproduire à peu près.

Il est résulté de cela que la plupart de nos grandes habitations se ressemblent comme elles se ressemblaient il y a cent ans, mais elles ne portent plus, hélas! le cachet de ce goût individuel que l'on a tant célébré et que l'on célèbre encore aujourd'hui sous le nom très-*fantastique* de *fantaisie*.

Dans celles-ci, il y a bien quelques vases, quelques meubles anciens, différents de ceux qu'on trouve dans celles-là; mais partout ce sont les mêmes étoffes de Lyon, les mêmes tapis de moquette, où tous les perroquets de la création semblent avoir éparpillé leurs plumes; les mêmes bronzes tirés à dix mille exemplaires, les mêmes plafonds nus et de ce blanc éclatant qui fait tache au milieu des tentures rougeoyantes et bariolées qui les encadrent. Puis toutes ces pièces semblables les unes au bout des autres, *de tant de mètres sur tant de mètres*, qui ne vous offrent rien de cette variété dans les formes, de cet inattendu dans la perspective, qui charme les plus insensibles.

La variété des détails ne suffit pas à ôter la tristesse et la monotonie, à donner à un ensemble la grande physionomie qui le caractérise. L'habitant de Paris, en visitant Londres, trouvera bien, il est vrai, des différences, des nuances faciles à saisir; mais cependant, connaissant l'une, il n'éprouvera aucune surprise en voyant l'autre; au contraire, celui qui connaît Venise sera tout aussi frappé de l'aspect de *Constantinople*, d'*Agra*, du *Caire* ou de *Moscou*, car ce sont là des types distincts, variés et reconnaissables entre tous.

Eh bien, nous voudrions qu'il en fût de même dans les habitations modernes, qu'il y eût des points de vue à l'intérieur et des surprises pour l'œil; nous voudrions, en un mot, ramener l'art à cette grande époque du retour des croisades, tout inspirée de l'Orient, et voir s'unir les confortables améliorations introduites par madame de Rambouillet, avec ce sentiment du pittoresque et de l'imprévu qui, avant cette réforme, existait dans la disposition intérieure et extérieure des châteaux et des palais.

Telle est la pensée qui doit présider à la distribution nouvelle de la demeure des riches; telle est la réforme que nous croyons indispensable, et qui s'opérera nécessairement, car c'est là, c'est dans ce sentiment du *beau pittoresque* qu'il faut puiser, pour créer, non-seulement du neuf, mais du charme, de la gaieté et du bien-être pour l'esprit.

Nous donnons la gravure du salon d'un hôtel situé dans le faubourg Saint-Honoré. Ce n'est pas le luxe excessif qui fait le mérite de cette habitation, c'est la parfaite harmonie, la variété, le goût.

La disposition intérieure de cet hôtel ne saurait être facilement imitée avec succès par les rois de la mode de notre temps. Le quartier de la Bourse, que le banquier est forcé d'habiter afin d'être au centre des affaires, ne lui permet pas d'avoir un terrain assez vaste pour exécuter un plan tant soit peu grandiose; et puis, nous le répétons, la préoccupation n'est pas là; ce qu'il faut, c'est éblouir le vulgaire. Dans l'habitation dont nous donnons ici un croquis, tout est simple, tout est imprévu, original! tout est calculé par le sentiment de la forme et de la couleur, et tout est vaste en même temps. Des voûtes élancées qui laissent la poitrine respirer à l'aise, des balcons et des escaliers qui renferment deux étages dans un seul et permettent de circuler facilement en hauteur aussi bien qu'en longueur; des recoins inattendus, des perspectives piquantes, tel est l'ensemble de ce merveilleux appartement. Puis viennent les détails sans nombre et qu'on ne peut jamais connaître. A côté d'un amiral vénitien, peint par Tintoret, et dont le cadre, merveille de sculpture, représente une ville turque prise d'assaut, se trouve une charmante statuette qui semble, en un jour de mélancolie, sortie du ciseau de Canova. Tous ces tableaux de Rembrandt, de Raphaël, de Vélasquez, de Guide, du Titien, de Véronèse, et autres qui couvrent les murs, sont le produit du même pinceau; et qu'on ne se figure pas des copies d'amateur, réduites et timides; elles sont faites par une main hardie qui tromperait le plus habile connaisseur. Des toiles longues de douze pieds, des fresques couvrant du haut en bas les murs et les plafonds, tels sont les travaux exécutés par cette main vaillante.

Les femmes du monde, avec l'éducation qu'elles reçoivent et le développement que l'arrangement de leur toilette donne à leurs facultés pour sentir, juger et nuancer suivant des lois harmoniques, sont plus aptes que la plupart des hommes à disposer un appartement avec goût, avec sentiment. Si à cela se joignent tout à la fois, et les facultés bien prononcées pour les arts, et la passion des voyages, alors elles acquièrent, par l'habitude de voir et de comparer, une sûreté de goût qui leur permet de transporter dans le monde de la réalité les créations fugitives de leur imagination. On dit souvent qu'au style et à l'écriture on peut reconnaître le caractère des individus! Que sera-ce donc en étudiant la physionomie intérieure d'un appartement? Celui-ci, entre autres, dévoilerait parfaitement les facultés de la personne qui l'habite, sans qu'il fût nécessaire de l'avoir jamais connue. Musique, peinture, sculpture, littérature orientale, rien ne manque. C'est la poésie qui s'offre à vous sous toutes ses formes, dans son acception la plus élevée, la plus complète.

Mais il est temps de donner, sur cette demeure, quelques détails précis, une sorte de plan raconté, qui complétera le dessin et servira de guide à l'imagination du lecteur.

La première pièce où l'on entre est un *atrio* ou vestibule allongé, qui, par un détour inattendu, vous amène dans la grande galerie du rez-de-chaussée. Longue de quarante-cinq pieds, large de vingt-deux et haute de trente-six; cette pièce est terminée d'un côté par une immense fenêtre en ogive, et de l'autre par un escalier en spirale à jour, qui conduit aux appartements supérieurs.

La décoration de cette salle consiste principalement dans les tableaux et les cadres merveilleux qui la contiennent. C'est seulement sur les cadres richement sculptés que se trouvent des dorures; tout le reste, meubles, voûtes et panneaux est bien simplement en bois de chêne.

En gravissant l'escalier, on trouve à droite une porte soutenue par deux magnifiques colonnes torses en bois sculpté, peint et doré, qui donne accès dans le premier salon tout tendu de damas vert. A l'entrée de ce salon, et au-dessus de l'antichambre, s'ouvre une petite galerie servant d'atelier au peintre, au sculpteur, au musicien. Là, on voit des tables chargées de pinceaux, de crayons, de couleurs à l'huile;

ici une harpe, plus loin la sellette de bois sur laquelle sèche une ébauche en terre; enfin, des livres, des albums, des costumes, des objets d'art de toute espèce, sont disséminés sur les divans et les étagères. C'est le pêle-mêle du travailleur qui n'a pas le temps de ranger et se garde un recoin pour y vivre sans contrainte.

Dans le salon, on admire la corniche si richement décorée, puis cette large frise vénitienne en bois sculpté, qui encadre les portraits des doges.

Parmi les meubles historiques de ce palais, n'oublions pas de citer comme objet hors ligne le piano de la reine Christine de Suède; véritable merveille de la sculpture en bois de cette grande époque. Il fut exécuté à Florence, pour cette reine célèbre, pendant le temps assez long qu'elle y resta. Le blason royal qui s'y trouve ne laisse aucun doute sur son authenticité. Lorsque cette princesse quitta l'Italie, elle fit cadeau de cette épinette au propriétaire du palais qu'elle habitait, le marquis de Ranuncini. Qu'on se représente le terrain compris entre les quatre pieds d'un grand piano à queue, couvert par une forêt de palmiers, de lianes et de bananiers où s'ébattent des Amours; ils se balancent, s'accrochent aux fleurs, et grimpent sur le dos de lions fantastiques. La caisse de l'instrument repose sur les branches entrelacées des arbres. C'est un tableau de l'Albane, sculpté en plein relief, et entièrement doré. Dans cette œuvre d'art, il faut admirer la largeur de la touche, la pureté de formes des figures, et surtout l'habile disposition de ces arbres dont l'allure sauvage est combinée de façon à satisfaire à toutes les règles d'équilibre et de symétrie indispensables à la sculpture aussi bien qu'à la peinture. C'est évidemment le travail d'un habile maître!! Nous regrettons que son nom ne s'y trouve pas inscrit!

A l'autre extrémité de ce salon on aperçoit une chambre à coucher, tendue d'orange, dans le fond de laquelle s'ouvre un oratoire où le plus beau christ en ivoire, dû au ciseau d'*Algardi*, artiste célèbre du seizième siècle, fait l'admiration des connaisseurs.

Vient enfin le *buen retiro*, le boudoir, du plus pur style rococo. Ce serait un dessin à faire pour la coquetterie des meubles, des glaces, des objets de toute sorte. Tendu en satin des Indes, de cette nuance si fine où l'orange se mêle au carmin, on se croirait, en entrant, dans le frais calice d'une rose de Bengale.

Là, comme partout, les plafonds, les frises, les médaillons, les alcôves, sont décorés par le même artiste, et à l'harmonie qui se retrouve dans l'ensemble de cette demeure, il est aisé de voir la pensée unique, exécutée sans hésitation, par un pinceau qui connaît son métier.

Nous le croyons, dans des temps meilleurs, ce genre si pittoresque d'habitation eût, comme à l'époque de madame de Rambouillet, fait révolution dans l'architecture intérieure. C'est là, en effet, le seul besoin nouveau d'amélioration qui soit indiqué. Rendre la demeure plus pittoresque, plus variée, plus mystérieuse; ôter l'uniformité, la monotonie de ces pièces qui ne diffèrent entre elles que par la couleur des étoffes.

Aujourd'hui les recherches du luxe dans la décoration, dans les tentures et les objets d'art, ont rassasié les plus difficiles: le goût commence à s'éclairer, et cherche la variété plutôt que l'éclat.

Mais pénétrons dans quelques autres habitations.

Salon d'un hôtel du faubourg Saint-Honoré.

Celle de M. Thiers, située place Saint-Georges, ne présente aucun aspect monumental; mais, telle qu'elle est, elle plaît à l'œil par sa simplicité. Quelques arbres dans la cour d'entrée fermée par une grille, un beau jardin derrière; l'apparence de la tranquillité et du calme au milieu du tumulte de Paris. L'intérieur de cette maison est d'une élégance sobre, la disposition en est commode. On sent que l'homme politique qui l'habite est aussi un artiste. Chez M. Thiers, en effet, l'homme d'État et l'orateur n'ont jamais causé de tort à l'écrivain ni à l'artiste. A l'époque où il était ministre ou chef de l'opposition parlementaire, il était toujours le premier aux séances solennelles de l'Académie française. Il était également un des plus assidus aux séances particulières. Les arts furent, comme on sait, la passion de sa jeunesse.

Arrivant à Paris, M. Thiers débuta dans la presse, en 1822, par de brillants articles sur *le Salon*, qui annonçaient, outre le talent d'écrivain, un goût d'artiste éclairé, enthousiaste, un coup d'œil critique qu'on n'aurait pas attendu d'un juge aussi jeune, une science même de l'histoire des arts peu commune aujourd'hui chez les aristarques qui se chargent d'une pareille tâche. Eh bien, cette inclination marquée pour les arts, ce talent précoce de connaisseur, M. Thiers ne les a point sacrifiés à des goûts plus sérieux, plus sévères; il est resté artiste au milieu même des préoccupations politiques, si hostiles en apparence à la culture des arts. Tout en écrivant son *Histoire de la Révolution*, il méditait aussi celle de Florence, celle de l'art florentin, et, tout plein de ce

CHAPITRE LVI. — LES HABITATIONS MODERNES.

Hôtel de M. Thiers, place Saint-Georges.

projet, il visita à plusieurs reprises la ville dont il voulait devenir un des plus illustres l'historiens. Écrivain pur, châtié, *fanatique de la simplicité*, comme il l'avoue lui-même en riant, M. Thiers porte dans les arts cette sévérité de goût qui donne à sa plume une si vive originalité. Et de même que les

Cabinet de M. Thiers.

peintures qui ornent les appartements célèbres de tel grand poëte de nos jours révéleraient seules, par leurs qualités de couleur et de dessin, le caractère dominant des vers de ce poëte, de même on pourrait conclure du goût de M. Thiers dans les arts à son goût littéraire; de sa préférence en fait de marbres et de tableaux, à ses inclinations en fait de style et de composition. Nous donnons ici une vue de son cabinet.

L'aspect général de ce cabinet, comme on peut s'en convaincre *de visu*, est d'une distinction sévère, d'une élégance noble et relevée. En présence de ces objets d'art, on sent qu'un goût exquis a dû présider à leur choix, à leur réunion, à leur disposition; il y a là aussi un *fanatisme* de belle simplicité.

Quittons maintenant le cabinet de M. Thiers; pénétrons dans la riche galerie de M. le comte de Pourtalès-Gorgier.

Avant d'y pénétrer, arrêtons-nous un instant devant l'habitation qui la contient et dont la façade, d'un style élégant, est l'œuvre d'un architecte renommé à juste titre pour son goût. La disposition subordonnée des étages secondaires par rapport à l'étage principal, l'opposition tranquille de pleins étendus, servant à balancer les vides des ouvertures, sans parler des détails remarquables de l'ornementation architectonique, forment une discordance complète avec le banal alignement des maisons qui l'avoisinent, leur inévitable division en quatre étages égaux sous corniche et leur mille fenêtres rapprochées comme les alvéoles d'une ruche. Cette façade, rompant d'une manière si marquée la monotone solidarité qui existe partout dans les constructions de nos rues, est comme dépaysée à l'entrée de la rue Tronchet; son aspect, au premier abord, peut sembler paradoxal au milieu de son entourage; pour ceux qui ont visité l'intérieur, elle est comme un dernier écho de l'impression qu'ils ont ressentie à la vue des trésors artistiques qui y sont réunis. Mais entrons sans plus tarder, et ne nous arrêtons pas à remarquer le marteau de bronze que notre main soulève sur la porte cochère, et qui est déjà une curiosité.

La destination de cette demeure se révèle dès qu'on a franchi le seuil de la porte. Les parois latérales du portique d'entrée, qui mène à la cour, sont déjà décorées à droite et à gauche de statues et de fragments antiques en marbre, au nombre de trente-deux, provenant des collections Choiseul, Fauvel, Mozols, Dodwell, Mimaut, de la Malmaison, etc., parmi lesquels nous citerons seulement une statue cuirassée de l'empereur Auguste représenté dans le mouvement d'un homme qui fait une allocution. Cette statue, qui appartenait au cardinal de Richelieu et était alors placée dans le magnifique château que ce ministre possédait en Touraine, a fait de nos jours partie des antiquités réunies à la Malmaison. Elle a été gravée dans le *Musée de sculpture antique et moderne* de M. le comte de Clarac. Au-dessus de la porte d'entrée du vestibule, comme pour signifier que les collections de M. de Pourtalès ne sont pas exclusivement consacrées à l'archéologie grecque et romaine, mais qu'elles contiennent aussi des œuvres de la renaissance, se trouve placé un bas-relief en terre cuite émaillée, représentant la Vierge et l'enfant Jésus entre deux chérubins, ouvrage du célèbre Lucca della Robia.

Dans le vestibule sont rangés, à droite et à gauche, trente-huit morceaux tous en marbre blanc, à l'exception de deux ouvrages égyptiens en calcaire et de deux lingams indiens en basalte noir, monuments du culte de Vichnou. Arrêtons-nous devant une statue de l'*Amour essayant son arc*, belle répétition antique d'un ouvrage qui paraît avoir été très-célèbre, car il a été reproduit de bien des manières, en sculpture, en médailles et sur les pierres gravées. On cite parmi ces dernières une cornaline intaille donnée à madame de Beauharnais par le général Bonaparte. L'original de cette statue était-il la belle statue en bronze que Lysippe fit pour les Thespiens, ou, comme d'autres l'ont prétendu, la fameuse statue en marbre, chef-d'œuvre de Praxitèle, que celui-ci donna par surprise à la courtisane Phryné, et que celle-ci donna à son tour à Sespies, sa ville natale. Car, par une singulière bonne fortune, les Thespiens, qui, de toute antiquité, avaient eu une grande vénération pour l'Amour, possédaient pour statues de ce dieu les chefs-d'œuvre des deux grands sculpteurs de la Grèce. Leur première statue de l'Amour, dans un temps où ils n'y entendaient probablement pas finesse, n'était rien autre chose qu'une pierre toute brute. Ils n'avaient pas perdu pour attendre. Mais le Cupidon de Praxitèle leur fut plus tard enlevé par Caligula; Claude le rendit à leur prières; enfin définitivement enlevé par Néron, qui le fit placer à Rome sous le portique d'Octavie, il y périt dans un incendie. Que d'agitations autour d'une statue! Ces spoliations brutales n'ont rien, du reste, qui doive nous étonner; les souverains qui dépouillent des villes, cela est tout à fait de notre temps; ce qui en est moins, c'est que les courtisanes reçoivent de pareils cadeaux, et, ce qui n'en est pas du tout, c'est qu'après les avoir reçus, elle ne les gardent pas pour elles. Quoi qu'il en soit, on comprend, d'après ce que nous venons de dire de la statue de Praxitèle, et c'est pour cela que nous nous sommes laissé aller à plaisir d'en rappeler l'histoire, combien il serait intéressant de savoir si c'est l'original de la statue de l'Amour essayant son arc. Malheureusement la science archéologique ne peut pas nous répondre d'une manière satisfaisante. On est réduit aux conjectures. On sait seulement que plusieurs copies de la statue de l'Amour essayant son arc existent en Europe. On distingue particulièrement, avec celle de la collection de M. le comte de Pourtalès, apportée d'Espagne en France par Lucien Bonaparte, celle du musée du Capitole, et celle du musée britannique, qu'on prétend être la plus belle. Quant à celle qui exista à notre musée, salle de Psyché, elle nous paraît d'une mignardise molle et incorrecte, qui semble trahir une œuvre de la décadence de l'art grec. — Avant de quitter le vestibule, où bien des statues et des bustes pourraient nous retenir trop longtemps, disons un mot de deux bas-reliefs qui ne sont pas sans mérite. Le premier, sculpté sur le devant d'une urne cinéraire, représente *Phèdre recevant, dans son désespoir, les secours d'Œnone* et d'une autre femme; l'Amour, dans l'attitude d'un génie funèbre, s'appuie tristement sur les genoux de sa victime. En face de ce groupe, Hippolyte, ayant près de lui deux chasseurs, détourne la tête, comme saisi d'horreur de l'aveu qui vient de lui être révélé par une tablette pliée qu'il tient encore à la main. Le deuxième bas-relief, dans un style imité de celui des anciennes écoles, représente *Bacchus tenant un thyrse et suivi de trois déesses*. Ce monument appartenait jadis à l'Académie des inscriptions et belles-lettres d'où il fut porté au musée des monuments français, et ensuite au château de la Malmaison. — L'escalier, également décoré de statuettes et de bustes, aboutit, au second étage, à un palier qui donne accès, en face, aux appartements particuliers, et à droite, à la galerie; au-dessus de la porte d'entrée de laquelle est placée l'inscription suivante : « *Artium graphicarum ex omni gente, omni ævo supellex* : Collection des arts graphiques de toutes les nations et de tous les temps. » Avant d'y entrer, tournons nos regards vers une des parois de la cage de l'escalier, où est fixée une grande toile peinte par David, en 1817, à Bruxelles, et représentant l'*Amour quittant la couche où Psyché repose endormie*. Cette peinture est intéressante en ce qu'on y voit les efforts que faisait, pour monter son coloris, à cette dernière période de sa vie passée dans l'exil, le grand artiste, entraîné par les excitations de l'école flamande, dont il retrouvait partout les modèles autour de lui. Cette composition brille par cette simplicité vraie qui séduit dans les œuvres des grands maîtres, mais la ligne n'y a pas l'exquise finesse qui conviendrait pour rendre des dieux de l'Olympe, et particulièrement dans la figure de l'Amour, le dessin a contracté quelque chose de vulgaire; il semble que David ait dû être puni dans la partie caractéristique de son talent des vains efforts qu'il tentait pour s'élever jusqu'à la couleur.

La vue intérieure de la galerie, que nous donnons ici, nous dispense d'en décrire l'ensemble. Parmi environ deux cent cinquante tableaux de toutes les écoles, qui font partie de cette collection, nous en signalerons seulement quelques-uns qui nous ont particulièrement frappé. Léonard de Vinci : la Vierge à mi-corps et l'enfant Jésus, admirable tableau qui a longtemps décoré le palais des rois d'Espagne. — Giov. Bellini : une Vierge et un enfant Jésus, tableau qui fut légué par testament au célèbre Canova par le cardinal Rezzonico. — Antonello de Messine : portrait en buste d'un homme d'aspect sévère. Sur une traverse en pierre qui termine le bas du tableau est figuré un petit papier déplié, sur lequel on

Vue extérieure de l'hôtel de M. le comte Pourtalès.

CHAPITRE LVI. — LES HABITATIONS MODERNES.

lit : 1475, *Antonellus Messaneus me pinxit*. Ce portrait, cité par tous les biographes de ce peintre, appartenait autrefois à la maison Marinengo de Venise. Antoine de Messine passe, comme on le sait, pour avoir appris directement le secret de la peinture à l'huile de Jean Van-Eyck, qui en fut l'inventeur. Les dates permettent de contester ce fait, peut-être légèrement admis ; mais ce qui paraît certain, du moins l'épitaphe placée sur son tableau à Venise, et que nous a conservée Vasari, le dit positivement, c'est qu'il fut le premier à pratiquer la peinture à l'huile en Italie. On conçoit d'après cela le vif intérêt qui

Vue intérieure de la galerie de M. le comte Pourtalès.

s'attache à ce portrait. Les cils, les poils de la barbe, les pores de la peau, les plis des lèvres y sont rendus avec une finesse d'outil remarquable. Cette peinture, exécutée par glacis, est d'un coloris chaud et vigoureux, mais d'un procédé simple et surtout très-borné dans l'emploi du clair obscur, comme dans toutes les peintures de cette époque. — PALME LE VIEUX : la *Vierge et l'enfant Jésus* sur ses genoux ; devant elle, saint Étienne, saint Ambroise et saint Maurice. Une tête d'homme, placée derrière la Vierge, fait la seule différence qui existe entre cet ouvrage et un autre du Titien, appartenant à notre musée. — GUIDE :

Madeleine, répétition de celle du Louvre. — Ti-tien : première esquisse du *Couronnement d'épines*. — Allori : *Judith* ; belle composition plusieurs fois répétée par le peintre. On pense qu'il a représenté sous les traits de Judith la Mazzafirra, sa maîtresse. — André del Sarte : un portrait d'une exécution médiocre, mais curieux en ce qu'il représente la femme de ce peintre, pour qui il dissipa follement les sommes considérables que François Ier lui avait confiées pour acheter des objets d'art. Ce tableau a été acquis à Florence, où il était conservé depuis trois siècles dans la maison et par les descendants de ce peintre.

Plusieurs tableaux du Dolci, de Carrache, du Dominiquin ; des portraits d'une remarquable exécution par Holbein. — Albert Durer : *Histoire de Samson*, dessin à la plume, lavé sur papier teinté de gris et rehaussé de blanc, travail dont la finesse rappelle celle du burin. Une inscription placée au bas contient ces mots : *Albertus Durer Norenbergensis faciebat post Virginis partum*. 1510. — Quintin Metsys : une femme caresse un vieillard d'une main, et de l'autre présente une bourse à un démon familier. Physionomies rendues avec animation, dans le caractère abject de la passion qui les possède. Travail fin et minutieux du pinceau. — Velasquez : un tableau représentant un drame mystérieux dont le sujet est resté inconnu ; un homme encore jeune, couvert d'une cuirasse noire et la tête nue, est étendu mort au milieu d'une grotte semée d'ossements humains. A la voûte est suspendue une lampe de cuivre qui s'éteint. Cette belle peinture décorait autrefois un des palais du roi d'Espagne, où elle était désignée, on ne sait pourquoi, sous le titre de *Rolando muerto*, Roland mort. — Plusieurs Philippe de Champaigne. — Un paysage de Claude Lorrain, morceau capital. — Pour en finir de suite avec les tableaux, nous citerons encore quelques ouvrages qui sont distribués dans les appartements. Greuze : une jeune fille tenant un agneau. Charmant tableau connu sous le nom de *l'Innocence*. Un dessin de Prud'hon, *Paris recevant Hélène conduite par Vénus*. — Gérard : portrait en buste de mademoiselle Georges Weimer. — Ingres : la fameuse Odalisque exposée au salon de 1819. Raphaël assis sur un escabeau de peintre et tenant sur ses genoux la Fornarina, composition répétée deux fois par M. Ingres, et qui a été gravée par M. Forster. — H. Vernet : Rencontre de Thamar et de Juda, dont tout le monde connaît la reproduction par la gravure à l'aqua-tinte de M. Jazet. — Paul Delaroche : *Sainte Cécile*. Tableau exposé au salon de 1837 et gravé par M. Forster ; le cardinal de Richelieu et le cardinal Mazarin ; deux tableaux exposés en 1831, et gravés par M. Girard.

La galerie, outre les tableaux qui en sont la prin-

Tête d'Apollon, provenant de la galerie Giustiniani.

cipale décoration, contient aussi une foule d'objets d'art et de curiosité, dont quelques-uns doivent fixer notre attention. La statue placée à l'entrée (voir la

Paris recevant Hélène conduite par Vénus, dessin de Prud'hon.

vue intérieure) est un *Jeune suivant de Bacchus* foulant les raisins qui emplissent un cuvier ; cette statue, en marbre de Carrare, est de M. Bartolini, de Volterra, ainsi que celle qui lui fait face à l'autre extrémité de la galerie, et représente une *Bacchante* à demi couchée. Cinq morceaux antiques, en marbre blanc, décorent la cheminée : aux deux extrémités, un buste du jeune *Annius Verus*, fils de Marc-Aurèle et de Faustine, provenant du cabinet du duc de Modène, et une tête présumée du jeune *Marcellus* ; entre ces deux têtes, deux statuettes de *Vénus*, provenant de la collection de la Malmaison, et qui ont été gravées dans le *Musée de sculpture antique et moderne*, de M. de Clarac ; enfin, au milieu, une tête d'Apollon, fragment d'une statue colossale. Ce chef-d'œuvre de l'art grec, qui faisait autrefois le plus bel ornement de la galerie Giustiniani, à Rome, se rattache par l'élévation du style aux belles traditions des écoles de Phidias et de Praxitèle, mais elle se distingue par une expression de mélancolie singulière qui étonne dans les traits du dieu du jour et de la poésie, et qui est si rare d'ailleurs dans les statues de cette période. Les Grecs, avec leur sentiment si vrai et si délicat, avaient compris qu'il ne fallait pas altérer, qu'il fallait laisser intacte cette splendeur de la vie, cette tranquille majesté de la forme qui se raconte elle seule, et que la peinture de l'âme et de ses passions ne pouvait que détourner de la contemplation de la beauté extérieure. Un archéologue, cherchant à expliquer l'expression de tristesse de cette tête d'Apollon, a pensé qu'elle pouvait avoir appartenu à la scène des Niobides. Madame de Staël, avec son âme de poète, en a donné une explication plus humaine. « Une *tête d'Apollon*, au palais *Giustiniani*, une autre d'A-lexandre mourant, sont les seules où les dispositions de l'âme rêveuse et souffrante soient indiquées ; mais elles appartiennent, l'une et l'autre, selon toute apparence, au temps où la Grèce était asservie. Dès lors, il n'y avait plus cette fierté ni cette tranquillité d'âme qui ont produit chez les anciens les chefs-d'œuvre de la sculpture et de la poésie composée dans le même esprit. » (*Corinne*, l. VIII.)

En avant de cette tête et à la place du lion figuré dans la vue intérieure de la galerie, on voit aujourd'hui une admirable statuette en bronze représentant Jupiter, petit chef-d'œuvre provenant de la collection de M. Denon.

Sur une table, placée en face de la cheminée, sont plusieurs écrins contenant environ deux cent cinquante *pierres gravées*, camées ou intailles, antiques et modernes, qui demanderaient un examen minutieux. Quelques-unes sont des monuments de la galanterie antique, entre autres une agate-onyx avec cette inscription en grec : *Aime-moi, tu t'en trouveras bien*, paroles fragiles, probablement aussitôt oubliées que dites, et qui sont encore là après deux mille ans.

Deux écrins contenant des *bijoux antiques* intéresseront la curiosité des dames au moins autant que celles des antiquaires, et rectifieront les idées de ceux qui se font une idée exagérée de la supériorité de la fabrication moderne comparée à celle des anciens ; il y a là des bagues et des boucles d'oreilles qui figureraient avantageusement dans les montres de Janisset ; des colliers formés de chaînes en gourmette, des tissus de fils d'or d'une finesse de travail qu'on ne surpasserait pas de nos jours ; de délicats ouvrages en filigrane qui rappellent ceux de Gênes. Nous signalerons particulièrement, pour leur élégance, les bijoux trouvés à Milo et une paire de boucles d'oreilles en forme dite de *quart d'orange* et garnies de leurs anneaux, formant, avec une paire de bracelets et un collier, la parure d'une femme trouvée groupée avec d'autres personnes dans une maison de Pompéi. Ces bijoux, une charmante épingle de tête en argent, une bague en or sur le chaton de laquelle est gravé un perroquet, emblème singulier et peu galant, une bulle

Vase grec.

Développement de figures peintes sur un vase grec.

L'Hippalectryon, peinture grec d'un vase.

Vase grec.

de praticien, trouvés à Herculanum, avaient été envoyés par la cour de Naples, et faisaient partie de la collection de la Malmaison.

Une porte latérale, située à gauche et à l'extrémité de la grande galerie, donne accès dans trois cabinets contigus, consacrés : le premier, aux *vases grecs en terre peinte* ; le second, aux *bronzes*, aux *terres cuites* et aux *monuments égyptiens* ; le troisième, aux *curiosités du moyen âge et de la renaissance. Chacun de ces cabinets pourrait être, par la grande quantité de monuments qu'il renferme, un long sujet d'études. Le premier contient quatre cents vases peints, dont quelques-uns sont on ne peut plus précieux, soit par la finesse et la légèreté de la terre, ainsi que par l'éclat de leur vernis, soit par la beauté de leurs formes et de leur dessin, soit par leur rareté. Le sujet est trop vaste pour songer à l'aborder ici ; nous reproduisons seulement *deux de ces vases*, choisis au hasard, à cause de leurs formes singulières, et un dessin donnant le développement d'une *frise représentant des figures traitées dans un style archaïque* : un centaure offrant la forme humaine unie à l'arrière d'un cheval, porte une branche à laquelle est suspendu un faon, et dirige sa main droite vers une chimère bicéphale. Derrière celle-ci s'avancent un homme tenant un *lagobolon* renversé, une femme ailée tenant une cuisse d'animal, et enfin un autre centaure, suivi d'un lion dressé. Le deuxième dessin représente : *Jupiter foudroyant le géant Porphyrion* ; le troisième un animal fantastique, l'*hippalectryon* (cheval-coq), dont la figure, qui décorait quelquefois les navires, a servi plusieurs fois de type aux comparaisons satiriques d'Aristophane. L'archéologie se déride parfois ; si l'espace ne nous manquait pas, nous pourrions emprunter à ces vases plus d'un dessin plaisant, tel que celui d'un nain grotesque combattant contre une grue, ou celui de cette scène comique dans laquelle un acteur, couvert d'un masque hideux et remplissant probablement le rôle d'un hardi débauché, monte sur une échelle, à la lueur d'une torche tenue par son valet, et présente une pomme à une femme placée à une fenêtre, qui semble aussi peu touchée de l'offre de ce fruit consacré à Vénus que si c'était une petite maîtresse parisienne. Parfois aussi l'archéologie se déride un peu trop et passe les bornes. Il y a là, sur les flancs de telle coupe, au fond de tel plat, des figures dignes de Jules Romain interprétant l'Arétin. Sur ces pièces, très-rares d'ailleurs, des disques de papier font la pudique office de feuilles de vigne. Les visiteurs et surtout les visiteuses sont dûment avertis et n'ont pas à se plaindre ; cela est bien réglé : les égards pour les vivants et l'impartialité pour les morts.

Le deuxième cabinet contient environ trois cents articles en bronze, parmi lesquels un grand nombre de statuettes dont quelques-unes très-remarquables. Parmi les objets les plus curieux se trouve un casque de très-grande proportion, garni en avant par un grillage ; deux armures de jambe, deux brassards et un bouclier ; armure servant aux athlètes sans doute, et qui, découverte à Herculanum, fit partie du présent d'antiquités offert en 1802 par la reine de Naples à madame Bonaparte. Ce présent consistait en cent vingt-trois pièces. Après la mort de l'impératrice Joséphine, elles furent achetées par M. Durand, qui en vendit une partie au roi, en 1824, et céda à M. le comte de Pourtalès les principaux marbres, quatorze bronzes et la totalité des bijoux. — Un miroir de fabrique étrusque contient sur son revers une gravure au trait, représentant Hélène à sa toilette : en voyant cette gravure si finement exécutée, on s'étonne qu'il ne soit pas venu à l'idée des anciens de la noircir et d'en tirer une épreuve, et qu'il ait dû s'écouler un si long temps avant que cette idée si simple ait été par hasard suggérée, en 1352, à Maso Finiguerra. Nous voudrions pouvoir parler d'une foule d'autres bronzes pleins d'intérêt, mais il faut se borner. Nous recommanderons aux amateurs trois fragments qui donnent une idée du goût apporté par les anciens dans la simple fabrication de leurs objets mobiliers : 1° un petit bas-relief d'application : *l'Amour chargé d'une massue* et tenant une palme ; 2° un autre bas-relief, sur la partie inférieure d'une anse de vase, et représentant *un homme qui se bande le pied* (*Philoctète* ?) ; 3° un *masque d'un beau caractère*, qui a dû être appliqué sur un vase ou quelque autre meuble. — Parmi les terres cuites rassemblées dans ce cabinet, on retrouve, comme parmi les bronzes, des statuettes d'un

goût exquis, découvertes dans des tombeaux d'Athènes. Ces figurines sont percées par derrière d'un trou longitudinal, destiné à recevoir le clou à l'aide duquel on les fixait sur les parois intérieures du tombeau. Beaucoup de ces statuettes ont été trouvées brisées, parce que leur poids avait entraîné le clou rongé par la rouille. Ces ornements funéraires ne sont pas toujours choisis avec la gravité qui conviendrait à leur destination, et ils prouvent que les anciens ne se faisaient pas de la mort une idée aussi maussade que les modernes.

Le troisième cabinet est consacré au moyen âge et à la Renaissance. Deux monuments d'un travail moderne, mais exécutés dans le style architectonique du moyen âge, par mademoiselle Félicie de Fauveau, y tiennent une place importante : 1° *la Lampe de saint*

Françoise de Rimini, sculpture, par Mlle Félicie de Fauveau.

Michel. L'archange, debout sous une cathédrale, revêtu de l'armure des chevaliers de son ordre, veille le feu bénit. A ses pieds, sur les bords d'une vasque de forme hexagone, veillent les quatre écuyers d'office d'un chevalier banneret. Le culot formant le bas de ce fanal est terminé par trois grues retenant ensemble un caillou en lapis-lazuli, dont la chute décèlerait leur retraite à leurs ennemis, si elles s'abandonnaient au sommeil. Les figures de cette lampe sont en bronze. 2° Un monument en marbre de Carrare, représentant *Francesca de Rimini et Paolo*, sous un pavillon surmonté d'un fronton aigu. Sur les côtés, des clochetons élancés supportent les figures des deux anges gardiens semblant déplorer la chute de deux âmes qui leur échappent ; au milieu, et dominant toutes les parties de l'édifice, est la figure de Minos. Le groupe placé au-dessous du monument représente les âmes inséparables des deux amants devenus les tristes jouets d'un génie infernal. Cet ouvrage remarquable, commencé à Paris en 1830, a été terminé à Florence en 1836. — Le défaut d'espace nous interdit de parler encore d'une foule d'objets d'un haut intérêt : statues de bronze, émaux de Limoges (entre

autres une belle coupe ayant appartenu à Marie Stuart) ; faïences de Faënza, d'Urbin, etc., de Bernard Palissy ; mosaïques ; vitraux et verreries ; pièces d'orfèvrerie ; riche collection de vases, coffrets, etc., en matières précieuses ; nombreuses sculptures en ivoire, parmi lesquelles d'admirables ouvrages exécutés par Sarrazin et F. Flamand ; un Hercule, attribué à Jean de Bologne ; un Christ, attribué à Michel-Ange, en outre, sculpture sur bois (*portraits de J. Herbrot et de M. Krater*), travail précieux attribué à Albert Durer.

On peut, après le coup d'œil nécessairement des plus superficiels que nous venons de jeter sur la collection de M. le comte de Pourtalès, se faire une idée de son importance. Lorsqu'on visite cette collection, dont le propriétaire fait les honneurs avec tant de complaisance, et qu'on se rappelle qu'elle commença par un vase en terre peinte, seul objet d'antiquité possédé par la célèbre Angelica Kauffmann, on ne peut s'empêcher de penser à tout ce qu'il a fallu de persévérance, d'une part, et de bonne fortune, de l'autre, pour réunir une si grande variété d'objets précieux ; car, pour ces sortes de choses, la fortune et le bon vouloir ne suffisent pas, il faut encore l'occasion. Elle n'a pas fait défaut à M. le comte de Pourtalès. Des acquisitions faites aux ventes les plus célèbres de l'Europe sont venues successivement ajouter aux richesses nouvelles et inestimables aux objets qu'il s'était procurés lui-même dans le cours de ses voyages en Italie, en Grèce et dans l'Asie Mineure. Disons, en finissant, qu'une partie considérable de ces monuments ont été figurés et expliqués dans différents ouvrages, et qu'ils ont été l'objet d'un ouvrage spécial intitulé : *Antiques du cabinet Pourtalès, par M. Panofka*. Ce recueil, enrichi de gravures, a été exécuté aux frais du propriétaire. Depuis, il a confié à M. Dubois, sous-conservateur du musée des antiques du Louvre, à qui nous avons emprunté les indications, la rédaction de trois catalogues descriptifs, très-utiles à consulter pour les personnes admises à visiter cette collection.

A l'extrémité supérieure de la rue Montmartre, presque en face du passage des Panoramas, entre les magasins de *la Ville de Paris* et *l'Alliance des Arts*, une porte de pierre massive attire les regards des passants. Thierry, dans son ouvrage intitulé *Paris tel qu'il était avant la Révolution*, l'appelle un arc de triomphe. Les colonnes qui supportent la corniche sont ornées d'attributs guerriers. Une figure sculptée, je ne sais quelle divinité, décore le fronton. Cette porte a un aspect imposant et mystérieux ; elle semble s'isoler avec orgueil des constructions modernes qui se sont élevées de chaque côté, et qui la dominent sans l'écraser. Elle est si haute, qu'en se plaçant sur le trottoir opposé, on n'aperçoit pas même les toits des bâtiments dont elle forme l'entrée principale. Ses épais battants s'ouvrent-ils par hasard pour laisser sortir ou entrer quelques élégants équipages, on admire au bout d'une avenue de beaux arbres la façade d'un magnifique hôtel.

Cet hôtel est l'hôtel d'Uzès. Reconstruit peu d'années avant la révolution par M. Ledoux, architecte, il fut, sous la République et sous l'Empire, occupé successivement par le ministère du commerce et par l'administration des douanes. La Restauration le rendit à M. le duc d'Uzès, qui le vendit à M. Ternaux l'aîné. En 1825 il devint la propriété de la famille Delessert.

Paris subit, depuis quelques années surtout, une complète métamorphose. Il grandit et s'étend tout à la fois. A ses extrémités, des rues, que dis-je ? des villes nouvelles se continuent jusqu'à son mur d'enceinte, qu'elles menacent de franchir bientôt. Dans les quartiers du centre, où il se sent comprimé, il prend en hauteur l'espace qu'il ne peut pas gagner en largeur, et son développement extraordinaire a besoin. Il s'entasse dans les cages étroites où il se prive volontairement d'air et de lumière, où il a peine à se mouvoir et à se tenir debout. Si nos pères revenaient à la vie, ils ne reconnaîtraient plus la ville qu'ils nous avaient léguée. Aussi les terrains ont-ils acquis en deçà de certaines limites une telle valeur, que les plus charmantes constructions des siècles passés, les demeures historiques, les fleurs les plus belles et les plus rares, les arbres les plus magnifiques tombent pêle-mêle sous la hache ou sous la pioche des démolisseurs. Cette année même, que de ravages n'ont-ils pas exercés !

L'hôtel d'Uzès a dû souvent exciter la convoitise des spéculateurs; car il s'étend depuis la rue Montmartre jusqu'à la rue Saint-Fiacre, et sa porte, son avenue, ses cours, son corps de logis principal, ses nombreuses dépendances, son jardin, ses galeries, ses magasins, couvrent un terrain estimé environ trois millions, en ne comprenant pas dans cette somme le prix des constructions. Cependant ses propriétaires actuels ont toujours résisté, avec une indifférence et une fermeté bien rares à notre époque, aux sollicitations les plus offrantes de la bande noire. Noble exemple qui a trouvé si peu d'imitateurs !

A ce titre seul, c'est-à-dire comme un dernier vestige des anciennes habitations des familles riches d'autrefois, l'hôtel d'Uzès avait des droits incontestables à la faveur que nous lui accordons aujourd'hui. Mais il possède en outre des richesses artistiques et scientifiques dont il peut être utile de révéler au public l'existence trop peu connue, et dont notre spécialité nous permet de lui montrer en même temps quelques échantillons curieux.

Parvenu au bout de la grande avenue, détournons-nous d'abord à gauche avant d'entrer dans l'hôtel, et visitons dans un pavillon séparé le *musée et les collections botaniques* de M. Benjamin Delessert, situés au-dessus des bureaux de la banque de M. F. Delessert.

En 1788, M. Étienne Delessert, membre de la Société naturelle d'Édimbourg, frère aîné de M. Benjamin Delessert, commença à réunir en herbiers les plantes qu'il avait recueillies dans ses nombreux voyages, ou qu'il recevait des divers pays du globe. Mais, en 1794, il mourut à New-York, de la fièvre jaune. M. Benjamin Delessert, son frère, qui l'avait accompagné dans ses voyages en France, en Suisse, en Angleterre et en Écosse, résolut de compléter les collections, déjà considérables, que lui léguait son frère, et de former une bibliothèque spéciale pour la botanique.

M. Benjamin Delessert, lui aussi, se sentait porté vers « cette douce et charmante étude qui, selon les expressions de Rousseau, remplit d'intéressantes observations sur la nature ces vides que les autres consacrent à l'oisiveté ou à pis. » Comment ne l'eût-il pas aimée ? C'était à sa mère que Jean-Jacques avait adressé, sur sa demande, ses *Lettres élémentaires sur la botanique*. La *petite* pour laquelle il écrivait à sa *chère cousine*, c'était sa jeune sœur, madame Gautier, morte il y a peu d'années. Dans sa troisième lettre, le professeur annonçait à son élève qu'il lui envoyait un petit herbier destiné à sa tante Julie. « Je l'ai mis à votre adresse, ajoutait-il, afin qu'en son absence vous puissiez le recevoir et vous en servir, si tant est que parmi les échantillons informes il se trouve quelque chose à votre usage. »

Cet herbier resta longtemps en route, et Rousseau s'inquiéta de ce retard. « J'ai grand'peur, dit-il, que M. G., ne passant pas à Lyon, n'ait confié le paquet à quelque quidam qui, sachant que c'étaient des herbes sèches, aura pris tout cela pour du foin. Cependant si, comme je l'espère encore, il parvient à votre sœur Julie ou à vous, vous trouverez que je n'ai pas laissé d'y prendre quelque soin. C'est une perte qui, quoique petite, ne me serait pas facile à réparer promptement, surtout à cause du catalogue, accompagné de divers petits éclaircissements écrits sur-le-champ, et dont je n'ai gardé aucun double. »

Les craintes de Rousseau ne se réalisèrent pas. L'herbier fut remis à madame Delessert, et conservé précieusement par sa famille. Il est préparé avec un soin tout particulier. Chaque échantillon, parfaitement desséché, se trouve fixé, au moyen de petites bandelettes dorées, sur des feuilles de papier bordées d'un cadre rouge; et les noms des plantes, écrits en français et en latin, y sont tracés de la main même de Rousseau.

Les herbiers et les livres du musée de botanique se sont tellement accrus depuis 1794, qu'ils occupent aujourd'hui, comme nous l'avons dit, une aile entière des bâtiments dépendants de l'hôtel. C'est une des plus riches collections actuellement existantes, et M. Delessert l'a toujours mise avec une générosité qui l'honore à la disposition des savants de tous les pays.

Telle est pourtant la modestie de M. Delessert, que l'existence de ses trésors est presque ignorée. Il ne se montre pas plus fier qu'avare de tant de richesses laborieusement amassées. L'amour seul de la science

Vue de l'hôtel de M. Delessert, à Paris, prise du jardin.

l'a déterminé à faire un si noble usage de sa fortune.

Traversons maintenant la cour d'honneur, et pénétrons dans le cœur même de l'hôtel... Mais non, arrêtons-nous sur le seuil; les secrets de la vie privée que je pourrais ici révéler n'offrent point d'intérêt à la majorité du public, car je n'aurais à lui montrer qu'une famille patriarcale, se livrant modestement, dans la plus douce intimité, à la pratique de toutes les vertus domestiques. Respectons donc les mystères de cette belle galerie où nous venons d'entrer.

Quelle est cette musique guerrière qui vient frapper notre oreille étonnée et ravie? Approchons-nous de la fenêtre entr'ouverte de cette salle à manger.... Cette marche de Moscheles, que je croyais exécutée par la musique d'un régiment tout entier, c'est un instrument qui la joue. — On la nomme un *panharmonicon*, parce qu'il produit à lui seul, et sans le secours de l'homme, une harmonie semblable à celle que produirait un orchestre de soixante artistes. Son inventeur, le célèbre mécanicien viennois Jean Maclzel, n'en a jamais fabriqué que quatre : l'archiduc Charles et le prince Leuchtenberg en possèdent chacun un; le troisième, exporté à New-York, y a été détruit dans un violent incendie; le plus grand, le plus complet et le plus parfait, est celui qui orne la salle à manger de l'hôtel Delessert. — Il joue plus morceaux différents, de Cherubini, de Haydn, de Hændel, de Moscheles, et le *God save the king*.

Une petite serre chaude réunit le corps de logis principal à la galerie de tableaux qui sert de clôture au jardin du côté de la rue des Jeûneurs. Si nombreuses qu'elles soient, les fleurs et les plantes rares dont elle est remplie ne nous ont pas empêché d'apercevoir la seconde façade de l'hôtel, telle que la représente notre dessin, encadrée dans une bordure d'arbres, devant une vaste pelouse qu'arrose un jet d'eau. A la vue de cette délicieuse retraite, si calme et si fraîche, qui se croirait dans le quartier le plus populeux et le plus bruyant de Paris?

La galerie de MM. Delessert se compose d'environ deux cents tableaux des premiers maîtres anciens ou modernes: Backhuysen, Berghem, Bouton, Drolling, Gérard, Gérard Dow, Géricault, Girodet, Greuze, Alexandre Hesse, Claude Lorrain, Lucx, Metzu, Mieris, Mignard, Murillo, Ostade, Paul Potter, Raphaël, Rubens, Ruysdael, Sasso Ferrato, A. Scheffer, Jean Steen, Téniers, Terburg, Van der Heyden, Van der Meulen, Van Dyck, Joseph, Carle et Horace Vernet, Vickenberg, Wouvermans, s'y disputent tour à tour l'attention et l'admiration des visiteurs: le Raphaël est *la Vierge et l'Enfant Jésus*, qui enrichissait jadis la galerie Aguado. Des deux tableaux appartenant à MM. Delessert, que nos artistes ont reproduit par la gravure, l'un, celui de Greuze, *la Lecture de la Bible*, est déjà connu, car il a été gravé par Martinasi et par Flippart. L'autre, *l'Intérieur d'un Estaminet*, nous paraît le chef-d'œuvre d'un jeune artiste belge appelé à de brillantes destinées. M. Lucx n'a que quarante et un ans; il est né à Malines en 1803; il ne lui manque, selon nous, que l'audace d'être franchement original. Sous le double rapport de la composition et de l'exécution, les toiles signées de lui que possède la galerie Delessert ne laissent rien à désirer. — Qu'il crée désormais, au lieu d'imiter.

M. Delessert, fils de M. François Delessert, imitant l'exemple que lui donne son oncle, a commencé dès son jeune âge une collection de gravures du plus grand intérêt. Cette collection n'a pas la prétention d'être complète, mais elle renferme de précieux documents pour l'histoire de la gravure, dont on peut suivre tous les progrès depuis l'origine de cet art jusqu'aux travaux des grands maîtres. Parmi les premiers maîtres allemands, on remarque une gravure non encore mentionnée dans les catalogues, un *saint Georges*, du *maître de 1466*; des Martin Zenk, Israël de Mecken, Martin Shonganer, Mair, Lucas de Leyde, Lucas de Cranach, Albert Durer. Ce dernier est représenté, dans la collection, par les plus belles épreuves qui existent de l'*Adam et Ève* et de l'*Enfant prodigue*. L'école d'Italie nous a fait admirer Baccio-Baldini, Robetta, Nicolas de Modène, Benoît Montagna, André Mantegna, Campagnola, et enfin le Raphaël de la gravure, Marc-Antoine. Les plus belles planches de ce dernier sont *l'Adam et Ève chassés du Paradis*, et *Dieu parlant à Noé*. Enfin l'école de Flandre est représentée par quelques-uns des plus beaux chefs-d'œuvre de Rembrandt.

La porte du fond de la galerie s'ouvre sur un escalier qui conduit dans les salles du *musée conchyliologique*.

M. Benjamin Delessert, tout en s'occupant de botanique, commença, il y a environ quarante ans, à réunir quelques coquilles curieuses. L'étude des espèces fossiles l'intéressa d'abord, et il s'y livra avec ardeur, ainsi que son frère, M. Étienne Delessert. Ils parcoururent ensemble les environs de Paris, ne négligeant aucune des espèces qu'ils trouvaient; et successivement ils visitèrent la Suisse et l'Angleterre.

Chaque voyage enrichissait la petite collection d'un assez grand nombre de coquilles, et son développement rapide est la preuve du zèle des collecteurs.

Plus tard M. Delessert, obligé de s'occuper des affaires de sa maison de commerce, ne perdit pas de vue pour cela l'étude à laquelle il continua de consacrer quelques moments; mais, ne pouvant plus voyager lui-même pour augmenter sa collection, il se procura les plus beaux échantillons qu'il put rencontrer; et, en 1833, il donna une grande importance à son cabinet, jusque-là ignoré, en achetant la collection de coquilles faite par Dufresne, et composée de 8,200 individus bien nommés et classés.

Plus la collection s'enrichissait, plus aussi M. Delessert se trouvait entraîné à l'augmenter; et c'est depuis cette époque surtout qu'il reçut un grand nombre de coquilles vivantes de toutes les parties du monde, mais surtout du cap de Bonne-Espérance, du Sénégal, de l'Inde, du Brésil et de la mer Pacifique. De nombreux voyageurs ont beaucoup contribué au développement d'un musée qui intéressait déjà la science; mais c'est seulement en 1840 que la collection de M. Delessert s'éleva au premier rang, qu'aucune autre ne lui dispute.

On connaissait dans le monde savant plusieurs cabinets du plus haut intérêt, celui de Linné d'abord, et celui de Chemnitz; malheureusement ils ont été partagés, disséminés et perdus pour la science; celui de Draparnaud était vendu hors de France; il ne restait intact que celui de Lamark : c'était aussi le plus important, parce qu'il avait servi à ce célèbre naturaliste pour la publication de son ouvrage, qui est encore de nos jours généralement apprécié par les conchyliologistes.

Ce riche cabinet faisait depuis longtemps partie du magnifique muséum du prince Masséna, qui voulut s'en défaire pour s'occuper exclusivement d'ornithologie. Cette collection précieuse, classée par Lamark et étiquetée de sa main, allait sans doute aussi être divisée et passer peut-être à l'étranger. M. Delessert en fit l'acquisition pour la conserver à la science, et il éleva de cette manière le plus beau monument à la gloire de Lamark; elle se composait, au moment où ce savant la vendit, de 13,288 espèces, dont 4,243 n'étaient pas encore décrites, et l'on y comptait au moins 50,000 coquilles. Le prince Masséna, collecteur enthousiaste, l'enrichit encore d'un très-grand nombre d'espèces rares ou nouvelles, en y ajoutant les collections de madame Bandeville et de M. Sollier de la Touche, et la plupart des belles coquilles de la collection Castellin.

Vue intérieure de la galerie de tableaux de M. Delessert.

Ce n'était point assez pour M. Delessert d'avoir réuni tant d'éléments de travail, précieuses reliques de la science; plusieurs des espèces de ces collections, après avoir passé par d'illustres mains, payaient leur noble et vieille origine par la perte d'une partie de leurs couleurs, sans cependant rien perdre de leur mérite scientifique. Il fallait autant que possible mettre à côté de ces anciennes coquilles, parfois un peu fanées, quelques échantillons frais et riches de leurs couleurs : c'est ce qu'a fait M. Delessert, en ajoutant à son musée la collection de M. Teissier, colonel du génie, directeur des fortifications des colonies.

Ce collecteur n'admettait dans ses cartons que les coquilles fraîches et intactes : la moindre égratignure était un motif d'exclusion; aussi cette collection brillante, et de création moderne, pour laquelle M. Teissier avait dépensé plus de 100,000 fr., vient-elle se placer heureusement à côté des anciennes, et cette réunion établit avec avantage, pour l'étude, toutes les différences d'âge, de grosseur et de coloration. Ces richesses conchyliologiques sont réunies dans une belle galerie de 30 mètres de longueur, et sont contenues dans 440 tiroirs, dont la surface est d'un peu moins d'un mètre carré. Les espèces trop grosses pour entrer dans ces tiroirs, et celles destinées aux échanges, sont arrangées avec soin dans 18 armoires vitrées, et exposées à la vue des nombreux curieux qui visitent la collection.

Les coquilles sont en partie collées sur des cartons dont la couleur indique la patrie de chaque espèce, et en partie libres dans des boîtes pour pouvoir se prêter plus facilement à l'étude. Les couleurs bleu, jaune, rouge, vert et violet indiquent à la première vue les espèces d'Europe, d'Asie, d'Afrique, d'Amérique et de l'Océanie. Toutes les espèces fossiles sont aussi collées sur des cartons brun-clair. Cette collection classique est consultée journellement par toutes les personnes qui s'occupent de conchyliologie. Le conservateur communique à ceux qui veulent se livrer à l'étude, non-seulement les espèces, et là chacun travaille avec toutes les facilités qu'il aurait de la peine à réunir partout ailleurs. La bibliothèque conchyliologique s'enrichit chaque jour des ouvrages nouveaux sur la science, français et étrangers; et jamais M. Delessert ne manque l'occasion de se procurer les livres anciens devenus rares aujourd'hui, et qui ne se trouvent plus dans le commerce de la librairie.

Enfin, non content de communiquer ainsi ses collections et ses livres aux conchyliologistes qui habitent Paris et aux étrangers qui veulent venir nommer ou étudier des espèces, M. Benjamin Delessert a eu l'heureuse pensée de publier un magnifique ouvrage in-folio, orné de planches gravées et coloriées avec le plus grand soin; intitulé *Recueil de coquilles décrites par Lamarck, mais non figurées par les auteurs.*

Au sortir de la galerie conchyliologique, nous descendons par un escalier de bois dans de vastes magasins dont la porte principale s'ouvre sur la rue Saint-Fiacre. Toutes ces richesses que nous venons

Galerie de M. Delessert. — La lecture de la Bible, tableau de Grenze.

Galerie de M. Delessert. — Intérieur d'un estaminet, par Luck.

d'admirer, M. Benjamin Delessert les doit à son travail et à son industrie. D'où viennent ces marchandises qu'on décharge ou qu'on emballe? de ses usines et de ses manufactures. La raffinerie de Passy livre chaque jour 2,400 pains de sucre au commerce de Paris.

De la curieuse galerie de M. Delessert, nous nous transporterons sur la place de la Concorde, chez M. le marquis de Pastoret.

Il existe encore de ces grandes familles chez lesquelles le goût des beaux-arts se perpétue de génération en génération, et qui aiment à se reposer dans ce culte des agitations de la vie politique. C'est dans ces familles que se forment, se conservent et se continuent ces riches collections trop souvent réservées aux visites de quelques amateurs privilégiés.

La galerie de tableaux anciens conservée par M. le marquis de Pastoret, peut figurer parmi les plus précieuses de ces collections, et il n'est pas étonnant que sa fille, madame la comtesse de Plessis-Bellière, ait puisé, dans la contemplation des morceaux remarquables qui en font l'ornement, le goût de l'art sérieux et élevé dont nous ne citerons pour preuve que l'oratoire, ou plutôt la chapelle qu'elle a fait construire dans l'hôtel occupé par sa famille. Cette chapelle a eu pour architecte M. Breton, auquel nous devons déjà l'église conventuelle de Notre-Dame des Champs; le gothique du quatorzième siècle est le style adopté par M. Breton pour la construction de ce petit vaisseau dont les proportions sont si harmonieusement combinées que sa dimension réelle en paraît doublée; revêtue en entier d'une peinture polychrome, rehaussée d'or à l'instar des anciennes basili-

Salon de madame Viardot.

ques, cette chapelle a été en outre décorée de guirlandes de fleurs de lis, de mauve et de vigne vierge qui serpentent autour des colonnettes, tapissent les parois de gracieuses arabesques et remontent le long des nervures de la voûte. M. Gustave Damis, à la fois peintre et sculpteur, chargé de cette décoration, l'a comprise avec finesse et intelligence, et l'a exécutée avec succès; on sent, au caractère mystique de ces peintures murales, l'étude des monuments et des manuscrits anciens; on y reconnaît la main exercée à laquelle avait été confiée la décoration des chapelles de Notre-Dame des Champs et des Jeunes-Aveugles. Deux verrières, exécutées sur les cartons de M. Galimard, représentent les saints patronymiques sous l'invocation desquels la chapelle a été placée, projettent leurs reflets irisés sur cette riche ornementation.

Rien ne nous serait plus facile que de promener le lecteur dans les habitations des personnages célèbres. Il trouverait à peu près partout d'élégants intérieurs, des somptuosités de bon goût : chez celui-ci, un salon en style moyen âge; chez cet autre, une salle de l'époque de Louis XV; chez M. de Lamartine, le beau désordre d'un grand seigneur et d'un poëte; chez mademoiselle Rachel, toutes les magnificences de l'art; chez Jules Janin, une merveilleuse bibliothèque; chez M. de Rotschild, des richesses artistiques auprès desquelles aurait pâli le luxe de Samuel Bernard et de Beaujon; chez madame Viardot, un splendide salon où les amateurs contemplent un très-bel orgue de Cavaillé et une galerie de tableaux parmi lesquels resplendit la douce image de Desdémone, celle que l'univers appela, lorsqu'elle vivait, la Malibran. Nous pourrions aussi visiter les beaux hôtels du faubourg Saint-Germain et du faubourg Saint-Honoré, fort riches en meubles et en ornements de tous genres; mais nous craindrions de fatiguer le lecteur par les inévitables répétitions que comporte un pareil sujet. Nous ne voudrions pas qu'un critique pût dire du Tableau de Paris ce que le législateur du Parnasse disait, avec tant de raison, des descriptions de Scudéry :

Ce ne sont que festons, ce ne sont qu'astragales.

Chapitre LVII.

LES MUSÉES.

Le musée d'artillerie. — Sa fondation. — La collection de la Bastille. — Sa destruction à la prise de la Bastille. — Le musée Regnier au couvent des Feuillants. — Le comité du salut public institue le Dépôt central de l'artillerie. — Le comité des arsenaux de province. — Enrichissement du musée d'artillerie pendant la République et l'Empire. — Les alliés veulent confisquer à leur profit le musée de Saint-Thomas d'Aquin. — Les objets les plus précieux sont sauvés et cachés. — 29 juillet 1830. — M. de Carpagna. — Le désastre réparé. — Description du musée d'artillerie. — Le musée de marine. — Les modèles de bâtiments. — Collection des débris de l'expédition de la Peyrouse. — Le musée des souverains au Louvre. — Les Thermes. — Plan et description des Thermes. — Le musée Cluny. — Historique et description du monument. — Galerie Dusommerard. — Les curiosités antiques. — Musée Dupuytren. — Les divers autres musées.

Nous commencerons ce chapitre par la description du Musée d'artillerie, un de ceux où le public se porte le plus volontiers.

Musée d'artillerie. — Le Musée d'artillerie n'est pas *ce qu'un vain peuple pense*. Le 29 juillet 1830, les insurgés vinrent, dans le but de s'approvisionner, à ce musée, qu'ils prenaient pour un inépuisable dépôt de machines de guerre, et ils en sortirent tellement désappointés que, de ce jour, on put dire que les émotions populaires n'étaient plus à craindre pour cette inappréciable collection. En effet, le Musée d'artillerie n'est pas, comme on pourrait le croire au premier abord, un magasin d'armes en service, une succursale de la salle d'armes de Vincennes, mais bien une collection où toutes les armes qui, depuis la fin du quinzième siècle, ont été employées par les gens de guerre, sont représentées par de rares échantillons arrachés à la dent des siècles et recueillis à grands frais par le corps de l'artillerie. A voir en détail les riches séries d'armes offensives et défensives qui se trouvent réunies dans les galeries du Musée, on peut aisément se rendre compte de tous les moyens de destruction inventés par la main de l'homme.

Des vues les études de l'officier d'artillerie furent dirigées de manière à en faire un homme de science et non plus seulement un homme de métier, la nécessité de fonder un musée où viendraient se classer les modèles de toutes les bouches à feu, des affûts, des voitures, des machines et armes de toute espèce, se fit impérieusement sentir. Sous Louis XIV, l'artillerie parvint à introduire l'uniformité dans toutes les constructions qui lui étaient confiées, et le maréchal duc d'Humières, qui était alors grand maître de l'arme, ordonna de construire au Magasin royal de la Bastille une collection de modèles et d'armes anciennes, qu'il fût facile de consulter lorsque les besoins du service le nécessiteraient. En 1694, le duc du Maine succéda au duc d'Humières dans la charge de grand maître, et malheureusement les travaux de construction des modèles furent abandonnés. Vingt ans après lui le comité d'Eu, qui ne prit pas non plus grand intérêt aux modèles en question. En 1755, la charge de grand maître ayant été supprimée, M. de Vallière fut nommé premier inspecteur général de l'artillerie, et il s'empressa de faire transporter à Paris des armes extraites des arsenaux de la province, et qui manquaient à la collection de la Bastille. Un inventaire de ce premier musée, daté de 1756, existe encore, et atteste la pauvreté des résultats obtenus jusqu'à cette époque. Vainement le ministre Choiseul prescrivit-il à MM. de Vallière et de Gribeauval, par une lettre du mois de janvier de 1769, de presser le développement de la collection de la Bastille, des difficultés d'exécution entravèrent la bonne volonté du ministre; le dépôt de modèles et d'armes continua d'être ce qu'il avait été sous Louis XIV.

En 1788, le projet de former un vaste dépôt de modèles pour servir à l'instruction des officiers d'artillerie fut repris avec ardeur; mais les événements de l'année suivante non-seulement en retardèrent l'exécution, mais amenèrent la destruction presque complète de la collection déjà formée. Le 14 juillet 1789, le peuple enleva de vive force la Bastille, qui fut rasée; l'arsenal d'artillerie fut dévasté; toutes les armes qu'il contenait, anciennes ou modernes, bonnes ou inutiles, furent enlevées; les modèles furent brisés ou dispersés. Ainsi périt à son berceau le premier musée de la Bastille. Mais l'artillerie ne se découragea pas; elle s'empressa de réclamer sur-le-champ la réorganisation d'un semblable dépôt, et longtemps elle le réclama vainement. De 1791 à 1794, les manufactures d'armes françaises ne purent suffire à alimenter les nombreux corps d'armée mis en campagne sur toutes les frontières; on eut recours aux réquisitions, et celles-ci amenèrent dans les arsenaux de l'artillerie une grande quantité d'armes anciennes et modernes. Beaucoup d'entre elles furent mises au ferrailles de rebut et vendues à vil prix; d'autres furent recueillies avec indifférence et attendirent que des arsenaux provinciaux on les fit affluer sur le dépôt central de l'artillerie. Le sieur Regnier, attaché à la commission chargée de l'examen et du classement des armes obtenues par ce moyen, eut l'heureuse idée de réunir dans un local séparé toutes les armes qui ne pouvaient s'utiliser à l'armée; ce ramassis devint le noyau du musée actuel. Le ministre de la guerre Petiet fut frappé de l'importance que devait nécessairement acquérir en se développant une collection de ce genre, et il ordonna que les armures, armes et autres objets rassemblés par Regnier, fussent mis en ordre et rangés dans une des salles de l'ancien couvent des Feuillants.

Le 9 thermidor an III, le comité de salut public institua le dépôt central de l'artillerie, et un article de son arrêté ordonna de transporter la collection d'armes et de modèles appartenant à l'artillerie dans le local où devaient se tenir les séances du comité. Cet ordre ne fut exécuté qu'en l'an IV (1796). Rolland, ancien secrétaire de Gribeauval, était resté dépositaire des débris de l'ancienne collection formée à la Bastille; le comité lui exprima le désir de voir ce qu'il avait conservé réuni à ce que le corps de l'artillerie avait rassemblé par les soins de Regnier. Il fut tout ce qu'il était possible de faire pour éviter d'obéir; et ce ne fut que sur une lettre expresse du ministre qu'il se décida à obtempérer à un ordre qu'il ne lui était plus permis d'éluder. Dès ce moment, Rolland fut nommé directeur et Regnier conservateur du dépôt central. Le comité s'empressa d'exiger des directeurs de province l'envoi immédiat sur Paris de tout ce que les arsenaux contenaient d'armes bonnes seulement à figurer dans un musée. Mais l'espèce de rivalité qui a existé toujours entre les établissements provinciaux et ceux de la capitale enlaça longtemps l'exécution de cet ordre du comité. Les arsenaux de Strasbourg et de Sedan, les plus riches en armures anciennes, se montrèrent les plus récalcitrants, et ne répondirent aux injonctions réitérées que par des envois insignifiants. Il fallut un ordre formel du premier consul (1804) pour que la galerie de Sedan fût versée enfin au dépôt central de Paris. En août 1799 (9 fructidor an VII), le ministre fut de nouveau prié par le comité d'exiger l'envoi des armes et armures conservées à Strasbourg. De là, nouvelle injonction qui demeura encore sans effet. En 1797, le comité enrichit son dépôt central d'une série de modèles cédés jadis au roi Louis XVI par le général Saint-Auban, et qui reproduisait les voitures d'artillerie du système de Vallière. Elle fut immédiatement transportée à Paris du palais de Versailles, où elle était restée.

En 1797, Regnier proposa au comité de changer la dénomination de Dépôt de l'artillerie contre celle de Muséum de l'artillerie. Cette proposition fut d'abord rejetée, mais elle finit par prévaloir et par être officiellement adoptée pendant l'année 1816.

Les glorieuses campagnes de la République et de l'Empire ne contribuèrent pas peu à enrichir le dépôt central, et notamment des objets précieux qui s'y trouvent classés aujourd'hui ne sont que des trophées de nos victoires. Ainsi l'arsenal de Strasbourg avait reçu tout ce que l'artillerie avait recueilli en Allemagne après la bataille d'Austerlitz, et en 1808 tous ces objets furent amenés à Paris.

En 1806, l'empereur eut la malencontreuse idée de faire transporter au Musée des arts les armures qui se trouvaient au dépôt central de l'artillerie. A cette nouvelle, le comité s'émut; il adressa de vives représentations au ministre de la guerre, qui parvint à faire revenir l'empereur de la décision qu'il avait prise, et le projet de transport des armures au Musée des arts fut immédiatement abandonné.

De 1807 à 1814, les dures nécessités de la guerre empêchèrent les généraux, membres du comité de l'artillerie de donner leurs soins à l'accroissement des collections d'armes et de modèles. Toutefois, en 1808, l'occupation de Madrid par les troupes françaises fournit au prince Murat l'occasion de reprendre à l'Armeria Réal l'épée de François Ier, qui, depuis la malheureuse bataille de Pavie, était complaisamment étalée pour flatter la vanité castillane. L'infant don Antonio refusa d'abord de la restituer; mais Murat le prévint qu'il la ferait reprendre de force, si elle ne lui était sur-le-champ rendue de bonne grâce. L'infant s'empressa de l'offrir au roi-chevalier qui la remise en grande pompe au général en chef de l'armée d'Espagne. Cette épée, envoyée immédiatement à l'empereur, fut donnée par lui au prince de Neufchâtel qui, en 1814, l'offrit à Louis XVIII, dans le seul but de lui faire sa cour. Louis XVIII plaça dans une même armoire avec celle d'Henri II et d'Henri IV. Le 20 mars 1815, Napoléon rentrant aux Tuileries, trouva les épées de François Ier et d'Henri II sur une table; il les remit alors au général Gourgaud, en le chargeant de les faire porter au dépôt central de l'artillerie. Quant à l'épée d'Henri IV, elle fut enlevée par un homme du peuple le 29 juillet 1830, puis restituée au roi, qui en a fait don au Musée.

En 1814, la paix ayant ramené à Paris les généraux de l'arme faisant partie du comité, ils s'occupèrent empressement des soins à donner à la riche collection déjà formée. C'est à cette époque que le premier étage du local actuel fut assigné, tel qu'il est, au classement des séries d'armes et d'armures. Pour procéder à ce classement, une commission fut instituée, dont les institutions les plus propres à amener de bons résultats de son travail. Les événements de 1815 vinrent malheureusement troubler l'exécution des excellents projets que le comité avait conçus. Les armées étrangères avaient respecté le Musée de l'artillerie en 1814; après le désastre de Waterloo, les *alliés* se promirent bien de se dédommager de ce qu'ils appelaient leur modération passée. Ils arrivaient à Paris avec l'intention bien arrêtée de confisquer à leur profit le musée de Saint-Thomas d'Aquin. Mais leur dessein fut deviné, et aussitôt déjoué que deviné. Les Prussiens touchaient presque aux barrières de la capitale; en quelques heures on construisit cent dix caisses, dans lesquelles on renferma, tant bien que mal, tous les objets les plus précieux, jusqu'au moment même où il fallut ordonner le départ du convoi, sous peine de le voir tomber entre les mains de l'ennomi. Cent cinq caisses suivirent l'armée au delà de la Loire, et furent ensuite renvoyées à la Rochelle, où elles resteront en magasin jusqu'en 1820. Les cinq autres caisses, pour lesquelles les moyens de transport manquèrent, furent reçues et cachées chez un coutelier de la rue du Bac, nommé Leriche, qui eut le courage et l'honneur de conserver à l'État ce précieux dépôt. Tout ce qui n'avait pu être encaissé fut caché par les soins de M. Regnier; mais, soit hasard, soit indiscrétion, les Prussiens eurent vent de la cachette. Heureusement les suites de ce coup fâcheux porté aux collections du dépôt central purent être en partie effacées; à la mort du général Éblé, l'artillerie acheta la collection d'armes qu'il s'était formée avec soin et zèle, et beaucoup des pertes que l'on avait subies furent ainsi réparées. Enfin de 1816 à 1820, les travaux, qui ont mis les salles du Musée dans l'état où elles se trouvent aujourd'hui, furent exécutés, et les cent cinq caisses furent ramenées à Paris.

C'est à cette époque qu'une somme annuelle fut assignée sur le budget particulier de l'artillerie pour l'entretien et l'accroissement des collections d'armes et de modèles. Jusque-là l'existence de ce musée avait été presque ignorée du public : il fut admis à certains jours dans les galeries, et la juste renommée du Musée de l'artillerie de Paris s'étendit jusqu'à l'étranger.

Musée d'artillerie. — Galerie servant d'entrée.

En 1830, nous l'avons déjà dit, les galeries furent envahies par une foule considérable, et l'on put croire que c'en était fait du Musée. Tout fut enlevé; mais le conservateur, M. de Carpegna, eut assez de tact et de présence d'esprit pour prendre toutes les mesures convenables afin d'atténuer les conséquences d'un semblable désastre, et de fait, à partir du lendemain, 30 juillet, les objets enlevés commencèrent

Musée d'artillerie. — Vue intérieure de la grande salle.

CHAPITRE LVII. — LES MUSÉES.

Armure de Henri III.

Armure du duc de Guise.

à rentrer. Hâtons-nous de dire que presque toutes les pertes supportées par le Musée ont été depuis réparées : quatre cents armes au plus ont été perdues.

Depuis lors, le Musée n'a cessé de prospérer et de s'accroître par les acquisitions qui se font annuellement en son nom.

Épée de Henri IV. — Armure de François Ier. — Épée de François Ier.

En 1843, une nouvelle salle, destinée à recevoir les modèles de l'artillerie proprement dite, a été ouverte au rez-de-chaussée; et, en 1845, il a été admis en principe que dans les galeries des armures serait placée la série des portraits des grands maîtres de l'arme.

Cette heureuse innovation ne pouvait

Targe du roi Mathias Corvin. — Épées. — Casque du connétable Anne de Montmorency. — Arbalète de Catherine de Médicis. — Bouclier. — Masses d'armes. — Casque de Henri II.

manquer d'ajouter un grand attrait de plus au Musée de l'artillerie, déjà si intéressant et si aimé du public.

Voici maintenant la description sommaire de ce musée.

On y pénètre par un grand vestibule orné de bouches à feu appartenant à toutes les nations et à toutes les époques, parmi lesquelles se remarquent des pièces enlevées à Alger et à Saint-Jean d'Ulloa, et des bombardes abandonnées par les Anglais, en 1422, devant la place de Meaux; la chaîne à l'aide de laquelle les Turcs, faisant le siège de Vienne, avaient assuré le pont de bateaux qui leur facilitait les communications d'une rive à l'autre du Danube, décore les frises de ce vestibule d'immenses festons de bon goût. On arrive à un palier décoré de même de canons anciens formant pilastres et qui donne en-

Armure du milieu du XVe siècle. — Épée du connétable de France. — Armure de tournoi au XVe siècle. — Épée d'un roi de France du nom de Henri. — Armure du grand bâtard, Antoine de Bourgogne.

trée dans la salle d'artillerie proprement dite, où sont classés les modèles des divers systèmes d'artillerie qui ont été tour à tour adoptés pour le service des armées françaises, les modèles des artilleries étrangères, les innombrables projets proposés dans tous les temps et presque toujours rejetés comme inutiles ou vicieux, et enfin une précieuse collection de toutes les armures portatives en service en 1845 dans les armées européennes.

Une série de sept petites bouches à feu sur affûts anglais, et enlevées à Tlemcen, constitue l'artillerie que l'émir Abd-el-Kader avait créée pour soutenir la guerre contre la France. Elle est disposée sur le terre-plein du palier lui-même. On monte ensuite jusqu'au premier étage, où se trouve la porte du Musée proprement dite, ornée à droite et à gauche de quatre armures de reîtres. Cette porte débouche dans la grande salle dite des Armures, où l'on admire plus de cent harnais de guerre, tant de cheval que d'homme, et la plupart d'une conservation parfaite; quelques-unes de ces armures ont une origine authentique qui les rend dignes de toute l'attention des curieux; d'autres, par l'élégance du travail, ne méritent pas moins d'être admirées.

Là se trouve l'armure que François Ier portait à la désastreuse bataille de Pavie, celles d'Henri II, de Charles IX, d'Henri III; un casque d'Henri II, un casque et des brassards d'Henri IV; l'armure du duc de Guise (le Balafré), celle du duc de Mayenne, celle du duc d'Épernon, une armure donnée à Louis XIV par la république de Venise, l'armure du bâtard Antoine de Bourgogne, le casque du connétable Anne de Montmorency, la targe du roi de Hongrie Mathias Corvinus avec et mille autres objets du plus grand prix, répartis parmi les nombreux trophées qui tapissent les murailles.

Une galerie, adossée à la galerie des Armures, contient la série des armes blanches et des armes d'hast. On y remarque l'épée de François Ier, celle d'Henri II, celle d'Henri IV, et celle qui servit d'insigne à un connétable de France au quatorzième siècle. Trois galeries semblables contiennent les armes à feu portatives, et offrent en ce genre la plus riche collection connue, depuis le mousquet à mèche jusqu'au fusil à percussion. Les collections de haches et de masses d'armes, d'arbalètes, de pistolets, d'armes blanches orientales, d'instruments de vérification des bouches à feu, de nécessaires des contrôleurs d'armes, et de modèles de machines, répondent, par leur richesse, à l'importance du musée qui les contient. Il serait beaucoup trop long d'énumérer ici tout ce que ces galeries renferment d'objets précieux. Un seul chiffre en dira plus que toutes les descriptions possibles. L'inventaire du musée porte plus de 6,000 armes ou modèles différents, et il nous était permis, pensons-nous, d'affirmer qu'on semblable musée était, pour les officiers de l'artillerie comme pour les officiers de toutes les armes, une source inépuisable d'instruction.

Nous terminons par deux simples questions, pour la solution desquelles nous faisons appel au bon sens public. Il existe au Louvre et à la bibliothèque Richelieu des armures et des armes tout étonnées de se trouver ainsi dépaysées : pourquoi le gouvernement n'ordonne-t-il pas une bonne fois la translation de ces objets au musée spécialement destiné à renfermer tout ce qui concerne la science des armes? N'est-il pas vrai, d'ailleurs, qu'un musée quelconque s'enrichit toutes les fois qu'on le débarrasse des objets qui sont totalement étrangers à sa destination première, et qui n'y peuvent paraître, ne l'oublions, que comme des superfétations inutiles? Nous laissons au lecteur le soin de répondre.

Musée de la Marine. — Ce fut en 1827 qu'une décision royale arrêta le plan définitif d'un musée où viendraient figurer tous les modèles des navires français anciens et nouveaux, ainsi que ceux des instruments servant à la navigation. Là aussi devaient être rassemblées toutes les curiosités rapportées par les navigateurs.

Longtemps les travaux furent suspendus; et ce musée, établi au Louvre, ne fut ouvert au public qu'en 1837.

Ce qui contribua le plus à la formation du musée de la marine fut la découverte des débris provenant du naufrage de la Pérouse; ces débris furent recueillis avec grand soin par les capitaines Dillon et Dumont-d'Urville, en 1826, dans un voyage qu'ils firent séparément à l'île de Tucopia, et forment maintenant une pyramide qui s'élève à l'entrée du Musée, et perpétue le souvenir et la gloire du malheur de la Pérouse.

Le Musée de la Marine se compose de douze salles assez petites, où le défaut d'espace a contraint de sacrifier, par un arrangement malheureux, bon nombre de curiosités.

Dans la première salle, outre la pyramide de la Pérouse, on trouve des objets provenants des îles de la mer du Sud, de l'Amérique, et de presque tous les pays éloignés et nouveaux. Là aussi on remarque une collection assez complète de statuettes mexicaines représentant des hommes et des femmes de professions différentes.

La seconde salle est réservée à ce qui constitua la défense d'un navire de guerre; les murailles sont couvertes de piques et haches d'abordage, mousquets, pistolets, etc. Sur le parquet sont couchés des canons de différents calibres, des caronades et des pierriers; enfin au milieu de la salle s'élève, magnifiquement entretenue, la machine d'un bâtiment à vapeur.

La troisième salle offre aux visiteurs la représentation d'une flotte française de 1792 à 1814, d'après laquelle on peut se rendre facilement compte des progrès qui ont été faits dans la construction navale depuis cette époque, et, en outre, le plan du bassin de Toulon, dans lequel sont introduits, à l'aide d'un mécanisme très-ingénieux, les navires qui ont besoin de réparations.

Les autres salles contiennent les plans en relief des ports de Brest, Lorient, Rochefort et des modèles de presque tous les bâtiments français et étrangers, depuis la barque de pêcheur jusqu'au bâtiment du tonnage le plus élevé. On remarque surtout, dans cette salle, le modèle de la galère *Reale*, construite sous Louis XIV. Cette galère est parée de tous ses pavillons comme pour un jour de fête, et couverte, ainsi que tous les navires de cette époque, de riches ornements qui sont l'œuvre de Puget.

Musée des Souverains. — Depuis que le *Tableau de Paris* a été entrepris, un nouveau musée est sorti d'un décret. Le gouvernement a voulu réunir au Louvre tous les objets précieux qui ont appartenu aux rois, aux princes et aux princesses des différentes dynasties. Ce musée n'était pas encore ouvert lorsque nous avons parlé du Louvre, mais il peut parfaitement trouver sa place ici.

Le Musée des Souverains occupe cinq salles adossées à la colonnade du Louvre, et dont deux faisaient précédemment partie du Musée espagnol. La première contient une armure dorée de François II, le casque et les brassards de Henri II, la pesante armure d'Henri IV, celle de Louis XIII et celle de son fils Louis XIV.

Dans la seconde salle, ce sont encore d'autres armures, d'autres casques, d'autres brassards; une chapelle de réception de l'ordre du Saint-Esprit remplit la troisième salle du Musée; prie-Dieu, manteaux couverts de flammes brodées en or, tous les objets qui servaient à tenir chapelle pour la réception des chevaliers.

Deux autres salles restent encore à visiter : la salle des Bourbons, où sont conservés tous les objets ayant appartenu aux anciennes familles royales. La cinquième est entièrement consacrée à Napoléon.

Dans la salle des Bourbons, voici l'épée de Dagobert, puis des livres d'heures, celui de Marie Stuart, celui d'Henri VI, celui de Louis le quatorzième. On y voit aussi, entre autres curiosités, le bréviaire de saint Louis, le livre de prières de Charles le Chauve, et l'évangéliaire de l'empereur Charlemagne.

Au-dessous de ces livres sont appendues l'épée du mariage d'Henri IV, le mousquet de Louis XIII et l'épée de François Ier, cette épée rendue à Pavie par le roi chevalier et qui fut rapportée d'Espagne par Murat.

En face, voici d'autres curiosités royales: le sceptre et la main de justice de Charlemagne, l'arbalète de Catherine de Médicis, un très-beau meuble ayant servi de médailler à Louis XV, un riche coffret donné par Richelieu à Anne d'Autriche, puis bien d'autres objets encore, tels qu'un meuble à bijoux ayant appartenu à Marie-Antoinette, une carte de géographie dessinée par Louis XVI, et le bureau de roi Louis-Philippe, bureau qui garde encore les traces de l'invasion des Tuileries en 1848.

Dans la salle de l'Empereur, on voit le petit uniforme autrichien du duc de Reichstadt, un médaillon renfermant les cheveux de Napoléon et de son fils, et le drapeau de la garde impériale, qui porte l'inscription suivante : *Garde impériale. L'empereur Napoléon, au 1er régiment des grenadiers à pied.* Ce drapeau, que l'empereur Napoléon embrassa dans la grande cour du château de Fontainebleau, était resté depuis cette époque aux mains du général Petit.

Les Thermes. — Si vous habitez la rive droite, ô habitants de Paris! vous craignez de vous hasarder dans les rues de la Harpe et des Mathurins-Saint-Jacques, rues sombres, étroites, sinueuses, où deux charrettes forment une barricade, où les piétons sont incessamment bloqués entre d'humides murailles et des roues menaçantes. Quant à vous, indigènes du quartier latin, étudiants joyeux, grisettes alertes, hôteliers rapaces, laborieux prolétaires, vous êtes trop occupés de vos plaisirs, de votre industrie, de votre commerce, de votre dénûment, pour songer aux glorieux débris du passé. Et pourtant quelle ruine plus imposante! Franchissez la grille de fer qui vous sépare du palais des Thermes; entrez dans la grande salle dont la voûte à arêtes s'arrondit majestueusement, dont le sol, percé au centre d'un trou circulaire, laisse voir de vastes souterrains : trois arcades ornent les parois, une niche rectangulaire s'enfonce dans le mur méridional. Les débris d'un bassin, des traces d'aqueducs, de fourneaux, de canaux de conduite, une poupe de navire sculptée sur une des consoles, indiquent peut-être la destination de cette salle, la seule qui ait survécu. Louée à un tonnelier par bail emphytéotique du 7 mai 1789, elle a servi de magasin à futailles jusqu'en 1819, époque à laquelle M. Decazes, ministre de l'intérieur, indemnisa le locataire, et fit commencer des travaux de restauration.

Quel palais ce devait être que celui dont la salle de bains avait soixante-deux pieds de largeur, quarante-deux pieds de longueur et autant de hauteur! Il couvrait les flancs du mont *Leucotitius* (la montagne Sainte-Geneviève), depuis le sommet jusqu'à la Seine. Rigord, poëte du sixième siècle, parle avec emphase des jardins immenses de la royale maison. « Les cimes s'élèvent jusqu'aux nues, et les fondements atteignent l'empire des morts, » dit Jean de Hauteville, écrivain du douzième siècle. Cette demeure était digne des illustres hôtes qui y séjournèrent successivement: Constance Chlore, qui la fonda; Julien l'Apostat, que les troupes auxiliaires y proclamèrent empereur; Valens et Valentinien, qui en datèrent des lois; puis Clovis et Clotilde, Childebert; Gisla et Rotrude, filles de Charlemagne; le savant Alcuin, abbé de Cantorbery. Mais les Normands saccagèrent le vieux monument ; Philippe-Auguste en abattit une partie qui excédait la nouvelle enceinte de Paris, et donna le palais ainsi écorné à son chambellan Henri. Aux rois succédèrent les seigneurs et les prélats : Raoul de Meulan, Jean de Courtenay, l'archevêque de Reims, l'évêque de Bayeux. Les constructions romaines étaient déjà presque totalement détruites, quand Pierre de Chalus, abbé de Cluny, acheta, en 1340, le palais des Termes ou des Thermes, *palatium*

CHAPITRE LVII. — LES MUSÉES.

de *Terminis seu de Thermis*. La résidence des empereurs et des rois devint alors l'hôtel abbatial de l'ordre de Cluny.

La construction des murs de cet édifice se compose de six rangées de moellons formant des bandes, que séparent les unes des autres quatre rangées de briques qui chacune ont d'un pouce à quinze lignes d'épaisseur. Les joints pratiqués entre ces briques sont également d'un pouce de largeur, en sorte que les quatre briques forment avec eux une épaisseur de huit pouces. Deux rangs de briques avec les moellons placés au milieu occupent un espace d'environ quatre pieds six pouces. Les moellons ont de quatre à cinq pouces de hauteur.

Ce genre de construction était ordinairement employé par les Romains, et on le retrouve dans un grand nombre d'édifices à Rome et dans toute l'Italie. Le modèle que le temps a respecté au milieu de Paris y est malheureusement peu connu, et mériterait d'être imité. Il nous offre la solution de ce problème que s'étaient proposé les architectes de l'antiquité, de faire de grands et solides édifices avec des matériaux communs et de peu de valeur.

Les murs de la salle des bains étaient recouverts d'une couche de stuc qui avait trois, quatre et même cinq pouces d'épaisseur. On en voit encore quelques débris. Le reste paraît avoir cédé plutôt à la main des hommes qu'aux ravages du temps.

Quelle place occupait au juste, dans l'ensemble des thermes de Julien, cette belle salle que nous avons décrite? Il est assez difficile de le dire. Les thermes des anciens se composaient d'une multitude de pièces qui toutes n'étaient pas destinées à l'usage des bains ; et, pour assigner à celle-ci son emploi précis, il faudrait la considérer dans son rapport avec de semblables pièces des thermes de Rome ; il faudrait surtout rétablir, par les indications des fondations et des ruines adjacentes, l'ensemble approximatif des salles contiguës.

Musée Cluny. — Le bâtiment actuel, que nous appelons hôtel de Cluny, commencé par Jean de Bourbon, et terminé par Jacques d'Amboise, en 1490, est un modèle presque unique d'une architecture dont les œuvres religieuses semblent seules avoir pu vivre jusqu'à nous. Tous ceux qu'impressionnent les élégances gothiques admirent les bandeaux et les dentelles des fenêtres ; la tourelle hardie avec son hélice de pierre, le style fleuri de la chapelle, les douze dais rangés le long des murailles, et sa voûte, dont les nervures, toutes basées sur un pilier central, s'éparpillent en gracieux réseau.

A la valeur architecturale de l'hôtel de Cluny s'ajoute celle des souvenirs qui s'y rattachent. Dans une chambre qui existe encore, François Ier surprit Marie, veuve de Louis XII, en tête-à-tête avec le duc de Suffolk, et fit légitimer immédiatement leurs amours clandestines par un cardinal qu'il avait eu la précaution d'amener. L'une des premières troupes de comédiens qui s'établirent en concurrence avec les *maîtres de la Passion* donnait ses représentations à l'hôtel de Cluny. Les religieuses de Port-Royal, ces pieuses femmes qui eurent l'honneur d'avoir Racine pour historien, habitaient l'hôtel de Cluny en 1625. La tourelle servit aux observations astronomiques de Delisle, de Lalande et de Messier, que Louis XV avait surnommé le *Furet des comètes*. Les appartements du premier et du second étage furent occupés par de grands établissements typographiques de MM. Moutard, Vincent, Fusch, Leprieur. Ainsi la politique, la religion, l'art dramatique, les sciences, l'imprimerie, revendiquent une part dans les annales de l'hôtel de Cluny. De tous les habitants de ce manoir vénérable, M. Du-

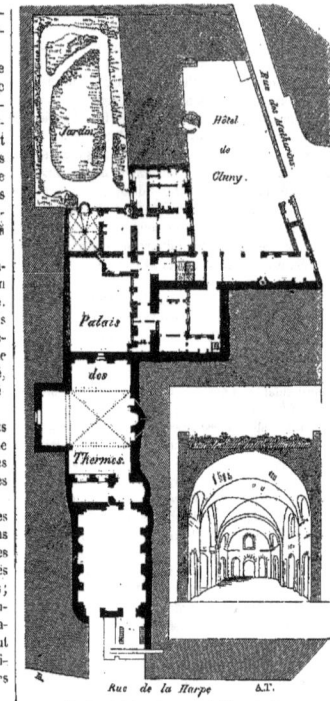

Plan du palais des Thermes et de l'hôtel de Cluny.

sommerard est celui qui a fait le plus pour en assurer la conservation, en indiquant le parti que la science en pouvait tirer. Conseiller-maître à la cour des comptes, il employa, durant trente années, tous les loisirs que lui laissaient ses fonctions, à recueillir des objets d'art, de sorte que l'ameublement se trouve en harmonie avec le local. Dans l'immense collection rassemblée par le savant et laborieux archéologue, le moyen âge ressuscite tout entier. Aussitôt qu'on y pénètre, on rompt avec la vie réelle, on est transporté au temps de Charles VII ou de François Ier. Dès le vestibule, on passe entre deux haies de bahuts, d'émaux, de bas-reliefs coloriés, de groupes en marbres, de faïence vernissée, de tableaux de Jean Van Dyck ou de Lucas de Leyde. Nous voici dans la salle à manger. L'heure du repas va sonner ; de hautes *chaières* attendent les convives ; les fourchettes à deux dents, les cuillers et les couteaux à manche d'ivoire, les *hanaps* gigantesques, garnissent la table. Sur les dressoirs sont étagés les riches produits des fabriques de Limoges, de Faenza, de Montpellier ; les vases en grès de Flandre, les plats de Bernard Palissy. Le salon, la chambre dite de *François Ier*, n'ont pas de moindres richesses : des figures d'enfants en ivoire, par François Flamand ; un meuble florentin, marqueté de mosaïques, de lapis, de cornalines, de plaques d'or et d'argent ; un lit dont le dais est soutenu par de belles cariatides, un échiquier en cristal de roche hyalin, plusieurs armures complètes, des boucliers *repoussés*, des bas-reliefs de bois ou de marbre, des glaces de Venise, des outils en fer et en acier, ciselés et damasquinés. La chapelle regorge d'objets relatifs au culte : rétables massifs, stalles en bois *ouvré*; tableaux à volets, diptyques et triptyques, reliquaires ciselés, missels manuscrits, encensoirs, custodes, crosses en cuivre ou d'ivoire, étoles, chapes, chasubles et ornements d'église. En sortant de l'hôtel de Cluny, on a fait un cours complet d'archéologie ; on connaît les mœurs et usages d'autrefois ; on sait comment nos ancêtres entendaient la vie spirituelle ou matérielle, comment ils s'habillaient et se meublaient, priaient et combattaient. La collection Dusommerard est une nécropole où chaque siècle a laissé des ossements.

Il faudrait un volume, un gros in-folio, pour énumérer seulement ce qu'elle renferme ; mais, dans l'impossibilité de tout décrire, nous devons une mention spéciale aux curiosités qui semblent les plus importantes. Ces étriers sont ceux que portait François Ier à la bataille de Pavie. Conservés comme un trophée par le comte de Lannoy, qui fit prisonnier le roi de France, ils ont été achetés à sa famille par M. Dusommerard. Ils sont en cuivre doré, maintenu par des barres d'acier. Ils présentent sur la face les lettres F. REX, et sur les tranches la couronne de France, avec les salamandres des Valois. Au bas, dans un lambrequin, on lit cette devise : *Nutrisco et exstinguo*.

François Briot, orfèvre du seizième siècle, a donné les dessins de cette belle aiguière d'étain, qu'on peut comparer sans désavantage aux plus charmantes œuvres de Benvenuto Cellini. Ce manche de couteau en ivoire, représentant le *Sacrifice d'Abraham*, surpasse en élégance les meilleurs morceaux des artistes dieppois.

Il faut mentionner aussi le miroir de toilette, rehaussé d'un cadre de bois doré, d'une frise et d'un médaillon d'ivoire, et surmonté du groupe de Vénus et des Amours ; une quenouille en bois, qui demande à être examinée à la loupe, tant les détails en sont fins et délicats ; la hampe est enrichie de cinq sujets, *Sainte Geneviève filant, Dalila et Samson, Rachel et Sisara, Judith et Holopherne*, et *Rébecca à la fontaine*. Ce sont de charmantes miniatures, sculptées avec un art admirable.

A peine M. Dusommerard avait-il fermé les yeux, que des étrangers se présentèrent pour acquérir sa précieuse galerie ; mais ses héritiers ont préféré la vendre à l'État. Ils ont ac-

Les Thermes de Julien.

copté les 200,000 fr. que leur offrait la direction des beaux-arts, plutôt que de livrer l'œuvre paternelle à des spéculateurs qui l'auraient dépecée ou emportée hors de France.

La ville de Paris, qui avait à se reprocher d'avoir laissé démolir dans la rue des Bourdonnais l'admirable hôtel de la Trémouille, voulut donc racheter ses torts précédents en concourant largement à la conservation et au dégagement de l'hôtel de Cluny.

Les travaux furent presque immédiatement entrepris. La rue des Mathurins-Saint-Jacques, où est situé l'hôtel, fut élargie et portée à douze mètres. De larges pans coupés, pratiqués au coin de la rue de Sorbonne, forment une sorte de place qui rend la circulation facile aux abords du Musée, et permet de considérer plus à l'aise la façade de l'hôtel de Cluny.

On a restauré aussi avec une intelligence pleine de scrupule la cour de l'hôtel, sa façade; on a désempâté la galerie à jour qui la couronne; on lui a, en un mot, restitué son ancien aspect, celui qu'il avait au quinzième et au seizième siècle, aux temps historiques de ce séjour. A l'intérieur, dans le principal corps de bâtiment, les anciennes distributions ont été rétablies; les cloisons qui avaient été interposées pour le besoin ou les convenances des locataires qui l'avaient habité, ont disparu. Les déblaiements opérés jusqu'ici ont dégagé beaucoup de parties encombrées de replâtrages qui cachaient entièrement plusieurs élégants détails de la construction. Ainsi l'escalier de communication entre la chapelle haute et la chapelle basse, qui avait été découvert en 1832 par feu M. Dusommerard, a été mis à jour par son fils, qui, en achevant la restauration de la chapelle basse, a dégagé le développement circulaire de ce joli escalier, enfermé depuis longtemps dans un mur moderne. Ce mur a été démoli avec des précautions particulières, qu'exigeaient à la fois et le joli travail qu'il masquait et les précieux matériaux qui avaient servi à sa construction. M. Edmond Dusommerard a retrouvé dans ces décombres les têtes presque intactes des statues de tous les personnages de la famille du cardinal d'Amboise, qui avaient leur sépulture dans cette chapelle.

Un sentiment louable a fait choisir par l'administration, pour conservateur de cette collection, M. Dusommerard fils, dès longtemps associé par son père à la pensée artistique et nationale qui a présidé à sa réunion et aux nombreuses recherches que cette entreprise avait nécessitées. Un amour éclairé de l'art et le respect filial sont donc la double garantie offerte au public, que ce musée et les développements qu'il réclame encore seront toujours l'objet de l'active sollicitude du conservateur. La collection de M. Dusommerard, autrefois entassée dans un ordre qui laissait fort à désirer, mais auquel les mauvaises dispositions antérieures du local ne permettaient guère d'en substituer un autre, a été distribuée avec intelligence et méthode dans six salles au rez-de-chaussée et cinq au premier étage. M. Dusommerard avait fait ce que peut un particulier éclairé, persévérant, désintéressé; mais, s'il eût vécu, il eût ajouté encore à ses richesses. Ce qu'il eût fait, l'État devait

Entrée de l'hôtel de Cluny.

Vue de la cour de l'hôtel de Cluny.

être bien autrement tenu de le faire; l'État devait comprendre qu'une collection particulière peut bien servir de point de départ à une collection publique et nationale, mais que celle-ci, pour mériter son titre, doit s'accroître chaque jour et s'enrichir à chaque occasion. Du reste, c'était beaucoup déjà que d'avoir décrété qu'il y aurait un musée de ce genre.

Dès à présent, on peut y admirer, comme nous le disions plus haut, des meubles, des armures, des vases et des objets divers de curiosité du moyen âge et de la renaissance; de magnifiques bahuts sculptés et incrustés avec un soin remarquable, des tentures merveilleuses, une collection de vitraux des plus grands maîtres, des panoplies sans égales, l'éperon et les étriers de François Ier, un échiquier en cristal d'un travail inimitable qui a appartenu à saint Louis, des épées et des hallebardes ciselées et damasquinées, une rare collection de verres de Bohême, de vases de Bernard Palissy, des glaces de Venise de la bonne époque; des émaux, des statues, des bustes, des bas-reliefs, entre autres la délicieuse Diane de Jean Goujon; un lit complet moyen âge, des quenouilles à filer d'un travail merveilleux; des montres pleines de manuscrits illustrés; enfin une collection de vases flamands en grès du plus beau galbe. Les objets réunis dans la chapelle attireront aussi l'attention, que fixera particulièrement un prie-Dieu admirablement sculpté. Mais cette chapelle elle-même excitera encore plus la curiosité que tous les trésors d'art qu'on y pourra réunir. Il n'est rien de plus gracieux, de plus fini. On ne peut guère lui comparer que la chapelle du château d'Amboise, qui a été tout récemment l'objet d'une complète restauration artistique.

Musée Dupuytren. — Ce musée est situé dans la rue de l'École de Médecine. En octobre 1834, M. Orfila, doyen de la Faculté de médecine de Paris, fut consulté par Dupuytren sur une clause du testament olographe par lequel ce dernier léguait à la Faculté une somme de 200,000 fr. pour fonder une chaire d'anatomie pathologique interne et externe. M. Orfila engagea le célèbre chirurgien à modifier cette clause du testament, et à léguer à la Faculté les 200,000 fr. pour l'établissement d'un musée d'anatomie pathologique, à la condition que le ministre et le conseil royal consentiraient, en acceptant ce legs, à créer une chaire pour l'enseignement de cette science. Dupuytren, qui d'abord n'avait pas goûté cette idée, l'accueillit ensuite avec faveur. Le savant Cruveilher, selon le vœu de son illustre ami, fut appelé à la chaire nouvelle, et, en 1835, le docteur Broussais prononçait le discours d'inauguration du musée Dupuytren. Nous ne nous étendrons pas sur ce musée scientifique, dont nous avons déjà dit quelques mots en nous occupant de l'École de Médecine.

Musée Thibert. — La peinture en relief n'est pas d'invention nouvelle; c'est une chose, au contraire, très-ancienne, aussi ancienne que l'art de la sculpture en Chine et dans l'Indoustan, contemporaine des plus belles époques en Grèce, et cultivée chez les Étrusques avant et depuis la conquête de Rome. Elle fut plus en faveur que jamais au temps du Bas-Empire, alors qu'on avait besoin de dissimuler, sous la profusion du clinquant, l'absence du goût et de l'art, d'éblouir les yeux, pour les empêcher de trop bien voir. Le moyen âge la cultiva. Il nous en reste des traces dans tous les bas-reliefs, dans toutes les statues de cette époque.

Tous ces essais, toutes ces industries, laissaient à désirer. Il fallait qu'un homme de notre époque régénérât ce genre d'art, inventât une matière première et mît en harmonie avec elle des couleurs à inventer aussi. Tout était à faire. Il fallait entrer dans ce genre d'art après avoir pris conseil de la science, qui amène les découvertes, du goût, qui débrouille le chaos et inspire les applications heureuses. C'est ce que fit le docteur Félix Thibert. Il avait de plus une persévérance à l'épreuve des obstacles et des sacrifices.

Frappé de l'insuffisance des pièces anatomiques en cire, de cette difficulté de transport dont nous venons de parler, ainsi que de l'altération que la moindre élévation de température leur faisait subir; frappé en même temps de l'inconvénient que présentait l'impossibilité de les palper, — un sens retranché à l'observation, qui n'a pas assez des cinq! il se mit en tête d'inventer une substance qui présentât au moins autant de vérité d'aspect, et pût souffrir sans dommage l'atteinte du grand air, de l'humidité, de la locomotion, et le contact des mains studieuses, et il y réussit.

Le docteur Félix Thibert n'a, par le fait, inventé qu'une matière première; il n'a trouvé que la manière de s'en servir. Nous posons cette vérité, sauf à lui tenir compte tout à l'heure de l'heureux choix des couleurs qu'il a employées, et surtout de la nature même de ces couleurs, qui nous semblent marquer un progrès dans le domaine de la peinture à l'huile.

Le docteur Félix Thibert n'a donc trouvé, nous venons de le dire, qu'une pâte et des couleurs; mais tout est là. Aujourd'hui la peinture en relief, dotée d'une matière première extrêmement ductile, peut se prêter aux caprices les plus délicats de l'imagination, et les spécimens obtenus par ce procédé nouveau, ne craignent plus ni les transports, ni le froid, ni le chaud, ni le contact des mains. Ils ont la dureté du marbre; grâce aussi aux nouvelles couleurs du docteur Thibert, la peinture en relief peut maintenant viser à une reproduction exacte de la nature. Désormais complète, elle peut mouler hardiment : l'imitation de tous les règnes de la nature, des animaux, des végétaux, lui est ouverte. Rien de ce qui existe dans les airs, sur la terre, dans l'eau, ne peut lui échapper.

Tout est dans l'invention des matières premières. Cela est si vrai que le docteur Thibert, aussitôt qu'il les eût trouvées, se mit à l'œuvre, et, travaillant alors uniquement pour la science, et non comme depuis, pour l'art et le plaisir, produisit des pièces anatomiques tellement remarquables qu'il fut sur-le-champ nommé, quoique bien jeune encore, préparateur de la Faculté de médecine de Paris et membre de la Légion d'honneur.

Il est impossible, en effet, de rendre avec une plus hideuse fidélité les maladies qui assiégent et défigurent la pauvre espèce humaine, d'imiter mieux les cancers, les éruptions, les inflammations, les polypes, et toute cette végétation tuberculeuse qui fait de notre corps un immonde réceptacle d'humeurs viciées et de sang noir. Les hommes de la science voient figurées là, avec la plus complète vérité, jusqu'aux moindres fibres; ils retrouvent les teintes plus imperceptibles qu'affecte la plaie, dans ses environs, à ses lèvres et dans son milieu.

On n'imagine pas l'utilité de ces sortes de reproductions pour l'étude de certaines maladies. Supposons, par exemple, qu'un cas unique et intéressant pour la science se produise dans nos hôpitaux. L'intérêt de la science veut qu'il puisse être étudié dans tous les pays, afin que, s'il venait à s'y produire, on en connût d'avance les symptômes et le traitement. Alors, la partie affectée du cadavre est moulée avec cette fidélité dont nous venons de parler tout à l'heure, la peinture complète l'imitation, on tire beaucoup d'exemplaires et on expédie dans plusieurs pays à la fois. C'est ainsi que l'on a satisfait à des commandes venues des États-Unis, de l'Italie, de l'Égypte et même de l'Inde. De gros volumes format in-folio ont été envoyés dans ces différentes directions. Si vous aviez ouvert un de ces volumes, d'apparence respectable, vous n'auriez trouvé, au lieu d'un feuillet, qu'un horrible monceau de chair humaine rongé par la maladie; c'était l'envoi demandé; le volume n'était que la boîte.

Vous pourriez voir, dans les galeries de ce musée, rue Pavée Saint-André des Arts, des spécimens de tous les maux de notre triste humanité. Si vous n'avez pas les nerfs robustes, la tête forte, n'entrez pas dans ce terrible sanctuaire, car ce sont de toutes parts des maladies inconnues et hideuses, qui attentent également aux formes du corps et du visage, et ne laissent après elles que des plaies visqueuses, des intestins entr'ouverts, des yeux fixes, égarés loin de leurs orbites, et des dents grinçantes. Vous vous demanderez si la créature que vous avez devant vous n'est pas un de ces poissons plats qu'on traîne sur une claie pour les attendrir et déchirer leurs chairs.

Mais ces galeries n'ont pas d'attrait seulement pour les hommes de la science; les gens du monde s'y pressent et examinent ces tableaux en relief dans lesquels le docteur Thibert a groupé les plus gracieuses choses de la création. Les tableaux de nature morte n'approchent point de cet éclat et de cette délicatesse de coloris. C'est que, ici, c'est plus que de l'art, en quelque sorte : c'est la nature même prise sur le fait, dans toute sa fraîcheur, dans ses plus gais sourires. Les impressions pénibles de tout à l'heure s'effacent à voir ces grenades entr'ouvertes, ces pêches dont l'aile du papillon suffirait à enlever le duvet léger, ces raisins mûris sur les rochers de Madère, ces pastèques du Midi, ces aubergines, ces courges aux pustules rugueuses, tous ces produits de la pomone provençale.

Voici un groupe un peu plus mystérieux que les autres. Les chardonnerets, au manteau cendré, à la tête cerclée de noir, de blanc et de rouge vif, ont fait leur nid au milieu de ces beaux fruits. Les brins de paille de ce nid s'agitent; vous diriez qu'il en sort de petits cris. La femelle cache sous ses plumes une famille encore toute nue, et voici, accourant à tire d'aile, le mâle qui lui apporte à manger. De quelque côté que vous tourniez les yeux, c'est partout la végétation dans son exubérance, dans ses produits les plus précieux et les plus appétissants. Vous voudriez étendre la main pour atteindre ces beaux fruits et les manger. Vous vous croyez un moment au milieu de la plus belle office de l'univers.

Nous avons dit tout à l'heure que l'imitation de tous les règnes étaient ouverte à ce procédé de peinture en relief. Voici un chevreuil blessé, voici de petits lapins, voici des canards qui se débattent dans les roseaux, à la vue d'un chien de chasse; voici enfin du gibier récemment abattu : des chapelets de mauviettes, des bécasses, des faisans, des perdrix. Vous vous demandez comment la même substance qui tout à l'heure reproduisait ce poli brillant de la pomme d'api, de la cerise, de la groseille, peut donner à la robe des bêtes fauves cette toison grenue, au plumage des oiseaux ces reflets métalliques, qui ne sont pas imitables par la peinture ordinaire. Vous examinerez toutes ces merveilleuses productions d'un art nouveau et si étonnamment multiple et fécond. Quand vous aurez vu ce que c'est que cette pâte qui prend toutes les formes connues, vous jugerez.

Ce qui vous étonnera, c'est que ces tableaux, qui ornent bien plus que la peinture ordinaire, infiniment plus que les reliefs monochromes, sont d'un prix tout à fait inférieur aux productions d'un artiste tant soit peu distingué.

Musée pélasgique. — On entend par monuments pélasgiques les plus anciens murs des villes de la Grèce et de l'Italie, l'architecture de leurs portes, les plans et les triples élévations des enceintes sacrées, qui ne peuvent dater que de l'époque même de la fondation de ces villes; les revêtements de pierre des tombeaux héroïques; enfin, tout ancien monument dont l'appareil irrégulier, mais bien taillé et toujours bâti sans ciment, se joint à de nombreux témoignages écrits pour en faire attribuer l'origine au peuple grec, anciennement connu dans l'histoire sous la dénomination de Pélasges.

Depuis plusieurs années, on voit exposée à la bibliothèque Mazarine une collection de soixante monuments exécutés en gypse colorié, et pour la plupart de haut relief, d'après des dessins faits à la chambre obscure. Les modèles de cette collection sont coloriés de manière à faire ressortir à la simple vue l'antiquité des diverses époques, et à reproduire au naturel la patine, pour ainsi dire, de chaque roche calcaire, de poudingue, de granit, de pépérino-volcanique, dont chaque échantillon, pris sur les lieux, est pour la facilité des comparaisons, scellé sur chaque modèle. On y distingue les constructions cimentées, celles qui sont en brique romaine ou du moyen âge. Toutes ces constructions tracent à l'œil le moins exercé l'échelle chronologique des temps qui se sont écoulés entre les Pélasges et les Sarrasins, dont les Hellènes, les Étrusques, les Latins, les Romains n'ont été que les intermédiaires.

Sur les plates-bandes, les plinthes et autres parties lisses de chaque modèle, on lit, gravés en lettres capitales, les textes grecs et latins qui expliquent succinctement chaque monument. Cette collection entière a été exécutée peu à peu sous la direction du précédent bibliothécaire, afin de rendre palpable une grande question d'histoire controversée entre les savants de l'Europe.

Exposition des produits de l'industrie française en 1849. — Péristyle servant d'entrée aux galeries.

Exposition de l'industrie. — Nous terminerons ce chapitre en donnant quelques détails sur l'exposition de l'industrie de 1849, celle qui est le plus près de nous et qui effaça toutes les autres en grandeur et en magnificence, quoiqu'elle eût lieu à une époque où l'on croyait que l'industrie allait rendre le dernier soupir.

Cette exposition a été marquée par une innovation heureuse et qui eut les meilleurs résultats. On s'était rappelé ce mot déjà ancien et toujours vrai : « Labour et pâturage sont les deux mamelles de l'État, » et l'on invita les agriculteurs, les éleveurs de bestiaux, voire même les jardiniers, ces savants modestes de la bêche et du râteau, à venir prendre place dans les galeries de l'exposition, afin que ce palais fût bien élevé à toutes les forces de la France.

Les bâtiments de cette exposition, non compris l'écurie, la bouverie et le hangar pour les instruments aratoires, formèrent un vaste rectangle de 206 mètres de largeur sur 100 mètres de profondeur, et qui était divisé par deux galeries transversales à droite et à gauche du péristyle. Au centre étaient trois cours dans lesquelles on avait établi des puisards pour l'écoulement des eaux pluviales. Dans tout le pourtour régnait un hangar où furent exposés les produits de l'horticulture ; et au-

Vue intérieure des galeries.

CHAPITRE LVII. — LES MUSÉES.

tour du tapis vert, des poteries, vases, bronzes, enfin tout ce qui sert à l'ornement des jardins. Les bâtiments coûtèrent 900,000 fr.; il y fut employé 45,000 pièces de charpente et 400,000 kilogrammes de zinc.

Cette exposition fut la onzième à laquelle l'industrie a été conviée à partir de 1798, époque de la première. Elles ne se sont pas succédé régulièrement et à intervalles égaux, et cela se conçoit; car, de 1798 à 1849, dans cette période de cinquante ans, quel pays a été plus bouleversé, plus agité que le nôtre? Après les guerres gigantesques de l'Empire sont venus les alliés, auxquels il a fallu servir une contribution de guerre d'un poids énorme, puis le milliard des émigrés, puis la révolution de 1830, et enfin celle de 1848. Les quatre premières expositions se sont suivies à intervalles peut-être trop rapprochés : 1798 - 1801 - 1802 - 1806. — Un intervalle de treize ans sépare la quatrième de la cinquième : c'est sous la Restauration, en 1819,

Cour des produits horticoles.

qu'elle a eu lieu. Deux autres ont encore eu lieu sous la Restauration à quatre années de distance : 1823-1827. La révolution de Juillet a forcé de reculer la huitième jusqu'en 1834, et depuis lors c'est tous les cinq ans que le pays fait un appel à ses industriels : 1839-1844 et enfin 1849.

Nous ne discuterons pas ici l'utilité de ces expositions. Nous savons que quelques esprits se sont vivement élevés contre ces exhibitions périodiques, prétendant que là ne naît pas la véritable émulation. La meilleure réponse à faire en ce cas est de raconter ce qui existe. Certes, on admettra que les meilleurs juges en cette matière sont ceux mêmes qui partent de tous les points de la France pour venir concourir aux expositions. Eh bien, le nombre de ceux-là a été toujours en augmentant. Depuis que les expositions ont commencé en France, plusieurs chefs-lieux de département ont suivi l'exemple de la capitale. Les étrangers eux-mêmes ont prouvé qu'ils comprennent les avantages de cette institution féconde. Il y a maintenant des expositions à Bruxelles, à Vienne, à Naples, à Berlin, en Suède, en Russie, en Espagne; partout on en a reconnu l'heureuse influence; et l'Angleterre, tout dernièrement, par son immense exposition, est

venu donner gain de cause en quelque sorte à cette importante question. Depuis l'institution des expositions, de grands perfectionnements se sont introduits dans les procédés de fabrication, et tout a concouru à amener, en même temps que l'amélioration des produits, une baisse remarquable dans leur prix.

Chapitre LVIII.

LES BIBLIOTHÈQUES ET LES ARCHIVES.

Bibliothèque impériale. — Origine de cette bibliothèque. — La bibliothèque du roi Jean. — La *Tour de la Librairie*. — Louis XII fait transporter à Blois les volumes réunis au Louvre. — Bibliothèque fondée par François Ier à Fontainebleau. — Les manuscrits de Lascaris et de Jérôme Fondal. — Les maîtres de la bibliothèque du roi. — La Bibliothèque sous Henri II, Henri III et Henri IV. — Le décret de Louis XIII. — La Bibliothèque rue Vivienne, puis dans l'hôtel Mazarin. — Les acquisitions et les présents ayant enrichi la Bibliothèque. — L'intérieur et les habitués de la Bibliothèque impériale. — Les manuscrits. — Statistique de la Bibliothèque impériale. — Visite d'Abd-el-Kader à la Bibliothèque. — L'autographe et la pièce de monnaie qu'il y a laissés. — Monument des ancêtres à la Bibliothèque. — Cours de M. Raoul-Rochette. — Bibliothèque Sainte-Geneviève. — Sa description. — Statistique des diverses bibliothèques de Paris. — Les archives.

Bibliothèque impériale. — Pour trouver l'origine de cette bibliothèque, qui s'est tour à tour appelée Bibliothèque royale, Bibliothèque nationale et Bibliothèque impériale, il faut remonter au règne de Charles V. Saint Louis, avant cette époque, avait réuni quelques livres plus ou moins curieux; mais ce prince se plaisait à distribuer ces ouvrages aux seigneurs et aux savants de son temps.

La bibliothèque du roi Jean ne se composait guère que de huit à dix volumes. A la mort de Charles V, on comptait neuf cents manuscrits. Cette augmentation atteste tout l'intérêt que ce prince portait aux lettres. Les richesses littéraires, confiées à Gilles Mallet, valet de chambre du roi, furent déposées au Louvre, dans une tour qui prit, à cette occasion, le nom de *Tour de la Librairie*. Ces manuscrits occupaient trois salles; des barreaux de fer protégeaient les fenêtres. Les lambris des murs étaient de bois d'Irlande. Ce sanctuaire, réservé à la science, était éclairé par trente petits chandeliers, au milieu desquels brûlait une lampe d'argent. Cette bibliothèque, dont Gilles Mallet avait dressé l'inventaire, était estimée 2,823 livres 4 sols. Cette collection disparut pendant le séjour des Anglais à Paris. Le duc de Bedfort l'acheta 1,200 livres.

Charles VII, qui avait un royaume à conquérir, ne put songer à réparer cette perte. Mais bientôt la découverte de l'imprimerie vint favoriser les développements de la bibliothèque nationale. Louis XI couvrit de sa protection tous ceux qui cherchaient à répandre dans son royaume les produits de cet art merveilleux. Savant lui-même et littérateur, il rassembla tous les volumes enfouis dans les maisons royales.

La grande salle de la Bibliothèque impériale.

Louis XII fit transporter au château de Blois les volumes que ses prédécesseurs avaient réunis au Louvre. François Ier créa, en 1544, une bibliothèque à Fontainebleau, et l'augmenta, plus tard, de tous les livres que Louis XII avait déposés dans le château de Blois. La bibliothèque de Blois, dont l'inventaire fut fait alors, se composait d'environ 1,890 volumes, dont 109 imprimés et près de 40 manuscrits grecs rapportés de Naples par Lascaris. François Ier enrichit encore la bibliothèque de Fontainebleau d'environ 60 manuscrits que Jérôme Fondal avait achetés dans les pays étrangers. Jean de Pins, Georges d'Armagnac et Guillaume Pélicier, ambassadeurs de France à Rome et à Venise, achetèrent pour le compte du roi tous les livres grecs qu'ils purent trouver. Guillaume Postel, Pierre Gille et Sente Remelle rapportèrent du Levant 400 manuscrits, et 40 environ d'Orient. Les livres du connétable de Bourbon augmentèrent encore la bibliothèque de Fontainebleau.

Jusqu'à cette époque, un simple garde de livres avait été le seul administrateur de la bibliothèque de nos rois. François Ier donne à un savant, Guillaume Budé, la place de bibliothécaire en chef, avec le titre de maître de la Bibliothèque du roi. Parmi les successeurs de Budé, on cite Pierre Duchâtel, Mellin de Saint-Gelais, et Pierre Montdoré.

Les principales richesses de la Bibliothèque consistaient alors en manuscrits. Henri II ordonna, vers 1556, à tous les libraires de fournir à chacune des bibliothèques royales un exemplaire en vélin et relié de tous les ouvrages imprimés par privilège. Malheureusement cette ordonnance ne fut pas rigoureusement exécutée.

Sous Henri III, la Bibliothèque est envahie par les ligueurs, et plusieurs manuscrits précieux sont enlevés et lacérés.

Henri IV, maître de Paris, ordonne, par lettres du 14 mai 1594, que la bibliothèque de Fontainebleau soit transférée dans la capitale, et déposée dans les bâtiments du collége de Clermont, que les jésuites venaient de quitter. Elle acquit, à cette époque, de nouvelles richesses. Le maréchal Strozzi avait acheté

CHAPITRE LVIII. — LES BIBLIOTHÈQUES ET LES ARCHIVES.

du cardinal Ridolfi, neveu de Léon X, une collection de manuscrits hébreux, grecs, latins, arabes, français, italiens, au nombre de plus de huit cents. A la mort de Strozzi, la reine-mère s'appropria les livres du maréchal, sous le prétexte assez spécieux qu'ils provenaient de la bibliothèque des Médicis.

Deux arrêts du parlement, le premier en date du 25 janvier, le second du 30 avril 1599, ordonnèrent la remise de ces livres à la Bibliothèque royale. Les jésuites, rentrés en France, reprirent possession de leur collège, et la bibliothèque fut transférée au couvent des Cordeliers.

Sous le règne suivant, la Bibliothèque fut enrichie des livres de Philippe Hurault, évêque de Chartres. C'est à Louis XIII qu'on doit attribuer le rapide accroissement de nos richesses littéraires. Ce prince rendit, en 1617, une ordonnance qui porte : « Qu'à l'avenir il ne sera octroyé à quelque personne que ce soit aucun privilége pour faire imprimer ou exposer en vente aucun livre, sinon à la charge d'en mettre gratuitement deux exemplaires en la Bibliothèque du roi. »

Le Persan.

A la fin de ce règne, la bibliothèque se composait de 16,700 volumes.

Sous Louis XIV, la Bibliothèque est accessible au public. Depuis longtemps, la maison des Cordeliers était trop petite pour contenir cette collection de volumes. Colbert la fit placer dans deux propriétés voisines de son hôtel. Les deux maisons situées rue Vivienne avaient été achetées des héritiers Beautru. La translation eut lieu en 1666. La Bibliothèque occupa cet hôtel jusqu'en 1721, où elle fut transportée dans le local qu'elle occupe aujourd'hui, et qui était l'ancienne demeure du cardinal Mazarin.

Nous indiquerons sommairement les principales acquisitions et les présents les plus considérables qui vinrent successivement enrichir ce grand dépôt littéraire.

En 1662, le roi acheta du comte de Brienne trois cent soixante manuscrits sur l'histoire de France.

Le comte de Béthune, chevalier des ordres de Sa Majesté, légua, en 1663, à la Bibliothèque dix-neuf cent vingt-trois volumes manuscrits ; plus de onze cents contenant des lettres et des pièces originales sur l'histoire de France.

Charles d'Hozier, célèbre généalogiste, vendit au roi son cabinet, qui renfermait un grand nombre d'ouvrages curieux.

A ces collections il faut ajouter celles qui provenaient de l'abbé de Louvois, de Colbert, de Dupuy, de Baluze, de Lancelot, de l'église de Paris, de Saint-Martial de Limoges, de Fontanieu, de Lavallière, etc.

En 1790, époque de la suppression des maisons religieuses, la Bibliothèque s'accrut d'un grand nombre de livres manuscrits et imprimés provenant de ces établissements.

Avant la révolution, on évaluait le nombre des livres imprimés, en excluant les pièces détachées, à deux cent mille volumes environ ; on y compte aujourd'hui plus de sept cent mille volumes imprimés et pareil nombre de pièces fugitives. La Bibliothèque impériale s'accroît chaque année d'environ neuf mille ouvrages français et de trois mille volumes étrangers.

Dans cinquante ans le magnifique bazar littéraire aura doublé ses richesses.

Mais pénétrons dans ce vaste bâtiment, dont l'aspect noir, austère et enfumé rappelle un peu trop les murailles d'une prison. La porte d'entrée donne dans la rue Richelieu. Après avoir franchi le vestibule, nous voici dans une vaste cour décorée d'une assez laide statue de saint Louis. Un peu à gauche est un vaste escalier tout enjolivé de pierres antiques scellées dans le mur, et portant des inscriptions grecques, hébraïques, assyriennes, égyptiennes. Au premier étage, une salle immense, avec une immense table au milieu. Dans tous les rayons, des livres, et puis des livres encore. Autour de la table, des travailleurs ensevelis sous des remparts de volumes. Celui-ci lit, celui-là écrit, cet autre prend des notes, cet autre feuillette vingt volumes, consulte trente auteurs, interroge trente morts, et, au bout de la séance, qui ne dure que quatre heures, n'a pas eu le temps d'écrire trente mots. Voici un collégien qui entre en caressant la chimérique espérance de lire un roman. Il le demande timidement au gardien, qui le renvoie à l'administrateur, lequel lui répond qu'on ne lit pas de romans à la Bibliothèque impériale. — Monsieur, dit un autre, je voudrais avoir tel livre... — Il n'y est pas, il est sorti, — et tout est dit. Ces trois mots : *Il est sorti!* résonnent comme un glas à l'oreille du postulant. En effet, on prête des livres aux savants, aux littérateurs en renom, aux hommes politiques. Ceux-ci les gardent six mois. Ces livres prêtés sont ordinairement les ouvrages rares qui ne se trouvent qu'à la Bibliothèque impériale ; et voilà un pauvre diable de travailleur forcé de se contenter de la formule sacramentelle : *Il est sorti !*

La Bibliothèque a ses habitués : quelques vieux savants qui n'ont rien publié et qui méditent pendant trente ans un grand ouvrage destiné à rester inédit ; quelques femmes de lettres, muses échevelées à leur printemps, et qui se sont réfugiées dans le Tempé scientifique à l'heure solennelle de la maturité ; puis des jeunes gens qui travaillent sérieusement, et qui ont toujours besoin de remonter aux sources. Voici le Persan, ce personnage extraordinaire, qui passe son temps à méditer sur un immense in-folio depuis plus de vingt années. Ce Persan, peut-être un sage de son pays, envoyé chez nous pour étudier nos lois, nos sciences et nos mœurs, n'est pas tout à fait comme son ancien collègue Bias ; il porte toujours dans la rue deux bouquins sous son bras gauche, et il tient à la main droite ce meuble occidental que nous appelons un parapluie. Le Persan est un abonné de la Bibliothèque. Il ne manque pas d'y venir passer chaque jour les cinq heures de séance ! Voilà un étranger qui doit être bien fatigué du dimanche !

Avant 1789, la Bibliothèque se divisait en cinq dépôts ; les *livres imprimés*, les *manuscrits*, les *médailles et les antiques*, les *gravures*, les *titres et généalogies*. Ce dernier dépôt a été supprimé.

La collection des manuscrits occupe cinq pièces, dont une seule est l'ancienne galerie du palais Mazarin. Le plafond peint à fresque, en 1631, est l'ouvrage de

Romanelli ; il représente plusieurs sujets de la Fable. Les manuscrits sont divisés par fonds, parmi lesquels on distingue ceux de Dupuy, de Bethune, de Gaignières, de Mesmes, de Colbert, de Doat, de Cangé, de Lancelot, de Balme. Le nombre des manuscrits est évalué à quatre-vingt mille. Les plus curieux sont ceux des sixième et septième siècles. Ils sont écrits en or, sur du vélin pourpre, ou en argent sur parchemin noir.

Le cabinet des antiques et des médailles est aussi fort remarquable. François Ier possédait vingt médailles en or et une centaine en argent. Il les fit enchâsser dans des ouvrages d'orfévrerie. Henri II joignit aux médailles qui avaient appartenu à François Ier celles qui composaient la riche collection apportée d'Italie par Catherine de Médicis. Charles IXe augmenta ces richesses, et leur destina un local particulier au Louvre. Louis XIV rassembla les collections disséminées dans les résidences royales et créa au Louvre le cabinet des antiques.

Mais, en 1666, l'abbé Bruneau, gardien des médail-

Un vieux savant.

les, fut assassiné au Louvre. Les meurtriers s'emparèrent d'une partie de nos richesses numismatiques. Peu de temps après la collection fut transportée à la Bibliothèque royale.

En 1831, le cabinet des médailles éprouva de nouvelles pertes. Une tentative de vol fut accomplie avec une étonnante audace. Des objets rares et précieux furent enlevés. Il résulte d'un état dressé par les conservateurs que le nombre des médailles dérobées et non recouvrées s'élève à deux mille sept cent soixante-deux. Cependant cette collection est encore très-riche aujourd'hui, puisqu'on compte dans ce cabinet plus de quatre-vingt mille médailles.

Tout dernièrement, l'émir Abd-el-Kader eut la curiosité de visiter cette collection.

L'émir se rendit donc à la Bibliothèque, accompagné du général Daumas et du commandant Boissonnet ; il fut reçu par MM. les administrateurs, et, après avoir traversé la grande galerie parallèle à la salle de lecture, il arriva directement au cabinet des médailles, où il était attendu par le conservateur, M. Lenormant. Il demanda immédiatement qu'on voulût bien lui montrer les monnaies des califes et des sultans des nombreuses dynasties arabes d'Orient et d'Occident; l'employé chargé du classement de cette partie de la numismatique fit successivement passer sous ses yeux les médailles les plus rares et les plus curieuses de ces princes; Abd-el-Kader fut singulièrement frappé de la richesse de cette collection, qu'il examina en entier avec tout l'intérêt d'un homme véritablement lettré; au sujet d'un fait, il rappelait une date, au sujet de celle il rappelait un fait, même dans les époques les plus reculées de l'histoire musulmane; il s'arrêta quelque temps à examiner les monnaies émises par le général arabe Moussa-ben-Noseir, qui le premier soumit l'Afrique et l'Andalousie, et rappela en quelques mots l'histoire de cette merveilleuse conquête; enfin, de médailles en médailles, il arriva jusqu'aux cartons qui contiennent la monnaie frappée par lui-même dans sa ville de Takedem. Il fut visiblement ému à cette vue; après avoir lu tout haut la légende qu'elle contient, il remercia le conservateur de lui avoir donné une place en si bonne compagnie.

Avant de quitter le cabinet des médailles, Abd-el-Kader laissa sur un album destiné à recevoir les noms des visiteurs illustres de cet établissement, les quelques lignes dont nous reproduisons le fac-similé et dont suit la traduction :

« Gloire à Dieu unique.

« Je suis entré chez monsieur Lenormant, gardien du cabinet des monnaies anciennes concernant tous les peuples; j'ai été étonné du soin avec lequel il conserve ces objets; en effet il fixe, au moyen de ce secours, la chronologie des peuples; et cette chronologie est plus solide que celle indiquée par les livres; car l'insecte ne mord pas sur la date inscrite sur l'or, comme il ronge la date inscrite sur les feuillets. Salut de la part d'Abd-el-Kader ben Mahy-din, le septième jour avant la fin de Moharram de l'année 1269. »

Du cabinet des médailles, l'émir se rendit au cabinet des manuscrits, dont M. Reinaud, conservateur des manuscrits orientaux, lui montra les immenses richesses.

Voici la traduction de la légende arabe qu'on lit sur la monnaie d'Abd-el-Kader :

1re face : Frappé à Takedem, 1286.

2me face : Seigneur, délivre-nous, et fais que par ta grâce nous puissions mourir musulmans.

Dans la pièce affectée aux livres de géographie, on voit deux globes immenses. Ils furent commencés à Venise par Marc-Vincent Coronelli, d'après l'ordre du cardinal d'Estrées, qui en fit hommage à Louis XIV. Sur des lames de cuivre doré, le cardinal d'Estrées fit graver deux inscriptions; voici celle du globe céleste :

A L'AUGUSTE MAJESTÉ
DE LOUIS LE GRAND,
L'INVINCIBLE, L'HEUREUX,
LE SAGE, LE CONQUÉRANT.

César, cardinal d'Estrées, a consacré ce globe céleste où toutes les étoiles du firmament et les planètes sont placées au lieu même où elles étaient à la naissance de ce fameux monarque, afin de conserver à l'éternité une image fixe de cette heureuse disposition sous laquelle la France a reçu le plus grand présent que le ciel ait jamais fait à la terre. M. DC. LXXXIII.

L'inscription du globe terrestre contient aussi des éloges qui ne sont pas moins hyperboliques.

Plusieurs projets relatifs au déplacement de la Bibliothèque ont été successivement présentés. Napoléon, en arrêtant la réunion des palais du Louvre et des Tuileries, avait décrété que la ligne transversale qui devait relier ces palais, contiendrait la Bibliothèque impériale. Il est à regretter que ce changement n'ait pas eu lieu. Le local actuel de la Bibliothèque n'est plus en rapport avec les richesses qu'il renferme et les richesses qu'il est appelé à renfermer.

La Bibliothèque possède aussi une curiosité très-visitée par les étrangers, nous voulons parler de la Chambre des Rois de Thoutmès III.

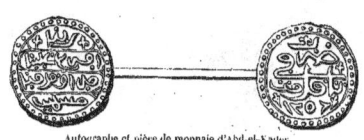

Autographe et pièce de monnaie d'Abd-el-Kader.

Il y a quelques années, un de nos compatriotes, M. Prisse, d'Avesnes, remonta le Nil jusqu'à Thèbes, avec le projet d'aller arracher au vandalisme turc la Salle des Ancêtres du roi Thoutmès III.

Ce monument remarquable, l'un des plus précieux de l'histoire égyptienne, allait subir le même sort que tant d'autres; déjà même les murs contigus qui le

Projet d'entrée pour la chambre de Thoutmès III, à la bibliothèque impériale

protégeaient avaient été abattus; quelques jours encore, et probablement il disparaissait à jamais. Il n'y avait donc pas de temps à perdre. Sous l'empire de ces considérations, malgré tous les obstacles, toutes les difficultés, tous les dangers qu'il prévoyait, notre courageux voyageur, poussé par un généreux patriotisme, se mit à l'œuvre dès le jour même de son arrivée à Karnac, et parvint à doter l'initiative française de ce reste incomparable, convoité depuis longtemps déjà par plusieurs savants étrangers, qui n'attendaient qu'une occasion favorable pour en prendre possession.

Dans la crainte de ne pouvoir complètement s'en emparer de prime abord, il commença par prendre avec du papier un estampage de tous les bas-reliefs; ensuite il fit élever, au moyen de briques crues, des murs d'épaulement destinés à soutenir les parois chancelantes, et à fournir des points d'appui aux leviers, seule machine qu'il pût employer en cette circonstance. Ces préparatifs achevés, il fit glisser, l'une après l'autre, le long d'un mur incliné, construit à cet effet, toutes les pierres de l'édifice pour en entreprendre le sciage, opération sans laquelle il n'y avait pas à espérer de les enlever, à cause de leur poids énorme. Quinze Arabes avaient de la peine à en mettre une en mouvement; l'architrave seule présentait près de cinq mètres de longueur sur un de largeur, et les deux traves qui couvraient la salle n'avaient pas de moins colossales dimensions. Le sciage fut exécuté avec toutes les précautions possibles et en même temps avec une remarquable promptitude; on était même déjà fort avancé quand M. Prisse apprit que le gouverneur de la province venait à Luxor, dans le but de présider un conseil d'administration. Loin de se décourager, il redoubla au contraire d'activité et de prudence pour achever au plus vite et dérober ses opérations à la surveillance de Sélim-Pacha. Les ouvriers travaillaient la nuit à la clarté des flambeaux; et M. Prisse, tout en dirigeant les travaux, était contraint de passer une partie de son temps auprès du gouverneur, afin de prévenir toute dénonciation. Enfin, après dix-sept nuits de périls et de fatigues indicibles, toutes les pierres se trouvèrent sciées, disposées dans des caisses et transportées dans la tente du voyageur.

Cependant le gouverneur ne tarda pas à être instruit de ce qui s'était passé; il fit enjoindre à M. Prisse de restituer sur-le-champ tout ce qu'il avait enlevé, et de quitter sur-le-champ les ruines de Karnac. Des soldats furent même envoyés pour lui ravir ce qu'il avait si péniblement acquis; mais notre intrépide compatriote sut, dans cette conjoncture, montrer une fermeté, un calme plein de courage, qui en imposèrent au gouverneur. Il fit respecter l'inviolabilité de son domicile, et Sélim-Pacha dut se borner, pour le moment, à mettre devant la tente des gardes qui devaient s'opposer à la translation des caisses jusqu'au Nil. Après un mois d'expectative, il fallut néanmoins capituler. Quelques cadeaux eurent facilement raison de l'obstination du gouverneur. Les vingt-sept caisses furent immédiatement transportées au Nil et dirigées sur Alexandrie, où elles arrivèrent sans obstacles, grâce aux soins du zélé voyageur, tout heureux d'un succès aussi important pour la science et pour l'histoire.

La Chambre des Rois a été édifiée sous le quatrième roi de la dix-huitième dynastie, Thoutmès III, qui vivait environ dix-sept cent cinquante ans avant Jésus-Christ. Ce Thoutmès, quoique moins connu que Sésostris (Rhamsès II), fut cependant un grand prince. Les portraits qui restent de lui s'accordent à lui attribuer un noble visage; il a le front haut, le nez aquilin, les lèvres peu saillantes, et n'accuse aucune trace de la race éthiopienne, à laquelle s'était allié Aménophis Ier, le chef de la dix-huitième dynastie. Il fit la guerre avec éclat, et, pendant la paix, il encouragea les arts, qui furent florissants sous son règne. Il releva l'Égypte, à peine délivrée du joug des Pasteurs, et il eut la plus

CHAPITRE LVIII. — LES BIBLIOTHÈQUES ET LES ARCHIVES.

grande part à cette renaissance des arts et des institutions nationales qui suivit l'expulsion des conquérants barbares.

La plupart des monuments dont s'embellirent les villes affranchies de la domination étrangère furent commencés, continués ou achevés durant son règne, à la fois long et prospère. La *Chambre des Rois* appartient donc à la plus belle époque de l'art égyptien ; cependant le travail en est assez négligé, et elle ne doit guère sa célébrité qu'aux inappréciables renseignements qu'elle fournit pour l'histoire des dynasties égyptiennes. Elle renferme un tableau historique et généalogique des principaux rois qui, avant Thoutmès III, occupèrent le trône de l'Égypte. C'est, sous ce rapport, un monument analogue à la fameuse *Table d'Abydos*, qui devrait être aujourd'hui la propriété de la France, mais qui a passé malheureusement entre les mains des Anglais, le musée britannique l'ayant fait acheter aux héritiers de M. Mimaut, en 1837, pour la somme de 14,000 francs. Ce nom de *Table d'Abydos* a été donné à une inscription découverte sur le mur latéral d'un petit appartement, voisin de l'adytum du palais de Rhamsès II (Sésostris), à Abydos, maintenant Arabat-el-Madfounch. La *Table d'Abydos*, moins riche en cartouches et moins ancienne, est bien moins complète que la *Salle des Ancêtres*, tant sous le rapport de l'art que sous celui des documents historiques.

Pour bien comprendre l'explication de ces planches, il faut savoir que, dans les inscriptions hiéroglyphiques, les noms royaux sont enfermés dans un encadrement de forme ovalaire nommé *cartouche*. La plupart des noms de rois se composent de deux cartouches, dont l'un est appelé cartouche-noms et l'autre cartouche-prénom, et qui sont tantôt isolément, tantôt ensemble. A peu d'exceptions près, chaque prénom est constamment appliqué au même roi ; et les signes qui entrent dans ce cartouche sont le plus souvent symboliques, et expriment ordinairement un titre honorifique. Le cartouche-nom, qui concerne divers individus de la même famille, renferme des signes phonétiques, c'est-à-dire des caractères semblables à nos lettres alphabétiques.

Le petit sanctuaire, dont nous sommes possesseurs, était situé à l'extrémité méridionale du promenoir de Thoutmès III, dans cette partie du palais spécialement affectée à l'usage privé du souverain et de ses serviteurs. Il a deux mètres six centimètres de largeur, et autant de profondeur. Les trois côtés principaux sont couverts de bas-reliefs peints, qui consistent en quatre rangées parallèles de personnages assis.

Dans chaque rangée, il y a quinze personnages formant deux séries distinctes, dirigées en sens contraire. La ligne

Portrait de Thoutmès III.

de démarcation de ces deux séries se trouve au milieu de la paroi du fond. Aux deux extrémités des files, c'est-à-dire au commencement des deux parois latérales, le Pharaon Thoutmès III, coiffé du *claft* et revêtu d'une *shantsi*, offre aux personnages, vers lesquels il est tourné, des tables chargées de fleurs, de fruits et de mets variés. La pose de ces personnages est traditionnelle, hiératique ; ils sont tous reproduits d'après le même ponsif, et le héros principal, Thoutmès III, est figuré de taille colossale, suivant la coutume observée à l'égard des rangs supérieurs, dans tous les bas-reliefs égyptiens. Les inscriptions hiéroglyphiques, sculptées au-dessus de la tête et sous la main de Thoutmès, se traduisent ainsi, suivant M. Prisse : *Le Dieu bienfaisant, Remonto (Soleil stabiliteur du monde) dispensateur de vie stable, puissante et heureuse, comme Phré (le soleil) éternel, fait de solennelles offrandes aux rois de la haute et de la basse Égypte.* Cette phrase, assez originale, est une des formules consacrées dans toutes les offrandes faites aux dieux et aux rois.

Les noms des soixante personnages, ancêtres de Thoutmès, ou simplement prédécesseurs de ce monarque, paraissent être ceux de pharaons appartenant aux dix-sept premières dynasties. Rien ne prouve que tous ces personnages soient rangés dans l'ordre même de leurs avénements successifs au trône ; peut-être n'est-il représenté que les rois légitimes, ou bien seulement les souverains les plus illustres parmi les prédécesseurs de Thoutmès.

Le premier cartouche à gauche, dans la rangée du bas, renferme le prénom d'Osortasen Ier, le plus célèbre roi de la dix-septième dynastie. A dater de son règne, une ère nouvelle s'ouvrit pour l'Égypte. Viennent ensuite les cartouches-prénoms d'autres rois de la même dynastie et des dynasties antérieures. Dans la *Table d'Abydos*, qui est du temps de Sésostris, la ligne supérieure offre un mélange singulier. Divers cartouches contiennent évidemment de simples prénoms, tandis que d'autres contiennent tout à la fois un nom et un prénom. On remarque un agencement analogue de cartouches nom et prénom dans la *Chambre des Rois*. Les Pharaons y sont désignés, dans la série gauche, par des cartouches nom et prénom indistinctement. On voit, par les cartouches de cette série, que, dès l'époque la plus reculée, les noms royaux pharaoniques avaient une double formation, et se composaient de deux cartouches. La partie droite du tableau paraît représenter une autre série de rois. Les trente cartouches qui la composent sont probablement des prénoms ; on ne les rencontre guère que sur quelques figurines recueillies çà et là dans des fouilles, et i s ne se retrouvent plus nulle part sur les monuments. Ils appartiennent sans doute à des dynasties fort anciennes, dont on ne connaît que très-peu de chose. La *Cham-*

Intérieur de la chambre des ancêtres de Thoutmès III.

bre des Rois pourra donc servir à placer ces cartouches épars, entre lesquels on n'a pas encore établi jusqu'à présent de liaison bien suivie.

L'existence de nombreux cartouches, relatifs à des dynasties antérieures à la dix-huitième, prouve que la chronologie était prise au sérieux par les Égyptiens, et qu'elle était appuyée sur de solides fondements; les dynasties mythiques n'y figuraient point, comme l'ont avancé à tort quelques écrivains.

On a, dans la série droite de la *Chambre des Rois*, le tableau le plus complet et le plus authentique de ces anciens rois; et si quelque monument nouveau vient à être découvert, on pourra probablement construire quelques-uns des noms que le temps a effacés. Le mémoire que M. Prisse a publié sur la *Salle des Ancêtres* contient d'ingénieuses et savantes comparaisons, à l'aide desquelles il est même parvenu déjà à combler quelques-unes de ces lacunes. Il est le premier qui ait produit des recherches sur ce sujet; et nous avons été affligé d'apprendre que, passant ces utiles travaux sous silence, un de nos professeurs d'archéologie avait, dans une de ses leçons, cité seulement des écrits postérieurs. Mais M. Prisse peut se consoler de cette omission volontaire, car Champollion lui-même a été fréquemment sacrifié pour la plus grande gloire de quelques illustrations germaniques.

Après avoir donné une idée succincte de l'origine et de la nature de ce petit monument, il nous reste à parler de la restauration qu'on en a faite à la Bibliothèque impériale. Malgré les précautions prises par le donateur, les caisses avaient été un peu maltraitées par le transbordement; quand on les ouvrit, trois pierres se trouvèrent brisées, et l'une d'elles au point d'être à peu près réduite en poudre. A l'exception de cet accident, aucune autre détérioration n'avait été subie. Quoique peintes simplement en détrempe, et sujettes, par conséquent, à souffrir beaucoup de l'humidité, les peintures qui rehaussaient les bas-reliefs étaient dans un bon état de conservation lors de leur arrivée à Paris. Cependant on eut la maladresse, l'incurie ou la malignité peut-être, de les laisser pendant plusieurs mois exposées à la pluie et à la neige. Tout le monde, en effet, a pu voir dans la cour de la Bibliothèque, le long du mur exposé au nord, des caisses entassées pêle-mêle les unes sur les autres, et à peine fermées. Ces caisses renfermaient les pierres de la *Chambre des Rois*. Aussi les peintures ont-elles presque entièrement disparu; elles avaient près de trente-cinq siècles d'existence.

Telles ont été les suites d'un acte qu'on peut tout au moins qualifier de coupable négligence; nous avons dû la signaler, et ce n'est pas au donateur qu'elle est imputable. A part la pierre brisée, ce petit monument, enlevé en dépit de tous les obstacles, nous est parvenu aussi complet qu'il était en 1825, quand MM. Burton et Wilkinson en publièrent les copies.

Le plan que M. Prisse avait proposé pour réparer la *Chambre des Rois* avait été adopté par le ministre de l'instruction publique; néanmoins il n'a été exécuté qu'en partie. Notre vignette donne le dessin d'une petite porte qui devait clore la chambre, et qui a été supprimée ou plutôt abattue. Cette mutilation est d'autant plus maladroite qu'elle enlève au monument toute sa physionomie égyptienne. L'altération résulte de ce que la grande arcade vitrée, substituée à la porte, laisse pénétrer le jour à la fois par en haut

Cours de M. Raoul-Rochette, à la Bibliothèque impériale.

et par en bas, de manière que les bas-reliefs du fond paraissent extrêmement confus, à cause d'un double effet de lumière. La pierre brisée à Paris a été dessinée au pinceau, d'après les estampages, de façon à imiter l'original. Quant aux lacunes qui dépariaient le monument depuis un temps immémorial, M. Prisse a tenté d'y suppléer par une légère esquisse tracée en rouge, dans le genre égyptien. Cette restauration, peu considérable, était nécessaire pour compléter le monument, en rendre l'étude plus facile aux archéologues et la vue plus intéressante au public.

Conquise et sauvée par les efforts et les sacrifices de M. Prisse, la nouvelle relique introduite dans notre collection d'antiquités égyptiennes a été généreusement offerte à l'État par notre savant compatriote. C'est grâce à son désintéressement que le dépôt de la Bibliothèque impériale s'en est enrichi, car le temps n'est plus où la France payait 72,000 fr. un monument tel que le *Zodiaque de Denderah* ; et il est probable que si la *Chambre des Rois* avait été mise en vente comme la *Table d'Abydos* et le *Sarcophage de Luxor*, elle serait aussi tombée au pouvoir de l'Angleterre, qui a su accaparer les plus rares documents et les monuments les plus précieux de l'histoire égyptienne.

C'est dans les bâtiments de la Bibliothèque impériale que se tient le cours d'archéologie, dont le professeur actuel est M. Raoul-Rochette. M. Raoul-Rochette s'occupe surtout d'archéologie grecque, dont il fait connaître les phases diverses. Par l'archéologie grecque, on est convenu d'entendre toutes les œuvres que l'art grec a enfantées, non-seulement dans la Grèce elle-même, qui n'en est pas le berceau, mais dans l'Asie Mineure, dans l'Italie méridionale, et dans la Sicile. Des œuvres d'architecture, il ne nous reste que des édifices publics, et surtout des édifices sacrés dont la masse a plus ou moins résisté aux ravages du temps. En sculpture, le bois, le marbre, la pierre, les métaux nous ont conservé quelques travaux. La numismatique est de toutes les branches de la même division celle qui nous a légué les plus nombreux et les plus précieux souvenirs. La peinture, qui n'arriva que la dernière, n'a jamais joué dans l'antiquité le rôle important qu'elle remplit chez nous; elle a laissé peu de traces, et il serait difficile d'en trouver ailleurs que sur quelques vases antiques. Aux cours d'archéologie, les usages diffèrent un peu de ceux du Collège de France ou de la Sorbonne. A la Bibliothèque, pas d'amphithéâtre pour l'auditoire, qui est assis sur des chaises; une porte secrète, et pas de bravos pour le professeur. L'enthousiasme de parterre ne peut se faire jour, mais on n'interdit pas une discrète approbation.

Bibliothèque Sainte-Geneviève. — Depuis longtemps l'ancienne bibliothèque Sainte-Geneviève menaçait de tomber en ruines; le 19 juillet 1843, les chambres autorisèrent le gouvernement à construire une nouvelle bibliothèque, et votèrent un crédit de 1,775,000 fr. M. H. Labrouste, architecte attaché à la bibliothèque Sainte-Geneviève, se trouva naturellement chargé de la construction du nouvel édifice.

Il paraîtrait que la somme votée n'aurait pas été entièrement employée, ce qui ferait l'éloge de l'architecte.

Voyons maintenant l'édifice. Il se présente sous la forme d'un parallélipipède rectangle, qui a naturellement pour principale façade un de ses plus grands côtés. Au milieu du côté qui est opposé à cette façade s'ajuste un parallélipipède beaucoup plus petit, et dont la moitié seulement appartient à la Bibliothèque.

CHAPITRE LVIII. — LES BIBLIOTHÈQUES ET LES ARCHIVES.

C'est dans ce corps de bâtiment que l'escalier principal a été pratiqué. Un seul étage divise la hauteur de l'édifice. Au-dessous règne un rez-de-chaussée. La façade méridionale est percée de trente-sept fenêtres cintrées, de dix-neuf barbacanes ou meurtrières et d'une porte d'entrée.

Présentons une rapide esquisse de la décoration extérieure. Mais auparavant disons quelques mots de l'artiste à qui elle est due.

M. Henri Labrouste a eu l'honneur, assez rare aujourd'hui, de conquérir, par la seule voie du concours, la position à laquelle il est parvenu. Après avoir obtenu le grand prix d'architecture, il marquait bientôt son séjour à Rome par de savantes recherches, qui soulevèrent entre lui et MM. Quatremère et de Lagardette une polémique dont le temple de Paestum fut l'objet, et d'où ses adversaires ne sortirent pas vainqueurs. Plus tard, un projet d'hospice d'aliénés ayant été mis au concours par la ville de Lausanne, les plans de M. Labrouste obtenaient le prix, et un même succès l'accueillait dans un concours ouvert en Piémont pour la construction d'une prison cellulaire à Alexandrie.

En 1840, ce fut lui que l'on chargea de la cérémonie funèbre dont fut accompagnée la translation des restes de Napoléon aux Invalides.

Il faut le dire toutefois, M. Labrouste n'avait point encore eu l'occasion de donner la mesure du talent que déjà l'on se trouvait en droit de lui reconnaître. Le théâtre qui allait lui être ouvert n'était ni fort vaste ni fort brillant; mais il suffisait pour que les qualités de l'artiste pussent s'y faire apprécier.

À en juger déjà par l'extérieur de la nouvelle bibliothèque Sainte-Geneviève, M. Labrouste, que l'on accuse d'un goût exagéré pour l'innovation, tranchons le mot, de romantisme, ne paraît nullement dédaigner les règles fondamentales de la tradition architectonique; comme ses devanciers, il s'élève du simple au composé; comme eux, il respecte les proportions; comme eux, plus qu'eux peut-être, il sent la nécessité des contrastes; comme eux enfin, il écarte tout ornement qui n'est point assez motivé, et il est d'avis que l'originalité consiste encore plus dans l'emploi que dans la création des formes. Mais il ne croit pas, et en cela il se sépare d'eux, il ne croit pas que la loi et les prophètes soient contenus dans Vitruve et dans Barozzio de Vignole, et que hors de ces deux noms il n'y ait point de salut. Toute l'architecture, sauf les conditions spéciales aux mœurs et au climat de chaque pays, lui paraît un même champ, et aucune fleur ne doit être systématiquement dédaignée.

Pourvu que la règle de l'harmonie et que la sévérité du dessin soient intactes, il laisse libre carrière au génie de l'artiste. Quand il demande que, même dans la décoration pure, on tienne compte des découvertes industrielles, et que, si l'occasion se présente, on leur emprunte des ornements.

Nous ne savons pas jusqu'à quel point l'emploi du fer pourra être introduit dans la construction de tous les édifices de luxe; mais l'adoption de ce nouvel ordre de matériaux était indispensable dans une bibliothèque où la salle de lecture peut être appelée à recevoir en même temps plus de quatre cents lecteurs. Économie, légèreté et solidité, tels étaient les trois termes de la solution que promettait l'emploi du fer et qu'a obtenue M. Labrouste. Il aurait pu, comme d'autres architectes, dissimuler la présence de ce vigoureux auxiliaire, et se contenter de le substituer à la poutre des anciens. Il a chargé l'art de délivrer au fer des lettres de naturalisation, et il a franchement à découvert les matériaux qui lui avaient été si utiles. Dès l'extérieur, le fer s'annonce sous la forme de grandes patères ressemblant à des écrous. Au-dessus des fenêtres du rez-de-chaussée, c'est par la tête que ces écrous se présentent. Au-dessus des fenêtres du premier étage, c'est par la pointe. Dans la cavité sphérique de chaque tête se lit le monogramme de Sainte-Geneviève. Les patères de fer du rez-de-chaussée alternent avec des patères de pierre, et des bandelettes suspendent aux unes et aux autres de riches guirlandes de fleurs et de fruits qui entourent l'édifice. Sur chacune des deux façades latérales, et sur la façade principale, les intervalles entre les fenêtres sont remplis par des tables d'inscription, sur

Bibliothèque Sainte-Geneviève. — Vestibule.

lesquelles se lisent en creux les noms de huit cent dix écrivains. Ces noms ont été empruntés à tous les peuples, et sont rangés par ordre chronologique. Moïse ouvre la liste, et Berzélius la ferme. L'édifice est couronné par une rangée de boucliers échancrés, ornement que nous retrouverons dans l'intérieur, et qui, rapproché de plusieurs autres détails du dehors, tels, par exemple, que les perles sculptées aux quatre angles du sommet de l'édifice, montre que l'ordre dorique a été la principale source à laquelle, en cette circonstance, a puisé M. Labrouste. Ces perles sont surmontées d'une volute, que nous retrouverons aussi dans l'intérieur. Mais il est temps d'y pénétrer.

De chaque côté de la baie dans laquelle s'ouvre la porte, a été sculpté en relief un candélabre destiné à rappeler l'institution des séances du soir, au mois de janvier 1838, par M. de Salvandy. La porte est de bronze: elle a été fondue par MM. Simonet père et fils. La décoration en est originale et pure. Dans la partie supérieure, deux liliacées presque écloses se présentent de face et en pleine saillie au-dessus d'une cartouche qui se rattache au système d'ornementation des quatre façades. La porte est un parallélogramme inscrit dans un plein cintre. L'arceau qui la surmonte est fermé par des meneaux semblables à ceux des fenêtres. La patère de fer qui se trouve précisément au-dessus de cet arceau porte inscrite dans sa cavité la date retentissante de 1848.

Trois degrés mènent au vestibule. Ce vestibule est soutenu dans sa longueur par deux rangées de colonnes cannelées, qui relèvent sans doute de l'ordre dorique, mais dont les chapiteaux ont été modifiés par leur association avec des arceaux en fer, dont les archivoltes viennent se poser sur des consoles tronquées. Quelques ornements de peinture, dont le ton rappelle les vases étrusques, poursuivent ce que l'aspect de l'extérieur a déjà commencé. Le système décoratif de l'architecte se développe graduellement.

Les colonnes du vestibule deviennent des pilastres, en s'engageant dans les parois latérales et dans les quatre massifs qui s'élèvent, les uns à l'entrée, les autres au fond du vestibule. Sur chacune des deux parois est figurée une muraille qui s'arrête aux deux tiers environ de la hauteur totale des parois. Sur ce mur alternent des pilastres doriques non cannelés, et des niches à la hauteur desquelles s'élèvent des piédouches supportant des bustes en pierre. Les bustes sont au nombre de vingt. Les dix qui se trouvent à droite représentent saint Bernard, Montaigne, Pascal, Molière, la Fontaine, Bossuet, Massillon, Voltaire, Buffon et Laplace; ceux de gauche, l'Hôpital, Descartes, Poussin, P. Corneille, Racine, Fénelon, Montesquieu, J. J. Rousseau, Mirabeau, et Cuvier. Ces bustes ont été sculptés par MM. Elschoët, Merlieux et Mallet. Le plafond est couvert d'une couche d'azur pâle, et dans le dernier tiers laissé libre au-dessus du mur, M. Desgoffes, paysagiste de style, a été chargé de peindre les branches culminantes des arbres que recommandaient, soit leur signification symbolique, soit la beauté de leurs formes ou de leurs fleurs, soit la douceur de leurs fruits. C'était un noble et gracieux commentaire à écrire au-dessus de la tête des hommes célèbres dont nous avons donné les noms; c'était, en outre, assimiler le vestibule de la nouvelle bibliothèque à une retraite élégante, menant aux belles études et aux fructueuses méditations.

Ce vestibule est éclairé par deux fenêtres, par le cintre qui surmonte la porte et par la lumière qui tombe du haut de l'escalier principal. Neuf degrés et une grille à hauteur d'appui forment la limite entre la galerie centrale du vestibule et le palier qui mène, soit à la demeure du concierge, soit à la cour dont il a déjà été parlé. Les deux galeries latérales s'arrêtent au pied de ce palier, qui, sur ces deux points, se relève en terrasse, et a été muni de balcons de pierre supportant deux candélabres pour les séances du soir. Dans chacune des deux galeries latérales se voient encore un conduit de chaleur et un banc de pierre. Aux deux bancs ont été ajustés des élastiques et des étoffes qui les rendent suffisamment moelleux.

Quatre portes latérales, deux à droite, deux à gauche, ouvrent sur le vestibule: celles de droite conduisent au département des manuscrits et des dessins; celles de gauche, au dépôt des imprimés. Ces deux divisions du rez-de-chaussée se subdivisent à leur tour en deux galeries dans le sens de la plus grande façade, en une galerie transversale et en un vestibule. Des trois galeries affectées aux manuscrits, c'est la galerie transversale qui a été réservée aux lecteurs. Éclairée par huit fenêtres, elle est soutenue par deux colonnes de fer d'un bon galbe, et deux conduits y amènent la chaleur du calorifère. Un escalier en forme de vis la met en communication directe avec la grande salle de lecture du premier étage. Cet escalier ne doit répondre qu'aux besoins du service. La seule voie de communication ouverte aux lecteurs, c'est l'escalier principal. Suivons-la.

En franchissant les neuf marches qui conduisent au premier palier, nous lisons sur la paroi du fond, au-dessous d'un grand tableau dont nous n'apercevons encore que le cadre, l'inscription suivante :

BIBLIOTHÈQUE SAINTE-GENEVIÈVE, FONDÉE PAR LES GÉNOVÉFAINS EN 1624,
DEVENUE PROPRIÉTÉ NATIONALE EN 1790,
TRANSFÉRÉE DE L'ANCIENNE ABBAYE DANS CET ÉDIFICE EN 1850.

Franchissons maintenant les quatre degrés qui nous mènent au deuxième palier. Là, l'escalier se divise en deux branches qui, après avoir parcouru dix-neuf marches et s'être arrêtées sur un palier décoré d'un divan, reprennent leur ascension, et, au bout de huit degrés, se rejoignent enfin devant la porte de la grande salle de lecture. La cage de l'escalier se termine à son sommet par un plafond dont les deux parties latérales s'inclinent en forme de tente. La teinte azurée que nous avons déjà remarquée au plafond du vestibule, nous la retrouvons au plafond de la cage de l'escalier. La seule différence, c'est qu'elle est ici parsemée d'étoiles. Il est opportun de faire observer que cette peinture et ces étoiles sont de pure décoration, et n'essayent en aucune sorte de lutter avec la nature. Ce ne sont point ici des perspectives ni des trompe-l'œil ; ce sont des ornements qui, sans rompre entièrement avec le réel, s'en éloignent assez pour constituer un ordre spécial. M. Desgoffes l'a si bien senti que, dans ses peintures du vestibule, il ne s'est montré rigoureux que dans les linéaments et dans le style.

Les rampes sont en fer, et les mains-courantes en chêne. Une rampe de pierre borde le dernier palier ; elle figure des tuiles courbes dont les rangées se superposent dans un ordre alterne, et auxquelles viennent se mêler d'élégants fleurons. Cette rampe est surmontée de quatre candélabres en terre cuite. La

Salle de lecture de la bibliothèque Sainte-Geneviève.

paroi qui regarde l'entrée de la salle du premier étage est ornée, ou plutôt doit être ornée de trois copies d'après Raphaël. Une seule, et c'est la plus importante, est déjà en place. On l'a déjà pu voir sous les voûtes du Panthéon. Elle représente l'école d'Athènes, et elle est due au pinceau de M. Paul Balze. Deux autres copies d'après le même maître doivent être exécutées par M. Balze sur la paroi opposée.

L'école d'Athènes est encastrée dans la muraille. Il en est de même des quatre cadres circulaires où doivent être peintes les autres copies. Ces copies ont pour sujet la Philosophie, la Poésie, la Théologie et la Justice, figures isolées qu'accompagnent les quatre grandes compositions traitées par Raphaël dans une des salles du Vatican, la salle de la Signatura.

Avant de franchir la porte de fer par où l'on entre dans la grande salle de lecture, observons que trois des fenêtres de cette salle donnent sur le palier, et permettent à la vive lumière de l'escalier de venir réveiller le demi-jour qui règne au delà du seuil, dans un rayon de trois à quatre mètres.

Nous voici dans la grande salle. Elle se compose de deux galeries dans la direction de la principale façade. Dix-sept arceaux de fer, soutenus par seize colonnes du même métal, et d'ordre composite, séparent ces galeries. Des pilastres dont l'imposte reçoit l'archivolte des fenêtres règne le long des quatre parois de la salle. D'autres arceaux de fer s'élancent transversalement de consoles ajustées aux chapiteaux de ces pilastres, et vont s'appuyer sur le listel du chapiteau des colonnes centrales, à qui cette fonction impose la loi de se présenter dans le sens de leurs volutes. Au milieu de la courbe de chaque arceau transversal est fixée une étoile de fer en guise de clef de voûte. Un rechampissage à la fois sobre et élégant empêche que tous les ornements de même métal ne se confondent. Les colonnes reposent sur des piédestaux dépourvus de plinthe, de talon et de socle, et surmontés seulement d'une espèce de réglet en forme d'amortissement.

Tous les piédestaux, sur deux de leurs côtés, sont décorés de rosaces. La décoration des deux autres faces varie. Deux piédestaux joignent aux deux rosaces une figure en demi-bosse et à gaine, représentant l'Étude. Deux autres enfin, pour tout ornement, n'ont que cette figure. Elle est due au ciseau de M. Desprez.

Les deux galeries communiquent entre elles par les deux arceaux extrêmes, dont l'ouverture est deux fois plus large que l'ouverture des quinze autres et par les trois arceaux du milieu. A une hauteur d'en-

CHAPITRE LVIII. — LES BIBLIOTHÈQUES ET LES ARCHIVES.

viron 1 m. 35 c., les douze arceaux restants sont occupés par des corps de bibliothèque adossés les uns aux autres, et par vingt-quatre bouches de chaleur ayant l'aspect de cheminées élégantes.

Il y a six tables dans chacune de deux galeries longitudinales, et une table dans chacune des deux autres. Chaque table est destinée à recevoir trente-quatre lecteurs. Les ais centrals sont les seules parties en bois blanc. On les a peints en vert. Le reste est en chêne sculpté, ainsi que toutes les chaises.

Il nous reste à dire que les deux salles de lecture, celle des manuscrits et celle des imprimés, sont parquetées, et que des becs de gaz, sortant du milieu des tables, éclaireront les séances du soir. Les salles du rez-de-chaussée ont 7 mètres de hauteur. La salle du premier étage a environ 10 mètres d'élévation et 78 mètres 10 centimètres de longueur de parquet. Chaque galerie a 5 mètres 59 centimètres de largeur de parquet. Les arceaux extrêmes ont 8 mètres 42 centimètres d'ouverture ; les autres n'en ont que la moitié.

Pour les autres bibliothèques de Paris, nous avons déjà parlé successivement de chacune d'elles ; nous sommes entrés tour à tour aux bibliothèques de l'Arsenal, de la Ville et Mazarine.

En outre de ces grands établissements publics, les Tuileries, le Sénat et le Corps législatif, les ministères, l'Institut, le conseil d'État, la cour de cassation, l'ordre des avocats, les Invalides, la Bourse, l'Observatoire, les écoles spéciales, etc., ont leurs bibliothèques particulières, que les membres de ces différents corps peuvent consulter, et qui d'ailleurs sont gracieusement ouvertes aux savants et aux littérateurs de tous les pays.

Il est difficile d'avoir un inventaire exact des richesses de nos bibliothèques. Voici toutefois un état approximatif qui est regardé comme le plus précis.

	MANUSCR.	IMPRIM.
Biblioth. impériale	80,000	720,000
— Mazarine	9,000	90,000
— de Sainte-Geneviève	2,000	110,000
— de l'Arsenal	16,000	250,000
— de la Ville	»	45,000
— de l'Institut	»	80,000
— du Corps législatif	»	46,000
— de la liste civile, au Louvre	»	50,000

Soit, ensemble, environ 100,000 manuscrits et 1,500,000 imprimés.

Archives impériales. — Jadis les archives suivaient les rois à la guerre et dans leurs voyages, et nous devons la perte d'un grand nombre de documents historiques à cette déplorable coutume. Dès la fin du douzième siècle, les monastères et les cathédrales avaient adopté l'usage de réunir et de conserver tous les actes qui pouvaient offrir quelque utilité, et l'on vit même les particuliers y déposer souvent leurs papiers, ou les faire transcrire sur les registres de ces établissements pour y recourir au besoin. C'est de là que nous sont venues nos principales chroniques, telle que celle de saint Denis, et nos premiers historiens, comme Grégoire de Tours, etc.

Jusqu'au seizième siècle, toutes les pièces recueillies étaient écrites en latin ou en langue romane. François Ier, voulant répandre l'usage de la langue française, ordonna, en 1340, que les actes publics fussent écrits en langue française ; mais il n'y avait point encore d'archives publiques que celles qui furent conservées jusqu'en 1582 à la Sainte-Chapelle. Ce ne fut que sous Louis XIV que les archives commencèrent réellement à s'organiser, grâce aux travaux de Baluze, qui recueillit les Capitulaires, mit en ordre les manuscrits, et créa, en 1688, le dépôt de la guerre. Les archives du Louvre ne datent que de 1716, et nous savons que, sous le règne de Louis XV, un bâtiment fut élevé à Versailles pour la centralisation des archives de la guerre et de la marine. C'est là que Voltaire puisa quelques-uns de ses matériaux pour le *Siècle de Louis XIV*, et Raynal pour son *Histoire des Indes*.

Plus tard, en 1782, un travail fait par ordre du gouvernement procura la liste de douze cent vingt-cinq archives ou dépôts de titres existants alors dans les généralités, élections, villes, communes, corporations ou châteaux. Mais il était réservé aux hommes savants qui parurent aux premiers jours de la révolution de protéger ces précieux dépôts lorsque les grandes corporations furent supprimées, et de créer nos archives nationales.

Dès le 7 août 1790, l'assemblée constituante avait ordonné la réunion des dépôts et chartriers existants à Paris. Deux mois après, elle décrétait l'organisation et le régime des *Archives nationales* ; enfin, le 27 décembre 1791, elle ordonnait qu'il fût fait un inventaire général, et elle défendait qu'aucune expédition pût être délivrée sans la signature de l'archiviste, en déclarant que les pièces déposées aux

Salle des Archives de la Cour des comptes.

archives ne pouvaient en être déplacés qu'en vertu d'un décret.

La Convention nationale prit également soin des archives, dont elle régla l'administration le 10 octobre 1792. Elle réunit au Louvre les dépôts énoncés dans le décret du 7 août 1790, et les divisa, le 3 novembre 1793, en deux sections formant les archives domaniales et judiciaires de la République. Peu de jours après, elle ordonna d'y rassembler les livres, parchemins et manuscrits qui seraient donnés librement, et elle décréta que les titres, minutes et registres de la police municipale, contentieuse et correctionnelle de Paris, seraient réunis à la section judiciaire des archives nationales, qui devinrent dès lors le dépôt central de toute la France.

Les opérations relatives au triage et au classement des titres occupèrent particulièrement le Directoire, qui créa à cet effet un bureau spécial placé d'abord dans les attributions du ministère de la justice, puis dans celles du ministère des finances ; mais ce bureau fut supprimé sous le Consulat par Bonaparte, qui déjà, le 8 prairial an VIII (28 mai 1799), avait rendu un arrêté relatif à une nouvelle organisation des archives nationales.

La République et l'Empire avaient enrichi ce vaste dépôt des documents historiques et des pièces enlevées des pays conquis par les armées françaises. Ainsi on put longtemps consulter les archives du Piémont, celles de divers pays du Nord, et surtout les archives pontificales, qui jusqu'alors avaient été secrètes. Malheureusement l'inconstance de la victoire obligea plus tard la France à des restitutions pénibles, et l'année 1815 nous vit enlever tout ce qui nous était venu de l'étranger.

L'administration des archives a presque toujours été sous la dépendance du ministère de l'intérieur. Cependant sous le règne de Louis-Philippe elle a quelque temps été dans les attributions du ministère du commerce et des travaux publics. Elle était divisée en six sections : législative, administrative, historique, topographique, domaniale et judiciaire. Pendant quelques années, de 1831 à 1836, cette dernière section a été placée dans le ressort du ministère de la justice. Aujourd'hui ces six sections n'en forment plus que trois : historique, administrative et législative et judiciaire, et l'administration des archives est sous la dépendance du ministère d'État.

Après avoir successivement occupé les bâtiments du Louvre et du palais du corps législatif (la section judiciaire restant au palais de justice), les archives nationales ont enfin été établies à l'ancien hôtel Soubise, qu'elle occupent encore. Hâtons-nous de dire que Napoléon avait reconnu jadis l'insuffisance de ce monument, et, par décret du 21 mars 1812, signé au palais de l'Élysée, il ordonna qu'on construisît entre le pont d'Iéna et le pont de la Concorde, sur le quai de la rive gauche de la Seine, un édifice destiné à recevoir toutes les archives de l'Empire et devant contenir un emplacement de 100 mètres cubes. Cet établissement, que les circonstances n'ont pas permis d'exécuter, devait être conçu de manière à pouvoir être doublé, si cela était nécessaire, et entièrement construit en pierre et en fer.

Depuis la création des archives nationales, ce riche dépôt a été administré par quelques hommes distingués, parmi lesquels nous citerons le député Camus, d'abord nommé archiviste le 14 août 1789, puis confirmé dans ses fonctions, sous le titre de garde, par le premier consul, le 24 juillet 1804 ; le docte et laborieux Daunou, qui succéda le 15 décembre 1804 à Camus, mort par accident, fut mis à la retraite sous la Restauration et replacé à la tête des archives le 13 août 1830, avec le titre de garde général ; enfin, le savant Letronne, membre de l'Institut, nommé le 5 août 1840, mort le 14 décembre 1848.

D'après un recensement qui a été terminé le 10 février 1852, les archives impériales renferment en ce moment deux cent trente-huit mille cinq cent treize cartons, liasses, registres, portefeuilles, volumes, plans et cartes, divisés en trois sections, placées, ainsi que les autres parties du service, sous la direction d'un garde général, nommé par l'empereur sur la proposition du ministre de l'intérieur, de l'agriculture et du commerce. Un diplôme original de l'an 625 est le titre le plus ancien qu'elles possèdent. Les versements de chaque ministère viennent augmenter chaque jour, dans une proportion considérable, les archives impériales.

La plupart des établissements administratifs ont aussi leurs archives ; nous citerons entre autres la Cour des comptes, qui en possède une collection très-étendue, occupant, dans les bâtiments du quai d'Orsay, une salle d'une construction remarquable.

Chapitre LIX.

LES MINISTÈRES.

Les employés. — Des vices du système administratif dans les ministères, et de leurs conséquences fâcheuses. — De l'amour des belles-lettres dans les bureaux à Paris. — Un axiome bureaucratique. — Comparaison de l'administration française avec l'administration anglaise. — Les bureaux de l'Amirauté en Angleterre. — Des variations dans les mœurs administratives. — M. Bellemain. — Les commis de l'ancien régime. — Disparition des grandes fortunes administratives. — Tentatives d'amélioration dans la condition des employés. — Les feuilles de présence. — Le chef de division. — Le chef de bureau. — Le commis d'ordre. — L'expéditionnaire. — La partie fringante de la bureaucratie. — De sa physionomie dans le monde élégant. — Des divers ministères. — Des changements récemment survenus dans l'organisation des ministères. — Ministères d'État et de la police. — Le nouveau ministère des affaires étrangères. — Quelques fêtes ministérielles.

Heureux qui, dépourvu d'ambition vulgaire,
À l'ombre du repos voulant couler ses jours,
Peut enfin aborder, après mille détours,
À ton port souhaité, tranquille ministère.
 D'abord commis surnuméraire,
Il pourra travailler du matin jusqu'au soir
 Sans toucher le moindre salaire...
On lui fournit papier, encre, plumes, grattoir ;
Et, s'il sait contenter son chef, il a l'espoir
 Qu'un gouvernement tutélaire
Un jour lui donnera pour ses émoluments
 Douze cents francs d'appointements
 Et la retraite viagère.
Heureux qui dépourvu d'ambition vulgaire,
Peut enfin aborder au port d'un ministère.

Si cet homme a des protections, il deviendra, au bout de dix ans, sous-chef et peut-être chef de bureau, et alors il aura des appointements convenables ; de plus, il aura le droit de ne rien faire.

Dans les administrations publiques, le travail se fait toujours en raison inverse du carré des émoluments. Le surnuméraire pioche, le commis travaille, le chef de bureau lit son journal, et le chef de division fait répéter un drame ou un vaudeville.

On ne saurait croire combien l'atmosphère bureaucratique pousse un homme au vaudeville et au mélodrame. C'est comme l'étude du latin. Presque tous les auteurs dramatiques ont été employés dans les ministères.

En France, où l'on est si ingénieux pour tout ce qui touche à la direction première de l'intelligence ; les pères de famille ont recours, pour la plupart, à de singuliers moyens afin de préparer l'avenir de leurs enfants. Ils les envoient au collège depuis dix jusqu'à dix-huit ans. Là, les jeunes gens cultivent les belles-lettres, c'est-à-dire, peu de latin, moins de grec et presque pas de mathématiques. Après quoi ils consacrent encore quatre ou cinq ans à faire, et quelquefois à ne pas faire leur droit. Puis, quand cette éducation est terminée, on les case, à l'aide de protections, dans un ministère quelconque. Ces jeunes gens, depuis longtemps habitués à une vie oisive, répugnent au travail administratif, et cherchent des distractions dans les études littéraires — la fabrication d'un feuilleton ou d'un drame ; — le travail littéraire ne réussit pas toujours, mais le travail du bureau se fait fort mal ; et voilà des bacheliers, de licenciés et des docteurs en droit condamnés à végéter sans possibilité d'avancement, parce qu'on leur a appris à mépriser un travail qui doit être, bon gré mal gré, l'occupation de toute leur vie.

Aussi qu'arrive-t-il ? C'est que, dans un ministère qui compte trois cents employés, la besogne laisse beaucoup à désirer. Cent employés, convenablement rétribués, pourraient, sans se hâter, expédier tout le travail. En Angleterre, les grandes administrations publiques ne comptent que quelques employés, et tout marche avec une ponctualité mécanique. L'amirauté n'a pas cinquante commis, et l'amirauté est peut-être la plus vaste administration du monde.

On a dit, et avec raison, qu'un Tableau de Paris, pour être vrai, devrait être refait tous les vingt ou trente ans. Il en est de même, ou à peu près, des peintures de mœurs, bien que la France soit le pays de la routine. Les mœurs de l'administration, particulièrement, qui paraissent le plus frappées d'immobilisme, n'échappent point à cette transformation graduelle et incessante qui fatalement renouvelle, en une période plus ou moins longue, la face des hommes et des choses. Plus que d'autres peut-être elles sont variables, car elles subissent directement l'influence et sont le thermomètre des régimes et des pouvoirs, c'est-à-dire de ce qui est le moins stable parmi nous.

Un écrivain d'esprit et de talent, très-compétent en la matière, et de plus bon observateur, Imbert, vers le milieu de la restauration, a tracé un tableau piquant de ces mœurs administratives qu'une longue pratique ou, pour mieux dire, un long servage dans les bureaux l'avait mis à même d'étudier. Sa verve railleuse a inspiré le crayon d'Henri Monnier, et tout ce qu'on a écrit où dessiné depuis ce sujet n'est guère que la répétition, le calque des portraits et des tableaux de genre dus à cette quasi-collaboration dont le succès fut colossal. L'imagination du public ne se représente guère l'employé autrement que sous les traits du vénérable et paterne M. Bellemain. Il a été entretenu dans cette erreur par les ouvrages subséquents et le type célèbre qui toutes côtoient plus ou moins l'ornière de la convention. Cela vient de ce que les peintres ne connaissaient plus leurs modèles. Les portraits ont vieilli pourtant ; des tableaux, très-fidèles en 1823, ont cessé de l'être, et nécessitent, sinon une réforme totale, du moins une forte retouche.

Il ne s'agirait de rien moins que d'écrire tout un nouveau livre sur le sujet qui nous occupe. Ce côté curieux et souvent très-plaisant de nos mœurs en vaut bien la peine. Il a été démesurément élargi depuis dix-sept ans par l'extension prodigieuse de tous les services publics, qui tend à faire de la nation un peuple d'employés.

Sorte de meubles dépendant des administrations publiques, les employés non-seulement voient d'un œil impassible les changements de dynasties et de systèmes ; mais, sans affection ni enthousiasme pour le présent, sans inquiétude pour l'avenir, contre les éventualités duquel le protège leur infinité, s'ils ont quelque affection ou quelques sympathies, c'est au passé qu'elles s'adressent. C'est, on le sait, un faible de la nature humaine. Mais les réminiscences plaintives de l'employé ne sont pas sans quelque justesse. Il se rappelle la brillante position des commis de Versailles, pourvus de larges traitements et honorés sous la monarchie absolue. La chose tournait haut alors, et la chose bien plus encore. C'était une espèce de seigneur qu'un commis : on savait son nom ; il pouvait parvenir à tout ; aujourd'hui, c'est moins que rien. L'Empire condamna les commis à une besogne excessive ; il fit régner dans les bureaux la discipline des armées ; il sévit sans pitié sur les paresseux et les malhonnêtes. Mais les gens de mérite avaient de belles chances : un habile mémoire, une lettre bien faite, suffisaient quelquefois à appeler sur eux la faveur de l'astre impérial ; l'œil du maître brillait sur tout. Son doigt allait chercher l'employé de talent dans le fond ignoré de quelque ministère, et l'élevait sans transition au grade de chef de division, à un siège au conseil d'État. La restauration elle-même eut du bon : elle s'enquérait un peu trop du nombre de messes entendues par les serviteurs de l'État ; mais elle avait de grandes manières, et, somme toute, se montrait paternelle et munificente.

Aujourd'hui, rien de tout cela. Aux commis de l'ancien régime ont succédé les employés, les attachés de ministères. Le mot commis est déprécié, j'ignore par quelle dérivation ou quel caprice de langage ; toujours est-il qu'on le rejette et que l'on apporte la même affectation à s'en cacher qu'autrefois à s'en revêtir. Pourtant Colbert était commis avant d'être premier ministre. Les employés ne sont plus rien que les fractions obscures, infinitésimales, d'un tout qui s'enfle chaque jour. Ils ont peu de travail, mais peu ou point d'avenir ; ils sont pauvrement rétribués. La multiplication des grades, le développement de ce qu'on nomme la hiérarchie, oppose à leur avancement une telle filière de classes, de titres et d'emplois qu'aujourd'hui Turgot où Louvois, bien qu'ils en eussent, mettraient trente ans à devenir chefs de bureau. Les dernières grandes fortunes administratives datent de la restauration. Depuis, nous n'avons pas d'exemple d'un commis qui soit parvenu aux sommités de la carrière. Les derniers arrivés ont eu soin de couper le pont qu'ils venaient de franchir, comme s'ils eussent eu à leurs trousses les Croates ou les Hulans. Grâce à Dieu, ces messieurs peuvent vivre tranquilles : à couvert sous la triple ligne de fortifications dont ils ont su flanquer leur position inaccessible, ils peuvent s'endormir en paix dans leur fauteuil. Ils n'ont rien à craindre du mérite subalterne qui se morfond dans les bureaux. Celui-ci aura beau s'agiter, s'il s'agite ; il ne saurait pas plus percer qu'un pâle et froid soleil d'hiver en pleine brume de décembre. Mais il reconnaît lui-même l'inutilité de la lutte. Après quelques velléités, il s'apaise et comprend qu'une vie entière suffit à peine à gravir les six classes de commis ordinaires, les trois ou quatre classes de commis principaux, les deux ou trois au moins de sous-chefs et de chefs qui barrent savamment la route à chaque pas comme les écluses d'un canal, ou des barricades qu'il faut, bon gré mal gré, prendre d'assaut ; et, après trente ans de cette vie, il quitte l'administration avec quinze cents francs de retraite.

Nous n'examinons point les conséquences fâcheuses que peut déterminer un tel état de choses pour l'administration, et partant le pays. Nous voulons rester dans notre sujet et ne nous occuper que des hommes. Il résulte de tout ceci que les employés emboisent à leurs chefs immédiats comme de pures machines. Point d'émulation, point d'initiative. Ce qu'on demande aux employés, avant tout, c'est l'assiduité, c'est la présence continue. Nous verrons tout à l'heure comment on obtient d'eux cette vertu immobilière. Privés de tout rapport avec leur chef suprême, fondés à se croire de sa part l'objet du plus profond dédain, ils languissent et s'étiolent moralement, comme ces plantes cultivées dans les lieux bas que n'a jamais frappées un rayon de soleil. Un colonel passable connaît, ou à peu près, tout son régiment ; César savait le nom de ses vingt mille soldats. Les employés vivent aussi ignorés de leur chef de file que si une muraille de la Chine s'élevait entre eux et lui. Il a si peu le temps de s'occuper d'eux !

Cette situation affligeante n'est pas uniquement le fait du système représentatif. L'incurie, l'indolence des hommes, y entrent pour une égale part. Il ne coûterait pas beaucoup à un ministre de s'astreindre dans ses bureaux à une tournée trimestrielle, — annuelle si c'est demander trop, — de juger par lui-même de l'état du service, de recevoir les vœux de ses subordonnés, de rechercher si, dans cette tourbe anonyme, ne se trouvent pas par hasard fourvoyées et découragées quelques intelligences d'élite.

En Angleterre, où le même mode de gouvernement

CHAPITRE LIX. — LES MINISTÈRES.

prédomine, les choses ne vont point ainsi. Le système administratif se rapproche de ce qu'il était chez nous sous la royauté du droit divin. Les employés sont honorés; on s'enquiert d'eux; ils sont libéralement traités, peu nombreux; on exige de leur beaucoup de travail, dont ils sont loin de se plaindre. On suit en France une marche précisément inverse. On ne vise qu'à dédoubler, à multiplier les emplois. On croit ainsi se faire beaucoup de créatures : on se trompe. Outre qu'on imite le berger de la fable, qui échange son mâtin robuste contre trois roquets inutiles, on ne peu contenter tout le monde, il s'en faut. Quel que soit le nombre des places, il est toujours en grande disproportion avec le chiffre des demandes. Ceux qui vous ne pouvez renvoyer satisfaits se tournent nécessairement contre vous. Et quant à ceux que vous placez, n'imaginez pas qu'ils vous sachent le moindre gré de la faveur. Insuffisamment rétribués et profondément oubliés, du jour où on les inféode à la plèbe administrative, ils ne se trouvent pas traités selon leurs mérites, s'ils en ont, et encore moins s'ils en manquent. La tiédeur, le mécompte, et, je le voudrais pas ajouter la désaffection règnent parmi les employés. Leur zèle est au niveau de leurs appointements. Ils sont mécontents de leur sort, et passent à maudire leur chaîne de longues heures d'oisiveté bureaucratique. De là l'humeur rogue et bourrue de l'employé, que Dieu a pourtant pétri du même limon que les autres hommes.

Ainsi, de quelque manière que vous procédiez dans le système actuel, vous êtes sûr de vous créer au moins dix ennemis pour un ami douteux. Plus vous multiplierez les places, plus vous accumulerez autour de vous, en échange de quelques succès éphémères, de sourdes animosités, d'irritation, d'aigreur, de haine. Les ministres ont fait évidemment fausse route : la spéculation est mauvaise; c'est une duperie, c'est une impasse.

On est allé si loin dans cette voie, que déjà une réaction se fait sentir. Les ministres, qui naguère encore, pareils aux neveux classiques de l'ancienne comédie, attendaient avec une certaine impatience la mort de leurs oncles, c'est-à-dire des fonctionnaires, pour distribuer leurs dépouilles, commencent à s'apercevoir que l'héritage est, somme toute, plus onéreux que profitable, et ne veulent plus l'accepter que sous bénéfice d'inventaire.

Nous assistons depuis quelque temps à ce singulier spectacle de gouvernants qui se dépossèdent eux-mêmes de leurs prérogatives, et se lient les mains pour échapper soit à l'embarras du choix, soit au conflit et à la fureur des demandes. C'est ainsi que l'on voit plusieurs natures d'emplois, dont la disposition était précédemment laissée à l'arbitraire des ministres, être, par ces mêmes ministres, soumises à des épreuves et à des conditions d'admissibilité qui leur ôtent virtuellement des mains la faculté d'y pourvoir. C'est là un grave symptôme, et on découvre bien toute l'étendue de la plaie. Ceci a lieu déjà dans quelques ministères, quant au mode de recrutement des employés qui ne doivent plus être admis dorénavant qu'après un examen et par voie de concours. Un concours d'administrateurs, cela paraît assez étrange. Comme il ne s'agit là d'algèbre ni de connaissances techniques, le mode peut n'être pas très-bon; mais il témoigne d'un progrès, d'une velléité de réforme.

On sent aussi confusément le besoin d'améliorer la position des employés, en la rendant tout à la fois plus sortable et plus sérieuse. Il est question de garanties d'existence à leur assurer. Puis, quelques ministères ont commencé à élever le minimum de leur traitement à un taux qui, sinon suffise, du moins

leur permette de vivre à peu près aussi décemment qu'un bon ouvrier en charpente. Il est probable qu'en retour une plus grande somme de travail leur est demandée, et c'est justice. Il y a là un pas réel, bien que timide encore, vers l'anoblissement, la régénération de cette classe déprimée, et tôt ou tard la réduction de cette multitude d'emplois, qui, inutiles à l'État, ne nourrissent pas leurs titulaires et ne profitent à personne.

Malheureusement, cette tentative de mieux faire est accompagnée de mesures acerbes et humiliantes qui ravalent la condition de l'employé et tendent à lui donner une idée peu élevée de ses devoirs et de lui-même. Le mérite de l'assiduité est évalué beaucoup trop haut parmi les vertus de la classe. La ponctualité militaire est une qualité subalterne, nécessaire tout au plus dans les relations directes avec le public, qui sont toujours l'exception. Néanmoins, pour l'obtenir de tous indistinctement, on exhume aujourd'hui les *feuilles de présence*, sorte de gêne et de carcan tombés en désuétude et qu'il eût convenu à toutes les époques de laisser aux régents de collège. Le but est

La feuille de présence.

de forcer les employés à venir religieusement à leurs bureaux à neuf ou à dix heures sonnantes, et d'y séjourner jusqu'à cinq. Le résultat est de transformer une légion d'hommes mûrs et qu'on doit croire graves en autant d'écoliers qui jouent à cache-cache avec leurs supérieurs et dont l'esprit, au lieu de veiller sur les intérêts de l'État, est sans cesse tendu vers quelque scapinade propre à déjouer la surveillance. La belle avance quand vous aurez des dieux Termes dans vos bureaux! Laissez l'intelligence de côté en ce cas, et récompensez les fauteuils. De deux choses l'une, ou vous avez affaire à des écervelés qu'il faut congédier, ou vous avez en face de vous des hommes raisonnables, imbus du sentiment de leur devoir, et vous devez faire fonds sur leur honnêteté, leur conscience et les affranchir de ces puériles entraves. Pense-t-on, par hasard, que, pour être employé, on cesse d'appartenir à ce monde sur le seuil des bureaux, on doive, on puisse laisser, en entrant, les affaires, les soucis, les préoccupations, les inquiétudes du dehors.

Il n'en est rien, et la plupart des employés en sont réduits à cumuler, pour vivre, des occupations extérieures avec les travaux de leur poste. Presque tous font

plusieurs métiers, les uns tiennent des livres ou donnent des leçons d'arithmétique et d'écriture; d'autres des leçons de musique. Il en est dont les femmes ont un petit commerce de mercerie ou de lingerie. Il faut cela pour joindre à peine les deux bouts. On en a vu même obligés par le malheur des temps et la munificence de l'État à distribuer des contremarques dans un théâtre de boulevard. Il en est d'autres enfin qui se mêlent d'écrire, et les neuf ministères comptent dans leurs bureaux quelques douzaines de gens de lettres. De pareilles positions, qui assurent au moins les premiers éléments du strict nécessaire, semblent en effet convenir aux écrivains, chez qui la folie du logis, mauvaise ménagère, compromet et oublie le garde-manger. Un gouvernement qui serait quelque peu Mécène trouverait sans peine dans la multitude d'emplois commodes dont il dispose de quoi favoriser les lettres. Mais, loin qu'ils doivent à leurs titres littéraires l'humble existence dont ils jouissent dans les bureaux, les écrivains y sont mal vus. Il est rare qu'ils y fassent leur chemin; il est moins de les voir congédiés sans façon pour quelques écarts véniels; entre autres, ce terrible manque d'assiduité avec lequel il n'est, au ministère, point de salut. Leur capacité présumée ferait supposer qu'on leur confie des travaux de rédaction de quelque importance. Nullement : la plupart sont expéditionnaires et passent pour être dépourvus d'aptitude administrative. Un directeur connu s'impatientait de compter plusieurs littérateurs parmi ses employés. Il ne pouvait leur reprocher de consacrer le temps de l'État à leurs élucubrations; la chose était tout simplement impossible, vu le travail forcé qui, par exception, pesait incessamment sur les bureaux de cette direction neuve et active. Néanmoins il les tourmentait, se gardait de les avancer, et leur jetait continuellement à la face cette formidable appellation d'hommes de lettres. Ceux-ci objectaient humblement que, ne trouvant pas de quoi vivre dans leur emploi, ils étaient forcés d'utiliser leur plume; qu'au surplus en ceci ils ne faisaient qu'user du droit incontestable de disposer à leur guise du temps que leur laissait l'administration. « A la bonne heure! répondait le directeur poussé dans ses derniers retranchements; mais vous apportez au bureau la préoccupation de vos travaux littéraires! Je n'aime pas cela, changez de métier! — Mais lequel faire? — Eh bien! allez tenir des livres! »

Quelques-uns réussissent cependant par la plume, mais c'est à la condition de tourner aux affaires et à la politique, c'est-à-dire de renoncer au titre de littérateur.

Avant de terminer, il nous reste à jeter un rapide coup d'œil sur quelques types retracés par la gravure et placés par nous sous les yeux de nos lecteurs.

Nous avons déjà dit plus haut l'employé malheureux qui arrive à dix heures une minute, juste à point pour constater la fermeture des portes, et se voir noter d'infamie sur la feuille dite de présence, épouvante et deuil des absents. Il contemple mélancoliquement cet huis inexorable, et, supporté dans sa pensée la réprimande que lui vaudra cette fatale minute de retard, voire l'amende, s'il est en cas de récidive, avec menace d'expulsion.

Voici le *chef de division* ou le directeur, grand prévôt et juge criminel, — rarement civil en effet — à l'encontre des délinquants. Les airs de tête, son air empesé et la cambrure du personnage indiquent assez que nous avons devant nous un homme important. Le chef de division donne beaucoup de signatures et d'audiences; c'est sa fonction spéciale. Bien qu'il ait des airs protecteurs, il serait difficile d'induire de ses paroles l'assurance ou l'espoir qu'il vous protégera. C'est un grand diplomate, passé maître dans l'art d'éluder les engagements et de parler pour ne rien dire. Aussi regrette-t-il le temps où il était député. Il a sans cesse le mot « ministre » dans la bouche. Il se retranche derrière le ministre; il verra le ministre, rendra compte au ministre... Mais le sourire imperceptible qui détend l'arc de ses lèvres témoigne assez qu'au fond il n'est pas éloigné de s'appliquer le mot fameux de Louis XIV, et de convenir *in petto* que le ministre, c'est lui.

S'enfermer pour tailler des plumes, c'est, depuis Figaro, le travers de certains administrateurs. Le *chef de bureau*, on le voit, n'échappe pas toujours à cette monomanie. Sa mission, au reste, est de faire travailler, plus que de travailler lui-même. Je ne commettrai pas la méchante plaisanterie de le complimenter sur son zèle à remplir le seconde moitié de sa tâche. Le métier, quoi qu'on en dise, est laborieux et ardu. C'est du chef de bureau que part l'initiative, car on peut bien juger, par tout ce qui précède, que l'impulsion vient rarement des hautes régions du pouvoir. Aussi est-ce bien lui qui, sur une foule de points, est véritablement ministre, plus que le chef de division et le directeur, qui s'en targuent. On compte relativement beaucoup plus d'hommes capables parmi

L'arrivée au bureau.

Le chef de division.

les chefs de bureau des ministères que dans les hauts échantillons de la hiérarchie. La raison en est simple: ce grade est à peu près le seul où puissent conduire les services, l'expérience et l'ancienneté. On peut faire à coups d'ordonnances des ministres, des directeurs et des secrétaires généraux; mais il est difficile de produire par ce mode d'incubation artificielle des chefs ou même des sous-chefs.

Le *commis d'ordre* est une espèce à part, une façon de casier vivant, un répertoire monté sur deux pieds, qui revêt fantastiquement la forme humaine, et qu'eût affectionné Grandville. J'imagine que, si on procédait à l'autopsie de sa cervelle, on la trouverait étiquetée et numérotée à l'encre rouge.

J'arrive à l'*expéditionnaire*, qui clôt cette galerie de figures au trait. Le type négligé et misérable d'aspect offert à nos lecteurs me parait emprunté aux idées vieillies d'Imbert et d'Henri Monnier. Il rentre dans ce que j'appelais, en commençant, la convention. Si l'élégance et une sorte de lionnerie peuvent se glisser dans les ministères, c'est parmi les expéditionnaires et les bas employés. Cette partie jeune et fringante de la bureaucratie écrase du faste de ses *sticks*, de ses cravates Joinville et de ses habits Dusautoy, les employés supérieurs, ceux-ci n'étant ni assez pauvres, ni assez riches pour se livrer à pareille magnificence. Les expéditionnaires sont une providence pour les salons bourgeois, où les jambes de bonne volonté se font de jour en jour plus rares. Il en est même qui se poussent sans beaucoup de peine jusque dans les plus hautes régions du monde titré ou richissime. On

Le chef de bureau.

se demande quel est ce parfait gentilhomme qui, chez la princesse B.., conduit, avec tant d'art et une si grande perfection comme valseur, un cotillon monstre? ou cet autre qui, chez M. de Castellane, joue la comédie avec tant de désinvolture, chante l'opéra, et traite avec aplomb de *mon cher duc* les plus hautes têtes de l'assemblée; ou ce troisième enfin qui ne manque pas une seule représentation des Bouffes, et dont le visage plait tellement à la Grisi, qu'elle chanterait tout de travers s'il n'était là? — Celui-là est employé très-ordinaire de cinquième classe au ministère de la marine; celui-ci touche quinze cents francs au ministère de la guerre; cet autre est expéditionnaire aux bureaux de la dette inscrite. On ne leur connaît

Le vieil expéditionnaire.

pas un sou de revenus. Par quel procédé mystérieux, par quelle science économique réalisent-ils cet effet de mirage qu'admire l'œil et dont s'étonne la pensée?

Cependant l'employé n'est pas toujours appelé à mener une vie si pleine d'épisodes heureux; il n'ar-

rive pas du premier coup à transformer son encrier en Pactole administratif. Il lui faut subir les dures épreuves d'un apprentissage; en un mot faire quelques années de surnumérariat.

Lorsque vous voyez un brave garçon, au cœur de l'hiver, sortir de chez un boulanger avec deux flûtes dont les têtes indiscrètes passent à travers les poches de son paletot, vous pouvez dire, sans crainte de vous tromper, que c'est un surnuméraire. Ce timide paria des bureaux, éternel plastron de ses collègues rétribués, attend quelquefois trois ans, et même plus, que la manne céleste vienne enfin tomber dans le désert de sa bourse. Ce jour une fois arrivé, il se dépouille peu à peu de ses formes humbles et respectueuses; il vient un peu plus tard, s'en va un peu plus tôt. C'est juste, il est payé.

Pendant longtemps, le métier d'employé fut chose sinon brillante, du moins assez commode. En hiver, la neige, la glace et la froide bise étaient des motifs plausibles pour ne pas quitter le coin d'un bon feu, en compagnie d'un roman nouveau ou d'un ancien ami. Au printemps, les doux rayons du soleil de mai, les plaisirs de l'équitation, les parties de campagne, vous enlevaient la plus grande partie de votre temps. En été, comment rester dans un bureau, véritable étuve

Le commis d'ordre.

où l'on étouffait de chaleur? Aussitôt arrivé, on songeait déjà au départ. Enfin, en automne, on obtenait un congé de deux mois pour se reposer des fatigues de l'année. Certes, ce train habituel n'avait rien de bien dur ni de bien assujettissant. Et cependant des plaintes réitérées sur l'exiguïté des traitements se faisaient entendre de tous côtés. Ce bruit s'éleva d'abord en rasant le sol, puis, s'agrandissant de jour en jour, alla frapper à la porte de la Chambre des députés. M. le chef des huissiers la lui ouvrit avec l'urbanité qui le caractérisait. Les honorables s'émurent de la condition précaire des employés; ils l'améliorèrent. Mais cette médaille eut un revers que nous avons déjà signalé; c'est la feuille de présence! L'exaspération fut à son comble. Les ministres firent la sourde oreille. Que faire? Résister!... Mais les dispositions du règlement étaient bien explicites. Une première absence valait la réprimande; la réprimande! ce n'était rien; quelle bagatelle! Mais la seconde inexactitude emportait une exclusion à tout arrangement dans l'année. Diable!... cela devenait un peu plus sensible!... Enfin, la troisième absence vous faisait rayer des cadres!... Malepeste!... La résistance était donc tout à fait impossible! Aussi, bon gré mal gré, il fallut obéir; et depuis cette fatale époque, la première besogne de l'employé, en arrivant à neuf heures, est d'aller, dans le cabinet du chef, poser son parafe sur cette feuille détestée.

Après la signature de la feuille de présence, l'employé éprouve le besoin de réparer ses forces, épuisées par une course récente. Les bouillons circulent alors

CHAPITRE LIX. — LES MINISTÈRES.

dans les corridors ; bouillon fantastique dont l'origine douteuse est un mystère. Les pauvres plumitifs, faiblement rétribués, sont bien obligés de déjeuner selon leurs moyens. Aussi vous les voyez attablés devant une tasse avec des mouillettes dans chaque main ; une expression de profonde tristesse est empreinte sur tous leurs traits ; ils se reportent mentalement au festin splendide de Balthazar, aux fantaisies gastronomiques de Lucullus ; puis, cédant à des impressions plus récentes, ils se rappellent les perdreaux truffés qu'ils ont vus, en passant, étalés chez Véry. Cette évocation leur rend le cœur gros, mais leur estomac n'en reste pas moins vide. Alors, pour donner un peu plus de consistance à ce maigre repas, ils boivent un grand verre d'eau claire et se remettent au travail.

Toutefois ces pauvres plumitifs, quelque minime que soit leur salaire, sont sûrs, tous les 31 du mois, de palper, en espèces sonnantes, le fruit de leur exactitude. Mais il est une classe à part, classe essentiellement à plaindre ; c'est celle des aspirants. Le surnuméraire au moins, s'il n'est pas payé, a sa lettre officielle de nomination dans sa poche ; il a la conviction de prendre un jour racine dans la terre privilégiée du budget : ce qui peut arriver peut-être demain, peut être dans un an ; cela ne dépend que d'un trait de plume. Mais l'aspirant, au contraire, est comme l'oiseau sur la branche ; son entrée définitive dépend d'un concours. Chaque matin, en déposant son chapeau, il s'informe si la lettre d'examen est arrivée. Il demande à ses futurs collègues sur quoi roulera cette épreuve : on l'effraye à plaisir en exagérant le nombre des matières et la sévérité des juges. Il est déjà tout bouleversé, rentré chez lui, il consigne ses amis à la porte, passe une robe de chambre, tire deux gros verrous, et le voilà, sa tête dans les deux mains, repassant ses études classiques. Il se ferre à glace sur la syn-

Préparation à l'examen.

taxe de Lhomond, résout tous les théorèmes de Legendre, et fait des narrations françaises à faire pâlir le recueil de Noël et Chapsal. Peu à peu la confiance lui revient. Enfin il reçoit sa lettre de convocation, répond à la satisfaction générale, et est nommé surnuméraire, avec le droit de travailler pendant deux ans sans rien toucher..... à moins qu'il ne soit reculé à un autre examen.

Le personnage le plus étranger au ministère, c'est le ministre. Le ministre ne voit que par les yeux de deux ou trois chefs de division ou d'un secrétaire général. Du reste, il ignore à peu près ce qui se passe dans son département. L'homme important d'un ministère, c'est le chef du cabinet ; le chef du cabinet est généralement un jeune homme bien lancé ; il possède toute la confiance de son maître. C'est lui qui est chargé de l'importante partie des invitations aux bals et aux dîners ministériels. C'est le despote des petites choses : c'est encore lui qui décachette les lettres intimes, et donne audience aux gens que le ministre ne veut pas recevoir. La principale attribution d'un chef de cabinet consiste à dorer la pilule d'un refus formel aux solliciteurs éconduits.

La grande prétention d'un chef de cabinet, c'est d'être fort occupé. On se présente dans l'antichambre ; le garçon de bureau vous dit : « M. le chef du cabinet ne peut recevoir personne, il a passé la nuit à travailler avec M. le ministre, et il travaille encore en ce moment. » Si l'on peut parvenir à forcer la consigne, on trouve le chef du cabinet fort occupé... à fumer un cigaro en lisant un roman.

Les ministères, qui, depuis le dernier gouvernement, ont subi quelques modifications, sont aujourd'hui au nombre de *dix*. Chacun de ces ministères comprend un certain nombre de *divisions*, qui se subdivisent elles-mêmes en *bureaux*. Ce nombre s'élève plus ou moins, selon l'importance des ministères. Voici ces ministères dans l'ordre hiérarchique :

Le ministère d'État et maison de l'Empereur, aux Tuileries.

Ce ministère, décrété en principe peu de jours après le 2 décembre 1852 et récemment organisé, sert d'intermédiaire entre le pouvoir et les grandes institutions. Il comprend, en outre, la régie des palais impériaux, leur surveillance ; les trois manufactures impériales de Sèvres, des Gobelins et de Beauvais en dépendent. C'est encore le ministère d'État qui est en rapport avec la rédaction du *Moniteur*, et d'où émanent les pièces officielles insérées par ce journal, ou communiquées aux autres organes de la presse périodique.

Il relève aussi des cautionnements, décorations, pensions de retraite, de la préparation du budget, de l'ouverture et de la répartition des crédits.

Ce ministère se bifurque en deux grandes divisions : l'une, c'est le *secrétariat général*, et l'autre, la *direction des palais et manufactures*.

Le ministère des affaires étrangères est situé boule-

Surnuméraire se rendant à son bureau.

Le déjeuner.

vard des Capucines, en attendant qu'il soit installé dans l'édifice construit à son intention à côté du Corps législatif. Il a peut-être les attributions les plus importantes, du moins en temps ordinaire; car il règle les rapports de toute sorte, politiques, commerciaux et diplomatiques de la France avec toutes les nations étrangères. Nous ne pouvons énumérer ici les attributions si nombreuses de ce ministère, relatives au protocole, aux privilèges des diplomates étrangers, à la protection des intérêts français sur toute la terre; aux questions litigieuses sur les successions et autres questions judiciaires, pendantes hors de France : les ambassadeurs, agents diplomatiques, consuls, vice-consuls, en dépendent.

Le ministère des finances, rue de Rivoli, est peut-être d'une utilité plus grande encore, quoique ses fonctions paraissent moins brillantes. Chargé de régler et de balancer la recette et la dépense, il alimente le gouvernement et fait vivre tous les ministères, avec lesquels il est en rapports journaliers; il faut d'habiles comptables pour se reconnaître au milieu des questions épineuses du contentieux, du mouvement des fonds, de la dette inscrite, de la balance générale, du contrôle central, etc. Un simple littérateur voit moins clair encore dans toute cette besogne qu'un profane dans le détail d'un budget. Les directions générales des contributions, directes et indirectes, de l'enregistrement et des domaines, des postes, des forêts, l'école forestière de Nancy et l'administration des monnaies, sont du département des finances.

Nouveau ministère des affaires étrangères, quai d'Orsay.

Le ministère de la guerre, rue Saint-Dominique-Saint-Germain, a des attributions plus simples, et doit une partie de son importance à de nombreuses annexes. Le personnel, les services de l'artillerie et du génie, l'administration, les affaires d'Algérie, le dépôt des cartes et documents, et la comptabilité générale, voilà ses principales divisions. Des comités consultatifs d'état-major, d'infanterie, de cavalerie, de gendarmerie, d'artillerie, de fortifications, lui sont annexés, ainsi que le comité pour l'Algérie, le conseil de santé des armées, les commissions d'hygiène hippique et de travaux publics. Citons encore, parmi ses dépendances, le dépôt et le musée d'artillerie, le service et la fabrication des munitions de guerre, l'Hôtel des invalides, l'état-major général, l'administration de la justice militaire et enfin, plusieurs Écoles : Écoles d'état-major, polytechnique, d'artillerie et de génie, de Saint-Cyr, Prytanée militaire, École normale de tir et de gymnastique, et enfin les hôpitaux militaires.

Le ministère de l'instruction publique, auquel est adjoint le service des cultes depuis 1848, se trouve établi rue de Grenelle-Saint-Germain, vis-à-vis les bâtiments du ministère de l'intérieur. Il s'étend sur les diverses branches de l'enseignement et des cultes :

Un bal chez le ministre de la guerre.

le conseil supérieur de l'instruction publique s'y rattache. Les cinq sections de l'Institut, les Académies et les Facultés, le Bureau des longitudes, l'Observatoire, le Muséum d'histoire naturelle, l'École normale, l'École

CHAPITRE LIX. — LES MINISTÈRES.

d'Athènes et les bibliothèques sont comprises dans sa juridiction.

Le ministère de l'intérieur, doublé de l'ancien ministère de l'agriculture et du commerce, est tellement étendu, que nous ne pouvons que transcrire ici la désignation des divisions dont il se compose :

Cabinet du ministre ou direction centrale ; direction des beaux-arts; administration communale et particulière ; comptabilité; agriculture; commerce intérieur; commerce extérieur ; haras.

Le nombre des institutions qui en dépendent est aussi très-considérable : administration des lignes télégraphiques; archives impériales; direction des musées (Louvre, Luxembourg, Versailles, hôtel de Cluny); École des beaux arts ; de Rome ; Conservatoire de musique; des Ars.et métiers ; maisons de Charenton, des Sourds-muets de Paris et de Bordeaux, des jeunes aveugles, des enfants trouvés ; Écoles d'agriculture, d'Alfort, etc.

Le ministère de la justice, place Vendôme, comprend les affaires civiles et criminelles, les grâces, les pensions, le sceau; de cette administration relève la Cour de cassation, la Cour des comptes et l'organisation judiciaire de toute la France.

Voici encore de petits ministères : celui de la marine et des colonies, rue Royale Saint-Honoré, avec le conseil d'amirauté, réglant le personnel et le matériel de la flotte, dirigeant les services administratifs et les colonies autres que l'Algérie. Il y a, en outre, le bureau de comptabilité générale, d'où dépendent les invalides de la marine.

Le ministère de la police générale, rue de Varennes, est de même date que le ministère d'État. Ses attributions, qui ne sont pas parfaitement définies encore, comprennent la police générale et la police particulière; la partie la mieux établie, c'est la direction de l'imprimerie, de la librairie et de la presse, instituée pour surveiller les publications de toute nature et pour tenir en bride la presse périodique.

Enfin, le ministère des travaux publics, situé rue Saint-Dominique Saint-Germain, comprend le personnel, la direction des ponts et chaussées et celle des mines, l'École impériale des mines, l'École des ponts et chaussées, et celle des mineurs de Saint-Étienne, en font partie.

Les divers ministères, indépendamment de leurs attributions particulières, possèdent tous un service de comptabilité centrale et de comptabilité intérieure, dont les calculs sont vérifiés par la cour des comptes. La recette et la dépense, tel est leur point de contact qui les joint les uns aux autres.

Depuis le gouvernement de décembre, la mode est aux fêtes ministérielles ; c'est ainsi que M. le ministre de la guerre donnant, le 11 février 1852, une merveilleux dans les salons de cet hôtel de Brienne dont les splendeurs datent de l'ancien régime. On parla de six mille invitations dont les titulaires auraient tous répondu à l'appel, de sorte que, vers onze heures, cette vaste demeure était bourrée comme un canon, au risque d'éclater comme un obus. La société la plus distinguée, les uniformes les plus resplendissants, les toilettes les plus ravissantes, et les dames idem, cela va sans dire. Au milieu de ce beau monde figuraient la plupart de MM. les ministres, qui paraissaient soucieux et un peu embarrassés apparemment de ces magnificences et de savoir comment il leur serait possible de les égaler. Nous glissous sur le dénombrement des illustrations de l'ar-

mée, pour constater ce détail qui est une attention toute spéciale de M. de Saint-Arnaud, à savoir qu'indépendamment des officiers supérieurs de la garnison de Paris, chacun de ses bataillons et escadrons était représenté par un capitaine, un lieutenant et un sous-lieutenant. Au milieu de ce torrent d'épaulettes, on distinguait la diplomatie étrangère au frac noir, ornée de toutes les étoiles du monde connu, et l'élite de nos fonctionnaires civils dans tout l'éclat de leurs nouveaux costumes. On a compté jusqu'à seize cents femmes assises dans leur beauté et leurs dentelles, et faisant feu de tous leurs diamants : voilà pour le coup d'œil général. Quant au contenant, il n'était pas moins resplendissant que le contenu. On a trop dit que ces grandes fêtes officielles se ressemblent toutes par les ornements : celle de M. de Saint-Arnaud tranchait sur cette uniformité d'une manière à la fois sévère et pittoresque. Grâce aux symboles guer-

Fête donnée par le ministre des travaux publics, le 21 mai 1852. — La salle de danse.

riers qui les décoraient, ces salons étaient d'une magnificence toute spéciale.

Le principal figurait un camp par sa forme et ses dimensions. Sous une tenture de coutil rehaussé de rouge, on voyait reluire les murailles cuirassées d'armes en faisceaux et de panoplies ; à chaque angle se dressaient des trophées gigantesques; en bas, la salle semblait enserrée par une grille formée de fusils entrelacés; les colonnades des portes étaient des canons, des pistolets d'arçon formaient leurs chapiteaux. La pendule de la cheminée était un petit parc à boulets, chaque vase était un obus, la glace était une étincelante croix d'honneur. Il faut renoncer à décrire le lustre du milieu, soleil immense au milieu de ces éclairs, et dont chaque rayon s'élançait du canon poli d'un mousquet.

Deux mois après la fête, c'était la fête diurne et foraine donnée dans le jardin de l'hôtel des travaux publics par M. Lefebvre-Duruflé. Offrir à ses invités un bal en plein air et le spectacle en plein vent,

sans autre luminaire que le soleil, l'idée était originale, et elle réussit complètement. Figurez-vous un vaste carré planté d'arbres, dessiné çà et là en jardin d'agrément, et orné d'un gazon... voilà l'emplacement. Au centre, et faisant face à un pavillon ornementé pour la circonstance, était dressé le théâtre, dont deux ou trois rangées de banquettes figuraient la salle sub Dio; seulement un immense vélarium, qui semblait accroché au ciel, couvrait les spectateurs de son ombre flottante. Mais, dites-vous, la salle du bal? Vous y étiez, les banquettes enlevées; et voici l'orchestre de Strauss qui, du haut d'une estrade voisine, envoie aux assistants des bouffées d'harmonie, en attendant mieux. En dehors de cette enceinte ombragée, où deux mille personnes circulaient à l'aise, un autre jardin, séparé du principal par un mur d'appui, s'ouvrait comme débouché au service de bouche. Sur ce point, il y eut pendant quelques instants encombrement de gastronomes, l'historien doit le reconnaître ; mais, grâce à l'ordonnateur, qui avait tout prévu, un buffet supplémentaire, abondamment garni et dressé à l'autre extrémité du jardin, fut désigné comme dérivatif à ce flot de gourmets, qui courut s'y noyer. A trois heures, le coup d'œil était charmant ; l'aspect de ces dames, dans leurs toilettes printanières, sans diamants ni dentelles, jeunes la plupart, et presque toutes jolies, faisait rêver l'idylle, quand la tenue de ces messieurs ne vous jetait pas trop brusquement dans l'épopée. On n'avait jamais vu tant de constellations en pleine fête soi-disant foraine. Quelques uniformes militaires tranchaient à peine sur cet alignement de fracs étoilés. Assurément l'habit noir, si effacé dans les fêtes nocturnes, aura pris là une éclatante revanche sur les épaulettes. Il faut rendre au bon goût de M. le ministre cette justice, qu'il avait également réparti la faveur de ses invitations entre la cour et la ville : la fraternité était partout et l'exclusion nulle part. L'administration, l'armée, la magistrature, la diplomatie, chaque ordre de fonctionnaires avait fourni son contingent de notabilités. Les arts, la science, la banque ou le haut commerce, les théâtres, la littérature, le journalisme même y étaient noblement représentés ; mais nous nous abstiendrons de citer des noms propres.

Pour ceux qui pourraient désirer d'autres renseignements, nous ajouterons que le programme de la fête, qui faisait les plus belles promesses, a scrupuleusement tenu tout ce qu'il annonçait. En fait de plaisirs, le grand art, c'est la variété, et il y en a eu pour tous les goûts et pour tous les âges. Les loteries, les marionnettes, les chansonnettes n'ont été interrompues que par le ballet, qui offrait une association d'exécutants étrange et d'autant plus amusante. Figurez-vous un pas de quatre, dansé par deux gracieuses sylphides de l'Opéra, en compagnie de MM. Hyacinthe et Grassot. A six heures, les danses ont commencé et se sont prolongées jusqu'au soir dans les salons, en dépit de l'orage dont l'ouragan des polkas étouffait les grondements lointains. Ce est un essai de kermesse parisienne qui a trop bien réussi pour ne pas tenter les initiateurs ; mais on aura beau faire, c'est une grande entreprise, et, pour le soin des détails et leur ingénieux ordonnance, de même que pour la courtoisie et la bonne grâce de l'accueil, rien ne nous empêche encore de regretter cette fête comme inimitable. Assurément les félicitations qu'a reçues de ses hôtes celui qui la donna ne sauraient être plus sincères ni mieux méritées

Chapitre LX.
LES MAGASINS.

L'ermite de la Chaussée-d'Antin. — Les enseignes des magasins. — Magasins Saint-Joseph et du Grand-Colbert. — Les magasins de nouveautés. — Accroissement du nombre des grands magasins. — Grande occasion. Rabais prodigieux. — Parapluies depuis trois francs. — Faire l'article. — Le patron joli-garçon. — Les rossignols. — Les magasins de modes. — La modiste. — Les chapeaux. — Les deux sortes de chapeaux. — Le chapeau improvisé. — Le chapeau lyrique. — Un atelier de modiste. — Confection du chapeau. — Le tailleur. — Le prix d'un habit. — *Le drap par-dessus le marché.* — Le coupeur. — Le coupeur dans l'enfantement. — L'ouvrier tailleur ou *pique-prune.* — Définition du tailleur parisien.

En 1810, l'ermite de la Chaussée d'Antin, tout patient qu'il fût, s'impatientait devant les enseignes ridicules des magasins de son temps; il ne pouvait arriver à comprendre les rapports existants entre « le *Masque de Fer* et la bonneterie, entre *Jocrisse* et un joaillier, la *Vestale* et une lingère, le *Petit Candide* et

Intérieur des Magasins Saint-Joseph.

un bureau de loterie, la *Bonne Foi* et un tailleur. » Cet abus subsiste encore plein et entier. Nos magasins de nouveautés en sont l'exemple. Les uns ont des enseignes guerrières : *Au Prince Eugène, au Grand Condé;* d'autres sacrées : *à Saint-Augustin, à Saint-Thomas, à Saint-Joseph;* d'autres gou-

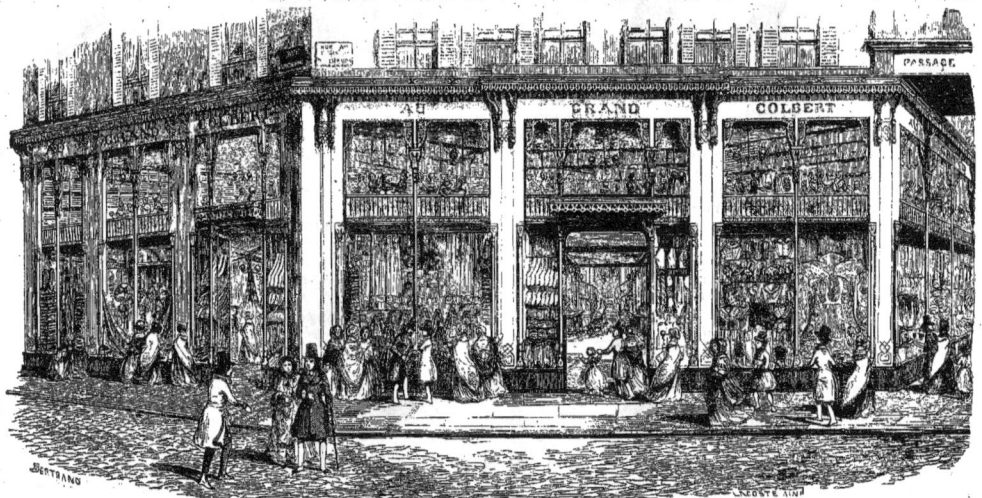

Magasins du Grand Colbert.

vernementales et administratives : *au Grand Colbert;* d'autres lyriques et dramatiques : *au Prophète;* d'autres topographiques : *à la Ville de Paris, à la Chaussée-d'Antin;* d'autres facétieusement modestes : *au Pauvre Diable,* etc., etc. Le *Jocrisse,* d'ailleurs, et le *Masque de Fer,* que tympanisait M. de Jouy, n'ont

CHAPITRE LX. — LES MAGASINS.

point cessé de subsister, et tout Paris les connaît.

Le nombre des grands magasins de nouveautés, immenses bazars où l'on trouve tout, depuis la chaussette de fil jusqu'au cachemire de l'Inde, a notablement augmenté dans les dernières années du règne de Louis-Philippe. En revanche, celui des petits magasins a diminué dans une proportion égale. Ce double mouvement mérite d'être signalé en passant. L'ouverture de grands magasins engloutissant tous les petits, ce n'est autre chose que la reconstruction d'une vraie féodalité financière et commerciale, laquelle fut au reste, en tout genre, le caractère dominant du dernier règne. Or admirez comme toutes choses s'enchaînent providentiellement! Ceux qui ont fait ces créations dans des vues d'accaparement et de monopole ne se doutaient pas, certes, qu'ils entraient ainsi dans les voies d'association et d'avenir, et qu'ils ramenaient le commerce à ses proportions véritables. Pas n'est besoin, pour cette démonstration trop simple, de nous appuyer sur Fourier. Le commerce rend, certes, un service réel, et qui doit être rétribué. Mais, comme il n'est qu'intermédiaire, et non protecteur véritable, il faut prendre garde que ses bénéfices et ses fonctions ne tournent au parasitisme. Or, certes, cinq cents magasins de nouveautés ne sont nullement indispensables dans Paris, et n'ont guère que le mérite d'alimenter cinq

L'étalage.

cents familles qui, cessant d'être intermédiaires, pourraient dès lors être rendues à la production véritable, au profit de tous et d'elles-mêmes. Au lieu de cinq cents magasins, vous n'en aurez plus que cinquante; à la rigueur, douze (un par arrondissement) pourraient suffire, et le public trouverait fort grand avantage dans ces vastes bazars, dont les entrepreneurs, spéculant sur une grande échelle et faisant d'énormes affaires, pourraient dès lors se contenter d'une prime presque insensible. En un mot, les prix du commerce s'approcheraient de plus en plus des prix de revient, et l'acheteur du producteur, par la réduction du nombre évidemment exagéré des entremises. Nous ne faisons pas d'utopie; nous constatons tout simplement ce qui a déjà commencé d'être et ce qui sera. Et voilà comment les hauts barons du négoce et de la finance font tous les jours depuis vingt ans du socialisme sans le vouloir.

Paulo minora canamus.

Déjà ce nouveau mode d'organisation commerciale porte ses fruits. Arrêtons-nous à l'étalage. Parmi ce grand nombre d'objets étiquetés sous le vitrail et variant dans leur prix fixe, il en est dont le

La curiosité.

taux, dans sa modicité, vous surprendra certainement. Ces mots: GRANDE OCCASION, RABAIS PRODIGIEUX, vous frapperont de toutes parts. Vous verrez étalées des robes à vingt-cinq centimes le mètre, des foulards (tout soie) à un franc cinquante. Ce bon marché, rare en effet, peut s'attribuer à plusieurs causes. D'abord, le gros, présentement en train de manger les petits, obtiennent de ces derniers aux abois, moyennant quelque avance légère, des marchandises à vil prix : ils en achalandent leur boutique, et le public insoucieux profite de la bonne aubaine, sans s'inquiéter le moins du monde du sinistre dont il se mouche, ou du désastre qu'il l'habille. Ensuite, il y a certaines parties légèrement *avariées*, bien que le gros des acheteurs n'en puisse juger et n'y prenne aucunement garde, mais dont un connaisseur quelque peu émérite apprécierait facilement le bon marché trompeur et ses causes finales. Mais ce mot: *Bon marché*, est d'un effet magique et irrésistible sur le chaland parisien. Enfin, il y a tels articles sur lesquels l'entreprise consent volontiers à une perte... *Timeo Danaos.* C'est l'annonce perfide sous les fleurs de la devanture; c'est

le puff de l'abnégation; c'est la bagatelle de la porte pour faire stationner, et puis *entrer le monde*. Une fois que le *monde est entré*... Mais n'anticipons point sur ces péripéties d'une spéculation si fine, toujours la même et toujours couronnée du plus grand succès.

Voici un spécimen de ces annonces savantes :

PARAPLUIES depuis TROIS FRANCS!

Le *depuis* (je ne l'ai connu que *depuis*) étant invisible à l'œil nu, je m'avise que voilà une occasion unique de me garer contre l'orage, et, jetant un coup-d'œil sur l'état peu serein de l'atmosphère, j'entre aussitôt et je demande, avec l'autorité d'un homme qui a trois francs à dépenser, un parapluie. On m'en apporte une douzaine. Ils sont tous neufs et magnifiques : manches d'ivoire, d'ébène ou de bois sculpté; superbes baleines, belle soie (cuite). Je suis ébahi, et j'ai besoin, pour rassurer ma conscience, de me faire répéter par l'honnête marchand le prix d'un superbe vertpomme que je caresse du regard. — Combien donc celui-ci? —Monsieur, dix-huit francs. Je commence à comprendre — Mais, dis-je en regrettant mon illusion qui fut courte, n'avez-vous pas des parapluies à trois francs? — Oui, Monsieur, oui, oui, sans doute, reprend le commis en souriant d'un air de bonhomie narquoise;

La vente.

nous allons vous montrer cela. Ce disant, il m'exhibe un fafiolet sans nom, un parasol en miniature, un diminutif d'ombrelle, bon à donner dans les foires aux petits enfants en sevrage avec un moulin de papier, pour qu'ils en fassent des débris. Zéphyr, tendre zéphyr, respecte un parapluie de trois francs! — Quoi! c'est cela? dis-je; ni soie, ni baleines, ni manche presque! — C'est vrai, monsieur, mais pour trois francs! — Ce n'était pas un parapluie, ce n'en était vraiment que l'ombre. — Mais que j'aille seulement jusqu'au bout de la rue, je n'aurai plus rien dans les mains! — Ce n'est peut-être pas bien solide, en effet; mais aussi, monsieur, pour trois francs! — Tenez, Monsieur, reprend l'employé par manière de considération et de condescendance, voulez-vous quelque chose de bon? prenez-moi cela! —Et il me tend le fatal vert-pomme que, vaincu par une fausse honte et par la pluie tombante, je me ruine pour acheter et que je perdrai après-demain.

Il serait long d'énumérer tous les artifices, feintes, surprises, apparentes distractions, à l'aide desquels MM. les employés en nouveauté excellent à pousser à la vente. Je demande à voir un gilet de fla-

La caissière.

nelle et l'on me montre des cravates. Je serai fort heureux si je m'en tire à moins d'une bonneterie complète. Une voisine a besoin d'un modeste fichu : c'est pourquoi, depuis un quart d'heure, on lui fait passer sous le nez toutes les dentelles de Flandre. Il ne reste plus rien de la modeste toile dont j'ai vu un échantillon ; mais, en revanche, on m'en étale une

Le patron.

magnifique et d'Irlande. On me promène de comptoir en comptoir, d'étage en étage, et je sors de là chargé de nippes, mais un comme un petit saint Jean.

L'envie, la curiosité, la vanité, la coquetterie, et même quelque chose de plus, sont habilement caressées par ces serpents à face humaine. Ils exploitent les hommes par les femmes, et les femmes l'une par l'autre. Que milord protecteur se garde de paraître ici avec sa protégée, pour peu qu'il tienne à sa bourse, et je le soupçonne d'y tenir. Qui ose marchander pour une jolie femme ? MM. les commis ont un flair pour discerner les unions morganatiques des légitimes. Avec celle-ci, point d'affaires. Les douze arrondissements devraient élever un temple à ce treizième invisible, qui alimente le négoce. C'est lui qui les nourrit : il est le père à tous (commercialement parlant, du moins j'aime à le supposer). J'accompagnais un jour dans un de ces bazars une jeune femme qui demandait à voir une robe très-simple noire. Le commis s'empressa d'étaler une étoffe à dix ou douze francs le mètre. Comme il en cherchait plusieurs autres, « Je vous préviens, lui dis-je, que madame est ma sœur. » Le commis rengaîna ses précieux tissus, et livra ce qu'on demandait, sans plus chercher à faire l'article.

Quand une pratique féminine se montre un peu récalcitrante, on détache sur elle, à titre de renfort, un auxiliaire indispensable de tout magasin bien monté. C'est l'employé joli garçon. Ceci soit dit sans vouloir ravaler le mérite des autres : ces messieurs, j'en conviens, sont de fort jolis hommes; mais l'employé que je viens de dire est le primus inter pares. C'est l'Antinoüs du comptoir ; c'est la jeune garde qui ne donne que dans les instants décisifs. Doué d'une puissance fascinatrice, l'employé joli garçon est blond ; il a la bouche en cerise, les moustaches en accroche-cœur, l'œil gros et bleu à fleur de tête, l'oreille rouge, le teint fleuri; lorgnon dans l'œil, tenue sévère de gentilhomme sans cheval. Il grasseye et parle des Bouffes. Il est d'un effet foudroyant sur les grisettes et les rentières ; mais il lui arrive quelquefois de s'attaquer aux grandes dames, et c'est avec moins d'agrément. On a vu parfois la jeune garde enfoncée sur

toute la ligne. Voici un joli mot de marquise que l'on nous conte à ce sujet. Une femme d'esprit et du monde avait pris fantaisie d'un châle ; elle ne s'était pas décidée. A quelques jours de là, elle revient, et demande à revoir son châle. Le chef de l'établissement reconnaît parfaitement la dame, et l'Apollon pareillement, qui s'exalte dans ses moustaches. — C'est le cachemire fond vert ? — Oui, monsieur. — C'est celui que M. Arthur a eu l'honneur d'offrir à madame ? (M. Arthur prend une pose.) — Qu'est-ce que M. Arthur ? dit la dame intriguée. — C'est un de nos premiers commis, un grand jeune homme blond, physique distingué, bonne tenue, manières parfaites... (Nouvel effet de gilet de M. Arthur.) — Ma foi, monsieur, repart la dame, je sais de quelle couleur est le châle, mais je vous avoue humblement que je n'ai pris garde à celle du commis. (Les bras tombent des mains et le lorgnon de l'œil à M. Arthur.) Le cachemire n'en est pas moins payé et livré pour lui-même ; la jeune garde avait cru vaincre ; elle tombe à plat ; mais elle prendra sa revanche avec les lorettes. Gare aux Anglais, aux princes russes et autres Cosaques du Don.

Les magasins de nouveautés sont naturellement remplis de fort vieilles choses, et le talent par excellence est d'en écouler le plus possible, tout comme la spécialité des marchands de ces vieilleries, que l'on a nommées bric-à-brac, est de vendre, autant qu'il se peut, des antiquités toutes neuves. Chaque art a sa nécessité, et chaque métier ses exigences. Les vieilleries ou rebuts, en nouveautés, se débitent facilement aux provinciaux, voire aux Parisiens, par quelques artifices de jargon de la mise en scène. On a soin de ne les produire que dans des entre-sols obscurs, ou le soir, au jour éclatant, mais ambigu, de

Un calicot de l'ancien régime.

l'éclairage, et c'est peut-être pour cela qu'on les a nommés rossignols, du nom de cet oiseau terne et morne le jour, mais mélodieux la nuit.

Parmi tous ces magasins qui sont l'ornement de Paris et la gloire de l'industrie française, n'allons pas oublier le magasin de modes, ce sanctuaire des chapeaux coquets, des jolies filles et des gracieuses capotes. Elles sont là huit ou dix jeunes ouvrières qui

confectionnent pendant toute la journée cet édifice de dentelles et de fleurs qu'on nomme un chapeau, en songeant à M. Arthur, ou à M. Auguste ou à M. Adolphe. La modiste parisienne est un type aussi caractéristique, aussi franc, aussi national que le gamin de Paris. Elle est élégante, grignoteuse, svelte, polkeuse et bonne fille. Elle croit aux milords, aux

Le commis joli garçon.

cachemires des Indes, aux coupés à deux chevaux enrubanés, et ces espérances la conduisent toujours à quelque union morganatique couchée à Mabille ou à la Maison d'or avec un commis ou un clerc de notaire.

Il y a des marchandes de modes partout ; c'est à Paris seulement qu'il y a des modistes.

La modiste n'est pas une ouvrière qui établit des corsets ou fabrique des broderies à la journée ; c'est une artiste ; c'est un poëte.

Un chapeau n'est pas comme un fichu, comme une robe même, une œuvre de calcul et de patience ; c'est une œuvre d'art et d'imagination ; c'est un poëme.

Il y a deux sortes de chapeaux.

Il y a d'abord le chapeau de commande, celui qui se fait pour les pratiques. Ce chapeau-là exige d'abord du talent et de l'habileté. Mais, pour le bien exécuter, la modiste n'a besoin que d'observation et d'esprit : il ne s'agit, pour elle, que de l'assortir au caractère et aux habitudes physionomiques de la femme qui doit le porter.

Puis il y a le chapeau improvisé, celui que dicte la fantaisie, celui qui doit et ne peut coiffer qu'une tête que l'artiste n'a jamais vue, mais qu'elle a rêvée.

Ce chapeau-là, c'est le chapeau lyrique.

Pénétrons dans un atelier, et assistons à la confection de l'œuvre.

La première demoiselle, les bras appuyés sur la table, soutient sa tête penchée ; elle réfléchit, et elle a, à peu de chose près, l'attitude de Corinne au cap Mycènes.

Tout à coup elle saisit un grand morceau de gaze ; elle en mesure plusieurs fois l'aunage sur son bras ; elle l'examine dans ses divers sens, le tourne, le fronce, puis, ses dimensions bien calculées, elle prend les ciseaux et taille hardiment en pleine gaze.

Toutes les demoiselles de magasin s'occupent avec ardeur de la tâche qui leur est assignée.

L'une est chargée de la passe ; l'autre, de la forme ; celle-ci, des coques ; celle-là, des rouleaux ; une cinquième, de la coiffe ; une sixième, des liserés.

Il fait beau voir ces agiles travailleuses dépêcher à l'envi leur besogne et s'escrimer de leurs longues aiguilles et de leurs longs ciseaux. Au bout d'un quart d'heure, les gros ouvrages de la capote sont terminés.

CHAPITRE LX. — LES MAGASINS.

Dans la construction d'un chapeau de femme, il entre plus d'éléments solides qu'on ne se l'imagine ; le gros linon, le tulle à triple apprêt, le carton, la cannetille et le laiton en constituent la carcasse et l'échafaudage.

Ces apprêts divers sont successivement déposés devant la première demoiselle. C'est à elle l'architecte, à elle l'artiste, qu'il appartient de les réunir et d'en former un tout. Celle qui a conçu le chapeau ou la capote peut seule lui donner le souffle, la vie.

Bientôt elle élève la capote en l'air sur l'une de ses mains, la fait tourner légèrement, l'examine sous tous ses aspects, rectifie quelques-uns des plis de la gaze, et donne enfin son harmonie et sa perfection à l'ensemble de l'œuvre.

Le tailleur parisien est un artiste. Il se souvient du temps où *tailleur d'habits* se disait par opposition à *tailleur d'images*, et partageait avec le sculpteur le domaine de la plastique. L'un se charge du nu, l'autre de l'habillé, voilà toute la différence.

Le tailleur sait et sent cela. Un habit manqué, c'est pour lui une statue refusée à l'exposition. Odieux jury!

La mesure.

C'est aussi chose idéale que le prix d'un habit, dont la moitié au moins, chez le tailleur de quelque renom, représente tout à la fois l'aléatoire du commerce, la prime d'assurance payée (ou promise) contre les sinistres mutuels, le mérite de la coupe.

Ce dernier point est l'essentiel, et le ciseau est tout pour l'artiste. On sait cette superbe réponse d'un célèbre tailleur à un honorable économe des dernières années du règne de Louis-Philippe, qui, trouvant le prix d'un habit (cent cinquante francs) un peu cher, demandait à fournir son drap. — Bien volontiers, Monsieur, lui répondit l'artiste avec un sourire de condescendance.

Livraison faite, habit endossé, l'honorable législateur demanda le prix. — Cent cinquante francs, Monsieur, comme toujours, dit le tailleur en s'inclinant. — Tout compris, je le sais; mais j'ai fourni mon drap. — Monsieur, je ne compte jamais le drap. *Je le donne par dessus le marché!*

C'est très-certainement pour échapper à la fantaisie artistique du tailleur, que les trois quarts de Paris se font habiller aujourd'hui dans les magasins de confection. L'habit qui valait cent cinquante francs chez le tailleur ne coûte plus que

Le coupeur.

Le maître tailleur en tournée.

L'ouvrier tailleur.

soixante francs chez le confectionneur. Mais le tailleur se console quand il voit passer un de ces habits sur les épaules d'un ancien client, en disant : « Il manque de *chic*. »

Le *coupeur* est un être à part. C'est, comme on le conçoit sans peine, l'homme important de la maison. Tout tailleur a été coupeur ; mais il y a en revanche des coupeurs qui ne deviennent jamais tailleurs. Ce sont des âmes d'artiste et des intelligences enthousiastes de la gloire, mais insensibles au profit. Le coupeur rêve, la nuit, d'un certain cran au gilet et d'une échancrure de basque. Il s'éveille en sursaut, ruminant dans sa tête, combinant harmonieusement les numéros 86, 79, 36, 44 et 53. Ce n'est point un quine à la loterie, c'est la formule, le signe abstrait, la grande ligne rudimentaire d'une coupe inédite et savante, qui fera son apparition dans le monde merveilleux du jardin Mabille, le mardi qui vient ou celui d'après. Ô puissance des chiffres! qui croirait que ces nombres cabalistiques recèlent tant de poésie apollonienne, tant de grâce, tant de contours, tant de débauché séducteur.

Il faut admirer le coupeur ; mais il ne faut pas avoir trop de foi en lui. Non-seulement, dit la

L'essai.

Bruyère, un honnête homme doit se laisser habiller par son tailleur à la mode courante et sans s'en occuper ; mais une des premières conditions de l'élégance, dit Pelham, un héros de M. Bulwer (*the Adventures of a gentleman*), est de n'avoir pas un habit trop bien fait, observation fine et très-juste.

Il nous reste à dire quelques mots de l'ouvrier tailleur (*pique-prune*). J'avoue mon ignorance et déclare ne point connaître l'étymologie de ce sobriquet populaire. Cette classe d'ouvriers, vouée à l'immobilité, sans doute, en vertu de la loi des contrastes et par esprit d'opposition, douée d'un naturel remuant; ennemie de la tyrannie, elle a pris pour maxime : « Les grands ne nous paraissent tels que parce que nous sommes accroupis, levons-nous! » — Et elle se lève fréquemment, sachant bien qu'il dépend d'elle de faire du peuple français une nation de sans-culottes. Mais, les lois sur les grèves n'étant point abolies, tout rentre bientôt dans l'assiette et la couture accoutumée, et le peuple français finit par s'habiller tant bien que mal. Ainsi soit-il.

En règle générale et pour terminer, le tailleur parisien pourrait se définir ainsi : « Un industriel allemand qui taille des habits anglais. »

Chapitre LXI.

LE FEU ET L'EAU.

Paris souterrain. — Les divinités mystérieuses de nos aïeux. — Les égouts. — Les égoutiers: — Paris à course de taupe. — Les trente-cinq lieues de rues souterraines à Paris. — Les conduites d'eau. — Les fontaines. — Le puits de Grenelle. — Coupe d'un égout. — Les deux fleuves de la ville souterraine. — L'éclairage public. — L'éclairage au seizième siècle. — Les mauvais garçons. — Le lieutenant de police la Reynie établit des lanternes dans les rues. — Les lanternes à réverbères. — Le gaz employé à Paris. — Nombre de becs de gaz à Paris. — Usine à gaz de la barrière d'Italie. — Consommation de combustible à Paris. — Les incendies. — Les pompiers. — Appareil Paulin. — Les fontaines monumentales. — Les fontaines publiques. — Fontaines de la place de la Concorde. — Fontaine Molière. — Fontaines de la place Saint-Sulpice et de la place Louvois. — Les distiques de Santeuil.

Du temps de nos bons aïeux, lorsqu'on croyait encore aux esprits, — car nous sommes aujourd'hui trop raisonnables pour y croire, — on avait divisé notre monde en trois parties habitées par des êtres de nature diverse. L'air et les nuées étaient le domaine des sylphes, esprits légers, toujours beaux, toujours jeunes, nés pour la poésie et le plaisir, habitant des palais brillants formés de nuages dorés par le soleil, étincelants comme l'arc-en-ciel. — Au-dessous d'eux, à la surface de la terre, c'était la race humaine, notre domaine à nous, tel que nous l'habitons. — Et puis, au-dessous encore, dans les entrailles de la terre, se trouvait un troisième monde, celui des gnomes, esprits souterrains, relégués au dernier degré de l'univers. Ceux-ci, on le conçoit, étaient encore moins connus. Des hommes, doués de bons yeux, et surtout d'une bonne dose de crédulité, pouvaient bien avoir entrevu, par intervalles, dans les nuages, les palais fantastiques et les armées légères des sylphes rangés en bataille dans le ciel; de graves historiens en rapportent mille témoignages. Mais nul regard, si complaisant qu'il fût, ne pouvait percer jusqu'aux cavernes inaccessibles des gnomes. L'imagination, qui ne fait jamais défaut, y suppléait : tantôt, selon le caprice du rêveur, on peignait ces pauvres gnomes comme des démons malfaisants, difformes, rabougris, accaparant les trésors de la terre, et les enfouissant avec eux par une insatiable avarice; tantôt, au contraire, on trouve des palais d'or, des pierres précieuses, qui s'ouvrent dans les longues galeries souterraines à la lueur étincelante des escarboucles et des ruisseaux de phosphore; pays merveilleux où règnent des esprits irrésistibles, vifs et séduisants, mais capricieux et fugitifs comme ces feux errants qui scintillent dans l'obscurité des cavernes.

Sans doute nos lecteurs ne sont pas sans avoir entendu quelquefois, et même avec plaisir, ces récits fantastiques. Eh bien! sans vouloir rouvrir les vieux contes de la *Bibliothèque bleue*, ou les graves entretiens du comte de Gabalis sur les êtres élémentaires, nous allons faire aussi des histoires de l'autre monde. Nous allons décrire des régions souterraines; nous allons nous promener à vingt pieds, à cent pieds, à cent cinquante pieds sous terre, avec les habitants de ces domaines, dans le royaume des gnomes et des farfadets; tout cela, sans dire autre chose que ce qui est, que ce que nous avons vu et touché, — et sans sortir, qui plus est, de l'enceinte de Paris et de sa banlieue.

Nous allons conduire nos lecteurs dans le Paris souterrain. Nous leur ferons faire, j'en suis presque certain, d'inévitables découvertes dans ce monde nouveau et presque inconnu. Cela ne doit pas surprendre, car la superficie du pavé de Paris est souvent assez boueuse pour qu'on ne soit guère tenté de regarder dessous. Cependant, à chaque pas, de nombreux témoignages viennent révéler l'existence de cette seconde ville enfouie sous les pieds de la première. Chacun a sans doute remarqué ces épaisses et larges plaques de fonte ciselée, éparpillées çà et là au milieu des chaussées, tremblant et résonnant sous les roues des voitures : ce sont les portes et les fenêtres des rues souterraines. Il n'est pas personne qui n'ait rencontré, de temps en temps, un escadron de ces hommes armés d'échelles, de cordes, de râteaux, et chaussés de ces redoutables bottes qui broient le pavé; ou bien encore, ceux que l'on entend et que l'on voit le soir, courant sur les trottoirs, fouillant à l'angle des murs et des soupiraux, et faisant retentir, par intervalles, d'un son strident et cadencé, la barre de fer poli dont ils sont armés?

— Ce sont les habitants, ou les ambassadeurs de la ville invisible que vous foulez aux pieds.

On a décrit, on a peint souvent avec talent l'aspect de Paris *à vol d'oiseau*; nous allons faire le contraire, et donner l'aspect de Paris *à course de taupe*. Au lieu de nous élever, nous descendrons; au lieu de voir Paris au-dessus des toits, nous le verrons au-dessous des caves. Ce sera peut-être moins facile, moins lumineux; mais ce sera peut-être aussi intéressant, et sans doute ce sera plus neuf.

Avant de nous engager dans les détails de ce voyage, prenons d'abord une idée générale du pays; et, en voyageurs érudits, traçons-en la configuration générale, la disposition et les limites.

De même que ces villes édifiées au pied des volcans et construites sur d'autres villes enfouies qui leur servent de base, le Paris souterrain compte plusieurs étages de régions souterraines, superposées les unes aux autres, et descendant ainsi de degré en degré depuis la surface du pavé jusqu'à d'immenses profondeurs. Chaque étage caverneux, bien distinct de celui qui le précède et de celui qui s'enfonce au-dessous de lui, a sa physionomie particulière et ses habitants qui lui appartiennent. Aussi, pour procéder par ordre, nous commencerons notre voyage par la région la plus rapprochée de nous, pour descendre ensuite de plus en plus. — Et, placé d'abord en simple piéton sur le pavé de la rue, nous allons, tout à coup, changer de place, et, glissant plus bas, regarder dessous... — Voici le premier étage du Paris souterrain. — Que vous en semble?

Depuis quelque temps on a beaucoup parlé de travaux d'assainissement, de distribution d'eau, d'éclairage public; et on sait bien vaguement que toutes ces dispositions exigent des constructions souterraines. Mais, malgré tout ce qu'on peut avoir vu et entendu, sans doute on ne se figure pas ce dédale de cavernes obscures, ce tissu croisé et recroisé de tuyaux, de conduites enchevêtrées les unes dans les autres, et les unes sur les autres; il est facile de comprendre cet aspect tout ce qu'exige de combinaisons et de travaux le placement, l'entretien et le renouvellement d'un semblable appareil.

Il faut penser qu'il existe sous le sol de Paris environ cent trente kilomètres d'égouts, qui représentent par conséquent trente-cinq lieues de rues souterraines, et environ autant de conduites d'eau, qui alimentent 126 fontaines publiques, 15 fontaines marchandes et 1,800 bornes-fontaines, indépendamment des services spéciaux constitués pour les établissements publics et particuliers; enfin, le puits artésien de Grenelle porte jusque sur les hauteurs de l'Estrapade les eaux puisées attirées des entrailles de la terre. Quant aux conduites de gaz, elles sont encore bien plus étendues. Nous ne comptons pas, en outre, tous les embranchements particuliers qui coupent les conduites maîtresses pour porter directement à droite et à gauche l'eau et le gaz dans les maisons ou sur la voie publique.

Nous avons cherché à présenter dans cet aspect du sol de la rue un aperçu des principales dispositions adoptées pour l'agencement et le service de ces conduites. En voici rapidement l'indication et l'explication.

A est la coupe d'un égout. Les balayeurs-égoutiers y descendent à l'aide d'une échelle par le tampon de regard B. — C'est une bouche sous trottoir, qui absorbe les eaux du ruisseau; et D est un tuyau de chute, par lequel les eaux ménagères et pluviales de la maison voisine tombent directement dans l'égout. L'administration accorde en effet, aux propriétaires qui le demandent, l'autorisation de se débarrasser ainsi de leurs eaux, moyennant l'apposition de grilles convenablement établies, et certaines dispositions qu'exigent la prudence et la sûreté publique. — De distance en distance, des trappes de regard sont ouvertes sous la voûte de l'égout, afin de pouvoir en opérer la ventilation au besoin, et y faire parvenir les ouvriers.

E est la conduite d'eau qui dessert la rue à main droite; au point F elle porte une concession particulière, servie au moyen d'une bouche à clef, dont la manœuvre peut avoir lieu à travers le madrier perforé G, à l'affleurement du pavé. Cette conduite d'embranchement E a sa prise d'eau sur la conduite maîtresse H, qui dessert la rue à main gauche et fournit la borne-fontaine I; comme elle est placée au niveau de l'égout, elle rencontre sur sa route les reins de la voûte, et la traverse sur une espèce de chevalet en fonte qui la soutient dans ce passage.

La prise d'eau d'embranchement a lieu dans le regard J, par un double système, de manière à pouvoir arrêter l'eau de la maîtresse conduite en amont ou en aval sans arrêter le service de l'embranchement. Le regard est aussi établi, afin que les agents des eaux de Paris puissent faire la manœuvre des robinets d'écoulement et d'arrêt.

Les conduites E et H sont été posées dans de simples tranchées, et ne sont à découvert que dans le regard. Il n'en est pas de même de celles qui sont figurées aux lettres K, L. Celles-ci sont posées sur encorbellement dans des galeries. Ce système, qui permet de s'assurer à chaque instant de l'état des conduites, et de les réparer sans intercepter la circulation et remuer le pavage, peut être adopté pour les conduites d'eau. Mais cette méthode ne pourrait être employée pour les tuyaux de gaz, à cause des dangers qui en résulteraient.

Notre gravure représente la mise en communication de deux conduites de diamètre différent par le tuyau circulaire M, garni de ses robinets d'écoulement et de vanne.

Nous n'entrerons pas dans les détails explicatifs sur la forme et la manœuvre de ces robinets; ils seraient longs et exigeraient des développements techniques qui n'intéresseraient qu'un petit nombre de nos lecteurs. Nous dirons seulement que cette mise en communication des tuyaux a lieu pour remédier aux irrégularités du service. On tient ainsi des conduites en charge l'une par l'autre, on supplée au besoin aux eaux de l'Ourcq, lorsqu'elles font défaut, par les eaux de la Seine, et réciproquement. Lors d'un accident, la seule manœuvre d'un robinet suffit pour procurer l'eau à tout un quartier, qui, sans cela, pourrait en rester privé fort longtemps.

Après les conduites d'eau viennent les conduites de gaz. Les tuyaux N, O, desservent la rue à droite, et les tuyaux P, R, la rue à gauche. Dans les rues dont la largeur est assez considérable, et qui surtout sont divisées dans le milieu par un égout, il est d'usage de placer une conduite de gaz de chaque côté, afin d'éviter les inconvénients qui résulteraient pour les embran-

CHAPITRE LXI. — LE FEU ET L'EAU.

chements particuliers des deux côtés de la rue, s'il fallait à chaque fois traverser toute la largeur de la chaussée et la maçonnerie de l'égout. Notre gravure ne présente donc que les conduites nécessaires; les petits tuyaux S sont ceux qui desservent la borne-fontaine, l'éclairage public, et quelques concessions particulières d'eau, de gaz, etc.

Quelquefois le nombre de ces tuyaux est plus considérable. La grosseur en varie aussi beaucoup. Il y en a dont l'énorme diamètre est de 0,30 à 0,60 c. Ce sont de véritables tonneaux; la maîtresse conduite des eaux de Chaillot est du nombre. D'autres, au contraire, n'ont que 0,08 c. Les petits tuyaux en plomb sont aussi exigus qu'on le désire.

Les égouts varient également de largeur: ils sont de petite ou de grande section, pour se servir du terme administratif, selon l'importance et la longueur de leur parcours, selon le volume des eaux qu'ils sont appelés à recevoir. Les égouts-galeries sont ceux qui reçoivent en outre une conduite supportée par encorbellement.

Voilà donc l'aperçu rapide de ce que l'on trouve sous le pavé, de ce qui constitue le premier étage de Paris souterrain. Quant au peuple qui anime et gouverne cette cité suburbaine, sans doute il vaut mieux n'avoir pas de fréquents rapports avec ses râteaux mal odorants, ses lampes fumeuses et ses grosses bottes; mais cette existence d'un travail pénible et rebutant mérite bien aussi quelque intérêt. Passer les jours entiers dans ces humides cavernes, sans lumière, sans soleil, et sans autre air que les émanations fétides des immondices, gagner sa vie à remuer la fange produite par un million d'individus qui s'agitent sur leur têtes, certes le salaire de ceux qui se dévouent à une semblable profession est rudement gagné. D'ailleurs cette existence, triste toujours, n'est souvent pas sans péril. Ces dédales obscurs ont vu de sanglantes catastrophes, de terribles agonies, et la funeste histoire de la galerie des Martyrs n'est pas la seule que les égouts de Paris aient à déplorer.

Pour achever cette rapide description du premier plan de la ville souterraine, nous devons dire qu'elle possède deux fleuves : l'un au nord, sur la rive droite; l'autre au sud, sur la rive gauche de la Seine. — Le premier, que l'on appelle l'aqueduc de ceinture, est une large galerie voûtée qui reçoit les eaux du canal à la Villette, et les mène jusqu'au faubourg du Roule. C'est une rivière claire, limpide et tranquille. — L'autre... hélas! elle fut jadis célèbre, et, non contente de traverser la grande cité aux rayons du soleil, elle la menaçait sans cesse de sa puissance et de ses

coléríques débordements. En 1579, la nuit du 1er avril, elle inonda Paris, et ses eaux montèrent jusqu'au deuxième étage des maisons. O gloire! ô vanité des puissances déchues! depuis, la Bièvre n'a menacé que d'empester, par l'infection de sa vase, les quartiers qu'elle inondait autrefois. On l'a emprisonnée, murée, voûtée... et elle n'est plus qu'un égout obscur!

Mais ce premier étage souterrain est bien près encore de la surface. En suivant les conduites, en traversant les galeries, nous avons pu heurter le sol des caves, et mettre la tête aux soupiraux pour demander et recevoir des nouvelles du monde supérieur. Toute-

Une rue souterraine de Paris.

fois, en descendant plus bas par intervalles, nous avons pu ouïr quelques bruits étranges, quelques signes précurseurs de demeures plus profondes encore. Nous avons pu voir que quelques-unes de ces trappes, mystérieuses ouvertures placées à la superficie du pavé comme les fenêtres de ces habitations obscures, ne s'étaient pas ouvertes à notre approche. Elles appartiennent à une autre cité enfouie, aux catacombes, où nous avons pénétré dernièrement.

Jusqu'en 1558, il n'y eut point à Paris d'éclairage public. Dans certaines circonstances, quand les violences, les meurtres, les tentatives d'incendie, les crimes de toute espèce venaient en plus grand nombre

désoler pendant la nuit la capitale, on enjoignait aux propriétaires de placer, après neuf heures du soir, sur une fenêtre du premier étage de leurs maisons, une chandelle allumée dans un falot, pour préserver les passants des attaques des mauvais garçons. On fut obligé de recourir à cette mesure, notamment en 1524, en 1526 et en 1553. De plus, chaque compagnie ou chaque personne qui, pendant la nuit, avait à parcourir les rues, portait sa lanterne. En octobre 1558, on prit le parti d'attacher des falots aux encoignures des rues. Un règlement du mois de novembre de la même année, cité par Félibien, ordonne : que « au lieu de fallots ardents seront mises lanternes ardentes et allumantes. » Un certain abbé italien, nommé Laudati, imagina d'établir à Paris une location de torches et de lanternes, dont le monopole lui fut accordé pour vingt ans, en mars 1662; il fut autorisé à exiger des voitures qui loueraient ses lanternes cinq sous par quart d'heure, et des piétons trois sous seulement.

En 1667, quand Louis XIV eut créé la charge de lieutenant de police, et en eut investi M. de la Reynie, ce magistrat, comprit les devoirs que lui imposait l'état d'insécurité de Paris, dépeint par Boileau dans sa sixième satire :

... Sitôt que du soir les ombres
 pacifiques
D'un double cadenas font fermer
 les boutiques...
Les voleurs à l'instant s'emparent de la ville.
Le bois le plus funeste et le
 moins fréquenté
Est auprès de Paris un lieu de
 sûreté.
Malheur donc à celui qu'une affaire imprévue
Engage un peu trop tard au détour d'une rue :
Bientôt quatre bandits lui ser-
 rent les côtés, etc., etc.

Parmi les améliorations introduites par la Reynie, on doit citer les mesures qu'il prescrivit pour l'éclairage public : on plaça dans toutes les rues des lanternes garnies de chandelles, ce qui parut alors un établissement si important et donnant à la ville un aspect si nouveau, que le gouvernement fit frapper à cette occasion une médaille, qui figure

dans la collection numismatique du règne de Louis XIV, et portant pour légende : *Urbis securitas et nitor.*

En 1745, un privilége pour des lanternes à réverbères fut accordé à un abbé Matherot de Preigney et à un sieur bourgeois de Châteaublanc; mais ils ne purent se mettre en mesure de l'exploiter qu'en 1766. Ce perfectionnement fut fort goûté. En 1721, les lanternes, qui primitivement n'avaient été qu'au nombre de 2,736, étaient portées à 5,772; en 1771, on en comptait 6,232; en 1821, les rues et places de Paris étaient éclairées par 12,672 becs de lumière établis dans 4,553 lanternes, et les établissements publics quartiers. En 1815, un ingénieur anglais avait cherché à établir à Paris l'éclairage à gaz, et à cet effet il avait construit une usine au Luxembourg, mais cette tentative, désastreuse pour les intéressés, fut bientôt abandonnée. En 1820, l'exploitation du Luxembourg fut reconstituée, les appareils de l'ingénieur anglais furent remplacés, et, au bout de quelques mois, la chambre des Pairs, le théâtre de l'Odéon, et plusieurs établissements particuliers se trouvèrent éclairés. Le gaz fut même employé pour l'éclairage public de la rue de l'Odéon. Toutefois, malgré la création presque simultanée de plusieurs entreprises d'éclairage au gaz, le nouveau procédé demeura à peu près exclusivement affecté aux établissements particuliers, qui, du reste, ne l'adoptèrent que successivement et avec beaucoup de lenteur.

La première lanterne au gaz qui ait brûlé sur la voie publique dans Paris est, dit-on, celle du commissaire de police du faubourg Saint-Denis, en 1819; elle était alimentée par un appareil établi dans une fabrique de produits chimiques située dans le voisinage.

A dix ans de là, à la fin de 1829, Paris ne comptait qu'environ 40 becs sur la voie publique; liée par la routine et par les traités qu'elle subissait fort patiemment, l'administration n'avait donné et ne donna, plusieurs années encore après, aucun développement sérieux à ce qui ne pouvait plus depuis longtemps être considéré comme un essai; et six ans après, à la fin de 1835, on ne comptait encore sur la voie publique à Paris que 203 becs brûlant pour le compte de la ville.

Depuis cette époque, chaque année a amené une progression sensible. Et le nombre total des becs de

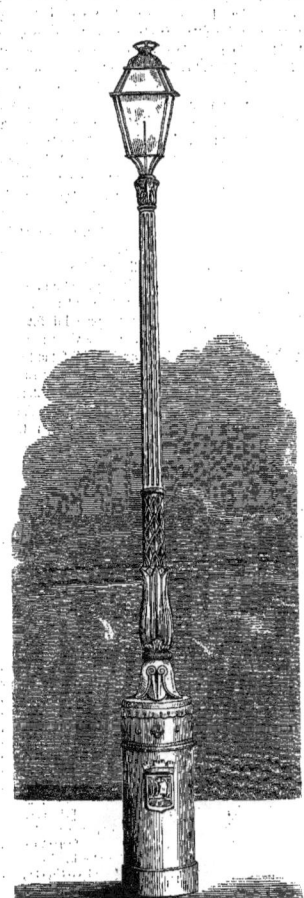

Faubourg Saint-Martin. — Candélabre.

Faubourg Saint-Martin. — Borne vespasienne.

Faubourg Saint-Martin. — Fontaine.

par 482 lanternes contenant 688 becs. C'était, au total, 13,360 becs et 5,035 lanternes.

Londres était depuis longtemps éclairé au gaz, quand l'administration de la ville de Paris se détermina à en laisser poser quelques becs sur la voie publique, plutôt pour satisfaire la curiosité que dans la pensée bien arrêtée de recourir à cet éclairage. Ainsi, tandis que de l'autre côté de la Manche on avait, par une large application et déjà par une longue expérience, reconnu les bons et immenses effets de ce procédé inventé vers la fin du dernier siècle par l'ingénieur français Lebon, en France, à Paris, l'administration fermait les yeux à la lumière, et passait pour l'éclairage à l'huile des marchés qui devaient pour bien longtemps condamner nos rues à une clarté moins que douteuse. Les premiers essais d'éclairage par le gaz des rues de Paris qui aient été autorisés, remontent à 1821. Dès 1810, Londres avait commencé à l'adopter pour plusieurs de ses

gaz établis sur la voie publique pour le compte de la ville de Paris s'élève aujourd'hui à plus de 13,000. Quant à l'éclairage à l'huile, il a entièrement disparu.

Les lanternes à gaz fixée aux murailles des maisons sont toutes de modèle uniforme; quant aux candélabres, il y a un certain quartier où ils sont en dehors du modèle ordinaire; sur la place de la Concorde, par exemple, s'élèvent des candélabres entièrement différents des autres, ainsi que dans la rue du Faubourg-Saint-Martin, qui a été dernièrement l'objet d'embellissements importants.

Il y a quelques années à peine, cette rue, une des plus longues, des plus larges et des plus fréquentées de Paris, était aussi une de celles qui offraient à la circulation le plus de difficultés et de périls. Le mauvais état du pavé, l'escarpement de la chaussée, l'absence de trottoirs, l'insuffisance de l'éclairage, telles étaient les causes permanentes des accidents qui attristaient journellement cette rue, et qui

CHAPITRE LXI. — LE FEU ET L'EAU.

en avaient toujours éloigné les classes aisées de la population parisienne. Frappé de ces inconvénients, un des habitants du quartier eut l'idée de transformer complétement le faubourg Saint-Martin, et d'en faire la plus belle et la plus riche de toutes les rues de la grande ville. Il consacra immédiatement à la réalisation de ce projet magnifique son temps, son activité, son intelligence, et l'influence que devait lui procurer son dévouement au bien commun.

Son plan une fois arrêté, l'honorable citoyen dont nous parlons le développa dans un mémoire qu'il adressa à tous les propriétaires du faubourg Saint-Martin, et dans lequel il proposait d'adoucir l'escarpement de la chaussée, de construire de vastes trottoirs sur toute la longueur de la rue, et d'y élever cent candélabres à gaz entre lesquels s'alterneraient trente fontaines et trente bornes vespasiennes.

Après un grand nombre de difficultés et d'objections, le projet fut adopté. L'État et la ville de Paris avaient accordé une somme d'environ 600,000 francs ; une liste de souscription, dont le chiffre dépassait 200,000 francs, fut couverte par les propriétaires, sacrifice intéressé sans doute, mais qui pouvait paraître bien lourd si l'on tenait compte du peu de valeur qu'avaient eue jusqu'alors les maisons et les terrains dans la plus grande partie du faubourg.

Tous les travaux d'utilité sont exécutés aujourd'hui ; la montagne a été abaissée, des trottoirs aussi larges que ceux des boulevards ont été construits sur une double ligne de deux kilomètres d'étendue ; deux rangées d'arbres ont été plantées depuis l'église Saint-Laurent jusqu'à la Villette ; cent candélabres aussi élégants que ceux des Champs-Élysées jalonnent toute la longueur du faubourg, qui est plus splendidement éclairé aujourd'hui que la rue de la Paix et la rue Vivienne. Puis ont été placées les trente fontaines et les trente bornes vespasiennes en fonte, qui font de la rue du Faubourg-Saint-Martin une entrée digne de la plus belle et de la plus riche capitale du monde.

Suivant les saisons, l'éclairage est général ou partiel. L'éclairage est général dans les mois de janvier, février, mars, octobre, novembre et décembre, c'est-à-dire que, pendant ces six mois, tous les becs indistinctement sont allumés du jour au jour sans interruption. — L'éclairage est partiel pendant les six autres mois de l'année, c'est-à-dire que, selon les localités, le service d'une partie des becs est suspendu

Fabrication du gaz. — Vue générale de l'usine de la compagnie Parisienne, barrière d'Italie.

tout ou partie de la nuit lorsque la clarté de la lune peut y suppléer. — Ces derniers becs sont appelés becs *variables*; ceux qui sont allumés du jour au jour sont appelés becs *permanents*; le nombre des premiers est de 10,086, des derniers de 3,647. Aujourd'hui cette économie profite au budget de la ville, qui obtient un prix moins élevé en raison de cette extinction calculée. Sous l'ancien régime, il ne lui revenait rien de cette économie, et on imposait à l'entrepreneur, à cause de ce qui était considéré comme une tolérance, de servir à des favoris, et à des femmes *protégées*, des pensions dites *pensions sur le clair de lune*.

Six compagnies concourent à l'éclairage de la ville par le gaz ; ce sont les compagnies Française, Anglaise, la Carrière, Parisienne, de Belleville et de l'Ouest. Les premières établies ont fait choix de quartiers qui présentaient d'incontestables avantages, c'est-à-dire la plus grande certitude de pouvoir desservir, outre les becs publics, des becs établis pour le compte de commerçants en boutiques ou de propriétaires. On estime, et l'administration de la ville admet que, pour qu'une compagnie puisse être indemnisée de ses premiers frais de pose de conduits et de ses frais quotidiens pour l'éclairage d'une rue, il faut que celle-ci puisse lui fournir, outre l'éclairage public, l'établissement d'un bec par cinq mètres de parcours. Or, là où l'éclairage particulier est nul, la compagnie serait en perte si elle était tenue de poser des conduits uniquement pour l'éclairage public, et la ville ne peut l'y contraindre qu'en l'indemnisant.

Si la ville ne peut pas toujours contraindre une compagnie à établir des conduits partout où elle le juge nécessaire, elle a ce droit toutes les fois qu'il y a garantie que le produit sera suffisant pour couvrir les frais. Ces charges des compagnies, ces obligations, auxquelles elles sont tenues, entraînent une idée de privilège. Il n'y a cependant point de privilège de droit établi à leur profit, mais il y en a un de fait auquel la ville, le service public, la voirie et les compagnies trouvent également leur compte. Presque toutes les rues de Paris sont percées, sous le pavage, d'un égout et souvent de deux conduites d'eau. Si à ces courants souterrains, qui nécessitent trop souvent des réparations, et par suite l'interruption de la circulation, on eût laissé, en outre, toutes les compagnies de gaz qui se sont établies et toutes celles qui eussent voulu s'établir, ajouter des conduits en concurrence l'une de l'autre, il n'y eût pas eu de jour où une fuite n'eût rendu indispensable de bouleverser le sol, de pratiquer des tranchées, de barrer les rues; il eût fallu rechercher à quelle compagnie incombait la réparation. De là des lenteurs et de continuelles entraves. La Ville a dû n'autoriser qu'une compagnie par rue, ou plutôt par quartier; elle a tracé à chacune d'elles un périmètre, abandonné un parcours; elles se meuvent dans les limites qu'elle leur a posées. Ajoutons que, par suite de cette mesure, que tout rendait nécessaire, la voie publique, moins souvent bouleversée et interrompue qu'elle ne l'eût été, est bien éclairée, à un prix modéré, sans que les particuliers soient rançonnés, et que les compagnies établies réalisent toutes un bénéfice suffisant, même pour les moins bien partagées.

La fabrication du gaz offre un curieux, un imposant coup d'œil. La compagnie Parisienne, qui est située à la barrière d'Italie, et qui a un des parcours les plus étendus, sinon encore les plus fournis de becs, la compagnie Parisienne a bien voulu admettre nos dessinateurs dans son usine. Leur crayon donnera à nos lecteurs une idée de l'étendue, de l'immensité de ces sortes d'établissements; mais il lui manquera la couleur pour bien rendre ces fournaises, ce rouge cerise devant lesquels seraient bien pâles les forges de Vulcain à l'Opéra. Cinquante fourneaux, rangés dans l'atelier de distillation, font dégager de la houille ce gaz qui doit se répandre sur Paris en torrents de lumière. Pour retirer le gaz inflammable, la houille est mise dans des cornues continuellement exposées à la chaleur rouge. Cette chaleur leur est communiquée par des fourneaux placés immédiatement au-dessous, ainsi qu'on le voit dans la gravure représentant l'atelier de distillation. Le gaz s'échappant des cornues passe dans un appareil de forme cylindrique et allongé, à travers lequel, après avoir plongé dans l'eau, où il dépose les parties bitumineuses qu'il entraînait avec lui, il est dirigé vers l'atelier d'épuration, où il circule dans une foule de tuyaux destinés à le refroidir, et où il est mis en contact avec la chaux, qui le débarrasse de son hydrogène sulfuré. De là enfin il se rend dans le gazomètre, d'où il ne sort plus que

Atelier d'épuration.

Atelier de distillation.

pour la consommation qui s'en fait tous les soirs. Bien des essais ont été tentés de nos jours pour surpasser et remplacer l'éclairage au gaz de houille. Beaucoup n'ont atteint ni l'un ni l'autre de ces buts. Quelques-uns, comme ceux dont le gaz de résine a été l'objet, ont donné des résultats satisfaisants au

CHAPITRE LXI. — LE FEU ET L'EAU.

point de vue de l'effet, mais ont été reconnus inapplicables sous le rapport de l'économie. L'usine de Belleville, qui avait été fondée pour fabriquer du gaz avec de la résine, a dû se transformer et en venir au système de la fabrication par la houille. Une usine extra-muros, qui exploitait le procédé très-ingénieux de M. Selligue pour la production du gaz dit *gaz à l'eau*, vient également de se décider à extraire son gaz du charbon de terre. L'éclairage au gaz d'huiles essentielles, qu'on a voulu mettre en pratique sur la place du Musée, a présenté des difficultés pour le prompt allumage, que le froid de l'hiver eût rendues plus grandes encore; il répandait une odeur qui eût été insupportable dans les intérieurs, et produisait une flamme fuligineuse qui obscurcissait et enfumait bientôt les réflecteurs et les verres. L'essai d'éclairage par les piles de charbon dont la place Louis XV a été le théâtre, est demeuré à l'état d'expérience de laboratoire. Son prix de revient n'a point été recherché, parce qu'il est demeuré démontré dès l'abord qu'il serait infiniment plus élevé que celui du gaz de houille. C'est donc

Sapeurs-pompiers. — Nouvel uniforme.

Armes et instruments. — Armes et instruments.

à perfectionner celui-ci, bien plutôt qu'à le remplacer, que doivent tendre tous les efforts. En le purifiant avec soin, en en rendant la combustion inodore, en lui enlevant toute action sur les peintures et les dorures, les compagnies qui en exploitent la fabrication généraliseront son usage et le feront pénétrer dans l'intérieur des habitations privées. Là où les compagnies n'éclairent point moyennant un abonnement à forfait, mais où elles perçoivent un droit proportionné au gaz qui a été consommé, elles établissent ce qu'elles appellent un *compteur*, espèce de cylindre au travers duquel passe le gaz, et qui est muni d'un mécanisme servant à constater la quantité qui l'a traversé. On a plus d'une fois cherché, en Angleterre, à faire de cet appareil un dernier épurateur; si l'on arrivait sous ce rapport à un résultat satisfaisant, le gaz ne serait plus relégué au dehors des portes cochères, il monterait les escaliers, traverserait les antichambres et se verrait un jour prochain peut-être, ouvrir à deux battants les portes des salons.

Puisque nous avons intitulé notre chapitre : *le Feu*

Le sinistre.

et l'Eau, nous devons nécessairement dire quelques mots sur ce que la grande ville consomme en combustible.

C'est environ 70,000 décastères de bois qu'il lui faut pour se chauffer l'hiver, avec 3,500,000 hectolitres de charbon de terre; plus le charbon de bois pour allumer ses fourneaux, qui sont nombreux sans doute, car il s'y consume, année moyenne, environ 3,000,000 d'hect. de ce combustible, et enfin 7,000,000 de cotrets.

On comprend qu'avec un foyer de cette importance, sans cesse incandescent, il y ait, de temps à autre, quelques incendies; cependant ces sinistres sont fort rares, et se bornent, le plus souvent, à des feux de cheminée, grâce au zèle intelligent et courageux du corps des sapeurs-pompiers.

L'établissement d'un corps organisé de sapeurs-pompiers remonte à la fin du dix-septième siècle. En 1699, Louis XIV, qui avait déjà donné douze pompes à incendie à la ville de Paris, accorda à M. Dumouriez-Duperrier le privilège de construire seul, pendant vingt années, des machines semblables à celles qu'il avait rapportées de l'Allemagne et de la Hollande. — Les incendiés payaient alors les secours qu'il recevaient. En 1703, à l'époque de l'incendie de l'église du Petit-Saint-Antoine, la ville possédait 20 pompes desservies par 32 hommes de service, 16 gardiens de pompe et 16 sous-gardiens... Les pompes alors étaient déposées dans les établissements religieux, et des détachements de pompiers accompagnaient le roi dans toutes ses résidences.

Vers 1722, on lisait sur la porte du directeur des pompes : *Pompes publiques du roi, pour remédier aux incendies, sans qu'on soit tenu de payer*. En outre, il y avait à l'Hôtel de ville des pompes qui étaient la propriété de quelques particuliers... En 1764, le nombre des hommes attachés au service des pompes publiques fut porté à 80, et l'on créa six corps de garde. L'année suivante, les pompiers portèrent leur premier casque en cuivre. En 1767, la compagnie fut portée à 108 hommes, et en 1770, son effectif était de 146 hommes, plus 14 surnuméraires. Il y avait une somme de 70,000 francs allouée à l'entretien du corps. Seize ans plus tard, en 1786, 224 hommes coûtaient 116,000 francs. L'année suivante, on comptait 25 corps de garde. En 1792, les théâtres furent forcés d'avoir un service de pompiers rétribué par leur direction, et déjà à cette époque il était défendu de rien accepter des incendiés. En 1793, le corps reçut son premier drapeau, et dès lors les pompiers parurent à toutes les solennités nationales, ils eurent un code et un conseil de discipline, et leurs veuves furent assimilées à celles des défenseurs de la patrie.

Bonaparte, premier consul, réduisit le nombre des pompiers, ce qui permit d'élever le chiffre de leur solde. Les compagnies se composaient toujours de 150 hommes, mais il y avait 60 surnuméraires par compagnie, qui s'habillaient à leurs frais, et qui en

Manœuvre de l'échelle à crochets.

complétaient le cadre. Au bout de deux ans de service, ces surnuméraires étaient exempts de la conscription, et faisaient partie du corps soldé par l'État. Plus tard, l'Empereur décréta que le bataillon des sapeurs-pompiers de la ville de Paris concourrait au service de sûreté publique, sous les ordres du préfet de police, et qu'il serait soumis en tout à la discipline militaire.

Enfin, aujourd'hui, le corps des sapeurs-pompiers compte 623 sous-officiers, caporaux et soldats, 5 capitaines, 4 lieutenants, 5 sous-lieutenants, 1 trésorier, 2 chirurgiens et 2 adjudants. Ces 623 hommes for-

Appareil Paulin.

ment 4 compagnies, qui occupent les quatre points cardinaux de la capitale. Il y a dans Paris 37 postes de ville; chaque poste est composé de 3 hommes nécessaires à la manœuvre d'une pompe. — Le commandant des sapeurs-pompiers de la ville de Paris est M. de la Condamine, qui n'est que commandant parce que les statuts militaires ne permettent pas de nommer à un grade plus élevé le commandant d'un seul bataillon, et que le corps des sapeurs-pompiers ne forme qu'un seul bataillon. Toutefois, si, aux termes des règlements, les pompiers ne peuvent pas être commandés par un colonel, la France a confié à leur petit nombre la garde d'un de ses drapeaux.

Paris s'agrandit chaque année; partout de nouvelles maisons se construisent; certains quartiers autrefois inhabités se sont transformés, comme par enchantement, en petites villes entièrement neuves; le chiffre de la population s'élève dans la même proportion que le nombre des habitations, et cependant tel est le zèle, tel est le dévouement du faible corps des sapeurs-pompiers, qu'on ne songe pas encore à augmenter son personnel; on n'en éprouve même pas le besoin. Quel plus bel éloge pourrait-on faire de cette admirable institution?

Qu'on nous permette cependant de citer un passage de l'*avant-propos* que M. le lieutenant-colonel Paulin a mis en tête de sa *Théorie du Maniement de la Pompe* :

« Le corps des sapeurs-pompiers de Paris est un corps d'élite, et cela ne peut être autrement... En effet, lorsque les sapeurs arrivent dans un lieu incendié, ils sont maîtres des localités, tous les objets précieux restent à leur disposition et sous leur garde; il faut donc avant tout qu'ils soient parfaitement honnêtes; aussi existe-t-il fort peu d'exemples que des hommes de ce corps aient été punis pour infidélité.

« Ils doivent être intelligents, car leur métier ne consiste pas à agir comme de simples machines; ils doivent opérer avec discernement pour exécuter avec fruit les ordres qui leur sont donnés par leurs chefs, desquels dépend le succès des opérations dont ils sont chargés.

« Ils doivent être sages, parce qu'une conduite déréglée, l'ivrognerie, la passion du jeu et la fréquentation des mauvais lieux peuvent les porter à faire plus de dépenses que leur solde ne le permettrait; qu'ils auraient alors besoin de se procurer de l'argent, et que par suite ils pourraient être tentés de soustraire les objets précieux qui se trouveraient abandonnés dans le local incendié qui leur est confié. Ils doivent être ouvriers d'art, maçons, charpentiers, couvreurs, plombiers, parce que les hommes de ces professions ont déjà l'habitude de parcourir les lieux élevés sans être effrayés, et d'agir sur ces points, et qu'ils sont d'autant plus adroits qu'ils connaissent la construction des bâtiments.

« Ils doivent savoir lire et écrire, afin de pouvoir s'instruire sur les théories qui leur sont données dans les livres et pouvoir faire au besoin un rapport sur ce qu'ils ont remarqué dans un incendie.

« Ils doivent avoir une taille moyenne, parce que c'est dans cette classe d'hommes qu'on trouve une constitution robuste et en même temps agile, qui leur permet de faire de la gymnastique et de pouvoir agir ainsi avec peu de danger dans des opérations où leur vie serait compromise s'ils n'avaient l'habitude de travailler sur des points élevés, isolés, et qui présentent peu de sécurité.

« Quand des sous-officiers de l'armée s'enrôlent dans les sapeurs-pompiers, ils ne sont reçus dans le corps que comme simples soldats, ne pouvant y être admis avec son grade, car il faut que les sous-officiers qui dirigent les sapeurs dans un incendie aient exercé comme simples soldats pour avoir les connaissances requises du métier.

« Les officiers qui y arrivent des autres corps sont choisis de préférence dans le génie et dans l'artillerie. »

Les appareils ou ustensiles dont se servent les pompiers pour éteindre les incendies sont tellement connus ou si exactement représentés dans les gravures ci-jointes, qu'il serait inutile d'en donner ici une description détaillée. Il en est un cependant qui, bien qu'*illustré*, mérite néanmoins une courte explication. Nous voulons parler de l'*appareil Paulin*.

Manœuvre du sac de sauvetage.

Jusqu'à ces dernières années, les feux de cave avaient été très-difficiles à éteindre et très-meurtriers, les sapeurs-pompiers ne pouvant pénétrer dans une cave où un incendie s'était manifesté, sans s'exposer à être asphyxiés par la fumée. Grâce à la sollicitude paternelle de leur commandant, ces dangers n'exis-

CHAPITRE LXI. — LE FEU ET L'EAU.

tent plus pour eux, et ils sont presque certains de se rendre maîtres en peu de temps des feux de cave les plus terribles. En effet, M. Paulin est l'inventeur d'un appareil aussi simple que commode, à l'aide duquel l'homme qui en est revêtu peut respirer facilement au milieu de la plus épaisse fumée.

Cet appareil peu connu consiste en une large blouse en basane et en un masque de verre demi-cylindrique de trois millimètres d'épaisseur, au-dessous duquel est un sifflet à soupape servant à transmettre les commandements. Cette espèce de blouse, qu'une pompe vide d'eau remplit d'air respiratoire, est serrée sur les hanches par une ceinture qui fait partie de l'uniforme du sapeur; deux bracelets bouclés la ferment sur les poignets; deux bretelles ajustées au bas de la blouse et se bouclant par derrière la tiennent solidement attachée.

Nous avons fait voir plus haut les conduits qui distribuent l'eau dans Paris et le nombre important de fontaines qu'ils alimentent; cependant on peut dire que, sous ce rapport, Paris est moins bien partagé que d'autres villes, possédant une masse d'eau suffisante pour que chaque maison ait un puits ou un réservoir quelconque, qui fournisse aux besoins de ses habitants.

Les fontaines de la place de la Concorde et celles des Champs-Élysées ont été conçues dans un goût analogue. Les premières, au nombre de deux, sont ornées de statues de bronze. Le groupe principal, qui soutient la vasque supérieure, d'où l'eau jaillit en gerbe, représente la cour de Neptune; les divinités mâles et femelles qui le composent sont disposées par couples et majestueusement assises;

Fontaine de la place de la Concorde.

en avant, des tritons et des sirènes à queue de poisson lancent également de l'eau par des conques marines que soutiennent leurs mains. Cette décoration en bronze, que le temps a rendue verdâtre, s'accorde assez bien avec les colonnes rostrales et les lanternes à gaz dorées qui les accompagnent; mais elles manquent de grandeur dans la magnifique perspective qu'offre la place, bornée par de splendides palais et par l'immense avenue des Champs-Élysées. Pourtant la partie supérieure de ces fontaines est assez élégante, et bien des amateurs seraient disposés à pardonner aux autres défauts, si le bassin était en rapport avec la hauteur du jet; mais ces malheureuses vasques sont si étroites, que le moindre vent suffit pour emporter la gerbe d'eau au delà de leur diamètre, et pour inonder les passants.

Les cinq autres fontaines, en bronze, qui se trouvent presque perdues dans les massifs des Champs-Élysées, représentent également des nymphes et des divinités aquatiques, dans la plus parfaite nudité, épanchant leurs urnes ou dénouant leurs chevelures. Ces sujets mythologiques, totalement dépourvus d'actualité, n'ont d'excuse que si l'exécution offre un mérite réel, et ce mérite manque généralement aux infortunées habitantes des Champs-Élysées. Il se trouve également au milieu du rond-point un projet de fontaine, c'est-à-dire une vasque circulaire, où il y a de l'eau de temps en temps: on ne voit pas bien comment il sera possible de compléter cela, et d'élever un monument qui soit digne de figurer dans cette superbe avenue, tout en ne masquant

Fontaine de la place Louvois.

pas l'Arc de triomphe d'une manière désagréable.

Le bronze fait également les frais de la fontaine qui orne la place Louvois. Cette fois, ce sont quatre statues, de dimensions colossales, figurant les quatre principaux fleuves de la France, et qui, à l'instar des cariatides du style néo-romain, supportent sur leurs têtes une coupe d'où l'eau déborde dans la vasque inférieure. Nous n'avons rien à dire de particulier sur l'exécution de ces images allégoriques; elles ne sont ni mieux ni plus mal que toutes celles que l'on voit partout. Quant à la place Louvois, qui sert de dégagement à la façade de la Bibliothèque impériale, il

15 Cent. LA LIVRAISON. — 161e et 162e Livr.

Aux bureaux de l'Illustration, rue de Richelieu, 60.

PARIS. TYP. DE FIRMIN DIDOT, 56, RUE JACOB. 20 C. par la poste.

faut dire qu'elle occupe une partie de l'emplacement de l'ancien Opéra. La salle de l'Académie royale de musique se trouvait rue de Louvois, lorsque, dans une représentation, le duc de Berry y fut assassiné par Louvel. A la suite de ce crime, l'Opéra a été transporté dans le local provisoire qu'il occupe encore aujourd'hui, rue Lepelletier.

Parlons maintenant de la fontaine de Molière. La rue, à laquelle s'attache désormais le nom de notre grand cornique, est une des plus riches en souvenirs historiques qu'il soit possible de trouver à Paris. Lorsque la capitale de la France était entre les mains des Anglais, le roi Charles VII essaya une attaque contre elle, pour s'en rendre maître. L'enceinte fortifiée suivait alors la partie inférieure de la rue de Richelieu, et un ouvrage avancé défendait la hauteur connue aujourd'hui sous le nom de Butte des Moulins. Jeanne d'Arc, qui se tenait à l'avant-garde, reçut une blessure sur le point du rempart qui occupait l'emplacement de la rue actuelle de la Fontaine-Molière, et cet accident fut suivi de la levée du siége. Trois siècles plus tard, quand Paris, considérablement agrandi, avait débordé ses anciennes limites et englobé les remparts de la cité de Charles VII, un grand auteur et directeur de troupe fut mis en possession de la salle de Monsieur, pour y jouer ses pièces; cet homme était Molière. La maison où il demeurait, à proximité de son théâtre, portait l'enseigne des *Deux Singes*, et se trouvait au coin de la rue Traversière et de la rue de Richelieu. Non loin de là, au n° 18 actuel de la rue d'Argenteuil, demeurait un autre vieillard de génie, un ami de Molière, une des gloires de la France, Pierre Corneille.

Maison habitée par Pierre Corneille, rue d'Argenteuil, n° 18.

Cette maison dans laquelle Corneille expira a été, dit-on, la propriété de ce grand homme. Elle offre quatre corps de bâtiment disposés en carré, et dont le côté parallèle à celui donnant sur la rue d'Argenteuil et ayant une façade sur la rue l'Évêque, n° 13, a été détaché depuis. C'est dans une chambre, au second sur le devant, que l'immortel auteur du *Cid* rendit le dernier soupir. La piété des propriétaires auxquels cette maison a successivement appartenu a conservé religieusement dans son état primitif l'alcôve dans laquelle était placé le lit mortuaire. Il n'a été fait non plus aucun changement important dans la disposition de la pièce, qui est encore traversée dans sa longueur par une très-grosse poutre. Cette pièce fait partie d'un appartement occupé aujourd'hui par un employé au ministère des finances. La rampe de l'escalier est encore du temps de Corneille, ainsi que quelques ferrures des fenêtres.

C'est aux soins du propriétaire actuel de cette maison que l'on doit l'érection du buste placé au fond de l'étroite cour, avec cette inscription:

LE CID (1636).

Le grand Corneille est mort dans cette maison, le 1ᵉʳ octobre 1684.

On lit au-dessous:

Je ne dois qu'à moi seul toute ma renommée.

Un marbre noir, placé sur la façade de la maison, reproduit en lettres d'or la date de sa mort.

La maison dans laquelle mourut Molière a été habitée jusqu'à notre époque par des hôtes plus ou moins obscurs. En 1844, elle devait être démolie, pour faire place à une fontaine. M. Régnier, l'un des plus dignes interprètes du grand homme, adressa au ministre des travaux publics une demande à l'effet de provoquer une souscription, pour faire de cette fontaine un monument digne de la mémoire de Molière. Sa demande fut accueillie, et la fontaine que nous voyons a été construite, moitié par souscription, moitié sur les fonds de la ville de Paris.

Dans une sorte de niche, pratiquée dans le mur qui soutient tout le monument, on voit la statue de Molière, assise, des livres à ses pieds. L'attitude du grand homme est méditative: sa tête est baissée, et il semble à la poursuite d'une création nouvelle. Si on étudie de près, on reconnaît la physionomie spirituelle et caustique, l'expression mordante et profonde qui le caractérisaient: le costume, le corps tout entier, sont étudiés avec le même soin que la figure. Cette statue, coulée en bronze, est de M. Seurre aîné. Au bas du monument, la Comédie sérieuse et la Comédie enjouée, dues au ciseau de Pradier, se tiennent debout, déroulant la liste des œuvres de leur illustre adorateur. Ces deux statues offrent toutes les qualités qu'on trouve dans leurs sœurs, grâce, finesse, majesté; ce sont bien des visages divins, des formes célestes et une beauté surhumaine. S'il y a quelque chose de terrestre en elles, c'est peut-être un peu trop de coquetterie.

La statue en bronze de Molière, par M. Seurre aîné, est une œuvre consciencieuse; le monument a été conçu de manière à la bien faire

Fontaine Molière. — La Muse enjouée.

Fontaine Molière. — La Muse grave.

CHAPITRE LXI. — LE FEU ET L'EAU.

ressortir. Le sculpteur n'a pas cru devoir faire choix du type, peut-être conventionnel, mais du moins consacré pour la figure de Molière, qu'avaient précédemment reproduit le burin de Fiquet et le ciseau de Houdon. C'est un tort peut-être : il faut représenter les hommes populaires tels qu'ils sont conservés dans les souvenirs du peuple. C'était le sentiment du même artiste quand il a placé sur la colonne Vendôme Napoléon avec son chapeau et sa redingote historiques. Nous regrettons que cette fois il ait cru devoir adopter un autre parti. Les statues de Pradier, représentant la comédie sérieuse et la comédie enjouée, distinction que nous ne comprenons pas bien, et qu'il a été difficile, on le sent, d'exprimer en marbre, sont belles, et se marient bien à l'architectonique dont elles font en quelque sorte partie dans le plan du monument. L'effet général est donc excellent, et chacun des détails supporte avec avantage l'examen.

Nous n'avons rien à dire de la fontaine qui se trouve sur la place Saint-Georges. Il faut en mentionner quatre autres, que l'exiguité de leurs proportions empêche de classer parmi les monuments, mais qui, grâce à leur finesse, à la perfection des détails et à d'autres qualités non moins remarquables, sont dignes de notre attention. L'une, qui remonte à une date déjà assez reculée, s'élève sur la place du Châtelet : c'est une colonne, non pas cannelée, mais en quelque sorte fouillée, comme le tronc du palmier : d'intervalles en intervalles, cette colonne est ornée de bracelets unis, sur lesquels sont inscrits les noms des principales victoires de l'armée d'Italie : au-dessus, un génie doré, les ailes éployées, tient en main une couronne. La fontaine du Châtelet ou du Palmier produirait beaucoup d'effet dans un jardin, ou dans la cour d'honneur d'un monument comme le Louvre ; mais, située sur une place publique, en face des vieilles et massives tours du Palais de Justice, dont elle est séparée par le bras de la Seine, elle manque de grandeur et de majesté. De même la fontaine, imitée du gothique, dont on a dernièrement décoré le jardin de l'ancien archevêché, fait une triste figure à côté de Notre-Dame : seulement ce défaut, de grandiose paraît moins, grâce au peu d'espace libre dont elle est entourée.

N'oublions pas la fontaine du Château-d'eau, élevée

Vue de la fontaine Molière pendant l'inauguration.

sur le boulevard Saint-Martin. Cette fontaine, construite en 1811 sur les dessins de Girard, se compose d'un bassin circulaire, auquel on arrive par plusieurs marches, au milieu de ce bassin s'en élèvent trois autres, qui servent de base à une double coupe en fonte de fer, composée d'un piédouche et de deux patères inégales séparées l'une de l'autre par un fût. L'eau s'épanche du bassin supérieur dans les trois autres, et se répand en cascade d'étage en étage et en formant cinq nappes. La fontaine Médicis, à la Halle au blé, est pratiquée dans la colonne dite de Médicis. Cette colonne, qui a 95 pieds de hauteur, est d'ordre dorique ; elle faisait partie de l'hôtel de Soissons, qui avait été élevé en 1572 par Catherine de Médicis. Il faut citer aussi en passant la fontaine du marché Saint-Martin ; elle est conçue dans un bon sentiment, et les trois enfants représentant la Chasse, la Pêche et l'Agriculture, qui en ornent la base, sont l'œuvre d'un ciseau habile.

Une fontaine toute moderne, contemporaine de date et de style à celle de la place Louvois se trouve de l'autre côté des ponts, vis-à-vis de la seconde basilique de Paris, vis-à-vis de Saint-Sulpice. L'auteur de ce monument a eu une idée originale ; il a cherché à rattacher son plan général à celui de l'église, et à produire un ensemble assez grandiose pour que le plus petit ne fût pas écrasé par le plus grand. M. Visconti n'a réussi qu'à moitié. Ce petit temple, qui semble supporté par les lions couchés aux quatre angles, s'accorde bien, par ses lignes austères et par le caractère général de sa construction, avec la façade de l'édifice voisin ; mais, malgré ses dimensions, il paraît mesquin, à côté de la gigantesque création de Servandoni. Les quatre compartiments du temple sont occupés par les statues assises de Bossuet, de Fénelon, de Fléchier et de Massillon ; ces morceaux de sculpture sont d'une valeur réelle. D'ailleurs, rien de plus juste et de plus convenable que de représenter ces quatre éminents prédicateurs si près de la chaire où leurs héritiers se font entendre ; cela a du moins quelque signification, et, vaut mieux que toute la mythologie et que toutes les allégories imaginables. Puis, si l'on peut reprocher à ces statues un peu d'uniformité dans la pose et un peu de roideur dans les plis des vêtements, au moins les figures sont-elles bien étudiées, et peuvent-elles passer pour des portraits. L'architecte a donné à sa fontaine l'apparence d'un petit temple ; ce que l'on peut excuser par la nécessité où il s'est trouvé de juxtaposer les images de nos quatre orateurs sacrés. Les lions eux-mêmes ne manquent pas d'un mérite assez rare de vérité et d'exactitude; leurs auteurs ont sagement renoncé à copier cette figure de Jupiter Olympien, que les dessinateurs et graveurs héraldiques ont contrefait à l'envi. Les lions de Saint-Sulpice rappellent ces deux bêtes magnifiques dont M. Barye a orné le jardin des Tuileries.

Telles sont les principales fontaines isolées que l'on rencontre dans Paris : il en est d'autres, en grand nombre, qui s'adossent aux coins des rues, et dont le principal mérite est l'utilité hygiénique. Quelques-unes cependant sont ornées de sculptures : ainsi la fontaine du carrefour Gaillon, la fontaine de la rue de Sèvres, la fontaine du Diable, rue de l'Échelle, etc. Dans la rue de Grenelle-Saint-Germain, on remarque une fontaine de ce genre, ornée de trois statues assises sur des glaçons, et d'une exécution assez remarquable.

Cette fontaine, dont la grâce et l'élégance sont justement appréciées, a été achevée en 1739, sur les dessins de Bouchardon, qui est l'auteur de toutes les figures, de tous les bas-reliefs, et même de quelques-uns des ornements qui

Fontaine de la rue de Grenelle Saint-Germain.

la décorent. Elle s'étend sur un plan demi-circulaire de quinze toises, à une hauteur de dix-huit pieds, et présente, sur un double soubassement, une ordonnance de pilastres et de niches, avec un entablement surmonté d'un acrotère. Au milieu se trouve le groupe de figures, dont la principale représente la Ville de Paris; les deux autres sont la Seine et la Marne.

Quelques-unes de ces modestes constructions réveillent aussi des souvenirs historiques. Allez dans le bas de la rue Saint-Martin, et perdez-vous dans ce dédale d'obscures ruelles, qui aboutissent à la rue Quincampoix, vous trouverez une fontaine à laquelle se rattache un souvenir du temps de Law. Pendant que les maisons de ce quartier obscur et sans issues étaient louées à des prix fabuleux, à cause du voisinage de la *Banque du Mississipi*, un comte de Horn, descendant des premières familles de la Suède, aidé de deux aigrefins, avait trouvé, pour s'enrichir, un procédé plus expéditif encore que la spéculation et l'agiotage. Il attendait les porteurs d'actions, les surprenait au détour de la rue Maubuée, là même où se trouve aujourd'hui la fontaine, et les massacrait. La roue a fait justice de lui et d'un de ses complices.

Terminons en rappelant ces quelques fontaines que l'on trouve dans différents quartiers, et qui presque toutes sont ornées d'une inscription d'un auteur jadis à la mode; c'est ainsi qu'on lit encore sur la fontaine de la place Saint-Michel ce distique de Santeuil :

Hoc sub monte suos reserat sapientia fontes,
Ne fumen hanc puri respue fontis aquam,

Fontaine de la place Saint-Sulpice.

Traduit ainsi par Bosquillon :
  Quoique la science profonde
  Du sommet de ce mont épanche ses ruisseaux,
  N'allez pas mépriser les eaux :
  De ma source pure et féconde.

Santeuil est aussi l'auteur du distique si gracieux de la fontaine de la place des Petits-Pères :

  Quæ dat aquas, saxo latet hospita nympha sub imo :
  Sic tu, cum dederis dona, latere velis.

que le traducteur déjà cité a rendu de la façon suivante :
  La nymphe qui donne cette eau
  Au plus creux du rocher se cache;
  Suivez un exemple si beau :
  Donnez, sans vouloir qu'on le sache.

Chapitre LXII.

LES ÉTRANGERS A PARIS.

L'affluence des étrangers à Paris. — Son accroissement depuis l'établissement des chemins de fer. — La ville de plaisirs par excellence. — La colonie anglaise, ses quartiers favoris. — Le but déterminé de l'Anglais. — L'Anglais pérégrinateur. — Un Anglais *empailleur*. — La colonie allemande. — Les expatriations allemandes. — Les deux classes de la colonie allemande. — Les ouvriers allemands. — Les Allemands lettrés. — Les laborieuses investigations des Allemands. — Un *faible* de la nature allemande. — La vie de l'Allemand en France. — La société russe parisienne. — Une coquetterie de la Russie. — Les missions secrètes. — Les colonies espagnole et italienne. — Le Savoyard et le Piémontais. — Le vrai Parisien. — Du savoir-faire parisien. — Les hôtels à Paris. — Un raout à l'hôtel des Princes. — Les hôtels anglais. — Le club de l'Union. — Les hôtels des ambassadeurs.

La présence des étrangers dans une capitale comme Paris, ajouté à la population flottante, forme une bigarrure de visages, de manières, de mode, qui n'est pas un des moindres attraits de la grande ville. Avant l'établissement des chemins de fer, on calculait que les grandes entreprises de messageries, sans parler des petites voitures, des chaises de poste et des bateaux à vapeur, amenaient à Paris en moyenne 3,000 personnes par jour; et en exportaient autant, soit pour la province, soit pour l'étranger. On pouvait donc dès lors porter à environ 10,000 individus le chiffre du mouvement quotidien de Paris, qui agit continuellement sur l'Europe et sur la France comme une pompe à la fois foulante et aspirante. Ce chiffre de 10,000 individus, journellement absorbés et renvoyés par Paris, représente au moins la population de deux sous-préfectures, et, depuis

Anglais.

l'établissement des chemins de fer, ce chiffre a triplé, si ce n'est quadruplé.

C'est qu'aussi, de toutes les capitales de l'Europe, Paris est sans contredit la ville qui offre à l'étranger le plus de ressources et de plaisirs, l'hospitalité la plus douce, la vie la plus facile et la plus attrayante. Aussi toutes les races du globe y sont représentées par un très-grand nombre d'exemplaires. Quelques-unes d'entre elles y ont même fondé de véritables colonies, et, tout en subissant l'influence parisienne, conservent cependant assez leurs mœurs, leur langue, leurs habitudes, en un mot ce qui constitue leur nationalité, pour pouvoir être distinguées au premier coup d'œil, même par un observateur peu exercé.

Il y a d'abord la colonie anglaise qui habite plus particulièrement dans le quartier des Champs-Élysées et dans le faubourg Saint-Honoré. En dépit des habitudes françaises et des usages français, on vit là comme à Londres et dans les comtés, le matin le thé, les tartines beurrées, le sempiternel jambon. Le soir, le rosbif, le rumstake, le plumpouding, l'ale, le porter et le porto. Doués d'un grand esprit pratique, les Anglais qui ne font que passer voyagent presque

tous avec un but déterminé, et, lorsqu'il en est ainsi, rien ne leur coûte pour l'atteindre; riches ou pauvres le poursuivent avec la même logique, le même calme, mais en même temps avec la même persistance. Aussi les voyez-vous toujours en mouvement, pénétrant partout, l'œil interrogateur, l'oreille tendue, partageant pour ainsi dire leur vie entre la réflexion et l'investigation. Quand les Anglais sont à l'étranger, on peut dire que leur vie est une véritable enquête; personne ne sait mieux mettre à profit son temps, ses courses, ses démarches. Sérieux, logiques, ordinairement même froids et hautains dans leurs rapports habituels, ils ne dédaignent pas de faire des avances toutes les fois qu'il est dans leur intérêt de sortir de leur froide dignité. Quant à ces voyageurs britanniques, ils s'occupent bien peu des éditions et des manuscrits; et, quoique avides de tout connaître, les bibliothèques sont peut-être les seuls lieux publics où on ne les rencontre pas. La plupart font ce qu'on appelle des affaires. A part ceux qui viennent et ne font que passer, presque tous les autres sont intéressés dans des entreprises, associés dans quelques spéculations. L'instinct commercial est tellement développé chez tous les individus de ce peuple original, qu'il n'est pas étonnant de voir les Anglais appelés uniquement à l'étranger par les besoins de leur famille ou par l'attrait de leurs plaisirs, et, parlant à peine la langue du pays, connaître parfaitement les prix de toutes les denrées aussi bien que le négociant qui serait tous les jours à la bourse et ferait sa société habituelle des courtiers de commerce. Bien différent en cela de l'Allemand, l'Anglais ne perd jamais de vue l'Angleterre. C'est à lui surtout que peut s'appliquer l'adage : *Ubi patria, ibi bene*; car il a beau faire le tour du monde, spéculer, faire des entreprises sur tous les points du globe, il revient toujours à son gîte, comme le lièvre, sans avoir cessé de travailler en vue de l'Angleterre. Aussi quelle action différente il a exercée sur les peuples avec lesquels il s'est mis en contact !

Il faut pourtant excepter une certaine classe de gentlemen qui voyagent moins pour voyager que pour avoir voyagé. J'ai connu un des plus singuliers excentriques de ce vaste musée d'originaux qui s'appelle les Îles Britanniques. Contrairement à ses pérégrinateurs compatriotes, sir John Bathurst avait les habitudes les plus casanières. Retiré au fond du Devonshire, il ne quittait le comté que pour aller à Londres pendant les trois mois de la saison. Après quoi, il revenait dans son château, où il passait les autres neuf mois de l'année à empailler des oiseaux. Poussant jusqu'au fanatisme la passion de l'ornithologie, sir John, à l'âge de trente ans, avait eu la gloire bien rare d'empailler toutes les espèces de volatiles connues, depuis le banal rouge-gorge jusqu'au fantastique gnau bleu, qui ne se trouve que dans les déserts de la grande Cafrerie. Sir John, comme on le pense bien, jouissait de la flatteuse réputation du plus grand empailleur des trois royaumes, et il aurait été capable d'empailler, séance tenante, quiconque lui aurait contesté un titre si bien mérité. Mais sir John, malgré sa gloire ornithologique, n'avait pu faire oublier un dédain des convenances impardonnable chez un gentleman, et surtout chez un baronnet. Sir John, à trente ans, n'avait pas encore franchi le détroit. Or, en Angleterre, tout le monde doit *avoir fait son tour*. Les amis du baronnet lui démontrèrent avec tant de persistance que l'étrangeté de

sa conduite compromettait l'aristocratie tout entière, que sir John, faisant un effort sur lui-même, résolut de payer sa dette à la tyrannie de la mode. Il commanda une immense berline de voyage, dans laquelle il fit placer un lit, une table, des livres scientifiques, et ses cadavres emplumés; dans l'arrière-train de la voiture il établit sa batterie de cuisine et son cuisinier; puis, il ordonna à son valet de chambre de le conduire dans les endroits les plus pittoresques et à travers les sites les plus renommés du continent. Au bout d'un an, sir John Bathurst, ayant strictement accompli ses devoirs de parfait gentleman, revint dans le Devonshire, et rapporta dans son musée quelques centaines de volatiles empaillés dans la route. L'honorable baronnet avait dormi, bu, mangé et empaillé dans sa berline, et n'avait jamais songé à

Allemand.

mettre la tête à la portière; mais l'honneur était sauf, sa voiture avait visité l'Europe.

La plus nombreuse colonie étrangère établie à Paris est la colonie allemande. C'est aussi parmi les individus de cette nation que se rencontrent en plus grand nombre ceux qui s'expatrient sans esprit de retour. De tout temps en Allemagne ces expatriations ont été nombreuses. Nous ne parlons pas ici de ces bandes de cultivateurs wurtembergeois et rhénans qui émigrent vers les deux Amériques, mais seulement de ceux qui sont venus élire domicile à Paris.

Ceux-ci se divisent en deux classes : celle des ouvriers intelligents et laborieux qui habitent, au nombre de plusieurs milliers, le faubourg Saint-Antoine, où ils exploitent le commerce de l'ébénisterie, et remplissent les ateliers des scieurs, des plaqueurs, des ajusteurs, de tous ceux enfin qu'occupe la grande industrie des meubles, et ensuite la classe des lettrés ou soi-disant tels. Cette classe est certainement la plus curieuse.

En général, les Allemands qui appartiennent à cette dernière classe sont censés venir à Paris dans un but scientifique. Ils croiraient manquer à leur dignité s'ils avouaient ingénument qu'ils sont venus en France pour voir et pour connaître Paris; aussi sont-ils, ostensiblement du moins, amenés par d'autres considérations. Les plus raisonnables viennent y étudier la médecine ou visiter les hôpitaux, observer l'organisation judiciaire, ou s'y occuper d'une question spéciale, comme, par exemple, de l'institution du jury ou du système pénitentiaire. Les autres, et ce sont les plus nombreux, viennent, disent-ils, apprendre quelque langue inconnue, telle que le mantchou, le thibétain ou l'idiome malais, fouiller dans les bibliothèques, et surtout collationner des manuscrits dans l'intérêt d'un auteur mille fois réimprimé, et dont ils vont, à leur retour en Allemagne, publier une édition nouvelle, illustrée, annotée, augmentée et enrichie de gloses, de variantes, au point de noyer le malheureux auteur dans ce déluge d'érudition. Ce que les manuscrits de la Bibliothèque impériale ont amené d'Allemands à Paris est vraiment quelque chose de prodigieux. Le nombre n'en peut être égalé que par celui des éditions qu'ils ont fait naître.

Toutefois, et pour l'explication de ce qui va suivre, disons que, s'il en est beaucoup qu'amène à Paris le désir de satisfaire une érudition que certaines personnes sont tentées d'appeler puérile, il serait injuste de méconnaître que souvent nous avons dû à ces Allemands voyageurs de précieux travaux, de patientes recherches, de laborieuses investigations. Tous les Allemands ne viennent pas à Paris pour y collationner des gloses ou des variantes, pour y faire des éditions. Seulement, c'est là le travers du travail allemand, à côté de cette philologie puérile que nous signalons tout à l'heure, viennent se placer d'autres travaux d'une haute importance. C'est à la patience et à la laborieuse assiduité de ces savants d'outre-Rhin que l'Europe lettrée doit une partie de ses plus belles découvertes philologiques, de ses plus célèbres ouvrages de pédagogie et de méthodologie.

Presque tous les Allemands qui viennent pour visiter la France et sa capitale y arrivent avec des prétentions démesurées et des illusions les plus juvéniles. Les uns mettent dans leur poche, comme lettre de recommandation, la traduction d'une méditation de Lamartine; les autres, l'ébauche d'un traité quel-

Espagnol.

conque de philosophie. Ils se figurent qu'à l'aide de l'un ou l'autre de ces deux talismans, philosophique ou littéraire, toutes les portes vont leur être ouvertes, et que leur séjour sera une suite d'ovations de la part des Français reconnaissants, qui enfin, grâce à eux, ouvriront les yeux à la lumière. L'Allemand a eu de tout temps un grand faible pour la philosophie. Celui-ci adore Fichte, celui-là Kant, un autre Hegel. Ce dernier n'est pas le moins dangereux de tous ces fétiches; car dans l'espace de quelques années, à Paris seulement, sept Allemands sont devenus fous pour avoir trop étudié cet homme prodigieux qui disait en mourant : « De tous mes disciples, un seul m'a compris, et encore celui-là m'a mal compris. »

Russe.

Les poches ainsi remplies, l'Allemand voyageur s'achemine vers un hôtel où il suit devoir trouver quelques compatriotes. C'est, la plupart du temps, vers le faubourg Saint-Germain qu'il dirige ses pas pour être plus à proximité des cours, des facultés, en un mot, de la gent studieuse et savante. Là, la connaissance ne tarde pas à être faite, et naturellement les plus anciens font aux nouveaux venus les honneurs de leur taverne, de leur estaminet, de tous les lieux enfin qu'ils fréquentent. Tous ces Allemands, vivant ensemble, en bandes, parlant continuellement leur langue nationale, ne s'imprègnent pour ainsi dire que d'idées allemandes. Ils se frottent peu au contact des nations étrangères. Nous venons de parler de leur manière de vivre : c'est la plus générale. Quand par hasard ils vont dans les lieux publics, dans les théâtres par exemple, c'est toujours ensemble, toujours avec des compatriotes aussi peu instruits qu'eux-mêmes, et qui, partant, ne peuvent rien leur apprendre de la vie intime du peuple chez lequel ils sont. Si nous voulons pénétrer plus haut, et parler de ce qu'on appelle en terme général la société, c'est bien pire encore, car ils n'y vont jamais. Est-ce défiance d'eux-mêmes, timidité? est-ce répulsion instinctive contre cette vie active, mouvementée, où chacun s'éclaire et se frotte au contact de tous? nous ne saurions le dire; mais toujours est-il qu'on rencontrerait dans un salon de Paris plus de Turcs ou d'Égyptiens que d'Allemands. Faut-il s'étonner alors qu'en quittant la France ces savants voyageurs ne sachent la plupart du temps rien de nos habitudes, de nos mœurs, de nos usages; que les rouages et la constitution de la société française restent pour eux de véritables mystères, et qu'ils ne rapportent de leur excursion au delà du Rhin que quelques variantes de manuscrits et des notes plus ou moins inédites?

La société russe parisienne se compose presque toujours de personnes riches et élégantes. Dans la colonie anglaise on trouve un assez grand nombre de lords continentaux qui étaient jadis épiciers à Londres ou à Southampton. Il n'en est pas de même parmi les Russes qui habitent Paris. Il a à cela une raison bien simple.

Les bourgeois, et encore moins le moujick, n'obtiennent jamais la permission d'aller se faire voir à l'étranger. Cette faveur est uniquement réservée aux grands seigneurs, aux hommes les plus capables, les plus instruits, les mieux élevés. Aussi n'y a-t-il généralement qu'une voix sur l'affabilité et les bonnes manières de ces hommes, comme sur la grâce et la beauté des femmes. La Russie met, comme on le voit, un soin tout particulier, même une véritable coquetterie, à ne nous expédier que ses plus beaux échantillons. Cependant il ne faudrait pas toujours fermer les yeux sur cette futilité apparente, sur cet amour de salons et de bonne société qui distingue chez nous les grands seigneurs russes. Plusieurs ont un but caché et remplissent, sans en avoir l'air, des missions secrètes. Ainsi, il y a quelques années, M. de Ha..., conseiller de commerce, étudiait avec soin toutes nos usines, pénétrait dans nos manufactures, procédait, pour ainsi dire, à une véritable enquête commerciale; M. de May... s'occupait de notre organisation commerciale, de nos procédés industriels; M. de Sch..., de l'instruction publique. Des officiers d'artillerie examinaient nos fonderies, et de là allaient à Liége et à Seraing pour y continuer leurs investigations. Ne nous plaignons pas, du reste, de la venue et du séjour de ces commissaires enquêteurs, car, en les envoyant parmi nous, le gouvernement russe, si souvent accusé de barbarie et d'obscurantisme, fait preuve d'une haute intelligence. Or, avec les gouvernements intelligents, il y a toujours quelque chose à gagner. Les pires de tous sont les gouvernements stupides.

Y a-t-il à Paris une colonie espagnole et une colonie italienne? Non; il n'y a guère que des familles isolées de ces deux nations; elles vivent un hiver ou un été dans la capitale et disparaissent. Nous ne parlons pas, bien entendu, des réfugiés politiques de toutes les nations, polonais, italiens, espagnols, allemands. Au bout de quelques années de séjour, ces infortunés se naturalisent et deviennent d'estimables citoyens français.

Enfin, et pour achever jusqu'au bout notre rôle d'historien, consacrons quelques mots à une colonie

Italien.

qui ne compte dans son sein ni étudiants, ni lettrés, ni princes, ni spéculateurs, mais bien de modestes et laborieux travailleurs en souliers ferrés, en pantalons de velours, en vestes de bure, qui n'ont d'autre patrimoine que leur exactitude et leur honnêteté. Cette colonie se compose presque tout entière de ces robustes enfants de la Savoie et du Piémont, qui viennent chercher fortune à Paris en qualité de domestiques, d'hommes de peine, et surtout de commissionnaires. Bien qu'on ait souvent recours à eux, pourquoi parle-t-on si peu cependant de cette population, dont pourtant le chiffre n'est pas à dédaigner, si, comme le prétendent quelques statisticiens, il dépasse celui de 60,000 individus? C'est que ces hommes, presque tous rangés, sobres, parcimonieux même, se contentent d'exercer en silence leur petite industrie, d'amasser à force de travail le pécule avec lequel ils retourneront un jour dans leur pays pour y acheter un petit coin de terre. Quel enseignement que la vie de ces hommes, qui, dans la position la plus obscure, ne demandent leur existence et l'indépendance dont ils jouissent qu'au travail et à l'économie le plus! Combien de gens seraient plus heureux s'ils savaient, comme les pauvres Savoyards, travailler et se faire ignorer !

Quant au vrai Parisien, celui-là ne voyage guère. Aussi son peu d'amour-propre pour la locomotion lointaine a fait dire que le Parisien n'existait pas. De ce qu'on ne le voyait guère, on a été trop prompt à conclure que c'est un être de fantaisie imaginé pour les besoins de la géographie et de la statistique; loin de là. Il se trouve des gens nés à Paris, de pères et de mères dont les noms sont inscrits sur les registres des douze arrondissements; ces gens exercent diverses professions, sinon poétiques, du moins lucratives et paisibles : ils sont bonnetiers, épiciers ; ils tiennent des maisons meublées, vendent des nouveautés et des draperies ou vivent de leurs rentes. L'esprit, le génie, l'imagination, n'ont pas cours chez eux; ils n'estiment qu'à un taux peu élevé l'excentricité, la poésie, l'art, en un mot tout ce qui sort de la vie ordinaire. Et ils ont raison : la province, l'Europe, le monde, leur fournissent de toutes ces choses-là plus qu'ils n'en veulent. Ils savent bien que ce qu'il y a de plus parfait dans toutes les latitudes leur est réservé; qu'ils n'ont qu'à se baisser, qu'à laisser échapper des mailles de leur bourse une menue pièce blanche, souvent même qu'à exprimer un désir ou à inventer une combinaison pour satisfaire les besoins, rares ou nombreux, de leur caprice et de leur intelligence. Lorsque le boutiquier, ses volets fermés, suppute, avec sa femme et avec son commis de confiance, le gain qu'il a réalisé pendant la journée, en surfaisant, en écorchant de son mieux le digne provincial, l'excellent étranger, séduit par ses belles paroles; lorsque le rentier a lu le bulletin de la bourse qu'on lui vend, un sou, quand on ne le lui donne pas pour rien dans son journal du soir ; tous les deux, en vrais Parisiens, se frottent les mains et se disent: « Allons! si un tel est gentil ; il me donnera dimanche un billet de spectacle, et je verrai Rachel, Levasseur et mademoiselle Cruvelli, dans la représentation à bénéfice ! » Le billet n'arrive pas, on ira pour 3 fr. dîner chez un traiteur modeste, où la carte est aussi variée, les mets aussi délicats que chez les Frères-Provençaux ; et, moyennant une contremarque, il verra, à moitié prix, les cinq-sixièmes du spectacle. Le Parisien sait voir chaque chose à la place la plus favorable, pour dépenser peu et admirer beaucoup; il connaît les ressources de sa ville natale, et, avec cette expérience, il jouit d'autant plus solidement qu'il jouit avec moins d'éclat. Oui, le Parisien existe, mais à l'état latent; s'il fait froid, vous le rencontrez en omnibus, à la place du fond; enveloppé dans son manteau, les pieds disparaissant sous la paille hospitalière que prodigue le conducteur; vous le trouvez au coin de son feu dans une chambre bien close, ou adossé au poêle qui réchauffe sa boutique.

Si c'est le temps du soleil, des longs jours et du beau fixe, le Parisien flâne, se rafraîchit au café, se promène aux alentours de la ville, les jours de trains de plaisir, sachant bien qu'en définitive Enghien, Montmorency, Bougival, Sèvres, Saint-Cloud, etc., ses maisons de plaisance, sont aussi pittoresques, pour le moins, que la Suisse, l'Espagne et l'Italie. Savez-vous qu'on y va pour un franc, aller et retour, et qu'on y trouve, à deux pas des fourrés et des ombrages, des rivières et des montagnes, d'excellentes tables d'hôte, et même de petits bouchons, où l'on dîne très-bien et à bon marché. Mais le Parisien ! il est maître chez lui, et il se fait à lui-même, en silence, les honneurs de sa maison; nourri dans ce labyrinthe, il en connaît tous

Savoyard.

les détours, et goûte à tous les plaisirs sans éprouver les ennuis, sans encourir les dépenses qui menacent les nouveaux initiés de ce paradis terrestre. J'en ai vu qui, sans s'y être pris à l'avance, cédant à une fantaisie subite, se présentaient pour assister à une première représentation pour laquelle on avait loué

Piémontais.

des places jusqu'à 75 fr., et ils entraient pour 40 sous, avec un billet de solitaire délivré par le sous-chef de claque moyennant un petit verre de prime.

Qu'est-ce donc qui fait l'animation, le mouvement, la fièvre de Paris? Où se recrute le public des théâtres, l'hiver, quand le boutiquier est à ses affaires et l'homme d'argent à ses plaisirs; l'été, quand le petit nombre de ceux qui ne sont pas à la campagne peuplent les frais ombrages des Champs-Élysées et savourent la musique et les chopes du café - concert? Qui va déjeuner au café Riche, au café Anglais, au café de Foy? qui dîne chez les petits-neveux de Véry, de Véfour, des Frères - Provençaux? Qui?... mais nul autre que le tributaire habituel de Sa Majesté Paris ; que l'humble vassal de la suzeraine incontestée des quatre-vingt-six départements. Il faut, pour les émotions et les rires de la scène, des auteurs d'esprit, de cœur, de génie... la province en fournira ; il faut des acteurs... à quoi servirait la province, si elle n'en portait pas une moisson. Le Parisien a payé sa quote-part, en enfantant Molière... Il attend, il juge, il prononce, et l'univers sanctionne ses arrêts. Le roman, le feuilleton, le journal, la littérature, la fantaisie absorbent des milliers de têtes pensantes, et versent leurs idées avec la régularité du balancier qui marque les jours et les heures: eh bien! province à l'œuvre ! que des romanciers, des poètes, des écrivains, des politiques et des feuilletonnistes renaissent et repoussent... Paris a reçu tes derniers envois; tu lui as donné des hommes pleins de sève, d'imagination, de verve, inspirés, ardents, abruptes... en retour, voici des Parisiens d'adoption que la suzeraine te restitue. Allons, départements! versez votre vie, votre sang, votre argent : on vous rend la monnaie.

Et l'étranger! oh! c'est à son tour qu'on en veut. Ici les ducats et les guinées, les roubles et les frédéricks, les piastres fortes et les roupies, l'or à toutes les effigies, à tous les exergues, est bon... On prendrait au besoin les coquilles enfilées des Africains et les tails des Chinois. Nous avons des monuments, des promenades, des passages, des théâtres... Venez du Sud et du Nord, du Levant et du Couchant. Prince, vous avez vingt villages en Moscovie et cinquante mille âmes de paysans ; les roubles se rouillent dans votre coffre-fort, depuis les temps du premier Romanoff : on vous en prie ! venez. Il y a, pour vous recevoir, l'hôtel de Castille, à moins que vous ne préfériez l'hôtel Meurice : si vous tenez à connaître les raffinements de notre cuisine, et, vous le savez, la France tomberait au plus bas degré d'impuissance et de décrépitude, qu'elle occuperait encore le premier rang en tenant la queue de la poêle ; si vous désirez acquérir la douce conviction de cette suprématie, vous trouverez sur le boulevard, au Palais-Royal, où vous voudrez, de quoi vous satisfaire. Nul théâtre ne fermera ses coulisses à vos millions qui moisissent, et qui vont enfin se donner de l'air à cœur joie ; aucune de nos beautés peu farouches, qui peuplent les bosquets de roses et de myrtes du treizième arrondissement (n'allez pas prendre la métaphore à la lettre!) ne se montrera cruelle ; et qui le serait pour un prince russe !

A vous, milord, Ricoli-square! à vous, si les guinées gonflent votre portefeuille, les britanniques émanations de la cuisine de Byron's Tavern! ou, si vos parents économes ont trop ménagé le précieux métal, jeune touriste insulaire, sachez vous contenter du roast beef et de la half a bottle de Katcomb-House. Bon gré mal gré, Paris vous range parmi ses tributaires, ses sujets ; il vous offre l'imitation la plus parfaite de votre patrie ; mais, ne vous y trompez pas, il vous tient, et ne cherche qu'à dissimuler vos fers !

Ces diverses catégories de visiteurs, riches et pauvres, se rapprochent les unes des autres par un sentiment identique : la curiosité, le besoin de voir. On les rencontre dans tous les monuments, aux jours et heures indiqués sur le guide-Richard : ils viennent papillonner, grâce à leurs passe-ports, autour des rapins mâles et femelles occupés à copier les tableaux du Louvre ; ils admirent à la file les colossales marmites des Invalides ; ils parcourent les Gobelins, la Monnaie, les musées; gravissent l'Arc de triomphe, le Panthéon, les tours Notre-Dame, et, après huit ou quinze jours de cette course au clocher à travers les chefs-d'œuvre et les curiosités, ils retournent dans leurs patries respectives, joyeux et fiers : ils ont vu Paris.

Nous disions tout à l'heure que, pour recevoir les hôtes qui accourent à Paris des quatre points cardinaux de l'Europe, la grande ville a de splendides hôtels, comme l'hôtel Meurice, l'hôtel Mirabeau, l'hôtel de Bristol, l'hôtel de Paris, l'hôtel des Princes, où se donnent de grands banquets internationaux; cependant, il faut bien l'avouer, quoiqu'il nous en coûte, Paris manque d'hôtels confortables comme ceux qui s'ouvrent aux voyageurs sur les bords du Rhin et dans certaines villes de la Suisse. Il n'y a pas, à Paris, un seul établissement de ce genre qui puisse rivaliser avec *Mivart hôtel* de Londres, ou avec les grands phalanstères de New-York. Un hôtel cosmopolite manque à Paris. Il est probable que le moment n'est pas éloigné où un spéculateur bien inspiré établira un vaste caravansérail dans lequel le voyageur trouvera le bon marché uni à l'élégance et au confortable.

Les étrangers de distinction ont un cercle où ils se réunissent de préférence, c'est le club de l'Union. Parmi ces étrangers, nous comprenons les ambassadeurs, les ministres plénipotentiaires, tout le person-

Un raout à l'hôtel des Princes.

nel diplomatique en résidence à Paris. Si Paris ouvre ses salons aux hôtes illustres qui le visitent, quelques étrangers offrent aussi à la société parisienne des fêtes splendides. On se souvient encore des magnifiques bals du baron Schicler, de M. Hope et du comte Demidoff. Les ambassades sont aussi un terrain de danses, de polkas et de redowas. L'Autriche, la Prusse, la Porte Ottomane réunissent deux ou trois fois par saison toutes les décorations du monde officiel, et tous les diamants de la cour et de la ville.

Parmi les hôtels des ambassadeurs, un seul peut-être a un aspect vraiment monumental; c'est l'hôtel de l'ambassade de Prusse, situé rue de Lille. Son porche égyptien fut élevé en commémoration de la campagne d'Égypte par le prince Eugène Beauharnais, qui vint l'habiter. Le roi de Prusse a voulu que cette décoration du temps de l'Empire fût conservée; seulement on a remplacé l'aigle de France par celui de Prusse. La construction de l'hôtel date de l'époque de Louis XIV; il fut bâti pour le maréchal de Villeroy.

Chapitre LXIII.
LES ÉTABLISSEMENTS DE BIENFAISANCE.

Les établissements de charité au moyen âge. — Les hospices et les hôpitaux. — L'Hôtel-Dieu. — L'hôpital Saint-Antoine. — L'hospice Beaujon. — L'hôpital de la Charité. — Jean de Dieu. — L'ordre de Saint-Jean de Dieu. — L'église Saint-Jean-Baptiste. — L'hospice Cochin. — Le curé Cochin. — L'hospice Necker. — L'hôpital et la Clinique de la Faculté de médecine. — Le Val-de-Grâce. — Le monastère du Val-de-Grâce de Notre-Dame de la Crèche. — Les plans de François Mansart. — Le dôme du Val-de-Grâce. — Les peintures de Mignard. — Statue de Larrey, au Val-de-Grâce. — Les hospices spéciaux. — La maison et l'école d'accouchement. — L'hôpital des enfants malades. — L'hospice des Orphelins. — Bicêtre. — Maison de Sainte-Périne. — Les Incurables, hommes et femmes. — La maison des Petits-Ménages. — L'hospice de la Salpêtrière. — Les maisons de santé. — Les bureaux de bienfaisance. — Les cités ouvrières. — Les lavoirs publics.

Autrefois de pieuses fondations et la charité opulente de quelque haut seigneur laïque ou ecclésiastique, se chargeaient d'acquitter la dette de la société envers les pauvres, les malades, et tous ceux qui se trouvaient empêchés de vivre du travail de leurs mains. L'État et la commune ont administrativement conquis, sur les efforts trop insuffisants des particuliers et des donataires, le domaine immense de la charité, et se sont chargés de pourvoir au traitement des malades indigents, au soin des vieillards pauvres et des enfants abandonnés.

Le *Tableau de Paris* a déjà donné des descriptions détaillées de ces vastes établissements où toutes les misères humaines, aggravées par l'indigence, se donnent rendez-vous. L'Hôtel-Dieu, les Enfants-Trouvés, Bicêtre, voilà les trois institutions modèles. Quelques détails un peu précis sur les soins dont on entoure la vieillesse, et sur l'hôpital militaire, suffisent pour compléter cette triste peinture dans ce qu'elle offre de contemporain. En énumérant les nombreuses succursales de ces maisons principales, nous éviterons de rappeler au lecteur les douloureuses images et les souvenirs funèbres qu'il n'a pas été possible de lui épargner en parlant de l'Hôtel-Dieu et de Bicêtre. La maladie, la démence, la misère, la décrépitude, offrent partout des caractères analogues, et produisent partout le même effet affligeant. Bornons-nous donc, dans cette revue rapide, à évoquer les souvenirs de quelques grands hommes et de quelques hommes de bien, dont le nom et la mémoire se rattachent à la plupart des établissements que nous allons parcourir.

On peut considérer comme des succursales de l'Hôtel-Dieu les hospices de Saint-Antoine, de Beaujon, de la Charité, de Cochin et de Necker, que nous citerons par ordre alphabétique pour choisir la classification la plus simple, comme on va le voir : ces maisons sont situées sur les divers points de Paris, à une distance suffisante les unes des autres, de façon à pourvoir aux besoins de chaque circonscription, et à éviter les déplacements, toujours pénibles et souvent dangereux, des malades.

L'hôpital de Saint-Antoine, situé dans le faubourg de ce nom, occupe une partie de l'emplacement de l'ancienne abbaye Saint-Antoine-des-Champs. L'origine de cette abbaye remonte à Foulques de Neuilly, dont les éloquentes prédications, vers 1198, amenèrent la conversion de grand nombre de femmes de mauvaise vie. Le pieux curé fit construire un couvent pour recevoir ses nouvelles pénitentes. Cette institution, agrandie par Saint-Louis, se rattache à notre histoire nationale par le souvenir de la guerre du bien public. Louis XI, étant dans les murs de l'abbaye, signa la paix avec les princes rebelles, en 1465. Le monastère, rebâti en 1770 par l'architecte Lenoir, fut vendu et détruit sous la révolution. Les bâtiments restés debout furent destinés à servir d'hôpital, en vertu d'un décret de la Convention nationale. Cet hospice, desservi par les sœurs de Sainte-Marthe, compte aujourd'hui 262 lits. Il est ouvert à toutes sortes de maladies.

A l'autre extrémité de Paris, dans le faubourg Saint-Honoré, s'élève l'hospice Beaujon. Ce nom est celui d'un financier célèbre du règne de Louis XVI, qui, après avoir acquis une fortune immense dans la recette générale de Rouen, crut devoir sanctifier ses richesses en consacrant une partie de son or mal acquis à des fondations pieuses. Il obtint, en 1785, l'autorisation d'établir un hospice où seraient élevés et nourris vingt-quatre orphelins des deux sexes. Cette fondation lui coûta 625,000 livres. L'hospice reçut une destination et une dénomination différentes en 1793; on y reçut des malades, et on lui donna le nom d'hôpital du Roule. Depuis 1813, il a repris son ancien titre; mais il sert toujours d'hôpital, et il est desservi, comme le précédent, par les sœurs de Sainte-Marthe.

Il nous faut maintenant faire une grande enjambée,

Porte de l'hôpital de la Charité.

franchir la Seine, et plonger dans la rue des Saints-Pères : nous trouvons la Charité, un des plus anciens hôpitaux de Paris.

Jean, surnommé *Jean de Dieu*, à cause de ses vertus et des œuvres d'ardente charité qui remplirent les dernières années de sa vie, était un Portugais du diocèse d'Évora. Il avait passé une partie de sa vie à porter les armes, lorsqu'à l'âge de quarante-cinq ans il se voua tout entier à la pénitence et au service des malades. Dix ans plus tard, le 8 mars 1550, il mourait, laissant une telle réputation de sainteté, que le pape Alexandre VII le canonisa en 1690. Jean de Dieu n'avait jamais eu la prétention de fonder un ordre religieux; mais il laissa des disciples ou plutôt des imitateurs, qui continuèrent, après lui, à servir les pauvres malades, et formèrent une congrégation nouvelle, approuvée d'abord par les papes Pie V et Clément VIII, puis érigée en ordre religieux par le pape Paul V. Le bref constitutif de ce dernier pontife, du 13 février 1617, obligeait ceux qui voulaient entrer dans l'*ordre de Saint-Jean de Dieu*, ou *des frères de la Charité*, aux trois vœux ordinaires et à un quatrième vœu, celui de servir les malades. Il permettait en même temps à chaque maison de cet ordre d'avoir un *religieux prêtre*, qui ne pourrait exercer aucune charge, aucun office dans la congrégation.

La congrégation de Jean de Dieu rendait de tels services, qu'elle se répandit avec une grande rapidité. Elle n'était pas encore constituée définitivement comme ordre religieux, lorsque Marie de Médicis, seconde femme de Henri IV, songea à en doter la France. Elle fit venir de Florence à Paris cinq frères de cette congrégation, qu'elle installa, sous le titre de *religieux de la Charité*, dans une maison de la rue *Petite-Seine*, appelée depuis rue des *Petits-Augustins*. Les lettres patentes que lesquelles Henri IV autorisa cet établissement au mois de mars 1602, enregistrées au Parlement au 14 avril 1609, furent confirmées par Louis XIII au mois d'août 1628, et plus tard par Louis XIV, en 1643 et 1665.

En 1607, la reine Marguerite désirant fonder, dans la maison même occupée par les religieux de la Charité, un couvent d'*Augustins déchaussés*, les cinq frères allèrent s'établir dans un emplacement occupé par de vastes jardins, près d'une chapelle de *Saint-Pierre*, dont on a fait depuis *Saint-Père* et enfin *Saints-Pères*, nom qui est resté à la rue. Marie de Médicis leur fit construire, dans le voisinage de cette chapelle, un hôpital, une maison, et la dota. Les religieux de la Charité devaient, aux termes de leurs règlements, être à la fois chirurgiens, pharmaciens, et soigner eux-mêmes leurs malades. Bientôt le chiffre de ces frères s'éleva de cinq à soixante, et la maison de Paris devint le chef-lieu de toutes les maisons du même ordre, répandues dans le royaume et dans ses colonies.

Six ans après la fondation dont nous venons de parler, les religieux de la Charité élevèrent, à la place de la chapelle de Saint-Pierre, une église qu'ils mirent sous le vocable de saint Jean-Baptiste. Marie de Médicis en posa la première pierre, sur laquelle fut gravée cette inscription :

Maria Medicæa, Galliæ et Navarræ regina regens, fundatrix, anno 1613.

L'architecture de cette église ne se recommandait guère que sur un assez joli portail, construit en 1722, sur les dessins de Cotte; mais l'intérieur était orné de quelques œuvres d'art assez remarquables ; on citait, entre autres, la *Résurrection de Lazare*, par Galloche, tableau dans lequel cet artiste avait fait les portraits de sa femme, de ses filles, et de sa domestique et de son porteur d'eau ; — un tableau dans lequel Dulin, membre de l'Académie royale de peinture, avait figuré le *Christ guérissant les malades*; — dans le chœur, un autre *Christ*, de Benoît; — dans une chapelle, à gauche de l'autel, l'*Apothéose de saint Jean de Dieu*, qu'on voyait porté par les anges, œuvre due au pinceau de Jouvenet ; enfin, une vierge de marbre sculptée par le Pautre.

D'autres tableaux, répartis dans les salles de l'hôpital, appelaient encore l'attention : dans la salle Saint-Louis, Testelin avait représenté ce prince pansant un malade ; Restout avait peint deux sujets tirés de l'Évangile ; dans la salle Saint-Michel, Lebrun avait figuré la Charité sous l'emblème d'une femme versant de l'eau sur des flammes : c'était l'un des premiers ouvrages de ce maître ; enfin d'autres artistes en renom, tels que Lahire, de Sève, etc., avaient apporté à la décoration de l'hôpital le tribut de leurs talents. Aujourd'hui toutes ces œuvres sont dispersées ou anéanties.

L'hôpital de la Charité était le noviciat des frères de Saint-Jean de Dieu et la retraite des religieux hors de service. Il était administré par les religieux eux-mêmes, qui en occupaient une grande partie. C'était là aussi que se tenaient les assemblées triennales convoquées pour l'élection des supérieurs de toutes les maisons de l'ordre.

On ne recevait autrefois à l'hôpital de la Charité que des hommes attaqués de maladies curables, et encore fallait-il que ces maladies ne fussent point contagieuses ni honteuses. On s'accordait généralement à louer les soins, la propreté, la bonté, la charité véritable, avec lesquels les malades étaient traités. Parmi les garçons chirurgiens attachés à l'établissement, il y en avait un à qui six ans de service conféraient de droit la maîtrise.

La Charité s'appelait, pendant la Révolution, Hospice de l'Unité. Ce n'est qu'en 1815 qu'elle a repris son premier et son véritable nom. L'établissement de l'école de clinique interne de cet hôpital date de 1801. Il compte aujourd'hui 350 lits, dont 250 pour les hommes et 100 pour les femmes, qui n'y étaient point admises autrefois. Depuis qu'il a cessé d'appartenir aux frères de Jean de Dieu, il est régi comme tous les autres hôpitaux civils.

Sans quitter ce côté de la Seine, dirigeons-nous vers l'Observatoire, dans le faubourg Saint-Jacques. Non loin du grand établissement militaire du Val-de-Grâce, dont il sera bientôt question, se trouve l'hospice Cochin. Cet hôpital, un des moins importants de la capitale, car il ne compte que 135 lits, arrêterait à peine notre attention quelques instants, s'il ne portait inscrit sur son fronton le nom d'un des hommes les plus recommandables de la France. Jean-Denis Cochin, né à Paris, était, en 1735, curé de la paroisse de Saint-Jacques du Haut-Pas.

Dix ans après sévissait à Paris une contagion meurtrière, que l'on ne savait pas encore neutraliser par l'inoculation et la vaccine. Ce fut pour le curé Cochin une occasion de déployer le zèle et la charité qui remplissaient son âme. De nombreux amis lui proposèrent de déléguer les soins de ses malades variolés à ceux de ses vicaires qui avaient déjà subi l'influence de la maladie : « Nullement, répondit le pasteur. Que diriez-vous d'un soldat qui demanderait un congé en temps de guerre ? » Le dévouement de Cochin pour ses paroissiens, loin de s'affaiblir, devenait plus ingénieux et plus actif chaque jour. Le faubourg Saint-Jacques était habité en grande partie par des ouvriers qui travaillaient aux carrières voisines. Ce quartier ne possédait point d'infirmerie, et l'on était obligé de transporter les malades à l'Hôtel-Dieu. Souvent les secours étaient donnés trop tard. La sollicitude du bon curé remédia à cet état de choses. Cochin aliéna sa fortune, c'est-à-dire quinze cents livres de revenus, et employa l'argent à l'acquisition d'un terrain, sur lequel s'éleva un établissement que le modeste fondateur appelait : « Hospice de la paroisse de Saint-Jacques du Haut-Pas. » La première pierre fut posée par deux pauvres de la paroisse, élus en assemblée de charité comme étant les plus dignes d'être distingués par leurs vertus. M. Viel, architecte, ami du fondateur, fit les plans et surveilla gratuitement tous les travaux de l'édifice. Commencé vers 1779, cet hospice fut construit, meublé et doté de quinze mille livres de rentes dans l'espace de trois années. Cochin mourut en 1783. Il laissa son nom à son hospice, qui fut respecté par la Convention nationale et qui est venu jusqu'à nous,

Le Val-de-Grâce.

en prenant chaque jour un nouvel accroissement.

Nous terminons cette énumération des succursales de l'Hôtel-Dieu par l'hospice Necker, situé dans la rue de Sèvres.

Cet hospice a été formé sur l'emplacement du couvent des religieuses bénédictines de Notre-Dame de Liesse. Établies en 1631, à Rethel, dans le diocèse de Reims, ces religieuses furent obligées, pour éviter les malheurs de la guerre, de se réfugier à Paris, et elles s'installèrent rue du Vieux-Colombier. Le roi approuva cette communauté, dont le but principal était l'éducation des jeunes filles. La comtesse de Soissons et la duchesse de Longueville se déclarèrent protectrices de cet établissement.

En 1649, les religieuses prirent possession d'une propriété connue sous le nom de Jardin d'Olivet, et située dans la rue de Sèvres, où elles firent, par la suite, élever une chapelle. Le couvent, à peu près désert, ayant été supprimé en 1778, madame Necker, femme du contrôleur général, conçut et exécuta le projet de le remplacer par un hospice qui reçut le nom d'hospice de Saint-Sulpice. Pendant la Révolution, cet hôpital fut nommé hospice de l'Ouest. Enfin on lui donna le nom de sa fondatrice. Cette maison renferme aujourd'hui 133 lits, savoir : 14 pour les blessés, 12 pour les blessées ; 12 pour les convalescents ; 15 pour les convalescentes ; 36 pour les malades ordinaires hommes, et 44 pour les femmes. Il est desservi par les sœurs de charité.

Il faut ajouter à ces divers hospices l'hôpital et la clinique de la Faculté de médecine. Cet établissement a été formé dans une partie de l'emplacement de l'ancien couvent des Cordeliers. Son entrée se trouve en face du portique de l'École de médecine ; le péristyle est décoré d'une statue d'Esculape. L'intérieur de cet hôpital présente, au rez-de-chaussée, quatre galeries au milieu desquelles se trouve un jardin. Les salles renferment 140 lits, occupés moitié par les hommes, moitié par les femmes. Les élèves peuvent acquérir, en fréquentant assidûment cet hôpital, une excellente instruction pratique. Plusieurs pavillons sont affectés aux travaux anatomiques. On y a aussi construit plusieurs amphithéâtres pour les cours particuliers.

Les militaires de la garnison de Paris ont pour hôpital le Val-de-Grâce, le plus beau et le plus vaste établissement de ce genre qui se rencontre en France. Mais le grand intérêt du Val-de-Grâce, c'est moins sa destination actuelle que son histoire et son importance comme monument.

Vers le dixième siècle, un monastère dont les religieuses étaient soumises à la réforme de saint Benoît, avait été fondé au Val-Profond, près Bièvre le Châtel, à trois lieues de Paris. Anne de Bretagne, femme de Louis XII, ayant pris cet établissement sous sa protection, changea son nom en celui de Val-de-Grâce de Notre-Dame de la Crèche.

Au commencement du dix-septième siècle, les religieuses résolurent de transférer leur abbaye dans la capitale. A cet effet, elles achetèrent la propriété dite l'hôtel du Petit-Bourbon. La reine Anne d'Autriche remboursa le prix de l'acquisition, et se déclara fondatrice du nouveau monastère. Les religieuses furent installées en 1624 dans cette abbaye, qui fut bénite sous le titre de Val-de-Grâce de Notre-Dame de la Crèche. Anne d'Autriche fit construire quelques bâtiments, et posa la première pierre du cloître trois années plus tard. Cette reine avait fait vœu, si Dieu lui donnait un fils, de lui bâtir un temple magnifique. Mère d'un prince qui fut Louis XIV, après 22 ans de stérilité, elle résolut de remplir cet engagement sacré en faisant reconstruire, avec la plus grande magnificence, l'église et le couvent du Val-de-Grâce. L'édification du nouveau monument, interrompu par les guerres civiles, dura vingt ans, de 1645 à 1665.

Le Val-de-Grâce est un des édifices les plus réguliers de notre capitale. François Mansart fournit les plans du monastère et de l'église ; mais il ne conduisit ce dernier monument qu'à la hauteur du rez-de-chaussée. Une intrigue de cour l'obligea d'abandonner la direction des travaux, qui fut successivement confiée à Jacques Lemercier et à Pierre Lemuet, auquel on associa Gabriel Leduc. Mansart se vengea de cette injustice en homme d'esprit et en grand architecte ; ayant persuadé au duc de Guénégaud de faire bâtir une chapelle à son château de Fresnes, il reproduisit en petit le plan magnifique qu'il avait conçu pour le Val-de-Grâce.

Le monument d'Anne d'Autriche se compose de l'église, accompagnée de jardins et de plusieurs corps de logis. On entre dans une vaste cour, limitée par le grand portail au milieu, et par deux ailes de bâtiments que termine de chaque côté un pavillon carré. Sur seize marches s'élève le grand portail de l'église ; son avant-corps forme un portique soutenu par huit colonnes d'ordre corinthien. Un second ordre, décoré de colonnes composites, s'unit au premier par de grands enroulements. Il est terminé, comme le premier, par un fronton orné d'un bas-relief. L'intérieur est décoré de pilastres d'ordre corinthien à cannelures. Le dôme est, après ceux du Panthéon et des Invalides, le plus élevé de tous les édifices de Paris. Il a été peint à l'intérieur par Mignard. Cette vaste composition, exécutée à fresque, et qui représente le séjour des bienheureux, n'a coûté à son auteur que treize mois de travail. Mais le temps ne fait rien à l'affaire, et la fresque de Mignard est un véritable chef-d'œuvre. On ne doit pas oublier, en parlant du Val-de-Grâce, que Molière a célébré son érection par un poème descriptif qui ne répond pas, sans doute, à la renommée de ce puissant génie, mais qui suffirait peut-être pour établir la réputation d'un poète du second ordre. On remarque, dans cet ouvrage, un éloge bien senti du peintre, et une description complète du procédé de la fresque, qui ne manque ni d'élégance ni d'exactitude.

Anne d'Autriche avait accordé au monastère du Val-de-Grâce plusieurs privilèges importants, entre autres ceux de porter les armoiries de France, et de recevoir les cœurs des princes et des princesses de la famille royale. Ce couvent possédait aussi la singulière prérogative de réclamer la première chaussure de chaque fils ou fille des princes du sang.

Cette communauté fut supprimée en 1790. Les bâtiments furent d'abord convertis en un magasin central des hôpitaux militaires. Un décret, en date de l'an XII, les consacra à servir d'hospices pour les enfants de la patrie et les couches des femmes indigentes. Sous l'Empire, le Val-de-Grâce fut transformé enfin en hôpital militaire.

Il peut contenir 1,500 lits ; et ses jardins sont de la plus grande commodité pour les convalescents. Cet hôpital, éloigné du centre de la ville et situé sur une position élevée, peut être considéré comme un des plus salubres de Paris. Son organisation médicale ne laisse rien à désirer, et la médecine et la chirurgie militaires offrent encore, comme autrefois, des illustrations dignes de rivaliser avec la médecine civile.

Parmi ces dernières, Larrey, qui occupe incontestablement le premier rang, a obtenu l'honneur mérité d'une statue.

Cette statue, élevée dans la cour principale du Val-de-Grâce, est en bronze, avec quatre bas-reliefs appliqués aux quatre faces du piédestal, exécuté d'après les dessins et sous la direction de M. Achille Leclerc. La statue est due au ciseau de M. David (d'Angers), ainsi que les bas-reliefs, qui représentent quatre épisodes des batailles où Larrey se fit remarquer principalement par son zèle et son courage : les Pyramides, Austerlitz, Somo-Sierra et la Bérésina. Distingué de bonne heure par Napoléon, il suivit le géant dans toutes ses conquêtes. La vie entière de Larrey ne fut qu'un long dévouement à la science et à l'humanité ; aussi nul ne blâmera l'hommage tardif rendu à sa mémoire.

Inauguration de la statue de Larrey au Val-de-Grâce, le 8 août 1850.

Indépendamment des hospices qui reçoivent toute espèce de malades, Paris en renferme plusieurs dont la destination est bornée à recueillir et à soigner seulement quelques infirmités d'une nature particulière. Ainsi, les maladies de l'esprit, la folie à ses divers degrés, sont soignées à Bicêtre, dont nous avons déjà parlé, et à la Salpêtrière, dont il sera question tout à l'heure ; la vieillesse reçoit un asile à la Salpêtrière, aux Petits-Ménages, aux deux maisons des incurables hommes et des incurables femmes ; la maison de la Maternité accueille les femmes enceintes et à terme, que l'indigence ou la honte empêchent d'accoucher chez elles ; les enfants malades ont aussi leurs hospices. Enfin les aveugles pauvres trouvent une retraite aux Quinze-Vingts, et les personnes attaquées de maladies de peau ou de maladies honteuses ont les trois hôpitaux, de Saint-Louis, pour la première catégorie ; de Lourcine et du Midi pour la seconde. Reprenons cette énumération :

La maison d'accouchement, située rue de la Bourbe, ou rue de Port-Royal, qui se trouve dans le quartier Saint-Jacques, se compose, comme la plupart des hôpitaux de Paris, des ruines et des débris d'une ancienne institution religieuse ; c'était l'abbaye de Port-Royal, dont il est inutile de rapporter ici l'histoire trop longue et trop connue. Transformée en prison, sous la terreur, avec le nom dérisoire de Port-Libre, cette abbaye est devenue la maison de la Maternité, par arrêt de la Convention, l'an IV. A partir de cette époque, on y transféra les femmes enceintes qui se trouvaient dans l'institut de l'Oratoire, rue d'Enfer, les petits enfants et les nourrices, déposés au Val-de-Grâce. Les deux maisons de l'allaitement et de l'accouchement, ainsi réunies, prirent le nom d'hospice de la Maternité.

On y plaça dans la suite les enfants trouvés. Depuis 1812, cet état de choses est modifié : les deux établissements sont distincts et indépendants l'un de l'autre; les femmes enceintes, les femmes en couches et les élèves sages-femmes sont réunies dans l'ancienne maison de Port-Royal, et les enfants nouveau-nés ont été transférés dans la maison de l'Oratoire. Occupées à des travaux en rapport avec leur position, ces femmes reçoivent un salaire; on leur fournit du linge et même des vêtements. Elles doivent sortir de l'hospice huit jours après leur délivrance, à moins d'ordre contraire du médecin.

Cet hospice contient 450 lits environ et occupe 60 employés. Autrefois les pauvres femmes accouchaient à l'Hôtel-Dieu, et n'y trouvaient que 100 lits, de sorte que chacun de ces lits était souvent occupé par quatre nouvelles accouchées.

L'école d'accouchement est annexée à cette maison. Les préfets y envoient chaque année un nombre d'élèves proportionné aux ressources dont ils disposent; ces élèves, qui doivent être âgées de dix-huit à trente-cinq ans, reçoivent une pension de 600 fr. et une somme suffisante pour leurs achats de livres. Elles sont nourries, logées, éclairées et fournies de linges, et subissent chaque année un examen devant le jury, qui est composé de médecins et de chirurgiens, et qui décerne des prix aux plus habiles.

On ne peut guère admettre sans danger les enfants malades dans les mêmes maisons que les adultes. Cette considération engagea le conseil supérieur des hospices, en 1802, à transformer en hospice pour les enfants malades l'hôpital des Enfants-Trouvés, qui, depuis la Révolution, occupait les bâtiments de l'ancienne communauté des filles de l'Enfant-Jésus. Cette dernière institution avait pour but d'assurer la subsistance d'un grand nombre de femmes que le défaut d'occupations et de ressources pourrait plonger dans le désordre, et de pourvoir à l'éducation de seize demoiselles nobles; elle avait été fondée, en 1731, par Languet, archevêque de Sens.

L'hôpital des Enfants-Malades compte maintenant près de 600 lits, dont 129 pour les garçons et 83 pour les filles qui ont des maladies aiguës, 70 lits, dont 40 pour les garçons, à l'usage de ceux qui réclament le secours de la chirurgie, et le reste pour les maladies chroniques, la teigne et les scrofules. Les enfants attaqués d'affections contagieuses sont enfermés dans des bâtiments isolés et séparés du reste de la maison par de grands jardins.

L'hospice des Orphelins, situé dans le faubourg Saint-Antoine, n'a rien de remarquable. Il peut recevoir jusqu'à 1,000 enfants, et ne reçoit que les orphelins de deux à douze ans.

La vieillesse a autant de droits au moins que l'enfance pour provoquer la sollicitude des gouvernements et des municipalités. Aussi le nombre des asiles qui lui sont ouverts et leur importance répondent à tous les besoins. Nous ne parlerons pas de Bicêtre, qui a déjà été décrit tout au long, ni des maisons de santé dirigées par des particuliers ou des institutions religieuses, dont la plus considérable est la maison de Sainte-Périne, à Chaillot. Pour ne nous occuper que des établissements qui se trouvent d'une façon directe sous la main de l'État, nous trouvons en premier lieu les deux hospices des Incurables, hommes et femmes. Le premier se trouve dans le faubourg Saint-Martin, où il occupe l'ancien couvent des Récollets, établis en 1603, à Paris, et agrandis par la munificence de Marie de Médicis, de Ballion et de Séguier. Les Récollets furent supprimés en 1792. Dix ans plus tard, on les remplaça par les incurables hommes, qui, auparavant étaient confondus avec les femmes dans la maison de la rue de Sèvres. Leur nombre s'élève à 500. Le nombre des femmes incurables est à peu près le même. Leur maison a été fondée par le cardinal de la Rochefoucault, et par Marguerite Rouillé, en 1637. Les femmes ont en outre la maison des Petits-Ménages, dans les environs de Saint-Thomas d'Aquin.

L'emplacement des Petits-Ménages fut occupé, au onzième siècle, par une léproserie; en 1544, l'Hôtel-Dieu la racheta, et y fit bâtir la maison que nous voyons aujourd'hui. Elle fut d'abord destinée à recevoir les mendiants incorrigibles, les indigents vieux et infirmes, les femmes épileptiques, et les fous. Comme on lui avait donné le nom de Petites-Maisons, à cause de la forme des constructions, ce dernier usage donna naissance à la locution proverbiale que l'on applique aux extravagants et aux insensés : « C'est un échappé des Petites-Maisons ! »

Une ordonnance, datée de 1801, décida que les Petites-Maisons seraient affectées aux ménages, et l'année suivante eut lieu la translation des malades et des fous dans d'autres établissements.

Pour être admis dans les Petits-Ménages, l'un des époux doit avoir au moins 60 ans et l'autre 70. Les veufs et les veuves y sont reçus à l'âge de 60 ans. On leur donne, outre une certaine quantité de pain et de viande crue, trois francs en argent tous les dix jours, deux stères de bois et quatre de charbon tous les ans. L'établissement renferme 160 chambres, pour les ménages, 100 plus petites pour les veufs et les veuves, et 250 lits dans les dortoirs.

Mais l'établissement capital, dans cette catégorie, c'est l'hospice de la Salpêtrière, ou de la Vieillesse (femmes).

Ce magnifique hospice, qui s'élève au milieu du quartier Saint-Marcel, doit son origine à la bienfaisance d'un particulier. Un bourgeois de Paris remit à saint Vincent de Paul une forte somme, en le priant de la consacrer à quelque fondation pieuse; il refusa de donner son nom. Saint Vincent établit un hôpital où il reçut 40 vieillards. Cet exemple suggéra au cardinal Mazarin l'idée de fonder un hôpital général, où seraient reçus vieillards, malades et indigents, et l'ordonnance et le règlement de la Salpêtrière parurent, signés de Louis XIV, en 1656. Mazarin et Bellièvre donnèrent des sommes considérables à cet établissement, qui, l'année suivante, reçut une population de 5,000 personnes.

L'administration en était confiée à 20 directeurs perpétuels, auxquels étaient adjoints un recteur, nommé par l'archevêque de Paris, et cinq chefs honoraires, l'archevêque de Paris, les premiers présidents de la Cour des comptes et celui de la Cour des aides, le lieutenant général de police et le prévôt des marchands. La maison admettait des femmes indigentes et des détenues à titre de correction ou de sûreté; des femmes et des filles enceintes, des nourrices avec leurs nourrissons, des enfants mâles depuis l'âge de 7 à 8 mois jusqu'à celui de 4 à 5 ans; des vieillards, des folles furieuses, des imbéciles, des aveugles, des paralytiques, des teigneuses, des estropiées, des incurables de toute espèce, des enfants scrofuleux, etc.

Aujourd'hui l'hospice de la Vieillesse renferme trois catégories de femmes : les reposantes, anciennes surveillantes, sous-surveillantes et filles de service admises à la retraite après 30 ans de service et 60 ans d'âge; les indigentes valides âgées de 70 ans, ou bien atteintes d'infirmités incurables; les aliénées et les épileptiques. Le nombre des lits s'élève à 5,000 environ, dont 150 pour les reposantes, 3,000 pour les indigentes, 900 pour les malades, et 2,000 pour les aliénées. Le personnel s'élève à 489 employés des deux sexes; la dépense annuelle de chaque administrée est en moyenne de 1 franc par jour, et la dépense totale de la maison monte à deux millions.

Cet immense établissement, qu'on pourrait appeler une ville d'hospices, occupe une superficie d'environ 35 hectares. Les bâtiments, qui se divisent en 45 corps distincts, sont compris sur une surface de 29,162 mètres. L'église, dédiée à saint Louis, est la plus remarquable de ces établissements. Elle est couverte d'un dôme qui est de forme circulaire et dont le diamètre n'a pas moins de 30 mètres. L'intérieur est percé de huit longues arcades, qui communiquent à quatre nefs et à quatre chapelles; ces nefs et ces chapelles, disposées en rayons, aboutissent au centre de l'église, où s'élève l'autel principal. La disposition est si heureuse, que, du milieu du dôme, l'œil embrasse à la fois l'édifice sous huit côtés différents.

En sortant de l'église, se développe, à droite et à gauche, une construction très-étendue. Deux voûtes ou passages conduisent dans les deux divisions de la Salpêtrière, mais ces parties, élevées à diverses époques, ne présentent point un plan régulier. La façade seule, formée par l'église, qui se trouve au centre des deux bâtiments de Mazarin et de Lassay, est d'une architecture uniforme. Parmi les constructions nouvelles, on distingue les deux sections affectées aux aliénées en traitement. L'une de ces deux sections, appelées Rambuteau, a vue sur des champs cultivés qui sont situés dans l'enceinte de l'hospice.

Parlons maintenant de l'antique maison des Quinze-Vingts, la seule peut-être dont la destination n'ait pas changé depuis son origine, et qui ait toujours donné asile aux aveugles. On ne sait si cet hospice, qui fut fondé par Saint-Louis, devait recevoir les aveugles de naissance, ou bien trois cents chevaliers qu'il avait rachetés des mains des musulmans, et qui étaient revenus aveugles. Quoi qu'il en soit, cet hôpital date de 1254.

L'hospice des Quinze-Vingts, établi d'abord près de l'église Saint-Germain l'Auxerrois, fut réglementé par Philippe le Bel, qui ordonna aux aveugles de cette maison de porter une fleur de lis sur leurs habits, et par François Ier, qui en exclut les membres des autres religions. En 1779, il fut transféré rue de Charenton, dans l'hôtel de la deuxième compagnie des Mousquetaires-Gris, où il se trouve encore.

Par suite de nouveaux règlements, chaque aveugle, faisant partie des Quinze-Vingts, et d'une indigence reconnue, reçoit par an, en argent 375 fr., en pain, à raison de 20 onces par jour, sa valeur de 68 fr. 50 c., et un habit complet, tous les deux ans, estimé 62 fr. Les femmes et les maris voyants des aveugles reçoivent 30 c. par jour, et les enfants, au-dessous de 14 ans, 15 c. Cela fait par année,

Un aveugle célibataire.............. 474 50 c.
Id.   marié, sans enfants...... 584 »
Id.   id.   avec un enfant...... 638 75
Id.   id.   avec deux enfants.. 693 50

et ainsi de suite, en augmentant, par chaque enfant, le chiffre total de 54 fr. 75 c. par an. En outre, il existe 700 pensions, réparties entre les aveugles externes des départements, savoir : 100 pensions de 200 fr.; 250, de 150 fr. et 350 de 100 fr.

Passons maintenant aux institutions de charité destinées aux maladies particulières.

L'hôpital de Saint-Louis, rue Bichat, fut construit en 1607, par Henri IV, pour recevoir les pestiférés. Il n'a cessé d'être en activité, et compte aujourd'hui 1,100 lits. Il est affecté spécialement aux maladies cutanées, autres que les maladies vénériennes.

Ces dernières sont soignées à l'hôpital du Midi pour les hommes, et à l'hospice Lourcine, pour les femmes.

Les maladies hideuses que l'on soigne dans ces deux maisons n'ont fait leur apparition en Europe que le courant du quinzième siècle. Nos aïeux, plus irrités contre la faute que la maladie, peu saisis de pitié pour les maux des coupables, se contentèrent d'abord de séquestrer ou d'exiler les malades; plus tard ils les reçurent dans une maison de la rue de Lourcine, et les soumirent à un traitement médical que précédait et que suivait une fustigation rigoureuse. Plus tard, les syphilitiques furent transférés à la Salpêtrière et à Bicêtre. L'état où ils se trouvaient dans cette dernière maison est vraiment affreux; laissons parler un contemporain, M. Cullerier : « Le nombre des malades, comparé à l'étendue des salles, est à peine croyable; on savait tenté de révoquer en doute la possibilité de vivre avec de l'air en aussi petite quantité, et d'une qualité si préjudiciable à la santé, si le fait n'était pas aussi notoire. Dans les salles d'expectants, la moitié des malades se couchaient depuis huit heures du soir jusqu'à une heure du matin, et les autres depuis ce moment jusqu'à sept heures. Il n'y avait qu'un lit pour huit malades ! »

CHAPITRE LXIII. — LES ÉTABLISSEMENTS DE BIENFAISANCE.

Hôpital israélite. — Vue extérieure.

Ce triste état de choses frappa Louis XVI, qui, en 1785, ordonna de transférer les vénériens dans les bâtiments du couvent des capucins. Cet édifice est devenu l'hôpital du Midi. Le nombre des lits y est aujourd'hui de six cent cinquante, qui reçoivent annuellement près de quatre mille malades, auxquels sont prodigués tous les soins. Depuis 1836, il est exclusivement affecté aux hommes. Les femmes sont admises dans la maison de Lourcine, dans la rue de ce nom; elles y jouissent de trois cents lits.

Ces divers hospices s'ouvrent aux indigents et aux malades de toutes les croyances : l'égalité la plus parfaite règne parmi les pauvres, et le seul privilège qu'on y puisse obtenir, c'est celui d'une chambre isolée moyennant un loyer quotidien. Des israélites ont cependant un hospice particulier; dû à la munificence de quelques particuliers opulents, et surtout de la famille Rothschild. De même qu'un grand nombre de sociétés mutuelles, pour des secours en nature aux pauvres, pour des écoles, pour l'établissement et l'apprentissage des jeunes filles et des jeunes garçons, cet hôpital relève du comité consistorial israélite.

La façade de l'hospice est sur la rue de Picpus. Elle se compose de trois pavillons élevés d'un rez-de-chaussée et de deux étages; ils sont séparés par des cours, et reliés entre eux par un corps de bâtiment transversal. Le pavillon du milieu est réservé à l'administration de l'hospice, au logement du directeur, du rabbin chargé du service religieux, et du médecin. Le pavillon de droite est affecté aux femmes. Il renferme, au rez-de-chaussée, l'établissement des bains; au premier étage, des chambres particulières pour le traitement des maladies spéciales, ou l'usage de ma-

Vue du péristyle.

Vue du service et des grandes salles.

lades payants; au deuxième étage, les chambres des femmes malades. Le pavillon de gauche est réservé aux hommes. Le rez-de-chaussée contient la cuisine et ses dépendances; le premier étage, six chambres destinées à des maladies spéciales; au second étage est le dortoir des hommes de service, et un réservoir de la contenance d'environ 80,000 litres. Ces trois pavillons sont desservis par trois escaliers dans toute la hauteur.

Le corps de bâtiment transversal dont nous avons parlé est partagé en deux par le vestibule d'entrée qui fait suite au pavillon du milieu. Dans ce vestibule se trouvent les deux escaliers principaux conduisant aux salles des malades. L'oratoire est à la suite du vestibule. La lingerie, le vestiaire, la pharmacie, le laboratoire de la pharmacie, occupent les deux côtés de deux escaliers. Au premier étage du bâtiment transversal sont quatre salles principales, qui viennent toutes aboutir à un vestibule de service où sont concentrés les services les plus essentiels : la tisanerie, les salles de bains, les cabinets d'aisances, etc.

La construction de l'hospice israélite offre des parties étudiées avec un soin minutieux : tels sont l'aérage, qui est produit par des combinaisons tout à fait nouvelles; la distribution générale des eaux, et leur écoulement au dehors; la concentration des services principaux en vue de la célérité des soins; enfin, un assemblage de dispositions intérieures qui permet une surveillance à tous les moments des différents services qui concernent les malades, et une police vigilante dans l'hôpital.

Un jardin spacieux est à la disposition des malades. La séparation des sexes est complète dans toutes les parties de l'hôpital, et les services affectés à chacun d'eux sont distincts. Nous estimons qu'il y a dans l'œuvre de M. Thierry, l'habile architecte auquel on doit déjà le temple israélite de Paris, un ensemble de dispositions qui pourrait être appliqué avec fruit à nos grands hôpitaux. On évalue à 400,000 francs les frais d'acquisition de terrain, de construction et d'ameublement. L'établissement est disposé pour recevoir 100 lits pour les malades.

La Pitié est encore une succursale de l'Hôtel-Dieu. Cet hôpital, se trouve rue Copeau. En 1612, Louis XIII ayant donné l'ordre de renfermer les mendiants et les vagabonds qui troublaient la tranquillité publique, on construisit à cet effet de nouveaux bâtiments sur l'emplacement d'une maison appelée le jeu de Paume de la Trinité et de plusieurs propriétés voisines. Cet établissement, qui était affecté aux vieillards pauvres, reçut le nom d'Hôpital de la Pitié, parce que la chapelle était sous l'invocation de Notre-Dame de la Pitié.

En 1657, l'hôpital de la Salpêtrière ayant été ouvert, la maison de la Pitié en devint une dépendance; on y plaça les enfants des mendiants et des orphelins. Les filles, auxquelles on apprenait à lire, à écrire et à tricoter, occupaient une partie de la maison. Les garçons, qui recevaient une éducation convenable, habitaient une cour appelée la Petite-Pitié. Enfin on y enferma des enfants trouvés, des orphelins, auxquels on faisait apprendre divers métiers. On y fabriquait des draps pour les vêtements des hôpitaux et même pour les troupes. Pendant la Révolution, les orphelins furent nommés *élèves de la patrie*. En 1809, on les transféra dans la rue du faubourg Saint-Antoine : dès lors la Pitié devint une annexe de l'Hôtel-Dieu. Elle renferme aujourd'hui 600 lits, placés dans 23 salles.

La maison de santé fondée par le docteur Dubois reçoit également toutes sortes de malades; elle occupe une partie de l'ancien couvent des filles de la Charité. Ce couvent avait été fondé par saint Vincent de Paul, près de l'église du Chardonnet, et transféré en 1663 dans le faubourg Saint-Denis.

Il existe encore quelques hospices sans importance, qui ne méritent qu'une mention rapide. Ce sont l'hôpital Devillas, rue du Regard; l'hôpital d'Enghien, rue Picpus; l'hospice Leprince, rue saint Dominique; l'hospice Marie-Thérèse, rue d'Enfer, et l'hôpital Saint-Merry, dans le voisinage de la paroisse de ce nom.

Un bureau de bienfaisance.

La bienfaisance privée s'exerce par l'intermédiaire d'un assez grand nombre d'associations, surveillées par l'autorité municipale, et dirigées par des fonctionnaires gratuits, ou rétribués sur les fonds de la Société. Ce sont ces établissements qui servent de prétexte à cette infinité de quêtes à domicile, de concerts et de bals de charité qui pressurent la bourse du Parisien.

L'organisation de ces associations est identique; ce sont des dames ou des hommes haut placés qui se trouvent à la tête, ou qui favorisent l'entreprise de leur patronage; sous leurs ordres, des associés volontaires surveillent la recette, la dépense et la répartition des secours; quelques employés et hommes de peine sont seuls payés. D'autres exigent de leurs administrés une rétribution qui couvre les frais, et même ils réalisent des bénéfices, grâce à l'association. Nous citerons les plus importants.

La maison centrale des nourrices, rue du Temple, sert d'intermédiaire entre les nourrices, qu'elle fait venir de la province, et les parents peu fortunés qui ne peuvent s'occuper de cette recherche, et qui préfèrent s'exonérer de tout souci de surveillance moyennant une pension mensuelle. Cet établissement est analogue à la Société de placement de domestiques femmes, administrée par les religieuses ursulines.

La Société impériale de vaccine, formée de dames classées suivant la cotisation qu'elles payent chaque année, a pour but de propager les meilleures méthodes de vaccination, de faire connaître le diagnostic de la vaccine et de rendre au vaccin son énergie et sa pureté primitives. Le siège de la Société est rue Saint-André-des-Arts; elle entretient des génisses à Gournay, pour reproduire le vaccin selon ses besoins.

La Société philanthropique, l'établissement des indigents blessés, la Société médico-philanthropique et la Société helvétique de bienfaisance, donnent des consultations gratuites de médecine, soignent les blessés, et délivrent des remèdes sur le vu d'un certificat d'indigence. La première de ces associations a des dispensaires dans les douze arrondissements.

La Société d'apprentissage, l'établissement Saint-Nicolas, et l'établissement de filature s'occupent du placement des orphelins et des enfants pauvres.

Les religieuses de Notre-Dame de Bon-Secours, dont l'institution se trouve rue Notre-Dame des Champs, servent de gardes-malades à domicile.

Enfin la charité municipale s'exerce par l'intermédiaire des bureaux de bienfaisance dépendant de chaque mairie. Ces bureaux, administrés par des citoyens notables, sous la présidence des maires, distribuent à domicile des secours de toute nature et des bons représentant du pain ou du vin. Les jours de fêtes publiques sont ceux pendant lesquels ces distributions se font avec une certaine pompe.

Il faut ajouter à ces institutions l'ouvroir de la rue de l'Arcade, dont le but est de substituer le travail à l'aumône, et de moraliser en secourant; et les cités ouvrières telles que celles de la rue Rochechouart, qui offrent des logements salubres et à bon marché aux ouvriers, munis de certificats de bonne conduite.

Pour compléter et terminer ce chapitre, il nous reste à dire quelques mots sur les lavoirs publics.

De temps immémorial, on ne connaissait dans Paris, à l'usage du blanchissage du linge, que ces immenses bateaux à l'aspect triste et délabré qui stationnent depuis le pont Marie jusqu'au pont des Invalides, offrant, il est vrai, aux blanchisseuses des faubourgs de la grande ville, moyennant une légère rétribution, les avantages d'un lavoir à eau courante et d'un séchoir à air libre, mais aussi les désagréments d'un grand éloignement des quartiers populeux et d'une exposition permanente à toutes les intempéries des saisons; en outre, et sans parler des entraves qu'ils apportent à la navigation le long des rives de la Seine, ces bateaux sont toujours été construits ou entretenus par leurs propriétaires avec une incurie telle, que les pauvres blanchisseuses qui les fréquentent se sont souvent vues exposées au danger d'une chute dans la rivière.

Frappés de ces graves inconvénients, quelques capitalistes, plus philanthropes qu'industriels, ont

CHAPITRE LXIII. — LES ÉTABLISSEMENTS DE BIENFAISANCE.

depuis quelques années entrepris de doter les quartiers populeux de Paris de lavoirs publics et de buanderies, établissements dans lesquels ils se sont moins occupés de la réalisation d'un grand bénéfice que du bien-être de la classe pauvre.

Réunir dans un même local les facilités que présentent les anciens bateaux, et les améliorer sans augmenter la rétribution qu'ils perçoivent, doter en outre les personnes qui vivent de cette industrie des moyens de diminuer les frais des accessoires du blanchissage, tel est le problème qui, après de laborieux essais, paraît avoir été résolu par M. Rabier, l'un des promoteurs de cette populaire institution.

Le lavoir qu'il a fait élever, en société avec M. Chambellan, dans la rue de Sèvres, n° 101, au faubourg Saint-Germain, nous paraît pouvoir être proposé comme modèle des établissements de ce genre, indispensables aux grandes cités.

Ce vaste édifice, situé au centre d'un quartier populeux éloigné de la Seine, est destiné à pourvoir aux besoins de la classe ouvrière, construit d'après les plans de M. Roussille, architecte-voyer du dixième arrondissement, sur un terrain d'une superficie de plus de 900 mètres ; sa longueur est de 35 mètres, et sa largeur de 25 ; une élégante charpente en fer, soutenant dans toute sa longueur une lanterne vitrée, met les laveuses à l'abri de l'intempérie des saisons, leur distribue en tout temps une égale et large masse de lumière, et donne

Lavoir de la rue de Sèvres. — Buanderie à vapeur.

à l'ensemble de la construction un aspect simple et gai.

Deux grands bassins, établis dans toute la longueur de la salle affectée spécialement au lavoir, contiennent une eau toujours renouvelée par un jet d'une grande proportion, alimenté par l'eau de la Seine, reconnue seule propre au lavage ; autour de ces bassins ont été disposées avec soin, pour le savonnage du linge, des batteries où cent cinquante personnes au moins peuvent simultanément laver à l'aise ; un robinet pratiqué au-dessus de chaque place fournit l'eau à volonté ; le sol, entièrement dallé, est tenu dans un état de propreté dont on a lieu d'être étonné quand on réfléchit au nombre des travailleuses qui fréquentent chaque jour le lavoir : cette propreté est due à l'établissement d'un système de caniveaux souterrains qui conduisent toutes les eaux impropres, et les déversent dans le grand égout de la rue de Sèvres.

A ce lavoir est annexée une buanderie à vapeur, plus parfaite que celles du même genre qui existent déjà dans quelques grands établissements de blanchissage des environs de Paris ; cette buanderie, vaste et aérée, de manière à ce que la buée puisse s'en échapper avec assez de facilité pour ne pas tacher le linge, est montée avec tous les soins désirables ; les paquets de linge, distingués par un numéro délivré à chaque blanchisseuse, sont déposés dans la cuve, où la lessive est coulée d'après les meil-

Le lavoir.

leurs procédés ; l'appareil à vapeur qui sert à cet effet présente toutes les garanties nécessaires.

Une machine à vapeur, de la force de huit chevaux, sert à élever d'un puits artésien l'eau spécialement destinée à passer le linge au bleu. Cette machine fait en même temps mouvoir deux séchoirs qui sèchent le linge dans l'espace de six à sept minutes.

Au moyen de la réunion de ces divers appareils, la personne qui apporte son linge le soir avant six heures, peut le remporter le lendemain, lessivé, lavé, séché, et n'ayant plus à subir que l'opération du repassage. C'est un heureux progrès !

Chapitre LXIV.

LES PRISONS.

L'ancienne Force. — La prison Mazas. — MM. Decointe et Gilbert, architectes. — Description du bâtiment. — Les prisons de la rue de la Roquette. — Les Jeunes-Détenus. — Les reclusionnaires. — Le dépôt de la Préfecture de police. — Prison de Sainte-Pélagie. — Un prisonnier illustre. — Les condamnés politiques. — La Fourrière. — L'Abbaye. — Les Conseils de guerre. — Organisation des Conseils de guerre. — Les Madelonnettes. — Le couvent des filles de la Madeleine. — Robert Montri. — Marie Latrade et Benoîte la Blonde. — Création d'un établissement des Filles repenties. — Saint-Lazare. — Un hôpital de lépreux. — Saint-Lazare pillé le 14 juillet 1789. — Transformation de Saint-Lazare en prison. — André Chénier à Saint-Lazare. — Clichy. — Un débiteur saisi. — Le créancier. — Des préjugés sur les prisonniers pour dettes.

Le nombre des prisons de Paris est de dix, et comprend : le dépôt de la préfecture de police ou salle Saint-Martin, la maison d'arrêt de Mazas, la Conciergerie, les Madelonnettes, Saint-Lazare, Sainte-Pélagie, Clichy, la Roquette, les Jeunes-Détenus et la prison des Conseils de guerre.

La Force. — L'histoire de la Force remonte au treizième siècle. C'était, en 1265, la demeure de Charles d'Anjou, frère de saint Louis. Au siècle suivant, les comtes d'Alençon en devinrent propriétaires, puis l'hôtel appartint aux rois de Navarre. Antoine, le père de Henri IV, le vendit au cardinal de Meudon, qui le fit rebâtir, mais il ne fut achevé que par René de Biragne. Au commencement du seizième siècle, il appartenait aux d'Orléans-Longueville, comtes de Saint-Paul, ce qui lui valut le nom d'Hôtel Saint-Paul. Il ne prit celui de l'Hôtel de la Force qu'en passant entre les mains des ducs de ce nom. A la fin du règne de Louis XIV, cette demeure fut partagée en deux parties : l'une forma l'hôtel de Brienne, l'autre partie fut acquise en 1715 par les frères Paris, qui la cédèrent au ministre d'Argenson pour le compte du gouvernement; on voulait y établir une école militaire, mais plus tard, sur la proposition de Necker, qui engagea Louis XVI à supprimer les prisons du For-l'Évêque et du Petit-Châtelet, les détenus y furent conduits au mois de juin 1782. C'est là que furent immolés, pendant les sanglantes journées de la Terreur, l'infortunée princesse de Lamballe et tant d'autres victimes.

Prison Mazas. — Depuis 1830, l'état de délabrement et de vétusté des bâtiments de la Force ayant éveillé l'attention de l'autorité, on décida la construction d'une maison d'arrêt destinée à la remplacer. L'ordonnance royale qui en autorise la construction est du 17 décembre 1840. Les travaux de cette nouvelle prison, située au boulevard Mazas, furent poussés avec une grande activité par ses architectes, MM. Decointe et Gilbert.

Les constructions consistent, du côté du boulevard, en un bâtiment d'administration avec dépendances et cours, comprenant la geôle, le greffe et les salles de dépôt des prévenus; aux premier et deuxième étages,

Vue extérieure de la prison Mazas (nouvelle Force).

les logements du directeur et des employés et la lingerie. La prison proprement dite, entièrement isolée par un chemin de ronde, offre cinq cours ou préaux; six corps de bâtiments rayonnent autour d'une grande salle centrale destinée à la surveillance générale. Le système de la nouvelle maison d'arrêt étant l'isolement de jour et de nuit, les bâtiments ont été disposés de manière à former plusieurs étages de cellules; chacun de ces bâtiments contient deux cents détenus.

Prison de la rue de la Roquette. — Le dépôt des condamnés, situé rue de la Roquette, sert à renfermer provisoirement les condamnés jusqu'à ce qu'ils soient envoyés au bagne ou dans les maisons centrales de reclusion. Cette prison, construite sous la direction de M. Gau, a coûté près d'un million; elle se compose d'un bâtiment carré à quatre étages. Au centre est un vaste préau. Les malades sont traités dans une infirmerie placée à la suite du bâtiment principal, dont elle est séparée par une chapelle. Ce bâtiment est destiné à recevoir quatre cents condamnés.

En face cette dernière prison, et dans la même rue, se trouve la *Prison-modèle* ou *maison des Jeunes-Détenus*. Ce bâtiment présente la forme d'un hexagone précédé et suivi d'un parallélogramme. A chaque rencontre de l'hexagone, s'élève une tourelle en saillie. Au milieu se dresse une tour d'un grand diamètre qui domine tout le bâtiment, et d'où rayonnent six bâtiments qui viennent joindre la construction de ceinture. Ce bâtiment, qui présente l'aspect d'un vaste château-fort, a atteint parfaitement le but que l'on se proposait : il n'a pas coûté moins de trois millions.

Dépôt de la Préfecture. — Le dépôt près la préfecture de police est une prison provisoire, annexée à l'hôtel de la rue de Jérusalem. Il se compose de deux petits corps de bâtiments de même dimension, qui se rencontrent à angle droit, et dans laquelle les détenus des deux sexes ne séjournent guère qu'un ou deux jours, en attendant qu'ils soient mis à la disposition de l'autorité judiciaire ou rendus à la liberté, selon le résultat d'une première enquête faite par un commissaire-interrogateur. C'est la principale de ces prisons si connues, et se rencontrent sur tous les points de Paris, et que l'on connaît sous le nom de *violons*. Un sergent de ville, un chef de poste, ont le droit d'y *fourrer,* suivant l'expression consacrée, tout individu qui, à leur jugement, trouble la paix publique, et qui se met ainsi à même de

CHAPITRE LXIV. — LES PRISONS.

jouir de l'ameublement spartiate de ces prisons, le pot d'eau, le banc de bois et la vermine dont elle est remplie. Le violon est cependant bien souvent la première station sur la route de Toulon et de Cayenne.

Prison Sainte-Pélagie. — La prison de Sainte-Pélagie, située rue de la Clef, près du Jardin des plantes, était autrefois une communauté religieuse, fondée par M⁰ de Miramion. On y renfermait les femmes et les filles débauchées. Celles dont la conduite devenait meilleure y obtenaient un asile séparé. Les bâtiments habités par les premières portaient le nom de Refuge; les autres étaient connus sous le nom de Sainte-Pélagie. On sait que sainte Pélagie fut comédienne à Antioche, et devint, au cinquième siècle, illustre par sa pénitence. Cette maison religieuse fut supprimée en 1790. Quelque temps après, les bâtiments furent transformés en une prison. On y voyait encore, il y a quelques années, l'aile à droite au deuxième étage, la chambre dans laquelle fut enfermée, pendant la Révolution, madame de Beauharnais, depuis impératrice des Français.

C'est aussi dans cette partie des bâtiments que le poëte Béranger a subi la détention à laquelle il avait été condamné, sous la Restauration, à l'occasion de ses immortelles chansons.

Les condamnés politiques y furent longtemps confondus avec tous les autres prisonniers; mais, en vertu d'une ordonnance de police de 1828, on leur affecta un logement séparé. Les débiteurs contraints par corps y ont été détenus jusqu'en 1835, époque à laquelle ils ont été transférés dans la maison spéciale de Clichy.

La Fourrière. — Citons aussi la Fourrière, établissement tout nouveau, bâti dans les environs du marché aux veaux. Ce bâtiment consiste en un vaste hangar, qui sert à remiser les voitures trouvées isolées dans les champs ou les rues, ou bien encore celles dont les propriétaires ont été arrêtés pour quelque méfait de voirie publique. Il s'y trouve aussi des écuries pour les chevaux de ces voitures, et des chenils pour les chiens errants d'une certaine valeur, que la police ne détruit pas tout de suite, dans l'espoir qu'ils seront réclamés.

L'Abbaye. — Le pilori de l'ancienne abbaye Saint-Germain des Prés existait encore à cet endroit au seizième siècle. Il fut remplacé par une prison destinée aux militaires. Le bâtiment, de forme carrée, a trois étages.

Au commencement de la Révolution, l'Abbaye, on le sait, fut le théâtre de scènes affreuses en 1792. En septembre 1792, un grand nombre de détenus, parmi lesquels on comptait des ecclésiastiques, y furent massacrés. Parmi les victimes se trouvaient aussi le comte de Montmorin, de Saint-Hérem, ministre des affaires étrangères sous Louis XVI, et l'abbé l'Enfant, prédicateur de Joseph II. Mesdemoiselles de Sombreuil et Cazotte furent également enfermées à l'Abbaye.

Le 10 novembre 1794, madame Roland sortait de cette prison pour monter sur l'échafaud.

On enfermait dernièrement encore à l'Abbaye les militaires coupables d'insubordination ou ayant manqué aux règles de la discipline; mais cette prison est maintenant abandonnée et doit être bientôt jetée à bas.

Conseils de guerre. — Une juridiction criminelle toute spéciale est la juridiction militaire.

La justice militaire est appelée à juger tout délit militaire, c'est-à-dire toute violation de la loi militaire définie par la loi.

Les tribunaux militaires fonctionnent contre tous les militaires en activité présents à leur corps ou à leur poste; ceux qui sont en congé ou en non-activité sont susceptibles des tribunaux civils, ou ceux encore qui, en activité, ont pour complice, dans le délit ou le crime qui leur est imputé, une personne appartenant à l'ordre civil.

Dans chaque division militaire se trouvent deux

Maison de la Roquette. — Jeunes-Détenus.

Prison de la Roquette. — Reclusionnaires.

conseils de guerre permanents et un conseil de révision, auprès duquel on en appelle, pour les formes de procédure seulement, des jugements prononcés par le conseil de guerre.

Chaque *conseil de guerre* permanent se compose de sept membres, savoir : un colonel ou un lieutenant-colonel, président : un chef de bataillon ou d'escadron ; deux capitaines ; deux lieutenants ; un sous-lieutenant ; un sous-officier.

Un officier du grade de capitaine exerce les fonctions de rapporteur près le conseil, il choisit le greffier qui doit l'assister. Le conseil de guerre de la 1ʳᵉ division militaire se réunit à Paris, rue du Cherche-Midi ; une prison cellulaire, de construction toute moderne, a été bâtie en face de l'ancien hôtel qu'il occupe, et est réservé tout particulièrement à son usage.

Nous avons vu dans ces derniers temps, et à la suite des luttes intestines, le conseil de guerre sortir de ses attributions ordinaires, et juger des personnes appartenant à l'ordre civil ; celles qui avaient été prises les armes à la main, pendant les différentes insurrections qui ont agité notre pays, ou qui étaient convaincues d'y avoir pris part comme chef ou comme simple instrument.

Cette justice avait été choisie comme étant beaucoup plus expéditive, s'épargnant tous les travaux de procédure et toutes les interminables formalités qui font traîner en longueur, pendant des mois entiers, les affaires criminelles portées devant les tribunaux ordinaires.

Par le nombre d'individus qui ont comparu dans ces dernières années devant les conseils de guerre, et que ceux-ci ont condamnés pour la plupart (car la clémence est la moindre défaut des conseils de guerre), on a pu juger et apprécier la façon habile et expéditive avec laquelle ils terminent certaines affaires.

Les Madelonnettes. — La prison des Madelonnettes était autrefois le couvent des *Filles de la Madeleine*. En 1618, Robert Montri, riche marchand de vins, ayant rencontré deux filles de joie, l'une nommée Marie Latrade, l'autre Benoîte la Blonde, qui manifestaient le désir de mener une vie plus régulière, les reçut dans sa maison, située près du carrefour de la Croix-Rouge.

En voyant entrer ces vierges folles, la femme de Robert Montri se prit d'une grande colère et voulut les chasser honteusement; en disant que ces concubines d'écoliers et de mousquetaires ne pouvaient que souiller sa maison et y attirer la colère de Dieu. Mais Robert Montri n'entendit raison à la première épreuve, et qui garda pendant deux mois Marie Latrade et Benoîte la Blonde.

Trois autres personnes bienfaisantes, le curé de Saint-Nicolas des Champs, un capucin et un officier des gardes du corps, très-pieux, et qui avait fait un voyage au Saint-Sépulcre après une vie assez orageuse, se joignirent à Robert Montri pour créer un établissement de filles repenties.

La marquise de Maignelay, sœur du cardinal de Gondy, acheta en 1620, pour les y placer, une maison rue des Fontaines, et leur fit un legs montant à 101,000 fr.

Le roi voulut également s'associer à cette bonne œuvre et donna des secours.

Le 20 juillet 1629, on retira de la Visitation-Saint-Antoine quatre religieuses pour gouverner cette maison, qui, dans la suite, fut divisée en trois classes de filles.

La première, la plus nombreuse, était celle des filles mises en réclusion pour y faire pénitence. C'étaient, pour la plupart, des servantes de la Bourgogne, en grande partie très-jolies. Elles conservaient l'habit séculier.

La seconde classe était celle des filles éprouvées par la pénitence et qu'on nommait la *Congrégation*. Elles portaient un vêtement gris. Ces filles passaient leur journée au travail et à la prière. Plusieurs, il faut le dire, après avoir subi la première épreuve, qu'on appelait la purification, ne pouvaient résister au régime de la prison et s'échappaient souvent pendant la nuit pour recommencer leur vie de désordre. On les appelait dans leur monde *les tondues*, car, en entrant, on avait eu soin de leur raser les cheveux.

La troisième classe, la moins nombreuse, comprenait les filles dont la conversion était sincère. Elles étaient admises à prononcer des vœux.

L'église du monastère fut bâtie en 1680 et dédiée à la Vierge.

Ce couvent, supprimé en 1790, devint propriété nationale et fut converti en prison publique.

En 1795, on y enferma les femmes prévenues de délits. Cette destination fut conservée jusqu'en 1830.

Les jeunes détenues vinrent ensuite aux Madelonnettes.

Saint-Lazare. — On ignore l'origine de la maison Saint-Lazare. Le plus ancien titre qui mentionne cet établissement est de l'année 1110. C'était un hôpital de pauvres lépreux, sous l'invocation de Saint-Ladre ou Saint-Lazare. Pour soutenir cette maladrerie, le roi Louis le Gros établit, en sa faveur, une foire dont elle touchait les revenus. Louis VII, avant son départ pour la croisade, visita cette léproserie, et y laissa des marques de la libéralité. En 1632, saint Vincent de Paul institua les prêtres de la mission et installa ces religieux à Saint-Lazare. Le principal emploi de cette congrégation était de travailler à l'instruction des pauvres habitants des campagnes. Vers la fin du dix-septième siècle l'établissement tombait en ruines; les prêtres de la mission le firent reconstruire tel qu'il existe aujourd'hui. Le 14 juillet 1789, Saint-Lazare fut pillé, incendié par une troupe de malfaiteurs; la milice parisienne, instituée le même jour, vint heureusement arrêter les progrès de la dévastation. En 1793, Saint-Lazare fut converti en prison. On y enferma plus de douze cents personnes. C'est dans cette prison que furent enfermés Roucher et André Chénier. Ils n'en sortirent que pour monter sur l'échafaud.

Cet établissement est aujourd'hui affecté aux femmes prévenues de délits ou de crimes, ainsi qu'aux filles publiques prises en contravention. La population annuelle de cette prison s'élève de huit à neuf cents.

Clichy, prison pour dettes. — Clichy, ce débarcadère de toutes les gloires, de tous les plaisirs, de toutes les folies; ce tabernacle de tous les désastres!

Le créancier.

cette amphitrite de tous les soleils! Celui-ci n'a mis que deux mois pour arriver dans son tilbury de son appartement de la rue Saint-Lazare à l'hôtel de Clichy; cet autre, poursuivi par tous les recors, a lutté pendant dix ans et a dépensé plus d'activité et de courage pour échapper à ses créanciers qu'il ne lui en aurait fallu pour les payer, puis il a été surpris un beau matin. Cet autre, acquitté dans la solitude des spéculations de bourse; cet autre, après avoir créé et mis au monde une myriade de lettres de change, expie le crime d'avoir laissé sa signature aux Enfants-Trouvés; cet autre, malheureux père de famille, a été arraché à sa femme et à ses enfants pour n'avoir pas su ou voulu faire faillite. Toutes les misères, toutes les folies, tous les malheurs, tous les caprices trouvent leur châtiment, quelquefois immérité, dans une claustration qui, la plupart du temps, ne permet pas aux débiteurs de se libérer envers leurs créanciers.

Les dettes, hélas! ne sont choses divertissantes qu'au théâtre. Depuis que la comédie existe, le créancier est toujours le personnage ridicule de la comédie; dans la vie positive au contraire, dans l'existence sociale, le créancier est une réalité très-sérieuse, en dépit des aphorismes du vaudeville et des sarcasmes de la scène; les tours charmants que l'on joue à ceux auxquels on doit aboutissent toujours à la prison pour dettes, quand ils ne se dénouent pas devant la police correctionnelle; la captivité ou la déconsidération dominent toutes ces saillies joyeuses.

Cela n'empêchera pas les moralistes de l'Académie et d'ailleurs de déclarer magistralement, comme ils l'ont fait jusqu'à présent, que le théâtre est l'école, ou, si l'on aime mieux, le miroir des mœurs. Le public lui-même ne veut pas croire aux souffrances des prisonniers pour dettes; les badauds qui montent le dimanche la longue rue qui conduit aux guinguettes de Batignolles ne manquent jamais de dire en passant devant Clichy : — Ah! les farceurs

Un débiteur saisi.

Débarcadère du Café de Paris.

CHAPITRE LXIV. — LES PRISONS.

qui sont là-dedans... Ce sont ceux-là qui s'amusent. Oui, entrez par curiosité, et voyez cette gaieté de près.

Une justice que nous nous hâtons de rendre à la prison de Clichy, c'est que rien n'a été négligé pour le bien-être des détenus; espace, air, salubrité, clarté, distribution d'eau et de chaleur, promenade d'hiver et d'été, facilité de réunion et d'isolement, tout a été prévu, et autant qu'il a été donné à l'architecte d'adoucir la position des détenus, il l'a fait; la position du prisonnier a été réduite à la stricte privation de la liberté.

L'entrée de la prison n'a rien qui puisse faire naître d'accablantes réflexions : une cour, des bâtiments, qui ressemblent de loin, il est vrai, aux dépendances ordinaires d'un hôtel; et au fond, un corps de logis qui pourrait être pris pour un hospice bien doté sans les barreaux qui garnissent les fenêtres; en pénétrant plus avant, on ne se heurte pas contre des guichets à porte basse, contre des geôles à poternes écrasées; des grilles vastes et élevées, comme celles d'un parloir de couvent, donnent entrée dans la salle du greffe, qui touche au cabinet du directeur et à un salon destiné aux conférences des détenus avec les personnes qui ne peuvent pas pénétrer dans l'intérieur de la maison; de ce salon, où l'on dépose la personne du débiteur saisi, pendant l'accomplissement des formalités de transcription et d'écrou, on aperçoit une vaste cour, bien sablée, avec quelques arbres hauts et verdoyants, des bancs de gazon, et, au pied du mur d'enceinte opposé au bâtiment dans la longueur de cette cour, un parterre tout émaillé d'arbustes et de fleurs, avec deux pelouses fraîchement entretenues.

Quand le débiteur est livré aux geôliers, il passe sous le feu d'un examen attentif; ses futurs gardiens étudient son visage, puis la grande porte de fer s'ouvre, et il est lancé dans la prison.

Une large galerie, qui règne dans tout le rez-de-chaussée de l'édifice, contient la première série des chambres. C'est la place publique de la prison, c'est le passage de tous les captifs, c'est le centre de tout mouvement qui règne dans l'établissement. Éclairée par trois grilles qui s'ouvrent sur la cour, et par une file de hautes fenêtres, cette galerie est chauffée par un conduit de chaleur souterraine qui s'échappe par les ouvertures de planches percées à jour. Cette même disposition se retrouve dans toute la maison. Un vaste caléfacteur, dont le tuyau s'élève dans toute la hauteur de l'escalier, à peu près comme les poêles des salles de spectacle, fournit et distribue le calorique destiné à chauffer toutes les chambres. Des bancs sont disposés de l'autre côté de la galerie, le long des cellules : cet endroit est aussi le marché de la colonie. De petits commerces de vin, un modeste café, un débit de tabac et d'épiceries, garnissent quelques chambres. Il y a aussi une sorte de café-restaurant situé à l'une des extrémités de la galerie; à l'autre extrémité, le cabinet de lecture étale ses livres

Le premier quart d'heure.

La galerie.

et ses journaux. Le rez-de-chaussée est le meilleur point d'observation; le matin, on voit accourir tous les détenus pressés de se procurer l'eau que leur fournissent deux robinets établis dans la cour; plus tard, les visiteurs, les appels, les lettres qu'apporte le facteur, les commissions, l'achat des provisions, vous mettront au courant de la situation de chacun d'eux.

Au premier et au second étage, de longs corridors aérés et éclairés par deux fenêtres sur la cour. Cent trente cellules s'ouvrent sur ces corridors. Chaque prisonnier est seul; moyennant finance, la maison lui fournit un mobilier convenable; pour cinq sous par jour, *minimum* du loyer, il a une couchette en fer, une armoire, une table, deux chaises, un matelas, une paillasse, une couverture et une paire de draps, qu'on change... tous les quinze jours. Le captif peut, en outre, se procurer en location des tables, des chaises, des couvertures, des serviettes; les autres menus ustensiles doivent être achetés par lui. Des postes de surveillants sont établis pour chaque division des différents étages; des hommes de peine, qui portent le nom d'*auxiliaires*, leur sont adjoints. Ils sont spécialement chargés de tenir l'établissement dans la plus grande propreté possible.

Il est défendu aux détenus de préparer chez eux aucun aliment; ils ne peuvent recevoir du dehors que des aliments tous disposés, et rien qui soit destiné à une cuisson nouvelle. Cette mesure les livre à l'exigence impitoyable de la cantine.

L'entrepreneur qui exploite la cantine, affranchi de toute rivalité, appuyé sur le monopole, dédaigne toute amélioration, et, occupé seulement d'augmenter ses bénéfices, il est peu scrupuleux sur le choix et la préparation des denrées. Le vin y est surtout d'une qualité détestable.

Les ressources du prisonnier pour dettes sont excessivement bornées. La consignation alimentaire de trente francs par mois, faite par le créancier, est réduite par les dépenses de la pistole à vingt-deux francs cinquante centimes, laquelle somme est partagée par dixièmes, qui forment une paye de quarante-cinq sous tous les trois jours. Le moment de la paye est toujours un moment de joie, toutes les infortunes fraternisent par cet émargement de détresse. On fait queue à l'étroit guichet du payeur, et il y a, dans la journée de la paye, un redoublement de circulation métallique entre la cantine et les buvettes. Il faut bien occuper les loisirs de la captivité.

Les visiteurs, c'est-à-dire les personnes qui peuvent pénétrer auprès des détenus, avec une permission expresse délivrée par ceux-ci et confirmée par le chef du bureau des prisons à la préfecture de police, ne sont admis que trois fois par semaine. Ces visiteurs ou ces visiteuses, ce sont des frères, des amis, des sœurs, quelquefois des maîtresses. Ce sont aussi des hommes d'affaires, qui appellent au greffe le débiteur, pour terminer, dans leur intérêt commun, cette inutile détention, qui ne sert qu'à aggraver deux positions, celle de l'homme qui l'a ordonnée et celle de l'homme qui la subit.

Le prisonnier pour dettes est à peu près réduit à ses propres forces pour pourvoir à sa subsistance. La dureté de sa condition est déplorablement augmentée par le monopole de la cantine. Les impôts indirects qui pèsent sur ces infortunés sont nombreux : le facteur, pour leur remettre leurs lettres en mains propres, exige un sou en sus de la taxe. Une commission, la moindre complaisance, tout est coté et tarifé par la cupidité de quelque employé subalterne. Il faut se courber sous ces exactions, sous peine de n'obtenir rien et de se voir exposé à des retards, à des contrariétés, à des obstacles qui peuvent quelquefois compromettre le succès d'une combinaison sur laquelle repose la délivrance du détenu.

Gavarni, dans ses spirituels dessins, a montré le côté gai, jeune et alerte de la prison pour dettes: le vin de Champagne sablé à la barbe du créancier, le *far niente* du détenu qui se console en charbonnant sur la muraille le profil de son cerbère, la promenade à deux dans le jardin, l'ancien et le nouveau devisant sur les beaux jours de la liberté éclipsée, le débiteur s'engraissant au régime de la reclusion et des dîners à 30 francs par tête. Mais il faut bien dire cependant que la physionomie vivante de Clichy n'offre, en général, qu'un affligeant spectacle : mérité ou immérité, juste ou injuste, nécessaire ou cruel, le malheur y est réel. On y voit affluer des pauvres véritables, et la grande majorité des détenus appartient à ce qu'on appelle la classe inférieure de la société. Aussi la fraternité complète est-elle impossible entre les différentes catégories. En dépit de tous les adoucissements, il existe, pour le détenu qui a reçu une certaine éducation, des fréquentations et des contacts forcés qui sont déjà, à eux seuls, un grave châtiment.

Si l'on ne s'arrête qu'aux saillies de la surface, il règne pourtant entre tous ces gens de diverses conditions une apparente cordialité. A défaut de la liberté, on a l'image de l'égalité, les éclats bruyants; ici le loto, là-bas le cheval fondu ; en été, les barres, les boules, la balle, les courses; en hiver, la promenade dans la galerie, les parties d'écarté ou de piquet ; tout cela contribue à égayer de temps en temps la prison. Mais, au fond de tout ce mouvement, de toute cette joie, de tous ces cris, il y a toujours une pensée triste : la privation de la liberté.

Le régime péripatéticien est celui qui domine dans la prison. Sans le mouvement, le prisonnier périrait de marasme et d'ennui. L'hygiène morale est ici d'accord avec l'hygiène physique pour conseiller impérieusement au détenu l'usage fréquent de la promenade.

C'est surtout pendant les heures de la promenade que se manifestent les bigarrures de la population détenue. Voici un dandy qui coudoie un pauvre ouvrier; voilà un ex-financier qui se promène avec un ex-diplomate. Les étrangers sont peu nombreux dans la prison pour dettes; on y rencontre cependant un cer-

Le guichet.   Le portrait du créancier.

tain nombre d'Anglais qui vivent entre eux, se soutiennent avec patriotisme, et font généralement bonne chère.

On ne cite dans les annales de la prison que peu de tentatives d'évasion, et c'est un sujet dont jamais les prisonniers ne s'entretiennent entre eux: on peut même affirmer qu'ils ne se préoccupent guère de tels projets. Cependant, le soir, on *boucle* les cellules, c'est-à-dire que les gardiens les ferment au verrou, après s'être assurés que le prisonnier y est enfermé. Le matin, la cellule est ouverte, et l'on constate encore une fois la présence du détenu, après quoi chacun vaque à ses fonctions ou à ses travaux. Un simple petit cadenas ferme la porte du prisonnier.

Toute étiquette de costume est laissée de côté, comme bien on pense, et l'oisiveté règne sous toutes les latitudes de la prison pour dettes. Le travail y serait fort difficile ; les causeries importunes vous assiégent de toutes parts; entouré d'une colonie de paresseux, l'homme laborieux est là tout aussi mal à l'aise que le serait un homme à jeun aux prises avec une troupe de gens ivres. Une triste observation n'a que trop bien révélé quels sont les dangereux effets de la captivité sur les facultés intellectuelles des prisonniers, et il en est bien peu qui puissent résister à cette action délétère.

La contrainte par corps est restée dans nos codes, mais on peut dire qu'elle n'est plus dans nos mœurs. La durée générale de la détention (cinq ans) est déjà beaucoup moindre qu'autrefois et, depuis bien des années, il est presque sans exemple qu'un débiteur ait accompli en prison le temps entier que la loi assigne à sa captivité. L'arrivée d'un nouveau détenu cause peu de sensation. Mais sa sortie est toujours plus remarquée : l'envie et la joie, le regret et la cordialité se croisent involontairement dans les cœurs de ceux qui voient cette porte, un instant ouverte, se refermer sur eux. Mais où éclatent la gaieté et l'ironie, c'est quand un prisonnier est mis en liberté par défaut de consignation d'aliments, c'est alors une clameur universelle de sarcasmes contre la lassitude du créancier.

Une visite de quelques heures à la prison pour dettes suffit pour convaincre de l'inutilité de la contrainte par corps l'esprit le plus prévenu. Elle n'atteint jamais le débiteur solvable, et par conséquent de mauvaise foi, quand il ne paye pas; elle ne frappe que le malheur; elle ne sert qu'à grossir la liste des frais; elle augmente le montant de la dette, et elle enlève les seules ressources à l'aide desquelles peut s'acquitter le malheureux : le travail et l'industrie.

Enfin, il faut encore considérer ceci : c'est que, pour aider les frauduleuses opérations d'usuriers, la contrainte par corps jette sous les verrous de malheureux jeunes gens qui languissent désœuvrés et étiolés à l'ombre de hautes murailles, et qui, par suite de ce désœuvrement, rentreront dans le monde en proie à une corruption anticipée.

Chapitre LXV.

STATISTIQUE INDUSTRIELLE DE PARIS.

Enquête faite par la Chambre de commerce de Paris. — Travail de la Commission d'enquête. — Nombre des industries exercées à Paris. — Les treize groupes différents. — Les entrepreneurs. — Le mouvement des affaires en 1847. — Distinction entre la valeur première et la valeur acquise. — Sommes des salaires payés annuellement aux ouvriers parisiens. — La crise de 1848. — La répartition des diverses industries dans Paris. — Chiffre des transactions et nombre des entrepreneurs et ouvriers par arrondissement. — Les ouvriers parisiens. — Leurs salaires. — Statistique intellectuelle des ouvriers. — Leurs logements. — Groupe de l'alimentation. — De la nourriture à bon marché. — L'ordinaire du soldat à Paris. — Groupe du bâtiment. — Accroissement de la population et du nombre des maisons à Paris. — Importance croissante de l'industrie du bâtiment. — Moyenne du prix du terrain à Paris. — Groupe de l'ameublement. — La division du travail dans cette partie. — Groupe du vêtement. — Tailleurs sur mesure et confectionneurs. — Cordonniers. — Chapeliers. — Entreprises de buanderie et de blanchissage. — Groupe des fils et tissus. — Groupe des peaux et cuirs. — Groupe de la carrosserie, des équipements militaires. — Groupe des industries chimiques et céramiques. — Le gaz. — Groupe du travail des métaux, mécanique, quincaillerie, instruments de précision. — Métaux précieux. — Boissellerie et vannerie. — Article de Paris. — Imprimerie. — Lithographie. — Gravure. — Questions des salaires et du chômage.

Une des plus sérieuses difficultés qu'il faut s'attendre à rencontrer en abordant les questions économiques, est l'inexactitude des chiffres exprimant les faits dont on veut rechercher les lois; aussi sommes-nous heureux de pouvoir signaler un document aussi précieux par l'importance des matières que par la manière dont il a été rédigé, et de lui emprunter les chiffres que nous allons donner dans ce chapitre. C'est l'enquête faite par la chambre de commerce de Paris, conformément au décret de l'Assemblée constituante, qui avait prescrit un semblable travail dans toute la France.

Cette enquête a été effectuée à Paris avec un soin consciencieux, une intelligence des difficultés, un ensemble de précautions et de contrôles destinés à surmonter, qui ne laissent qu'une bien faible marge aux erreurs inséparables de pareilles recherches. Indépendamment de l'utilité de ce travail comme constatant la situation de l'industrie parisienne, si étendue, si variée, la répartition entre des professions diverses et les salaires d'une population de 400,000 travailleurs, il offre un intérêt de curiosité bien vif par les détails trop peu connus qu'il donne sur les moyens d'existence, les habitudes, les mœurs de cette agglomération d'ouvriers, dont les passions exercent sur les destinées de la France une influence tantôt fatale, quelquefois heureuse, mais toujours décisive.

C'est à ce double point de vue que nous allons donner aux lecteurs du *Tableau de Paris* une analyse développée de ce document remarquable. Nous ferons connaître les chiffres généraux, ensuite les chiffres relatifs aux principales industries, puis enfin les faits moraux recueillis par la commission, ainsi que les réflexions que nous a suggérées leur examen sur les questions si importantes des salaires, du bien-être et de la moralité des ouvriers parisiens.

Cette enquête n'a dû porter que sur l'industrie manufacturière. L'industrie commerciale à Paris se rattache au commerce général de la France : cette ville est à la fois un centre, un débouché et un dépôt pour les produits agricoles et manufacturiers de la majorité des départements. Elle reçoit et réexpédie pour le compte des autres autant que pour le sien propre. L'industrie manufacturière au contraire essentiellement locale : les opérations qu'elle pour objet s'y commencent et s'y terminent, à peu d'exceptions près. Il est donc possible d'en suivre toutes les phases, d'en constater l'importance. Mais cette industrie est beaucoup plus subdivisée qu'on ne le croit généralement. Les grands établissements n'en forment qu'une partie, qui va toujours s'amoindrissant par l'effet de diverses causes qui seront examinées plus loin, et qui tendent simultanément à repousser hors des murs les véritables manufactures. Les ouvriers très-nombreux qui possèdent un petit capital, ou qui ont su, par leur intelligence et leur bonne conduite, obtenir du crédit, achètent la matière première, et la transforment, soit seuls, soit à l'aide d'un apprenti ou d'un compagnon : ils forment un des grands agents de la production parisienne.

La commission a donc eu à rechercher quel était le nombre 1° des industriels employant un ou plusieurs ouvriers; 2° de ceux qui travaillent seuls, mais pour leur compte, quelquefois d'avance, le plus souvent sur commandes faites par des clients bourgeois, ou des véritables fabricants. Les individus de ces deux classes doivent être compris dans les entrepreneurs d'industrie; tandis que les ouvriers allant dans les ateliers, ou qui travaillent en chambre, sont attachés à un seul établissement, rentrent dans la classe des salariés, et sont compris dans les déclarations faites par les entrepreneurs.

Ce sont ces déclarations qui, recueillies maison par maison, ont dû être soumises à une vérification aussi minutieuse que bien entendue, pour qu'elle permît de constater et de rectifier les erreurs involontaires ou les fausses assertions qui étaient à redouter. Le préambule de l'enquête expose les précautions employées à cet égard, précautions telles, qu'elles doivent inspirer toute la confiance possible dans l'ensemble de ce vaste travail. La commission d'ailleurs a pris soin d'indiquer elle-même les chiffres, qui, à sa connaissance et par des causes qu'elle proclame, ne présentent pas le même degré de certitude.

Les industries exercées à Paris sont au nombre de 325. Pour faciliter leur étude, la commission les a classées en 13 groupes différents, dont chacun est composé de celles qui ont une même destination, ou qui sont rapprochées par la similitude des matières qu'elles employaient.

Ces groupes sont ainsi désignés : 1° l'alimentation; 2° le bâtiment; 3° l'ameublement; 4° le vêtement; 5° les fils et les tissus; 6° les peaux et cuirs; 7° la carrosserie, sellerie et les équipements militaires; 8° les industries chimiques et céramiques; 9° le travail des métaux, la mécanique, la grosse quincaillerie, les instruments de précision et la coutellerie; 10° le travail des métaux précieux; 11° la boissellerie, vannerie, tonnellerie, les layetiers-emballeurs; 12° les articles de Paris : bronzes, bourses, sacs, quincaillerie fine, fleurs artificielles, éventails, parapluies, nécessaires; 13° l'imprimerie, la gravure, la papeterie avec leurs accessoires.

Ces 325 industries sont exercées par 64,816 entrepreneurs, dont 7,117 emploient plus de 10 ouvriers; 25,116, de 2 à 10; et 32,583, 1 ouvrier, ou travaillent seuls.

Ces entrepreneurs occupent à eux tous 342,530 ouvriers de tout sexe et de tout âge. La proportion moyenne des ouvriers aux patrons serait donc de 5 28/100 contre 1; mais si l'on retranche le personnel des deux groupes, l'*alimentation* et le *vêtement*, dans lesquels beaucoup d'entrepreneurs travaillent seuls, la moyenne proportionnelle s'élève à 7 58/100.

Le montant des affaires effectuées par ces entrepreneurs, en 1847, a été de 1,463,628,350 fr., représentant le prix des façons et la valeur des matières employées, sauf cependant pour quelques industries, telles que l'affinage de l'or, le montage des diamants et pierres fines, dans lesquelles le prix des matières premières aurait trop surélevé le chiffre des ventes, et où il a été d'ailleurs facile d'opérer la distinction du prix de ces matières et de celui des façons. Ainsi, dans l'affinage de l'or, la valeur seule du métal représenterait 60 à 80 millions, tandis que le prix du travail et les bénéfices de l'entrepreneur ne s'élève qu'à 350,000 fr. La répartition de cette somme de 1,463 millions, entre les 13 groupes, est indiquée dans l'état ci-dessous, que nous avons cru devoir compléter en y comprenant le nombre des entrepreneurs et des ouvriers de chaque groupe :

GROUPES.	IMPORTANCE DES AFFAIRES en 1847.	NOMBRE DE patrons.	NOMBRE D'ouvriers.
Vêtements,	240,947,293 fr.	29,216	90,064
Alimentation,	225,863,080	8,673	10,428
Bâtiment,	143,412,679	4,061	41,803
Ameublement,	137,145,246	5,713	36,184
Métaux précieux,	134,830,276	2,302	16,819
Articles de Paris,	126,628,777	6,124	35,679
Fils et tissus,	105,818,474	3,709	36,685
Travail des métaux, mécanique, etc.	103,631,601	3,104	24,894
Industries chimiques et céramiques,	74,546,606	1,259	9,737
Carrosserie, sellerie,	52,357,176	1,253	13,754
Imprimerie, papeterie,	54,171,873	2,235	16,705
Peaux et cuirs,	41,762,965	426	4,573
Boissellerie, vannerie,	20,482,304	1,551	5,405

Ce chiffre des transactions opérées, bien que matériellement exact, tend à donner une idée fausse des forces productives de la population parisienne, en ce qu'il y a presque toujours confusion du montant des façons et bénéfices, c'est-à-dire de la rémunération du travail fourni par les ouvriers et entrepreneurs de l'intérieur, avec la valeur de la matière première apportée du dehors. Ces matières, il est vrai, subissent une transformation qui augmente plus ou moins leur valeur; mais cette augmentation seule est le produit du travail dont on veut constater l'intensité, et constitue le véritable chiffre de la production parisienne.

Nous comprenons, en le regrettant, que la commission n'ait pas entrepris les recherches, aussi difficiles que minutieuses, qui auraient permis d'établir cette distinction entre la valeur première et la valeur acquise; afin de donner à nos lecteurs une idée de la réduction que ferait subir ce travail au chiffre ci-dessus de 1,463 millions, nous allons essayer d'établir, pour quelques industries, les parts respectives du producteur de l'intérieur, de celui de l'extérieur, et des frais résultant des impôts locaux ou généraux.

Le montant des ventes opérées par la boucherie en 1847 est porté à 74,893,432 francs. Ce chiffre ne représente probablement que le prix des viandes débitées dans les étaux; les suifs et cuirs étant livrés directement aux abattoirs et faisant l'objet de marchés à part. D'après le taux moyen des bestiaux dans le cours de cette année 1847, la viande livrée au détail par les bouchers aurait été achetée par eux sur pied pour la somme de 63 millions. Les droits d'octroi que ces commerçants ont acquittés à la sortie des abattoirs et sur moitié des viandes introduites par les barrières, le surplus étant supposé payé par les bouchers forains ou les particuliers qui s'approvisionnent hors Paris, s'élèvent à 5,341,000 fr., non compris les droits acquittés pour les abats et issues qui font l'objet d'un commerce particulier. Sur les 74,893,432 fr. ci-dessus, il reste donc de 6 à 7 millions pour rémunération du travail des bouchers et frais de toute espèce. Or, sur cette dernière somme, le prix et les impôts directs enlèvent encore près d'un million (1,900 à 2,000 fr. en moyenne par étal, et il y en a 504); il n'y a donc, pour augmentation de valeur provenant de l'industrie parisienne, que 5 à 6 millions sur près de 75.

Pour la charcuterie, le partage est moins facile à opérer; les préparations sont plus compliquées, et leur prix contribue dans une plus forte proportion à augmenter la valeur vénale. Aussi, sur le chiffre de

15,731,312 fr. d'affaires faites par ce commerce en 1847, la matière première n'entre que pour 9 à 10 millions. Les droits d'octroi s'élèvent à 900,000 fr. environ; les loyers et impôts directs de 8 à 900,000 fr.; il reste donc de 4 à 5 millions pour la rémunération des auxiliaires, qui s'élève à 500,000 fr. environ, pour l'intérêt des capitaux engagés dans le commerce et les bénéfices du patron.

Pour la boulangerie, la distinction est facile; le prix du pain se compose de deux éléments bien distincts: le prix de la farine et les 11 francs que l'administration accorde par sac de cette substance pour frais de toute espèce. Cette rémunération est augmentée de 2 fr. à 2 fr. 30 cent. par sac pour la rétribution exceptionnelle que les boulangers sont autorisés à percevoir sur les pains dits de luxe ou de fantaisie. En 1847, sur une vente totale déclarée de 60,242,390 fr., le prix de la farine achetée par les boulangers a dû s'élever de 52 à 53 millions. — Les loyers et contributions directes de 11 à 1,200,000 fr.; les salaires à 4,000,000 fr. Restait donc environ 2,700,000 fr. pour les autres frais, indemnité des pertes, intérêts des capitaux engagés, surtout du prix des farines en magasin, enfin pour les bénéfices du fabricant.

Dans les autres industries de l'alimentation, le rapport de la matière au travail qui la transforme varie beaucoup; mais en général le prix de la première est très-supérieur à celui de la mise en œuvre. Ainsi, dans la raffinerie, le montant des salaires ne peut guère être évalué qu'à 2 pour 100 du prix de vente; dans la brasserie, de 9 à 10.

Pour le second groupe, celui du bâtiment, d'après les évaluations consignées dans les *Recherches statistiques sur la ville de Paris*, le rapport des matériaux à la main-d'œuvre dans la construction d'une maison neuve était, en 1824, comme 57,57 à 42,43. Mais, comme dans le prix de certains objets fournis confectionnés, le travail constitue déjà une partie de la valeur, on peut admettre que les matières premières entraient pour moitié dans le coût des travaux neufs. Or, ce rapport a dû peu changer, la hausse ou la baisse des matériaux concordant assez régulièrement avec les oscillations des salaires.

Dans le vêtement, il doit y avoir de grandes inégalités. Pour les articles confectionnés ou même les articles faits sur commande par les petits patrons ou ouvriers en chambre, le prix des façons est bien inférieur à celui des étoffes de toute espèce. Pour les objets d'habillements fournis par les entrepreneurs en renom et pour tous les articles de luxe, les mains-d'œuvre et surtout les bénéfices du marchand sont bien supérieurs à la valeur des étoffes.

Dans la cordonnerie commune, les cuirs et peaux formant à peu près les 4/10 du prix de vente, la façon 30 pour 100, les 30 pour 100 restant doivent couvrir les frais généraux et pertes, et former le bénéfice du patron, qui concourt d'ailleurs à la fabrication en coupant sur mesure les peaux que l'ouvrier n'a plus qu'à coudre le plus souvent. Dans la cordonnerie de luxe, ce rapport change en sens inverse. Mais là, comme dans la plupart des articles d'habillement, il est triste de le dire, c'est moins l'élévation des salaires qui renchérit la marchandise que les bénéfices considérables du patron; bénéfices dont l'exagération est justifiée, à un certain point, par les pertes auxquelles l'entrepreneur est exposé, la lenteur des rentrées et les frais qu'il doit supporter.

La fabrication des articles de Paris offre des résultats tout différents et plus avantageux au travailleur: dans cette partie, la matière n'est qu'accessoire; c'est la façon qui donne la valeur à ces futilités élégantes qui se répandent dans le monde entier.

Indépendamment du prix des matériaux mis en œuvre, il existe une autre cause de l'élévation du chiffre général des transactions.

Le corroyeur achète du tanneur le cuir revendu par lui après une nouvelle préparation au cordonnier, au sellier, qui le livrent définitivement façonné au consommateur. Il en est de même pour les petites peaux préparées par les mégissiers, peaussiers; pour les étoffes à gilets fabriquées dans Paris; enfin pour les nombreux articles dont la fabrication se compose de plusieurs manipulations distinctes opérées par divers industriels se revendant successivement la matière ayant subi tous ses degrés de transformation. Or, comme on n'a pas défalqué du montant des ventes de chaque industrie le prix de la matière achetée et revendue par elle, il en résulte que cette valeur intrinsèque se trouve comprise deux, trois et même quatre fois dans le chiffre total de 1,463 millions.

La commission évalue de 250 à 300 millions la somme des salaires payés annuellement aux ouvriers parisiens; soit, en moyenne, 275. Elle estime que la rémunération des 32,500 petits patrons travaillant seuls ou avec un ouvrier doit porter ce chiffre du cinquième au quart du total des transactions; soit de 300 à 350 millions. Si on ajoute 150 à 160 millions pour bénéfices des entrepreneurs occupant deux ouvriers et au-dessus, bénéfices calculés d'après le nombre de travailleurs que chacun emploie, on arrivera à un total de 480 à 500 millions, représentant la rémunération des producteurs parisiens de toutes classes. Le surplus des 1,463 millions, soit près d'un milliard, représente le prix des matières premières, des matières accessoires à la fabrication, des impôts locaux et généraux, enfin les frais de toute espèce et surtout les loyers, dont le taux, hors de toute proportion avec ceux des localités moins populeuses, contribue beaucoup à renchérir les diverses fabrications.

On ne saurait trop regretter, nous le répétons, que la commission n'ait pas eu la possibilité ou la volonté d'adopter pour son travail le cadre employé dans les recherches statistiques sur la ville de Paris; cadre présentant distinctement, pour chaque industrie dont on a donné la situation, les capitaux engagés, les salaires payés, le prix de la matière première et des matières accessoires, et le résumé des bénéfices réalisés, d'après la comparaison des frais de fabrication et des prix de ventes.

Dans cette même année 1847, les valeurs déclarées en douane à la sortie par le commerce de Paris, n'ont été que de 168,572,187 fr., savoir: 90,167,778 fr. pour marchandises non sujettes à prime, et 78,404,409 fr. avec primes, c'est-à-dire fabriquées avec des matières premières importées après acquit des droits de douane.

Ces chiffres ne peuvent donner une idée exacte de l'importance des expéditions de la fabrication parisienne: d'abord, parce qu'une partie des marchandises exportées, telles que soieries, draps, batistes, etc., n'ayant pas été manufacturées dans Paris, devraient être retranchées de ce total; ensuite, parce que l'on n'a pas de données précises sur les envois des produits parisiens à destination des autres parties du territoire français: expéditions dont le chiffre est considérable et ne saurait être constaté que par une enquête commerciale venant contrôler et confirmer l'enquête industrielle.

La crise de 1848 a eu pour résultat de réduire à 677,524,117 fr. les 1,463 millions d'affaires effectuées en 1848. La diminution en masse a donc été de 54 pour 100. Dans quelques groupes elle a été beaucoup plus forte: ainsi, pour le bâtiment, elle s'est élevée à 66 pour 100, pour l'ameublement à 75.

Cette différence dans le chiffre des affaires a été augmentée, en apparence, par le meilleur marché, en 1848, du pain, de la viande et de la plupart des comestibles. Les mêmes quantités vendues ont donné, dans la seconde de ces deux années, des sommes beaucoup moins fortes. Le même effet a dû se produire dans d'autres industries dont les articles avilis se vendaient à perte. C'est même là une des causes qui ont soutenu nos expéditions à l'étranger, où les commerçants ont profité du bas prix pour s'approvisionner. Ainsi les valeurs déclarées à la douane de Paris sont, en 1848, de 150 millions. Les exportations n'ont donc baissé que d'un neuvième, tandis que la masse des affaires était réduite de moitié. Par opposition, cette réduction a été atténuée dans quelques spécialités par le mouvement qu'ont imprimé à la passementerie militaire, aux équipements, à la sellerie, aux vêtements, le développement donné à la garde nationale, l'organisation de la garde mobile et l'organisation de l'armée, dont les équipements se sont confectionnés principalement à Paris.

Les chiffres exprimant la diminution de la production paraissent confirmés par le nombre des ouvriers congédiés, faute d'ouvrage, qui a été de 186,405 sur 342,530; c'est-à-dire que la réduction des travailleurs a été de 54 pour 100, comme celle des affaires. Mais ces chiffres sont les moyennes de l'année entière; or, comme c'est principalement pendant les mois de mars, avril, mai et juin que s'est fait le plus cruellement sentir cette suspension de la vie industrielle, car les affaires, assez actives en janvier et février, ont commencé à se ranimer à partir de juillet, la réduction pendant ces quatre mois peut être évaluée de 70 à 80 pour 100.

Les 325 industries exercées dans Paris ne sont pas également réparties dans les diverses parties de cette capitale. Celles qui préparent et débitent les aliments de première nécessité sont disséminées dans tous les quartiers proportionnellement à la population: pour 17 à 1,800 habitants il y a un boulanger et un boucher; les épiciers, les charcutiers rentrent dans cette catégorie. Les pâtissiers sont moins également espacés: ils affluent dans les quartiers riches, sur les boulevards, à portée des promeneurs. Les petits ateliers d'industrie du bâtiment, tels que les menuisiers, serruriers, peintres, etc., qui font les réparations et les menus travaux, sont répartis sur tous les points de la ville. Les grands ateliers se réfugient dans les quartiers excentriques où ils trouvent de larges espaces à bon marché, notamment dans les 5e et 8e arrondissements. C'est dans le faubourg Saint-Antoine que s'effectuent presque exclusivement la fabrication des meubles, des papiers peints, de la grosse chaudronnerie.

Les articles de Paris se confectionnent dans la partie de la ville comprise entre la rue des Francs-Bourgeois et Saint-Merry, au sud; les rues Montorgueil et Poissonnière, à l'ouest; la place des Vosges et la rue Saint Louis, à l'est; et au nord, les boulevards. C'est là qu'existent ces nombreux ateliers envahissant tous les étages de certaines maisons, et composés de l'entrepreneur, d'un ou deux apprentis ou ouvriers. Ces locaux resserrés, où le maître et les salariés concourent ensemble à des travaux qui permettent la conversation, ont été autant de foyers de socialisme, et ont fourni un puissant contingent à toutes les émeutes avant et depuis 1848.

La carrosserie, la sellerie sont à portée des classes riches dans les 1er, 2e et 10e arrondissements. La fabrique des châles et tissus, la confection des vêtements, sont principalement placées dans les 3e et 4e. La fabrication des bronzes est surtout posée dans les 6e et 7e. L'imprimerie et ses accessoires dans le 10e et 11e. Le 12e, faubourg Saint-Marceau, est spécialement occupé de la préparation des peaux et cuirs, de la fabrication des couvertures de laine et coton.

Voici, au reste, un état indiquant, par arrondissement, le montant des transactions opérées, le nombre des entrepreneurs et ouvriers existants en 1847:

Arrondissement.	Chiffre des transactions.	Nombre des patrons.	Nombre des ouvriers.
1er	102,792,486	3,933	21,023
2^e	177,608,700	6,459	33,998
3^e	127,126,591	4,075	28,256
4^e	72,350,401	4,181	16,861
5^e	169,777,482	6,078	45,638
6^e	235,178,629	10,324	57,988
7^e	153,898,974	5,971	35,605
8^e	175,163,964	7,456	43,543
9^e	39,903,794	3,153	10,273
10^e	70,721,813	4,134	15,962
11^e	63,735,882	3,952	15,901
12^e	75,310,634	5,100	17,482

La rive gauche de la Seine, qui comprend trois arrondissements, 10e, 11e et 12e, et une population fixe de 230,000 individus sur 945,000, n'entre dans l'ensemble des transactions que pour un septième, et ne compte que 62,531 travailleurs contre 344,815 que fournissent les neuf autres arrondissements.

Les 342,530 ouvriers employés par les 64,816 entrepreneurs se composent de 204,925 hommes, 112,891 femmes, 24,714 enfants ou jeunes gens au-dessous de 16 ans.

Sur ce nombre, d'après la déclaration des patrons, 8,141 individus seulement appartiendraient à la population mobile. La commission voit dans la faiblesse de ce chiffre une erreur évidente résultant de l'indifférence des patrons sur le domicile réel des ouvriers qu'ils occupent, avec lesquels d'ailleurs, dans beaucoup d'industries, celles du bâtiment, par exemple, ils n'ont que des rapports passagers, et le plus souvent indirects.

Si, par ouvriers mobiles, on désigne seulement ceux qui viennent de certains départements travailler pendant la belle saison au bâtiment, et qui s'en retournent au pays chaque hiver, je ne crois pas que le chiffre donné par la commission soit aussi éloigné de la réalité qu'elle paraît le craindre. En effet, d'un état officiel, indiquant les ouvriers existants chaque mois dans les garnis pendant cinq années, il résulte que la plus forte différence entre les mois de janvier et février, de juin et juillet, n'a été qu'une seule année de 9,288 : pour les quatre autres, la moyenne est de 7,300. Mais il existe une classe d'ouvriers mobiles : ce sont les étrangers à Paris et même à la France, qui, attirés par l'espoir d'un travail mieux rétribué, et sans tenir compte de la plus grande cherté des loyers et des subsistances, viennent dans cette ville pour y stationner plus ou moins longtemps, enfin les ouvriers qui font leur tour de France pour se perfectionner, et qui font en général un séjour assez long à Paris. Il est sinon impossible, du moins très-difficile, de préciser le chiffre de cette partie de la population : les individus dont elle se compose n'ont en général rien d'arrêté sur le temps de leur séjour, subordonné à la facilité qu'ils ont de trouver du travail, et aux impressions les plus subites; ils sont d'ailleurs indiqués par les logeurs comme sédentaires, dès qu'ils habitent chez eux depuis quelques mois. Ce que l'on peut affirmer hardiment, c'est que le nombre des travailleurs étrangers à la capitale, et n'y résidant que temporairement, est assez élevé, et qu'ils contribuent à porter une fatale perturbation dans le taux de certains salaires : d'abord par leur influence désordonnée, quand l'industrie prend une certaine activité; ensuite par le bas prix auquel ils offrent leur concours dès qu'elle se ralentit, plutôt que de se décider à faire un long trajet pour retourner dans leur pays, et abandonner la vie si pleine d'émotions et si attrayante de cette grande cité. Du reste, les incertitudes de la commission à cet égard prouvent la difficulté d'arriver à la précision désirable.

Les 24,714 enfants ou jeunes gens se composent de 16,863 garçons, dont 1,249 au-dessous de 12 ans, et de 7,834 filles, dont 859 ont moins de 12 ans. Sur ce chiffre total, 19,144 sont apprentis, les autres travaillent dans les manufactures qui occupent à peu près seules des enfants outre la journée, quelquefois par les ouvriers eux-mêmes, dont ces enfants sont les auxiliaires.

Sur 204,925 hommes, 740 fils ou parents des patrons ne reçoivent pas de salaire; 9,423 sont payés au mois, à l'année, et suivant des stipulations diverses; 195,062 sont rétribués à la journée ou à la tâche; 117,064 à la journée; 77,998 à la tâche, et gagnent une moyenne appréciable, par journée de travail, de 3 fr. 80 cent. : le minimum est de 50 cent., le maximum de 35 fr.

27,453 hommes ont un salaire inférieur à 3 fr.; 157,216 de 3 à 5; 10,393 ont plus de 5 fr. Les salaires tout à fait bas sont exceptionnels; attribués soit à des jeunes gens qui, venant de finir leur apprentissage, le complètent sous le titre d'obligés, soit à des vieillards trop faibles pour un travail suivi, soit enfin à des hommes ayant d'autres occupations ou ressources,

et pour lesquels ce salaire n'est qu'un accessoire.

Sur 112,891 femmes, 7,108 sont filles, femmes ou parentes des patrons, et ne reçoivent pas de salaire; 4,157 sont payées à la semaine, au mois ou à l'année; 35,085 sont payées à la journée; 63,541 aux pièces : c'est donc 101,626 recevant un salaire appréciable par journée de travail. La moyenne en est de 1 fr. 63 c.; le minimum 15 c.; le maximum 20 fr. — 950 femmes gagnent par jour moins de 60 c.; 100,500, de 60 c. à 3 fr.; 626 plus de 3 fr.

Comme chez les hommes, les salaires tout à fait bas sont exceptionnels et gagnés par des femmes travaillant à façon, plus ou moins dérangées par les soins de leur ménage, ou pour lesquelles ce travail n'est qu'un accessoire. Ainsi, le minimum mentionné de 15 c. est le gain de *deux* femmes infirmes, âgées, inscrites au bureau de charité.

Les enfants employés dans les manufactures gagnent de 30 c. à 1 fr. 25 c. par jour dans les filatures de coton; de 75 c. à 1 fr. 75 c. dans celles de laine; de 80 c. à 1 fr. 20 c. dans les fabriques de tissus, de châles et papiers peints.

Nous reviendrons plus loin sur la question des salaires et sur les variations qu'ils ont éprouvées depuis trente à quarante ans.

Les apprentis sont dans des conditions particulières qui varient à l'infini, tant pour la durée des engagements que pour la nourriture, le logement, les sommes payées par les parents ou les gratifications que les maîtres s'engagent à donner au bout d'un certain temps. Il y a des engagements conditionnels depuis quinze jours jusqu'à quelques mois. Les engagements définitifs sont de 1 année jusqu'à 9; la généralité est de 2 à 3 ans; un cinquième seulement des apprentis est lié par des engagements écrits. Les contestations auxquelles donne lieu le contrat sont portées devant le conseil des prud'hommes.

Le nombre des apprentis étant de 19,144, sur une population ouvrière de 342,530, ce serait un apprenti pour 16 ouvriers, 92 p. 100 des deux sexes. Mais 56 industries, occupant 19,078 individus, n'en comprenant aucun, les 19,144 recensés sont à répartir sur 269 industries employant 325,452 travailleurs; c'est un apprenti sur 17. Les groupes qui en comprennent le plus sont les métaux précieux, un sur 8; la boissellerie et l'alimentation, un sur 10.

Dans les professions distinctes, la pâtisserie compte 660 apprentis sur 1,696 garçons; les ciseleurs, graveurs, guillocheurs, brunisseuses, ont un apprenti sur 3 ouvriers; les couturières et ouvrières en dentelles, un sur 4 1/2; dans la bijouterie fine, 1 sur 5 1/2. Tandis que chez les constructeurs de machines, il n'y a guère qu'un apprenti sur 58 ouvriers; chez les fondeurs, clicheurs, 1 sur 63.

Il y a des professions qui se recrutent presque exclusivement d'ouvriers venant des départements ou de l'étranger, ou appartenant à d'autres professions ayant avec elles une grande analogie : ainsi les constructeurs de machine se recrutent parmi les ouvriers en fer et en cuivre, pris dans d'autres professions; la pâtisserie forme la plus grande partie des ouvriers boulangers ou des cuisiniers. Dans quelques états, les pressiers d'imprimerie, par exemple, les ouvriers en souffrent pas d'apprentis.

Les renseignements demandés sur le degré d'instruction et le mode de logement des ouvriers n'ont pu être obtenus que pour une partie d'entre eux. De 169,431 hommes sur lesquels on s'est expliqué, 147,311 savaient lire et écrire, 22,120 étaient étrangers à ces deux connaissances. Pour les femmes, on a été renseigné sur 86,616; 68,219 savaient lire et écrire, 18,399 étaient dénuées de toute instruction.

Quant au mode de logement, les renseignements s'appliquent à 167,094 hommes sur 204,185, et à 87,204 femmes sur 105,795; 122,922 hommes étaient dans leurs meubles, 9,861 habitaient chez leurs parents ou patrons; 34,301 logeaient en garni; 68,691 femmes étaient dans leurs meubles; 14,355 chez leurs parents ou patrons, 4,158 en garni. 3,160 de ces der-

niers appartiennent aux deux groupes des vêtements et fils et tissus.

PREMIER GROUPE. — ALIMENTATION.

Ce groupe comprend 17 industries exercées par 3,673 entrepreneurs, dont 113 occupent plus de 10 ouvriers; 2,066, de 2 à 10; 1,494, un ouvrier ou travailleur seul.

Les 113 ci-dessus se composaient de 28 pâtissiers, 17 boulangers, 17 confiseurs, 12 chocolatiers, 9 brasseurs, 8 raffineurs de sucre, 7 fabricants d'eaux gazeuses ou minérales, 6 glaciers, 3 fabricants de conservs alimentaires, 2 distillateurs, 1 moutardier-vinaigrier, 1 fabricant de pâtes alimentaires, 1 brûleur de café.

Cette industrie, peu connue, est en partie née de la défense faite aux épiciers de brûler leur café dans la rue. Elle a pris un tel développement, que les 46 entrepreneurs qui l'exercent ont fait, en 1847, pour 2,033,070 fr. d'affaires, y compris la valeur du café acheté et revendu, et ils payent aux 37 hommes et 22 femmes qu'ils emploient près de 50,000 fr. de salaires annuels.

Les affaires faites par les 3,673 industriels ont été, en 1847, de 226,863,080 francs; en 1848, de 150,811,980 fr. : mais il faut rappeler que la population de Paris avait été réduite par les émigrations de toute espèce. De plus, le prix des denrées alimentaires avait subi une diminution, résultant à la fois de l'abondance de la récolte de 1847 et de l'infériorité des consommations, ralenties par un malaise qui imposait, même aux riches, l'obligation d'une stricte économie. Sur les 10,428 ouvriers de ce groupe, 2,024 ont été congédiés pendant les quatre mois qui ont suivi la révolution.

La réduction la plus forte dans le chiffre des affaires a naturellement porté sur les industries de luxe. Elle a été pour les glaciers de 56 p. 100, les confiseurs 51 p. 100, et les pâtissiers 46; mais on n'a pas le chiffre total de la diminution de la première de ces productions.

A part les expéditions faites par les raffineurs, confiseurs, moutardiers, fabricants de pâtes et conserves alimentaires, que l'on ne peut évaluer à moins de 6 millions, le surplus de ces 226,000,000 de produits est consommé dans Paris. Ce qui, dit le rapport, donne une moyenne d'environ 225 fr. par tête, ne représentant guère que la moitié de la dépense alimentaire du Parisien. Poursuivant ce calcul, et faisant ressortir la valeur de quelques-unes des denrées directement fournies par le commerce, la commission porte au double, soit à 452 millions ou 450 fr. par tête, 1 fr. 23 c. par jour, le chiffre de la dépense moyenne d'un habitant de Paris; dépense évaluée en 1826 à *un* franc seulement, dans les recherches statistiques sur la ville de Paris.

Nous croyons cette dernière évaluation plus rapprochée de la vérité que la première.

D'abord la population de Paris, tant mobile que fixe, étant, d'après le recensement de 1846, de 1,053,897 individus; le chiffre de 452 millions adopté par la commission, divisé par ce nombre, donnerait par tête 428 fr. 88 c., au lieu de 450 fr., et par jour 1 fr. 17 c., et non 1 fr. 23.

Ensuite la valeur des denrées alimentaires établie, ainsi que leur quantité, avec tout le soin possible, mais largement, ne nous paraît pas s'élever au delà de 395 à 398 millions. Cette estimation comprend l'eau destinée à être bue ou employée dans la cuisine, sans tenir compte de la très-forte quantité puisée gratuitement aux bornes-fontaines par les consommateurs eux-mêmes. Nous avons encore fait entrer dans ce chiffre la valeur de tout le charbon de bois introduit dans Paris, le supposant affecté à la cuisson des aliments; ce qui n'est pas, à beaucoup près, exact. Le bois consommé dans les cuisines particulières a dû être négligé, parce qu'il n'est pas susceptible d'une évaluation même approximative. Dans les petits ménages, la cuisine se fait au charbon aussi longtemps que la température est douce; dès qu'elle devient plus rigoureuse, le même feu sert au chauffage du logement et à la préparation des aliments : il en est à peu près de même dans ceux où il n'y a qu'une seule domestique. Restent donc les familles où il y a plusieurs domestiques, famille dont le nombre varie de 15 à 20,000; les seules où l'on fasse une consommation sensible de bois de cuisine. Or, une partie, sinon la totalité de cette valeur omise, doit être compensée par celle du charbon de bois employé dans l'industrie.

Nous trouvons donc une moyenne par habitant de 1 fr. 03 c. pour 1847. Mais si, tenant compte du prix très-élevé des viandes de toute nature et de la cherté exceptionnelle du pain pendant le cours de cette année, on retranche des 308 millions ci-dessus environ 30 millions pour plus-value de ces aliments comparativement aux prix moyens, on est réduit au chiffre de 96 c. par tête et par jour.

Ce résultat surprendra les personnes étrangères à la capitale, qui ne se font une idée des prix que par ceux qu'on leur demande chez les restaurateurs et dans les hôtels. Il n'étonnera guère moins les riches, qui payent sans compter, et dont la table est si coûteuse; mais on vit à Paris aussi économiquement et aussi chèrement qu'on le veut. A côté du luxe le plus effréné se trouve la plus profonde misère. Des vieillards des deux sexes, de pauvres ouvrières, qui prennent, pour toute nourriture, leur café au lait le matin, et l'après-midi une soupe avec quelques légumes, ne dépensent que de 30 à 40 cent. par jour. Sans insister sur ces exemples puisés dans une classe assez nombreuse, dont les besoins sont réduits par l'âge ou la vie sédentaire, il peut être curieux de faire connaître ce que coûte la nourriture d'autres individus dans la force de la jeunesse, dont les dépenses sont régulièrement constatées.

Dans une communauté du faubourg Saint-Antoine où l'on recueille de pauvres jeunes filles, la nourriture n'est évaluée par tête et par jour qu'à 33 cent. Les religieuses partagent la table des enfants. Cette œuvre charitable reçoit, il faut le dire, beaucoup de cadeaux en nature, qui ne restreignent pas uniquement à cette somme la dépense réelle; mais son exiguïté doit donner une idée des résultats que l'on peut obtenir d'une bonne administration et d'une économie bien entendue.

Le soldat met, à Paris, à son ordinaire 35 cent. par jour. Cette bourse commune, indépendamment du pain de soupe et des autres aliments, doit acheter différents objets, tels que savon, cirage, payer le blanchissage et le barbier de la compagnie et l'éclairage des chambres. Ces diverses dépenses, étrangères à la nourriture, peuvent être évaluées à 3 cent. par jour et par tête; mais, comme l'ordinaire a quelques ressources accidentelles, nous ne ferons aucun retranchement sur les 35 cent., considérés comme exclusivement affectés à la dépense de table. Le gouvernement fournit, en outre, par homme une ration de pain de 750 grammes, évaluée en moyenne à 17 cent., et le combustible nécessaire à la cuisson des aliments, dont le prix ne va pas à un cent. par homme et par jour. Le soldat, jeune, fort, menant une vie active, est donc suffisamment nourri, à Paris, avec une dépense journalière de 53 cent.

Si les aliments du soldat de ligne sont sains et suffisamment abondants, ils ne sont ni variés ni succulents. Voici un autre exemple plus concluant : dans la garde de Paris, composée d'hommes de 25 à 35 ans, d'une haute taille, faisant un service fatigant, chaque garde, qui ne reçoit du gouvernement ni pain ni combustible, met à l'ordinaire 75 cent. par jour. Les dépenses diverses énumérées plus haut, auxquelles l'ordinaire doit subvenir, sont augmentées par les gages et la nourriture d'une cuisinière et d'un porteur par compagnie, la part contributive dans les gages du balayeur de la caserne et le chauffage des chambres. Le total de ces frais, pour un ordinaire de 90 hommes, s'élève à 220 fr. par mois, 8 cent. 1/3 par jour et par tête; reste donc pour les aliments, y compris le pain et le combustible nécessaire à leur cuisson, 66 c. 2/3.

Cette somme suffit pour procurer une nourriture composée : à dîner, de la soupe et du bœuf; le soir, de la soupe, un plat de viande, veau ou mouton, et un plat de légumes; le dimanche, de l'oie ou du lapin et un dessert. Les gardes reçoivent en outre des distributions de vin assez fréquentes.

Dans la gendarmerie d'élite, dont le recrutement et la composition sont identiques, les mêmes résultats sont obtenus, à peu de chose près, avec 70 cent. au lieu de 75, parce que, les compagnies de ce dernier corps étant plus fortes, il y a de 130 à 135 hommes à chaque ordinaire, au lieu de 85 à 90, et que les frais généraux se trouvent ainsi répartis sur un plus grand nombre de participants.

Ces deux corps forment un total de près de 3,000 hommes, dont les casernes sont réparties sur divers points de la capitale; ce n'est donc là ni un fait individuel, ni un fait particulier à quelque quartier retiré de Paris.

La commission cite un collège communal dans lequel la nourriture des élèves, maîtres et autres personnes attachées à l'établissement,—s'élevant à 155, dont 115 élèves et 40 adultes, — revient à 75 cent. par jour et par tête : « ce qui, dit-elle, en tenant compte des vacances et jours de congé, le porterait à environ 1 fr. par jour. D'abord cette augmentation d'un tiers en sus est trop forte, puisqu'elle supposerait une absence totale des élèves à nourrir pendant 91 jours sur 365, ce qui est exagéré; ensuite ce collège, si nous ne faisons pas erreur, est cité pour les soins dont les élèves sont l'objet et la qualité des aliments. Il serait curieux de connaître à quel prix revient la même dépense dans les collèges de l'État, dont la nourriture, bien que saine et suffisante, est plus simple que dans l'établissement en question. En résumé, à Paris, certaines denrées alimentaires sont beaucoup plus chères que dans les départements : le vin est de ce nombre; la viande également, si on ne compare pas avec les environs de la capitale, et si on ne voit que les qualités supérieures. D'autres denrées, par suite de leur affluence, y sont à meilleur marché; mais il faut connaître les ressources qu'offre cette ville, et savoir les utiliser.

Malheureusement pour les personnes aisées, ne communiquant avec les marchands que par des intermédiaires, tous les prix sont énormément renchéris de la volerie organisée que facilitent la connivence des fournisseurs et des domestiques, les distances et l'isolement complet qui sépare les différentes classes de la population. Ainsi, tandis que, dans les localités restreintes, où tout est à jour, où l'on est plus rapproché les uns des autres, la moindre attention suffit pour empêcher le coulage de cette nature; à Paris, une surveillance incessante et bien entendue peut seule, sinon affranchir complètement de cet impôt, du moins le rendre tolérable. Otez cette cause, qui n'existe pas pour les ménagères faisant elles-mêmes leurs approvisionnements, et vous aurez l'explication du bon marché relatif auquel leur revient la nourriture de leur famille, ainsi que celle des communautés de toute espèce.

Nous terminerons en regrettant que l'enquête n'ait pas embrassé les maraîchers placés dans l'intérieur de Paris : il eût été curieux de connaître les produits en légumes de l'horticulture parisienne.

DEUXIÈME GROUPE. — BATIMENT.

D'après des recensements réguliers de 1817 à 1846, la population s'était élevée de 713,966 individus à 1,053,897. Dans les cinq dernières années de cette période, l'augmentation avait été de 118,666. Le nombre des maisons, qui était en 1841 de 28,699, atteignait en 1846 le chiffre de 30,224; ainsi leur accroissement n'avait été que de 1,522, ou 1/18 ; tandis que celui de la population avait été de près de 1/8. Malgré la tendance de celle-ci à se concentrer, le nombre des logements vacants devait diminuer tous les jours.

A cette nécessité d'édification de bâtiments destinés à recevoir ces nouveaux habitants, vient s'en joindre une autre, résultant du soin pris par l'administration municipale d'élargir les anciennes rues et d'en percer de nouvelles, qui ne se trouvent pas dans les alignements arrêtés. Il y a donc à Paris, indépendamment des réparations et changements d'aménagements, une cause permanente de travaux de construction, dont l'énergie varie avec le mouvement de la population et les sommes que la ville peut affecter à l'amélioration de la voie publique. Aussi l'industrie du bâtiment a-t-elle pris une importance qui va toujours croissant, malgré les temps d'arrêt momentanés que causent les crises politiques ou les folies de la spéculation.

Les industries qui se rattachent à ce groupe sont au nombre de 18, et de 21 avec les sous-divisions de la menuiserie, recensées séparément, et qui se composent des menuisiers en bâtiment, des parqueteurs, des rampistes et des treillageurs, faisant ensemble pour 28 millions d'affaires.

Dans ces 21 spécialités il s'en trouve qui ne concourent pas même indirectement à l'édification ou restauration des maisons, mais qui se rattachent à ce groupe plus qu'à aucun autre par la nature de leurs travaux, les ouvriers et les matériaux qu'ils emploient. Nous citerons les entrepreneurs de vidange, au nombre de 6, faisant pour près de 2 millions d'affaires; les constructeurs de barques, fabricants d'échelles; enfin, les entrepreneurs de tombeaux, au nombre de 53, compris dont le chiffre de transactions pour 1,453,710 fr., sont à la fois constructeurs, jardiniers-fleuristes, mais exécutent principalement des travaux de maçonnerie, marbrerie, serrurerie, qui les classent naturellement dans les industries du bâtiment.

Le nombre des entrepreneurs de ce groupe est de 4,061, dont 873 occupent plus de 10 ouvriers; 2,300 de 2 à 10 ; 888 un ouvrier ou travaillant seuls.

Parmi les premiers on compte 240 menuisiers, 175 maîtres maçons, 132 peintres, 91 serruriers, 68 charpentiers, 33 fumistes, 30 entrepreneurs de couverture.

En 1824 ce nombre ne s'élevait qu'à 2,087. Si l'on déduit des 4,061 ci-dessus les 30 entrepreneurs d'industries étrangères au bâtiment, reste un accroissement de 1,944. Mais la comparaison par spécialités semblerait établir que le chiffre des maîtres maçons et charpentiers aurait diminué, tandis que celui des serruriers, peintres, menuisiers, aurait plus que doublé. Il est certain que l'industrie du bâtiment s'est transformée depuis 30 années. Ainsi les travaux de décors et d'ornementation, tels que ceux de peinture, sculpture en pierre, serrurerie fine, la fabrication des rampes et des parquets, ont pris une extension qui explique l'augmentation survenue dans les patrons de cette catégorie. La substitution des fermes en fer aux voûtes et charpentes en bois a profité à la serrurerie au détriment des maçons et charpentiers.

Cependant la réduction signalée plus haut n'est probablement qu'apparente : il se peut qu'une partie des entrepreneurs de gros travaux soient allés s'établir à l'extérieur, ainsi que le dit la commission, afin d'avoir à meilleur marché les vastes emplacements qui leur sont nécessaires, et d'être plus à même de prendre part à la fois aux constructions de la banlieue et à celles de l'intérieur de Paris.

Ce déplacement est même indiqué comme une cause d'inexactitude tant pour le chiffre des transactions que pour celui des ouvriers employés, parce que l'enquête, n'ayant pas été poussée hors Paris, n'a pu recueillir les déclarations des patrons relatives aux travaux exécutés par eux dans cette ville.

La différence constatée dans le nombre des industriels résulte aussi de la création récente de spécialités, trop peu importantes en 1826 pour former l'objet d'entreprises particulières. Ainsi, les ornemanistes, fabricants de lettres en relief, poseurs de trottoirs, et plusieurs autres ne figurent pas dans le relevé de cette époque; la fumisterie, qui comprend en 1847, 326 entrepreneurs et 2,829 ouvriers pour 10 millions d'affaires, n'était pas considérée comme une industrie du bâtiment il y a 30 ans. Les cheminées grossières encore en usage étaient construites par les maçons; les poêles à demeure et les calorifères étaient ou inconnus ou fort rares, et les poéliers ne s'occupaient que de la construction des poêles et cheminées portatives, peu nombreuses, et regardées en quelque sorte comme objets d'ameublement.

Ces 4,061 entrepreneurs ont fait, en 1847, pour 143,412,079 francs d'affaires, réduites en 1848 à 50,170,045 francs; le personnel des travailleurs de 41,603 est tombé à 26,791.

D'après les renseignements recueillis par l'enquête, une maison à 4 étages coûterait à bâtir environ 650 fr. par mètre superficiel de terrain occupé, soit 125 fr. par étage, non compris le prix du terrain. Elle ne coûtait en 1824 que 500 fr. le mètre. Dès 1825 l'augmentation des matériaux et de la main d'œuvre était évaluée à 1/5 en sus, ce qui portait le mètre à 600 fr., prix seulement inférieur de 50 fr. à celui de 1847 : mais il est juste de faire observer que l'on construit plus légèrement aujourd'hui qu'il y a 25 ans. Quant au prix du terrain, il varie selon les quartiers de 10 à 1,000 fr. le mètre, soit *dix millions* l'hectare.

TROISIÈME GROUPE. — AMEUBLEMENT.

Les produits des deux premiers groupes sont presque exclusivement destinés aux Parisiens; ceux du troisième, au contraire, s'expédient non-seulement dans toute la France, mais à l'étranger, avec lequel ils font l'objet d'un commerce considérable. Ce groupe se compose de 32 industries, non compris la fabrication des matières qui servent à confectionner les ameublements.

Les quatre plus importantes sont l'ébénisterie, qui vend, seule, pour 27,982,980 fr., et, réunie avec la fabrique des chaises et fauteuils, qui n'en est qu'une branche, pour plus de 33 millions; la fabrique des bronzes, qui fait pour 18,500,000 fr. d'affaires; la tapisserie, pour 20,663,000 fr.; les papiers peints, pour 10,227,130 fr.

D'après les recherches statistiques, la fabrication des bronzes, en 1822, n'était effectuée que dans 105 établissements, dont les produits s'élevaient à 5,250,000 fr.; elle aurait donc plus que triplé en 25 ans. Elle n'occupait alors que 840 ouvriers; elle en emploie aujourd'hui 5,414.

A la même époque, la fabrique des papiers peints comptait 73 établissements, occupant 4,116 ouvriers et produisant pour une valeur de 13,795,473 fr. On compte aujourd'hui 141 fabriques et 3,295 ouvriers.

Le nombre des entrepreneurs du groupe est de 5,713, dont 836 occupent plus de 10 ouvriers, 2,605 de 2 à 10, 2,232 un ouvrier ou travaillent seuls. Parmi les entreprises occupant plus de 10 ouvriers on trouve 307 ébénistes, 186 fabriques de bronzes, 114 tapissiers et fabricants d'objets de literie, 81 fabricants de papiers peints, 70 de cadres, doreurs sur bois et miroitiers, 65 lampistes et fabricants d'appareils d'éclairage, industrie qui date de la fin du dernier siècle, et qui a pris un développement si rapide qu'elle entre dans le chiffre des transactions pour 7,880,584 fr.

L'ensemble des affaires, en 1847, avait été de 137,145,246 fr., avec un personnel de 36,184 ouvriers; en 1848, il n'a été que de 34,716,396 fr., avec renvoi de mars à juin de 26,352 salariés.

Sur ces chiffres, le 8ᵉ arrondissement seul figure, en 1847, pour 49,951,852 fr. d'affaires, 2,276 patrons et 15,976 ouvriers.

L'ébénisterie est une des industries où la subdivision du travail a pris le plus d'extension, et produit les résultats les plus déplorables dans certains moments. Le faubourg Saint-Antoine est rempli de petits patrons, dont beaucoup ne font qu'une espèce de meubles : ils occupent de 4 à 6 ou 8 ouvriers ou apprentis, autant qu'ils ont d'établis. Le plus souvent, ils travaillent sur commandes pour les commissionnaires ou marchands en gros. Mais, lorsqu'ils n'ont pas de meubles achetés d'avance, ils en fabriquent pour leur compte, et vont ensuite les colporter chez les marchands en boutique, qui les obtiennent à prix réduits. Ces patrons n'ont, en général, aucun fonds de roulement qui leur permette d'emmagasiner leurs produits en attendant l'occasion de vendre : peu rangés d'ailleurs la plupart, ils mangent, ou, pour mieux dire, boivent tout ce qu'ils gagnent dans les moments de prospérité, et sont ensuite aux expédients quand les affaires se ralentissent. Ils contribuent à augmenter la crise par le bas prix auquel ils offrent leur marchandise. Cette position de patron en chambre est cependant très-enviée par les ouvriers, qui obtiennent assez facilement du crédit des marchands de bois, quand ils sont habiles et qu'ils ont pu se procurer les établis et assortiments d'outils nécessaires. Mais souvent, après avoir gaspillé les économies lentement amassées, ils sont réduits à retourner comme simples ouvriers à l'établi d'un autre entrepreneur.

QUATRIÈME GROUPE. — VÊTEMENT.

Ce groupe est un de ceux qui expédient le plus dans les départements et à l'étranger. Il se compose de 21 professions, parmi lesquelles se trouve la plus importante des industries parisiennes, en raison de sa valeur de production : celle des tailleurs, qui, seule, confectionne ou répare pour 80 millions de francs. Cette industrie se divise en tailleurs sur mesure et en confectionneurs. Les premiers travaillent surtout pour Paris; mais on estime cependant qu'ils habillent environ le 1/8 des personnes aisées habitant les départements, dans un rayon de 150 à 200 kilomètres autour de cette capitale. Les confectionneurs travaillent moins pour Paris que pour la province et l'étranger; ils fabriquent à avance, par assortiments, sur des séries de patrons divers, profitant des moments de morte saison pour obtenir des rabais sur le prix des façons.

L'économie qu'ils réalisent ainsi sur la main d'œuvre, la vente au comptant, l'emploi d'étoffes plus communes, et achetées par forte partie, leur permettent de donner à un prix très-inférieur à celui des tailleurs sur commande. Aussi cette spécialité a-t-elle pris un tel développement, que ses produits entrent pour 28 millions dans le chiffre total de 80. Indépendamment de ces deux classes et des appiéceurs qui montent et cousent pour le compte des tailleurs, il y a encore d'autres industries, sous différents noms, qui font nettoyer de vieux habits, les retournent, changent les doublures, refont les coutures, et vendent les vêtements ainsi rajeunis. L'exportation de ces habits refaits a été, en 1846, de 8,950,000 fr., et va croissant tous les ans, tandis que celle des vêtements neufs ne dépassait pas 9 millions.

Au second rang, comme importance de production, viennent les cordonniers, qui ont vendu, en 1847, pour 43,282,487 fr. Dans cette industrie se retrouve la même division des cordonniers sur mesure, des confectionneurs et des cordonniers en vieux. L'exportation des chaussures, surtout pour femmes, a pris une extension due en partie au bon marché des produits. Ainsi, les souliers de satin peuvent se livrer de 24 à 27 fr. la douzaine.

Nous mentionnerons ensuite la chapellerie, qui fabrique pour 16,702,680 fr., dont elle exporte pour 4,249,992 fr. Les modistes, dont les affaires s'élèvent à 12,326,113 fr., leurs expéditions à l'étranger en y comprenant il est vrai les confections pour femmes, ont été, en 1847, de 2,646,708 fr. Enfin la fabrique des casquettes et coiffes de chapeaux, exercée par 542 patrons employant 4,056 travailleurs, la plupart femmes, et qui produit pour 7,623,853 fr. Cette industrie est arrivée à donner ses casquettes d'été à 2 fr. 25 c. la douzaine; celles de drap à 12 fr.

L'on a dû comprendre dans ce groupe deux professions, la blanchisserie du linge et les entreprises de buanderie, qui concourent à l'entretien, sinon à la confection des vêtements. La première est exercée dans Paris par 4,847 entrepreneurs occupant 8,763 femmes, et faisant pour 12 millions d'affaires, indépendamment du travail des blanchisseurs habitant les environs de Paris. Sur cette masse de patrons, 3,222 travaillent seuls ou avec une ouvrière. Ce sont des femmes ayant dans leur voisinage une petite clientèle de pauvres ménages, qui leur permet de réaliser un bénéfice journalier d'environ 1 fr. 50 c. à 2 fr.

Les entreprises de buanderie sont le complément de cette industrie : dans ces établissements, au nombre de 94 sont placés sur la rivière ou le canal, on loue une place à l'heure aux femmes qui vont y laver, et l'on coule une lessive commune dans laquelle le linge essangé est admis par paquets, moyennant une faible rétribution.

Ces 103 établissements font ensemble une recette de 1,018,550 fr.

Des 20,216 entrepreneurs de ce groupe, 1,739 occupent plus de 10 ouvriers; 8,547, de 2 à 10; et 18,930, 1 ouvrier ou travaillent seuls. L'industrie du vêtement est une de celles où les entreprises se sont le plus multipliées; n'entraînant que des déplacements momentanés, elle peut être exercée par des individus qui ont d'autres occupations, ou par des femmes qui ne sont pas complétement détournées du soin et de la surveillance de leur ménage. Ainsi 3,009 tailleurs n'ont qu'un ouvrier; et 4,644, dont 564 concierges, travaillent seuls. 1,005 cordonniers n'ont qu'un ouvrier, et 2,699, dont 494 concierges, travaillent seuls. Sur les 5,481 couturières recensées, 3,876, dont beaucoup sont femmes ou filles de portiers, travaillent seules ou avec un auxiliaire, le plus souvent une apprentie.

De 240,957,293 fr., chiffre des affaires de 1847, elles sont descendues, en 1848, à 114,801,803 fr., non compris, il est vrai, le montant des uniformes fabriqués par les associations d'ouvriers, qui, s'étant dissoutes peu après, n'ont pu être recensées. Des 90,064 ouvriers employés dans ce groupe, 22,000 tailleurs et 20,000 cordonniers, il en a été congédié 46,013.

En décomposant la production de 1847, on trouve, pour les travaux relatifs aux vêtements d'hommes, 109,824,586 fr.; de femmes, 35,289,218 fr.; des deux sexes indistinctement, ou aux objets de ménage, 95,833,489 fr. Mais, d'abord, une forte partie des vêtements de femmes se confectionne dans l'intérieur du ménage; ensuite les couturières, à peu d'exceptions près, reçoivent l'étoffe qu'elles taillent et consent, et n'ont à comprendre dans le chiffre de leurs affaires que le prix des façons et fournitures. Enfin, une partie des ajustements de femme leur est livrée directement par le commerce, et provient, ou de la province, ou d'industries classées dans d'autres groupes, comme les fabriques de châles, de chapeaux de paille, etc.

Ce groupe est un de ceux qui comprend le plus d'apprentis; il en existe 5,222 des deux sexes, dont 1,526 pour la couture.

CINQUIÈME GROUPE. — FILS ET TISSUS.

Les grands établissements où s'élaborent les fils et tissus tendent chaque jour à s'éloigner de Paris. Ainsi les filatures de coton, qui existaient au nombre de 44 en 1813, et faisant mouvoir environ 125,000 broches, et occupant 4,000 ouvriers des deux sexes, après s'être élevées au chiffre de 67 en 1823, n'étaient plus, en 1847, qu'au nombre de 12, mettant en mouvement 56,020 broches, et n'employant plus que 1,032 individus. D'autres industries, telles que la fabrication des gazes et des barèges, celles des couvertures, ont plus ou moins perdu de leur importance; d'autres même ont quitté cette ville. Les fabricants de châles et de quelques tissus font effectuer une partie des façons hors des murs; les derniers apprêts seuls sont donnés dans l'intérieur, par des sous-entrepreneurs qui constituent autant de divisions de la fabrication générale. Enfin la bonneterie, incapable de lutter contre la concurrence des campagnes et le nouveau métier circulaire plus généralement employé au dehors, va toujours diminuant : elle ne se maintient que par suite de la persistance des ouvriers possesseurs d'un métier souvent transmis de père en fils. Beaucoup d'entre eux sont concierges ou possèdent quelque autre ressource, et ils acceptent toutes les réductions de salaires plutôt que de se déplacer ou de changer de profession. Depuis dix ans le prix des façons a diminué de 50 pour 100. Sur un chiffre total de 262 entrepreneurs, 156 travaillent seuls ou avec un ouvrier, le plus souvent leur fils ou parent.

La division du travail devient encore plus marquée dans ce groupe que dans le précédent; aussi renferme-t-il 43 industries, dont la plupart ne sont que les accessoires ou les subdivisions de 5 à 6 grandes fabrications. Deux d'entre elles ne font pas pour 100,000 fr. d'affaires. Ainsi les broderies forment quatre spécialités distinctes, indépendamment des dessinateurs recensés à part, et de la confection des canevas qui leur sont nécessaires. Six à sept industries coopèrent dans Paris à la fabrication des châles et à celle des tissus.

Le nombre des entrepreneurs est de 3,799, dont 698 occupent plus de 10 ouvriers; 1,244, de 2 à 10; 1,857, 1 ouvrier ou travaillent seuls. Parmi les premiers on trouve 226 fabricants de passementerie, 77 de broderie, 43 de bonneterie, 43 de châles et 33 frangeuses de châles.

Les transactions, qui s'étaient élevées en 1847 à 105,818,414 fr., sont tombées, en 1848, à 45,782,971. Des 36,685 ouvriers, 19,452 ont été congédiés.

La plus importante de ces industries est la passementerie, qui se divise en sept branches, dont chacune confectionne des articles différents. Considérée dans son ensemble, elle comprend 999 patrons, 9,494 ouvriers, pour 28,404,937 fr. d'affaires. L'une de ses subdivisions, la fabrication des bretelles et jarretières, fait seule pour 4 millions.

La fabrique de châles vient ensuite; elle compte 226 patrons, 2,400 ouvriers, sans parler de ceux qu'elle occupe à l'extérieur, et fabrique pour 9,898,480 fr. La réduction qu'elle a éprouvée en 1848 a été de 64 pour 100.

Les entrepreneurs de broderie proprement dite, au nombre de 520, occupant dans Paris 3,964 ouvriers, produisent pour 6 millions, dans lesquels ne sont pas compris les travaux qu'ils font exécuter sur dessins envoyés de Paris dans plusieurs départements de l'est, et dans deux cantons de la Suisse.

Une spécialité distincte, celle des bourses et sacs en broderies ou en filet, occupe 90 patrons, 900 ouvriers, et fabrique pour 1,670,500 fr., dont la plus grande partie est expédiée dans les départements et à l'étranger.

La fabrication des tissus pour gilets atteint le chiffre de 3,804,130 fr.; celle pour robes, meubles et boutons, celui de 3,895,750 fr.

La bonneterie, malgré sa décadence, compte encore 262 patrons, 2,650 ouvriers, et produit pour 4,754,717 fr. Cette industrie est très-divisée, elle comprend une vingtaine de spécialités distinctes, soit par la nature des objets confectionnés, soit par la matière employée, soie, fil, coton et laine.

Les seuls dessinateurs de fabrique et pour broderie forment un personnel de 159 patrons et 979 ouvriers, qui reçoivent en salaires près de 2 millions.

Les 5e et 6e arrondissements entrent dans le chiffre total des affaires pour les trois cinquièmes.

Sur les 36,685 ouvriers, il y a 21,874 femmes et 1,156 jeunes filles. Ici, comme dans la confection des vêtements, la possibilité de travailler à domicile a multiplié l'exécution à façon par de petits entrepreneurs; elle permet la coopération de beaucoup de femmes, pour lesquelles cette occupation n'est qu'un accessoire plus ou moins fructueux.

Ainsi, parmi les brodeuses et confectionneuses d'ouvrages en tapisserie, il y a un certain nombre de dames et de jeunes personnes appartenant à des familles bien posées qui demandent à leur aiguille un supplément de ressources, tenant moins à l'élévation du salaire qu'aux égards, et quelquefois à la discrétion des entrepreneurs avec lesquels elles sont en rapport.

Les industries de ce groupe sont de celles qui expédient le plus en province et à l'étranger, où plusieurs de ses produits sont compris dans la dénomination générale d'articles de Paris.

SIXIÈME GROUPE. — PEAUX ET CUIRS.

Nous trouvons ici deux divisions bien caractérisées : le travail des grandes peaux, bœufs, veaux et chevaux effectué par les tanneurs et corroyeurs; celui des petites peaux, moutons, agneaux, chèvres et chevreaux préparées par les mégissiers, peaussiers, maroquiniers qui les mettent aussi en couleurs. Si l'on ajoute à ces quatre spécialités les fabriques de cuir vernis, les teinturiers pour ganterie et les parcheminiers, on aura les sept industries composant ce groupe. Des 426 entrepreneurs, 102 emploient plus de 10 ouvriers ; 233, de 2 à 10; 91, un seul, ou travaillent sans auxiliaire.

L'opération du tannage des gros cuirs, par sa lenteur et la mise de fonds qu'elle exige, ne comporte que de grands établissements. Il n'en est pas de même de la préparation des petites peaux ; aussi les 26 tanneurs recensés occupent-ils plus d'ouvriers que les 109 peaussiers, mégissiers ensemble.

En 1847, ces 426 patrons avaient fait pour 41,762,963 francs d'affaires, réduites, en 1848, à 28,014,000 fr. De 4,573 ouvriers, 1,819 furent congédiés.

L'industrie des peaux et cuirs est une de celles qui ont pris le plus d'extension depuis 25 ans. En 1822 les tanneurs établis dans Paris, au nombre de 30, occupant 300 ouvriers, avaient un mouvement d'affaires de 3,383,368 fr. En 1847, les 26 existants occupaient 899 ouvriers, et vendaient pour 10,232,400 fr. La préparation des petites peaux, par suite de l'habitude qui s'est généralisée de porter des gants, et de l'importance des exportations, tant des chaussures légères que des cuirs et peaux préparées, a dû suivre une progression encore plus marquée; mais nous manquons de documents pour en établir exactement le chiffre.

SEPTIÈME GROUPE. — CARROSSERIE, SELLERIE, ÉQUIPEMENTS MILITAIRES.

Ce groupe comprend 14 industries, dont 6 concourent à la confection des voitures ; 3 à la sellerie ; 2 fabriquent les articles de chasse et pêche ; 2 la maréchalerie et la mallèterie, ont dû, par analogie, rentrer dans ce groupe qui se complète par celle des équipements militaires. Cette dernière, exercée par 125 patrons et 3,928 ouvriers, se subdivise en 6 spécialités distinctes, ayant produit ensemble pour 9,801,350 fr. en 1847, et 12,643,740 en 1848.

Des 1,253 entrepreneurs de groupe, 279 occupent plus de 10 ouvriers ; 700, de 2 à 10; 274, 1 ou travaillent seuls. Les 32,357,176 fr. d'affaires faites en 1847, se sont réduites, en 1848, à 28,106,557 fr. La plus forte perte a porté sur la carrosserie, qui a vu le chiffre de ses ventes tomber de 19,397,324 fr. à 6,789,000 fr., réduction de 65 pour 100, tandis qu'une augmentation de 29 pour 100 avait lieu sur les équipements militaires.

Les articles de pêche que nous expédiait autrefois l'Angleterre se réduisent aujourd'hui dans Paris, à l'exception des hameçons qui sont tirés d'Allemagne ou d'Irlande. Cette industrie, en 1847, a produit pour 498,900 fr., avec le concours de 70 ouvriers.

Les produits de ces 14 industries n'entrent que pour une faible somme dans l'exportation parisienne.

HUITIÈME GROUPE. — INDUSTRIES CHIMIQUES ET CÉRAMIQUES.

Ce groupe se compose de trois grandes divisions : 1° les industries céramiques proprement dites; 2° la fabrication des produits pharmaceutiques ; 3° celle des matières tinctoriales, sels et acides du commerce. A cette dernière branche se rattachent naturellement la fabrication des couleurs et vernis, celle de l'encre, l'épuration de l'huile, le travail du caoutchouc et la préparation du gaz pour l'éclairage.

Trois usines à gaz, établies dans Paris, ont été seules comprises dans l'enquête; mais trois autres, situées à l'extérieur, concourent avec elles à l'éclairage de Paris. Entre elles six, au 1er janvier 1851, elles avaient sous la voie publique 407,668 mètres de tuyaux. Les becs pour l'éclairage municipal étaient au nombre de 12,131; les becs particuliers, de 113,938 environ, et l'on estimait la production totale du gaz à 22,784,761 mètres cubes; en 1828, cette production n'était qu'à 2,444,000 mètres cubes, alimentant, en tout, 10,000 becs.

Les industries de ce groupe sont au nombre de 33. Des 1,259 entrepreneurs, 212 emploient plus de 10 ouvriers ; 460 de 2 à 10; 587 un ouvrier ou travaillent seuls. Parmi les premiers, on compte 66 décorateurs de porcelaine, 12 fabricants d'articles en caoutchouc, et 17 d'allumettes et de veilleuses. De 74,346,606 fr. d'affaires en 1847, le chiffre est tombé à 40,887,552 en 1848. De 9,737 ouvriers, 4,525 ont été congédiés.

Les industries les plus importantes sous le rapport du chiffre des transactions, sont celles des épurateurs d'huile, au nombre de 14, n'occupant que 52 ouvriers, mais vendant pour 12,260,000 fr., dans lesquels la main-d'œuvre n'entre que pour 150 ou 160,000 fr. Les fondeurs de suif, qui entrent dans le chiffre total pour 7,847,431 fr.; les 25 fabriques d'articles en caoutchouc, occupant 577 ouvriers et vendant pour 2,176,000 fr. ; les 3 fabriques de gaz, produisant pour 2 millions avec le concours de 405 ouvriers ; enfin les fabriques d'allumettes et veilleuses, au nombre de 42 avec 668 ouvriers, qui font pour 1,441,650 fr. d'affaires. Les fabricants d'encre, qui vendaient, en 1828, pour 800 et quelques mille francs, produisaient, en 1847, pour 930,000 fr.

L'industrie qui emploie le plus dans ce groupe est la décoration sur porcelaine ; elle salarie 2,748 individus, dont 1,010 femmes. — Le 7e arrondissement entre dans la production totale pour un cinquième ; ce sont ensuite les 6e et 8e qui sont les plus importants. Les porcelaines, cristaux et articles de caoutchouc sont l'objet d'expéditions assez considérables.

NEUVIÈME GROUPE. — TRAVAIL DE MÉTAUX, MÉCANIQUE, QUINCAILLERIE, INSTRUMENTS DE PRÉCISION.

Ce groupe se compose d'industries rapprochées par les matières qu'elles emploient, mais complètement séparées, et par la destination de leurs produits, et par la manière dont s'opèrent ces diverses industries. Ainsi, à côté des vastes usines renfermant un nombreux personnel, aidé de puissantes machines, se rencontrent de petits ateliers composés d'un ou deux ouvriers qui, par le fini du travail et l'intelligence qu'il exige, donnent une grande valeur à leurs produits.

Ce groupe comprend 33 professions exercées par 3,404 entrepreneurs, dont 545 occupent plus de 10 ouvriers; 1,469 de 2 à 10; 1,090 un ou travaillent seuls. Parmi les premiers on compte 105 constructeurs de machines, 45 opticiens, et fabricants d'instruments de précision, et 46 fondeurs.

Le chiffre des affaires était, en 1847, de 103 millions 631,601 fr., réduit en 1848, à 37,165,698 fr. Le nombre des ouvriers de 24,894, dont 14,486 ont été congédiés avant la révolution de Février.

Les mécaniciens constructeurs, au nombre de 238, occupent seuls 6,685 individus, et entrent pour 23,847,650 fr. dans ce chiffre total. Les 77 fondeurs de métaux emploient 1,979 ouvriers, et font pour 10,938,550 fr. d'affaires. Les 332 opticiens pour 7,270,430 fr. Les 127 armuriers n'emploient que

547 ouvriers; 86 d'entre eux travaillent seuls ou n'ont qu'un aide : ils font pour 3,277,078 fr. d'affaires. Cette industrie, ainsi que celle des couteliers, se compose, à peu d'exceptions près, de petits ateliers. Les premiers tirent des manufactures d'armes les canons et batteries, auxquels ils donnent un fini qui ajoute beaucoup à leur valeur; les armes de prix seules sont entièrement confectionnées par eux. Les bandagistes, au nombre de 101, avec le concours de 698 ouvriers, font pour 2,245,110 fr. d'affaires; les fabricants de boucles et agrafes, pour 1,302,700 fr.

Ce groupe comprend 1,374 apprentis.

Le 8ᵉ arrondissement entre dans ces totaux pour 574 patrons, 5,778 ouvriers et 21,382,415 fr. de produits.

Plusieurs de ces industries, la mécanique, la serrurerie, la coutellerie, donnent lieu à un commerce d'exportation considérable. Ces expéditions doivent s'accroître de plus en plus, l'exposition de Londres ayant démontré la supériorité d'une partie des articles pour lesquels on nous regardait jusqu'alors comme très-inférieurs aux Anglais.

DIXIÈME GROUPE. — MÉTAUX PRÉCIEUX.

Bien que les articles de bijouterie, et surtout de bijouterie fausse, soient classés pour l'exportation parmi les articles de Paris, on a cru devoir en faire l'objet d'un groupe spécial, attendu l'importance de cette fabrication et sa spécialité bien caractérisée.

35 industries composent ce groupe; mais la plupart d'entre elles ne sont que des fractionnements d'une même fabrication.

Ainsi les ciseleurs, graveurs, guillocheurs, sertisseurs, polisseuses, brunisseuses, etc., travaillent à façon pour les orfévres et joailliers-bijoutiers, qui comprennent dans le chiffre de leurs ventes le montant de la main-d'œuvre payés à ces sous-entrepreneurs.

Aussi, des 2,392 patrons, 432 occupent plus de 10 ouvriers; 1,081 de 2 à 10; 879 un ou travaillent seuls; ensemble ils emploient 16,819 ouvriers.

L'orfévrerie se divise en deux branches : l'orfévrerie fine, qui travaille l'argent au titre légal, et celle d'imitation, qui fabrique le plaqué et le maillechort, ou alliage argenté par des procédés électro-chimiques. La première se subdivise encore en grosserie, petite orfévrerie et fabrication des cuillers. Ses diverses spécialités vendent pour 29,026,000 fr. Les orfévres en plaqué et maillechort fabriquent pour près de 19 millions.

Le bijoutier travaille l'or et ses imitations : quant aux pierres fines ou fausses, elles sont taillées par les lapidaires et mises en œuvre par les sertisseurs et les joailliers qui le plus souvent les montent à façon. Les

Un magasin d'horlogerie, orfèvrerie et bijouterie.

diamants se taillent le plus généralement en Hollande.

L'orfévrerie, surtout celle d'imitation, comporte de grands ateliers; mais la bijouterie se confectionne le plus souvent par de petits entrepreneurs : ainsi, sur 476 fabricants de bijouterie fine, employant 4,404 ouvriers et vendant pour 44,599,934 fr., 139 seulement occupent plus de 10 ouvriers. Sur 348 fabricants de bijouterie fausse occupant 2,182 ouvriers, pour 6,525,332 fr. d'affaires, 48 seulement emploient plus de 10 ouvriers. La bijouterie en acier poli, comprenant les fermoirs, boucles, garnitures et perles d'acier, compte 143 patrons et 1,975 ouvriers; elle fait pour 4,963,500 fr. d'affaires. La bijouterie pour deuil en jais, acier, fonte de Berlin, est faite par 40 patrons, 233 ouvriers et fabrique pour 813,100 fr. Les 40 fabricants de perles fausses occupent 222 ouvriers et font pour 606,185 fr. d'affaires. Le chiffre des affaires des joailliers en fin et en faux s'élève à plus de 20 millions, dans lesquels la main-d'œuvre n'entre que pour un million au plus. Les bijoutiers en fin et joailliers réunis ne fabriquaient, en 1848, que pour 15 millions et n'occupaient que 3,350 ouvriers.

Une industrie complément de l'orfévrerie, celle des laveurs et fondeurs de cendres, occupe 86 ouvriers et fait pour 2,930,000 fr. d'affaires.

Le tirage de l'or et de l'argent, qui s'opérait autrefois à Paris, s'est déplacé et peu à peu transféré à Lyon, à Trévoux et en dernier lieu à Beaumont.

Le chiffre total des affaires, qui était, en 1847, de 134,830,276 fr., est tombé, en 1848, à 49,657,804. 9,656 ouvriers ont été congédiés.

Les 7ᵉ et 6ᵉ arrondissements sont les plus importants sous le rapport de l'importance des affaires; ils font à eux deux pour 68 millions et occupent près de 11,000 ouvriers. Il y a, dans ce groupe, 2,149 apprentis. Les industries qui le composent sont de celles qui fournissent beaucoup à l'exportation.

ONZIÈME GROUPE. — BOISSELLERIE, VANNERIE.

Ce groupe comprend les 15 industries qui, en dehors du bâtiment et de l'ameublement, travaillent le bois et font des ouvrages de sparterie et de vannerie.

Des 1,561 entrepreneurs qui les exercent, 85 occupent plus de 10 ouvriers; 785 de 2 à 10; 691 travaillent seuls ou n'ont qu'un aide.

L'industrie la plus importante est celle des layetiers-emballeurs, dont l'activité se proportionne à celle des expéditions de produits parisiens. Elle compte 297 patrons, 1,379 ouvriers, dont 284 apprentis, pour un chiffre d'affaires de 6,387,370 fr. Les cordiers, au nombre de 51, avec 614 auxiliaires, fabriquent pour 2,637,210 fr.; la brosserie commune, pour 2,234,980 fr.

Les nombreux articles de tonnellerie, de vannerie, de boissellerie et de brosserie commune, qui sont apportés des départements, n'ont pas été compris dans l'enquête, ce qui réduit beaucoup le chiffre de fabrication de ces articles. Pour la tonnellerie notamment, le travail se borne à la réparation des futailles, à l'emmagasinement et au soin des vins, à la confection de quelques ustensiles de ménage confectionnés avec les douves des tonneaux défoncés. La moins importante de ces industries, la fabrication des mottes à brûler, occupe 33 patrons, 87 ouvriers, et fabrique pour 121,350 fr.

L'ensemble des affaires, s'élevant, en 1847, à 20,482,304 fr., est tombé, en 1848, à 10,035,604 fr. Des 5,403 ouvriers, 2,500 ont été congédiés.

Ces industries, à l'exception des tonneliers, sont presque concentrées dans les 6e, 7e, 5e et 8e arrondissements, qui font, entre eux quatre, pour 12 millions d'affaires.

DOUZIÈME GROUPE. — ARTICLE DE PARIS.

Sous le nom général d'articles de Paris, on désigne

Fabrique d'instruments de musique de M. Sax. — Vue d'une partie de l'atelier du rez-de-chaussée.

dans le commerce, non-seulement les produits qui ont été réunis dans ce groupe, mais aussi une partie de ceux qui ont déjà fait l'objet de notre examen. On n'a groupé ici que les fabrications n'ayant pas naturellement trouvé leur place dans d'autres classifications. Ainsi les fleurs artificielles, la tabletterie, les nécessaires, cannes et parapluies, éventails, bimbeloterie, sont exclusivement des articles de Paris. On a complété cette catégorie, avec la ganterie l'horlogerie, les instruments de musique et quelques autres articles qui peuvent appartenir indifféremment à ce groupe et à d'autres. La réputation dont jouissent ces produits, due à l'élégance et au bon goût qui les caractérisent, leur a ouvert un immense débouché à l'extérieur de Paris. La grande division du travail, le morcellement des entreprises et le rapprochement des entrepreneurs concourant à une œuvre commune, assurent à ce genre de fabrication toute l'économie aussi bien que toute la perfection désirables; ce sont autant de garanties de la durée de leur vogue.

Cette division du travail en spécialités distinctes est poussée à un tel point, que, dans l'industrie des fleurs artificielles, des sous-entrepreneurs confectionnent certaines parties des fleurs, pistils, étamines, feuilles; des fabricants ne font que des roses; dans le même

Vue de l'atelier du second étage.

atelier, des ouvrières différentes sont occupées, les unes à découper et gaufrer les batistes et papiers, les autres à les colorier, d'autres enfin à les monter.

Dans la fabrication des parapluies, ce sont des industriels différents qui préparent les baleines, font les noix, les fourchettes, les manches et les crosses.

Les fabricants proprement dits ne font que réunir toutes ces parties et les couvrir d'étoffes. Dans la bimbeloterie, il n'y a presque pas de jouets d'enfant qui ne soit l'objet d'une industrie spéciale; de petits entrepreneurs ne confectionnent que les têtes de poupées, d'autres le buste ou corps monté. Vingt opérations spéciales concourent à la confection d'une poupée habillée du prix de 1 à 2 fr. 805 ouvriers s'occupent exclusivement de cette fabrication.

Toutes ces fabrications se résument en 34 industries distinctes, dont 6 s'occupent des divers instruments de musique, depuis l'accordéon jusqu'au piano et à l'orgue; 3 concourent à la fabrication des chapeaux de paille, 2 à la ganterie.

Les entrepreneurs, au nombre de 6,124, se divisent en 833, occupant plus de 10 ouvriers; 2,510, de 2 à 10; 2,781 qui travaillent seuls ou avec un auxiliaire. La fabrication des fleurs artificielles s'opère dans 618 établissements, dont 171 occupent plus de 10 ouvriers; ils en emploient ensemble 6,153 pour un chiffre d'affaires de 11,053,668 fr. La ganterie compte 182 patrons, 1,950 ouvriers, et fabrique pour 14,268,247 fr.

Les fabricants de pianos et harpes font pour 11 millions 480,070 fr. d'affaires; ce chiffre, pour l'horlogerie, est de 9,410,340 fr.; elle compte 978 patrons et 2,294 auxiliaires. Ici encore les mouvements se tirent de plusieurs départements et de la Suisse, et ne reçoivent à Paris qu'une dernière façon. Les réparations d'ailleurs entrent pour une somme considérable dans le chiffre des affaires. Les parfumeurs vendent pour 9,741,853 fr. Une fabrique secondaire, celle des montures de lunettes, occupe 450 ouvriers, et produit pour 1,394,027 fr. Les fendeurs de baleine font pour 1,863,950 fr. Les parapluies et ombrelles figurent dans le chiffre des affaires pour 7,408,429 fr., dont il s'exporte pour 1,060,136 fr. La fabrication des éventails est de 2,912,800 fr.; elle a triplé depuis 1827. Celle de la bimbeloterie occupe 371 patrons, 2,099 ouvriers, et produit une valeur de 4,321,209 fr., dont 1,208,950 fr. pour les poupées seulement.

La valeur des cannes, fouets et cravaches confectionnés par 163 entrepreneurs et 962 ouvriers, est de 3,507,208 fr.

L'ensemble de ces fabrications diverses s'élevait, en 1847, à 128,638,777 fr., réduits, en 1848, à 60,030,223 fr. Des 35,679 ouvriers, 18,446 ont été congédiés. La diminution la plus forte, de 86 pour 100, a porté sur les fabricants d'orgues; sur les autres instruments de musique, elle a été de 75 pour 100. Parmi les ouvriers, on compte 15,540 femmes et 2,556 jeunes filles ou garçons. Les 6ᵉ et 5ᵉ arrondissements réunis entrent dans les chiffres totaux des affaires et des travailleurs pour plus de moitié. Vient ensuite le deuxième, à raison des instruments de musique et de la parfumerie.

TREIZIÈME GROUPE. — IMPRIMERIE, GRAVURE, PAPETERIE.

Ce groupe comprend 27 industries, dont 9 confectionnent les articles de bureau, y compris la papeterie

Atelier des graveurs du Tableau de Paris.

de luxe; les papiers courants se fabriquant hors Paris. 7 concourent à la publication des imprimés, 5 à celle des gravures sur bois ou sur métaux, lithographies, estampes et images; 2 gravent les cachets, timbres et les planches ou rouleaux pour étoffes et papiers peints. On a rattaché à cette classification le triage, le lavage des chiffons, la fabrique des cartes à jouer, celle des papiers à polir et celle en papier.

Le nombre des entrepreneurs est de 2,235, dont 350 occupent plus de 10 ouvriers, 1,116 de 2 à 10; 769 travaillent seuls ou avec un auxiliaire.

Le chiffre total des affaires, en 1847, a été de 51,171,873 fr., réduites en 1848 à 27,467,484 fr.; de 16,705 ouvriers, 7,755 ont été congédiés.

En 1822, d'après les recherches statistiques, il y avait à Paris 80 imprimeries, employant 3,010 personnes et mettant en œuvre 280,800 rames de papier. Le montant des affaires faites par les 80 patrons était de 8,749,329 f. Les 87 imprimeurs recensés en 1847 occupent 4,536 personnes, avec un mouvement d'af-

faires qui s'est élevé dans cette année à 15,247,214 fr.

Deux causes ont empêché cette industrie d'acquérir un développement plus en rapport avec le mouvement intellectuel opéré depuis 30 ans. D'abord, la limitation du nombre des imprimeurs, qui n'a pas permis l'établissement de nouvelles maisons; ensuite le taux élevé des salaires dans Paris. Pour beaucoup de livres, le bon marché est la première condition de succès: aussi les éditeurs de certaines catégories d'ouvrages ont-ils été amenés à confier leurs impressions à des typographies situées dans les environs de Paris, même à une certaine distance de Paris. Les ouvriers peuvent, dans ces localités, être moins exigeants sur le taux des salaires, et dans une de ces villes les femmes, qui ne seraient pas admises ici au travail de la composition, s'y livrent sans inconvénient, et à des prix inférieurs à ceux que demandent les hommes.

La lithographie, qui, en 1827, s'effectuait dans 24 établissements occupant 417 personnes, pour un chiffre d'affaires de 2,045,000 fr., comptait, en 1847,

305 imprimeries, dont 58 occupant plus de 10 ouvriers. Le personnel employé par elles était de 2,388 — et la somme des affaires s'élevait à 7,798,864 fr.

Les relieurs, au nombre de 378, avec 1,895 ouvriers, font pour 4,211,300 fr.

Les éditeurs d'images et d'estampes, qui concentrent le travail de plusieurs industries accessoires, vendent pour 2,859,290 fr. Ici encore la division du travail a produit, comme économie et comme supériorité d'exécution, des résultats bien marqués. Une des industries qui concourent à cette fabrication, celle des coloristes et enlumineuses, comprend 232 patrons, 725 ouvriers, et reçoit en salaires et bénéfices une somme de 637,845 fr.

Il se confectionne pour 3,070,079 fr. de papiers de luxe, colorés ou blancs; 552,000 fr. de pains et cire à cacheter; 583,900 fr. d'encriers à pompes et autres menus articles de bureau.

Les fabricants de cartes à jouer n'en font qu'une partie. L'impression des figures en noir et celle des as de trèfle s'opère à l'imprimerie nationale. Ces entrepreneurs sont, de plus, obligés d'acheter à l'administration le papier filigrané qu'ils emploient. Il se fabrique dans Paris pour 916,500 fr. de cartes, valeur de 1 million 337,678 jeux sur 5,555,807 fr. qui se confectionnent dans toute la France.

Le triage et le lavage des chiffons ramassés dans Paris se fait par 71 ouvriers. Les 24 patrons font pour 1,670,000 fr. d'affaires. L'on n'a pas recensé les chiffonniers.

Le 11ᵉ arrondissement occupe seul 4,632 ouvriers et entre dans le chiffre des affaires pour 11,804,607. Sur les 16,705 salariés, il y a 4,410 femmes et 1,409 jeunes gens ou filles.

Les articles de ce groupe sont l'objet d'une exportation assez considérable.

La question la plus importante et la plus difficile soulevée par l'enquête est sans contredit celle des salaires. La rétribution du travail dans Paris suffit-elle à la satisfaction des besoins raisonnables de l'ouvrier? ou bien, au contraire, les plaintes si vives de quelques hommes appartenant aux classes qu'ils disent déshéritées sont-elles légitimes? Dans cette dernière hypothèse, quelles seraient les modifications possibles à une organisation industrielle qui ne permettrait pas à l'artisan honnête et laborieux de vivre en travaillant? Tels sont les redoutables problèmes qui ont bouleversé la France depuis cinq années, et dont la solution est préparée par le rapport de la commission. Disons d'abord, avant de nous engager dans cet examen, que la question des salaires doit être traitée distinctement pour les hommes et pour les femmes.

Comme point de départ, nous devons rappeler que, sur 204,925 travailleurs du sexe masculin, 9,863 parents de patrons ou payés au mois et à l'année, presque tous nourris et logés, sont au-dessus du besoin; que, des 195,062 recevant un salaire appréciable par journée, 157,216 gagnent de 3 à 5 francs, et 10,393 plus de 5 francs. Nous ajouterons, d'après les chiffres de l'enquête, que 27,453 recevant moins de 3 francs, on peut évaluer aux deux tiers ceux qui sont payés à raison de 2 fr. 50 c. ou 2 fr. 75 c.; au quart ceux qui reçoivent de 2 fr. à 2 fr. 25 c., et que les salaires inférieurs à 2 fr. sont le partage d'un très-petit nombre d'individus placés dans des positions exceptionnelles.

Si ces gains étaient réguliers et assurés pendant les 300 jours qui composent l'année active, la question nous paraîtrait décidée. Il ne resterait une des ressources insuffisantes que des jeunes gens récemment sortis d'apprentissage et le complétant avec des salaires inférieurs; des individus trop faibles ou trop âgés pour rentrer dans la loi commune; enfin, les travailleurs ayant une autre occupation qui ne leur laisse pas la disposition de tout leur temps, ou d'autres ressources qui font de leur gain un simple accessoire, ou il n'y aurait, dans cette hypothèse, à se préoccuper que des seconds, qui rentrent dans la catégorie pour laquelle l'assistance publique est organisée.

Malheureusement il n'en est pas ainsi : la question du chômage vient compliquer celle des salaires, en diminuant le prix de la journée de la somme proportionnelle nécessaire à la satisfaction des besoins de l'artisan pendant ses repos forcés. Aussi, en opposition aux chiffres si concluants des diverses rétributions dans Paris, c'est le chômage que l'on a toujours mis en avant. Il serait donc aussi utile que curieux de constater le rapport existant entre les journées lucrativement employées et celles forcément perdues pour le travailleur.

Nous devons faire observer d'abord que ce mot *chômage* est pris par la plupart de ceux qui l'emploient dans un sens trop général, trop absolu. Souvent en outre l'on confond deux choses bien différentes, le chômage et la morte-saison. Or, cette dernière, époque périodique où les ventes et les commandes sont moins actives, n'entraîne pas nécessairement une cessation de travail; elle ne fait le plus souvent que déterminer un ralentissement de la production : dans beaucoup d'établissements, le même personnel est conservé; seulement il est moins activement occupé.

Mais la morte-saison n'a pas d'effets bien marqué sur les industries pourvoyant à des besoins réels; sur celles organisées sur une grande échelle, dont les entrepreneurs, certains d'une vente à peu près régulière et pourvus de capitaux suffisants, n'attendent pas les commandes pour produire; dans toutes celles, au contraire, qui confectionnent des objets de luxe et de fantaisie, dont l'écoulement est subordonné aux caprices de la mode; dans celles qui sont fractionnées à l'infini, exercées par de petits patrons sans capitaux, ne fabriquant que sur demandes; dans ces industries, disons-nous, et elles sont très-nombreuses, la production est irrégulière et intermittente : elle impose par moments une activité fiévreuse en assurant des gains considérables, puis elle s'arrête brusquement, en laissant ses agents dans une inaction plus ou moins complète, plus ou moins prolongée.

Enfin, certaines fabrications éprouvent des interruptions périodiques imposées par les saisons et l'état de la température.

Pour établir exactement le budget des travailleurs, il faudrait donc préciser dans chaque spécialité la durée du chômage réel, c'est-à-dire le nombre de jours pendant lesquels les entrepreneurs congédient habituellement une partie de leur personnel, le nombre des ouvriers ainsi renvoyés et celui des hommes conservés. Car, dans les professions même où le travail est le plus irrégulier, une partie des artisans ne reste jamais inoccupée. Ce sont d'abord les ouvriers de choix sous le rapport de l'habileté et de la conduite, que le patron s'attache en les rétribuant au mois et à l'année; puis les meilleurs travailleurs à la tâche ou à la journée, que l'on conserve autant que possible, sauf à diminuer la quantité de travail effectué par chacun d'eux. De sorte qu'à quelques exceptions près, les chômages ordinaires n'atteignent que les ouvriers plus ou moins turbulents, dérangés, et qui changent fréquemment d'ateliers. Or, ce sont justement ceux qui, ayant dissipé le gain quelquefois considérable fait dans les moments d'activité, ont moins de ressources pour traverser les temps d'inaction : ils se plaignent donc d'autant plus d'amertume, qu'ils sentent le mal présent, ne se dissimulent pas, sans en vouloir convenir, qu'il a dépendu d'eux d'en atténuer les effets.

L'enquête n'a pas établi ce rapport des journées occupées aux journées perdues. Nous le regrettons d'autant plus, que ce travail n'offrait aucune difficulté sérieuse. Chaque entrepreneur en possède les éléments, en ce qui le concerne : aucun n'aurait hésité à les communiquer. En établissant ainsi le gain annuel de l'ouvrier dans chaque fabrication, la commission aurait résolu la question. Elle eût victorieusement répondu à des plaintes, à des récriminations bien amères ; elle eût rendu un immense service. Ses chiffres eu effet auraient été, nous ne sommes convaincus, la démonstration de l'assertion consignée dans son rapport, qu'après avoir fait la part d'un certain nombre de gènes, de misères immérités, des accidents dont personne ne peut affranchir l'humanité, en temps ordinaire et normal, la population ouvrière de Paris est dans des conditions d'existence satisfaisante. En se bornant, au contraire, à donner la durée des mortes-saisons par industries, sans indiquer la nature et l'intensité de leurs effets, elle a fourni involontairement des armes à la légèreté ou à la mauvaise foi.

Ce que la commission n'a pas exécuté, nous ne le tenterons pas, la tâche serait au-dessus des forces d'un individu; il n'aurait pas d'ailleurs l'autorité nécessaire pour faire accepter ses conclusions. Mais, pour justifier l'assertion de la commission, nous mettrons sous les yeux des lecteurs quelques rapprochements statistiques trouvés dans les recherches statistiques sur la ville de Paris ou dans l'enquête actuelle.

Ces recherches, publiées de 1823 à 1829, donnent les salaires de près de 40,000 travailleurs de tout sexe et de tout âge, avec le nombre moyen de jours de travail par année et par industrie. Sur ce chiffre, 593 hommes, presque tous contre-maîtres, graveurs ou dessinateurs de fabriques, étaient engagés à l'année ou au mois, et recevaient de 900 à 4,000 fr.; 13,531 travailleurs faisaient de 300 à 365 journées, en y comprenant les nuits passées dans quelques établissements. Les salaires les plus faibles pour le sexe masculin, de 2 f., 2 f. 50 à 2 f. 25 c., ne s'appliquaient qu'à des jeunes garçons, des hommes de peine, garçons de magasin, enfin à des individus ne donnant que leur force et sans aucun talent acquis. Les salaires des ouvriers, proprement dits, variaient de 3 fr. à 10 fr. D'après la combinaison du taux et du nombre des journées, 274 hommes à 2 fr. gagnaient annuellement de 600 à 660 fr., 85 à 2 fr. 25 de 675 à 742 fr., 432 à 2 fr. 50 et 2 fr. 70 de 750 à 825 fr., 2,594 à 3 fr. et 3 fr. 50, de 900 à 1,125 fr., 3,320 payés au pied de 4 à 10 fr. de 1,500 à 3,000 fr. Le surplus de ces 13,000 individus se composait de femmes, d'enfants ou d'hommes dont les salaires n'avaient pas été relevés à part, mais confondus dans une moyenne formée des rétributions de toutes les classes de travailleurs.

6,380 ouvriers faisaient de 260 à 275 journées. Sur ce nombre 1,800 gagnaient de 810 à 1,080 fr., 1,900 touchaient 1,170 fr., 830 de 960 à 1,500. Total, 4,530. Les 2,030 restants étaient des femmes et des enfants.

12,596 n'étaient occupés que pendant 240 jours. 300 ne gagnaient que 600 fr., 2,052 touchaient 960 fr., et 840 1,440 fr. Total des hommes dans cette catégorie, 3,792, le nombre des femmes et enfants attachés aux filatures étant très-considérable.

1,000 individus, dont 334 hommes, employés à la fabrication des éventails, n'étaient occupés que pendant 208 jours, ne gagnant que 550 fr. chacun. Une note annexée au tableau dit que, pendant les quatre mois de morte-saison, une partie de ces ouvriers s'employaient à peindre sur porcelaine ou toile et à enluminer, d'autres à confectionner divers articles de tabletterie.

Enfin, 3,904 travailleurs sont indiqués comme ne faisant annuellement que 100 à 163 journées, ce qui impliquait nécessairement, pour cette classe d'ouvriers attachés à des établissements ne fonctionnant qu'une partie de l'année, une occupation principale ou accessoire autre que l'industrie sur laquelle ces renseignements étaient fournis.

Or, depuis la publication de ces documents, les seuls authentiques que l'on possède, d'une part la vie a plutôt renchéri dans Paris; d'autre part, les salaires ont plutôt augmenté que diminué.

Ainsi, en 1827, les employés à la manufacture des tabacs, au nombre de 804 hommes et 250 femmes, touchaient un salaire moyen de 2 fr. 08; en 1847, la moyenne, pour un nombre égal à celui de 1827, était de 2 fr. 53.

En 1827, dans les fabriques de papiers peints, les hommes recevaient un salaire de 3 à 4 fr., les femmes de 1 fr. 50 à 2 fr., les enfants de 80 à 1 fr.; en 1847, les moyennes sont de 4 fr. 10, 1 fr. 94, 1 fr. 20.

Dans les usines à gaz pour l'éclairage, le salaire des hommes était de 2 fr. 75; en 1847 la moyenne s'était élevée à 3 fr. 03.

Dans la fabrication des éventails, les hommes gagnaient 2 fr. 50; les femmes 1 fr. 25; en 1847, la moyenne a été de 3 fr. 69 pour les premiers, 2 fr. 12 pour les secondes. Pour la bijouterie et joaillerie fines on trouve, toujours en 1827, 4 fr. 50 et 2 fr.; en 1847 5 fr. 67 et 2 fr. 42.

Les tanneurs ne gagnaient en 1822, en moyenne, que 2 fr. 50; sur 895 employés, en 1847, 136 recevaient de 2 à 2 fr. 75, 746 de 3 à 5 fr., et 13 chacun 6 francs.

Les salaires semblent être restés stationnaires pour les fabriques de laine et de coton, comme dans presque toutes les industries où le travail consiste, en plus ou moins grande partie, en façons de tissage. Mais il y a eu généralement baisse sur la rémunération des travaux d'aiguille, surtout de ceux faits à domicile. Cette diminution est bien marquée dans la bonneterie, la cordonnerie et pour les tailleurs. Mais il faut rappeler que le chômage, dans plusieurs de ces industries, a été réduit par l'établissement des confectionneurs, ce qui établit une compensation plus ou moins complète.

Voyons maintenant quelle était, en 1847, la situation des ouvriers appartenant aux industries dont il nous a été possible, soit par les renseignements puisés dans l'enquête, soit par ceux que nous avons obtenus directement, de préciser les chômages habituels.

Dans les industries de l'alimentation, occupant 10,428 ouvriers, il n'y a pas, à proprement parler, de chômage. A des époques fixes, quelques-unes des professions éprouvent dans leur vente un ralentissement qui n'entraîne pas le renvoi des ouvriers, engagés en grande partie au mois et à l'année. Pour cette classe de salariés, l'interruption du travail ne résulte que des maladies ou d'une rupture avec le patron. Dans ce dernier cas, il n'est ni long ni difficile à l'homme rangé de trouver de l'emploi, les ouvriers ne pouvant pas s'improviser dans ces spécialités et leur nombre étant proportionné aux besoins habituels. Aussi, à l'exception d'un certain nombre de garçons d'un caractère turbulent, inconstant, qui travaillent tantôt chez les boulangers, tantôt dans la pâtisserie, et dont les fréquents chômages ne peuvent être imputés qu'à eux-mêmes, on peut affirmer qu'il règne une véritable aisance dans cette classe de travailleurs.

Dans les bâtiments, il y a pendant les trois à quatre mois d'hiver une interruption régulière et prévue, non de tous les travaux, mais uniquement de ceux qui s'exécutent à l'extérieur. A la vue des maisons dont la construction reste suspendue par la rigueur du froid, on se laisse aller à l'idée d'une cessation complète des opérations industrielles qui concourent à les édifier. Il n'en est pas ainsi. La construction d'un bâtiment est généralement calculée de manière à ce que les travaux de grosse maçonnerie et de couverture soient terminés avant les gelées. On s'occupe alors des travaux d'intérieur. A moins d'un froid excessif et par conséquent très-rare à Paris, les *plâtres* occupent une partie des maçons les plus habiles, les mieux rétribués; les carreleurs, les fumistes, les menuisiers, les serruriers, les peintres s'emparent du bâtiment et complètent l'œuvre commencée. Dans les ateliers de plusieurs de ces professions, on se prépare pour la campagne prochaine; on confectionne tous les articles de serrurerie et menuiserie que l'on n'aura plus qu'à poser. Enfin, c'est le moment de beaucoup de réparations, de changements, d'aménagements intérieurs, ajournés lorsque les entrepreneurs étaient pressés. C'est encore pendant l'hiver que se font ordinairement les démolitions et les travaux de terrassement qu'entraînent les nouvelles constructions. Aussi le chômage porte d'abord sur la partie mobile des ouvriers : les maçons, charpentiers, couvreurs, paveurs, venus des départements, qui restent en plus ou moins grand nombre, quand l'hiver est doux et que les travaux se prolongent, partent dès que le froid les interrompt, emportant avec eux les économies faites dans la belle saison. Pour les ouvriers parisiens ou ceux qui n'émigrent pas chaque année, il y a des interruptions, des journées d'inaction, un travail moins continu; mais, sauf le cas d'un froid rigoureux, prolongé, exceptionnel, il n'y a pas, surtout pour les bons et habiles travailleurs, de chômage suivi.

Les maçons venant de la Creuse et de la Haute-Vienne sont en majorité des servants ou des *Limousins*, les moins payés des ouvriers du bâtiment. Sur 9,287 maçons, 3,469 ne gagnent que 2 fr. 50 c. et 2 fr. 75 c. par jour; les autres, à 111 près qui ont des salaires supérieurs à 5 fr., gagnent de 3 à 5 fr. Ceux qui appartiennent à la population mobile couchent deux à deux dans des garnis qui leur sont exclusivement affectés. Ils y payent de 6 à 7 fr. par mois. Pour cette somme, on leur trempe la soupe le soir et leur blanchit une chemise par semaine. Avec les aliments achetés au dehors, leur dépense journalière varie de 1 fr. à 1 fr. 25 c. En ajoutant 50 c. pour l'achat de quelques objets d'habillement et le petit extra du dimanche, faits avec la parcimonie qui caractérise cette classe de travailleurs, on aura une dépense totale de 1 fr. 50 c. à 1 fr. 75 c. Ces ouvriers passent de huit à neuf mois à Paris, en moyenne 260 jours; comme ils travaillent habituellement le dimanche au moins jusqu'à midi, on peut évaluer de 230 à 240 le nombre des journées faites par chacun d'eux; soit de 600 à 650 fr. le gain d'un servant pendant toute la saison. Si on porte leur dépense de 400 à 450 fr., restent 150 à 200 fr. qu'ils emportent de cette ville. Pour ceux qui gagnent de 3 à 5 fr., le pécule s'augmente de la différence presque entière ; car, chez cette race laborieuse, économe, rangée, conservant les rudes habitudes de nos paysans, la dépense ne croît pas en proportion des bénéfices. Quant aux maçons sédentaires, presque tous plus habiles, gagnant de 3 fr. 50 à 5 fr. par jour, faisant un certain nombre de journées pendant la morte-saison, leur gain annuel, dans les années normales, ne saurait être évalué, au plus bas, à moins de 920 fr.; pour beaucoup, il varie de 1,000 à 1,200; pour un petit nombre, il s'élève à 13 et 1,400 fr.

Les charpentiers, sauf quelques hommes de peine, gagnent de 4 à 5 fr. avec 240 jours de travail seulement, et c'est peu; ils reçoivent annuellement de 960 fr. à 1,200 fr.; 84 gagnent plus de 5 fr. Les menuisiers et serruriers, au nombre de 14 à 15,000, gagnent de 3 fr. 50 c. à 5 fr., à l'exception de 352 jeunes garçons ou hommes de peine, rétribués sur le pied de 2 fr. à 2 fr. 75 c. C'est encore un gain annuel de 900 à 1,200 fr., au minimum. Les couvreurs, plombiers, marbriers, gagnent de 4 à 5 fr.; ces derniers travaillent presque toute l'année. Pour les peintres, le salaire moyen est de 3 fr. 93 c.; 38 seulement touchent moins de 3 fr.

Pour la partie sédentaire des ouvriers du bâtiment, s'élevant de 30 à 32,000 hommes, on peut donc affirmer que la gêne habituelle n'est que la conséquence de la paresse et de l'inconduite. Les artisans laborieux et rangés vivent dans une certaine aisance et font des économies; ainsi en 1851, année où les constructions n'ont pas été très-actives et où la caisse des retraites a commencé à faire concurrence à celle d'épargne, cette dernière a reçu, de 1,400 nouveaux déposants appartenant à cette classe d'ouvriers, des premières mises s'élevant à 212,000 fr.

Dans le troisième groupe, la question du chômage diffère, en quelque sorte, pour chaque industrie. Les salaires de l'ébénisterie ont été réduits par la concurrence toujours croissante des Alsaciens et des Allemands, qui affluent à Paris dès que les prix se relèvent. La multiplicité des petits patrons, les contestations fréquentes qu'entraînent leurs rapports de tous les instants avec leurs ouvriers, les habitudes de cabaret des uns et des autres, provoquent des changements fréquents d'ateliers. Dans les années ordinaires, il y a, pour cette partie roulante, autant de perte de temps provenant de la recherche d'un autre patron, que du manque réel d'ouvrage : les bons ouvriers, au contraire, attachés aux véritables fabricants et que ceux-ci tiennent à conserver, chôment très-rarement. Il serait difficile d'établir une proportion des journées inoccupées; il n'y a rien de général à cet égard : mais ce qui est d'une incontestable notoriété, c'est que les ébénistes, bien qu'assez dissipés et buveurs, ne sont pas généralement dans la gêne, et que les travailleurs habiles et rangés mettent de l'argent de côté et deviennent facilement entrepreneurs pour leur compte.

Dans les bronzes, il y a ralentissement, mais non cessation de travail, si ce n'est pour quelques ouvriers dont les patrons sont disposés à se débarrasser; à l'exception de deux des nombreuses spécialités composant cette industrie, toutes les autres assurent des rétributions qui varient de 3 à 6 et même à 10 fr. par jour. Avec de l'ordre et des habitudes régulières, l'ouvrier en bronze jouit d'une grande aisance. Dans les papiers peints, le chômage est plus caractérisé : il dure de 3 mois à 3 mois et demi, pendant lesquels on congédie le tiers des travailleurs. En admettant pour ces derniers 105 jours d'inaction forcée pendant la morte-saison, ajoutant 40 pour fêtes et dimanches pendant le reste de l'année où la fabrication est très-active, restent au minimum 220 jours de travail. Or, sur 1,856 hommes employés dans les fabriques, 159 seulement, dont 90 hommes de peine occupés toute l'année, reçoivent moins de 3 fr. Les salaires pour 1,377 sont de 4 à 5 fr. C'est donc de 880 à 1,100 fr. que peuvent gagner, pendant les huit à neuf mois qu'ils sont occupés, la presque totalité des ouvriers congédiés. Beaucoup d'entre eux sont colleurs de papier, et, leur temps d'inaction coïncidant avec l'époque où il y a le plus d'activité dans la peinture en bâtiment, ils trouvent facilement à s'employer ; quelques-uns travaillent comme terrassiers. Dans cette partie, il y a gêne habituelle pour le plus grand nombre, même chez ceux qui, occupés toute l'année, peuvent gagner de 13 à 1,500 fr.; mais cette gêne résulte uniquement d'une inconduite sur laquelle nous reviendrons plus loin.

Dans l'impuissance de rapprocher ainsi le taux des salaires de la durée du chômage pour chaque industrie, nous nous bornerons à en citer encore deux appartenant à des groupes différents, et pour lesquels la morte-saison a des effets réguliers et bien constatés :

Parmi les corroyeurs, au nombre de 2,198, 53 seulement touchent moins de 3 fr. par jour; 1,884 reçoivent de 3 à 5 fr., 259 de 5 fr. 50 c. à 10 fr. La morte-saison est de trois mois, pendant lesquels le travail n'est pas interrompu, mais les tâches ou les journées sont réduites de moitié. Ainsi, en laissant de côté les 53 hommes de peine qui reçoivent de 2 fr. 50 c. à 2 fr. 75 c., le gain annuel est de 800 fr. pour les moins rétribués, et s'élève progressivement, pour la grande majorité, de 950 fr. jusqu'à 2,600 fr., à cette condition cependant d'un concours de 6 jours par semaine; mais on ne peut que difficilement obtenir des corroyeurs de travailler le lundi.

Dans la typographie, les deux mortes-saisons, bien caractérisées, durent de 3 mois à 3 mois et demi. On congédie alors du tiers à la moitié du personnel. Il se compose de 4,059 individus, dont 213 ont des salaires inférieurs à 3 fr. par jour. Les compositeurs gagnent en général 4 fr. 50 c., quelques-uns de 5 à 6 fr. Prenant le taux le plus bas, et ne comptant que 220 jours de travail, c'est pour les congédiés un gain annuel de 990 fr. Beaucoup trouvent, en outre, à employer utilement une partie du temps que laissent libre ces interruptions prévues et régulières. Nous ne parlerons pas des pressiers, dont l'industrie a été désorganisée depuis longtemps déjà par l'introduction des mécaniques, sans que jusqu'ici l'équilibre ait pu se rétablir entre l'offre et la demande des bras.

En continuant ce rapprochement pour les autres industries parisiennes, on arrive aux mêmes résultats : des mortes-saisons de trois mois au plus, sauf un petit nombre de fabrications où elles durent jusqu'à quatre : mortes-saisons pendant lesquelles une partie seulement des travailleurs attachés à certaines industries est plus ou moins complétement inoccupée. Cette suspension du travail, à l'exception de quelques ouvriers peu habiles, jeunes ou nouvellement attachés à l'entreprise, n'atteint que les ouvriers dérangés et turbulents. Quant aux salaires, le taux en est assez élevé pour que le gain réalisé pendant les 9 ou 10 mois d'activité varie de 900 fr. à 1,000 ou 1,100 fr. Les rétributions inférieures à 3 fr. n'étant allouées, dans la plupart des industries, qu'à des hommes de peine ou garçons de magasin occupés toute l'année, et qui ont, indépendamment de leur paye, des profits accessoires quelquefois assez considérables.

Plusieurs professions appartenant aux deux groupes des vêtements et des tissus, notamment celles des tailleurs, cordonniers, bonnetiers, chaussonniers, font exception à cette loi. La concurrence des femmes et des étrangers, la facilité pour tout individu sans emploi de se mettre promptement au fait de certaines confections, ont progressivement abaissé le taux des salaires. Aujourd'hui, leur chiffre, encore réduit par des pertes de temps de toute espèce, ne permet à une partie des ouvriers que de vivre dans un état de gêne habituel. Pour eux, il n'y a pas d'économies possibles, et un chômage un peu plus prolongé qu'à l'ordinaire les expose à manquer du strict nécessaire. La commission, par exemple, évalue à près de 9,000 sur 22 le nombre des travailleurs des deux sexes employés par les tailleurs, qui sont inoccupés pendant quatre mois de l'année. 1,300 hommes, il est vrai, quitteraient Paris pendant cette morte-saison, et trouveraient à s'employer chez les maîtres tailleurs des départements; mais on ne saurait évaluer à moins de 2,500 ouvriers du sexe masculin ceux qui restent plus ou moins complétement sans ouvrage. Or, tous ceux d'entre eux qui gagnent, quand le travail donne, moins de 3 fr. 50 c. à 4 fr. par jour, ne peuvent traverser un chômage aussi long qu'en subissant les privations les plus pénibles.

Dans cette spécialité, les 2/3 des hommes, à savoir 4,500 ouvriers, sont Allemands, Polonais ou Hongrois.

Le chômage pour les cordonniers est moins prolongé, moins régulier; mais la moyenne des salaires est plus faible. Elle est surtout abaissée par la concurrence des ouvriers mobiles venant de l'Allemagne et de la Lorraine, qui vivent entre eux par chambrées, avec une parcimonie poussée jusqu'à la dernière limite, et qui travaillent à des prix très-réduits. Aussi les ouvriers mariés et sédentaires ont-ils besoin de beaucoup d'ordre et d'assiduité pour ne pas tomber dans la misère.

Dans ces deux industries, la moyenne générale est une indication trompeuse, parce qu'elle est relevée par les façons très-chères payées à un certain nombre d'ouvriers d'élite chargés de la confection des articles de luxe, et par les appointements des chefs ouvriers attachés à l'année aux établissements de confection, et même à plusieurs entrepreneurs sur mesure. Plus de la moitié des cordonniers ne gagnent que 2 fr. 50 c. à 2 fr. 75 c.; et l'on peut évaluer à 7 ou 8,000 le nombre des tailleurs, cordonniers, chaussonniers et des artisans appartenant à quelques autres industries, qui, par suite de la modicité des salaires, ne parviennent qu'à vivre au jour le jour.

Nous n'essayerons pas pour les femmes ce travail de constatation du gain annuel : il serait encore plus compliqué, plus difficile; il ne produirait qu'un résultat prévu, avoué d'avance par tous les hommes de bonne foi. Dans un petit nombre d'industries, où il y a un véritable talent acquis, pour les ouvrières travaillant hors de chez elles, celles surtout qui sont engagées au mois et à l'année, celles enfin qui confectionnent à domicile pour une clientèle bourgeoise, le taux des rétributions et leur continuité plus ou moins complète permettent de subvenir aux nécessités de la vie, parfois même de faire des économies. Cette situation est celle de quelques milliers de femmes; mais, pour l'immense majorité, les neuf dixièmes peut-être de celles qui travaillent à domicile pour le compte d'entrepreneurs, pour une partie de celles qui vont dans les ateliers, les salaires, même avec une certaine habileté, une assiduité soutenue, sont insuffisants. La femme seule, dénuée de toute autre ressource, ne saurait, avec son gain, vivre convenablement; c'est à peine si beaucoup parviennent, par leur travail, à se procurer les moyens de traîner une existence misérable, à ne pas, littéralement parlant, mourir de besoin. Aussi, à défaut du mariage, une association illégitime est le seul moyen d'échapper à cet état de misère. Ce résultat est douloureux, mais il ne saurait être que bien faiblement, qu'accidentellement modifié : il résulte de la force même des choses. L'isolement de la femme ne peut, ne doit être qu'un fait accidentel : l'habitation avec ses parents, tant qu'elle n'est pas mariée, plus tard la vie de ménage et de famille, telle est sa destination; tel est le fait normal que tout doit tendre à provoquer, au double point de vue de la moralité et de l'aisance des classes inférieures. En effet, le gain de la femme, insuffisant à la faire vivre seule, alors même que dans l'état de mariage il est encore réduit par le temps qu'elle consacre aux soins de sa famille, devient un accessoire utile de la ressource principale, le gain du mari. Souvent cette quote-part en argent, apportée par la ménagère, constitue toute l'aisance de la communauté; dans certains cas elle supplée à l'insuffisance, à l'absence même momentanée des ressources ordinaires, le chômage de deux industries exercées par les époux ne coïncidant que très-rarement. Ainsi, en 1848, bien des familles n'ont eu d'autre moyen d'existence que le travail de la mère, alors que le père inoccupé et changeant de rôle avait été réduit à s'emparer des soins du ménage. Enfin, un labeur fructueux est encore pour la femme une force qui lui permet de s'opposer aux entraînements désordonnés du mari; il est quelquefois son unique ressource, quand celui-ci oublie au cabaret les besoins de ses enfants.

Mais ce travail même des ouvrières rend plus impérieuse pour toutes cette nécessité du mariage.

L'on tourne ici dans un cercle fatal. La femme mariée, désireuse d'utiliser ses moments perdus; la jeune fille logée, nourrie chez ses parents; la veuve âgée, infirme, vivant de la charité publique; toutes celles, en un mot, qui ne voient dans un travail plus ou moins discontinu que la possibilité de se procurer un peu plus d'aisance, font une implacable concurrence aux femmes qui n'ont pas d'autre moyen d'existence : elles acceptent tous les rabais, détruisent tout équilibre entre l'offre et la demande des bras, et tendent constamment, à leur insu, à faire baisser le taux des salaires.

Malheureusement, d'un autre côté, il faut le dire, beaucoup de jeunes filles des classes ouvrières sont détournées du mariage par la grossièreté, le désordre dont elles voient trop d'exemples dans les hommes de leur condition. Elles leur sont en général supérieures par les manières, les habitudes plus polies contractées dans la fréquentation des classes élevées avec lesquelles leur industrie les met souvent en rapport. Le spectacle de l'abandon, du dénûment, partage de bien des femmes que les maris maltraitent en revenant du cabaret, où ils ont dépensé la somme qui devait faire vivre la famille pendant toute la semaine, est bien propre à les rebuter. Placées entre une vie de privations si elles restent filles, la misère et les mauvais traitements si elles se trompent dans leur choix, ou si le mari, entraîné par de mauvaises compagnies, se dérange, elles ajournent, reculent jusqu'au moment où l'isolement, le besoin d'affection, la coquetterie même leur font contracter des liaisons dont le charme et les avantages momentanés leur dissimulent les conséquences funestes pour leur avenir.

Elles sont souvent plus à plaindre qu'à blâmer, et les femmes du monde, qui accusent impitoyablement leurs désordres, devraient se demander si elles auraient elles-mêmes résisté à de pareilles épreuves. Dans les classes moyennes et élevées, les habitudes luxueuses, dépensières des femmes, provoquent le célibat des hommes; dans les classes inférieures, l'ivrognerie, la brutalité des ouvriers produisent la même tendance chez les femmes.

Nous avons établi, au commencement de ce chapitre, qu'à Paris 30,000 soldats de ligne ne coûtaient chacun pour leur nourriture que 53 c. par jour; qu'une alimentation plus variée, plus substantielle, supérieure à celle de beaucoup de petits ménages, ne revenait à 5,000 gendarmes ou gardes de Paris que de 64 à 66 c. 1/3. D'après l'exemple cité et la comparaison avec la troupe, cette dépense ne doit s'élever, dans les colléges et établissements privés d'éducation, que de 70 à 90 cent. La nourriture des maçons et badigeonneurs appartenant à la population mobile ne leur coûte que 80 à 90 cent.; celle des journaliers de l'industrie et du commerce, mangeant dans les gargotes, buvant du vin avec modération, revient à 1 fr. 25 c. La plupart des étudiants et jeunes gens des diverses professions ne dépensent pas davantage. Le prix de l'alimentation de l'artisan dans son ménage devrait donc varier de 70 à 80 cent. par tête.

D'un autre côté, en retranchant des 27,453 individus touchant un salaire inférieur à 3 fr., les jeunes gens dont l'apprentissage se complète, les hommes de peine ou garçons de magasin attachés aux diverses fabriques, il ne reste dans cette catégorie, en véritables ouvriers, que les servants maçons dont nous avons fait le compte, la moitié des cordonniers, un certain nombre de tailleurs, bonnetiers, et la majorité des chaussonniers, dont la position est exceptionnellement mauvaise par suite des causes signalées plus haut. Quant aux ouvriers des autres industries gagnant par jour de 3 à 5 fr. et au delà, aux ouvriers soumis aux chômages réguliers les plus longs, ils touchent encore annuellement 900 francs environ au minimum, non compris ce qu'ils peuvent gagner pendant l'interruption de leur travail habituel. Le gain de ceux qui ne sont exposés qu'à des pertes de temps accidentelles varie de 900 et 1,000 à 1,500 et au-dessus.

En rapprochant le coût de la nourriture du chiffre des recettes annuelles de chacun, augmenté pour ceux qui sont mariés du gain de la femme, qui ne saurait être évalué, dans les données ordinaires, à moins de 150 fr. par an, on se demande quelles sont les causes qui produisent l'état de véritable misère dans lequel végètent un si grand nombre d'ouvriers.

Mais, avant de les indiquer, il peut être utile de mettre en regard les ressources et les habitudes des artisans et journaliers de la campagne, dans un rayon de 20 à 80 kilomètres de la capitale, — partie de la France où le pain, la viande de seconde qualité, et les autres denrées alimentaires et de ménage sont aussi chers ou à peu près qu'à Paris; où il n'existe d'infériorité sensible dans les prix que pour les loyers, les boissons et le combustible.

En dehors de la banlieue proprement dite, le maçon gagne, selon les localités, de 2 fr. à 2 fr. 50 c. par jour; le menuisier, le serrurier, le charpentier, de 2 fr. 50 c. à 3 fr.; un tisserand, de 1 fr. 50 c. à 1 fr. 75 c.; une couturière, de 60 à 75 c., et nourrie; le journalier, 1 fr. 50 c.

Pour un ouvrier laborieux, intelligent, occupé toute l'année, sauf les chômages forcés résultant des intempéries des saisons, les rétributions de toute espèce, en argent ou en nature, ne dépassent pas 450 à 500 fr. par an. La femme, pendant la moisson, gagne de 45 à 50 fr. au maximum; elle fait des journées à 80 cent. et 1 fr., lorsque le soin de son ménage, de ses enfants, la culture de son jardin lui en laissent le loisir. L'hiver, quand le mauvais temps la retient à la maison et le soir à la veillée, elle file et peut gagner au plus 5 cent. par heure, soit 40 cent. en moyenne par jour pendant 3 à 4 mois. Si elle a un nourrisson au sein ou au biberon, industrie très-répandue aux environs de Paris, c'est de 18 à 20 fr. par mois, sur lesquels il faut déduire, pour fournitures diverses, de 3 à 4 fr. Mais elle ne peut alors se livrer à aucune des occupations indiquées plus haut. Son gain annuel, dans ces deux hypothèses, varie donc de 150 à 200 fr.

Les ressources appréciables du ménage doivent être évaluées de 600 à 650 fr., au plus : elles suffisent à la majorité des paysans pour vivre, élever leurs enfants, ne pas contracter de dettes, et, s'il ne survient pas d'accident, acheter un peu de terre. Mais il est vrai que le campagnard n'est pas, comme le citadin, dans l'obligation de tout se procurer à prix d'argent, et qu'il produit lui-même une partie des objets qui lui sont indispensables. Le paysan qui n'est pas proprié-

CHAPITRE LXV. — STATISTIQUE INDUSTRIELLE DE PARIS.

taire, et là où nous avons pu l'observer, c'est l'exception, pour 30 à 40 fr., trouve à louer une chaumière et un petit jardin; s'il n'y a pas de terrain attaché à sa maison, ou s'il est insuffisant, il en prend à location de 10 à 15 perches, 5 à 7 ares; c'est le fondement de son aisance. Le mari, aux moments perdus, cultive ce terrain; il est aidé par la femme et les enfants, que l'on emploie de bonne heure aux menus travaux. Ce jardin produit tous les gros légumes nécessaires au ménage; souvent même assez de pommes de terre pour élever un porc, auquel on donne les fruits gâtés ou tombés, et des glands ramassés dans les bois, quand il y a des bois à proximité. On ne dépense, pour la nourriture de cet animal, que l'orge avec laquelle on termine l'engraissement. Un porc ordinaire, pesant 100 kilogr., suffit à la consommation de la famille. On achète rarement de la viande de boucherie, non à cause de son prix, mais parce que le paysan la trouve moins savoureuse et moins nourrissante.

Les travaux de la moisson, qui se payent en blé, et le glanage des enfants, produisent à un ménage actif huit hectolitres de grain; s'il y a deux enfants, c'est environ treize hectolitres qui se consomment dans l'année; restent cinq à acheter. Dans les pays à cidre, les pommiers du jardin fournissent une partie, sinon la totalité de la boisson; d'ailleurs, dans les années d'abondance, qui sont dans la proportion d'une sur deux ou trois, le fruit est à peu près pour rien, et l'on s'approvisionne pour longtemps. Dans les vignobles, le vin, ou du moins la piquette, sont à bas prix. Si la nature du sol le permet, on cultive un peu de chanvre, que la femme prépare et file; le linge de la famille ne coûte que la toile au tisserand. Les enfants vont ramasser du bois mort, arracher de la bruyère ou des genêts, qui servent à chauffer le four toute l'année. Enfin, l'on élève des lapins, dont on porte de temps en temps une couple au marché, et dont on mange en famille les jours de fête.

Cette incessante création de ressources diverses, dont la plus-value en argent, difficile à chiffrer, n'est pas bien considérable, donne une certaine aisance; elle exige de la suite, de l'ensemble dans les travaux. Mais le campagnard, s'il est égoïste, s'il n'a pas des vertus actives, est laborieux, économe, dur à lui-même : loin de se laisser entraîner au superflu, c'est à peine s'il se donne le nécessaire. Il ne va au cabaret que le dimanche, et n'y fait en général qu'une dépense modérée. Le riche vit à peu près aussi parcimonieusement que le pauvre; il amasse davantage et achète plus de terre. Acquérir est toute l'ambition, tout le bonheur du paysan. Il y a certes quelques campagnards dissipateurs, aimant la bonne chère, le cabaret : c'est l'exception. L'opportunité, la suite indispensable dans les travaux de la culture, sont incompatibles avec l'inexactitude, les dérangements fréquents chez les ouvriers des villes : le paysan est commandé par les saisons et défendu contre ses entraînements par une urgence de tous les instants. Si ses mauvais instincts l'emportent, il est réduit à quitter son village, et vient à Paris on dans quelque autre ville se faire charretier, terrassier, exercer je ne sais quelle industrie bâtarde, en augmentant cette population flottante et déclassée, véritable fléau des grandes cités. C'est là, en effet, que se réfugient tous ceux qui cherchent à être moins en évidence, à se livrer plus commodément à leurs penchants désordonnés et turbulents; tous ceux enfin qui ont des antécédents fâcheux à cacher. La tranquillité que l'on est heureux de trouver dans les campagnes et les petites villes ne s'obtient que par l'abaissement du niveau moral des grandes cités.

Ce déplorable recrutement des classes inférieures dans Paris ne contribue pas peu à généraliser ce goût de la dépense, cette inconduite, cette imprévoyance, qui sont les véritables causes de la gêne d'une partie des ouvriers.

Pour rendre cette vérité plus palpable, l'enquête divise les travailleurs en quatre catégories distinctes, caractérisées par des conditions d'existence et de moralité particulières à chacune.

D'abord les ouvriers qui travaillent en chantiers, soit la plupart des ouvriers du bâtiment : beaucoup sont obligés d'aller chercher de l'ouvrage sur les places d'embauchage; la grande majorité vivent au cabaret, loin du ménage qu'ils ont au bourg dans Paris, par suite de l'éloignement et du changement des lieux où ils sont occupés. Malgré cette double cause de dérangement, ce sont les plus économes, les plus tranquilles, les plus aisés peut-être de tous les travailleurs. Il y a dans chaque industrie quelques individus buveurs,

Le peintre d'enseignes et le peintre colleur.

dissipés; c'est la très-petite minorité; il y a quelques spécialités où l'inconduite est générale; elles sont peu nombreuses. Ainsi, les ornemanistes, les mieux rétribués de tout le bâtiment, comptent beaucoup d'hommes dérangés, ayant des habitudes de cabaret, et gênés, malgré le taux supérieur des salaires. Dans les peintres il y a deux classes distinctes : les badigeonneurs, presque tous Suisses ou Piémontais, laborieux, économes, mettant de l'argent de côté; les peintres proprement dits, qui sont le type de l'ouvrier gai, vif, aimant le plaisir, ne travaillant que quand il n'a plus argent ni crédit, sans souci du lendemain. Les maîtres ne peuvent les astreindre à aucune régularité, et ils sont presque toujours aux expédients, bien que leurs travaux soient fortement rétribués.

La seconde division est celle des ouvriers travaillant dans les grands ateliers : les imprimeurs sur tissus ouvriers en papiers peints, filateurs, teinturiers, etc.

Ils sont à Paris ce qu'on les trouve dans toutes les villes manufacturières : dénués de toute instruction première, mis en bas âge au travail, dans la compagnie ou sous la direction d'ouvriers plus âgés, qui les traitent durement, ne leur font entendre qu'un langage grossier et obscène, ne leur donnent que de mauvais exemples, ils contractent de bonne heure les habitudes de turbulence et d'inconduite les plus déplorables. Le contact des deux sexes, inévitable dans quelques industries, vient ajouter un autre élément d'immoralité, et trop souvent l'on rencontre dans cette classe la promiscuité la plus honteuse, dont ne paraissent pas s'étonner ceux même qui n'y participent pas, tant le sens moral est oblitéré parmi eux. Presque tous chôment le lundi, beaucoup le mardi, et, quelle que soit l'urgence, il est impossible d'obtenir d'eux plus d'assiduité. La plus grande partie du gain de la semaine est dépensée dans ces deux ou trois jours de débauche, et ils vivent misérablement le reste du jour. Un certain nombre, le quart peut-être, fait une honorable exception, travaille et vit plus régulièrement, profitant du bon sens élevé des salaires pour mettre de côté et se former un petit pécule.

La turbulence de cette classe de travailleurs et leurs exigences sans cesse renaissantes ont déterminé beaucoup de chefs d'établissements à quitter Paris, où l'on ne connaît pas ses ouvriers, et où, moins que partout ailleurs, il est impossible d'exercer sur eux une influence utile. D'autres manufacturiers n'ont conservé ici qu'une maison de centralisation et de dépôt, et font confectionner dans les campagnes environnantes, même à des prix égaux, une partie des articles vendus comme provenant de la fabrication parisienne. C'est ce qui a lieu pour les chaussures destinées à l'exportation. La régularité sur laquelle on peut compter de la part des campagnards permet de passer des marchés, de soumissionner des fournitures, que l'on serait exposé à ne pouvoir exécuter avec les ouvriers parisiens, toujours prêts à se mettre en grève, à abandonner l'établissement, suivant l'impulsion de leurs caprices, ou pour imposer d'inacceptables conditions.

L'irrégularité du travail à Paris, le défaut d'assiduité des ouvriers a d'ailleurs pour effet d'augmenter, dans une forte proportion, la mise de fonds et les frais généraux de certaines fabriques. Ainsi, dans les papiers peints, un imprimeur occupe un emplacement de 6 à 7 mètres carrés. Si chacun d'eux travaillait six jours par semaine, l'on obtiendrait, avec 35 hommes, le même résultat qu'avec 50 ne venant habituellement que quatre à cinq jours : au lieu donc d'avoir 227 mètres carrés d'ateliers, suffisants dans la première hypothèse, il en faut à l'entrepreneur 325, et de plus un outillage proportionné. Il en est à peu près de même dans la typographie et dans toutes industries, où les emplacements, les frais d'éclairage, les achats d'ustensiles, sont d'autant plus considérables que le nombre des ouvriers est plus augmenté par le peu de travail obtenu de chacun d'eux.

Leur inconduite a une autre conséquence, qui pèse principalement sur eux.

Si l'on pouvait compter, dans les moments d'activité et de presse, sur un travail plus suivi, plus soutenu, le personnel serait inférieur du quart ou du tiers à ce qu'il est dans les données actuelles. Il serait alors possible de le conserver tout entier pendant la morte saison, avec une simple diminution dans le travail fait par chacun; et, comme le nombre des aides et apprentis se proportionne de lui-même à celui des ouvriers, ce dernier se réduirait insensiblement. Il y aurait moins de bras enlevés aux travaux des champs; le travail serait à la fois plus régulier et mieux rétribué;

enfin le chômage habituel, tel qu'il existe aujourd'hui, disparaîtrait en partie.

La troisième catégorie est celle des artisans occupés à domicile, ou dans de petits ateliers, à la confection des articles de Paris. Ils ont en général suivi les écoles primaires, souvent même savent dessiner. Ce sont les véritables enfants de Paris, vifs, intelligents, pleins de goût, ardents au travail et infatigables, tant qu'il y a urgence et qu'une commande pressée les réclame ; mais se livrant avec la même ardeur au plaisir, dès que ce coup de feu est passé. On ne rencontre plus dans cette classe les amusements grossiers, l'ivresse brutale des ouvriers de fabrique et de quelques professions ; les habitudes sont plus relevées. Le spectacle, le bal, les parties de campagne, une toilette recherchée, les entraînent dans des dépenses et des pertes de temps souvent disproportionnées avec leurs ressources. La facilité avec laquelle ils gagnent des salaires très-élevés, surtout dans les moments de presse, ces alternatives fréquentes de travail forcé et de complète inaction, contribuent à augmenter ces dispositions à l'imprévoyance et à la dissipation. Il y a cependant des spécialités où l'ordre, la probité la plus stricte, les habitudes de famille se sont traditionnellement conservées. Ainsi, les artisans qui travaillent les métaux précieux et les pierres fines justifient par une scrupuleuse honnêteté la confiance que les patrons sont obligés d'avoir en eux. Mais aussi l'aisance est-elle presque toujours la compagne inséparable de cette vie laborieuse et rangée.

La dernière catégorie est celle des ouvriers qui se livrent aux travaux d'aiguille. Nous avons signalé l'état de gêne imméritée d'un grand nombre d'entre eux. Pour d'autres, le dénûment est encore la conséquence du désordre. On n'a pas en général de reproches à adresser à cet égard aux cordonniers ; mais beaucoup de tailleurs, bien que largement payés, sont dans la gêne. Leur contact avec les classes riches contribue à leur donner des prétentions et des goûts vaniteux et dépensiers ; la nature sédentaire de leur travail les dispose à accueillir les doctrines les plus subversives. Aussi retrouve-t-on des tailleurs dans la plupart des complots politiques.

Si, dans Paris, la classe ouvrière se laisse trop généralement aller à une vie de dissipation et de dépenses, elle est, il faut en convenir, sous l'influence d'excitations bien autrement puissantes que partout ailleurs. Le milieu dans lequel elle se meut est pour beaucoup dans ses folies. Elle veut sa part de ce bien-être, de ce luxe dont elle aperçoit autour d'elle les apparences, en s'en exagérant la réalité, et sans se rendre compte des sacrifices, des mécomptes au prix desquels ils sont le plus souvent achetés. Les cabarets, les bals, les spectacles présentent à chaque pas des tentations toujours renaissantes. Jeune, on contracte, sous la pression de l'exemple, quelquefois même d'une fausse honte, l'habitude de ces amusements ; plus tard il est bien difficile de la rompre, alors que les besoins d'un ménage réclament l'intégralité des ressources qu'un travail assidu pourrait seul procurer.

La vanité joue aussi un grand rôle dans les prodigalités de l'artisan. La rupture des barrières qui séparaient les différentes classes de la société ne lui paraîtrait pas complète, si par son costume, sa nourriture, ses plaisirs, il ne se rapprochait pas autant que possible de ses patrons. L'ouvrier qui, soldat ou paysan, ne vivait naguère que de pain bis, de salé, d'une faible ration de basse viande, ne buvait que du cidre, de la piquette ou de l'eau, se rabaisserait à ses propres yeux s'il ne consommait pas du pain blanc, de la viande de choix, du vin, du café. Bien rarement les pauvres eux-mêmes se contentent des aliments distribués par les bureaux de charité ou les agents des aumônes princières : la plupart préféreraient recevoir du boucher ou du boulanger une ration moins forte, ou lui donner un supplément en argent, pour avoir du pain blanc et un morceau de bœuf à leur convenance.

On doit évaluer au tiers, et peut-être à la moitié, le nombre des ouvriers ne travaillant que quatre à cinq jours par semaine, passant le reste du temps à boire et à jouer. L'hôpital quand ils sont malades, le bureau de charité pour leurs vieux jours, constituent tout leur avoir. Aux observations sur leur imprévoyance, ils répondent par cette phrase consacrée : Il faut bien que l'ouvrier s'amuse. Et cependant, à côté d'eux, ceux qu'ils appellent les hommes de loisir, le marchand dans sa boutique, le négociant dans son comptoir, l'homme de loi, le médecin, dans leur cabinet, sont cloués à leur tâche les six jours de la semaine et une partie du dimanche, trouvant à peine le temps de prendre leur repas. Car, s'il n'y a pas de ville où le peuple travaille moins et s'amuse davantage, il n'y en a pas non plus où la classe moyenne mène une existence plus laborieuse, plus remplie, plus esclave. Aussi beaucoup voient leur santé détruite et périssent avant l'âge, épuisés par un labeur incessant, par cette vie étouffée et par les soucis de toute espèce, et cela pour arriver, non à la fortune, qui n'est la récompense que de quelques-uns, mais à une modeste aisance, quand ce n'est pas à la ruine.

En exposant les causes les plus générales, les plus réelles de la misère des classes ouvrières, nous n'avons prétendu ni dresser un acte d'accusation, ni les proclamer plus immorales que le reste de la population. Les vices des artisans ne sont que les vices des classes élevées, seulement ils sont plus en évidence ; ils nuisent plus immédiatement et à eux-mêmes et à la chose publique.

L'homme du peuple qui passe à s'enivrer un temps précieux, qui dévore dans une orgie prolongée le gain de sa semaine, n'est pas plus coupable que la jeunesse élégante qui dissipe son patrimoine avec des femmes perdues, que l'homme du monde qui, par vanité, par libertinage, compromet la fortune de sa famille, que cette bohème artistique et littéraire qui croit faire de la gentilhommerie en ne payant pas son loyer, qui au jour le jour, tantôt dans le dénûment le plus complet, tantôt prodiguant l'or dans une débauche, et qui prend le désordre pour du génie.

Mais ce qui rend plus dangereuses les fautes du premier, c'est qu'il ne se relève que bien rarement de sa décadence ; ses vices sont de ceux qui croissent avec l'âge, en l'abrutissant chaque jour davantage. S'il a des enfants, des apprentis, des aides, ne pouvant inspirer le respect, il n'établit sa domination que par la brutalité : il les habitue à ne connaître d'autre droit que celui de la force, d'autre moralité que l'injonction intéressée du maître ne voulant pas qu'on perde son temps. Il déprave ainsi une génération qui grandit en aspirant au moment où, à son tour, elle pourra être impunément désordonnée, où elle exercera sur celle qui la suit les tristes représailles des mauvais traitements subis dans son enfance. Dans les classes supérieures, au contraire, l'homme dont la jeunesse a été plus ou moins orageuse fait presque toujours ce qu'on appelle une fin. Par cupidité, par ambition, il prend un état, se marie, devient un prédicateur de sagesse et d'économie, et cherche à préserver ses enfants des écarts qui ont signalé le commencement de sa vie.

L'ouvrier que la débauche a laissé sans ressource contre un chômage extraordinaire, descend sur la place publique, et fait une émeute ou une révolution. Le fils de famille, qui a gaspillé sa fortune, voit, dès qu'il daigne se ranger, s'ouvrir la carrière de la diplomatie et des fonctions civiles, et contribue à cette dégradation morale et intellectuelle de l'administration, qui est une des plaies de la France. Mais l'on conçoit que la société soit plus effrayée des désordres qui ont pour résultat un bouleversement brusque et immédiat que de ceux qui la minent lentement.

Il est donc de l'intérêt de l'État de s'occuper de la moralisation des classes inférieures. C'est aussi son devoir ; car, si le défaut d'éducation, dans l'acception vulgaire de ce mot, n'est pas ce qui cause les écarts des classes riches, il n'en est pas de même de l'homme du peuple. Sans instruction, abandonné dès son enfance à la contagion des mauvais exemples, il n'est en droit de demander à la société qui le punit si elle a fait tout ce qu'elle pouvait, tout ce qu'elle devait pour l'améliorer.

Dans cette tâche, on ne peut espérer que des résultats lents et successifs ; il a déjà été beaucoup fait, il est juste de le reconnaître, mais il reste à généraliser, à compléter ce qui a été commencé.

Pour l'enfance, il est urgent de multiplier les salles d'asile, les écoles gratuites où se contractent des habitudes d'ordre, de discipline, de propreté. Quelques centaines de mille francs employés à augmenter le nombre de ces établissements, insuffisants pour la population qui la fréquente, seraient mieux employés qu'à donner du travail à des ouvriers étrangers. Il faudrait créer aussi plus de prix d'apprentissages ; enfin l'État doit aviser à exercer sur les enfants, sur la manière dont ils sont traités, toute la surveillance, tout le patronage compatibles avec les droits des maîtres, des parents, et la liberté des contrats.

Pour l'âge mûr, des cours d'adultes, des bibliothè-

Le mauvais ouvrier.

ques spéciales ouvertes le soir et les jours de fête, contribueraient à donner le goût des délassements intellectuels; les sociétés de secours mutuels, les caisses d'épargne, celle des retraites, sont des encouragements à l'esprit d'ordre, d'économie qu'il faut développer chaque jour davantage. On a adressé à cette dernière le reproche d'être immorale en poussant à l'égoïsme. Il n'est pas mérité. Lorsque l'esprit de famille a perdu de son empire, il ne faut pas s'exposer à l'affaiblir encore par des conflits avec l'intérêt pécuniaire. C'est ce qui arrive lorsque le vieillard vient demander à ses enfants, en soins, en nourriture, le remboursement de ce qu'il a prêté à leurs premières années. Rarement cette dette est acquittée avec exactitude, plus rarement encore avec l'affectueuse bonne grâce aussi précieuse à la vieillesse que les secours matériels. La morale n'aura qu'à gagner à l'indépendance des gens âgés, même achetée par l'extinction du capital déposé, et le spectacle de leur petite aisance contribuera à propager la prévoyance.

Il est de mode aujourd'hui de prôner un moyen de moralisation, la résurrection des sentiments religieux, qui ne nous paraît pas avoir l'efficacité qu'on lui suppose. Il faut que la piété soit bien sincère, bien éclairée, pour influer sur la conduite habituelle. Ce qui se passe dans les pays ultracatholiques et chez nos femmes de bon ton, en est la preuve. On est rigoureux sur l'observance des pratiques et très-relâché sur la morale. Quand la foi est éteinte, il est d'ailleurs bien difficile de la ranimer. Par des aumônes, par des influences de toute espèce, on obtiendra, dans le peuple sceptique et railleur de Paris, d'apparentes conversions, des participations intéressées à des actes extérieurs; mais une véritable piété, il est permis d'en douter. Que l'on ne néglige donc pas les moyens plus humains.

Le travail est la religion de l'époque. Convertissez-y les incrédules L'économie, la prévoyance, viendront tout naturellement ensuite.

La société périclite par le désir immodéré du bien-être, par la soif des richesses; faites tourner ces penchants au profit des idées d'ordre et de conservation. Donnez à l'ouvrier, pour la possession d'un capital, la passion du paysan pour celle de la terre; mais il faut pour cela une incontestable sécurité. C'est ce que la caisse des retraites est admirablement apte à lui garantir, parce qu'elle le protége contre son ignorance, contre ses entraînements et les fausses spéculations qui ont trop souvent dissipé les économies lentement amassées, que la caisse d'épargne est tenue de rendre à la demande du déposant.

L'État a un autre devoir à remplir dans l'intérêt de la régularité du travail, et par conséquent des idées d'ordre et d'économie. S'il ne lui est pas possible d'arrêter ce flot toujours montant de travailleurs étrangers qui viennent à Paris changer le rapport de l'offre à la demande, abaisser les salaires, augmenter les chômages, il peut du moins ne pas provoquer lui-même cette invasion. C'est pourtant ce qu'ont fait tous les gouvernements, c'est ce que l'on fait encore aujourd'hui en entreprenant sur une trop grande échelle la démolition des vieux quartiers. Cette reconstruction d'une partie de la capitale, pour s'opérer sans secousse, devait être l'ouvrage du temps. En voulant terminer en quelques mois ce qui demanderait des années, on prépare une crise industrielle et commerciale dans un avenir peu éloigné, on empire à certains égards pour le moment la situation du peuple. La destruction simultanée des vieilles maisons occupées par les pauvres familles en réduit beaucoup à aller loger à l'extérieur, loin de leurs travaux, toutes à payer des loyers hors de proportion avec leurs ressources. Les chambres qui se louaient 100 fr. avant 1848 se payent aujourd'hui 150 et 200 fr.; et cette élévation des petits loyers ne sera pas un fait passager, parce que les nouvelles constructions ne sont adaptées ni aux besoins, ni aux facultés des classes inférieures. Les ouvriers sont des locataires peu commodes, peu recherchés; aussi la spéculation du bâtiment n'a presque jamais leur logement pour objet; et ce ne sont pas quelques cités ouvrières qui combleront les lacunes résultant des démolitions trop brusquement opérées. Or, de toutes les dépenses, le loyer, pour les gens pauvres, est la plus pesante, la plus difficile à acquitter.

Si l'on croit, par le développement inusité imprimé au bâtiment, produire une augmentation dans le taux des salaires qui compense la cherté du loyer, on se fait illusion. D'abord cette cherté est générale, pèse sur toutes les professions, tandis que l'élévation de la main-d'œuvre ne porte que sur certains ouvriers, ceux surtout qui appartiennent à la population mobile. Cette plus-value n'est d'ailleurs que momentanée; dès qu'elle sera connue, une affluence de travailleurs proportionnée aux besoins viendra rétablir l'équilibre rompu par un brusque accroissement de la demande. Le taux des salaires, des matériaux, reprendra son niveau habituel, les petits loyers seuls se maintiendront chers jusqu'à ce qu'à la longue il se soit rétabli un juste rapport entre les besoins et les offres.

Mais quand on aura attiré dans Paris cette masse d'ouvriers de tous les pays, peu disposés ensuite à quitter cette ville; lorsque l'État et la commune ne pourront plus continuer les dépenses qui ont produit cet encombrement, que la spéculation s'arrêtera, épuisée par ses propres excès, il faudra compter avec cette population désœuvrée, habituée à croire que l'État lui doit du travail.

Les mêmes faits se reproduiront dans de plus petites proportions pour la tapisserie, la dorure, la broderie, fébrilement surexcitées par des mesures gouvernementales. Les patrons sont réduits, depuis six à huit mois, à appeler de l'extérieur ou à créer par l'apprentissage le supplément d'ouvriers nécessaires à l'exécution de commandes extraordinaires. Puis, quand cette activité factice aura cessé, il restera sur la place trop de bras pour les besoins habituels.

Le gouvernement ne doit intervenir dans l'industrie que dans deux cas : lorsqu'il y a lieu de créer, d'encourager une fabrication nouvelle dont on juge utile de doter le pays; lorsqu'il est nécessaire de venir en aide aux travailleurs privés d'ouvrage par une crise momentanée : que l'État alors occupe les bras désœuvrés par la confection d'objets qu'il peut emmagasiner, par des entreprises d'utilité générale réservées pour les cas extrêmes; en un mot, qu'il augmente ses travaux, ses commandes, quand l'industrie privée ralentit les siens, rien de mieux. Mais, lorsque celle-ci suffit à occuper les ouvriers existants, qu'il se garde bien, par sa concurrence, par une impulsion trop vive, de rendre insuffisant le personnel habituel, et d'accumuler sur un point donné des bras arrachés aux travaux de la culture ou attirés des localités éloignées. Tout développement factice imprimé à l'industrie est une faute qui prépare les plus graves embarras à l'avenir.

L'industrie parisienne est plus qu'une autre en état de se passer de cette intervention de l'État. Les progrès constatés par l'enquête sont la preuve de sa vitalité; qu'on ne la trouble pas en voulant la protéger.

Nous le répétons en terminant, malgré quelques erreurs inévitables, quelques omissions, quelques imperfections, le document que nous venons d'analyser est un des travaux statistiques les plus précieux publiés jusqu'à ce jour. Il est juste d'en reporter l'honneur d'abord à la Chambre de commerce, mais surtout à son président, à son secrétaire, plus spécialement chargés de la direction et de la rédaction de cette volumineuse compilation.

Après avoir fait connaître quelle est la richesse industrielle de Paris, il est nécessaire d'indiquer aussi ses charges et ses ressources; aussi croyons-nous à propos de terminer ce chapitre en publiant le budget de la ville de Paris pour 1853.

Les recettes ordinaires s'élèvent à 1,166,500 fr. pour les centimes communaux, 34,596,000 fr. pour les octrois; 3,177,725 fr. pour les droits de location de places dans les marchés de détail, 136,000 fr. pour les poids publics; 145,000 fr. pour les droits de grande et de petite voirie; 1,174,000 fr. pour les produits des établissements hydrauliques; 451,000 fr. droits pour la caisse de Poissy, les abattoirs et les entrepôts; 629,722 fr. pour location d'emplacements dépendant de la voie publique; 164,469 fr. 99 c. pour loyers de propriétés communales; 98,000 fr. pour expéditions d'actes; 407,500 fr. pour les taxes des inhumations; 700,300 fr. pour concession de terrains dans les cimetières; 130,000 fr. pour les voiries; 1,319,843 fr. 80 c. contributions pour travaux et services divers; 743,286 fr. pour recettes diverses. Total des recettes ordinaires : 46,164,346 fr. 79 c.; les recettes extraordinaires se montent à : 950,000 fr. Total de toutes les recettes municipales : 47,114,346 fr. 79 c.

Il peut être curieux de signaler particulièrement quelques-unes des recettes dont on n'a fait connaître que les chiffres totaux. Ainsi, en ce qui concerne les marchés, le poisson d'eau douce paye aux octrois 44,000 fr., les huîtres 170,000 fr., la marée 540,000 fr, la volaille et le gibier 1,180,000 fr., les grains et farines 45,000 fr., les beurres et œufs 550,000 fr.

La fourniture de l'eau par abonnements rapporte 820,000 fr.; dans les fontaines marchandes, 354,000 fr.

La location des chaises rapporte 4,364 fr.; le droit de stationnement des voitures publiques 400,000 fr.

Les dépenses ordinaires se montent pour la dette municipale à 8,580,799 fr. 45 c.; pour l'état civil à 56,000 fr.; pour les contributions à 219,200 fr.; pour le prélèvement au profit du Trésor à 4,255,932 fr.; pour les traitements et mairies à 784,025 fr.; pour les mairies d'arrondissement à 438,530 fr.; pour les frais d'exploitation et de perception à 3,473,593 fr.; pour l'instruction primaire à 1,372,828 fr.; pour les cultes à 88,071 fr.; pour les inhumations et cimetières à 461,800 fr ; pour la garde nationale et le service militaire à 626,110 fr.; pour la grande voirie à 551,300 fr.; pour les travaux d'entretien à 4,232,096 fr.; pour les frais de direction des travaux à 494,100 fr.; pour les dépenses diverses à 221,800 fr.; pour les hospices et établissements de bienfaisance, à 5,817,165 fr. 20 c.; pour la bibliothèque, promenades et travaux d'art à 132,270 fr.; pour les lycées, colléges et établissements d'instruction publique à 124,000 fr.; pour pensions et secours à 153,820 fr.; pour fêtes et cérémonies publiques à 192,500 fr.: 32,275,939 fr. 65 c.; en plus pour le budget du préfet de police, 7,832,912 fr. 02 c. — Total des dépenses ordinaires, 40,108,851 fr. 67 c.

Les dépenses extraordinaires sont portées pour le chiffre 7,005,495 fr. 12 c. Total de toutes les dépenses, 47,114,346 fr. 79 c.

Parmi les dépenses, on remarque celles portées pour le rachat des péages des ponts d'Austerlitz, de la Cité et des Arts, 768,345 fr.; pont du Carrousel, 99,940 fr.; ponts de l'Archevêché, d'Arcole et des Champs-Élysées, 101,320 fr.; pont de la Réforme, 50,000 fr.

La subvention aux hospices et aux hôpitaux s'élève au chiffre énorme de 4,841,660 fr. 20 c. En outre, une somme de 110,000 fr. est consacrée à un achat de linge, une autre de 259,400 fr. pour le contingent de la ville dans les frais du service extraordinaire des enfants trouvés et orphelins, une de 484,875 fr. pour les indigents à la charge de la ville, une somme de 294,318 fr. 80 c. pour constructions, réparations, etc.

La ville paye 93,150 fr. de bourses dans les lycées et le collége municipal de Paris, 7,200 fr. de bourses à l'école centrale des arts et manufactures. Elle accorde une subvention de 143,800 fr. à la caisse des retraites des employés municipaux.

Une somme de 100,000 fr. est votée pour les fêtes publiques, une de 80,000 pour actes de bienfaisance à l'occasion de ces fêtes.

Une somme de 1,327,217 fr. 32 c. est votée pour l'élargissement de la voie publique.

Chapitre LXVI.

LA VIE PRIVÉE.

Les diverses classes de la société parisienne. — L'aristocratie. — Le haut commerce. — Le monde financier. — Les points de contact. — Le boutiquier. — Sa vie. — Son logement. — L'épicier. — Les grands magasins. — Le marchand de vins. — Les passages de Paris. — La demoiselle de magasin. — Les jours de garde. — Le concierge. — L'hôtel du faubourg Saint-Germain. — Les familles nobles. — L'aristocratie d'argent. — Les ménages à quatre. — Le repas. — Le premier et le dernier coup de fourchette. — Le dîner. — La bourgeoisie. — La bonne *à tout faire*. — Les deux beaux jours de la vie du bourgeois. — Les bourgeois du Marais. — La population ouvrière. — La mansarde. — Les artistes et hommes de lettres. — Vie pénible de l'ouvrière. — Le jour de l'an. — Des différentes étrennes. — Le second jour de l'an. — L'indigence absolue. — Les chiffonniers. — *Coucher à la corde*. — La petite Pologne. — Le paupérisme officiel.

Tant que Paris se laissait voir, avec plus ou moins de coquetterie, sous ses habits de fêtes ou sous sa blouse de travail, le peintre s'est efforcé de reproduire son image, et il a conscience d'avoir vu quelquefois ses efforts couronnés de succès. Il a retracé la grande ville au théâtre et à la promenade, dans ses joies et dans ses afflictions extérieures; il a peint sa physionomie de chaque jour et sa physionomie d'exception; il a daguerréotypé chacune des vagues de cet océan aux éternelles agitations, à mesure qu'un nouveau sujet se présentait à l'objectif de la lunette, et, arrivé déjà bien loin, dans cette tâche multiple, il espère avoir fait preuve de zèle et de bonne volonté. Tour à tour il a offert aux yeux du corps et aux yeux de l'esprit les monuments, les productions de l'activité de Paris, les institutions enfantées par son intelligence, les modes éclose au souffle de son caprice; il a suivi Paris à table, Paris au bain, Paris dans la boutique et Paris au magasin, en attendant qu'il étudie Paris hors de Paris. Mais à présent que faire? Pour saisir cet être multiple, qui vit d'un million de vies différentes, pour le surprendre au lit, au coin du feu, en robe chambre et en pantoufles, dans son intérieur, et en un mot, à quel saint ou à quel démon devra-t-il se vouer? Asmodée est redescendu aux enfers, emportant avec lui son secret; l'observateur a beau flâner dans les rues, nulle brèche hospitalière n'ouvre à son regard le rempart accidenté des maisons, et ne livre passage à sa curiosité; en vain il gravit une hauteur, et contemple cette immense fourmilière de toitures éclatantes ou sombres, espérant qu'un génie secourable viendra décoiffer tous ces asiles impénétrables de la vie privée; il n'en est rien! Paris conserve pudiquement son chez-soi; il ne se fait pas voir dans les actes intimes de son existence, et tout au plus il se laisse deviner.

Encore, pour cela, faut-il n'être pas un observateur vulgaire. Toutes ces maisons, sauf de exceptions bien rares, sont bâties sur deux ou trois modèles, à peine différents; la maison bourgeoise surtout, cette gigantesque commode cubique, avec ses cinq ou six étages superposés comme des tiroirs, ses compartiments rectangulaires à l'intérieur, et ses fenêtres si régulièrement monotones au dehors. Pourtant toutes, pour qui sait la lire, portent sur le frontispice leur histoire; mais il n'est pas toujours aisé de déchiffrer les caractères que le temps a gravés. On dirait que les mœurs des habitants laissent sur ces murs une empreinte reconnaissable; ou, pour le moins, des traces qui, combinées avec quelques autres, suffisent pour mettre le moraliste sur la voie, et pour qu'il soit à même de juger le contenu de l'inspection du contenant.

C'est donc par une physiologie générale du Paris de pierres, de moellons, de bois et d'ardoises, que nous entrerons en matière, pour arriver à la physiologie particulière du Paris de chair, d'os et d'intelligence, dont nous avons à faire connaître la vie privée. Dans cette étrange cité, en effet, composée en quelque sorte d'échantillons choisis avec soin dans toute la race humaine, les diverses classes; ou plutôt les diverses tribus qui composent la population ne se trouvent pas mêlées et confondues géographiquement; il semble, au contraire, que toutes les nuances soient disposées par ordre comme sur la palette d'un peintre habile. Il y a d'abord le noyau invariable de la noblesse d'origine, de l'aristocratie de noms,

qui, formant par ses prétentions et par son isolement, une sorte de caste à part, une population immobile et distincte, se fixe, sans retour, dans un périmètre limité; puis vient la seconde aristocratie, celle de l'or, essentiellement mobile, et entraînant avec elle le reste de Paris. Selon la position que prennent ces deux tribus, le reste s'échelonne et s'amoncelle; s'il m'était permis d'employer une comparaison scientifique, je dirais qu'il en est de même que pour la formation de la surface de la terre. Les géologues disent que, quand notre globe commença à se refroidir et à s'encroûter, les corps les plus lourds se solidifièrent les premiers, et formèrent la base; ils ajoutent qu'au-dessus de ces corps vinrent se superposer les substances plus légères, en raison inverse de leur poids. Ainsi, pour la population de Paris, les plus lourds, c'est-à-dire les plus riches, les plus nobles, les plus puissants, ceux pour qui Jupiter dressa la table privilégiée dont les petits se disputent les miettes, les plus importants choisissent le lieu de leur résidence, et les autres se groupent à l'entour, chacun plus ou moins éloigné, selon sa densité et sa valeur.

Si nous considérons la carte de notre capitale, et nous la divisons, non pas arbitrairement, mais en suivant cette donnée, nous trouvons que le centre réel de la puissance et de la fortune, après s'être déplacé parallèlement au cours de la Seine, depuis la place Royale jusqu'au palais bâti par Richelieu, est maintenant établi sur le boulevard des Italiens et à la Madeleine, se divisant ainsi en ses deux parties distinctes de centre marchand et de centre financier. Tout à l'entour, en suivant la grande artère du boulevard, les grands marchands, le haut commerce se pressent, se disputent l'espace; plus loin, au cœur même de la ville, la production, le travail, encore fécond, a fixé sa résidence, et répand le luxe qu'il alimente. Autour du centre financier, de la Madeleine, le vaste et opulent faubourg Saint-Honoré offre aux favoris de la Fortune ses calmes et splendides asiles; puis, vers les barrières, au delà même, se trouve la seconde couche, les petits capitalistes et les rentiers. A l'autre extrémité, la vieille métropole du rude labeur et de la fière indépendance, le faubourg Saint-Antoine nourrit son peuple d'ouvriers; mais on sent, dans ces régions lointaines, la distance qui les sépare du soleil bienfaisant dont les rayons vivifient d'autres contrées; à côté du travail pullulent l'indigence et la débauche; c'est la Courtille, c'est pas loin du Trône. C'est dans ces quartiers à demi déserts, à demi occupés par des chantiers de bois et des jardins de maraîchers, c'est vers les rues de Montreuil et de Picpus, vers les bords du canal, que grouille cette race équivoque sur laquelle la police exerce une surveillance rarement assez vigilante, et qui fournit aux prisons et aux bagnes leur effectif habituel; tandis que, dans le faubourg Saint-Honoré, la misère n'a fait qu'une seule tache: la petite Pologne.

Même spectacle, si l'on franchit la Seine. D'un côté l'agitation et la vie qu'entretiennent les écoles, et de l'autre le prestige non encore effacé du faubourg Saint-Germain; mais au delà, encore le dur labeur, encore l'indigence, et les vices qu'elle entraîne à sa suite: Montparnasse et le quartier Mouffetard.

Le point de contact des diverses variétés de Parisiens qui habitent tous ces quartiers si dissemblables, c'est le besoin de se nourrir, de se pourvoir des choses nécessaires à la vie; aussi les seuls Parisiens qui se ressemblent sous toutes latitudes de leur ville, ce

sont les boutiquiers. Les mœurs de cette race cosmopolite doivent donc avoir les honneurs du pas. Presque toujours sa boutique possède une espèce de couloir, situé au fond, et dissimulé tant bien que mal par un vitrage: c'est là que s'accomplissent la plupart des actes de sa vie privée; c'est là qu'il prend ses repas, que sa femme ou sa fille les préparent, qu'il fait sa barbe et qu'il s'exerce au maniement du fusil, si, par hasard, il compte au nombre des gardes nationaux zélés de sa légion. Cette arrière-salle est coupée à mi-hauteur par un faux plafond, qui ménage ainsi, pour l'élévation totale du rez-de-chaussée, une chambre et un cabinet, tous deux noirs, dans lesquels le boutiquier, son épouse et sa famille passent la nuit. L'ameublement de cet intérieur répond au commerce qu'exerce son propriétaire; l'épicier, homme opulent, quand il veut bien se réduire à la *soupente*, la pare de son mieux avec de jolis meubles en imitation d'acajou, une jolie pendule avec sujet ruolzé, en une charmante couchette en sapin verni; tout cela frais et lustré; puis il complète cela de belles gravures sur bois ou de lithographies coloriées de tons crus et rouges, dont il fait ses délices. Les quatre saisons, ou bien une série de dessins représentant des mollets de lorettes, obtiennent sa préférence. Il ne manque pas un seul soir, après avoir fermé ses volets et après avoir gravi l'escalier en casse-cou qui le conduit dans la chambre nuptiale, de plaisanter agréablement sur ces beautés mystérieuses dont il possède la reproduction, et de lutiner madame son épouse, pour que la nature laisse en elle quelque chose à désirer sur ce point. L'épicier, en général, professe un culte extraordinaire pour le muscle qui doit garnir le tibia; pour lui, des jambes bien faites sont les trois quarts de la perfection. Les modistes, blanchisseuses et autres femmes en boutiques, ont des mœurs différentes: la soupente modeste est un asile dans lequel elles ne se réfugient qu'à la dernière extrémité; longtemps encore avant la clôture du magasin, on voit briller la lampe à travers les interstices des volets, et, si la patronne a une commande pressée, on entend les rires joyeux des ouvrières qui se consolent de leur surcroît de tâche. Le plus souvent le mari, de retour de sa besogne en ville, est là, servant de porte-respect, fumant sa pipe ou lisant le journal du soir, tout en pressant l'ouvrage; d'un autre côté, il arrive aussi qu'on laisse la boutique seule, en ayant soin d'emporter l'argent et tous les objets de prix, et que l'on va demander le repos à une chambre située au cinquième étage.

Les marchands de légumes, les charbonniers et autres pourvoyeurs des petits ménages, gens de la campagne ou Auvergnats, ignorent, en général, de tels raffinements; la plupart se contentent d'un réduit d'où chaque nuit ils retirent une couche grossière sur laquelle ils reposent jusqu'au point du jour; ce sont eux qui donnent le signal du réveil de Paris, avec les légions de balayeurs publics, de chiffonniers et de marchands ambulants arrivant des Halles.

Puis viennent les grands magasins. Là, le propriétaire n'est pas obligé, comme on dit vulgairement, de tirer le diable par la queue, de vivre au jour le jour; il a une caisse, une domestique, un commis; son appartement particulier se trouve à l'entresol, d'où, cerbère vigilant, même au sein du sommeil, il surveille, à l'aide d'un judas, ses richesses retirées de la montre et mises soigneusement sous clef, son coffre-

CHAPITRE LXVI. — LA VIE PRIVÉE.

fort, fortifié en effet par Huret ou Fichet, et son gardien de nuit, qui dort, roulé sur un matelas étendu par terre. La chambre à coucher, l'appartement complet de ces hauts barons du commerce, se ressent de leur fortune; ils sacrifient à cette divinité d'origine exotique qu'on nomme le confort, et on aperçoit chez eux quelques traces de ce que nous retrouverons chez les financiers. Les cafés rentrent dans la même catégorie. Le patron, lorsque le dernier consommateur a été expulsé par l'apparition du gazier, qui éteint impitoyablement le soleil hydrogène, en dépit des supplications et des promesses, le patron, dis-je, fait l'appel de ses cuillers et de ses demi-tasses, puis il se livre à l'appréciation du gain de la journée, et répartit entre les garçons le total des pourboires versés dans l'urne de la générosité. Pendant ce temps, le garçon de nuit, à son tour, dresse son lit provisoire sur deux tables contiguës, et se dispose à dormir, l'œil à demi-ouvert, pour veiller à la garde de ce matériel dont il est responsable. Les autres se retirent aux étages supérieurs.

Je m'étends sur cette partie matérielle de l'existence des boutiquiers, dont je n'ai voulu esquisser d'ailleurs que quelques types, pris aux diverses hauteurs de l'échelle : c'est que ces détails matériels sont pour eux toute l'existence. Les plus heureux ferment leur boutique six heures de jour par semaine, et s'accordent ainsi un demi-congé hebdomadaire, mais la plupart restent captifs volontaires, dans leur prison transparente, pendant vingt ou trente années, en attendant qu'ils aient amassé, centime par centime, un revenu souvent modique. Leur intelligence roule presque tout entière sur les questions du doit et de l'avoir; leur journal, car presque tous reçoivent un journal, les tient au courant de choses qui ne les intéressent guère, et leur sert des opinions qu'ils soutiendront mordicus, comme étant leur propriété. Dans cette vie presque toute à découvert, le mari et la femme s'identifient, ou bien l'un annule l'autre; pas de milieu, à moins que ce ne soit la guerre civile. Pour le premier cas, qui suppose une nullité, ou, si vous aimez mieux, une capacité également exclusive pour la même chose, les deux conjoints sont à peu près certains d'arriver à la fortune qu'ils ambition-

nent; tous deux se résignent aux mêmes privations, au même travail. La femme tient le comptoir, écrit la dépense et la recette, reçoit les commandes, et le mari s'occupe du dehors. S'il survient des enfants, on les expédie au loin en nourrice, puis on les met en apprentissage dès qu'ils sortent d'une école gratuite ou à peu près, et ils font souche d'ouvriers ou de petits commerçants. La conclusion habituelle de cette carrière, c'est l'idiotisme sur tout ce qui s'élève un peu au-dessus du niveau de la vie; c'est la pêche à la ligne pour le mari, le loto ou la dévotion ridicule pour la femme, et six mille livres de rentes pour tous les deux. Si l'un des époux, durant la carrière commerciale, détruit l'autre, tout change de face. La femme, car c'est elle qui prend presque toujours la domination, exile en quelque sorte son mari et fait marcher la maison à son gré, sans souffrir aucune observation; mais si elle réalise des bénéfices, l'exilé se charge de la consommation, et, dans les cafés ou ailleurs, se livre à quelqu'une de ces passions sourdes, dévorantes, ignobles, qui amènent la ruine, la faillite, la honte, sans excuse et sans éclat.

Le boutiquier orne le rez-de-chaussée de la plupart des maisons de Paris. Je dois pourtant, dans cette espèce si répandue, signaler quelques variétés : le marchand de vin, par exemple, si alerte, si actif, le dernier couché et le premier levé de la rue. Un marchand de vin est rarement le capitaliste qui possède sa cave à Bercy ou son pavillon à l'Entrepôt; le plus souvent, c'est un pauvre diable, locataire du matériel et du liquide déposés chez lui, qui perçoit un bénéfice proportionné à sa vente. Sa vie entière se passe à mesurer des canons, des demi-setiers, des poissons et des polichinelles; il prend femme quelquefois et tient à son compte, non plus seulement les infusions que l'on dénomme et que l'on compose à Bercy, mais aussi les diverses variétés de trois-six, coloré en absinthe, en eau-de-vie, en liqueurs de toute espèce. Sa grosse veste, l'hiver; son dédain pour tout autre costume que le pantalon et la chemise, en été; son assiduité derrière le comptoir d'étain poli, et sa trogne perpétuellement enluminée par les exhalaisons alcooliques, voilà ce qui le distingue de ses voisins. Je citerai aussi le débit de tabac, tenu par des locataires, dont les fraudes sont impunies, ou retombent sur les titulaires, ce qui leur permet de sophistiquer le plus possible les produits de la régie, et de réaliser ainsi de rapides bénéfices.

Les nombreux passages de Paris sont autant de petites cités mercantiles ou industrielles, dont la physionomie a quelque chose de particulier et de plus facile à saisir que celle du reste de notre cité. Les gens qui les habitent vivent en réalité sous des toits

et derrière des murs de verre; puis ils se connaissent tous, et cultivent avec le plus grand succès la chronique scandaleuse. Parmi les personnages les plus curieux qui les peuplent, je citerai les deux gardiens, qui ont le soin d'ouvrir et de fermer les grilles à l'heure réglementaire, de veiller à l'éclairage et de faire la police du lieu. Ces gardiens sont un nouvel exemple de l'homme-machine, c'est-à-dire du petit fonctionnaire rétribué, logé et habillé, outre son traitement. Recrutés d'ordinaire dans l'armée, ils apportent à tous les actes de la vie civile la roideur et la précision automatique des manœuvres; avant d'être pères de famille, employés, voisins, hommes, en un mot, ils sont soldats. Un autre type curieux, dans le passage, c'est la demoiselle de magasin. Sirène depuis la ceinture jusqu'en haut, elle laisse derrière l'ombre protectrice du comptoir sa jupe d'une propreté équivoque, et ses pieds emmitouflés de lourds chaussons. Tant que dure le jour du bon Dieu ou le jour du gaz, on la voit trôner dans cet appareil, prodiguant les œillades, et donnant plus de sourires et d'airs penchés qu'elle ne vend de marchandises.

L'épicier.

Le marchand de vins.

Cette classe intéressante se compose de filles de petits commerçants et de boutiquiers; on les prend toutes jeunes en apprentissage, et au pair, c'est-à-dire pour la nourriture seulement; puis, quand elles deviennent jolies et expertes dans l'art de vendre, on les pare comme des châsses, et on les expose au feu des becs de gaz et des regards assassins. Peu échappent à la séduction des compliments, soit qu'elles écoutent le doux ramage de quelque garçon de magasin, leur équivalent dans l'autre sexe, soit qu'elles se laissent prendre aux promesses dorées des patrons ou de leurs fils, tout fiers de leur richesse et de leurs avantages personnels, soit enfin qu'elles suivent des ravisseurs étrangers au quartier, lesquels les enlèvent en triomphe jusque sur les hauteurs de la montagne Bréda. Combien en voit-on, arrivant en petite robe toute simple, l'air doux, la figure rose et fraîche, qui s'envolent ainsi, pour reparaître plus tard éclatantes de soie, brillantes de parure, mais la figure déjà flétrie et fatiguée avant l'heure?

Dans un passage, la disposition presque toujours identique des logements introduit la plus grande uniformité dans la vie privée ! ce sont des ruches où chaque cellule a trois compartiments, le magasin, l'arrière-boutique, servant de cuisine et de salle à manger, et la chambre. En dessous, la cave, subdivisée en autant de cases qu'il y a de locataires. Avec cette symétrie intérieure et extérieure, on doute qu'il existe pour les habitants deux manières différentes de prendre le café au lait le matin et d'apprêter le soir le repas, consistant en quelqu'une de ces cuisines hâtives et précipitées, par exemple, le pot au feu de dimanche, rajeuni par quelques condiments ingénieux, ou encore le jambon acheté chez le charcutier d'à côté, et le fromage tout frais sorti des mains de la laitière. Bien entendu que je ne parle ici que des principales galeries, et non de ces cours obscures, de ces dédales noirs que nous retrouverons en décrivant les quartiers industriels.

Les jours de garde, tels sont les épisodes les plus dramatiques dans ces existences dont nul ne soupçonne la monotonie. C'est qu'en revêtant la tunique, les épaulettes blanches et le pantalon à bande rouge, le boutiquier se transforme ; il n'est plus cet homme-comptoir qu'une nécessité impitoyable rive seize heures chaque jour dans les quelques pieds carrés de son domicile ; il va se trouver en contact avec ses semblables, il va échanger avec eux ce qu'il possède d'idées et de souvenirs. Sans les exercices de la garde nationale, le boutiquier parisien deviendrait un Béotien de la pire espèce, un être au-dessous des plus humbles calicots de province. S'il n'éprouvait pas régulièrement chaque mois cette espèce de choc contre des gens abonnés à d'autres journaux que le sien, fréquentant des cafés où il ne va pas, aimant mieux les Variétés que le Vaudeville, dont il fait, lui, ses délices, en un mot, se livrant à d'autres délassements que les siens, à d'autres plaisirs que les siens, à d'autres habitudes que les siennes, le boutiquier finirait par se renfermer dans ce cercle si rétréci qu'il se confond avec la monomanie. Pour sortir de ses impressions de chaque jour, il a besoin d'entendre la voix amicale de son caporal, d'exécuter à peu près les injonctions de son sergent, et de manœuvrer tant bien que mal sous les ordres de son capitaine. Les plaisirs d'une nuit passée au poste, loin du toit conjugal, servent à le distraire, et lui fournissent pour ses quatre semaines une provision suffisante d'anecdotes et de bons mots. Pour son épouse, c'est aussi un jour de fête : grâce à l'éloignement du censeur, elle goûte avec joie les douceurs d'un petit souper en compagnie de quelques voisines discrètes ; on médit, on boit du thé, on mange des petits fours, on brûle même un peu d'eau-de-vie ou de kirsch... Le fruit défendu est si bon ! Et je ne dis pas tous les fruits défendus qui se cueillent ou peuvent se cueillir les nuits de garde !

De la boutique, montons au premier étage. Je laisse avec dédain cet être trop souvent daguerréotypé qui se cache sous quelque recoin de l'escalier, et qui fait, à tout propos, entendre sa voix glapissante. On voit qu'il s'agit du portier, qui s'est surnommé concierge, pour faire prendre le change sur son compte. Trop souvent les romanciers et les physiologistes nous ont initié aux méfaits de leurs portiers ; trop souvent j'ai entendu grincer la voix de madame et le piano de mademoiselle ; trop souvent on m'a rabattu les oreilles de portes qui ne s'ouvrent pas, de lettres qui s'égarent, de journaux qui se maculent ; je ne veux rien dire du portier.

Le premier étage des plus belles maisons de Paris est occupé par des bottiers ou par des tailleurs en renom, par des bureaux de rédaction de journaux et par des administrations de sociétés industrielles, commerciales ou autres. Quelquefois, dans les deux nobles faubourgs, celui de la naissance et

Le concierge.

celui de la richesse, ce sont des gens riches et des gens nobles qui l'habitent. Dans la première hypo-

Le financier.

thèse, le premier étage est un lieu public, et n'a rien à faire avec la vie privée : dans la seconde, nous devons avant tout prendre notre point, et déterminer sous quelle latitude de l'océan parisien nous sommes arrivés.

Voici le faubourg Saint-Germain. L'étage par excellence sert d'habitation aux maîtres : il résume tout l'hôtel. Décrivons l'hôtel tout entier.

C'est un vaste corps de logis, isolé par une cour avec deux pavillons à l'alignement de la rue : derrière, un jardin. Les appartements du maître sont ornés de fresques dues aux grands maîtres contemporains de Louis XV et de Louis XVI ; l'ameublement répond à cette décoration. De magnifiques fauteuils rococo, des meubles de Boule, des statuettes de Saxe, des services de Sèvres, étalés sur les dressoirs : puis, à l'avenant, des tentures de damas ; tout au moins, et même des tapis de Beauvais ou des Gobelins. Rien ne fait tache dans cet ensemble splendide, pas même les habitants, qu'un peuple de valets respectueux entoure et sert avec l'étiquette la plus sévère. Les blasons que portent ces gentilshommes sont illustres dès les croisades ; le sang qui coule dans leurs veines n'a reçu aucune goutte de sang étranger ; mais, dans cet isolement, la mort semble bien près de succéder à l'immobilité factice. La noble famille vit dans la contemplation d'elle-même et de ses souvenirs ; jalouse de ne pas compromettre son antique prouesse au milieu des parvenus et des pirates de noblesse qui l'entourent, elle reste inutile et ensevelie dans son luxe et dans son éclat. Partagée entre l'adoration de Dieu, qu'elle ne sait vénérer que dans son temple le plus aristocratique, et la religion du souvenir, elle n'a qu'un rêve, et ne palpite qu'à un nom : mais les temps s'écoulent. Néanmoins il y a dans cette protestation si persistante une incontestable dignité, et l'on admire de loin cette vie d'une uniformité royale, qui s'écoule entre un intérieur sans mystères, grâce à l'intervention incessante du domestique gagé, et quelques fêtes, quelques épisodes extérieurs, que l'étiquette rend aussi froids et aussi monotones que la réalité de chaque jour. La tourbe des gens de maison qui entoure ces dynasties de nobles né se ressent du voisinage que par le mauvais côté ; fainéante, parce que les maîtres sont inoccupés ; avide, parce que le luxe est l'élément naturel de ceux qui les salarient ; orgueilleux, parce qu'ils approchent de personnes pour qui l'orgueil est presque une vertu ; ils reproduisent assez bien le type des valets de l'ancienne comédie. Toujours prêts à aider le fils de la maison pour une fredaine, dans toute autre occasion ils sont ligués ensemble, et l'intendant est chez eux ce qu'il fut autrefois.

D'autre côté de la Seine, dans les environs de la Madeleine, et dans les rues voisines des Champs-Elysées, la vie offre une bien plus grande animation. Ces opulents financiers, enrichis par la spéculation et par le commerce, ne se lassent pas de poursuivre les millions, et d'ajouter, sinon les champs aux champs, du moins les rentes aux rentes, les actions aux actions. Cette chasse haletante et effrénée, cette poursuite de l'or est la vie entière de ces hommes ; vivant de calculs, ils ne négligent aucun de ces détails que les grands seigneurs d'outre-Seine abandonnent principalement à la surveillance d'un subordonné : les comptes du majordome et ceux de l'homme d'affaires doivent passer sous leur contrôle. Rien de plus splendide, de plus brillant que leur luxe, moins artistique peut-être, mais plus coûteux que dans les hôtels de l'aristocratie : seulement c'est une splendeur réglée. Aussi est-ce vers son cabinet de travail que se dirige l'hôte du faubourg Saint-Honoré, au sortir de l'appartement où il a passé la nuit : c'est vers son cabinet de travail qu'il va chercher la digestion de son

CHAPITRE LXVI. — LA VIE PRIVÉE.

premier repas. La Bourse l'attend à une heure ; et, à quatre heures, il doit être rapporteur d'une entreprise par action. Quant à la soirée, en attendant l'heure de l'Opéra ou des Italiens, pour en ramener sa femme, il a mademoiselle Jenny Cadine ou mademoiselle Carabine à visiter, à moins que ce ne soit madame la baronne X., femme de son intime ami, et amie intime de sa femme.

Les dames de cette caste savent aussi l'art de rendre leur existence très-occupée. Elles appartiennent toutes à un certain nombre d'associations charitables et autres : prétexte excellent pour organiser des fêtes, des loteries, des ventes, et tout le bagage de la charité comme il faut. Puis, avec la pension qu'elles reçoivent de la munificence conjugale, elles se donnent la mission de protéger telle ou telle branche de l'art et de l'industrie : elles achètent des parures ou des curiosités, des tableaux ou des étoffes splendides, des vieux meubles ou de vieilles dentelles. Je n'oublierai pas l'heure de l'équitation ou de la promenade en voiture au bois de Boulogne : c'est dans l'après-midi, lorsque les domestiques ont déjà, dans la matinée, fatigué les chevaux et goûté à leur aise la fraîcheur de l'atmosphère et le petit vin blanc que l'on boit à *Madrid*. Après le bois, le dîner, puis le spectacle, à moins qu'il n'y ait à faire, à la sourdine, quelque mystérieuse visite dans une *remise* aux stores discrètement baissées. En effet, ce sont, disons-le entre nous, des mœurs étranges que celles de nos messieurs-Dimanche enrichis ; ils ne commettent pas les éclatantes folies des grands seigneurs d'autrefois, et ne se ruinent pas pour des filles de théâtre. Non ; mais l'amour est, à leurs yeux, un créancier qui doit avoir son compte sur le grand-livre ; on lui ouvre un crédit, qu'il est du devoir de tout homme d'ordre de ne pas dépasser. Madame agit de son côté suivant les mêmes principes, et il résulte de là cette promiscuité que l'on appelle décemment un ménage à quatre. J'ai entendu dire et même affirmer que plus d'une fois ces hommes d'affaires enrichis, dont le cœur n'existe pas

Le bourgeois.

sans doute, s'entendaient pour cette cession respective de leurs femmes, qui n'étaient pas informées du marché : de telle sorte que les dons et petits cadeaux offerts par M. A... à madame B... étaient, au bout d'un certain laps de temps, détournés par M. B... et présentés par lui à madame A..., ce qui constituait un roulement de fonds des plus économiques et des plus ingénieux.

Un des actes les plus importants de la vie privée, c'est le repas. La variété des repas exigerait un dénombrement à la manière d'Homère, si j'avais les cent voix, les cent gosiers d'airain de la Renommée, etc. Pour le boutiquier qui travaille dans la vue d'un avenir plus ou moins éloigné, la nécessité quotidienne de la nourriture est doublement onéreuse, d'abord comme perte de temps, et ensuite comme dépense. Aussi Dieu sait de quelle façon spartiate il parvient à diminuer ce déficit ! Vous seules pourriez nous en instruire, femmes d'ordre qui rendez le pot-au-feu du lundi immortel pendant une semaine entière, et qui savez lui infuser, par des préparations savantes et expéditives, une jeunesse renouvelée chaque jour, comme fit jadis Médée à son beau-père ! Qui consommerait ces viandes équivoques, ces langues fumées, ces intestins farcis on ne sait de quelles mixtions, si ce n'était vous, ô boutiquiers, ô providence des dix-huit cents charcutiers et des quinze cents marchands de fromages qui émaillent la bonne ville de Paris.

En revanche, pour les gens riches, le dîner est une affaire capitale. À table se traitent les questions les plus importantes : à table, le mari voit sa femme, et l'amant rencontre sa belle ; à table aussi, l'on rend hommage à l'éminente perfectibilité de l'espèce... culinaire et à l'incontestable suprématie de la France devant les fourneaux. Aujourd'hui que les plus fins restaurateurs sont envahis par la foule affamée des lorettes et de leurs protecteurs, aujourd'hui que les viandes saignantes et les purées de légumes ont passé le détroit et envahi les cercles jadis fameux par leur

Le premier coup de fourchette.

Le dernier coup de fourchette.

chère classique, le noble art du cordon bleu est remonté à son origine, et ses représentants les plus dignes ont repris leur place devant les casseroles et les foyers des grandes maisons. Dans des cuisines bien emménagées, avec l'aide d'un peuple intelligent de marmitons, et secondé par les largesses du majordome, le cordon bleu, le maître ès sauces et ragoûts se livre à la confection de ses chefs-d'œuvre, afin de chatouiller agréablement, non pas le populaire qui vient, son argent à la main, mais le noble baron ou le riche financier, qui n'ouvre sa table qu'aux élus. Aussi faut-il maintenant être grand seigneur ou millionnaire, et même l'un et l'autre, pour conquérir le droit de se dire gastronome; et il existe peu de maisons dans lesquelles on soit à même d'apprécier dignement tous les jours ce siècle de délices qui s'écoule entre le premier et le dernier coup de fourchette.

La bourgeoisie, à Paris, offre une infinité de nuances; et, si je ne craignais la monotonie, il me serait aisé de classer ces nuances par étages. Ainsi, le second offre la richesse, et rivalise avec le premier; ceux qui l'habitent, employés importants, capitalistes et propriétaires, vivent à peu près comme leurs voisins de l'étage inférieur. Le troisième est dévolu aux fonctionnaires de toute sorte, et le quatrième aux petits rentiers, qu'une prédilection particulière ou bien la nécessité retiennent au cœur de Paris. Ces variétés de l'espèce se distinguent par des caractères communs, je veux dire, la fidélité domestique, l'amour de la famille, le bonheur en petit comité. D'ordinaire, le bourgeois est bavard, et se laisse mener, comme on dit, par sa douce moitié; il a un fils, pensionnaire dans quelques-unes de ces maisons qui servent d'auxiliaires aux collèges de l'État; et une fille, virtuose sur le piano, ou éprise de littérature. Le cercle de ses idées ne s'étend pas très-loin : il lit son journal (le journal, ce besoin universel), il flâne avec délices, puis il rentre chez lui, et raconte ses impressions de la journée. Tandis que son épouse s'occupe du ménage et de l'intérieur, lui éprouve le besoin de faire quelque chose : son occupation la plus habituelle consiste alors à surveiller la bonne *à tout faire*, qui prépare le dîner, et à lui donner des conseils, reçus avec une mauvaise humeur mal dissimulée. La nuit vient; notre homme occupe, dans le lit conjugal, la place que la loi l'autorise à prendre, et rien ne manque à son bonheur, si son épouse consent à éteindre la lampe sur-le-champ, sans entamer la lecture d'un roman nouveau. Pendant ce temps, la jeune personne, héritière des goûts littéraires de sa mère, dévore en cachette, dans son lit, quelque histoire bien sentimentale, et parfois, en palpitant, se demande si jamais elle ne rencontrera le héros dont l'image enflamme si fort son imagination. Le bourgeois a deux beaux jours dans sa vie : quand son fils rapporte une couronne à la distribution des prix, et quand lui-même obtient un grade dans la garde nationale.

Je ne saurais oublier, en parlant de cette notable fraction de la population parisienne, tout un quartier rempli exclusivement de bourgeois : je veux dire le Marais. Héritiers des grands seigneurs d'autrefois, qui leur ont abandonné de somptueux hôtels, deve-

Le lit conjugal.

La lecture à huis-clos.

nus inhabitables par suite de l'émigration de Paris vers l'ouest, les bourgeois du Marais ont eu le mérite de sentir leur position : ils ont compris que le mouvement qui entraînait la cité active, marchande, spéculatrice, les laisserait en arrière jouir en paix, à peu de frais et dans le repos, de leur petite fortune; cherchant le silence et l'oubli, ils n'ont pas eu besoin de sortir des barrières; la place Royale et l'île Saint-Louis leur offriraient à bon marché des logements commodes, de l'air, de l'espace, et le voisinage de Paris. Retirés dans leur fromage de Hollande, ces estimables citoyens nous apparaissent comme des types arrivés exprès de la plus calme des villes de province pour compléter le musée des habitants de Paris. Leur vie entière s'écoule entre le lever et le coucher, le déjeuner et le dîner, la demi-tasse et la promenade, qui se succèdent par intervalles invariables et réguliers; ils jouent le boston le soir, comme on faisait lors de la guerre d'indépendance d'Amérique, et se communiquent les réflexions que fait naître en eux la lecture des *papiers publics*, comme on faisait au camp des Tartares, dans le Palais-Royal. La montre de ces braves gens retarde d'un siècle; mais ce n'est pas leur faute, car le bruit des révolutions n'a pas encore été assez fort pour pénétrer dans le Marais.

La population du quatrième au septième étage se compose d'ouvriers et d'artistes, deux classes bien distinctes, mais réunies par les deux points de contact de Paris, et je ne parle ici que de l'homme vraiment digne de ce nom, est peut-être le citoyen le plus utile et le plus moral de tous ceux dont nous venons de voir la vie intime. Occupé pendant la semaine entière à gagner péniblement son pain, il n'a que deux voies à prendre dans l'emploi de ses heures de repos : la famille ou le cabaret.

Rarement le dernier parti le mène à autre chose qu'à la misère, à l'inconduite, au crime même, et alors il perd son titre d'ouvrier; mais, d'un autre côté, sa vie est pleine d'honneur, s'il la prend de la bonne manière.

Après tout, quand il peut convenablement se loger, qu'importe que ce soit, comme il dit, au premier étage en descendant du ciel? si sa chambrette est mansardée, on n'a pas besoin de se tenir debout là où est le lit, et il y reste si peu, d'ailleurs. L'atelier prend ses journées entières; le soir, il peut assister à quelqu'un de ces cours où son esprit se forme, où se développe son intelligence, et, pendant ce temps, sa femme, revenue, elle aussi, du travail quotidien, prépare le repas, le seul qu'ils prennent ensemble. Sa femme est, comme lui, une fille d'ouvriers, qui fait elle-même œuvre de ses dix doigts pour vivre; il l'a rencontrée, quelque joyeux dimanche, avec sa vieille mère, dans quelqu'un de ces délicieux villages qui avoisinent Paris, comme pour servir de maisons de plaisance aux pauvres gens; et, entre amoureux de bonne foi, l'on se convient bien vite. Une fois le ménage monté, il s'en est suivi un bon et vrai mariage, non pas à l'*essai*, comme il s'en voit tant, mais par-devant M. le maire d'un arrondissement véritable; et vieux et jeunes se sont mis à travailler, d'abord pour les besoins journaliers, et ensuite en prévision des éven-

CHAPITRE LXVI. — LA VIE PRIVÉE.

Après avoir rêvé la gloire.

Celui qui fait les livres.

tualités de l'avenir. Certes, je ne veux pas donner dans le travers des éternelles vertus de la mansarde et des inévitables forfaits du salon; je ne prétends pas écrire une bucolique sous les toits. Pourtant, quoique je sache fort bien quelle terrible influence exerce sur les ménages des ouvriers ce chapitre des accidents imprévus, maladies, enfants, chômages, etc., je ne puis mettre en doute dans mon esprit l'efficacité de l'ordre et de la bonne conduite.

Le sort de l'ouvrière offre des perspectives moins brillantes sans doute; et, pour être plus exact, on devrait dire que l'ouvrière vertueuse est presque im-

La dernière ressource.

Les aiguilles.

15 Cent. LA LIVRAISON. — 171ᵉ Livr. Aux bureaux de l'Illustration, rue de Richelieu, 60. PARIS. — TYP. DE FIRMIN DIDOT, RUE JACOB, 56. 20 C. par la poste.

possible à Paris. Toutes les jeunes filles qui se livrent dans les magasins de modes, ou dans d'autres ouverts à leur talent, aux travaux de l'aiguille, ne reçoivent qu'un salaire insuffisant pour leur fournir le strict nécessaire; celles même qui parviennent au grade envié de demoiselles de comptoir, ne peuvent guère, avec 20 ou 25 francs par mois, s'entretenir dans la toilette qu'exige leur position. Il faut donc leur supposer à toutes des ressources étrangères, soit la protection du père ou d'un frère, soit celle d'un mari, soit... hélas! cette dernière supposition, que chacun devine, est trop souvent la plus vraie. Et plaignez ces pauvres filles! Il fait froid, il fait nuit; la pauvre ouvrière vient de quitter sa vieille mère endormie, et, sans feu, à la clarté du jour renaissant, elle reprend la tâche, qui semble s'allonger sous ses doigts. Le travail de nuit, à la lueur douteuse de la chandelle, ou au demi-jour du matin, a rougi ses yeux, que peut-être l'on trouverait bien brillants, s'ils n'étaient entourés d'un cercle noir, creusé par la veille et les privations; la misère, de son ongle crochu, effleure déjà sa joue défleurie : comment ne pas succomber à la première attaque, au premier reflet des joies défendues?

Ah! pour juger la coupable, l'on doit tenir compte de la faim, hôtesse assidue de ce foyer sans feu; de l'indigence, dont la main est marquée sur les misérables meubles, sur ces vêtements inutilement réparés, et de l'ardeur de cette jeunesse, qui fermente et qui bouillonne au son lointain et séduisant du monde et de ses plaisirs.

A part l'analogie de la pauvreté, qui leur est commune, la vie de l'artiste diffère essentiellement de

Le jour de l'an. — L'embuscade.

celle de l'ouvrier. L'un aspire à la gloire et à l'opulence; l'autre ne demande qu'une aisance bien frugale, que du pain pour ses vieux jours. Celui-ci travaille sans relâche, sachant que chaque instant amène sa tâche et chaque tâche son salaire; celui-là ne se livre à la muse, que par boutades et cultive avec délices le *far niente* inspirateur. L'intérieur de l'artiste se ressent des inégalités de son existence; confiné, comme son voisin l'ouvrier, dans un réduit étroit et surbaissé, il ne sait pas l'art de tirer de cet emplacement le meilleur parti possible, et il y entasse les objets disparates et inutiles, sans prendre garde à la disette des meubles les plus indispensables. Au lieu de s'occuper de ses aliments et de combiner la nourriture la plus saine qui soit en rapport avec ses ressources, il admet à la lettre l'intervention de la Providence qui donne la pâture aux petits des oiseaux, et il s'en remet absolument à ses soins.

Il existe un usage universellement répandu, auquel on obéit mieux qu'aux lois les plus sacrées, et que les tribus diverses dont il a été question jusqu'ici suivent avec la plus méritante exactitude. C'est l'usage des étrennes. A l'approche du premier janvier, Paris prend d'ordinaire une physionomie nouvelle : partout apparaissent les pantins, les chevaux de bois, les coffrets, les nécessaires; les vitrines, sur toute leur étendue, sont peuplées de poupées aux minois agaçants, de diables à l'air rébarbatif, et de soldats de plomb alignés au cordeau : les boutiques des confiseurs, surtout, rivalisent de luxe, et se livrent, à l'envi, au plaisir de tenter les passants. D'autre part, domestiques, portiers, gens à gages redoublent de prévenances; les enfants deviennent tout à coup sages, studieux, appliqués et dociles.

Visite au grand-papa.

La surprise.

Voici en effet, pour les parents et pour les maîtres, le douzième mois de l'année qui arrive à l'échéance; il faut payer son tribut au premier janvier. Malheur à vous, père de famille, qui comptez une postérité nombreuse, et dont les parents, amis et alliés, forment une tribu digne des tribus bibliques! Hâtez-vous :

CHAPITRE LXVI. — LA VIE PRIVÉE.

que, dès le matin, un commissionnaire robuste vienne remplir votre cabinet de joujoux pour les enfants, de gentilles futilités pour les demoiselles, de petits meubles inutiles et fort chers pour les dames ! Voici venir le ban et l'arrière-ban ! En sa qualité de dernier venu au monde, votre petit-fils ouvre le feu : le voilà sur vos genoux :

<small>Maître corbeau, sur un arbre perché, etc.</small>

C'est l'hommage du premier effort qu'a fait sa mémoire. Les compliments, les félicitations, les respects se succèdent à la file ; tout cela doit être payé en bel et bon argent.

Et vous ! étranger, célibataire, qui comptiez sur votre absence, sur votre isolement pour esquiver cette contribution forcée ; en descendant votre escalier, n'entendez-vous pas un léger bruit de respirations imparfaitement contenues ? Monsieur votre concierge et madame son épouse, monsieur votre garçon d'hôtel, monsieur votre facteur et messieurs vos fournisseurs vous attendent au passage ; il faut s'exécuter.

Dans le grand monde, le prix des objets offerts en étrennes s'élève à un chiffre assez considérable : les enfants veulent des jouets qui s'achètent à prix d'or ; on ne peut offrir aux dames qu'un nécessaire de Tahan, le Boule moderne ; aux messieurs, que des objets rares et précieux à proportion. Tout mari doit à sa femme un cachemire somptueux ou un joyau d'une valeur égale ; à son fils, étudiant en droit, un billet de banque, ou, si le jeune homme est encore au collége, quelques pièces d'or. Chaque domestique prélève une rétribution fixe d'un napoléon, sans compter ce qu'on extorque aux fournisseurs ; et, dans la journée, chaque course exige un pourboire colossal.

Le premier jour de l'an est particulièrement favorable aux enfants et aux gens à gages ; les femmes brodent des coussins, des bourses ou des bretelles, et tout est dit, à moins toutefois que l'heureux possesseur de ce gage, qui a coûté tant de soirées d'un travail mystérieux, ne découvre par hasard la facture du marchand qui a vendu l'étrenne toute confectionnée. J'allais oublier de dire que les bonbons, pralines, dragées, etc., de toute sorte sont l'accessoire obligé, et comme la monnaie courante des étrennes seulement ; il faut les donner, si l'on est pauvre, dans une boîte qui coûte 3 à 6 fr., et si l'on est riche, dans un coffret en marqueterie ou dans un panier de filigrane, dont je renonce à vous dire le prix.

La semaine sainte menace de devenir un second jour de l'an, ou, si l'on aime mieux, un quatorzième mois de dépenses, grâce aux œufs de Pâques.

Puisqu'il faut donner des étrennes, je m'en consolerai, si cette obligation ne vous enchaînait que vis-à-vis les enfants. J'aime bien cette mine sérieuse et joyeuse d'un poupard qu'on éveille avec un cornet de bonbons ou un polichinelle. Surtout quand l'enfant n'est pas prévenu à l'avance, et qu'il n'a pas déjà une indigestion de jouets. C'est un tableau délicieux que l'intérieur d'une pauvre petite chambre, où l'on voit un tout jeune enfant dans son berceau, qui sourit à une poupée que lui acheta son père sur de pénibles économies, tandis que la mère contemple cette joie et admire ce bonheur si naïf.

Je n'ai pas achevé de parcourir les divers degrés, et, après avoir esquissé la pauvreté, il faut parler encore de l'indigence absolue. Heureusement pour nous, Paris n'est pas comme l'orgueilleuse capitale de l'Angleterre ; la misère s'y cache avec un soin honteux, et parvient à éviter tous les regards, excepté toutefois celui de la charité. Dans les circonstances ordinaires,

la faim ne saisit que ceux qui s'y livrent volontairement, par excès d'inertie ; mais il est trop vrai que souvent les temps sont mauvais, et qu'alors la mère de famille engage, pour avoir du pain, jusqu'à sa dernière harde, jusqu'à son anneau de mariage.

L'indigence aime à se retirer dans les quartiers les plus isolés, dans les recoins les plus obscurs des grandes villes. La carte de Paris offre ainsi quelques taches noires indiquant les points où se concentre le fléau : le faubourg Saint-Marcel, avec sa population de chiffonniers ; les ruelles de la Cité, fameuses par leurs tapis francs ; la Petite-Pologne, cette tache imprimée au front de l'opulent quartier du Roule ; et enfin les lointaines barrières de Vaugirard et de Belleville.

C'est dans le faubourg Saint-Marcel que la misère semble avoir choisi sa résidence préférée ; elle y prend une physionomie pittoresque, un air de chez soi qui rappelle les anciennes cours de miracle. Dans ce quartier, il n'y a pas de rues, mais des

Le chiffonnier.

ruelles et des impasses ; il n'y a pas de maisons, mais des cloaques et des taudis. Il y respire une race hâve, déguenillée, à figure sinistre, vivant des épaves que laisse dans Paris l'insouciance et le mépris de tout le monde ; cette race maudite mange les restes dédaignés des chiens errants, se pare des lambeaux rejetés par le pauvre ; elle se recrute parmi les criminels qui ont payé leur dette à la justice, parmi les malheureux que l'imprévoyance et l'inconduite mettent entre la mort et la faim. Quand la nuit tombe, on les voit, à demi gris, sortir des trous où ils passent la journée, et suivre la direction des plus riches quartiers, agitant leur pâle falot, et piquant toute immondice qui les séduit. En vain on a voulu poétiser les chiffonniers : sauf exceptions, ils sont tous tombés à ce degré extrême d'abrutissement qui ne laisse ni sentiments autres que ceux de la brute, ni joies autres que les joies de l'ivresse. La femelle du chiffonnier s'enivre en son absence au moyen d'une affreuse infusion de poivre et de trois-six qu'elle prend à crédit. Le chiffonnier rentre ivre, bat sa femme, et se couche.

Ceux qui parlent du quartier Saint-Marcel ne connaissent guère que la rue Mouffetard, qui est la rue de Richelieu de l'endroit, et les fabriques alimentées par l'eau de la Bièvre. Cette partie du 12ᵉ arrondissement est en effet présentable ; le travail des manufactures y répand quelque aisance ; mais le vrai chiffonnier ne se rencontre que dans quelques cloaques adjacents, où le voyageur le plus déterminé ne pénètre jamais sans hésitation.

La réputation de la Cité, comme repaire des gens les plus immondes et les plus dangereux, est, depuis longtemps, établie : aujourd'hui les larges rues qu'on y a percées en tous sens assainissent la population, et il ne reste plus guère, dans la rue des Marmousets ou dans la rue Glatigny, qu'un petit nombre de ces maisons mal famées et de ces tapis francs devenus si célèbres. Fuyant le voisinage de la police, les malfaiteurs qui les remplissaient commencent à s'éloigner, et cherchent un refuge dans la banlieue.

Il reste à dire un mot de la Petite-Pologne. On désigne sous ce nom un certain nombre de ruelles mal bâties et à peine alignées qui serpentent autour de la place Delaborde, en apparence autour de la place Delaborde, entre la rue du Rocher et la barrière de Courcelles. Ce quartier, qui n'est peut-être désigné nominalement par aucun plan de Paris, a pour plus nombreux habitants des ouvriers et des hommes de peine, venus de tous les points de l'Europe, et employés, pour un faible salaire, dans les grandes usines qui se trouvent aux Thernes ou à Chaillot, à l'avenue de Neuilly, etc. Une certaine quantité de natifs de l'Auvergne, exerçant les professions de marchands de vieux fers ou de porteurs d'eau à la brasse, tel est l'élément honnête de cette population.

Les mœurs de ce coin ignoré de Paris n'ont rien de fort étrange ; seulement, à cause de la multiplicité de rues et de ruelles qui forment la Petite-Pologne, et surtout de la variété d'origine de ceux qui l'habitent, il est aisé, plus que partout ailleurs, de s'y cacher. Sans doute Balzac songeait à cet avantage, lorsqu'il plaça le théâtre des dernières turpitudes du baron Hulot dans le passage du Soleil, sur les limites de ce labyrinthe. Peut-être que ce grand observateur aurait trouvé le sujet d'une étude morale intéressante dans les garnis de la Petite-Pologne. Chacun a le droit de coucher dans ces garnis pour la somme de cinq centimes ; le seul mobilier consiste en une corde tendue, parallèlement au mur et à quatre-vingts centimètres au-dessus du sol. Les dormeurs, assis et adossés à la muraille, croisent leurs bras sur cette corde, qui leur sert à la fois d'appui-main et d'oreiller.

Nous aurons bientôt de compléter cette esquisse de la misère à Paris, en parlant des barrières, où souvent se réfugient le vice et la misère, de compagnie. Quant aux autres études de mœurs, ébauchées dans ce chapitre, on ne pourrait guère les rendre complètes qu'en se renfermant dans les limites de cet ouvrage.

Résumons-nous en disant que la statistique déclare à Paris environ trente mille ménages indigents ; dans ce chiffre elle ne fait pas figurer la partie de la population qui est traitée et recueillie dans les hôpitaux, et ne compte que celle qui reçoit à domicile des secours des bureaux de bienfaisance. Ces ménages représentent une moyenne de 70 à 75 mille individus répartis inégalement dans les douze arrondissements ; c'est donc à peu près un indigent sur treize habitants.

La somme moyenne annuelle des dépenses pour secours à domicile est de 1,700,000 fr. ; il faut en distraire 300,000 pour frais d'administration et d'entretien des maisons de secours ; il reste donc disponible 1,400,000 fr., ou 50 fr. par an et par ménage.

Chapitre LXVII.

L'HOTEL DES VENTES. — LE TIMBRE.

L'hôtel Bullion. — Le financier Bullion. — Les priseurs jurés. — Les commissaires-priseurs. — Leur nombre. — Leurs rétributions. — La caisse commune. — Un schisme. — L'émigration rue de Cléry. — L'hôtel de la rue des Jeûneurs. — La salle de vente de la rue des Jeûneurs. — Le public de la salle des ventes. — Les rossignols. — Les objets de vogue. — Les tableaux. — La vente des objets. — Les ventes volontaires et les ventes forcées. — Les trois bougies. — Adjugé ! — *Querrier et Boucoutour*. — Les nouveaux bâtiments de l'hôtel des ventes. — Aspect de ces bâtiments. — Salle des ventes. — Galerie des salles des ventes. — Les ventes à domicile. — Le timbre. — Les nouveaux bâtiments du timbre. — Quelques chiffres à propos du timbre.

A côté de l'hôtel d'Armenonville, déjà affecté au service de l'administration des postes, le financier Bullion avait acheté une partie des dépendances de la vaste demeure des comtes de Flandre, et s'était fait, au coin des rues Coquillière et Jean-Jacques Rousseau, une sorte d'Élysée, rival de celui qu'avait élevé Beaujon, son confrère, dans le quartier du faubourg Saint-Honoré. Bullion n'avait épargné ni soins ni dépenses pour rendre son habitation digne d'un roi de la finance ; le nom des peintres chargés d'en décorer l'intérieur, Vouët et Champagne, suffit pour montrer que dans tous les détails de l'édifice rien ne fut épargné. Mais en 1780, l'heureux possesseur de ce paradis terrestre avait cessé d'exister : et les *priseurs-jurés*, commissaires chargés des ventes à la criée, se rendirent acquéreurs de l'hôtel pour y établir le quartier général de leurs opérations, l'entrepôt et le magasin des marchandises qu'ils devaient vendre au plus offrant et dernier enchérisseur. Jusque-là les ventes avaient lieu sur la place publique : les objets offerts au public passaient quelquefois des journées entières exposés aux intempéries de toute sorte, ce qui était loin d'ajouter à leur valeur ; puis, on conviendra qu'il n'y avait rien de récréatif, pour les passants, dans cette exhibition en plein air de tables boiteuses, de matelas éventrés, de hardes en haillons, et autres misérables effets et ustensiles de ménage, qui constituent en général la masse la plus considérable de tout ce qui est soumis aux appréciations de l'encan. Les ventes gagnèrent sous bien des rapports à cette mesure ; mais l'hôtel Bullion y perdit : ses plafonds peints à fresque noircirent, se convirent de poussière, offrirent à l'industrieuse araignée une bienveillante hospitalité ; les sculptures et les détails des corniches s'ébréchèrent au contact des bahuts massifs et des fauteuils de vieille date, et il ne resta de la demeure du riche traitant qu'une série d'appartements ruineux, délabrés, du plus misérable et du plus triste aspect. Il fallut même bientôt y renoncer : les vendeurs et acheteurs à la criée transportèrent leurs assises rue Notre-Dame des Victoires, au coin de la place de la Bourse, dans un local élevé par les soins de M. Ganneron, que, par corruption, on nomme encore hôtel Bullion.

Une ordonnance royale, antérieure à la Révolution, avait confié le soin des ventes à des hommes spéciaux, sous le titre de *jurés-priseurs*. Cette fonction fut considérée comme un privilège par le radicalisme des assemblées républicaines, et une loi la supprima, pour donner à tous les officiers publics, notaires, huissiers, juges de paix, etc., le droit de diriger ou de présider les encans. On ne tarda pas à reconnaître l'inconvénient d'une pareille disposition :

Vue de l'ancien hôtel des commissaires-priseurs de Paris.

il ne suffit pas, en effet, d'être honnête homme et magistrat pour diriger une vente, stimuler l'acheteur, activer les enchères, on un mot pour donner à la vente toute l'animation, l'énergie, l'émulation dont elle est susceptible. Un arrêté du Directoire modifia donc cette législation vicieuse, et institua des officiers spéciaux, avec faculté d'en accroître ou d'en restreindre le nombre, selon les besoins de chaque localité. Ces officiers prirent le nom de *commissaires-priseurs*. Ils sont au nombre de quatre-vingts pour le département de la Seine, et s'organisent en une sorte de corporation. Chacun reçoit un droit de dix pour cent sur le produit brut de la vente, en forme d'honoraires, dont la moitié est payée par le vendeur et l'autre par l'acheteur : ce droit se réduit à sept et demi pour cent, dans le cas où les objets sont retirés de leurs mains avant d'avoir été offerts à l'enchère.

Ils sont d'ailleurs les seuls arbitres de l'évaluation première de tout ce qui passe entre leurs mains, et jouissent de la faculté d'abaisser successivement cette évaluation, s'il ne se présente pas de plus offrant. Une caisse commune se forme de cotisations prélevées sur leurs recettes : à l'hôtel de la rue Notre-Dame-des-Victoires, le contenu de cette caisse se répartissait également entre les associés ; il en est de même aujourd'hui au nouvel Hôtel des ventes dont nous parlerons plus loin. Une pareille disposition, entachée de l'esprit révolutionnaire au premier chef, a déplu aux principaux d'entre les commissaires-priseurs : ils ont refusé de se soumettre à ce niveau égalitaire, et de verser une somme plus forte à la caisse, en raison de leur plus d'habileté ou de l'importance de leurs relations et de leurs affaires, pour ne recevoir que la portion congrue, la même somme que les plus incapables et les moins connus. Cette minorité, plus imposante encore par son influence que par le nombre, a fondé deux temples ouverts aux dissidents du culte du veau d'or. Le premier essai de schisme fut tenté, vers les dernières années de la Restauration, rue de Cléry, dans un local occupé ensuite par les disciples d'un nouveau Messie, le fameux abbé Châtel, fondateur de l'Église française. C'est là que furent vendues, entre autres marchandises curieuses, les costumes de fantaisie et les vins fins de la duchesse de Berry. Une seconde émigration eut lieu, avec plus de succès ; elle se dirigea vers un hôtel de la rue des Jeûneurs, et vint y installer un entrepôt d'objets rares et précieux, de curiosités recherchées, qui rougissaient de coudoyer les vieux meubles et l'argenterie de métal vulgaire, dont est encombrée d'habitude la salle des ventes de l'hôtel Bullion : il ne resta guère que des porcelaines d'origine douteuse, des tableaux équivoques et des bijoux faux dans l'antique asile, déserté par les aristocrates, les riches, les puissants de la caste des commissaires-priseurs.

Jetons un coup d'œil, un jour ordinaire, sur la salle des ventes de la rue des Jeûneurs. Certes, ce n'est pas chose facile que de se reconnaître au milieu d'un mélange si disparate d'objets appartenant à tous les arts, toutes les industries, toutes les professions, tous les métiers d'un public nombreux, auquel

chaque classe de la société a fourni son contingent.
Ici la blouse heurte l'habit noir, la redingote élégante coudoie le paletot modeste : plus d'un soulier ferré grince en écrasant quelque botte vernie, et plus d'un chapeau luisant de nouveauté se hérisse au contact d'une rude casquette. Même incohérence dans le chaos inanimé que dans le chaos vivant : vous pouvez voir des boîtiers pleins de bijoux qui supportent des pièces d'armure éparses ravies à quelque panoplie dépareillée, des pendules artistiques cachant des tableaux qui le sont moins, et des montagnes de bouquins surmontées de services incomplets en vieilles porcelaines. Vous ne voyez-là, d'ailleurs, qu'un coin, et un tout petit coin, de la salle de vente : le coin des objets d'arts et curiosités. Plus loin ce sont des couverts et des couteaux errants sur les rayons veufs d'une bibliothèque, des costumes tragiques étalés sur des bureaux en acajou, et des marbres de guéridons chargés d'ustensiles, d'alambics, de cornues, de serpentins en miniature, ancienne propriété d'un pharmacien ou d'un chimiste. La salle des Jeûneurs s'ouvre de préférence aux choses rares et recherchées, sur lesquelles marchands et commissaires-priseurs réalisent les plus beaux bénéfices. Ses quatre magasins sont remplis d'assez de curiosités pour faire la fortune de trois ou quatre musées de province.

Comme partout, la mode est encore un arbitre souverain pour tous ces articles (pardon si nous avons parfois le même langage que ces messieurs de la rue des Jeûneurs). C'est elle qui détermine la valeur vénale, à un moment donné, de tel ou tel objet, qu'un caprice élève au plus haut point de la roue, et qu'une autre fantaisie ne tarde pas à détrôner pour le précipiter dans l'abîme terrible des rebuts. Le terme technique pour désigner ces disgraciés, c'est *rossignol*, ainsi nommés à cause des frais d'éloquence et du flux de paroles harmonieuses qu'il faut employer pour venir à bout de s'en défaire ; sans remonter bien loin, il sera aisé de dresser un bref recensement de toutes les ruines entassées par cette déité capricieuse. Ainsi chacun se souvient encore de la fureur étrusque : tout vase en terre rouge, de forme suffisamment classique, décoré de génies à perruques, avec de vastes abdomens et des ailes de chauves-souris, montait immédiatement à des prix fous : c'était un

Salle de vente à l'hôtel des commissaires-priseurs, rue des Jeûneurs.

spécimen de l'art, perdus aujourd'hui, des ouvriers céramiques, c'est-à-dire des potiers qui dorment depuis trois mille ans dans les catacombes de Volterre et de Tarquinies.

On s'arrachait les urnes lacrymatoires, les pots chargés de hiéroglyphes, les lampes funéraires, les statuettes d'argile et tout le bric-à-brac attribué aux Égyptiens de l'Italie : et Dieu sait quelles contrefaçons audacieuses, quelles antiquités vieilles de huit jours ont été écoulées de la sorte. Puis, la girouette a tourné : les Étrusques, retombés dans leur repos, se sont enveloppés de nouveau de leur linceul de poussière, et les Grecs, les Romains ont paru à l'horizon... des cabinets d'antiquaires et des salles de ventes à la criée. Armes, ustensiles, objets de bronze, statuettes de marbres, médailles, toute la friperie classique et archéologique succéda aux poteries étrusques. Puis la mode alla chercher ses favoris plus loin, relativement au temps et à l'espace. Le culte de l'antique, c'était encore le culte du beau : voilà qu'une révolution inaugure le laid en littérature et dans les arts, et, chose étrange, l'hôtel des Jeûneurs en ressent le contre-coup. Le romantisme amène l'invasion des Chinois : potiches, vases à thé, porcelaines chargées de figures bouffies et grotesques viennent peupler les collections. Le Céleste Empire envoie des cargaisons de bonzes, de mandarins et d'autres animaux curieux, sans compter ses imaginations extravagantes, ses maisons inouïes, ses paysages fantastiques : la Vénus de Milo, l'Apollon du Belvédère, pâlissent devant les triomphes des magots. Nouvelle réaction : c'est la rage des panoplies, des casques, des masses d'armes et des cottes de mailles : la fureur des reliquaires en ivoire, des bijoux chargés de pierres fausses, des ciselures, des rondes-bosses, des pièces d'orfévrerie repoussée ou gravée du moyen âge. Et dire que toutes ces fantaisies successives ont passé par le canal des salles de ventes, qu'elles y ont fait leurs apparitions triomphantes, et qu'elles y demeurent honteuses, ridées, portant la marque ineffaçable de leur vieillesse, comme les douairières confinées sur les banquettes d'un salon. Parfois la voix du crieur proclame ces débris du siècle d'il y a dix ans : statuettes et magots ouvrent leurs oreilles, espèrent ouïr quelque enchère honorable ; mais, hélas ! la voix se perd sans écho, et les chefs-d'œuvre arrivés en droite ligne, soit de Rome, soit de Pékin, soit plus souvent de l'atelier d'un faussaire, partent sur l'offre dérisoire d'un adjudicataire qui les eût payés hier à un prix cent fois plus élevé. Ô vicissitudes humaines !

TABLEAU DE PARIS.

La victime d'un revers de fortune.

Le commissaire-priseur et son commis : Personne ne met plus?... — C'est bien vu, bien entendu?

Aujourd'hui antiquités, chinoiseries, tableaux, tout s'éclipse devant la splendeur du vieux Saxe et du vieux Sèvres. Le vieux Sèvres surtout, cet introuvable phénix de la porcelaine, arrive à des évaluations réellement fabuleuses : l'or a moins de prix, et tel amateur forcené a couvert de billets de banque un modeste déjeuner, une couple de tasses avec la théière et le sucrier, parce que ces objets sans apparence portaient la marque si recherchée : les deux L entre-

L'expert : Allons, messieurs, c'est pour rien...

Les amateurs : Observations sur le goût de la propriétaire en matière de beaux-arts.

lacées. Nous conseillons au vieux Sèvres de profiter de cette vogue : elle est trop prodigieuse pour durer longtemps. Les tableaux dont il vient d'être question entrent pour un chiffre considérable dans le total des ventes effectuées; mais ils brillent, en général, plus par la quantité et l'éclat des cadres, ou encore par les séduisantes désignations du livret, que par leur valeur réelle. Les acheteurs ordinaires, dont nous parlerons

CHAPITRE LXVII. — L'HOTEL DES VENTES. — LE TIMBRE.

Monsieur vient racheter un souvenir.

Le crieur : 60 francs pour vous qui me regardez là-bas.

tout à l'heure, ne se laissent pas prendre au piége, et ces vastes surfaces de toiles trouvent leur placement le plus ordinaire dans la classe des amateurs naïfs. Tel ou tel commerçant retiré des affaires montre souvent avec fierté un tableau qu'il affuble de la signature d'un maître; il possède, plus heureux que le musée du Louvre lui-même, de superbes Léonard de Vinci, des Corrége ou des Caravage de toute beauté. Hélas! ce n'est là que le fruit d'une combinaison

Objets vendus fort cher, rachetés pour rien afin d'être remis à neuf, revendus, puis rachetés encore plus d'une fois pour être vendus comme la première.

La victime à la recherche d'un nouveau mobilier.

bien ourdie; un brocanteur adroit a feint de surenchérir quelque affreuse croûte illisible et indéchiffrable, et la toile magistrale, grâce à lui, s'est élevée au prix fabuleux de vingt ou vingt-cinq francs. Vingt-cinq francs pour un Léonard de Vinci! Il est vrai qu'en réalité le tableau vaut un peu moins que telle ou telle lithographie étalée sous les voûtes de l'Institut.
La grande salle des ventes présente, pour les objets d'art, un spectacle analogue; mais, à côté des ventes

volontaires d'objets précieux, qui, par suite d'un retour de fantaisie ou tout simplement d'une visite à Clichy, passent par les mains des commissaires-priseurs, se trouve une face plus affligeante : la misère, qui étale ses haillons, et, de gré ou de force, essaye de les transformer en quelques gros sous, dernière ressource contre la faim. Dans les sept vastes magasins où viennent s'entasser tant d'objets hétérogènes et hétéroclites, que de vieux meubles à bout de service, que de linges en loques, que d'ustensiles de ménage fatigués, usés, à peine bons pour une misère plus grande que la misère qui les abandonne! En vain la loi, par un rare accès de miséricorde, couvre-t-elle de sa protection le lit du débiteur insolvable, ses effets les plus indispensables, ses outils ou ses livres, jusqu'à concurrence de trois cents francs, quel spectacle affligeant que la vue de tous ces gages misérables dont s'est emparé le fournisseur ou le propriétaire! Nous renonçons à en donner une idée : occupons-nous plutôt du détail matériel de la vente et de la physionomie des divers individus qui viennent y prendre part.

La vente des objets meubles n'a pas lieu avec les mêmes formalités que celle des immeubles. On sait que, dans cette dernière, l'intervalle entre chaque enchère est réglé par le temps nécessaire pour que trois bougies, allumées successivement, aient achevé de se consumer : et l'adjudication n'est définitive que si, dans cet intervalle, il ne s'est présenté aucun enchérisseur. Le commissaire-priseur, lui, est assis sur une estrade, devant un bureau, et tient un maillet d'ivoire à la main : le crieur annonce l'objet mis en vente, le montre, et proclame le prix : à mesure que les offres augmentent, elles sont proclamées à leur tour, et quand elles s'arrêtent, le commissaire répète la formule sacramentelle : « Une fois! deux fois! trois fois! personne ne dit mot... adjugé! » Et en même temps le maillet frappe : la vente est scellée. Les formalités sont les mêmes pour toute espèce d'objets, soit au nouvel Hôtel des ventes soit aux Jeûneurs, soit à la salle Sylvestre, rue des Bons-Enfants. Cette dernière sert uniquement à la vente des livres : elle constitue le quartier général le plus important de toute la race des bibliophiles et bibliomanes, à l'affût de l'arbre des Estienne, de l'ancre des Aldes, de la sphère des Elzévirs ; car les bouquins sont aussi source à collection et font faire des folies ni plus ni moins que les bonshommes fabriqués en Saxe, les jolies femmes et les magots japonais.

Les acheteurs ne sont pas ce qu'un vain peuple pense : ils forment une corporation aussi bien organisée pour le moins que les jurandes et maîtrises du temps jadis. Nous ne connaîtrions qu'assez imparfaitement la constitution de ce corps de spéculateurs et de boursicotiers d'étage inférieur, si un procès peu connu n'était venu nous initier à leurs statuts et à leurs coutumes. Voici ce que nous ont appris les débats, qui malheureusement n'ont pas eu au dehors

Façade de l'Hôtel des ventes sur les rues Drouot et Rossini.

tout le retentissement que méritait une pareille affaire. Les revendeurs, marchands de curiosités et de bric-à-brac, bijoutiers en vieux et autres formaient une sorte de ligue ou de coalition, dans le but d'écarter toute concurrence, d'étouffer les enchères, et de réaliser, par le monopole le plus exclusif, tels bénéfices qui conviendraient à leur discrétion. Dès que s'ouvrait une vente, leur troupe bien disciplinée faisait la haie, et une haie impénétrable, autour de l'estrade du commissaire-priseur, la plupart du temps d'accord avec eux. Là, par des signes convenus à l'avance, ils s'entendaient sur l'opportunité des enchères, et poussaient ou laissaient tomber un objet, selon le mot d'ordre des généraux. Si quelque étranger à la bande, quelque *guerrier*, comme ils l'appellent dans l'argot de la compagnie, venait à se faufiler au milieu des rangs ennemis, on essayait d'abord des hostilités indirectes. La marchandise à examiner passait devant lui avec une rapidité si grande, qu'il lui était impossible de l'entrevoir ; puis coups de coude, renfoncements, bourrades et autres aménités du même genre l'avertissaient poliment et lui faisaient comprendre à quel point sa présence devenait gênante. On a poussé la guerre jusqu'à jeter de lourds chenets dans les jambes de l'intrus, jusqu'à le cogner violemment contre des meubles. Quand tout cela ne servait à rien, les *roucouleurs* entraient en campagne : ils avaient mission de pousser l'enchère de façon à dégoûter à jamais le malheureux guerrier d'entrer en lutte avec de pareils jouteurs. La société entière supportait la perte.

Le fruit de ces manœuvres devenait ensuite l'objet d'une seconde enchère entre les membres de la Société. Cette vente, connue sous le nom de *revidage*, est la seule réelle. De cette façon le public véritable n'avait guère d'accès qu'aux *fourrés*, autre terme du métier. On nomme *fourrés* des marchandises de triste qualité que l'on présente aux ventes d'expositions, en quelque sorte garanties sur la réputation de l'amateur qui les a formées. Ces coupables manœuvres, cet agiotage sur les gros sous a été puni, mais non supprimé : la punition a été insuffisante ; et d'ailleurs est-il juste de châtier des spéculateurs sur une petite échelle, quand tout à côté on protége, on abrite sous un superbe monument grec les paris les plus immoraux sur les valeurs fictives des fonds publics ou des chemins de fer en espérance?

Depuis bientôt un an, les commissaires-priseurs ont abandonné l'asile qui leur était ouvert, place de la Bourse, et transporté leurs pénates dans un temple plus digne d'eux, et construit à leur intention rues Drouot et Rossini. C'était là une nécessité ; en effet, le nombre toujours croissant des ventes judiciaires, le goût de plus en plus répandu des objets de curiosité, la tendance des artistes, des amateurs et même des marchands à recourir aux chances entraînantes des enchères publiques pour la vente de leurs études, de leurs tableaux ou de leurs collections, toutes ces causes réunies avaient depuis longues années rendu les aménagements de l'hôtel des commissaires-pri-

CHAPITRE LXVII. — L'HÔTEL DES VENTES. — LE TIMBRE.

seurs situé place de la Bourse tellement insuffisants que des salles de vente particulières avaient dû s'élever sur divers points, et notamment rue des Jeûneurs, en concurrence avec l'établissement principal.

Émue à juste titre d'un état de choses aussi préjudiciable à ses intérêts, la compagnie des commissaires-priseurs-vendeurs de Paris se décida à mettre au concours la construction d'un hôtel assez vaste pour satisfaire à toutes les exigences du service, et une commission spéciale choisit et adopta, parmi ceux de trente concurrents, le projet présenté par deux jeunes architectes, M. Lejeune, qui est mort pendant l'exécution des travaux, et M. Levasseur, qui a dû seul pourvoir à leur achèvement.

Construit dans un style qui participe à la fois de la renaissance et du roman, le nouvel hôtel des ventes mobilières ne manque pas d'un certain caractère monumental, auquel nous reprocherons cependant un aspect de sévérité qui n'annonce en rien un grand bazar de vente.

A part ce reproche, bien moins adressé aux architectes qu'à la ville de Paris, qui a exigé sur toutes les façades la substitution de la pierre de taille à la fonte de fer, dont l'emploi se serait prêté à des combinaisons variées de jours et de légèreté, la conception extérieure et la distribution intérieure du nouvel hôtel paraissent de nature à satisfaire au service spécial qui est sa destination.

L'hôtel, qui mesure 60 mètres de long sur 27 mètres de large, n'est élevé, sur rez-de-chaussée, que d'un seul étage de 16 mètres 80 centimètres de hauteur, à pans coupés sur ses quatre angles. On y parvient par quatre entrées dont la principale, faisant malheureusement face aux hideux bâtiments de l'Opéra, s'ouvre sur la rue Rossini par une double grille desservant deux cours séparées au moyen d'un hangar en forme de passage qui les relie au pavillon destiné au logement du concierge; les autres entrées sont pratiquées rue Drouot, rue Chauchat et rue Grange-Batelière prolongée jusqu'à cette dernière rue.

Au-dessus de vastes caves, construites en contrebas, largement éclairées et consacrées aux ventes de vins, boiseries et autres objets encombrants, quelques marches, conduisant de la cour au rez-de-chaussée, donnent accès à un promenoir ou galerie sur laquelle s'ouvrent sept salles destinées à la vente des objets mobiliers usuels courants et communs, et dont la surface varie de 40 à 110 mètres carrés; une ornementation simple de ton et de dessin décore ce promenoir et ces salles, derrière lesquelles se trouvent les magasins desservis par un couloir éclairé sur la rue Grange-Batelière. C'est aussi sur cette rue que sont situés les hangars de dépôts, avec passage couvert pour l'arrivée des voitures et les bureaux d'enregistrement.

Des logements pour les employés ont été ménagés dans les parties entresolées qui séparent le rez-de-chaussée du premier étage.

La porte pratiquée sur la rue Drouot conduit, par un grand escalier, au premier étage, dans une galerie semblable à celle du rez-de-chaussée, et sur laquelle s'ouvrent quatre salles de vente plus grandes que celles précédemment décrites, et desservies comme elles : ces salles sont destinées aux ventes de tableaux, d'objets d'art et de curiosité; au moyen de cette affectation spéciale et de l'entrée particulière qui lui a été ainsi ménagée, le public distingué qui se porte aux expositions et se presse aux adjudications purement artistiques, se trouvera sans contact avec la population bruyante et marchande qui encombre ordinairement les salles des ventes mobilières.

A l'extrémité de cette galerie, dont la décoration a été mise plus en harmonie avec les visiteurs qu'elle est appelée à recevoir, se trouvent les bureaux de l'administration, qui comprennent une salle de séance pouvant aisément contenir cent personnes.

Les combles enfin, qui ne sont pas accusés, dans la décoration extérieure du bâtiment, sont disposés en vastes magasins supplémentaires.

En résumé, cette construction dénote chez les ar-

Galerie ou promenoir des salles de vente.

chitectes qui l'ont conçue et exécutée une étude habile de l'ensemble et des détails de leur œuvre, un goût sobre et distingué dans l'emploi de l'ornementation dont ils l'ont décorée, et une activité d'autant plus remarquable, qu'un délai de neuf mois seulement a suffi à l'achèvement de ce monument, dont la dépense dépasse un demi-million.

Quant à l'ancien hôtel des commissaires-priseurs, il est maintenant affecté à la Chambre de commerce de Paris.

Il nous reste à parler des ventes à domicile : le mécanisme en est à peu près le même, ainsi que les acheteurs, du moins pour tout ce qui en vaut la peine. Seulement le fourré y prend des proportions plus considérables. Dans les ventes de meubles, pour quelque armoire ou quelque fauteuil réellement vieux, on trouve une foule de pièces qui en ont la prétention, mais qui sont toutes fraîches écloses dans quelque atelier spécial de la rue Chapon ou du faubourg Saint-Antoine. Il existe bon nombre d'ouvriers qui ne travaillent que dans le nouveau vieux, et qu'on ne voit pas véhémentement tenté d'assimiler aux faussaires, qui coulent des monnaies antiques ou tiennent manufacture d'antiquités. Autre friponnerie : s'il se vend à la criée quelque approvisionnement d'épicerie, par exemple, nombre de spéculateurs du dernier étage vont se munir au quartier des Lombards de marchandises avariées, achetées à vil prix, et les insèrent adroitement, ou bien encore les revendent comme provenant de l'enchère.

Quelle moralité à tirer de tout ceci? C'est que les anciens avaient raison de confier à une même divinité le patronage des voleurs et des marchands : nous voudrions ne parler que des marchands qui hantent et circonviennent les ventes à la criée. La chose ne serait pas si déshonorante pour le commerce français. Mais est-ce notre faute à nous, si les types célèbres de Robert Macaire et de son fidèle Bertrand ont fait si grande et si rapide fortune?

Revenons maintenant quelques instants dans le quartier de l'hôtel Bullion, pour donner une description succincte de l'hôtel et de l'administration du timbre, de l'enregistrement et des domaines.

Après avoir séjourné, depuis l'Empire, dans les bâtiments formant les derniers restes du couvent des Capucines, vieilles constructions, masquées sur la rue de la Paix par un grand mur dont le sombre aspect aurait fait présumer la clôture d'une prison, sans les deux bas-reliefs imitatifs des empreintes du timbre qui accompagnaient la porte d'entrée, la direction du timbre, de l'enregistrement et des domaines vient enfin de prendre possession de l'hôtel qui a été construit dans la rue de la Banque pour réunir ce triple service.

Les plans généraux de cette construction entraînaient un travail de détail d'autant plus difficile que les données du programme étaient plus complexes; il s'agissait en effet, sur un terrain de 110 mètres de longueur, mais dont la largeur était aussi restreinte qu'irrégulière, de réunir la direction du timbre et celles de l'enregistrement et des domaines dans un seul édifice, mais avec des corps de logis entièrement séparés, et ne devant avoir qu'un seul point de contact, celui où le public, après avoir payé au bureau de recette le prix du timbre qui doit être apposé sur le papier, présente ce papier au guichet correspondant aux ateliers d'application du timbre. Il fallait, près des logements réservés aux directeurs, établir de nombreux bureaux pour les diverses divisions de leur triple administration. Le timbre notamment exigeait des magasins assez vastes pour renfermer de quatre-vingt à cent mille kilogrammes de papier, soit brut, soit timbré, et des ateliers assez larges pour contenir un personnel de manutention ne s'élevant pas à moins de deux cents personnes, hommes et femmes; il était enfin indispensable de réserver au service cinq entrées distinctes, desservies par autant d'escaliers correspondants.

Au point de vue des dispositions intérieures, M. Baltard, l'architecte, à force d'ingénieuses combinaisons, paraît avoir victorieusement résolu les difficultés du programme compliqué qui lui avait été transmis.

Quant à l'ensemble extérieur, son édifice emprunte aux formes qui caractérisent l'architecture de la fin de la république romaine, un aspect sérieux et ferme, bien en harmonie avec sa destination.

Cette construction, en raison des difficultés que l'architecte a rencontrées dans l'établissement des fon-

Nouveaux bâtiments de la direction du timbre, de l'enregistrement et des domaines, rue de la Banque.

dations, et de la nécessité où il s'est trouvé de couvrir et vitrer, pour les besoins du service, une partie des cours intérieures, a coûté la somme de 1,600,000 fr., dans laquelle se trouvent compris, il est vrai, les frais d'un mobilier entièrement neuf. On ne pouvait faire moins pour deux administrations qui font entrer annuellement dans les caisses de l'État une somme dépassant 80 millions de francs. Il faut cependant ajouter que le prix de la vente des terrains de l'ancien

Atelier du timbre à la presse.

hôtel du timbre, rue de la Paix, a couvert en grande partie les dépenses des nouvelles constructions. L'impôt du timbre est l'un des plus anciennement et des plus généralement établis. On voit par la novelle 44 qu'il existait sous Justinien. En Angleterre, en Espagne, en Hollande, et dans d'autres États encore, il produit depuis longtemps des sommes considérables. Cependant, c'est en s'opposant à son établissement que les Américains du nord ont fini par conquérir leur indépendance.

En France, l'impôt du timbre remonte seulement au règne de Louis XIV. Un édit du 19 mars 1673 ordonna l'impression de formules dont on n'avait plus qu'à remplir les blancs, et qui étaient vendues pour le compte du trésor. Cet état de choses dura peu; les formules furent supprimées par un édit du mois d'avril 1674, et remplacées par une marque ou empreinte appliquée sur les papiers et parchemins que les officiers publics devaient employer pour leurs actes, on appela ces papiers *papiers marqués*, et ensuite *papiers timbrés*, de la marque à laquelle on donna postérieurement le nom de *timbre*.

Ce timbre n'était d'abord qu'une empreinte humide à l'encre, facile à contrefaire; plus tard, on imprima dans la pâte même du papier une seconde marque qu'on appela *filigrane*; enfin on ajouta au timbre humide à l'encre un timbre sec, afin de rendre la contrefaçon plus difficile.

L'édit de 1674 fixait le droit à un taux modéré; on l'augmenta successivement en 1680, 1690 et 1748, et on y ajouta dix sous pour livre du droit principal jusqu'en 1781.

Il n'existait point alors de timbre proportionnel, et plusieurs provinces étaient exemptes du droit de timbre. La loi des 7-11 février 1791 abolit l'ancien timbre, et divisa l'impôt en deux espèces de timbre nouveau: l'un fixe, en raison de la dimension du papier; l'autre proportionnel, en raison des sommes. D'après cette loi, les papiers étaient frappés, dans chaque département, d'un timbre noir avec indication du prix; les timbres de dimension, destinés aux actes et registres portaient en outre les mots *minute* ou *expédition*.

Les timbres proportionnels, au nombre de quatre, étaient destinés aux lettres de change et autres mandements de payer, aux quittances comptables et aux quittances des rentes sur le Trésor public.

Les papiers de dimension ne pouvaient être employés que dans les départements dont les timbres indiquaient le nom; ceux des timbres proportionnels pouvaient l'être dans tous les départements indistinctement.

La création d'un papier-monnaie et sa dépréciation successive ont eu pour conséquence une élévation également successive des droits de timbre par les lois des 13 messidor an III et 11 nivôse an IV. Celle du 14 thermidor de cette dernière année, époque de la démonétisation des assignats, réduisit les prix, et, en apportant un premier changement à l'empreinte des timbres, fit faire un second pas à la progression du droit proportionnel des effets de commerce.

La loi du 5 floréal an V établit un timbre proportionnel pour le quart de feuille, et modifia les droits du timbre proportionnel suivant la progression des valeurs.

Une nouvelle loi sur le timbre, en harmonie avec celle de l'enregistrement que l'on méditait depuis plusieurs années, fut rendue le 13 brumaire an VII, et la dimension du papier y fut réglée; cette loi créa onze timbres proportionnels pour les sommes de 1,000 à 20,000 francs; au-dessus de cette somme, les papiers devaient être visés pour timbre.

Sous le rapport de la forme, on distinguait alors, comme on distingue encore, deux espèces principales de timbre : le timbre ordinaire, appliqué sur les papiers que l'administration fait débiter, et le timbre extraordinaire, qui sert pour les papiers autres que ceux de la débite. L'application du timbre avait toujours lieu dans chaque département pour les timbres de dimension. Les empreintes étaient appliquées en noir, savoir : pour le timbre de la débite, au haut de

Guichet de distribution.

la partie gauche de la feuille, et, pour le timbre extraordinaire, au haut de la partie droite; chaque timbre indiquait son prix; les timbres proportionnels étaient appliqués à sec à Paris pour tous les départements, et ils étaient au nombre de onze. Un arrêté du gouvernement du 9 prairial an X porta ce nombre à vingt, et autorisa l'administration à faire fabriquer et timbrer à Paris tout le papier nécessaire à la France entière; suivant un autre arrêté du 22 brumaire an X, les ateliers des départements furent supprimés, et remplacés par des dépôts ou magasins.

Depuis cette époque, la forme des timbres a été renouvelée à chaque changement de gouvernement, et les lois successivement rendues des 28 avril 1816 au 16 juillet 1850 ont apporté des modifications au tarif des droits de timbre et réglementé leur application.

Aujourd'hui la perception des droits de timbre se fait par la débite des papiers timbrés confiés à l'administration de l'enregistrement, par l'application du timbre extraordinaire et par le visa pour timbre à la réquisition des parties. Il existe dans chaque département un entrepôt de papier timbré destiné à l'approvisionnement des bureaux de distribution; ces entrepôts sont alimentés par l'atelier général de Paris.

La débite se fait par les receveurs de l'enregistrement et par quelques distributeurs spéciaux établis à Paris, ainsi que dans quelques grandes villes, mais qui doivent être munis d'une commission du directeur général.

L'atelier du timbre, à Paris, est dirigé par le directeur du timbre et des domaines du département de la Seine, ayant sous ses ordres un personnel masculin de gardes-magasins, de surveillants et de timbreurs, et un personnel féminin de compteuses en blanc et en noir, de poseuses et tourne-feuilles, dont un ordre rigoureux et presque militaire règle les occupations journalières.

Dans les ateliers, ouverts tous les jours non fériés de 9 heures du matin à 4 heures de l'après-midi, sauf un repas de midi à 1 heure, les compteuses en blanc doivent opérer le triage et le compte des papiers blancs avant leur livraison à l'atelier du timbre; les compteuses en noir ont pour emploi le compte de ces mêmes papiers après l'application du timbre.

Cette application se fait dans des ateliers désignés sous le nom d'ateliers de timbre au maillet ou à la presse, selon qu'il s'agit du timbre humide ou du timbre sec, par des hommes, sur les feuilles que leur présentent les poseuses et tourne-feuilles, qui, ainsi que les compteuses, sont toujours des femmes.

La tourne-feuilles passe la feuille blanche à la poseuse, qui doit la placer avec soin, et dans un sens invariablement déterminé, sous le maillet ou la presse du timbreur, d'où elle sort de nouveau pour être comptée, vérifiée, et pour être remise en main et en rame, qui va prendre place dans les magasins noirs.

Ces opérations s'exécutent avec une grande rapidité, car les instructions de l'administration portent que le nombre d'empreintes à fournir par chaque table et par jour ne doit pas être inférieur au suivant :

Effets de commerce,	10,000 empreintes.
Papier à 35 centimes,	14,000 —
Papier à 70 cent. et à 1 fr. 25,	9,000 —
Papier à 1 fr. 50,	8,000 —
Papier à 2 fr.,	7,000 —

Pour les hypothèques, passe-ports et permis de chasse, 6,000 empreintes.

Chaque table de l'atelier du timbre extraordinaire doit fournir par jour au moins 15,000 empreintes pour le papier destiné aux journaux.

Chaque compteuse doit compter par jour :
Effets de commerce,	9,000 coupons.
Papier de dimension,	6,000 feuilles.

Chapitre LXVIII.

LES JOURNAUX PARISIENS.

L'ancien pouvoir du journalisme. — Le journaliste. — Le doyen des journaux. — La *Gazette de France*. — Définition du journal dans l'*Encyclopédie*. — Le *Journal des Débats*. — MM. Bertin frères. — Le *Journal de l'Empire*. — Le *Siècle*. — La *Presse*. — Le journal à bon marché. — Les anciens journaux disparus. — Le *Constitutionnel*. — Sa jeunesse. — Sa politique ancienne et actuelle. — L'*Assemblée Nationale*. — Ses cinquante mille exemplaires. — L'*Union*. — La *Quotidienne*, la *France*, l'*Écho français*. — Michaud et son école d'écrivains politiques. — Le *Pays*. — La *Patrie*. — L'*Univers*. — L'*Estafette* et le *Journal des Faits*. — La *Gazette des Tribunaux* et le *Droit*. — Le *Journal des Villes et des Campagnes*. — L'*Illustration*. — La *Revue des Deux-Mondes*. — Les autres revues. — L'argot du journalisme. — Le canard. — Un canard navrant. — Les avertissements. — Les suspensions.

Hier, le journalisme était le quatrième pouvoir de l'État; aujourd'hui, il est à peine un écho de l'opinion publique. Sous le gouvernement parlementaire, le journal, se mêlant à la discussion et prônant l'initiative de toutes les questions politiques, marchait en éclaireur à la conquête de tous les progrès. Il faisait le siège des administrations, donnait et ôtait les portefeuilles, influait sur les débats des Chambres, et avançait ou retardait sur le cadran des événements l'heure des révolutions. *Que les temps sont changés !* Et pourtant, disons-le tout de suite, le journalisme n'a pas dit son dernier mot, et, tout amoindri qu'il est, il est encore une puissance. Pour quiconque a vu fonctionner de près cette intelligente machine, cette prodigieuse bête féroce, dont l'appétit s'augmente de toute la pâture qu'on lui jette, le journal est une œuvre colossale. Il lui faut des travailleurs rompus aux fatigues, des esprits prompts, clairvoyants et laborieux, des soldats toujours sur la brèche, des hommes qui donnent leur repos et leur sang à cette tâche sans fin, mythologiquement figurée par le tonneau des Danaïdes; le mouvement perpétuel cherché depuis six mille ans par les mathématiciens. Une fois que la locomotive est lancée sur le rail de la publicité, elle va, elle va sans repos, sans relâche, à toute vapeur, jetant la fumée de ses inspirations, de son enthousiasme et de ses colères; elle passe rapide comme les morts de la ballade allemande, ne s'arrêtera, essoufflée dans sa course, que lorsqu'il n'y aura plus un seul lecteur au monde, c'est-à-dire au jour du jugement dernier.

Le plus ancien journal de Paris, le doyen, c'est la *Gazette de France*. Ce journal est la continuation de la première gazette qui ait paru en France, celle de Théophraste Renaudot, médecin du roi Louis XIII. Le premier numéro de cette gazette parut le 1ᵉʳ avril 1631. Le nom de *Gazette* avait été emprunté à une feuille de même nature, qui se publiait à Venise depuis le commencement du dix-septième siècle, et qui vient de *Gazetta*, petite pièce ou monnaie de la valeur de deux liards, que l'on payait pour lire cette feuille; la dénomination de journal, qui a prévalu depuis, fut d'abord réservée aux recueils littéraires et scientifiques. « Un journal, dit l'*Encyclopédie*, est un ouvrage périodique, qui contient les extraits des livres nouvellement imprimés, avec un détail de toutes les découvertes que l'on fait tous les jours dans les arts et dans les sciences. » Dans cette acception, le plus ancien journal serait le *Journal des Savants*, dont la publication commença en janvier 1665.

Aujourd'hui la *Gazette de France* est un journal légitimiste, quoiqu'elle ait été mise à l'*index* par la petite cour de Frosdhorff. C'est une feuille monarchique peu orthodoxe. Elle ne compte pas plus de quatre mille souscripteurs.

Le *Journal des Débats* est un des plus importants de la presse parisienne. En 1789, Barrère et Louvet fondèrent le *Journal des Débats et des Décrets*; en 1800, MM. Bertin frères acquirent la propriété de cette feuille, qui ne s'appela plus que le *Journal des Débats*.

Ce journal fut du petit nombre des feuilles qui survécurent après le 18 brumaire. Lorsque Bonaparte eût été couronné empereur, le journal prit le nom de *Journal de l'Empire*; mais, à la chute de Napoléon, il fit rivière son premier titre, pour le quitter au retour de l'île d'Elbe et pour le reprendre à la seconde rentrée des Bourbons. Nous nous hâtons d'ajouter que Napoléon avait mis MM. Bertin à la porte de leur journal.

Les hommes les plus considérables de la monarchie légitime et de la monarchie de 1830 ont franchi le seuil de ce journal, qui a entendu pendant trente années tous les secrets de la politique. Chateaubriand, Lainé, de Bonald, Camille Jordan, Martignac, Casimir Périer, Royer-Collard, MM. Guizot, Cousin, Salvandy, Villemain, et bien d'autres.

Le *Journal des Débats* a 12.000 abonnés.

Le *Siècle* a été fondé en 1836. La monarchie de Juillet commençait seulement alors à avoir un caractère de stabilité.

On sortait des crises et des émeutes qui avaient été en quelque sorte le remous de la révolution de 1830. Le crédit public et le crédit privé, se prêtant un mutuel appui, donnèrent naissance à des entreprises nombreuses; le succès du *Siècle* fut une des conséquences de cette situation, que l'incurie du pouvoir devait si fatalement compromettre.

Le *Siècle* a aujourd'hui 25,000 abonnés.

La *Presse* parut sur le Sinaï de la publicité, au milieu des éclairs et du tonnerre; le vieux journalisme trembla sur sa base, un cri lugubre déchira l'espace; l'actionnaire du journal à 80 fr. venait d'être frappé au cœur.

Jusqu'à cette époque la publicité du journal avait été très-restreinte; si nous exceptons le *Constitutionnel*, qui atteignit, quelques jours après la révolution de Juillet, le chiffre fabuleux de 20,000 abonnés, un honnête journal pouvait vivre très-convenablement avec une modeste clientèle de 4 à 5,000 souscripteurs. Le journal était un objet de luxe, il ne s'adressait encore qu'à deux classes de la société : à la noblesse légitimiste par la *Gazette de France*, la *Quotidienne*, et à la bourgeoisie régnante par les *Débats*, le *Constitutionnel*, le *Courrier Français*, le *Temps* et même le *National*. Tous les organes qui, se faisant les porte-voix de la démocratie pure, voulaient percer les deux couches sociales dont nous venons de parler, arrivaient immédiatement au tuf de l'amortissement. Ainsi brillèrent et s'éteignirent presque aussitôt ces météores du radicalisme, qui s'appelaient la *Tribune*, le *Bon Sens*, le *Réformateur*, le *Journal du Peuple*. Le peuple ne pouvait prélever 80 francs sur son salaire annuel pour se constituer un organe; il était hors le journalisme. Le *Siècle* et la *Presse*, en réduisant de moitié le prix de la souscription, faisaient dans le monde politique une révolution plus radicale que la révolution de Juillet. La *Presse*, qui défendait à cette époque la dynastie d'Orléans, creusait à son insu le tombeau de cette dynastie; elle précipitait les événements qui éclatèrent en février 1848, comme un coup de foudre dans un ciel serein.

La *Presse* compte 17,000 souscripteurs.

Le *Constitutionnel* fut fondé vers les premiers jours de la Restauration, à cette étrange époque que l'on appelle encore aujourd'hui une époque de compression, où l'on se drapait théâtralement dans ses convictions comme dans un manteau de parade, où l'on faisait de l'opposition à propos de tout, où l'on conspirait à propos de rien, et où la manière de placer une boucle à son chapeau, de nouer sa cravate et de boutonner sa redingote, indiquait un parti et signalait un parti.

Ce journal honnête et patenté, cette respectable feuille de 1833, était alors dans toute la fougue de sa jeunesse, dans toute la verdeur de sa passion; elle avait l'allure vaillante, provocatrice et pourfendeuse, elle frappait sur la noblesse en soutenant qu'elle était bien morte, comme le Pulcinella de la comédie italienne, qui rosse le commissaire que vient de tuer le capitan. Elle ferraillait contre la congrégation, courait sus au jésuite, criait vive la Charte, et s'en allait bravement en cours d'assises.

1830 arriva. Ce fut là le point culminant de la fortune du *Constitutionnel*, qui comptait 23,000 abonnés à 80 francs par an. Une action de cette feuille était une fortune. Mais les destins et les lecteurs sont changeants, et rien ne vieillit un journal comme une révolution. Le patriarche libéral n'était déjà plus ce jeune et fringant organe des passions bouillonnantes de 1820. Il avait pris du ventre et de l'aplomb. Il était décoré. Électeur, éligible, il savourait les glaces citoyennes des Tuileries, et trouvait que tout était pour le mieux dans la meilleure des monarchies possibles. Cela alla assez bien pendant un an ou deux, lorsque le désabonnement, ce colossal désabonnement commença.

Plus tard, M. Véron releva ce journal par la publication du *Juif errant*, d'Eugène Sue. Le *Constitutionnel* compte en ce moment 23,000 souscripteurs. C'est ce journal qui a inventé les *horizons politiques*, les serpents de mer et les veaux à deux têtes.

L'*Assemblée nationale* est une fille de la révolution de Février. Elle naquit le 29 février, à six heures du matin.

Son succès fut très-grand dès les premiers jours. Toutes les feuilles de la résistance qui se trouvaient forcées d'accepter plus ou moins la république avaient des antécédents qui ne leur permettaient pas de prendre une attitude décidée. L'*Assemblée nationale*, hardie dans ses allures, sans précédents fâcheux, et ne reculant pas devant la critique des actes du nouveau gouvernement, à ce moment où tous les journalistes de la presse conservatrice avaient brisé leurs plumes, eut des tirages fabuleux de cinquante mille numéros.

Il n'y avait plus d'opposition, l'*Assemblée nationale* en créa une dans la presse, et l'opposition a tout jours réussi en France.

Un mois après son apparition, il y eut une sorte d'émeute à la porte des bureaux de ce journal; des délégués des clubs voulaient briser les presses de la feuille ennemie de la République. Le rédacteur en chef parla à ces hommes, leur fit comprendre qu'il était dans son droit en exprimant son opinion, et changea en quelques minutes les sentiments de cette foule, qui s'écoula sans se porter à des voies de fait.

Le chiffre des abonnés de l'*Assemblée nationale* est de 10,000. Elle soutient la politique fusionniste.

L'*Union*. Ce journal s'appelait *l'Union monarchique* avant 1848. La révolution l'a débarrassé de l'épithète. Avant d'être l'*Union monarchique*, cette feuille était la *Quotidienne*. La *Quotidienne* changea de titre le jour où elle absorba plusieurs journaux légitimistes qui lui faisaient concurrence, la *France* et l'*Écho français*. La *Quotidienne*, qui datait des premiers jours de la révolution, avait été supprimée au 18 brumaire, et avait reparu, en 1814, par les soins de Michaud, l'historien des *Croisades*, l'auteur du *Voyage en Orient* et de la *Biographie universelle*. Michaud a formé une école d'écrivains politiques, dont quelques-uns sont journalistes encore à l'heure qu'il est. De ce nombre sont MM. Laurentie, Capefigue, Malitourne, Poujoulat, et même M. le docteur Véron, qui écrivait à la *Quotidienne* vers 1826. Sous la Res-

CHAPITRE LXVIII. — LES JOURNAUX PARISIENS.

tauration, la *Quotidienne* fut toujours ministérielle. Depuis 1830, elle a fait de l'opposition. Elle représente les principes du droit divin pur. 4,000 abonnés.

Le *Pays*, journal de l'*Empire*, ne compte que quatre années d'existence. Il a 16,000 abonnés.

La *Patrie*, journal du soir, fut fondée en 1841. Malgré sa prétention semi-officielle, c'est plutôt une feuille de *faits divers* qu'une feuille politique. 16,000 abonnés.

L'*Univers* a été fondé en 1833. C'est un journal à a fois politique et religieux. 8,000 abonnés.

Il y a encore deux journaux reproducteurs, l'*Estafette* et le *Journal des Faits*; puis deux journaux judiciaires, la *Gazette des Tribunaux* et le *Droit*; puis un journal politique paraissant trois fois par semaine, le *Journal des Villes et des Campagnes*; puis, enfin, deux petits journaux quotidiens à gravures : le *Charivari* et le *Paris*.

En dehors de la presse politique, on compte parmi les recueils les plus célèbres et les plus justement estimés de la littérature, l'*Illustration*, qui a atteint le chiffre, exorbitant pour notre pays, de 20,000 abonnés, la *Revue des Deux-Mondes*, la *Revue de Paris*, la *Revue contemporaine*. On comprendra que nous devons nous arrêter dans une revue aussi sommaire. S'il nous fallait aller jusqu'au tuf du journalisme, nous arriverions, en passant par trois cents feuilles dont on soupçonne à peine l'existence, jusqu'au *Journal de MM. les Tailleurs*.

Le journalisme a son langage, ou, si l'on veut, son argot particulier. L'article politique placé en tête du journal s'appelle communément un *premier-Paris*. Il y a le *premier-Paris*, le *second-Paris*, le *troisième-Paris*, etc. L'*entrefilet* est un article de quelques lignes, placé entre deux filets d'imprimerie. Le *canard* est une nouvelle fausse, inventée pour distraire l'abonné dans les moments de disette. Le *canard* est surtout un oiseau d'été. Tout *canard* bien confectionné s'envole de Paris, s'élance vers la province, franchit la frontière, parcourt l'Europe dans tous les sens, et va battre des ailes jusque dans les journaux les plus invraisemblables de l'Amérique du Sud; il en est un, celui du Condor, enlevant un enfant à Marseille et le transportant à Naples, qui a joui d'une popularité presque aussi grande que celle de Napoléon. Le vrai *canard* n'est pas ce qu'un vain peuple pense, un simple fait écrit par le premier venu, avec un trognon de plume et dans un but d'innocent rem-

Un bureau de rédaction de journal.

plissage; c'est un petit roman, travaillé et émaillé de péripéties. Le prototype de cette littérature se trouve ordinairement dans les spirituelles colonnes des *faits divers*. Voulez-vous un exemple :

« Une découverte qui jette un jour lugubre sur un événement qui remonte à une vingtaine d'années, vient d'avoir lieu dans les environs de Paris. »

Ceci, c'est l'appel à l'attention, le *favete linguis*.

« Il y a vingt ans, le château de C. était en fête, M. le comte de M. venait d'épouser mademoiselle de B. (Si l'on ne donne que les initiales, c'est pour ne pas trop compromettre les personnages et le château.) Les familles les plus illustres de la contrée avaient été convoquées à cette solennité depuis longtemps attendue. (Quelle habileté dans cette exposition!) Après la bénédiction nuptiale, qui eut lieu dans la chapelle du château, quelqu'un proposa de jouer à cache-cache. (Que faire en effet un jour de noces?) Cette proposition fut acceptée avec enthousiasme par la bande joyeuse. La jeune mariée alla se cacher comme les autres; mais on eut beau la chercher dans tous les coins, *à vingt lieues à la ronde*, on ne la trouva pas, elle avait disparu. Cet événement donna lieu aux plus étranges suppositions; puis peu à peu le temps effaça ce triste souvenir.

« Or, il y a quelques jours, l'intendant du château (le *canard* et l'Opéra-Comique reconnaissent encore l'existence des intendants) découvrit, par hasard, un grand coffre relégué depuis bien longtemps dans le grenier, il en souleva machinalement le couvercle (*machinalement*). Qu'on juge de sa stupéfaction, lorsqu'il aperçut le cadavre de la jeune mariée encore revêtue de ses habits de noces. Le cadavre était *dans un parfait état de conservation*. Il est à croire que la pauvre enfant s'était blottie dans ce coffre, et qu'elle n'avait pu parvenir à en soulever le couvercle ! »

Le 2 décembre 1851 fit disparaître un assez grand nombre de journaux politiques. De ce nombre, le *National*, la *République*, l'*Ordre*, le *Messager de l'Assemblée*, l'*Événement*, le *Vote universel*; le journal le *Corsaire* a été supprimé l'année dernière par ordonnance du ministre de la police.

La législation actuelle de la presse est très-dure. Outre le cautionnement et le timbre qui frappent les administrations des journaux à la caisse, le gouvernement s'est réservé le droit de suspendre ou de supprimer tout journal qui lui paraît compromettant pour la tranquillité publique. Le ministre de la police donne des avertissements aux journaux qui s'écartent de la voie tracée par le pouvoir. Après deux avertissements, tout journal, s'il s'oublie étourdiment, est supprimé ou suspendu au moins pour deux mois. Une pareille suspension équivaut, comme on sait, à une suppression.

Chapitre LXIX.

LES SPECTACLES ET LES CONCERTS.

Le goût des Parisiens pour la musique. — Les exécutants artistiques. — La salle Bonne-Nouvelle. — Le bazar Bonne-Nouvelle. — Les galeries du café de France. — Les primes de librairie. — La salle Sainte-Cécile. — Les concerts du *Ménestrel*. — M. Ponchard, père *et fils*. — Le programme des concerts. — Salles Herz, Paganini, de la Fraternité. — La salle Montesquieu. — La savate. — Arpin, le terrible Savoyard. — Ses victoires. — Sa défaite. — La paume. — Le dernier jeu de paume à Paris. — Le Diorama et le Panorama. — M. Bouton et M. Daguerre. — L'invalide du Panorama. — Le cirque Napoléon. — Description de l'édifice. — Les escamoteurs. — Bosco. — Son adresse. — Quelques épisodes de sa vie. — Le dompteur Charles.

Paris aime la musique, si l'on en juge par toutes ces volées d'instrumentistes et de virtuoses de valeurs diverses qui arrivent à chaque printemps, comme autant de rossignols plus ou moins mélodieux. Ce qui se consomme de doubles et de triples croches, de *staccati*, de tours de force de bon et de mauvais aloi, non-seulement dans les trois grands théâtres consacrés plus spécialement au culte d'Euterpe et de Terpsichore, mais aussi sur les sept ou huit scènes secondaires à flonflons, à entr'actes, etc., dans les cafés-concerts, dans les salles particulières, dans les goguettes, etc., ce déluge de notes et de vocalises échappe aux statisticiens les plus infatigables.

Un grand nombre de salles, appartenant à des particuliers, sont louées aux artistes qui veulent donner en public un échantillon de leurs talents sur la vocale, ou bien sur un instrument quelconque. Nous ne redirons pas les misères de ces pauvres musiciens, lorsqu'ils veulent donner leurs séances : les démarches multipliées qui leur sont nécessaires, et le désappointement qui leur est trop souvent réservé lorsqu'ils viennent à régler le compte de la recette et de la dépense avec les propriétaires du local, les gagistes chargés des soins de la salle et les employés de tout étage dont ils ont besoin. La description des théâtres divers qui s'ouvrent à leurs accords n'offrirait pas non plus beaucoup d'intérêt; il en a été question déjà d'ailleurs dans le chapitre de la danse à Paris. Passons seulement en revue les plus importantes.

La salle Bonne-Nouvelle. — Sur le boulevard de ce

Spectacles concerts dans la salle Bonne-Nouvelle.

nom s'élève une vaste maison, presque un palais, construite dans un style architectural, qui n'a point de modèle classique, et qui mérite d'être imité. Le rez-de-chaussée de cette maison a servi tour à tour d'exposition d'objets d'art et de tableaux vivants, de salles de vente pour des produits de toute sorte, de théâtre pour les escamoteurs, etc. Au-dessus s'étendent les galeries du vaste café de France, avec ses colonnes de fer creux, ses plafonds de fonte, ses innombrables billards et son peuple bruyant de consommateurs. Pour le dire ici en passant, comme un trait de mœurs de notre époque, le propriétaire de cet établissement a imaginé un singulier moyen de relever la vogue de son café : il servait une prime en librairie par dessus le marché, pour chaque consommation dont le prix s'élève à un certain chiffre. C'est plus ingénieux et plus littéraire que le billard gratis, offert par quelques estaminets du pays latin, en sus de la demi-tasse ou de la chope de bière. Cette maison a servi, en outre, à abriter le Diorama de M. Bouton, qui fut victime d'un incendie, comme nous le verrons plus bas. Les vastes salles du bazar Bonne-Nouvelle servent de nid aux oiseaux voyageurs dont nous parlions en commençant cet article : mais rien de particulier. Même observation sur la salle Sainte-Cécile. Un grand journal de musique, le *Ménestrel*, en fait le théâtre d'un certain nombre de concerts qu'il offre à ses abonnés : le menu des concerts de Sainte-Cécile ne varie guère. En général, on y entend peu de ces grandes pièces de résistance, morceaux d'opéra, variations sur un thème hérissé de difficultés, symphonies, oratorios, que l'imitation allemande inflige aux amateurs : des chansonnettes sentimentales, pastorales, égrillardes ou légères, genre plus français, remplissent les trois quarts du programme. M. Ponchard, *père et fils*, y fait roucouler les gracieuses modulations de son filet de voix ; madame Gaveaux-Sabatier et d'autres jolies chanteuses exercent, sur les spectateurs, la double séduction d'une voix harmonieuse et d'un charmant visage. Puis vient la scène comique déclamée par M. Levassor, et, dans les grands jours, quelques tirades cornéliennes ou raciniennes sont récitées par la Melpomène du Théâtre-Français.

Les salles Herz, Paganini, etc., n'arrêteront pas notre attention. La salle de la Fraternité, rue Martel, fut ouverte, en 1848, à un orchestre et à des chanteurs qui *exécutaient* gratis, pour l'instruction du peuple. Cette suite des représentations démocratiques des grands et des petits théâtres n'a pas obtenu beaucoup de succès.

Indépendamment de son utilité musicale et chorégraphique, la salle Montesquieu a l'honneur de succéder aux anciennes splendeurs d'Olympie et des jeux isthmiques. Sous la direction de M. Leboucher, professeur de boxe française, plus connue sous le nom de *savate*, des exercices de force et d'adresse, avec des athlètes de profession et des athlètes amateurs pour sujets, des clowns et des flonflons pour intermèdes, la lutte, le bâton, le pugilat y tiennent leurs assises.

Ces exercices violents, et qui n'ont plus qu'une utilité gymnastique, ne rencontrent de nos jours qu'un petit nombre d'admirateurs. Il faut en excepter pourtant la *savate*, cette escrime naturelle de création nationale, qui jouit d'une réputation presque égale à l'escrime et à l'équitation. Les Anglais avaient la boxe, résurrection du ceste et du pugilat antiques, dans lesquels on ne se sert que d'une partie des armes offensives et défensives dont le ciel nous a pourvus. Le génie d'un Français a su utiliser les jambes et le corps entier, non plus seulement comme une protection, mais comme un puissant moyen d'attaque. Nous avons vu des boxeurs à la française, dressés par d'habiles maîtres, se livrer sur l'arène Montesquieu à des évolutions d'une agilité surprenante, à des manœuvres d'une vigueur et d'une étrangeté qui surprendraient les Milon de Crotone et d'outre-Manche. La lutte, elle aussi, attire quelques bravos, plus ou moins mérités. Un jour, entre autres, la curiosité publique fut vivement excitée ; il ne s'agissait plus de lutteurs vulgaires, feignant *de se tomber* réciproquement, et se livrant à un combat dont les péripéties avaient été réglées d'avance ; Arpin, le vainqueur des vainqueurs, avait trouvé un rival.

Cet Arpin s'était emparé en dominateur du grand théâtre de la lutte ; il avait couché sur le dos tous les alcides du Nord et du Midi, de l'Est et de l'Ouest, ceux qui étaient venus des régions de la Germanie, ceux qui étaient descendus des montagnes pyrénéen-

Concert populaire donné dans la salle de la Fraternité, rue Martel.

nes, ceux de Belgique et ceux d'Angleterre, les hercules de l'Algérie et de la banlieue ; Arpin les avait tous forcés à demander merci. Plus généreux ou plus insouciant que l'ingénieux chevalier de la Manche, Arpin ne le contraignait pas d'aller proclamer, aux pieds d'une Dulcinée quelconque, sa victoire et leur défaite ; mais il avait répandu une si grande terreur autour de son nom, qu'il avait fini par ne plus trouver un seul mortel qui osât se mesurer avec lui. Il en était arrivé à ce point de confiance et d'enivrement qu'il offrait deux cents francs, en guise de couronne, à quiconque parviendrait à l'arracher de son piédestal.

Un jour, la renommée apporta jusqu'à la Palud, petit village provençal, les exploits du terrible Arpin. En ce temps-là florissait à la Palud un jeune meunier célèbre dans toute la contrée par son habileté à jeter ses camarades sur les reins. Toutes les fois que Marseille (c'est le nom du meunier) rencontrait un ami, il ne manquait jamais de le prendre corps à corps et de le coucher dans la poussière. De là le surnom d'*infatigable lutteur*, qui fut conféré d'une voix unanime au jeune meunier de la Palud.

Cependant Marseille ne pouvait se contenter de son auréole départementale ; les lauriers d'Arpin l'empêchaient de dormir. Lutteur ambitieux, il voulait détrôner cette réputation jusque-là inébranlable. Un beau matin donc, tourmenté par ses rêves de victoire, il prit son bâton et se mit en route pour Paris, sans même jeter un dernier regard sur son âne, sur son moulin et sur les jolies filles de la Palud. Tous les grands hommes sont ainsi : ils quittent la vie calme et abritée pour aller au-devant de la mystérieuse étoile qui brille pour eux seuls à travers les brumes de l'horizon.

Aussitôt qu'Arpin sut qu'un rival était arrivé de la Provence, il se hâta de faire savoir au jeune présomptueux qu'il tenait deux cents francs à sa disposition, s'il était vainqueur ; mais Marseille, repoussant l'offre d'Arpin, lui répondit qu'il donnerait cinq cents francs à lui ou à tout autre qui parviendrait à le renverser. Étonnement et sourire de pitié d'Arpin, lequel déclara à ses adhérents qu'au bout de cinq minutes de lutte il serait l'heureux possesseur des vingt-cinq louis.

On fixa un jour, et grand bruit dans le *high life* de la boxe, comme vous pensez. Tous les amis de la lutte, tous les membres du *Jockey-Club*, tous les beaux jeunes gens qui se résignent à voir combattre des hommes contre des animaux, s'étaient réunis dans la salle Montesquieu. Des paris étaient engagés ; ceux-ci tenaient pour la Savoie, ceux-là pour la Provence. A dix heures précises, après quelques exercices préliminaires, Arpin paraît dans l'arène, le regard fier et la tête haute; des milliers de bravos accueillent le lutteur. Arpin est un colosse: des bras vigoureux, solidement attachés à des épaules carrées, un torse d'Hercule, des jambes d'éléphant. — Marseille paraît à son tour; c'est un jeune homme mince, nerveux, et qui semble fluet auprès de son colossal adversaire. — Le gladiateur et l'Hercule Farnèse. — Tout est prêt; les deux rivaux se donnent la main, et le combat s'engage. Arpin saisit Marseille et le presse entre ses bras puissants; mais celui-ci glisse comme une anguille, et se précipite sur Arpin, étonné de voir Marseille respirant encore. Ils s'attaquent, s'enlacent, se tordent, se baissent, se relèvent; des gouttes de sueur ruissellent sur le corps nu d'Arpin, tandis que le torse et les bras de Marseille semblent froids à l'œil comme la peau d'un serpent. Toutes les poitrines battent, comme naguère encore la roue du moulin de Marseille. Il y a trente-cinq minutes qu'ils sont aux prises, et la victoire n'est pas encore décidée. Qui l'emportera, du Savoyard ou du Provençal? Tout à coup un hourra immense retentit dans l'assemblée; l'un des deux adversaires a roulé dans la poussière: c'est le vainqueur des vainqueurs, c'est Arpin.

Ah! si vous l'aviez vu, ce victorieux des anciens jôhrs, se relevant au milieu des bravos prodigués à son rival. Tous ceux qui l'avaient applaudi jusque-là, portant Marseille en triomphe, semblaient se venger, dans la victoire du nouveau venu, des anciennes victoires du grand vaincu. — Un spectacle d'une haute philosophie pour les puissants de la terre. — Eux aussi, ils se voient un jour dédaignés par cette foule capricieuse qui, la veille, jetait des fleurs sur leur chemin. Et nunc erudimini.

Passons à un autre ordre de divertissements. Autrefois le jeu de paume était un des plus répandus: il n'en reste plus qu'un à Paris.

Beaucoup de nos rois et de nos hommes d'État ont joué et très-bien joué à la paume; et ce qui prouve que le goût de cet exercice n'annonce pas un esprit frivole, c'est que nos plus grands rois étaient précisément ceux qui y avaient le plus de dispositions: Henri IV en première ligne, et, après lui, Louis XIV et François Ier. Enclin comme il l'était à l'obésité, Louis XVI n'aurait-il pas mieux fait de prendre pour distraction la paume que la serrurerie? Nos hommes d'État d'hier et d'aujourd'hui sont, je veux le croire, des hommes

Des lutteurs de la salle Montesquieu, Arpin le Terrible Savoyard, et Marseille.

Le dernier jeu de paume, à Paris.

très-graves, et leur nom occupera dans l'histoire une place éminente. Mais ils seraient encore plus adroits à la paume qu'ils ne le sont en politique, que cela ne nuirait en rien à l'opinion qu'aura d'eux la postérité. L'exemple de gens tels que Sully, Bassompierre, d'O, Biron, Grammont, Condé, Turenne, peut les rassurer. Le revers de M. de Nemours a passé en proverbe, et son adresse d'arrière-main ne l'a pas déshonoré. Si Charles X a été renvoyé en 1830

CHAPITRE LXIX. — LES SPECTACLES ET LES CONCERTS.

au pays des émigrés, c'a été pour ses ordonnances, et non parce qu'étant comte d'Artois il prenait très-bien la balle de volée à la descente du toit.

Dans son *Histoire de Paris*, Dulaure a donné de la paume une définition que nous ne saurions admettre. « C'est, dit-il, un jeu qui intéresse l'amour-propre et exerce le corps sans exercer le jugement. » Dulaure a parlé de ce qu'il ne connaissait pas. Il a vu des hommes qui se renvoyaient des balles à coups de raquette, et il a cru que le cerveau n'y était pour rien. Oui, sans doute, la paume intéresse au plus haut degré l'amour-propre; car, comme aux échecs, ce n'est pas seulement l'intelligence, c'est le corps, c'est la personne tout entière qui est de la partie; oui, sans doute, la paume, supérieure en cela aux échecs, qui vous laissent la tête chaude et les pieds froids, supérieure à la promenade, ce premier des plaisirs insipides, et à la chasse, ce plaisir féroce, qui n'exercent que les jambes, la paume exerce au plus haut degré le corps, et, en forçant aussi les bras d'agir, rétablit l'équilibre si indispensable à la santé. Mais, n'en déplaise à Dulaure, outre qu'elle donne de la justesse au coup d'œil et de l'adresse à la main, elle exerce le jugement; elle exige de la mémoire, du calcul, de la finesse, de la ruse même; elle exige du sang-froid, de la présence d'esprit, de l'opiniâtreté; en un mot, elle demande presque autant à l'intelligence et au caractère qu'elle demande au corps, et cela avec tout le mérite qu'y peut ajouter la nécessité de l'improvisation.

Le seul reproche qu'on pourrait adresser à ces jeux savants, c'est que de tout ce travail de l'esprit et du corps, il ne reste rien. Mais encore n'est-ce rien que de pouvoir se distraire à volonté, pendant quelques heures, des soucis acharnés dont le sommeil lui-même ne sait pas toujours préserver? N'est-ce rien (et ici je ne parle plus que de la paume), n'est-ce rien que de faire circuler son sang et ses humeurs, de gagner de l'appétit, de se procurer de bonnes digestions, d'éviter tous les maux qu'engendre une vie trop sédentaire, et d'éviter en même temps tous ces remèdes, d'une efficacité douteuse, qui sont à eux seuls des maladies très-certaines? Mais ne tenons pas compte de ces résultats très-réels, et admettons que, le plaisir pris, il n'en reste rien. Que reste-t-il, s'il vous plaît, de cette symphonie que vous venez d'entendre?

Autrefois Paris était couvert de jeux de paume; le mieux entendu se trouvait rue de la Perle, au Marais; comme la plupart des autres, il renfermait des billards et différents autres moyens d'amusement. Il y

Vue intérieure de l'ancien Diorama, au moment de l'exposition du tableau représentant l'église de Saint-Paul-hors-les-Murs, après un incendie.

en avait rue d'Orléans, rue Cassette, au coin de la rue Honoré-Chevalier; rue Michel le Comte; Vieille rue du Temple; rue des Fossés Saint-Germain; rue des Francs-Bourgeois, près la place Saint-Michel; rue des Écouffes; rue Bourg-l'Abbé; rue Beaurepaire; rue Verdelet; rue Beaubourg; rue de Grenelle Saint-Honoré; rue Saint-Hyacinthe; rue Vendôme; il y en avait trois place de l'Estrapade et cinq rue Mazarine. Tous ces jeux de paume ont disparu tour à tour; l'église, le théâtre, l'industrie en ont fait leur proie.

Diorama. — Intérieur de l'église Saint-Marc, à Venise, effet de nuit.

A la place de celui de la rue d'Orléans, fut bâti, en 1622, un couvent de capucins, remplacé aujourd'hui à son tour par l'église paroissiale de Saint-François-d'Assise. Le jeu de la rue Michel-Lecomte, dit de la Fontaine, fut occupé par une troupe de bouffons que dirigeait un nommé Avenet. Celui de la Vieille rue du Temple le fut par les comédiens italiens, et prit le nom de Théâtre du Marais; celui de la rue des Fossés-Saint-Germain, connu sous le nom de jeu de l'Étoile, fut, en 1688, converti en salle de spectacle par les comédiens français. L'un des cinq de la rue Mazarine servit, en 1673, après la mort de Molière, d'asile aux acteurs de sa troupe. L'imprimerie Rignoux s'est installée dans le très-ancien jeu de la rue des Francs-Bourgeois, qui, sous Louis XVI, s'appelait le jeu de Paume de Monsieur; enfin, on a transformé en passage celui de la rue de Vendôme, le dernier né et le dernier mort de tous, que le comte d'Artois avait fait construire, de dépit d'avoir excité un jour le rire de la galerie au jeu public de la rue Mazarine. Aujourd'hui, la paume n'a plus à Paris qu'un dernier refuge, grâce à M. Mosselman, le jeu du passage Sandrié.

Ce dernier survivant ne se peuple que d'un assez petit nombre d'amateurs : la paume exige une adresse, une dextérité, une vigueur, devenues rares, et le prix élevé des leçons empêche qu'il ne se forme beaucoup de nouveaux élèves. La salle du passage Sandrié ne mérite de figurer ici qu'à titre de souvenir d'une grandeur déchue.

Le Diorama et le Panorama sont deux exhibitions permanentes de peinture qui obtiennent du succès auprès des curieux depuis longues années déjà. Cette partie de l'art du décorateur, qui consiste à donner de la transparence à la peinture et d'obtenir, au moyen de lumières habilement disposées, une imitation saisissante de la nature, n'a été poussée à une certaine perfection qu'à une époque peu éloignée. M. Daguerre, avant de s'immortaliser comme l'un des inventeurs de la photographie, avait acquis déjà une grande renommée par ses dioramas : ce genre avait été cultivé aussi par M. Bouton, que ses malheurs ont rendu célèbre.

M. Bouton avait établi primitivement son Diorama dans une salle construite *ad hoc* rue de la Douane : l'incendie le délogea de cet asile, et il vint tendre ses châssis dans la salle Bonne-Nouvelle. On se souvient encore de la sensation produite par ses vues d'églises et de paysages à demi éclairés dans une pénombre mystérieuse, puis tout à coup brillants de lumières : si, de nos jours, cette prestidigitation picturale a été poussée à un haut degré, et s'il est bien des magiciens de société l'employant pour jeter quelque variété dans leurs représentations, bien peu sont en état de rivaliser avec le mérite de dessinateur, de peintre et de coloriste qui distinguait M. Bouton. Le feu s'est encore opposé au cours de ses succès : un incendie immense a dévoré la salle où l'on montrait l'église Saint-Paul, et le diorama a transporté sa résidence définitive aux Champs-Élysées. C'est dans une petite maison de forme circulaire que nous avons vu, pendant longtemps et entre autres sujets, le tableau des funérailles de l'archevêque de Paris. Mais aujourd'hui le Panorama, avec son nom plus pompeux et ses effets gigantesques, a presque détrôné son devancier.

Nous avons vu tour à tour, en Panorama, le combat naval de Navarin, la bataille d'Eylau et la bataille des Pyramides.

On ne saurait se figurer jusqu'à quel point ce spectacle fait illusion. Le curieux se trouve sur une plate-forme centrale, obscure, au milieu même de la scène : autour de lui s'étend, à perte de vue, la mer, le champ de bataille blanchi par la neige et couvert de morts, les sables du désert, ou tout autre horizon approprié au sujet. La disposition circulaire de la peinture, et la nature du jour, qui arrive par le sommet, d'une manière égale et sans qu'on puisse discerner ses issues, ajoutent à la ressemblance du tableau avec la réalité. Il est impossible de se rendre compte des véritables limites de la salle où l'on se trouve : sur l'espace qui entoure le lieu où est situé le spectateur, on a imité les accidents du terrain qui se trouvent peints sur la toile : ici un monceau de poudre blanche tachée de rouge, là un caisson brisé, plus loin une palissade qui se continue en peinture, après avoir commencé par une palissade réelle.

Le seul accessoire qui dissipe l'illusion, c'est l'invalide chargé de donner des détails explicatifs sur les événements que représente le Panorama.

Cet homme est d'ordinaire emprunté à l'estimable, mais soporifique espèce des ciceroni presque officiels : il sait son rôle par cœur, de manière à mériter un prix de mémoire, et il le débite sans ânonner, il est vrai, mais avec une lenteur et une monotonie insupportables. Le livret, qu'il apprend mot à mot, a été rédigé, selon toute apparence, par quelque littérateur de l'école d'Arlincourt : il se compose d'une enfilade de phrases gonflées, vides et sonores, pleines de prétentions non moins que d'inversions ; et quand on les entend réciter avec le calme et l'uniformité d'une pluie d'épithètes et de métaphores tombant goutte à goutte, on est en droit de se demander quel est ce mauvais livre à la lecture duquel vous êtes condamné.

Pendant que nous écrivions ce second volume du *Tableau de Paris*, il s'est formé un nouveau cirque, lequel n'a pas pu, naturellement, trouver sa place avec ses prédécesseurs. Nous réparons cette omission involontaire en plaçant ici l'historique et la description du *cirque* Napoléon, comme nous l'avons déjà fait pour le musée des Souverains.

A proximité du boulevard du Temple, entre l'ancienne *Galiote* et la chaussée de Ménilmontant, existait encore il y a quelques années un vaste chantier, dit chantier du *Grenadier*, et plus anciennement du *Réservoir*. En 1737, l'édilité parisienne, ayant acquis ce terrain, y fit construire un réservoir destiné à réunir les eaux de Belleville que l'on distribuait dans la capitale. C'est précisément sur l'emplacement de ce réservoir, abandonné et détruit peu de temps après sa fondation, que s'élève aujourd'hui le Cirque Napoléon, vaste bâtiment qui occupe une superficie de trois mille mètres et plus, et dont les constructions, commencées au mois d'avril 1852, étaient entièrement terminées et ouvertes au public en décembre.

L'édifice, que l'on doit au rare talent de M. Hittorf, est construit sur un plan de forme polygonale à vingt pans. Sa disposition architecturale offre un soubassement orné de refends, qui, à chaque angle des pans coupés, s'avance en piédestal. Entre les piédestaux s'ouvrent, sur la façade principale, une grande entrée destinée aux premières places, et sur les parties latérales deux autres entrées pour les places inférieures.

Les autres pans coupés du polygone, dans sa partie inférieure, sont percés de croisées entourées de chambranles, tandis qu'au-dessus du soubassement et sur les piédestaux angulaires, s'élèvent des colonnes cannelées, d'ordre corinthien, surmontées de l'entablement d'une rare magnificence. Indépendamment de l'heureuse harmonie de ses grandes divisions, composées de l'architrave, de la frise, de la corniche, cet entablement se distingue par l'ingénieux motif des sculptures qui décorent la frise. — La composition de ces sculptures rappelle poétiquement que Neptune créa le cheval, et que Minerve perfectionna son intelligence.

Entre les colonnes, à partir de la corniche qui couronne le soubassement, les faces des pans coupés sont ornées de tables dont les proportions variées offrent alternativement l'aspect d'assises de pierre et de dalles régulièrement divisées. C'est sur le bandeau qui termine les tables que se déroulent les bas-reliefs formant ainsi au monument la ceinture la plus splendide. Au-dessus de cette broderie de pierre, des pilastres aux chapiteaux composites divisent chaque face en deux parties, percées d'autant d'ouvertures richement encadrées.

L'ensemble des bas-reliefs est une œuvre de statuaire qui mérite d'être admirée à plus d'un titre, et l'on a pu dire sans complaisance, des beautés de cette frise, qu'elles soutiendraient sans trop de désavantage une comparaison avec certaines productions renommées de l'art grec. Ce magnifique travail est l'œuvre de MM. Duret et Bosio, Guillaume et Lequesne, Husson et Dantan aîné.

N'allons pas oublier les deux groupes équestres élevés à l'entrée principale, sur d'énormes piédestaux, et qui contribuent heureusement à l'effet général de l'édifice. Le beau coursier et l'amazone armée de la hache sont de Pradier. La mort ne lui a pas permis d'exécuter l'autre groupe (cheval monté par un guerrier qui se dispose à lancer le javelot), qui est l'œuvre collective du talent si élevé de MM. Duret et Bosio.

Avons-nous dit que le comble du monument est terminé, à son sommet, par une immense lanterne percée de croisées à vitraux de couleur? C'est de là que jaillit chaque soir une brillante flamme de gaz, qui annonce au loin l'ouverture des jeux du *Cirque Napoléon*.

Les escamoteurs et les bêtes féroces tiennent aussi une grande place parmi les divertissements parisiens. Déjà nous avons accordé un souvenir à Robert Houdin et à ses exercices aussi adroits qu'ingénieux ; ce serait une injustice d'oublier Bosco. Non moins que son rival français, Bosco a su conquérir une réputation européenne ; la singularité de son costume et l'étrangeté de son langage, mélangé de trois ou quatre idiomes, qu'il revêt tant bien que mal de désinences françaises, ont contribué à ses succès non moins que son talent. Il se montre surtout supérieur pour les exercices de cartes et de muscades, qui exigent une grande souplesse de mains : on peut aussi faire remarquer, dans son répertoire, le tour du serin. Cet intéressant volatile, après avoir servi à charger, en guise de balle, un énorme tromblon, reparaît vivant au bout du sabre que brandit l'opérateur, dans le moment même où un curieux fait détonner la terrible arme à feu.

Bosco, ce Nestor de l'art, qui, après dix-huit ans d'absence employés à parcourir tous les grands États de l'Europe et une partie de l'Orient, vient de faire à Paris une triomphante rentrée, est né, dit-il, en Pié-

Vue extérieure du cirque Napoléon, boulevard des Filles-du-Calvaire.

CHAPITRE LXIX. — LES SPECTACLES ET LES CONCERTS.

mont, en 1793, ce que semblerait attester de prime-abord et sa chevelure un peu grisonnante et son accent italien; mais des gens qu'on dit bien informés prétendent qu'il a toujours vécu sous divers noms célèbres et qu'il change seulement de forme, pour varier ses prestiges et ses plaisirs, tous les soixante-dix ou quinze ans. Quoi qu'il en soit, le Bosco *actuel* vit le jour à Turin, et, dès ses jeunes années, manifesta le génie inné, d'autres disent préexistant, qu'il a si bien développé dans sa merveilleuse et déjà longue carrière. Nouveau Tantale, tout ce qu'il effleurait du bout du doigt s'évaporait subitement. Sa famille, sur ces étonnantes dispositions, le destinait à suivre la carrière des armes en qualité de maître d'escrime; et, en effet, dès ce temps-là, je crois qu'il ferait encore malgré ses cinquante-huit ans sonnés, son homme, les yeux fermés, juste à la place du cœur ou à tout autre point marqué d'avance. Son étoile en avait décidé autrement. Il fut escamoté par Bellone, lui qui en eût remonté à Mercure, et l'on n'apprendra pas sans intérêt que ce digne et excellent artiste a courageusement servi notre pays sous les aigles impériales.

Dans un engagement contre un parti de Cosaques, Bosco, fusilier au 13e de ligne, reçoit un coup de lance dans le flanc. Il fait le mort: l'enfant du Don, qui venait de l'accommoder de cette sorte, vient sur lui et le dépouille de son argent et de sa montre. Bosco n'a garde de souffler; mais, songeant qu'il va se trouver sans le sou, position par tous pays peu agréable, il explore délicatement, pendant que son Cosaque le détrousse, les poches de son ennemi et lui prend de quoi rétablir la balance.

Ramassé parmi les blessés et tombé au pouvoir des Russes, il fut conduit en Sibérie, où il séjourna dix-huit mois, et interné, lui cinq centième, dans une petite ville située à peu de distance de Tobolsk. Là, Bosco déclare gravement qu'il est prestidigitateur, et que, si on veut lui fournir de quoi échanger ses haillons contre des vêtements décents, il se fait fort de divertir le gouverneur et toute la haute société de la ville. La proposition est acceptée avec empressement; Bosco donne sa grande représentation devant

M. Charles, dompteur d'animaux, dans la cage du tigre royal.

le gouverneur et obtient un succès fou. C'est à qui l'aura désormais. Il est choyé, fêté, accueilli et payé. De ses honoraires, il soutient généreusement ses camarades, et ne s'en trouve pas moins possesseur d'une somme de dix ou douze mille roubles au moment de quitter la Sibérie, lors de l'échange des prisonniers français et russes qui eut lieu en avril 1814.

Dès lors, sa destinée est décidée. Rentré dans la vie civile et privée, il se met à courir, armé de sa baguette magique, toutes les capitales de l'Europe, et dans toutes recueille depuis les témoignages et les tributs non équivoques de la sympathique curiosité des peuples et des rois eux-mêmes qui l'applaudissent, le complimentent en le comblant de présents, et se laissent dérider par lui comme les plus simples des mortels.

L'innocente sorcellerie de Bosco, de Robert Houdin, de Philippe et consorts, se trouve fort à sa place dans notre siècle; aujourd'hui que les magiciens se font voir, aux grands applaudissements du public, pour 2 ou 3 francs d'entrée, ils peuvent sans crainte se perfectionner dans leur art, et ne redoutent plus a terrible accusation de pacte diabolique. Aussi ne laissent-ils plus rien à désirer comme adresse, dextérité et éloquence.

Terminons par le roi des animaux, le lion, captif dans la cage de fer des ménageries ambulantes, en compagnie de ses dompteurs, et de ses sujets également prisonniers. Le Jardin des plantes ne suffit pas à l'amour effréné que les Parisiens témoignent de tout temps aux bêtes fauves; ils veulent voir des éléphants savants, des lions apprivoisés, des tigres dépouillés de leur férocité native; ils se plaisent à voir braver les dangers de la vie sauvage par un homme qui risque sa vie pour les divertir. Les jeux de gladiateurs pourraient obtenir un succès réel auprès de ces gens qui sont néanmoins de bons et paisibles citoyens.

Aussi les badauds de Paris contemplent avec admiration M. Charles, qui se couche sur un oreiller formé de panthères et de jeunes lions, qui joue avec les hyènes et les onces. Les accidents sont bien rares et presque impossibles; c'est un avis qu'il est bon de donner aux amateurs désireux de voir le cornac un peu dévoré par sa bête. Un de ces derniers disait qu'il aimait mieux donner sa tête à un tigre qu'il avait élevé que sa main à un chien qu'il ne connaissait pas.

Scène de prestidigitation, par Bosco.

Chapitre LXX.

LE MONT-DE-PIÉTÉ.

État des monts-de-piété en France. — Signification du mot *mont-de-piété*. — Le premier mont-de-piété. — Création du mont-de-piété de Paris. — Établissement des commissionnaires. — Moyen employé par le mont-de-piété pour se procurer les capitaux dont il a besoin. — Services rendus par le mont-de-piété de 1780 à 1789. — Le taux des prêts faits par le mont-de-piété en 1803. — Réorganisation du mont-de-piété en 1805. — Actions du mont-de-piété. — Organisation du mont-de-piété actuel. — Ses opérations. — Les conditions de dépôt. — Le taux d'intérêt. — Moyenne annuelle des bénéfices réalisés par le mont-de-piété de 1831 à 1850. — Les succursales du mont-de-piété. — Les commissionnaires. — Leurs duplicatums. — Leurs cautionnements. — Sources du fonds de roulement du mont-de-piété. — Son capital. — La confiance qu'il inspire. — Diminution des engagements, coïncidant avec l'accroissement de la misère publique.

Les monts-de-piété, dans leur constitution actuelle en France, sont à la fois considérés comme des banques de prêts sur nantissement et des institutions de bienfaisance. Nous examinerons plus loin jusqu'à quel point elles méritent ce dernier titre.

Le mot *mont*, dit M. Blaise, paraît avoir été pris dans le sens de masse, d'agrégation, parce que leur capital se compose d'une réunion de valeurs diverses. En italien effectivement *monte* ne signifie pas seulement montagne, mais aussi amas, tas, accumulation.

Les premières fondations avaient été provoquées par des prédications religieuses, et leur capital, formé d'aumônes et de souscriptions volontaires, permettait de prêter gratuitement au-dessous d'une certaine somme, et à un très-faible intérêt au delà; aussi a-t-on voulu caractériser cette destination charitable et calmer les scrupules religieux sur l'orthodoxie du prêt à intérêt, en complétant la désignation de ces banques par les mots *di pietà*, qualification qui est devenue un *non-sens* pour la plupart des établissements ainsi appelés aujourd'hui.

C'est à l'Italie que l'on est redevable de cette utile institution. Le premier établissement sur lequel on possède des renseignements fut créé vers le milieu du quinzième siècle, à Pérouse, pour soustraire les emprunteurs à l'usure des juifs, qui prenaient jusqu'à 70 et 80 pour 100 d'intérêt. Bientôt après il en fut organisé à Savone vers 1479, à Césène vers 1488 et dans d'autres villes d'Italie, d'où ces banques se répandirent, au commencement du siècle suivant, dans les Flandres, l'Artois, la Franche-Comté et le comtat Venaissin.

Lorsque Louis XIV réunit à la France les trois premières de ces provinces, il y trouva les monts-de-piété en activité. Il paraît avoir régularisé leur existence, et l'on avait déjà essayé, sous sa minorité, en 1643, d'en établir à Paris avec mission de prêter gratuitement aux pauvres jusqu'à concurrence d'un écu, et de fournir des fonds au commerce au taux de 15 pour 100. Le projet, conçu probablement par le cardinal Mazarin à l'imitation de ce qu'il avait vu en Italie, ne fut pas réalisé; et, à l'exception de cinq à six villes du midi, dont les banques de prêt avaient au dix-septième siècle, le reste de la France était resté étranger à cette institution jusqu'à la fin du règne de Louis XV.

C'est seulement en 1777, sous le ministère de Necker, que des lettres patentes de Louis XVI, motivées sur les désordres et les abus scandaleux qui existaient dans le prêt sur gages, créèrent le mont-de-piété de Paris.

Cet établissement fut placé sous l'autorité supérieure du lieutenant général de police, assisté de quatre, et plus tard de six des administrateurs de l'hôpital général. Un directeur était chargé de la suite et de la surveillance du service. La comptabilité était soumise au parlement, dont l'homologation devait légaliser les règlements faits par le conseil d'administration, et qui jugeait en appel les contestations relatives au mont-de-piété, déférées en première instance au lieutenant général de police.

Cette banque avait la facilité d'établir dans divers quartiers de Paris des commissionnaires correspondant avec la maison centrale, mais ne pouvant avancer au delà de 50 livres.

Le taux de l'intérêt put être élevé, tous frais compris, sauf ceux de prisée, jusqu'à 10 p. 100 de la somme prêtée, tandis que le taux général de l'intérêt fixé par l'édit de 1770 était de 5 p. 100; de plus, le mois commencé était payé en entier. Ces conditions étaient encore bien douces, comparées à celles qu'imposaient les prêteurs sur gages, dont les plus modérés prenaient 10 p. 100 sur le premier mois.

Les bénéfices réalisés furent attribués à l'hôpital général.

Un arrêt du parlement de Paris, du 10 août 1779, compléta le privilège accordé au mont-de-piété en interdisant le prêt sur gages à toute personne non autorisée par lui, à peine de 3,000 livres d'amende. Enfin, en 1780, un règlement détermina le nombre et la position des commissionnaires, au nombre de vingt pour Paris, quatre pour Versailles, trois pour Saint-Germain et un pour chacune des villes de Fontainebleau, Compiègne et Saint-Denis. L'établissement de Paris, comme on le voit, avait été autorisé à étendre son action dans un rayon assez étendu.

Après avoir constitué cette banque, il fallait lui procurer les moyens de fonctionner, c'est-à-dire l'argent nécessaire aux prêts à effectuer. Les fonds que l'hôpital général put mettre à sa disposition étaient peu considérables. Les cautionnements des employés, versés dans la caisse, ne fournissaient qu'un supplément insignifiant. L'ensemble de ces deux ressources ne dépassait guère 2 millions, tandis que le fonds de roulement nécessaire à la satisfaction des besoins constatés était évalué à 10. Un emprunt de 4 millions 5 p. 100, hypothéqué sur les revenus et droits des hospices, avait été autorisé au mois d'août 1778; mais il ne put être rempli, les capitalistes préférant les placements sur l'État, qui offraient plus d'avantages. On se décida alors à recourir à des emprunts, à terme, à 6 p. 100, sur simples billets ou reconnaissances du directeur général, garantis par les propriétés des hospices; emprunts déclarés exempts de toute imposition au profit de l'État, par lettres patentes du 25 mars 1779.

Cet expédient permit au mont-de-piété de donner à ses opérations le développement qui seul constituait son utilité. C'est le moyen encore employé aujourd'hui pour lui procurer les capitaux dont il a besoin. Mais cette nécessité d'emprunter lui-même, à des conditions quelquefois onéreuses, l'argent qu'il prête ensuite, est une des causes qui ne permettent pas d'abaisser autant qu'il serait désirable la rémunération assez élevée que cet établissement est obligé de prélever sur ses emprunteurs.

Quoi qu'il en soit, de 1780 à 1789 cette banque rendit de véritables services au public, tout en réalisant pour le compte des hospices des profits assez considérables. La moyenne des sommes empruntées par billets pendant chacune de ces cinq dernières années de cette période de prospérité, au taux de 5, 4 1/2 et même 4 p. 100, fut de 15,320,000 f., et, au 31 décembre 1789, son encaisse s'élevait encore à 2,293,627 f. Les bénéfices annuellement versés à la caisse de l'hôpital général étaient, en moyenne, de 240,000 fr.

C'est alors que fut construit, au Marais, le vaste édifice où siègent l'administration et le bureau central, et dans lequel se trouvent les vastes magasins, parfaitement appropriés à leur destination, où viennent se concentrer les objets mobiliers formant le gage des prêts effectués dans les bureaux auxiliaires et par les commissionnaires.

A partir de 1790, les ressources et par conséquent les opérations de cette banque diminuèrent progressivement chaque année. Les sommes qui leur étaient confiées sur simples reconnaissances, déjà réduites au chiffre de 6,251,822 fr. pendant le cours de 1791, tombèrent en 1792 à 4,306,137 fr., et, au 31 décembre de cette année, il n'y avait plus en caisse appartenant aux prêteurs que 3,477,247 fr., qui, avec le fonds de constitution de 1,670,439 fr. et le montant des cautionnements fournis par les employés de 406,900 fr., réduisaient le fonds de roulement à 5,554,586 fr. Les remboursements, pendant ces deux années, s'étaient élevés à 10,889,858 fr. pour la première, et à 6,556,038 fr. pour la seconde. Par suite de cette progression dans les retraits, la caisse ne tarda pas à être réduite aux 2 millions de son fonds de constitution et des cautionnements.

D'un autre côté, l'administration de l'hôpital général avait été désorganisée, et ses ressources, loin de lui permettre de venir au secours du mont-de-piété, étaient insuffisantes pour ses propres besoins. La dépréciation toujours croissante des assignats, en jetant une cause de perturbation continuelle dans les rapports des valeurs, bouleversait d'ailleurs tous les calculs, détruisait toutes les garanties sur lesquelles reposait la solidité de cette banque. Enfin, une loi de 1793 ayant déclaré l'argent marchandise, et fait disparaître ainsi les derniers obstacles que la pénalité opposait aux envahissements de l'usure, les maisons de prêt sur gages se multiplièrent dans une effrayante proportion : elles prenaient ouvertement l'argent des capitalistes à 5 et 6 p. 100 par mois, et faisaient, à leur tour, payer aux emprunteurs des intérêts mensuels de 12, 16 et jusqu'à 20 p. 100.

Vainement un décret de l'an III autorisa le mont-de-piété à prêter au mois, en percevant provisoirement 5 p. 100 d'intérêt mensuel; ce taux, suffisant pour lui les capitaux, assez largement rétribués par les entreprises particulières pour que les bénéfices compensassent les risques que l'on avait à courir avec elles. Cet établissement, qui n'existait plus depuis quelque temps que nominalement, fut définitivement fermé; il possédait à peine, au moment de sa clôture, de quoi solder les dettes exigibles les plus urgentes, et laissait en souffrance sa dette consolidée et une partie de sa dette flottante.

Le gouvernement ne pouvait cependant méconnaître toute la gravité du mal. Non-seulement les emprunteurs étaient à la merci des usuriers quant au chiffre des avances qu'on leur faisait et au taux des intérêts exigés; mais il n'y avait aucune sûreté pour la conservation et la restitution des effets remis en garantie de sommes bien inférieures à leur valeur. Le remède était indiqué; c'était la réorganisation du mont-de-piété.

Dès l'an V, la commission des hospices, chargée de présenter un plan à cet effet, rédigea un projet qui lui réservait la direction de cette banque, en s'adjoignant cinq administrateurs représentant les actionnaires, et formant un conseil auprès duquel siégeait un commissaire du gouvernement. Le nouvel établissement fut autorisé à se procurer le capital indispensable, par l'émission de mille actions de 10,000 fr., subdivisées en coupons de 2,000 fr. Chaque administrateur dut être possesseur de cinquante coupons. Moitié des bénéfices était réservée aux actionnaires; l'autre moitié fut attribuée aux hospices. La partie constituée et liquidée de la dette de l'ancienne administration fut mise à la charge de la nouvelle, qui dut en servir la rente, s'élevant à 52,142 fr., avant toute distribution de dividendes; le surplus non li-

CHAPITRE LXX. — LE MONT-DE-PIÉTÉ.

quidé de l'ancienne dette dut être acquitté par les hospices sur leur part de bénéfices.

Le taux des prêts, d'abord limité au chiffre énorme de 5 p. 100 par mois, fut ramené, en l'an VIII, à 2 ¼ p. 100, soit 30 p. 100 par an, et successivement à 15 p. 100, taux auquel ils se faisaient encore en 1803.

La confiance qu'obtint la nouvelle administration, non-seulement assura le placement de ses actions à mesure de leur émission, mais lui permit bientôt d'emprunter sur billets à terme, au taux de 1 ½ par mois, soit 18 p. 100 par an, jusqu'en l'an VIII, et depuis cette époque, par un abaissement successif, à 7 p. 100, qui était l'intérêt demandé en l'an XIII (1803).

Cette banque fonctionna pendant plusieurs années concurremment avec des maisons de prêt sur gages, plus ou moins usurières, qu'aucune loi n'interdisait encore. A la fin de l'an XI, le gouvernement résolut de mettre un terme à leur existence. Une loi du 16 pluviôse an XII déclara qu'aucune maison de prêt sur nantissement ne pourrait être établie qu'au profit des pauvres et avec l'autorisation du gouvernement. Les établissements existants durent cesser de faire des prêts dans les six mois de la promulgation de la loi, et se liquider dans l'année. Une amende de 500 fr. à 3,000 fr., double dans le cas de récidive, et payable par corps, fut prononcée contre les délinquants. Les objets déposés étaient en outre confisqués.

Le 24 messidor an XII (13 juillet 1805), un décret impérial réorganisa le mont-de-piété de Paris, conformément aux principes posés dans la loi de pluviôse. Il devait être régi dorénavant au profit des pauvres par un conseil composé des deux préfets de la Seine et de police, des membres du conseil général des hospices et de trois représentants des actionnaires ; ces derniers jusqu'au remboursement intégral du prix des actions, qui dut s'opérer immédiatement au moyen des ressources diverses provenant des hospices. Ce conseil fut chargé de rédiger le règlement, qui, sauf quelques modifications, régit encore aujourd'hui cette banque de prêts, et dont nous allons faire connaître les dispositions principales. Le conseil avait d'abord à proposer la fixation et l'organisation des succursales nécessaires pour le service de la ville de Paris, ainsi que l'époque de clôture des maisons de prêt existantes, pour lesquelles le délai fixé était prorogé jusqu'après l'ouverture des bureaux auxiliaires de l'établissement central.

Le mont-de-piété de Paris se compose du chef-lieu et de ses succursales, distribuées sur différents points de Paris ; car sa sphère d'opération ne s'étend pas, comme avant 1789, au delà des murs de la capitale.

La régie est exercée sous la surveillance du conseil d'administration par un directeur général : chaque succursale doit être administrée par un sous-directeur. Des gardes-magasins sont spécialement responsables de la garde et de la conservation des effets déposés. Des commissaires-priseurs du département de la Seine sont attachés, sous le titre d'appréciateurs, au mont-de-piété. Ils sont présentés, en liste triple, par la chambre des commissaires et nommés par le ministre de l'intérieur. Ils apprécient les objets offerts en nantissement, tant au chef-lieu que dans les succursales, et procèdent à la vente des effets non retirés dans le délai pour lequel le prêt a été effectué. La compagnie des commissaires-priseurs est garante de leurs estimations.

Les divers employés désignés par le règlement sont assujettis à des cautionnements versés dans la caisse générale de l'établissement.

Les opérations du mont-de-piété consistent dans le prêt sur nantissement avec les fonds appartenant aux hospices ou provenant des emprunts faits sur hypothèque générale des biens composant leur dotation.

Nul n'est admis à déposer un nantissement, s'il n'est connu et domicilié, ou assisté d'un répondant

15 Cent. LA LIVRAISON. —176ᵉ Livr.

remplissant cette double condition. La qualité de domicilié s'établit par la représentation d'un passe-port, carte d'électeur, permis de chasse, bail à loyer, quittance de contribution, livret, etc., et pour les porteurs de marchandises, par la patente. Tout emprunteur non domicilié à Paris doit justifier, pour être admis, de pièces authentiques revêtues de sa signature, indiquant le lieu de sa résidence. Si les objets présentés sont des marchandises neuves et de commerce, l'emprunteur, indépendamment de la production de sa patente et de son passe-port parfaitement en règle, doit être assisté d'un répondant domicilié et patenté lui-même pour le même genre de commerce.

Tout déposant est tenu de signer l'acte de dépôt, ou de le faire signer par son répondant. Les actes de dépôt d'effets estimés moins de 24 francs sont exemptés de cette formalité.

Dans le cas de doute sur la légitime possession des effets en nantissement, le prêt est suspendu, les effets retenus en magasin, et il est rendu compte au préfet de police. Le nombre des dépôts faits au greffe pour suspicion de vol varie annuellement de 400 à 550, dont une partie seulement, il est vrai, résulte des avis donnés par l'administration.

Les prêts sont accordés pour un an, avec la double faculté de dégager plus tôt, et de renouveler l'engagement à l'échéance.

Le montant des sommes à prêter est réglé, quant aux nantissements en vaisselle ou bijoux d'or et d'argent, aux quatre cinquièmes de leur valeur au poids ; pour les autres effets, aux deux tiers du prix de l'estimation faite par l'appréciateur.

La reconnaissance délivrée à l'emprunteur est au porteur. Tous les six mois, le conseil d'administration règle le taux des droits de prêts à payer par les emprunteurs, ceux-ci ont, en outre, à solder le droit de prisée au profit de l'appréciateur, qui est d'un demi pour 100 du principal prêt. Jusqu'à la révolution de Juillet, les droits de prêt étaient de 12 p. 100, et le décompte de ces droits s'opérait par mois. Le mois commencé étant dû en entier. Depuis 1830, l'intérêt a été réduit à 9 p. 100, et le décompte par quinzaine substitué au décompte par mois. Le droit de prisée avait été mis en 1843 à la charge de l'administration, mais il a été de nouveau imposé au public en 1847, par suite de l'élévation de l'intérêt des fonds empruntés par l'administration.

Si l'emprunteur, à l'expiration de son engagement, veut le renouveler, il doit d'abord acquitter les intérêts et droits dus, et consentir ensuite à ce que le nantissement soit soumis à une nouvelle appréciation, sauf à payer le montant de la différence qui pourrait être trouvée entre la valeur ancienne et la valeur actuelle.

Lorsqu'à l'expiration du terme stipulé, et même avant, l'emprunteur rapporte sa reconnaissance, paye les droits dus et la somme prêtée, le nantissement doit lui être remis dans le même état où il était lors du dépôt. Si l'effet est perdu, la valeur en est remboursée au prix de l'estimation, avec augmentation d'un quart en sus, à titre d'indemnité. Si l'effet se trouve avoir été avarié, le propriétaire peut l'abandonner à l'établissement contre le prix d'évaluation fixé lors du dépôt, s'il ne préfère, en le reprenant, recevoir en indemnité le montant de la différence reconnue entre la valeur actuelle et la valeur ancienne, d'après estimation faite par deux appréciateurs.

Les effets qui, à l'expiration du terme stipulé, n'ont pas été dégagés ou renouvelés, sont vendus au profit de l'administration jusqu'à concurrence de ce qui lui est dû : l'excédant ou boni restant net du produit de la vente appartient à l'emprunteur, qui a pour le réclamer un délai de trois années, à partir de la date de la reconnaissance. Passé ce délai, le montant en est versé dans la caisse des hospices.

Depuis 1838, il existe une classe d'à-compte, qui permet aux débiteurs de se libérer partiellement au moyen de versements d'un franc et au-dessus. Cette innovation, avec la création des deux bureaux auxi-

Aux bureaux de l'Illustration, rue de Richelieu, 60.

liaires dont nous parlerons plus loin, complète l'ensemble des améliorations apportées à la condition des emprunteurs par le gouvernement de Juillet, qui, il est juste de le reconnaître, s'est ici préoccupé des intérêts des classes laborieuses avec une sollicitude plus active que la monarchie qu'elle a remplacée, et qui lui avait laissé tout à faire dans la question du mont-de-piété.

Le plus grave reproche que l'on était en droit d'adresser à cette organisation, c'était d'avoir, à la longue, dénaturé l'institution, en transformant un établissement de charité en moyen de revenu pour les hospices. Les profits annuels, versés dans leur caisse, avaient acquis une certaine importance, par suite de l'élévation du taux de l'intérêt. Ce taux, arrêté primitivement à 12 p. 100, et en rapport, à cette époque, avec la valeur de l'argent, aurait pu et dû être réduit, alors que le Code avait fixé à 5 p. 100 l'intérêt légal, et que le jeu des institutions de crédit avait rapproché de ce chiffre l'intérêt commercial. Mais le conseil, composé d'administrateurs des hôpitaux, n'ayant en vue que l'intérêt de ces établissements, s'abstint soigneusement de toute innovation pouvant compromettre un revenu de plusieurs centaines de mille francs ; et les rapports administratifs constatent que, jusqu'en 1830, le mont-de-piété avait été administré dans le but unique de donner le plus d'argent possible, et sans se préoccuper de l'intérêt des emprunteurs.

Le gouvernement de Juillet comprit que la première condition de toute amélioration était la réorganisation du conseil ; une ordonnance de janvier 1831 le composa de deux préfets, de quatre administrateurs des hospices, deux membres du conseil général, un membre de la chambre du commerce et un des régents de la banque de France.

Les intérêts divers auxquels doit satisfaire l'institution furent dès lors plus ou moins exactement représentés, et cette modification ne tarda pas à porter ses fruits.

Le taux de l'intérêt fut réduit à 9 p. 100 et d'autres améliorations indiquées ci-dessus furent successivement introduites. Malgré cette réduction, les bénéfices et bonis versés aux hospices, de 1831 à 1850 inclus, s'élevèrent encore à la somme de 6,622,000 fr., c'est-à-dire 330,000 fr. environ par année moyenne.

Cette situation avait appelé l'attention de tous les hommes s'occupant sérieusement de cette question. L'on demandait que les bénéfices, au lieu d'être versés dans la caisse des hospices, fussent capitalisés pour former la dotation qui manquait à la plupart des monts-de-piété. Ce désir a été réalisé en 1851. D'après la loi du 24 juin, les conseils d'administration doivent être maintenant choisis, un tiers dans le conseil municipal, un tiers parmi les administrateurs des établissements de charité, un tiers parmi les autres citoyens de la commune.

La dotation de chaque mont-de-piété se compose, entre autres ressources, des bénéfices et bonis capitalisés, jusqu'à ce qu'elle suffise tant à couvrir les frais généraux qu'à abaisser l'intérêt au taux légal de 5 p. 100. Les excédants de recette seront alors seulement attribués aux hospices.

Une nouvelle disposition autorise les emprunteurs à requérir, après un délai de trois mois à partir du dépôt, la vente de leurs nantissements.

Telles sont les modifications importantes apportées à la constitution primitive, et dont nous aurons dès à faire ressortir les conséquences probables.

Ainsi qu'il est facile de le reconnaître en étudiant les lois et décrets organiques de cette institution, les pouvoirs législatif et exécutif ne se sont occupés des établissements privés que pour ordonner leur fermeture, en laissant toutefois au conseil d'administration la faculté d'en ajourner le moment jusqu'après l'installation des succursales destinées à les remplacer. Le nombre de ces succursales avait même été fixé à six par l'arrêté du ministre du 11 brumaire an XIV, prescrivant leur ouverture. Ainsi, le gouver-

PARIS. TYP. DE FIRMIN DIDOT, 56, RUE JACOB.   20 C. par la poste.

nement comme le législateur n'ont prévu en aucune manière l'intervention des commissionnaires, qui, avant la révolution, étaient les intermédiaires reconnus entre le grand bureau et une partie du public : ils ont eu, au contraire, l'intention formelle et bien exprimée de les remplacer par des succursales placées à portée des emprunteurs dans les divers quartiers de la ville; et cependant, malgré les injonctions précises des lois et décrets, malgré l'arrêté précité du ministre, une seule succursale a fonctionné jusqu'en 1839, époque de l'ouverture d'un bureau auxiliaire, suivie, en 1840, de la création d'un second, les deux seuls qui, avec le bureau central et la succursale de la rue des Petits-Augustins, existent encore aujourd'hui. Mais, en revanche, des maisons privées, sous le titre de commissionnaires, au nombre de 23, réduites successivement dans ces derniers temps à celui de 21, ont subsisté jusqu'à ce jour. Bien plus, leur existence, seulement tolérée jusqu'en 1824, a été régularisée à cette époque par un règlement, d'une légalité très-contestable, qui a déterminé les conditions de l'intervention de ces agents.

Ce règlement, dicté par l'esprit de fiscalité qui caractérisait le conseil avant la révolution de 1830, en légalisant l'existence des commissionnaires, leur a, par le fait, conféré un droit de propriété sur leurs bureaux, et a transformé ces derniers en espèce d'offices transmissibles : il a ainsi constitué une corporation qui excipe de son prétendu droit pour entraver toutes les améliorations projetées au profit des emprunteurs, mais qui ne peuvent se réaliser sans blesser les intérêts de ces agents.

D'où provient cette opposition entre le droit et le fait? Y a-t-il pour le public et l'administration un motif réel de préférer les commissionnaires aux bureaux auxiliaires, régis par des employés du mont-de-piété? Ces questions, depuis longtemps débattues, attendent une solution, toujours promise et toujours ajournée.

Pour mettre nos lecteurs à même de se former une opinion à cet égard, nous allons d'abord faire connaître ce que devraient être les commissionnaires d'après le règlement de 1824, et ce qu'ils sont devenus par des empiétements successifs.

D'après le règlement du 8 juillet, les commissionnaires sont nommés par le conseil d'administration; ils prêtent serment entre ses mains, et sont tenus d'établir leur bureau dans le quartier qui leur est désigné. Des cautionnements, qui varient selon la classe à laquelle ils appartiennent, de 8,000 à 15,000 fr., garantissent leur gestion.

Aux termes de ce règlement, ils ne sont point prêteurs sur gages, mais de simples intermédiaires entre le public et l'administration centrale, appréciant eux-mêmes les objets qui leur sont présentés, et remettant à l'emprunteur, avec la somme qu'ils croient pouvoir avancer, une reconnaissance provisoire, échangeable dans les vingt-quatre heures contre celle du bureau central, où les nantissements doivent être déposés dans le même délai. Là, ces effets, comme

Le Mont-de-piété. — Bureau de dégagement.

ceux présentés directement, sont soumis à l'évaluation des appréciateurs, l'avance faite par le commissionnaire n'engageant en rien l'administration.

Ces agents ne devraient percevoir pour les engagements opérés par leur intermédiaire d'autre indemnité que 2 pour 100 de la somme prêtée par le mont-de-piété; mais cette disposition a été abrogée. Les commissionnaires sont autorisés à percevoir 6 pour 100 sur les avances faites par eux au delà du prêt du grand bureau. Ils sont devenus dès lors de véritables prêteurs sur gage pour leur propre compte, cherchant à attirer les emprunteurs par l'espoir d'une avance plus forte que celle qu'ils recevraient en s'adressant directement à l'administration. Et effectivement les excédants se sont élevés dans quelques années à 7 pour 100 de la totalité des prêts. Ils diminuent à 3 et 4 pour 100 dans les temps difficiles. Ces agents ont été encouragés dans cette déplorable concurrence par une autre décision qui les autorise à compenser, au moyen d'une retenue faite sur les bonis non réclamés, les pertes faites par eux sur les articles dont la vente n'a pas produit une somme suffisante pour les couvrir de leurs avances.

Ces agents, sous peine de révocation, ne peuvent s'entremettre dans la vente ou le commerce des nantissements et reconnaissances; ils ne peuvent, sous la même peine, se charger d'aucune commission d'engagement que pour les personnes connues et domiciliées.

Pour apprécier l'importance de l'intervention de ces auxiliaires et l'intensité des charges qu'ils font peser sur le public, il est nécessaire de donner les chiffres constatant les divers mouvements d'entrée et de sortie, et les bénéfices annuels réalisés par l'administration comme par les commissionnaires. Mais avant d'entrer dans cet exposé, nous devons dire quelles ont été les ressources du mont-de-piété de Paris depuis sa réorganisation en l'an V.

Depuis la réorganisation de cet établissement en l'an V jusqu'à l'an XIII, son capital se composait des 10 millions fournis par les actionnaires et des emprunts faits sur billets. Le montant de ces derniers se serait élevé, suivant le rapport de M. Regnauld de Saint-Jean-d'Angély, à près de 15 millions, somme qui nous paraît un peu exagérée. Dans cette hypothèse, le mont-de-piété pendant cette période aurait pu employer annuellement en prêts de 20 à 25 millions.

A partir du remboursement des actionnaires, prescrit par la loi de l'an XIII, cette banque ne possédait plus rien en propre. Son fonds de roulement provenait uniquement : 1° des cautionnements versés par ses employés, ceux des hospices, de la ville et quelques fournisseurs; cautionnements dont le montant a été de 16 à 1,700,000 fr., mais est actuellement réduit à un peu plus d'un million ; 2° des sommes qui lui sont remises contre billets à ordre ou au porteur, à six mois ou un an de date.

Les documents nous manquent sur la quotité des fonds que le mont-de-piété s'est procurés par ce moyen de 1805 à 1830. A partir de cette époque, on connaît exactement le montant des billets émis. Il a varié de 1831 à 1845, entre 12,085,219 fr., minimum en 1834, et 20,483,264 fr., maximum en 1844. Ce chiffre, après avoir légèrement décru dans les années 1845 et 46, s'est relevé en 1847 à 19,941,250 : mais en 1848 il est retombé à 17,615,090. Aussi l'administration, craignant à cette époque d'être débordée par les demandes, limita à 100 fr. le maximum de ses prêts, et fut dès lors en mesure de suffire largement aux besoins des classes nécessiteuses, car à la fin de l'exercice, elle avait en caisse près de 3 millions. En 1849, le montant des billets atteignit 18,343,300 fr. et en 1851, dernier exercice dont les comptes aient été publiés, il ne dépassa pas 14,305,140 fr., qui, avec les cautionnements de 1,044,000 fr., ne lui constituaient qu'un capital disponible de 15,348,000 fr., suffisant pour ses besoins actuels, bien que depuis 1849, elle ait cessé de fixer une limite à ses avances.

La confiance qu'inspire le mont-de-piété repose sur la triple garantie des hospices, des nantissements en magasins, et de la compagnie des commissaires-priseurs, responsable de ses appréciations : elle est telle, que, de 1831 à 1846, il a pu emprunter constamment à 2 ½ et 3 pour 100, selon que ses billets étaient à six mois ou un an de date. En 1847 et 48, le taux de l'intérêt s'est, il est vrai, élevé à 4 et 4 ½ pour 100; mais il était encore bien inférieur à celui exigé des autres emprunteurs. En 1849, il était redescendu à 3, et n'a été reporté momentanément à 3 ½ et 4, en 1850, que par suite de remboursements considérables effectués par la caisse, aux successions de plusieurs des prêteurs les plus anciens et les plus importants. Le mont-de-piété dut alors faire, par l'élévation de l'intérêt, un appel à des capitalistes autres que ceux qui lui confiaient ordinairement leur argent. En 1851, le taux de l'intérêt était déjà revenu à 3 et 3 ½; il est actuellement de 3 pour 100, et l'administration ne délivre plus de billets qu'à un an de date.

Un tableau inséré dans le compte rendu de 1846 fait connaître les professions des prêteurs. Sur 19,796,000 fr. remis contre billets, près de 13 millions ont été fournis par des rentiers ou propriétaires, 4,668,000 fr. par des commerçants; 856,000 fr. par des ouvriers, le surplus par des employés ou des membres de professions libérales. Ainsi, toutes les catégories qui viennent demander le secours de cet établissement concourent à former son fonds de roulement.

Ce système d'emprunts à terme paraît au premier coup d'œil exposer l'administration à des oscillations dans son encaisse, de nature à entraver ses opérations, et l'on est tenté de se demander s'il ne serait pas préférable d'avoir une dette constituée, dont la fixité ne ferait pas dépendre ses ressources de l'état de la place. Mais l'expérience a prononcé. Pendant les dix années antérieures à la Révolution et les cinquante-cinq qui se sont écoulées depuis la réorganisation de cet établissement, malgré la gravité des situations qu'il a traversées, il ne paraît pas avoir été obligé, par la réduction de son encaisse, de refuser aux classes nécessiteuses le secours momentané qu'elles

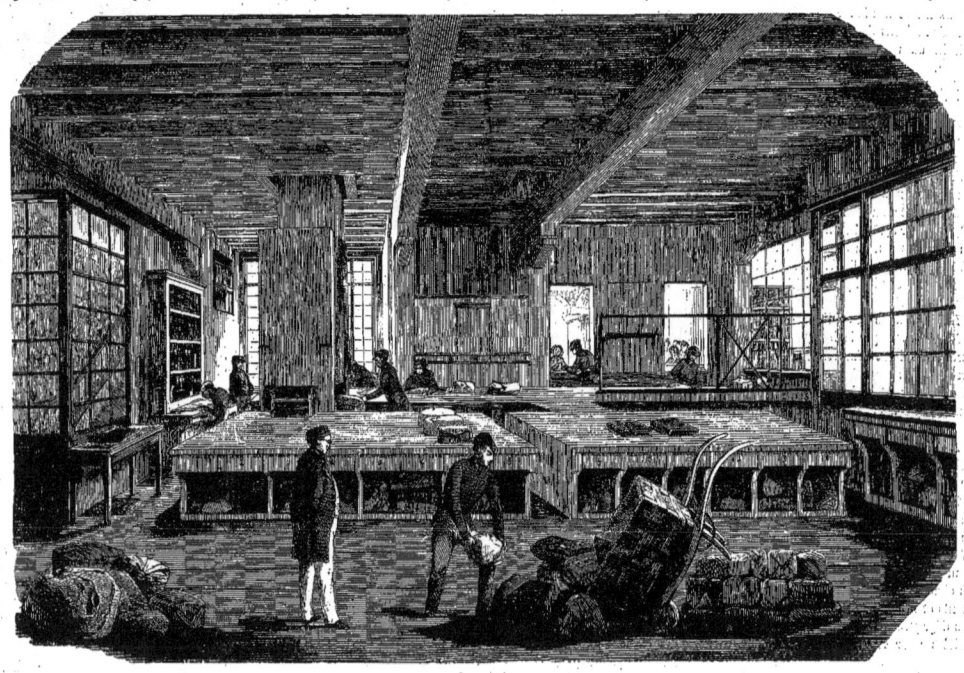

Le magasin.

viennent réclamer. A deux époques, il est vrai, il s'est trouvé amené par une sage prévoyance à discontinuer les avances qu'il fait habituellement au commerce; mais, même avec un capital fixe plus considérable que celui dont il disposait en 1848, il eût été réduit à adopter la même mesure. En effet, dans les moments difficiles, lorsque la Banque et les autres institutions de crédit resserrent plus ou moins leur escompte, si le mont-de-piété continuait de prêter au commerce sur nantissement, l'affluence de cette classe d'emprunteurs, dans les premiers moments d'une crise commerciale, augmenterait en proportion des difficultés qu'éprouverait la négociation du papier, et cet établissement serait promptement hors d'état de remplir sa destination véritable, qui est de prêter aux pauvres. En examinant avec attention les diverses phases parcourues par cette institution, on doit reconnaître que l'élasticité de son capital, loin d'être un inconvénient, est parfaitement propre à faciliter ses opérations en même temps qu'à lui permettre toute l'économie désirable, puisqu'il lui suffit d'abaisser ou d'élever le taux de l'intérêt qu'elle offre à ses prêteurs, pour augmenter ou modérer leur affluence et proportionner ses ressources à ses besoins. Donnons maintenant les chiffres exprimant les opérations effectuées avec les capitaux qui ont été à la disposition du mont-de-piété depuis son origine : De 1785 à 1789, cet établissement prêtait, en moyenne, 18,205,104 livres sur 488,288 nantissements; en 1790, le nombre des prêts atteignit le chiffre de 534,451 pour 18,477,355 livres; en 1791 il se réduisit à 431,476 pour 12,694,606 livres; et en 1792, dernière année sur laquelle nous possédions des renseignements, à 349,391 articles pour 10,564,317 livres.

Les dégagements s'opèrent de trois manières : 1° par le retrait effectif du gage, la moyenne des cinq années précitées est de 364,196; 2° par le renouvellement, la moyenne était de 85,817; 3° par la vente des effets non retirés, moyenne 24,995 pour une somme de 1,551,832 liv.; le total des dégagements, était donc de 475,008 pour la somme de 17,605,197 livres.

La différence assez forte existant entre le chiffre des engagements et celui des dégagements doit provenir d'une louable facilité à différer la vente des effets non dégagés au delà des délais accordés au moment du dépôt; faculté qui a dû cesser plus ou moins complétement de 1790 à 1792, par suite de la diminution des ressources du mont-de-piété et de la nécessité où il se trouvait de rentrer dans ses avances. Ainsi, dès la première de ces trois années, l'ensemble du dégagement s'élève à 530,292 pour 18,720,602, somme supérieure à celle prêtée dans le cours de la même année. En 1791, les dégagements de toute espèce atteignent le chiffre de 494,845 pour 16,111,218 liv., dont 106,040 renouvellements et 27,733 ventes; et en 1792 ces totaux sont de 407,766, dont 69,402 renouvellements et 23,379 ventes, pour une somme totale de 12,281,524 livres.

Ainsi, à mesure que les engagements diminuaient, les renouvellements et les ventes augmentaient d'une manière sensible. C'était la liquidation des années de prospérité qui s'opérait par le renouvellement, de la part des débiteurs ayant encore quelques ressources, et par la vente des gages de ceux qui n'avaient pas ou la précaution ou les moyens de proroger leurs échéances.

Pour les cinq années de 1785 à 1789, les engagements et renouvellements faits par les commissionnaires s'élevaient en moyenne à 185,391 ; soit 38 p. 100 de la totalité des engagements. En 1791, le chiffre de ces opérations était de 157,794, et en 1792, de 125,725; soit 32 à 36 p. 100.

A cette dernière époque, le nombre de ces agents était réduit à 12 pour Paris, 2 pour Versailles, 1 pour chacune des villes de Saint-Germain, Saint-Denis et Fontainebleau. Il n'en est pas indiqué pour Compiègne.

Il est probable que le relâchement de l'autorité, bien sensible dès la fin de 1789, avait facilité l'ouverture de maisons de prêts plus ou moins clandestines, faisant au mont-de-piété une concurrence désastreuse.

Avant 1790, le taux moyen des prêts, faits directement, était de 37 liv. 12 sols, et de ceux faits par l'intermédiaire des commissionnaires, de 35 liv. 12 sols. En 1791 et 92, le taux moyen général tomba à 29 et 30 ; mais celui des prêts faits par les commissionnaires se maintenait encore à 32 et 33 liv.

La moyenne en nombre des prêts au-dessus de 200 liv. était annuellement, jusqu'à la fin de 1789, de 10,637 pour 5,870,803 liv, ils absorbaient donc près du tiers des sommes avancées. En 1792, ce chiffre n'était plus que de 5,027 pour 2,783,323 sur un total que nous avons indiqué de 10,564,000 ; c'est encore plus du quart.

L'élévation de ces chiffres et de la moyenne des prêts prouvent que la bourgeoisie et les petits fabricants, à défaut d'autres établissements de crédit, avaient, plus généralement qu'aujourd'hui, recours à la caisse du mont-de-piété, qui était presque autant une banque à l'usage du commerce qu'une institution de charité au profit des pauvres.

A défaut des documents nécessaires, nous sommes obligés de passer sous silence la période si curieuse de 1798 à 1813.

D'après M. Blaise, dont l'ouvrage nous a été si utile, de 1814 à 1833, la moyenne des engagements aurait été, en articles, de 1,414,044 ; en valeurs, de 19,809,076 f. 47 c. Le taux moyen des prêts, de 17 fr. 78 c., inférieur de moitié à ce qu'il était avant 1790, témoigne du changement survenu dans la nature des nantissements et la condition des emprunteurs. La moyenne des dégagements de toute espèce a été de 1,106,000 articles pour 19,674,844 fr.; la valeur moyenne des retraits effectifs est de 16 f. 40 c.; celle des renouvellements, de 24 f. 89 c. ; celle des ventes, de 17 f. 76 c. La proportion de ces trois natures d'opérations est de 79 p. 100 pour les retraits effectifs, 16 p. 100 pour les renouvellements, et 5 p. 100 pour les ventes.

L'importance des opérations effectuées par le mont-de-piété s'est progressivement accrue depuis 1833, sauf une diminution momentanée en 1841 et 42 jusqu'en 1847, année où les engagements et renouvellements réunis ont porté sur 1,578,348 articles et sur une valeur de prêt de 28,108,810, se décomposant en 1,264,442 engagements effectifs pour 20,699,328 fr. et 313,906 renouvellements pour 7,409,482 fr. La moyenne des prêts était, pour cette année calamiteuse, de 16 fr. 37 c., celle des renouvellements, de 23 fr. 60 ; la moyenne générale, de 17 fr. 80 c.

Les retraits effectifs ont été de 1,115,125 articles pour 17,648,852 ; les ventes se sont élevées à 114,309 pour 1,918,266 fr. ; avec renouvellements dont le chiffre est à la fois dans les entrées et les sorties, et que nous avons donné ci-dessus, le total des dégagements est de 1,543,340 pour 26,946,600 fr. La différence considérable que l'on peut remarquer entre les engagements et les dégagements, résulte à la fois de la lenteur apportée à retirer les effets déposés et des sursis accordés par l'administration à ses débiteurs avant de procéder à la vente.

Cette supériorité des dégagements sur les retraits se trouve à toutes les époques de tranquillité et de prospérité. Les nantissements non retirés n'étant vendus qu'au bout de 13 mois et plus, il se forme chaque année un arriéré qui va toujours grossissant, jusqu'au moment où les difficultés de la situation obligent l'administration à un déblayement général, qui rétablit l'équilibre.

La moyenne des dégagements effectifs a été de 15 fr. 79 c. ; celle des ventes, de 16 fr. 77, taux dont la faiblesse doit tenir en partie à la dépréciation des objets mobiliers, conséquence infaillible de toute crise financière.

En 1848, l'ensemble des engagements fut réduit à 1,213,116 articles pour une valeur de prêt de 19 millions 731,872 fr., dans lesquels les renouvellements figurent pour 326,519 articles et 7,300,702 fr.; la moyenne générale n'est plus que 16 fr. 26 c.; pour les engagements effectifs, elle tombe à 14 fr. 02 c. Taux dont la faiblesse comparative est en partie le résultat de la fixation d'un maximum, et ensuite de la timidité apportée dans l'appréciation des objets offerts en nantissement. Pour les renouvellements, cette moyenne s'est soutenue à 22 fr. 93 c. Ainsi, d'une année à l'autre, la différence entre les engagements effectifs est de 377,843 en moins, tandis que le chiffre des renouvellements augmentait,

Nous donnerons plus loin l'explication de ce fait, si singulier en apparence, d'une diminution des engagements coïncidant avec l'accroissement de la misère publique.

Les dégagements par retrait n'ont été que de 869,494 pour 12,602,159 fr., et les ventes au nombre de 73,150 pour 1,363,867 fr. A la fin de cet exercice, il restait en magasin 896,883 articles, dont 158,281 déposés en 1847. L'élévation de ces chiffres, combinée avec le peu d'importance comparative des ventes, prouve les ménagements apportés par l'administration dans l'expropriation des retardataires. La conservation en magasin des effets non retirés à l'échéance du prêt, bien au delà des délais habituels, est du reste autant dans l'intérêt du mont-de-piété que dans celui des propriétaires ; car cet établissement, par des ventes trop multipliées, trop considérables dans les moments difficiles, contribuerait à précipiter la dépréciation déjà trop générale qui pourrait entraîner pour elle des pertes plus ou moins sensibles. En 1849, les engagements tombent à 1,134,985 articles pour 19,382,371 fr., dont 305,241 renouvellements. La moyenne des prêts, grâce à la cessation du maximum, s'était relevée à 14 fr. 48 c.; celle des renouvellements était de 23 fr. 47 c.; la moyenne générale de 17 fr. 06 c. Pendant le cours de cet exercice, les retraits effectifs, au nombre de 853,248, dépassèrent les engagements de 23,000 ; les ventes s'élevèrent à 94,637 pour une valeur de prêt totale de 2,088,559 fr., et une valeur moyenne de 22 fr. 06 c., chiffres de beaucoup supérieurs à ceux des ventes effectuées en 1831.

C'était la liquidation des mauvaises affaires de 1847 et 48 qui s'opérait par l'expropriation des déposants. Aussi nous retrouvons en 1849, comme en 1791 et 92, une supériorité marquée des dégagements sur les engagements de toute espèce ; pour 1849, elle est de 118,141 art. et 2,338,994 fr. La même supériorité, mais moins prononcée, se retrouve en 1850, où le chiffre des ventes s'est encore élevé à 80,159. Enfin, en 1851, les engagements se sont relevés à 1,295,398 articles pour 22,242,507 fr., avec accroissement comparativement à 1850 pour les engagements effectifs de 120,220 articles à réduction dans les renouvellements de 7,971 articles. Si l'on veut comparer 1851 à 1849, on trouve que l'accroissement est de 179,906 articles.

La moyenne des engagements effectifs est remontée à 15 fr. 43 c. ; celle du renouvellement n'est que de 22 fr. 67 c. ; la moyenne générale de 17 fr. 17 c. L'ensemble des dégagements s'élève à 1,289,384 pour 20,976,640, dans lesquels les retraits effectifs figurent pour 874,158 articles, et les ventes seulement pour 40,478.

De la comparaison avec l'exercice précédent, il résulte que les dégagements par retrait ont augmenté de 19,177 articles, tandis que les ventes ont diminué de 30,681 articles pour 461,820 fr. Si l'on se reporte à 1849, on trouve que le chiffre des ventes a baissé de 45,159 articles, près de moitié. L'on rentrait alors dans l'état normal, où la proportion entre la valeur des ventes et des engagements varie de 3 1/2 à 6 p. 100. Elle était effectivement en 1851 de 3,73 p. 100 ; tandis qu'elle avait été en 1849 de plus de 10 p. 100.

Le rapprochement, par années, des opérations du mont-de-piété permet de constater un fait en opposition avec les idées généralement admises, fait que nous avons indiqué en et en promettant l'explication ; c'est la diminution des engagements dans les époques calamiteuses.

Cette infériorité comparative est bien caractérisée dans les années 1791 et 92, de 1832 à 34, en 1841, enfin de 1848 à 1850 ; mais il est à remarquer que ce n'est pas au moment même où la crise, soit politique, soit commerciale, se déclare, que le ralentissement est le plus marqué ; ce n'est ordinairement qu'au bout de quelques mois, souvent même la seconde année, que cet effet est bien sensible.

Lorsque les transactions ont une certaine activité, la fréquence des prêts commerciaux est provoquée par les besoins d'argent que le mouvement des affaires détermine inopinément chez les petits industriels. Ceux-ci se résolvent d'autant plus volontiers à des intérêts assez élevés qu'ils ont l'espoir d'une large compensation dans les bénéfices que procurera l'opération pour laquelle ils empruntent, et que tout retard ferait manquer. Enfin ils hésitent d'autant moins à se dessaisir des marchandises qu'ils mettent en nantissement, que les rentrées attendues donnent la certitude d'un dégagement plus rapproché. Quelquefois cette succession de dépôt et de retrait se répète plusieurs fois dans la même année pour le même individu. Le mont-de-piété a ainsi une clientèle en compte ouvert avec lui, dont il est le banquier à des conditions relativement moins onéreuses qu'elles ne le paraissent au premier aspect, comme il est facile de s'en convaincre en calculant le taux réel auquel revient au petit commerce, tous droits compris, la négociation de son papier effectuée par l'intermédiaire des escompteurs, et le comparant au 9 1/2 pour 100 que lui coûte net l'argent du mont-de-piété.

Quand le travail est abondant et bien rétribué, il y a dans les classes ouvrières une déplorable tendance à se livrer à des distractions coûteuses, à des dépenses hors de proportion avec ses ressources disponibles. L'artisan qui gagne veut briller; il achète pour lui, sa femme, ses enfants, des vêtements élégants, des bijoux, des objets de fantaisie ; il est alors ce qu'on appelle bien nippé. S'il a projeté, pour un jour de fête, une partie de spectacle, de bal, une promenade à la campagne, et qu'il soit sans argent ; s'il a dépensé, le dimanche et le lundi, tout le salaire de sa semaine, et qu'il ne sache comment atteindre le jour de paye, il engage des effets qu'il retire bientôt après, pour les remettre quelques mois, quelques semaines plus tard. Chaque bureau a ainsi ses habitués, d'autant plus précieux qu'ils laissent moins longtemps leurs effets en gage.

Cette manie dépensière, aussi souvent destinée à satisfaire la vanité qu'à répondre au besoin de distraction si naturel à l'homme, n'est pas uniquement le partage des classes inférieures : aux jours de prospérité, stimulée par les richesses faciles que procurent les spéculations de toute espèce, la haute société donne l'exemple de la dissipation et d'un luxe éblouissant : le goût de la dépense se propage alors de haut en bas ; c'est un besoin général d'amusements bruyants et coûteux, une rivalité de gaspillage que l'on constate surtout dans la jeunesse légère des deux sexes, mais qui atteignent aussi les classes moyennes. Là plupart font au delà de leurs moyens, et cet entraînement, auquel bien peu de personnes ont la sagesse de résister, se traduit finalement en anticipation sur l'avenir, c'est-à-dire en emprunts hypothécaires pour ceux qui ont des propriétés foncières à engager, en dettes pour ceux qui ont quelque crédit, en emprunts sur nantissement pour ceux qui n'ont d'autre garantie à offrir que leurs effets mobiliers.

Au début d'une crise, le petit industriel, surpris par la diminution des ventes, la lenteur des rentrées, vient demander au mont-de-piété le moyen de faire honneur à ses engagements. L'ouvrier, dont le travail est moins régulier, moins fructueux, qui n'a pas su par l'économie se ménager des ressources, met en gage les effets achetés dans les temps prospères. C'est ainsi qu'en 1790, 1831, 1840, 1847, les opérations du mont-de-piété se sont maintenues à un chiffre supérieur à celui des années suivantes. Mais à mesure que la crise se prolonge, le marchand calcule plus strictement ce que lui coûte l'argent; il s'abstient de toute spéculation qui exige une avance de fonds; l'incertitude des rentrées lui fait redouter les emprunts, qu'il ne pourrait peut-être pas rembourser; on préfère restreindre ses affaires, ses bénéfices, et ne travailler qu'au comptant. L'artisan, le petit bourgeois condamnés à la prévoyance par la dureté des temps, ne se laissent que rarement entraîner à des dépenses inutiles. Les jeunes gens eux-mêmes partagent l'anxiété générale, et les habitantes si emprunteuses du quartier de Notre-Dame de Lorette et de la Boule-Rouge sont contraintes de mettre des limites à leurs prodigalités. Les besoins réels seuls motivent alors le recours au mont-de-piété : mais la prolongation de la détresse ne permet plus de retirer les effets engagés; les renouvellements augmentent, les ventes longtemps différées se multiplient, et la matière engageable finit par faire défaut dans les classes habituées à recourir à cette ressource. On n'emprunte plus alors, parce que l'on n'a plus rien à mettre en gage.

S'il est évident que, d'une part, le commerce et l'industrie, de l'autre, les habitudes de désordre, détournent à leur profit une partie des capitaux du mont-de-piété, destinés primitivement à venir en aide à la véritable pauvreté, il n'en est pas moins difficile de déterminer la part proportionnelle de ces diverses catégories d'emprunteurs. Afin, du moins, de mettre nos lecteurs à même de se former une opinion approximative de l'importance des diverses natures de prêts, nous allons placer sous leurs yeux plusieurs tableaux extraits des comptes administratifs de cet établissement.

Deux relevés, dans lesquels les emprunteurs ont été classés par profession, avec indication du nombre de prêts effectués par chacune d'elles, ont été dressés, l'un pour 1846, l'autre pour 1849 : voici leur résumé. Sur 1,000 engagements, la répartition s'établit dans la proportion suivante :

	1846.	1849.
Commerçants, fabricants, petits marchands.	128	116
Rentiers, propriétaires.	87	86
Professions libérales.	33	43
Employés.	40	56
Militaires.	5	3
Ouvriers journaliers.	707	696
	1,000	1,000

Nous devons faire observer que le relevé relatif à 1846 ne porte que sur les opérations faites directement, c'est-à-dire au grand bureau, à la succursale et aux deux bureaux auxiliaires. Or, la plus grande partie des prêts commerciaux s'effectuant sans l'intermédiaire des commissionnaires, la part proportionnelle du commerce, en 1846, se trouve un peu exagérée : celle de 1849, bien que réduite par la prolongation du maximum des prêts, est plus rapprochée de la vérité, parce que cette réduction correspond à une diminution relativement aussi forte des engagements faits par les ouvriers et journaliers. Ce sont, dans cette dernière année, les professions libérales et les employés dont la part s'est accrue exceptionnellement sous l'empire des circonstances.

Des 829,744 prêts effectués en 1849, 96,094 appartiennent à l'industrie et au commerce. Sur le total, 15,709 sont de 51 à 100 fr.; 4,312 de 101 à 200 fr.; 1,509 de 201 à 500 fr.; 186 de 501 à 5,000 fr., et un seul de plus de 5,000. Le nombre des prêts de 3 à 5 fr. s'élève à 15,861 : ils ont dû être faits à des colporteurs, petits boutiquiers, ouvriers à façon, prenant la qualification de fabricants. C'est ainsi que certains industriels, tels que les marchands de coco et de marrons, ceux des quatre saisons et de pain d'épice, ceux qui occasionnellement font un petit commerce de jouets, de gâteaux, de liqueurs, en profitant des solennités qui réunissent sur un point donné une grande affluence de spectateurs ou de promeneurs, se procurent la faible somme nécessaire à l'achat de leurs marchandises. Ils engagent le plus souvent pour un ou deux jours. D'autres exercent deux commerces, l'un d'été, l'autre d'hiver, et mettent en gage alternativement les ustensiles qui ne servent pas pendant une des saisons. Les fontaines des marchands de coco passent presque toutes l'hiver au mont de piété.

Pour comprendre toute l'utilité de cet établissement, il faut connaître l'intérêt exorbitant perçu par les prêteurs à la journée, auxquels recourent les revendeurs, qui payent quelquefois 1 fr. par jour par chaque pièce de 5 fr.

Les emprunts demandés par les rentiers, propriétaires et les personnes appartenant aux professions libérales, s'élèvent à 106,646 : ils n'ont aucune signification dans une année exceptionnelle, telle que 1849, où la suppression des ressources habituelles a pu réduire les personnes les plus économes et les plus rangées à la dure nécessité de mettre leurs effets en gage; mais, dans les temps ordinaires, la majorité des emprunts faits par ces trois classes atteste du défaut de conduite.

Le nombre des prêts faits aux individus se disant employés est de 46,638; il y a là des besoins réels, attendu le nombre de commis de commerce qui ont été plus ou moins longtemps sans emploi. Aussi la proportion est-elle de 56 pour 100, au lieu de 40 en 1846. Mais encore ici, aux époques régulières, cette nature d'emprunts doit être généralement mise au compte de l'absence d'ordre : il en est de même de la presque totalité de ceux demandés par les militaires. Les prêts consentis aux ouvriers et journaliers s'élèvent à 577,809 dans les temps ordinaires, la part des deux causes, la misère et le désordre, n'est pas facile à déterminer : en 1849, on doit admettre que la grande majorité des demandes a été dictée par le premier de ces deux mobiles.

Un autre relevé, celui des prêts classés par séries, très-curieux à certains égards, ne fournit pas de renseignements plus précis sur la question qui nous occupe; nous le donnons cependant pour trois des quatre années où il a été inséré dans les comptes.

SÉRIES.	1838		1840		1849	
	Articles.	Sommes.	Articles.	Sommes.	Articles.	Sommes.
de 3 fr., à 5	579,034	2,167,582	629,542	2,358,074	415,254	1,661,016
de 6 à 10	347,352	2,596,791	377,611	2,829,880	211,472	1,691,936
de 11 à 20	162,360	2,372,529	176,488	2,581,070	84,900	1,273,500
de 21 à 30	80,008	1,940,512	86,966	2,111,125	33,092	827,300
de 31 à 40	46,192	1,498,292	50,208	1,620,886	20,383	713,405
de 41 à 50	35,810	1,301,344	38,924	1,698 500	17,607	795,015
de 51 à 100	70,579	4,631,872	76,716	5,037,617	34,232	2,567,400
101 à 200	11,221	1,484,983	12,196	1,615,309	9,026	1,35[illegible],444
201 à 500	11,047	2,884,935	12,007	3,136,636	3,140	1,000,000
501 à 1000	627	428,721	680	466,402	432	124,000
1001 à 5000	421	614,397	457	701,183	118	154,000
50001 et au-dessus.	25	163,740	27	178,085	8	150,000
Totaux	1,344,720	22,374,704	1,461,822	24,339,847	820,744	12,217,016

Le nombre des articles, comme on le voit, décroît par séries à mesure que le chiffre des prêts augmente. Quant à l'importance des sommes, la 2ᵉ série, celle de 6 à 10, est la plus forte; ensuite vient la 3ᵉ, puis la 1ʳᵉ. La même progression se retrouve dans le relevé de 1839, que nous n'avons pas inséré. Cet ordre est interverti en 1849, où la 1ʳᵉ série vient immédiatement après la seconde; c'est à la fois le résultat de la faiblesse des évaluations et de l'état de misère des populations, qui, après avoir vendu ou laissé vendre leurs effets de quelque valeur, n'avaient plus à porter au mont-de-piété que les objets les plus nécessaires et les moins précieux; sauf une exception, la 6ᵉ série, la décroissance des sommes à partir de la 4ᵉ correspond à l'élévation des séries; en se rappelant que celle de 51 à 100 équivaut à 5 séries de 10 fr. et ainsi de suite.

Les cinq premières séries de 3 à 50 absorbent seules plus de la moitié de la somme totale.

Nous avons vu plus haut qu'avant 1790, les prêts au-dessus de 200 livres prenaient près du tiers des avances. Cette proportion est bien affaiblie d'après les relevés actuels. En 1838 et 1840, ces prêts ne forment que les 18/100, soit du 5ᵉ au 6ᵉ de la totalité des avances; en 1849, cette proportion est exceptionnellement réduite par la stagnation des affaires commerciales; elle n'est plus que de 11 pour 100.

Le compte de 1840, présenté par M. Delaroche, auquel le mont de piété est redevable de nombreuses améliorations, offre des rapprochements pouvant jeter quelque lumière sur le degré de participation des différentes classes d'emprunteurs aux secours du mont-de-piété : laissant de côté le chef-lieu et la succursale fréquentés par des habitants de tous les quartiers de Paris, par ceux surtout qui veulent emprunter des sommes assez fortes; ce compte renferme un tableau des arrondissements que nous reproduisons ici :

Indication des arrondissements.	Nombre des commissionnaires par arrondissement.	Nombre des nantissements déposés.	Avances sur lesdits nantissements.	Moyenne des avances par chaque article.	Proportion des sommes avancées.
1ᵉʳ	1	20,926	594,742	22	4 p. %
2ᵉ	5	139,212	3.368,218	24	21 id.
3ᵉ	3	98,788	1,704,245	17	11 id.
4ᵉ	3	124,263	1,798,410	14	11 id.
5ᵉ	3	237,188	3,034,613	12	19 id.
6ᵉ	1	60,892	644,786	11	14 id.
7ᵉ	1	81,451	739,823	9	5 id.
8ᵉ	1	69,408	459,133	7	3 id.
9ᵉ	1	80,480	846,402	10	6 id.
10ᵉ	1	45,705	627,599	13	4 id.
11ᵉ	2	104,881	1,355,700	12	9 id.
12ᵉ	1	82,923	653,599	7	4 id.
	24	1,138,117	15,827,270		100 id.

Ainsi, le 2ᵉ arrondissement, l'un des plus riches de Paris, mais celui peut-être qui renferme le plus de prostituées de tous les étages et la population masculine la plus dissipée, contenait 5 commissionnaires sur 23 : il était le second quant au nombre des articles engagés, le premier quant à l'importance des avances; sa moyenne était la plus forte de toutes, 24 fr.; le 4ᵉ partageait avec lui cette triste supériorité, qu'il doit surtout à la proximité du Palais-Royal, car l'un de ses bureaux situé rue Saint-Honoré, à quelques pas de la place, voyait la moyenne de ses prêts s'élever à 26 fr., tandis que la moyenne générale de l'arrondissement n'est que de 14 fr.; le 3ᵉ arrondissement se rapprochait des deux que nous venons de citer. Le 2ᵉ arrondissement qui était le second quant au chiffre des avances et le premier quant au nombre des articles, était le 5ᵉ composé de quartiers populeux : mais sa moyenne n'était que de 12 fr., moitié de celle du 2ᵉ; ses trois bureaux, d'ailleurs situés à une grande distance les uns des autres, desservent une partie du 6ᵉ arrondissement, qui n'en possède qu'un seul, et le haut du 3ᵉ arrondissement. Le 1ᵉʳ n'avait qu'un bureau, mais situé rue du Dauphin, entre les Tuileries et la rue Saint-Honoré, et dont la moyenne atteignait le chiffre de 22 fr.

Les deux bureaux du 11ᵉ et l'unique du 10ᵉ, très-rapprochés tous les trois, doivent leur importance à la clientèle des étudiants en droit et en médecine. Leur moyenne est de 13 et 12, tandis que celles des 9e et 12e, dont les commissionnaires sont placés à peu de distance, ne s'élèvent qu'à 10 et à 7. Les 7e et 8e arrondissements, dont les moyennes ne dépassent pas 7 et 0, sont exclusivement habités par des populations ouvrières.

L'examen des opérations faites par les commissionnaires, et annuellement publiées, confirme les indications de ce tableau. Les moyennes les plus fortes appartiennent toujours aux bureaux des rues du Dauphin, Richelieu, Neuve-des-Petits-Champs, Neuve-de-Montmorency, Feydeau, Geoffroy-Marie, Saint-Honoré, Montmartre. La rue de Condé, quartier des Écoles, maintient son chiffre : c'est-à-dire que les quartiers riches prennent de 45 à 50 pour 100 des avances totales faites par les commissionnaires, tandis que le chef-lieu et la succursale, dont les moyennes étaient, en 1840, de 37 et 43, et sont tombées, en 1851, à 25 et 31, par suite du resserrement des affaires, font plus spécialement les prêts commerciaux que l'on ne peut guère évaluer à moins de 12 à 1,500,000 fr.

Il est vivement à regretter que le relevé des engagements par profession n'indique que le nombre des prêts, sans mentionner le chiffre des avances. Si ce document eût été ainsi complété, nous saurions exactement quelle part prend le commerce dans les secours fournis par le mont-de-piété à la population parisienne.

Nous avons exprimé notre opinion sur l'illégalité de l'existence des commissionnaires : nous avons dit comment, par suite de la faiblesse et des préoccupations fiscales du conseil d'administration, de simples intermédiaires ils étaient devenus prêteurs sur gages pour leur propre compte : nous devons maintenant, pour mettre les lecteurs à même de se former une opinion sur l'utilité de ces agents, faire connaître les charges que leur intervention impose au public.

Le mont-de-piété prête à ceux qui s'adressent directement à lui, au taux de 9 pour 100 par an, 3/4 par mois : seulement l'intérêt du premier mois est toujours exigible, et le décompte s'établit ensuite par quinzaine ; enfin le minimum des droits perçus est de 5 cent. sauf ces exceptions, *l'intérêt est donc proportionnel à la durée du prêt*. Le droit de prisée de 1/2 pour 100 est invariable et pèse uniformément sur l'emprunteur quelle que soit cette durée : mais il n'est pas exigé des prêts inférieurs à 6 fr. De plus, si on laisse vendre le gage, il y a un droit de vente, autrefois de 5 pour 100, réduit aujourd'hui à 3 1/2, payé par l'acheteur sous le nom du prix d'adjudication. Ainsi l'emprunteur qui retire son nantissement n'a à payer qu'un intérêt de 3/4 pour 100 pour le premier mois, et de 3/8 par chaque quinzaine écoulée depuis l'engagement, plus un droit fixe de 1/2 pour 100.

Un prêt direct de 3 fr. pour un an coûte 27 c. : par forcement, 30 ; d'un jour à douze, la rétribution proportionnelle formerait une fraction insaisissable ; pour 1 mois elle serait de 2 c. 2/10, pour 2 mois de 4 c. 4/10 ; par la fixation d'un minimum d'intérêt, le droit est le même dans ces limites de durée et se trouve porté à 5 c. ; il varie ensuite entre ces deux chiffres extrêmes 5 à 30.

Un prêt de 10 fr. pour l'année entière se paye 95 c., soit 90 c. pour l'intérêt, 5 c. pour le droit de prisée. Si le nantissement est retiré avant la fin du premier mois, l'ensemble des droits et de 10 c., attendu l'abandon fait par l'administration des centimes excédents, il varient ensuite entre ces deux limites 10 et 95. Mais il n'en est pas ainsi avec les commissionnaires. Tandis que les intérêts payés au mont-de-piété sont proportionnels, il a été alloué à ces agents des droits fixes de 2 *pour* 100 par engagement et renouvellement, 1 *pour* 100 par dégagement, 1 *pour* 100 pour le recouvrement des bonis.

Ainsi, les 3 fr. avancés pour moins d'un mois rapportent à l'administration 5 c., et au commissionnaire 10 ; pour cette somme de 10 fr. prêtée par le mont-de-piété pour le même délai, l'emprunteur qui ne paye à l'administration que 10 c., en paye 30 au commissionnaire qui fait la double opération d'engager et de dégager. C'est un intérêt de 7 fr. 20 c. par an pour 10 fr., soit 72 pour 100. Si l'objet est retiré avant l'expiration des vingt-quatre heures, avant, par conséquent, d'avoir été transporté au grand bureau, et c'est le cas de trente à soixante mille prêts par année, le commissionnaire même, en ne percevant que les 2 pour 100 de l'engagement, touche un droit égal à 60 pour 100 par mois, soit 730 pour 100 par an.

Moins le temps pendant lequel le nantissement reste en dépôt est prolongé, plus le droit est élevé : or il est à remarquer que la promptitude des retraits, la succession habituelle du dépôt et du dégagement du même objet sont, à quelques exceptions près, les signes caractéristiques d'une profonde misère et d'une urgence tout aussi respectable. L'ouvrier qui chôme ou attend sa paye de la semaine, le colporteur, l'étalagiste trop pauvres pour acheter la charge de leur éventaire ou de la charrette à bras qu'ils traînent derrière eux, le petit industriel qui ne possède pas la matière première nécessaire à la confection d'une commande, mettent en gage un effet presque toujours indispensable, qu'ils s'empressent de retirer aussitôt qu'une rentrée le leur permet. L'homme qui jouit d'une petite aisance a seul la faculté d'engager de l'argenterie, des bijoux, des vêtements de rechange dont il peut se passer plus ou moins longtemps. Il existe des malheureux dont les effets les plus nécessaires sont ainsi successivement engagés et dégagés tous les mois, toutes les semaines. Ceux d'entre eux qui, par la situation de leur domicile ou l'assiduité que réclament leurs travaux, sont dans l'impuissance de s'adresser à l'administration, se trouvent donc grevés d'une surcharge, au profit des commissionnaires, de 3 pour 100 par chaque double opération : s'ils engagent tous les mois, c'est 36 pour 100 par an, s'ils font cette triste opération toutes les semaines, c'est 156 pour 100. — L'argent qu'ils viennent réclamer est, pour beaucoup, un instrument de travail. Y a-t-il de l'humanité, de la justice à le leur faire payer à un taux aussi exorbitant, faute par l'administration d'avoir des bureaux où ils puissent, sans un déplacement trop onéreux, sans une attente trop prolongée, s'adresser directement à elle ? Or une partie des quartiers les plus pauvres de Paris sont dans cette situation, et forcés d'employer l'intervention des commissionnaires.

En 1851, les diverses commissions perçues par les 21 commissionnaires en activité ont produit une somme totale de 314,006 fr. 55 c., non compris l'intérêt des excédents de leurs avances. Un d'entre eux n'a touché que 2,512 fr. ; deux autres ont reçu 8 à 9,000 fr. ; pour 13, la rémunération a varié de 10,000 à 18.000 fr. ; trois ont vu leur part s'élever à 27,751 fr., 31,665 fr., 38,075. En 1847, le total des commissions s'est élevé à 444,730 fr., et avec l'intérêt perçu par eux sur l'excédant de leurs avances à 504,000 fr. environ ; ils étaient alors 23 : le plus faible a reçu, non compris les intérêts de ses avances, 12,928 fr., le plus fort, 38,839 fr.

Avant 1840, la possibilité du remplacement des commissionnaires par les bureaux auxiliaires pouvait être mise en doute. On proclamait que le public avait dans la discrétion et l'obligeance de ces agents des motifs de préférence ; qu'il n'aurait pas la même confiance dans les employés de l'administration ; que ceux-ci n'offrent pas d'ailleurs autant de garantie, et que leur négligence entraînerait pour le mont-de-piété des pertes de toute espèce ; que d'ailleurs l'organisation de ces bureaux entraînerait des dépenses hors de proportion avec les produits, et qu'il en résulterait une diminution sensible dans les bénéfices. Ainsi, quelques-unes de ces objections étaient puisées dans l'intérêt prétendu des emprunteurs, les autres, dans cette habitude de faire du mont-de-piété une source de revenus, au lieu de le considérer, ainsi qu'il convient, comme une institution à la fois de crédit et de charité, dont les frais, à la charge du public,

doivent être allégés le plus possible, et avant tout. L'expérience a fait justice de ces craintes plus ou moins réelles.

Les deux bureaux auxiliaires établis en 1839 et 1840, rues de la Pépinière et de la Montagne Sainte-Geneviève, ont complètement répondu aux espérances qui avaient déterminé leur création. Le chiffre de leurs engagements pour 1851 n'est surpassé ou égalé que par 4 des 21 bureaux de commissionnaires, dont deux sont placés dans une situation que l'on peut dire exceptionnelle. L'un de ces bureaux a avancé 530,000 fr., somme inférieure à celle de 8 bureaux privés, supérieure de beaucoup à celle des 13 autres. L'autre a avancé 1,032,000 fr., il n'est dépassé que par les deux bureaux signalés ci-dessus. Si on prend l'ensemble en articles des engagements, renouvellements et dégagements réunis, les bureaux auxiliaires ne sont inférieurs qu'à un seul bureau privé.

La confiance du public n'a donc pas fait défaut aux employés de l'administration ; et il s'est adressé de préférence, comme il était naturel de le supposer, là où il payait moins cher. Ces résultats ont été obtenus sans diminution sensible dans les opérations faites par le chef lieu et la succursale, le déplacement des emprunteurs ayant eu lieu presqu'au seul détriment des commissionnaires.

D'après un rapport adressé, en 1843, au conseil d'administration par une commission prise dans son sein, les autres objections n'auraient pas plus de valeur. Dès cette époque, les bureaux auxiliaires, loin d'être une charge pour le mont-de-piété, présentaient, pour 1842, un excédant de recettes sur les dépenses qui a dû s'accroître avec les opérations ; or cette augmentation de 1851, comparativement à 1842, est de 18 p. 100, et elle a été beaucoup plus forte de 1843 à 1847.

Le même rapport établit que les indemnités réglées pour avaries ou pertes d'effets engagés dans ces bureaux, ont été sans aucune importance.

Ce travail avait pour objet de discuter l'utilité de l'ouverture de trois nouveaux bureaux auxiliaires, proposée par le directeur : les chiffres, les raisonnements étaient en faveur du projet, ou du moins de la création d'un troisième bureau comme complément d'essai, et cependant aucun ne fut établi.

Nous terminerons ce qui est relatif aux commissionnaires par l'indication de la part proportionnelle de leurs opérations. Prenons pour point de départ 1840, peu après l'ouverture des deux bureaux :

	PAR PUBLIC.			PAR COMMISSIONN.		
	1840	1846	1851	1840	1846	1851
Engagements	12 p. %	23 p. %	88 p. %	77 p. %		
Renouvellements	38 id.	44 id.	52 id.	62 id.	56 id.	48 id.
Dégagements	48 id.	51 id.	58 id.	52 id.	49 id.	41 id.

En 1839, la proportion des engagements directs n'était que de 9 p. 100. Ainsi les rapports immédiats entre les emprunteurs et l'administration ont pris chaque année une extension de plus en plus marquée. Ce que nous sommes donc fondés à réclamer, c'est que, dans les intérêts purement privés, le gouvernement n'entrave pas cette tendance qui se résout en économie pour le public, sans grever le mont-de-piété de nouvelles charges.

Le mont-de-piété de Paris, dans son état actuel, ne saurait être qualifié d'institution charitable : il prélève un intérêt trop élevé, réalise de trop beaux bénéfices, et n'est, en définitive, qu'une spéculation au profit des hospices. Bien plus, tandis que, dans l'origine des banques, les petits prêts étaient gratuits, et qu'ils le sont encore aujourd'hui dans plusieurs villes de France, à Paris, au contraire, le pauvre emprunteur se trouve dans des conditions moins favorables que le riche. Par suite, en effet, de la fixation du minimum des droits à 5 c., et de l'exigibilité du premier mois d'intérêt, quelle que soit la durée du prêt, malgré la dispense du droit de prisée pour les avances inférieures à 6 fr., le prêt de 3 fr. à 10, surtout quand le retrait du nantissement a lieu dans les vingt-quatre heures ou dans la huitaine, est relativement plus onéreux que les prêts de somme plus forte et d'une plus longue durée. Enfin, l'entremise si coûteuse des commissionnaires est, par la faute de l'institution, obligatoire, sinon en droit, du moins en fait, pour une partie des emprunteurs, surtout ceux qui, forcés de compter tous leurs instants, ne peuvent recourir au prêt direct trop éloigné d'eux, sans annuler par la perte d'un temps précieux le bénéfice que leur procurerait la différence des droits. Toutefois le mont-de-piété, malgré ces inconvénients, et bien qu'on ne puisse nier qu'il vient trop souvent en aide au désordre et à la mauvaise foi, n'en rend pas moins d'incontestables services à toutes les classes de la population parisienne. Aux riches momentanément gênés, aux commerçants n'ayant pas de papier négociable, il procure des ressources que l'on ne voudrait pas aller demander ailleurs. Aux pauvres, il fournit un secours, un instrument de travail à un taux encore bien inférieur à celui qu'exigeraient les prêteurs à la petite semaine. Si ce n'est pas le prêt à bon marché, c'est le prêt organisé, honnête, substitué au prêt clandestin, usuraire : enfin, on ne doit pas perdre de vue que les prêts au dessous de 16 fr., onéreux pour le public, le sont également à l'administration, qu'ils ne couvrent pas de la part de frais afférente à chacun d'eux. Or, ces opérations, qui entraînent pour le prêteur des pertes que doivent compenser les bénéfices faits sur les avances plus élevées, composent les 3/4 ou les 4/5 des engagements totaux.

La réduction de l'intérêt pour la totalité, ou du moins pour une partie des prêts, ne peut résulter que de la propriété d'un capital dont le mont-de-piété n'ait pas à payer le loyer. Or, l'établissement de Paris ne peut se procurer cette dotation que par la capitalisation des bénéfices posée en principe par la loi de 1851. D'un autre côté, la création de nouveaux bureaux auxiliaires est peu probable tant que le revenu des hospices sera considéré, à tort ou à raison, comme compromis par cette mesure. Aussi les deux intérêts, celui des hospices et celui des commissionnaires, se sont jusqu'ici regardés comme complétement liés, et se sont protégés mutuellement.

Sous la monarchie de Juillet, cette préoccupation fiscale et l'esprit de corporation qui voyait dans les commissionnaires des propriétaires d'offices, ont toujours ajourné l'ouverture des bureaux auxiliaires. Sous la République, dont le premier devoir, comme la première politique, devait être le soulagement des classes nécessiteuses, ces deux intérêts coalisés, appuyés par un membre influent du gouvernement provisoire, appartenant à une famille de commissionnaire, ont neutralisé les intentions réformatrices de l'administration et du directeur, M. Blaize, nommé après la révolution de Février. Plus tard, les mêmes influences sont parvenues à faire amoindrir jusqu'à l'insignifiance le projet primitif, devenu la loi du 24 juin. Un principe fécond avait toutefois survécu, celui de la capitalisation des bénéfices; on a élevé des doutes sur son application au mont-de-piété de Paris; on a trouvé le moyen de les faire partager à l'autorité : le conseil d'État s'est prononcé dans le sens que nous défendons; deux années se sont écoulées, et l'on attend encore le règlement à intervenir pour opérer la séparation des deux intérêts jusqu'ici confondus, celui des hospices et celui du mont-de-piété, et rendre à cette dernière administration la liberté d'allures qui lui permettra, sauf nouvelles intrigues, d'améliorer la condition des emprunteurs.

Le gouvernement actuel a pris des engagements qui lui interdisent plus qu'à tout autre de reculer dans cette voie; il a proclamé bien haut son intention d'abaisser le taux de l'intérêt. La réduction un peu prématurée de la rente, celle du taux de l'escompte de la banque de France, attestent l'énergie de sa volonté. Mais il eût été de toute justice de commencer cette réforme en l'opérant au profit des pauvres, tandis qu'on ne s'est guère occupé que de l'État et des riches. Car, pour les pauvres, les institutions de crédit sont comme non existantes; leur banque, c'est le mont-de-piété.

Le gouvernement n'est entravé dans sa marche ni par les influences électorales, ni par les influences parlementaires. Pour faire le bien, il n'a qu'à le vouloir et le savoir; il serait moins excusable qu'un autre de ne pas réaliser les améliorations projetées depuis si longtemps. Nous ne croyons pas le pouvoir absolu, qui se déguise sous le mot de principe d'autorité, plus apte que le gouvernement de discussion à faire progresser une société moralement et matériellement; mais nous admettons qu'il peut faire accidentellement quelque bien. Nous espérons donc qu'il se dégagera des influences qui, depuis deux ans tout à l'heure, ont suspendu l'effet de la loi de 1851, et qu'il n'empêchera pas plus longtemps le mont-de-piété de se constituer une dotation par la capitalisation de ses bénéfices, et d'ouvrir de nouveaux bureaux auxiliaires avec réduction progressive des commissionnaires. L'adoucissement des charges qui pèsent sur les petits emprunteurs sera la conséquence plus ou moins immédiate de ces deux innovations, et le mont-de-piété de Paris sera alors ce qu'il doit être, une institution à la fois de crédit et de charité (1).

Imprimerie impériale. — Les bibliophiles recherchent avec soin, certaines petites éditions élégantes et correctes d'auteurs classiques dont le frontispice est revêtu de l'inscription : *Ex typographiâ regiâ.* Plusieurs ouvrages français plus ou moins considérables portent la même désignation en langue vulgaire : enfin, il est sorti des presses de l'Imprimerie royale ou impériale une assez grande quantité de volumes en caractères étrangers, orientaux, hébraïques, etc.

Ces diverses publications remontent à une époque déjà éloignée. Aujourd'hui, les presses officielles ne produisent plus que des actes officiels, des instructions, des circulaires et des feuilles préparées pour les besoins des diverses administrations. Tout au plus s'il en sort quelquefois des livres imprimés par les soins du gouvernement, et destinés à enrichir les bibliothèques ou à offrir des présents aux souverains et aux particuliers. Telle est, par exemple, la collection des documents inédits relatifs à l'histoire de France, qui paraît à intervalles réguliers et vient étaler sur les rayons des bibliothèques de province sa virginité inviolable et immaculée. Telles sont encore les élucubrations sanscrites, bouddhiques, mantchoues, etc., de MM. les Chinois, Tartares, Indiens et Thibétains du Collége de France. Les caractères étrangers que l'Imprimerie possède sont loués aux particuliers pour la composition des livres arabes, hébreux, chinois, etc.

La fondation de cet établissement remonte au ministère du duc de Luynes. Par ordonnance du 2 février 1620, Louis XIII accorde aux sieurs Morel et Métayer, imprimeurs ordinaires du roi, le privilége d'imprimer seuls les édits, décrets, déclarations, etc. Richelieu s'empara de cette création, et organisa l'Imprimerie royale; il fit nommer un intendant, un correcteur et un imprimeur, et installa les ateliers au Louvre. L'Imprimerie royale n'avait, à cette époque, qu'un petit nombre de pièces officielles à mettre sous presse; elle était fondée dans l'intérêt des lettres, et non pour un but d'utilité. Aussi elle publia une foule de livres remarquables par la beauté de l'impression et la pureté du texte, à partir de l'*Imitation de Jésus-Christ*, qui inaugura ses travaux : ses produits rivalisaient avec ceux des Elzévirs de Hollande, de même que les chefs-d'œuvre sortis des presses des Estienne soutenaient la comparaison avec les éditions Aldines. La famille Anisson-Duperron, en possession du privilége de l'Imprimerie royale depuis 1691, consacra pendant près d'un siècle tous ses efforts à centraliser dans cet établissement les divers services publics, sans toutefois négliger les travaux qui avaient valu à l'Imprimerie nationale sa supériorité incontestable. C'est ainsi que l'on y annexa successivement l'Imprimerie chargée des différents ouvrages relatifs à la guerre et à la marine, qui existait depuis 1683 dans l'hôtel de la guerre, à Versailles. Un autre arrêt y réunit l'imprimerie dite du *cabinet*.

La Convention nationale transféra les ateliers de l'Imprimerie de la République à l'hôtel de Toulouse, aujourd'hui la Banque de France, devenu propriété nationale, et y centralisa tous les services publics. L'organisation de l'Imprimerie nationale était définitive. Un décret de 1809 confirma le privilége, et la chargea exclusivement des impressions des ministères, de la maison impériale, du conseil d'État et du Bulletin des lois. En 1814, la Restauration, cédant à son antipathie pour toutes les créations de la République et de l'Empire, voulut rétablir l'Imprimerie royale sur l'ancien pied, et un directeur en prit l'administration à son compte. On lui confia, à titre d'usufruitier, les poinçons et tout le matériel. Mais cet ordre de choses ne dura que jusqu'en 1823, époque à laquelle l'Imprimerie fut réorganisée sur les bases qu'elle conserve encore. Son administration est confiée à un directeur nommé par le chef de l'État, entre les mains duquel il prête serment. Cinq employés, proposés par le garde des sceaux, sont sous ses ordres : ce sont les chefs de la typographie, du *Bulletin des lois* et des travaux accessoires, du service intérieur, de la comptabilité et du contrôle.

L'Imprimerie royale occupe 120 presses ordinaires et 10 presses à vapeur : elle emploie à son exploitation environ 460,000 kilogrammes de caractères et conserve 5 à 6,000 formes toutes prêtes pour les besoins instantanés des administrations. Pour la typographie française, elle possède 57 corps de caractères romains : la typographie étrangère se compose d'une centaine de corps, formant quarante alphabets, qui s'élèvent à environ 10,000 poinçons et 14,000 matrices. Dans ce total ne sont pas compris deux corps de géorgien, deux nouveaux corps hébreux, neuf corps allemands, nouvelle gravure, et un caractère guzarati. Pour la langue chinoise, il existe deux corps, gravés anciennement et formant 126,590 groupes en bois : de plus un nouveau corps, qui permet, avec 6,000 groupes, de composer les 60,000 caractères nécessaires pour l'écriture chinoise.

Le décret impérial qui réorganisait l'Imprimerie royale ordonnait en même temps sa translation dans une des dépendances de l'hôtel Soubise, appelé alors Palais-Cardinal, à cause du cardinal de Rohan, qui l'avait fait construire. Cet édifice, situé rue Vieille-du-Temple, n'offre rien de remarquable.

Depuis que l'Imprimerie impériale a cessé de s'occuper de publications littéraires pour se consacrer tout entière aux besoins du service public, ses impressions ont perdu la supériorité qui les rendait autrefois si célèbres. Le peu d'ouvrages qui en sortent aujourd'hui se distinguent, il est vrai, par de rares et solides qualités, telles que la beauté du caractère, la force et la bonté du papier, le soin apporté à la correction du texte, etc. Mais comme ces livres ne s'adressent qu'à un très-petit nombre de lecteurs, leurs qualités sont à peu près perdues; le gouvernement ne confie pas à son imprimerie les éditions de luxe : il préfère, avec raison, subventionner par de larges souscriptions les entreprises des particuliers. Aussi la gloire de la typographie française est-elle principalement soutenue maintenant par les imprimeurs libres. Un grand nombre de ces derniers s'occupent surtout d'alimenter la consommation énorme qui se fait chaque jour d'imprimés à bon marché. Mais il reste encore quelques amis de l'art typographique, qui ne veulent pas sacrifier aveuglément à cette fabrication au jour le jour, et qui soignent leurs éditions avec un zèle digne des temps classiques. Les Didot, les Plon, les Crapelet, les Curmer et d'autres, dont tout le monde connaît les noms et les ouvrages, offrent au lecteur des livres dignes de figurer dans les bibliothèques les mieux choisies, à côté des curiosités les plus belles qu'aient produites, dans l'ancien temps, les Aldes, les Elzévirs, Basterville et une foule d'autres, sans compter les Gryphe et les Estienne.

(1) Nous devons cet excellent article sur le mont-de-piété, ainsi que celui de la statistique industrielle, à la bienveillante collaboration de M. Joubert, ancien directeur de l'octroi de Paris; nous sommes heureux et fiers de signaler ici ce service dont nous remercions bien sincèrement l'auteur.

Chapitre LXXI.

LES PLACES PUBLIQUES.

La place Beauveau. — L'Élysée. — Historique de l'Élysée. — La place Bréda. — La place Sainte-Catherine. — Mort du prévôt Étienne Marcel. — La place d'Europe. — Le jardin de la place d'Europe. — La place Saint-Germain-l'Auxerrois — Le For-l'Évêque. — La place Lafayette. — La place de l'École. — Maison Moreaux. — *Les chinois de la mère Moreaux.* — La place Maubert. — Son antiquité. — Le quartier Maubert. — La place de l'École de Médecine. — Le club des Cordeliers. — La tourelle où fut poignardé Marat. — La place du Petit-Pont. — Le petit Châtelet. — *Payer en monnaie de singe.* — Un passage de Mercier sur le petit Châtelet. — La place Vendôme. — Colonne de la place Vendôme. — La place des Victoires. — Le duc de la Feuillade. — La statue équestre de Louis XIV. — La place Vintimille. — Le square Sainte-Hélène. — Les cités. — La cité Trévise.

Paris compte un assez grand nombre de places publiques. Il a été déjà question de quelques-unes des plus remarquables, telle que la place de la Concorde et la place du Carrousel : passons rapidement en revue celles qui rappellent quelque souvenir ou qui ont une physionomie particulière. L'ordre alphabétique est presque de rigueur pour cette énumération.

La place Beauveau, située rue du Faubourg-Saint-Honoré, sert de dégagement au palais de l'Élysée. Ce palais, auquel se rattache toute une histoire, fut bâti par le comte d'Évreux, en 1718, sur les dessins de l'architecte Molet. M⁻ᵉ de Pompadour, en étant devenue propriétaire, l'augmenta, l'embellit et l'occupa jusqu'à sa mort. Louis XV l'acheta ensuite, pour en faire la résidence des ambassadeurs extraordinaires; mais il fut employé provisoirement comme entrepôt des meubles et des joyaux de la couronne, en attendant l'achèvement du Garde-Meuble actuel. L'Élysée, devenu ensuite la propriété de M. de Beaujon, reçut, entre les mains de ce célèbre financier, des embellissements prodigieux et devint une demeure princière. Plusieurs millions, prélevés sur la ferme des impôts, furent engloutis chez ce roi de la banque : et toutes les splendeurs des traitants se trouvèrent surpassées.

Racheté par la couronne en 1786, l'hôtel Beaujon fut destiné à servir d'habitation aux princes et aux princesses en voyage à Paris, ainsi qu'aux ambassadeurs extraordinaires. Vendu en l'an VI, l'Élysée servit de résidence au premier consul et à plusieurs membres de sa famille; puis il fut tour à tour habité par l'empereur Alexandre, lors de l'invasion, et par le duc de Berri. Sous la monarchie de Juillet, il resta fermé. Après la révolution de Février, l'Élysée a été affecté au président de la République, qui en est sorti empereur pour se transporter aux Tuileries.

La place Bréda, que les exigences de la nomencla-

Vue extérieure de l'Élysée. — Arrivée du président de la République en décembre 1848.

ture alphabétique appellent après cette aristocratique devancière, n'offre d'intérêt que comme centre d'un quartier du nouveau Paris, dont nous avons déjà essayé de retracer une esquisse au chapitre *Lorettes*; elle a pris le nom de l'entrepreneur qui la fit construire, de 1830 à 1840, M. Bréda, lequel se doutait fort peu de l'immortalité qu'il allait conquérir.

A l'autre extrémité du Paris rive droite, au fond du Marais, se trouve la place Sainte-Catherine, ouverte sur l'emplacement du couvent Sainte-Catherine du Val des Écoliers. Ce couvent fut enrichi par les archers du roi Philippe-Auguste, qui y fondèrent une église en l'honneur de la victoire de Bouvines, afin d'accomplir un vœu qu'ils avaient fait au moment où le prince faillit être pris ou tué. Sur le portail se voyaient deux bas-reliefs, représentant, l'un Saint-Louis, l'autre un chanoine, vêtu de sa chape, et chacun entre deux archers armés de pied en cap; la construction fut terminée en 1229. C'est non loin de là que le prévôt Étienne Marcel, voulant livrer Paris au roi de Navarre, en 1358, fut tué d'un coup de masse d'armes par Jean de Charny. L'église et le couvent ayant été démolis, on établit sur l'emplacement un marché et une place publique, qui furent terminées avant la Révolution.

La place d'Europe est la place Bréda de l'avenir. De construction plus récente encore, elle n'est pas tout à fait entourée sur ses huit côtés de maisons; et celles qui s'élèvent déjà sont, la plupart, trop fraîches encore pour donner asile même à ces courageuses locataires qu'on a appelées des *essuyeuses de plâtres*. Pourtant, à mesure que la population de la Boule-Rouge et de Notre-Dame de Lorette devient plus honnête et plus bourgeoise, et que le quatrième arrondissement se transforme en arrondissement sérieux, le *treizième* se dirige vers l'ouest, et se rapproche sensiblement des rues de Londres, de Berlin, d'Amsterdam, etc., qui donnent ce nom ambitieux à la place qui nous occupe. A l'imitation des quartiers élégants de Londres, tout peuplés de squares, la place d'Europe possède un jardin circulaire, entouré de grilles, qui jette un peu de gaieté et de pittoresque au milieu de

CHAPITRE LXXI. — LES PLACES PUBLIQUES.

la froide régularité des habitations avoisinantes.

La place Saint-Germain-l'Auxerrois, située en face du portail de l'église du même nom, fut ouverte en 1784 sur l'emplacement occupé par onze maisons et un certain nombre d'échoppes et boutiques appartenant au chapitre de Notre-Dame de Paris. Une de ces maisons avait vu mourir la belle Gabrielle d'Estrées, maîtresse de Henri IV, empoisonnée au moment où ce prince allait peut-être contracter avec elle un mariage impolitique. Non loin se trouvait la fameuse prison du For-l'Évêque, bâtie d'abord pour la justice ecclésiastique, dont les arrêts étaient exécutés sur la place du Trahoir, où se trouve aujourd'hui la rue de l'Arbre-Sec. Le For-l'Évêque servait ensuite de prison aux fils de famille débauchés, aux détenus pour dettes et aux comédiens réfractaires ou indociles.

Comme la précédente, la place Lafayette sert de dégagement à une église, à Saint-Vincent de Paul : elle n'a d'autre recommandation que le nom qu'elle porte.

Une grande célébrité parisienne suffit pour que le curieux s'arrête à la place de l'École, presque au débouché du Pont-Neuf. Là se trouve une splendide boutique, tout récemment brodée d'or sur toutes les coutures, ni plus ni moins qu'un costume officiel, avec une enseigne resplendissante au loin : maison Moreaux, fondée en 1798. C'est en quelque sorte le nœud, le point de contact le plus intime des deux cités de la rive droite et de la rive gauche : au moment d'entrer sur le territoire de l'une ou de l'autre, tout naturel de la capitale vient demander un léger surcroît de force à cet établissement, qui accorde une impartiale hospitalité aux Parisiens de n'importe quelle latitude. L'indigène du Latium, en cours de voyage vers le boulevard, fait halte devant le comptoir reluisant, et savoure la modeste prune à l'eau-de-vie. Le gentilhomme du haut commerce, qui part pour quelque exploration trans-séquanienne, s'élève jusqu'à la consommation d'une particule d'ananas ou d'un marron confit dans le généreux liquide. Plus d'une sirène de la rue Saint-Jacques, en compagnie de l'Ulysse qu'elle a conquis, se risque derrière ces perfides vitrages, et consent à absorber en public le petit-verre *de doux*, ou le chinois pénétré de sucre et d'alcool, grâce à d'habiles préparations : et il n'est pas rare, surtout dans la soirée, d'entrevoir à travers les vitres brouillées par le froid, tout au fond de la salle, diaprée de marbres aux riches couleurs, la forme mystérieuse et voilée d'une dame de bon aloi, qui, chaperonnée par un cavalier complaisant, se hasarde à goûter le fruit défendu, que les héritiers de la mère Moreaux savent rendre si agréable au goût.

Grâce à une situation unique et à son ancienneté, la maison Moreaux compte une riche clientèle. Tandis que la concurrence a répandu sur tous les points de Paris, et même dans les quartiers les plus aristocratiques, les comptoirs d'étain et les pruneaux à l'eau-de-vie, sans que cette spéculation sur grande échelle ait l'air de réussir, sans que l'exhibition de marchandes parées et plâtrées comme des comédiennes attire beaucoup d'admirateurs qui consomment, la maison de la place de l'École voit se succéder sans relâche la file des amateurs.

La place Maubert, située dans les environs du marché aux Veaux, n'a de remarquable que son antiquité. On raconte qu'Albert le Grand, un des savants encyclopédiques du moyen âge, enseignait publiquement sur cette place, à laquelle il aurait laissé son nom, *Maubert* étant une abréviation de *maître Albert*. Le

Maison Moreaux.

quartier dont elle est le centre est un de ceux qui méritent le plus de fixer l'attention de l'homme jaloux de faire des découvertes dans Paris. Touchant d'une part au pays latin par la rue des Noyers, et de l'autre aux régions inconnues du quartier Saint-Marcel, par la rue de Bièvre, elle tient du caractère de ces deux contrées si dissemblables. Quelques étudiants peu fortunés, quelques bohèmes d'ordre inférieur, quelques *versionnaires*, gagnent frauduleusement leur vie triste et sans avenir à passer bacheliers, s'y coudoient, dans d'affreux escaliers, sur de sombres carrés, avec des ouvriers d'une probité équivoque, des chiffonniers et des gens sans aveu. Il y a même, pour compléter le mélange, une assez grande quantité de ces petits rentiers, de ces bourgeois à demi-fossiles qui peuplaient, du temps de Mercier, les alentours de la place Maubert. Enfin, pour que rien ne manque à son originalité, elle vit s'élever, le 12 mai 1588, la première barricade des Ligueurs, et, en juin 1848, elle a pris sa part de lutte dans les événements qui ont ensanglanté Paris.

La place de l'École de médecine, située au-devant de l'institution de ce nom, a été formée au commencement de notre siècle, lors de la démolition du couvent des Cordeliers. Les Cordeliers s'y étaient établis dès 1217 : enrichis par Louis IX, puis par Henri III, ils ne cessèrent de prospérer jusqu'en 1794, époque à laquelle ils furent remplacés par le district, dit des Cordeliers, qui balança longtemps le club des Jacobins. Non loin se trouve la tourelle où Marat fut poignardé par Charlotte Corday.

Le petit Châtelet s'élevait à l'endroit où se trouve aujourd'hui la place du Petit-Pont. Cet édifice fut dans l'origine, ainsi que le grand Châtelet, une forteresse défendant la tête du pont qui donnait accès dans la Cité : plus tard, on y percevait un péage de tous ceux qui se présentaient pour traverser la Seine. Chacun connaît la singulière exception faite en faveur des histrions qui amenaient des singes et qui pouvaient s'acquitter en faisant faire quelque grimace et quelque tour de force à l'animal : d'où vient le proverbe « payer en monnaie de singe. » Le petit Châtelet, détruit par une inondation, fut rebâti en 1369, et destiné à servir de prison quelques années plus tard ; durant les querelles entre les Armagnacs et les Bourguignons, ceux-ci, maîtres de Paris, forcèrent le petit Châtelet et massacrèrent leurs ennemis qui y étaient détenus. Cette prison fut détruite en 1782. Voici un passage de Mercier qui s'y rapporte : « J'ai passé sur les débris du petit Châtelet ; mais quel aspect ! les voûtes entr'ouvertes des cachots souterrains, qui recevaient l'air pour la première fois depuis tant d'années, semblaient révéler aux yeux des passants effrayés les victimes ensevelies dans leurs ténèbres : un frémissement involontaire vous saisissait en plongeant la vue dans ces antres profonds, et l'on se disait : « est-ce donc dans un pareil gouffre, au fond de la terre, dans un trou à mettre les morts, qu'on a logé des hommes vivants ! » — « Ces cachots vont servir désormais aux maisons qu'on va bâtir sur leurs fondements. Mais les murs y doivent être encore imprégnés des soupirs du désespoir. Qui osera placer là son tonneau de vin ? qui pourra le boire sans se rappeler les malheureux qui ont gémi entre ces murailles, dans les tourments du corps et les angoisses de l'âme, plus terribles encore ? » — D'ailleurs nous ne retrouvons ici rien qui mérite mention, et il n'est ces souvenirs évoqués à propos d'une prison du moyen âge, sur l'emplacement de laquelle s'élèvent aujourd'hui des maisons, une partie de l'Hôtel-Dieu, et qui a servi à former une place publique.

Nous terminons cette revue par deux des plus

belles places de Paris et du monde entier : la place Vendôme et la place des Victoires. Toutes les deux sont des créations de Louis XIV.

Par deux édits, en date de 1686 et de 1699, le grand roi abandonnait au prévôt et aux échevins de Paris l'hôtel Vendôme et le couvent des Capucines, afin d'ouvrir, sur le terrain qu'ils occupaient, une place de forme et d'architecture régulières. Le fameux Mansart fut chargé de la direction des travaux, et, en peu de temps, on put inaugurer la statue de Louis XIV au milieu de la place. Cette statue, fondue d'un seul jet par Balthazar Keller, était d'une dimension colossale : elle représentait le monarque à cheval, vêtu à l'antique et la tête couverte d'une immense perruque. Quant à la place elle-même, elle formait et forme encore un octogone ayant quatre grandes faces et quatre petites. Son architecture est parfaitement régulière, et présente une décoration d'ordre corinthien. Entre chaque face s'avance un corps de logis surmonté d'un fronton dans le tympan duquel sont sculptées les armes de France, au milieu d'ornements divers.

La Révolution renversa la statue de Louis XIV, et imposa le nom de *Place des Piques* à la place Vendôme. Napoléon lui donna une nouvelle gloire, en la choisissant pour élever la colonne qui devait immortaliser la campagne d'Austerlitz. Cette colonne, construite sous la direction de M. Denon, et haute de 44 mètres, est formée du bronze de 1,200 canons pris à l'ennemi : le poids total de ce bronze est de 250,000 kilogrammes. Il est disposé par plaques représentant tous les épisodes de la campagne, séparés par un cordon qui porte gravé le nom de l'action qui sert de sujet au bas-relief. Les quatre faces du piédestal représentent des armes et des trophées militaires; au-dessus s'élèvent quatre aigles gigantesques. Dans l'intérieur du monument, bâti en pierre de taille, on a pratiqué un escalier à vis, dont l'entrée est du côté des Tuileries. La statue colossale de Napoléon, en costume impérial, qui surmontait la colonne, était l'œuvre de Chaudet : abattue lors de l'invasion, elle a fourni les matériaux de la statue d'Henri IV, qui orne le milieu du Pont-Neuf. En 1833, on a rétabli l'image de l'Empereur avec son costume historique, la redingote et le petit chapeau. Cette nouvelle statue a été exécutée par M. Seurre. Le soubassement est un granit de Corse; on l'a placé en 1835.

Enfin, la place des Victoires, également consacrée à Louis XIV, doit sa naissance à un gentilhomme adorateur fanatique du soleil de Versailles, au duc de la Feuillade. Ce seigneur, qui entretenait un luminaire toujours allumé devant l'image de son maître, avait fait exécuter sa statue dans des proportions colossales; il fut autorisé à mettre cette statue sur une place publique, que durent faire ouvrir les échevins. L'inauguration de la statue eut lieu en 1686. Le roi, couronné par la Victoire, était revêtu des ornements de son sacre. Il foulait aux pieds un cerbère, symbole de la triple alliance; une Victoire ailée, debout derrière lui, le couronnait de lauriers. Le piédestal était orné de quatre figures d'esclaves, en bronze, qui se trouvent à présent aux Invalides. Un pareil nombre de fanaux, élevés chacun sur trois colonnes doriques de marbre, avec des guirlandes, des médaillons et des bas-reliefs, éclairait le monument.

En 1792, la statue de Louis XIV fut abattue et remplacée par une pyramide provisoire, en bois, sur laquelle furent inscrits les noms des citoyens morts pour la liberté, le 10 août. Cette pyramide ne dura pas, et fut abattue à son tour par Bonaparte, qui en abandonna les morceaux à un corps de garde. Les consuls firent mettre, à la place, l'image de Desaix, exécutée en marbre par Dejoux; mais les réclamations des voisins contre l'excessive simplicité de costume du héros obligèrent l'autorité à le couvrir d'une charpente. Enfin, en 1816, Desaix fut envoyé au Musée, et une statue équestre de Louis XIV reprit possession de la place des Victoires, et jusqu'à présent aucun nouvel orage ne l'a renversée. Elle est coulée en bronze par M. Bosio, qui a cru devoir respecter la tradition, et affubler le grand roi de la perruque française et de la tunique romaine. Le piédestal, en marbre blanc, est de M. Alavoine, architecte.

N'oublions pas la place Vintimille, place toute nouvelle et remarquable par un monument élevé, grâce à la munificence des propriétaires voisins, sans la participation financière de l'État. Chose encore plus étrange! les souscripteurs ont laissé une large place à l'art pur. On a pratiqué un petit jardin circulaire, baptisé du nom de square Sainte-Hélène, au milieu duquel s'élève une statue en marbre, de deux mètres vingt centimètres de hauteur, représentant Napoléon et exécutée par M. Mathieu Meusnier. Un hémicycle d'arbres verts lui forme un encadrement favorable; et près d'elle, penchant ses grêles rameaux funéraires, est un jeune saule pleureur,

Colonne de la place Vendôme.

rejeton importé du saule pleureur qui ombrageait le tombeau de Napoléon à l'île de Sainte-Hélène. Ce bon accueil fait à la statuaire par les propriétaires de la place Vintimille est d'autant plus remarquable, que la statue dont ils ont orné leur place est tout à fait en dehors des données habituelles du sujet et

CHAPITRE LXXI. — LES PLACES PUBLIQUES.

dans des conditions propres à troubler l'admiration routinière. L'artiste a rompu entièrement avec la tradition. Ce n'est pas le Napoléon qui est partout, que colportent les marchands de plâtres dans toutes les campagnes, le Napoléon au petit chapeau et à la redingote, qu'il a voulu reproduire. Il a représenté le sien nu.

Cette statue a été inspirée par une phrase historique de Napoléon : « Nouveau Prométhée, le léopard de l'Angleterre me ronge le foie sur mon rocher. » Malgré cette donnée un peu mélodramatique, l'auteur a eu le bon esprit de concevoir et d'exécuter son œuvre le plus simplement possible.

La figure est debout, au repos, dans une attitude naturelle; le bras gauche est pendant et abandonné le long du corps ; la main droite s'écarte un peu et se pose sur la tête de l'aigle, dont elle comprime l'essor désormais inutile. Cet aigle, placé aux pieds de Napoléon, semble prêt à s'élancer d'un rocher battu par les flots et où sont inscrits les noms suivants : Pyramides, Wagram, Sainte-Hélène. La figure exprime une héroïque douleur, et le front glorieux, décoré d'une couronne d'or, de feuilles de chêne et de laurier, semble porter le poids des vastes pensées et de l'adversité. Cette tête expressive donne à la figure toute sa signification. Les membres, et le torse particulièrement, sont largement modelés, et font honneur au ciseau du jeune artiste.

L'histoire de la place Royale est la moitié de l'histoire de Paris. Cette place, aujourd'hui solitaire et paisible, abandonnée sans partage aux vieux rentiers, qui viennent y boire à longs traits la chaleur bienfaisante du soleil d'été, ou qui se réfugient, les jours de pluie, sous ses hospitalières arcades, cette place, dis-je, où règnent les enfants et leurs bonnes, privées elles-mêmes de la classique compagnie du troupier, fut le centre de notre capitale, le chef-lieu du beau monde et de la galanterie, et, en un mot, l'abrégé de l'univers, comme disaient les nouvellistes du temps jadis.

Elle occupe une partie de l'emplacement sur lequel s'élevait l'hôtel des Tournelles, ancienne résidence des rois, depuis le duc de Berri, frère de Charles V, qui l'acheta en 1402. Cette habitation royale renfermait plusieurs corps de bâtiments avec chapelles ; on y comptait douze galeries, deux parcs et sept jardins. Parmi les pièces les plus remarquables, on cite la *chambre du conseil*, dont les ornements étaient de la plus grande magnificence, et la *galerie des Courges*, ainsi nommée des courges vertes peintes sur les murailles. Cette galerie avait été élevée par ordre du duc de Bedfort, en 1432.

Une partie de l'hôtel portait le nom de logis du roi. La porte d'entrée était décorée d'un écusson aux armes de France, peint par Jean de Boulogne. Louis XI y fit construire une galerie qui traversait la rue Saint-Antoine, et aboutissait à l'hôtel de madame d'Étampes.

Louis XII mourut dans ce palais. François Ier y demeurait rarement; mais son fils y ramena les plaisirs, et, sous Henri II, le palais des Tournelles jeta son dernier éclat. A l'issue d'un tournoi donné pour célébrer la paix de Câteau-Cambrésis, le roi fut frappé d'un coup de lance par le comte de Montgommeri, et mourut des suites de cette blessure involontaire. Ce funeste accident fit déserter la résidence royale, qui fut vendue par Charles IX, en 1563.

La place Vintimille. — Napoléon-Prométhée.

L'un des parcs du palais des Tournelles fut transformé en marché aux chevaux. Une querelle s'étant élevée entre les mignons du roi Henri III et les favoris du duc de Guise, le marché aux chevaux fut choisi pour le duel qui devait la vider. Voici ce que dit Sainte-Foix du dénoûment de cette sanglante rencontre, provoquée par Marguerite de Navarre, sœur du roi : « Maugiron et Schomberg, qui n'avaient que dix-huit ans, furent tués roides. Livarot, d'un coup sur la tête, resta six semaines au lit. Ribérac mourut le lendemain. D'Entragues ne fut que légèrement blessé; Quélus, de dix-neuf coups qu'il avait reçus, languit trente-trois jours, et mourut entre les bras du roi, le 29 mai 1578, à l'hôtel de Boissy, dans une chambre qu'on peut dire avoir été sanctifiée depuis, servant à présent de chœur aux filles de la Visitation Sainte-Marie. » Les restes des favoris du roi furent somptueusement inhumés dans l'église Saint-Paul, que l'Estoile appelle le *Sérail des Mignons*.

La place Royale a été bâtie par Henri IV. Ce prince, plus jaloux d'embellir sa capitale qu'aucun de ses prédécesseurs, rendit une ordonnance relative à la construction de cette place en juillet 1605. Il avait pour but d'aider à établir les manufactures de drap et de soie, et à loger les ouvriers qu'il voulait attirer dans le royaume : et son intention était aussi de fonder un promenoir pour les habitants de la ville, et un local propre aux réjouissances publiques. A cet effet, il ordonnait que l'ancien marché aux chevaux prendrait le nom de place Royale; « à condition de bastir sur les faces de ladite place ung pavillon ayant la muraille de devant de pierre de taille et de brique, ouverte en arcade, et de galleryes en dessoubs, avec des boutiques pour la commodité des marchandises. » Un des côtés était déjà construit : l'édit royal prescrit de bâtir les trois autres sur le même plan et d'une même symétrie. Le beau monde ne tarda pas à se presser sur la place Royale, qui fut le théâtre de fêtes et d'événements de toute sorte. En 1612, la régente, Maris de Médicis, y donna une réjouissance magnifique, à l'occasion du traité avec l'Espagne. Cette fête est fort curieuse, et les détails donnent l'idée du goût d'allégories et d'emblèmes qui régnait à cette époque. Une construction symbolique, le temple de la Fidélité, s'éleva au milieu de la place : cinq tenants, le duc de Nevers, le duc de Guise, le comte de Bassompierre, le prince de Joinville et le comte de la Châtaigneraye, sous les noms d'Alcindor, Léontide, Alphée, Lysandre et Argunt, en défendaient l'accès : ils s'appelaient les chevaliers de la Gloire. L'équipage des tenants était composé de cinq cents hommes, archers, hérauts, trompettes, estafiers, etc.; plus, deux cents chevaux précédant un chariot d'armes, un rocher roulant chargé de musique, et un char triomphal, dans lequel étaient assises plusieurs divinités qui récitaient des pièces de poésie. Alors s'avancèrent les chevaliers du Soleil, conduits par le prince de Conti, sous le nom d'Aristée ; puis les chevaliers du Lis, suivant le duc de Vendôme; les deux Amadis représentés par le comte d'Ayen et le baron d'Uxelles ; le Persée français, sous les traits de Henri de Montmorency.

Ajoutons les chevaliers de la Fidélité sous les chevaliers du Phénix, sous les ordres des ducs de Retz et de Longueville; les quatre Vents, réduits à trois par la mort du sieur de Baligny, tué en duel, quatre nymphies de Diane, deux chevaliers de l'Univers et neuf illustres Romains. Tous ces assaillants coururent la quintaine et la bague, en se mesurant avec les tenants : des prix d'une valeur de 400 pistoles étaient réservés aux vainqueurs. Le lendemain de la course, un feu d'artifice illumina le palais de la Fidélité. La fête se termina par une cavalcade aux flambeaux, qui fut suivie de l'incendie de deux maisons. Deux mille personnes et mille chevaux figuraient à cette fête : on vit passer plus de vingt grandes machines, sans compter les géants, les éléphants, les rhinocéros et un monstre marin. Le nombre des spectateurs, réunis sur les échafaudages, entassés sur les toits et encombrant tous les abords de la place Royale, s'élevait à près de quatre-vingt mille.

Sous le ministère de Richelieu, cette place reçut une statue de Louis XIII, en bronze. Le cheval sur lequel était monté le prince, ouvrage de Daniel Ricciardelli, disciple de Michel-Ange, passait pour une œuvre admirablement belle. Elle fut, à la même époque, le théâtre d'un duel fameux, qui fut suivi de la condamnation à mort et de l'exécution des deux vainqueurs, Chapelle et Bouteville. La belle Marion Delorme et la célèbre Ninon de Lenclos y avaient aussi leur résidence.

Les grilles qui entourent la place Royale furent posées sous Louis XIV. En 1783, le prévôt des marchands la fit planter d'arbres.

En 1792, la place Royale reçut le nom de place des Fédérés, et, l'année suivante, de place de l'Indivisibilité. L'an VIII, les consuls ayant décrété que le département qui acquitterait le premier la plus forte partie de ses contributions donnerait son nom à la principale place de Paris, la place de l'Indivisibilité devint place des Vosges; ce département ne devait rien sur l'arrière, et avait payé, en six mois, 13/20ᵉˢ de ses contributions. Elle n'était pas au terme de ses changements de noms : redevenue place Royale après la Restauration, la révolution de 1848 a ressuscité l'ancienne dénomination de l'an VIII. Enfin, aujourd'hui la place bâtie par Henri IV a repris son nom primitif. C'est une agréable promenade : la statue de Louis XIII a été rétablie, et on l'a depuis peu accompagnée de quatre gracieuses fontaines et d'un pareil nombre de jardinets qui sont l'entourent d'une corbeille de verdure et de fleurs.

Nous lisons à propos de la place Royale, dans l'ouvrage de M. Cousin sur madame de Longueville,

Cité Trévise.

« Que d'événements publics et domestiques n'a pas vus cette place pendant tout le xviiᵉ siècle, que de nobles tournois, que de duels atroces, que d'aimables rendez-vous ! Quels entretiens n'a-t-elle pas entendus, dignes de ceux du *Décaméron*, que Corneille a recueillis dans une de ses premières comédies et dans plusieurs actes du *Menteur*! Que de gracieuses créatures ont habité ces pavillons ! Que d'illustres personnages en tout genre n'ont pas monté ces beaux escaliers ! Richelieu et Condé, Corneille et Molière ont cent fois passé par là. C'est en se promenant sous cette galerie que Descartes, causant avec Pascal, lui a suggéré l'idée de ses belles expériences sur la pesanteur de l'air. C'est là aussi qu'un soir, en sortant de chez madame de Guimenée, le mélancolique de Thou reçut de Cinq-Mars l'involontaire confidence de la conspiration qui devait les mener tous deux à l'échafaud. C'est là enfin que naquit madame de Sévigné, et c'est à côté qu'elle habitait. »

En terminant, signalons l'ouverture d'un square, modèle du genre, qui, sous le nom de *Cité Trévise*, il y a quelques années, s'est élevé rue Richer, sur les jardins de l'ancien hôtel du maréchal Maison.

Placée près des boulevards, au centre du haut commerce et de la Banque, cette nouvelle cité, dont les hôtels et les maisons d'habitation entourent un parterre émaillé de fleurs, du milieu desquelles s'élance une fontaine jaillissante, offre la retraite la plus agréable au milieu du bruit des affaires et des plaisirs.

Le dessin que nous en donnons suffira à faire comprendre que tout a été ordonné et prévu, dans ces constructions, pour faire de la cité Trévise l'une des plus coquettes et des plus confortables habitations de Paris. Déjà la cité Bergère, la cité d'Antin, la cité d'Orléans, avaient démontré les avantages offerts par ces retraites, qui, en assurant le calme nécessaire au travail, n'éloignent cependant pas les hommes d'étude du centre où s'agitent leurs intérêts.

Outre les places que nous venons d'énumérer, il s'en trouve un assez grand nombre servant de dégagement aux grands édifices civils et religieux que renferme Paris. Il n'a été question de ces dernières que lorsqu'elles offraient quelque particularité notable. Nous n'avons point parlé non plus de certains carrefours, tels que le carrefour Buci, le carrefour de l'Odéon, le carrefour Gaillon, etc., qui pourraient, à la rigueur, passer pour de véritables places publiques, et enfin nous en avons omis d'autres, la place du Chevalier-du-Guet, par exemple, qu'on doit comprendre dans le *Paris qui s'en va*.

Chapitre LXXII.

LES VOITURES A PARIS.

Une découverte de la statistique. — Du mouvement des voitures dans les différents quartiers de Paris. — Les diverses formes de voitures. — Le cocher. — L'ancien serviteur. — Le domestique actuel. — Le faible du cocher. — Le chasseur. — Les palefreniers. — Les laquais. — Les grooms. — La mode en fait de voitures. — Les voitures au bois de Boulogne. — Les voitures des gens riches. — Les voitures des demi-fortunes. — La voiture de remise. — Une ordonnance récente de la police. — Le cocher de remise. — L'omnibus. — Les lignes d'omnibus. — Rôle de l'omnibus dans les révolutions. — Les traîneaux à Longchamp. — La voiture de Tom Pouce. — Les messageries. — Les voyageurs par les messageries.

Si l'on disposait en ligne droite tous les attelages de Paris, cette ligne, au dire des statisticiens, atteindrait à une longueur de soixante-quinze lieues. En portant à trois mètres et demi la longueur moyenne de chaque attelage, il est facile de se faire une idée du chiffre total, qui a servi de base à ce calcul.

Toutes ces voitures circulent dans Paris, en nombre inégal, suivant l'importance des quartiers et leur éloignement du centre. Ainsi, sur le boulevard des Capucines, il passe, en vingt-quatre heures, 9,070 colliers; sur le boulevard des Italiens, 10,750; sur le boulevard Poissonnière, 7,720; sur le boulevard Saint-Denis, 9,809; sur le boulevard des Filles du Calvaire, 5,836; ce qui donne une moyenne générale pour ces cinq stations de 8,600 colliers. Quant au faubourg Saint-Antoine, on y compte 4,300 colliers en vingt-quatre heures; et aux Champs-Élysées, 3,959.

La variété des formes et des destinations de tous ces véhicules n'est pas moins incroyable que leur nombre. Nous n'essayerons pas de les énumérer : voitures à bras, voitures de maraîchers, voitures de salubrité publique, camions, chars et charrettes, tapissières, diables et autres espèces roulantes destinées au transport; puis fiacres, remises, coupés, tilburys, cabs, calèches, tout cela défierait l'haleine de la mythologique Renommée elle-même, et la liste complète suffirait à épuiser les cent gosiers et les cent poitrines de l'infatigable déesse. Aussi est-ce avec raison que l'on a dit que Paris est l'enfer des chevaux; ce sont ces malheureux quadrupèdes qui souffrent le plus de la multiplication apparente des moyens de transport. Leur sort mérite toutes nos larmes : à peine en faut-il réserver quelques-unes pour les individus qu'ils écrasent ou qu'ils mutilent de temps à autre.

Commençons par le haut de l'échelle pour tracer quelques esquisses de tout ce peuple qui vit, qui s'agite, qui intrigue à l'entour des chevaux; parlons du cocher, et, incidemment, du domestique de grande maison.

Le premier soin de tout moraliste consciencieux, de tout observateur impartial, c'est de détruire les erreurs qu'il rencontre sur son chemin. Ainsi, en débutant, nous devons nous efforcer de détruire la chimère de l'ancien serviteur, ce type répété dans tous les romans et assuré du succès sur les théâtres dès qu'il se produit au milieu d'un imbroglio quelconque. Vous le connaissez tous, ce domestique vertueux, sensible et désintéressé, qui pleure des chagrins de son maître, qui pleure en embrassant l'enfant de la maison, qui pleure en conduisant le grand-père au cimetière, qui pleure en conduisant la petite-fille à l'autel ! Eh bien, il n'est plus, si toutefois il a jamais existé

Cocher et laquais de grande maison.

d'ailleurs, que dans le domaine de la fantaisie. Aujourd'hui le domestique appartient à une race bohème, parcourant les hôtels et les grandes maisons des faubourgs opulents, sans songer à autre chose qu'aux gages et aux profits illicites, n'ayant aucune préférence sur le choix des mansardes ou des bas offices dans lesquels se passe la vie, loin des maîtres qu'il n'entrevoit que rarement, et formant avec le maître d'hôtel ou l'intendant une ligue scellée par de petites friponneries mutuelles ou par l'appât d'un gain qui ne devient sûr qu'à condition d'être partagé.

La figure du cocher se détache par des traits particuliers sur ce fond uniforme. Le véritable type du cocher, ce serait le cocher des lords anglais, qui monte sur son siège, paré et poudré, au moment de partir, en descend quand il est arrivé, abandonnant à ses subalternes le soin d'atteler et de dételer les chevaux,

de sortir et de rentrer la voiture. Le cocher est fort et gros, sa figure doit être impassible : sa voix grave ne se fait presque jamais entendre. Descendons à l'automédon des moyennes fortunes et de la maison bourgeoise : celui-ci est un inflexible tyran ; il passe toute la journée dans la cour à laver une bride, la tête couverte d'un foulard et sifflant tous les airs qu'il connaît; mais sa nonchalance apparente a un but qu'il ne perd jamais de vue; et ce but le préoccupe constamment. Si on le voyait inoccupé, on pourrait l'employer à tirer de l'eau, à faire des commissions, et sa dignité en souffrirait. En général, le cocher boit, et boit beaucoup. Du reste, le maître ne peut sortir que quand il plaît au serviteur : au moment de partir, l'alezan boite, le cheval bai est déferré d'un pied. Il faut sortir à pied ou en fiacre.

Après le cocher, par ordre d'importance, vient le chasseur. Le chasseur a cinq pieds huit pouces, des moustaches et un chapeau à plumes; on l'habille de vert. Par son costume et son attitude, il tient le milieu entre le militaire et le marchand de vulnéraire suisse.

Puis les palefreniers, garçons d'écurie, et la valetaille en livrée, qui, sous prétexte de veiller aux voitures, à la santé des animaux, à la conservation du fourrage, trouvent moyen d'arrondir leurs revenus aux dépens de l'avoine, du foin et des chandelles. Puis les laquais, dont l'unique emploi consiste à annoncer les visiteurs le soir, à la porte de l'antichambre, à s'occuper de la propreté des salons et des escaliers, et au dehors, à se tenir debout derrière l'équipage, étalant aux regards du piéton ébahi leurs formes d'Hercule, dessinées par la culotte courte et les bas collants.

Enfin les grooms, race espiègle, moqueuse, trop souvent dépravée de bonne heure, vivant dans l'oisiveté la plus parfaite, et s'initiant beaucoup trop tôt aux mystères assez peu avouables de la domesticité. Le groom est assez gentil avec sa culotte de peau, ses bottes à revers, sa ceinture de cuir, sa casquette ga-

Le charretier.

d'un spectacle assez curieux. Une foule de domestiques arrivent de toutes parts, montés sur de fort beaux chevaux; ils se saluent, se pressent la main, font piaffer les chevaux, comme leurs maîtres feront cinq ou six heures après, quand il y aura de la poussière; ils viennent boire le vin blanc, prendre le frais et fatiguer les chevaux, sous prétexte de leur faire faire une promenade salutaire.

Cet immense gaspillage n'est pas la seule source de dépense que cause l'entretien d'un ou de plu-

Le cocher de place.

bits et de variétés de toilettes. Un homme riche doit avoir dans sa remise une calèche qu'on puisse atteler de quatre chevaux et conduire à la Daumont, avec des cavaliers tout harnachés d'or sur chaque bête, des laquais derrière, des coureurs devant : plus, un coupé pour monsieur et un coupé pour madame,

Le groom.

lonnée et son habit à boutons armoriés. Ordinairement le groom devient jockey, grâce à l'éducation hygiénique à laquelle il est soumis pour conserver ses formes grêles et la légèreté de son corps.

Si vous êtes allé quelquefois vous promener le matin au bois de Boulogne, vous avez joui sans doute

sieurs équipages : la mode exerce ses caprices sur la forme, le choix, l'appellation des véhicules, un peu plus encore que sur les qualités des chevaux, et presque autant que sur les parures et les vêtements. En réalité, il n'existe peut-être pas beaucoup moins de coupes différentes de voitures que de coupes d'ha-

avec attelage distinct. Item, s'il tient à se donner un air un peu original, un peu anglomane, nulle voiture n'est plus excentrique qu'un *cab*, un *flic*, ou autre, à la dénomination impossible à prononcer. Cela ne dispense ni des voitures de campagne ou de chasse, ni des fourgons, ni d'une foule d'autres véhicules utiles

Calèche à la Daumont.

sans doute par eux-mêmes, mais dont les maîtres ne font pas un usage direct. Aussi faut-il avoir une grande fortune pour se permettre le luxe d'une voiture à soi, au bois de Boulogne, les jours privilégiés, où une imposante réunion aristocratique éloigne les visiteurs équivoques et les locataires de coursiers de manége. Les voitures de maître font alors queue aux portes de cette forêt, si fort civilisée qu'elle ressemble presque aux boulevards; et, certes, le luxe des livrées, l'éclat des armoiries, la splendeur des housses

et des caparaçons, rivalisent aussi bien, avec autant d'émulation, que les superbes amazones et les fringants cavaliers qui circulent dans les allées.

Les fortunes médiocres ne se permettent guère la voiture de maître, qui suppose un train de maison au grand complet. Pour les employés supérieurs, pour les fractions d'agents de change, pour les banquiers en demi-raison sociale, pour les médecins et les avocats en réputation, il est bien plus commode et bien plus économique de louer à l'année une voiture

de remise, chevaux, cochers et laquais compris.

Outre cet usage, la voiture de remise sert à flatter l'orgueil des provinciaux et des voyageurs qui aiment à se carrer sur les coussins, moyennant tant par heure, et qui espèrent que le flâneur, ne voyant pas le numéro peint en rouge, les prendra pour des gens d'importance, des gens à équipage. Les amoureux l'emploient aussi de prédilection. Quel moyen plus triomphant, aux yeux d'une de ces faciles sirènes qui peuplent les bals publics, que l'offre d'un petit souper

CHAPITRE LXXII. — LES VOITURES A PARIS.

combiné avec l'incognito élégant d'une voiture de remise? La belle est fière de ressembler à quelque grande dame qui se permet quelque escapade en catimini : et l'étudiant ou le commis en nouveautés, qui fait les frais, se félicite d'avoir l'air d'un aristocratique don Juan en bonne fortune mystérieuse. Tout le monde est content, même le cocher, qui compte sur un ample pourboire, et qui le gagne sans fatiguer son cheval, en se promenant pour la forme, et en berçant de ses cahots lents et réguliers les douceurs de l'entretien intime, prolongées de minute en minute jusqu'au terme de la première heure.

Une ordonnance récente de la police prescrit de ranger toutes les voitures en location à l'heure et à la course, sous la désignation de voitures de remise : il est à croire cependant que le public continuera à faire une distinction en faveur des fiacres, des milords, des vinaigrettes et autres espèces dérivées du coffre primitif, roulant à peu près sur quatre roues, dans lequel on enferme deux ou quatre voyageurs au rabais. Ces voitures se distinguent des autres par l'éclat de leurs couleurs, qui contrastent avec le noir uniforme des remises proprement dites. Leurs cochers ont aussi une apparence bien moins confortable. Tandis que le cocher de remise garde dans son costume un certain décorum, qu'il affecte même parfois une tenue se rapprochant de la livrée; le cocher de fiacre, lui, s'habille invariablement de même : pantalon, redingote et double manteau de gros drap l'hiver : pantalon de toile l'été : tout cela arrive, d'ordinaire, à la plus extrême limite du dépenaillement et de l'usure. Les deux espèces se rapprochent par le chapeau ciré : mais la première a soin d'entretenir le lustre de son couvre-chef, et de le rehausser au moyen d'un galon ou d'une rosette, tandis que l'autre, laissant séjourner sur sa coiffure tour à tour la poussière et la pluie, finit par avoir un chapeau d'un gris terne, marbré du noir le plus douteux. Ajoutons aussi que les deux races de cocher se mêlent rarement, et ne frayent ensemble ni aux stations, ni même à la table du traiteur, ce foyer universel d'amitié et de confraternité. Le cocher de remise est souvent propriétaire du cheval et de la voiture qu'il conduit : il les soigne avec un amour de maître, avec une fierté d'homme qui possède quelque chose au soleil (c'est le mot) ; tandis que l'automédon du fiacre n'a droit qu'au quart brut des recettes de la journée, ou même qu'à un salaire fixe, qui ne varie pas, comme les chances de la fortune.

Passons à l'omnibus.

L'omnibus, lisons-nous dans un article des Cent et un, c'est la vie, le monde, le public, l'homme, c'est tout. Ah! que ne peut-on, au lieu de ces immobiles planches où des hommes presque immobiles, quant à l'âme, viennent chanter l'opéra et déclamer l'alexandrin, que ne pouvons-nous donner des représentations d'omnibus ! Profonde comédie, drame au puissant intérêt, malicieux vaudeville, bouffonnerie à faire pouffer Héraclite et Chaudruc-Duclos; on y verrait tout cela mieux qu'aux Français, au Gymnase, aux Variétés. O théâtre ambulant, comédie roulante, tu n'as pas besoin de souffleurs , la nature en sert à tes acteurs ! Ils n'ont point de fard, de déguisement; ils sont spectateurs les uns des autres, ils jouent leurs rôles en se voyant jouer, toujours comme dans le monde, et tous ils payent trente centimes pour amuser le public et pour s'amuser. Quelle meilleure école

Le coupé de remise.

dramatique que l'omnibus ? Là, langage simple et naturel, péripéties inattendues, catastrophes soudaines, entrées et sorties motivées s'il en fût ; c'est toujours pour aller quelque part. Un débiteur va se trouver nez à nez avec son créancier, qu'il fuyait depuis un an. N'est-il pas divertissant de voir toutes ses ruses pour cacher sa figure ? C'est l'œil droit, c'est l'œil gauche, le nez à essuyer, un mal de dent subit qui le force à couvrir sa joue de son mouchoir ; mais le créancier à la piste, qui reconnaîtrait son débiteur à une ride, comme Cuvier reconnaissait un animal antédiluvien dans un ossement, le créancier

le saisit au collet; dialogue chaud, animé, brûlant. Quelle joyeuse comédie pour le parterre roulant! Ce n'est là qu'un coin du vaste répertoire omnibus, et en vérité un savant ayant démontré qu'il existait des voitures à cinq sous du temps de Molière, je suis persuadé qu'il y allait souvent. »

L'omnibus, c'est la démocratisation du véhicule, l'extension illimitée du droit de se faire voiturer au plus bas prix. Rêvé par Blaise Pascal, qui fut mêlé dans la faillite des carrosses à 5 sous, l'omnibus n'a pris pied à Paris que depuis les dernières années de la Restauration. Aujourd'hui, malgré la modicité de rétribution exigée des amateurs, il est arrivé à un certain degré de confortable et produit de beaux bénéfices à ses propriétaires. L'omnibus se compose d'une longue caisse en tôle vernie à l'extérieur et lambrissée de bois à l'intérieur, avec deux banquettes divisées en stalles et une double rampe au sommet : les stalles sont au nombre de huit de chaque côté, plus celle du fond, qui en langage d'omnibus prend le nom de stalle du président; tout cela propre, coquet même, et commode pour le voyageur. Les courses, aller et retour, répétées dix à vingt fois dans la journée, produisent encore un total assez respectable de 30 centimes additionnés : si seulement l'équipage faisait chaque fois tournée complète, le profit monterait à près de 100 francs. Mais il faut déduire les correspondances, et tenir compte des heures de repos, durant lesquelles il arrive parfois que l'omnibus fait sa tournée, ou fait *chou blanc*, suivant l'expression pittoresque des conducteurs.

Les lignes exploitées sont assez nombreuses; elles se dirigent d'ordinaire d'une barrière à l'autre, en faisant des déviations assez fortes sur la ligne droite, pour desservir les points les plus populeux qui se trouvent dans les environs de l'itinéraire. Cela fait que certains carrefours, certaines places, comme la Bastille, la Madeleine, les abords du Pont-Neuf, sont sans cesse ébranlés par le passage de ces lourdes voitures. D'un autre côté, les détours, les haltes nombreuses, les stations obligatoires, compensent, et au delà, ce surcroît de vitesse que donne le trot des deux chevaux; et, à moins qu'on ne soit accablé de fatigue ou surpris par la pluie, on n'y monte pas surtout quand on est pressé; mais, dans ce dernier cas, la foule s'empresse autour du marchepied : il faut attendre son tour, et souvent croquer le marmot sur les banquettes peu rembourrées d'un bureau de correspondance, en compagnie de nombreux concurrents et d'un contrôleur absorbé dans le compte de ses cachets et l'appel de ses voyageurs.

On a remarqué qu'en temps de révolution, l'omnibus faisait comme bon nombre de citoyens, honorables d'ailleurs, et surtout comme ceux-là qui font le plus de bruit après la victoire. Ils se hâtent de regagner leurs asiles ignorés, leurs lointaines remises, cachées dans les rues les plus obscures des banlieues. Ce n'est pas sans raison : un omnibus n'a qu'à perdre à l'émeute, il est si vite renversé et transformé en barricade! A ce rôle, il ne peut que gagner des enfoncements et de fu-

L'omnibus.

nestes horions; la bataille ne lui est d'aucun profit, et il se retire toujours avec quelque fracture, quelque lésion considérable.

En dehors de ces diverses catégories, on peut mentionner quelques équipages, remarquables par leur singularité ou de richesse, comme on en voyait lors de la belle époque de Longchamp : ce n'est pas sur les boulevards et dans les allées de Paris que l'on peut voir encore des spécimens de la carrosserie ancienne, des voitures chargées de sculptures, brodées et chamarrées d'or, ou enrichies de panneaux en porcelaines peintes : on ne les retrouvera qu'au musée des voitures. Mais nous citerons un essai de traîneau fait aux Champs-Élysées, lequel essai réussit assez mal, car le climat de Paris ne se prête pas plus aux fantaisies hyperboréennes qu'aux caprices renouvelés du Midi. Ce traîneau, comme on peut s'en convaincre par la gravure ci-jointe, ne manquait ni d'élégance ni de grâce ; mais il eût été bien mieux placé sur les bords de la Néva que sur ceux de la Seine. Nous avons vu encore une espèce de chariot, monté par un homme à cheval sur un trépied, et tournant une manivelle qui lui servait d'agent locomoteur ; il obtenait ainsi une assez grande vitesse, mais cette invention ne semble pas appelée à un bien grand succès. Après tout, cela ne revient-il pas au même, de fatiguer ses bras ou ses jambes ?

Pourquoi ne citerions-nous pas aussi, puisque nous voilà en train de dérouler le bilan des idées excen-

Promenade en traîneau aux Champs-Élysées.

triques, ces espèces de chars-réclames qui circulent, les jours de grande fête ambulante, sur le boulevard et aux Champs-Élysées ? Nous croyons que l'invention, ou du moins l'importation de cette idée, est due au fabricant de vernis que nous n'avons pas besoin de nommer ici, à celui qui, au moment des élections de 1848, préconisait aux électeurs Chromo Duro Phane, excellents, non pour représenter le pays à l'Assemblée constituante, mais pour mettre en couleur les appartements. Chromo Duro Phane a eu, ou ont eu leur voiture peinturlurée et brillantée à Longchamp et aux jours gras, et à la suite est venu le troupeau des imitateurs, les lampes-phares, le Prophète et autres. Enfin, pour terminer, vient le fameux équipage du général Tom Pouce, traîné, dans une miniature de carrosse, par deux chevaux hauts comme des chèvres, avec un cocher nain poudré à blanc et un microscopique laquais. Il est vrai que, comparé à la taille du maître, l'attelage paraissait gigantesque ; mais on pouvait presque craindre l'accident inventé par un de nos plus spirituels caricaturistes, qui représente tous ces malheureux, gens et bêtes, sur le point d'être dévorés, en une bouchée, par un gros chien que son maître s'efforce en vain de retenir.

Tous les romans, tous les livres de mœurs qui parlent du passé nous racontent les lenteurs, les embarras, les périls même d'un voyage un peu long dans l'intérieur de la France. Avant que la locomotion par la vapeur vînt à supprimer les distances, avant même que la locomotion par l'intermédiaire du che-

Voiture du général Tom Pouce.

val eût atteint son maximum de vitesse, il y a eu bien des tâtonnements, bien des progrès, dont je dois épargner au lecteur l'énumération très-connue. Aujourd'hui des routes magnifiques se croisent dans toutes les directions sur le sol français ; elles côtoient toutes les vallées, gravissent ou contournent toutes les montagnes, desservent toutes les localités importantes, et se ramifient jusque dans les plus obscures communes, jusqu'aux portes des maisons rustiques les plus isolées.

Aujourd'hui les messageries, c'est-à-dire le mouvement commercial accéléré au plus haut point par les anciens procédés, les messageries, disons-nous, sont desservies par deux compagnies rivales, que stimule leur concurrence réciproque et le terrible antagonisme des chemins de fer. Leurs bureaux de Paris, rue Saint-Honoré pour les *Générales*, et rue Notre-Dame-des-Victoires pour les *Nationales*, sont comme le cœur de deux systèmes veineux aussi complets l'un que l'autre. Les deux compagnies traitent également avec les chemins de fer pour additionner à leur vitesse propre la vitesse de la vapeur. Sur les fleuves, ces chemins marchants, elles empruntent les roues ailées des paquebots, et, quand la voie de fer et la voie humide leur manquent, elles s'ingénient à diviser le plus exactement possible en relais la terre ferme qu'il leur faut parcourir, afin que la fougue des chevaux n'ait pas le temps de se refroidir d'une écurie à l'autre. Nous allons en deux jours à Marseille et à Bordeaux, et il ne faut pas être bien âgé pour avoir mis quinze jours à ce voyage.

Pour la grande majorité, un voyage d'une certaine durée est tout un drame, un épisode intéressant de la

CHAPITRE LXXII. — LES VOITURES A PARIS.

Quel Parisien a oublié les joies et les fatigues d'une excursion lointaine dans les régions à demi sauvages de la France départementale? Il est cependant un certain nombre d'individualités pour lesquelles le déplacement, la locomotion sont la vie ordinaire, et dont une diligence est la patrie véritable. Cette race mérite quelques mots de description, car elle ne se rencontrerait nulle part ailleurs si à propos, pour poser devant notre daguerréotype.

Le conducteur occupe naturellement le premier rang. C'est un homme ordinairement entre deux âges, plus souvent gras que maigre, à cause de son long séjour dans la boîte où il trône durant le voyage ; il porte avec une certaine dignité la veste galonnée, le képi et la plaque d'étain estampée, emblèmes de ses fonctions. Il a sur tout l'attelage la haute main, l'autorité suprême ; les voyageurs, les bagages, souvent même des valeurs considérables sont confiées à sa responsabilité. Poli plus que ne le sont d'ordinaire les employés de tout rang, il tient à satisfaire les gens qu'il conduit, et il s'efforce de combler les vides de sa voiture en recrutant sur sa route ; pour cela, l'aide des postillons, des aubergistes, et des détaillants de toute sorte qu'il rencontre sur sa route, ne lui est jamais inutile ; aussi se montre-t-il plein d'affabilité pour tout ce monde-là, et accable-t-il de ses prévenances la femme de tel et l'enfant de tel autre. Heureux le passager qui a su, au moyen de quelques cigares délicatement offerts, ou d'un coup de vieux kirsch bu au café avant le départ, se concilier l'estime de son conducteur ! Cette gracieuseté est reconnue par maint petit service, par un peu de tolérance sur le chapitre des déjeuners et dîners aux tables d'hôte de la route, et même, si l'on a laissé entendre que l'on contribuerait aux dépenses du voyage, le conducteur donnera double pourboire aux postillons pour aller plus vite.

Après lui, le commis-voyageur fait aussi partie inhérente d'une voiture des Générales ou des Nationales.

De Rome.

vic. Quel provincial ne se souvient pas avec plaisir et avec émotion de son premier départ pour Paris?

D'une mission scientifique.

Type intéressant en lui-même, le commis-voyageur a été fort étudié, fort souvent mis en scène ou décrit ;

D'Angleterre. De la chasse. De Bordeaux. Pour la fête de sa femme.

Les arrivants. — Cours des Messageries.

Par le coupé.

nous nous bornerons à rappeler que nul mieux que lui n'entend l'art de se mettre à son aise, de rouler con-fortablement. En hiver, tandis que le commun des martyrs grelotte sous l'abri insuffisant d'un manteau, et cherche la chaleur sous la paille prodiguée dans chaque compartiment, le commis-voyageur se barricade au fond d'une houppelande fourrée, et rabaisse sur ses oreilles une épaisse casquette de loutre. A la table d'hôte, il s'entend très-bien à faire réformer les vins hasardeux, et les plats inviolables que servent les aubergistes, pour faire nombre, et en comptant sur la précipitation des convives; il connaît par leurs noms les garçons et les filles d'hôtellerie, prend la taille ou le menton à celles-ci, adresse une grosse plaisanterie à ceux-là, et, en tous temps, s'efforce de faire *poser* (le terme est consacré) ses compagnons en leur contant les historiettes les plus impossibles et les bourdes les plus gasconnes.

Autour de ces types fondamentaux et de quelques autres encore s'agite la plébicule des voyageurs : voyageurs par extraordinaire, voyageurs par hasard, voyageurs pour affaires, pour leurs plaisirs, pour fuir ou pour poursuivre quelqu'un ou quelque chose ; en un mot, toutes les variétés de la vie sociale réunies par mille causes diverses sur les banquettes de la diligence. Les uns, ceux pour qui le déplacement est une grosse affaire, prennent les précautions les plus ridicules, s'entourent des bagages les plus volumineux; on les entend, à chaque station, crier et vociférer avec les porteurs, car ils veulent tout voir, tout contrôler : ce sont les rentiers, suivant un procès en appel, les parents, se dirigeant incognito sur Paris pour y surprendre les fredaines de leur fils, les bourgeois de toute espèce déclassés et ahuris de leur vie nouvelle. Les autres, bacheliers, se dirigent vers l'éden de la Faculté de droit ou de médecine, peintres expédiés vers la métropole ou en route pour Rome, surnuméraires allant remplir un poste de 1,200 fr. à l'autre bout de la France, affectent l'aisance du commis voyageur émérite : ils laissent leurs effets sous le toit protecteur que leur offre la bâche, et descendent légers, lestes, dans les hôtelleries, où ils se font les

Pour les vacances.

séides des loustics de profession, juchés d'ordinaire sur l'impériale.

Pour ne rien donner à ses créanciers.   Pour recueillir des roubles en Russie.   A la poursuite d'un débiteur.   Pour raison de santé.

Les partants. — Cours des Messageries.

Chapitre LXXIII.
PARIS, VILLE DE GARNISON.

Les fortifications de Paris. — Le mur d'enceinte. — Les forts détachés. — Là désir des officiers en province. — Les officiers à Paris. — L'officier en pékin. — Population industrielle que fait vivre la garnison. — Les pensions militaires. — Les logeurs pour les officiers. — Les veuves amies du militaire. — L'armée de Paris. — Les gardes à pied. — Les gardes à cheval. — Rapprochement d'uniforme entre la garde actuelle de Paris et la garde municipale. — Uniforme de la garde de Paris. — Les guides, porteurs d'ordonnance. — Leur uniforme. — Les casernes de Paris. — Caserne de la Pépinière. — Caserne Poissonnière. — Caserne des Minimes et de l'Ave-Maria. — Caserne Belle-Chasse. — Caserne d'Orsay. — La garde nationale. — La nouvelle tenue de la garde nationale. — La gendarmerie mobile.

Paris est entouré d'une redoutable ceinture de fortifications, avec glacis, contrescarpes, demi-lunes et même lunes *toutes* entières, comme dirait le vicomte de Jodelet. Outre ce premier agrément militaire, notre capitale possède une assez jolie collection de forts détachés, de toute grandeur et de tout modèle; enfin, pour se garantir des velléités révolutionnaires, elle possède environ une quarantaine de casernes et cantonnements militaires, fruits de la prévoyance de ses divers gouvernements; et, pour remplacer les baraques qui déshonoraient l'esplanade des Invalides et le parvis Notre-Dame, on est en train d'élever deux citadelles intérieures, à côté du Louvre et à côté de l'Hôtel de ville. Ces divers établissements, y compris les forts détachés et les casernes des petites villes environnantes, peuvent loger une armée de deux cent mille hommes; il faudrait ajouter à cela un nombre à peu près égal de gardes nationaux, si les épurations successives n'avaient pas réduit le total de ces derniers des neuf dixièmes.

Mais on comprendra bien qu'après avoir dit que Paris renferme des soldats de toute arme, de passage et venant de la banlieue, et que son armée à lui se compose surtout de gardes municipaux, de guides, de sergents de ville et de sapeurs-pompiers, on comprendra bien que nous n'insistions pas sur ces détails qui se trouvent dans l'*Annuaire militaire*. Le titre de ce chapitre indique plutôt une étude de mœurs qu'un travail de statistique.

Il est assez rare qu'un colonel résidant au fond de la province, mais qui a du crédit ou qui s'imagine en avoir, réunisse ses officiers sans leur parler de la certitude officielle qu'il vient d'acquérir d'un prochain séjour de son régiment à Paris. Sur cette assurance banale, qu'on ne révoque jamais en doute, il faut voir comme le corps d'officiers se livre à l'espérance, et quels sont les préparatifs. Les vieux fracs sont remis à neuf; on retourne les capotes; les épaulettes sont renouvelées; tous rêvent les douceurs du cha-

Garde à pied. — Garde à cheval, grande et petite tenue. — Guide, ancien uniforme.

peau rond et l'incognito de la lévite bourgeoise. C'est qu'en effet, à Paris seulement, l'uniforme n'est de rigueur qu'aux revues et aux prises d'armes; partout ailleurs, l'officier doit rester au carcan depuis le premier jusqu'au dernier jour de l'année, et subir nécessairement les honneurs que lui doit toute sentinelle. Aussi remarquez-vous sur les promenades publiques, des flâneurs à l'allure décidée, au regard superbe? S'ils marchent deux à deux, au pas et en cadence, s'ils portent la redingote boutonnée, le chapeau rond, haut de forme et toujours en arrière de deux ou trois révolutions de la mode, si leur moustache est régulièrement taillée comme les arbres de Versailles, vous pouvez être assurés que ce sont des militaires échappés de la caserne voisine.

Autour de chacune des casernes de Paris se meut une population industrielle, qui vit aux dépens de la garnison. Cette population offre un caractère plus curieux que les soldats qui l'alimentent, et que la discipline transforme en machines humaines sans originalité, sans rien qui ne soit prévu par le règlement. Ces diverses colonies se composent : 1° de deux ou trois petits traiteurs faisant ce qui s'appelle la cuisine bourgeoise, où les officiers de tout un corps jeûnent, par grade, à discrétion, moyennant une rétribution mensuelle de 50 à 60 fr.; 2° d'une demi-douzaine de cafés où se répartissent, selon les règles sévères de la hiérarchie, les officiers et les sous-officiers; 3° d'un nombre illimité de petits détaillants, marchands de comestibles et marchands de vins, dont la clientèle se recrute parmi MM. *les militaires non gradés*. Il faut ajouter les logeurs, qui trouvent la solution du problème consistant à offrir un appartement convenable aux lieutenants moyennant 18 fr. par mois, et aux capitaines moyennant 24 fr. C'est dans ces garnis que l'on trouve les meubles les plus étrangers au confort et les plus singuliers pour leurs formes, leur ancienneté et leurs blessures mal réparées; mais peu importe aux braves officiers. L'essentiel, c'est que les issues du logement soient d'un accès facile, et que le logeur n'élève jamais la prétention d'exercer un contrôle bien sévère sur les actions du logé. N'oublions pas aussi quelques centaines de veuves pudiques, dont les époux n'ont jamais, de mémoire de voisine, fait acte de présence auprès de leurs tendres moitiés, et qui se donnent la mission philanthropique de faire écouler plus vite les longues heures de garnison.

Voilà pourtant à quoi se réduisent pour les officiers, et, toute proportion gardée, pour les soldats aussi, les charmes si enviés de la vie parisienne. L'exiguité de leurs ressources financières les éloigne du monde, où l'on n'est apprécié qu'à sa valeur pécuniaire, et des délassements coûteux, qui n'accordent de crédit à l'épaulette, et tel salon, qui s'ouvre à deux battants devant un commis porteur de l'uniforme de sous-lieutenant de la garde nationale, refusera l'entrée à un capitaine ou à un commandant de l'armée.

Quels sont donc les souvenirs que l'officier emportera de son séjour à Paris? Il aura arpenté plusieurs fois par semaine, en armes, au pas accéléré, les rues qui conduisent au Champ de Mars ou à la plaine de Grenelle; puis, dans les intervalles d'un service toujours pénible, il aura parcouru les Champs-Élysées ou le boulevard. Il se sera montré dans les guinguettes de la banlieue, à l'estaminet, dans les théâtres où florissent le drame et la farce; peut-être aura-t-il contemplé les tours d'adresse de Bosco et les exercices de Franconi. Quelquefois encore, mêlé à la fine fleur des provinciaux de Paris, il se sera risqué jusqu'aux cafés du Palais-Royal, et aura bravé l'atmosphère étouffée du café des Aveugles, pour admirer les exercices du sauvage. Du Louvre, les plus curieux ont entrevu la colonnade, et, du jardin des Plantes, la ménagerie.

Les corps formant l'armée de Paris connaissent mieux la ville, à laquelle ils appartiennent; ceux qui, les premiers, ont plaisanté au sujet du cœur sensible capable de battre quelquefois sous la buffleterie du gendarme, se sont trouvés, à leur insu, dans le vrai. Les gardes à pied et les gardes à cheval ont leurs familles, leurs femmes, qui exercent les professions de lingère, de couturière, de modiste; leurs enfants, placés en apprentissage ou envoyés à l'école du soldat. Ils ne diffèrent du reste des citoyens que par la nature de leurs occupations, par l'obligation où ils se trouvent de résider dans des casernes, et par l'uniforme. Ce dernier a varié aussi souvent que la dénomination de ceux qui le portent: nous allons en donner une description sommaire, qui constate les dernières modifications que le bon plaisir ministériel lui ait fait subir.

A l'exception de la tunique, qui a remplacé l'habit avec avantage pour la santé du soldat, et qui est devenue la tenue unique de la *garde à pied*, les changements apportés au reste de l'uniforme de ce corps se bornent presque exclusivement à des modifications de couleurs; le pantalon bleu de roi a pâli jusqu'au bleu de ciel, avec adjonction d'une bande noire sur la couture; le shako, dont la forme et les agréments n'ont pas sensiblement varié, est devenu du même bleu que le pantalon; les épaulettes ont passé de l'orange à l'écarlate; un ornement de passementerie, terminé par un bouton frangé, a été ajouté au collet de la tunique; enfin, le ceinturon serré au corps, et fixant à la taille la giberne, la baïonnette et le sabre-briquet, a été remplacé par les buffleteries croisées qui soutiennent ces accessoires de l'armement.

La *garde à cheval* porte également, mais en petite tenue seulement, la tunique bleu de roi et le pantalon bleu de ciel, de même coupe que la garde à pied; mais elle a conservé pour la grande tenue l'habit bleu foncé, boutonné droit, sans plastron sur la poitrine, avec l'ornement de passementerie au collet, la culotte de peau blanche, et les bottes à l'écuyère. Tout ce qui, dans l'équipement du cheval, était autrefois bleu de roi avec galons orangés, est devenu bleu de ciel avec galons noirs. La forme du casque même a été conservée; on l'a seulement dépouillé de la bande de peau de jaguar qui l'entourait au-dessus de la visière. Ce casque est remplacé, dans la petite tenue, par un chapeau tricorne, ou, pour parler plus convenablement, bicorne, de forme très-peu élevée.

Les dépêches ministérielles et les ordres des diverses administrations sont confiés à un corps spécial, celui des *guides porteurs d'ordonnances*. Ce corps, vêtu et équipé avec un luxe plein d'originalité, est de création récente; aussi nous semble-t-il à propos d'en donner une description spéciale; et, pour plus d'exactitude, nous copions l'ordonnance, qui règle leur uniforme ainsi qu'il suit:

1° Un dolman en drap vert foncé, garni sur le devant de dix-huit rangées horizontales de brandebourgs en tresse carrée de laine jaune, semblables à celles du dolman des hussards, et de trois rangées de dix-huit boutons de cuivre chacune.

Pour les officiers, le dolman de grande tenue est orné de tresses et de soutaches en or; celui de petite tenue, de tresses et de soutaches en poil de chèvre jaune d'or; la distinction des grades est indiquée comme dans les régiments de hussards.

2° Une capote d'officier en drap vert foncé, d'après le modèle en usage dans les régiments de hussards.

3° Une veste, pour la troupe, en drap vert foncé, avec patte de collet garance, semblable pour la forme à celle déjà en usage dans les guides.

4° Un pantalon en drap garance, sans plis, avec bandes de côté en passementerie orange. Pour les sous-officiers et soldats, le bas du pantalon est recouvert d'une fausse botte de cuir noir.

5° Un colback en peau d'ours noir naturel; une flamme en drap garance est adaptée à la partie supérieure. En petite tenue, la flamme, rassemblée sur la partie supérieure du colback, est recouverte d'un rond en toile vernie noire. Le colback est surmonté d'un plumet blanc ayant à la base de couleur bleue, d'une hauteur de 180 millimètres; le cordon du colback, du modèle en usage dans la cavalerie légère, est en laine jaune pour la troupe et en or pour les officiers.

6° La giberne, le porte-giberne, le ceinturon et le cordon de sabre sont, pour les officiers, semblables aux modèles en usage dans les régiments de hussards: la pattelette de la giberne est ornée d'une aigle. Il en est de même de la sabretache.

Comme on le voit, les modifications apportées à cet uniforme tendent, sauf le luxe de la couleur et l'absence de la pelisse, à le rapprocher de celui des guides de l'armée impériale; nous ferons seulement remarquer que, pour une troupe destinée à transmettre des ordres rapides, le colback n'est pas une coiffure légère ni commode. Nous nous souvenons d'avoir vu trop souvent, en effet, la gendarmerie départementale forcée, pour courir plus facilement après les malfaiteurs, de prendre à la main le bonnet de peau d'ourson dont on a eu la malheureuse idée de l'affubler.

La plus grande partie des casernes de Paris occupent d'anciennes institutions religieuses: nous rappellerons seulement celles qui offrent quelques souvenirs intéressants. La caserne de la Pépinière, dans la rue du même nom, a été bâtie pour les gardes-françaises. Celle du faubourg Poissonnière est remarquable par une des gloires de l'armée française: Bernadotte et Hoche y ont été sergents.

Dans le huitième arrondissement se trouvent les casernes des Minimes et de l'Ave-Maria. Le couvent des Minimes, dans lequel est établi la première, a été bâti en 1670, par François Mansart. Le portail était composé de deux ordres; le premier, dorique, consistait en huit colonnes; le second était composé de quatre colonnes composites. Dans le tympan du fronton on voyait un bas-relief représentant Sixte IV au milieu de ses cardinaux ordonnant à saint François de Paule de se rendre auprès du roi Louis XI. On n'a pas oublié que ce saint est une des illustrations de l'ordre des Minimes, ainsi que le célèbre frère Ange, connu dans le monde sous le nom de Joyeuse, celui-là même que Boileau avait en vue en frondant la versatilité de l'homme.

La seconde tire son nom du couvent de l'Ave-Maria, fondé par saint Louis pour les béguines, et transporté par Louis XI aux religieuses du tiers ordre de Saint-François.

Nous avons déjà parlé de la caserne de Belle-

Uniforme des guides.

CHAPITRE LXXIII. — PARIS, VILLE DE GARNISON.

Chasse au chapitre des églises de Paris : il a été également question de l'École militaire. La caserne de Babylone n'est remarquable que pour avoir longtemps servi de résidence aux Suisses sous la Restauration. Elle a été le théâtre d'un des épisodes les plus sanglants de la révolution de Juillet. La caserne d'Orsay a été bâtie sous l'Empire.

Le couvent des Célestins, situé sur le quai du même nom, a servi à caserner la garde municipale. Le couvent occupait cet emplacement depuis 1362 : le roi Charles IV l'avait donné aux religieux de cet ordre, fondé par six religieux du mont Carmel, que l'on surnommait les *Barrés*, à cause de leurs manteaux rayés de noir et de blanc. Le cloître des Célestins, construit en 1539, était un des plus beaux de Paris. Le plafond de l'escalier, peint par Bon Boulogne, représentait l'apothéose du fondateur de l'ordre, Pierre Maron, enlevé dans les cieux par un groupe d'anges. Supprimée en 1790, cette maison devint propriété nationale, et les objets d'art que renfermait l'église furent transportés au Musée des monuments français.

La garde municipale occupe également, rue des Grès, l'ancien couvent de ces belliqueux jacobins qui, en 1502, aidés par douze cents écoliers de l'Université, soutinrent un siége en règle contre le cardinal d'Amboise, qui voulait réformer leur ordre. Leur établissement datait de 1220. Après la Révolution, il servit d'abord de caserne aux sapeurs-pompiers, puis à des écoles communales, avant de recevoir sa destination actuelle. Les sapeurs-pompiers ont été transférés rue du Vieux-Colombier, dans le couvent des Orphelins de Saint-Sulpice, fondé en 1678.

Il nous reste à signaler deux autres casernes : celle de la rue Mouffetard, élevée et rebâtie à neuf sur l'emplacement occupé par le couvent des hospitaliers, et celle de la rue de Tournon, qui a remplacé un hôtel dont les maîtres furent tour à tour le maréchal d'Ancre et le duc de Nivernais.

Ajoutons, pour compléter ces détails, que le siége du conseil de guerre permanent est rue de Sèvres, et que la manutention se trouve sur le quai de la Conférence.

La garde nationale, cette parodie perpétuelle de l'armée, ridicule quand elle n'est pas héroïque, et malheureusement plus souvent ridicule qu'héroïque, rentrerait dans la description du Paris militaire. Cependant on ne trouvera pas mauvais que nous ne répétions pas ici toutes les vieilles lamentations et les non moins vieilles plaisanteries qui circulent au sujet des ennuis du corps de garde, des vexations du sergent fourrier, et des rigueurs inouïes du conseil de discipline. L'article relatif à l'*Hôtel des Haricots* suffit pour la partie bouffonne du sujet : nous avons aussi indiqué l'influence du billet de garde sur la vie privée. Nous ne voyons donc pas ce qu'il y aurait de nouveau à dire sur le tambour, qui accumule la double charge de porter à domicile les ordres de service et de nettoyer les buffleteries : n'a-t-on pas imprimé cent fois la formule de compliment : « Ce sont vos tambours, Monsieur, qui ont *celui* de vous la souhaiter bonne et heureuse? » Contentons-nous de dire que, dans l'état actuel, la garde nationale rend de très-grands services... à monsieur un tel ou un tel, que l'on voudrait bien décorer, mais qui n'a aucun prétexte pour mériter la

Uniforme de la garde nationale à pied et à cheval.

croix, si ce n'est sa qualité de parfait garde national.

D'ailleurs le privilége de porter les épaulettes et le sabre-poignard de garde national n'appartient qu'à un petit nombre de citoyens ; il faut être maintenant pur entre les purs pour avoir droit au billet de garde et aux nuits blanches, passées à défendre l'ordre public. Sur plus de deux cent mille appelés, on ne compte guère que vingt mille élus, ayant droit de se vêtir, à leurs frais, de l'uniforme renouvelé qui se compose d'une tunique et d'un pantalon de drap gros bleu avec bandes rouges ; d'un shako orné d'une plaque à l'aigle avec galon rouge, et d'épaulettes en laine blanche. Un ceinturon à boucle, en peau blanche, retient la giberne, le sabre-poignard et le fourreau de baïonnette. Le fusil à percussion, un sac en cuir noir, complètent cet uniforme.

Pour la garde nationale à cheval de Paris, voici quelle est la nouvelle tenue : un schabska, orné d'une aigle sur le devant ; une tunique à jupe très-courte, avec parements et passe-poils écarlates ; le pantalon

est en drap gros bleu avec une bande écarlate ; la fourragère se compose d'un cordon en laine blanche attachant le schabska au collet de la tunique et d'une tresse en guirlande sur la poitrine, allant d'une épaule à l'autre ; les épaulettes sont blanches. La buffleterie retenant la giberne, dont le coffret est garni d'une aigle, et le ceinturon, sont en peau de buffle blanc, le sabre est droit, avec poignée en fer poli ; la schabraque est garnie d'un galon blanc.

Depuis sa nouvelle organisation, la garde nationale parisienne est divisée non plus par légions, mais par bataillons.

Les officiers sont nommés par l'Empereur, sur la présentation du ministre de l'intérieur, d'après la proposition du commandant supérieur.

Le chef de bataillon nomme les sous-officiers et caporaux, sur la présentation des capitaines.

Parmi les officiers, les majors et adjudants-majors sont seuls payés ; ils sont aux frais des gardes nationaux, auxquels sont imposées certaines dépenses obligatoires, telles que l'achat des tambours, drapeaux et trompettes ; l'entretien des corps de garde, la solde des majors, adjudants-majors et tambours.

Terminons en citant un dernier corps spécial à l'armée de Paris, la gendarmerie mobile. La création de ce corps remonte à l'année 1849 ; formé à l'origine d'un bataillon seulement, composé d'hommes sortis de la garde municipale licenciée en février 1848, il est arrivé à comprendre aujourd'hui quatre bataillons.

La gendarmerie mobile, qui n'est composée que de fantassins, est en quelque sorte un corps militaire officiel : c'est elle qui fait le service aux palais des Tuileries, du Sénat et du Corps législatif.

Son uniforme consiste en un habit gros bleu, avec plastron en drap rouge dans la grande tenue ; un pantalon bleu clair ; des trèfles en laine blanche pour épaulettes, avec aiguillettes à gauche ; buffleteries jaunes croisées, avec liseré rouge retenant le sabre-briquet et la giberne ; un bonnet à poil orné d'un plumet rouge ; et dans la petite tenue un simple tricorne.

Chapitre LXXIV.

LES CHEMINS DE FER.

Les grandes lignes de chemins de fer. — Le chemin de Saint-Germain et Versailles, rive droite. — Ligne de Rouen et du Hâvre. — Embarcadère de la rue Saint-Lazare. — Entrepôts et ateliers de la ligne du Hâvre. — La gare des Batignolles. — Chemin de fer d'Orléans. — L'embarcadère. — Les salles d'attente. — Les docks du chemin de fer d'Orléans et Bordeaux. — Les industriels vivant par le moyen des voyageurs en chemin de fer. — Chemin de fer de Sceaux. — Les courbes de ce chemin de fer. — Système Arnoux. — Chemin de fer de l'Ouest. — Chemin de fer de Strasbourg. — Chemin de fer du Nord. — Ligne de Lyon. — Chemin de fer de ceinture. — Les actionnaires de chemins de fer. — Les trains de plaisir.

Paris est relié à la province par ces grandes lignes de fer qui, d'ici à quelques années, sillonneront la France dans toutes ses parties. Des palais industriels se sont élevés tout autour de la capitale sous le nom d'embarcadères. La première gare, nous voulons dire la plus ancienne, est celle de Saint-Germain, qui est devenue le point de départ des chemins de fer de Rouen, du Hâvre et de Versailles.

Dans le principe, MM. les administrateurs du chemin de fer de Saint-Germain avaient pris pour devise ce proverbe trop souvent appliqué : « Charité bien ordonnée commence par soi-même ! » Ils s'étaient fait construire, dans la rue Saint-Lazare, un vaste et bel hôtel, et pendant près de dix années ils ont laissé les voyageurs exposés à la gare à toutes les intempéries de l'atmosphère. Vous arriviez dans une voiture à l'embarcadère de la rue Saint-Lazare; votre billet pris, on vous introduisait dans de belles salles ornées d'un nombre considérable de colonnes, où vous vous reposiez quelques instants sur de larges banquettes de velours bien rembourrées. Mais, l'heure du départ arrivée, les portes ouvertes, il vous fallait, quelque temps qu'il fît, par le soleil de midi, par la pluie, par le vent, par la neige, gagner à pied, sur un trottoir humide ou brûlant, le convoi qui devait vous emmener, et qui était presque toujours fort éloigné du palais de MM. les administrateurs. Aussi les réclamations ont-elles été nombreuses et vives; si nombreuses et si vives, que la compagnie de Saint-Germain a dû se décider enfin à faire couvrir sa gare, dont elle loue l'usage commun aux compagnies de Versailles et de Rouen.

Par suite de traités nouveaux passés entre les compagnies de Saint-Germain et de Rouen, cette dernière, qui n'avait, dans le principe, à son service que trois voies et un seul quai, possède aujourd'hui six grands quais d'embarquement. Au-dessus des quatorze voies de la gare et des quatre grands quais, règne une magnifique charpente en fer, soutenue par des colonnes en fonte, qui s'étend presque jusqu'au pont de Stockholm. De son côté, la compagnie de Rouen n'est pas restée inactive pour ses aménagements particuliers et pour ceux que nécessitait l'introduction des voyageurs du Hâvre dans sa gare. Tout le long de la rue d'Amsterdam se sont élevées des constructions dignes de servir de modèle à toutes les compagnies de chemins de fer. Là tout se passe à couvert; nulle part le voyageur ou ses bagages ne sont exposés aux intempéries des saisons : il n'est pas jusqu'au wagon de lait qui ne vienne se décharger à couvert, et qui nous le donnerait pur, si, avant son départ, il n'avait reçu le baptême du bon chrétien. Les grandes halles sont couvertes par un sys-

Embarcadère du chemin de fer du Hâvre.

tème de charpente qui est aussi simple que hardi.

La façade du monument qui donne sur la rue Saint-Lazare est en pierre, d'un bel aspect. Elle se compose d'un corps principal, élevé de deux étages et précédé d'un grand perron : sur chaque aile s'avancent deux pavillons de même style, au niveau de la rue. Cette entrée principale fait face à la rue du Hâvre; mais les constructions les plus importantes, l'entrée des salles diverses pour les marchandises, pour les bureaux, etc., se trouvent dans la rue d'Amsterdam. Au sortir d'un petit tunnel et d'une tranchée, qui traversent la plaine Monceaux et la *ville* de Batignolles, on arrive aux entrepôts et aux ateliers du chemin de fer.

Cet immense établissement occupe une surface de

Tunnel de l'embarcadère du chemin de fer du Hâvre.

14 hectares de terrain; il est destiné à recevoir, à concentrer le trafic des marchandises des lignes de Rouen et du Hâvre. Il faut, pour se faire une idée de l'espace que nécessitent les mouvements de marchandises, voir ces vastes hangars, ces quais nombreux, ces voies qui se croisent et s'entremêlent, ces milliers de wagons pesamment chargés, ces camions sans nombre, ces locomotives et ces chevaux, entendre ce bruit, ces cris, visiter en détail, en un mot, la gare des Batignolles, où tous les ans passent 200 à 300 mille tonnes de marchandises; et quand on aura examiné avec conscience, on jugera que le chemin de fer se prête mieux qu'un canal, qu'une rivière, au transport des marchandises. Du reste, la rude concurrence que fait la Seine au chemin de fer n'empêche pas ce dernier, comme nous l'avons dit, de transporter 250 mille tonnes chaque année.

Cette gare se trouve en quelque sorte au centre d'une grande ville; de tous côtés, si l'on en excepte la plaine Monceaux, elle est entourée de rues commerçantes, de quartiers vivants et peuplés. Se rattachant au boulevard par la rue Tronchet, au quartier d'Antin et au faubourg Saint-Honoré par la rue Saint Lazare, elle n'a pas, comme celles que nous allons visiter, le privilége d'attirer à son ombre une population spéciale de restaurateurs, de limonadiers, de détaillants de toute sorte, à l'affût du voyageur. Il n'en est pas de même si nous nous transportons de l'autre côté de la Seine, derrière le Jardin des plantes, ou au delà des barrières du sud. Là, les gares de chemin de fer forment le noyau des villages importants, presque des cités naissantes, qui tendent à se rejoindre à Paris. Prenons donc cette direction.

L'embarcadère du chemin de fer de Paris à Orléans, servant de tête à la ligne de Bordeaux, situé boulevard de l'Hôpital, présente à l'œil un monument d'une grande, noble et élégante simplicité. Rien n'a été donné à l'embellissement; cependant tout y est beau, et ce ne sera pas un des moindres bienfaits des chemins de fer d'avoir donné de nobles édifices et la vie à plusieurs quartiers de Paris, qui, sans eux, seraient encore inhabités. Lorsqu'on arrive par le boulevard, on aperçoit d'abord la maison de l'administration du chemin de fer d'Orléans, faisant l'encoignure du boulevard et de la rue de la Gare. Le développement de la façade de l'embarcadère est sur cette dernière; une grille et une es-

CHAPITRE LXXIV. — LES CHEMINS DE FER.

planade séparent le monument de la rue; un corps avancé occupe le centre; là se trouve le bureau des bagages; à droite et à gauche sont les entrées des salles des voyageurs, ouvrant également sur l'esplanade; à la droite, en continuant, on rencontre l'entrée destinée aux différentes voitures transportées par le chemin de fer. Si nous examinons ce monument en artiste, nous nous plaisons à en louer la bonne ordonnance. Cependant nous eussions préféré de larges bandeaux aux stores un peu maigres qui entourent les fenêtres.

De vastes salles d'attente, convenablement distribuées, confortablement chauffées l'hiver, offrent aux voyageurs leur abri; celle des premières places, ornée de glaces, de meubles confortables, ressemble même à un salon de bonne compagnie; mais c'est lorsque l'on pénètre dans l'intérieur de la gare que l'on peut se faire une idée de l'importance de cet établissement; et l'on peut justement appliquer à ce savant échafaudage de charpentes le nom de *forêt*, que l'on donne à la toiture de nos églises gothiques.

Les ateliers et les magasins qui en dépendent ont été établis en dehors des fortifications : à droite sont les vastes chantiers où se fabrique l'immense matériel employé sur la voie de fer; tous les arts, tous les métiers, nous allions dire toutes les sciences, y sont réunis; toutes y trouvent une utile application. Là, le fer, le cuivre, le bois y entrent en nature, et en sortent convertis en puissantes machines, en élégantes diligences, en utiles wagons; un peuple entier remplit ces vastes salles; toutes les professions y ont des représentants; d'énormes remises servent à loger le nombre infini de machines, de tenders, de voitures de toutes classes, de toute forme, qui servent à l'exploitation; là, comme dans tout cet établissement modèle, règne un ordre parfait.

La gauche du chemin est occupée par les gares de marchandises, où se chargent et se déchargent à couvert celles venant des départements du Midi et de l'Ouest, ou celles qui sont destinées à y être expédiées. L'abondance toujours croissante de leur transport vient d'obliger l'administration à faire construire de nouveaux magasins, véritables docks, où ne font que passer les produits du monde entier. D'immenses approvisionnements en coke et charbon de terre occupent un vaste espace immédiatement après ces diverses constructions; puis enfin on commence à voir la campagne, au milieu de laquelle, semblable à un énorme serpent qui enroule Paris dans ses replis, on aperçoit l'enceinte continue; avant d'y arriver, l'œil se repose avec plaisir sur les massifs d'arbres séculaires qui baignent leurs pieds dans la

Chemin de fer d'Orléans. — Vue extérieure de l'embarcadère.

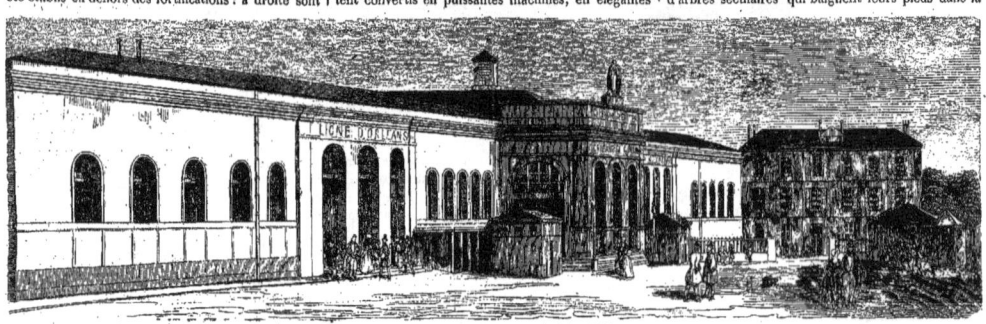

Vue intérieure de l'embarcadère du chemin de fer d'Orléans.

Seine, entourent le château presque inhabité de Bercy. Hâtez-vous, Parisiens, si vous voulez encore les voir; sous peu, grâce aux fortifications, ces arbres vénérables seront abattus par la hache, non du vandalisme, mais de l'industrie; un quartier populeux s'élèvera là où règnent encore de frais ombrages; et le commerce envahissant formera de nouveaux établissements destinés à la consommation toujours croissante de Paris.

Gare du chemin de fer d'Orléans.

Jusqu'à présent, pourtant, le grand espace, sans maisons, qu'occupe le Jardin des plantes isole suffisamment la gare et ses dépendances; elle ne pourra faire partie intégrante de Paris que par un vaste accroissement vers le bord de la Seine, et ce n'est pas de ce côté que se porte la falaise de pierres et d'ardoises où habite la grande ville. Aussi ne voit-on s'établir sur le boulevard de l'Hôpital et dans les alentours que les quelques industriels attirés par la grande affluence des voyageurs et par les besoins du chemin de fer.

Le chemin de fer de Sceaux, qui se trouve du même côté de la Seine, n'offre pas une grande importance commerciale, mais il est des plus curieux, en ce que la voie, au lieu de suivre le plus possible la ligne droite, forme les courbes les plus capricieuses, et se replie en maints détours. On y emploie des wagons articulés, dont les doubles trains sont susceptibles de se plier et de se redresser, suivant les exigences des rails sur lesquels ils roulent. La description de l'appareil qui donne ce résultat sortirait de notre cadre.

Quant à la gare, outre son élégance et sa valeur architecturale, elle offre le mérite de la difficulté vaincue. Le chemin de Sceaux, forcé de respecter les rues du Petit-Montrouge, du Petit-Gentilly et d'autres passages intéressants, de traverser les fortifications sans tomber dans le fossé, dut arriver au remblai au point où est situé l'embarcadère. Le remblai du chemin de fer obligeait donc à se tenir de l'autre côté à une certaine hauteur au-dessus du boulevard. Les salles, qui sont de plain-pied avec la gare, n'ont accès sur la voie publique que par des escaliers et une rampe. Il fallait donc asseoir la construction sur un remblai considérable. La solution qu'on a trouvée est à la fois ingénieuse, élégante, et d'une haute utilité. On a fondé des piliers sur lesquels viennent s'appuyer des voûtes, et entre ces piliers l'espace est ménagé pour de vastes magasins de marchandises. On entre sous ces voûtes de plain-pied du côté du boulevard, et les voitures peuvent y venir à couvert charger et décharger la marchandise, qu'un treuil enlève pour la confier aux wagons. Rien n'est gracieux comme ces voûtes surbaissées ; rien n'est hardi comme ces piliers, qui unissent la force à une apparence de légèreté. Au-

Chemin de fer de Sceaux. — Vue intérieure de l'embarcadère.

dessous de l'embarcadère passe l'aqueduc d'Arcueil, dont nous aurons occasion de parler plus loin : on

Courbes du chemin de fer de Sceaux en regardant Paris.

a été obligé d'en entourer la voûte d'une autre voûte, sur laquelle sont fondées d'autres piles. Ce travail fait grand honneur à M. Dulong, fils du regrettable savant de ce nom, qui l'a dirigé.

L'embarcadère a un aspect de noble simplicité qui convient parfaitement à un chemin de fer de banlieue. C'eût été un véritable contre-sens de donner au petit chemin de fer de Sceaux une de ces gares colossales où l'on prodigue la pierre et les ornements. Du côté du boulevard, il forme une courbe qui prépare déjà le voyageur à l'aspect intérieur de l'édifice. On peut déjà lire la destination du monument et le système auquel il donne asile. Si nous trouvons cependant quelque chose à critiquer, c'est que les jours de ce côté ne nous paraissent pas assez nombreux : cette façade est composée de vastes panneaux en maçonnerie séparés par de simples pilastres. Au sommet et au milieu est un cartouche destiné à recevoir l'horloge. L'ordonnance intérieure est convenable, les salles spacieuses et bien disposées ; ces salles s'ouvrent sur la gare circulaire ; un vaste trottoir courbe s'avance jusqu'à la voie du fer ; au-dessus du trottoir et de la voie s'avance une marquise soutenue par d'élégantes colonnettes. Tout le train est à couvert, et les voyageurs ne sont pas exposés, comme dans certaine gare qu'il est superflu de nommer, à toutes les intempéries des saisons. C'est un singulier aspect que celui de toutes ces voitures rangées sur une courbe, et dont les caisses forment des rectangles rigides, tandis que tous les essieux convergent vers un point de la gare signalé par un drapeau. Dans les autres chemins, on est habitué à voir dans une gare une foule de rails se croisant en tous sens, des aiguilles, des plaques tournantes, enfin tout un attirail compliqué et coûteux : ces gares

Vue extérieure de l'embarcadère du chemin de fer de Sceaux.

d'ailleurs affectent une forme rectangulaire. Ici rien de semblable : la gare est ovale, la forme est celle d'une raquette. Une seule voie fait le tour de la gare, en en suivant les sinuosités ; de sorte que le convoi, arrivant sous la marquise pour descendre les voyageurs, se trouve tout disposé pour entreprendre un second parcours rien qu'en continuant à avancer devant lui.

En face de l'embarcadère, et de l'autre côté de la raquette, s'élève un bâtiment dont la charpente est simple et solide : c'est un hangar pour remiser les voitures et établir un atelier de réparations.

M. Arnoux, l'inventeur des wagons articulés, et le constructeur du chemin de fer de Sceaux, n'a pas épargné les courbes : loin de là, entre la ville et les fortifications, il s'en trouve trois ou quatre, de 150, 30 et même 30 mètres. Le premier ouvrage d'art que l'on rencontre est un monument remarquable, le viaduc au-dessus de la Tombe-Issoire, l'entrée des catacombes.

Il fallait ne pas trop élever le viaduc dans l'intérêt du chemin de fer, et en même temps laisser à la rue une largeur convenable. Les ingénieurs ont adopté pour résoudre le problème un tablier formé de poutres en fonte soutenues sur deux culées et sur deux rangs de colonnes cannelées. Entre les colonnes et les culées on a ménagé des trottoirs pour les piétons. La couleur de ce viaduc nous a semblé parfaitement d'accord

Chemin de fer de Paris à Strasbourg. — Vue extérieure de l'embarcadère.

avec le nom qu'il porte. Il ne fallait pas à une rue bâtie sur les catacombes, sur le séjour des morts, un pont d'un aspect trop gai, des colonnes trop élégantes et trop élancées. Le monument présente un aspect sombre et imposant qui est du meilleur effet dans la circonstance.

Nous avons à parler maintenant du chemin de fer de Chartres ou de l'Ouest.

Le chemin de fer de l'Ouest se compose :
1° Du chemin de Versailles, rive droite, dont l'embarcadère est rue Saint-Lazare ;
2° Du chemin de fer de Versailles, rive gauche, dont l'embarcadère est à la barrière du Maine ;
3° Du chemin de fer de Versailles à Chartres, exécuté par le Gouvernement, plus du prolongement jusqu'à Rennes, aux frais de la compagnie nouvelle.

La durée de concession a mis à sa charge les travaux nécessaires pour réunir les deux chemins de Versailles auprès de Viroflay ; la construction d'une gare au Mont-Parnasse, plus une voie de jonction avec le chemin de Saint-Germain. Lors de la création de cette ligne, 50,000 actions de 500 fr. ont été émises ; 20,000 autres, au même taux, l'ont été dans la suite.

Vue intérieure de l'embarcadère du chemin de fer de Strasbourg.

D'après les projets approuvés par les concessionnaires, les frais de construction et d'établissement du chemin de fer de l'Ouest se sont élevés à 8,035,352 f. 06 c.

La gare du chemin de fer de Strasbourg est en rapport avec l'importance de cette voie pour le commerce, pour le transit et comme ligne stratégique. C'est un vrai monument, et un monument comme nous les aimons, conçu dans un style original, approprié à sa destination, et s'écartant des errements de la routine, des modèles consacrés par la tradition d'un temps bien loin de nous. D'ailleurs toute création nous semble, à mérite égal et même inférieur, préférable à l'imitation plus ou moins exacte.

Cette gare se compose d'une gigantesque galerie, portée par une charpente en fer, arrondie à sa voûte, et ouverte à ses deux extrémités par un cintre hardi que surmonte un triangle, au sommet duquel triangle s'assied une statue. On dirait quelque pylône égyptien, tronqué en deux pans égaux, et restauré ensuite. Six pavillons carrés, deux à chaque bout de la galerie et deux au milieu, accompagnent cette voûte :

tout à l'entour règne une rangée d'arcades soutenues par d'élégants piliers, de telle sorte qu'à l'extérieur on aperçoit seulement la partie demi-cylindrique de la grande galerie.

L'intérieur se compose d'une halle centrale, sous laquelle courent dix rangées de rails, c'est-à-dire cinq voies; de côté et d'autre, de larges trottoirs facilitent le service et la circulation des voyageurs. En tête se trouve un vaste vestibule, qui conviendrait parfaitement à un café-restaurant; aux angles de la halle de beaux pavillons destinés à l'administration du chemin de fer; ces pavillons sont reliés entre eux, sur les deux côtés de la halle, par deux galeries servant de salles d'attente, de bureaux de distributions de billets et d'enregistrement de bagages. Ce qui est le plus remarquable sans contredit, c'est la charpente en fer de cette halle.

Avant de quitter Paris, il faut traverser la gare des marchandises, longue de 1,500 mètres; puis on passe sous une série de ponts, d'une belle exécution, dont les principaux traversent le canal Saint-Denis, la route de Lille et le mur d'enceinte. Ce dernier ne compte pas moins de sept arches. Disons en passant que le chemin de fer, long de 660 kilomètres, a coûté 265 millions de francs.

Nous donnerons plus de détails sur la gare du chemin de fer du Nord, plus important peut-être encore que le précédent, et qui d'ailleurs peut servir de type pour les détails communs à tous les embarcadères. A l'extérieur, elle est divisée en deux nefs, terminées du côté du nord par deux arcades d'une énorme portée; chaque nef est surmontée d'un comble, chef-d'œuvre de charpente, où le fer a été ingénieusement mêlé au bois, ouvert par le haut pour verser une abondante lumière dans toutes les parties de ce vaste édifice. En outre, les deux côtés intérieurs, percés chacun de quinze arcades vitrées, augmentent encore l'intensité du jour.

Si l'on pénètre dans l'intérieur, dès l'abord se présente une large galerie, espèce de salle des Pas perdus, recevant le jour par huit grandes arcades vitrées, ouvrant sur la façade méridionale du monument, qu'elle occupe en entier. Là se trouvent les bureaux pour prendre les billets : trois portes donnent entrée dans les salles d'attente. La porte à gauche est destinée aux voyageurs de première classe; celle du milieu à ceux de seconde; enfin, la porte à droite donne issue dans la salle réservée aux voyageurs de troisième classe. A l'extrême droite et l'extrême gauche se trouvent les bureaux destinés, l'un aux bagages partants, l'autre aux bagages arrivants; chaque extrémité de cette galerie est ornée d'un cadran : l'un, celui de l'ouest, est une horloge; celui de l'est sert à indiquer l'heure du départ des trains.

Un large quai règne dans toute la longueur; celui de l'ouest pour le départ, celui de l'est pour l'arrivée. Par une recherche de luxe et de propreté dont on trouvera peu d'exemples, le terrain entre les rails est pavé en briques mises sur champ, et ceux-ci, soigneusement lavés et noircis, se détachent symétriquement sur le rouge pâle qui les environne. Là, toute l'animation dont une si vaste entreprise est susceptible ; on voit se mouvoir un peuple d'employés, les uns visitant une dernière fois les voitures, qui toutes ont déjà été parfaitement inspectées avant de sortir de leur remise; d'autres portant les marchandises, les bagages des voyageurs, les chefs et sous-chefs de gare donnant leurs ordres, exécutés avec empressement, mais avec soin. De temps en temps on voit s'avancer lentement, impatiente du joug, une de ces énormes locomotives; elle est là frémissante et brûlante, et cependant, comme toute force qui s'ignore, il lui faut la volonté d'autrui pour agir et être utile.

Le salon d'attente, divisé en cinq parties égales, est d'une grande richesse, et l'on doit louer l'archi-

Vue intérieure de l'embarcadère du chemin de fer du Nord.

tecte qui a eu l'heureuse idée de faire participer toutes les classes au luxe que l'on a déployé dans les moindres détails de tout ce qui a été fait pour le chemin de fer du Nord. Les divisions de ce riche salon consistent en cloisons à hauteur d'appui, d'une grille en fer richement ornementée, s'élevant environ à deux mètres et demi ; une élégante tenture recouvre les murs. A chaque extrémité du parallélogramme se trouve une cheminée monumentale, comme on pourrait encore en voir dans quelques châteaux de la Renaissance. La façade qui regarde le nord est entièrement vitrée et s'ouvre sur la gare, dont le spectacle animé n'est pas un des moindres agréments de cette salle.

Si les ingénieurs ont vaillamment fait leur devoir, de son côté la compagnie concessionnaire n'est pas demeurée oisive depuis qu'elle est en possession : un élégant, solide et commode matériel a été disposé presque en entier par ses soins.

Nous ne parlerons pas des voitures de première classe : il y a vingt ans l'on souverain n'en avait pas d'aussi élégantes ni d'aussi riches; celles de seconde classe sont également des plus confortables. Mais une chose dont on doit louer qui de droit (le compliment n'est pas si déplacé qu'on pourrait croire), c'est de ne pas avoir traité les hommes plus mal que les animaux, ceux-ci, quand ils sont transportés, étant à couvert. Les voitures de troisième classe, belles à l'extérieur, sont commodes en dedans. On n'y cherchera cependant ni coussins rembourrés, ni bancs moelleux, ces derniers sont en bois, mais au moins un toit vous recouvre, d'épais rideaux empêchent la pluie ou le soleil de pénétrer à l'intérieur, et le prix modique que coûte le voyage console des très légers inconvénients que l'on peut redouter.

A peine sorti de la gare, on rencontre déjà des travaux importants : c'est d'abord un viaduc soutenant les deux chemins de ronde intrà et extrà-muros, puis le boulevard extérieur; une vaste tranchée traversant le faubourg populeux de la Chapelle-Saint-Denis a nécessité la construction de plusieurs ponts; ils sont classés dans l'ordre suivant : le premier pour la rue Jessaint, le second pour la rue Doudeauville, enfin un troisième mettant en communication les deux bouts de la rue Marcadet; à peu de distance de ce dernier, un vaste enclos de plusieurs hectares de superficie, traversé par la voie de fer, renferme les importants établissements qu'exige une aussi vaste exploitation : à la gauche du chemin se trouvent les gares de marchandises, à la droite les ateliers, véritables forges de Vulcain; quelques mètres encore, et le convoi franchit l'enceinte continue, dont il passe le fossé sur un beau pont; puis le chemin de fer, s'élançant dans la plaine Saint-Denis, la traverse par un alignement parfaitement direct jusqu'au fort de la Briche, alignement qui n'a pas moins de cinq kilomètres sans aucune flexion ; et cependant cette plaine Saint-Denis que l'on croirait nivelée comme un lac, est une succession continue de petites éminences qui ont nécessité l'ouverture de plusieurs tranchées, et des remblais assez considérables.

Il nous reste à citer maintenant deux chemins de fer, dont l'un est en voie d'exploitation depuis peu de temps, la ligne de Lyon, et l'autre en voie d'exécution, le chemin de fer de ceinture.

Les travaux de construction du chemin de fer de Lyon ont été commencés par l'État en 1842; la partie comprise entre Dijon et Châlon-sur-Saône fut la première mise en voie d'exploitation; 11 millions furent affectés à l'établissement de cette partie de la ligne. Une loi du 26 juillet 1844 en affecta 71 mille autres à la construction des deux sections de Paris à Dijon et de Châlon-sur-Saône à Lyon. Enfin, le 16 juillet 1845, intervint une troisième loi qui autorisa le ministre des travaux publics à procéder, par la voie de la publi-

CHAPITRE LXXIV. — LES CHEMINS DE FER.

cité et de la concurrence, à la concession du chemin de fer de Paris à Lyon.

L'adjudication eut lieu le 20 décembre 1843, et la concession fut faite moyennant une durée de 41 ans et 90 jours.

Une loi du 9 août 1847, prenant en considération les augmentations sur l'estimation première des dépenses que paraissait devoir entraîner la construction du chemin de fer de Paris à Lyon, stipula que, pour chaque somme de 1 million que la compagnie dépenserait au delà de 200 millions, il lui serait accordé une année de prolongation dans la durée de sa concession, sans que, dans aucun cas, cette durée pût excéder 99 ans.

Les travaux commencèrent; mais les événements de 1848 forcèrent la compagnie de demander la résiliation de la concession, et les travaux se poursuivirent aux frais du Trésor public.

Enfin, le 5 janvier 1852, le chemin de fer de Paris à Lyon fut concédé à la compagnie actuelle, avec clauses et conditions du cahier des charges, et, le 1ᵉʳ mars 1852, la compagnie est rentrée définitivement en possession de ce chemin, dont les dépenses totales se sont élevées à 200,318,828 fr. 19 c.

Les rapports ont constaté que les recettes de cette ligne s'étaient élevées, en 1852, à 12,108,000 fr. Sur cette somme, 5 pour 100 ont été payés aux actionnaires, plus un dividende pour la première année du quart du bénéfice net. Le capital de la Société est de 200 millions.

L'embarcadère du chemin de fer de Paris à Lyon se trouve boulevard Mazas, en face de la Nouvelle-Force; il est très-vaste et couvre une immense étendue de terrain. Cet embarcadère ressemble, du reste, à tous les autres par sa disposition intérieure. Son architecture extérieure est insignifiante et ne présente d'original que le chemin en pente qui conduit à la salle des voyageurs.

Le chemin de fer de ceinture est destiné à relier entre elles les têtes des cinq grandes lignes :
De Paris à Rouen avec ses prolongements;
Du Nord;
De Paris à Strasbourg;
De Paris à Lyon;
Et de Paris à Orléans avec ses prolongements.

Les compagnies de ces différentes lignes s'engagent à exploiter le chemin de fer de ceinture en fournissant le matériel nécessaire à l'exploitation, tant pour le transport des voyageurs que pour celui des marchandises, et se constituent en société anonyme pour cette exploitation.

La première section du chemin de fer de ceinture qui réunit les trois gares des compagnies de Rouen, du Nord et de Strasbourg, a été ouverte à l'exploita-

Un train de plaisir.

tion le 21 décembre 1852, et les résultats qui ont été obtenus jusqu'à ce jour font déjà pressentir l'utilité de ce chemin de ceinture qui sera achevé en 1854.

La physionomie intérieure des salles d'attente des divers chemins de fer diffère assez peu de la salle des messageries : les voyageurs, quel que soit le mode de locomotion qu'ils adoptent, présentent tous à l'observateur la même figure affairée, le même encombrement de paquets, le même costume bizarre et compliqué, le même air de sollicitude empressée et d'inquiétude impatiente. Seulement à l'embarcadère les échantillons de l'espèce, étant plus nombreux, offrent une variété plus grande. Quelqu'un qui passerait son temps à contempler tous ces gens-là, stationnant à la queue devant le guichet qui délivre les billets, se nourrissant de gâteaux douteux et de livraisons à quatre sous, puis trônant sur les banquettes, ou épiant l'arrivée du convoi à travers la porte vitrée qui donne sur la voie, ce quelqu'un-là, disons-nous, pour peu qu'il sût voir, assisterait gratis à l'une des plus amusantes scènes de la comédie humaine.

Mais il est des moments où de véritables armées, légèrement pourvues de bagages, fringantes, pleines d'ardeur, livrent un siége en règle au bureau des billets, et déploient dans la conquête de petits cartons timbrés par l'administration une stratégie instinctive pleine de ruses et de ressources. Malgré la surveillance du facteur en casquette galonnée, assisté souvent d'un ou de plusieurs sergents de ville, la foule se rue, compacte et menaçante, autour des frêles barrières : en échange des bousculades et des coups de coude pour arriver en temps opportun près du distributeur, et, pendant la lutte qui a lieu entre les assaillants, appartenant d'ordinaire au sexe fort, les dames, non moins intrépides, gardent la place conquise à la queue qui entre dans les salons d'attente. Le billet une fois délivré, le couple voyageur se réjouit, et avec peine, va tenter de nouveaux combats près de la porte de sortie. Celle-ci s'ouvre enfin, car le sifflet s'est fait entendre, et vous voyez soudain les combattants s'abattre par volées sur toute la longueur du convoi et forcer l'accès de tous les wagons, bientôt bourrés de passagers. Vous venez d'assister au départ d'un train de plaisir. Sous le fallacieux prétexte que le train de plaisir les conduira, pour moitié prix, dans quelque ville enchantée des environs, ou sur les bords de l'Océan, les Parisiens s'exposent sans timidité aux bourrades, aux foulures, aux accidents de tout genre : ils se résignent à être empilés comme des harengs dans la caque pendant le voyage, que ralentissent d'innombrables stations; mais rien ne les arrête pour pouvoir dire au retour : « J'ai passé mon dimanche à la campagne; » ou bien : « J'ai vu la mer. »

LES BARRIÈRES ET LES ABATTOIRS.

Chapitre LXXV.

Les différentes limites de Paris. — La barrière de Bercy. — Les *dégustateurs-gourmets*. — Le château de Bercy. — Barrière de Charenton. — Le pont de Charenton. — Barrières de Reuilly et Saint-Mandé. — La barrière du Trône. — Les fêtes publiques à la barrière du Trône. — La foire au pain d'épices. — Barrière des Amandiers. — Le Père-la-Chaise. — Barrière des Trois-Couronnes. — Le Jardin des Montagnes françaises. — Rampouneau. — Barrière et guinguettes de Belleville. — Les buttes Saint-Chaumont. — La barrière du Combat. — La barrière de Pantin. — La rotonde Saint-Martin. — Le cabaret du *Petit Jardinet*. — La barrière Saint-Denis. — Le clos Saint-Lazare. — L'hôpital Napoléon. — Le quartier de la Nouvelle France. — La barrière de Rochechouart. Le petit Rampouneau. — La barrière Blanche. — La barrière Clichy. — Moncey et le père Lathuille. — Les Batignolles. — Les habitants des Batignolles. — Mouceaux et son parc. — Le nouveau Tivoli. — Le tir aux pigeons. — Barrières de Passy et de Grenelle. — Le puits de Grenelle. — Barrière d'Enfer. — L'Observatoire. — Les cinq abattoirs de Paris.

Six grandes époques déterminent les différentes limites devant lesquelles Paris s'est arrêté successivement depuis sa fondation jusqu'à notre temps.

On ne fixe point d'une manière précise l'époque de la première enceinte; tout ce qu'on peut dire, c'est qu'elle fut contemporaine de la guerre des Gaules, ainsi que le démontrent plusieurs paragraphes des *Commentaires de Jules César*. En traversant le territoire des *Parisiennes*, la Seine formait, au point où se trouve aujourd'hui Paris, cinq îles, dont la plus étendue fut choisie par les chefs gaulois pour place de guerre; c'est ce même emplacement qui reçut le nom de Lutèce, et, plus tard, celui de la Cité. La superficie de cette île était alors moins grande d'un cinquième environ qu'elle ne l'est aujourd'hui. Elle s'étendait en longueur depuis le chevet de l'église de Notre-Dame jusqu'aux environs de la rue du Harlay. Dépourvue de murailles de clôture, elle n'avait pour fortification que le cours de la Seine, qui suffisait, dans ce temps-là du moins, pour repousser les attaques de l'invasion romaine. — Sous Julien l'Apostat, Lutèce s'agrandit un peu du côté de l'ouest, et l'on jeta des ponts en bois sur les rives de son fleuve.

On voit se dessiner la deuxième enceinte de Paris sous le règne de Louis VI, dit *le Gros*. Ce roi, qui eut le premier à se défendre contre les attaques incessantes des grands vassaux de la couronne, entreprit de protéger par des murailles les faubourgs du nord et du midi. Le mur partait de la rive droite de la Seine, dans le voisinage de Saint-Germain l'Auxerrois; l'église de ce nom ayant beaucoup souffert des ravages des Normands, il avait paru urgent de la mettre à l'abri de nouveaux coups de main. La clôture encerrait l'église, ses dépendances, et se terminait par des fossés, ainsi que l'atteste le nom de la rue des Fossés-Saint-Germain l'Auxerrois.

Trois autres enceintes, qu'il serait superflu de suivre dans leurs divers développements, furent exécutées à des intervalles assez éloignés : la première fut faite en vertu d'un édit de Philippe-Auguste; Louis XIII construisit la seconde; et, peu de temps après, Louis XIV, à son tour, recula les limites de la capitale. On sait que la sixième et dernière enceinte fut tracée sous le gouvernement de Louis XVI.

Envisagées seulement sous le rapport monumental, les barrières de Paris mériteraient à peine de fixer l'attention. En revanche, éloignées du centre de la capitale, à laquelle pourtant elles servent de frontières, elles fournissent de curieux sujets d'études à l'observateur et au peintre de mœurs.

En décrivant les barrières, la plume rencontre naturellement les édifices publics ou particuliers qui se trouvent dans le voisinage de chacune d'elles; et ces divers épisodes suffiront pour donner au récit une variété qu'on ne pourrait mettre dans l'énumération pure et simple. Après cette précaution, commençons hardiment notre pèlerinage circomparisien; partons de la Bastille, et, nous dirigeant vers l'hémicycle nord, pour revenir ensuite au midi par la route occidentale, par les Champs-Élysées et le pont d'Iéna. Nous passerons, en premier lieu, Bercy et la Râpée, et la première barrière est celle de Bercy. Ce sont là les capitales des marchands de vins et des canotiers, dont nous avons déjà esquissé la physionomie. Bercy et la Râpée sont célèbres comme entrepôt général pour l'approvisionnement des vins que boit Paris; il s'y fabriquent aussi dans une proportion fabuleuse; et, pour empêcher que la fraude n'eût des résultats funestes pour la santé, il a été nécessaire d'y établir des postes de *dégustateurs-gourmets*.

A quelques centaines de pas de la barrière, on aperçoit le château de Bercy, curieux morceau d'architecture, bâti sur les dessins et sous la direction de François Mansard. Dans l'origine, un parc d'environ neuf cents arpents était annexé à ce château. On n'avait rien épargné pour lui donner le luxe des résidences seigneuriales. Le jardin avait été planté par le Nôtre; on l'avait orné de statues, et il se terminait, du côté de la rivière, par une terrasse immense dont la vue était admirable. L'habitation est restée intacte, mais le parc a été entamé en plusieurs endroits.

En continuant le parcours, la première barrière qu'on rencontre est celle de Charenton. Le bourg du même nom est agréablement situé en amphithéâtre, sur la rive droite de la Marne, que l'on traverse sur un magnifique pont de pierre.

On sait que ce pont est l'un des plus anciennement bâtis pour faciliter, par terre, les arrivages de Paris. Son importance est telle, qu'il a toujours été regardé comme une des clefs de la capitale. Pris et repris bien des fois depuis l'invasion des Normands jusqu'aux troubles de la Fronde, il a été restauré bien souvent. Il est assis sur dix arches, tant grandes que petites, en pierres, à l'exception des quatre arcades du milieu, qui sont en bois. A l'existence de ce pont se rattache une page intéressante de notre histoire nationale. Au moment de la première invasion, en février 1814, quand déjà l'ennemi inondait les plaines de la Champagne et menaçait d'arriver aux portes de Paris, on fortifiait les approches du pont, et il fut établi aux deux extrémités des palissades à l'instar de celles que l'on construisait aux barrières. Cette fortification improvisée fut défendue avec un courage héroïque par les élèves de l'école d'Alfort; mais chacun sait qu'ils ne tardèrent pas à être écrasés par le nombre, et que, le 30 mars, l'ennemi pénétra dans la capitale.

Non loin de Charenton-le-Pont se trouve Charenton-Saint-Maurice autre charmant village, qui devient, pendant la belle saison, un lieu de résidence fort aimé des Parisiens. De nombreux enclos, pleins d'ombrages et entrecoupés de sources vives, justifient complètement ces prédilections; Henri IV avait lui-même reconnu ces avantages. Nul n'ignore, en effet, qu'il avait fait bâtir pour Gabrielle d'Estrées une petite maison à Charenton-Saint-Maurice. Cette maison existe encore; c'est un bâtiment en briques que l'on remarque à gauche de la route, en entrant dans le village du côté de Paris. Par un reste d'habitude, on continue à l'appeler le château.

Les deux barrières qui viennent ensuite sont celles de Reuilly et de Saint-Mandé. Elles ne se signalent à l'attention que par leur voisinage du couvent et du cimetière de Picpus, et par la proximité de l'hôpital Boulard, fondé par feu Boulard, ancien tapissier de la cour, pour servir d'asile aux tapissiers infirmes ou indigents. Quant au village de Saint-Mandé, il possède abondamment tout ce qui peut charmer les amis de la villégiature : bouquets de bois, charmilles, prairies, eaux murmurantes, sentiers toujours verts. De fort jolies maisons sortent çà et là au milieu de ses massifs de trembles et de peupliers. On apprécierait cette heureuse situation au temps même du surintendant Fouquet, qui y avait une maison de plaisance.

Quand on a dit adieu à Saint-Mandé, à ses bois, à ses groupes de maisonnettes et à son champ de repos (où sont les restes d'Armand Carrel), le premier édifice qui s'offre aux regards est celui de la barrière de Vincennes. On l'appelait autrefois barrière du Trône, parce que la ville de Paris avait fait élever à cette place, en 1660, une estrade magnifique sur laquelle Louis XIV et Marie-Thérèse montèrent, le 26 août de la même année, pour recevoir, dit un historien, l'hommage et le serment de fidélité de leurs sujets. Les deux hautes et minces colonnes qui décorent cette barrière sont les seuls débris d'un arc de triomphe immense qu'on avait commencé de construire en cet endroit, mais dont les plans, d'une exécution d'ailleurs fort coûteuse, furent jugés si mauvais, que le grand roi, difficile même en fait de flatteries, témoigna son désir de voir cesser les travaux, désir qu'on s'empressa de satisfaire.

L'entrée dans Paris par la barrière du Trône est fort imposante ; et la large et longue rue du faubourg Saint-Antoine commence déjà à donner une idée de la splendeur de la cité dans laquelle le voyageur pénètre. Aussi, sous l'ancien régime, avant que l'avenue des Champs-Élysées eût atteint ce haut degré de splendeur auquel elle est parvenue, les ambassadeurs faisaient-ils par cette porte leur entrée solennelle ; et, en attendant, il y avait des appartements disposés pour ceux au monastère de Picpus. De nos jours, la place et la barrière du Trône ont encore une assez grande animation ; car c'est par là que l'on arrive dans ce faubourg actif, laborieux, tourbillonnant comme une ruche sans cesse en travail, et que les Parisiens appellent simplement le *Faubourg*, comme étant le faubourg par excellence, quelles que soient les prétentions des autres, tels que le faubourg Saint-Germain ou le faubourg Saint-Honoré.

Chaque fête publique accorde à cet autre centre de Paris, le rendez-vous du Paris ouvrier, quelques fusées et quelques pièces d'artifices particulières, afin de dispenser les habitants d'un trop long voyage vers le pont de la Concorde et le Champ de Mars. Là, comme aux Champs-Élysées, se réunissent, lors de nos mémorables anniversaires, les phénomènes vivants, les phoques érudits, les femmes géantes, les marionnettes articulées, et tout le fretin de saltimbanques et de montreurs de prodiges qui spécule sur la badauderie du Parisien en fête. N'oublions pas M. Loyal, ce rival ambulant de Franconi et de l'Hippodrome, qui vient établir régulièrement, deux ou trois fois chaque année, son cirque de toile et son arène transitoire à l'ombre des deux colonnes du grand roi. M. Loyal saute des tonneaux, franchit des bannières, polke et mazurke à cheval tout aussi bien que ses grands confrères; seulement tout cela se passe en famille. M. Loyal père tient la chambrière et surveille sa troupe, laquelle se compose de MM. Loyal fils, qui sont, suivant le besoin, écuyers, clowns, paillasses, bouffons, etc.; et mesdemoiselles Loyal remplissent, d'après l'exigence du moment, les rôles tenus, avec tant de distinction par mademoiselle X. ou mademoiselle V., une des illustrations du carré de l'Élysée ou de la barrière de l'Étoile.

La foire au pain d'épices, contemporaine de la foire aux jambons, se tient annuellement au rond-point de la barrière du Trône. On y consomme, de cette marchandise, d'une utilité gastronomique ou hygiénique suspecte, et d'un goût, d'un aspect assez peu engageants, tient vraiment du prodige. Les bonshommes, subdivisés en Bolivars, en diables, en Napoléons, en Duguay-Trouins, en Proudhons, etc.; les

CHAPITRE LXXV. — LES BARRIÈRES ET LES ABATTOIRS.

bonnes femmes, nourrices avec des seins comparables aux mamelles d'Isis l'Égyptienne, grisettes portant l'ombrelle, paysannes, les animaux à figure fantastique de toute dimension et de tout prix, y sont assez nombreux pour peupler une sixième partie du monde. Dijon, Reims, Meaux, tous les pays où se pétrit cette pâte équivoque, viennent apporter leur tribut de *couronnes*, de *pavés rafraîchissants*, de *croquettes*, de *galettes* et autres compositions, dont les noms se trouvent peu en harmonie avec les catalogues officiels de notre langue. Qu'il faut que le monde soit peuplé d'enfants pour faire disparaître ces colossales et indigestes montagnes que voit s'amonceler la quinzaine de Pâques, tout le long du faubourg Saint-Antoine! Mais passons.

Montreuil-sur-Bois ou sous-le-Bois a donné son nom à la barrière la plus prochaine. L'horticulture est la principale occupation de ses habitants qui, par une méthode particulière, obtiennent surtout des pêches admirées pour leur grosseur et pour leur bonté. Dans son *Tableau de Paris*, Mercier prétend qu'à Montreuil trois arpents de terre produisent habituellement à leur propriétaire 20,000 fr. de rente. « Ils cultivent les pêches les plus belles qui soient sur le globe, dit-il; or les pêches, en certain temps, valent six livres pièce. Quand un prince donne une fête un peu brillante, on en mange pour trois cents louis d'or. »

Nous approchons de la barrière des Amandiers. Un silence lugubre règne dans toute son étendue. Au delà du boulevard extérieur commence une autre ville, la ville des morts. Ces ifs, ces saules pleureurs et tous ces autres arbustes votifs qu'on aperçoit du chemin, bordent l'immense cimetière du Père-Lachaise, dépôt de tant de dépouilles illustres et de précieux monuments. Des files de corbillards traversent chaque jour cette avenue, désolée comme une voie antique. Un peu plus bas, en deçà du mur d'octroi, on voit s'étaler à chaque pas mille petits métiers funèbres : les fleuristes, les treillageurs, les marbriers, les marchands d'épitaphes et toutes ces autres industries qui ne vivent que des morts.

La barrière des Trois-Couronnes, qui a emprunté son nom à l'enseigne d'un célèbre cabaret du voisinage, n'offre rien de remarquable. Elle était vivifiée, il y a quelques années encore, par le beau et vaste jardin des *Montagnes françaises*, où des fêtes hebdomadaires, invariablement couronnées par un feu d'artifice, attiraient de nombreux essaims de grisettes et de commis marchands. Aujourd'hui la montagne s'est aplanie, deux ornières creusées par de lourds tombereaux ont remplacé les rails que sillonnaient les chars légers dans leur course rapide; la grande allée tant de fois illustrée par de splendides illuminations en verres de couleur a vu son dernier tilleul tomber sous la scie : quelques hauts acacias, quelques pins toujours verts, derniers échantillons d'une riche et antique végétation, sont encore debout, comme pour protester contre cette désolante mutilation. Une rue couvrira dans peu de temps ce sol qui fut, après Tivoli et Beaujon, le plus beau des jardins publics de ce genre. Cependant la mutilation n'a pas été complète : on a respecté le carré de la danse, qu'une cloison de planches sépare de la rue naissante, et les dan-

La barrière du Trône.

seurs qui n'ont pas désappris le chemin de ces lieux naguère si attrayants peuvent encore faire leur bonheur au *bal du Delta*.

Comme sa voisine des *Trois-Couronnes*, la barrière *de Ramponneau*, appelée plus tard *barrière de Riom*, puis *barrière de l'Oreillon*, a dû son premier nom, qui d'ailleurs a survécu, en dépit des inscriptions municipales, à un fameux cabaret dont le fondateur, célèbre queue-rouge, jouait des scènes comiques qui avaient le privilège d'attirer la cour et la ville, comme on disait alors. La réputation de cet heureux farceur était si grande, que toutes les modes de l'époque prenaient son nom. La barrière qui avait l'honneur de son voisinage ne pouvait donc, sans déroger à la mode, se parer d'un autre titre.

Il paraît toutefois que Ramponneau, après avoir trouvé la fortune en exploitant le cabaret que son nom rendit si célèbre, changea de façon de voir. Un jour que sa réputation était à son comble, il refusa de paraître sur la scène, malgré les offres superbes, « pour ne pas compromettre son salut, » dit-il. Comme cette réflexion lui venait un peu tard, il eût été exposé à payer un dédit considérable, si le Parlement ne l'avait dégagé de sa promesse, en prenant ses scrupules religieux en considération.

De vagues murmures d'orchestres se font entendre. Ils nous annoncent Belleville, si renommée pour ses guinguettes et pour ses bals en plein vent. Belleville est dans une charmante situation, sur une hauteur qui domine Paris et une grande partie des alentours. Mais, hélas ! l'esprit de spéculation profane tout aujourd'hui. Depuis quelques années, Belleville n'a plus la même physionomie. Sous prétexte d'utilité publique, on a abattu les arbres de ses jardins; des rues nouvelles envahissent la place de ses pelouses et de ses boulingrins. Un lieu de plaisance, parsemé de bosquets, de labyrinthes, de ruisseaux artificiels et d'ombrages, l'*Île-d'Amour*, en un mot, dont le nom seul aurait dû préserver de cet outrage, a été démoli de fond en comble. *Lugete, Veneres Cupidinesque !* On a arraché ses massifs de chèvrefeuilles, on l'a fait tomber ses statues mythologiques du haut de leurs piédestaux; le tout afin de construire à la municipalité de la commune un hôtel de ville confortable. Adieu dès lors aux joyeux festins sous la feuillée ! Adieu aux quadrilles sur le sable ! La reine de Paphos aura pour toujours fait place à M. le maire et à ses adjoints.

Il est vrai que les habitants ont, pour se consoler de cette perte, un joli théâtre, qui n'a d'autre tort que celui d'être situé au pied de leur haute et longue colline; mais que faire au théâtre quand les arbres sont verts? quand l'air est tiède et parfumé par les bosquets?

Au delà de Belleville sortent d'entre les fleurs et le gazon les Prés-Saint-Gervais, terre des lilas et des rondes sur l'herbette. Si Belleville attire dans ses guinguettes les gastronomes et les amoureux peu soucieux du mystère et du silence, les Prés-Saint-Gervais, placés dans un site mélancolique, se prêtent merveilleusement à la passion tendre et à l'idylle. Le lilas qu'on va y cueillir, le lait pur qu'on y boit dans l'étable, le fruit qu'on y détache de l'arbre, tout cela exhale un certain parfum de pastorale qu'on chercherait vainemont ailleurs. Il est fâcheux qu'un autre parfum moins suave viennes'y mêler quelquefois, apporté de Bondy sur l'aile des vents.

Les aqueducs les plus anciens de tous ceux qui fournissent de l'eau à la capitale serpentent sous les Prés-Saint-Gervais. Ils nous amènent les eaux de diverses sources rassemblées entre les villages de Pantin et de Romainville.

A gauche de Belleville, entre les barrières de la Chopinette et du Combat, à deux cents pas à peine au delà du mur d'octroi, s'élèvent les buttes Saint-Chaumont, nombreux mamelons peu élevés, mais presque à pic. Ce lieu est célèbre par la belle défense qui a valu à la désastreuse journée du 30 mars 1814 le titre de bataille de Paris.

La barrière du Combat doit son nom aux combats d'animaux dont elle était déjà le théâtre à l'époque de la construction du mur d'enceinte. On y voyait des ours, des loups, et même des tigres et des lions, mais plus communément des taureaux et des ânes lutter tour à tour contre d'énormes bouledogues. L'âne n'était pas toujours le moins redoutable de ces terribles champions. On le voyait se cabrer sous l'aiguillon de la douleur, et fouler sous ses pieds ferrés l'adversaire qui, après l'avoir assailli, n'avait pas su battre en retraite assez promptement pour échapper à son atteinte furieuse.

Ces combats d'animaux, peu en harmonie avec les mœurs actuelles, ont été abolis sous le règne de Louis-Philippe. Depuis longtemps ils n'attiraient qu'un certain nombre de rôdeurs de barrières, ou bien des membres de la sanglante corporation des garçons bouchers.

Voici maintenant la barrière de Pantin, que traverse la route d'Allemagne, et sous laquelle glisse le canal St-Martin. Vers la droite s'étendle bassin de la Villette, encombré de bateaux, qui nous apportent le tribut de nos plus riches départements. Ce bassin était autrefois le rendez-vous

Une guinguette à Belleville, le dimanche soir.

des patineurs. Les lionnes d'alors s'aventuraient intrépidement sur de légers traîneaux, que des amateurs complaisants guidaient dans leur marche rapide. Chaque hiver était marqué par de nombreux et

Cabaret du Petit Jardinet, à la Petite-Villette, où fut signée la reddition de Paris.

cruels accidents, qui semblaient stimuler plutôt que décourager la folle ardeur de la jeunesse pour ce dangereux plaisir, auquel ils donnaient une apparence d'héroïsme. Le péril a en lui-même un attrait qui pousse les imprudents à l'affronter. La préfecture de police, après une trop longue tolérance, se décida enfin à prévenir le retour de ces bravades, si souvent funestes. Elle mit officiellement le canal en interdit.

La *Rotonde Saint-Martin*, vaste et assez beau monument dont le rez-de-chaussée se compose de quatre péristyles uniformes, ornés chacun de huit colonnes carrées, est reliée par une double grille en fer aux *barrières de Pantin* et *de la Villette*, distantes l'une de l'autre d'environ cent mètres. Ici, comme pour les barrières du Combat et des Buttes-Saint-Chaumont, l'édifice est commun à l'administration des deux barrières.

La commune de la Villette, qui fait suite au faubourg Saint-Martin, est très-peuplée, assez riche, et possède de nombreux entrepôts et quelques fabriques importantes. Une papeterie considérable, assise sur la rive droite de son canal, a été dévorée, il y a quelques années, par un incendie.

C'est dans un pauvre cabaret de la Villette, portant l'enseigne du *Petit-Jardinet*, que se tint, le 30 mars 1814, la conférence dans laquelle un armistice de quatre heures, destiné à régler la retraite de nos troupes, ainsi que les conditions de la capitulation de Paris, fut conclu et signé vers cinq heures du soir.

Entre les barrières de la Villette et de Saint-Denis, se trouve celle des Vertus, qui est très-peu fréquentée. Serait-ce à cause de son nom? Il n'y a pas de quoi s'effrayer. Ce nom vient de Notre-Dame-des-Vertus, qui fut longtemps pour les femmes de Paris un lieu de pèlerinage. S'il faut en croire Dulaure, « ces promenades avaient moins pour motif la dévotion que le plaisir s'étaient des

Barrière de la Villette.

CHAPITRE LXXV. — LES BARRIÈRES ET LES ABATTOIRS.

rendez-vous galants ou des parties de débauche. » L'official de l'église de Reims, Guillaume Coquillart, n'est pas moins explicite sur ce sujet. Il s'exprime ainsi, dans le *Monologue des perruques* :

> Mesdames, sans aucuns vacarmes,
> Vont en voyage bien matin,
> En la chambre de quelques carmes,
> Pour apprendre à parler latin.
>
> En lieu de dire leurs matines,
> Le vin blanc, le jambon salé,
> Pour festoyer ces pèlerines...

La barrière Saint-Denis, vue du côté du jardin, est une très-jolie habitation bourgeoise, presque un château. La commune de la Chapelle, qui est parallèle à celle de la Villette, n'offre rien de remarquable. Elle aboutit à la belle avenue, plantée de deux rangées d'arbres, qui forme une ligne parfaitement droite jusqu'aux premières maisons de la ville de Saint-Denis.

Le clos Saint-Lazare, dans lequel est situé l'embarcadère du chemin de fer du Nord et le vaste hôpital Napoléon, en construction en ce moment, s'étend depuis la barrière Poissonnière jusqu'à celle de la Chapelle. L'influence de ce voisinage vivifiant s'est déjà fait sentir. Le quartier de la *Nouvelle France*, peu connu et médiocrement peuplé il y a deux ans à peine, s'est agrandi subitement, et compte ses maisons par centaines et ses habitants par milliers. On ne saurait se faire une idée de la rapidité de ce prodigieux accroissement. Des rues entières semblent sortir de terre comme par enchantement. Un superbe

Barrière Saint-Denis, du côté du jardin.

établissement, le restaurant des *Nouvelles Vendanges de Bourgogne*, prouve que la civilisation est déjà très-avancée dans ce pays encore neuf.

Sur le versant nord-est de la butte Montmartre, au sommet de la chaussée de Clignancourt, à laquelle on arrive par la *barrière de Rochechouart*, appelée autrefois du *Télégraphe*, se trouve le *Château-Rouge*, dont nous avons déjà parlé, ainsi que l'*Ermitage* et l'*Elysée Montmartre*.

Rien de remarquable d'ailleurs pour les barrières *Rochechouart*, des *Martyrs*, *Pigale* et *Blanche*.

Disons cependant que c'est à la barrière Rochechouart que le dernier successeur de Ramponneau, dont nous parlions plus haut, est mort dernièrement, en laissant une fortune qu'il avait écumée en peu de temps sur les innombrables marmites et les ragoûts impossibles à compter qui cuisaient nuit et jour dans ses fourneaux cyclopéens.

Les gibelottes du Petit Ramponneau absorbaient et peut-être absorbent encore des milliers de lapins plus ou moins authentiques; on évaluerait par centaines le nombre des moutons, voire même des bœufs, qui passaient par sa cuisine; et c'est chez lui, non aux Invalides, que l'étranger devrait aller chercher quelque modèle du gigantesque pot-au-feu dont s'entretiennent nos 86 départements, pot-au-feu à la taille d'un Gargantua.

Après la barrière Blanche, s'étendait, il y a quelques années, un parc magnifique, aujourd'hui remplacé par un quartier neuf, auquel donne entrée la barrière de

La cuisine du *Petit Ramponneau* à la barrière Rochechouart.

Clichy. Celle-ci est séparée du village dont elle porte le nom par le bourg des Batignolles. Ce lieu a été en 1815 le théâtre d'une glorieuse résistance de la part d'un assez grand nombre de gardes nationaux parisiens commandés par le brave Moncey. Le maréchal et son état-major étaient postés dans la grande avenue, à l'endroit où se trouve le restaurant du *Père Lathuille*, qui n'était alors qu'un cabaret, auquel le souvenir des exploits de cette journée et le beau tableau d'Horace Vernet donnèrent une célébrité très-fructueuse pour le propriétaire de l'établissement.

Depuis quelques années, les Batignolles sont devenues une ville, et la France n'en compte pas soixante plus riches et plus peuplées. Voyez, en effet, ces rues si larges, si bien pavées, ornées de larges trottoirs et splendidement éclairées au gaz; admirez ces hautes et élégantes maisons, toutes construites en pierres de taille, et dont plusieurs sont illustrées de balcons dorés et de sculptures; arrêtez-vous au seuil de ces larges magasins de nouveautés qui rivalisent en luxe et presque en étendue avec les plus vastes bazars de la rue Montmartre; entrez le soir dans ces cafés somptueux, dans ces salles de billard remplies de monde et de fumée; puis, si vous avez voyagé dans l'intérieur de la France, consultez vos souvenirs, et demandez-vous si vous avez vu beaucoup de centres de population aussi animés que celui-ci.

Les Batignolles sont donc une ville, et une ville à part, dont la physionomie mérite d'être étudiée, car elle n'est pas celle de la capitale, sa voisine, ni celle des villes de province, quoiqu'elle ait avec l'une et avec les autres certains points de ressemblance.

Ce n'est pas vers le milieu de la journée qu'il faut chercher le bruit et le mouvement aux Batignolles. Il y règne alors une immobilité et un silence qu'on ne retrouve guère que dans les villes d'Espagne ou d'Italie aux heures de la sieste. On dirait que la vie s'en est allée de ce grand corps. En effet, la population virile presque tout entière a émigré dès le matin pour ne revenir qu'à la tombée de la nuit. On ne demeure pas aux Batignolles, on y gîte. Les employés des ministères, les commis des maisons de banque ou de commerce, les expéditionnaires, les caissiers et les teneurs de livres ont presque tous fait élection de domicile dans cette commune. La modicité du prix des loyers, l'appât des économies qui se réalisent quotidiennement sur les objets de consommation, affranchis de l'impôt onéreux dont ils sont frappés par l'octroi de Paris, et, pour les plus favorisés, le charme d'un carré de terre baptisé du pseudonyme de jardin, expliquent la prédilection de tant de gens amis du comfortable, uni au bon marché.

Entre cinq et six heures du soir toute cette population débordée reflue au grand complet vers les Batignolles. La capitale rend même à cette cité beaucoup plus de monde qu'elle n'en a reçu. Un grand nombre de jeunes gens, de vieux célibataires parisiens, d'officiers retraités ou à demi-solde, d'artistes nomades, et plus riches d'espérance que d'argent, viennent chercher dans les tables d'hôte à vingt-cinq ou trente sous par jour l'abondance et la variété des mets, plus la bouteille d'argenteuil, qui, même dans le plus humble restaurant de Paris, grèverait d'un tiers ou d'un quart le modeste budget de leurs dépenses journalières. Ces dîneurs pittoresques ont le triple plaisir de manger en plein air sous la tonnelle, de boire à satiété et de frustrer le fisc. Le dimanche est un jour de fortune pour tout ce peuple de restaurateurs, car jamais on n'a vu dîneur si sobre qui ne se permette un *extra* pour célébrer le jour du Seigneur. Les bouchons sautent avec fracas, l'eau de Seltz pétillante jaillit dans les verres et sur la nappe; le cachet vert de bourgogne et le cachet rouge de bordeaux, qui couronne des flacons ambitieusement jaspés de poussière, font honte aux bouteilles uniformes rincées de la veille et remplies le matin même. Les accessoires éclipsent le

Un bosquet au Père Lathuille.

principal, l'ordinaire est triplé par les suppléments.

Les chemins de fer de Saint-Germain, de Versailles (rive droite) et de Rouen traversent la commune des Batignolles dans toute sa longueur sous un vaste tunnel qui s'étend jusqu'à la hauteur de la place de l'Église.

En suivant le boulevard extérieur, depuis la barrière de Clichy jusqu'à celle de Mouceaux, on rencontre une petite église protestante modestement située entre cour et jardin, et, un peu plus loin, un théâtre

Le tir aux pigeons au Nouveau Tivoli.

élégamment construit, mais presque isolé, parce qu'on a voulu le placer à une égale distance des Batignolles et du hameau de Mouceaux (ou Monceaux) qui fait partie de la même commune. Cette combinaison, qui avait pour but de satisfaire également les deux localités, n'a contenté ni l'une ni l'autre. Les habitants de Mouceaux, qui forment une imperceptible minorité dans la population de la commune, n'ont pas jugé ce théâtre encore assez rapproché, et ceux des Batignolles l'ont trouvé, avec plus de raison, beaucoup trop éloigné.

Si l'on entre dans Paris par la barrière de Mouceaux, on aperçoit, à droite, une guinguette d'assez chétive apparence, qui s'intitule ambitieusement *Nouveau Tivoli*. Ce titre serait une véritable profanation si le jardin répondait à la mesquinerie de l'édifice; mais il n'en est pas ainsi. De longues rangées de bosquets touffus et des allées bien sablées encadrent une magnifique terrasse où peuvent s'ébattre à la fois plusieurs centaines de danseurs. Cet établissement, qui n'est ouvert que depuis le commencement de la belle saison, ne tardera guère sans doute à conquérir une juste célébrité.

Le *Nouveau Tivoli* ne s'est pas contenté d'emprunter son nom aux parcs si regrettés de la rue de Clichy. Il a donné asile au tir aux pigeons, où les amateurs de la chasse, trop pressés pour attendre le bon plaisir des ordonnances préfectorales, viennent tromper leur impatience, tandis que de jeunes échappés de collège apprennent à manquer le gibier au vol.

On sait comment est disposé le tir au pigeon. Une douzaine de ces volatiles sont enfermés dans des cages cellulaires correspondant à des ficelles qui toutes aboutissent à l'emplacement occupé par les tireurs et par le maître du tir. A un signal donné, une ficelle est mise en mouvement, une trappe se lève, un pigeon paraît, tournoie et prend son essor : le coup part, il le tue, il tombe ou continue son vol, au risque d'un second coup de fusil qui l'atteint rarement, car la surprise, le désappointement d'un premier échec et la fumée ont obstrué le rayon visuel du chasseur.

Cet exercice est fort coûteux, en raison de la grande consommation de pigeons qu'il nécessite, car chaque épreuve apporte à l'un d'eux la mort ou la liberté.

Les pigeons assez heureux pour échapper au plomb meurtrier des apprentis — chasseurs n'ont qu'à franchir le mur de leur asile inhospitalier pour trouver une retraite sûre et riante sous les épais ombrages du parc de Mouceaux.

Ce domaine, vraiment princier, a été la maison de plaisance du duc d'Orléans, père du roi Louis-Philippe. Ce prince, alors qu'il n'était encore que duc de Chartres, fit planter ce parc dans le genre anglais, sur les dessins de M. Carmontel, et construire le joli pavillon qui se trouve à l'entrée. Des sommes énormes

CHAPITRE LXXV. — LES BARRIÈRES ET LES ABATTOIRS.

furent sacrifiées pour orner ce lieu enchanteur, où l'art a beaucoup plus fait que la nature elle-même. On y rencontre à chaque pas des débris gothiques, des fragments d'architecture grecque et romaine, des statues antiques, des pyramides et des obélisques égyptiens à côté de chalets suisses, un château fort en miniature, dont les murs sont tapissés de lierre, en face d'une chaumière. Des ruisseaux traversés par des ponts jetés sur des rochers factices déroulent leurs limpides sinuosités au milieu d'une pelouse coupée par des massifs d'arbres toujours verts dont ils reflètent l'éternel feuillage, et vont se perdre dans un large bassin qu'entoure une longue guirlande de colonnes sveltes et légères qu'on dirait arrachées au pourtour d'un temple grec.

Quand le parc de Mouceaux fut devenu une propriété nationale, la Convention décréta qu'il ne serait pas vendu, mais entretenu aux frais de l'État, comme établissement d'utilité publique.

Napoléon, en montant sur le trône, donna Mouceaux à son ex-collègue Cambacérès, pour récompenser sa complaisance à toute épreuve. Le nouveau propriétaire, effrayé des dépenses nécessitées par l'entretien de cette charmante mais inutile villa, ne tarda pas à renvoyer ce ruineux cadeau à son adresse. Napoléon, cette fois, le conserva; mais, au retour des Bourbons, il fut rendu au duc d'Orléans et à la princesse Adélaïde sa sœur, comme faisant partie de la succession de leur père.

Ce beau parc, qui a conservé la majeure partie de sa splendeur, est une des plus délicieuses promenades dont jouissent les Parisiens. Il est ouvert deux ou trois jours par semaine aux personnes munies de cartes d'entrée qu'on obtient très-facilement.

Le parc de Mouceaux est limité, dans toute sa longueur, par le mur d'enceinte construit en 1786; mais, pour concilier les exigences des plans tracés avec l'agrément du propriétaire dont un manteau de muraille aurait masqué tristement la vue, on a creusé un profond et large fossé, au milieu duquel l'inévitable mur se dresse *incognito*, laissant à peine apercevoir une rampe d'un demi-mètre d'élévation. L'architecte a même poussé la galanterie jusqu'à faire construire, aux frais de l'État sans doute, une rotonde gracieuse, dite rotonde de Chartres, pittoresquement située sur

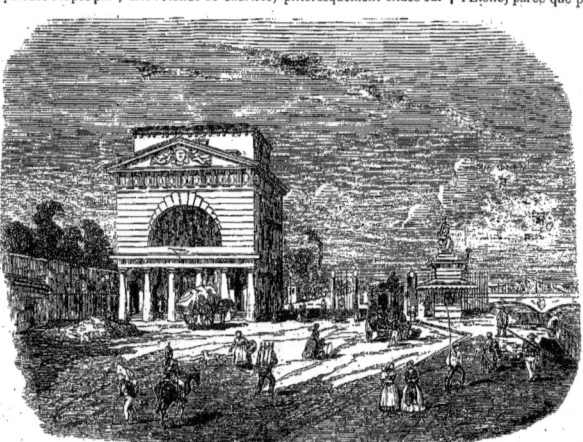

Barrière de Passy.

la lisière du fossé, et n'ayant aucune ouverture à l'extérieur du parc, comme pour mieux prouver sa complète inutilité, ce qui ne l'empêche pas de figurer dans la nomenclature des barrières.

En suivant le boulevard extérieur, nous arrivons de la rotonde de Chartres à la barrière de Courcelles, qui doit son nom au village à l'extrémité duquel elle est située. La rue de Courcelles y aboutit; elle possède plusieurs hôtels somptueux. L'un d'eux a été habité par la reine-régente d'Espagne Marie-Christine, durant son séjour à Paris.

La barrière du Roule, que nous apercevons ensuite, est un des plus beaux monuments de l'enceinte. Elle a devant elle le village des Thernes, et au-dessous le faubourg, autrefois le village du Roule, qui continue le faubourg Saint-Honoré.

La barrière de Neuilly s'élève à l'extrémité des Champs-Élysées; elle s'appelle aussi barrière de l'Étoile, parce que plusieurs routes viennent aboutir au rond-point sur lequel a été construit l'Arc de triomphe.

Après deux barrières insignifiantes, celles des Bassins et de Longchamp, en vient une autre, à laquelle le village de Passy a donné son nom.

En 1780, le célèbre Franklin, envoyé en France en qualité d'ambassadeur de la république naissante des États-Unis d'Amérique, habita Passy. Quand les barrières furent construites, celle qui conduit à ce village reçut le nom de grand homme, pour perpétuer le souvenir du séjour qu'il y avait fait. Passy possède aujourd'hui un citoyen illustre, un poëte immortel, Béranger, qui y savoure philosophiquement les charmes de cette *médiocrité dorée* si vantée par Horace. Mais la résidence de l'Horace français est beaucoup plus modeste que le Tibur du favori d'Auguste.

La barrière de Passy, qui termine la chaîne de barrières de la rive droite de la Seine, est située à l'extrémité du quai de Billy; un peu au delà du pont d'Iéna. Cette barrière, l'une des plus fréquentées, est ornée de douze colonnes, de deux arcs, de quatre frontons, et de deux statues gigantesques représentant la Bretagne et la Normandie. Le village d'Auteuil, qui fut si cher à Boileau et à la Fontaine, et couvert de riches et élégantes maisons de campagne, se

Le vieux château, au parc de Mouceaux.

La colonnade, au parc de Mouceaux.

trouve à très-peu de distance de la barrière de Passy. Si nous passons la Seine, nous trouvons, à l'extrémité du quai d'Orsay, la barrière de la Cunette, à laquelle un commencement de fortification pratiqué en cet endroit a donné son nom. Le promeneur n'y rencontre rien de bien remarquable, si ce n'est le bâtiment de l'octroi, pareil à deux arcades, avec colonnes et frontons. Passons vite; la barrière qui suit nous offrira une situation plus intéressante.

Un peu plus loin, sur la même rive de la Seine, à la droite d'Issy et de Vaugirard, s'étendent la vaste plaine et le village de Grenelle. Cette localité, autrefois peu considérable, a pris, depuis quelques années, les proportions d'une ville importante. Des fabriques de produits chimiques et diverses autres manufactures y ont attiré une population industrieuse qui s'accroît de jour en jour.

Avant la Restauration, Grenelle figurait parmi les points les plus propres à la défense de la capitale. Une poudrière y était établie depuis longues années et abondamment approvisionnée. En 1814, moment de la première invasion, ce magasin renfermait 300,000 quintaux de poudre en barils, 5,000,000 de cartouches d'infanterie, 25,000 cartouches à boulet, et 3,000 obus chargés. Après la capitulation de Paris, la poudrière devint le prétexte d'une calomnie odieuse dirigée contre l'Empereur. On répandit dans le public, et des journaux anglais répétèrent, que Napoléon avait donné ordre de mettre le feu aux poudres, dans le but, disait-on, de faire sauter la moitié de la ville. Il fut bientôt reconnu que cette supposition était purement gratuite. Afin d'empêcher que les munitions dont nous venons de parler ne tombassent entre les mains de l'ennemi, l'Empereur s'était borné à ordonner leur destruction. Pour obéir à cette injonction, les généraux d'Aboville et Caron avaient, dans la nuit du 30 au 31 mars, fait noyer par un détachement de pompiers tout ce que renfermait la poudrière; le lendemain, il n'y restait plus une seule cartouche. On a établi depuis cette époque au même lieu, une fabrique de noir animal.

L'habitant de Grenelle a entendu autrefois de funèbres roulements de tambours. Dans la vaste plaine, derrière le Champ-de-Mars, en avant d'un mur qui a été trop souvent déchiré par les balles de nos soldats, on aperçoit un terrain inculte et désolé: c'est sur ce terrain que la justice militaire procède à l'exécution de ses jugements. Il est consolant toutefois de pouvoir faire remarquer ici que la peine de mort, si fréquemment prononcée par les conseils de guerre, est rarement appliquée.

C'est à Grenelle qu'en 1834, l'administration de la ville a fait creuser un puits artésien qui fournit constamment un volume d'eau considérable. Deux considérations ont déterminé cette entreprise: on désirait d'abord, en perçant le banc de craie sur lequel repose la capitale, vérifier les formations géologiques qui composent le terrain de Paris, et en second lieu, trouver une source d'eau vive. Les travaux de forage furent adjugés à M. Mulot, habile entrepreneur, qui, après sept années d'un travail opiniâtre, le 26 février 1841, perça le banc de craie et vit l'eau jaillir avec une telle abondance, qu'elle inonda en quelques instants le sol environnant. On sait que la dépense de cet important travail n'a été moindre de 300,000 francs.

La barrière de l'École militaire emprunte son nom à la fameuse école qui fut érigée en 1751, par Louis XV, pour les enfants d'officiers pauvres. Si le hasard vous mène un dimanche à la barrière de l'École, un spectacle tout particulier attirera votre attention. La joie y est martiale, l'ivresse y chante avec armes et bagages; on n'aperçoit sous les échoppes que shakos ou plumets au vent. Les héros de la caserne voisine fêtent à qui mieux mieux de faciles beautés. Que la solde d'une semaine entière y passe, peu importe; on oublie l'ordinaire du quartier, on brave même les rigueurs de la salle de police, pour commenter, le verre à la main, le couplet de Béranger:

L'Amitié, que l'on regrette,
N'a point quitté nos climats;
Elle trinque à la guinguette,
Assise entre deux soldats.

Mais cette amitié, si bien célébrée par le poète, n'est souvent qu'un vain mot qu'on noie volontiers au

Le puits de Grenelle.

fond des brocs. Si des pékins boivent un peu trop bruyamment dans le voisinage, si des bourgeois se mêlent trop intimement à la fête, on laisse tomber la main sur la poignée de son sabre, et voilà la guerre allumée. La rixe prend parfois un caractère sérieux. Au moindre signal les buveurs dégaînent, et le sang coule au lieu des rasades. Il est juste de dire que, le combat une fois fini, chacun revient à son verre et trinque fraternellement avec son ennemi de tout à l'heure... sauf à recommencer le dimanche suivant.

En quittant ces lieux voués aux dieux de la guerre et de la treille, la première barrière qu'on rencontre est celle des Paillassons, ainsi nommée à cause de son ancien voisinage avec une fabrique de paillassons. Elle est aujourd'hui fermée.

Au numéro 171 de la rue de Sèvres commence la barrière de ce nom; elle se compose d'un bâtiment orné de quatre faces de porches formés chacun de trois arcades sur colonnes accouplées; sa rue principale mène en droite ligne au bourg de Sèvres, l'un des plus agréables et des plus commerçants qui environnent Paris.

Le chemin de ronde de la barrière de Sèvres conduit directement à la barrière de Vaugirard, qui avoisine le hameau du même nom. Jusqu'au milieu du treizième siècle, ce village fut appelé Valboitron ou Vauboitron; vers ce temps-là il prit la dénomination de Vaugirard, c'est-à-dire *vallée de Girard*, du nom de Girard de Moret, prieur de Saint-Germain des Prés, qui y fit bâtir une maison de plaisance pour les religieux convalescents de son abbaye.

De tous les villages qui environnent la capitale, Vaugirard est incontestablement celui qui a le plus de propension à l'idylle. En parcourant ses pelouses presque toujours vertes, on se croirait encore au temps des peintres et des poètes du règne de Louis XV. Durant la belle saison, aussitôt que l'arbre se couvre de feuilles et que l'oiseau chante, on peut voir les habitants danser chaque dimanche sur le gazon, à la manière des bergers de Florian. Le jardinage y est aussi en grand honneur.

Rien ne distingue la barrière des Fourneaux, si ce n'est un double bâtiment avec colonnes surmontées d'un tambour.

Deux bâtiments décorés de colonnes et de sculptures servent d'entrée à la barrière du Maine, qui aurait été ainsi nommée parce qu'en la traversant, on se dirige vers l'ancienne province du Maine.

De tout temps les poètes bachiques ont beaucoup célébré dans leurs chansons un certain pays de Cocagne, pays imaginaire où on met la nappe du matin au soir et du soir au matin. Si cette terre classique de la ripaille existe quelque part, ce doit être la barrière du Maine. Impossible d'y faire un pas sans rencontrer

La barrière d'Enfer.

une guinguette chantant à tue-tête, ou des buveurs attablés sous une tonnelle. Pendant les deux premiers jours de la semaine, on voit la population des faubourgs environnants venir en foule y faire bonne chère. L'invalide qui ne se soutient plus que sur sa jambe de bois s'y trouve en face de l'ouvrier des fabriques voisines, et chacun alors se sent disposé à y donner pleinement raison à ce proverbe tout parisien:

Le vin exempt de droits paraît deux fois meilleur.

La barrière de Mont-Parnasse est peut-être un des coins de Paris où l'on rencontre les contrastes les plus étranges et les plus singulièrement rapprochés. Nous savons déjà qu'elle donne accès à un des trois cimetières de la capitale, et qu'elle est limitrophe de la Grande-Chaumière: ajoutez à cela le théâtre, les guinguettes et les jeux en plein air.

Mais ne nous arrêtons pas davantage; et parcourons rapidement le boulevard extérieur, pour arriver à la barrière d'Enfer et à l'Observatoire.

L'Observatoire. — Colbert est le fondateur de l'Observatoire: il chargea Claude Perrault d'en fournir les dessins, et la construction dura de 1667 à 1672. Jean-Dominique Cassini, célèbre astronome que le ministre avait appelé d'Italie, ne put arriver à Paris qu'au moment où les constructions étaient presque terminées; il les trouva peu convenables pour les observations astronomiques, et proposa divers changements qui ne furent pas du goût de l'architecte. Finalement, il dut faire élever sur la terrasse supérieure une tourelle qui servit longtemps aux observations.

L'Observatoire a la forme d'un rectangle, dont les quatre façades correspondent aux points cardinaux du monde. Aux deux angles de la façade méridionale, sont deux tours ou pavillons octogones; une troisième tour carrée occupe le milieu de la façade du nord, où se trouve l'entrée. La ligne de sa face méridionale se confond avec la latitude de Paris. La méridienne est tracée dans la grande salle du second étage; elle partage l'édifice en deux parties, et, se prolongeant au sud et au nord, elle s'étend d'un côté jusqu'à Collioure, et de l'autre jusqu'à Dunkerque. Ces deux lignes, qui se coupent au centre de la façade, ont servi de base aux nombreux triangles d'après lesquels on a levé la carte générale de France, appelé carte de Cassini, où de l'Observatoire.

Le monument a subi depuis peu d'importantes modifications. Il a été accru de diverses constructions, entre autres, de cabinets, établis sur la plate-forme, et d'un bâtiment carré, flanqué de deux tourelles, sur le comble; un autre bâtiment s'élève à côté de l'ancien, et est plus particulièrement destiné aux observations astronomiques et météorologiques. On remarque à l'intérieur la statue de Cassini, la lunette achromatique, dont l'axe est incliné comme celui de la terre, pour observer la marche des comètes; l'aéromètre, destiné à constater la force des vents; la cave de jauge, servant à mesurer la quantité de pluie qui tombe dans un temps déterminé ; la lunette de Gambey, le cercle mural de Frontin, etc. Ajoutons ici que la bibliothèque renferme une collection précieuse de livres d'astronomie, et que le bureau des longitudes tient ses séances dans le bâtiment de l'Observatoire.

De nos jours, le nom d'une foule de savants célèbres, à la tête desquels il convient de placer celui de M. Arago, a donné un nouvel éclat à cette institution, fille de Colbert et des trois Cassini. Il n'entre pas dans notre cadre de retracer les nombreuses expériences dont l'Observatoire a été le théâtre, les immenses progrès qu'il a vus s'accomplir dans son sein; mais nous ne saurions oublier que c'est de son enceinte que partirent M. Gay-Lussac pour sa mémorable ascension, qui l'éleva à plus de 7,000 mètres dans les airs, et tout récemment MM. Barral et Bixio, pour celle qui faillit leur être si funeste.

L'Observatoire et le palais du Luxembourg correspondent aujourd'hui pour une magnifique avenue du caractère le plus grandiose.

En remontant vers la barrière d'Enfer, après avoir longé le boulevard Saint-Jacques, l'œil découvre la barrière d'Arcueil, qui tire son nom du beau village d'Arcueil, si renommé par ses eaux. Le village lui-même est ainsi appelé à cause des arches de l'aqueduc des Romains, établi vers le commencement du

Ascension de MM. Bixio et Borral le 29 juin 1850, à l'Observatoire.

deuxième siècle pour conduire au palais des Thermes les eaux de Rungis. Quant à l'aqueduc moderne, il fut élevé par ordre de Marie de Médicis sur les dessins de Jacques de Brosse. Louis XIII en posa la première pierre en 1613, et il ne fut achevé qu'au bout de onze ans, en 1624. Sa longueur est de 4,830 pieds; et sa plus grande hauteur de 74. On a calculé qu'en vingt-quatre heures il épanche 36,000 muids d'eau, qui alimentent treize fontaines et beaucoup de maisons particulières. Arcueil possède aussi des carrières qui fournissent une pierre très-belle et très-dure.

La rue de la Santé, ainsi appelée parce qu'elle conduisait à un hôpital fondé par Anne d'Autriche, a donné son nom à la barrière qui vient après celle d'Arcueil.

C'est près de cette barrière, à l'extrémité du faubourg Saint-Jacques, que s'accomplissaient les exécutions capitales, qui, avant 1830, avaient lieu sur la place de Grève; mais, depuis 1848, le lieu du supplice est vis-à-vis l'entrée de la prison de la Roquette. Il est à remarquer aussi qu'on n'exécute plus à quatre heures de l'après-midi, mais de très-grand matin, ce qui n'empêche pas qu'une foule nombreuse n'assiste toujours à ces lugubres spectacles.

Au delà de la barrière de la Santé, on aperçoit Gentilly, charmant village, qui est assis dans une vallée sur la rivière de Bièvre. Cette rivière et quelques ruisseaux environnants forment, en se débordant l'hiver sur les prairies, une glacière où les patineurs de la ville et les élèves des pensions voisines se portent en foule. On chercherait vainement ailleurs un bassin plus convenable à ce genre de plaisir. Non-seulement la Glacière offre une surface plane et fort étendue, mais encore le peu de profondeur de ses eaux exclut toute idée de danger. Aussi, chaque fois que la glace vient à rompre sous les pas des patineurs, il se manifeste dans les groupes de spectateurs un long mouvement d'hilarité auquel prennent part les victimes elles-mêmes.

Appelée anciennement barrière de la Glacière, la barrière de Lourcine tire sa dénomination actuelle de la rue du même nom; elle n'a qu'un seul bâtiment à deux péristyles, chacun de trois colonnes.

A l'extrémité des rues d'Austerlitz et de l'Hôpital général, s'ouvre la barrière d'Ivry, élevée à l'époque où le village d'Austerlitz a été réuni à la ville de Paris, et qui n'est décorée d'aucune construction monumentale.

Dans le rayon de la barrière d'Ivry, on remarque Clamart, ancien cimetière de l'Hôtel-Dieu; il y a déjà quelques années qu'on lui a donné une autre destination. Clamart, en effet, n'est plus aujourd'hui qu'un rendez-vous de suppliciés, ou plutôt un amphithéâtre de dissection.

La barrière des Deux-Moulins, qui vient immédiatement après la barrière d'Ivry, tire son nom de deux moulins à vent qui étaient très-rapprochés des murs d'enceinte; elle se compose de deux bâtiments symétriques, mais d'une architecture très-simple.

Dans l'origine, la barrière de la Gare était située à l'extrémité du quai d'Austerlitz, mais sur un emplacement beaucoup plus rapproché du pont. En 1818, le village d'Austerlitz ayant été renfermé dans l'enceinte de Paris, la barrière de la Gare fut reculée au point où nous la voyons aujourd'hui. Deux petits pavillons, construits en 1832, décorent cette barrière, qui a reçu son nom d'une gare voisine, destinée à mettre les bateaux à l'abri des glaces et des débordements de la Seine. Cet utile réservoir n'a jamais été terminé.

Un pont suspendu a été jeté, il y a quelques années, sur la Seine, au-dessus du pont d'Austerlitz, et relie la barrière de la Gare à celle de la Râpée. Devant ce pont s'arrête tout à coup la chaîne immense des murs d'enceinte, qui, dans l'espace que nous venons de décrire, ne parcourt pas moins de 24,100 mètres, c'est-à-dire de six lieues.

Les abattoirs. — A côté des barrières, et le long du mur d'enceinte, se trouvent de vastes bâtiments de même style, qui, par leur architecture et les matériaux qui ont servi à leur construction, semblent remonter à la même époque : ce sont les abattoirs.

Au commencement de notre siècle, le travail de la boucherie se distribuait dans les rues de Paris. A côté des étaux de boucher, on voyait les écuries et les échaudoirs (tueries) où l'on enfermait et égorgeait ensuite les bestiaux destinés à la consommation de la capitale : c'était un hideux spectacle.

Mais la vue seule n'en était pas blessée; et souvent, très-souvent, quelque bœuf plus puissant que d'autres, rompant les liens qui devaient le tenir immobile sous la masse prête à le frapper, s'échappait à travers la ville, renversant et foulant aux pieds les malheureux qui se trouvaient sur son passage.

Cet état de choses subsista jusqu'à ce que Napoléon, dans un de ces loisirs que lui laissait la guerre pour songer aux mesures d'ordre et d'utilité publics qu'il savait prendre si à propos, fixa sa pensée sur la nécessité d'établir à Paris des abattoirs pour faire disparaître le spectacle repoussant et les dangers que nous venons de signaler.

Le 9 février 1810, Napoléon décréta qu'il serait fondé à Paris cinq *tueries*; trois sur la rive droite de la Seine, deux sur la rive gauche, et que la corporation des bouchers pourrait faire construire ces *tueries* à ses frais, et qu'elle en aurait le privilège exclusif; ou bien, que les travaux seraient faits sur les fonds du domaine extraordinaire, et alors à son profit.

Cinq architectes furent chargés de ces constructions; mais leurs plans, qui donnaient aux nouveaux abattoirs le même caractère que Néron avait donné aux boucheries de la Rome antique, furent rejetés par l'opposition de M. Bruyère, directeur distingué des travaux de Paris; des plans nouveaux, beaucoup moins poétiques que les premiers, furent dressés et adoptés : c'étaient ceux des constructions actuelles.

L'abattoir Montmartre, le plus vaste de tous, est élevé près de la rue des Martyrs, et s'étend jusqu'à la rue Rochechouart; il couvre un espace de 32,740 mètres carrés, et présente l'aspect d'un grand parallélogramme, sur lequel se rangent symétriquement les différents corps de bâtiment formant cet abattoir.

L'abattoir Montmartre compte huit corps d'échaudoirs ou tueries, divisés par quatre cours de travail, et formant en tout 140 cases d'abat. Chaque échau-

Vue de la Glacière pendant l'hiver.

doir a une longueur de 40 mètres sur une largeur de 4 mètres, entourés de murs fort solides en pierres de taille. Ces ateliers sont dallés et disposés en talus pour faciliter l'écoulement des liquides; au milieu sont rivés deux anneaux, auxquels sont attachés les bestiaux au moment de l'abat.

De chaque côté sont élevées horizontalement de fortes poutres où s'accrochent les bœufs après l'abat, et dans le mur sont fixés des clous où sont attachés les moutons après qu'ils ont été égorgés.

Outre les échaudoirs, cet abattoir contient des bouveries et huit fondoirs destinés à la fonte des suifs en branche. Les bouveries, qui sont aussi au nombre de huit, reçoivent les bestiaux en attendant l'abat.

Le service quotidien de l'abattoir Montmartre emploie 90,000 litres d'eau, que fournissent deux puits creusés, à quarante pieds de profondeur, à chaque extrémité de l'abattoir.

En résumé, cet abattoir compte vingt-cinq corps de bâtiments, y compris ceux de l'administration; il est entouré de murs d'enceinte fort élevés, et traversé, pour le service, par plusieurs rues qu'éclairent quatre-vingt-seize becs de gaz.

Il a coûté en achat de terrain et en frais de construction 4,765,565 fr.

L'abattoir Ménilmontant a été construit entre la rue Ménilmontant et la rue de la Roquette, et occupe une superficie de 44,995 mètres. Il se compose de vingt-sept corps de bâtiments, et est régulièrement carré.

Comme l'abattoir Montmartre, il contient huit échaudoirs donnant 137 cases, et huit bouveries; mais il n'a que deux fondoirs.

Deux immenses réservoirs, le plus beau travail de ce genre à Paris, alimentés par les eaux de Belleville, fournissent l'eau pour tous les besoins de cet abattoir, construction d'un aspect imposant, et qui a coûté à la ville 4,308,191 fr.

L'abattoir Villejuif, près de la barrière d'Italie; l'abattoir de Grenelle, à droite de celle de Sèvres; et l'abattoir du Roule, ont moins d'importance que les deux précédents. Nous nous bornerons donc à les citer, et à dire que, joints aux abattoirs Montmartre et Ménilmontant, ils donnent un total de 240 échaudoirs.

Les bouchers de Paris sont distribués par les soins du préfet de police dans les différents abattoirs. Malheureusement, faite d'une façon incorrecte, cette distribution a pour résultat de surcharger certains abattoirs au détriment des autres; de telle sorte que l'abattoir Montmartre fait presque la moitié du travail de la boucherie, celui de Ménilmontant plus du quart, tandis que les autres demeurent presque déserts et sans mouvement, malgré l'importance qu'ils pourraient prendre. Nous signalons ce vice, auquel il est facile de remédier, et qui pourrait amener, s'il subsistait plus longtemps, l'annulation de quatre abattoirs sur cinq, et laisser inutiles des bâtiments élevés par une généreuse pensée pour le bien-être de la population.

Terminons en indiquant la moyenne actuelle des bestiaux introduits à Paris, qui ne s'élève pas à moins de 80,000 bœufs, 20,000 vaches, 80,000 veaux et 450,000 moutons.

Les prix moyens de ces espèces sont de 396 francs par tête de bœuf, de 230 fr. par tête de vache, de 105 fr. par tête de veau, et de 29 fr. par tête de mouton.

Ajoutons à cette partie de la consommation la marée, qui donne un chiffre annuel de 6 millions de francs; la volaille, dont il se consomme pour près de 40 millions; le beurre, pour plus de 42 millions; les œufs, 6 millions; plus les grains et les farines, que l'on évalue journellement à 1,500 sacs de farines de 130 kilogrammes, donnant 204 kilogrammes de pain, on aura le chiffre approximatif de ce qui est englouti par le Gargantua parisien.

Chapitre LXXVI.

LES ENVIRONS DE PARIS.

Château de Ville-d'Avray. — La Fontaine du roi. — Marnes et son château. — Manufacture de Sèvres. — La terre à porcelaine. — Fabrication de la porcelaine. — Matériaux qui entrent dans la composition des porcelaines de Sèvres. — Procédés à l'aide desquels on façonne la porcelaine. — La cuisson. — Peinture sur porcelaine. — Peinture sur vitraux. — Le château de Saint-Cloud. — Le parc. — La lanterne de Diogène. — La fête de Saint-Cloud. — Les mirlitons. — Viroflay et les courses de la Marche. — Versailles. — Le château de Versailles. — La chapelle. — Les appartements. — La salle de spectacle. — Le musée. — Les galeries historiques. — Les tableaux des grands maîtres. — Le parc. — Les bassins. — Les étangs. — Les grandes eaux. — Les voitures historiques. — Trianon. — Saint-Cyr. — Meudon. — Bellevue. — Fontenay-aux-Roses.

L'espace nous presse, et nous voilà forcé de faire l'école buissonnière dans les environs de Paris. Suivons la ligne du chemin de fer de la rive droite. Voici Batignolles dont nous avons déjà parlé, Clichy la Garenne, et Asnières, ce *buen retiro* de la petite propriété, ce port de la basse Seine, célèbre par ses joutes maritimes et son jardin, où fleurissent les danses les plus échevelées. Un peu plus loin, Courbevoie, qui montre fièrement sa caserne ; Puteaux, où mourut Bellini ; Suresnes, renommé par son vin... détestable ; Ville-d'Avray, une des plus agréables positions de Paris. On y voit, parmi de charmantes maisons de campagne, un assez joli château, bâti par Thierry, valet de chambre du roi Louis XVI. *La fontaine du roi*, située au bout du village, eut jadis une grande réputation. Louis XIV ne voulait boire que des eaux de cette fontaine. Près de Ville-d'Avray est le village de Marnes, dont le château appartenait naguère à madame la duchesse d'Angoulême. Tout à côté de Ville-d'Avray est Sèvres, célèbre par sa manufacture de porcelaine.

En 1765, un pharmacien de Bordeaux, nommé Villaris, ayant entendu parler des recherches qu'on faisait pour découvrir en France la terre à porcelaine nommée kaolin, crut reconnaître le kaolin aux environs de Saint-Yrieix dans une matière blanche et onctueuse. Il envoya cette argile à Macquer, le chimiste, qui, après plusieurs expériences faites à Sèvres, ne conserva plus aucun doute.

La fabrication de la porcelaine dure fut élaborée à Sèvres par Macquer, et ce chimiste lut, en juin 1769, un mémoire à l'Académie des sciences, en présentant des pièces qu'il venait de fabriquer ; il décrit les caractères et les qualités de la porcelaine dure, mais sans faire connaître encore les procédés employés dans la fabrication. En 1774, cette fabrication y était en pleine activité, et c'est à cette époque que l'on construisit le premier four vertical, disposition qui est aujourd'hui généralement adoptée en France comme en Allemagne.

Les matériaux qui entrent dans la composition des pâtes de porcelaine de Sèvres sont : les argiles qui proviennent du lavage des kaolins de Saint-Yrieix (Haute-Vienne), les sables provenant du lavage des mêmes kaolins, la craie de Bougival, et le sable de la

Vue générale de la manufacture de Sèvres.

butte d'Aumont, auprès de Chantilly dans l'Oise.

Les kaolins bruts, tels qu'ils arrivent de Saint-Yrieix, doivent être débarrassés par un lavage convenable du sable feldspathique et fusible qu'ils contiennent. On les jette dans une cuve pleine d'eau, dans laquelle on les agite ; on attend quelques instants que le sable plus lourd se soit déposé ; puis on fait écouler la bouillie claire au travers d'un tamis de crin pour en séparer les impuretés qu'elle peut renfermer. L'argile ainsi lavée se rend dans de grandes cuves où on la laisse se déposer. Elle peut entrer immédiatement dans la composition de la pâte : c'est elle qui constitue la partie infusible de cette pâte.

La partie fusible, celle qui fournit à la pâte la translucidité qui la caractérise, est le sable feldspathique qu'on extrait par le lavage du kaolin brut ; il est plus ou moins grossier ; on le broie dans des moulins qu'on

nomme *tournants*, et qui l'amènent dans un état de ténuité convenable.

Ces moulins sont formés de deux meules en grès placées horizontalement ; la meule inférieure est fixe, la meule supérieure est mobile et entraînée dans un mouvement de rotation sur elle-même ; elle frotte sur la meule inférieure et écrase les parties grossières qu'elle rencontre.

Quand le sable est bien broyé à l'eau, on le mêle avec l'argile de kaolin, du sable d'Aumont, également broyé, et de la craie de Bougival, dans des proportions variables, suivant la composition du sable et de l'argile de kaolin, qui sont soigneusement analysés.

Ces matériaux, qui constituent la pâte, sont mélangés dans une grande cuve où ils sont brassés par une roue en fonte, armée de bras et de jantes qui poussent d'énormes blocs de grès. Ces pierres, par le frot-

tement qu'elles exercent sur le fond de la cuve qui est en grès très-dur, augmentent encore la ténuité de toutes les parties de la pâte, à laquelle on ajoute une certaine quantité d'eau. Il n'en faut pas mettre trop, car les matières qu'on veut mélanger se déposeraient par ordre de densité, et la pâte n'aurait plus l'homogénéité de composition qu'on cherche à lui donner. Il ne faut pas non plus en mettre trop peu ; le mélange deviendrait trop difficile à opérer.

La pâte dans cet état est trop liquide pour être immédiatement employée ; à l'aide d'un robinet qui se trouve à la partie inférieure de la cuve dont nous venons de parler, et qu'on nomme *moulin à blocs*, on la fait écouler pour la raffermir.

Ce raffermissement de la pâte s'opère dans ce que l'on appelle des *coques* ; ce sont de grosses caisses en plâtre très-épais et très-sec ; le plâtre, gâché clair, absorbe promptement l'eau avec laquelle il est en contact et qu'il enlève à la pâte. Celui-ci se contracte par cette dessiccation rapide, et se détache facilement des coques.

On la raffermit encore en la soumettant à une forte pression : on l'enferme dans des sacs de toile, qu'on laisse égoutter pour qu'une portion de l'eau puisse s'écouler seule; et on les place ensuite par lits de quatre sacs sous les plateaux d'une presse que deux hommes mettent en mouvement.

L'expérience a démontré que la pâte donnait des résultats d'autant plus avantageux, qu'elle avait été maniée, pétrie plus souvent; ses qualités paraissent aussi s'améliorer si on la conserve longtemps humide. On dit même qu'en Chine, on la conserve cent ans avant de l'employer. Il est donc nécessaire de soumettre la pâte, avant de la livrer dans les travaux, à ce qu'on nomme le *pétrissage* et le *pourrissage*.

Le pétrissage est ordinairement précédé du *marchage*. L'ouvrier étend la pâte en un cercle plein sur une aire bien dressée; le marcheur, pieds nus, la pétrit en partant du centre et marchant vers la circonférence, et revenant de même en spirale de la circonférence au centre. Il la relève ensuite avec une pelle et la met en ellipsoïdes d'environ 25 kilogrammes qu'on nomme *ballons*; ces ballons sont mis sur le tour, ébauchés, tournassés, puis conservés pour acquérir les qualités qui paraissent résulter de l'ancienneté. A Sèvres, on ajoute encore à la pâte nouvelle une assez forte proportion de *tournassures*; on appelle ainsi les copeaux qu'on enlève d'une pièce ébauchée à une trop forte épaisseur.

La pâte est enfin mise entre les mains de celui qui lui donne la forme qu'elle doit conserver, mais elle doit être *battue* avant d'entrer dans la fabrication. L'ouvrier la roule avec ses bras, la réunit en petites masses qu'il jette violemment contre la table, et, resserrant par ce moyen toutes les parties, il en chasse l'air qui pourrait y être engagé. Le *battage* est complet, quand, en cassant ces petites masses, on n'y voit plus aucun vide, aucune soufflure.

Les procédés à l'aide desquels on façonne la porcelaine sont variables avec la forme, la dimension, l'épaisseur des pièces qu'on veut obtenir; ces procédés sont le *tournage*, comprenant l'*ébauchage* sur le tour, et le *tournassage*, le *moulage* et le *coulage*.

Une grande partie des pièces de porcelaine se fait sur le *tour*. C'est un axe vertical portant à sa partie supérieure une plate-forme ou *giselle*, sur laquelle se met la pièce à ébaucher, et à sa partie inférieure un disque plein, lourd et épais, servant de volant, que le tourneur met en mouvement à l'aide de son pied.

L'ébaucheur met sur la tête du tour une masse de pâte humide proportionnée à la pièce qu'il veut faire; il mouille ses mains avec de la pâte très-liquide qu'on nomme *barbotine*, met le tour en mouvement, élève la masse encore informe, la rabaisse en forme de grosse lentille, et perce cette masse lenticulaire avec les deux pouces; il l'élève ensuite en pinçant entre le pouce et les doigts ce commencement de forme qu'il vient de faire prendre à la masse de pâte; il l'étend ainsi en la tenant humectée au moyen de la barbotine, qu'il prend avec la main, et la rapproche plus ou moins de la forme qu'elle doit définitivement avoir. L'ébauchage des petites pièces se fait avec les doigts par l'apposition de l'index au pouce, soit d'une même main, soit des deux mains; celui des grandes pièces se fait avec les mains et les poignets opposés l'un à l'autre, et le secours d'une éponge qui est comme destinée à étendre la surface des doigts.

L'ébaucheur conserve à sa pièce une épaisseur telle, qu'à peine peut-on présumer sur la vue de l'ébauche la forme de la pièce qu'on veut obtenir.

Lorsque la pièce, par une dessiccation lente et égale, est assez sèche pour se couper en copeaux sans se réduire en poussière, on la place sur un mandrin pratiqué sur la giselle du tour, on l'y pose de manière que son axe se combine avec celui du tour, et

Manufacture de Sèvres. — Émail, trempage, égouttage, retouchage.

on la fixe avec un peu d'eau à l'aide d'un pinceau.

Les instruments coupants employés par le tourneur pour terminer sa pièce s'appellent *tournassons*, et sont de la plus grande simplicité. Ce sont, pour dégrossir, des plaques d'acier à bords tranchants, droits ou courbes, placées à l'extrémité d'une tige, perpendiculairement à cette tige. Pour finir, ce sont des lames d'acier minces, provenant ordinairement de vieilles lames de scies, que le tourneur taille lui-même

Application et impression de la croûte sur le moule, garnisseur, réparateur.

pour leur donner la courbure de sa pièce. C'est en tournassant que l'on forme les moulures saillantes, les filets, les gorges, etc. Enfin, lorsque la pièce a reçu exactement la forme qu'elle doit conserver et une surface unie, le tourneur polit cette surface, c'est-à-dire remplit les petites cavités, et abat les petites saillies à l'aide d'une lame de corne.

La plupart des pièces présentent des ornements, des becs, des anses, etc., qu'il faut rapporter et coller sur la pièce tournassée; ces garnitures sont généralement *moulées* dans des moules de plâtre.

Ce *moulage* demande une grande adresse, car il faut que la forte pression que doit donner le mouleur pour obtenir une empreinte nette soit en même temps égale sur toute la pièce moulée; il faut qu'elle fasse sortir du moule cette partie si flexible sans la gauchir, car ce gauchissement reparaîtrait après la cuisson, et déformerait la pièce dont elle fait partie.

Si la pièce de garniture doit être isolée, et si, par conséquent, elle n'a pas de surface d'application, elle est moulée en deux coquilles, et la partie qui reste en saillie dans l'une des deux sert pour la prendre et l'enlever du moule où elle était mise.

Si c'est un ornement d'application destiné à une pièce à surface plane, convexe ou concave, comme le moule doit présenter la même courbure que la pièce sur laquelle on doit appliquer cet ornement, et que celui-ci ne doit faire aucune saillie sur le moule, le mouleur ne peut le détacher du moule et l'enlever qu'au moyen d'une petite pelote de pâte qu'il tient dans sa main et qu'il applique contre la pièce encore engagée dans le moule.

La plupart des garnitures se moulent pleines; mais si ce sont des becs de théières, de cafetières, etc., ou des anses de tasses de grandes dimensions dont on veuille diminuer les poids, elles doivent rester creuses; alors on fait une espèce de feuille de pâte qu'on nomme *croûte*, mince et d'égale épaisseur, on l'applique avec le doigt et l'éponge dans une des coquilles du moule, ayant soin d'unir le demi-canal qu'on réserve dans chacune d'elles, et qui doit former un canal entier par la réunion de ces deux moitiés. Il faut passer dans cette espèce de canal droit ou courbe un petit tampon de linge pour enlever de son intérieur les bavures du moule, rendre la surface bien unie, et assurer la jonction parfaite des demi-parties.

Les pièces de garniture ainsi moulées et détachées sont réparées et terminées sans délai; le *réparage* se fait à la main; il faut enlever les sutures, les parties trop saillantes avec un instrument coupant et dentelé nommé *gradins*, sans chercher à faire rentrer la pâte dans son volume; il faut aussi boucher avec de la pâte sans compression les gerçures et cavités que le moulage a fait naître ou que le tournassage a mis à découvert. Les ouvertures ou *jours* qu'on pratique sur les corbeilles et sur certaines pièces riches qu'on nomme *réticulées* se font encore à la main avec une lame coupante, et demandent, ainsi que le *sculptage*, qu'il s'applique à des bustes, des statuettes ou toute autre pièce, une grande adresse et beaucoup d'intelligence.

Lorsque les garnitures sont réparées et finies, on les place, pour être raffermies et presque séchées, sur des supports en plâtre dont la forme est appropriée à celle de la pièce de garniture. On charge quelquefois les extrémités avec de petites balles de pâte encore humide pour empêcher ces parties de se sécher plus vite que le corps de la pièce, de se relever ou de gauchir.

Pour réunir la pièce de garniture au vase qu'elle doit orner, on les présente l'une sur l'autre, on les ajuste, et on fait sur les deux espaces qui doivent être collés des raies croisées qui rendent ces deux surfaces rugueuses; on prend avec une petite palette une quantité convenable de barbotine, on en met une couche mince sur la surface d'application, et on colle promptement la pièce. La barbotine suffit pour coller solidement, même avant la cuisson, une garniture humide sur une pièce humide; mais quand les deux pièces sont sèches, comme elles absorbent l'eau très-promptement, la barbotine serait desséchée avant que les deux surfaces fussent en contact; pour éviter cette absorption, on enduit d'eau gommée les deux surfaces qu'il faut réunir, et on gomme également la barbotine.

Nous avons déjà parlé du façonnage par moulage et tournage; nous devons dire un mot du troisième procédé qu'on applique avec avantage au façonnage de quelques pièces, comme plaques, tubes, colonnes, etc. Il repose sur la propriété que possède le plâtre sec d'absorber l'eau avec laquelle on le met en contact; la pâte est amenée à l'état de barbotine, débarrassée par un brassage et un tamisage soignés de toutes bulles et parties pâteuses, puis versée dans des moules en deux ou plusieurs parties réunies par une chappe, suivant la forme de la pièce à mouler : au bout de quelques instants, on décante l'excédant de barbotine, et le moule se trouve enduit intérieurement d'une couche de pâte sèche et ferme qui épouse la forme du moule. Cette pièce ainsi moulée est réparée et séchée comme nous l'avons vu pour celles façonnées par les autres procédés.

Quand les pièces sont parfaitement sèches, on leur donne une première cuisson qui n'a pour but que de les rendre assez solides pour pouvoir être trempées dans l'eau sans se déformer, ni se ramollir, et assez absorbantes pour s'emparer d'une certaine quantité d'eau quand on les met en contact avec ce liquide. Les porcelaines peuvent alors recevoir la couche de matière fusible qu'on nomme couverte, et qui, se fondant par l'action du feu, donne à cette poterie l'éclat qui la distingue.

Cette couverte est essentiellement formée d'une roche connue sous le nom de pegmatite; c'est cette même roche qui, s'altérant sous l'influence de divers agents, se transforme en kaolin, cette matière terreuse que nous avons vue constituer la partie infusible de la pâte de porcelaine. La pegmatite, roche composée de feldspath et de quartz, rendue friable par une calcination à une chaleur incandescente, est broyée très-finement et mise en suspension dans l'eau. On remue cette eau pour empêcher que la couverte se précipite au fond du baquet, et on ajoute encore du vinaigre, qui s'oppose à sa précipitation.

C'est dans cette eau trouble qu'on plonge les unes après les autres toutes les pièces à couvrir la glaçure. L'ouvrier trempeur saisit la pièce d'une main et la retire de l'autre, comme on le voit dans la figure représentant les différentes actions du porcélainier, et que nous empruntons ainsi, que tous ces détails, au Traité des arts céramiques de M. Al. Brongniart. L'auteur y donne tous les procédés de la fabrication avec

Musée céramique de la manufacture de Sèvres.

une libéralité qui fait honneur et à la manufacture et à son administration.

Lorsque la pièce a été trempée, elle sort couverte d'une couche à peu près égale à la couverte qui était tenue en suspension dans l'eau; des femmes les reprennent : avec un pinceau elles mettent de la glaçure dans les points qui en manquent, comme ceux par lesquels on tenait la pièce pour la tremper; elles en retirent dans les endroits où il y en a trop, et enlèvent avec un feutre celle qui se trouve sous les pieds des assiettes, des tasses, etc. La pièce est, du reste, imbibée d'une grande quantité d'eau, qu'il faut qu'elle perde par une dessiccation lente et égale.

Quand la pièce, quelles que soient sa forme, sa dimension, son épaisseur, est parfaitement sèche, il faut la cuire, et ce n'est qu'en prenant une foule de précautions qu'on parvient à lui conserver sa blancheur, une surface unie, des contours réguliers et agréables. Pour la protéger contre l'action des cendres, de la fumée, des flammes, on l'enferme dans des boîtes de terre infusibles qu'on nomme étui ou cazette; ces cazettes sont placées les unes sur les autres, séparées par de l'argile molle qui intercepte toute communication entre les produits de la combustion et l'intérieur des étuis; le fond de la cazette sur lequel pose la pièce est parfaitement dressé et terré, c'est-à-dire enduit d'une petite couche de sable un peu argileux qui empêche la pièce de se coller avec son support; on met plusieurs pièces dans un même étui, en évitant qu'elles ne se touchent, les points de contact pouvant se trouver collés après la cuisson.

Pour empêcher les pièces de se déformer, on les maintient, à l'aide de supports dont les formes sont variables, avec celles des pièces qu'il faut cuire; ils doivent être en porcelaine non cuite, pour suivre la diminution que la pièce doit prendre au feu, et qui est en général d'un dixième de ses dimensions primitives. Ces supports exigent donc un façonnage qui augmente beaucoup le prix de la porcelaine.

Le four dans lequel la porcelaine se cuit est un grand fourneau cylindrique et vertical dont la capacité intérieure est partagée en plusieurs compartiments par des voûtes percées de trous destinés à laisser passer la flamme. Les foyers sont dans les moyens fours, au nombre de quatre, placés en saillie sur la circonférence du four. On les appelle alandiers; de là le nom de fours à alandiers, qu'on donne à ces sortes de fours.

Le compartiment ou étage supérieur reçoit les pièces de porcelaines en cru avant qu'elles soient recouvertes de leur glaçure; c'est là qu'elles reçoivent la température incandescente qu'on appelle dégourdi, et qui rend leur mise en couverte plus facile et plus sûre.

Le compartiment ou étage inférieur reçoit les pièces à cuire, qu'elles soient ou non recouvertes de glaçure.

La porcelaine cuite sans glaçure est connue sous le nom de *biscuit*. Les piles de cazettes sont rangées verticalement, espacées aussi également que possible, pour que la chaleur se répande uniformément dans toutes les parties du four.

Quand le four est plein, on ferme la porte avec un mur de brique, et on met le feu. On commence le feu en jetant dans les alandiers pêle-mêle de gros rondins de bois blanc; quand l'intérieur du four est à la température rouge sombre, on met le bois fendu en petites bûchettes en travers sur l'ouverture de l'alandier, et c'est le bois qui sert dorénavant de grille; il est disposé en talus, et se trouve constamment remplacé quand il est brûlé. Le feu dure ainsi trente-six heures sans discontinuer.

Vers la fin du feu, il faut se rendre compte de la marche du four; à cet effet, on a réservé dans les murs circulaires du four des ouvertures à l'aide desquelles on peut voir l'incandescence de toutes les cazettes, et retirer, de temps à autre, ce que l'on appelle des *montres*; ce sont des fragments d'assiettes composées de la même pâte que toutes les pièces qui sont dans le four et recouvertes de la même glaçure qu'elles. On les dispose dans divers endroits, et on les en tire d'heure en heure vers la fin de la cuisson, afin de s'assurer qu'elles cuisent toutes bien également. Lorsqu'elles indiquent par le glacé de la couverte une cuisson complète, c'est-à-dire une température d'environ 4,600 degrés centigrades, on arrête le feu, et on ferme toutes les ouvertures pour que le refroidissement se fasse le plus lentement possible; il dure ordinairement quatre jours. Au bout de ce temps, on démolit la porte, on entre dans le four on *défourne*, on défait les piles de cazettes et on retire les pièces qu'elles renfermaient.

Ces pièces sont alors terminées. Mais il reste encore à les *décorer*, soit par des applications de couleur, soit par des applications d'ornements en or, platine, etc.

Les couleurs peuvent être divisées en trois classes sous le rapport de la température à laquelle elles doivent cuire. Les couleurs de *grand feu*, celles de *demi-grand feu* et les couleurs dites de *moufles* cuisent à la même température que les pièces en blanc; ce sont des couleurs dures, brillantes, bien glacées, mais elles sont peu nombreuses, la plus belle est le bleu de cobalt. On broie cette couleur, qui est faite avec un mélange de couverte et d'oxyde de cobalt préalablement fondu; on la mélange avec de l'essence grasse, et on l'étend au pntois sur la pièce blanche et glacée que l'on veut décorer, à une ou plusieurs couches, suivant l'intensité du ton que l'on veut obtenir.

Ces couleurs, que l'on nomme de *demi-grand feu* ou de *moufles durs*, cuisent à une température inférieure à celle qui est nécessaire pour fixer les couleurs de grand feu; elles sont plus nombreuses que ces dernières, et peuvent recevoir de la dorure; on ne les emploie à Sèvres que pour faire des fonds.

Enfin les couleurs qu'on nomme *couleurs de moufles tendres*; c'est avec ces couleurs, qui cuisent à une température assez basse, inférieure à celle de la fusion de l'argent, qu'on a été faites toutes les peintures qu'on admire dans les magasins de la manufacture de Sèvres. Les bleus sont fournis par le cobalt; les verts par l'oxyde de chrome; les rouges de tons les plus variés par l'oxyde de fer; les jaunes par l'oxyde d'antimoine; les gris et les noirs par des mélanges d'oxyde de cobalt et d'oxyde de fer; enfin, les carmins, les pourpres et les violets par l'or à l'état connu des chimistes sous le nom de pourpre de Cassius; tous ces oxydes sont ajoutés à une matière fusible qu'on appelle *fondant*. Ces couleurs sont amenées par le broyage à l'état de poussière impalpable, mêlées avec de l'essence de térébenthine maigre, additionnée d'un peu d'essence grasse, et appliquée au pinceau.

Le peintre s'en sert alors comme des couleurs à l'aquarelle; il faut cependant que l'expérience lui ait appris celles de ces couleurs qui peuvent se mélanger, et les modifications, le plus souvent légères, que la cuisson doit déterminer.

Les ornements en dorure se font ou à la main ou par impression. Dans tous les cas, l'or se réduit à un grand état de division par une préparation chimique, puis par un broyage soigné; il est mêlé d'une petite quantité de fondant, broyé à l'essence, et employé : avant la cuisson, il est terne et brun; cuit, il prend de l'éclat, mais reste mat; c'est par le brunissage, c'est-à-dire par le frottement avec un corps dur, tel qu'avec de l'agate ou de l'hématite, qu'il acquiert l'éclat métallique qu'on demande à la dorure.

Les couleurs et les ornements en or doivent être fixés par une cuisson spéciale; on enferme les pièces peintes ou dorées parfaitement sèches dans une espèce de boîte de terre qui les protége contre l'action des flammes et de la fumée : c'est ce qu'on nomme un *moufle*; quand le moufle est plein, on le ferme avec une plaque de terre, et on mure la porte du fourneau qui environne de tous côtés les parois du moufle. On met le feu au foyer, et la flamme circulant autour des pièces sans les toucher porte à la température déterminée; des ouvertures pratiquées dans les parois du mur permettent de juger des progrès du feu, pour l'arrêter en temps utile. On se sert aussi de petites *montres* particulières; ce sont de petits fragments de porcelaine cuite et recouverte de glaçure, sur lesquels on met une touche de carmin préparé pour peindre; cette couleur change de nuance avec la température à laquelle on l'expose; au rouge naissant, elle est brique; à la température de l'argent fondant, elle est violet salé : connaissant la nuance de cette couleur correspondante à chaque température, on peut obtenir celle que l'on désire en retirant ces montres de temps à autre. — Quand le moufle est cuit, on arrête le feu; on laisse refroidir, et on *démoufle*. Après cette première cuisson, les peintures ont souvent besoin d'être retouchées; le peintre reprend son œuvre, la recharge de couleurs, et cette retouche nécessite une nouvelle cuisson, mais on la donne à une température un peu moins élevée que la première. Si l'artiste n'est pas encore satisfait, il retouche sa peinture, et, dans ce cas, un troisième feu vient fixer cette retouche. On se borne généralement à ce troisième feu.

Tels sont les procédés variés à l'aide desquels on a fait et décoré ces pièces si diverses de formes, de dimensions, de couleurs, qu'on peut admirer dans les salles de la manufacture de Sèvres. Il serait beaucoup trop long d'énumérer toutes les richesses qui y sont exposées; nous nous bornerons à signaler parmi les œuvres de ses principaux artistes : la maîtresse du Titien, par Béranger; la Psyché de Gérard, l'Atala de Girodet, la Jeanne d'Aragon, de Raphaël, par madame Jaquotot; un paysage de Karl Dujardin, par J.-F. Robert; l'entrée d'Henri IV à Paris, par Constantin; des fleurs de Van Huysum et de Van Spaëndock, par Jacobber; le paysage du Poussin représentant Diogène brisant son écuelle; et un guéridon représentant les bords de la Seine, par Langlacé; enfin un guéridon de fleurs par Schilt.

La manufacture de Sèvres possède encore une magnifique collection technologique fondée par M. Brongniart, comprenant toutes les productions céramiques; toutes les fabrications y sont représentées, depuis les poteries les plus communes jusqu'aux porcelaines les plus recherchées de la Chine et du Japon; de superbes pièces de porcelaine de Sèvres, de brillantes faïences de B. de Palissy, de riches maïolica, d'antiques carreaux de l'Alhambra, de nombreuses poteries antiques fines et grossières permettent d'arriver à l'origine de l'art du potier, en partant de ce qu'il a produit de plus simple et de plus grossier jusqu'à ses productions les plus grandes et les plus parfaites.

Enfin la manufacture de Sèvres a joint depuis plusieurs années à sa fabrication celle des vitraux peints, et toutes les expositions précédentes nous ont fait voir la perfection qu'elle avait atteinte.

Saint-Cloud n'est séparé de Sèvres que par le parc. Louis XIV ayant exprimé l'intention d'acheter une maison de campage pour le duc d'Orléans, le cardinal Mazarin pensa à celle d'un traitant situé à Saint-Cloud, et l'acheta.

L'habitation et ses dépendances furent aussitôt livrées à Lepautre, à Mansart, à Girard, à le Nôtre, qui en firent la majestueuse résidence que vous savez.

Les premières réjouissances qui suivirent cette métamorphose furent une fête, « où le roi, disent les journaux du temps, vint à Saint-Cloud, accompagné de Marie-Thérèse et d'Anne d'Autriche, sur une galotte très-élégamment ornée. Monsieur le traita, ajoutent-ils, avec une magnificence extraordinaire; la bonne chère fut accompagnée de délicieux concerts et du divertissement d'une comédie française dans le jardin, éclairé par un grand nombre de lustres. Les bords de la rivière, couverts de bateleix décorés, étaient occupés par des fanfares, des trompettes et des tambours. » Le 12 août 1660, un grand bal donné à Saint-Cloud fut le prélude de l'union de Monsieur et de madame Henriette d'Angleterre. Dès lors cette résidence devint un lieu de délices; ce ne sont plus dans ses jardins que fêtes, spectacles et concerts, jusqu'au moment où, dans les salles du château, retentit ce cri de mort et de douleur : *Madame se meurt, Madame est morte*.

Mais aucun deuil n'est éternel. Le 11 août 1672, les jardins de Saint-Cloud s'illuminent de nouveau pour la fête splendide offerte par Monsieur au roi, à l'occasion de son second mariage avec la princesse de Bavière. Les fêtes recommencent pour la naissance du duc de Valois et pour le baptême du duc de Chartres, qui fut depuis régent de France.

En 1686, nouvelle fête à Saint-Cloud pour célébrer le succès de l'opération de la fistule pratiquée au roi par le chirurgien Félix. Cette fête (l'espace nous manque pour la décrire) a trouvé aussi un historien dans le sieur Laurent, de la Bibliothèque du Roi, lequel raconte agréablement :

Que Félix, *trop heureux*, fit en perfection
La totale opération.

Toutes les fêtes avaient été offertes exclusivement à la cour; mais, en 1743, le duc d'Orléans, grand-père du roi Louis-Philippe, celui qu'on avait surnommé le *Roi de Paris*, donna à Saint-Cloud une grande fête où tout le monde fut admis. Il y eut spectacle pour les princes, spectacle pour la noblesse, et enfin spectacle pour le peuple. On eût dit ce jour-là, racontent les mémoires du temps, que l'Olympe était descendu sur la terre. On ne rencontrait dans le parc que faunes, sylvains, naïades, hamadryades; partout des concerts, partout des tables gratuites servies en abondance; enfin tous les Parisiens, qui étaient accourus en foule à ces merveilles mythologiques, trouvèrent, le soir, des tritons complaisants et désintéressés qui les reconduisirent dans la grande ville sur des bateaux préparés aux frais du duc d'Orléans.

Mais, sous aucun règne, Saint-Cloud ne fut le théâtre de si nombreuses et de si brillantes fêtes que sous l'Empire. Napoléon affectionnait, comme l'on sait, cette résidence, puisque, sans doute en souvenir et en reconnaissance de ce qu'au 18 brumaire, elle avait été le berceau de sa puissance impériale. Il l'habitait presque continuellement, et la plupart des grandes fêtes de cette prestigieuse époque ont été données à Saint-Cloud. Nous citerons, entre autres, celles qui célébrèrent le baptême du fils aîné de la reine Hortense, dont l'Empereur avait d'abord le dessein de faire son héritier, la fête du mariage de Napoléon avec Marie-Louise, et enfin celle qui suivit, le 13 août 1811, la naissance du roi de Rome. Une pompe vraiment féerique présida particulièrement aux apprêts de cette dernière. A la chute du jour, le palais et le jardin s'illuminèrent tout à coup comme par enchantement.

— Ce fut, dit l'historien de cette résidence, une véri-

CHAPITRE LXXVI. — LES ENVIRONS DE PARIS.

table forêt enchantée; chaque arbre semblait transformé en un bouquet de diamants, en une girandole de pierreries; les cascades roulaient, au milieu des flammes, des eaux étincelantes de milles couleurs; le ciel était éclairé de feux qui se croisaient dans les airs avec une éblouissante rapidité; le canon de l'artillerie

Vue à vol d'oiseau du parc et du château de Saint-Cloud.

impériale se mêlait à cette artillerie artificielle; des orchestres animaient partout les danses et les plaisirs; une foule immense inondait les parcs et les bosquets... Tout à coup éclate un orage épouvantable; le tonnerre gronde, la pluie tombe par torrents, et l'éclair qui sillonne la nue est la seule lueur qui survive aux

Saint-Cloud. — Le grand escalier.

Saint-Cloud. — La bibliothèque.

splendeurs fantasmagoriques de cette fête impériale. La superstition populaire vit dans cette brusque interruption de la fête un sinistre présage. Elle ne se trompait pas; car, à quatre ans de là, les alliés occupaient la résidence favorite de l'Empereur, et le prince de Schwartzemberg donnait dans le parc de Saint-

Cloud une dernière fête qui est restée, depuis cette funeste époque, tristement célèbre entre toutes.

Gravissons maintenant le parc, et donnons un coup d'œil à ce monument qu'on appelle la Lanterne de Diogène. M. de Choiseul avait rapporté de ses voyages en Grèce le modèle en plâtre du monument athénien que les archéologues nomment la Lanterne de Démosthène, et qui figure à l'Acropole. On fit une imitation de ce monument, et on le transporta, d'après l'ordre de Napoléon, sur le point culminant du parc.

Aux jours de fête, les arbres du parc s'illuminent; les orchestres forains retentissent; les saltimbanques s'égosillent; les monstres s'agitent dans leurs tanières de sapin et de toiles peintes; ils ont ordre de pousser des hurlements féroces, afin de fasciner plus sûrement la foule. Les boutiques de jouets d'enfants, de macarons, de sucre d'orge, mais surtout, mais partout, mais toujours, de mirlitons, ornent leurs devantures d'un brillant éclairage de quatre chandelles des six. Aimez-vous la danse? voici le bal de l'Étoile et celui de Morel qui vous ouvrent leurs portes et vous convient à des rigodons échevelés. — Avez-vous besoin de remonter votre ménage? Prenez des billets à la loterie. Moyennant dix centimes chacun, vous serez bien malheureux si vous ne gagnez pas au moins une petite tasse de cinq sous. Nous connaissons des gens qui ne s'approvisionnent de vaisselle qu'à la loterie foraine de Saint-Cloud. Cette porcelaine n'est pas précisément de Sèvres; elle est de Saint-Cloud; mais nous avons dit que Saint-Cloud et Sèvres c'est tout un.

Cependant le mirliton fait retentir les airs de toutes les mélopées imaginables, depuis *Malbrouck s'en va-t-en guerre, mirliton, ton-ton-mirontaine, Le bon roi Dagobert, au Clair de la lune, J'ai du bon tabac,* et autres motifs populaires, jusqu'au grand air des *Puritains* et à l'ouverture de *Guillaume Tell*. C'est au son de ce formidable pot-pourri que se termine la fête.

En quittant Saint-Cloud et Ville-d'Avray, on arrive à Chaville, et de là à Viroflay, qui a encore le bonheur de couron-

Saint-Cloud. — La grande galerie.

Saint-Cloud. — Façade du château sur le parc réservé.

CHAPITRE LXXVI. — LES ENVIRONS DE PARIS.

ner de temps en temps des rosières : c'est à Viroflay que se trouve la station à laquelle on s'arrête pour se rendre à la Marche, où ont lieu à plusieurs reprises pendant l'année certaines courses pleines de péripéties et d'accidents émouvants. De là en deux tours de roue, on est dans la ville du grand roi, à Versailles.

Louis XIV, le fondateur de Versailles, voulait absolument faire remonter l'origine de son palais au premier temps de la monarchie française. Tant que dura le règne du roi-soleil, personne ne se montra assez hardi pour le démentir. Aujourd'hui, l'histoire se montre moins complaisante; elle se contente ordinairement de rapporter qu'en 1561, Martial de Loménie, secrétaire des finances de Charles IX, acheta le domaine de Versailles, sans dire qui le possédait alors. On s'est livré sur ce sujet à des conjectures plus ou moins ingénieuses, mais si peu concluantes, que ce n'est guère la peine d'en parler. Quoi qu'il en soit, on peut lire dans les *Mémoires* de l'Estoile (t. I, p. 26) que le nouveau propriétaire ne jouit pas longtemps de son acquisition : « Catherine de Médicis fit étrangler, dans l'intérêt du comte de Retz, « pour lui faire avoir le château de Versailles, le se-

« crétaire d'État Loménie, qui en était possesseur. »
Versailles resta dans la famille des Gondi jusqu'à Jean-François de Gondi, oncle du fameux coadjuteur et archevêque de Paris, qui le vendit à Louis XIII.
Voici un extrait du contrat de vente, qui dit nettement, en style de tabellion, lequel vaut au moins celui d'un docteur moderne, ce qu'était alors ce château de Versailles, qui devint la plus merveilleuse, la plus splendide, la plus étonnante, — sans compter les

La lanterne de Diogène.

autres épithètes qu'on pourrait ajouter et qui ne seraient point en trop ici, — de toutes les résidences royales :

« Le 8 avril 1632, fut présent l'illustrissime et ré-
« vérendissime Jean-François de Gondi, archevêque
« de Paris, seigneur de Ver-
« sailles, reconnoît avoir
« vendu, cédé et trans-
« porté... à Louis XIII, ac-
« ceptant pour Sa Majesté,
« messire Charles de l'Au-
« bespine, garde des sceaux
« et chancelier de l'ordre
« du roi, et messire Antoine
« Rosé, marquis d'Effiat,
« surintendant des finan-
« ces, etc., la terre et sei-
« gneurie de Versailles,
« consistant en vieil châ-
« teau en ruines et une
« ferme de plusieurs édi-
« fices; consistant ladite
« ferme en terres laboura-
« bles, en prés, bois, châ-
« taigneraies, étangs et au-
« tres dépendances; haute,
« moyenne et basse jus-
« tice... avec l'annexe de
« la grange Lessart, ap-
« partenances et dépen-
« dances d'icelle, sans au-
« cune chose excepter, re-
« tenir ni réserver par
« ledit sieur archevêque, de ce qu'il a possédé au-
« dit lieu de Versailles, et pour d'icelle terre et
« seigneurie de Versailles, et annexe de la grange
« Lessart, jouir par Sa dite Majesté et ses successeurs

Champ de courses du steeple-chase de la Marche.

« rois, comme de choses appartenantes. Cette vente,
« cession et transports fait aux charges et devoirs
« féodaux seulement, moyennant la somme de
« *soixante-six mille livres*, que ledit sieur archevê-
« que reconnoît avoir reçues de Sa dite Majesté, par

« les mains de..... *en pièces de seize sous*, de laquelle
« somme il se tient content, en quitte Sa dite Majesté
« et tout autre, etc., etc. » (BLONDEL, *Architecture française*, liv. VII, p. 93.)

Ce ne fut point précisément sur l'emplacement du

« vieil château en ruines » que Louis XIII fit élever, non une résidence royale, mais un simple rendez-vous de chasse, comme on a coutume de l'écrire depuis fort longtemps. Si nous en jugeons cependant d'après un tableau du temps, cette résidence formait une série de pavillons et un corps de logis assez considérable, comprenant plusieurs cours, et présentait un ensemble d'un pittoresque élégant, ainsi que le peuvent faire supposer d'ailleurs les constructions qui subsistent encore aujourd'hui. La disposition de ses pavillons d'angle et de ses fossés rappelait d'ailleurs encore le plan des constructions féodales. Louis XIII avait acheté le château du cardinal de Retz pour le faire démolir, parce qu'il eût gêné la vue de son habitation, qu'il fit établir sur un terrain appartenant à la famille de Jean de Soisy depuis le quatorzième siècle.

On a beaucoup blâmé le choix que Louis XIV fit de cet emplacement triste et malsain pour y élever le plus somptueux de tous les palais modernes. Les courtisans murmurèrent, tout bas bien entendu, contre ce projet; mais, après la mort du monarque, Saint-Simon ne se gêna guère. « Versailles, lieu in-
« grat, dit-il dans ses *Mémoires*, triste, sans vie, sans
« bois, sans vue, sans eaux, sans terre, parce que
« tout est sable mouvant et marécage, sans air, par
« conséquent qui n'est pas bon. »

Les architectes, enhardis par la cour, objectèrent au roi qu'il faudrait démolir le vieux château, lequel tombait en ruines. Louis XIV, qui se piquait d'être gentilhomme avant d'être souverain, ne voulait pas, au contraire, demeurer dans une maison absolument neuve; et comme il prétendait, ainsi que nous l'avons vu, faire remonter l'origine de Versailles jusqu'à celle de la monarchie, il tint bon, et mit son entêtement sur le compte de la piété filiale. « Si le vieux château n'est pas solide, dit-il, vous le rebâtirez. » Il fallut bien en passer par là; seulement les architectes convinrent alors que le château n'était pas en aussi mauvais état qu'ils l'avaient cru d'abord.

Assurément, il eût été plus logique, et surtout moins cher, de continuer l'admirable et splendide palais de Saint-Germain; mais vous savez que de la terrasse on voyait le clocher de Saint-Denis, et que cette vue attristait l'âme du monarque. Assurément Versailles était le lieu le plus mal choisi de tous les environs de Paris, que les collines de Saint-Cloud, de Meudon, de Ville-d'Avray, les coteaux de la Marne entourent presque entièrement d'une verdoyante et plantureuse ceinture, assurément, en un mot, le choix de Versailles était absurde, mais ce qui condamne la mémoire du monarque fera l'éternelle et incomparable gloire des illustres artistes qui trouvèrent moyen, à force d'esprit d'invention et de génie, de créer une des plus charmantes merveilles du monde avec l'idée obstinée, impossible et incontestablement baroque du grand roi. Ce n'est point Louis XIV que l'histoire doit honorer dans Versailles, mais Mansart, le Nôtre et Lebrun, et toute cette pléiade de peintres, d'artistes, de sculpteurs dont la France ingrate ne répète pas assez souvent les noms aujourd'hui.

Ce qui reste au compte de Louis XIV, ce sont les monceaux d'or et de cadavres enfouis dans les fondations de Versailles.

L'estimation la plus modérée, celle de M. Janson, architecte, des dépenses, consistant en acquisition de terrains, constructions, rivière d'Eure, machine de Marly et Clagny, monte à..... 86,668,726 l. 2 s.
Celle des dépenses de la chapelle, à 3,260,341 19
Total........ 89,929,068 l. 1 s.

Ce qui fait au moins 400,000,000 fr. de notre époque. C'est déjà un joli chiffre; mais Volney le porte à *quatre milliards six cent mille francs*. Il est vrai que Mirabeau le réduit à douze cents millions!

Ceci est le compte de l'argent, reste celui des cadavres. « Qui pourrait dire, » écrit encore Saint-Simon, à propos des efforts tentés pour amener l'eau à Versailles, « l'or et les hommes que cette tentative coûta,
« pendant plusieurs années, jusqu'à ce qu'il fût dé-
« fendu, sous les plus grandes peines, dans le camp
« qu'on y avait établi, et qu'on y tint si longtemps,
« 36,000 hommes sur les chantiers de Versailles?
« d'y parler des malades, surtout des morts, que le
« travail, et plus encore les exhalaisons de tant de
« terres remuées tuaient? Combien d'autres furent
« des années à se rétablir de cette contagion ; et
« toutefois, non-seulement les officiers particuliers,
« mais les colonels, les brigadiers, et ce qu'on y em-
« ploya d'officiers généraux, n'avaient pas la liberté
« de s'en absenter un quart d'heure, ni de manquer
« eux-mêmes un quart d'heure de service sur les
« travaux. »

Le tableau est sombre, mais comment le croire

Le château de Versailles et l'orangerie.

exagéré, quand Dangeau, — celui-là ne fait pas de critique et ne tient la plume que pour glorifier son roi, quand Dangeau dit qu'en 1685, il y avait toujours 36,000 hommes sur les chantiers de Versailles ? Ailleurs madame de Sévigné écrit qu'on emportait, la nuit, des chariots remplis de malades et de morts.

Vous voyez ainsi que ce n'est point pour l'honneur de Louis XIV que ce splendide monument reste debout, mais pour celui de la France. Versailles, que Napoléon reprochait à la révolution de n'avoir pas démoli, doit vivre aussi longtemps que la grande nation, comme le témoignage d'une victoire qu'elle a payée de l'or et de la vie de ses enfants. Versailles est pour le pays une leçon qu'il ne doit jamais oublier, et un trophée dont il peut être fier dans tous les temps.

Les travaux de Versailles commencèrent en 1661, sous la direction de Levau, mais ils furent repris et presque entièrement modifiés en 1670, par J. Hardouin Mansart, qui reste le véritable architecte du palais.

Louis XIV y demeura cinquante-trois ans. Le régent n'y vint presque jamais; mais il devint la résidence habituelle de Louis XV, qui ordonna des travaux de réparation et d'embellissements. Gabriel éleva, sous son règne, un pavillon et une partie de l'aile située près de la chapelle. Mais Versailles, abandonné sous la régence comme tous les monuments de Paris, avait encore besoin de réparations nouvelles. Louis XVI fit replanter le parc, ceci soit dit à l'adresse des amateurs de prose poétique qui ne manquent jamais une occasion de rappeler que les beaux arbres du parc ont abrité les amours de madame de Montespan et de mademoiselle de la Vallière. Au moment où le roi s'adressait à tous les architectes pour la restauration du vieux château de Louis XIII, qui tombait en ruines, et pour l'achèvement des constructions de Louis XV, survint la Révolution, qui prit à Versailles, — et qui fit bien, — les tableaux qui s'y trouvaient, pour les transporter au Louvre, et former le musée central, et qui fit du palais tour à tour une caserne et un hôpital des invalides. La chapelle du château servit alors au culte des théophilanthropes.

Napoléon voulut aussi restaurer Versailles. Mais les devis des architectes l'effrayèrent, lui qui ne s'effrayait guère, et ce fut alors qu'il s'écria : « Pourquoi la Ré-
« volution n'a-t-elle pas démoli le château de Ver-
« sailles ? Je n'aurais pas encore aujourd'hui un tort
« de Louis XIV sur les bras et un vieux château mal
« fait, ou, comme ils l'ont dit, un favori sans mérite
« à rendre supportable. » Napoléon avait tort; mais de son temps on jugeait mal Versailles et l'architecture du grand siècle, qu'on faisait semblant d'admirer sans les comprendre. Il ne faut pas se plaindre du dédain de l'Empereur; il sauva le palais d'une restauration, comme on en commettait alors. C'est bien assez des traces et des meubles que les architectes du temps laissèrent à Trianon.

Louis XVIII s'y prit mieux. Il se contenta de conserver et de rétablir la galerie, les grands appartements et tout ce qui restait du temps de Louis XIV, et d'achever la façade du château du côté de Paris, commencée par Gabriel. Sous Charles X, ces travaux restèrent suspendus. Le gouvernement de Juillet, auquel on proposait toutes sortes de destinations pour Versailles, et qui ne pouvait, pas plus que n'importe quel monarque des temps modernes, songer sérieusement à habiter Versailles, se décida à en faire un musée, consacré, d'après l'inscription placée sur les façades du palais, « *A toutes les gloires de la France*. »

Je ne veux pas trop critiquer cette idée de Louis-Philippe, qui obéit de bonne foi assurément à une pensée qu'il croyait utile et glorieuse pour le pays. Beaucoup de gens regrettent seulement, et il n'est pas besoin d'être archéologue pour cela, qu'afin de réaliser ce projet, on ait été forcé de considérablement modifier l'ancienne distribution, de convertir les appartements en de longues galeries, et d'enfouir au milieu d'une immense collection de toiles médiocres, des œuvres qui sont maintenant quasi perdues pour l'étude et l'admiration des amateurs. On ne peut nier non plus que cette prodigieuse commande de peintures exécutées dans moins de temps qu'il n'en a fallu aux plus belles époques pour produire quelques rares chefs-d'œuvre, n'ait eu sur l'art une influence fâcheuse, et que l'enseignement historique qui résulte pour le spectateur ignorant d'une promenade rapide devant quatre mille tableaux ou statues ne soit à peu près nul. Je n'aime pas non plus l'étiquette : *A toutes les gloires nationales*. Cela convient certainement au musée qui renferme les portraits ou qui montre les actions mémorables de Turenne, de Condé, de Hoche, de Kléber et de Marceau; mais la gloire nationale de ce triste et lâche Gaston d'Orléans, du cardinal Dubois, de madame Dubarry et de tant d'autres dont les images se voient à Versailles, est au moins douteuse. Cette simple inscription : *Musée historique*, eût certainement suffi.

Mais ceci vient trop tôt; avant d'entrer dans le musée, jetons un coup d'œil sur l'ensemble du palais.

Nous arrivons devant la grille qui enferme l'ensemble des façades du côté de Paris. Cette grille, partagée en 11 travées et surmontée d'un magnifique couronnement par Dufour, et retenue par quatre pilastres servant de piédestaux à des groupes allégoriques, forme l'entrée de la première cour. A droite et à gauche de la cour sont rangées les statues de Bayard, de Colbert, de Richelieu, de Jourdan, de Masséna, de Tourville, de Duguay-Trouin, de Turenne, de Duguesclin, de Sully, de Suger, de Lannes, de Mortier, de Duquesne, de Condé, transportées du pont de la Concorde, qu'elles décoraient jadis fort mal, au lieu où nous les voyons où elles font le plus déplorable effet par leur dimension exagérée, par le caractère théâtral de la pose, et par l'étrange costume d'opéra-comique dont la plupart d'entre elles sont revêtues. Au fond de cette cour, un Louis XIV en bronze et à cheval, de MM. Petito et Cartelier, semble présider à cette mise en scène.

Toutefois cette première impression défavorable une fois passée, la disposition des trois cours diminuant successivement de largeur, et qui se terminent à la façade de brique rouge de l'ancien palais, au fond de la cour de marbre, sorte de sanctuaire autour duquel sont groupés les appartements du souverain, composent une perspective imposante et pittoresque. A droite, s'élève le toit aigu de la chapelle, surchargé, ainsi que les murs, d'une splendide ornementation.

Mais la façade occidentale, celle qui s'étend sur les jardins, est la véritable façade du château. Elle se développe sur une longueur de six cents mètres environ, composée d'un avant-corps de quatre cent vingt mètres faisant saillie sur deux ailes. La décoration rappelle l'ordonnance commune à toutes les façades de ce temps; les dessins de Perrault, c'est-à-dire un soubassement surmonté d'un étage ionique somptueusement décoré (c'est l'étage du roi) de dix-huit péristyles supportant une corniche servant de console à des statues allégoriques de Marsy, le Comte, Mazeline, Masson, Legros et Magnier. Au-dessus de le premier étage règne un attique qui occupe toute l'étendue des bâtiments, et qui termine d'une façon harmonieuse l'ensemble de cette façade.

La décoration des ailes est semblable à celle de l'avant-corps. Le dessin que nous donnons de la façade du palais du côté de l'orangerie, vue de la pièce d'eau des Suisses, montre un des plus beaux aspects du château; et je doute qu'en aucun pays de l'Europe, même en Italie, on puisse rien admirer d'un effet plus majestueux et plus grandiose.

Après ce coup d'œil sur les dehors du palais, nous allons rentrer dans l'intérieur des appartements. Nous n'y ferons qu'une visite rapide; il faudrait des semaines pour parcourir ces immenses galeries, ces innombrables appartements, et des volumes pour contenir seulement une nomenclature raisonnée de tout ce qu'ils renferment.

Le palais de Versailles se divise en trois corps de bâtiments principaux : le *corps central*, l'*aile du sud*; et l'*aile du nord*. C'est par le corps central que nous commencerons.

Voici d'abord l'escalier de marbre, qui est devenu l'escalier principal du palais: Le véritable grand escalier, qu'on confond à tort avec celui-ci, n'existe plus; il desservait l'aile droite, et fut détruit par ordre de Louis XIV lui-même. Quand la pensée se reporte aux beaux temps de Versailles, on se figure cet escalier toujours resplendissant de l'éclat des lumières et de l'éclat des costumes chamarrés de dentelles, de dorures et de rubans; avec les vestibules garnis de boutiques, où de jeunes marchandes avaient le privilège de vendre aux personnes de la cour mille objets de luxe et de fantaisie. A leur place, on a établi un bureau des cannes et parapluies, et un débit de guides de Versailles et de livrets du Musée. Des bourgeois

Vue extérieure de la chapelle du château de Versailles.

comme vous ou moi, d'honnêtes artisans endimanchés gravissent maintenant, les jours où le musée est ouvert au public, en compagnie de quelques officiers de cavalerie, les marches qui ne livraient passage autrefois qu'à des gentilshommes ou à des traitants de la haute volée. Dans cette foule, d'un aspect peu splendide, messieurs les militaires tiennent le premier rang et remplacent du mieux qu'ils peuvent les ducs et les marquis du vieux temps.

On y a placé des bustes et des statues des littérateurs et des artistes des dix-septième et dix-huitième siècles, et parmi eux, au premier rang avec raison, Mansart, Lenôtre et Lebrun. Ce sont eux qui reçoivent les visiteurs et qui font les honneurs de leur palais.

Vue du château du côté du jardin.

Nous arrivons au premier étage, dans l'ancienne *salle des Gardes*, décoré des peintures de Parrocel et de Vander-Meulen, représentant des batailles; puis successivement dans celle du *Grand-Couvert*, ornée de tableaux figurant des épisodes de l'histoire d'Alexandre, par Pietre de Cortone et de Parrocel; puis dans les anciens *petits appartements* de la reine Marie-Antoinette, qu'on a restaurés et remeublés dans le goût de l'époque.

Le *salon des Nobles* ou *grande* antichambre, où nous nous trouvons maintenant, est décoré d'un tableau mythologique de Mignard, dans lequel on voit Louis XIV en Jupiter, Anne d'Autriche en Cybèle, mademoiselle de Montpensier en Diane, Henriette d'Angleterre et des portraits de la famille royale.

Cette pièce fut construite sur l'emplacement d'une autre où se trouvait le fameux OEil-de-Bœuf, si célèbre dans les chroniques de la cour.

Nous voici maintenant dans le sanctuaire du temple. Cette pièce, située au centre de l'édifice, est la chambre à coucher du monarque. Voilà son lit et l'ameublement qui lui servait, et qui furent exécutés par le fameux tapissier Simon Delabel, et à gauche de la cheminée une table avec un coussin de velours, sur lequel on déposait tous les jours un sac de soie verte contenant une chemise, un mouchoir et une petite épée tout au plus longue de deux pieds. Les tableaux qui ornent cette pièce sont dignes du lieu. Au plafond, un superbe Véronèse, *Jupiter foudroyant les Titans*, qui ornait auparavant la *galerie* du conseil des Dix à Venise; le portrait d'Anne d'Autriche, par Van Dyck; une *Sainte Cécile*, du Dominiquin, et une *Sainte Famille*, de Raphaël. Après la chambre à coucher du roi, voici le cabinet du roi, sans autre ornement qui mérite d'attention spéciale qu'une pendule à figures de Moraux; puis la chambre où mourut Louis XV; le cabinet des pendules, avec la pendule, haute de sept pieds, de Passemant, qui marque le cours des astres, les quantièmes, les mois et les années. Arrêtons-nous devant les portes de ce salon; elles ont été dessinées par Poussin; leur ornementation, d'un style plus sévère que tout ce qu'on voit à Versailles, mérite qu'on le remarque. Tout le monde sait qu'il ne fut pas donné à Poussin de faire des travaux importants de décoration; Lebrun ne l'eût pas permis.

Traversons maintenant le *cabinet des Chasses*, la *salle du Déjeuner*, la *salle des Bijoux*, l'*ancien salon des Porcelaines* pour arriver à la *bibliothèque*. La bibliothèque, où Louis-Philippe se proposait de mettre une collection de tous les ouvrages relatifs à l'histoire de France, ne se rappelait que là fut découvert le fameux *Livre rouge*.

Nous voici maintenant dans la petite salle à manger de Louis XV, puis bientôt dans la *salle des Croisades*, une pièce nouvellement créée, sur un emplacement qui dépendait jadis de la comédie de Marie-Antoinette. Jusqu'à présent nous n'avons pas encore vu, à vrai dire, le musée moderne. Les pièces que nous venons de traverser ont bien été disposées, autant que faire se pouvait, de manière à offrir une suite de peintures historiques; mais ces peintures datent de Louis XIV pour la plupart. La salle des Croisades est, en quelque sorte, la première salle du musée. L'architecte, M. Fontaine, a donné une décoration gothique. Du gothique, et quel gothique ! direz-vous, dans le palais de Mansart ! Quoi qu'il en soit, cette salle, qui contient de grands tableaux de MM. Blondel, Gallait, etc., et de plus petits de MM. Philippoteaux, Karl Girardet, vous montre un des chefs-d'œuvre de Delacroix, l'*Entrée des Croisés à Constantinople*, dont le voisinage de peintures médiocres et d'une décoration criarde ne tirera les larmes des yeux, ne peut diminuer l'aspect saisissant et poétique, et la prodigieuse couleur.

Après, voici encore une salle moderne, la salle des États-Généraux, où se voit un tableau de M. Alaux, *les États Généraux sous Louis XVI*, qui obtint, il y a quelque dix ans, un grand succès à l'exposition du Louvre.

Entrons maintenant dans le salon d'Hercule, une merveille de magnificence architecturale, d'un goût grandiose et sévère, dont le plafond, le plus grand de tous ceux qui aient jamais été exécutés en France, est le chef-d'œuvre de l'infortuné Lemoine, qui mourut fou de ses fatigues et des dédains de Louvois. Si

escalier, moins somptueusement décoré que l'escalier de marbre, l'escalier des Princes, nous conduit dans une enfilade de douze pièces formant la galerie de Napoléon, et remplies de peintures, exécutées pour la plupart sous l'Empire, représentant les principales victoires de nos armées depuis 90 jusqu'en 1809. Une galerie parallèle, celle des sculptures, bordée dans toute la longueur (100 mètres) de statues et de bustes de généraux de toutes les renommées de la République et de l'Empire, nous ramène à l'escalier des Princes, que nous gravissons jusqu'au premier étage.

Là, nous trouvons la grande Galerie des Batailles, longue de 120 mètres, large de 13, formée et décorée sous Louis-Philippe, comme on ne le voit que trop aux peintures du plafond, de M. A. de Pujol. Les murs sont couverts de grandes toiles représentant les batailles les plus célèbres de notre histoire. On y voit des tableaux de toutes les renommées officielles de l'art contemporain; celui qui représente la bataille de Taillebourg, de M. Delacroix, se distingue des autres autant par l'audace et l'étrangeté de la composition que par des qualités de couleur qu'on ne rencontre guère dans les œuvres de ses voisins.

C'est dans cette partie du palais que se trouve la Salle de 1830, dont l'appellation indique les sujets des compositions qui la décorent. M. E. Devéria s'est tiré, avec une grande habileté de palette et une remarquable adresse d'exécution, des difficultés de la tâche qui lui était échue, celle de représenter Louis-Philippe, prêtant serment de fidélité à la charte devant les Chambres.

Nous trouvons là une seconde galerie de sculptures, pareille à celle du rez-de-chaussée, représentant, soit par des bustes et des statues originales, par des moulages ou par des œuvres modernes, les Français célèbres qui vécurent de 1500 à 1790.

Dans l'attique, auquel on arrive par l'escalier du pavillon d'Orléans, se trouve une autre collection de portraits représentant les personnages célèbres de la politique, de la magistrature, de l'administration, des sciences et des lettres, depuis 1790 jusqu'à nos jours.

L'aile du nord est la dernière que nous ayons à visiter. On y pénètre, au rez-de-chaussée, par le vestibule de la chapelle. Avant de continuer notre promenade dans le musée, entrons d'abord dans la chapelle, la dernière création de l'illustre architecte, la merveille de Versailles, le chef-d'œuvre de Mansart.

Cette partie de l'édifice, commencée en 1699, fut la dernière création de l'illustre architecte, et il est facile de reconnaître, en pénétrant dans l'intérieur, que les prodigieux travaux qu'il avait exécutés dans le palais n'avaient ni fatigué son génie, ni épuisé son imagination. Rien de plus simple que le plan, malgré les splendeurs de l'ornementation; rien non plus d'un effet plus imposant et plus majestueux que l'ordonnance générale, formant deux étages distincts. Un rez-de-chaussée en arcades supporte un portique décoré de colonnes corinthiennes, avec une balustrade qui circule autour de la nef. Comme dans le reste de l'édifice, cet étage, qui correspond à l'étage royal du château, et d'où Louis XIV et madame de Maintenon assistaient au service divin dans deux tribunes qui existent encore, est le plus magnifiquement décoré. Au-dessus du portique, un riche entablement reçoit la retombée

Salle de 1792. — Le départ des enrôlés volontaires, tableau de M. Vinchon.

des voûtes, divisées en plusieurs compartiments par les méandres contournés d'une ornementation splendide. Le centre de la voûte, la coupole du cœur, décorés de peintures exécutées par Lebrun, Jouvenet, les deux Boullogne, Antoine Coypel, Lafosse; la somptuosité de l'orgue, l'éclat de la gloire rayonnant qui domine l'autel, les bas-reliefs de Poirier, de Coustou, d'Adam; le pavé de marbre de couleur, tout concourt à saisir et à émerveiller le visiteur, par ce que le luxe le plus inouï, par tout ce que l'imagination féconde et inventive des grands artistes que je viens de nommer a pu créer de merveilles. Et ce qui ajoute à l'impression, c'est que tous ces éléments de richesses se confondent et se relient dans un ensemble d'une harmonieuse et imposante unité. On comprend, en entrant dans la chapelle de Versailles, que les amples périodes de Bossuet, les périphrases élégantes et un peu sonores de Massillon se trouvassent là en quelque sorte plus à l'aise que sous les arceaux mystiques de Notre-Dame, ou de tout autre édifice du moyen âge.

En sortant de la chapelle, nous entrons dans une galerie formant une suite de onze pièces pleines de tableaux représentant des sujets historiques, depuis le baptême de Clovis jusqu'à la bataille de Lauwfeldt, gagnée par le maréchal de Saxe. La galerie de sculpture, parallèle à ces appartements, contient les statues et les bustes des rois, princes et princesses, depuis Clovis jusqu'au fils de François Ier.

Le premier étage renferme la deuxième galerie de l'histoire de France, et se rattache à l'histoire contemporaine. On y voit force peintures modernes et de l'Empire, plusieurs toiles de Gros, entre autres un portrait équestre de Charles X, qui montrent la défaillance de ce maître illustre, à côté d'un de ses chefs-d'œuvre, Louis XVIII abandonnant les Tuileries en 1814, puis cet immense et ennuyeux tableau du Sacre de Charles X, de Gérard.

Les dernières pièces de ce musée sont consacrées au règne de Louis-Philippe: c'est là qu'une foule nombreuse se presse les jours où le musée est ouvert au public pour admirer les immenses toiles où Horace Vernet a représenté les principaux faits d'armes de notre conquête d'Algérie et de la campagne d'Anvers.

M. Horace Vernet est le peintre du Versailles de Louis-Philippe, tout comme Lebrun fut celui du Versailles de Louis XIV. Ce serait ici le cas de faire un parallèle que le lecteur se chargera d'établir tout seul, car il connaît déjà notre opinion à ce sujet. Je dirai seulement que, si M. Vernet s'est montré inférieur à sa tâche presque partout où il a eu à retracer des compositions prises dans le passé de notre histoire, là où nous le voyons maintenant, il brille dans toute sa gloire; et sa gloire est de bon aloi. A quoi serviraient d'ailleurs les éloges ou les critiques à côté des gravures que nous donnons ici?

Jusqu'à présent, l'histoire des faits contemporains qui se sont accomplis depuis la charte de la royauté constitutionnelle n'est représentée à Versailles que par un seul tableau: c'est encore M. Vernet qui est l'auteur de cette page gigantesque, qui représente un épisode du siège de Rome.

L'attique de l'aile du nord est occupé dans toute

son étendue par une collection de portraits des hommes célèbres de l'histoire universelle, et de médailles. Cette collection (celle des portraits), la plus immense qui existe au monde, renferme un grand nombre d'œuvres originales très-précieuses au point de vue de l'art et sous le rapport historique. Ici encore nous avons à blâmer, et tous ceux qui se préoccupent de la gloire de notre école française se joindront à nos critiques : des portraits superbes de Rigaud, entre autres celui de Louis XV enfant, aussi beau que celui de Bossuet, du même peintre, qu'on voit au Louvre; des chefs-d'œuvre de Carlo Vanloo, notamment le portrait où cet éminent artiste s'est peint entouré de sa famille, sont comme perdus dans ce vaste capharnaüm, à côté d'œuvres médiocres et de dessins indignes. Bien plus, toutes les toiles, au lieu d'être fixées dans des bordures dorées qui en hausseraient la valeur et l'éclat, ont été encadrées dans des panneaux de chêne, et soumises à des dimensions pareilles. Ici il a fallu couper la toile, qui se trouvait trop grande pour ce lit de Procuste, là on a rallongé la composition avec une adresse et un goût qui rendent la profanation visible à quinze pas. Encore une fois, nous n'en voulons point faire un crime à Louis-Philippe : un roi n'est pas tenu de se connaître en peinture; mais quelle responsabilité a encourue vis-à-vis de certains connaisseurs l'architecte qui a eu le courage de diriger une pareille besogne !

Cette collection possède un portrait de Charles XII, le seul qui ait jamais été peint, comme le constate l'inscription suivante, qui fait de cette toile, d'ailleurs assez médiocre, une précieuse rareté :

« Voicy l'unique portrait que Charles XII, de glo« rieuse mémoire, roi de Suède, a jamais permis « qu'aucun peintre tirât de luy, après son avénement « à la couronne.

« On croiroit même qu'il se fût repenti d'avoir « donné cette permission, puisque le portrait étant « achevé, il en coupa lui-même le visage avec un ca« nif, et qu'on a pourtant tâché de raccommoder, « ayant eu l'honneur de servir si un si grand monarque, « en sa qualité de son peintre, et étant le seul qui ait « pu donner à la postérité ses véritables traits par le « portrait que je fis à Luny, en Scanie, l'an 1718, la « même année que ce héros fut tué au siége de Fré« derisch'all, en Norwège; je me fais gloire d'y sous« crire mon nom. DAVID VON GRAFK. »

Si nous redescendons maintenant par un fort bel escalier construit sous le règne de Louis-Philippe, nous trouvons à l'entresol une banquette munie d'un gardien, lequel, en nous indiquant une porte à deux battants, vous demandera, de l'air le plus poli qu'il pourra prendre, si vous désirez visiter la salle de spectacle. Cela veut dire qu'il vous faudra donner, en

Vue intérieure de la salle de la Smalr, dans les galeries de Versailles.

sortant, une rétribution dont la valeur dépend de votre générosité. La même chose se renouvelle à l'entrée des appartements de Marie-Antoinette et de la chapelle. Je ne me charge pas d'expliquer pourquoi on a imposé cette coutume anglaise, une des plus coûteuses de nos voisins, aux visiteurs qui veulent pénétrer dans ces diverses parties du palais ; je me contente de la mentionner. Entrez toujours d'ailleurs, vous ne regretterez point votre pièce blanche.

Ce n'est pas à Louis XIV ni à Mansart que revient l'honneur d'avoir édifié la salle de spectacle. Elle fut construite sous Louis XV par Gabriel, le grand artiste à qui nous devons le Garde-Meuble. De toutes les productions de son génie, c'est la plus remarquable, et la critique n'a rien à dire ici. Disposition des plus heureuses, grandiose d'ensemble et de style, richesse et harmonie de détails, tout se trouve réuni pour faire de cette salle un incomparable chef-d'œuvre. Si l'on veut se figurer ce théâtre étincelant de lumières, avec ses trois rangs de loges remplis des toilettes splen-

dides des dames de la cour, on ne peut pas imaginer de spectacle plus pompeux. Aujourd'hui l'Opéra de Versailles n'est plus témoin (la chose est d'ailleurs impossible) de pareilles fêtes. Quelquefois cependant le gouvernement veut bien le prêter pour une œuvre de bienfaisance, et l'on voit alors figurer sur la scène quelques célébrités dramatiques de la capitale. Mais le plus souvent il reste vide, et il ne sert plus guère qu'à entretenir l'admiration des amateurs pour la belle décoration architecturale qui a été exécutée sous le règne de Louis XV, et à grossir, comme nous l'avons vu, le budget des gardiens.

J'imagine que nos yeux, rassasiés de peinture, éblouis de l'éclat des dorures, fatigués de compter les « festons et les astragales » des lambris et des plafonds, ne seront pas fâchés de se reposer par un autre spectacle; vous allez être servis à souhait. Rendonsnous sur la terrasse, et là, sans trop regarder les merveilleux vases en bronze, — car nous n'avons pas le temps, — qui décorent les allées du parterre d'eau

(c'est ainsi que s'appelle le lieu où nous sommes), et contemplons le magnifique point de vue qui s'offre à nos regards : en face la large allée du Tapis vert, coupée par la pièce de Latona et les deux parterres auxquels servent de limites mouvantes le bassin d'Apollon et le grand canal. Remarquez cependant que cette splendide perspective, bordée de ses grands arbres abritant de leur ombre des groupes de marbre, aboutit à deux peupliers qui dessinent dans le lointain leur maigre silhouette. Décidément le grand roi ne tenait pas à jouir de ce qu'on appelle une belle vue, car, après s'être dégoûté de Versailles, il alla s'enterrer à Marly, et à Versailles même, il choisit le lieu où nous sommes pour y élever son palais. Et remarquez bien aussi, que Versailles a été calomnié sous plus d'un rapport : de tout autre côté, les lignes qui enferment l'horizon ont de la majesté et de la grâce ; de ce côté seul il n'y a rien.

Je ne veux pas vous exposer à une nomenclature de tous les bosquets, de toutes les charmilles, de toutes

CHAPITRE LXXXVI. — LES ENVIRONS DE PARIS.

Tableau de M. Horace Vernet.

Les pièces d'eau, nous n'en finirions pas ; longtemps encore nous donnons plus bas avant d'atteindre plus d'esprances que ma plume, et puis l'emblere entre sait les maitres cèlèbres de tant oeuvres merveilles,qu'il doivent son attention pendant plus d'un siècle. A présent tous Théodore a ŝaîlé des marveilles de fêtes et de galanteries ; allons dans ce courant. Nous ne voulons pas quitte sur la parterre d'eau, malgré ses grands bassins de marbre blanc et les groupes d'enfants et de fleurs, et nous allons pour diriger vers le parterre du nord par un bel escalier de pierre blanc, nous trop faire attendre aux cotes de Buffet, aux toiles et aux statues des hommes, modelés par Tuby et Lehongue. Voici le bassin de la Pyramide, par les bancs de fleurs, dans les sculptures sont en grande partie de Girardon.

Quand nous créons dans les appartements du château, c'était le mois de Lebrun qui nous frappait le plus souvent ; c'est maintenant celui de Girardon que nous allons rencontrer à chaque pas ; mais n'oublions pas pour cela celui de Lebrun. Si tous les

morceaux pittoresques ont été sculptés par le savant Lebrun ; le bassin de Neptune, source de l'inscription, excecuté par Lemoine, qui nous montre deux des plus beaux groupes de vieux qui servent à la décoration Girardon a en fait qu'en sortant d'après les dessins du ... à les fondations des jets d'eau.

En remontant vers l'allée d'Eau, nous trouvons le bosquet de l'Arc-de-Triomphe, celui du Trois-Fontaines, l'allée de Girès, le bosquet du Saint-Vrai, puis le bosquet des Bains d'Apollon, magnifiques relevés de d'après, exécutés avec de beaux arbres, un vrai rocher, et qui complète un groupe de Girardon d'un aspect véritablement féerique.

Viennent ensuite le bassin de Gièce, le bosquet de l'Etoile, le promenoir du Nord, orné de deux Termes exécutés sur les dessins de Poussin ; puis le bassin de

Dessin de Versailles, au bataille d'Ivry.

Tableau de M. Horace Vernet.

Flore, au milieu d'un carrefour où fut représenté pour la première fois la *Princesse d'Élide*, en 1664. Voilà le bosquet d'*Encelade* et son bassin, le *bassin de l'Obélisque*, la fontaine du *Point du jour*, le *bassin d'Apollon*, une des plus grandes pièces. Maintenant remontons le célèbre *Tapis vert*, qui nous ramène du côté de la chapelle. Voyons en passant la balustrade, en marbre du Languedoc, du *bosquet des Dames*, avec d'admirables bas-reliefs de Girardon, de Mazeline et de Guérin, que l'humidité ronge et détruit chaque jour. Ne nous arrêtons pas à l'armée de statues qui garnissent les allées qui nous environnent, sinon devant cette charmante *Nymphe à la coquille*, de Coysevox, qui puise de l'eau avec une grâce si nonchalante, ou plutôt avec une nonchalance si gracieuse. Nous allons arriver à la magnifique *pièce de Latone*; visitons avant la *fontaine de Diane*, et les deux beaux groupes de Raon et de Van-Clève, et les sept statues qui ornent l'*allée des Ifs*.

Nous voici arrivés au *bassin de Latone*, et nous entrons maintenant dans la partie méridionale du jardin, en descendant l'allée du Tapis vert du côté de l'Orangerie. Nous remontons, à gauche, la salle de la *Colonnade* ou *des Concerts*, décoration formant un péristyle corinthien en marbre de couleur d'une ravissante ordonnance. Passons, sans y entrer, devant la salle des Marronniers et ses empereurs romains, et arrivons au *Jardin du Roi* ou *de Harlem*, créé par Louis XVIII sur le plan d'un jardin anglais, et qui forme, avec ses allées ombreuses et ses eaux sombres, un contraste charmant

L'avenue du Tapis vert.

avec les plantations solennelles de le Nôtre. Nous trouvons ensuite le *Bosquet de la reine*, tout rempli des souvenirs du duc de Bourgogne et de Marie-Antoinette. C'est là que madame de la Motte donna rendez-vous au cardinal de Rohan, et commença avec lui cette fameuse affaire du collier, cette trame obscure qui conduisit le prévôt à la Bastille. Mais revenons, par l'allée de l'Orangerie, au *Parterre du midi*, qui domine l'Orangerie, où l'on peut descendre par ces immenses et splendides escaliers de cent quatre marches, qui font un si merveilleux effet, vus de la pièce d'eau des Suisses.

Mais le temps nous presse, et pourtant il nous reste à voir la moitié des richesses renfermées dans ce jardin d'Armide créé par le Nôtre, sur cette colline aride et dans ce bas-fond marécageux. Nous n'avons pas fait le dénombrement de cette armée de statues et de groupes aussi nombreuse que celle des Grecs marchant à la conquête de Troie. A peine avons nous dit en passant les noms de ces grands artistes, Girardon, Bouchardon, Coysevox, Lemoine, Van Clève, Toby, Lehongre, de Marsy, Théodon, qui donnèrent la vie à cet Olympe de marbre et de bronze, plus peuplé que celui du vieil Homère. D'ailleurs il convient de choisir son jour pour rendre visite à celles de ces déités qui tiennent leur cour au milieu des bassins. Les grandes eaux sont leurs fêtes. Le reste du temps elles se présentent sous un aspect passablement piteux, regardant tristement l'eau saumâtre qui croupit à leurs pieds. Mais viennent les grandes eaux, et toutes

Pièce du Dragon.

ces figures semblent revivre comme sous la baguette d'un enchanteur; au milieu des gerbes élancées vers le ciel, et que les rayons du soleil colorent de toutes les splendeurs du prisme. Allez ces jours-là visiter le bassin d'Apollon, celui de Latone et le char de Neptune, et je n'aurai plus besoin de vous dire d'admirer avec quel merveilleux génie tous ces illustres artistes que je viens de nommer ont agencé leurs statues, combiné leurs groupes qui, privés maintenant de l'élément qui les anime, vous apparaissent peut-être dans des attitudes un peu théâtrales et dégingandées.

Et cependant ce spectacle n'a plus la même magnificence qu'au temps jadis. Certainement la France est plus nombreuse, plus animée, plus bruyante, mais vous n'y rencontrerez plus les feutres empanachés, les manteaux brodés d'or, les pourpoints en velours, les robes de satin et de drap d'or du grand siè-

CHAPITRE LXXVI. — LES ENVIRONS DE PARIS.

La pièce d'eau de Latone.

cle. Rien, dans ces bourgeoises élégantes, qui rappelle madame de Montespan ou mademoiselle de la Vallière, mais il ne faudrait pas chercher beaucoup pour trouver dans ces physionomies rieuses de modistes échappées de la rue Vivienne, l'étoffe de madame du Barry. Au reste, et malgré l'aspect féerique que Versailles présente les jours de grandes eaux, ce n'est peut-être point ce moment-là qu'il faut choisir pour bien le comprendre et l'admirer, mais un jour de la semaine, dans cette saison où les feuilles jaunissantes colorent les bosquets d'une teinte mélancolique, à cette heure matinale qui fait la solitude dans les allées ombreuses, et donne au jardin cette physionomie calme et solennelle qui va si bien aux grandeurs déchues.

D'ailleurs les eaux ne forment pas un aussi beau spectacle qu'autrefois; les immenses travaux hydrauliques exécutés sous Louis XIV

Les réservoirs souterrains des pièces d'eau.

ne sont plus à la hauteur de la science actuelle, beaucoup se sont détériorés, et comme leurs restaurations exigeraient des dépenses considérables, un assez grand nombre de pièces ne jouent plus.

C'est ici le cas de raconter le plus brièvement l'histoire des gigantesques travaux exécutés pour amener les eaux à Versailles, et qui coûtèrent tant d'or et d'hommes à la France du dix-septième siècle.

Quand Louis XIV se fut arrêté à ce projet, qui semble tout d'abord une folie, Riquet, l'illustre créateur du canal de Languedoc, proposa tout simplement de conduire dans les jardins les eaux de la Loire. Il va sans dire que cet homme de génie voulait que cet immense projet fût en même temps profitable au pays, et que son canal servît à la navigation. Mais trop d'exemples ont prouvé que le despotisme, si grand qu'il puisse être, ne peut vaincre l'intrigue qui ourdit les trames autour de lui. Perrault n'aimait point Riquet, il fit faire par l'abbé Picard un nivellement inexact, et le canal fut rejeté. Un seul homme s'y montra favorable; ce fut le

La pièce d'eau du char de Neptune.

Nôtre. Ce grand homme, chose rare à cette époque, n'était pas plus vaniteux que jaloux, et quand il connut le projet de Riquet, il sauta de joie, disant au roi : que « ce serait une belle chose de voir descendre les vaisseaux en la Loire, le long de la colline, et s'en venir flotter en face du palais. » Ce propos prouve qu'il avait l'imagination trop vive, mais le cœur excellent.

On essaya inutilement d'autres projets, on revint à celui de Riquet et on l'abandonna de nouveau. Enfin Colbert, ayant appris un beau jour que le baron Arnold Deville avait dans son domaine une machine hydraulique, le fit venir avec l'inventeur, un charpentier de Liége, nommé Rennequin Saolem, et celui-ci reçut l'ordre de commencer les travaux de cette machine si compliquée qu'on appelle la machine de Marly. Elle fut terminée en 1685, mais elle ne fournit qu'une quantité d'eau insuffisante. Alors on créa un système d'étangs artificiels, qui alimentent seuls véritablement le bassin de Versailles. La machine de Versailles, dont on reprit l'usage en 1741, ne fournit jamais ni à la ville et au château que de l'eau à boire.

Reste le projet du canal de l'Eure, trouvé par un autre homme de génie, par Vauban. Tout le monde sait les immenses travaux qui furent commencés pour son exécution; les ruines de l'aqueduc de Maintenon sont d'ailleurs pour témoigner sur quelle échelle gigantesque ils avaient été entrepris. Mais, à la paix de Riswick, les finances étant épuisées, il fut abandonné comme celui de Riquet.

Ce serait peut-être le cas de décrire les vastes souterrains creusés sous le sol du jardin pour l'alimentation des eaux, mais un simple dessin d'une partie de cette cité aquatique vaudra mieux pour le lecteur qu'une explication, presque toujours obscure en pareille occasion.

Les grandes eaux jouent rarement, cela coûte trop cher, — 8 à 10,000 francs, — toutes les fois que l'on veut donner au public parisien et des environs ce magnifique spectacle. Mais tous les mois, dans la belle saison, on fait jouer les petites eaux; cette solennité, comme disent alors les affiches du chemin de fer, attire toujours un grand nombre de visiteurs.

Il est temps de quitter le jardin; jetez encore un dernier regard sur ces vertes charmilles, si vous partagez les regrets de ces sempiternels adorateurs du passé, copistes entêtés ou vieillards de Gil Blas, qui ne veulent pas même convenir que les pêches mûrissent en automne comme au temps de leur jeunesse. Vous verrez que, si les statues ont vu leurs blanches épaules se noircir sous les ondées; que, si la cour, en habits de fête, n'inonde plus de ses flots bigarrés le sable des allées; la nature, qu'il faut bien compter pour quelque chose, orne le parc des dons splendides, qui doivent nous consoler amplement de la disparition des courtisans et de quelques filets d'eau.

Il faut être aveugle pour ne pas le reconnaître; les jardins sont plus beaux qu'au temps du grand roi. Les arbres ont grandi, les ombrages sont devenus plus épais et plus profonds; cette nature transplantée des forêts voisines a enfin adopté sa seconde patrie. Les arbres se laissent encore équarrir à leur base, mais ils étalent sous le ciel une audacieuse chevelure, et au-dessus de la charmille la forêt verdoie, toute remplie du chant des oiseaux. Et si vous ne m'en croyez pas, relisez encore dans Saint-Simon ces lignes, pour vous prouver à vous-même que le Versailles d'aujourd'hui vaut bien celui d'autrefois : « On n'y est con« duit, dit l'énergique écrivain, dans la fraîcheur de « l'ombre que par une vaste zone torride ou bout de « laquelle il n'y a plus qu'à monter et à descendre, « et avec la colline, qui fort court courte, la nature « les jardins. La recoupe y brûle les pieds; mais sans « cette recoupe on y enfoncerait, ici dans les sables, « là dans la plus noire fange. La violence qui y a été « faite partout à la nature repousse et dégoûte mal« gré soi. » Aujourd'hui le noble duc effacerait ces lignes, devenues trop sévères. La nature a vaincu, et il applaudirait comme nous à sa victoire. Et sur cette réflexion consolante, allons aux deux Trianons.

Il nous faut de nouveau traverser le jardin pour arriver jusqu'à l'extrémité du bras septentrional du grand coude. Devant nous s'élève, au-dessus d'une terrasse à laquelle on arrive par deux majestueux escaliers, un péristyle composé de colonnes de marbre vert et de pilastres de marbre rouge qui réunit dans une élégante ordonnance deux pavillons formant les constructions principales, auxquelles on a ajouté depuis, au grand préjudice de l'harmonie des proportions, des ailes en équerre.

La plus grande partie de ces constructions date de 1663; elles furent édifiées sur les dessins de Robert de Cotte, et sous la direction de Mansart. Mais on attribue l'honneur de la composition du palais à le Nôtre, qui, du reste, y a suffisamment attaché son nom de la belle décoration des jardins.

Trianon date, à vrai dire, de 1671; on l'appelait alors le *Pavillon de Flore*, et il fut construit pour abriter les amours de Louis XIV et de madame de Montespan. « Commencé, dit Félibien, à la fin de « l'hiver, il se trouva fait au printemps, comme s'il

Le Grand Trianon, à Versailles.

« fût sorti de terre avec les fleurs de ses jardins, et « dont les Grâces et les Amours ont été les seuls archi« tectes. » Il paraît qu'ils n'avaient pas construit assez solidement; c'est pourquoi le pavillon de Flore fut démoli douze ans après. D'autres grâces plus sévères, et des amours plus tenaces et plus habiles habitèrent cette villa, qui devint la demeure de prédilection de madame de Maintenon.

Dans l'aile gauche se trouvait l'appartement de la reine, décoré en grande partie par Mignard, le peintre aimé de la favorite et des jésuites. L'appartement du roi était peut-être encore plus beau que celui de Versailles. Aujourd'hui Trianon est dépouillé d'une notable partie de ses richesses; mais il lui reste les jardins, d'une disposition ingénieuse et savante, et dont les allées rayonnantes paraissent s'étendre, au moyen de sauts de loup, dans la campagne aussi loin que la vue peut porter.

Après Louis XIV, Louis XV; après madame de Montespan, voici venir Jeanne Poisson, comtesse du Barry. C'est pour elle, en effet, que le roi du Parc aux Cerfs fit construire, par Gabriel, l'élégant pavillon à deux étages, ornés d'un portique corinthien de quatre colonnes cannelées, et surmontées d'une balustrade, du Petit-Trianon.

Le Petit-Trianon, dit un auteur d'une histoire de Paris, était une annexe des *petits appartements* de Versailles, lieu mystérieux où la grandeur souveraine se laissait aller à toutes les délices d'une vie sybaritique. Les débauchés et les femmes galantes que Louis XV admettait à ses plaisirs secrets le suivaient dans ce qu'il appelait son vide-bouteille, avec ceux de ses intimes reconnus pour intrépides buveurs. Il serait fastidieux de nommer les gentilshommes et les beautés qui figuraient sur cette liste d'élus aux mystères du Petit-Trianon. Une princesse du sang, Mademoiselle de Charolais, était l'une des princesses de ce temple. Quelquefois le monarque, las des *délices* de la galanterie, se rendait à son vide-bouteille, avec ceux de ses intimes reconnus pour intrépides buveurs. Alors les délassements de Sa Majesté et de sa compagnie descendaient jusqu'aux plus hideux désordres de l'orgie : on se portait des défis, le verre à la main et souvent la plupart des athlètes glissaient, ivres morts, sous la table, d'où les valets étaient obligés de les enlever pour les porter sur les lits.

Toutefois le temple de l'Amour et des Grâces, comme on disait alors, devint ensuite l'asile d'Esculape; ou, pour parler sans périphrases, il fut consacré à la botanique, sous la direction de Bernard de Jussieu, puis d'Adanson, qui eut à y subir toutes les tribulations qui s'attachent au génie incompris, envié et méconnu. Des arbres exotiques y furent apportés d'Angleterre par Laurent Richard, ainsi que des plantes tropicales; puis la science fut chassée à son tour de ce domaine par Marie-Antoinette.

Le temple de l'Amour devint celui de la Nature. On aimait beaucoup la nature alors et les pastorales, la jeune reine surtout. Aussi voulut-elle réaliser sur une grande échelle les rêves qu'avaient fait naître dans son esprit la vue des bergeries de Boucher et la lecture des idylles de Gessner. L'architecte Migne et le peintre Hubert Colbert furent chargés de tracer les jardins dans le genre anglais, devenu fort à la mode. Ils élevèrent au milieu des plantations d'Adanson un hameau convenablement pourvu de vaches, de poules, de moutons, de chèvres et de dindons. De ces constructions rustiques il reste encore la *tour de Marlborough*, le *manoir*, la *maison du bailli* et le *moulin*. Le hameau bâti et peuplé de volatiles, la reine et les intimes vinrent jouer à la fermière, à la bergère, à la laitière, et même à la *boulangère*. Le comte d'Artois prenait une part active à ces *jeux innocents*, qui devaient avoir un dénoûment si terrible. Aujourd'hui l'aspect du hameau du Petit-Trianon est véritablement charmant; la nature, la vraie, a prêté les beautés véritables à toutes les fabriques, dessinées d'ailleurs avec beaucoup de goût par Hubert Colbert, artiste plein d'imagination.

L'intérieur du Petit-Trianon a conservé en grande partie son riche et gracieux ameublement et ses décorations. Malheureusement il fut habité par la reine Hortense, comme le Grand-Trianon le fut par Napoléon. Nous disons malheureusement, à cause de ces meubles si lourds, si savants, si gauches, si incommodes qui attestent le séjour de ces augustes personnages. Les conquêtes de l'Empire font partie de nos gloires nationales, mais non les fauteuils de ses tapissiers.

Je croyais en avoir fini avec les musées, et j'en oubliais un : celui des voitures et des harnais historiques. On l'a établi, il y a deux ans, dans un bâtiment neuf construit entre les deux Trianons. Il n'est pas encore fort riche, mais nous n'en devons pas moins le visiter, car c'est un musée original, et assurément le premier du même genre qui ait jamais existé.

Il ne compte que cinq voitures, mais ce sont des voitures royales. On s'étonnerait de ce petit nombre, si on ne se rappelait que les révolutions les brûlaient quelquefois, et que, dans l'ancien régime, après la mort du monarque, elles revenaient de droit, ainsi que les harnais, au grand écuyer, lequel en tirait profit comme il l'entendait. Parmi ces voitures, la plus belle est, sans contredit, celle du sacre de Charles X, construite sur les dessins de Percier, par Daldringen, décorée des peintures de M. Delorme, de sculptures de Roguier. Elle a coûté 500,000 fr., ce n'est pas trop cher quand on se rappelle que Louis XVI paya la sienne 1,200,000 fr., et que celle de Napoléon coûta, dit-on, des millions. La magnificence de cette voiture résulte surtout de la richesse et de l'élégance de la construction; les ornements et les peintures manquent de style, comme tout ce qu'on faisait alors. Les autres voitures : la *Victoire*, la *Turquoise*, la *Topaze* et le *Baptême*, moins riche et moins belles que la première, étaient des voitures de la cour impériale. A côté de ces voitures brillent, de tout l'éclat de leurs crépines d'or, les selles historiques de Louis XVI, du premier consul et de Charles X, puis les prodiges de

Voiture du sacre de Charles X.

la sellerie orientale, ces merveilles de broderies, de maroquin et de velours qui excitent tant d'admiration et de convoitise chez les amateurs.

Une autre partie intéressante de l'exposition nous montre des traîneaux ainsi que des chaises à porteurs qui remontent au dix-septième et au dix-huitième siècle.

Il y a des choses ravissantes de grâce, de fantaisie et d'originalité dans ces meubles, dont la vue évoque dans notre esprit mille souvenirs du temps passé.

D'autres se recommandent par le nom des personnages qui les ont possédées, comme les deux chaises de madame de Maintenon et celle de Marie Leckzinska.

Grâce au ciel, nous en avons fini, ou à peu près, avec les meubles, avec les tableaux et avec les sta-

Vue intérieure de la galerie des voitures historiques à Versailles.

tues. Reprenons en toute hâte le chemin déjà parcouru : il est, en dehors de l'enceinte du parc, des lieux qui veulent être visités, et qui forment comme les dépendances et l'accompagnement obligé du château et du jardin. Voici, au bas de l'Orangerie, *la pièce d'eau des Suisses*, qu'une tradition, qui demande à être vérifiée, prétend avoir été enfermée jadis dans une bordure de marbre. A l'extrémité, ce personnage de marbre à cheval, coiffé d'un casque sur une grande perruque, est l'œuvre de Bernini, et représenta d'abord Louis XIV. Après le départ de l'artiste italien, le roi, mécontent de ce morceau, fit coiffer le cavalier d'un casque, et placer sous le ventre du cheval des flammes, qui ont pour mission de sortir d'un gouffre; puis le roi-soleil fut baptisé Curtius,

Vue de Versailles à vol d'oiseau.

CHAPITRE LXXVI. — LES ENVIRONS DE PARIS.

Nous sommes au pied de la forêt de Satory, un lieu célèbre jadis, qui n'est plus maintenant qu'une magnifique forêt. Bien que ce ne soit pas le chemin, nous trouverons facilement un sentier qui nous conduira à un vaste plateau devenu le Champ de Mars de Versailles. C'est là que tous les ans, en automne, les sportmen de Paris viennent assister aux courses de Versailles, et donner aux bourgeois des environs le spectacle ou, plutôt la contrefaçon de ces grandes solennités hippiques qui ont rendu Epsom ou New-Market célèbres dans tout l'univers. Les membres du Jockey's-Club et les maquignons forment, comme dans toutes les occasions semblables, l'aristocratie de ces sortes de fêtes, et si les ombres des brillants cavaliers qui accompagnèrent tant de fois sur ce plateau la chasse du grand roi abaissent quelquefois leurs regards sur les honneurs que les révolutions leur ont donnés, ils doivent sourire d'une pitié dédaigneuse et narquoise.

La plaine de Satory a aussi sa place marquée dans les fastes de l'histoire contemporaine, pour parler dans un style soutenu. C'est là qu'eurent lieu, il y a deux ans, les revues présidentielles qui causèrent, dans les journaux et au sein de l'Assemblée, une émotion dont nous n'avons ni l'envie ni la possibilité d'évoquer le souvenir. Nous laissons ce soin au dessinateur.

Tout ce que nous voulons rappeler de ces courses, c'est la sensation produite par la présence d'un prince indien. Les princes ne manquent pas aujourd'hui. Mais ceux qui nous arrivent de si loin sont encore rares, et l'envoyé du Népaul avait droit à tout l'empressement de la curiosité parisienne. Ses diamants et son teint couleur d'ambre lui assurèrent un succès dont il a dû emporter une bonne impression sur les rives de l'Indus. Les dames surtout se prirent d'enthousiasme pour cet écrin ambulant. Un tableau du musée de Versailles, peint par Parrocel, qui représente l'arrivée de l'ambassadeur ottoman Mehémet-Effendi aux Tuileries, sous Louis XIV, nous prouve, du reste, que les ambassadeurs orientaux et leurs pierreries furent toujours bien accueillis en France.

Jusqu'à présent nous n'avons encore rien dit de la ville de Versailles. Il est temps de réparer cette omission. Versailles, à la rigueur, remonte à Louis XIII comme le château; mais de cette époque il ne subsiste rien, et tout ce que nous voyons debout aujourd'hui date de Louis XIV, qui, après avoir élevé un château pour lui, éleva ensuite une ville pour le château.

Aujourd'hui Versailles compte 28,000 âmes, et à l'honneur d'être devenu le siège d'un évêché et d'une préfecture. Nous ne savons pas si elle y est bien sensible, ou si elle regrette le temps où ses rues majestueuses et ses grands hôtels enfermaient une population de 100,000 habitants, dont le quart se composait de princes, de ducs, de marquis ou soi-disant tels. Versailles alors exerçait sur le monde la même influence dont Paris s'est emparé depuis. Les arts, la poésie, le théâtre, attendaient ses louanges ou ses critiques dans une respectueuse soumission. Nos temps sont bien changés; les ducs, les marquis sont devenus rares, les rentiers ont remplacé les courtisans, l'herbe pousse sur la place, et les splendides hôtels qui bor-

Collations militaires dans le camp de Versailles, plaine de Satory.

dent ces grandes et belles rues, ces larges boulevards qui traversent la ville, sont loués le plus souvent à quelque Anglais silencieux et morne que ronge le spleen, et qui ne va jamais au Musée, parce que la statue du duc de Wellington manque à la collection des maréchaux de France.

Il s'en faut pourtant que Versailles soit devenu un séjour aussi ennuyeux que le répète depuis longtemps sur tous les tons cette méchante langue de Renommée. Une belle ville, paisible, aérée, bien construite, qui dort paresseusement à l'ombre de son palais avec ses grands arbres, est bien aussi agréable que certaines villes réputées gaies et vivantes, parce qu'elles sont bruyantes et malpropres. Pour mon compte, j'aime mieux l'herbe entre les pavés que la boue.

Versailles a aussi des souvenirs, et qui tiennent dans notre histoire une large place. Chose étrange, c'est de la ville monarchique par excellence qu'est sorti le premier acte décisif de la révolution française, et le plus solennel.

Suivez-moi dans cette rue déserte, entrons dans ce bâtiment d'un aspect sévère, et pénétrons dans cette grande salle que nulle décoration ne recommande à vos regards. C'est la salle du Jeu de Paume. C'est là qu'eut lieu cette scène grandiose, si admirablement retracée par le génie patriotique et magistral de David. Diverses inscriptions décorèrent jadis ses murailles; d'abord, un an après, on grava sur une table de bronze la formule du « grand serment, » puis, en 1793, la Convention décréta, sur la proposition de Chénier, qu'on inscrirait à côté de cette formule l'inscription suivante : *Versailles a bien mérité de la Patrie.*

Effacée sous la royauté, cette inscription fut restaurée dans un banquet politique qui eut lieu le 12 mars 1848, auquel assistèrent des citoyens de toutes les classes, sous la présidence de M. Landrin, procureur général de la république, et de M. F. Mallefille, commissaire du gouvernement.

Versailles renferme encore un autre monument dont la vue évoque un des plus glorieux souvenirs qui puissent faire battre un cœur français. Quand vous aurez, d'un œil distrait, parcouru nonchalamment tous les autres édifices de la ville, l'église Saint-Louis, les Écuries, Notre-Dame, la Préfecture, etc., bâtis la plupart par Mansart, et qui répètent à satiété les mêmes formes architecturales, avec moins de pompe et de richesses que les constructions du palais, et que, fatigué de la monotonie de toutes ces splendeurs, vous voudrez reprendre le chemin qui conduit à l'embarcadère de la rive droite, détournez-vous un peu dans la direction de cette statue de bronze qui dessine sur la façade d'une église la silhouette d'un général revêtu de l'uniforme républicain. Découvrez-vous avec respect; vous êtes devant l'image d'un héros et d'un grand citoyen.

Ce n'était point seulement un héros, disait jadis, au Collège de France, il y a trois ans de cela, avec sa parole si éloquente et si pittoresque, un de nos plus illustres historiens, M. Michelet : c'était aussi un saint. Et comme cette épithète faisait naître une sorte de sourire dans l'auditoire, M. Michelet le ramenait bientôt à l'enthousiasme, en rappelant les phases de cette existence épique, qu'illustrèrent tous les courages et toutes les vertus, qui servit la religion de la patrie et de la liberté, avec l'intrépidité d'un soldat de Sparte et le dévouement d'un apôtre.

Je n'ai pas besoin de vous dire le nom de ce héros. La France n'a pas dans son panthéon militaire deux renommées aussi pures et aussi glorieuses pour elle. Vous allez quitter Versailles, la tête pleine des souvenirs de Turenne et de Condé, mais voilà que, devant ce bronze austère, vous vous rappelez que ces fameux gagneurs de batailles ont conduit des armées étrangères contre le drapeau de la patrie, et vous emportez de la ville de Louis XIV l'image de Hoche, le général républicain.

En terminant, nous dirons que des artistes, des poëtes, des savants habitent volontiers Versailles, malgré sa physionomie de métropole. Charlet y a demeuré, hier encore H. Vernet y avait son habitation, qu'il vient d'abandonner pour mettre en action le sujet d'un de ses tableaux les plus médiocres et les plus populaires, le soldat laboureur.

Il va, dit-on, cultiver dans la Mitidja les propriétés qu'il possède dans cette fertile contrée de l'Algérie. En attendant qu'il revienne à Versailles, car il y reviendra, voici la vue de l'habitation où il conçut la pensée première des compositions gigantesques qui ornent le musée de Versailles, et qui font que son nom vivra désormais autant que le monument.

A peu de distance de Versailles, se trouve le petit village de Saint-Cyr, qui n'a de remarquable que son école militaire.

La maison de Saint-Cyr a été bâtie en 1686 par

Maison de M. Horace Vernet, impasse des Gendarmes, à Versailles.

Louis XIV, à la sollicitation de madame de Maintenon, pour élever deux cent cinquante demoiselles pauvres et nobles dont les pères étaient morts au service. Cette institution fut détruite en 1792, et la maison, transformée en hôpital militaire, succursale d'invalides, prytanée, devint, en 1808, le séjour de l'école spéciale militaire que Napoléon avait fondée, en 1802, à Fontainebleau. Cette école fut licenciée en 1815, et rétablie seulement en 1818, sous le nom d'école royale spéciale militaire : c'est celle qui existe encore aujourd'hui.

L'école de Saint-Cyr renferme six cents élèves. Le cours d'études est de deux années. Pour y être admis, il faut avoir dix-sept ans au moins, vingt ans au plus, avoir subi un examen sur les matières indiquées par le programme d'admission, et payer une pension de 1,000 fr. Les élèves, après avoir subi des examens pour leur sortie, entrent dans l'armée comme sous-lieutenants d'état-major, de cavalerie ou d'infanterie.

Tous les dimanches, les parents et amis des élèves sont admis à les visiter: alors affluent, dans une salle assez étroite et qui était autrefois le parloir des demoiselles de Saint-Cyr, les toilettes et les uniformes; les pères qui viennent gronder leur fils; les mères qui leur glissent en cachette l'argent, le chocolat, le flacon de liqueur destinés à corriger la frugalité des déjeuners. La grande cour reçoit le trop plein des visiteurs, et, pendant une heure, elle ressemble, avec sa belle allée de catalpas qui borde la chapelle, à la promenade la plus belle et la plus en vogue de Paris.

Nous allons maintenant donner une description des lieux es plus remarquables de l'établissement.

Les dortoirs occupent les deuxième et troisième étages des cinq corps de bâtiments. Ce sont de longues salles qui communiquent toutes entre elles, et qui sont partagées dans leur longueur par une cloison ouverte de trois pieds en trois pieds. A cette cloison

Cabinet de travail de M. Horace Vernet.

sont adossés de chaque côté des lits en fer, au-dessus desquels sont : un casier qui renferme les habits, et une planche qui porte le pain et le sac de l'élève. A droite du lit est une sorte de champignon qui soutient le shako, le sabre et le reste de l'équipement; à gauche est un *bahut* pour les menus effets. En face des lits, le long des murs, sont les râteliers d'armes. Les dortoirs, ainsi meublés, offrent un aspect assez pittoresque. Pendant la nuit, ils sont, comme toute la maison, éclairés; des adjudants et des sergents s'y promènent sans repos; enfin le capitaine de service, qui se tient tout habillé dans son cabinet, vient lui-même y faire des rondes. Les élèves y sont réveillés le matin par les tambours, qui les parcourent à grand pas en battant la diane. C'est là qu'ils font leur toilette, nettoient leurs habits, *astiquent* leurs armes; c'est là qu'ils passent chaque matin l'inspection des sergents-majors et des officiers de la compagnie; c'est de là qu'ils descendent, compagnie par compagnie, au coup de baguette, la serviette sur l'épaule, pour aller se laver la figure et les mains aux *lavoirs*.

Les lavoirs sont de petits bassins pratiqués en face et le long du corridor du réfectoire, et sur lesquels s'ouvrent de nombreux robinets. Les élèves n'ont pas d'autres cabinets de toilette que ce lieu ouvert à tout vent et à tout venant, encore les minutes y sont-elles comptées; mais ils peuvent s'en consoler en songeant que dans ce même lieu existaient jadis, suivant un manuscrit du dix-septième siècle, « deux grands lavemains de cuivre bronzé d'une très-belle structure, » auxquels les demoiselles venaient, comme eux, faire leur simple toilette.

Le réfectoire est une grande salle du rez-de-chaussée, soutenue par des colonnes, et qui n'a jamais changé de destination, car c'était aussi le réfectoire des demoiselles. Les élèves s'y rendent militairement, ayant sous le bras leur pain, qu'ils vont chercher au dortoir, ils s'y assoient au nombre de douze à des tables qui sont présidées par un gradé. Les repas durent vingt minutes.

L'infirmerie est un grand bâtiment à trois étages, complètement isolé de l'école, dont il est séparé par des jardins, et situé sur une éminence voisine de la grande route de Bretagne. Le service de santé est fait par un médecin en chef, deux chirurgiens aides-majors, six sœurs de Saint-Vincent de Paul, deux infir-

Officier en grande tenue. — Tambour-major et tambour. — Petite et grande tenue des élèves.

miers. La police est confiée à deux sergents. Il serait difficile de trouver un établissement tenu avec plus d'ordre, plus de sollicitude et de soins minutieux.

La chapelle est un bâtiment considérable par son étendue et son élévation, mais dont l'architecture est très-simple. Il n'a pas de portail, son entrée principale étant dans un corridor intérieur de l'école. Au temps des demoiselles, il était partagé en église du dehors, chœur des dames, avant-chœur, et il renfermait deux chapelles, deux oratoires, et un grand nombre d'ornements. Tout cela a été détruit par la Révolution, et le bâtiment transformé en plusieurs salles d'hôpital. Il a été rendu au culte en 1808. Aujourd'hui il est orné d'un tableau très-estimé de Jouvenet, *la Guérison du paralytique*, de douze tableaux médiocres représentant la vie de saint Louis, de mauvaises statues de pierre, dont on a fait des apôtres et des saints; enfin, d'un tombeau élevé, en 1836, à madame de Maintenon.

L'école militaire a ses récompenses et ses punitions. Les récompenses sont : les permissions de sortie, la distinction d'élève d'élite, marquée par la grenade au collet de l'habit, les grades de caporal et de sous-officier. Les punitions sont : la consigne, punition toute morale qui empêche les sorties et qui a remplacé le peloton de punition où les hommes restaient immobiles au port d'armes pendant un certain temps; la salle de police, la perte des grenades, la suspension ou la cassation du grade, la prison dans l'école ou dans une prison militaire.

Les salles de police sont de petites cellules situées sous les toits, éclairées par une lucarne, et où l'on enferme les élèves pour des fautes graves contre la discipline. Ils y emportent leurs livres et leurs cahiers pour travailler. Les salles de police sont gardées par un sergent de service.

Quant aux salles d'étude, elles occupent tout le premier étage de trois ailes de bâtiments et peuvent contenir chacune toute une division (l'École est partagée en deux divisions, celle des élèves de première année, celle des élèves de deuxième année). Il y en a trois, deux pour la première, une pour la deuxième division. Les élèves y sont distribués par tables de dix, et chaque table est commandée par un gradé. La salle entière est surveillée par un lieutenant de service.

Les amphithéâtres, disposés dans tous les coins du rez-de-chaussée, sont mal disposés, mal aérés, étroits et incommodes. Des gradins de sapin noirci pour les

Vue générale de l'École militaire de Saint-Cyr.

élèves, une table pour le professeur, un tableau noir pour les démonstrations, des quinquets enfumés : voilà tout le mobilier.

La salle d'armes est située au rez-de-chaussée et n'offre rien de remarquable. C'était là, dit-on, que se trouvait le théâtre des demoiselles de Saint-Cyr; mais rien n'y rappelle *Esther* et ses gracieuses interprètes. On n'y entend que le jargon de l'escrime, le bruit des fleurets, les cris des maîtres d'armes dont les pieds effondrent le carreau. Les élèves de première division y sont seuls admis.

L'uniforme de Saint-Cyr était, sous la Restauration, spécial à l'École; après 1830, il fut celui de l'infanterie de l'armée; depuis quelques années, des considérations d'ordre et de discipline ont fait rendre à l'École un uniforme particulier, qui se compose de : tunique bleu de roi, avec collet, parements et passepoil bleu de ciel, pantalon garance avec bande bleu de ciel, shako de la ligne bleu de ciel avec galon de laine gros bleu, plaque aux initiales de l'École et pompon de laine rouge, épaulettes de laine rouge. Quant à l'équipement militaire, il est le même que dans l'infanterie : sabre-poignard, giberne au ceinturon, etc. La petite tenue se compose de la veste et du képi.

L'École forme un bataillon divisé en huit compagnies. Son état-major se compose d'un maréchal de camp commandant, d'un colonel, d'un lieutenant-colonel, de huit capitaines, de huit lieutenants. Les sous-officiers et caporaux de chaque compagnie sont pris parmi les élèves. Les exercices et manœuvres d'infanterie ont lieu tous les jours et deux heures par jour, soit dans la grande cour des manœuvres, dite cour de Wagram, soit dans la prairie voisine, dite Champ de Mars. A la fin de la première année, les élèves doivent connaître les écoles de soldat et de peloton; à la fin de la deuxième, l'école de bataillon, avec le service intérieur, le service des places, le service en campagne, etc. L'école actuelle a conservé, quant à la précision de son maniement d'armes et à l'habileté de ses manœuvres, la réputation qui avait valu à l'école impériale le titre flatteur et envié de *premier bataillon de France*.

Parmi les cours professés à l'école, on remarque ceux de topographie, de fortification et d'artillerie, qui sont accompagnés d'exercices sur le terrain.

Les exercices de topographie consistent en levées de plans à la planchette, à la boussole et à vue, en nivellements et en reconnaissances militaires. Ils se font sous la direction d'un officier supérieur d'état-major et de six capitaines d'infanterie. Autrefois les élèves levaient le plan de tous les environs de l'école et faisaient des reconnaissances militaires jusqu'à deux lieues de la maison : c'était l'occasion pour eux de déjeuners champêtres un peu bruyants et qui amenèrent quelques désordres. Aussi, depuis plusieurs années, a-t-on réduit les exercices topographiques au lever du plan de l'école et du polygone; mais, comme l'instruction pratique des élèves se trouve mutilée dans la partie qui les intéresse le plus, celle des reconnaissances militaires, il est question de rétablir l'ancien système des levées dans toute son étendue.

École de Saint-Cyr. — La salle des visites.

Le dortoir.

Le cabinet de toilette.

Les travaux de fortification consistent en : réparation de la batterie du polygone, construction de plates-formes, tracé, défilement et profilement des ouvrages, construction d'un ouvrage de fortification passagère avec batterie et les diverses espèces de revêtement, construction de bouts de parallèles et de tranchées, confection de gabions, fascines et saucissons. Ils se font sous la direction d'un officier supérieur du génie et de deux capitaines d'infanterie.

Les exercices d'artillerie consistent dans la ma-

Le réfectoire.

L'infirmerie.

CHAPITRE LXXVI. — LES ENVIRONS DE PARIS.

La promenade militaire.

nœuvre en blanc et à feu des pièces de campagne, de siège, de côtes, des obusiers, mortiers, etc. Ils se font sous la direction d'un chef d'escadron d'artillerie, d'un capitaine et de quatre adjudants de même arme. La batterie du polygone renferme huit pièces de campagne, dont deux obusiers, un obusier de montagne, deux canons de quatre pour les manœuvres de force, deux canons de siège, deux canons de place, quatre obusiers de siège, neuf mortiers. Chaque élève a vingt séances de tir à feu, et pointe dix-neuf coups.

Les écoles à feu sont quelquefois l'occasion d'une cérémonie joyeuse qui ôte pour une heure à Saint-Cyr son habituelle monotonie. Lorsqu'une bombe vient à tomber sur le but indiqué par un tonneau placé à l'extrémité d'une perche, un *triomphe* est donné à l'heureux pointeur. Alors, aux cris de vive l'officier! le triomphateur est placé sur une civière couverte de feuillages, couronné et assis sur le tonneau touché; il est porté par les camarades qui l'entourent portant des branches de peuplier et poussant des cris de joie tout le reste de l'école vient se joindre à eux. Le cortége, précédé par les tambours battant la Saint-Cyrienne,

Le polygone.

escorté d'un piquet en armes, parcourt la batterie, le champ de Mars, la cour de Wagram, en faisant des évolutions de tous genres, égayées de mille folies; et souvent il rencontre le général et l'état-major qui viennent sourire à ces démonstrations joyeuses.

Alors sont chantées toutes les chansons faites par les poëtes en giberne de l'école, Lamartines inconnus qui ne visent pas à la gloire académique, dont les vers sont plutôt remplis d'idées généreuses que d'élégance poétique, mais où l'on aime au moins à trouver tout ce qui fait battre le cœur de la France, la gloire de l'Empire, le nom de la Pologne, les souvenirs de notre armée d'Afrique. La cérémonie se termine par la chute du triomphateur, qui, descendu de son tonneau, est enseveli sous des branches de feuillage, au bruit du tambour, aux cris mille fois répétés de : *Vive l'officier!*

Le second chemin de fer de Versailles ne dessert, dans l'intervalle des deux grandes cités, qu'un assez

Le triomphe du tonneau.

petit nombre de localités remarquables : sur son parcours même, nous citerons d'abord Meudon et Belle-vue. Meudon se recommande à l'attention des voyageurs par les souvenirs de toute sorte que son antiquité rappelle, entre autres par celui de Rabelais, si connu sous la désignation du fameux curé de Meudon. Ce bourg a renfermé deux résidences royales : la première et la plus belle, construite sur les dessins de Philibert Delorme pour la duchesse d'Etampes, fut démolie en 1804. Après la célèbre favorite, ce château servit tour à tour de demeure à Henri de Lorraine, dernier héritier des Guises, à Louvois et au Grand Dauphin, fils de Louis XIV. La Convention le consacra à servir de local pour faire de nouvelles recherches sur le perfectionnement de l'artillerie. Ces expériences et ces modifications ayant porté atteinte à la solidité de l'édifice, il fallut le démolir.

Le nouveau château, qui subsiste encore, fut bâti par le second Dauphin, père de Louis XV. Il le destinait à Mlle Choin, sa maîtresse, qu'il avait épousée en secret; mais la modestie extraordinaire de cette nouvelle Maintenon rendit cette dépense inutile. Le château n'avait rien de remarquable, d'ailleurs, que son heureuse position. Lorsqu'il fut construit, Louis XIV voulut le voir : au premier coup d'œil, il s'écria : « Ceci ressemble plutôt à la maison d'un riche financier qu'à celle d'un grand prince. » Et il se retira sans vouloir entrer.

Le château de Meudon, longtemps abandonné, reprit son ancienne splendeur lors du couronnement de Napoléon, qui lui donna le titre de demeure impériale. Il fut rebâti et meublé avec magnificence; les jardins furent replantés, et il devint la résidence habituelle de Marie-Louise. C'est encore aujourd'hui une des maisons impériales; on y arrive par une longue avenue plantée de quatre rangs de tilleuls, qui conduit jusqu'à la magnifique terrasse sur laquelle il est élevé. On découvre de cette terrasse, qui a 260 mètres de long sur 140 de large, non-seulement Paris, mais encore les villages qui bordent à droite et à gauche le cours de la Seine. Au bas Meudon, hameau dépendant de Meudon, se trouve la fameuse verrerie dite de Sèvres, à cause de son voisinage de cette ville.

Les bois de Meudon sont très-fréquentés par les habitants de la capitale et même par les étrangers. Leur proximité de Paris, et surtout l'épaisseur des ombrages et la beauté des arbres, attirent tous les amateurs de la promenade et de la villégiature. Un bal il champêtre réunit, trois fois par semaine, dans la belle saison, les jeunes gens des alentours, et la grande fête du village a lieu les deux premiers dimanches de juin.

Bellevue, petit village voisin de Meudon, montre aux curieux les débris d'une maison magnifique, bâti pour Mme de Pompadour, et sa terrasse célèbre, au pied de laquelle coule la Seine, et d'où l'on découvre les avenues et les jardins de Meudon, ceux de Saint-Cloud, le village et le bois de Boulogne, tous les villages des environs, et, dans le fond, Paris et le fleuve serpentant dans une plaine immense.

Mme de Pompadour, passant un jour sur le plateau de Bellevue pour se rendre à Meudon, s'arrêta frappée du magnifique point de vue qu'on découvre de cette situation élevée. Sur l'heure, et ne redoutant aucun genre d'obstacles à ses volontés, la favorite décida qu'elle ferait bâtir immédiatement une maison de plaisance à Bellevue. En effet, le surlendemain, la marquise se rendit sur les lieux, accompagnée des architectes l'Assurance et d'Ile, auxquels elle expliqua, du haut d'un trône de verdure et de fleurs préparé pour elle, comment elle entendait la disposition du château à bâtir, sa forme, ses ornements intérieurs et la distribution des jardins. L'Assurance dirigea les travaux de maçonnerie; d'Ile fut spécialement chargé de ce qui tenait au dehors. Cent arpents nécessaires pour la construction furent achetés sans marchander par la maîtresse en titre, et les travaux commencèrent. Ils avancèrent avec une grande rapidité, car Louis XV, avide de plaire à Mme de Pompadour, venait lui-même pour surveiller les travailleurs, et se faisait souvent apporter son dîner au milieu d'eux. Enfin tout fut bientôt terminé; le 24 novembre 1750, le roi y coucha pour la première fois, et « Mme de Pompadour, ajoute la chronique de l'Œil-de-Bœuf, y coucha aussi. »

Il ne reste des constructions du château que la ferme, la tour et la maison des Colonnes; dans le parc, la pièce d'eau et le jardin anglais, seuls, ont été respectés. La démolition du château de Bellevue a eu lieu en même temps et pour les mêmes motifs que celle du château de Meudon, et ce n'a pas été pour les arts une petite perte que celle des décorations dues à Vanloo et à Boucher, et des statues sculptées par Pigalle. Le village actuel serait en droit de se plaindre, si l'on ne disait ici qu'il se trouve dans une position fort agréable, que, malgré son élévation, il a de l'eau en abondance, et que son bal hebdomadaire vaut ceux de Meudon et de Saint-Cloud.

C'est à Bellevue, en 1842, qu'a été inaugurée la chapelle de Notre-Dame des Flammes, en commémoration du terrible accident qui avait eu lieu et en endroit sur le chemin de fer, de la rive gauche. L'édification de cette chapelle est due à l'idée des personnes les plus cruellement éprouvées par cette catastrophe. M. Lemarié, architecte, ayant perdu, dans ce jour néfaste, son fils, sa belle-sœur et un cousin, a voulu consacrer à leur mémoire ce monument de pieux regrets élevé par lui-même, et qui ne fait pas moins honneur à son talent qu'à son cœur.

On a attaché à sa fondation une institution régulière de quatre messes par an, et chaque anniversaire y est pieusement célébré.

Chapelle de Notre-Dame des Flammes.

Si maintenant nous examinons l'intervalle situé entre le chemin de fer de Versailles et celui de Sceaux, nous y remarquons un certain nombre de localités plus ou moins intéressantes telles que, Clamart, Bièvre, Verrières, le Plessis-Piquet, Châtillon, etc. Quelques mots seulement :

Bièvre doit son nom à la rivière sur laquelle il est situé; érigée en marquisat sous Louis XV, cette terre eut pour premier titulaire le fameux marquis de Bièvre, auteur du Séducteur, et si connu par ses calembours. On y remarque une église très-ancienne, quoiqu'il soit difficile d'assigner la date de sa fondation, et une belle manufacture de toiles peintes.

Verrières, situé non loin de Bièvre, est un village qui remonte à la plus haute antiquité, puisque, dès Charlemagne, ce lieu est mentionné, sous le nom de Verdraria, comme appartenant à l'abbaye de Saint-Germain des Prés. Le bois qui l'avoisine, a été un des plus agréables des environs de Paris, a été illustré en 1815 par un beau fait d'armes du général Exelmans. Les Prussiens y furent mis en déroute et ne purent se maintenir à Versailles, où ils avaient cherché un asile. Les deux hameaux d'Amblainvilliers et d'Antony dépendent de Verrières. Le premier n'offrait de remarquable qu'un ancien château fort, actuellement détruit; le second possède une assez jolie église. Rien de plus délicieux que la vallée de Verrières, où coulent la Bièvre et la petite rivière de Walhan; c'est un des sites qui rappellent le mieux la Suisse.

Mentionnons encore le Plessis-Piquet, avec un beau château ayant appartenu à Colbert, et Châtillon, où se trouvent les ruines de la tour de Crouy, reste précieux du moyen âge.

Si nous prenons une autre direction, de manière à retourner vers Saint-Germain, nous trouvons le hameau des Loges, fameux par la fête officielle qui s'y célèbre au commencement du mois de septembre.

Ce hameau n'est autre chose aujourd'hui qu'une succursale de la maison royale de Saint-Denis. Au seizième siècle, les rois y avaient fait construire un rendez-vous de chasse, qu'ils abandonnèrent, et dont un cénobite prit possession. En 1644, la reine Anne d'Autriche transforma le modeste ermitage en un couvent d'Augustins déchaussés, appelés les pères des Loges; elle se réserva, au milieu du jardin du monastère, un petit pavillon, où elle aimait à se retirer; elle y conduisait parfois Louis XIII, et obtint de lui des dotations pour la fondation nouvelle. Par degrés, le couvent acquit de l'importance et des terres. Les courtisans, pour plaire au roi, vinrent tous les dimanches entendre la messe à l'église des Loges, et la confrérie de Saint-Fiacre prit l'habitude de s'y rendre processionnellement le 30 août, jour de la fête de son patron.

Les curés de Saint-Germain consentirent, pendant plus de cinquante ans, à marcher à la tête du pieux cortège; mais l'un d'eux, nommé Benoît, eut des discussions avec le prieur des Loges, et suspendit la procession. Il en fut de ce pèlerinage comme de celui de Longchamp : les motifs religieux disparurent, la promenade resta : on était venu aux Loges pour prier, on y vint pour se divertir. La Révolution expulsa les moines, et fit de leur résidence une fabrique de poudre à canon. Le Directoire vendit les bâtiments à un particulier qui y fonda un pensionnat. Napoléon les racheta en 1811, pour y installer de jeunes orphelines, filles de membres de la Légion d'honneur.

À l'approche de la fête, la pelouse des Loges s'anime, se peuple : une colonie passagère y débarque; d'innombrables charrettes sont remisées dans les bois, et les chevaux, errants sous les ombrages, paissent sans contrôle l'herbe et les feuilles. Bientôt marchands forains et saltimbanques, sous la direction d'un commissaire de police spécial, travaillent à dresser leurs tentes; cafés, restaurants, boutiques, salles de bal ou de spectacle, s'élèvent comme par magie; le matin du 3 septembre, un village de planches et de toiles occupe l'espace, bruyant, solitaire et vide, qui s'arrondit devant la Maison royale. En y arrivant par Saint-Germain, on aperçoit tout d'abord des charrettes, des fiacres et des omnibus; on avance encore, et l'on découvre des fiacres, des omnibus et des charrettes. C'est seulement après avoir franchi d'épaisses murailles de véhicules, qu'on parvient au théâtre des ébats populaires. Pénétrons dans la foule : que de tapage, de poussière, de cliquetis, de sons discordants! Quelle variété de saltimbanques! Ici l'Hercule du Nord s'acquiert le surnom de Bras-de-Fer; là, un neveu de M. Auriol s'efforce de justifier, en se disloquant, de la parenté qu'il assume; plus loin, une grande collection de serpents et de crocodiles vivants s'agite avec furie... sur une toile peinte. Vous voyez dans cette baraque le successeur de Bébé; dans cette autre, un phénomène qui porte sur le blanc de l'œil un cadran d'horloge. D'un côté est un manège desservi par la troupe américaine; de l'autre, un tir au pistolet et à la carabine. Vous pouvez opter entre les jeux d'adresse et les loteries foraines, entre la femme forte et l'albinos, entre la servante de Paléoleau et le grand jugement du roi Salomon, mélodrames historiques. Le soir, tout cela s'illumine; les orchestres appellent à la danse; l'élégant et le maraîcher, la bourgeoise et la paysanne figurent face à face dans les quadrilles. Le bruit, les rires, les gambades, les libations, se prolongent : il est une heure du matin, et l'on songe à peine à la retraite. D'ailleurs, une grande partie de cette population flottante campe dans la forêt, dans les tentes, sous les charrettes, comme une bande d'Arabes ou de Baskirs.

CHAPITRE LXXVI. — LES ENVIRONS DE PARIS.

En ces journées de plaisir, les pensionnaires de la Maison des Loges sont seules à plaindre, car elles doivent se contenter de regarder la fête par les fenêtres, à travers un réseau de barreaux solides. Comme elles briseraient volontiers les portes de leur prison! Qu'il leur serait doux de se perdre dans la foule, de s'arrêter aux étalages des boutiques, de se promener en bande joyeuse et babillarde, si la règle austère ne les retenait captives dans leur sombre cloître!

Les cuisines en plein vent sont un des traits caractéristiques de la fête des Loges. On trouve en d'autres lieux des banquistes et des bimbelotiers, mais les cuisines des Loges n'ont point d'égales dans l'univers; elles sont établies par les aubergistes de Poissy, Maisons, Conflans, Andresy et autres lieux. Chaque foyer se compose d'un monticule en terre revêtu d'un mur en pierres sèches, et flanqué aux deux extrémités d'assises en pierres. Devant le feu tournent, à l'aide de contre-poids, deux ou trois broches chargées de viandes de toutes sortes, que, pour répondre à l'avidité des consommateurs, on transporte à moitié cuites à la salle du festin. Des draps et des rideaux de lit, décorés de guirlandes de fleurs et de gigots crus, festonnés de branchages et de longes de veau, couvrent d'un dais blanc la tête des convives. Sur des tables placées au premier plan sont exposés des quartiers de bœuf, des lapins de garenne, des pains de deux kilogrammes empilés, des melons et autres appétissants comestibles. Vous connaissez ces noces de Gamache, où Sancho Pança écumait de grosses poulardes : les restaurants des Loges présentent un spectacle analogue; seulement, loin que l'hospitalité s'y donne, on y dîne grossièrement et à grands frais; on a de plus l'inconvénient d'être assailli, pendant le repas, par des chanteurs, des guitaristes, des joueurs de vielle, des montreurs de souris blanches, des enfants qui exécutent les quatre premières souplesses du corps. Si donc la danse n'est pas ce que vous aimez, si vous ne désirez jouir du coup d'œil de la pelouse illuminée, remontez en voiture et allez chercher un repas confortable au pavillon Henri IV.

Les deux chemins de fer de Versailles et de Sceaux arrivent aux barrières, où nous les avons déjà vus, en décrivant leurs embarcadères; ils traversent ainsi le territoire de plusieurs villages, destinés à n'être, dans un avenir assez voisin, autre chose que de nouveaux quartiers de Paris. Tels sont Vanvres, Issy, Montrouge, Grenelle et Vaugirard.

Vanvres est peuplé de plus de 2,000 habitants, qui presque tous exercent la profession de blanchisseurs; ce qui est dû à la grande quantité de sources d'eau pure et abondante qui traversent le village en tous sens et viennent au centre former un vaste lavoir. Le château de Vanvres est un chef-d'œuvre de Hardouin

Fête des Loges.

Mansart; entièrement isolé sur la hauteur, d'où il domine un superbe panorama, il consiste en un grand corps de logis double, dont la principale façade est percée de sept croisées. L'architecture en est simple, mais noble et imposante : il appartient au lycée Louis-le-Grand. Issy, dans le voisinage de Vanvres, remonte au temps des Romains; les antiquaires prétendent même que son nom lui vient d'un temple d'*Isis*. On y remarque encore un certain nombre de jolies maisons de campagne, entre autres celle qui appartient au séminaire Saint-Sulpice, et qui fut habitée par Marguerite de Valois, et le vieil édifice gothique situé sur une colline en face de l'église, que les habitants appellent la maison de Childebert.

Le village de Montrouge, fameux pour avoir été, sous la Restauration, une des résidences des jésuites, occupe le centre d'un territoire profondément exploité pour fournir des pierres de construction aux édifices de Paris. Le petit Montrouge, qui en dépend, est une rangée de maisons bordant la route d'Orléans, à partir de la barrière d'Enfer. On y remarque l'hospice la Rochefoucauld et les entrées des catacombes. Comme la plupart des environs de Paris, le petit Montrouge a eu sa part dans l'invasion de 1815; les débris de l'armée de mont Saint-Jean et les élèves de l'École polytechnique, abandonnant les buttes Saint-Chaumont, s'y étaient réunis sous les ordres du général Vandamme, lorsque la capitulation de Paris les obligea de se replier derrière la Loire.

Vaugirard, qui se divise aussi en grand et petit Vaugirard, est un des villages les plus considérables des environs de Paris; c'est aussi l'un des plus fréquentés de la classe ouvrière, qui vient dans les guinguettes oublier ses fatigues et ses travaux. Chaque guinguette a une salle de bal pour l'hiver; l'été, on danse sur le gazon. On y trouve aussi un grand nombre de fabriques et de manufactures. La plupart des habitants s'occupent de jardinage ou de la nourriture des vaches, dont le lait sert à alimenter Paris. Il se trouve au milieu du village un cimetière fermé depuis plusieurs années, dans lequel se trouvent les sépultures de la Harpe et du duc de Nivernais, celui dont on disait :

Nivernais au Parnasse est toujours duc et pair.

Vaugirard se trouve au milieu d'une vaste plaine à laquelle Grenelle a donné son nom. Grenelle est un grand et beau village, bien bâti, séparé de Paris par le boulevard extérieur, renfermant plusieurs manufactures importantes. Dans toutes les histoires de la révolution française il est question de la poudrière de Grenelle, dirigée par le chimiste Chaptal, et de son explosion. Nous renvoyons le lecteur aux ouvrages spéciaux, tant pour cette poudrière que pour l'histoire du camp de Grenelle, et de la conspiration dont ce village fut le théâtre.

Chapitre LXXVII.

LES ENVIRONS DE PARIS (Suite).

Arcueil. — Cachan. — Bagneux. — Sceaux. — Bal et parc de Sceaux. — Croix de Berny. — Palaiseau. — Longjumeau. — Meudon. — Bellevue. — Aulnay. — Verrières. — Chanteloup. — Ivry. — Alfort. — Vincennes. — Grignon. — Athis. — Juvisy. — Étampes. — Corbeil. — Colonie du Petit-Bourg. — Pontoise. — L'Ile-Adam. — Maubuisson. — Boissy. — Franconville. — Enghien. — Eaux thermales et lac d'Enghien. — Montmorency. — Jean-Jacques Rousseau. — Saint-Denis. — Maison de la Légion d'honneur. — Saint-Ouen. — Poissy. — Saint-Germain. — Nanterre. — Les Rosières. — Bougival. — Luciennes. — Rueil. — Tombeau de l'impératrice Joséphine.

Dirigeons-nous maintenant vers l'embarcadère du chemin de fer de Sceaux, et prenons notre place.

Les deux premières stations, en partant de Paris, sont celles d'Arcueil et de Cachan.

Arcueil, dont le nom vient, dit-on, des arcades qui soutenaient un aqueduc bâti par les Romains dans le troisième siècle, est un charmant village situé sur la Bièvre. Rien n'est gracieux comme cette vallée, dominée par le tracé du chemin de fer, où la végétation est vigoureuse, où le soleil ne pénètre qu'à travers un épais rideau d'arbres, retraite calme et paisible, asile autrefois aimé des savants. Là, en effet, fut fondée, en 1807, par Berthollet, une réunion connue sous le nom de *Société d'Arcueil*. Cette réunion s'assemblait tous les quinze jours dans la maison du fondateur pour y répéter les nouvelles expériences et en constater les résultats. Les membres les plus distingués de cette réunion étaient le marquis de Laplace, MM. Biot, Thénard, Gay-Lussac, Collet-Descotils, de Candolle, le baron de Humboldt, qui y présenta les célèbres mémoires sur les lignes *isothermes*, le savant Malus, qu'une mort prématurée enleva aux sciences au moment où les phénomènes de la polarisation le préoccupaient et lui devaient d'avoir fait faire à la physique et à la chimie un pas immense. Berthollet et Laplace, dont Arcueil a voulu perpétuer le souvenir en donnant leurs noms à deux de ses rues,

Aqueduc d'Arcueil.

occupaient deux propriétés contiguës que longe aujourd'hui le chemin de fer. Entre ces deux propriétés se trouvait une porte dont chacun avait la clef, et c'est ainsi qu'ils se mettaient constamment en communication l'un avec l'autre. Les travaux de la Société d'Arcueil n'ont point été sans résultats : elle publia plusieurs volumes de mémoires, où les savants viennent encore puiser avec fruit.

La ville de Paris doit à Arcueil une partie des eaux qui servent à sa consommation. Nous avons dit que les Romains y avaient fait construire un aqueduc destiné à amener les eaux de Rungis au palais des Thermes. Marie de Médicis, voulant donner aux jardins et au palais du Luxembourg l'agrément indispensable de pièces d'eau, fit bâtir à côté des ruines de l'aqueduc romain celui qui existe encore aujourd'hui. La première pierre en fut posée par le roi Louis XIII, le 17 juillet 1613, et le monument fut achevé en 1624 sur les dessins de Jacques Debrosse. Une partie de l'aqueduc traverse le vallon d'Arcueil, à une hauteur de 20 à 24 mètres, sur une longueur de 400 mètres : à partir de là, il forme une grande galerie souterraine établie en quelques endroits sur le ciel de carrières très-anciennes et qu'on ne connaissait pas au moment de sa construction : « Les infiltrations, les pertes d'eau, les tassements et les affaissements qui en furent la suite, l'éboulement d'une partie de l'aqueduc, l'inondation de toutes les carrières et l'interruption des fontaines que les eaux de Rungis alimentent, ont obligé, dit M. Héricart de Thury, l'inspection générale des carrières à faire de très-grands ouvrages pour sa restauration. » La longueur de la galerie souterraine est d'environ 13 kilomètres.

Le hameau de *Cachan* n'est séparé d'Arcueil que par l'aqueduc dont nous venons de parler. L'étymologie de son nom a beaucoup occupé les savants. Les rois n'ont pas dédaigné l'humble hameau, et plusieurs

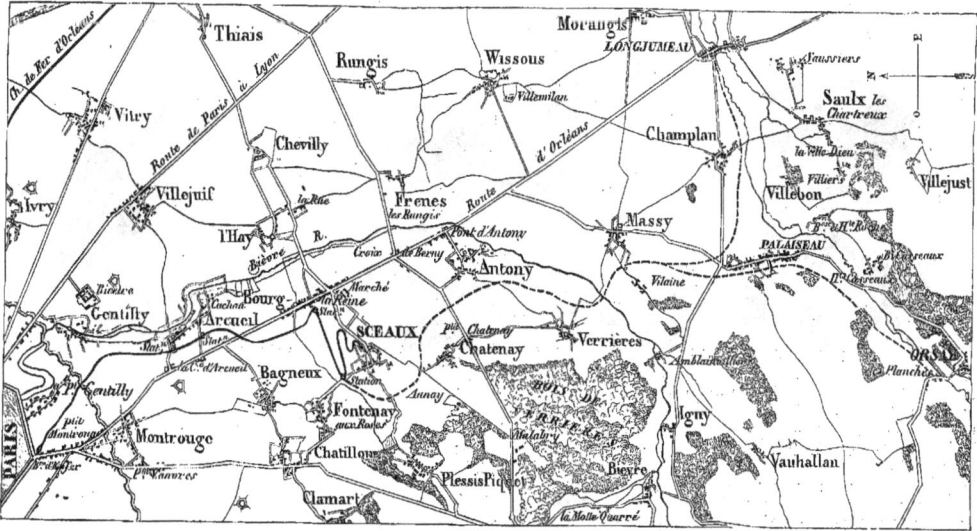

Carte du parcours du chemin de fer de Paris à Sceaux.

ordonnances de Philippe le Bel, de Philippe le Long, de Charles le Bel et du roi Jean sont datées de Cachan, *Catti cantus*. Ce dernier donna le manoir royal au duc de Berry, qui le céda ensuite à Duguesclin. Mais, vanité des grandeurs humaines ! Cachan ne peut plus aujourd'hui montrer même les ruines de la demeure de ses illustres hôtes. Dans le courant du seizième siècle, les religieux de Saint-Germain des Prés, qui possédaient une grande partie du territoire de Cachan, y firent bâtir une belle maison qui devint la résidence d'agrément de l'abbé. Cette maison même n'existe plus. Et cependant le village vit et se soutient; de nombreux promeneurs lui restituent le dimanche sa splendeur passée, et si l'on ne voit plus, comme jadis, les lourdes armures des compagnons de Duguesclin, les robes à queue et à paniers des dames de la cour, ou les sombres vêtements de messieurs les abbés, en revanche on y trouve des groupes pleins de jeunesse et de vigueur, qui se baignent avec délices dans l'air pur qu'on respire à Cachan.

De Cachan à Bagneux, le chemin de fer s'infléchit pour passer sous la route royale de Paris à Orléans, et il traverse une tranchée d'un aspect singulier. Les couches de terrain y forment de longs rubans ondulés, qui font ressembler les talus à de la moire. Quand on quitte cette tranchée, l'œil ne rencontre plus, d'aucun côté, les plaines désolées dont nous parlions plus haut; s'il y a encore sous terre du plâtre et du moellon, au-dessus il n'y a plus qu'une riante campagne, des arbres verts, des maisonnettes blanches, enfin tout ce qui peut faire envie dans ce monde aux gens fatigués, comme aux amoureux, la tranquillité d'une belle nature, le calme des champs, des petits sentiers ombreux, qui vont se perdre au loin, du bonheur dans l'air et sur la terre.

Du reste, Bagneux, où nous nous arrêtons, n'est pas né d'hier. Son nom se trouve cité dans des chartes des neuvième, dixième et onzième siècles. Le père Daniel prétend même que Bagneux existait au sixième siècle. Le village renferme un grand nombre de maisons de plaisance. On raconte qu'un des favoris du cardinal de Richelieu, et de ceux qu'il employait le plus habituellement, quand il voulait épargner au bourreau sa tâche, fit construire à Bagneux une maison magnifique avec les libéralités de son patron. Dans le jardin se voyaient deux statues; Mars, avec la figure du cardinal; Vulcain, avec celle du favori; à l'extrémité, il y avait un pavillon isolé et un puits. Ce ne fut que lors de la Révolution, la maison ayant été vendue et démolie, qu'on en découvrit la destination. Le pavillon abritait des amours cachées ; le puits renfermait les ossements de ceux qui avaient déplu au terrible cardinal, et qu'un regard de lui avait fait disparaître.

L'église de Bagneux, dédiée à saint Herbland, fut fondée au treizième siècle. C'est une des églises les plus remarquables des environs de la capitale. Le vaisseau en est fort beau. La nef est décorée de petites galeries dans le genre de celles de Notre-Dame de Paris. Sur les côtés sont des contreforts qui soutiennent la partie supérieure de la nef. Le portail est de la plus haute antiquité : on y voyait, dans un bas-relief, le Père Éternel, accompagné de quatre anges portant des chandeliers. L'ancien clocher ayant été détruit, on en a édifié un autre d'une élégante construction.

Non loin de Bagneux, se trouve le joli village de *Châtillon-sous-Bagneux*, qui sert de but de promenade à bien des désœuvrés. Il est situé sur une hauteur d'où l'on jouit d'une vue magnifique : de cette

Église et mairie de Bourg-la-Reine.

hauteur on découvre au loin Paris, le cours de la Seine, le Calvaire, Vincennes et les hauteurs de Montmartre; dans le lointain, la charmante vallée de Montmorency; et plus près, Montrouge, Vaugirard, Vanves, Issy. Chatillon fournit aussi son contingent de pierres aux maçons de la capitale; on cite parmi ses carrières l'une d'elles dans laquelle on descend à 85 mètres de profondeur par une galerie souterraine, dont la pente est si douce qu'une voiture attelée de trois chevaux peut y descendre et en sortir chargée.

Le chemin continue à suivre à peu près parallèlement la route d'Orléans, en tendant toutefois un peu vers Sceaux ; nous continuons à voir à notre droite les coteaux de Bagneux et les petits vallons qui séparent Bagneux de Fontenay-aux-Roses et de Sceaux. Bref, on semble devoir laisser Bourg-la-Reine bien loin sur sa gauche ; et ce serait dommage vraiment de ne pas faire une pose dans ce village, dont le nom est si bien sonnant), quand tout à coup, par une courbe de 30 mètres de rayon, vous êtes ramenés brusquement vers ce point qui paraissait abandonné. Au milieu de vastes jardins, à quelques pas de la route royale, se dresse une station qu'on aborde hardiment par un de ces tours de force familiers au système des trains articulés.

Bourg-la-Reine, d'où vient ce nom? Les érudits ne le savent pas; permettez-nous donc de le vous dire. Anciennement, c'est-à-dire avant le douzième siècle, il s'appelait, dit-on, *Briquet* ou *Vertpré* : Briquet, à cause d'un pont de briques; Vertpré, à cause des vastes prairies qui l'entourent. La construction la plus curieuse du lieu est une maison qui a été bâtie par Henri IV pour la belle Gabrielle. Cette maison est située au milieu d'un parc, et l'on y arrive par une allée de tilleuls. Deux grandes chambres au premier ont conservé leur dénomination ancienne ; l'une est nommée chambre de Gabrielle, l'autre chambre de Henri IV. Bourg-la-Reine a eu aussi son château; on n'en trouve plus qu'un escalier conservé tel qu'il existait du temps de la reine Blanche.

Ce village a encore une triste célébrité. Dans son cimetière, confondu avec les ossements vulgaires, sans qu'une pierre, sans qu'un signe ait pu faire reconnaître sa tombe, repose l'illustre Condorcet. Mis hors la loi en 1793, il errait dans les environs de Paris, déguisé en homme de la dernière classe du peuple. Il parcourut, pendant plusieurs jours, les campagnes qui avoisinent Clamart et Fontenay, et passa plusieurs nuits dans les bois de Verrières. Caché dans les carrières, la faim le força d'en sortir et il fut arrêté dans un cabaret, et de là jeté dans un cachot. Le lendemain il n'existait plus. Pendant la nuit il avait pris une dose d'un poison actif dont dans des malheureux temps il portait toujours sur lui, et dont la recette est attribuée au célèbre médecin Barthoz. Triste destinée d'un homme auquel les sciences ont dû beau-

Coteau de Fontenay-aux-Roses.

coup! Lutte terrible que celle qu'il eut à soutenir face à face avec Dieu, quand seul, dans son cachot, passant en revue sa vie déjà si remplie, sondant son génie encore prêt pour d'autres travaux, il arriva à la minute solennelle où son âme allait s'envoler et ne plus laisser qu'un cadavre à ses bourreaux!

Dupuis, l'auteur de l'*Origine des Cultes*, habita quelque temps Bourg-la-Reine; il y possédait le presbytère actuel avec le jardin qui en dépendait.

Un mot du marché de Sceaux. Ce marché remonte au dix-septième siècle, et se tenait alors dans un champ dépendant de la commune de Bourg-la-Reine, ce qui nous autorise à vous en entretenir ici. Il y a soixante ans, on ne vendait par marché que 3 à 600 bœufs et 4 à 5,000 moutons, et le revenu n'en était que de 13 à 14,000 fr. par an. Il est vrai que l'entrée des bestiaux était tarifée à 6 centimes et demi par bœuf et 5 centimes par mouton. Aujourd'hui il se vend 11 à 1,200 bœufs ou vaches, 5 à 600 veaux et 9 à 10,000 moutons; le revenu s'est élevé à plus de 100,000 fr.; mais l'entrée est de 75 centimes par bœuf, 25 par veau et 10 par mouton. On voit que, s'il y a progrès dans la consommation, il y a aussi surcharge de droits, et tout cela forme un très-beau revenu.

C'est entre Bourg-la-Reine et Sceaux que se trouvent les courbes les plus extraordinaires de ce chemin de fer construit, comme nous l'avons dit, pour éprouver le système des wagons articulés; il faut faire deux ou trois zigzags de 30 ou 40 mètres de rayon pour arriver à Fontenay-aux-Roses.

Fontenay-aux-Roses : rien est-il plus doux, plus harmonieux, plus sympathique que cet heureux nom ; et d'où peut-il venir, sinon des rosiers qu'on y cultive? Malheureusement les agréments du lieu y ont attiré tant d'habitants, que force a été aux rosiers de céder un peu de la place qu'ils occupaient. Cependant, au printemps, les rosiers conservés donnent encore au village un aspect enchanteur. Et puis l'air qu'on y respire est si pur, si embaumé ; les petits sentiers y sont d'un sable si fin et si jaune, vous êtes si près du Plessis-Piquet et des bois de Verrières, les chemins qui y mènent sont si ombragés, que nous concevons la villégiature à Fontenay-aux-Roses. De plus, cet heureux pays a, lui aussi, ses souvenirs historiques, souvenirs que l'histoire ne marque pas en caractères de sang. Le faiseur de couronnes de roses destinées au parlement se pourvoyait à Fontenay; les ducs et pairs, qui, eux aussi, offraient au parlement des bouquets de roses, le roi lui-même, qui n'était pas exempt de ce droit, tous venaient s'approvisionner dans les champs de Fontenay. Scarron, le *cul-de-jatte*, est venu égayer ce lieu de sa verve caustique, et y attirait la ville et la cour. Le poëte Chaulieu y est né; la seigneurie de Fontenay fut achetée par Colbert à l'abbaye de Sainte-Geneviève, qui la possédait dès l'an 1168. Mais depuis elle devint la propriété du duc du Maine. Aujourd'hui, plus de seigneurie, plus de droit de haute et basse justice; mais, en place, un maire et un garde champêtre. Progrès!

Sceaux : à ce nom que de souvenirs se réveillent, quels magiques tableaux, quelles féeries de toutes sortes passent sous nos yeux : la cour de Louis XIV, celle de Louis XV, la duchesse du Maine, le duc de Penthièvre! Puis, après tout cela, la Révolution, le marteau des démolisseurs, la destruction du château et du parc! Certes jamais terre ne fut plus labourée par les événements, jamais, nulle part, le soc des révolutions ne traça plus profond sillon : et cependant, encore aujourd'hui, on rit et on fait l'amour à Sceaux; l'orchestre y donne le signal de la joie, d'épaisses charmilles y abritent ceux qui cherchent la retraite à deux : ce ne sont plus des duchesses, mais des grisettes; ce ne sont plus de grands seigneurs, mais des étudiants; ce n'est plus le *palsembleu* musqué, mais d'énergiques jurons. Enfin Sceaux n'est plus ce qu'il était; mais il est autre chose qui ne vaut pas moins et qui vaut même bien mieux, depuis que le chemin de fer y jette par flots les danseurs et les danseuses, marée qui monte toujours, jusqu'à ce que les derniers convois la fassent baisser et disparaître.

Sceaux a eu bien des fortunes diverses, depuis le jour où Colbert en fit l'acquisition, et y reçut deux fois son souverain. La duchesse du Maine en fit un séjour délicieux, où les fêtes se succédaient sans interruption, bal, illumination, comédie, mascarades; son esprit infatigable inventait chaque jour de nouveaux divertissements. Là fut créé l'ordre de la *mouche à*

Mairie et vue latérale extérieure du débarcadère à Sceaux.

miel avec cette devise : *Piccola si, ma fa pur gravi le ferite* (elle est petite, mais les blessures qu'elle fait sont graves). La duchesse du Maine menait de front les plaisirs et les conspirations, mais les uns lui réussirent mieux que les autres; elle les expia par la captivité; en 1753, elle mourut âgée de soixante-dix-sept ans, et fut enterrée dans l'église de Sceaux. A la duchesse du Maine succéda le comte d'Eu, son fils, qui entretint le château et le parc avec un luxe vraiment royal.

Le chemin de fer a placé son débarcadère dans la situation la plus heureuse qu'on puisse imaginer. Sa façade extérieure donne sur le jardin de la mairie et sur l'allée qui conduit au parc. A côté, et de l'autre côté de la rue, se dresse l'église. Le parc lui-même, dont le mur, surmonté d'une grille, et d'où les promeneurs jouissent de la vue des convois, fait un des côtés de la gare; le parc a été loué par la compagnie du chemin de fer et sous-loué au fameux chef d'orchestre Valentino. Déjà les allées sont nettoyées, les statues blanchies, les arbres taillés, la salle de bal restaurée; l'orchestre est prêt, le bal va commencer.

C'est que la réputation du bal de Sceaux ne date pas d'hier. Son origine se confond avec celle de la révolution française; et on nous saura gré d'en dire quelques mots.

Nous venons de dire que le parc de Sceaux avait appartenu à la duchesse du Maine : mais il avait été planté par Colbert sur les dessins de le Nôtre; et cette illustration ne l'aurait pas sauvé.

Devenu propriété nationale en 1793, le parc de Sceaux fut vendu en l'an VII, et allait être impitoyablement défriché, puis semé de blé et de luzerne, lorsqu'un certain nombre d'habitants de la commune formèrent une société par actions, dont le but était d'acquérir cette promenade et d'en offrir gratuitement la jouissance à leurs concitoyens. Cette louable pensée reçut aussitôt son exécution, et la nouvelle destination donnée au parc seigneurial fut attestée par le quatrain patriotique ci-après, gravé au-dessus de la grille :

De l'amour du pays
Ce jardin est le gage;
Quelques-uns l'ont acquis;
Tous en auront l'usage.

Vue intérieure du débarcadère à Sceaux.

Trouvez-moi quatre vers qui puissent, comme ceux-ci, défier hardiment toute critique et se passer de poésie pour plaire! Je pose en fait qu'il n'est pas un seul lecteur de ce quatrain qui ne l'ait trouvé admirable.

Un bal fut établi dans la promenade civique sous une vaste tente, que bientôt remplaça la rotonde où les danses ont lieu toujours aujourd'hui encore, et que représente notre gravure.

Les fondateurs de la société à laquelle nous devons le bal de Sceaux ne voulurent pas que les actions de l'entreprise fussent exposées à tomber en des mains étrangères au pays, et qui dès lors ne seraient point intéressées au maintien de l'œuvre commune. C'est pourquoi il fut décidé, par les statuts de la fondation, que les actions resteraient annexées aux propriétés possédées par les actionnaires primitifs. Ainsi, nul ne peut acquérir l'une de ces propriétés sans devenir par le fait même actionnaire du bal de Sceaux. Grâce à cette disposition tutélaire, la société s'est perpétuée jusqu'à nos jours dans des conditions locales qui seules pouvaient en assurer l'existence et la prospérité.

L'héritier d'un beau nom militaire, M. le duc de Trévise, a entrepris de son côté de rendre toute son ancienne splendeur à une partie de l'ancien parc, qui avait été mis en culture au moment de sa première vente, et il poursuit l'accomplissement de cette tâche avec une persévérance et une ferveur artistique bien dignes d'éloges.

L'administration actuelle du bal a entrepris de ramener le public, qui négligeait ce bal, à l'objet de son ancien culte, et nous devons convenir que le succès a pleinement justifié son attente. Il est vrai de dire

CHAPITRE LXXVII. — LES ENVIRONS DE PARIS.

qu'elle y a pris peine : magnifique restauration de la rotonde entièrement décorée à neuf, orchestre parfait, éclairage *a giorno*, brillantes illuminations, feux d'artifice, jeux de toute espèce, rien n'a été épargné.

Le nombre et la rapidité des moyens de transport ne contribuent sans doute pas peu à cette renaissance de l'antique prospérité du bal de Sceaux. Autrefois, quand on voulait se donner le plaisir de cette dansante solennité, il fallait se hisser dans le coucou classique, et essuyer, outre les cahots et l'incommodité du véhicule, l'inévitable plaisanterie du conducteur de ce char antédiluvien qui, avant de se décider à fouetter son unique et poussive haridelle, s'égosillait une heure durant à crier : « Encore un *pour Sceaux!* — ou deux, — ou trois. » (Le nombre ne fait rien à la chose.)

Un entrain et une gaieté sans licence animent les jolies fêtes de Sceaux. Mais si trop de liberté en est proscrite, l'égalité y règne toujours. Fidèle à son origine populaire et patriotique, le bal admet toutes les classes, tous les rangs, toutes les parures : la merveilleuse y coudoie la villageoise, et le frac de Humann ne dédaigne pas d'y offrir la main pour le quadrille au simple fichu de percale. Toutes les danseuses sont égales devant l'archet du chef d'orchestre, et ce n'est certes pas l'un des moindres attraits de la réunion que l'aspect de nos petites-maîtresses confondues avec les fraîches jeunes filles de Châtenay, de Bourg-la-Reine, de Fontenay-aux-Roses, uniformément vêtues de blanc et parées d'écharpes multicolores, indiquant le village auquel appartient chacune d'elles. C'est un coup d'œil semi-citadin, semi-agreste,

Entrée du bal de Sceaux.

qui donne au bal un piquant tout particulier : on dirait du Lignon courant dans un coin du parc de Versailles.

De Sceaux, la voie ferrée se prolonge vers le sud jusqu'à Palaiseau, et traverse encore quelques localités intéressantes. D'abord la Croix de Berni, où se trouvait un château magnifique, démoli par la révolution, et qui avait servi de demeure aux ambassadeurs du roi de Siam, en 1676; ce lieu est célèbre de nos jours par les courses de chevaux dont il est le théâtre. Puis Châtenay, patrie de Voltaire; l'église, où fut peut-être baptisé ce grand génie, est assez remarquable. Les environs de Châtenay sont assez pittoresques; surtout les hameaux d'Aulnay et de la Vallée aux Loups, qui en dépendent. Ce dernier nom, comme on le sait, est celui d'une maison de campagne longtemps habitée par Chateaubriand, qui fut obligé de la vendre. Puis Antony et Massy, remarquables, l'un par son église, l'autre par son château; et enfin Palaiseau.

Palaiseau remonte au temps de Childebert, fils de Clovis; il servait de demeure à sainte Bathilde, mère de Clotaire III. Pépin le Bref, à qui la terre de Palaiseau appartenait en qualité de domaine royal, en fit cession à l'abbaye Saint-Germain des Prés. Ce village ne se recommande d'ailleurs que par son antiquité et par la légende bien connue, sur tous les théâtres de mélodrames d'il y a trente ans, de la servante de Palaiseau. Un peu plus au sud se trouve Orsay, fameux dans le moyen âge par son château fort, qui servait de repaire, comme celui de Montlhéry, à des bandes de brigands féodaux. Ce château est métamorphosé aujourd'hui en habitation moderne, avec un pavillon

Le bal de Sceaux.

et un porche composé de colonnes doriques et ioniques; mais c'est encore un séjour fort agréable, et les paysages des alentours, où se trouvent encore les châteaux de Corbeville et de Launay, sont dignes au plus haut point d'attirer l'attention du voyageur.

En se rapprochant du chemin de fer d'Orléans, et en suivant la direction du sud, on remarque les deux bourgs de Lonjumeau et d'Arpajon. Lonjumeau, dont le nom est peut-être plus connu que celui de bien d'autres localités plus remarquables, ne présente rien de curieux que son église, dont les piliers et la partie inférieure sont du treizième siècle, tandis que la partie supérieure n'a pas deux cents ans d'antiquité. Près de Longjumeau se trouve Chilly ou Chuilly, célèbre autrefois par le magnifique château du maréchal d'Effiat, père de Cinq-Mars. Il n'en reste plus de vestiges. Quant à Arpajon, c'est une petite ville, bien située, avec de belles promenades et de vieux monuments, tels que l'Hôtel-Dieu et l'église paroissiale. Cette ville s'appelait d'abord Châtres; un sieur Louis d'Arpajon, ayant acheté la seigneurie de Châtres, résolut de lui imposer son nom, et s'y prit d'une façon assez singulière. Il se rendait presque journellement sur les routes qui aboutissaient à sa seigneurie. « Quel est le nom de ce lieu? » demandait-il à chaque passant. Si l'individu ainsi interpellé répondait Châtres, il tombait sur lui et l'accablait de coups de canne; s'il avait le bonheur de répondre Arpajon, il le récompensait. Ce procédé un peu brutal réussit à merveille. Près d'Arpajon se trouve Chanteloup, ancien château royal, qui devint plus tard la propriété du duc de Choiseul, et où ce ministre fut exilé après le triomphe de la comtesse du Barry. Le château de Chanteloup a été reconstruit sur un nouveau plan; les jardins en sont fort agréables, ainsi que le parc, qui est de 150 arpents et qui renferme de très-beaux bois. On y a établi un superbe troupeau de mérinos de race pure, provenant de la ferme de Rambouillet.

Le chemin de fer qui doit rattacher dans un avenir prochain Paris à Bordeaux, et que nous ne suivrons pas au delà d'Étampes, parcourt un pays peut-être moins pittoresque que les autres *railways*; mais l'amateur de paysages pas plus que l'archéologue, le moraliste et l'économiste lui-même ne doivent dédaigner ce modeste parcours. D'ailleurs, en suivant le mode de pèlerinage que nous avons adopté, et en nous écartant à droite et à gauche du railway, sitôt qu'un site curieux, un trait de mœurs, un souvenir historique, une particularité quelconque nous appelle, nous pourrons faire encore une excursion ne manquant pas d'intérêt.

Le premier village qui s'offre aux regards, en sortant des ateliers du chemin de fer, c'est celui d'Ivry: de charmantes maisons de campagne l'environnent;

Château d'Ivry.

l'une d'elles est entourée d'un véritable parc. La maison pour le traitement des aliénés, fondée par le savant docteur Esquirol et maintenant sous la direction de son digne successeur, le docteur Métivier, présente au voyageur sa verte pelouse environnée de charmants bosquets; plus loin, on se trouve en face du château d'Ivry, vaste résidence que ses chaînes de pierre et ses remplis en briques font dater du dix-septième siècle, véritable spécimen des constructions au temps de Louis XIII. C'est à Ivry que s'est éteinte la vie d'un homme dont quelques vers ont eu la puissance d'électriser des millions de Français: Rouget de l'Isle, auteur de *la Marseillaise*, y est mort il y a quelques années.

Saint-Frambourg, situé à peu de distance d'Ivry, ne présente rien qui puisse intéresser.

Si vos regards se portent vers la gauche, vous pourrez apercevoir une longue ligne de maisons qui se réfléchissent dans la Seine et dans sa tributaire, la Marne. C'est le triple village de Conflans, Charenton-le-Pont et Charenton-Saint-Maurice. Le premier possède la résidence d'été des archevêques de Paris; une longue suite de bâtiments couronne d'une manière monumentale la colline au pied de laquelle est situé Saint-Maurice. C'est le nouvel établissement pour les aliénés, qui donne à Saint-Maurice une triste célébrité; la Marne, qui près de là se joint à la Seine, a ses deux rives reliées par le pont de Charenton, à l'extrémité sud duquel se trouvent le village et l'école vétérinaire d'Alfort, que l'on aperçoit très-distinctement de la voie de fer.

L'école d'Alfort a été fondée en 1766; elle était cadette de celle de Lyon, due à Bourgelat. La troisième école vétérinaire, celle de Toulouse, ne fut fondée que beaucoup plus tard, afin de dédommager l'ancienne capitale du Languedoc, qui n'avait pu obtenir la préférence pour l'école d'arts et métiers dont fut gratifiée la ville de Châlons.

Jusqu'en 1789, l'histoire d'Alfort est muette. Cet établissement, doublement menacé par la révolution française, à cause de son titre d'École royale, sembla un moment ne point survivre à la proscription générale. Malgré les protestations éloquentes de Talley-

École vétérinaire d'Alfort. — Amphithéâtre.

rand-Périgord et de Vicq-d'Azyr, il ne put être sauvé qu'au moyen de l'organisation militaire qui fut proposée par le docteur Vitet, maire de Lyon, et appliquée aux professeurs, aux répétiteurs et aux élèves.

Sous la Convention, la nécessité fit même assembler une loi de maintenir l'École; elle y vit sans doute une pépinière destinée à fournir aux régiments de cavalerie des *maréchaux experts*; mais toujours est-il qu'elle considéra Alfort comme une institution qu'il fallait conserver, soit en vue de la guerre, soit en vue de la paix. C'est aussi probablement dans ce but que, par un décret du 20 mars 1793, elle exempta de la loi du recrutement les professeurs et les élèves des écoles d'Alfort et de Lyon.

En l'an III, ces deux écoles, rétablies de la violente secousse que le régime de la Terreur avait imprimée à tout ce qui existait sur le sol français, prirent le titre, plus en harmonie avec leur organisation et leur but, d'*Écoles d'économie rurale vétérinaire*. Seulement, pour rompre les traditions du passé, on ordonna que l'établissement serait transféré à Versailles; mais cette translation n'eut pas lieu.

Napoléon avait reconnu la place que devait occuper l'enseignement vétérinaire. Par ses ordres, les officiers de l'armée suivaient, tant à Alfort qu'à Lyon, un cours d'hippiatrique, et des haras d'expériences furent ensuite attachés aux deux écoles. Enfin un décret

CHAPITRE LXXVII. — LES ENVIRONS DE PARIS (Suite).

impérial du 13 juillet 1813 constitua de nouveau l'école d'Alfort, et lui donna sur sa sœur aînée la suprématie. Ces deux écoles y étaient instituées, l'une pour former les *maréchaux vétérinaires*, l'autre, d'où l'on sortait *médecin vétérinaire* après avoir suivi le cours complet des études. De ce décret toutefois, dont les événements et la chute de Napoléon empêchèrent l'exécution entière, il ne resta que deux dispositions, celle qui créait *le jury d'examen composé de professeurs*, et celle qui prescrivait *les conditions imposées aux élèves pour entrer à Alfort ou à Lyon*.

On ne peut se dissimuler cependant que la création de cette première école, celle destinée à former des *maréchaux vétérinaires*, renfermait le germe d'une idée féconde. Elle popularisait et propageait l'instruction, plaçait auprès des médecins vétérinaires des agents plus éclairés et plus capables de bien exécuter leurs prescriptions, et enfin offrait de précieuses ressources aux départements trop pauvres pour assurer une clientèle convenable aux vétérinaires en titre. Seulement il faut se demander si une semblable école aurait dû être établie à part, dans une autre localité, ou bien être confondue avec l'école principale.

Plus tard, un règlement général, sanctionné par une ordonnance royale en date du 23 août 1826, a établi parité d'organisation et d'enseignement entre les trois écoles vétérinaires du royaume. Alfort a seulement une chaire de plus.

Après cet historique, destiné à rappeler le passé de cette école, il nous reste à indiquer ce qu'est aujourd'hui Alfort, son but, son organisation intérieure, son enseignement, ses tendances, son utilité comme établissement spécial et comme établissement agronomique, en un mot, à faire connaître ce qu'il est actuellement.

Le nombre des élèves de l'école d'Alfort est ordinairement de 250 environ, et on pourrait sans inconvénient dépasser celui de 270; sur ce nombre, il en entre annuellement 80 à peu près, après avoir subi les examens indiqués par un règlement spécial du ministre; 40 à 45 sortent munis du diplôme qui leur assure le titre de médecin vétérinaire. Tel est depuis longtemps le mouvement à peu près invariable de l'école.

Dans le nombre que nous venons de citer, il faut comprendre 40 élèves militaires, qui entrent, après avoir suivi le temps des études, dans les divers régiments de l'armée avec le titre de sous-aides vétérinaires et le grade de maréchaux des logis. Le prix de la pension est de 360 fr. par an, sans y comprendre le trousseau, que les parents s'obligent à fournir. 120 bourses étaient affectées aux trois écoles, et les nominations avaient lieu par le roi, sur la présentation des préfets et du ministre, et dans la proportion de 86, une par département, et de 34 à la disposition du ministre; depuis quelque temps cet état de choses a été changé. Ce sont les élèves qui gagnent eux-mêmes leurs bourses, par leur aptitude et le degré d'instruction dont ils font preuve à leurs examens passés devant le jury de l'école.

Les élèves sortent les dimanches et les jours de fêtes; le règlement de l'école les astreint seulement à rentrer à neuf heures en hiver et à dix heures en été.

Une fois déclarés aptes à entrer dans l'établissement à la suite de l'examen préliminaire, les élèves y suivent des cours dont la durée est de quatre ans. A la fin de chaque année scolaire, des examens ont lieu pour décider si les élèves de chaque cours peuvent passer l'année suivante dans le cours supérieur. Ceux qui n'ont pas répondu d'une manière satisfaisante sont admis à doubler leur année; mais si,

après ce double temps d'études, ils ne sont point encore au niveau de l'enseignement qu'ils ont reçu, ils sont exclus comme incapables.

Les cours comprennent la chimie et la physique appliquées à l'art vétérinaire; la botanique, l'anatomie avec les autres sciences qui en dépendent, telles que l'ostéologie, la connaissance des maladies des nerfs et des articulations, la pathologie interne, la thérapeutique et la chirurgie vétérinaires. A ces cours il faut ajouter celui de jurisprudence vétérinaire, qui n'est pas un des moins nécessaires, à cause des cas nombreux qu'il présente, dans la pratique journalière, les vices rédhibitoires. Un professeur de dessin était en outre autrefois attaché à l'établissement; mais, depuis quelque temps, cette place a été supprimée.

De vastes écuries, qui s'étendent sur deux lignes parallèles, à droite et à gauche de l'amphithéâtre des démonstrations anatomiques, renferment les chevaux malades qui sont amenés à l'école pour y être soignés, et pour lesquels leurs propriétaires payent une pension de 2 fr. 50 c. par jour. Chaque élève a un cheval à traiter, et tous les jours rend compte tant de son état que des résultats obtenus. Les opérations se font dans l'amphithéâtre, et servent ainsi chaque fois de texte à une leçon clinique. Les maladies des pieds sont celles qui présentent les applications les plus fréquentes. L'élévation du chiffre est attribuée spécialement à une double cause, le mauvais état des routes et chemins, et le travail excessif dont ces animaux sont surchargés aux environs de la capitale. On en est surtout convaincu en examinant la composition des écuries, dans lesquelles les chevaux de trait sont en immense majorité. Une autre écurie est destinée aux chevaux abandonnés ou déclarés complétement incurables. La troisième, reléguée au bord du parc, renferme ceux qui sont atteints de la morve ou d'autres maladies contagieuses.

Au-dessus d'une de ces écuries sont les salles qui renferment les collections. On y trouve surtout de nombreux cas de maladies des os, et de maladies intestinales produites par des calculs, dont quelques-uns ont un volume réellement prodigieux. L'expérience et le progrès des études chimiques ont fait reconnaître que ces dernières maladies se rencontraient principalement chez les chevaux de meuniers, habituellement nourris au son, à cause de la présence du phosphore ammoniaco-magnésien que recèle cette substance alimentaire.

Dans un bâtiment à part, au-dessus des cuisines et du réfectoire, sont les dortoirs avec lits en fer. Les élèves y sont divisés par chambrée de six. Chacun à son tour est tenu de balayer et de tenir en état de propreté la chambre commune, qui contient en outre pour chaque élève une armoire dans laquelle il met

son linge et tous les effets qui lui appartiennent.

Un jardin botanique est annexé à l'école. Il est divisé en deux parties; dans l'une on cultive les plantes les plus usitées en médecine; dans l'autre, exclusivement celles employées dans la pharmacie vétérinaire. C'est dans une des parties de ce jardin, au milieu d'un massif d'arbres, qu'est la machine hydraulique de Perrier, qui va chercher les eaux de la Marne pour les distribuer en abondance dans toutes les parties de l'établissement. Derrière s'étendent quelques champs où l'on sème des céréales et où l'on cultive diverses plantes fourragères.

A côté du jardin botanique est un vaste chenil où sont traitées toutes les maladies des chiens. Les animaux atteints ou soupçonnés de la rage sont à part, dans des logés grillées et fermées à clef. Le prix de la pension pour un chien est de 60 centimes par jour.

Enfin l'École contient encore une porcherie. Les porcs s'y nourrissent économiquement avec les débris des animaux abattus. Les individus qui composent ce petit troupeau appartiennent à la race anglaise croisée avec la race chinoise, et atteignent avec rapidité un volume et un degré d'embonpoint remarquables. Cette porcherie sert encore à l'instruction des élèves, qui ont ainsi de fréquentes occasions de pratiquer la castration.

Alfort contient aussi un troupeau de divers animaux, et que nous appellerions troupeau d'expérience. C'est en effet sur l'École que sont dirigés d'abord les animaux de races étrangères, importés en France par les soins de l'administration supérieure. Tous les ans, à l'époque du mois de juin, il en est vendu un certain nombre aux enchères publiques.

Il nous reste à dire quelques mots de la forge dont les dispositions sont parfaitement combinées. Les fourneaux et les cheminées sont en fonte, et elle contient six fourneaux doubles à deux feux. Les élèves y forgent alternativement deux à deux ensemble, par ordre alphabétique. Toutefois nous avons été étonné de ne point trouver à côté de cette forge un de ces appareils si connus établis, que les maréchaux du nord de la France et de la Belgique appellent un *travail*. D'un côté, sa disposition permet de ferrer sans danger et sans fatigue toute espèce d'animal, même ceux qu'une maladie ou toute autre cause rendraient les plus sensibles à la douleur, et, de l'autre il faut songer que les élèves, à leur sortie de l'école, se répandant sur tous les points de la France et doivent, autant que possible, n'être étrangers à aucune des habitudes locales. Quant à Alfort, cet oubli pourra sembler d'autant plus étonnant, que l'école envoie plutôt ses élèves dans les départements du nord et du nord-ouest.

A côté de la forge sont les salles de dissection. Les élèves y sont exercés deux fois par semaine, le lundi et le jeudi. Cette opération se fait sur des tables en fer, garnies de quatre petites roues. Aux quatre angles sont des trous dans lesquels on implante les barres de fer où l'on attache les animaux; ils sont ordinairement abattus par l'effusion du sang, afin de rendre la dissection plus facile.

De nouveaux bâtiments ont accru cette école de salles et de locaux pour la dissection et le laboratoire de chimie, ainsi que d'un vaste magasin général isolé.

Puisqu'à propos du chemin de fer, nous avons entamé le chapitre agriculture, franchissons-le jusqu'au bout, en donnant quelques détails sommaires sur la ferme modèle de Grignon, qui se trouve dans le voisinage.

École vétérinaire d'Alfort. — Élèves au travail.

Cette ferme modèle occupe un terrain dont le tiers était regardé comme incultivable, et qui rendait avec peine un fermage de 14,400 francs. Au bout de peu d'années, des efforts sagement dirigés et l'application des bonnes méthodes de culture n'ont pas tardé à opérer une véritable révolution. Les terres autrefois incultes sont couvertes de riches moissons et des productions les plus variées. C'est donc avec une juste raison que l'on doit classer l'agriculture au nombre des industries productives, car l'institution paye annuellement pour loyer et réparations usufruitières 22,000 fr., elle dépense de 25 à 30,000 fr. en main-d'œuvre. Enfin, depuis 1827, on a fait au domaine de Grignon des améliorations foncières pour plus de 100,000 fr.

En 1830, la société des actionnaires abandonna trois dividendes réunis aux avances faites par la culture. Enfin, plus tard, le gouvernement, pour soutenir cette œuvre et s'associer à son développement, prit à sa charge les frais de l'Institut Grignon. Cette libéralité de la part de l'État eut pour résultat immédiat de diminuer le prix de la pension des élèves, parce que la société s'est interdit par ses statuts toute espèce de bénéfice sur l'école.

L'enseignement y est donné par neuf professeurs. La physique, la chimie, la mécanique et la botanique agricoles, l'architecture rurale, la physiologie végétale, la sylviculture, la législation rurale, l'agriculture théorique et pratique et la comptabilité agricole, sont les sciences qui y sont particulièrement enseignées. Un médecin est en outre attaché à l'établissement, et M. le curé de Thiverval en est l'aumônier.

Le domaine de Grignon a cela de particulier qu'il réunit les terres les plus différentes et les sols les plus variés. Il est partagé en neuf soles ou divisions d'environ chacune 30 hectares. Une division consacrée à la luzerne est hors d'assolement. Il en est de même d'une autre occupée par des prairies, gazons, vergers, jardins et pépinières. Il possède un beau troupeau d'animaux, dont un certain nombre sont importés d'Angleterre, de Suisse, et même des États-Unis. La vacherie, peuplée en partie de vaches suisses; la bergerie de mille têtes et composée de diverses races, et la porcherie avec un abreuvoir commode, sont surtout remarquables autant par leur bonne tenue que par les résultats qu'elles ont produits.

On n'est reçu à Grignon qu'après avoir justifié d'une instruction première, passé un examen préparatoire, duquel il résulte que le candidat a assez de connaissances pour suivre les cours avec fruit. Tous six mois des examens ont lieu. Les prix et les médailles sont distribués aux lauréats le jour de la réunion du comice agricole de Seine-et-Oise. Pour

Costume des élèves de Grignon.

l'examen qui précède immédiatement la distribution des prix, le directeur et les professeurs de l'école sont assistés d'une commission prise dans le sein du comice. Les questions portent sur toutes les parties de l'économie rurale. Il y en a six pour chaque candidat aux prix et aux mentions honorables; le comité d'examen en choisit deux chaque série de six, et ensuite les élèves tirent au sort celles sur lesquelles ils auront à répondre. Après l'examen, les élèves vainqueurs doivent labourer un coin de terre qui leur est assigné.

Le comice ne se borne pas seulement à récompenser l'habileté des laboureurs, le mérite des éleveurs, aussi bien que les efforts de ceux qui, par des irrigations bien dirigées ou des plantations judicieusement entendues, ont augmenté la valeur du sol ou la production du pays; il a encore une autre mission, qui n'est ni moins utile ni moins intéressante : il distribue des médailles et des prix aux agents immédiats de la culture, aux serviteurs qui sont restés le plus longtemps attachés, soit à la même exploitation, soit à la même famille. Ces prix consistent en une médaille et en une somme d'argent plus ou moins forte, mais toujours représentée par un livret de caisse d'épargne. Par agents immédiats de la culture, le comice entend les valets ou commis de ferme, les charretiers, les vachers, les bergers, les batteurs en grange, les servantes de ferme, ceux, en un mot, qui sont le plus étroitement associés aux travaux quotidiens de l'exploitation.

Quelque temps après la distribution des prix, la foule prend une autre direction; elle s'achemine vers une tente immense, pavoisée, comme la salle de la distribution des prix, de drapeaux aux couleurs nationales, décorée de guirlandes, de feuillage, et convertie pour ce jour en salle de banquet. Ce banquet a cela de particulier qu'il est payé, pour chaque membre du comice, sur sa souscription. A cet effet, chacun d'eux reçoit une carte qui est prise en payement par le fournisseur du repas. Le nombre des convives, l'empressement des uns, les cris des autres, l'animation de tous donnent à cet ensemble quelque chose de saisissant et de pittoresque. Les lauréats, à quelque catégorie qu'ils appartiennent, propriétaires ou simples laboureurs, sont tous invités de droit au dîner, qui se termine, comme tous les banquets possibles, par des toasts obligés. Par une disposition fort sage, et qui évite les bavardages et les divagations, le nombre en a été limité à quatre, et ils sont invariablement déterminés d'avance. Ils sont portés au chef de l'État, aux lauréats, au comice agricole, enfin, aux sociétés ou institutions destinées à propager la science agricole.

Voilà une digression bien longue; il est temps de remonter en wagon.

En sortant d'Ivry, nous ne tardons pas à arriver au

Vue générale de la ferme de Grignon.

fort de ce nom, élevé dans le voisinage du hameau, et nous découvrons le village de Vitry-sur-Seine, fameux par de belles pépinières, et celui de Thiais, tous les deux situés à la droite du chemin de fer.

A peu de distance de ce dernier, la voie de fer, décrivant une courbe assez prononcée, vient faire tangente avec la Seine, et nous entrons dans le gros bourg de Choisy-le-Roi.

Jadis résidence royale, le château de Choisy-le-Roi passait pour un des plus délicieux qu'habitât la cour de France; de vastes jardins l'environnaient. Ce serait toute une histoire à raconter que les faits dont ses beaux ombrages ont été témoins, mais les limites de ce chapitre ne nous le permettent pas. De tant de splendeurs, il ne reste que quelques débris des anciens communs et des écuries. L'industrie et le commerce ont tout envahi. Maintenant de robustes ouvriers ont remplacé les femmes élégamment parées, les petits-maîtres du siècle passé; l'odeur du coke se fait sentir, au lieu de l'ambre et du jasmin. Il est permis de croire que la richesse actuelle de Choisy sera plus durable que celle qui était due au caprice d'un roi. Une manufacture de verre où tout se fabrique, depuis les vases les plus grossiers, jusqu'aux verrières les plus délicates qui ornent nos cathédrales, doit être placée en première ligne parmi les établissements industriels que l'on trouve à Choisy et même en France; il s'y est également établi une manufacture de porcelaine, une de sucre indigène, plusieurs ateliers de produits chimiques, de maroquins, des tanneries; un beau pont de cinq arches relie entre elles les deux rives de la Seine, et, pour prouver combien la civilisation est avancée dans ce gros bourg, nous ajouterons qu'il y a un théâtre.

C'est également à Choisy-le-Roy que nous trou-

vons la première station du chemin de fer d'Orléans.
Ici nous abandonnons la Seine pour la retrouver un peu plus loin. Le village et le château d'Orly, environnés de bouquets d'arbres, se laissent voir au sommet de la colline, à droite. C'est aussi sur ce point que nous quittons le département de la Seine pour entrer dans celui de Seine-et-Oise. Quelques minutes encore, et voici le délicieux village de Villeneuve-le-Roi, perdu au milieu d'un massif d'arbres de toutes essences ; une charmante allée, qui serpente à travers les champs, y conduit depuis la voie de fer. Mais c'est à la gauche du chemin que le spectacle est véritablement imposant : l'horizon, borné à grande distance par les collines formant la délicieuse vallée d'Hierres, encadre d'un cercle de verdure le charmant bourg de Villeneuve-Saint-Georges ; la Seine forme des méandres gracieux dans une plaine diaprée de mille couleurs d'une culture riche et variée, un pont suspendu assure le transit entre les deux rives du fleuve et permet une communication rapide entre Villeneuve-Saint-Georges et Paris.

La Seine reparaît à Ablon. Ce village, presque entièrement peuplé de propriétaires aisés, est remarquable par la quantité de charmantes villas que l'on y a construites. Au seizième siècle, il possédait un des trois temples que l'édit de Nantes avait accordés aux calvinistes de Paris ; il s'y trouve des caves magnifiques, et le commerce des vins s'y fait sur une grande échelle.

Pendant le cours des travaux pour l'établissement du chemin de fer, on a éprouvé à la sortie d'Ablon, au pied du coteau de Mons, un singulier événement : les tranchées ouvertes pour donner passage à la voie ont été envahies par un mouvement des terres vers la Seine ; si l'on n'avait employé d'énergiques moyens, les plus graves accidents étaient à craindre. Le terrain naturel de ce coteau est formé de couches de glaise que les eaux souterraines faisaient glisser les unes sur les autres. On a été obligé de faire le tracé dans une autre direction, d'abandonner des travaux importants déjà achevés, des ponts, des terrassements coûteux, etc., etc. On a pratiqué entre le chemin de fer et le coteau une galerie longitudinale souterraine de 5 à 6 mètres de profondeur et de 350 mètres de longueur, dans laquelle on recueille toutes les eaux qui descendent des terres du coteau, et on les absorbe ensuite, dans des puits creusés à cet effet, au moyen d'une sonde artésienne et descendant à une profondeur de 20 à 25 mètres.

Petit-Mons est une station de peu d'importance, située sur le côté gauche de la route.

Le château d'Athis-Mons couronne le coteau du même nom ; un haut clocher accompagne l'église, attribuée à Philibert Delorme. Le coteau, couvert de vignes, de riches moissons d'arbres fruitiers, produit l'effet le plus délicieux.

C'est un peu avant d'arriver au village de Juvisy que se trouve l'embranchement du chemin de Cor-

Château d'Athis.

beil ; là, les deux voies se séparent, celle de Corbeil continuant de longer la Seine, celle d'Orléans s'en éloignant pour toujours.

Juvisy-sur-Orge est un village qui borne à droite le

Château de Juvisy.

chemin de fer. De blanches maisons s'opposent sur le vert foncé d'une végétation luxuriante ; çà et là, sur le penchant de la colline, de délicieuses retraites, de blanches villas semblent autant de perles semées sur un velours du plus beau vert. Ce village remonte à une haute antiquité ; son pont sur l'Orge formait jadis la limite entre les royaumes de Paris et d'Orléans. C'est là qu'au quatorzième siècle, Isabeau de Bavière, emmenant le dauphin, fut arrêtée. A peu de distance de Juvisy, la voie de fer traverse, sous un pont savamment construit, la route de Paris à Lyon par Moulins. Nous recommandons au voyageur l'œuvre remarquable qui couronne la grand'route. Le pont des Belles-Fontaines, ainsi nommé parce que de chaque côté se trouve une fontaine monumentale, a été construit au commencement du règne de Louis XV, en 1728, ainsi que la route sur laquelle il donne passage.

Maintenant nous entrons dans une riche vallée, celle de l'Orge ; la culture et la nature se sont réunies pour en faire un séjour délicieux : de beaux châteaux, de charmantes maisons de campagne, de modestes retraites, que nous allons passer en revue, nous mèneront par une suite successive d'enchantements jusqu'à Étampes.

La première, par ordre de place, et sur le côté gauche, est la délicieuse maison appartenant jadis à M. le comte Lemercier, que les exigences du tracé du chemin de fer l'ont obligé d'abandonner. Rien de plus champêtre que cette charmante habitation ; on se croirait à cent lieues de Paris.

Du même côté une avenue royale, malheureusement coupée par le chemin de fer, conduit au château de Savigny (sur Orge). Ce château, restauré et fortifié, en 1480, par Étienne de Vèse, chambellan de Charles VIII, appartient maintenant, avec ses vastes et riches dépendances, à madame la princesse douairière d'Eckmühl. Il reste de son ancienne construction la tour principale, qui sert maintenant d'entrée d'honneur, plus deux tourelles ; les deux ailes inégales de grandeur, qui y ont été ajoutées, l'ont été au milieu du siècle dernier. Une grille de grande dimension, bornée par deux pavillons, sert d'entrée à une vaste cour d'honneur, coupée çà et là de beaux massifs. Ce château est une habitation vraiment princière.

Quelques rochers bordent la route du côté droit ; mais tout à coup la scène change, une large ouverture se fait voir, et, sur le sommet d'une pelouse en pente, dont le pied vient se baigner dans la rivière d'Orge, on aperçoit à quelque distance le château moderne de Grandvaux.

A peu de distance et du même côté, se trouvent le village et la station d'Épinay. Mais avant d'y arriver,

Juvisy.

Château de Savigny, à madame la princesse d'Eckmühl.

l'Orge passe du côté gauche au côté droit du chemin de fer, sous un énorme viaduc, objet d'art remarquable par sa construction et sa solidité.

A la gauche du chemin, le village de Villemoisson, ainsi que le château du même nom, s'offrent ensuite à la vue ; tous deux sont dans une situation ravissante,

à mi-côte d'une colline richement boisé ; l'un et l'autre semblent perdus dans les arbres. Le château, d'une étendue immense, est un de ces manoirs que nous a laissés le dix-huitième siècle.

Encore un château digne d'intérêt par sa position, celui de Vaucluse : c'est là qu'il faut aller rêver. En-

touré de tous côtés par des arbres d'une proportion gigantesque, il oppose sa façade, du style peu sévère que nous a laissé le siècle passé, sur le vert foncé de la végétation environnante. Situé au fond d'une vallée merveilleusement boisée et solitaire, dépendante de la forêt de Sainte-Geneviève, on pourrait se croire dans une de ces forêts sans issues du nouveau monde, si de temps en temps une échappée ne vous laissait apercevoir le château, et ne vous ramenait à la réalité.

Saint-Michel-sur-Orge est un village où se trouve une station. C'est maintenant tout ce que l'on peut en dire, mais nous y avons remarqué à notre dernier passage une grande activité, et ce point promet de devenir assez important.

A compter de cette station, la scène s'agrandit; la vaste plaine où se trouvent réunis Montlhéry, Linas, Arpajon, s'étend aux regards du voyageur. Cette plaine, richement cultivée, est coupée çà et là de bouquets d'arbres et de mamelons, et sur l'un deux le voyageur

... De Montlhéry voit la fameuse tour.

La ville de Montlhéry est connue par son marché à blé, et sa tour est le seul reste de la forteresse bâtie en 1012 par Thibault File-Étoupe, forestier du roi Robert, et démantelée par Louis VII. La bataille de 1465 s'est donnée entre Montlhéry et Longpont, et l'endroit où elle eut lieu s'appelle encore Cimetière des Bourguignons.

En se reportant vers le chemin de fer, on voit à peu de distance de Saint-Michel le beau château de Lormoy. Environné d'un parc d'une grande étendue, ce château a une apparence noble et grandiose, que nous tenons d'autant plus à signaler, que chaque jour ces deux qualités deviennent plus rares dans nos mesquines villas modernes.

Peu loin de là se rencontre la station de Brétigny, dont nous ne dirions rien si ce village, peu important et composé de nombreux hameaux, n'avait été le théâtre de la signature du fameux traité de Brétigny. Son église, située sur un mamelon, se nomme le Guet-Saint-Pierre.

Il nous faut abandonner pour quelques moments les riants coteaux, les vertes allées; nous sommes sur le plateau qui sépare la vallée de l'Orge de celle d'Étampes, ou de la Juine. Là, des champs bien cultivés, mais monotones. Patience! bientôt nous allons encore admirer; de belles habitations, de grands et nobles parcs passeront sous nos yeux. Il faut bien se reposer un peu.

Marolles est le premier point que l'on rencontre après Brétigny. Ce que nous avons dit de Brétigny peut s'appliquer à Marolles. Mais ici nous sommes entrés dans la vallée de la Juine, et l'influence bienfaisante de l'eau se fait déjà sentir; un des premiers à en profiter est le vaste parc du Mesnil, entourant le château du même nom; il appartient à M. le duc de Choiseul. Une vaste échappée de vue nous permet de voir sur notre gauche une aile de ce château, et l'on en aperçoit fait vivement regretter de ne pas en voir davantage. Peu après on arrive au charmant village de Lardy, situé au fond de la vallée et environné d'énormes plantations de peupliers et d'arbres fruitiers de toutes sortes.

Torfou, que l'on aperçoit à une demi-lieue sur la hauteur à droite, a un télégraphe.

Depuis Marolles, la voie de fer a décrit une courbe fort sensible. En arrivant auprès de Chamarande, elle en décrit une dans un autre sens, ce qui permet de voir le noble château de Chamarande sous deux aspects différents. Ce château, qui date du dix-septième siècle, est bâti en briques et en grès. Une large avenue conduit à l'entrée principale; de vastes dépendances, des communs d'une dimension peu ordinaire, l'entourent. Son parc est une véritable forêt. Ce manoir, d'un aspect tout à fait majestueux et grand, est remarquable également par la beauté de ses eaux. Il

Tour de Montlhéry.

appartient à M. le marquis de Talaru. Dans les environs se trouvent plusieurs tuileries. La campagne qui l'entoure, semée de rochers de grès, est pittoresque et agreste.

Étréchy, station du chemin de fer, est un assez grand bourg fermé de murs, traversé par la route royale d'Orléans, et longé par le chemin de fer, qui le laisse à sa droite; tandis que, vers la gauche, l'œil se repose avec plaisir sur la délicieuse vallée de la Juine, dans laquelle on aperçoit à travers les arbres les villages d'Angers, de Saint-Georges, le château de Gravelle et celui de Jeurre, dont le parc, arrosé par la Juine, est vaste et bien planté. De l'autre côté de la rivière, on distingue Morigny, avec sa belle église, jadis abbatiale.

Étampes. — Église Saint-Martin.

Un peu plus loin, la route d'Orléans traverse sous la voie de fer, élevée à cet endroit au moyen d'un énorme remblai. La Juine donne la vie à un grand nombre d'usines; nous citerons entre autres le moulin dit de Pierre-Brou, d'une architecture originale, construit avec élégance, et cependant bien approprié à sa destination.

Mais déjà nous approchons d'un des centres d'action du chemin de fer d'Orléans, d'un établissement important de cette entreprise, qui en compte déjà un si grand nombre; au sortir d'une vaste et longue tranchée qui nous offre l'image de la solitude, on se trouve tout à coup transporté au milieu de l'activité

la plus grande; on entre dans la gare d'Étampes.

Rien de pittoresque comme l'aspect que présente cette ville; le chemin de fer la domine de toutes parts, et il est lui-même dominé par une tour qui fait l'orgueil des habitants d'Étampes, la tour de Guinette.

Que dirons-nous des établissements du chemin de fer de cette vaste entreprise? Tout y est tracé sur une grande échelle; tout est construit avec solidité; pas d'ornements inutiles, mais tout ce qui peut rendre le service plus facile y est prodigué.

La gauche de la gare est occupée par les bâtiments de l'embarcadère, salle des voyageurs, bureau des bagages, etc., etc. En face se trouve le buffet, que les voyageurs, pendant le temps d'arrêt que le convoi fait à Étampes, trouvent toujours garni d'une manière convenable. Du même côté, on peut voir d'abord une vaste remise où sont à couvert, soit les voitures de rechange placées au centre de la ligne dans les prévisions des besoins du service, soit celles destinées au service direct d'Étampes à Paris; à côté, un grand bâtiment formant un octogone régulier, dont le toit, percé de fenêtres, verse une lumière abondante, sert de remise à douze machines toujours en bon état; quatre portes, placées à angle droit, donnent accès dans l'intérieur du bâtiment; des magasins spacieux, pour abriter les marchandises, complètent l'ensemble de cette gare, qui, par sa position entre les deux points extrêmes de la ligne de Paris à Orléans, est le centre d'un mouvement d'autant plus grand, qu'Étampes fournissant à peu près la moitié des farines nécessaires à la consommation de Paris, le transport en est effectué par le chemin de fer, qui est tout naturellement trouvé chargé de ces importants envois.

Ne passât-on qu'une demi-heure à Étampes, il faut solliciter la permission de visiter l'ancienne église Saint-Martin et une maison située vers Saint-Basile. Ce manoir, admirablement bien conservé, date du quatorzième siècle. Il fut habité par Diane de Poitiers.

La tour de Guinette, qui domine la gare, est un reste de l'ancien château construit par le roi Robert, qui séjourna longtemps à Étampes; c'est dans ce château qu'il répudia la reine Berthe, son épouse. Le roi Louis VI, dit le Gros, y a tenu les États; la tour de Guinette se compose de quatre tours semi-circulaires, engagées l'une dans l'autre, et c'est un reste précieux de l'architecture militaire de la fin du dixième siècle.

Si vous vous arrêtez à Étampes, visitez aussi les trois églises, Notre-Dame du Fort, Saint-Basile, et Saint-Gilles.

Ces diverses églises sont intéressantes à divers titres, tant pour leur valeur architecturale que pour les précieux restes de sculpture qu'elles renferment, et surtout pour les vieux souvenirs qu'elles réveillent. Mais nous nous sommes laissé entraîner trop loin par les agréments des voyages, et nous voici en pleine Beauce,

CHAPITRE LXXVII. — LES ENVIRONS DE PARIS (Suite).

quoique nous eussions annoncé l'intention de ne pas quitter les environs de Paris. Retournons donc sur nos pas, en jetant toutefois un coup d'œil sur les localités intéressantes qui peuvent se rencontrer à droite ou à gauche.

En effet, il se trouve entre le chemin de fer et la Marne un assez grand nombre de bourgs et de villages remarquables; le pays lui-même est d'un aspect riant et agréable, quoique moins accidenté et se ressentant du voisinage des plaines de la Beauce. Si, suivant notre système, nous prenons Paris pour point de départ, nous trouvons d'abord Saint-Maur-les-Fossés, situé sur l'isthme d'une péninsule que forme la Marne, près de Charenton. Cet isthme a été coupé par un canal revêtu en maçonnerie et couvert d'une voûte solide qui ne gêne en rien les travaux de l'agriculture; de la sorte, les bateaux qui descendent la rivière peuvent éviter un circuit de six à sept lieues. Saint-Maur est célèbre par son ancienne abbaye, qui avait droit de justice, et dont l'église était le théâtre de miracles nombreux, entre autres de la guérison des épileptiques. Le récit de cette guérison est assez curieux, et donne une idée des mœurs du temps. Il paraît que chaque malade, porté par plusieurs hommes autour de la chapelle de Saint-Maur, criait de toutes ses forces : « Saint-Maur, grand ami de Dieu, envoyez-moi guérison, s'il vous plaît. » — Les porteurs faisaient encore plus de bruit en criant : « Du vent! du vent! » Et des personnes charitables éventaient les malades avec leurs chapeaux. D'autres criaient : « Place aux malades! gare le rouge! » — Parce qu'on croyait que cette couleur est contraire aux épileptiques. Quand un malade avait répété trois fois de suite sa prière, il était censé guéri, et tous de s'écrier : Miracle! miracle!

— C'était un vacarme si grand, que l'on n'entendait pas le clergé chanter, et qu'il se formait trois ou quatre chants dans les différentes parties de l'église. Enfin, il y avait pêle-mêle des marchands de bougies, d'images, des mendiants, des vendeurs de tisane, criant : A la fraîche! — Tout cela faisait un désordre incroyable.

Rabelais eut une prébende à l'abbaye de Saint-Maur, lorsqu'elle fut sécularisée, et suivant l'opinion de quelques-uns, c'est là qu'il aurait composé son inimitable *Pantagruel*.

Le village actuel, où l'on ne voit plus que des ruines du château bâti par Condé, est environné de jolies maisons de campagne; il est très-animé et très commerçant.

En descendant la Marne, nous trouvons Chennevières, et, dans le voisinage, les ruines du château d'Ormesson, bâti du temps d'Henri IV pour Gabrielle d'Estrées.

Fontenay, que l'on rencontre ensuite, en se dirigeant vers l'est, est une vieille ville, autrefois flanquée de tours et entourée de murs, avec des portes fortifiées. Le château de Fontenay, démoli en partie au commencement de notre siècle, laisse encore juger de ce qu'il fut autrefois. Son plan est un carré qui laisse au centre une cour de même forme; les quatre corps de bâtiments, dont l'un a été abattu, sont flanqués de tourelles, à toiture conique très-aiguë. Dans l'intérieur se trouvent des boiseries ornées de peintures d'une bonne conservation, appartenant, ainsi que le château lui-même, au temps de François 1er. L'église, qui se trouve vis-à-vis, et la fontaine qui est entre les deux, sont du même style et de la même époque. Non loin de Fontenay se trouve l'habitation de la Houssaye, avec fossés et ponts-levis, qui a appartenu à Augereau. Un peu plus loin, on remarque le château de Lumigny, bâti au pied d'une petite montagne de forme régulière, qui s'élève au milieu d'une plaine parfaitement unie, et que l'on croit factice. Cette montagne est surmontée d'une vieille tour ronde. Citons encore dans les environs Rosay, avec sa charmante église paroissiale, d'une architecture pleine d'élégance et de délicatesse.

Même en passant sous silence les villages assez nombreux qui se trouvent aux alentours d'Étampes, on ne saurait négliger Méréville. C'est dans ce bourg, où la Juine se montre avec toute sa beauté, que s'élève le fameux château de la famille de Latour-Dupin, qui fut acheté par M. Delaborde, et embelli à grands frais. Le château, à mi-côte d'une hauteur, domine toute la plaine : il se compose d'un beau corps de bâtiment avec quatre tourelles et une grande terrasse. Le parc n'a pas moins de cent arpents; il est arrosé de tous côtés par la Juine, qui y forme plusieurs îles charmantes et des cascades d'un bel effet, dont les eaux viennent se perdre dans plusieurs grottes auxquelles on communique par des ponts. Les arbres exotiques les plus rares y sont plantés à profusion : on dirait une oasis au milieu du désert de la Beauce et de ses immenses plaines à blé.

Parmi les œuvres d'art que renferme le parc, nous nous bornerons à citer le sarcophage dédié à Cook; un temple grec, une colonne trajane, des tours, des ruines gothiques, destinées à diversifier le paysage, une belle colonne rostrale, de marbre bleu turquin, consacrée aux deux fils de M. Delaborde, tués sur les côtes de Californie, dans l'expédition de Lapeyrouse.

Cette propriété magnifique, à l'embellissement de laquelle le célèbre banquier a consacré *quatorze mil-*

Tombeau de messire Aymon, comte de Corbeil, dans l'église de Saint-Spire.

lions, est encore un séjour enchanteur, et passe pour l'habitation la plus agréable des environs de Paris.

Le bassin du chemin de fer d'Orléans, si nous pouvons employer cette expression, ne renferme plus guère de localités dignes d'attention, après celles que nous venons d'examiner : nous nous contenterons donc de citer Boissy-Saint-Léger, dans le voisinage duquel se trouve le château de Grosbois, et Brie-Comte-Robert, petite ville célèbre par ses souvenirs du moyen âge. Il y reste un château fort, ouvrage de François 1er, dans un état de dégradation complète : l'église possède encore des vitraux assez curieux.

Corbeil, auquel se termine l'embranchement qui commence à la station de Juvisy, est une ville aussi remarquable par son antiquité que par sa situation et son commerce. Elle est divisée en deux parties par le cours de la Seine. La partie située sur la rive droite, anciennement nommée le Vieux-Corbeil, la moindre en étendue, passe pour un faubourg. Sur une colline qui domine la ville se trouvait l'ancienne église paroissiale de Saint-Germain; celle de Saint-Léonard, qui l'a remplacée, est située au pied de cette colline. Un beau pont en pierre, élevé à la place des anciens ponts en pierre ou en bois, rattache le Vieux au Nouveau-Corbeil. Dans cette seconde moitié, on remarque l'église de Saint-Exupère, l'église de Saint-Jean en l'Île, transformée aujourd'hui en poudrière, et l'église de Saint-Guénault, où l'on a placé les prisons et la bibliothèque. Parmi tous les souvenirs qui se rattachent à cette intéressante localité, nous rappellerons seulement celui d'Ingelberge, épouse divor- cée de Philippe-Auguste, celle à qui fut préférée Agnès de Méranie. Corbeil et ses dépendances furent données à cette princesse à titre de douaire : elle s'y retira et y fonda la communauté et l'église de Saint-Jean, qui devint commanderie, et servit de résidence au trésorier de l'ordre de Malte. Ingelberge fut inhumée dans cette église, où l'on voyait, avant la révolution, son tombeau avec l'inscription suivante, que nous donnons comme un échantillon de la poésie latine du temps. Les vers ont la prétention d'être des hexamètres et des pentamètres, rimant, comme ceux du pédant des *Fâcheux*, au bout de chaque vers et dans chaque hémistiche.

Hic jacet Isburgis, regum generosa propago;
Regia quod regis fuit uxor signat imago.
Flore nitens morum vixit, patre rege Danorum,
Inclyta Francorum regia adopta thorum.
Nobilis hujus erat, quod in orbis sanguine claro
Invenire raro, meus pia, casta caro.
Animus millenus aderat, decicsque vicenus,
Ter duo, terque decem, quum subit ipsa necem.
Felici duce, vitae sublucia caducae.

Il est inutile de donner une traduction de ce tour de force antipoétique et des banalités qu'il renferme. Les derniers vers indiquent la date de la mort d'Ingelberge, 1236.

L'église de Saint-Spire fut fondée par le comte Aymon, un des plus vigoureux défenseurs de Corbeil contre les Normands. Il fit ensuite un pèlerinage à Rome, où il rendit son âme à Dieu, les uns disent en l'an mil ou environ, et les autres en 1050. Son corps, rapporté à Corbeil, y fut déposé sous le tombeau que l'on voit aujourd'hui à Saint-Spire et que surmonte sa statue. Ce féal guerrier, le modèle des comtes, fut le bienfaiteur de la contrée, et son souvenir, toujours vivant dans la mémoire populaire, est encore aujourd'hui honoré par une pieuse et touchante coutume.

Le jour de Saint-Spire, les habitants de Corbeil et des environs viennent faire leurs dévotions autour de son tombeau, et en se retirant baisent affectueusement la joue de marbre du bon sire, au point qu'elle en est tout usée et amaigrie, comme le roc est creusé par la goutte d'eau patiente qui le frappe durant des siècles. Nous l'avouons, si le lecteur partagera sans doute nos impressions, cette pratique nous plaît et nous charme : elle est comme un arrière-parfum de ce moyen âge si loin de nous, et prouve que la reconnaissance du peuple, pour qui meurt et qui le protège, n'est point un sentiment si fugitif ni si trompeur que l'on a bien voulu le dire. Non! qui l'écrase n'a pas toutes ses sympathies, comme d'éloquents écrivains ont cherché à nous le persuader : il en reste toujours quelque peu pour ses bienfaiteurs, et celle-là n'est à coup sûr ni la moins sincère ni la moins durable, témoin l'hommage traditionnel et spontané rendu aux mânes du bon sire Aymon de Corbeil.

En arrivant son tombeau, la foule va contempler avec recueillement les reliques de saint Leu et de saint Rembert, premiers évêques de Bayeux, qu'apporta le comte Aymon en l'église de Saint-Spire, peu de temps avant ce voyage pour Rome dont il ne devait pas revenir.

Les fidèles s'arrêtent ensuite devant le tombeau de Jacques de Bourgoin, écuyer de Corbeil et fondateur du collège de cette ville, qui fut enterré à Saint-Spire en l'an 1661.

Ensuite la foule des curieux se dirige vers la place de Saint-Guénaut.

C'est là qu'est le rendez-vous général des plaisirs bruyants de la journée; c'est là qu'affluent les saltimbanques, que *travaillent* les banquistes et les escamoteurs, que renaissent les monstres, les géants, les nains, les alcides et *tutti quanti* offerts à la curiosité d'un chacun.

Nous excéderions les limites de notre plan, si nous décrivions les innombrables mutations de propriété que, dans l'espace de quatre ou cinq siècles, subit le fief de Corbeil. Nous passerons également sous silence les actes d'hostilité dont cette ville fut le théâtre durant les longues guerres civiles du moyen âge, et pendant les longues guerres civiles qui les suivirent. Celui des événements qui devint le plus funeste à Corbeil arriva le 18 octobre 1590. Les ligueurs, commandés par le duc de Parme, s'emparèrent de cette place après vingt-quatre jours de siège, malgré la défense vigoureuse de la garnison mise par Henri IV. « Les habitants, dit l'Estoile, ont été pillés « et saccagés; leurs femmes et leurs filles violées; peu « ont évité la brutalité des soldats et leur violence. Ri- « gault, chargé de défendre Corbeil, fut tué sur la « place. » Le 20 novembre, Givry prit cette forteresse en moins d'une heure; l'officier laissé par le prince de Parme eut le sort de Rigault : il périt les armes à la main.

Corbeil possédait autrefois cinq églises : Saint-Spire, Saint-Guenault, Saint-Jean de l'Ermitage, Saint-Jean en l'Ile et Notre-Dame ; toutes semblent remonter au onzième siècle.

A l'une des extrémités du pont en pierres qui sépare le vieux et le nouveau Corbeil se trouve les ruines de l'ancien château. Il était vaste et très-fort pour les temps antérieurs à la découverte de l'artillerie. Dans la grosse tour fut enfermé, en 1487, le cardinal Georges d'Amboise, alors simple évêque de Montauban. Ce château devait annuellement à l'évêque de Paris un cierge, du prix de vingt louis; et lors de son installation, ce prélat avait le droit, selon Lebœuf, de se faire porter sur les épaules de deux chevaliers de la châtellenie de Corbeil.

Près de Corbeil se trouve Essonne, remarquable par son industrie. La Juine y fait mouvoir plusieurs usines considérables; on y distingue une fabrique de poudre, une filature de coton et une manufacture de toiles peintes, établie par Oberkampf. On y exploite la tourbe sur une grande échelle, et, si l'on en croit Guy Patin, ce fut à Essonne que le hasard fit découvrir la propriété combustible de cette matière. Un spéculateur ayant commencé à l'exploiter était mort, laissant une grande quantité de tourbe amoncelée, lorsque des bergers, ayant froid en hiver, firent un feu de bûchettes auprès de ce monceau, qu'ils ne jugeaient être que de la terre ordinaire. Mais ils furent bien surpris de voir brûler ce grand amas, qu'on ne put éteindre qu'après entière consommation. Les anciens du pays disent, ajoute Guy Patin, que ce feu dura trois jours et trois nuits.

Il est question d'Essonne dans l'histoire dès le sixième siècle. A cette époque, le roi Clotaire fit don à l'abbaye de Saint-Denis d'une maison des champs appelée *Exona*. Durant le siècle suivant, Clovis confirma cette dotation; mais un baron spoliateur dépouilla les moines de ce domaine, qui leur fut restitué par Pépin. Dès le neuvième siècle, il y avait à Essonne un bourg important avec une église dédiée à saint Étienne. Trois siècles après, Louis le Gros l'enleva de nouveau aux moines, et en fit don à son sénéchal Ansel de Garlande, qui en gratifia lui-même l'abbaye de Cluny. N'étant plus sous la puissante domination de l'abbaye de Saint-Denis, le territoire d'Essonne tomba bientôt en la puissance d'Odon, comte de Corbeil. Alors les moines de Saint-Denis, qui ne voulaient rien perdre, établirent un prieuré sur un coteau situé près du bourg.

Voici l'origine de cette fondation.

Il y avait au versant de la colline une petite chapelle, toute en ruine, et sur l'autel de laquelle, disent

Vue générale de la colonie agricole de Petit-Bourg, du côté du parc.

les chroniqueurs, les brebis venaient paître. Tout à coup le bruit se répand que chaque nuit on voit s'allumer, au milieu de la forêt de l'Estoile, une multitude de cierges. Miracle ! miracle ! s'écrie-t-on de tous côtés dans les environs : les malades se font alors porter à cette chapelle, les pèlerinages commencent, et bientôt d'abondantes aumônes affluent au prieuré. Mais le terrible Odon, qui guettait cette proie, tomba sur le trésor du petit oratoire... Cette fois les moines se fâchèrent et en appelèrent à Rome; le comte de Corbeil fut excommunié, et, craignant les griffes de Satan, il s'empressa de restituer tout ce qu'il avait volé. Vers la fin du dix-septième siècle le prieuré d'Essonne commença à décliner, et, au milieu du dix-huitième siècle il ne restait plus qu'une pauvre communauté, et l'église tombait en ruines.

Une colonie agricole a été établie à Petit-Bourg, dans les environs de Corbeil. Elle occupe un château primitivement construit par madame de Montespan. C'est en quelque sorte une ferme modèle et une école d'apprentissage pour l'agriculture. Le château, situé sur les confins de la forêt de Sénart, est d'une élégante construction. On y arrive par une avenue plantée de quatre rangs d'arbres. L'avant-cour est fermée par une grille aux extrémités de laquelle s'élèvent deux pavillons accompagnés de deux corps de logis. La vue s'y étend sur un très-beau paysage; les parterres, les jardins fruitiers et potagers, les pièces d'eau, les hautes futaies, renfermés dans un parc de cent arpents, rendent cette habitation fort agréable.

L'organisation intérieure de l'école est parfaitement réglée. Là où l'ordre est si bien établi, où il est si exactement suivi et maintenu, une journée et son emploi vous font connaître l'emploi de l'année tout entière. Il faut voir ces enfants recueillis pour leurs prières, silencieux et actifs dans leurs travaux, heureux et animés dans leurs récréations, passant d'un exercice à un autre, au milieu des marches et des évolutions symétriques qui maintiennent l'ordre, et que les colons exécutent avec une discipline militaire, en faisant entendre à l'unisson des chants qui renferment toujours quelque pensée morale. Quand l'heure du travail a sonné, les jeunes agriculteurs se rendent aux champs, les jeunes jardiniers au potager, les jeunes menuisiers et les jeunes tailleurs à l'établi.

Les élèves occupent de grandes salles qui leur servent à la fois de classe, de réfectoire et de dortoir. Des poteaux et des traverses, qui se placent et s'enlèvent avec une facilité et une rapidité égales, reçoivent et supportent des hamacs qui servent de lits aux enfants. Un hamac plus élevé que les autres est celui du surveillant, qui, d'un coup d'œil, peut observer tout le dortoir. Tous ces détails sont parfaitement bien combinés; quelques-uns sont empruntés à Mettray, d'autres ont été très-ingénieusement et très-heureusement modifiés. La nourriture est saine et abondante. Le pain est fait avec le plus grand soin, et dans le service, comme partout dans cet établissement, il règne un luxe, le seul qui soit demeuré dans ce château naguère aux lambris dorés, le luxe de la propreté.

Les enfants peuvent être reçus dans la colonie dès l'âge de huit ans ; à seize ils ne sont plus admis. Un contrat d'apprentissage est passé entre la famille et l'administration pour assurer à celle-ci la direction du jeune colon pendant un nombre d'années fixé. Un des nombreux états qui font l'objet de l'établissement commence à lui être immédiatement appris, après le choix qu'on en ont fait la famille et l'enfant. Les instructions religieuses de l'aumônier et l'enseignement de l'instituteur marchent de concert avec l'apprentissage.

CHAPITRE LXXVII. — LES ENVIRONS DE PARIS (Suite).

rouge et blanche en fil, d'une ceinture de cuir, de chaussons de laine foncés et de sabots ; l'été, le pantalon de laine fait place au pantalon de toile grise ; les jours de fête, un habillement complet en drap bleu de roi, avec boutons de cuivre, et un chapeau de cuir, métamorphosent les jeunes travailleurs en marins.

Pour trouver quelques localités qui méritent une description assez étendue dans les environs de Corbeil, nous sommes obligés de sortir un peu de nos limites, et de faire une pointe jusqu'aux approches de Melun. C'est ainsi que nous trouverons Viviers et Vaux-le-Comte.

Viviers, où ont résidé plusieurs rois, entre autres Charles VI, se recommande par les belles ruines qu'il renferme : ces ruines sont celles d'un vaste château, ou pour mieux dire de toute une enceinte fortifiée, à laquelle se rattachait l'habitation royale. Il reste du château, à proprement parler, une tour haute de plus de cent pieds, renfermant l'escalier qui devait conduire à une tour plus importante, aujourd'hui renversée, et les murs de la chapelle ; le corps de logis n'offre plus que des débris informes ; on y reconnaît pourtant la distribution des murs et des principales pièces. Quant aux fortifications, elles s'étendent jusqu'à un étang voisin, aujourd'hui presque desséché ; la tour, qui subsiste encore à l'extrémité, donne entrée dans de vastes souterrains, dont le plus remarquable est un longue galerie voûtée en berceau, à laquelle aboutissent vingt-huit petits caveaux. On suppose que ces derniers étaient des sépultures privilégiées pour les hauts personnages qui mouraient à Vi-

Colonie agricole de Petit-Bourg. — Costume de travail, hiver et été, des jeunes colons.

Colonie agricole de Petit-Bourg. — Costumes de dimanche, hiver et été, des jeunes colons.

Les jeunes colons sont convenablement vêtus. Le costume quotidien de l'hiver se compose d'un pantalon gris en étoffe de laine, d'une blouse écossaise

viers. Ces ruines sont un des plus curieux monuments du moyen âge. Le pays est fort agréable, très-peuplé et bien cultivé : les bois, qui entouraient le château,

Colonie agricole de Petit-Bourg. — Salle servant à la fois de dortoir, de réfectoire et de salle d'étude.

sont défrichés et mis en rapport ; les ruines imposantes, qui contrastent avec le gai et riant paysage dont elles sont environnées, font l'effet d'un cadavre au milieu d'une nature vivante.

L'illustration de Vaux-le-Vicomte est toute différente. On sait que le château qui a porté ce nom, et qui le porte encore, fut construit par le célèbre surintendant des finances Fouquet. « Ce palais, dit Vol-

taire, et les jardins, lui avaient coûté dix-huit millions de livres, qui en valent près de trente-six aujourd'hui. Il avait bâti le palais deux fois et acheté trois villages entiers, dont le terrain fut enfermé dans ces jardins immenses, plantés en partie par le Nôtre, et regardés alors comme les plus beaux de l'Europe. Les eaux jaillissantes de Vaux, qui parurent depuis au-dessous du médiocre, après celles de Versailles, de Marly et de Saint-Cloud, étaient alors des prodiges. Mais, quelque belle que soit cette maison, cette dépense de dix-huit millions, dont les comptes existent encore, prouve qu'il avait été servi avec aussi peu d'économie qu'il servait le roi. Il est vrai qu'il s'en fallait beaucoup que Saint-Germain et Fontainebleau, les seules maisons de plaisance habitées par le roi, approchassent de la beauté de Vaux. Louis XIV le sentit et en fut irrité. » On sait quelles furent les suites de la colère du grand roi.

Je n'ai pas à rappeler ici la gloire littéraire de Vaux; c'est là que Molière vint jouer pour la première fois ses *Fâcheux*; la Fontaine, ami et pensionnaire du surintendant, s'immortalisa par son élégie *aux Nymphes de Vaux*, qui fut à la fois une belle pièce de vers et une bonne action.

Le château actuel est vaste et magnifique: il possède un parc de deux cents arpents et des jardins peuplés de belles statues. On y remarquerait peut-être encore plus d'un écureuil (*Fouquet* en patois angevin) poursuivi par la couleuvre (*coluber*), armes parlantes des deux adversaires, le surintendant et Colbert, et la devise orgueilleuse qui froissa si vivement Louis XIV : *Quó non ascendam?* Où ne monterai-je pas?

Entre les deux chemins de fer d'Orléans et de Strasbourg se trouve un assez grand nombre de petits villages et de hameaux auxquels le voisinage de Paris donne de l'intérêt. Nous devons nous arrêter sur les principaux, en partant de Vincennes; nous trouvons aussi Montreuil, St-Mandé, Charonne, Bagnolet, puis Bondy, Noisy-le-Sec, Romainville, Pantin, Belleville et les Prés Saint-Gervais. La plupart de ces localités sont comprises dans l'enceinte continue des fortifications, ou traversées par les retranchements. Les forts détachés les protègent : et, l'on en met, grâce à leur proximité de la capitale, on peut les considérer comme de véritables faubourgs.

Vincennes est peut-être parmi les villages des environs de Paris le plus intéressant : les souvenirs les plus tristes et les plus glorieux s'y rattachent.

Il existait déjà du temps de saint Louis ce sous un chêne de la forêt que le pieux monarque remplissait son devoir de seigneur haut-justicier. Son fils, Philippe le Hardi, l'agrandit; mais, quelques années plus tard, il était tellement en mauvais état, qu'en 1337 Philippe de Valois le fit raser, et jeta les fondements du fameux donjon que l'on voit encore aujourd'hui. Ce fut Charles V, célèbre par son goût pour les constructions, qui acheva le château. Henri, roi d'Angleterre, maître d'une grande partie de la France, reconnu à Paris comme souverain légitime, y mourut en 1422. Jusqu'à Louis XI, qui aimait beaucoup Vincennes, les rois et les princes n'y virent qu'une maison de plaisance où ils venaient se *soulacier* et *s'esbattre*;

Vue du château de Vincennes.

mais, sous ce prince, ce lieu de *soulas* et d'*esbattement* devint une triste prison d'État. Quelques séjours passagers seuls rappelèrent son ancienne destination: Charles IX y termina une vie agitée par de sanglants remords; Louis XIII fit construire deux grands pavillons, dont l'un était destiné au roi, l'autre à la reine. Enfin, c'est Vincennes que défendait le brave Daumesnil, la fameuse jambe de bois. « Qu'ils me rendent ma jambe, je leur rendrai le château, » répondait-il aux sommations de nos bons amis nos ennemis; et en 1814 et 1815, après les deux invasions, le drapeau tricolore flottait encore sur le vieux donjon, alors que Paris avait déjà honteusement arboré le drapeau blanc.

L'enceinte du château de Vincennes forme un parallélogramme régulier d'une grandeur considérable; elle est entourée de larges fossés ; à chaque extrémité s'élevait autrefois une grosse tour carrée et très-élevée : ces tours furent rasées et mises de niveau avec le mur d'enceinte sous le gouvernement impérial. Au milieu de la face nord, qui regarde le village, il en subsiste encore une; son nom est formidable : la tour du Diable; c'est la principale entrée de la forteresse : elle consiste en un grand bâtiment chargé de toutes les fortifications du moyen âge (une herse, des meurtrières, des mâchicoulis, un pont-levis) qui, si elles ne sont pas entièrement conservées, laissent voir cependant leurs vestiges. Une petite place d'armes, en briques, crénelée, défend l'entrée du pont-levis; ce pont est double : l'un donne passage aux piétons, l'autre aux voitures. Passons sur l'un ou sur l'autre, comme il vous plaira : nous voilà dans la place, munis préalablement d'une permission, sans laquelle nous serions obligés de nous contenter d'en examiner les dehors.

Ces bâtiments que l'on voit à droite et à gauche s'adosser aux murs d'enceinte sont d'une construction moderne postérieure à 1830; ce sont des casernes: deux étages s'élèvent au-dessus du sol; chaque étage est voûté, le dernier est recouvert d'un terrassement qui le met à l'abri de la bombe, ce terrassement est disposé en rempart avec son terre-plein, sa banquette, son parapet; c'est de cette manière qu'on a assimilé, autant que possible, le château à la fortification moderne. Si l'on continue son chemin, l'on passe entre deux rangées d'écuries destinées aux chevaux de l'artillerie en garnison à Vincennes. A gauche, après ces écuries, se trouvent les vastes bâtiments de l'arsenal, qui contiennent la salle d'armes et les différents magasins d'approvisionnement.

En avant, toujours à gauche, cette église si gracieuse, si élégante, c'est la Sainte-Chapelle, bâtie par Charles V. Elle est d'un beau gothique. L'intérieur est d'une simplicité remplie de goût et reçoit le jour à travers de beaux vitraux peints par Jean Cousin sur les dessins de Raphaël. Quelques-uns semblent un peu criards, peu harmonieux ; il ne faut accuser ni Raphaël ni Jean Cousin; ils ont été restaurés. Dans cette chapelle se faisaient les cérémonies de l'ordre de Saint-Michel, institué par Henri II. On a peine à s'arracher à la contemplation du chef-d'œuvre, et c'est avec raison, peut-être ces jours sont-ils comptés? Son existence, il ne la doit qu'à une puissante protection. Un terrible ennemi le convoite, le génie militaire.

En face s'élève un premier donjon, isolé de la forteresse par un fossé particulier, profond de quarante pieds; on y communique par un pont sur deux arches en ogives. La troisième travée est le tablier d'un pont-

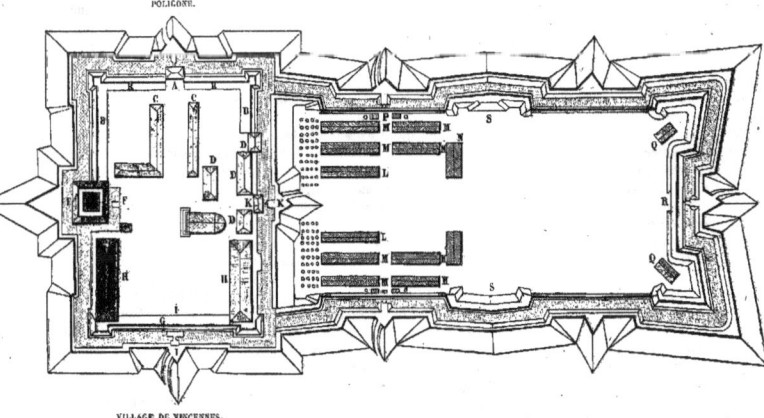

VILLAGE DE VINCENNES.   Plan du château Vincennes.

A, la tour du Diable. — B, caserne. — C, écuries. — D, bâtiments de l'Arsenal. — E, la Sainte-Chapelle. — F, donjon. — G, grande caserne. — H, logement des officiers supérieurs. — I, porte de sortie. — Tour. — L, M, écuries et greniers à fourrage. — O, corps de garde. — P, porte à double arcade. — Q, magasins à poudre. — R, porte de sortie. — S, bastions.

CHAPITRE LXXVII. — LES ENVIRONS DE PARIS (SUITE). 377

levis. Quatre tours, faisant saillie sur le fossé aux quatre angles, en flanquent les quatre faces. Hélas! deux tours ont déjà disparu, le fossé est à moitié comblé, le pont avec ses ogives n'existera bientôt plus. Cette caserne casematée, que l'on remarque en entrant, s'était arrêtée respectueuse au bord du fossé du vieux donjon; elle est devenue plus hardie : l'espace est franchi. Pendant qu'il subsiste encore, passez sur le vieux pont: voici trois portes, la dernière ne peut s'ouvrir en dedans sans le secours du dehors, ni en dehors sans le secours du dedans; c'est bien une porte de prison. Nous voici dans une cour étroite, sombre; au milieu se dresse le donjon proprement dit; il est carré, avec une tour à chaque angle. On monte à ces cinq étages par un escalier hardiment construit; le comble forme une terrasse d'où l'on embrasse un magnifique panorama. C'est là que se promenaient les prisonniers d'État. Était-ce une consolation qu'un horizon si vaste pour un pauvre captif qui ne pouvait franchir les étroites murailles de son cachot? Mirabeau, détenu, a composé en cet endroit même ses *Lettres à Sophie*. Diderot a pensé devenir fou en se sentant enchaîné. Là, Jean-Jacques l'a consolé, l'a soutenu, et c'est en retournant à Paris, sous un des grands ormes que vous avez admirés sur la route, qu'il a écrit sa belle prosopopée que vous savez tous : « O Fabricius! que dirait ta grande ombre? » Les derniers hôtes de ce lugubre séjour furent les ministres de Charles X, et les auteurs de l'attentat du 15 mai 1848, qui y séjournèrent un certain temps avant de comparaître devant la haute cour de Bourges.

La face du midi de la forteresse est occupée tout entière par une grande caserne casematée et terrassée. Elle relie deux vastes bâtiments de construction royale; ce sont eux que fit élever Louis XIII. Celui de gauche était habité par le duc de Montpensier, capitaine en deuxième au 4e régiment d'artillerie. Il logeait dans les appartements d'Anne d'Autriche. Un régiment d'infanterie est logé dans celui de droite.

Pour sortir, l'on peut passer par la porte qui correspond à celle par laquelle on est entré, et qui se trouve au milieu de la face méridionale; elle conduira sur le polygone où se font les différentes manœuvres du régiment d'artillerie.

Une troisième issue passe sous une tour située en face du donjon. Cette porte est restaurée nouvellement; on lui a assez bien conservé son caractère gothique. Le visiteur franchit sur un pont-levis le fossé oriental, et par un talus assez roide, après avoir dépassé une triple allée d'arbres magnifiques, il descend au milieu des nouvelles constructions. Ces constructions consistent jusqu'à présent en 12 bâtiments assez spacieux : 10 sont destinés à servir d'écuries, 2 seulement sont élevés d'un étage avec comble, les 8 autres n'ont qu'un grenier à fourrage. Il restait encore un immense espace vide, qui se trouve aujourd'hui rempli par tout ce qui est nécessaire au casernement de deux régiments d'artillerie; car Vincennes est une école de première classe. C'est là que s'élève l'école de pyrotechnie.

Toute cette étendue se trouve reliée au fort par une enceinte bastionnée entourée de fossés, protégée par un chemin couvert et un glacis; mais cette enceinte ne ressemble pas dans tous ses détails à celle des autres forts. Ainsi le front oriental seul est terrassé; au centre de ses deux bastions s'élèvent deux magasins à poudre; au milieu de sa courtine, une porte et un pont-levis établissent la communication avec l'extérieur. Les deux grandes branches, au contraire, ne sont pas terrassées; la banquette, recouverte en bitume, le parapet, sont en maçonnerie; sous cette banquette sont pratiqués des créneaux séparés de trois en trois par les pieds droits des voûtes qui la soutiennent. Les petits bastions n'ont pas ces créneaux; leur terre-plein est terrassé, mais leur parapet est en maçonnerie; à leurs flancs des embrasures permettent l'emploi de l'artillerie. Sur le milieu de chacune des deux courtines les plus rapprochées du fort, s'ouvrent deux portes à double arcade; à leurs côtés sont deux corps de garde destinés aux postes de police et aux portiers-consignes.

Ajoutons à ces détails relatifs au fort et au château de Vincennes que les ornements intérieurs de la chapelle et des appartements royaux ont été presque entièrement détruits. On remarque cependant encore quelques arabesques du seizième siècle bien conservées; à la voûte de la chapelle, les vitraux, transportés à Paris, sont également très-curieux. Enfin, une partie des boiseries se trouve au Musée du Louvre.

Le village n'a rien d'intéressant par lui-même; le parc ou le bois consiste en une futaie d'environ 1,500 arpents, mêlée de chênes, de charmes et d'ormes. Cette plantation remonte à 1731, comme l'indique l'obélisque, surmonté d'un globe et d'une aiguille dorée, qui s'élève au centre d'une étoile, où aboutissent neuf routes différentes. Le parc a été le théâtre de plusieurs fêtes splendides, et Paris, cette ville qui est témoin de tant de pompes officielles, n'a pas oublié encore les splendeurs du mariage du duc de Montpensier, dont Vincennes fut le théâtre.

A un quart de lieue de là se trouve Montreuil, fameux depuis longtemps par ses pêches.

Ajoutons que les poires de crassane de Montreuil n'ont pas moins de réputation que ses pêches, et que le village est peuplé de près de cinq mille habitants industrieux et riches, possédant tous une maison et un jardin plus ou moins grand, où se trouvent les plus beaux espaliers qu'on puisse voir.

Saint-Mandé se trouve également aux portes de Paris et de Vincennes. Ce village, dont la physionomie est insignifiante, possède un hospice, une chapelle avec quelques bons tableaux, et un beau cimetière. L'hospice porte le nom de son fondateur, Boulard, ancien tapissier de la cour, qui l'institua pour servir d'asile aux tapissiers vieux et sans ressources. Il est d'une structure assez élégante, et bien distribué à l'intérieur. Quant au cimetière, nous en faisons mention à cause de la tombe élevée à Armand Carrel, qui repose non loin du lieu où il fut mortellement atteint.

Rien de particulier sur Charonne et Bagnolet. En nous rapprochant davantage de la ligne du chemin de fer de Strasbourg, nous rencontrons successivement les villages de Belleville, les prés Saint-Gervais, Romainville et Pantin, illustrés tous au même titre par divers épisodes du siége de Paris, lors des deux invasions, en 1814 et 1815.

Belleville se rattache à Paris sans solution de continuité.

On y entre, dès qu'on a franchi la barrière de la Courtille, à l'extrémité du faubourg du Temple. La partie la plus ancienne avoisine l'église; c'est la Grand'-Rue, qui mène à Romainville, et où se trouve la fameuse guinguette appelée l'Ile-d'Amour. Cette rue est traversée par des rues et des ruelles, bordées de belles maisons, de jardins, et qui aboutissent à des vignes, à des champs couverts de groseilles, de lilas, de rosiers, etc. On sait qu'aux approches du printemps, tout Parisien pur sang se fait un devoir d'aller cueillir des lilas à Romainville, et les méchantes langues ajoutent même que, quand la floraison est tardive, les restaurateurs de la localité vont s'approvisionner d'avance au quai aux Fleurs. La vue est magnifique, du plateau de Belleville : elle embrasse Paris, le bassin de la Villette, la plaine et le canal Saint-Denis, outre une infinité de maisons de campagne, de villages et même de villes.

Aux prés Saint-Gervais, on montre une maison ornée d'un buste d'Henri IV, et qui, dit-on, a appartenu à Gabrielle d'Estrées.

A l'extrémité du bois de Vincennes, sur le plateau d'une colline dominant la Marne, s'élève Nogent-sur-Marne. Ce village considérable, qui compte en France plusieurs homonymes, date de la domination romaine. Nogent, en latin *Novigentum*, de *Novi gentiles*, nouveaux étrangers, était le nom commun des colonies composées de prisonniers barbares, que l'on établissait dans l'intérieur des terres. D'après l'itinéraire d'Antonin, il paraîtrait que le Nogent qui nous occupe était habité par des captifs sarmates. Du reste nous voyons, dès 581, Chilpéric II habitant une maison royale à Nogent-sur-Marne, et y recevant les députés et les présents de Tibère, surnommé Absimare, empereur de Constantinople. Plus tard, Nogent, déjà village important, se trouve partagé entre le roi, qui possédait les châteaux de Plaisana et de Beauté, les moines de Saint-Maur des Fossés, propriétaires de dix-huit maisons, et plusieurs seigneurs maîtres des fiefs de *Garlandes*, des *Moineaux*, etc. L'église actuelle a été bâtie sur le fief des Moineaux.

Nogent est aujourd'hui assez bien bâti et assez agréable. Quelques personnages du dernier siècle y ont vécu : entre autres la marquise de Lambert, amie de Fontenelle, et le peintre Watteau. L'on raconte que ce dernier était fort lié avec le curé de Nogent, homme d'humeur gaie et doué d'une physionomie joviale, et qu'il le représenta dans plusieurs de ses tableaux sous les costumes et les traits peu canoniques de Gilles, de Pantalon ou de Pierrot.

Romainville possède un château élégant et situé d'une manière très-pittoresque : à côté de Romainville, est Pantin. Ces deux hameaux, villages, banlieues, quel que soit le nom qu'on veuille leur donner, se ressemblent d'ailleurs et ressemblent à tous ceux que nous venons d'énumérer : maisons de campagnes, jardins soigneusement clos de murs, guinguettes et restaurants, fêtes à diverses époques de l'année, c'est toujours la même répétition. Noisy-le-Sec et les cinq ou six Noisy qui avoisinent Paris sont dans le même cas; et Bondy, que nous mettrons de côté, sans les souvenirs qu'a laissés sa terrible forêt. Grâce au fameux drame de M. Pixérécourt, chacun sait que l'assassinat d'Aubry de Mondidier, l'infortuné possesseur de ce fameux *chien de Montargis*, eût lieu sous les ombrages redoutés de la forêt de Bondy. Cette même forêt était célèbre par une cérémonie qui s'y est pratiquée jusqu'à la Révolution. Chaque année, au mois de mai, la Basoche s'y transportait en corps, au pied d'un orme qu'on appelait l'orme aux harangues. Le procureur général de cette confrérie prononçait un discours d'apparat, puis requérait les officiers des eaux et forêts de faire marquer deux arbres, dont l'un devait être posé le dernier samedi du même mois dans la cour du palais, au son des timbales, des trompettes et des hautbois, et l'autre dans le lieu où la Basoche tenait ses séances.

En 1814, Bondy était le quartier général de l'Empereur de Russie et du roi de Prusse; c'est là qu'ils reçurent les parlementaires chargés de négocier la capitulation de Paris.

Les diverses localités dont les noms précèdent sont situées sur le parcours du canal de l'Ourcq; il est donc à propos de parler ici de ce canal, et des canaux Saint-Denis, Saint-Martin et Saint-Maur, qu'on peut considérer comme ses divers embranchements.

Le canal de l'Ourcq, commencé en 1802 et suspendu de 1814 à 1818, a été terminé vers le milieu de la Restauration. Il part de Mareuil, dans le département de l'Oise, où il reçoit les eaux de la rivière d'Ourcq, passe à Meaux, traverse la forêt de Bondy et Pantin, et arrive à la Villette. Son principal objet est d'alimenter les canaux Saint-Denis et Saint-Martin, et d'amener les eaux nécessaires aux besoins et à l'embellissement de Paris; la distribution intérieure de ses eaux s'effectue au moyen d'un aqueduc de ceinture, commençant à la Villette, où viennent s'embrancher des galeries souterraines, qui se ramifient elles-mêmes en tuyaux secondaires destinés à alimenter les fontaines, les services publics et les concessions particulières. A sa naissance, l'aqueduc de ceinture se trouve élevé de quatre-vingt-trois pieds au-dessus du niveau des plus basses eaux de la Seine. Le canal de l'Ourcq sert aussi au transport des bois de la forêt de Villers-Cotterets et des légumes que produisent les pays environnants : ses bords sont très-fréquentés, et constituent, en été, une promenade très-fraîche et très-agréable.

Ce canal s'embranche avec le canal *de la Seine à la Seine*, destiné à faire éviter aux bateaux qui descendent le fleuve la navigation dangereuse de Saint-Denis à Paris, ainsi que le passage des ponts. Ce canal se divise en deux branches : canal Saint-Denis et canal Saint-Martin. Le point commun des deux branches est au bassin de la Villette : la première débouche près de Saint-Denis, et la seconde à côté de l'Arsenal. Le canal de l'Ourcq communique avec le canal Saint-Denis tout près du bassin de la Villette. Le canal Saint-Martin est très-important pour le commerce ; il sert principalement à approvisionner Paris d'une foule d'objets de première nécessité : bois, pierres, marbres, ardoises, charbons, grains, fourrages, farines et comestibles. Onze ponts fixes et cinq ponts mobiles sont établis sur le canal pour faciliter les communications entre les deux rives ; l'entrepôt principal des marchandises à embarquer se trouve entre la rue Grange-aux-Belles et le faubourg du Temple.

Nous avons déjà dit quelques mots relatifs au canal de Saint-Maur ; ajoutons ici qu'il est remarquable à cause de sa partie souterraine, qui n'a pas moins de 600 mètres de long. Elle est presque entièrement creusée dans le roc vif, qui forme les parois intérieures. La voûte est en pierres meulières. Un chemin de halage est ménagé des deux côtés du canal. Sur le dessus de la voûte règne une promenade formée de quatre rangées d'arbres, d'où l'œil s'étend sur un paysage vaste et pittoresque.

Voilà de bien nombreuses escapades à droite et à gauche de la ligne inflexible des rails : qu'on ne s'imagine pas pourtant que le chemin de fer de Strasbourg ne traverse que des localités insignifiantes. En effet, nous rencontrons Chelles, Lagny et Meaux, trois villes dont l'histoire ne tiendrait pas dans un seul volume.

Chelles, célèbre dès les temps mérovingiens, fut le théâtre de l'assassinat de Chilpéric II par les émissaires de Frédégonde et de Landry son amant. Sainte Clotilde y avait fondé un monastère de filles : cette fondation reçut de grands accroissements, et, presque jusqu'à la Révolution, les abbesses de Chelles furent des princesses du sang royal. On peut citer parmi les plus remarquables sainte Bathilde, fille d'un roi saxon d'Angleterre et veuve de Clovis II, Gisèle, sœur de Charlemagne, Hégilwie, belle-mère de Louis le Débonnaire, et une fille de Charlemagne. Les guerres féodales, les guerres civiles et l'invasion des Anglais ruinèrent l'abbaye de Chelles : le feu du ciel vint joindre ses ravages à ceux que faisait la main des hommes, et cette antique abbaye ne se releva que sous Henri IV, qui mit à la tête des religieuses de Chelles sa propre fille, Marie-Henriette de Bourbon. Le pilori de l'abbaye, emblème du droit de justice qu'avaient les abbesses de Chelles, a subsisté jusqu'en 1793.

On remarque dans l'église actuelle, dédiée à saint André, quelques statuettes provenant de l'abbaye : c'est à peu près tout ce qui reste de l'ancienne splendeur de Chelles, où ont résidé tant de princesses, de princes et même de rois. Aujourd'hui la ville n'offre aux visiteurs d'autre spectacle que celui de ses prairies et de ses coteaux chargés de vignobles.

Lagny, qui possédait aussi une abbaye célèbre, de l'ordre de Saint-Benoît, joua un rôle important durant la guerre de Cent-Ans. Conquise dès 1418 par le dauphin Charles VII, elle lui resta toujours fidèle et sa garnison ne cessa de tenir en échec Paris, alors au pouvoir des Anglais : le duc de Bedford ne put, malgré plusieurs tentatives, s'emparer de cette place.

Plus tard, Lagny s'étant révoltée contre François Ier, ce prince envoya pour la réduire le capitaine de Lorges, père du fameux Gabriel de Montgommery. Les habitants se défendirent avec vigueur, et poussèrent l'aveuglement jusqu'à insulter au général, en lui jetant du haut des murs des sacs d'orge pour lui et pour sa troupe. Le capitaine de Lorges, ayant pris Lagny d'assaut, livra la ville au pillage et à la destruction. Tous les hommes furent massacrés, et Lagny dut sa nouvelle population uniquement à l'incontinence des vainqueurs. Ce triste souvenir est resté dans l'esprit des habitants, et tout méchant plaisant qui demanderait à l'un d'eux : *Combien vaut l'orge?* pour faire allusion au capitaine de Lorges et à ses cruautés, s'exposerait à être jeté dans la fontaine de la ville.

Les défenses du parlement n'ont pu prévaloir contre cet usage, et peut-être que des exemples récents ne manqueraient pas pour prouver qu'il subsiste toujours. La fontaine qui servait à la vengeance de cette insulte s'élève encore, à l'endroit même où l'on prétend que saint Furcy, patron de Lagny, fit sortir une source abondante de terre : mais on a effacé l'inscription qui rappelait, en vers latins, l'usage de condamner à un bain forcé les curieux qui s'informaient méchamment du prix de l'orge.

La distance est grande de Lagny à Meaux ; mais rien n'est digne d'arrêter le voyageur sur la route.

Meaux, le point extrême de notre itinéraire sur la route de Strasbourg, est une ville aussi remarquable par son antiquité que par son importance actuelle. Il faut renoncer à retracer ici même les principaux épisodes de l'histoire de cette ville, qui commence à une époque antérieure à la domination romaine, et qui, depuis, grâce à sa proximité de Paris, n'a pas cessé de jouer un grand rôle dans nos annales. Avant la Révolution, Meaux possédait, comme témoignages vivants de son histoire, sept paroisses, deux chapitres, deux abbayes d'hommes, une abbaye de chanoinesses, et un prieuré de bénédictines : plus trois couvents de trinitaires, de cordeliers et de capucins, et de visitandines et d'ursulines. Ajoutons à cela un hôpital pour les pauvres, une maladrerie pour les lépreux, et des fortifications importantes, non-seulement à l'extérieur, mais encore à l'intérieur de la ville. Ces fortifications sont célèbres par les siéges nombreux qu'elles ont subis, lors des invasions des Normands, sous la féodalité, lors de la révolte de *Jacques Bonhomme*, sous l'occupation anglaise, sous la Ligue et sous la Fronde. Elles sont aujourd'hui détruites : et des monuments, des institutions religieuses, il ne reste que la cathédrale avec deux succursales, l'Hôtel-Dieu, l'évêché et le temple des calvinistes. La cathédrale seule mérite une description rapide. Élevée du treizième au seizième siècle, elle est dans un état de conservation assez satisfaisant : du haut de la tour, à deux cents pieds au-dessus du sol, on peut voir, par un temps clair, Paris et le mont Valérien. Le sanctuaire est un des plus beaux que présentent nos églises gothiques ; dix-huit piliers en faisceaux ou colonnes rondes soutiennent les voûtes de la nef, et quatorze celles du chœur. On remarque à l'intérieur de très-bonnes copies des fresques du Vatican et plusieurs tombeaux d'évêques, parmi lesquels se trouve celui de Bossuet, si souvent désigné par cette périphrase banale de l'*aigle* de Meaux.

Meaux, ancienne capitale de la Brie, est aujourd'hui un simple chef-lieu de sous-préfecture du département de Seine-et-Marne, au centre d'une contrée agricole. Cette ville fait un commerce assez important en grains, bestiaux, laines et fourrages.

Dans les environs, il faut citer Juilly, village fameux par son collége, fondé par les oratoriens en 1638. Ce collége est aujourd'hui encore très-florissant, et, parmi ses disciples vivant de nos jours, on citerait une foule de personnages politiques fort connus, entre autres M. Berryer. Nommons encore Nantouillet et Montyon, notables, le premier par son château bâti par le chancelier Duprat; le second, par le souvenir de son dernier seigneur, M. de Montyon, le célèbre philanthrope, le fondateur d'une foule de prix bien connus.

Nous avons maintenant à revenir sur nos pas pour examiner quelques localités intéressantes du bassin du canal de l'Ourcq ; localités que dessert indirectement le chemin de fer de Strasbourg, et au besoin le chemin de fer du Nord, dont il sera bientôt question.

Montfermeil, Livry et le Raincy, sont les trois sites les plus beaux de cette campagne pittoresque, qui s'étend entre la forêt de Bondy et les bois d'Enghien. Rien ne saurait être comparé, sous le point de vue de l'agrément, de la fraîcheur, de la variété, à cette contrée couverte de beaux villages, d'élégantes maisons de campagne, de châteaux, de parcs, de lieux de plaisance, avec de l'eau, des solitudes riantes et des espaces découverts jouissant de vues admirables.

La nature est si belle dans cette partie du territoire Parisien, qu'on n'accorde plus qu'une médiocre attention aux ouvrages humains. Livry seul triomphe de la comparaison, parce que le Raincy est sur son territoire. Le château du Raincy, situé à quatre lieues seulement de Paris, occupe l'emplacement d'une abbaye de bénédictins; il fut construit, vers 1650, par Jacques Bordier, conseiller et secrétaire du roi, puis devint la possession de la princesse palatine, et, après avoir passé par les mains d'un riche traitant, il finit par appartenir au régent. Celui-ci transforma totalement sa nouvelle propriété, dont il ne laissa subsister que la longue et majestueuse avenue de peupliers. Il multiplia dans l'intérieur d'un parc de 700 arpents les divers accidents pittoresques, rochers, îles, cascades, ponts, fourrés épais, sentiers tortueux, capables de diversifier le paysage. C'est en parlant du Raincy que Delille a peint en ces termes l'heureux assemblage des arbres et des eaux :

> ... Là j'aime à voir dans l'onde
> Se renverser leur cime, et leurs feuillages verts
> Trembler du mouvement et des eaux et des airs.
> Ici le flot bruni fuit sous leur voûte obscure :
> Là, le jour, par filets, pénètre leur verdure ;
> Tantôt dans le courant ils trempent leurs rameaux,
> Et tantôt leur racine embarrasse les flots.
> Souvent, d'un bord à l'autre étendant leur feuillage
> Ils semblent s'élancer et changer de rivage.
> Ainsi l'arbre et les eaux se prêtent leurs secours,
> L'onde rajeunit l'arbre, et l'arbre orne son cours,
> Et tous deux, s'alliant sous des formes sans nombre,
> Font un échange aimable et de fraîcheur et d'ombre.

Quoique la Révolution eût compris le château du Raincy parmi les habitations royales destinées à être entretenues, afin de servir à des institutions d'utilité publique, il ne reste de l'ancien édifice qu'un seul pavillon. Le dernier possesseur, avant la famille d'Orléans, qui fut réintégré dans l'héritage du régent était le marquis de Livry, qui rendit son château célèbre par les fêtes qu'il y offrit aux déesses du Directoire, mesdames Tallien et Récamier.

Non loin de là se trouve aussi Vaujours, avec un château bâti pour mademoiselle de Lavallière, revêtue du titre de duchesse de Vaujours. Dans l'église de Vaujours repose un obscur inventeur d'un système d'enseignement primaire, intitulé le *Bureau typographique;* il se nommait Louis Dumas. Comme si ce village eût été de tout temps destiné aux établissements d'instruction primaire, nous voyons aujourd'hui s'y élever l'asile Fénelon, ouvert aux enfants pauvres dont les parents ont été victimes du choléra. Cette institution charitable a été reconnue établissement d'utilité publique. La ville de Paris lui confie ces malheureux orphelins, qui sont des enfants d'adoption. Des renseignements les plus récents que nous possédons sur cette école, il résulte que la Société Fénelon a recueilli dans son asile plus de quatre cents enfants qu'elle élève et nourrit à ses frais, et dont la pieuse tutelle fera un jour d'honnêtes travailleurs et des hommes utiles. L'école Fénelon n'est pas, comme Mettray et Petit-Bourg, une colonie de jeunes pénitentiaires que la charité a rendus à la morale et qu'elle ramène au bien par le chemin du travail ; c'est un asile ouvert à de pauvres enfants, orphelins ou abandonnés, dont la misère est restée pure et n'a point failli.

Les jeunes habitants de cette colonie reçoivent une instruction primaire complète, et sont préparés aux travaux professionnels qu'ils exerceront un jour. Aux hommes de bien dont la charité subventionne l'établissement, s'est adjointe une élite de dames géné-

CHAPITRE LXXVII. — LES ENVIRONS DE PARIS (Suite).

reuses qui, sous le nom de *Société maternelle de l'asile-école Fénelon*, apporte à l'œuvre commune sa part de dévouement et de bienfaisance.

Nous ne tardons pas, en revenant de la sorte sur nos traces, à nous retrouver aux portes de Paris ; un spectacle tout différent nous y est réservé celui de Montfaucon.

Les villages compris entre les fortifications et l'enceinte de l'octroi, sur le parcours du chemin de fer du Nord, ou tout au moins dans le voisinage immédiat de la gare, méritent, comme toute la banlieue de Paris, une mention particulière. On entend plus d'une fois parler de la Villette, de la Chapelle Saint-Denis, de Montmartre, de Saint-Ouen, etc., pour peu que l'on séjourne dans notre capitale.

La Villette est le port de Paris : c'est là, comme nous avons vu, que se trouve le principal bassin du canal de l'Ourcq. Il s'y fait un commerce assez important, surtout en objets de première nécessité, approvisionnements, combustibles, etc. On y remarque également de grands chantiers de bois à brûler et de bois de charpente. La Villette, jadis maison de campagne de Saint-Lazare, puis village distinct de Paris, est aujourd'hui contiguë au mur d'octroi : elle s'est rendue célèbre par sa belle défense contre les Prussiens, lors de la première invasion.

D'ailleurs on peut presque dire qu'aujourd'hui Belleville, la Villette, la Chapelle, Clignancourt Montmartre et Batignolles, qui formaient autant de localités distinctes, il y a trente ans, ne sont plus aujourd'hui qu'une seule cité, subdivisée administrativement, mais composée de quartiers contigus les uns aux autres, et suivant sans interruption les contours que décrit l'enceinte de Paris. Si nous leur consacrons séparément quelques lignes, c'est plutôt grâce aux souvenirs d'autrefois qu'à l'état actuel des choses.

La Chapelle, Clignancourt et Montmartre occupent le débouché de la plaine Saint-Denis, que traverse le chemin de fer du Nord, en sortant de Paris. La première de ces localités tire son nom de l'existence d'une ancienne chapelle, consacrée à sainte Geneviève, autour de laquelle étaient venues se grouper quelques maisons, qui furent le noyau du village actuel. C'est sur son territoire que se tenait la fameuse foire du Lendit, fondée en 629 par le roi Dagobert. Cette foire subsiste encore, quoiqu'elle ait cessé de recevoir le tribut de quatre-vingts villes de France et de Flandre, qui venaient à cette foire, « la plus royale foire du monde. » On remarque encore à la Chapelle, autre reste du moyen âge : c'est le *Cercle des carabiniers*. Le cercle des carabiniers a succédé à l'une de ces compagnies de l'arbalète et de l'arquebuse qui étaient organisées sur tout le sol de la France, et qui rendirent, comme milices nationales, de signalés services dans bien des circonstances. Nous ne pouvons pas entrer ici dans de grands détails sur l'organisation de ces anciennes compagnies, dont le chef prenait le titre de *roi du Papegaut*, parce qu'il représentait un perroquet : Bertrand du Guesclin et Louis XIII comptent parmi *les rois du Papegaut*.

Il y avait autant de compagnies d'arquebuse qu'il existe aujourd'hui de bataillons bien organisés de garde nationale. La Bretagne, l'île de France, la Brie et la Champagne en comptaient 54, etc. ; et ces compagnies ne formaient pas, comme on pourrait le croire, de petites corporations isolées autour de chaque clocher. Les 54 compagnies de l'Île-de-France et Champagne étaient réunies en une association unique, ou *concordat* conclu

Cercle des carabiniers à la Chapelle Saint-Denis. — Salle du tir.

en 1439 (après le siège de Montereau, où elles se signalèrent contre les Anglais), et renouvelé en 1773. Les conditions d'admission pour les chevaliers d'arquebuse étaient sévères. L'arrêt du 26 janvier 1715 porte qu'ils ne peuvent être choisis que parmi l'élite des bourgeois, et les arrêts du conseil des 27 juillet 1671 et 21 août 1677 obligent chaque chevalier à s'exercer au tir au moins une fois par mois. Indépendamment de ces exercices particuliers, chaque compagnie instituait, à son tour, un prix auquel concouraient toutes les autres. C'était une réunion générale des compagnies associées, une fête publique à laquelle toute la population prenait part.

Ces concours excitaient une vive émulation non-seulement entre les chevaliers, mais encore entre les compagnies. Chacune avait un emblème, un surnom, qu'elle cherchait nécessairement à illustrer. Ces emblèmes, ces surnoms, qui remontaient à une haute antiquité, étaient devenus souvent inintelligibles ou ridicules.

La petite noblesse de campagne et la riche bourgeoisie des villes recrutaient principalement les compagnies, à en juger par les contrôles matricules qui nous ont été conservés. On conçoit tout ce qu'il devait y avoir d'émulation dans ces fêtes militaires où ces notabilités de canton venaient se heurter. Aussi les réunions étaient-elles fort brillantes. C'est sans doute pour consacrer la mémoire de l'une d'elles donnée à Troyes, et à laquelle Louis XIII, protecteur de l'arquebuse de cette ville, avait assisté, que l'on édifia les vitraux qui représentent ce monarque en costume de chevalier de l'arquebuse tirant le prix. A la révolution, les arquebusiers existaient encore. Mais un décret de l'Assemblée constituante les réunit à la garde nationale.

Cependant quelques compagnies ont survécu. Celle de Paris a eu jusqu'en 1829 son établissement de tir dans l'enclos des Récollets. Les travaux du canal la forcèrent de se transporter à la barrière des Amandiers. Et enfin, depuis 1840, elle a établi son chef-lieu, comme nous venons de le dire, à la Chapelle-Saint-Denis, rue des Tournelles, 21, sous la dénomination de *Cercle des carabiniers de Paris*.

L'établissement se composait d'abord d'un petit bâtiment servant de lieu de réunion et de salle pour le tir. En 1842, la société s'étant accrue, il fut ajouté à ces premières constructions une nouvelle salle avec trois cibles, deux pour les fusils-carabines, l'autre pour les petites carabines.

Elle a aujourd'hui des statuts et un règlement particuliers ; elle se soutient par les cotisations de ses membres. Son président et ses commissaires sont nommés au scrutin. La royauté se tire chaque année, et le vainqueur obtient une médaille d'or. En outre, chaque mois, on tire un prix consistant en une médaille d'argent, par chaque section de tireurs, divisés par quart du nombre total des sociétaires inscrits. Dans la deuxième quinzaine d'avril, un grand prix est offert par la compagnie aux tireurs étrangers.

Ce cercle, qui est le véritable descendant de la compagnie d'arquebuse parisienne, et qui a même affiché dans sa salle de tir l'original de l'autorisation délivrée à cette compagnie par le prince de Conti, offre toutefois avec elle une notable différence dans l'armement. Elle n'admet pour le tir que les grosses carabines rayées, de moyen calibre, dites carabines suisses, et c'est même là un des statuts des compagnies associées d'Ile-de-France et de Champagne en 1773, que les canons *rayés en dedans* étaient exclus du concours.

Au reste, en 1773, cette condition n'était probablement qu'une mesure de justice et d'économie. Les armes rayées étaient rares alors, chaque chevalier d'arquebuse n'aurait pu s'en procurer, et on rétablissait l'égalité entre les tireurs en les proscrivant. Aujourd'hui on ne saurait invoquer le même motif, puisque Devismes, Lepage, Caron et tous nos bons arquebusiers fabriquent d'une manière supérieure cette espèce d'armes.

Le hameau de Clignancourt, qui est contigu à Montmartre et à la Chapelle, ne se distingue par aucun souvenir digne de fixer l'attention : il est composé de maisons de campagne, de guinguettes et d'entrepôts de vins.

Le nom de Montmartre a exercé la patience des savants, qui tour à tour ont décidé qu'il devait jadis y avoir eu un temple dédié à Mars sur le sommet de cette éminence, d'où son nom de *Mons-Martis*; deux anciens écrivains prétendent que ce monticule était dédié à Mercure, *Mons-Mercurii*; puis les écrivains catholiques ont tranché la question, et maintenant il est hors de doute que le patron de Paris, saint Denis et ses compagnons y avaient été décapités, et que Montmartre venait indubitablement de *Mons-Martyrum*. Quoi qu'il en soit, l'histoire de Montmartre est liée à celle de tous les sièges de Paris, depuis celui des Normands, en 886, jusqu'à celui des armées alliées en 1814. On peut y voir encore les restes d'une ancienne abbaye, fondée en 1133 par Louis le Gros. Ce qui a survécu de ce monument sert maintenant de base au télégraphe communiquant avec les départements du Nord. Ce monticule, les Alpes des Parisiens, est assez pittoresque ; un bourg populeux est établi à son sommet et couvrira bientôt ses flancs : sa population est de plus de cinq mille habitants. La belle position de Montmartre fut remarquée de tous temps : l'auteur du roman de *Berthe aux grans piés*, le roi Adenès, qui vivait au treizième siècle, place sur la hauteur une de ses héroïnes, et parle en ces termes :

La dame est à Montmartres : s'esgarda la vallée,
Vist la cit de Paris, qui est et longue et lée,
Mainte tour, mainte salle et mainte cheminée,
Vist de Montlehéri la grant tour créuelée,
La rivière de Seine vist qui moult est tode,
Et d'une part et d'autre mainte vigne plantée.
Vist Pontoise et Passi et Meulan en l'estrée,
Marly, Montmorencí et Conflans en la prée,
Dampmartin en Goële, qui moult est bien fermée,
Et mainte autre grant ville, que je n'ai pas notumnée.

Montmartre eut autrefois un monastère d'hommes et un couvent de filles, tous deux très-considérables. L'église abbatiale, qui subsiste encore, est très-remarquable, quoique mutilée et restaurée à diverses reprises. On y remarque l'absido, datant du treizième siècle, avec ses colonnettes et des archivoltes à dent de scie, et les trois nefs, exécutées dans un style de transition entre le roman et le gothique. La disposition intérieure est celle des basiliques latines, trois nefs parallèles, terminées par trois absides, et formant le sanctuaire et deux chapelles latérales. A l'entrée de la grande on se trouvent plusieurs chapiteaux de marbre blanc, d'un style corinthien corrompu, antérieurs au v° siècle et appartenant, selon toute apparence, à l'ancien temple païen de Mercure ; à l'extrémité se dresse une tour surmontée d'un télégraphe.

Le village actuel est, comme Batignolles, dont nous avons déjà suffisamment parlé, une résidence d'été des Parisiens : de charmantes maisons de campagne embellissent le versant nord; autant le côté opposé est aride, autant celui-ci est frais et ombragé ; la vue embrasse la plaine Saint-Denis et se perd à l'horizon dans les collines qui forment la vallée de Montmorency ; de loin en loin la Seine apparaît dans la plaine. Ce qu'on voit n'est déjà plus la ville, mais ce n'est pas encore la campagne. Quelque jour cependant la gloire d'être une des plus grandes élévations des environs de Paris sera ravie à Montmartre, et cette élévation même causera sa chute. Précieuse ressource pour la bâtisse de notre capitale, cette montagne, de formation entièrement gypseuse, fournit à elle seule plus des trois quarts du plâtre qui s'emploie à Paris, mais aussi, est-elle perforée en tous sens, et quelque jour l'administration, dans un but de sûreté publique, sera obligée de faire écrouler sur elles-mêmes ces anciennes carrières.

Avant d'arriver à Saint-Denis, on aperçoit, à la gauche du chemin, de frais ombrages, c'est le parc du château de Saint-Ouen, dans lequel Louis XVIII signa, le 2 mai 1814, la déclaration qui a précédé de quelques jours la charte constitutionnelle. Ce fut, en quelque façon, pour lui, la messe de Henri IV. Le village, situé au bord de la Seine et peuplé de mille habitants environ, ne manque pas d'une certaine importance : on y a construit une gare qui, pendant l'hiver, donne refuge à une grande quantité de ba-

Maisons-Laffitte.

teaux et en fait comme un port de rivière. On remarque à Saint-Ouen le château de madame du Cayla et la maison de campagne de M. Ternaux, où ont été parquées les premières chèvres du Thibet introduites en France.

Près de là se trouve Aubervilliers, qui fut le quartier général de Henri IV quand ce prince assiégeait Paris.

La plaine Saint-Denis est un des points les plus découverts de Paris ville de guerre : aussi, lors des deux invasions, les efforts des assiégeants se sont-ils également portés sur Montmartre et sur Belleville, qui peuvent être considérées comme les clefs de la capitale. A la première invasion, Montmartre fut défendu pendant plusieurs heures contre toute une armée par 400 dragons, qui avaient été abandonnés après la capi-

Coteau et aqueduc de Marly.

tulation de Belleville ; à la seconde, Montmartre céda par surprise ; mais Aubervilliers, qui fit une plus longue résistance, fut brûlé et pillé.

Après avoir franchi de nombreux ouvrages d'art, le chemin de fer arrive enfin à la station de Saint-Denis, d'où l'on embrasse, grâce à son élévation comparative, la majeure partie des environs de Paris : au sud, les hauteurs de Montmartre, Batignolles, Saint-Chaumont ; à l'ouest, l'île Saint-Denis, étendant ses tapis de verdure émaillé de charmantes habitations, puis la grande péninsule formée par la Seine et renfermée entre Surênes, le mont Valérien et Bougival; les belles collines de Marly et de Saint-Germain bornent l'horizon de ce côté; il semble s'abaisser aux environs de Maisons-Laffitte, mais bientôt le terrain s'é- lève, et les hauteurs de Sannois et d'Argenteuil présentent à la vue leurs vignobles si heureusement situés ; c'est là que commence la vallée de Montmorency, dont la partie nord est abritée par une chaîne de coteaux élevés, couronnés par la belle forêt de Montmorency. Du côté de l'est c'est la ville de Saint-Denis qui fait tous les frais de la vue ; mais le plus beau fleuron de sa couronne est abattu, et c'est de souvenir seulement que l'on peut admirer la superbe flèche de la basilique, dernière demeure de nos rois.

Les ouvrages d'art sont multipliés à Saint-Denis. C'est d'abord un pont pour la route qui met cette ville en communication avec Batignolles ; puis, le terrain s'abaissant brusquement vers la Seine, on a dû pratiquer un énorme remblai, interrompu par quatre ponts dans l'espace de moins d'un kilomètre. Le premier passe au-dessus de la route traversant, les deux ponts suspendus, les bras de la Seine entourant l'île Saint-Denis, et réunit Saint-Denis à Gennevilliers; le second , d'une seule arche en fer d'une grande portée, traverse le canal Saint-Denis à peu de distance de l'endroit où celui-ci se perd dans la Seine ; puis vient un autre de moindre importance jeté sur le Merderet, petit cours d'eau qui entoure la partie nord de Saint-Denis et donné la vie à quelques usines, notamment à un moulin qui s'appuie sur une des berges du chemin de fer ; le quatrième est établi sur une route de grande communication.

L'entrée de Saint-Denis du côté du chemin de fer ne présente pas encore une grande animation, malgré le voisinage de la nouvelle voie de communication ; il faut pénétrer plus avant dans la ville pour trouver le mouvement résultant des approches de Paris. C'est que Saint-Denis est le point où les routes de Rouen, Beauvais et Amiens viennent se réunir ; puis les environs peuplés de riches villages et de charmantes maisons de campagne, donnent à cette ville une activité que ne possèdent pas beaucoup de villes plus importantes.

Chef-lieu d'une des deux sous-préfectures du département de la Seine, peuplé de plus de dix mille habitants, Saint-Denis doit fixer l'attention du voyageur. Plusieurs faits importants dans l'histoire de France ont été accomplis dans cette ville ; prise par les Orléanais en 1411, sous le règne de Charles VI, pendant que ce roi assiégeait Paris, elle tomba l'année suivante au pouvoir des Anglais. Une seconde bataille sanglante fut livrée sous ses murs entre les catholiques et les huguenots en 1567; qui ne sait que ce fut à Saint-Denis que Henri IV fit son abjuration ? ce qui lui ouvrit les portes de Paris ; enfin, une des premières violences de la révolution française y fut accomplie le 1er octobre 1789. Le maire de la ville fut massacré dans une insurrection causée par la cherté du pain.

Saint-Denis possède un dépôt de mendicité, fondé antérieurement à la Révolution par un intendant de Paris. Pendant longtemps, cet établissement manquait d'eau, mais un puits artésien, foré par M. Mullot, lui en fournit maintenant en abondance.

La bibliothèque publique n'est pas nombreuse ; cependant une circonstance la rend digne d'intérêt, c'est que les livres qui la composent sont presque tous ceux de la bibliothèque de l'ancienne abbaye qui ont échappé au pillage.

Un hôpital, sous le nom d'Hôtel-Dieu, deux casernes, une salle de spectacle, et l'église de l'ancien couvent des Carmélites, sont les seuls monuments dignes de ce nom que l'on trouve à Saint-Denis. On doit cependant remarquer la belle fontaine qui se trouve près de la poste aux chevaux, et qui est alimentée par un puits artésien d'une grande abondance.

Ce qui doit attirer particulièrement les regards du voyageur savant, antiquaire ou artiste, et exciter au plus haut point son admiration, c'est la magnifique basilique élevée sous l'invocation de saint Denis, patron de Paris.

L'origine de cette église remonte aux premiers temps de la monarchie française. Dagobert, qui l'enrichit de riches dépouilles, en a été regardé comme le fondateur. A sa mort, il y fut enterré. Son tombeau, détruit par les Normands, fut rétabli au treizième siècle par ordre de Louis XI. On voit à gauche, en entrant dans l'église, une pierre sépulcrale où des sculptures en relief représentent l'âme de Dagobert, entraînée sur une nacelle par des diables, et délivrée par saint Denis, saint Martin et saint Maurice. Sous le règne de Pépin, l'édifice fut détruit et remplacé par un nouveau plus spacieux, qu'on n'acheva que sous Charlemagne. L'abbé Suger fit démolir, du moins en grande partie, cette église pour en reconstruire une plus majestueuse. Le portail, la tour qu'on voit aujourd'hui datent de cette époque. Il fit d'abord abattre une espèce de porche en saillie, d'un style lourd, élevé par Charlemagne au-devant du grand portail. En outre, il dota la basilique d'une foule d'objets et de meubles précieux par la main-d'œuvre, par les riches métaux, par les bijoux entrés dans leur confection, et on dut à sa magnificence et à son goût pour les arts ces magnifiques verrières, répandues en si grande profusion, qu'elles firent donner à l'église le surnom de *Lucerna*. On regarde encore de son temps un vitrail dans lequel il est représenté aux genoux de la Vierge, et qui a été replacé à la fenêtre où il figurait jadis. Elle fut construite de nouveau en partie en 1231 : ces constructions furent achevées en 1281 par l'abbé Mathieu de Vendôme. Sous le règne de Charles VI, l'abbaye eut beaucoup à souffrir des discordes civiles ; elle fut pillée et son abbé massacré. Les religieux durent plus d'une fois transporter leurs trésors à Reims ou à Paris, ce qui ne les empêcha pas d'éprouver des pertes considérables. De très grands privilèges avaient été accordés à l'abbaye de Saint-Denis ; elle ne dépendait d'aucune autre juridiction ecclésiastique que de celle du pape. Elle jouissait de la prérogative d'être dépositaire de la couronne, du sceptre et de tous les ornements royaux qui avaient servi aux sacres et aux couronnements. Le religieux Doublet, dans son *Histoire de l'abbaye de Saint-Denis*, consacre un chapitre entier à

Vue extérieure de l'église de Saint-Denis.

ce grave sujet : « *Comment les offrandes qui se font en l'église Saint-Denis ès messes des enterrements des roys, reynes et enfants de France appartiennent à l'abbé et couvent d'icelle, et non à quiconque prélat, pour avoir célébré en icelle, et autres belles particularités.* » On ne s'étonnera pas, d'après cela, de

l'anecdote racontée par la princesse palatine, mère du régent, dans sa correspondance allemande : « Au service funèbre de la Dauphine, en allant à l'offrande, je portai le cierge, *nota bene* avec des pièces d'or, à l'évêque qui chantait la grand'messe. Ce prélat voulut le donner à ceux qui l'assistaient et qui étaient des prêtres de la chapelle du roi, mais les moines de Saint-Denis accoururent à bride abattue, prétendant que le cierge avec les pièces d'or leur revenait de droit. Ils se jetèrent sur l'évêque, dont le fauteuil commençait à chanceler, et lui firent tomber la mitre de la tête. Si j'étais restée encore un moment, l'évêque avec tous les moines seraient tombés sur moi ; aussi je descendis à la hâte les quatre marches de l'autel, car j'étais encore leste, et je contemplai cette bataille, qui me parut si comique, que je ne pus m'empêcher de rire : tout le monde en fit autant. » — La basilique royale était devenue, depuis Dagobert, le lieu de sépulture des rois et reines de France, princes et princesses du sang. L'inhumation de Bertrand du Guesclin y fut le premier exemple d'un sujet enterré à côté des princes qu'il avait défendus. En 1793, la destruction de ces tombeaux fut décrétée. Le corps de Turenne fut trouvé dans un état de conservation tel, que les traits de son visage n'étaient pas altérés. Quelques années plus tard, Napoléon fit transporter son tombeau aux Invalides. Tous les monuments furent brisés, et les restes des souverains furent portés au cimetière dit de Valois, et jetés dans une fosse commune. En 1794, il fut question de détruire de fond en comble l'église ; on se contenta d'enlever sa couverture en plomb pour en faire des balles. Elle fut dépouillée de ses vitraux en 1799, et l'abbaye devint un magasin de farines. En 1806, Napoléon ordonna la restauration de l'église. Le 20 février, il rendit le décret suivant. « L'église Saint-Denis est consacrée à la sépulture des empereurs. Un chapitre composé de dix chanoines est chargé de la desservir. Ces chanoines sont choisis parmi les évêques âgés de plus de soixante ans. » Il ordonna qu'on ne se servirait plus pour la sépulture des souverains de l'entrée pratiquée dans le chœur, et conduisant aux caveaux par un escalier sur les marches duquel chaque roi était originairement déposé. Il fit pratiquer dans

Caveau des sépultures dans l'église de Saint-Denis.

la chapelle souterraine une issue qui fut fermée par des portes de bronze, armées d'une triple serrure. On peut encore les voir aujourd'hui. De plus, il ordonna la construction d'une chapelle expiatoire des crimes de la Révolution. Ces derniers travaux ne purent être entrepris; ce fut Louis XVIII qui les fit exécuter. Le caveau royal reçut ce que l'on put trouver des corps de Louis XVI et de Marie-Antoinette, et successivement les dépouilles du duc de Berry et de Louis XVIII, puis celles du duc de Bourbon, dont on apercevait dernièrement encore, à travers une grille, la bière dans un caveau éclairé par une petite lampe.

La restauration de l'église de Saint-Denis, qui se poursuit depuis le commencement de notre siècle, a été généralement exécutée avec beaucoup de soin et avec un sentiment vif et juste de l'ancienne architecture. Il faut regretter toutefois cette flèche magnifique, dont nous donnons le dessin, quoique des motifs de solidité aient amené sa démolition. L'intérieur de la basilique a été peint comme il l'était autrefois, de couleurs éclatantes, d'azur, d'or, d'étoiles, mieux exécutées peut-être qu'elles ne le furent primitivement, mais d'un ton qui jure avec l'ensemble de l'édifice.

Cette grossière et criarde enluminure des églises perd à nos yeux son caractère d'archaïsme pour s'assimiler à un pastiche du décor moderne. Cela peut être employé avec avantage dans les petites chapelles latérales, mais il ne faut pas, à notre avis du moins, que cela embrasse de trop grands champs, à moins de régner exclusivement partout. Le contraste avec les parties nues où la pierre garde son ton uniforme, nous semble d'un effet désagréable. — Une seconde observation concerne les verrières. Il y a quelques années encore, on pensait qu'il avait là un secret que le moyen âge avait emporté avec lui. Aujourd'hui Sèvres, et surtout Choisy-le-Roi, fournissent des produits matériellement supérieurs aux anciens. Les artistes se sont jetés dans cette voie nouvelle avec ardeur, et de toutes parts les croisées des églises reçoivent de grandes compositions, où les figures sont dessinées avec un contour sec et arrêté, qui ferait honneur à un Florentin. Et cependant, les anciens vitraux au fouillis indiscernable, où les figures et les couleurs se mêlent, où la ligne se confond, sont restés les véritables vitraux, tandis que nos vitraux au dessin savant ne sont que des *transparents*.

Il vaut mieux ne rien dire du choix des sujets et des costumes représentés sur les vitraux : les anciens verriers riraient à gorge déployée de voir Napoléon, Louis XVIII, Louis-Philippe, M. de Montalivet et autres personnages, vêtus à la moderne, remplaçant les vierges, les apôtres et les saints qu'ils avaient coutume de peindre sur les fenêtres des églises. Une autre restauration plus intelligente, c'est celle de la toiture : on a enlevé les tuiles qui avaient succédé au plomb pour mettre une couverture en fer.

Les curieux peuvent, en visitant l'église de Saint-Denis, admirer dans les côtés de la nef les magnifiques mausolées de Louis XII, de François Ier et de Henri II, et en descendant dans la chapelle souterraine parcourir la suite de tombeaux des rois et reines de France, qui forme une série chronologique curieuse pour l'étude de l'art. Mais ces tombes sont vides des

Vue intérieure de l'église de Saint-Denis.

poussières qu'elles devaient conserver à travers tous les siècles. Car rien ne dure en ce monde, et il y a déjà bien des siècles que la *psalmodie perpétuelle* fondée par Dagobert à l'aide de chœurs religieux, se relevant nuit et jour les uns les autres, a cessé de se faire entendre. Quant au riche trésor de l'abbaye, il n'existe plus. Les reliques des vieux âges, la châsse de saint Louis, l'épée et la couronne de Charlemagne... ont été dispersées.

Parmi ces monuments plus ou moins historiques on remarquait la fameuse chaise du roi Dagobert, ouvrage que la tradition attribue à saint Éloi. Cette chaise, qui avait, d'après les archéologues, servi d'abord de siège consulaire, fut empruntée par Napoléon, qui voulut s'y asseoir à la revue du camp de Boulogne, le 15 avril 1804. Elle fut ensuite envoyée à la Bibliothèque, puis rendue à l'église de Saint-Denis, puis réintégrée encore une fois au cabinet du roi. Aujourd'hui elle fait partie du Musée des souverains, au Louvre.

L'orgue de Saint-Denis, ouvrage de MM. Cavaillé père et fils, est un véritable chef-d'œuvre. Ses trois claviers, grâce aux pédales de combinaisons, offrent tout d'abord douze manières de nuancer en même temps le degré de force et le timbre des sons. Mais en considérant les dispositions que peut, au préalable, prendre l'organiste pour la distribution des registres, on arrive au nombre extraordinaire de quatre mille soixante et onze mélanges différents produits par l'emploi de ces diverses pédales. Riche de son propre fonds, M. Cavaillé admet encore les perfectionnements que d'autres avaient inventés. M. Barker, mécanicien anglais, inventeur d'un appareil nommé *levier pneumatique*, au moyen duquel les touches des claviers de l'orgue le plus considérable étaient rendues aussi faciles aux doigts que celles des pianos les plus parfaits, n'ayant pu déterminer les facteurs anglais à risquer une telle innovation, avait pris le parti de venir en France et de s'y faire breveter. M. Cavaillé appliqua cette invention à l'orgue de Saint-Denis.

La maison d'éducation pour les filles, sœurs, nièces ou cousines des membres de la Légion d'honneur, aux termes du décret du 29 mars 1809, occupe les constructions de l'abbaye destinées jadis à servir de cloître aux religieux de Saint-Denis. Ces bâtiments, achevés en 1767 par Robert de Cotte, ont été appropriés à leur usage actuel; ils sont vastes et bien aérés, et les pensionnaires de la Légion d'honneur y reçoivent une éducation égale à celle des meilleurs établissements d'instruction pour les demoiselles.

Nous avons vu ce qu'était la création de madame de Maintenon à Saint-Cyr : La maison de Saint-Denis nous présente un spectacle analogue. Ce que la monarchie royale de Louis XIV avait fait pour les filles pauvres de l'antique noblesse de race, la monarchie impériale, fondée par le génie de Napoléon, devait le faire sur des bases plus larges encore pour les jeunes parentes de la nouvelle noblesse créée par lui en récompense des services rendus à l'État. Si Louis XIV se montra le protecteur des jeunes filles de parents nobles, peu aisés, ou tombés dans l'infortune, Napoléon voulut être le père des filles de nos braves morts sur les champs de bataille.

La maison impériale de Saint-Denis fut organisée

CHAPITRE LXXVII. — LES ENVIRONS DE PARIS (Suite).

durant la campagne de Pologne, et madame Campan en reçut la direction. En 1809, c'est-à-dire deux années plus tard, une succursale fut créée à Écouen, et l'organisation devint définitive. Le nombre des élèves, d'abord fixé à 600, fut bientôt porté à 800, et l'on créa de nouvelles succursales à Paris, au mont Valérien, aux Loges, à Fontainebleau et à Pont-à-Mousson. Le prix de la pension était fixé à 1,000 fr. par an et à 500 fr. pour la demi-pension. De plus, à leur entrée, les élèves gratuites et pensionnaires devaient verser la somme de 400 fr., représentant la valeur du trousseau fourni par la maison. La trésorerie de la Légion d'honneur versait dans la caisse de chaque maison 800 fr. par an pour chaque élève admise gratuitement, et 400 fr. pour chaque élève à demi-pension. Sur le produit de ces versements, sur celui des pensions et demi-pensions, et sur celui des 400 fr. pour le trousseau, devaient être prélevées toutes les dépenses de nourriture, d'habillement, d'instruction, d'entretien de mobilier et de lingerie, les salaires et les autres dépenses de la maison. Aucune élève ne pouvait être retirée par ses parents avant l'âge de dix-huit ans accomplis. Il y avait pour chaque maison, au-dessous de la surintendante, six dames dignitaires, dix dames de première classe et vingt demoiselles.

Toutes ces dames devaient manger à la même table que les élèves. La surintendante et les dames dignitaires, seulement, n'étaient pas assujetties à la clôture, mais elles ne pouvaient recevoir qu'au parloir.

Maison de la Légion d'honneur. — Costumes des dames et des élèves.

La bibliothèque est dans des proportions un peu exiguës, mais bien suffisantes. La science des jeunes pensionnaires n'a rien à démêler avec celle des anciens bénédictins, habitants de la maison. A la place des énormes in-folio, les tablettes ne supportent que des in-octavo portatifs ou des formats plus modestes encore.

Le réfectoire et le dortoir, au contraire, sont tout à fait remarquables par leur étendue. Dans le réfectoire, salle très-élevée, bien éclairée et située au rez-de-chaussée, les élèves se placent à de nombreuses petites tables présidées chacune par une maîtresse, et autour desquelles le service se fait aisément et d'une manière rapide. A la place d'un des tableaux de Restout qui l'ornait avant la Révolution, on voit une inscription où est conservé le souvenir d'une visite faite par l'Empereur à l'établissement. Ce réfectoire s'ouvre sur une des galeries spacieuses d'un cloître, se développant le long de la basilique et circonscrivant une cour carrée ou préau couvert de gazon et d'arbustes. Les arcades ouvertes sur le préau sont vitrées de manière à abriter les galeries, qui servent de promenoirs les jours de mauvais temps. — Diverses portes donnent entrée de la galerie soit dans la chapelle, soit dans les salles d'études, parmi lesquelles on remarque particulièrement celles de dessin et de *bosse*. Cette dernière est riche de modèles en plâtre et ferait honneur à bien des villes de province.

L'ordre et la propreté qui règnent dans toute la

La Cour d'honneur.

maison se font surtout apprécier dans la bonne tenue du dortoir. Les petites couchettes sans rideaux sont disposées sur plusieurs rangs les unes à côté des autres, séparées seulement par une petite table. Les élèves, à moins qu'elles ne soient trop jeunes, font leurs lits elles-mêmes, et la régularité de l'arrangement témoigne en faveur de leur esprit d'ordre. Toutes les nuits une surveillante fait la police du dortoir. Une infirmerie tout à fait isolée est divisée en plusieurs salles garnies de couchettes avec des rideaux blancs. Trois ou quatre lits seulement étaient occupés, il y a quinze jours, au moment de notre visite. Près d'un de ces lits on pouvait apercevoir de loin un père faisant la lecture à sa fille. A ce spectacle touchant on comprenait de suite tout ce que l'on gagne à ne pas exagérer la sévérité des prohibitions.

Un vaste jardin couvert de pelouses vertes et entouré de beaux arbres, qui doivent fournir une ombre épaisse en été, s'étend derrière l'édifice. D'une des fenêtres nous pûmes apercevoir les pensionnaires se promener par groupes de deux, de trois ou de quatre. A l'entrée de chaque récréation elles doivent faire deux tours de promenade. Cette promenade d'obligation imposée dans des vues hygiéniques coûte un peu aux paresseuses. L'aspect du costume noir de la tête aux pieds est peu attrayant. Il attristait pour nous les idées que la jeunesse éveille naturellement. Mais cette impression de tristesse qu'une simple couleur provoque est un regrettable apanage de notre âge. Elle n'a le pouvoir d'altérer en rien les teintes rosées que prennent les impressions et les idées dans de jeunes têtes qui n'ont pas encore dix-huit ans. A l'extrémité du jardin s'étend à son tour un parc touffu réservé aux dames et où les élèves sont admises à titre de récompense.

Ajoutons que, jusqu'en 1848, les dames et les élèves mangeaient dans de la vaisselle d'étain, on leur a accordé de la porcelaine, comme en ont depuis longtemps les élèves des écoles militaires. C'était justice que de jeunes filles ne fussent pas traitées plus mal que des soldats.

Deux succursales dépendant de la Légion d'honneur existent encore aujourd'hui : ce sont celles de la rue Barbette et des Loges, administrées quant à l'intérieur par la congrégation de la Mère de Dieu, et destinées à recevoir 400 élèves filles de membres de la Légion d'honneur, mais de grade inférieur à celui de capitaine. Ces deux succursales forment donc, avec la maison de Saint-Denis, un ensemble complet et fournissent avec elle un total de 900 élèves.

Le 3 mars 1816, sur un rapport du maréchal Macdonald, grand chancelier de la Légion d'honneur, Louis XVIII fixa, par une nouvelle ordonnance, l'organisation définitive de la maison royale de Saint-Denis. Le nombre des élèves fut fixé à 500, dont 400 à titre gratuit et 100 seulement aux frais des familles. Pour être admise dans la maison, il faut être âgée de six à douze ans au plus. La sortie d'une élève est fixée à l'âge de dix-huit ans. Néanmoins les parents peuvent la retirer auparavant, si son éducation est terminée ou si d'autres raisons l'exigent; ils peuvent aussi demander son admission définitive pour l'enseignement, la maison se recrutant d'elle-même. Le conseil administratif se compose de la surintendante et de six dignitaires. Outre les dix dames de première classe et les trente dames de seconde, il y a une vingt-

La chapelle.

novices et un nombre éventuel de postulantes, jamais au-dessous de dix, prises toutes, dames, novices, postulantes, parmi les élèves de la maison, passant successivement par les divers grades, et toutes réparties dans les divers emplois d'institutrices, de maîtresses de talents, dessin, musique instrumentale ou vocale, et dans ceux de surveillantes des classes, des parloirs, de l'infirmerie, de la pharmacie, etc...

Outre le grand cordon, insigne de la dignité, la surintendante portait autrefois une toque blanche élégante. Les élèves portaient également des toques noires en hiver et des capotes blanches en été; mais ce genre de coiffure a fait place à une autre plus sévère. Le costume des élèves, toujours en étoffe de laine, blanc d'abord, violet ensuite, est noir depuis une trentaine d'années. Un simple chapeau de paille noire remplace en toute saison les fraîches capotes ou les toques mondaines des anciennes élèves. Des ceintures de diverses couleurs servent à distinguer les différentes classes. Le blanc est attribué aux plus avancées, et le vert aux commençantes. Dans chaque division la couleur pleine ou la couleur avec liséré d'une autre nuance appartient au premier ou au second degré. Ainsi la section des plus petites est, comme elle l'était à Écouen, celle des vertes-lisérées. On imagine facilement l'émulation que ces signes extérieurs doivent exciter dans ces jeunes cohortes : innocente rivalité qui s'exerce à l'occasion de rubans en attendant qu'elle s'exerce plus tard sur un autre théâtre d'une manière moins bienveillante et pour des motifs bien plus frivoles encore. — Les maîtresses et les surveillantes, également vêtues de noir, portent sur la poitrine une croix en signe de distinction honorifique.

A part l'intérêt qui s'attache à cette belle institution, on visite en même temps avec curiosité les bâtiments de l'ancienne et fameuse abbaye de bénédictins occupés par l'établissement. Nos gros budgets modernes, si prodigues qu'ils soient, ne feraient plus les frais de bâtiments si vastes et si magnifiques. Les moines, si longtemps enrichis de l'aumône du peuple, ont en partie légué au présent cette aumône du passé. La France serait fort embarrassée s'il lui fallait élever aujourd'hui tant de monuments qui la couvrent et qui lui viennent d'eux. On bâtirait de nos jours tout un quartier, toute une cité, comme on dit, dans l'emplacement de la cour d'honneur qui précède l'édifice. Cette cour a une forme d'hémicycle. Vis-à-vis de la façade principale, se développent des bâtiments de forme elliptique destinés, à droite de la porte d'entrée, aux communs, et, à gauche, aux parloirs, situés au rez-de-chaussée. Ces parloirs, au nombre de deux, tout à fait semblables, l'un pour les dames, l'autre pour les élèves, sont simplement meublés et divisés en deux parties par un grillage en bois qui sépare les jeunes recluses des visiteurs, mais qui s'ouvre aux pères aussi bien qu'aux dames. Le parloir des élèves doit paraître souvent bien étroit lors des visites des parents, qui ont lieu les dimanches et les jeudis, de 2 à 5 heures. C'est certainement la seule salle, dans tout ce vaste établissement, à laquelle on puisse reprocher sa petitesse.

Revenons maintenant au parcours du chemin de fer. En sortant de la station, les trains décrivent une courbe insensible, longent la forêt de la Briche, et entrent dans la vallée de Montmorency. Les bois de Deuil, de Saint-Gatien, d'Enghien, et l'étang de Montmorency, sont peut-être les sites les mieux connus des environs de Paris : ils servent de but, chaque dimanche, à des émigrations immenses de citadins, jaloux de se livrer aux plaisirs de la villégiature ; et on ne parle pas ici de la population qui s'y fixe durant la belle saison, sous le prétexte de prendre les eaux. D'ailleurs cette préférence est méritée : rien de frais, d'agréable, de varié, de pittoresque, comme tout ce paysage que l'on domine des hauteurs de Montmorency ; l'établissement d'Enghien, où se trouve la station du chemin de fer, peut être considéré comme la perle de toute la vallée : mais, arrêté là, le voyageur ne sait où diriger ses pas, tant sont nombreuses et diverses les séductions qui l'appellent. Dans l'impossibilité de donner la liste complète et de décrire tous les sites charmants qui se trouvent dans le voisinage, il faut se borner à dire tout sèchement quelques noms : Eaubonne, Épinay, Groslay ; puis, sur la rive gauche du chemin de fer, Sannois, Saint-Gatien, Franconville ; et, sur la rive droite, Saint-Leu-Taverny, Ermont, le Plessis-Bouchard. Mais, répétons-le, Enghien, son parc, son établissement de bains, méritent la première place. C'est bien aussi un établissement ouvert à la danse et au bonheur à grand orchestre ; la pyrotechnie y déploie ses feux comme ailleurs, et, pour les badauds, des balançoires, des escamoteurs, et des coups de poing qui tiennent du phénomène ; mais ce qu'on y trouve de plus rare, d'exquis même et d'incomparable, c'est ce charme d'un site imprévu, d'un lac délicieux, d'ombrages inattendus, de détails féeriques. Parc d'agrément, lieu de plaisance, sous quelque aspect qu'on l'envisage, l'établissement d'Enghien mérite l'éclatante protection du monde élégant. Il ne manque à ses eaux thermales que d'être à cent lieues de Paris, pour rivaliser avec Spa et Hombourg. Mais le beau plaisir d'aller chercher le bonheur et la santé à trois lieues, et d'arriver en un quart d'heure !

Cette vallée si agréable reçoit son nom de la petite ville de Montmorency, dont la fondation remonte au dixième siècle de notre ère. A cette époque, un seigneur nommé Burchard le Barbu possédait dans l'île Saint-Denis une forteresse en bois, d'où il sortait pour dévaster les terres de l'abbaye. Le roi Robert, pressé par les moines, lui proposa un échange, et, à la place de l'île Saint-Denis, qui fut annexée au territoire de l'abbaye, Burchard reçut un lieu nommé Montmorency et le titre de baron. On sait que l'histoire de la famille de Montmorency se rattache étroitement depuis cette époque à l'histoire de France : il n'est pas possible ici d'insister davantage sur un sujet si vaste. La cité actuelle montre encore quelques vestiges de son ancienne splendeur, et surtout sa belle église gothique du quatorzième siècle ; mais un de ses plus beaux titres de gloire, c'est d'avoir été la retraite favorite de deux hommes de caractère bien différent, J. J. Rousseau et Grétry. Il est impossible de parcourir ces beaux lieux sans penser à cette charmante dame d'Épinay, type d'une des plus heureuses créations littéraires du dix-huitième siècle ; et ce bon maréchal de Luxembourg, cet excellent Catinat, si heureux au milieu de ses arbres, l'aimable Saint-Lambert, le chansonnier Laujon, le savant d'Alembert, toutes ces gloires du dernier siècle, tous ont parcouru ces lieux : ils sont pleins de leur souvenir, et, tant qu'on lira en France, ce souvenir ne s'effacera pas.

En sortant de Montmorency, le chemin de fer passe à Pierrelaie ; puis, décrivant une grande courbe à travers d'énormes tranchées taillées dans la pierre dure et sur des remblais élevés, il entre dans la vallée de l'Oise, en traversant l'ancien enclos de l'abbaye de Maubuisson, dont on voit quelques tourelles en ruines. On connaît les divers titres de gloire de cette antique abbaye : fondée par Blanche de Castille, mère de saint Louis, elle servit de résidence à Marguerite de Bourgogne et aux autres héroïnes du fameux drame de la Tour de Nesle ; on y remarquait les tombeaux de la fondatrice, de Bonne de Luxembourg, femme du roi Jean, de la princesse d'Antioche, de Gabrielle d'Estrées, etc. Non loin de là se trouve un village appelé Saint-Ouen, comme celui que nous avons déjà décrit avant d'arriver à Saint-Denis : on y remarque une assez belle église, avec un portail du douzième siècle, et un château dont la bâtisse est moderne, mais dont le parc et les jardins ont été dessinés par le Nôtre.

On arrive ensuite à Pontoise. Cette ville, située en partie sur une falaise escarpée, se trouve baignée par deux rivières, l'Oise et la Viosne, qui alimentent une foule de moulins. Pontoise est généralement mal bâtie, composée de rues étroites et très-montueuses : autant la basse ville est arrosée, autant il était difficile d'apporter de l'eau dans la partie supérieure, qui est la plus habitée ; l'administration municipale a pourvu à cet inconvénient au moyen d'une pompe à vapeur d'une grande force, qui distribue ce liquide de première nécessité avec la plus grande abondance. En fait de monuments, le plus important est certainement l'église de Saint-Maclou, située au sommet du rocher sur lequel est bâtie la ville. Cette église a été plusieurs fois retouchée et restaurée ; quelques beaux restes du quatorzième et du quinzième siècle lui assignent cependant une assez grande antiquité. Puis vient l'église Notre-Dame, de fondation plus ancienne que Saint-Maclou ; mais, ayant été détruite pendant le siége qu'Henri III fit souffrir à la ville, elle a été rebâtie avec la plus grande pauvreté, et n'est certainement pas digne d'une ville. On ne peut pas en dire autant de l'Hôtel-Dieu, et beaucoup de villes de second ordre pourraient s'enorgueillir de ce bel établissement, bâti dans toutes les conditions possibles de salubrité pour la ville et pour les malades.

L'histoire ancienne de Pontoise est celle de toutes les villes fortes : des siéges et toujours des siéges. Prise par les Anglais pendant l'année désastreuse de 1437, elle resta quatre ans en leur pouvoir, jusqu'à ce que, en 1441, Charles VII les en chassa définitivement, après un siége de trois mois. Il était dans la destinée de Pontoise d'être assiégée par les rois de France. Pendant les guerres de la Ligue, elle tomba au pouvoir de Henri III et de Henri IV. Quelques restes de fortifications qui subsistent encore montrent que la place n'était pas facile à emporter.

Pontoise était un des lieux que saint Louis affectionnait le plus : c'est là qu'il rendit la fameuse ordonnance pour la répression du duel judiciaire.

Pontoise est la patrie de plusieurs hommes célèbres à divers titres : l'alchimiste Nicolas Flamel, qui a fourni quelques pages si éloquentes à Victor Hugo, y est né en 1360 ; André Blanchard, lieutenant général des armées du roi, premier gouverneur des Invalides, y a également vu le jour. Tronçon Ducoudray, le général Leclerc, beau-frère de Napoléon, sont tous deux enfants de Pontoise.

Nous nous arrêterons à l'Ile-Adam, que l'on peut considérer comme une dépendance de Montmorency, car ce lieu a toujours été la propriété de la famille qui porte ce nom : parmi les titulaires du fief qui n'étaient pas des Montmorency, nous ne devons pas oublier cependant Philippe de l'Ile-Adam, qui défendit Rhodes, dont il était grand-maître, contre les Turcs, et qui, chassé de cette île, vint établir à Malte le siége de l'ordre de Saint-Jean de Jérusalem. L'Ile-Adam possédait, avant la Révolution, un château magnifique, remarquable surtout par ses belles écuries, à tel point que l'on disait, en parlant de ces dernières, que le propriétaire croyait sans doute à la métempsycose, puisqu'il s'était préparé un si bel asile. Aujourd'hui il ne reste du parc, du château et de l'orangerie, que deux pavillons et les bâtiments dits la conciergerie et le prieuré. C'est encore cependant un site fort agréable, et les bois de l'Ile-Adam comptent parmi les plus pittoresques des environs de Paris.

L'intervalle compris entre les deux chemins de fer du Nord et de Strasbourg renferme plusieurs localités intéressantes : nous citerons seulement Écouen, Sarcelles, Luzarches, Gonesse et Dammartin.

Sarcelles est assez remarquable par son église, qui renferme des échantillons de l'architecture de plusieurs siècles différents, et par ses fabriques de dentelles. Non loin de là est Écouen, avec son château bâti par Bullant, élève de Pierre Lescot. Le plan de ce château est carré, et composé de quatre corps de bâtiments, qui laissent au centre une vaste cour ; quatre pavillons s'élèvent au-dessus des angles, et des fossés entourent tout l'édifice. La révolution a fait disparaître les colonnes qui ornaient les diverses façades, et la fameuse table prise dans un cep de vigne de trois pieds de diamètre. On lui a enlevé également les vitraux peints en camaïeu d'après les dessins de Raphaël, qui se trouvent maintenant au Musée, et le rétable de sa chapelle, qui orne celle de Chantilly. Enfin madame Campan fit passer une couche de grisaille sur les peintures à fresque, un peu profanes, qui avaient été exécutées dans l'intérieur par les premiers artistes de la Renaissance. Mais les curieux peuvent encore admirer la chapelle, d'une élégance inimitable, avec ses boiseries sculptées et ses statues des Pères de l'Église : il s'y trouve encore de belles salles pavées en faïence peinte, et des vitraux curieux représentant le connétable de Montmorency et sa famille.

Luzarches n'a pas de pareils attraits pour engager les curieux à la visiter. C'est une petite ville, avec justice de paix, brigade de gendarmerie et bureau de poste ; on y fabrique des dentelles, et on y vend beaucoup de bestiaux, voilà tout. Pourtant les touristes infatigables pourraient trouver quelque plaisir à reconnaître les ruines du vieux château de Luzarches et de l'abbaye d'Hérivaux : les vestiges de cette dernière se trouvent au fond d'une solitaire et fraîche vallée, à une lieue de la ville.

Gonesse n'a guère plus d'importance que Luzarches, aujourd'hui du moins : mais, durant tout le moyen âge, ce fut une ville importante, appartenant au roi et non à la couronne. Les drapiers de Gonesse avaient, à Paris, une halle particulière : les boulangers de Gonesse approvisionnaient Paris de pain blanc. Il ne reste, en souvenir de ces temps reculés, qu'un Hôtel-Dieu et une jolie église : ajoutons que, lors de l'invasion de 1815, Wellington avait son quartier général à Gonesse.

Quant à Dammartin, c'est aussi une grandeur déchue. Chacun a entendu parler des hauts faits de ses anciens seigneurs, les sires de Chabannes et de Dammartin : un proverbe atteste encore combien le souvenir de son formidable château est resté dans la mémoire du peuple. On y remarque toujours l'église de Notre-Dame, d'une architecture singulière, avec le tombeau d'Antoine de Chabannes. Près de Dammartin se trouve Ermenonville, fameux par la mort de J. J. Rousseau. Ce philosophe repose dans une petite île, formée par une rivière qui arrose la propriété de M. de Girardin, fameux par l'hospitalité qu'il donna à l'*homme de la nature et de la vérité*.

Le dernier des chemins de fer dont nous ayons à nous occuper, c'est le chemin de Paris à Rouen, qui passe par Saint-Germain, et qui se bifurque par un embranchement que nous avons déjà suivi jusqu'à Versailles. Partons de la station de Colombes, où le chemin de la rive droite devient distinct de la ligne qui conduit jusqu'à Rouen et au Havre. Ce petit trajet, que nous avons réservé pour le dernier de nos pèlerinages, est sans aucun doute celui qui résume le plus d'agréments variés dans le plus court espace de temps. On en jugera.

Dans l'étroit intervalle que mesure la voie de fer entre l'embarcadère situé à la place du Havre et les embranchements de Versailles et de Saint-Germain, on remarque à droite et à gauche une foule de localités, ou plutôt de faubourgs de Paris, qui tous mériteraient une histoire ; Clichy-la-Garenne, Villiers, Sablonville, Neuilly, le mont Valérien, les Ternes, que sais-je? Le temps nous presse; il faut glisser sur tous ces passages si curieux : d'ailleurs les chemins de fer n'attendent pas.

Sablonville est remarquable par la chapelle funéraire élevée au lieu même où le duc d'Orléans fut emporté par ses chevaux et rendit le dernier soupir.

L'édifice, formant une croix grecque, s'élève au milieu d'un enclos planté d'arbres. Il est d'un style byzantin, mitigé par quelques détails d'architecture antique; une pierre domine le point d'intersection des nefs. Le bras droit est occupé par une chapelle dédiée à saint Ferdinand, le bras gauche par un cénotaphe, et le cœur par l'autel de Notre-Dame de Compassion, dont la statue décore une niche extérieure pratiquée dans l'abside. Les trois portails s'arrondissent à plein cintre et sont ornés de rosaces, où sont peintes la Foi, la Charité et l'Espérance. Dix fenêtres cintrées, qui répandent dans l'enceinte un jour mystérieux, sont enrichies de vitraux fabriqués à la manufacture de Sèvres, d'après les compositions de M. Ingres. Ils représentent saint Philippe, saint Louis, saint Robert, saint Charles Borromée, saint Antoine de Padoue, sainte Rosalie, saint Clément d'Alexandrie, sainte Amélie, saint Ferdinand, sainte Hélène, saint Henri, saint François, sainte Adélaïde, saint Raphaël.

La sacristie est derrière le chœur, en dehors de la croix. Devant le portail principal, on a réservé un hémicycle à la circulation des voitures; en face sont les salles destinées au service de l'église et le logement du desservant.

Le cénotaphe élevé au duc d'Orléans a été exécuté dans les ateliers du Louvre, par M. Triquetti, d'après les dessins de M. Ary Scheffer. Un piédestal de marbre noir porte la figure du prince, étendu sur un matelas, et revêtu du costume d'officier général; sur un socle qui forme le prolongement du piédestal, à droite, est un ange en prières, l'une des premières œuvres de la princesse Marie. Qui eût dit à cette royale artiste, si prématurément moissonnée, que son frère lui survivrait si peu de temps, et qu'elle travaillait à lui compléter un mausolée!

Les deux statues sont en marbre blanc de Carrare. Un enfoncement semi-circulaire, ménagé dans le piédestal, renferme un bas-relief d'un beau caractère : la France, sous la forme d'un ange, étreint du bras gauche une urne qu'elle arrose de larmes, et tient de la main droite un drapeau tricolore renversé.

Le souvenir de ce déplorable accident qui coûta la vie à ce prince nous fait songer à Neuilly, où le roi Henri IV et Marie de Médicis furent, d'une manière analogue, entraînés par les chevaux de leur voiture, précipités dans la Seine, et ne durent leur salut qu'au courage de deux seigneurs qui se trouvaient auprès du roi. Par suite de cet événement, Henri IV fit construire un pont, aujourd'hui remplacé. On trouve, outre ce pont moderne, qui est assez remarquable, plusieurs belles maisons de campagne, qui font de Neuilly un séjour très-agréable. Il suffit de citer le parc et le château qui ont appartenu au roi Louis-Philippe, et celui qui fut bâti pour la princesse Borghèse.

C'est au-dessus d'Asnières, comme nous l'avons déjà dit, que commencent les deux bifurcations du chemin de fer, l'une se dirigeant sur Versailles, et sur laquelle nous avons déjà fait voyager le lecteur, l'autre aboutissant à Saint-Germain. Mais, quitte à revenir sur nos pas, suivons d'abord la ligne directe.

En sortant de la station de Colombes, vous passez la Seine sur un pont en biais, de deux arches de 30 mètres, le pont de Bezons, au delà duquel commence le département de Seine-et-Oise. Au-delà du pont, on entre dans une tranchée d'où l'on a extrait 200,000 mètres cubes de terre, et qui se continue jusqu'à Houilles. Nous laissons alors Houilles à droite, Sartrouville et la Frette à gauche, et un remblai fort élevé nous conduit au pont de Maisons-Laffitte. La vue est charmante des deux côtés; mais l'attention se porte exclusivement sur le magnifique château bâti par Mansart pour René de Longueil, surintendant des finances. Voltaire l'habita plusieurs fois lorsqu'il appartenait à l'arrière-petit-fils de son fondateur, le président de Maisons. Le comte d'Artois le posséda jusqu'à la révolution; Napoléon le donna au maréchal Lannes. Plus tard, il devint la propriété de Jacques Laffitte, dont il porte maintenant le nom. Après la mort de l'illustre banquier, il a été vendu, et les acquéreurs

Chapelle Saint-Ferdinand, à Sablonville.

ont coupé en morceaux son beau parc de mille arpents. Chaque année de nouveaux lots se vendent, de nouvelles maisons de campagne se bâtissent, de nouveaux jardins se créent, et tous les dimanches et jours de fête le chemin de fer amène à Maisons le matin, et ramène le soir à Paris, outre de nombreux promeneurs, les heureux possesseurs de ces petites villas.

Au sortir de Maisons-Laffitte, le chemin de fer entre dans la forêt de Saint-Germain, qu'il traverse en grande partie en tranchées. Quelques convois s'arrêtent à la station de Conflans, établie au milieu de cette belle forêt pour desservir Conflans et les autres villages situés près du confluent de la Seine et de l'Oise. La forêt vient d'être coupée. Nous apercevons à gauche Achères, et plus loin Andresis, avant d'arriver à Poissy.

Poissy est une ville de 2,880 habitants; elle doit sa réputation actuelle à sa maison de détention, établie dans l'ancien couvent des Ursulines, et qui contient 6 à 700 condamnés des départements de la Seine et Seine-et-Oise, à la caisse d'escompte, instituée pour payer aux marchands de bestiaux le prix des bœufs que leur achètent les boucliers de Paris, jusqu'à concurrence du crédit ouvert à ces derniers par le préfet de la Seine, et plus encore à ses marchés du jeudi,

où il se vend annuellement, en moyenne, 80,000 bœufs, 13,000 vaches, 330,000 moutons et 42,000 veaux.

On se ferait difficilement une idée de l'animation, du mouvement qui régnait autrefois dans cette petite ville pendant une partie de la semaine. Dès le mercredi déjà, c'était une longue file de voitures, de carioles, de tapecus, qui amenaient la majeure partie des bouchers de la capitale et du département de Seine-et-Oise. Le jeudi, l'affluence était encore plus considérable, et, le vendredi, une grande partie de cette multitude regagnait ses foyers au moyen des mêmes véhicules qui les avaient amenés deux jours auparavant.

Aujourd'hui les chemins de fer ont changé toutes ces habitudes. Poissy ne voit plus ces hôtes périodiques venir séjourner dans ses murs avec leurs voitures et leurs chevaux, et y faire, pendant près de deux jours, une manière heureuse tant sur les recettes de l'octroi sur la valeur des immeubles et le bien-être de sa population. Si le marché du jeudi n'a pas cessé d'être également fréquenté, si peut-être l'affluence y est plus considérable que par le passé, les chemins de fer qui amènent en quelques minutes toute cette foule, l'enlèvent, une fois ses affaires terminées, avec une égale rapidité. Les uns prennent le chemin de Rouen, qui, d'un seul trait, et en un peu moins de trois quarts d'heure, les dépose au sein de la ville même, à quelques pas du marché. Les autres, peu sensibles à l'inconvénient de changer de voiture, ont conservé leurs anciennes habitudes. Ils se rendent, par le chemin de Saint-Germain, au Pecq, où les attendent des omnibus qui les conduisent à Poissy.

Les deux chemins de fer qui, par des voies différentes, aboutissent aujourd'hui à Poissy, ont donc exercé sur cette ville une double influence et dans un sens contraire. Si leur établissement a été favorable à son marché et y facilitant et y régularisant la présence d'un immense concours de vendeurs et d'acheteurs, on ne peut se dissimuler qu'ils ont nui aux recettes de la ville, en la privant du séjour forcé de tous ces habitués hebdomadaires. Sous ce rapport, ils ont été peu favorables à la prospérité de la ville, qui, délaissée tous les autres jours de la semaine, ne fait plus qu'assister au passage des voyageurs de la route de Normandie.

Disons aussi que Poissy a dans sa position topographique un désavantage réel. Bornée d'un côté par la Seine, et de l'autre par la commune d'Achères, et la forêt de Saint-Germain, elle n'a, à proprement parler, point de territoire. Elle n'a donc aucune production à elle, et, confinée pour ainsi dire dans ses murailles, sans autres ressources que son marché et sa consommation locale.

Aux termes d'un arrêté en date du 31 mars 1843, « afin de développer, dans l'intérêt des consommateurs et dans celui de l'agriculture, la production des races qui, par la perfection de leurs formes ou leur développement précoce, fournissent le plus abondamment à la consommation, » le ministre a décidé que chaque année il serait distribué à Poissy des primes et des médailles d'encouragement aux propriétaires des animaux les plus parfaits de conformation et de graisse. Ces primes varient, suivant les classes, depuis 1,200 francs et 1,000 francs jusqu'à 600 et

CHAPITRE LXXVII. — LES ENVIRONS DE PARIS (Suite).

500 francs, et sont spécialement affectées aux espèces bovine et ovine.

On ne peut pas s'éloigner de Poissy sans consacrer quelques lignes à son histoire.

Quelques débris de fortifications que l'on aperçoit encore çà et là au milieu de ses jardins et de ses maisons, prouvent qu'elle a joué un rôle important. Son origine est fort ancienne. Quand elle avait l'avantage de porter un nom latin, elle s'appelait *Pinciacum*. Charles le Chauve y tint, en 868 ou 869, une assemblée des prélats et des grands de son royaume. Il y a eu, — peut-être y en a-t-il encore, — des savants qui ont affirmé que le bon roi Robert possédait un palais à *Pinciacum*. Le fait est douteux ; mais une question plus controversée est celle de savoir si la reine Constance, sa femme, qui était si peu sociable, avait un palais à côté du sien.

Saint Louis naquit à Poissy en 1215, ou du moins il y fut baptisé, et il aimait à en prendre le nom. Les fonts baptismaux qui servirent à son baptême sont conservés dans l'église paroissiale, édifice du douzième ou du treizième siècle. On leur attribue, — soit dit en passant, — la vertu de guérir la fièvre. On dit encore que saint Louis fit construire le grand pont de 37 arches, et qu'il établit le marché aux bestiaux qui fournit de la viande à une partie de la population de Paris. Enfin, à ce que prétendent certains archéologues, le couvent des Dominicains, que Philippe le Hardi fit bâtir à Poissy, et sur les ruines duquel a été construite la maison centrale de détention, occupait l'emplacement du château où était né saint Louis, et le maître-autel s'élevait à la place même où se trouvait le lit de la reine Blanche lorsqu'elle était accouchée.

Poissy a donné son nom à un épisode célèbre des guerres de religion. En 1560, à l'époque où Catherine de Médicis, conseillée par L'Hôpital, se faisait reprocher son apostasie par Montmorency et par le peuple, et entrait de plain-pied dans le calvinisme, dit M. Lavallée, croyant faire acte de haute politique et rendre plus solide la couronne de ses enfants, elle s'imagina qu'elle parviendrait à concilier les deux communions, et elle convoqua à Poissy les protestants et les catholiques pour y discuter librement et solennellement leurs croyances. Cette conférence est connue dans l'histoire sous le nom de *colloque de Poissy*. Elle s'ouvrit le 9 septembre 1561, dans le chœur de l'église des Dominicains. Le légat du pape, six cardinaux, quarante évêques et un grand nombre de théologiens y représentaient le catholicisme. Le protestantisme y comptait trente à quarante défenseurs. Calvin avait refusé d'y venir, mais il avait envoyé à sa place Théodore de Bèze. Toute la cour assistait à ce tournoi théologique. La discussion fut d'abord courtoise. Théodore de Bèze exposa nettement sa profession de foi ; mais lorsqu'il vint à dire « que le Christ, dans l'Eucharistie, est autant éloigné du pain et de l'eau comme la terre l'est du ciel, » tous les évêques se levèrent en criant au blasphème ; ils accusèrent le gouvernement « de vouloir innover en religion, et non apaiser les troubles. » Le général des jésuites, Laînès, qui accompagnait le légat, protesta contre le scandale que donnait la reine en établissant des conférences religieuses quand le souverain pontife avait indiqué un concile général. Le colloque dégénéra en disputes violentes, et, le 25 novembre, on fut obligé de le fermer.

Poissy.

La ville de Poissy avait été prise, incendiée, saccagée plusieurs fois sous les règnes de Charles VI et de Charles VII, soit par les Anglais, soit par les partis qui divisaient la France. Biron la prit et la pilla en 1589. En 1815, l'armée française, pour retarder la marche

Château de Rueil.

des ennemis, fit sauter trois des arches du pont, qui depuis ont été remplacées par des arches en bois. Quelques-uns font remonter au temps de la Ligue cette mutilation forcée, qu'ils attribuent au duc de Mayenne.

La Malmaison.

Poissy est beaucoup plus agréable à voir de loin que de près. Ses rues sont étroites, mal pavées et peu propres, presque toujours encombrées de voitures et de bestiaux ; mais à une certaine distance, sa vieille église, ses maisons heureusement groupées, son vieux pont aux moulins pittoresques, son beau fleuve qui serpente entre ses îles couvertes d'arbres, ses vastes prairies, ses coteaux, ses jardins, ses maisons de campagne d'aspect si varié, et enfin la vaste forêt de Saint-Germain qui la domine, offrent aux paysagistes un grand nombre de charmants tableaux.

Maintenant, si le lecteur veut bien, il nous suivra dans notre pèlerinage rétrospectif, et il reviendra avec nous jusqu'à l'embranchement de Saint-Germain. Et d'abord, réparons une injustice dont cette voie de fer est coupable : elle a fait oublier ou tout au moins laisser de côté Rueil et la Malmaison, qui ne se trouvent pas sur son parcours, et qui ne sont accessibles que par l'ancienne route de Rouen. On sait que Rueil appartenu au cardinal de Richelieu, qui y fit bâtir un magnifique château. Le parc, si l'on en croit le père Rapin, était l'une des sept merveilles du monde : mais on n'en peut plus juger, ni par la description emphatique qu'il a laissée, ni par les vestiges, qui sont réduits à rien.

Quoi qu'il en soit, Louis XIV devint un instant jaloux du château de Rueil. Il voulut l'acheter, et il pria madame la duchesse d'Aiguillon, nièce et héritière du cardinal, de le lui vendre. Il renonça toutefois à ce projet pour bâtir Versailles.

Vers la fin du siècle dernier, ce château qui avait excité l'envie de Louis XIV fut vendu à un homme d'affaires et démoli en partie. Il ne resta alors des magnifiques jardins du cardinal qu'une grotte, quelques pièces d'eau et des allées de superbes marronniers, qu'on appelait les *cardinaux*. Après avoir passé successivement entre les mains de plusieurs acquéreurs, l'îlot du château qui avait été laissée intacte devint la propriété du maréchal Masséna. L'*Enfant chéri de la Victoire* le fit réparer et embellir, et il y passa tous les moments de repos que lui laissait la guerre. Ses héritiers n'ont pas conservé cette villa ; elle a été démolie il y a environ huit ans. On coupa le parc, on abattit les murs d'enceinte, on vendit même à l'encan les caisses de lauriers que les villes du Nord avaient offertes à Masséna. De cette immense propriété de Richelieu, il ne reste plus aujourd'hui que deux petites maisons de campagne, bâties il y a trois ou quatre ans, et entourées de quelques arpents de jardin. Des fouilles faites par M. Prévost, un des propriétaires actuels du terrain, n'ont amené que des découvertes insignifiantes.

Parmi les épisodes de l'histoire du cardinal de Richelieu dont Rueil fut le théâtre, il en est trois qui méritent une mention particulière : la mort du père Joseph, le procès de Marillac et la signature des statuts de l'Académie française.

Tandis que la Révolution démolissait le château de ce grand ministre, bien qu'il continuât son œuvre, grandissait à l'extrémité ouest de Rueil une propriété plus modeste, mais destinée à une célébrité plus grande encore : singulier caprice de la destinée. A son retour d'Égypte, le général Bonaparte vint s'établir dans cette *Malmaison* de mauvais augure, d'où l'empereur Napoléon devait partir pour Sainte-Hélène après la bataille de Waterloo.

La Malmaison datait d'une époque très-reculée; mais, en 1224, ce n'était qu'une grande dépendance de la paroisse de Rueil. Au quatorzième siècle, l'abbé de Saint-Denis reçut hommage de ce fief. En 1622, Christophe Perrot, conseiller au parlement, en était le seigneur. Avant la Révolution elle passait, à juste titre, pour une des propriétés les plus agréables des environs de Paris. Delille, qui y écrivit une partie de sa traduction des *Géorgiques*, en fait un éloge pompeux dans son poëme des *Jardins*. En 1792, vendue comme propriété nationale, elle fut achetée par M. Lecouteulx de Canteleu, qui la vendit en 1798 à Joséphine. Il ne nous appartient pas de redire ici ce qu'elle devint sous l'Empire. Nous renverrons à l'ouvrage de MM. Jacquin et Duesberg ceux de nos lecteurs qui voudraient avoir de plus amples renseignements.

Le prince Eugène fit revendre les terres que sa mère avait ajoutées à l'ancien parc : les arbustes, les plantes rares, la galerie de tableaux, furent vendus ou transportés à Munich; et en 1826, la Malmaison et ses bois furent achetés par M. Haguerman, banquier suédois à Paris. Après sa mort, en 1842, le château seul et son parc devinrent la propriété de la reine Marie-Christine d'Espagne, qui ne l'a habitée qu'en 1843 et 1844.

La Malmaison de Bonaparte et de Joséphine n'est plus la Malmaison de la reine Christine. Les vieillards qui l'ont connue vont encore de temps en temps lui rendre une dernière visite, ce n'est pas dans ce château habité par une étrangère, c'est dans les chapelles et les caveaux de l'église de Rueil. Des souvenirs historiques et des tombeaux, voilà tout ce qui reste aujourd'hui de la Malmaison impériale.

Avant la Révolution, l'église de Rueil renfermait le tombeau de Zaga-Christ, qui vint en France sous le ministère de Richelieu. Il était, disent les uns, roi d'Éthiopie, d'autres prétendent un imposteur. Il est plus probable que ce n'était qu'un des chefs de ces bandes de bohémiens répandues alors en France et dans les autres contrées de l'Europe, et qui se serait converti à la religion chrétienne. On grava sur sa tombe l'épitaphe que voici :

Ci-gît le roi d'Éthiopie
Soit original ou copie;
La mort a fini les débats
S'il l'était ou ne l'était pas.

Aujourd'hui l'église de Rueil contient les monuments funéraires de l'impératrice Joséphine, de la reine Hortense et du marquis Tascher de la Pagerie.

« En 1824, disent MM. Jacquin et Duesberg, auxquels nous empruntons ces détails, la reine Hortense et le prince Eugène achetèrent une des chapelles de l'église de Rueil, et y firent élever le tombeau de leur mère, l'impératrice Joséphine. Ce monument de marbre blanc veiné, exécuté par Gilet et Dubuc, d'après les dessins de l'architecte Berthaud, consiste en une voûte à plein cintre, ornée de rosaces et supportée par quatre colonnes d'ordre ionique, élevées sur un piédestal de 2 mètres de hauteur, 4 mètres de largeur et 1 mètre 90 centimètres de profondeur. Les colonnes sont hautes de 4 mètres, et l'archivolte de 3 mètres. Le corps de l'impératrice est déposé dans le massif du socle. Il est renfermé dans trois cercueils, l'un de plomb, le second d'acajou, et le troisième de chêne.

« Le socle porte l'inscription suivante, gravée en creux et dorée.

A
JOSÉPHINE,
EUGÈNE ET HORTENSE.
1825.

« Une statue en marbre de Carrare, ouvrage de Cartelier, représente Joséphine en costume de cour. Elle est agenouillée sur un carreau près d'un prie-Dieu beaucoup trop petit. Cette statue, d'après le témoignage de tous ceux qui ont connu l'impératrice, est d'une ressemblance parfaite.

« Le gouvernement de la Restauration avait défendu de représenter Joséphine avec aucun des attributs du pouvoir souverain. Pour éluder cette défense, le sculpteur a su disposer habilement le peigne de la coiffure de manière à simuler le diadème. »

M. Tascher de la Pagerie, oncle de Joséphine, et la reine Hortense reposent également dans l'église de Rueil. Le monument de cette dernière s'élève au milieu de la chapelle de Buzenval : il se compose d'un piédestal de marbre de diverses couleurs, portant sur chacune de ses quatre faces un médaillon : sur le premier sont sculptées, en bas-relief, les armes d'Hortense; sur le second est représentée la Charité, d'après une petite médaille frappée en son honneur; le troisième et le quatrième offrent les divers attributs des arts libéraux, cultivés avec tant de succès par la reine Hortense. Sur le piédestal s'élève la statue de la reine : elle est représentée les mains croisées dans l'attitude de la résignation; presque tout le corps est enveloppé dans un voile.

Cette statue n'est pas ressemblante; la pose manque de grâce et de naturel, l'exécution en est molle et vulgaire.

Derrière ce mausolée, œuvre du sculpteur florentin Bartolini, on lit ces mots gravés en lettres d'or dans le marbre :

A LA REINE HORTENSE,
LE PRINCE LOUIS BONAPARTE.

Non loin de Rueil, et cette fois dans une position qui lui permet de profiter du voisinage du chemin de fer, se trouve Nanterre, village fameux de temps immémorial par le culte qu'il offre parallèlement aux petits gâteaux qui portent son nom, et aux vertus qu'il couronne annuellement dans la personne d'une rosière.

Monument de la reine Hortense.

Monument de l'impératrice Joséphine.

Ce n'est pas petite affaire que le couronnement d'une rosière : oyez plutôt la description : Les tambours battent aux champs, les cloches sonnent à grandes volées. Une double haie de gardes nationaux occupe tout l'espace compris entre la maison de la rosière et l'hôtel de ville du village. Des drapeaux se balancent aux fenêtres. C'est un spectacle magnifique et fait pour amener la vertu parmi les hommes, si tous pouvaient jouir de ce coup d'œil.

La garde départementale ouvre la marche; puis une nombreuse musique de garde nationale fait retentir les airs de joyeuses fanfares. Paraît ensuite la rosière, entre M. le maire, M. le curé, l'autorité civile et l'autorité religieuse.

Derrière la rosière, vêtue de blanc et parée de ses plus beaux atours, est rangé le conseil municipal, suivi par une garde d'honneur, composée de *messiers* marchant de front et armés de longues piques qu'or-

CHAPITRE LXXVII. — LES ENVIRONS DE PARIS (Suite).

nent les couleurs nationales. Les *messiers* sont les principaux cultivateurs de la commune, qui forment une ligue défensive, et quelquefois même offensive, à l'effet de renforcer la surveillance insuffisante du garde champêtre, et de protéger les récoltes contre la maraude, cette plaie des maraîchers de la banlieue.

Sur les pas de cette *landwher* agreste, on voit habituellement s'avancer la rosière de l'année précédente, portant sur sa tête la couronne qui, de son front, va bientôt passer sur celui de la nouvelle héroïne.

Viennent ensuite diverses confréries religieuses, précédées par celle de la sainte Vierge, reconnaissable au large ruban bleu en écharpe que porte chacun de ses membres. Puis un grand nombre de femmes, les parents, les amis de la rosière en grande toilette, marchant sur deux lignes, plus loin, sur quatre; et bientôt déborde la foule compacte qui se presse derrière le cortège.

Arrivés à la mairie, les principaux acteurs de la cérémonie prennent place dans la grande salle des mariages, M. le maire entre ses adjoints et les conseillers municipaux; la rosière, en face; à droite et à gauche, les demoiselles de la Vierge; derrière, les parents, les amis, les officiers de la garde nationale, et autres gros bonnets de l'endroit.

Dans le fond de la salle, et au milieu d'un trophée de drapeaux tricolores, on lit en grosses lettres cette inscription de circonstance : *A la vertu!*

Au milieu d'un profond recueillement et d'un silence religieux, M. le maire prend la parole et prononce un discours pathétique sur les avantages de la vertu; puis, en forme de péroraison, il passe au cou de la rosière un collier d'or; il lui remet les pendants d'oreilles, une magnifique épingle-broche, divers autres bijoux dont la forme et l'usage nous échappent, et une somme de trois cents francs; enfin, il prend sur le coussin où elle est déposée la couronne de roses blanches, et la pose sur la tête de la jeune fille, en lui disant : « Mademoiselle, veuillez recevoir, comme prix de vertu, la couronne *civique* que vos concitoyens sont heureux de vous décerner. »

L'embranchement de Saint-Germain, où nous nous trouvons à Nanterre, rapproche le voyageur de plusieurs autres villages assez célèbres à divers titres pour qu'on leur consacre quelques lignes : Chatou, Luciennes, Bougival, etc.

Bougival, situé non loin de Marly, dont il sera question tout à l'heure, est un assez joli petit village, tout entouré de bois, de prés, d'îlots, de maisons de campagne fraîches et coquettes, avec une petite église du douzième siècle et un château moderne. Ce qui fait la gloire de Bougival, c'est la prédilection d'un certain nombre de nos meilleurs paysagistes, qui vont s'inspirer sous ses ombrages, et qui peuplent ses solitudes durant la belle saison : il paraît même que l'on aura, sous peu de temps, une école de Bougival, rivale de l'école de Rome ou de l'école de Florence.

Luciennes est fameux par le séjour de madame Du Barry : on y voit encore le pavillon que Louis XV fit bâtir pour elle, et qui coûta plus de six millions. Ce pavillon, tout orné de colonnes, de bustes, de peintures à fresques, de bas-reliefs, est remarquable surtout par la richesse et le fini de tous les meubles et de tous les ornements qu'il renferme : les serrures, les chambranles, les espagnolettes y sont aussi soignées, aussi précieusement travaillées que les pièces les plus importantes. Quant au hameau lui-même, il ne se recommande guère que par sa situation agréable, sur le flanc d'une colline élevée et couverte de bois. Nous en dirons autant de Chatou, près duquel se trouve le bois du Vésinet, qui est traversé par le *chemin de fer atmosphérique de Saint-Germain*. Ce tronçon de 8,770 mètres, qui a coûté des sommes énormes, sert à l'application d'un nouveau système de locomotion, dont nous n'avons ni le temps ni la volonté de donner ici une description quelconque. Il commence à Nanterre; mais les œuvres d'art ne sont multipliées qu'à partir du bois du Vésinet : c'est là qu'il a fallu élever le chemin de fer sur un remblai très-considérable, et franchir la Seine pour gagner par

Viaduc du chemin de fer atmosphérique de Saint-Germain.

un viaduc considérable les hauteurs de Saint-Germain.

Le fleuve est traversé par un pont remarquable en charpente, de six arches de 31 mètres. Les arches sont séparées en deux groupes de trois arches chacun par un remblai de 50 mètres, élevé sur une île. Après le pont se présente le viaduc que nous citions plus haut, et qui a vingt arches de 10 mètres de largeur et de 18 mètres d'élévation. Ce viaduc est, en courbe et en rampe, de 33 millimètres. Il est lié à la montagne par un immense remblai qui conduit au souterrain de 308 mètres qui passe sous la terrasse : une tranchée le sépare d'un second souterrain de 93 mètres, qui aboutit au débarcadère, vaste parallélogramme situé à 7 mètres au-dessous du sol.

La gravure qui accompagne notre texte fera bien mieux juger qu'une description en quelques lignes de l'étendue et de l'importance de ces travaux d'art accumulés sur un si petit espace, entre le bois et le gracieux débarcadère de Saint-Germain. Voici d'abord la Seine aux replis tortueux, frémissant sous les mille ponts dont on la charge, avec ses coquettes embarcations; puis le talus qui monte rapidement de la Seine à la terrasse, avec ses bouquets d'arbres, ses vignes et ses petits cottages semés comme des perles au milieu de la verdure; la terrasse, dont le développement est vraiment royal, et du haut de laquelle on jouit d'un magnifique panorama. Vous le savez, de là la vue s'étend jusqu'aux tombeaux de Saint-De-

nis, dernière demeure des rois de la branche aînée, solennel enseignement devant lequel pâlit et recula le *grand roi*, si petit vis-à-vis de la mort. Enfin, au-dessus de la terrasse, les arbres séculaires de la forêt de Saint-Germain; au milieu de cette belle nature, les lignes monumentales du pont et du viaduc!

Il faut aussi visiter le bâtiment qui donne asile aux machines, et pour cela nous uscrons du même procédé. Nous n'ajouterons que peu de mots au travail du dessinateur; nous sommes guidé par la cheminée qui domine la cime des plus hauts arbres de la forêt, et vomit à cette hauteur des flots de fumée. Entre la cheminée et le bâtiment des machines se trouve le bâtiment des chaudières : c'est une vaste salle qui contient six chaudières tubulaires; chacune d'elles est surmontée de deux dômes qui reçoivent l'eau, la vapeur, et communiquent avec le tuyau qui la mène aux cylindres. C'est un aspect étrange et imposant que celui de cette salle, dans laquelle douze énormes cylindres, terminés par une calotte sphérique, sont dressés en batteries, peints en noir, propres et luisants comme nos militaires un jour de bataille.

Le plus remarquable en même temps que plus vaste de ces bâtiments est celui des machines pneumatiques. Ce bâtiment se compose d'une vaste cage, vitrée en haut, et soutenue en son milieu par une colonne de fonte creuse, où passent les eaux de pluie. Un escalier central conduit à l'étage sur lequel sont placés les organes des machines. Les cylindres sont horizontaux, et vous les voyez couchés comme quatre pièces de canon. Dans la salle est installé un télégraphe électrique correspondant à un autre télégraphe établi au bois du Vésinet. Rien, du reste, n'est aussi splendide que cette salle, où se meuvent ces énormes pistons, ces roues dentées, ces volants, et où à chaque instant le cylindre pneumatique vomit des masses d'air qu'on a été chercher à 2,400 mètres de là.

Quant à la ville de Saint-Germain, elle est située sur une montagne, à peu de distance de la Seine : ses rues sont belles et bien percées. Le château, bâti par François Ier sur les ruines d'une ancienne forteresse féodale, dont on ignore l'origine, n'est plus aujourd'hui que l'ombre de ce qu'il fut autrefois : il est célèbre cependant à plusieurs titres.

Outre le fondateur, ce château rappelle Henri II et le duel fameux de Jarnac et de la Châtaigneraye; il servit d'asile à Charles IX, menacé par les Huguenots; Henri III y tint une assemblée de notables. Henri IV s'y plaisait, et il y avait fait faire un pavillon pour la belle Gabrielle d'Estrées. Ajoutons encore que Louis XIII y mourut. De nos jours même, en entrant dans le pénitencier militaire, qui a remplacé le palais d'été des rois, il ne faut pas oublier toutes les splendeurs dont il a été le théâtre. Louis XIV, qui n'aimait pas Saint-Germain, parce que des hauteurs de la terrasse on découvre Saint-Denis, y fit pourtant d'énormes dépenses.

Dans ses tours, le long de ses vastes balcons, erra madame la Vallière, consolée par de rares visites, jusqu'au jour où son âme aimante ne trouva plus que Dieu qui pût remplir le vide laissé par le grand roi. Dans ce corps de logis qui fait face à la pelouse, Jacques II, si ce n'est pour être un prince imbécile, n'en dut pas être moins malheureux, passa plus d'une triste soirée, entre sa femme et sa fille, reportant sa pensée à la belle réception que lui avait faite son hôte de France, et que

Couronnement de la rosière.

suivit l'abandon nécessairement réservé au malheur qui s'abrite trop près des grandes prospérités. Le triste monarque, dont le doyen de Killerine nous montre la modeste cour, mourut là, faisant ces rêves de restauration que plusieurs générations devaient continuer; sa femme, sa fille, y moururent après lui. Depuis lors, les princes de France semblèrent éviter la contagion de déchéance dont les murs de Saint-Germain étaient imprégnés; le château devint une caserne, puis une école militaire de cavalerie, et enfin il est devenu ce que vous annoncent les grilles, ces verrous, ces murs qui s'ajoutent à la profondeur des fossés, un *pénitencier militaire*.

Les détenus militaires occupent maintenant tous les appartements, toutes les salles, divisées en cellules; les grandes pièces ont été transformées en ateliers et en réfectoires, et une caserne un peu plus rigoureuse que les autres, avec son règlement, ses punitions, sa vie alignée et monotone, a remplacé la cour et ses agitations. La chapelle où Louis XIV a été baptisé est aujourd'hui dépouillée du tableau du Poussin, représentant la Cène, qui est actuellement au Louvre : elle reçoit tous les dimanches les prisonniers, qui assistent au service divin. On ne peut se défendre d'une vive émotion, lorsque, au moment où le prêtre élève l'hostie, cette masse compacte, par un seul mouvement, met le genou en terre, et écoute, dans un pieux recueillement, les chants que font entendre quelques-uns de leurs camarades placés derrière l'autel. On est bien plus impressionné encore si l'on vient à apprendre là que ces voix énergiques chantent des vers composés par un de ceux qui les a précédés dans ce séjour d'expiation, un jeune soldat que son talent, ses malheurs et son repentir avaient rendu célèbre, il y a quelques années.

Il serait assez peu intéressant de suivre les détenus dans leurs occupations journalières, à l'atelier, au préau, à l'infirmerie ou *tisanerie*, au réfectoire, dans leurs cellules, etc.; d'ailleurs Saint-Germain

Chemin de fer atmosphérique. — Vue des machines pneumatiques.

nous offre des points de vue plus agréables qu'une prison militaire.

Citons d'abord la terrasse, qui est en avant du château, dans une des plus belles positions du monde. Non loin de là, le pavillon Henri IV, où naquit Louis XIV.

Ce pavillon, avec son cabinet en rocaille, décoré par Jean Goujon, est aujourd'hui la propriété d'un restaurateur, d'un entrepreneur de concerts: il n'a pas pourtant trop dégénéré. Nous ne saurions dire si beaucoup de reines et de princesses choisissent le restaurant Gallois : mais les gentilshommes et damoiselles que Saint-Germain attire et qui chevauchent à travers la forêt y font halte; et vraiment, c'est faire preuve de goût et de savoir-vivre! Le pavillon de M. Gallois est un véritable Éden : tout s'y trouve réuni; M. Gallois ne vous refuse rien : il séduit les yeux par ses magnifiques salons ouverts sur une immense campagne ; il contente l'appétit par des mets succulents; il charme l'oreille par des concerts d'harmonie, et pour peu que vous soyez en fantaisie d'archéologie, pour peu qu'il vous plaise de faire dans l'histoire une agréable course rétrospective,

M. Gallois vous satisfait le plus largement du monde : entre deux services, tandis que le champagne se glace ou que votre café chauffe, vous pouvez visiter la chambre où naquit Louis XIV, le salon sculpté par Jean Goujon, et la grotte de Charles V; après quoi, vous déjeunez où vous dînez excellemment et du meilleur appétit. — Un poëte du terroir a célébré les vertus du pavillon Henri IV dans une épître dont nous allons citer quelques vers sans nous en rendre caution :

Pavillon enchanteur, l'opulence empressée
    [Vole de toutes parts vers ce doux Ély-
    [sée.
Le tilbury galant, ainsi qu'un char de
    [joncs,
Y porte nos banquiers, Lucullus-
    [Phaétons,
Qui, désertant Paris, et sa pluie, et
    [sa boue,
Viennent chercher ici leur nouvelle
    [Capoue.

Cette poésie, à défaut d'autre chose, prouve au moins l'enthousiasme qu'excitent M. Gallois et le pavillon d'Henri IV. Et que peut-on ajouter après les poëtes!

La forêt de Saint-Germain est une des plus belles de la France ; elle est percée de routes magnifiques, et renferme une quantité de cerfs, de daims, de chevreuils, de sangliers, qu'on peut chasser en tous temps. Au centre de la forêt, et à l'intersection de huit routes, s'élève le pavillon de la Muette, charmant édifice surmonté d'un belvédère que François Ier fit construire pour servir de rendez-vous de chasse; on y remarque aussi le pavillon de Noailles, œuvre de Mansard.

Comme ville, Saint-Germain-en-Laye et ses habitants n'ont rien de particulier, et nous aurions grand tort de nous écrier, comme le faisait Mercier au der-

Pavillon de Henri IV, à Saint-Germain.

Château de Saint-Germain.

nier siècle : « Si l'on veut voir des êtres bien vides « d'idées, bien ennuyés, lourdement maussades, il « faut visiter Saint-Germain. Ces rentiers aux jambes « cylindriques n'aperçoivent, ne rêvent qu'aux portes

« fermées ou ouvertes de l'hôtel de ville. Passe-t-on ?
« tout va bien ; le reste de l'univers peut se dissou-
« dre. Heureux celui qui se nomme Aaron, Abraham,
« Antoine ; il est payé le premier ; on envie son sort.
« Les bourgeois de Saint-Germain, quand ils font un
« mauvais rêve, voient en songe une liasse d'*acquits*
« *au comptant*, ou voient fermer les portes de l'hôtel
« de ville : alors ils se recueillent, trempés d'une
« sueur froide : une comète embrasée, avoisinant la
« terre, les effrayerait moins que ce rêve dur et pé-
« nible. Curieux en botanique, allez voir ces plantes
« sur la terrasse ou à l'entrée de la forêt ; elles mar-
« chent en vérité, elles digèrent, elles tiennent une
« canne, elles font entendre quelques sons, elles tien-
« nent des cartes. La végétation va son train, et l'hi-
« ver concentre dans des serres chaudes jusqu'à
« la renaissance du printemps. Ces plantes ont en
« bas, des culottes, une veste et un habit. Botanistes
« modernes, classez-moi ces végétaux ambulants
« dont le sommet est couronné d'une perruque ronde
« demi-poudrée. »

Nous ne savons pas si jamais la population de
Saint-Germain a mérité les mordantes hyperboles du
violent Mercier : ce que nous pouvons certifier, c'est
qu'elle ne les mérite actuellement ni plus ni moins
que toute autre. En effet, à l'aide du chemin de fer,
qui établit un contact continuel entre Saint-Germain
et la capitale, quelle différence sensible pourrait-il
y avoir entre ces deux villes situées à cinq lieues
l'une de l'autre ?

Avant le onzième siècle, le terrain occupé par la
ville de Saint-Germain était couvert d'une épaisse forêt appelée *Lodia*, d'où, par corruption, *Leia*, puis
Laia, et enfin, *Laye*, qui se joint toujours au nom de
Saint-Germain. A cette époque, la seule construction que l'on trouvât dans ce lieu sauvage était une
chapelle de saint Vandrille. Plus tard, le roi Robert
fit élever sur le sommet du coteau un couvent qui
fut dédié à saint Germain, puis un château que Louis
le Gros transforma en forteresse.

Parmi les fastes, peu nombreux du reste, de la ville
de Saint-Germain, il faut remarquer qu'on élevait dans
son enceinte, en 1561, la première manufacture de
glaces établie en France. Un Vénitien, du nom de
Thesco-Matio, avait importé le procédé de fabrication de Venise en France. Le roi, en récompense de
cette précieuse im-
portation, le
naturalisa Français
et l'anoblit. Par
un motif beau-
coup moins di-
gne, Henri IV
exempta les habi-
tants de Saint-Ger-
main de tout im-
pôt, sans autre
cause plus sérieu-
se que celle des
délices chasseres-
ses qu'il trouvait
sur leur territoi-
re. C'est peut-être
en reconnaissance
de ce privilège an-
cien que les habi-
tants de Saint-
Germain reçurent
les Prussiens qui
leur ramenaient
les descendants du
bon roi avec une
longanimité peu
empreinte d'esprit
national. Ils y gagnèrent de n'être pas pillés par les
troupes du Nord ; mais on dit que les Anglais, étant venus les remplacer, poussèrent l'intégrité du pillage
jusqu'à voler les bonnets des femmes qu'ils rencontraient dans la rue, pour se faire des jabots de chemises ; car les soldats anglais portaient à cette époque,
même en grande tenue militaire, des jabots fortement
empesés.

La ville de Saint-Germain est bâtie avec une régularité parfaite et dans des conditions de salubrité qui

Entrée du Pénitencier militaire de Saint-Germain.

font facilement comprendre sa position élevée ; aussi
y trouvons-nous un grand nombre de rentiers et de
bourgeois aisés qui viennent y jouir des charmes de
la campagne, tout en étant fort peu éloignés de la
vie animée de la capitale.

Le pavillon de la Muette, dans la forêt de Saint-Germain.

Au bas du coteau sur lequel s'élève Saint-Germain,
et de l'autre côté de la Seine, se trouve le Pecq. Ce
village se trouve cité dans les titres les plus anciens,
dès le sixième siècle. En 704, Childebert III donna le
Pecq, appelé à cette époque *Aupec*, de *Alpicum* ou
Alpecum, aux moines de saint Vandrille, en Normandie ; une partie d'entre eux vinrent s'établir sur cette
donation, et exploitèrent à grand profit les vignobles
qui couvraient ce qui est maintenant sans doute le coteau de Saint-Germain. Ils n'en retiraient pas moins,
chaque année, de 350 muids de bon vin. Plus tard,
Henri IV affranchit le Pecq, comme Saint-Germain, de
toute taxe et impôt en échange du terrain qui lui avait
été cédé pour la construction du château. C'est au Pecq
que s'arrêtait jadis le chemin de fer ; mais depuis l'é-
tablissement du chemin de fer atmosphérique, comme
nous le disions plus haut, le voyageur peut arriver en
wagon jusque sur la place du château.

La forêt de Saint-Germain touche à la forêt de
Marly. On sait que Louis XIV avait dans ce village un
château magnifique, où il venait passer quelques semaines chaque année ; et l'on n'a pas oublié quelle
précieuse faveur c'était que d'être des voyages de
Marly. Le bois n'offre rien de particulier, et il ne subsiste que des ruines du château : nous prions le lecteur de nous permettre de lui rappeler, pour faire
diversion, les vers que Delille a consacrés à cette résidence royale :

C'est là que tout est grand, que l'art n'est point timide ;
Là tout est enchanté : c'est le palais d'Armide,
C'est le jardin d'Alcide, ou plutôt d'un héros,
Noble dans sa retraite, et grand dans son repos,
Qui cherche encore à vaincre, à dompter des obstacles,
Et ne marche jamais qu'entouré de miracles.
Voyez-vous ces eaux, et la terre, et les bois,
Subjugués à leur tour, obéir à ses lois ;
A ces douze palais d'élégante structure,
Ces arbres marier leur verte architecture ;
Ces bronzes respirer ; ces fleuves suspendus,
En gros bouillons d'écume à grand bruit descendus,
Tomber, se prolonger dans des canaux superbes,
Là, s'épancher en nappe ; ici, monter en gerbes,
Et, dans l'air, s'enflammant aux feux d'un soleil pur,
Pleuvoir en gouttes d'or, d'émeraude et d'azur ?

L'aqueduc de Marly est composé de trente-six arches, sur une longueur de 660 mètres, il est alimenté
par la machine de Marly, et l'eau qu'il conduit aboutit dans les réservoirs de Versailles. Cette fameuse
machine, qui se trouvait à peu de distance, au
port Marly, était l'œuvre d'un mécanicien nommé
Renenquin Sualem, originaire de Hollande, dont
le tombeau se trouve dans l'église de Bougival.
Elle se compo-
sait de 225 corps
de pompe disposés
en trois étages, et
mis en mouvement
par 24 équipages.
Cette machine co-
lossale, lorsqu'elle
était dans toute sa
force, élevait en
vingt-quatre heu-
res 27,037 muids.
Elle fonctionnait
jour et nuit avec
un bruit étrange
qu'on entendait à
plus d'une lieue.
Un appareil de cette
sorte excitait
d'autant plus l'ad-
miration, à une
époque où la mé-
canique était pres-
que dans l'enfan-
ce, que son inven-
teur ne savait pas
même lire.

Saint-Germain
et Marly sont les dernières étapes de notre voyage
autour de Paris : il ne reste plus qu'à jeter un regard
sur l'histoire ancienne, à propos des démolitions,
qui font disparaître le Paris d'autrefois pour lui
substituer une cité brillante et nouvelle.

LE PARIS QUI S'EN VA.

Nous terminons le *Tableau de Paris* avec la conviction que, malgré leurs efforts et leur zèle, l'auteur et les artistes, dessinateurs et graveurs, qui l'ont si vaillamment secondé, n'ont pu dire le dernier mot, donner le dernier trait de cette reproduction d'un modèle qui se transforme à chaque instant. Pendant que les livraisons et les séries se succédaient, Paris se métamorphosait : la plume, le crayon, le burin ne pouvaient suivre l'activité rapide des architectes et des législateurs. La peinture de nos mœurs, de nos usages, de nos vices, de nos qualités, de nos splendeurs et de nos ridicules essayait en vain de fixer, ne fût-ce qu'une minute, ce présent entre les deux abîmes du passé et de l'avenir : en nous relisant aujourd'hui, il nous semble parfois que ce présent insaisissable se confond avec le passé.

Le Louvre complété nous permet de saluer dans un avenir prochain sa gloire et sa grandeur : et déjà les immenses charpentes, les gigantesques échafaudages annoncent quelles merveilles seront ajoutées aux merveilles du vieux palais des rois. Et combien d'autres monuments, les uns presque achevés, les autres à fleur de terre! ici les grandes halles, ailleurs les docks; plus loin, le Palais de cristal!

Peut-être le lecteur attendait-il que nous dirions un adieu à Paris qui s'en va; à ces rues sombres, étroites, si pleines de souvenirs, que la splendide rue de Rivoli embrasse et confond dans son alignement superbe. Comme les livres, les hôtels, les palais, les monuments ont leur destinée : témoin l'hôtel de la reine Blanche, l'hôtel de Coligny, l'Oratoire, nivelés par cette voie nouvelle qui rejoint les Tuileries à l'Hôtel de ville, la maison du roi et la maison du bourgeois de Paris; témoin le pont Notre-Dame, vieux serviteur mis à la retraite, et l'Hôtel-Dieu, dont on va sacrifier une partie pour l'agrandissement de la place du Parvis Notre-Dame.

Il y a soixante ans, Mercier traçait de la grande ville, telle qu'elle était alors, une peinture exacte et complète, qu'il appela orgueilleusement le *Tableau de Paris*. Peu content d'avoir accompli cette œuvre, il voulut deviner l'avenir, et essaya de décrire Paris en 2440. Quoique le nouveau *Tableau de Paris* ait eu recours à des ressources qu'ignora, ou

La pompe du pont Notre-Dame.

Hôtel-Dieu, vue prise du côté de la Seine.

que négligea son devancier, il n'a nulle prétention prophétique, et il demande pardon si par hasard il n'a pas tenu toutes les promesses contenues dans son titre. Puisse-t-il seulement demeurer comme une image fidèle, un monument significatif de l'époque active, variable, industrieuse qu'il s'est efforcé de reproduire!

FIN DU TOME SECOND.

TABLE

DES GRAVURES ET DES MATIÈRES CONTENUES DANS LE SECOND VOLUME.

GRAVURES.

A

Aiguilles (les). 281.
Allemand. 245.
Amateurs (les) — (Commissaires-priseurs). 286.
Ancienne (une). 60.
Ancienne salle des prud'hommes au Palais de de justice. 160.
Anglais. 245.
Appareil Paulin. — Sapeurs-pompiers. 242.
Appel des dernières victimes de la Terreur, musée du Luxembourg. 79.
Arc (l') de Gaillon. 186.
Aqueduc d'Arcueil. 364.
Archevêque (l') de Paris se rendant à la neuvaine de sainte Geneviève. 86.
Armes et instruments des sapeurs-pompiers 239.
Arrivants (les). — Cour des messageries. 317.
Arrivée (l') au bureau. — Ministères. 226.
Arrivée à Paris des invalides de la succursale d'Avignon. 12.
Arthur (un) de magasin. 61.
Artistes (les) dramatiques de province attendant un engagement au Palais-Royal. 110.
Ascension de MM. Bixio et Barral, à l'Observatoire. 335.
Ascension de M. Poitevin, au Champ de Mars. 30.
Aspect de l'église Saint-Eustache en 1852. 97
Aspect général des constructions élevées dans la cour du Palais-Royal pour les expositions de peinture. 113.
Atalante, par Pradier. — Musée du Luxembourg. 82.
Atelier de M. Dantan aîné. 43.
Atelier d'Eug. Delacroix. 40.
Atelier de Paul Delaroche. 41.
Atelier de distillation. — Fabrication du gaz. 238.
Atelier d'épuration. — Fabrication du gaz. 238.
Atelier de fabrication des cigares à la manufacture des tabacs. 18.
Atelier d'Eugène Giraud. 44.
Atelier des graveurs du *Tableau de Paris*. 269.
Atelier des machines pneumatiques du chemin de fer atmosphérique. 390.
Atelier de Jollivet. 45.
Atelier (un) de peintre. 36.
Atelier des peintres décorateurs aux Menus-Plaisirs. 47.
Atelier de Mlle Rosa Bonheur. 46.
Atelier de tapis aux Gobelins. 135.
Atelier des tapisseries aux Gobelins. 134.
Atelier du timbre à la presse. 290.
Atelier de M. Horace Vernet. 42.
Au Château Rouge. 171.
Au Prado. 175.
Autographe et pièce de monnaie d'Abd-el-Kader, à la Bibliothèque impériale, 218.
Avant-deux (un). 169.
Avenue du Tapis vert, à Versailles. 352.

B

Baigneurs aux bains froids. 6-7-8.
Baigneurs à domicile. 4.
Bain (le) de la lorette. 60.
Baisse (la). — Lorettes. 62.
Bal (un) chez le ministre de la guerre. 228.
Bal de la Grande-Chaumière. 168.
Bal de Sceaux. 367.
Baptême (un) de cloches dans l'église Saint-Merry. 104.
Barrière (la) d'Enfer. 334.
Barrière de Passy. 333.
Barrière (la) du Trône. 329.
Barrière Saint-Denis, 331.
Barrière de la Villette. 330.
Bateau (le) des blanchisseuses. 9.
Bénitier à Saint-Vincent de Paul. 95.
Berceau et tombeau de la lorette. 63.
Bibliothèque (la) de Saint-Cloud. 341.
Blouse (la) de l'atelier. 37.
Bonne (la) d'enfant au Luxembourg. 68.
Borne vespasienne du faubourg Saint-Martin. 236.
Bosquet (un) à la Closerie des lilas. 173.
Bosquet (un) au *Père Lathuille*. 332.
Boum! — Palais Royal. 111.
Bourgeois (le). 279.
Bravant le qu'en dira-t-on. — Joueuses de la Bourse. 160.
Brillat-Savarin. 114.
Bureau (un) de bienfaisance. 255.
Bureau de dégagement au Mont-de-Piété. 302.
Bureau (un) de rédaction de journal. 293.

C

Cabinet (un) particulier. — Palais-Royal. 116.
Cabinet de M. Thiers. 199.
Cabinet de toilette à Saint-Cyr. 360.
Cabinet de travail de M. Horace Vernet. 358.
Café (le) de la Rotonde. 111.
Calèche à la Daumont. 314.
Caisse de payement à la Banque de France, 151.
Caissière (la). — Magasins. 231.
Calicot (un) de l'ancien régime. 232.
Candélabre du faubourg Saint-Martin. 236.
Caricatures (les) politiques chez Aubert. 164.
Carte du parcours du chemin de fer de Paris à Sceaux. 364.
Cavaux des sépultures dans l'église Saint-Denis. 381.
Célébration d'un service funèbre à la Madeleine. 102.
Celui qui fait les livres. 281.
Cercle des carabiniers à La Chapelle. 379.
Chaire (la) de l'église Saint-Roch. 99.
Chaise (une) à Notre-Dame de Lorette. 101.
Chambre (une) d'élève à l'École d'état-major. 178.
Chambre (la) des pairs. 70
Champ de courses du steeple-chase de la Marche. 343.
Champ (le) de Mai en 1815. 26.
Champ (le) de Mars. 20.
Chapelle (la) à la Maison de Saint-Denis. 384.
Chapelle de Notre-Dame des Flammes 362.
Chapelle Saint-Ferdinand à Sablonville. 386.
Chapelle Saint-Paul à Saint-Sulpice. 90.
Charles, dompteur d'animaux, dans la cage du tigre royal. 299.
Charretier (le). 314.
Château d'Athis. 371.
Château d'Ivry. 368.
Château de Juvisy. 471.
Château (le) des Fleurs. 171.
Château-Rouge (le). 170.
Château de Rueil. 387.
Château de Saint-Germain. 390.
Château de Savigny. 371.
Château (le) de Versailles et l'Orangerie. 344.
Chef de bureau (le). — Ministères. 226.
Choix (le). — Bureau des nourrices. 128.
Chef de division (le). — Ministères. 227.
Cheval (un) de course. 31.
Chevet et Beauvais. 111.
Chiffonnier (le). 283.
Christ (le) d'après Sébastien del Piombo, tapisserie des Gobelins. 136.
Cité Trévise. 312.
Closerie (la) des Lilas. 174.
Cocher (le) de place. 314.
Cocher et laquais de grande maison. 313.
Collations militaires dans le camp de Versailles, plaine de Satory. 357.
Collier des enfants trouvés. 118.
Colonnade (la) au parc de Monceaux. 333.
Colonne de la place Vendôme. 310.
Commande (une) pressée. — Peintres. 36.
Commencement et fin de la lorette. 58.
Commis (le) *joli garçon*. — Magasins. 232.
Commis (le) d'ordre. — Ministère. 226.
Commissaire (le) priseur et son commis. 286.
Commission (la) des travailleurs au Luxembourg. 74.
Concert populaire donné dans la salle de la Fraternité, rue Martel. 295.
Concierge (le). 278.
Conférence dans une chapelle souterraine à Saint-Sulpice. 91.
Congrès central de l'Agriculture au Luxembourg. 76.
Costumes des dames et des élèves à Saint-Denis. 383.
Costumes des élèves de l'École polytechnique. 179.
Costumes des élèves de Saint-Cyr. 359.
Costumes des Enfants trouvés. 118.
Costume des filles de l'institution des Jeunes-Aveugles. 192.
Costume des garçons de l'institution des Jeunes-Aveugles. 192.
Costume des sénateurs. 73.
Coteau de Fontenay-aux-Roses. 365.
Coteau et aqueduc de Marly. 380.
Coupeur (le). — Tailleur. 233.
Coulissiers de la Bourse. 157.
Coupé (le) de remise. 315.
Cour (la) d'honneur à la Maison de Saint-Denis. 383.
Couronnement de la rosière à Nanterre. 389.
Cour intérieure de l'École polytechnique. 180.
Courbes du chemin de fer de Sceaux, en regardant Paris. 324.
Cours de M. Raoul-Rochette à la Bibliothèque impériale. 220.
Courses au Champ de Mars. 31.
Courses de haies au Champ de Mars. 32.
Créancier (le). 258.
Crieur (le). — Hôtel des commissaires-priseurs. 287.
Croque-morts (les). 144.
Cuisine (la) du Petit-Ramponneau, à la barrière Rochechouart. 331.
Curiosité (la). — Magasins. 231.
Curiosités du Musée d'artillerie. 209.

D

Débarcadère du Café de Paris. 258.
Débiteur (un) saisi. 258.
Decamps. 43.
Décoration de la chapelle du Sacré-Cœur, dans l'église Saint-Leu. 105.
Décoration du pont de la Concorde et du palais de l'Assemblée nationale pour la fête du 4 mai 1851. 2-3.
Deguerry, curé de la Madeleine. 103.
Déjeuner (le). — Ministères. 227.
Delacroix (Eugène). 40.
Deligny (bains). 5.
Demoiselle (la) de boutique. 52.
Demoiselle (la) au numéro. 55.
Démolition de l'Hôtel-Dieu. 392.
Dernier (le) coup de fourchette. 279.
Dernier (le) jeu de paume. 296.
Dernière (la) contredanse. 167.
Dernière (la) ressource. 281.
Derniers moments des comtes d'Egmont et de Horn, par M. Gallait. — Musée du Luxembourg. 82.
Diorama (le), intérieur de l'église Saint-Marc. 297.
Discussion sur la couleur. — Peintres. 37.
Distribution, dans l'hémicycle de l'École des beaux-arts, des récompenses accordées aux artistes. 187.
Distribution des drapeaux au Champ de Mars, le 3 novembre 1804. 26.
Distribution, dans la grande salle du Palais-National, des récompenses accordées aux artistes à l'occasion de l'exposition de 1850. 115.
Dortoir à l'hospice des Enfants-Trouvés de Paris. 117.
Dortoir à Saint-Cyr. 360.

E

École gratuite de dessin. 188-189.
École vétérinaire d'Alfort. 368.
Écoliers (les) au Luxembourg. 65.
Église et mairie de Bourg-la-Reine. 365.
Église Sainte-Geneviève. 87.
Église Saint-Sulpice. 89.
Élèves de l'École d'état-major, petite et grande tenue. 176.
Élysée (l') Montmartre. 173.
Embarcadère du chemin de fer du Hâvre. 322.
Embuscade (l') le jour de l'an. 282.
Enfant (l') dans le tour. — Enfants-Trouvés. 119.
Enseigne (une) du quartier Bréda. 57.
Entrée des bains Deligny, quai d'Orsay. 5.
Entrée du Conservatoire de musique et de déclamation. 185.
Entrée du Consistoire israélite. 130.
Entrée des enfants dans la salle d'asile. 123.
Entrée de la Grande-Chaumière. 168.
Entrée de l'hôtel de Cluny. 212.
Entrée de la manufacture des Gobelins. 133.
Entrée du pénitencier de Saint-Germain. 391.
Épicier (l'). 277.
Espagnol. 246.
Essai (l'). — Tailleur. 233.
Étalage (l'). — Magasins. 231.
Étampes, église Saint-Martin. 372.
Étudiant (l') au Luxembourg. 68.
Étudiante (l'). 54.
Exilés (les) de Tibère. — Luxembourg. 78.
Expert (l'). — Commissaire-priseur. 230.
Exposition de l'Industrie en 1849. 214-215.
Exposition (une) de la Société d'horticulture au Luxembourg. 75.

F

Fabrique d'instruments de M. Sax. 268.
Façade du château de Saint-Cloud. 342.
Façade de l'Hôtel des ventes sur les rues Drouot et Rossini. 288.
Faire connaissance. 59.
Fantasia exécutée par vingt Arabes au Champ de Mars. 30.
Fauteuil Louis XIV, tapisserie haute lisse. 136.
Fêtes des Loges. 368.
Fête donnée par le ministre des travaux publics le 24 mai 1852. 229.
Fête militaire au Champ de Mars. 34-35.
Feuille (la) de présence. — Ministères. 225.
Fils (les) chéris de la Victoire. 10.
Financier (le). 278.
Fontaine du faubourg Saint-Martin. 236.
Fontaine de la place de la Concorde. 241.
Fontaine de la place Louvois. 241.
Fontaine de la place Saint-Sulpice. 244.
Fontaine de la rue de Grenelle. 244.
Françoise de Rimini, sculpture par Mlle Félicie de Fauveau. — Hôtel Pourtalès. 203.
Frères Provençaux, Palais-Royal. 114.

G

Galerie (la). — Prison pour dettes. 259.
Galerie du duc de la Vrillière à la Banque de France. 152.
Galerie des garçons de recette à la Banque de France. 150.
Galerie ou promenoir des salles de vente. — Hôtel des commissaires-priseurs. 289.
Galerie servant d'entrée. — Musée d'artillerie. 208.
Galerie souterraine des tombeaux de la colonne de Juillet. 148.
Galerie (la) vitrée. 109.
Garçon (le) de restaurant à 40 sous. 114.
Garçon (un) de restaurant, rue de Valois. 114.
Garde à cheval. 319.
Garde à pied. 319.
Gardiens (les) du Musée. 112.
Gare du chemin de fer d'Orléans. 323.
Grand amphithéâtre des cours publics pour les ouvriers au Conservatoire des arts et métiers. 184.
Grand escalier du Palais-Royal. 112.
Grand (le) escalier de Saint-Cloud. 341.
Grande (la) croix au cimetière Montmartre. 137.
Grande (la) galerie de Saint-Cloud. 342.
Grand orgue de l'église de la Madeleine. 103.
Grande (la) salle de la Bibliothèque impériale. 216.
Grand (le) Trianon. 354.
Grisette (la). 53.
Groom (le). 314.
Guichet (le). — Prison pour dettes. 260.
Guichet de distribution au Timbre. 291.
Guide, ancien uniforme. 319.
Guinguette (une) à Belleville, le dimanche. 330.
Gymnase (le) des Jeunes-Aveugles. 193.

H

Hachage du tabac. 17.
Hausse (la). — Lorettes. 62.
Homme (un) aux camélias. 60.
Hôtel de M. Thiers, place Saint-Georges. 199.

I

Inauguration de la statue de Larrey. 251.
Infirmerie à Saint-Cyr. 360.
Ingres. 40.
Intérieur de la chambre des ancêtres de Toutmès III. — Bibliothèque impériale. 219.
Intérieur de l'église Saint-Vincent de Paul. 94.
Intérieur d'un estaminet, par Luex. — Galerie Delessert. 205.
Intérieur des magasins Saint-Joseph. 230.
Intérieur du temple consistorial. 130.
Introduction (l'). — Soirées. 166.
Inauguration de l'établissement actuel des Jeunes-Aveugles. 193.
Invalides (les). 10.
Italien. 246.

J

Jardins (les) aux Invalides. 12.
Jérôme Napoléon Bonaparte, gouverneur des Invalides. 13.
Jockeys (les). 32.
Joueuse (une) discrète à la Bourse. 160.
Jury (le) à la salle d'asile. 124.

L

Labourage nivernais. — Musée du Luxembourg. 97.
Lady Macbeth. — Musée du Luxembourg. 79.
Lanterne (la) de Diogène. 343.
Lavoir (le) public de la rue de Sèvres. 255.
Lavoir de la rue de Sèvres. — Buanderie à vapeur. 255.
Lecteurs (les) de journaux au Palais-Royal. 110.
Lecture (la) à huis-clos. 280.
Lecture (la) de la Bible, tableau de Greuze. — Galerie Delessert. 205.
Lecture (la) dans la salle d'asile. 123.
Lit (le) conjugal. 280.
Lorette (la). 58.
Lutteurs (les) de la salle Montesquieu. 296.
Luxembourg (le). 66 et 67.

M

Magasin du Grand-Colbert. 230.
Magasin (un) d'horlogerie, et d'orfévrerie 267.
Magasin (le) au Mont-de-Piété. 303.
Mairie et vue latérale du débarcadère à Sceaux. 366.
Maison habitée par P. Corneille, rue d'Argenteuil. 242.
Maisons-Laffitte. 380.
Maison Moreaux. 309.
Maison de la Roquette. — jeunes détenus et réclusionnaires. 257.
Maison de M. H. Vernet, à Versailles. 358.
Maître et élève. 39.
Maître (le) de nage. 6.
Maître (le) tailleur en tournée. 233.
Malaria (la). — Musée du Luxembourg. 80.
Malmaison (la). 387.
Manége (le) à l'École d'état-major. 177.
Manœuvre de l'échelle à crochets et du sac de sauvetage. — Sapeurs-pompiers. 240.
Mansarde (la). — Après avoir rêvé la gloire. 281.
Manufacture de Sèvres. 338.
Marchand (le) de vins. 277.

 Aux bureaux de l'Illustration, rue de Richelieu, 60. PARIS, TYP. DE FIRMIN DIDOT, RUE JACOB, 56.

394 TABLE DES MATIÈRES.

Marchande (la) à la toilette. 57.
Mauvais (le) ouvrier. 274.
Médaille militaire créée par Louis-Napoléon. 25.
Ménage (un) d'artiste. 38.
Mesure (la). — Tailleurs. 233.
Mise en sacs du tabac. 18.
Misère dorée. 56.
Modèles (les). 48-49-50.
Monsieur vient acheter un souvenir. — Hôtel des commissaires-priseurs. 287.
Montagnes-russes à la Grande-Chaumière. 169.
Monsieur (le) qui paye. 63.
Monuments de l'impératrice Joséphine et de la reine Hortense à Rueil. 388.
Moulinage du tabac. 17.
Mouvements de la natation. 8.
Muse (la) enjouée. — Fontaine-Molière. 242,
Muse grave (la). — Fontaine-Molière. 242.
Musée de la manufacture de Sèvres. 339.
Musée (le) du Luxembourg. 77.
Musée de Versailles. — Bataille d'Isly. 350-351.
Musée de Versailles. — Le départ des enrôlés volontaires, tableau de M. Vinchon. 349.
Musée de Versailles. — Prise de Rome. 346-347.
Musée de Versailles. — La Smala. 350-351.

N

Neuvaine de sainte Geneviève à Saint-Étienne du Mont. 85-86.
Noce (une). 55,
Nourrices (les). 128.
Nourriture (une). — Bureau des nourrices. 128.
Nouveaux bâtiments de la Direction du timbre, de l'enregistrement et des domaines. 200.
Nouveau ministère des Affaires étrangères au quai d'Orsay. 228.
Objets vendus fort cher, rachetés pour rien, etc. — Hôtel des commissaires-priseurs. 287.
Omnibus (l'). 315.
On demande une nourrice. 128.
On ferme! 113.
Orgue de Saint-Vincent de Paul. 96.
Ouvrier (l') tailleur. 233.
Ouvrier tapissier aux Gobelins. 135.

P

Panthéon (le). 87.
Pâris recevant Hélène conduite par Vénus, dessin de Prud'hon. — Hôtel Pourtalès. 202.
Parisienne (la). 52.
Partants (les), — Cours des messageries. 318.
Patron (le). — Magasins. 232.
Patron (le). — Restaurant à 40 sous. 114.
Pavillon Henri IV à Saint-Germain. 390.
Pavillon des lingots à la Banque de France. 151.
Pavillon de la Muette dans la forêt de Saint-Germain. 391.
Peintre (le) d'enseignes et le peintre colleur. 278.
Peintre (un) de portraits. 37.
Peintre (un) universel. 36.
Peintures de Drolling à Saint-Sulpice. 90-91.
Persan (le) à la Bibliothèque impériale. 217.
Petits enfants (les) au Luxembourg. 65.
Pièce du Dragon. — Versailles. 352.
Pièce d'eau du Char de Neptune. — Versailles. 353.
Pièce d'eau de Latone. — Versailles. 353.
Piémontais. 247.
Place des Blancs-Manteaux et de Saint-Nicolas des Champs dans les catacombes. 146.
Place du Memento. — Catacombes. 147.
Place (la) Vintimille, Napoléon-Prométhée. 311.
Plan du palais des Thermes et de l'hôtel Cluny. 211.
Plan des catacombes. 145.
Pleine (la) eau. 9.
Poissy. 387.
Polygone (le) à l'École Saint-Cyr. 361.
Pont de la Concorde. 2-3.
Pont Notre-Dame. 392.
Portail latéral de Saint-Eustache. 97.
Porte de l'École polytechnique. 179.
Porte d'entrée de l'École des chartes. 190.
Porte en fonte de fer de l'église Saint-Vincent de Paul. 95.
Porte de l'hôpital de la Charité. 249.
Portrait (le) du créancier. — Clichy. 260.
Portrait de Thoutmès III. — Bibliothèque impériale. 219.
Pourvoyeuse (une). — Bureau des nourrices. 128.
Pratique (une). — Bureau des nourrices. 128.
Premier (le) coup de fourchette. 279.
Premier (le) quart d'heure. — Clichy. 259.
Première (la) contredanse. 167.
Préparation à l'examen. — Ministères. 227.
Présentation (la). — Soirées. 166.
Prière (la) dans la salle d'asile. 123.
Procès (un) à la Cour des pairs. 71.
Projet d'entrée pour la chambre de Thoutmès III à la Bibliothèque impériale. 218.
Promenade et becquée à la Crèche modèle. 126.
Promenade militaire des élèves de Saint-Cyr. 361.
Promenade en traîneaux aux Champs-Élysées. 316.
Prud'homme (M.) 162.
Puits (le) de Grenelle. 334.

Q

Quarante sous. — Palais-Royal. 114.

R

Raoût (un) à l'Hôtel des Princes. 248.
Raphaël et la Fornarina. — Peintres. 38.
Réception de l'enfant. — Enfants-Trouvés. 119.
Réfectoire à Saint-Cyr. 360.
Remise aux Invalides des drapeaux pris à Mogador. 114.
Réservoirs souterrains des pièces d'eau de Versailles. 353.
Réussite. 59.
Revue des troupes au Champ de Mars, à la fête du 10 mai 1852. 22-23.
Robert-Houdin. 111.
Romains (les) de la décadence, par Couture. — Musée du Luxembourg. 81.
Roschachana, (la) fête religieuse juive. 131.
Rue (une) souterraine de Paris. 255.
Rue de Valois. — Restaurant. 114.
Russe. 246.

S

Saint-Denis, vitrail à Saint-Vincent de Paul. 95.
Saint Dominique, pendentif, dans l'église Saint-Thomas d'Aquin. — 93.
Saint Martin, vitrail, à Saint-Vincent de Paul. 95.
Saint Thomas-d'Aquin, pendentif, dans l'église de ce nom. 93.
Salle d'attente pour le remboursement des effets de la Banque de France. 150.
Salle des archives de la Cour des comptes. 223.
Salle de bains à l'institution des Jeunes-Aveugles. 192.
Salle de bal dans la cour de l'École militaire, le 10 mai 1852. 21.
Salle des berceaux à la Crèche modèle. 126.
Salle des cours de l'École des chartes. 190.
Salle des cours à l'École d'état-major. 177.
Salle de dessin du Conservatoire des arts et métiers. 183.
Salle de dessin à l'École polytechnique 180.
Salle des jeux à la Crèche modèle. 125.
Salle de jugement du Conseil des prud'hommes. 163.
Salle de lecture de la bibliothèque Sainte-Geneviève. 222.
Salle des machines agricoles au Conservatoire des arts et métiers. 183.
Salle des poupons à la Crèche modèle. 126.
Salle des séances du Sénat. 72.
Salle de vente à l'Hôtel des commissaires priseurs. 285.
Salle des visites à Saint-Cyr. 360.
Salon d'un hôtel du faubourg Saint-Honoré. 198.
Salon de madame Viardot. 206.
Salves d'artillerie aux Invalides. 10.
Sapeurs-pompiers (les). 239.
Savoyard. 247.
Scène de prestidigitation par Bosco. 299.
Sculpteur (le) de cimetière. 143.
Sinistre (le). — Incendie. 239.
Spectacles-concerts de la salle Bonne-Nouvelle. 294.
Statues (les) de la Bourse. 156.
Statues décorant le Champ de Mars à la fête du 21 mai 1848. 28.
Suisse (un) d'église. 107.
Surnuméraire se rendant à son bureau. 227.
Surprise (la). — Le jour de l'an. 282.
Synagogue servant au rit portugais 129.

T

Tabacs (manufacture des). 16.
Tableau principal de la coupole de Saint-Thomas d'Aquin. 92.
Tamisage définitif du tabac. 18.
Tamisage en gros du tabac. 18.
Teinturerie aux Gobelins. 134.
Temple de l'Oratoire Saint-Honoré. 132.
Temple de la Rédemption évangélique. 132.
Tête d'Apollon. — Hôtel Pourtalès. 202.
Thermes (les) de Julien. 211.
Tir (le) aux pigeons au Nouveau-Tivoli. 332.
Tombeau Aguado. 142.
Tombeaux de Bellini et Grétry. 141.
Tombeau de Bernardin de Saint-Pierre. 141.
Tombeau de madame Blanchard. 141.
Tombeau de G. Cuvier. 141.
Tombeau de J. Delille. 141.
Tombeau de Denon. 141.
Tombeau de Dupuytren. 141.
Tombeau de Garnier-Pagès. 140.
Tombeau du général Gobert au Père-Lachaise. 139.
Tombeau de Géricault 141.
Tombeau d'Héloïse et d'Abeilard. 141.
Tombeau de messire Aymon à Corbeil. 473.
Tombeau de Moncey aux Invalides. 13.
Tombeau de Ney. 141.
Tombeau de Casimir Périer. 140.
Tombeau de Talma. 141.
Tombeau de sainte Geneviève à Saint-Étienne du Mont. 86.
Tombe (la) du pauvre. 142.
Tour de Montlhéry. 372.
Train (un) de plaisir. 327.
Translation de l'épée d'Austerlitz aux Invalides. 15.
Trente-deux sous. — Palais-Royal. 114.
Triomphe (le) du tonneau à Saint-Cyr. 361.
Trophée du Bazar de voyage, fête du 21 mai 1848. 29.
Trophée des corporations des tapissiers, passementiers, doreurs et fleuristes, à la fête du 21 mai 1848. 29.
Trophée de la machine à défricher, à la fête du 21 mai 1848. 29.
Tunnel de l'embarcadère du chemin de fer du Hâvre. 322.

U

Uniforme actuel des guides. 320.
Uniforme de la garde national à pied et à cheval. 321.

V

Val-de-Grâce (le). 151.
Valet (le) de cœur. — Lorettes. 61.
Vases grecs. — Hôtel Pourtalès. 202.
Vente (la). — Magasins. 231.
Vente d'une brochure nouvelle sous la République de 1848. 109.
Vernet (Horace). 42.
Verrière de Saint-Laurent, dans l'église de ce nom. 100.
Vestibule de la bibliothèque Sainte-Geneviève. 21.
Vestibule du palais de la Bourse. 157.
Viaduc du chemin de fer atmosphérique à Saint-Germain. 389.
Victime (la) d'un revers de fortune. 286.
Victime d'un revers de fortune à la recherche d'un nouveau mobilier. 287.
Vieil (le) expéditionnaire. 226.
Vieux (le) célibataire au Luxembourg. 68.
Vieux (le) château au parc de Mouceaux. 333.
Vieux (les) époux au Luxembourg. 68.
Vieux (un) savant. — Bibliothèque impériale. 217.
Visite au *grand-papa*. — Le jour de l'an. 282.
Visiteurs (les) chez la lorette. 61.
Voiture du général Tom Pouce. 316.
Voiture du sacre de Charles X. 355.
Voiture servant au transport des nourrices des Enfants-Trouvés. 117.
Vue de l'ancien Hôtel des commissaires-priseurs de Paris. 284.
Vue du château de Versailles du côté du jardin. 345.
Vue de la cour de l'hôtel de Cluny. 212.
Vue de l'église Saint-Vincent de Paul. 93.
Vue de l'entrée des catacombes. 146.
Vue de l'entrée du Conservatoire des arts et métiers. 182.
Vue de l'éboulement de la galerie du Port-Mahon. — Catacombes. 147.
Vue de la fontaine Molière pendant l'inauguration. 243.
Vue de la Glacière pendant l'hiver. 336.
Vue de l'hôtel de M. Delessert. 204.
Vue du Palais-Royal, côté de la place. 108.
Vue du péristyle de l'Hôpital israélite. 253.
Vue de la salle d'audience du Tribunal de commerce. 161.
Vue de la Salle d'exposition des tapisseries aux Gobelins. 136.
Vue du service et des grandes salles de l'Hôpital israélite. 253.
Vue de Versailles à vol d'oiseau. 356.
Vue à vol d'oiseau du jardin du Palais-Royal. 100
Vue à vol d'oiseau du parc et du château de Saint-Cloud. 341.
Vue extérieure des bâtiments de la Banque de France. 149.
Vue extérieure du bâtiment du Conseil des prud'hommes. 163.
Vue extérieure de la Bourse. 155.
Vue extérieure de la Caisse d'épargne. 153.
Vue extérieure de la chapelle du château de Versailles. 345.
Vue extérieure du Cirque Napoléon. 298.
Vue extérieure de l'église Saint-Denis. 381.
Vue extérieure de l'Élysée. — Arrivée du Président de la République en décembre 1848. 308.
Vue extérieure de l'embarcadère du chemin de fer d'Orléans. 323.
Vue extérieure de l'embarcadère du chemin de fer de Sceaux. 324.
Vue extérieure de l'embarcadère du chemin de fer de Strasbourg. 325.
Vue extérieure de l'Hôpital israélite. 253.
Vue extérieure de l'hôtel de M. le comte de Pourtalès. 200
Vue extérieure des Invalides, côté de l'église. 10
Vue extérieure des Invalides, côté de l'Esplanade. 9.
Vue extérieure de la Madeleine. 102.
Vue extérieure de la Manufacture des tabacs. 16.
Vue extérieure de la prison Mazas. 256.
Vue intérieure des bains Deligny. 5.
Vue intérieure de la Bourse. 158.
Vue intérieure du débarcadère de Sceaux. 366.
Vue intérieure de l'ancien Diorama. 297.
Vue intérieure de l'église de Saint-Denis. 382.
Vue intérieure de l'embarcadère du chemin de fer du Nord. 326.
Vue intérieure de l'embarcadère du chemin de fer d'Orléans. 323.
Vue intérieure de l'embarcadère du chemin de fer de Sceaux. 324.
Vue intérieure de l'embarcadère du chemin de fer de Strasbourg. 325.
Vue intérieure de la galerie de M. le comte de Pourtalès. 201.
Vue intérieure de la galerie de tableaux de M. Delessert. 205.
Vue intérieure de la Galerie des voitures historiques, à Versailles. 355.
Vue intérieure de la grande salle de la Caisse d'épargne. 153.
Vue intérieure de la grande salle au Musée d'artillerie. 208.
Vue intérieure de Notre-Dame de Lorette. 101.
Vue intérieure du Ranelagh. 172.
Vue intérieure de Saint-Eustache. 98.
Vue intérieure de la salle de la Smala dans les galeries de Versailles. 349.
Vue générale du Champ de Mars à la fête du 21 mai 1848. 27.
Vue générale du Château-Rouge. 170.
Vue générale de la colonie agricole de Petit-Bourg. 374.
Vue générale de l'école militaire de Saint-Cyr. 359.
Vue générale de la ferme de Grignon. 370.
Vue générale du Luxembourg. 64.
Vue générale de la Manufacture de Sèvres. 337.
Vue générale du Père-Lachaise. 138.
Vue générale de la Salle d'asile. 124.
Vue générale de l'Usine de la compagnie parisienne, barrière d'Italie. — Fabrication du gaz. 237
Vue et plan du château de Vincennes. 376.

MATIÈRES.

A

Abattoirs (les). 336.
Abbaye (l'). 257.
Abbaye (l') au Bois 107.
Abd-el-Kader à la Bibliothèque impériale. 217.
Acheteurs (les) à l'Hôtel des ventes. 288.
Administration de la Banque de France. 152.
Administration de la Caisse d'épargne. 154.
Affluence des étrangers à Paris. 245.
Allemands (les) lettrés. 246.
Anglais (l') pérégrinateur. 245.
Agents (les) de change. 157.
Agiotage (l'). 157.
Agioteuses (les) de la Bourse. 160.
Amis (les) et les ennemis du tabac. 16.
Amour (l') de la couleur. 39.
Ancien (l') serviteur. 313.
Anciennes (les) banques. 149.
Anciennes (les) églises de la Cité. 104.
Anciennes (les) galeries de bois au Palais-Royal. 109.
Ancienne (l') synagogue, 120,
Anciens (les) cimetières de Paris. 137.
Année (l') religieuse des juifs. 131.
Appareil (l') Paulin pour les sapeurs-pompiers. 241.
Appartement de la Lorette. 61.
Appartement (l') de l'ouvrier. 280.
Apprentis (les). 263.
Arc de Gaillon. 187.
Arcueil. 363.
Archives des établissements publics. 223.
Archives (les) impériales. 223.
Argot (l') de l'Hôtel des ventes. 288.
Argot (l') du journalisme. 293.
Arpajon. 368.
Arpin et Marseille (les lutteurs). 295.
Arrestation des conspirateurs royalistes de fructidor à l'École militaire. 21.
Artistes de Paris. 268.
Artistes (les) de province. 36.
Arthurs (les). 59.
Aspect du cimetière du Père-Lachaise. 139.
Aspect et dimension du monument de la Bourse. 156.
Aspect et disposition des Catacombes. 146.
Aspect de Versailles. 357.
Assemblée nationale (l'). 292.
Ateliers (les) de l'Administration du timbre. 291.
Atelier de confection des cigares. 17.
Atelier de Dantan aîné. 44.
Atelier de Delacroix. 46.
Atelier de Paul Delaroche. 45.
Atelier d'Eug. Giraud. 44.
Atelier de Jollivet. 45.
Atelier (un) de modistes. 232.
Atelier de Mlle Rosa Bonheur. 46.
Ateliers (les) des maîtres. 36.
Ateliers des Menus-Plaisirs. 47.
Atelier de paquetage. — Administration des tabacs. 17.
Athis. 371.
Attributions de Conseils des prud'hommes. 162.
Attributions des tribunaux de commerce. 161.
Aubert et son étalage. 164.
Augmentation des grands magasins de nouveautés. 231.

B

Bagneux. 365.
Baigneur (le) sortant de l'onde. 8.
Bains (les) à domicile. 4.
Bain (un) d'eau de vie. 4.
Bains à quat' sous. 5.
Bains (les) sur la Seine. 2 à 9.
Bal du Mont-Blanc. 175.
La ballomanie (la). 33.
Bals (les) officiels. 165.
Bals (les) par souscription. 165.
Bals (les) particuliers. 165.
Bals (les) publics d'hiver. 174.
Baronnet (un) empailleur. 245.
Barras au Luxembourg. 64.
Barrières (les). 338.
Barrière de Bercy. 328.
Barrière du Combat. 330.
Barrière de Passy. 335.
Barrière Saint-Jacques. 335.
Barrière du Trône. 328.
Bassins (les) aux bains froids. 8.

TABLE DES MATIÈRES. 395

Bassin (le) du Palais-Royal. 110.
Bateaux (les) de blanchisseuses. 9.
Batignolles (les). 331.
Bâtiment des Conseils des prud'hommes. 163.
Beauté (la) parisienne. 52.
Bedeau (le). 107.
Belleville. 377.
Bellevue. 362.
Bénéfices de la Manufacture des tabacs. 19.
Bibliothèques (les). 216.
Bibliothèque impériale. 216,
Bibliothèque Sainte-Geneviève. 220.
Bienvenue (la) dans les ateliers de peintres. 37.
Bièvre. 362.
Bièvre (la). 285.
Bonaparte à l'École militaire. 21.
Bon (le) *marché* dans les magasins. 231.
Bondy. 377.
Bosco. 298.
Bouillon (le) de Rosambeau. 4.
Bourg-la-Reine. 365.
Bourgeoisie (la) de Paris. 280.
Bourse (la). 155.
Bourse (la) des femmes. 160.
Boutiquier (le) de Paris. 276.
Brasse (la). 8.
Budget de la ville de Paris en 1853. 275.
Buffet (le) à la Grande-Chaumière. 169.
Bugeaud et la colonisation militaire. 10.
Bug-Jargal. 144.
Bobier. 173
Bullion (le financier). 281.
Bureaux (les) de bienfaisance. 254.
Bureaux (les) de nourrices. 127.
Bureaux (les) de traduction. 164.
But (le) déterminé de l'Anglais. 215.

C

Cachan. 364.
Café (le) des Aveugles. 115.
Café (le) de la Rotonde. 112.
Cagneux et bossus aux bains froids. 7.
Canal de l'Ourq. 377.
Canard (un) de journal. 293.
Caisse (la) d'épargne 153.
Caleçons rouges et caleçons bleus. 3.
Cancan (le). 166.
Canons (les) des Invalides. 12.
Canon (le) du Palais-Royal. 109.
Capital de la Banque. 149.
Carnaval (le) sans masque. 165.
Carrières (les) sous Paris. 145.
Casernes (les). 320.
Caserne (la) des Célestins 321.
Catacombes (les). 147.
Caveaux (les) de la colonne de Juillet. 148.
Caveaux (les) du Panthéon. 88.
Caves (les) de la Banque de France. 151.
Ceintures (les) dorées. 56.
Célébrités (les,) enterrées au cimetière Montmartre. 139.
Célébrités (les) enterrées au cimetière du Père-Lachaise. 140.
Chaire (la) de l'église Saint-Roch. 99.
Chambre des ancêtres de Thoutmès III à la Bibliothèque impériale. 218.
Champ (le) de Mars avant 1770. 24.
Chapelle du Calvaire à Saint-Roch. 99.
Chapelle (la) expiatoire. 103.
Chapelle (la) des Invalides. 13.
Charivari (le), journal. 293.
Charniers (les). 137.
Chasseur (le). 313.
Château de Bercy. 318.
Château (le) des Fleurs. 171.
Château (le) Rouge. 169.
Château de Vincennes. 376.
Châtillon-sous-Bagneux. 365.
Chef (le) du cabinet du ministre. 227.
Chefs-d'œuvre (les) des Gobelins 136.
Chelles. 378.
Chemin de fer atmosphérique de Saint-Germain. 390.
Chemin de fer de Lyon. 326.
Chemin de fer du Nord. 326.
Chemin de fer de l'Ouest. 325.
Chemin de fer de Saint-Germain, Versailles, Rouen, le Hâvre. 322.
Chemin de fer de Sceaux. 324.
Chemin de fer de Strasbourg. 325.
Chevaux (quelques) illustres. 83.
Chevet. 111.
Choisy-le-Roi. 370.
Chômage (le) de l'ouvrier parisien. 270.
Cigarettes (les). 18.
Cimetières (les). 137
Cimetière (le) Montmartre. 138.
Cimetière de Saint-Mandé. 143.
Cirque (le) Napoléon. 298.
Cités (les). 312.
Classes (les) de la colonie allemande à Paris. 245.
Clignancourt. 830.
Classes (les deux) de modèles. 49.
Clos (le) Saint-Lazare. 331.
Closerie (la) des Lilas. 173.
Cocher (le) de grande maison. 313.
Cochers (les) de place et de remise. 315.
Cochin (M.) et madame Millet. 121.
Collection minéralogique dans les catacombes. 147.
Collége Chaptal. 195
Collier des enfants trouvés. 118.
Colonie agricole de Petit-Bourg. 374.
Colonie (la) allemande à Paris. 345.
Colonie (la) anglaise à Paris. 245.
Colonies (les) espagnole et italienne. 245.
Colonne de la place Vendôme. 311.
Commencement et fin de la Lorette. 65.
Commis (le) joli garçon. 232.
Commis (les) de nouveautés. 232.
Commis voyageur (le). 317.
Commissaires-priseurs (les). 284.
Commission (la) des travailleurs au Luxembourg. 74.
Commissionnaires (les) du Mont-de-Piété. 303.
Commune de la Villette 330.
Compagnies (les) d'éclairage au gaz. 237.
Composition et achèvement des décorations. 49.
Composition des Conseils de prud'hommes. 163.
Compteurs (les) pour le gaz. 239.
Comptoir (le) d'escompte. 152.
Comptoir Jabach. 149.
Concours (les) dans les ministères. 227.
Conditions d'admission à l'Hôtel des Invalides. 12
Conditions d'admission à l'ancienne École militaire. 20.
Conférences dans les souterrains de Saint-Sulpice. 90.
Confrérie (la) des ménétriers. 106.
Confrérie (la) de Saint-André. 98.
Conseil central de l'agriculture au Luxembourg. 76.
Conseils (les) de guerre. 257.
Conseils (les) des prud'hommes. 162.
Conservatoire des arts et métiers. 182.
Conservatoire de musique et de déclamation. 185.
Consistoire (le) central du culte israélite. 129.
Consommation de combustible à Paris. 239.
Consommation générale du tabac en Europe. 19.
Consommation industrielle du tabac en France. 19.
Consommation du tabac. 16.
Constitutionnel (le). 292.
Coquetterie (une) de la Russie. 245.
Corbeil. 373.
Corbeille (la) à la Bourse. 158.
Corps (les) d'Héloïse et d'Abeilard. 142.
Costumes des Enfants-Trouvés 118.
Couches (les) du sol parisien. 144.
Coulisse (la) de la Bourse. 159.
Coupe (la). 8.
Coupeur (le). 233.
Cour principale de l'Hôtel des Invalides 11.
Cours d'archéologie à la Bibliothèque impériale. 220.
Courses (les) en Angleterre. 83.
Course (une) anglo-arabe. 31.
Courses (les) au Champ de Mars. 30.
Courses de la Marche 343.
Coût d'une maison à quatre étages. 265.
Crèches (les) 125.
Crèche-modèle (la) à Chaillot. 125.
Crèches (les) les plus importantes à Paris. 127.
Crises (les) de la Banque. 149.
Crise (la) de 1848 dans le commerce. 262.
Croix-de-Berny. 367.
Croque-morts (les). 144.
Culte (le) israélite. 129.
Culture de tabac en Algérie. 19.
Curé (le) de la Madeleine. 103.
Curé (le) Merlin. 98.
Curiosités (les) des catacombes. 147.

D

D'Alembert et la vitrière. 118.
Danse (la) en Europe et en France. 165.
Danse (la) à Paris. 165.
Dansomanie (la) à Paris. 165.
Dantan aîné. 43.
Date de la fondation de la Banque de France. 149.
Débats (journal des). 292.
Début (le) d'Eug. Delacroix. 41.
Débuts de Mlle Rosa Bonheur. 46.
Decamps. 43.
Défaite essuyée par un commis *joli garçon*. 232.
Définition (une) du tailleur. 233.
Dégagements (les) au Mont-de-Piété. 303.
Déjeuner (le) dans les bureaux de ministères. 227.
Déjeuner (le) et la sieste aux bains froids. 7.
Delacroix. (E.) 41.
Delaroche (P.). 41.
Deligny (bains). 5.
Demoiselle (la) au numéro. 55.
Demoiselles (les) de magasin. 277.
Dépense annuelle des Gobelins. 133.
Dépôt de la préfecture. 256.
Descendre. 127.
Description des diverses salles de l'Ecole de Saint-Cyr. 360.
Description de l'Ecole militaire. 20.
Différents aspects d'une école de natation. 6
Différentes (les) salles à la crèche-modèle. 126.
Différentes (les) sortes de courses. 31.
Dimensions du Panthéon. 87.
Diminution des engagements au mont-de-piété coïncidant avec l'accroissement de la misère publique. 304.
Diorama (le). 297.
Direction (la) des ballons. 54.
Disparition du costume *gothique* des artistes. 39.
Disparition de la grisette. 34.
Distribution (la) des aigles aux Champ de Mars le 10 mai 1852. 24.
Divisions des ouvriers parisiens. 263.
Dôme (le) du Panthéon. 88.
Dompteur (le) Charles. 299.
Donneur (le) d'eau bénite. 107.
Dortoirs (les) à l'hôtel des Invalides. 12.
Doyens (les) du modélat. 51.
Drap (le) par-dessus le marché. 233.
Drapeaux (les) aux Invalides. 13.
Droit (le), journal. 293.
Dusommerard. (M.) 41.

E

Eaux (les) à Versailles. 349.
Eclairage (l') public. 235.
Ecoles (les). 176.
Ecole d'Alfort. 368.
Ecole des beaux-arts. 186.
Ecole centrale des arts et manufactures. 181.
Ecole des chartes. 190.
Ecoles communales (les). 195.
Ecole d'état-major. 176.
Ecole gratuite de dessin, de mathématiques et de sculpture d'ornement. 188.
Ecole gratuite de dessin pour les jeunes filles. 190.
Ecole des jeunes de langues. 191.
Ecole (l') militaire. 20.
Ecole militaire de Saint-Cyr. 358.
Ecole des mines. 181.
Ecole polytechnique. 178.
Ecole des ponts-et-chaussées. 180.
Ecole spéciale des langues orientales. 191.
Ecoles (les) de tapisserie. 134.
Edits (les) de Louis XIV à l'égard des Invalides. 10.
Eglises (les) détruites. 106.
Eglises (les) de Paris. 83.
Eglise de l'Assomption. 106.
Eglise d'Etampes. 372.
Eglise de la Madeleine. 101.
Eglise Notre-Dame de Lorette. 100.
Eglise Sainte-Clotilde. 93.
Eglise de Saint-Denis. 381.
Eglise Saint-Etienne du Mont. 85.
Eglise de Saint-Eustache. 97.
Eglise de Sainte-Geneviève. 87.
Eglise Saint-Germain des Prés. 84.
Eglise Saint-Gervais. 104.
Eglise Saint-Jacques du Haut-Pas. 88.
Eglise Saint-Jean-Baptiste. 249.
Eglise Saint-Julien le Pauvre. 88.
Eglise Saint-Laurent. 100.
Eglise Saint-Leu et Saint-Gilles. 105.
Eglise Saint-Louis d'Antin. 103.
Eglise Saint-Médard. 88.
Eglise Saint-Merry. 105.
Eglise Saint-Nicolas des Champs. 99.
Eglise Saint-Nicolas du Chardonnet. 103.
Eglise Saint-Philippe du Roule. 103.
Eglise Saint-Pierre à Chaillot. 103.
Eglise Saint-Pierre du Gros-Caillou. 91.
Eglise Saint-Roch. 99.
Eglise Saint-Séverin. 88.
Eglise Saint-Sulpice. 89.
Eglise Saint-Thomas d'Aquin.
Eglise Saint-Vincent de Paul. 93.
Egoutiers (les). 235.
Egouts (les). 234.
Elèves (les) et les jockeys. 33.
Elysée (l'). 308.
Elysée (l') Montmartre. 173.
Embarcadères (les) de chemins de fer. 322.
Embarcadère du chemin de fer d'Orléans. 322.
Embellissements du faubourg Saint-Martin. 237,
Employés (les) en Angleterre. 225.
Employés (les) de cimetières. 144.
Employés (les) hommes de lettres. 224.
Employés (les) de ministères. 224.
Enfants (les) au Palais-Royal, 110.
Enfants-Rouges (les). 10.
Enfants (les) trouvés à l'étranger. 120.
Enghien. 385.
Enquête faite par la Chambre de commerce de Paris. 261.
Enseignement (l') mutuel dans les salles d'asile. 123.
Enseignes (les) de magasins. 230.
Entrepôt du chemin de fer de Rouen. 322.
Entrepreneurs (les) industriels. 261.
Entreprise (l') des pompes funèbres. 144.
Environs (les) du Luxembourg. 65.
Environs (les) de Paris. 337.
Epée (l') d'Austerlitz. 14.
Epigramme de Piron (une). 98.
Epreuve (l') du feu dans les ateliers de peintres. 38.
Ermitage (l'). 173.
Escamoteurs (les). 298.
Estafette (l'), journal. 293.
Espèces (les) de nourrices. 127.
Esplanade (l') des Invalides. 11.
Essonne. 374.
Essuyeuses (les) de plâtre. 59.
Etablissements de bains chauds. 4.
Etablissements (les) de bienfaisance. 249.
Etablissement de l'éclairage au gaz. 236.
Etablissement de salles d'asile à Paris. 121.
Etampes. 372.
Etat-major (l') à l'hôtel des Invalides. 12.
Etat (de l') du musée du Luxembourg. 78.
Etrangers (les) à Paris. 245.
Etrennes (les). 282.
Etrennes (les) de la semaine sainte. 263.
Etymologie du mot *lorette* 59.
Exécution du maréchal Ney. 69.
Exercices des élèves de Saint-Cyr. 360.
Expatriations allemandes. 245.
Expositions (les) d'agriculture et d'horticulture au Luxembourg. 75.
Expositions (les) de l'industrie. 214.
Expositions (les) de peinture au Palais-Royal. 112.

F

Fabrication (la) du gaz 238.
Fabrication de la porcelaine de Sèvres. 337.
Façade de l'église Saint-Vincent de Paul. 94.
Façade de l'hôtel des Invalides. 11.
Faire l'article. 232.
Faiseurs (les) artistiques. 39.
Familles (les) nobles, 278.
Fastes (les) de la Madeleine. 101.
Faubourg (le) Saint-Marcel. 283.
Femme (la) de Paris. 52.
Ferme modèle de Grignon. 370.
Fêtes diverses données au Champ de Mars. 25.
Fêtes (les) données sur le pont de la Concorde. 2.
Fête du 4 mai 1851. 1-2-3.
Fête du 10 mai 1852 à l'Ecole militaire. 22.
Fête du 21 mai 1848 au Champ de Mars. 28-29-30.
Fête (la) des morts. 143.
Fêtes (les) officielles. 229.
Fêtes (les) privées au Champ de Mars. 30.
Fête (la) de Saint-Cloud. 342.
Feu (le) et l'eau. 234.
Feuilles (les) de présence. 225.
Financiers (les). 278.
Flore (la) des catacombes. 148.
Foire (la) au pain d'épices. 328.
Fonctions de la banque de France. 151.
Fontaines (les) des Champs-Elysées. 241.
Fontaine du Château-d'Eau. 243.
Fontaine du Châtelet. 243.
Fontaines (les) *à distiques*. 244.
Fontaine Louvois. 241.
Fontaine du marché Saint-Martin. 243.
Fontaine Médicis. 243.
Fontaine Molière. 242.
Fontaine Notre-Dame. 243.
Fontaines (les) de la place de la Concorde. 241.
Fontaines (les) publiques. 241.
Fontaine de la rue de Grenelle-Saint-Germain. 244.
Fontaine Saint-Sulpice. 243.
Fontenay-aux-Roses. 365.
Force (la), prison. 256.
Forêt de Saint-Germain. 391.
Formalités remplies à la réception d'un enfant trouvé. 116.
Formes (les) diverses de voitures. 314.
Fort en thême. 195.
Fortifications intérieures et extérieures de Paris. 319
Fosse (la) commune. 142.
Fourrière (la). 257.
Frégate-école (la). 9.
Fruits secs (les). 170.

G

Galerie des illustrations de la peinture, 40.
Galerie de peinture de l'hôtel Delessert. 204.
Galerie de peinture et de sculpture de l'hôtel Pourtalès. 201.
Galerie (la) vitrée au Palais-Royal. 109.
Garçons (les) de recette de la banque de France. 151.
Garçon (le) de restaurant. 115.
Garde (la) nationale. 321.
Gardes (les) à pied et à cheval. 320.
Gare des Batignolles. 322.
Gazette de France (la). 292.
Gazette des Tribunaux (la). 293.
Gendarmerie (la) mobile. 321.
Gilles Gobelin. 133.
Gobelins (les). 133.
Godille (la). 8.
Goût du Parisien pour la musique. 294.
Gouverneurs (les) des Invalides. 13.
Grande-Chaumière (la). 168.
Grand orgue de l'église Saint-Vincent de Paul. 93.
Gravure (une) contemporaine de Louis XIV. 10.
Grenelle. 335-263.
Grisettes et lorettes. 52.
Grooms (les). 314.
Groupe de la carrosserie, sellerie, équipements militaires (Statistique industrielle de Paris). 266.
Groupe de l'industrie de la boissellerie et de la vannerie (Statistique industrielle de Paris). 267.
Groupe de l'industrie des métaux précieux (Statistique industrielle de Paris. 267.
Groupe des fils et tissus (Statistique industrielle de Paris). 265.
Groupe du travail de métaux, mécanique, quincaillerie, instruments de précision (Statistique industrielle de Paris). 266.
Groupe du vêtement (Statistique industrielle de Paris). 265.
Guides (les) porteurs d'ordonnance. 320.
Guinguettes à Belleville. 329.

H

Habitations (les) des *célébrités*. 206.
Habitations modernes (les). 197.
Habitation de M. H. Vernet à Versailles. 358.
Habituées (les) de la Bibliothèque impériale. 217.
Habitués (les) de la Grande-Chaumière. 167.
Habitués (les) du jardin du Luxembourg. 65.
Haine (la) du *bourgeois* chez le rapin. 39.
Herbier (l') de M. Delessert. 204.
Histoire de la grisette. 54.
Histoire du jeu de paume. 296.
Histoire du tabac en France. 16.
Historique des expositions de peinture. 113.
Historique des monts-de-piété. 800.
Historique du Palais-Royal. 108.
Historique de la peinture en décors. 49.
Hoche. 357.
Hommes (les) aux camélias. 60.
Hôpital de la Charité. 250.
Hôpital et clinique de la Faculté de médecine. 250.
Hôpital des Enfants malades. 252.
Hôpital israélite. 253.
Hôpital de la Pitié. 255.
Hôpital Saint-Antoine. 249.
Hôpital Saint-Louis. 252.
Hôpital du Val-de-Grâce. 250.
Hospice Beaujon. 249.
Hospice Cochin. 250.
Hospice Dubois. 254.
Hospice des Enfants-Trouvés. 116.
Hospice Necker. 250.
Hospice des Orphelins. 252.
Hospice des Quinze-Vingts. 252.
Hospice Sainte-Périne. 252.
Hospices (les) spéciaux. 251.

396 TABLE DES MATIÈRES.

Hospice de la Vieillesse. 252.
Hôtels (des) ambassadeurs. 248.
Hôtel de la Banque de France. 152.
Hôtel Bullion. 384.
Hôtel de la Caisse d'épargne. 153.
Hôtels (les) du faubourg Saint-Germain. 278.
Hôtel (un) dans le faubourg Saint-Honoré. 197.
Hôtel Delessert. 203.
Hôtel Pastoret. 206.
Hôtel de M. Pourtalès. 200.
Hôtels (les) publics. 247.
Hôtel Rohan-Soubise. 191.
Hôtel de M. Thiers. 198.
Hôtel du Timbre, de l'enregistrement et des domaines. 289.
Hôtel des Ventes de la rue des Jeûneurs. 284.
Hôtels (les) du Luxembourg. 61.
Houris (les) du Prado. 174.

I

Illustration (l') journal. 293.
Illustrations (les) de la religion israélite. 129.
Impôt (l') du timbre. 290.
Imprévoyance de la lorette. 64.
Imprimerie impériale. 307.
Imprimerie, papeterie, gravure. — Statistique industrielle de Paris. 269.
Imprimeurs (les) anciens. 307.
Incendies (les) à Paris. 239.
Indigence (l') absolue. 283.
Infant-schools (les). 121.
Ingres (M.). 40.
Inscriptions (les) dans les catacombes. 147.
Institution des Jeunes Aveugles. 191.
Institution des Sourds-Muets. 194.
Institution du tour à l'hospice des Enfants-Trouvés. 118.
Insuffisance des services rendus par la Banque. 150.
Insurrection du 13 vendémiaire. 99.
Intérieur de l'église Saint-Vincent de Paul. 94.
Invalide (l') du Panorama des Champs-Élysées. 298.
Inventaire des richesses de nos principales bibliothèques. 223.
Ivry. 368.

J

Jacob, chef des Pastoureaux. 98.
Jacques Ier et Voltaire. 10.
Jacques de Brosse. 64.
Jardins (les) des Invalides. 12.
Jardin (le) du Luxembourg. 64.
Jardin (le) du Palais-Royal. 109.
Jardin de Versailles. 340.
Jean-de-Dieu. 242.
Jérôme Bonaparte. 14.
Jeux (les) dans les bals publics. 175.
Jeu (un) de paume. 296.
Journal des Faits. 208.
Journal des Villes et des Campagnes. 293.
Journalisme (le). 292.
Journaux (les) disparus le 2 décembre 1851. 293.
Journaux (les) parisiens. 292.
Jours (les) de garde du boutiquier. 278.
Jugement (le) dernier. Copie de Sigalon de l'École des Beaux-Arts. 187.
Juridiction des ventes. 284.

L

La Chaise (François de). 139.
Lafont de Saint-Yenne. 77.
Lanternes (les) à gaz. 236.
Laquais (les). 313.
Lavoirs (les) publics. 254.
Law et sa banque. 155.
Législation (la) actuelle de la presse. 293.
Limites (les) différentes de Paris. 328.
Livrets (les) de la Caisse d'épargne. 154.
Loges (les) à l'École des Beaux-Arts 188.
Lorette (la). 53.
Luxe dans les appartements sous Louis XIV et Louis XV. 187.
Luxembourg (le). 64.

M

Madelonnettes (les). 257.
Magasins (les). 230.
Magasins (les) de confection de vêtements. 233.
Maison d'accouchement. 251.
Maison des Jeunes détenus. 256.
Maison Moreaux (place de l'École). 300.
Maison centrale des nourrices. 254.
Maison des Petits-Ménages. 252.
Maison où est mort Corneille. 242.
Maître (le) nageur. 6.
Mansard et Libéral Bruant, architectes de l'Hôtel des Invalides. 10.
Manufacture des tabacs. 16.
Marchandes (les) de modes. 232.
Marchandes à la toilette. 57.
Marinière (la). 8.
Marmite (la) des Invalides. 12.
Matériaux ayant servi à la construction du pont de la Concorde. 1.
Mauvais (les) ouvriers. 274.
Médaille (la) des prud'hommes. 164.
Ménage (le) de l'ouvrier. 280.
Méridienne (la) de Saint-Sulpice. 91.
Messageries (les). 316.
Milices (les) permanentes. 10.
Ministères (les). 224.
Ministère des Affaires étrangères. 227.
Ministère d'État. 227.
Ministère des Finances. 228.
Ministère de la Guerre. 228.
Ministère de l'Instruction publique. 228.
Ministère de l'Intérieur. 229.
Ministère de la Justice. 229.
Ministères de la Marine, de la Police générale et des Travaux publics. 229.
Ministres (les). 227.
Missions (les) secrètes de la Russie. 245.
Mode (la) de l'Hôtel de la rue des Jeûneurs. 285.
Modèles (les) 49.
Modèles (les) femmes. 50.
Modèles (les) *ficeleurs*. 50.
Modèle (le) *modèle*. 49.
Mœurs militaires d'H. Vernet. 42.
Moines-lais (les). 10.
Moncey. 13.
Mont-de-Piété (le). 300.
Les montagnes russes à la Grande-Chaumière. 168.
Montant des affaires effectuées en 1847 par les entrepreneurs industriels. 261.
Montant des salaires payés annuellement aux ouvriers parisiens. 262.
Montant des transactions opérées en 1847 dans chaque arrondissement. 262.
Monter à l'échelle, dans les ateliers de peintre. 38.
Mortes (les) payes. 10.
Mortes-saisons (les). 272.
Moutards (les) aux bains froids. 7.
Mouvement financier de la Caisse d'épargne. 155.
Moyenne des dépenses alimentaires des habitants de Paris. 264.
Musées (les). 207.
Musée d'Artillerie. 207.
Musée de Cluny. 211.
Musée conchyologique de M. Delessert. 204.
Musée Dupuytren. 213.
Musée (le) du Luxembourg. 77.
Musée de la Marine. 210.
Musée Pélagique. 213.
Musée des Souverains. 210.
Musée Thibert. 213.

N

Nage (la).
Nicot (Jean), 16.
Nicolas Rouel. 10.
Noces (les). 55.
Nombre des baignoires de Paris. 4.
Nombre de becs de gaz à Paris. 236.
Nombre des industries exercées à Paris.
Nombre (le) des salles d'asile à Paris. 125.
Nourriture (une). 127.
Nourriture des invalides. 12.
Nouveaux (les) dans les ateliers de peintres. 37.
Nouvel Hôtel des ventes. 288.
Numéraire (le) de la Banque de France. 151.

O

Objet (l') de la Caisse d'épargne. 154.
Oblats (les). 10.
Observatoire (l'). 334.
Œuvres (les) de M. Ingres. 41.
Œuvres (les) principales figurant au musée du Luxembourg. 78.
Offices (les) de publicité. 164.
Officiers-lais (les). 10.
Omnibus (l'). 315.
Opérations (les) de la Banque de France. 151.
Opérations du Mont-de-Piété. 301.
Opération (l') du timbre. 291.
Orchestres (les) des bals publics. 175.
Organisation du corps des Sapeurs-Pompiers, 240.
Organisation et règlement des Crèches. 125.
Orgues (les) de la Madeleine. 103.
Origine de l'art de la tapisserie. 133.
Origine de la Banque de France. 149.
Origine et fondation du Musée du Luxembourg. 77.
Origine de l'industrie des baigneurs. 4.
Origine des Monts-de-Piété. 300.
Origine d'un proverbe. 106.
Origine des prud'hommes. 162.
Origine du *Sport* en France. 30.
Ossuaires (les) dans les catacombes. 148.
Ouvriers (les) allemands. 245.
Ouvriers appartenant au groupe du bâtiment. 264.
Ouvriers (les) de la campagne. 272.
Ouvriers entrepreneurs appartenant au groupe du bâtiment. (*Statistique industrielle*). 265.
Ouvriers des Gobelins. 133.
Ouvrier (l') tailleur. 233.

P

Palais du Luxembourg (le). 69.
Palais-Royal (le). 108.
Palais de Versailles. 345.
Panorama (le) des Champs-Élysées. 208.
Parapluies (les) *depuis* trois francs. 231.
Parc de Monceaux. 323.
Paris religieux avant la Révolution. 83.
Paris souterrain. 234.
Paris, ville de garnison. 319.
Paroisses (les) de Paris. 83.
Parquet (le) à la Bourse. 158.
Patrie (la), journal du soir. 293.
Paye (la) des modèles. 50.
Pays (le journal *le*). 293.
Pêcheurs (les) à la ligne dans les bains froids. 6.
Peintres (les). 38.
Peintres et sculpteurs dont les œuvres figurent à l'Hôtel des Invalides. 10.
Peintures et fronton du Panthéon. 88.
Peintures (les) à Saint-Sulpice. 90.
Pensions (les). 195.
Pensions allouées par les Conseils municipaux aux artistes de province. 36.
Perception actuelle des droits de timbre. 291.
Perchoir (le) aux bains froids. 3.
Père-Lachaise (le). 138.
Père (le) Lahire. 169.
Perron (le) au Palais-Royal. 111.
Père Lathuille (le). 331.
Personnel (le) de la Manufacture des tabacs. 18.
Personnel (le) dans les soirées. 167.
Petit (le) Luxembourg. 74.
Petite (la) Bourse. 159.
Petite (une) guerre au Champ de Mars. 35.
Petites-Maisons (les). 252.
Petite Pologne (la). 283.
Peuple (le) au Musée d'artillerie en 1830. 208.
Phases (les) dans le luxe d'intérieur. 197.
Physionomie des différents quartiers de Paris. 276.
Pigeonnaux (les). 55.
Pigeon (le) ramier et la colombe. 167.
Place Beauveau. 308.
Place (la) de la Bourse. 164.
Place Bréda. 308.
Place Sainte-Catherine. 308.
Place de l'École. 309.
Place de l'École de médecine. 309.
Place d'Europe. 308.
Place Saint-Germain l'Auxerrois. 309.
Place Lafayette. 309.
Place Maubert. 309.
Place du Petit-Pont. 309.
Places (les) publiques. 308.
Place Royale. 311.
Place Vendôme. 310.
Place des Victoires. 310.
Place Vintimille. 310.
Plaisirs (les) dans les divers pays. 165.
Pleine (la) eau. 9.
Poitevin et ses ascensions. 30.
Police (la) des bains froids. 9.
Pompe (la) à feu de Chaillot. 35.
Pont (le) de la Concorde, 1.
Pont (le) d'Iéna. 34.
Population industrielle que fait vivre la garnison. 319.
Population (la) israélite de France. 129.
Population (la) protestante de Paris. 132.
Portail (le) d'Anet. 187.
Portraits (les) dans le musée de Versailles. 349.
Pose de la première pierre de la Bourse. 156.
Poules (les) d'eau. 9.
Prado (le). 174.
Premiers actionnaires de la Banque de France. 149.
Premiers (les) établissements pour les enfants trouvés. 118.
Premières (les) salles d'asile. 121.
Préparation du tabac. 17.
Prés Saint-Gervais (les). 329.
Présentation (la). 166.
Presse (journal *la*). 292.
Priseurs-jurés (les). 284.
Prisons (les). 256.
Prison Mazas. 256.
Prison pour Dettes. 258.
Prison de la rue de la Roquette. 256.
Prison de Saint-Lazare. 258.
Prison de Sainte-Pélagie. 257.
Privations (les) dans la vie d'artiste. 39.
Prix du terrain à Paris. 265.
Procédé supposé pour obtenir aux Gobelins la teinture de la laine en écarlate. 135.
Procès (les) jugés par la Cour des pairs. 71.
Programme de la fête du 4 mai 1851. 1, 2, 8.
Proverbe (un) connu dans les ateliers. 38.
Public de la Salle des ventes, rue des Jeûneurs. 285.
Puits de Grenelle. 334.

Q

Quai Billy. 34.
Qualité (une) particulière aux artistes. 37.
Quarante sous (les). 113.
Quartier François Ier. 35.
Quartier Napoléon à l'École militaire. 21.
Quartier de *la Nouvelle France*. 331.
Quinze-Vingts (les). 191.

R

Ramponneau. 329.
Ranelagh (le). 172.
Rapports de la Banque de France et du Trésor public. 150.
Reconnaissances (les) du Mont-de-Piété. 301.
Réfectoires (les) de la rue de Valois. 114.
Règlement intérieur des Salles d'asiles. 122.
Relevé des engagements par arrondissement. 305.
Relevé des opérations et des travaux du Tribunal de commerce en 1850. 161.
Relevé des prêts classés par séries. 305.
Répartition des engagements suivant les différentes industries. 305.
Répartition (la) des différentes industries dans Paris. 262.
Repas (les) à Paris. 279.
Reproches faits aux Conseils de prud'hommes. 163.
Restaurants (les) du Palais-Royal. 113.
Revue des Deux-Mondes. 293.
Rosambeau et son bain. 4.
Rotonde Saint-Martin (la). 330.
Ruine (la) du Palais-Royal. 111.

S

Saint-Cloud. 340.
Salaires (les) des ouvriers parisiens. 270.
Salles (les) d'asile. 120.
Salle des armures au Musée d'artillerie. 210.
Salle (la) Bonne-Nouvelle. 294.
Salle Sainte-Cécile. 294.
Salle des croisades à Versailles. 345.
Salle de la Fraternité. 295.
Salle du jeu de paume à Versailles. 357.
Salle Montesquieu. 295.
Salle des séances de l'ancienne Chambre des pairs. 70.
Salles et décorations du palais de Versailles. 345.
Salle du *guillotiné*. 175.
Salon d'Hercule au palais de Versailles. 345.
Salon d'un hôtel dans le faubourg Saint-Honoré. 197.
Salon (175) de Mars. 175.
Sapeurs-pompiers (les). 240.
Satory. 357.
Savoyard (le) et le Piémontais. 237.
Scène (une) d'atelier. 39.
Scène (une) tragique à propos de la Caisse d'épargne. 153.
Schismes (les) du culte israélite. 129.
Sculpteurs (les) de cimetière. 143.
Séjour des officiers à Paris. 319.
Séminaires (les). 196.
Sénat (le) et les sénateurs. 72-73.
Serres (les) et l'orangerie au Luxembourg. 75.
Services (les) religieux à la Madeleine. 103.
Sèvres et sa manufacture. 337.
Siècle (journal *le*). 392.
Signification du mot *sport*. 31.
Sociétés (les) de bienfaisance. 254.
Société (la) russe à Paris. 245.
Soirées (les) de l'Abbaye au Bois. 107.
Soirée (une) véronèse. 39.
Soldats (les) au Luxembourg. 68.
Sort (le) de l'ouvrier à Paris. 281.
Sortie de l'Hospice des enfants trouvés. 120.
Spectacles et concerts. 294.
Sportsman (le). 31.
Statistique des enfants trouvés. 117.
Statistique industrielle de Paris. 261.
Statistique de la misère. 283.
Statistique de la mortalité parisienne. 148.
Statistique des salles d'asile. 122.
Statistique des voitures. 313.
Statues (les) du jardin et du palais du Luxembourg. 69.
Statues (les) du jardin du Palais-Royal. 109.
Statue de Larrey dans la cour du Val-de-Grâce. 251.
Statue de Napoléon à la place Vintimille. 311.
Statues (les) du palais de la Bourse. 156.
Statues (les) du pont de la Concorde. 1.
Subdivisions des lorettes. 64.
Succursale (la) d'Avignon, Hôtel des invalides. 14.
Suisse (le) d'église. 107.
Synagogue (la) de la rue Notre-Dame de Nazareth. 130.
Système d'éducation employé dans les salles d'asile. 124.

T

Tableaux (les) à l'Hôtel des ventes. 287.
Tableaux de la Madeleine. 102.
Tableaux (les) de Vernet, à Versailles. 348.
Tailleurs (les). 233.
Tapisseries (les). 160.
Tapisseries de Beauvais. 136.
Tapisserie (la) en Orient. 133.
Tarif des prix aux bains froids. 9.
Taux (le) de l'escompte à la Banque. 151.
Taux de l'intérêt au Mont-de-Piété. 301.
Teinture des laines employées aux Gobelins. 135.
Temples (les) protestants. 132.
Temple de l'Oratoire. 132.
Temple de la Rédemption évangélique. 132.
Tencin (Mme de). 118.
Thermes (les). 210.
Toilette (la) de la Parisienne. 53.
Tombeaux (les). 139.
Tombeaux (les) de l'église Saint-Paul. 106.
Tombeau (le) de l'Empereur aux Invalides. 14.
Tombeau (le) de sainte Geneviève. 85.
Tombeau du général Gobert. 139.
Tombeaux (les) aux Invalides. 13.
Tombeau de Santeuil. 103.
Trafic d'enfants trouvés. 116.
Trains (les) de plaisirs. 327.
Traitements (les) des ouvriers des Gobelins. 133.
Transformation générale à l'époque du jour de de l'an. 282.
Travail manuel de la tapisserie. 134.
Trianon. 354.
Tribunal (le) de commerce. 161.
Tribunaux des Conseils de prud'hommes. 163.
Trocadéro (le). 35.

U

Union (l'). 292.
Univers (l') journal. 293.
Utilité de la Caisse d'épargne. 154.

V

Valentino. 174.
Ventes (les) à domicile. 289.
Vente (la) des objets meubles. 288.
Vernet (H.). 42.
Verrières (les) de l'église Saint-Laurent. 100.
Versailles. 344.
Vie (la) de l'artiste. 282.
Vie (la) de la lorette. 60.
Vie (la) privée. 276.
Vie (la) privée du rapin. 38.
Vigier. 3.
Vincent (saint) de Paul et les enfants trouvés. 116.
Visite (une) à la crèche modèle. 126.
Voitures (les). 313.
Voitures (les) excentriques. 316.
Voitures (les) historiques de Versailles. 355.
Voiture (la) de remise. 314.
Voyageurs (les) par les Messageries. 317-318.
Vrai (le) Parisien. 247.

W

Wagons (les) articulés. 324.

FIN DE LA TABLE.

www.ingramcontent.com/pod-product-compliance
Lightning Source LLC
Chambersburg PA
CBHW060557170426
43201CB00009B/813